DAS PFENNIG-MAGAZIN
DER GESELLSCHAFT ZUR VERBREITUNG
GEMEINNÜTZIGER KENNTNISSE.
1835.

DELPHI 1013.

NEU VERLEGT BEI FRANZ GRENO, NÖRDLINGEN 1985.

Herausgegeben von Reinhard Kaiser.

Copyright © 1985 bei GRENO Verlagsgesellschaft mbH,
D-8860 Nördlingen.

Die Reproduktion erfolgte
nach dem Hand-Exemplar von Arno Schmidt
mit freundlicher Genehmigung
der Arno-Schmidt-Stiftung, Bargfeld.

Reproduktionen G. Mayr, Donauwörth
und G. Bergmann, Frankfurt/Main.
Gedruckt und gebunden bei Wagner GmbH, Nördlingen.
Printed in Germany.

ISBN 3921568544.

Das Pfennig-Magazin

der

Gesellschaft

zur

Verbreitung gemeinnütziger Kenntnisse.

Dritter Band.
Nr. 92—143.

Leipzig,
In der Expedition des Pfennig=Magazins.
(F. A. Brockhaus.)

1835.

Inhaltsverzeichniß des dritten Jahrganges.

Zur bequemen Übersicht der mit Abbildungen versehenen Artikel sind die Titel derselben mit gesperrter Schrift gedruckt; die mit [ ] versehenen Ziffern weisen die Nummer des Stücks nach, die am Ende der Zeilen stehenden die Seitenzahl.

	Nr.	S.
Abnahme des Heilandes vom Kreuz, s. Rubens.		
Absalon, s. Denkmal.		
Abbax=Antilope, die	[106]	115
Adjutant, der, s. Argoloſtorch.		
Afghanen, die, in Persien	[116]	198
Ahornbaum, der	[136]	359
Ai, der, s. Faulthier.		
Air, Quelle desselben in Goredale	[143]	415
Akka, s. Ansichten.		
Alexanderkirche, s. Warschau.		
Allerlei, technologisches	[114]	188
Alpenkrähe, die	[117]	206
Alpenmurmelthier, das	[100]	67
Alphabete, einhändiges und zweihändiges, zum Unterricht der Taubstummen	[127]	288
Amboise, Schloß, s. Ansichten.		
Ameisenfresser, der, s. Yurumi.		
Ameisennoth	[135]	347
Amiens, Kathedrale daselbst, s. Ansichten.		
Anbetung, die, der Hirten, s. Spagnoletto.		
Aeneas, seinen Vater aus Troja tragend	[101]	79
Ansichten: Akka	[138]	373
Amboise, Schloß	[134]	337
Antiochien	[125]	268
Baumhaus, das, in Hamburg	[141]	393
Bergschluchten bei Jericho	[136]	357
Bethlehem	[129]	300
Börse, die, in Hamburg	[140]	389
Canterbury	[113]	169
Edinburg	[109]	137
Egribos oder Chalkis	[111]	157
Frankfurt am Main	[135]	347
Genezareth, der See	[137]	364
Graisivaudan, das Thal von	[141]	397
Hafen, der, von Hull	[137]	368
Haleb	[125]	269
Jaffa	[126]	277
Innere, das, des Doms in Frankfurt am Main	[135]	348
Ispahan	[130]	305
Kathedrale von Llandaff	[133]	329
Kathedrale zu Amiens, westliche Fronte derselben	[122]	241
Kirchhof von Kensall=Green	[121]	240
Kloster auf dem St.=Bernhard	[128]	289
Krönungssaal im Römer zu Frankfurt am Main	[136]	350
Madeira, Insel	[142]	408
Malta, Insel	[124]	261
Marktplatz zu Hull	[137]	362
Moskau	[96]	33
Nauplia	[97]	41
Orford	[115]	185
Römerberg, der, zu Frankfurt am Main	[136]	354
Säulengang im bischöfl. Palast zu Lüttich	[127]	281
Schlucht bei Wavertree	[131]	316
Thabor, der Berg	[137]	364
Thal am Jordan	[136]	357
Viaduct von Sankey	[131]	317
York	[117]	204
Ypern, das Stadthaus zu	[143]	411
Zeil in Frankfurt am Main	[135]	345
Anstrich für gußeiserne Geräthschaften	[129]	303
Antiochien, s. Ansichten.		
Araber, Abbildung desselben	[138]	375
Argoloſtorch, der	[108]	131
Aurora, s. Guido Reni.		
Bäder von Pischtyan, s. Pischtyan.		
Bananen, die	[103]	95
Bank, die, von England	[119]	217

	Nr.	S.
Barbe, s. Kettenbrücke.		
Barberini= oder Portlandvase	[104]	97
Bärin, die, und ihre Jungen	[137]	367
Baß Rock, der, in Schottland	[105]	109
Baumhaus, das, in Hamburg, s. Ansichten.		
Bäume, zusammengewachsene, s. Fische.		
Baumläufer, der, s. Honigvogel.		
Becken des Faulthieres, s. Faulthier.		
Becker, Rud. Zacharias	[92]	2
Beethoven	[128]	293
—— Denkmal desselben	[128]	293
Beiträge zur Völkerkunde	[108]	135
Berch, s. Kettenbrücke.		
Bergbau, der, auf Steinsalz und Metalle, s. Steinsalzbergbau.		
Bergschluchten bei Jericho, s. Ansichten.		
Bergsturz von Goldau, s. Goldau.		
Bergwerk, das, von Wieliczka, s. Wieliczka.		
Bernhard, St., Kloster auf dem selben, s. Ansichten.		
Bernsteinfischerei, die	[132]	322
Bethlehem, s. Ansichten.		
Bettfedern, Maschine zum Reinigen derselben, s. Maschine.		
Beventhurm, der, s. Köln.		
Bienenjagd, die, im westlichen Nordamerika	[132]	323
Biergasse, die, s. Hogarth.		
Billodes, die Erziehungsanstalt daselbst	[95]	26
Birmanen, Feierlichkeiten bei dem Leichenbegängnisse eines Oberpriesters derselben	[93]	14
Bläser, der	[132]	327
Blei= und Silberbergwerk, das Innere eines	[140]	385
Bogen, mauriſcher, der Mancheſter=Liverpool=Eiſenbahn	[130]	309
Bolschoi, der, s. Glocken.		
Borsäurefabrikation in Toscana	[102]	86
Börse, die, zu Valencia	[116]	194
Börse in Hamburg, s. Ansichten.		
Börsenhalle, die, in Hamburg	[140]	392
Boten, schwimmende, in Peru	[100]	69
Brahminen, Gastmähler derselben	[142]	403
Branntweingäßchen, das, s. Hogarth.		
Brockenhaus, das	[118]	213
Brücken, natürliche, des Icononzothales	[117]	204
Buenos=Ayres, Häute von dort	[136]	359
Burgunder und Champagner auf Seereisen vor dem Verderben zu schützen	[101]	79
Caernarvon, das Schloß	[116]	196
Canterbury, s. Ansichten.		
Capri, die Insel	[99]	59
Cartons Rafael's, s. Rafael.		
Cedernwald, der, auf dem Libanon	[139]	381
Cholula, die Pyramide von, s. Pyramide.		
Colonnade über den Katakomben von Kensall=Green, s. Kensall=Green.		
Cormorans, s. Fischfang.		
Croydon=Palace	[142]	405
Dampfboot, ein nordamerikaniſches	[102]	84
Dampfmaschine mit einer Reihe von Reisewagen	[101]	76
Dampfschifffahrt durch Eis	[120]	232
Dampfwagen, Schnelligkeit derselben	[129]	298
Dampfwaschanstalt, die	[133]	330
Dattelpalme, die wilde	[112]	161
Denkmal, das, Absalon's	[133]	332
—— Quintin Messis', s. Messis, Quintin.		
Diamantenminen in Indien	[102]	86
Dichter, der, in der Noth, s. Hogarth.		
Dom in Frankfurt am Main, das Innere desselben, s. Ansichten.		
Domingo (San=), Orkan daselbst, s. Orkan.		
Dromedar, das	[98]	53
Druſinnen, Kopfputz derselben, s. Kopfputz.		
Durchschnitt, senkrechter, eines Steinkohlengebirges	[111]	156

Inhaltsverzeichniß.

	Nr.	S.
Dürer's, Albrecht, Wohnhaus, s. Nürnberg.		
Eber, der wilde	[122]	244
Eberjagd, Ansicht einer solchen	[122]	245
Edinburg, s. Ansichten.		
Egribos oder Chalkis, s. Ansichten.		
Eidechse, die, und Lord Nelson	[96]	38
Eingang in den Hauptstollen der Lyon- und St.-Etienne-Eisenbahn	[101]	77
Eisenbahn, Manchester-Liverpool	[130] / [131]	307 / 316
Eisenbahnen und das deutsche Eisenbahnsystem	[101]	73
Eisenbahnwagen zum Behuf des Steinkohlentransports	[101]	76
Eisensteingrube zu Peersberg in Schweden	[140]	388
Enten, wilde, Fang derselben	[133]	334
Enthaltsamkeit, lange	[118]	215
Epée, Charles Michael, Abbé de l', Bildniß desselben	[129]	300
Erblindung, die, des Elyma's, s. Rafael.		
Erdbeben in China	[127]	286
Ernten, drei im Jahre	[129]	303
Esel, der wilde	[139]	380
Eskimos, Gewandtheit der	[94]	18
Eurotas, Fluß, mit der alten Brücke	[92]	6
Evaapfelbaum, der, oder die verbotene Frucht	[105]	108
— Blüte und Frucht desselben	[105]	109
Evangelisten, die vier, Gemälde von Jordaens	[121]	233
Fächerpalme, die	[94]	22
Familienconcert, das, s. Wateau, Antoine.		
Farbe der Kleidung, Einfluß derselben bei Epidemien	[133]	330
Faulthier, das gemeine, oder der Ai	[131]	313
— Becken und Skelett desselben	[131]	314
Federmanufacturen in England	[124]	259
Felsenthor, das, bei Besançon	[110]	149
Festung von Edinburg	[109]	138
Findhorn-Kettenbrücke, die	[134]	339
Fische und Bäume, zusammengewachsene	[97]	47
Fischfang mit Cormorans in China	[124]	257
Fischzug, der wunderbare, s. Rafael.		
Flamingo, der	[132]	321
Fleischbrühe, Anstalt zu Paris zum Verkauf ders.	[94]	18
Fleiß und Faulheit, s. Hogarth.		
Frankfurt am Main, s. Ansichten.		
Frankfurt am Main (Topographie)	[135] / [136]	346 / 354
Frankreichs und Englands Schuh- und Handschuhfabrikation	[127]	282
Frau, die alte, s. Höfel.		
Frauenbäder, die, im Orient	[124]	258
Fronte, westliche, der Kathedrale zu Amiens, s. Ansichten.		
Gänge in einem Bergbau, s. Steinsalzbergbau.		
Gastmähler der Brahminen, s. Brahminen.		
Gebirgsreisen in Südamerika, s. Südamerika.		
Geburt Christi, die derselben geweihte Kirche, s. Kirche.		
Gefängnißwesen und Gefangenenzucht in Nordamerika	[110]	145
Genezareth, der See, s. Ansichten.		
Gérard's Bildniß, des Verfertigers der Höllenmaschine	[125]	Beil.
Gesammtwörterbuch der deutschen Sprache	[104]	102
Gewerbfleiß, persischer	[121]	234
Giraffe, die aufrechtstehende	[138]	372
— Kniende	—	—
— Kopf und Zunge derselben		
Glas, Geschichte desselben	[105]	111
Glocke, die auf dem Iwan Weliki zu Moskau, s. Glocken.		
Glocke, die, in Peking, s. Glocken.		
Glocken, die	[118]	211
Gold, das, und dessen Benutzung	[102] / [103] / [104]	82 / 93 / 98
Gold, gediegenes	[130]	309
Goldau, Bergsturz daselbst	[105]	111
Goldfisch, der	[118]	214
Grab, das heilige, Kirche desselben, s. Kirche.		
Grab, ein mohammedanisches	[132]	325
Gräber der Könige von Juda	[134]	342
Grabmal, das, Heinrich VII. in der Westminsterabtei	[123]	253
Grabmal, das, Josaphat's	[133]	332
Graisivaudan, das Thal von, s. Ansichten.		
Greenwich, Sternwarte zu, s. Sternwarte.		
Grenzstein in Cumberland	[106]	120
Grotte, die blaue, auf der Insel Capri	[99]	61
Guido Reni	[106]	116
— Aurora, Gemälde desselben	[106]	117
Gürzenich, der, in Köln	[95]	29
Gußeiserne Geräthschaften, Anstrich für dieselben, s. Anstrich.		
Haddon-Hall, das Innere desselben	[142]	404
Hahnengefecht, das, s. Hogarth.		
Haleb, s. Ansichten.		
Halle des Collegiums der Kirche Christi zu Oxford, das Innere derselben	[127]	285
Hamburg (Topographie)	[140] / [141]	389 / 394
Hänge- oder Kettenbrücken	[134]	338
Harlem, die Orgel daselbst, s. Harlem.		
Haus in Paris, worin die Höllenmaschine aufgestellt war	[125]	Beil.
Häute, die, aus Buenos-Ayres, s. Buenos-Ayres.		
Heilsamkeit des Zuckers, s. Zucker.		
Heinicke, Samuel, Bildniß desselben	[129]	300
Heirath, die, nach d r Mode, s. Hogarth.		
Hibiscus, der lindenblätterige	[110]	149
Himmelsschlüssel, dem Petrus übergeben, s. Rafael.		
Höfel, die alte Frau, nach Waldmüller	[118]	209
Hogarth, Bildniß und Werke desselben	[95]	25
1) Der erzürnte Musikus	[95]	31
2) Das Hahnengefecht	[99]	63
3) Die Heirath nach der Mode	[104]	102
4) Fleiß und Faulheit	[112] / [113] / [115] / [116] / [117]	167 / 175 / 191 / 198 / 207
5) Der Dichter in der Noth	[123]	249
6) Der Weg des Liederlichen	[126] / [130]	279 / 311
7) Die Biergasse und das Branntweingäßchen	[134] / [135]	343 / 351
Höllenmaschine	[125]	Beil.
Honig, giftiger, in Trapezunt	[106]	120
Honigvogel, der, und der Baumläufer	[93]	13
Hull, Hafen daselbst, s. Ansichten.		
— Marktplatz daselbst, s. Ansichten.		
Hungerford-Market	[121]	236
Ichneumon, das	[103]	91
Icononzothal, s. Brücken, natürliche.		
Ispahan, s. Ansichten.		
Iwanthurm in Moskau, Aussicht von demselben	[96] / [106]	36 / 113
Jaccabrotbaum, der		
Jaffa, s. Ansichten.		
Jahrmarkt, ein polnischer	[112]	164
Japan	[116] / [111] / [112] / [113]	150 / 158 / 161 / 169
Jenner, Eduard	[109]	139
Jerusalem, Plan von, s. Plan.		
Jordaens, s. Evangelisten.		
Jordan, das Thal am, s. Ansichten.		
Josaphat, s. Grabmal.		
Juda, Könige von, Gräber derselben, s. Gräber.		
Jungfrau von Orleans, Bildsäule derselben zu Rouen, s. Statuen.		
Jungfrau von Orleans, Geburtshaus derselben	[139]	379
Kaiserswerth (Schloß)	[94]	24
Kameel, das	[98]	53
Kampf, heldenmüthiger, zwischen 13 Italienern und 13 Franzosen	[99]	59
Karavane, welche vor einem Sandsturme flieht	[107]	124
Karavanserai, das	[108]	129
Kathedrale, die, von Llandaff, s. Ansichten.		
Kautschuk, die Kunst, denselben zu verarbeiten	[94]	23
Kensall-Green, Kirchhof, s. Ansichten.		

	Nr.	S.
Kensall=Green, Colonnade über den Katakomben von	[121]	239
Kettenbrücke über den Menai	[134]	340
—— zu Bercy bei Paris	[134]	340
—— zwischen Barbe und Lyon	[134]	341
Kettenbrücken, s. Hängebrücken.		
Kirche der Geburt Christi	[129]	301
—— des heiligen Grabes	[128]	292
Kirchhof, der, zu Ottensen	[140]	396
Knabe, der sich einen Dorn aus dem Fuße zieht, s. Statuen.		
Knoten, die	[133]	332
Kohlenwagen auf der Lyon= und St.=Etienne=Bahn	[101]	76
Köln	[138]	369
Kolokol, der, s. Glocken.		
Koloschen, Sitten derselben	[141]	397
Kopfputze der Drusinnen	[139]	384
Korbtrompetenblume, die	[110]	148
Kreml, Aussicht von der Terrasse desselben	[96]	36
Krönungssaal im Römer zu Frankfurt am Main, s. Ansichten.		
Kunsttrieb der Thiere, sich Wärme zu verschaffen	[142]	402
Kupferstechkunst, die.		
1) Ursprung derselben	[97]	42
2) Weiteres Entfalten derselben und der älteste Kupferstich	[98]	50
3) Ausbreitung derselben	[99]	58
4) Die Schulen in ihrer Begründung	[100]	66
5) Die italienische Schule	[105]	106
6) Die deutsche Schule	[106]	114
7) Die niederländische Schule	[107]	112
8) Die französische Schule	[108]	134
9) Die britische Schule	[109]	142
10) Der Kupferstecher nach seiner Anlage und seiner Bildung	[114]	181
11) Die Kupferplatte	[114]	182
12) Die Stechweisen; die Stichgattungen; die Grundirung — Kalkirung — Zeichnung	[114]	182
13) Die verschiedenen Stechweisen		
A. Die Arbeiten mit dem Grabstichel	[115]	189
B. Das Radiren und Ätzen	[115]	190
C. Die kalte Nadel	[115]	190
D. Ätzen und mit dem Grabstichel beendigen	[115]	190
E. Der Punzenstich	[115]	193
F. Die Mezzotintomanier	[116]	194
G. Die Stechweise le Blom's	[116]	194
H. Die Aquarellmanier	[116]	195
I. Die Crayonmanier	[116]	195
K. Der Punktenstich	[116]	195
L. Die Aquatintamanier	[116]	195
14) Hülfsmaterialien und Hülfswerkzeuge	[117]	202
Kurden, Abbildung derselben	[138]	376
Kutschen im 16. Jahrhundert	[97]	45
Lambethpalast, der	[120]	232
Lebensrettung, wunderbare	[108]	131
Lemming, der	[125]	272
Leo X., Papst, nach einem Gemälde von Rafael	[120]	226
Libanon, Cedernwald auf dem, s. Cedernwald.		
Liberia, Negeransiedelung daselbst	[100]	69
Liederliche, der Weg desselben, s. Hogarth.		
Llandaff, Kathedrale von, s. Ansichten.		
London, Gemälde von	[118]	210
	[119]	218
	[120]	229
	[121]	236
	[122]	246
	[123]	251
Lorberbaum, der gemeine	[114]	183
Löschmaschine, neue	[127]	286
Luft, mephitische, Mittel zur Entfernung derselben aus Brunnen u. dgl.	[94]	18
Luftpumpe, die	[94]	19
Lys, Familie du, s. Wappen.		
Maclou, St., die Kirche zu, s. Rouen.		
Madeira, s. Ansichten.		
Madonna della Sebia, von Rafael	[92]	1
Malta, die Insel, s. Ansichten.		
Mangobaum, der	[102]	81
Marktplatz von Nürnberg, s. Nürnberg.		
Maschine zum Reinigen der Bettfedern	[127]	286

	Nr.	S.
Masernpfeifenköpfe	[110]	145
Maulwurfsgrille, die	[98]	51
Meerschaum, der, in naturgeschichtlicher und technischer Hinsicht	[92]	10
Mehlthau, Mittel dagegen	[98]	55
Melonencactus, der	[104]	100
Menai, s. Kettenbrücke.		
Messis, Quintin, die beiden Wucherer	[114]	177
—— dessen Denkmal	[114]	179
Miscellen	[107]	127
	[113]	147
Mohammed II.	[105]	105
Mond, Einfluß desselben auf Menschen und Thiere	[92]	7
Montblanc, Besteigung desselben	[97]	46
	[98]	53
Monument, das, in London	[119]	221
Moskau, s. Ansichten.		
Musikanten, wandernde, in Indien	[123]	255
Musikus, der erzürnte, s. Hogarth.		
Napoleon Bonaparte's Unterschriften	[127]	282
Nashorn, das, s. Rhinoceros.		
Nassauischer Hof, s. Nürnberg.		
Naturereigniß, merkwürdiges	[140]	388
Nauplia, s. Ansichten.		
Nauskopie, die	[120]	228
Nautilus, der, oder das Perlenboot	[137]	365
Nelkenpfefferbaum, der	[118]	217
Nordamerikanische Völkerschaften, Sitten und Gebräuche derselben	[93]	13
Nordcap, das	[100]	65
Notiz	[111]	159
Nürnberg, Marktplatz daselbst	[103]	89
—— Albrecht Dürer's Wohnhaus	[104]	101
—— Nassauischer Hof	[104]	101
Obst, Beschleunigung der Reise desselben	[129]	303
Ochse, der pferdeschweifige	[114]	180
Opfer, das, zu Lystra, s. Rafael.		
Orangebaum, der	[143]	409
Orgel, die, zu Harlem	[111]	153
Orkan zu San=Domingo	[135]	350
Orleans, Jungfrau von, Bildsäule derselben zu Rouen, s. Statuen.		
Ostade, Adrian von	[119]	223
Ostindische Compagnie, das Haus der	[119]	220
Ostsee, zunehmende Verminderung derselben	[95]	31
Ottensen, Kirchhof daselbst, s. Kirchhof.		
Otternjagd, die	[142]	401
Oxford, s. Ansichten.		
Palästina, Reise nach	[125]	268
	[126]	277
	[128]	290
	[129]	300
	[132]	324
	[133]	331
	[134]	341
	[135]	348
	[136]	357
	[137]	362
	[138]	372
	[139]	380
Paulus predigend zu Athen, s. Rafael.		
Pelourinho, Platz desselben in Lissabon	[129]	297
Perlenboot, das, s. Nautilus.		
Pest, orientalische, in Smyrna	[106]	*119
Petrus, der den Krüppel heilt, s. Rafael.		
Piazza del Popolo in Rom	[110]	151
Pilchard, Fang derselben in Cornwall	[97]	43
—— Einsalzen und Verpacken derselben	[97]	44
Pyschtyan, Bäder von, in Ungarn	[100]	72
Plan der Stadt Jerusalem	[128]	290
Poetenwinkel, der	[120]	229
Polypen, Saugnäpfe derselben, s. Saugnäpfe.		
Pomeranzen auf den Azoren	[123]	251
Pompejussäule, die	[98]	49
Portlandvase, s. Barberini.		
Puppanassum, Wasserfall daselbst	[103]	92
Putz in Neusüdwales	[103]	95
Pyramide, die, von Cholula	[113]	172
Quelle, die, des Air in Goredale, s. Air.		
Radcliffe=Bibliothek, die, zu Oxford	[115]	188

VI   Inhaltsverzeichniß.

	Nr.	S.
Rafael's Cartons:		
1) Christus übergibt dem Petrus die Schlüssel des Himmelreichs	[98]	55
2) Paulus predigend zu Athen	[102]	87
3) Der Tod des Ananias	[107]	127
4) Das Opfer zu Lystra	[111]	159
5) Petrus, der den Krüppel heilt	[122]	147
6) Die Erblindung des Elymas	[124]	263
7) Der wunderbare Fischzug	[129]	303
Rafael, Madonna della Sedia, f. Madonna.		
Rafflesia, die Riesenblume	[108]	132
Rehabeam, König von Juda	[110]	147
Rheinwaldthal, das, in der Schweiz	[96]	40
Rhinoceros, das, oder Nashorn	[112]	165
Rindfleisch ohne Knochen, Anstalt in Paris zum Verkauf desselben	[94]	18
Römerberg, der, zu Frankfurt a. M., f. Ansichten.		
Roßkastanienbaum, der	[122]	244
Rouen, die Kirche St.-Maclou daselbst	[98]	51
Rubens Gemälde:		
Abnahme des Heilandes vom Kreuz	[97]	47
Ruinen, f. Stonehenge.		
Rutscheisberge, die, in Rußland	[93]	12
Salmenfang, der, im Baikalsee	[105]	110
Sandstürme in der Wüste Sahara	[107]	123
	[108]	125
Saugnäpfe des Polypen	[109]	141
Säulengang im bischöfl. Palast zu Lüttich, f. Ansichten.		
Schachspielerdorf Ströbeck	[99]	62
Schacht, der tiefste, in Großbritannien	[123]	250
Schafesser, der	[102]	85
Scherenschleifer, der, Gemälde von Teniers	[94]	18
Schildkröte, die uralte	[109]	139
Schirmpalme, die, f. Talipotpalme.		
Schmaucher, der, Gemälde von Adrian von Ostade	[119]	224
Schnabelthier, das	[96]	37
Schreiber, der öffentliche	[99]	57
Schuppenthier, das	[133]	335
Schweizerkäse, der grüne	[116]	198
Seewasser, Trinkbarmachung desselben	[141]	398
Siloa, die Quelle, am Berge Zion	[132]	324
Sitten, die, der Koloschen, f. Koloschen.		
Skelett des Faulthiers, f. Faulthier.		
Sokotora-Aloe, die	[126]	276
Soldaten, die unverwundbaren	[94]	22
Spagnoletto, die Anbetung der Hirten	[109]	143
Statuen:		
Diana	[125]	265
Jakob II.	[123]	252
Jungfrau von Orleans, zu Rouen	[139]	377
Knabe, der sich einen Dorn aus dem Fuße zieht	[93]	9
Wilhelm III., Königs von Großbritannien	[121]	237
Steinkohlenbau, der	[111]	155
Steinsalzbergbau, der, und der metallische Gänge in einem solchen	[140]	386
	[141]	399
Sternwarte, die, zu Greenwich	[132]	328
Stonehenge, die Ruinen von	[114]	179
Storch, der	[92]	7
Ströbeck, f. Schachspielerdorf.		
Südamerika, Gebirgsreisen daselbst	[95]	27
Suenostein, der, in Schottland	[143]	413
Susanna, die, zu Erfurt, f. Glocken.		
Talipot- oder Schirmpalme, die	[117]	201
Tamarindenbaum, der, Blätter, Blüte und Frucht desselben	[96]	38
Tänzerinnen, ägyptische	[95]	27
Tapir, der malaiische	[93]	15
Taubstummenunterricht, das Wichtigste über denselben:		
I. Im Allgemeinen	[125]	266
II. Methode desselben	[126]	274
	[127]	287
III. Geschichtliche Nachrichten über denselben:		
A. Erste Periode des Taubstummenunterrichts	[128]	294
B. Zweite Periode des Taubstummenunterrichts	[128]	294
C. Dritte Periode des Taubstummenunterrichts	[129]	299
D. Bildung der Taubstummen in eignen Anstalten	[130]	310
E. Bildung der Taubstummen im Kreise ihrer Familie	—	—
Taue aus Aloëfasern	[98]	51
Teniers, f. Scherenschleifer.		
Thabor, der Berg, f. Ansichten.		
Thor, das schwarze, zu Trier	[126]	273
Tintenfisch, der achtarmige, oder Polyp	[109]	140
Tippo Saheb, Sultan von Mysore	[124]	259
Tod, der, des Ananias, f. Rafael.		
Todtenkammer und Thür zu einer solchen	[134]	341
Tom, der, zu Orford, f. Glocken.		
Torf, Erhaltung thierischer Körper in demselben	[99]	62
Trachten im 16. Jahrhundert, f. Kutschen.		
Trinkbarmachung des Seewassers, f. Seewasser.		
Tscherkessen, Sitten und Gebräuche derselben	[95]	29
Tunnel, der, zwischen Gravesend und Rochester	[128]	295
—— Eingang desselben bei Liverpool	[130]	308
Tusche, chinesische, Bestandtheile derselben	[94]	23
Unterhaltungen, naturhistorische	[112]	166
	[113]	171
	[131]	319
Valencia, f. Börse.		
Vanille, die	[95]	30
Verlobung, die, auf dem Lande	[108]	136
Viaduct von Sankey, f. Ansichten.		
—— von Roiron mit darüber gehendem Steinkohlentransport	[101]	77
Violinsaiten, die	[127]	286
Vogelnester, indianische	[94]	22
Völker, Thon essende und auf Bäumen lebende	[94]	21
Völkerkunde, f. Beiträge.		
Vorsorge im rechten Augenblick	[139]	384
Walachei, Anbau derselben	[95]	28
Waldungen, Einfluß derselben auf den Zustand des Menschen	[130]	306
	[131]	314
	[137]	366
	[138]	370
Walfisch, Kraft desselben	[134]	342
Wappen der Familie du Lys	[139]	379
Wärme, Kunsttrieb der Thiere, sich dieselbe zu verschaffen, f. Kunsttrieb.		
Warschau, Ansicht der Alexanderkirche	[108]	132
Wasserfall, f. Puppanassum.		
Wasserhose, die	[116]	197
Wateau, Antoine, Bildniß desselben	[131]	320
—— das Familienconcert	—	—
Wavertree, Schlucht bei, f. Ansichten.		
Wernigerode, Stadt und Schloß	[107]	123
Westminsterabtei, das Innere der	[120]	230
Whitehall	[120]	231
Wieliczka, Bergwerk daselbst	[141]	400
	[119]	222
	[120]	226
	[121]	234
Winterleben, das, der Thiere	[122]	242
	[123]	253
Witterung, die, des Jahres 1834	[106]	118
	[107]	125
Wolken, Höhe und Formen der	[113]	172
Wollenmanufactur in England	[134]	338
Wunder der Vegetation	[117]	207
York, f. Ansichten.		
Ypern, das Stadthaus zu, f. Ansichten.		
Yurumi, der, oder Ameisenfresser	[115]	189
Zeil in Frankfurt am Main, f. Ansichten.		
Zobelfang, der	[143]	414
Zucker, Heilsamkeit desselben	[114]	179
Zusammengewachsene Fische und Bäume, f. Fische.		

Das Pfennig-Magazin

der
Gesellschaft zur Verbreitung gemeinnütziger Kenntnisse.

92.] Erscheint jeden Sonnabend. [Januar 3, 1835.

Die Madonna della Sedia von Rafael.

Die heilige Jungfrau mit dem Christuskinde darzustellen, war von jeher eine der größten Aufgaben der Maler aller Schulen. Nicht blos darin, daß dieser Gegenstand ein religiöser ist, liegt der Grund dieser zahlreichen Darstellungen, sondern weit mehr in der Art und Weise, wie das Christuskind nebst der heiligen Jungfrau und ihr gegenseitiges Verhältniß von der Kunst aufgefaßt werden können und müssen; denn es ist in der Natur dieser heiligen Wesen begründet, daß man sie sich auch mit körperlicher Schönheit reich begabt denken muß, und daraus geht die Foderung hervor, daß der darstellende Künstler in der irdischen Schönheit des Kindes und der Mutter zugleich das himmlische Wesen ausdrücke und Beides zu vereinigen vermöge.

Diese Anfoderung zu erfüllen, ist sehr schwierig, und vielleicht hat grade dies dazu beigetragen, daß so viele Künstler sich an diese Darstellung wagten. Freilich haben unter der großen Menge derselben nur Wenige die Aufgabe wirklich gelöst, und die Meisten in ihren Gemälden eben nur das Irdische getroffen; sie haben eine reizende Jungfrau und einen lieblichen Knaben gemalt, aber Beiden fehlt der Zug des Heiligen, mit einem Worte, der Hauch der Göttlichkeit.

Im Allgemeinen kann man sagen, daß die italienischen Meister das Vorzüglichste geleistet haben, wovon der Grund in dem Charakter der italienischen Kunst überhaupt zu suchen sein möchte. Jeder dieser Maler brachte jedoch aus der Fülle seines Talents immer etwas eigenthümlich Reizendes hervor. So bewundern wir an Guido Reni's Madonnen den höchsten Ausdruck holder und zarter Weiblichkeit, den unschuldvollen Liebreiz, die ihrer Würde und Hoheit unbewußte Demuth, die sich in den zum Himmel gerichteten Augen kund gibt, während in den ähnlichen Bildern von Carlo Dolce der Ausdruck einer bangen Schwermuth auf dem Gesicht der heiligen Jungfrau sich bei allen wiederholt. In Giulio Romano's Madonnen tritt das Irdische mehr hervor, wogegen der unnachahmliche Zauber, den Correggio seinen weiblichen Gestalten einzuhauchen weiß, den Gedanken des Überirdischen und Göttlichen schon weit entschiedener ausdrückt.

Unter allen italienischen Meistern aber, welche die Madonna darstellten, leistete das Höchste Rafael Sanzio (geboren zu Urbino am 8. März 1483, gestorben zu Rom am 7. April 1520), und es läßt sich wol behaupten, daß die Malerei in dieser Gattung nichts Vorzüglicheres hervorbringen kann. Rafael malte mehre Madonnen, von welchen diejenige, deren Abbildung wir hier mittheilen, eine der berühmtesten ist. Sie ist in der Kunstgeschichte unter dem Namen der Madonna im Stuhle (Madonna della sedia) bekannt, weil die heilige Jungfrau hier sitzend dargestellt ist. Das Original befand sich früher in der Galerie der Medici zu Florenz, wurde später von dem Großherzog Ferdinand gekauft und in dem Palast Pitti aufgestellt. Während der Herrschaft Napoleon's kam es in das pariser Museum, von wo es jedoch nach Florenz zurückgebracht wurde. Es ist durch die Sorgfalt, welche die frühern Besitzer darauf verwendeten, noch vollkommen gut erhalten, und ist der immer mehr überhandnehmenden Neigung, alte Bilder aufzufrischen und abzuglätten, glücklich entgangen. Daß in einem Holzschnitte die Schönheit eines solchen Gemäldes vollkommen wiedergegeben werde, ist um so weniger zu erwarten, da selbst unter den vielen davon vorhandenen Kupferstichen, z. B. von Bartolozzi, Desnoyers, J. G. Müller, Garavaglia, Morghen, nur die beiden leztern gelungen zu nennen sind. Vorstehende Abbildung wird jedoch hinreichen, dem Beschauer einen Begriff von dem unnachahmlichen Zauber zu geben, der auf diesem Bilde ruht. Der eigentlich belebende Zug, der durchgehende Charakter desselben ist der Ausdruck höchster Mutterliebe, den der Maler in das Gesicht der heiligen Jungfrau, in das gegenseitige innige Anschmiegen der Mutter und des Kindes gelegt hat. Aber in Maria's vollendet schönem Antlitz liegt nicht blos der Ausdruck der Mutterliebe; der gesenkte Blick verräth ein tiefes Nachsinnen über die göttliche Gnade, welcher sie gewürdigt, und eine dunkele Ahnung des Looses, welches ihr als Mutter des Heilandes fallen wird. Dieses ruhige, schöne, ergebungsvolle Gesicht verkündet — so kann man sagen — schon im Voraus den Zustand der schmerzensreichen Mutter. In den reizenden Formen thronen weibliche Unschuld, und die Hoheit der Mutter des Heilands in ihrer ganzen Größe ist darin ausgesprochen. Vortrefflich malt sich der Abglanz der Empfindungen, die das Innere der heiligen Jungfrau erfüllen, auf dem Antlitz des kleinen Johannes, der sich liebevoll an das Knie der heil. Mutter drängt und sie mit unaussprechlicher Andacht und Ehrfurcht betrachtet, als ahne auch er, obgleich noch Kind, das Göttliche ihres Wesens und das Herbe ihres künftigen Schicksals, und so einen herrlichen Gegensatz zu dem Jesuskinde bildet, das in ahnungsloser Unschuld im Schooße der Mutter liegt.

Rudolf Zacharias Becker.

In einem Blatte, welches vorzugsweise der Verbreitung gemeinnütziger Kenntnisse unter allen Classen der bürgerlichen Gesellschaft bestimmt ist, verdient wol einen Ehrenplatz die Schilderung des Lebens und Wirkens eines deutschen Mannes, der sich die Förderung echter Aufklärung unter seinen Zeitgenossen zum besonderen Beruf seines irdischen Daseins gemacht hat.

Rudolf Zacharias Becker war am 9. April 1752 zu Erfurt geboren. Seine Jugend war kein Gewebe fröhlicher Spiele und goldener Träume, wie das jugendliche Leben so vieler Menschen. Sie fiel in die Zeiten des siebenjährigen Krieges, wo er seine Ältern oft das Brot mit Thränen netzen sah, das sie ihren Kindern bei der allgemeinen Noth und Theurung nur spärlich reichen konnten. Sein Vater war Mädchenschullehrer und erhielt, wie noch jetzt so viele seines Standes, für seine nützliche Berufsarbeit nur einen geringen Lohn. Frühzeitig mußte daher der Knabe durch Handarbeiten einen Beitrag zur Ernährung der Familie liefern, und lernte dadurch den Werth der Arbeit aller Art schätzen und kein menschliches Geschäft verachten, wenn es Menschen nützt. Bei allem Drucke der Verhältnisse machte es jedoch seine rege Lernbegierde möglich, daß er sich zum Studium der Theologie emporarbeitete. Ohne alle Unterstützung studirte er mehre Jahre zu Jena, indem er seinen spärlichen Unterhalt durch Unterrichtgeben verdiente und oft bei einem Stück trockenen Brots sich glücklich pries, nur seinen Durst nach Wissenschaften befriedigen zu können. Nach Beendigung der akademischen Laufbahn nahm er sogleich eine Hofmeisterstelle an, um dadurch und durch kleine literarische Arbeiten zur Ernährung seiner Mutter und Geschwister beitragen zu können, da der Vater unterdeß gestorben war. Er lebte anfangs in Klettenberg bei Nordhausen, dann in Erfurt, wo er Erzieher der Kinder des Präsidenten von Dacheröden war, durch dessen Familie er mit den angesehensten Häusern seiner Vaterstadt und insbesondere auch mit dem edlen Karl von Dalberg in nähere, auf seine künftige Wirksamkeit einflußreiche Verbindung kam. Im Jahre 1779 hatte die berliner Akademie der Wissenschaften eine Preisfrage aufgeworfen, zu deren Beantwortung sich Becker angeregt fühlte. Seine Ausarbeitung erschien 1780 als gekrönte Preisschrift in französischer Sprache, dann 1781 zu Leipzig in deutscher Übersetzung, und an diese, mit großem Beifall aufgenommene kleine Schrift knüpfte sich die Wahl seines Lebensberufs der Volksschriftstellerei um so mehr, als er inzwischen durch sein langes Hauslehrerleben den gewöhnlichen Weg zur Anstellung in einem öffentlichen Amte in seiner Vaterstadt versäumt hatte.

Beim Nachdenken über die Gründe, aus welchen sich bestimmen lasse, was dem Menschen wahrhaft nützlich sei, war er nämlich mehr und mehr zu der Überzeugung gelangt, daß die gewöhnliche Vorstellung von zwei entgegengesetzten Grundtrieben des Menschen, einem guten und einem bösen, irrig sei, und daß derselbe nur von einem einfachen, seinem Geschlechte eigenthümlichen, dasselbe von allen Thiergattungen unterscheidenden Naturtriebe bei allen Neigungen und Handlungen, auch den widersprechendsten, geleitet werde; dieses sei der Trieb der Fortschreitung oder Vervollkommnung; ein unablässiges Streben, immer mehr zu sein, zu haben, zu genießen und zu wirken. Dieser Trieb gebiete dem Menschen, was er in der Reihe der Wesen leisten, und die Vernunft, wie er es leisten solle, und der Endzweck seines Daseins im Weltall bestehe darin, durch fortschreitende Entwickelung und Anwendung seiner körperlichen und geistigen Kräfte selbst immer besser und vollkommener zu werden, Alles um sich her, so weit er reichen könne, zu verbessern und so die Summe des Guten in der Welt zu mehren. Die Quelle alles Guten, Edlen und Großen, was Menschen je gethan, noch thun und thun werden, fand er in diesem Naturtriebe, nach dem Gesetze der Vernunft geleitet, und ebenso auch die Quelle aller die Menschheit entehrenden Laster und Verbrechen, wenn dieser Trieb ohne Leitung der Vernunft befriedigt wird. Er hielt sich auch überzeugt, daß die heilige Religion Jesu, sowie Er sie vom Himmel brachte, keinen andern Weg zum Heil der Seelen lehre, als diesen, nur daß sie das Streben nach Vollkommenheit noch durch das höchste Gebot der Liebe erhöhe und veredle. Die Verbreitung dieser für das Leben des Einzelnen, wie die Entwickelung der bürgerlichen Gesellschaft gewiß höchst einflußreichen Erkenntniß wurde das Ziel der ganzen Lebensthätigkeit Becker's, und er hat dasselbe treu verfolgt bis an sein Ende. Zunächst glaubte er in der damals von Basedow gebrochenen Bahn eines neu gestalteten Erziehungswesens die genügendste Befriedigung seiner Ansichten zu finden, und er nahm daher gern im Frühjahr 1782 einen Ruf an das sogenannte Philanthropin zu Dessau an, um dort die „Dessauische Zeitung für die Jugend" zu schreiben, welche vorzugsweise den Kindern und ihren Erziehern einen richtigen Maßstab für die Schätzung der menschlichen Dinge und Bestrebungen an die Hand geben und in den erzählten Folgen der Irrthümer und Laster, wie der Tugenden, die wahre Bestimmung des Menschen zu fortschreitender Glückseligkeit ihnen klar vor Augen stellen sollte. Allein der Mangel an Einigkeit, welcher nach Basedow's Rücktritt unter den gemeinschaftlichen Vorstehern und Lehrern jener Erziehungsanstalt herrschte, bewog Becker schon im Herbste 1783, sich wieder von dieser Anstalt zu trennen. Er nahm seinen Wohnsitz in Gotha, wo er früher, gleich gestimmten Freunde und an dem Herzog Ernst II. einen Gönner fand, der alle Bestrebungen für Aufklärung und Menschenglück mit warmer Theilnahme förderte. Hierher folgten ihm auch zwei seiner von ihm innig geliebten Schwestern, welche noch lange Jahre hindurch dem durch seine Verheirathung begründeten glücklichen Familienkreise angehörten.

Mit dem 1. Januar 1784 erschien das erste Stück der „Deutschen Zeitung für die Jugend und ihre Freunde", deren Herausgabe, nachdem ein früher mit Salzmann verabredeter Plan zu gemeinschaftlicher Begründung der Erziehungsanstalt zu Schnepfenthal bei Gotha sich zerschlagen hatte, bis zu Becker's Tode der Lieblingsgegenstand seiner Thätigkeit geblieben ist, wenn er auch später, von der Menge seiner Unternehmungen bedrängt, die Redaction derselben zeitweise Andern anvertraute. Seinem Erweiterungs- und Verbesserungsgrundsatze getreu, wurde diese Zeitung, bald (1788) mehr für Erwachsene berechnet, 1796 zur „Nationalzeitung der Deutschen" erhoben und 1814, — nach zweijähriger Unterbrechung auf Napoleon's Befehl, — mit erneutem Eifer und in erweitertem Wirkungskreise für das befreite Deutschland fortgesetzt. Ihr Zweck blieb immer derselbe, die Tagesgeschichte der Menschenwelt, und insbesondere des deutschen Volkes, zu einer praktischen Sittenschule zu machen, und an den wirklichen Begebenheiten der Völker, der Staaten und des Einzelnen zu zeigen, daß der Mensch nur in so weit wahres Glück finden könne, als er selbst immer besser wird, und Alles, was er treibt, immer besser macht.

Neben der Herausgabe der „Deutschen Zeitung" beschäftigte sich Becker von 1784 an mit dem Plane, seine Vervollkommnungslehre der großen Masse des Volkes auf eine eindringliche Weise beizubringen. Schon die Ankündigung seines „Noth- und Hülfsbüchleins" im Jahre 1784 erregte allgemeines Aufsehen; eine kleine vorläufige Schrift: „Versuch über die Aufklärung des Landmannes" (Leipzig 1785), erhöhte die Erwartung von dem angekündigten Buche, und als der erste Theil nach vierjähriger Arbeit 1788 an das Licht trat, wurden gleich im ersten Jahre seiner Erscheinung 30,000 Exemplare abgesetzt. Um den Verbesserungstrieb in dem Landbauer zu erregen, stellt Becker's Noth- und Hülfsbüchlein ein Beispiel der Selbstbildung der Einwohner eines Dorfes Mildheim auf, welches sowol alle einzelnen Theile des praktischen Berufs des Landmannes, als dessen sittliche, häusliche und staatsbürgerliche Verhältnisse umfaßt und so ein vollständiges Lehrbuch für das gesammte Leben und Wirken des Landmannes abgibt. Seine Voraussetzung, daß ein solches lebendiges Beispiel des Guten und Bösen, des Zweckmäßigen und Verkehrten, vorzüglich geeignet sei, auf die noch wenig gebildeten Classen des Volkes einzuwirken, ward auf unwiderlegbare Weise als wahr bestätigt. Von Jahr zu Jahr mußten neue starke Auflagen des Buches gemacht werden, und als 1798 der zweite, das Ganze abrundende Theil erschien, waren schon 150,000 Exemplare des ersten Theiles verkauft. Allein der unermüdete Eifer des thätigen Mannes hoffte noch immer größere Erfolge dieses gemeinnützigen, auf Bildung und Veredlung des Volkes abzweckenden Buches, und wirklich sind seitdem noch so viele echte Auflagen des Noth- und Hülfsbüchleins nöthig geworden und so viele Nachdrücke erschienen, daß, mit Einschluß der ungarischen, böhmischen, lettischen, russischen und dänischen Übersetzungen desselben, gewiß weit über eine halbe Million Exemplare davon verbreitet worden sind.

In naher Verbindung mit Becker's Noth- und Hülfsbüchlein steht sein „Mildheimisches Liederbuch", eine Sammlung von Volksliedern für alle Vorfälle des Lebens, zur Erregung reiner und edler Empfindungen, zur Verdrängung unsittlicher und sinnloser Lieder aus den Kreisen aller Stände und zur Beförderung der Gesangslust. Im Jahre 1799 erschien die erste Ausgabe dieses später sehr vervollkommneten Volksbuches nebst Melodien, dessen zahlreiche seitdem herausgekommene Auflagen gleichfalls den Beweis geliefert haben, wie richtig der Herausgeber die wahren Bedürfnisse des menschlichen Herzens erkannt hat. Inzwischen war auch 1791 und 1792 sein oben näher gezeichnetes praktisches Moralsystem in mehr wissenschaftlicher Form, unter dem Titel „Vorlesungen über die Pflichten und Rechte des Menschen" in zwei Theilen erschienen, und auch dieses fand viel Anerkennung, wenn auch natürlicherweise nicht so ausgedehnte Verbreitung, als seine dieses System faßlich anwendenden Volksbücher.

Durch die Herausgabe der „Deutschen Zeitung" und des Noth- und Hülfsbüchleins hatte Becker sich in ganz Deutschland so viele Freunde erworben, daß er im Jahre 1791 den Muth schöpfte, in Verbindung mit André, der jedoch an der Ausführung nicht lange thätigen Antheil nahm, ein neues großes literarisches Unternehmen zu begründen. Es war der „Anzeiger", ein allgemeines Intelligenzblatt für ganz Deutschland und ein öffentlicher Sprachsaal für Jedermann, in welchem über alle

*

Gegenstände des bürgerlichen Lebens und alle Fächer des Wissens eine freimüthige und anständige Besprechung stattfinden und das Bedürfniß gegenseitiger Mittheilungen aller Art über die Grenzen der Örtlichkeit und der einzelnen deutschen Staaten hinaus schnell und wohlfeil befriedigt werden sollte. Auch dieses schwierige Beginnen gelang dem thätigen Unternehmer auf eine ausgezeichnete Weise. Bereits im Jahre 1792 wußte er demselben ein kaiserliches Privilegium, sowie nach und nach den amtlichen Gebrauch begünstigende Verordnungen mehrer deutschen Regierungen zu verschaffen; der Name des „Reichsanzeiger" war bald in Aller Munde, und der kenntnißreiche Redacteur, Dr. J. Fr. Hennicke, welchen Becker dem Blatte gleich anfangs gewann, hat dasselbe auch über den Sturz des deutschen Reiches hinaus, als „Allgemeinen Anzeiger der Deutschen" bis auf den heutigen Tag besorgt.

Der eigne Vertrieb seiner Zeitschriften und Bücher veranlaßte Becker im J. 1797 zur Begründung einer Buchhandlung, deren allmälig wachsender Verlag verschiedene Fächer, jedoch meist nur die Schriften von Männern umfaßte, mit denen Becker in näheren freundlichen Verhältnissen stand. Es mögen hier nur die geachteten Namen von Zach und von Lindenau, von Benzel-Sternau, von Schlotheim, Löffler, Demme, Kries u. s. w. angeführt werden. Vom J. 1804 an richtete sich seine rastlose Thätigkeit noch auf einen andern Gegenstand. Durch den Kunstkenner von Derschau in Nürnberg ward er zum Ankauf einer großen Kupferstich- und Holzschnittsammlung veranlaßt, die er von Jahr zu Jahr fleißig vermehrte und mit seinem erprobten Geschick, Alles für die fortschreitende menschliche Bildung nutzbar zu machen, mit unermüdetem Fleiße in eine große bildliche Kunstgeschichte ordnete, welche noch in den Händen seiner Familie ist. Er begann 1808 die Herausgabe der merkwürdigen Sammlung von „Holzschnitten alter deutschen Meister" aus der Blütezeit dieser Kunst, deren Originalplatten von Derschau größtentheils in Nürnberg aufgefunden hatte. Becker leitete bis 1816 den Druck von drei Lieferungen dieses für die deutsche Kunstgeschichte sehr wichtigen Prachtwerkes mit der größten Sorgfalt, aber Mangel an hinreichender Theilnahme unterbrach die Fortsetzung. Dagegen veranlaßte ihn der Besitz dieser Holzplatten noch zur Herausgabe der „Bildnisse der Urheber und Beförderer u. s. w. der Kirchenverbesserung", und des „Hans Sachs im Gewande seiner Zeit", welche Schrift 1821 erschien. Auch sein „Mildheimisches Evangelienbuch", das er 1816 noch seinen Volksbüchern anreihte, enthält zum großen Theile alte Originalholzschnitte aus dieser Sammlung.

Mitten in seiner unermüdeten Beschäftigung für die Förderung desjenigen Gemeinwohls, das aus fortschreitender besserer Erkenntniß ihrer Bestimmung für die Mitglieder der menschlichen Gesellschaft hervorgeht, wurde Becker einer harten Prüfung seines Lebens und seiner Bestrebungen unterworfen. Am 30. Novbr. 1811 wurde er, auf Befehl des französischen Marschalls Davoust, mit militairischer Gewalt den Armen seiner Familie zu Gotha entrissen und in die Citadelle der Festung Magdeburg abgeführt. Er war angeklagt, mit an der Spitze geheimer Verbindungen zu stehen, welche die Absicht hätten, beim Ausbruche des Krieges gegen Rußland im Rücken des französischen Heeres ganz Deutschland aufzuwiegeln. Seine in Beschlag genommenen Papiere sollten hierüber Licht geben; allein man fand — nichts, denn der Verdacht war völlig ungegründet. Nicht auf dem Wege offener oder heimlicher Gewalt hielt er bessernde Veränderungen des Zustandes der Staaten, wie der bürgerlichen Gesellschaft überhaupt, für erreichbar, sondern nur auf dem Wege allmälig fortschreitender Bildung und reiferer Einsicht. Dies bewiesen seine eignen Schriften, wie all seine Unternehmungen, die man bis in die frühere Zeit hinauf der schärfsten Untersuchung unterwarf. Auch der nächste Vorwand zu seiner Verhaftung, ein Aufsatz in der „Nationalzeitung der Deutschen" vom 11. Febr. 1811, „Der deutsche Bund, eine geheime Gesellschaft" überschrieben, hatte keinen andern Zweck als den allgemeinen, offen ausgesprochenen: deutschen Sinn, Vervollkommnung der deutschen Sprache, Fortschreitung in der Bildung jeder Art und insbesondere in der Betriebsamkeit deutscher Gewerbe, unter Entbehrlichmachung ausländischer Waaren, zu befördern. Allein dieser ihm selbst inwohnende deutsche Sinn war eben sein Verbrechen in den Augen der französischen Machthaber, wie Davoust selbst in einem später aufgefundenen Briefe an die mit der Untersuchung beauftragten Personen vom 10. Febr. 1812 mit folgenden Worten eingesteht, der von der Feder des Feindes das schönste Ehrenzeugniß enthalten, welches der Wirksamkeit des deutschen Mannes ausgestellt werden konnte. „Ihre Berichte", schrieb er, „bestätigen mir, daß dieser Mann sich seit sehr langer Zeit und vorzüglich seit 1805 bestrebt hat, unter allen Völkern, welche die deutsche Sprache reden, das Verlangen zur Bildung einer Nation zu erwecken, welches gewiß so gut ist, als Aufruhr predigen in den verschiedenen deutschen Provinzen, die dem französischen Reiche einverleibt sind, und den Empörungsgeist bei den verschiedenen Völkern, welche diese Sprache haben, aufregen wollen. Dieses Individuum hat sich mit großer Beharrlichkeit angelegen sein lassen, die Geister zu diesem Zweck zu bearbeiten; man bemerkt dieses in allen Nummern seiner Zeitschrift u. s. w."

So half denn kein Beweis seiner Unschuld an dem ihm angedichteten Verbrechen, keine Bitte seiner Familie, keine Verwendung seines theilnehmenden Fürsten und anderer einflußreichen Personen bei den französischen Behörden und bei dem Kaiser Napoleon selbst; 17 Monate lang mußte Becker in der Gefangenschaft schmachten, bis es, kurz vor der Schlacht von Lützen, bei Napoleon's Durchreise durch Gotha am 25. April 1813, der tief gebeugten Gattin des Eingekerkerten gelang, dessen Freilassung von dem damals noch Mächtigen zu erbitten. Man muß „R. Z. Becker's Leiden und Freuden in siebzehnmonatlicher französischer Gefangenschaft" (Gotha 1814), von ihm selbst beschrieben, lesen, um den Muth und die Gewissensruhe zu bewundern, womit der unschuldig Gemißhandelte die über ihn verhängten Leiden und Entbehrungen ertrug und auch im Kerker ungebeugt die gemeinnützigen Plane seines Lebens verfolgte, als um ihn lieben zu lernen im treuen Verhältnisse des zärtlich besorgten Familienvaters, des dankbaren Freundes, des durchaus redlichen Mannes, und um aus der allgemeinen Theilnahme, die seinem Schicksale bezeigt wurde, einen gerechten Schluß auf die Anerkennung seines Werthes zu ziehen. In den Schooß der Seinigen zurückgekehrt, mit vom Kummer gebleichtem Haare, aber kraftvoll am Geiste, nahm er sofort die rüstige Feder wieder zur Hand, um eine neue Bearbeitung seines Noth- und Hülfsbüchleins und Mildheimischen Liederbuches zu vollenden, die er in der letzten Zeit seiner Gefangenschaft begonnen hatte. Nach der Befreiung Deutschlands setzte er, wie schon erwähnt, mit dem Januar 1814 die zwei Jahre lang unterdrückt gewesene Nationalzeitung der Deutschen mit jugendlicher Lebendigkeit und mit um so glücklicherm Erfolge fort, als der neu erwachte Sinn für alles Vaterländische den Zwecken derselben fördernd entgegenkam. Neben seinen übrigen schon angeführten Leistungen aus dieser spätern Zeit seines Lebens, fuhr er unausgesetzt fort, seine ausgebreiteten Verbindungen mit wackern und menschenfreundlich gesinnten Männern unter allen Ständen zu gemeinnützigen und wohlthätigen Unternehmungen und Sammlungen zu benutzen, von denen hier nur der Luther'schen Jubelstiftung von 1817 gedacht werden mag, welche noch fortan besteht. Ohne Aufhören, wie sein ganzes früheres Leben hindurch, erfreuten sich aber auch viele Einzelne seines wirksamen Wohlwollens. Wer in der Nähe und Ferne eines Raths oder einer Hülfe bedurfte, wendete sich gern an den allbekannten Menschenfreund, der, unermüdlich wo es Menschenwohl galt, durch eigne Aufopferung und durch Verwendung bei Andern, sehr Vielen ein Helfer geworden ist.

So lebte er, geachtet von Hohen und Niedern, geliebt von einer treuen Gattin und glücklich versorgten Kindern, in wohlhabenden häuslichen Verhältnissen, welche er seiner nützlichen Thätigkeit verdankte, ein rüstiger Greis, als ihn der Tod wenige Tage vor Vollendung seines siebzigsten Lebensjahres, nach kurzer Krankheit, am 28. März 1822 aus diesem Erdenleben abrief. An seinem Grabe durfte mit Wahrheit gesagt werden: „Er war das echte Bild eines deutschen Mannes, offen und treu in Gesinnung, klar und kräftig in Wort und That, begeistert für Das, was er als gut erkannte, ein furchtloser Feind alles Finstern und Bösen!" So hat er gewirkt bis an sein Ende, und daß seine Ansicht der menschlichen Bestimmung auf Erden, wie sie in vorstehender Schilderung als die feste Grundlage seiner Bestrebungen bezeichnet worden ist, nicht in das Reich schöner Träume gehöre, das hat er durch sein eignes Leben redlich zu beweisen gesucht. Noch wirken auch nach seinem Tode seine Schriften und Unternehmungen segensreich fort und sicher wird Becker's Name in der Bildungsgeschichte unsers Volkes noch lange dankbar genannt werden.

Rudolf Zacharias Becker.

Der Fluß Eurotas mit der alten Brücke.

Der Fluß Eurotas, der von mehren alten Schriftstellern häufig erwähnt wird, entspringt in Arkadien, unweit der alten Stadt Megalopolis, und verdankt seine Berühmtheit besonders dem Umstand, daß dicht an seinen Ufern die Stadt Sparta lag. Er durchströmt die Provinz Lakonien der ganzen Länge nach, nimmt alle kleinern Bäche von den benachbarten Gebirgen auf und ergießt sich in den Meerbusen von Koron. Er hat ein enges aber tiefes Bett, und ist fast während des ganzen Jahres nicht zu durchwaten. Nach dem Berichte der alten Schriftsteller war er zu gewissen Zeiten von ganzen Schwärmen schneeweißer Schwäne bevölkert, die sein ruhig fließendes Gewässer angelockt hatte; neuere Reisende aber wollen solche Vögel nicht bemerkt haben. Auch war er mit einer besondern Art Schilfrohr bewachsen, das wegen seiner Höhe und Farbe sehr geschätzt wurde. Die Spartaner flochten daraus Matten und bekränzten sich damit an gewissen Festen. In den Wellen des Eurotas badeten sie ihre Kinder von frühester Jugend an, um sie abzuhärten und gegen die Kälte unempfindlich zu machen, was besonders in den Frühlingsmonaten geschehen sein mag, wo der Fluß durch den von den benachbarten Gebirgen herabstürzenden Schnee angeschwellt, und deshalb kälter als zu einer andern Jahreszeit ist. Noch jetzt halten die Griechen den Eurotas in Ehren, indem sie ihn der König der Flüsse nennen. Über den Fluß führten von Sparta aus zwei Brücken. Von der einen, die auf unserer Abbildung so dargestellt ist, wie sie im Alterthum aussah, sind noch jetzt die Überreste vorhanden. Sie war unstreitig die Hauptbrücke, und berührte grade die Mitte der Hügelreihe, auf welcher das alte Sparta stand, und bei derselben vereinigten sich alle Straßen aus den östlichen Gegenden des lacedämonischen Gebiets. Nach der Stadt hin führte sie graden Wegs auf die sogenannte Agora, den großen Marktplatz von Sparta, wo man alle kaufmännischen und andern öffentlichen Geschäfte abzuschließen pflegte. Die Gegend um den Eurotas beschreibt ein neuerer Reisender, der Engländer Leake, als sehr reich an Naturschönheiten; namentlich gewährt die Aussicht von der Höhe des Castells von Misitra, dem ehemaligen Sparta, einen überraschenden Anblick. Man überschaut die ganze nördliche, östliche und südliche Gebirgskette bis an die Grenze von Argolis und Arkadien, selbst die Insel Cythere und einen Theil des lakonischen Meerbusens. Die ganze Ebene von Sparta breitet sich vor dem Beschauer aus, bis auf einen kleinen Theil, der von dem Gebirge Taygetus verdeckt wird. Auf einigen der höchsten Gipfel dieses Gebirgs erheben sich mächtige Tannenwälder. Die nähern Abdachungen desselben sind mit Wein bewachsen oder auch mit fruchtbaren Kornfeldern und Olivenpflanzungen bedeckt. Südwärts durchschneidet die Ebene der kleine, aber ebenfalls von den alten Schriftstellern vielerwähnte Fluß Pandelekmona, dessen reizende Ufer üppig angebaut sind.

Der Fluß Eurotas mit der alten Brücke.

Einfluß des Mondes auf Pflanzen und Thiere.

Montgomery gibt in seiner Geschichte der britischen Colonien einige Beobachtungen, die er in den Ländern zwischen den Wendekreisen über den Einfluß des Mondes gemacht haben will. Wenn in der Colonie Demerary im britischen Guyana, die Wallaba, ein harziger, dem Mahogany ähnlicher Baum, während der Nacht einige Tage vor dem Eintritt des Neumondes gefällt wird, so gibt er das dauerhafteste Bauholz, und wenn man ihn in diesem Zustande zu spalten versucht, so theilt sich der Stamm in sehr unebene gezackte Stücke. Wird er hingegen zur Zeit des Vollmondes gefällt, so kann man ihn mit der größten Leichtigkeit in die schönsten und glattesten Bohlen von jeder beliebigen Dicke oder zu Faßdauben spalten; benutzt man ihn aber zu Bauholz, so ist dieses nicht dauerhaft. Wird Bambusrohr von Armsdicke während des Neumondes gefällt, so halten die davon gemachten Pfähle zehn bis zwölf Jahre, zur Vollmondzeit gehauen aber nur zwei bis drei Jahre. Ebenso ist es bei andern Waldbäumen der Fall. Nach Montgomery's Versicherung starben junge Hunde in Afrika an der Mutter Seite in wenigen Stunden, wenn man sie den Strahlen des Vollmondes aussetzte. Fische wurden unter gleichen Umständen schnell faul, frisches Fleisch verdarb dergestalt, daß es auch durch Einsalzen nicht wieder brauchbar gemacht werden konnte. Matrosen, die im Mondschein auf dem Verdeck schliefen, wurden nachtblind oder bekamen ein geschwollenes Gesicht.

Der Storch.

Dieser stattliche Vogel, zum Unterschiede von einer andern Art auch der weiße Storch (ciconia alba), an manchen Orten Adebar, Klapperbein genannt, besucht Deutschland nur als Gast und Wanderer, der, wenn ihm das Klima nicht mehr gefällt, in wärmere Gegenden zieht. So wenig er bei uns, besonders in wasserreichen Gegenden, selten ist, so zeigt er sich doch am häufigsten in Holland, fehlt dagegen in England ganz, sodaß nur höchst selten ein verirrter dort angetroffen wird. In ältern Zeiten soll er jedoch hier gemein gewesen sein, wie aber bei uns mit Ausrottung der Wälder auch Auerochsen, Bären und andere Thiere verschwunden sind, so in England der Storch, als man die sumpfigen Gegenden austrocknete und in urbares Land verwandelte. Mit seinem langen Schnabel und Halse ist dieser Vogel schon gegen 3 F. hoch, eigentlich aber fast 4 F. lang, und wenn er die Flügel ausspannt, 7 F. breit. Er fällt schon von weitem in die Augen durch die schöne Röthe des Schnabels und der Beine, und die Weiße des ganzen Gefieders, von welcher die schwarzen Schwungfedern schön abstechen. In seinem ganzen Wesen zeigt er einen gewissen Anstand; langsam und stolz schreitet er auf den Wiesen und im Sumpfe einher und noch schöner zeigt er sich im Fluge. Da schwimmt er gleichsam in den Lüften, fast ohne Flügelschlag, steigt so hoch, daß ihn das Auge kaum noch erspäht, und senkt sich, bald gleitend, bald in Kreisen schwebend, wieder herab. Steht er oder schläft er, so zieht er fast immer ein Bein in die Höhe, gleich dem Kranich und andern Vögeln, und birgt den Schnabel in den langen Halsfedern. Im Zorn, auf seinen Reisen und als Lockton für sein Weibchen läßt er ein eigenthümliches Klappern durch das Zusammenschlagen des Schnabels hören, da ihm eine eigentliche Stimme fehlt und nur die Jungen im Neste zischen.

Dieser Wandervogel (Zugvogel), der in Afrika und Asien, hauptsächlich in Ägypten und Japan einheimisch (Standvogel) ist, verlebt seinen Winter auch oft schon in Spanien, kehrt aber zu uns in Frühjahr, meist im März zurück, um uns dann im August wieder zu verlassen. Immer erscheinen dann die Männchen zuerst und überhaupt alle einzeln, dagegen sich beim Abzug alle Störche einer Gegend mehr oder weniger zu größern Gesellschaften zu vereinigen pflegen, und zuweilen, den Schwalben ähnlich, erst einige Tage vor der Abreise ihre Flügel zur weiten Reise versuchen. Sie mögen die Wanderung wol ohne auszuruhen vollbringen, denn man hat keine der aus nördlichern Gegenden kommenden als rastende beobachtet. Auch sorgen die Störche dafür, daß keine Schwächlinge die Reise antreten, wenigstens sieht man sie Flügellahme und Gezähmte dann mit argen Schnabelhieben verfolgen. Der Storch wird aber in Deutschland als halbes Hausthier betrachtet, er bezieht ja alljährlich sein altes Quartier wieder. Dies ist aber sein Nest. Er wählt zu seinem Bau hohe Dachforste, Schornsteine, Kirchthürme, seltener abgestumpfte Bäume und diese auch nur in der Nähe menschlicher Wohnungen, und der Bürger und Bauer, der wol noch im frommen Aberglauben von diesem Vogel sich mehr verspricht, als den Nutzen, den er gewährt, pflegt ihm die Arbeit durch ein altes Wagenrad zu erleichtern, welches an solcher passenden Stelle befestigt wird. Da trägt denn nun der Baumeister dürre Reiser und Dornen herbei und flicht sie, zwar nicht kunstvoll aber fest ineinander, bessert auch, ist diese Wohnung einmal fertig, sie jedesmal nach seiner Ankunft aus, und man will Storchnester von hundertjährigem Alter hier und da gefunden haben. Wol möglich, daß dann die Jungen der Alten Wohnung einnehmen, denn zahme Störche erreichen nur ein Alter von etlichen 20 Jahren. In dieses Nest legt das Weibchen zwei bis drei ockergelbe Eier, von der Größe der Gänseeier und brütet sie mit Beihülfe des Männchens in ungefähr vier Wochen aus. Mit größter Sorgfalt pflegen beide Ältern die Jungen, und immer werden diese von Einem derselben bewacht, während das Andere Nahrung sucht und herbeiträgt. Diese besteht aus Fröschen, Eidechsen, Schlangen, Mäusen und Maulwürfen, für die Jungen; die Alten leben aber außerdem auch von Insekten, besonders Heuschrecken, Hummeln, Bienen, Schnecken, nehmen jedoch auch wol junge Wachteln und Lerchen, Schnepfen und andere Eier an, sowie kleine Fische, verschlucken indeß dabei manches Unverdauliche, wie denn der Naturforscher Götze in einem Storchmagen Glasscheiben, Kirschkerne, sogar eine Federmesserklinge fand. Was der Storch von lebenden Thieren verzehrt, drückt er erst zwischen dem Schnabel todt und bereitet es gleichsam vor, indem er Alles, auch die längste Schlange, ganz verschluckt. Eine außerordentliche Anhänglichkeit zeigen die Störche für ihre Jungen. Man erzählt, daß bei dem großen Brande zu Delft in Holland ein Storch sein Nest nicht verließ, sondern sammt den Jungen verbrannte. Während der Schlacht von Friedland war ein Gehöfte in der Nähe der Stadt von einer Bombenkugel angezündet worden und der Brand ergriff auch einen alten dürren Baum, auf welchem sich ein Storchnest befand. Das Weibchen brütete eben und wollte das Nest nicht verlassen, bis dies ganz von Flammen umgeben war, dann erhob es sich grade in die Luft und wenn es eine große Höhe erreicht hatte, stürzte es sich wieder mitten ins Feuer, als wolle es versuchen, seinen kostbaren Schatz zu retten. Aber endlich, umringt von Feuer und Rauch, fiel es in die Mitte des glühenden Nestes und fand seinen Tod. Die Jungen, wenn man sie halbflügge aus dem Neste nimmt, werden leicht so zahm, daß sie ihren Herrn gleich einem Hunde begleiten.

Die Störche werden fast überall als Schützlinge betrachtet, da sie durch die Vertilgung mancher schädlichen Thiere, die ihnen zur Nahrung dienen, Nutzen gewähren. Die alten Ägypter hatten sogar Todesstrafe darauf gesetzt, wenn Jemand einen Storch tödtete, und noch jetzt werden sie in mehren Gegenden gleichsam als geheiligte Vögel in Ehren gehalten. Besonders aber stehen sie bei den Türken in Ansehen, und in Bagdad gewähren die Storchnester einen sonderbaren Anblick. Hier fehlt nämlich den Minarets oder Thürmen der Moscheen (Bethäuser) die Spitze, mit welchen sie zu Konstantinopel und anderwärts versehen sind; daher können die Störche hier leicht ihre Nester darauf bauen. Diese Nester sind mit dem Thurme ziemlich von gleichem Umkreise, und erscheinen gleichsam als Theile desselben, ist aber der hohe Vogel mit seinem langen Halse darin, so scheint er die Endspitze des Thurmes zu bilden. Die Türken halten auch deswegen den Vogel in Ehren, weil sie glauben, daß er in seinen Geberden Ähnlichkeit mit ihren Ehrfurchtsbezeigungen habe. Sie nennen ihn Hadschi Lug=lug, das erste Wort bezeichnet einen Pilger, die beiden Nachsilben sollen den Klapperton andeuten. Die Vögel scheinen aber auch ihre Verehrer zu kennen, denn in Städten von gemischten Bewohnern soll man selten ein Storchnest auf einem andern, als einem türkischen Hause finden. Ja die Griechen, in ihrem Nationalhaß gegen die Türken, geben als Grund zur Vertilgung des von ihnen verfolgten Storchs an, er sei ein Türken=Vogel, da er nur auf türkische Häuser baue.

Viele Fabeln von Störchen sind ehemals verbreitet gewesen, werden auch wol noch hier und da geglaubt; dahin gehört, daß er im Schlamm überwintere, daß er ein Haus gegen Blitz und andere Unfälle bewahre, daß sein Wegziehen vom Hause Unglück bedeute, daß er bei entstandenem Feuer Wasser im Schnabel zutrage und dergl. mehr. Auch gebrauchten unsere Voraltern Allerlei vom Storch, z. B. Fett, Galle, als Arznei.

Der Storch.

Verantwortliche Herausgeber: Friedrich Brockhaus in Leipzig und Dr. C. Dräxler=Manfred in Wien.
Verlag von F. A. Brockhaus in Leipzig.

Das Pfennig-Magazin
der
Gesellschaft zur Verbreitung gemeinnütziger Kenntnisse.

93.] Erscheint jeden Sonnabend. **[Januar 10, 1835.**

Statue.
Der Knabe, der sich einen Dorn aus dem Fuße zieht.

Der Knabe, der sich einen Dorn aus dem Fuße zieht.

Ueber diese auf der umstehenden Seite dargestellte Statue, die sich früher im Capitol zu Rom befand, später nach Paris kam, jetzt aber wieder nach Rom zurückgelangt ist, hegte man lange zum Theil sehr abenteuerliche Vermuthungen. Nach Einigen sollte sie aus dem Mittelalter herrühren und einen italienischen Schäferknaben vorstellen, der während der innern Kriege und gegenseitigen Befehdungen der kleinen Staaten Italiens im 13. Jahrhundert als Bote gebraucht worden sei, sich auf seinen Wanderungen verwundet, und so einst mit verletztem Fuß seine Botschaft nach Rom gebracht habe. Wie sich aber bei einer so klaren Sache der Sinn der Beurtheiler zu einer solchen ungereimten Erklärung verleiten lassen konnte, ist nicht leicht einzusehen. Das Kunstwerk ist offenbar eine Antike, und rührt wahrscheinlich aus der Zeit des Lysippus her, wo in der bildenden Kunst bereits ein zarterer und weicherer Styl herrschend geworden war. Der feine Gliederbau, die Schönheit des gesenkten Kopfes, das Edle in der gebückten Stellung, der tiefe Schmerz, welcher sich, höchst bezeichnend, in der ganzen Haltung ausdrückt, geben diesem Bildwerk einen hohen künstlerischen Werth. Die Statue ist aus Bronze, von dem reinsten Guß und hat zwei Fuß fünf Zoll Höhe. Sie ist im Ganzen wohl erhalten, und nur einige Ergänzungen sind sichtbar, wie auch die Brüche, welche durch die Länge der Zeit entstanden, mit großer Sorgfalt, wahrscheinlich im 16. Jahrhundert, ausgefüllt sind. Das Felsstück, worauf die Figur sitzt, ist ebenfalls antik und aus demselben Metall wie die Figur selbst. Von den Augen sieht man nur noch die Höhlungen, welche wahrscheinlich mit Silber ausgefüllt waren, wie es bei den bronzenen Statuen im Alterthum üblich war.

Der Meerschaum in naturgeschichtlicher und technischer Hinsicht.

Der Meerschaum ist eine Gattung von Talkerde, woraus die beliebten Pfeifenköpfe verfertigt werden. Den Namen Meerschaum hat dieses Mineral, das auch bei den Türken Keffekil, d. i. Schaum oder leichter Thon, heißt, von seiner Leichtigkeit, welche in frühern Zeiten die Meinung veranlaßte, daß es der verhärtete Schaum des Meerwassers sei. Ueber die Naturgeschichte und Herkunft desselben haben überhaupt längere Zeit sehr irrige Begriffe geherrscht, und erst vor einigen Jahrzehnten erhielt man nähere Kenntniß davon. Genauere Untersuchungen dieses Minerals haben wir dem Chemiker Wiegleb zu danken. Man weiß jetzt, daß dieser weiße oder weißgelbliche, oder blaßisabellfarbene, fettige, zähe Naturkörper, der einen feinerdigen matten Bruch hat, durch den Strich fettartig glänzend, sehr weich und leicht ist und sich schneiden läßt, besonders in Griechenland nahe bei Thiva oder Stives, dem ehemaligen Theben, in Rum-Ili gegraben wird. Nach Andern wird dieses Mineral auch in Kleinasien, in Anadoli, nicht weit von der Stadt Eskischeher, nahe bei dem Dorfe Killschick, d. h. Thonort, gefunden, wo er in einer grauschiefrigen, sechs Fuß mächtigen Kalkkluft, in Adern von geringer Mächtigkeit, die oft 20 Fuß tief unter der Dammerde liegen, gebrochen wird. Die frisch gegrabene Erde ist weiß, zähe, fast wie Wachs; sie erhärtet leicht ohne Feuer und soll nach der Angabe der Grubenleute in der ausgegrabenen Kluft unter schäumendem Aufblähen wieder nachwachsen. Jene Grube gehört einem dortigen türkischen Kloster, welches den Landleuten der Umgegend gegen eine bestimmte Abgabe die Erlaubniß ertheilt, das Mineral aufzusuchen. Auch noch an mehren Orten des türkischen Reichs wird Meerschaum gefunden, wie auch, jedoch von geringerer Beschaffenheit, in Spanien bei Madrid und in Frankreich am Montmartre bei Paris. Er findet sich hier meist derb eingesprengt und in knolligen Stücken von unebener, schwach schimmernder Oberfläche; die Farbe ist kreideweiß, das sich ins Schneegrauliche, gelblich und röthlich Weiße zieht. Der Bruch ist erdig, im Großen zuweilen flachmuschlig, die Bruchfläche matt; die Bruchstücke sind unbestimmt eckig und stumpfkantig, übrigens undurchsichtig, gar nicht oder sehr wenig abfärbend, weich, milde und leicht zersprengbar, stark anhängend an der Zunge, etwas fettig und nicht kalt beim Anfühlen, leicht und mancher sogar schwimmend. *)

In der Türkei verfertigt man die Pfeifenköpfe nicht nur aus der verhärteten, sondern auch aus der noch weichen Masse. Diese wird dicht in Formen eingepreßt, die allerlei Figuren enthalten. Während die Masse noch in den Formen steht, bohrt man die Löcher ein und legt die Köpfe dann zum Trocknen in die Sonne. Wenn sich hierauf nach drei bis vier Tagen eine gelbliche Haut auf der Oberfläche zeigt, bringt man sie in einen wohlerwärmten Backofen, in welchem sie so lange liegen bleiben, bis sie kalt geworden. Nun werden die Köpfe in Milch gesotten, mit Schachtelhalm, zuletzt mit feinem weichen Leder abgerieben und in den Handel gebracht. In Konstantinopel gibt man ihnen durch Sieden in Öl, in gelbem Wachs oder durch Weizen noch verschiedene Farben. Die Türken achten die meerschaumenen Pfeifenköpfe nicht sehr, sondern verkaufen sie meist an christliche Kaufleute, durch welche sie in mehre europäische Länder verschickt werden; ja in neuerer Zeit werden sie in der Türkei fast gar nicht mehr verfertigt, weil sie Niemand kauft, und die Türken finden ihre Rechnung besser dabei, den Meerschaum roh in den Handel zu bringen. In Konstantinopel gibt es drei türkische Kaufleute, die sich fast ausschließend mit diesem Handel beschäftigen; da jedoch die Mohammedaner durch ihre Religion auf gewisse gewerbliche Geschäfte beschränkt sind, auch oft in ihr Vaterland zurückkehren müssen, so haben sie gewöhnlich Griechen als Commissionairs in Wien. **) Außer diesen treiben dort noch

---

*) Nach neuern Untersuchungen besteht der weiße aus Natolien gebrachte Meerschaum aus

Kieselerde	50,50	
Talkerde	17,25	
Wasser	25,00	= 98,25
Kohlensäure	5,00	
Kalkerde	0,50	

Der grauweiße Meerschaum aus

Kieselerde	41,00	
Talkerde	18,25	
Wasser	39,00	= 98,75
Kohlensäure		
Kalkerde	0,50	

Der spanische Meerschaum aus

Kieselerde	62,00	
Talkerde	3,50	
Thonerde	2,50	= 69,50
Kalkerde	1,50	

Seine specifische Schwere ist nach Einigen 1,209, nach Andern 1,600 und nach noch Andern 0,988 bis 1,279.

**) Diese drei türkischen Handelsleute, welche namentlich auf die Plätze Wien und Leipzig Einfluß haben, sind: Clevikate Hadschi Ali (mit dem Commissionair Abtula in Wien), Hadschi Mohammed (mit dem reisenden Commissionair Sheriff Mohammed), Hadschi Havis (mit dem reisenden Commissionair Mula Hassan).

ein paar Armenier diesen Handel, welche stets mehre Diener nach Pesth, Wien und Leipzig reisen lassen und den Meerschaum an diesen Plätzen verkaufen und versenden. Die in Konstantinopel wohnenden Kaufleute reisen nach Eskischehr, ungefähr 60 Stunden von Konstantinopel, und wenden sich da an einen der sogenannten Meister, zu welchem sie das Vertrauen haben, daß er Glück hat, auf gute Adern zu kommen, oder vielmehr eine recht schöne Masse zu finden, und fodern ihn auf zu arbeiten. Der Unternehmer verlangt nun Geld im Voraus, um seine Arbeiter zu bezahlen, 4—500 Piaster, wol auch noch mehr. Hat er das Geld einmal erhalten, aber nicht eher, so macht er mit seinen Leuten Anstalt zur Arbeit; sie begeben sich in die Gegend, wo der gewöhnliche Fundort des Meerschaums ist, und beten für einen glücklichen Erfolg, werfen rückwärts einen Stein aus oder lassen einen Vogel fliegen. Nach diesen zufällig erhaltenen Anzeigen fangen sie auf gut Glück an zu graben. Oft kommen sie nun auf eine ergiebige Ader, nicht selten aber auch auf eine sehr arme, oft wieder auf sehr schlechten Grund; mitunter ist ihre Mühe ganz vergeblich. Haben die Leute nun drei Monate lang gegraben, so wird der gewonnene Meerschaum von Erde u. s. w. gereinigt und durch mühevolle Behandlung geglättet, sodaß alle äußern Fehler geschickt verdeckt und abgeglättet sind, daß zur Entdeckung derselben das geübteste Kennerauge erfodert und oft manches Stück als fehlerfrei gekauft und wieder verkauft wird, dessen Mängel bei der Bearbeitung erst an den Tag kommen, und das ganze Stück als unbrauchbar erscheint. Der nun so behandelte Meerschaum wird auf einen Haufen gelegt. Nun kommt der Kaufmann zum zweiten Male, sondert den Haufen in drei Theile, große, mittlere und kleine Stücke, um seinen Werth zu erkennen, und fragt um den Preis, und ist dieser angegeben, so wird gehandelt; doch darf der Kaufmann die Waare ja nicht tadeln, sondern er muß unter immerwährenden Lobsprüchen feilschen, bis beide Theile einig sind. Oft trifft es sich aber auch, daß der Meister erklärt, er werde den Meerschaum an einen Andern verkaufen und dem Besteller seinen Vorschuß zurückzahlen, und in solchen Fällen muß trotz allem Feilschen die Waare schon an Ort und Stelle sehr theuer gekauft werden. Ist der Handel geschlossen, so wird der Vorrath in gute Waare und in Ausschuß gesondert, die gute Waare abermals getheilt, nämlich nach der Größe der Stücke, und nun in Kisten von 2 Fuß 6 Zoll Länge, 8½ Zoll Breite und 1 Fuß 3¾ Zoll Tiefe gepackt. Hierin befinden sich nun gewöhnlich sieben Lagen, oben die größten, oben die kleinsten Stücke. Zwischen jeder Lage ist Baumwolle eingeschichtet, und besonders der Boden über zwei Zoll hoch mit Baumwolle belegt: ein Beweis, wie sehr man auch in Asien mit dem Meerschaum spart. Diese Kisten werden auf Pferden nach Konstantinopel geschafft, und, wenn sie zu Lande ausgeführt werden sollen, von da auf gleiche Weise nach Semlin transportirt, und zwar in Partien von 20—100 und 150 Kisten. In Semlin werden die Kisten umgepackt und müssen 40 Tage Contumaz halten. Dann reist der Commissionair von Wien der Waare bis Pesth entgegen und verkauft schon hier, so viel er kann. Von Pesth kommt der noch bleibende Vorrath nach Wien, wo die Hauptniederlage und der einstweilige Aufenthalt aller Türken ist, die mit diesem Artikel handeln. Bei diesen kaufen die Fabrikanten und Kleinhändler; ein Theil der Waare aber wird auch nach Leipzig geschafft, wo die türkischen Commissionaire die Oster- und Michaelismesse besuchen und an fernherreisende Käufer verkaufen; jedoch bleibt der beiweitem größere Theil alles Meerschaums in Wien. Die Hauptniederlage des zur See ausgeführten Meerschaums ist zu Triest. In einer Kiste von sieben Lagen sind 220—260 Stücke, die 280—320 Gulden Conv.=M. in Wien kosten. Es kommen auch Kisten von sechs Lagen mit 160—170 Stück, im Preise von 400—450 Gulden, noch seltener aber Kisten mit 60—90 Stück vor, die dann mit 500—600 Gulden bezahlt werden. Selbst Kenner werden über diesen hohen Preis erstaunen, und doch muß der Käufer immer noch gleichsam erst ein Loos auf gut Glück ziehen; denn sehr oft sind mit aller Mühe auch alle Kosten verloren. Da aber der Bedarf bis jetzt gegen den Vorrath zu groß war, so ist trotz dem Risico doch immer noch alle mangelhafte Waare mit eingepackt und versendet worden.

Kommt nun die Waare zum Fabrikanten, so hängt Alles, wie gesagt, vom Glück ab, da man zwar leicht die äußere Beschaffenheit beurtheilen, aber nicht so leicht die innern Fehler erkennen kann. Was geschickte und geschmackvolle Verarbeitung des Meerschaums zu Pfeifenköpfen betrifft, so steht Wien wol oben an und wird auch lange diesen Vorzug behaupten, da in neuerer Zeit ausgezeichnete Künstler in diesem Fache mit einander wetteifern, und sowol in äußerer Schönheit der Arbeit als in Güte der Waare das Befriedigendste leisten, und zwar zu sehr mäßigen Preisen leisten. Außer Wien werden besonders auch in Lemgo viele Pfeifenköpfe geschnitten, die von vorzüglicher Güte sind und hinsichtlich der Solidität den in Wien verfertigten gleich gesetzt werden, wiewol sie minder elegant sein mögen. Was die Zartheit dieser Masse betrifft, so kann diese nur Derjenige ganz beurtheilen, der sie bearbeitet. Fast in keinem andern Material kann der Bildner so fein und genau arbeiten als in einem vollkommen schön geformten Stück Meerschaum, das fehlerfrei ist, wie es freilich nicht allzu häufig vorkommt. Köpfe von solcher ausgesuchten Masse übertreffen dann aber auch durch die Veränderung ihrer Farbe beim Rauchen Alles, selbst die feinste dies nachahmende Malerei. Solche Pfeifenköpfe sind jedoch selten und sehr hoch im Preise; denn oft kann der Verfertiger um 1000 Guld. einkaufen, ohne ein so ganz vollkommenes Stück zu finden, und gibt ein Stück auch im Anfange Hoffnung, so ist es vielleicht wieder so üppig gewachsen, daß es Luftblasen innerlich erzeugt hat, welche gewöhnlich beim Schneiden sich mit Geräusch entleeren, was beim spröden Meerschaum nie der Fall ist, oder er trifft auf weiße Kieselsteine, oft von bedeutender Größe, welche glashart sind.

In der neuesten Zeit machte man auch Versuche, den spanischen Meerschaum zu verarbeiten, von welchem schon mehre Male größere Partien nach Wien gekommen sind; jedoch kann sich derselbe durchaus nicht mit dem türkischen messen, da er nicht nur mehr Glanz besitzt, sondern auch voller Fehler und selten von guter Beschaffenheit ist. Überdies verbreiten solche Köpfe beim Rauchen gewöhnlich einen sehr übeln Geruch. *) Die Spanier nennen ihn die Milch des Feuersteines, da derselbe über den Feuersteinschichten gefunden wird, wes-

---

*) Ein Deutscher, Hr. Eisländer, längere Zeit in Madrid anwesend, war der Erste, der den spanischen Meerschaum in den Handel zu bringen suchte und einem wiener Hause diese Sorte empfahl. Er wird in Kisten, sondern in Fässern verführt und centnerweise verkauft, der Centner um 80—100 Guld. Conv.=M.; da er aber mit dem türkischen keine Vergleichung aushält und nur sehr weniges Brauchbares bietet, so ist dieser Preis im Verhältniß immer noch sehr hoch, da von einem Centner kaum 10 Pfund zu gebrauchen sind.

halb auch häufig solche Steine in den Stücken vorkommen. In Spanien selbst verwendet man ihn zu Öfen, wol auch zu Castagnetten.

Was die Verfertigung der Meerschaumköpfe betrifft, so werden die rohen Meerschaumklötze, welche zuerst durch Schneiden mit dem Schnitzer ungefähr die Gestalt des Kopfes erhalten haben, auf die Drehbank gebracht, um von jeder Seite ein kleines Loch hineinzubohren. Dann wird der Kopf auf eine eiserne Schraube, welche sich in der Drehbank befindet, gebracht, und so die eine und dann auch die andere Seite, wenn dies die Krümmung des Pfeifenhalses erlaubt, angedreht. Ist dies geschehen, so wird dem Kopfe durch Raspeln und Feilen vollends die Form gegeben, welche er erhalten soll. Hierauf wird der Kopf in Walrath gesotten, wonach er mit einem Schaber glatt geschabt und mit Bimstein und Schachtelhalm geschliffen wird. Alsdann wird der Kopf mit geschlemmter Kreide oder wiener Kalk polirt, und hierauf, nach der Beschaffenheit der Masse, entweder in Wachs oder Öl gesotten. Endlich wird der Kopf völlig ausgebohrt, und wenn dies geschehen, abermals polirt. Von dem Abgange des Meerschaums werden in Ruhla bei Eisenach, wo eine alte bedeutende Fabrik von Meerschaumköpfen besteht, sowie in Wien, sogenannte unechte Köpfe den echten so täuschend nachgemacht, daß nur ein Kenner dieselben von echten durch ihre Schwere zu unterscheiden vermag; sie rauchen sich jedoch nur unvollkommen an und werden deshalb meist in Öl gesotten in den Handel gebracht.

Die Rutscheisberge in Rußland.

Die Rutscheisberge, welche den Russen die beliebtesten Wintervergnügungen gewähren und die Aufmerksamkeit des Ausländers besonders erregen, sind 50—60 Fuß hoch, und haben oben weiß angestrichene mit bunten Flaggen verzierte Balkone. Auf der Rückseite befindet sich eine Treppe, auf welcher die Menschen mit Eile fortwährend hinaufsteigen, um auf der andern Seite die abschüssige Eisbahn, die oft 3—400 Schritte lang ist, auf leichten Rennschlitten mit der größten Schnelligkeit wieder hinabzugleiten. Jeder Schlitten hat einen Führer, welcher bei der Abfahrt hinter seinem Passagier sitzt. Bewunderungswürdig ist die Kunst, womit er sein Fuhrwerk zu lenken weiß, sowie die Ordnung, womit Schlitten auf Schlitten einander folgen, sodaß nur äußerst selten ein Unglück geschieht. Man sieht hier Fahrlustige von jedem Alter und Geschlecht, Männer, Frauen, Mädchen und Kinder. Singend, scherzend und jubelnd, wissen sie geschickt das Gleichgewicht auf der pfeilschnellen Fahrt zu bewahren. Besonders beliebt ist dieses Eisvergnügen bei den jungen Damen der Hauptstadt, die in kostbare Pelze gehüllt, die schneidende Winterluft nicht fürchten. Dort sieht man den Adel und die schöne Welt als Zuschauer bei den Eisbergen in kostbar geschmückten Schlitten, um sich am Jubel des Volkes zu ergötzen. Am prächtigsten nimmt sich das bunte Getümmel, die rasche Fahrt der Schlitten, das eilige Auf- und Absteigen des Volkes und das Gedränge der Zuschauer zur Nachtzeit aus, wo die Gerüste und die Eisbahn durch farbige Lampen erleuchtet sind, die auf der spiegelhellen Fläche einen herrlichen Widerschein geben. Seit 1815 wurden diese Eisberge auch in andern Ländern nachgeahmt, und selbst da, wo es wegen Milde des Klimas an Eis fehlte, und um auch im Sommer das Vergnügen des pfeilschnellen Herabfahrens zu genießen, wurden, anstatt der Schlitten Wagen mit niedrigen Rollen angewandt. Solche russische Berge sah man nun fast in allen Hauptstädten Europas, und vorzüglich wurden sie ein Lieblingsvergnügen in Paris, wo diese Bahnen mit der größten Zierlichkeit und Bequemlichkeit gebaut waren.

Die Rutscheisberge in Rußland.

Der Honigvogel und der Baumläufer.

Einer der merkwürdigsten Vögel ist unstreitig der Honigvogel oder Bienenkukuk (cuculus indicator), der im südlichen Afrika landeinwärts vom Vorgebirge der guten Hoffnung lebt. Er gehört zu dem Kukuksgeschlecht und hat ungefähr die Größe eines Sperlings. Er besitzt einen besondern Instinct, die Örter zu entdecken, wo sich die Nester der wilden Bienen befinden, umschwärmt deshalb, besonders Morgens und Abends, wo er auf den Fraß auszugehen pflegt, die hohlen Bäume und Felsenklüfte, worin jene ihre Baue haben. Dabei läßt er ein durchdringende Geschrei hören, bis er die Stelle findet, welche seine Lieblingsnahrung, den Honig birgt. Die Eingebornen sehen dem Fluge des Vogels nach und geben genau Acht, wo er sich niederläßt. Sie nehmen alsdann den größten Theil des entdeckten Honigvorraths und lassen das Uebrige dem Wegweiser. Sparrman, le Vaillant und andere Reisende haben dies häufig beobachtet, und berichten auch, daß sich der Honigvogel oft der Hülfe des Baumspechts bedient, welcher wegen seines langen und harten Schnabels mit leichterer Mühe die Nester der Bienen in den hohlen Bäumen aufstört.

Sitten und Gebräuche der nordamerikanischen Völkerschaften an den Küsten der Beringsstraße.

Im Mai 1833 wurde von dem Gouverneur der russischen Niederlassungen an der Nordwestküste von Amerika, Baron von Wrangel, ein Schiff unter dem Befehl des Lieutenants Tebenkow ausgesendet, um das Innere des Landes genauer zu untersuchen und mit den Bewohnern desselben Handelsverbindungen anzuknüpfen. Die Reisenden legten an mehren Inseln an, segelten dann längs der nordwestlichen Küste hinauf, wo sie einen Meerbusen fanden, der den Namen des Entdeckers erhielt, und liefen endlich in eine Bucht an der Ostküste von Asien ein, wo sie von den Bewohnern, den Tschuktschen, einem nordostsibirischen, von Jagd, Fischerei und Rennthierzucht lebenden Volke, Pelzwerk und Walroßzähne eintauschten. Von da kehrten sie nach Neuarchangel, dem Hauptsitz der russisch-amerikanischen Ansiedelungen, zurück, nachdem der Befehlshaber an dem neuentdeckten Meerbusen ein Fort erbaut und in demselben eine russische Besatzung von 14 Mann zurückgelassen hatte. Der Bericht des Gouverneurs an die russische Regierung über den Erfolg der Reise gibt interessante Nachrichten über die Sitten und Gebräuche der Bewohner dieser Gegenden. Lieutenant Tebenkow beschreibt die an den nördlichsten Küsten Amerikas wohnenden Völker als wohlgebildet, von nicht zu großem Wuchs, aber kräftigem Gliederbau. Ihr Gesicht ist stark und breit und ihr Haar schwarz, welches die Männer auf dem Scheitel abzuscheren pflegen. Ihre Kleidung, welche aus Elenn= oder Rennthierhäuten, bei den Reichen aus sämisch Leder verfertigt ist, erhalten sie von den Tschuktschen, einer nordasiatischen Völkerschaft, mit welcher sie in Handelsverbindung stehen, und von der sie auch den Schnitt zu ihrem Anzuge entlehnt zu haben scheinen. Ihr Hauptschmuck besteht aus einer Halskrause von Wolfsfell und aus Reihen von Korallen, die sie überall anbringen. Die Frauen pflegen sich Korallen durch die Nase zu ziehen und tragen Armbänder von Kupfer= und Glasperlen. Ganz unentbehrliche Bedürfnisse sind beiden Geschlechtern Taback und Pfeife. Sie rauchen mit einer solchen Begierde, daß während dieses Genusses zu allen andern Beschäftigungen gänzlich unfähig sind. Sobald der Amerikaner seine Pfeife angezündet hat, setzt er sich mit gekreuzten Beinen nieder und gibt allen Anwesenden zu verstehen, daß sie ihn um nichts befragen und sich überhaupt um ihn nicht bekümmern sollen, wie er selbst Alles, was um ihn vorgeht, nicht im geringsten beachtet. Der Taback scheint auf diese Völker eine besonders betäubende Wirkung zu haben; denn man sieht die Raucher nach dem Genusse einer Pfeife Taback häufig gleich Betrunkenen umhertaumeln und umsinken. Sie wohnen, wie die Tschuktschen, in schlechten Erdhütten, sogenannten Jurten, die mit Treibholz, welches das Meer an die Küsten spült, und zuweilen mit Thierhäuten bedeckt sind. Der Aufenthalt in diesen unreinlichen Wohnungen wird Europäern, besonders im Sommer, wo sie zugleich Fischniederlagen sind, unerträglich und ist sehr ungesund. Gegen den Winter ziehen diese Völker tiefer ins Land und bilden sogenannte Dörfer; dies ist die Jahreszeit, wo sie fast unaufhörlich in Müßiggang leben und nichts thun als spielen, essen und Taback rauchen. Auch verkürzen sie sich dann die Zeit mit allerlei Zauberkünsten, die sie wahrscheinlich von den Tschuktschen gelernt haben. Jeder nimmt sich zwei Weiber, und die Vorliebe für die eine oder andere richtet sich nach der Zahl der Kinder, die sie gebären. Ihre Geräthschaften sind sehr einfach und bestehen nur in den nöthigen Werkzeugen zum Fischfang, in Bogen und Pfeilen für die Jagd, und einigen hölzernen und irdenen Gefäßen zum Zubereiten und Aufbewahren der Speisen. Außer diesen Geräthschaften besitzt jeder Familienvater auch noch sein Boot, worin er mit großer Kühnheit und Gewandtheit das Meer befährt. Die Bewohner jedes Dorfes haben außerdem noch ein gemeinschaftliches Fahrzeug von ungewöhnlicher Größe, dessen sie sich zu weitern Fahrten bedienen. Die Sitten dieser, gegen Fremde nicht ungastlichen Völkerschaften, zeigen sich aber in ihrer ganzen Rohheit bei ihrer Kriegführung. Wenn ein Stamm einen andern plündern will, oder von ihm beleidigt worden ist, bringt er in das jenem gehörige Dorf ein, verwüstet alle Hütten, tödtet alle Männer auf der Stelle und führt die Weiber als Gefangene hinweg. Die Getödteten werden sogleich von den Siegern aufgefressen, und das Blut der Feinde geben sie ihren Kindern zu trinken, damit das Gefühl der Rache in diesen schon zeitig erregt werde. Nur die Köpfe bleiben übrig und dienen, auf Stangen gesteckt, beim Einzug in ihr Dorf, als Siegeszeichen.

Die Religion dieser Völker ist ein Gemisch von richtigen Ansichten und dem einfältigsten Aberglauben. Sie glauben an ein unsichtbares, höchstes Wesen, welches zwar die Welt erschaffen, aber deren Regierung untergeordneten Geistern anvertraut hat. Auch die Art und Weise, wie sie sich die Schöpfung der Welt vorstellen, enthält ein seltsames Gemisch von Sinn und Unsinn. Sie glauben, im Anfange sei nichts als die Finsterniß gewesen; kein Mensch, kein Thier, keine Pflanze lebte darin, nur der Rabe, aus der Finsterniß geboren, flog darin umher. Er näherte sich der Erde, welche schon vorhanden war, aber nur eine dunkle Wüstenei, und erschuf zuerst den Menschen; hierauf entstanden von selbst die Thiere und Pflanzen. Aber diese Geschöpfe hatten in der Finsterniß die größte Langweile, und der Rabe, als der Erstling von allen, mußte dafür sorgen, daß es Licht werde. Er hatte auch wirklich das Glück, die Kiste zu erblicken, in welcher das Licht verschlossen war. Er öffnete sie und es ward Licht.

Das Land selbst, welches diese Völker bewohnen, ist nicht viel mehr als eine Steppe. Die Kälte ist so groß, daß selbst in den Sommermonaten die Sonne den Erdboden nur auf anderthalb Fuß aufthauen kann. Das Land wird von vielen Flüssen, Seen und Bächen durchschnitten, in welchen sich mancherlei Arten von Fischen befinden. Auch viele schöngefiederte Vögel gibt es daselbst, sowie an vierfüßigen Thieren namentlich Füchse, Zobel, Wölfe, Hasen, Vielfraße und Biber.

Eine andere Reisegesellschaft, ebenfalls von Neuarchangel aus, besuchte im April desselben Jahres einen andern Theil des nordwestlichen Amerika, den der Stachinfluß bewässert, um mit den dortigen Eingebornen Handelsverbindungen anzuknüpfen. Diese hatten aber durch ausgesprengte Gerüchte ein solches Vorurtheil gegen die Russen gefaßt, daß es kaum möglich war, sich ihnen zu nähern. Erst nachdem der Befehlshaber des Schiffs mit vieler Mühe einige der Eingeborenen bewogen hatte, dasselbe in Augenschein zu nehmen, und sie alle auf demselben befindliche Gegenstände, sogar die Wasserfässer, in denen sie einen versteckten Hinterhalt vermutheten, untersucht hatten, gelang es, sich mit ihnen in ein freundschaftliches Verhältniß zu setzen. Später wurde an der Mündung des Stachinflusses von der russischen Handelsgesellschaft ein Fort aufgeführt und ein Verkehr eröffnet, welcher jährlich einige tausend Stück Felle zu Pelzwerk liefern wird.

Feierlichkeiten bei dem Leichenbegängnisse eines Oberpriesters der Birmanen.

Das Leichenbegängniß eines Oberpriesters bei den Birmanen in Arakan und Pegu (in Hinterindien) ist von der seltsamsten Art. Gleich nach seinem Tode öffnet man den Leib, um die Eingeweide herauszunehmen, streckt den Leichnam der Länge nach aus, schnürt ihm die Beine zusammen und die Arme fest an den Leib. Dann geißelt man ihn auf die heftigste Weise, um so viel als möglich das Blut aus dem Körper zu ziehen. Hierauf macht man am Leibe, an den Armen und Beinen Einschnitte, die einen Zoll weit auseinander stehen, und füllt dieselben, sowie das Innere des Körpers, mit einer Mischung von Kampher und Salz. Der Leichnam wird dann ganz mit Bändern umwickelt und auf das Dach des Tempels gebracht. Hier läßt man ihn nun mehre Tage lang auf Bambusstäben liegen, unter welche Gefäße gesetzt werden, worein die durch die Sonne ausgetriebenen fetten Theile herabträufeln. Wenn der Leichnam auf diese Weise gehörig ausgetrocknet ist, so näht man ihn in ein mit Wachs getränktes Tuch und übergießt ihn außerdem noch mit einer aus Öl und Harz bestehenden Masse. In der Regel wird dadurch das Gesicht des Verstorbenen sehr entstellt, und dann legt man ihm eine Wachs=

maske vor. Der übrige Körper wird nun ebenfalls mit Wachs überstrichen, wodurch er einen goldfarbigen Glanz erhält. Hierauf wird er in den Tempel gebracht und hier mehre Jahre lang dem Volke zur Schau ausgestellt, welches dann aus allen Gegenden herzukommt und sein Gebet verrichtet. Wenn die Zeit der öffentlichen Ausstellung vorüber ist, so wird feierlich bekannt gemacht, daß nun die wirkliche Bestattung des Oberpriesters vor sich gehen und daß Jeder dieser Feierlichkeit beiwohnen soll, zu welcher dann eine unzählige Menge Volkes herbeiströmt, da Niemand, der im Stande ist zu erscheinen, es wagt, dem Aufruf nicht zu folgen. Der Körper wird in einen ausgehöhlten Baumstamm gelegt, alle Zwischenräume mit Pulver ausgefüllt und nun mit großem Pomp auf einen freien Platz gefahren. Hierauf wird unter mancherlei Feierlichkeiten unbemerkt das Pulver entzündet; eine furchtbare Explosion erfolgt und von dem Leichnam ist nichts mehr zu sehen.

Der malaiische Tapir.

Man hat lange geglaubt, es gebe nur in Amerika Tapire, nicht aber in der alten Welt; in der neuern Zeit wurden jedoch nicht blos Knochen einer bei den großen Erdüberschwemmungen untergegangenen Art in Deutschland und Frankreich aufgefunden, sondern es ward auch eine lebende Art in Ostindien entdeckt, namentlich in Malakka und Sumatra. Dieses Thier (Tapirus indicus) stellt unsere Abbildung dar, wie es eben seines Rüssels sich bedient, der 6—8 Zoll lang ist. Es ist übrigens in seinen Formen ganz dem amerikanischen ähnlich, fast wie ein Schwein gebaut, mit kleinen Augen, rundlichen, weiß gesäumten Ohren. Das Fell ist dick und fest und nur dünn mit kurzem Haare bedeckt; die Beine sind kurz und stark, die vordern Füße haben vier, die hintern nur drei hufähnliche Klauen. In den Kiefern stehen, wie auch beim amerikanischen Tapir, oben und unten sechs Vorder- oder Schneidezähne, und ebenso zwei Eckzähne oder Hundszähne, auf jeder Seite einer; dagegen finden sich im Oberkiefer jederseits sieben, im untern sechs Mahlzähne oder Backzähne. Es unterscheidet sich aber diese Art von den andern hauptsächlich durch den Mangel der kurzen Mähne und durch die Farbe. Diese ist schwarz, und nur der Rücken, die Seiten, der Steiß und die Ohrenspitzen sind weißlich, sodaß es aussieht, als hätte man eine weiße Decke ihm aufgelegt. Die Jungen sind indessen anders gefärbt, nämlich schwarz, oben mit gelben Flecken und Streifen, unten mit weißen. Erst vom sechsten Monate an erhalten sie die Färbung der Erwachsenen. Die Größe der letztern beträgt von der Rüsselspitze bis an die Spitze des kurzen Schwanzes beim Männchen 6 Fuß 10½ Zoll, beim Weibchen 8 Fuß 1 Zoll, und jenes ist am Vordertheil 3 Fuß 2 Zoll, dieses 3 Fuß 5 Zoll hoch. Der malaiische Tapir wird als ein Thier geschildert, welches jung gefangen sich leicht zähmen läßt. So weit man seine Lebensweise kennt, von welcher man jedoch noch nicht viel weiß, kommt er darin mit dem amerikanischen überein. Von diesem ist mehr bekannt und wir lassen dessen Naturgeschichte hier folgen. Er ist im größten Theile von Südamerika einheimisch, besonders in weniger bewohnten Gegenden. Von dem malaiischen unterscheidet er sich vorzüglich durch seine Farbe. Diese ist im Allgemeinen graulichbraun, an der Kehle und der untern Seite des Halses mehr aschgrau. Männ-

chen und Weibchen sind gleich gefärbt, aber die säugenden Jungen sind auf der angegebenen Grundfarbe besonders gezeichnet, die obere Seite des Kopfs ist nämlich mit weißen kreisförmigen Flecken besprengt, die Becken sind mehr graulichweiß, und an jeder Seite des Körpers laufen vier weiße unterbrochene Streifen von der Schulter bis an den hintern Rand der Schenkel; auch die Außenseite der Glieder ist mit weißen Flecken besetzt, die ganze untere Seite des Körpers, sowie die Glieder innen sind graulichweiß. Erst nach dem zweiten Jahre verschwindet nach und nach diese Zeichnung und das junge Thier ist nun ganz dem alten ähnlich gefärbt. Der Rüssel kann willkürlich zusammengezogen und verlängert werden, und der Tapir bedient sich desselben gewöhnlich, um kleine Baumzweige abzubrechen. Wie die ganze Bau des Tapirs und die Färbung der Jungen an seine Verwandtschaft mit dem Schwein, bei welchem im wilden Zustande die Frischlinge auch fleckig sind. Der Kopf eines amerikanischen Tapir-Weibchens ist 1 Fuß 5 Zoll, der Rumpf 4 Fuß 3 Zoll, der Schwanz nur 3 Zoll lang, die mittlere Höhe aber beträgt 3 Fuß 4 Zoll. Das Männchen ist immer kürzer und niedriger. Vom Scheitel zieht sich über den Nacken eine kurze, nicht viel über einen Zoll hohe Mähne hin.

Der gewöhnliche Aufenthalt des Tapirs sind dichte Waldungen, wo es an Wasser nicht fehlt. Hier streift er früh und Abends herum, schläft aber die Mittagsstunden hindurch, wälzt sich auch Morgens und Abends, wie die Schweinen, in Wasser oder Morast, theils um sich abzukühlen, theils um sich von den Stechfliegen zu befreien, gegen die ihn dann der Schlammüberzug schützt. In bewohnten Gegenden geht er nur während der Nacht seiner Nahrung nach. Er folgt auf seinen Wanderungen immer gebahnten Pfaden, und wenn ihm ein Mensch begegnet, flieht er erschrocken ins Dickigt. In Haltung, Gang und Lauf hat er viel Ähnlichkeit mit dem Schwein. Meist flieht er ins Wasser, um sich durch Schwimmen, im Nothfall aber durch Tauchen zu retten. Einen großen Theil des Jahres hindurch lebt das Männchen allein, das Weibchen aber ist gewöhnlich von seinem Jungen begleitet. Beide Geschlechter vereinigen sich gegen den Winter auf einige Zeit und man hört sie dann häufig den einzigen Ton wiederholen, welchen sie von sich geben können, ein gedehntes Pfeifen. In der Mitte des Frühjahrs wirft dann das Weibchen ein einziges Junges, welches bis zum Winter bei ihm bleibt und das die Mutter bei Gefahren vertheidigt, indem sie mit den Zähnen den Feind zu packen und zu zerreißen sucht, auch mit den Füßen auf ihn tritt, um besser reißen zu können. So wehrt sich gegen Menschen und Hunde auch das Männchen, wenn es angeschossen ist. Die Nahrung des amerikanischen Tapirs besteht einzig in Stoffen aus dem Pflanzenreich. Man findet in seinem Magen Blätter und Knospen, auch sonst verschiedene Theile von Sumpf- und Wasserpflanzen; seine Lieblingsnahrung scheinen aber Melonen und Zuckerrohr zu sein, deren Pflanzungen er nicht selten familienweise oder doch in Gesellschaft heimsucht und darin vielen Schaden anrichtet. In Paraguay sucht der Tapir auch die Stellen eifrig auf, wo die Erde mit verschiedenen Salzen beschlägt (dem sogenannten Salpeter), und leckt diese eifrig auf.

Jung gefangen läßt sich der amerikanische Tapir ebenfalls leicht zähmen, ist schon nach wenigen Tagen an seine Gefangenschaft gewöhnt und verläßt seine angewiesene Wohnung dann nicht mehr. Er lernt seinen Herrn unterscheiden, obgleich er auch von Andern sich liebkosen läßt, und folgt sogar seinem Herrn auf Wanderungen durch die Wälder; nur soll er zuweilen, wenn ihm der Weg zu lang wird, umkehren und allein nach Hause wandern. Doch zeigt er wenig geistige Empfänglichkeit und ist auch in der Hinsicht dem unbildsamen Schweine ähnlich, wie darin, daß er unfolgsam bleibt. Gleich diesem ihm verwandten Thiere gewöhnt er sich an alle Nahrungsmittel, die der Mensch genießt und frißt sogar gekochtes und an der Sonne getrocknetes, in jenen Ländern häufig zur Nahrung dienendes Fleisch; auch gewöhnt er sich daran, des Nachts zu schlafen. Als Leckerbissen verzehrt er mitunter altes Leder und Lumpen, doch nur um ihres salzigen Geschmackes willen; Salz ist ihm lieber und zu seiner Gesundheit erfoderlich, sowie, besonders im Sommer, hinreichendes Wasser zum Saufen und Baden.

Man jagt den Tapir sowol wegen seines Fleisches, als seines Fettes und seines Felles. In Brasilien lauert man ihm an seinen Badeplätzen auf und schießt ihn, sehr unzweckmäßig, mit Schrot statt mit Kugeln. Da er sich seinen Verfolgern gern durch Schwimmen zu entziehen sucht, so folgt man ihm mit Kähnen, worin die Bewohner jener Gegenden eine besondere Gewandtheit und Geschicklichkeit besitzen, oft aber entkommt er, wenn keine Hunde zur Hand sind, trotz den Schüssen, welche bei seinem Auftauchen jedesmal auf den Kopf gerichtet werden. Zuweilen stellen die Eingeborenen völlige Treibjagden an. Dagegen stöbert man ihn in Paraguay durch Hunde auf, treibt ihn ins Freie und dort fangen ihn Reiter mit den Schlingen, deren sie sich auch zum Einfangen anderer Thiere, z. B. der wilden Rinder, bedienen. Er ist zwar anfangs flüchtig, hält aber nicht lange aus und stellt sich dann gegen die Hunde und Menschen zur Wehre. Auch haben die Jäger in Paraguay eine eigne Weise, einen jungen lebend gefangenen Tapir, wenn er zu groß ist, um aufs Pferd genommen werden zu können, fortzubringen. Sie durchstechen ihm von innen die Nasenlöcher und den obern Theil des Rüssels und ziehen einen ledernen Riemen durch; der Schmerz, den jede widerstrebende Bewegung dem Thiere verursacht, bringt es dazu, dem Führer geduldig zu folgen. Das Fleisch des alten Tapirs soll nach den Versicherungen der Reisenden dem Rindfleische zu vergleichen sein, das Fleisch des jungen Thiers aber dem Kalbfleisch durchaus nicht nachstehen. In Brasilien wird es von allen Bewohnern der Ostküste gegessen, in Paraguay aber nur von den Indianern und den ärmeren weißen Einwohnern. Auf das Fett oder den Speck sind besonders die Indianer begierig, welche überhaupt alle Theile des Thieres benutzen, sogar die Haut braten und verzehren. In Brasilien und Paraguay wird die Haut gegerbt und zu Peitschen, Zäumen und dergl. benutzt. Die Camancas (ein wildes Volk in Brasilien) machen aus den Hufen ihre musikalischen Instrumente, welche ihnen beim Tanz den Takt angeben. In Paraguay schreibt das gemeine Volk diesen sowol, als vielen andern Theilen des Thieres, Heilkräfte zu, die es indeß nur selten benutzt.

Der malaiische Tapir.

Verantwortliche Herausgeber: **Friedrich Brockhaus** in Leipzig und **Dr. C. Drärler-Manfred** in Wien.
Verlag von F. A. Brockhaus in Leipzig.

Das Pfennig-Magazin

der
Gesellschaft zur Verbreitung gemeinnütziger Kenntnisse.

94. Erscheint jeden Sonnabend [Januar 17 **1835**.

Der Scherenschleifer.

Der Scherenschleifer.

Von allen niederländischen Malern erfreute sich keiner eines ausgebreitetern Rufes, als der Maler des dargestellten Bildes, David Teniers, der 1610 zu Antwerpen geboren ward und 1694 zu Brüssel starb. Wiewol er einer der fruchtbarsten Künstler war, und die Zahl seiner Gemälde so groß ist, daß er selbst im Scherz von sich sagte, wer alle seine Werke sammeln wolle, müsse dazu eine Galerie von zwei Meilen Länge haben, so fanden doch selbst seine kleinsten Gemälde, die man scherzweise Teniers' Nachschüsseln nannte, vielen Beifall und wurden ihm gut bezahlt. So führte Teniers, geehrt von allen Kunstgenossen und Kennern, geschätzt und ausgezeichnet durch mehre Fürsten, unter glücklichen Vermögensverhältnissen das angenehmste Künstlerleben. Aber er verdiente auch diese durch seine sanfte, bescheidene Gesinnung und durch die Biederkeit und Redlichkeit seines Charakters. Als Maler zeichnete er sich durch Treue und Richtigkeit der Zeichnung aus, und in dem Talent, den Wechsel der Lufteffecte mit höchster Wahrheit auszudrücken, ist er nicht übertroffen worden. Auch jetzt wird er daher immer noch als einer der vorzüglichsten Maler der niederländischen Schule geachtet.

Das Gemälde der Schleifer hat alle Vorzüge des Meisters und ist vorzüglich durch Milde und Harmonie des Colorits ausgezeichnet. Die Hauptfigur steht auf einer Anhöhe und wird von einem heitern, lebhaften Licht erleuchtet. Die Muthmaßung eines französischen Kunstrichters, daß Teniers in diesem Schleifer einen verkappten Soldaten habe vorstellen wollen, der unter dieser Maske die Umgegend ausspähen will, scheint verfehlt, da auf dem Bilde selbst sich nirgend eine Andeutung findet, die zu dieser Erklärung berechtigen könnte.

Die Gewandtheit der Eskimos.

Es gibt kein schmuzigeres und häßlicheres Volk als die Eskimos an den Küsten des nördlichen Labrador. Die Natur hat sie auf nichts als Wallfischthran und Seehundsfleisch angewiesen, und zur Kleidung ihnen nichts gegeben als die Felle der Seehunde. Ihre Wohnungen sind jämmerliche Hütten, im Winter unter der Erde, wohin weder Sonne noch Luft bringt. Nichtsdestoweniger sind diese armen, von allen Lebensfreuden scheinbar ausgeschlossenen Polarmenschen weniger roh und vernachlässigt, als man denken sollte, und sie wissen sich trefflich in fremde Sitten zu finden, während sie mit ihren Waffen und wenigen Geräthen so gut umzugehen verstehen, daß es ihnen kein Europäer nachthun kann. Vor mehren Jahren hatte ein solcher Eskimo das Unglück, mit seinem leichten Kanot gegen 50 deutsche Meilen weit ins Meer verschlagen zu werden. Der Himmel führte ihn einem englischen Grönlandfahrer zu, der ihn aufnahm und nach Schottland brachte, bis sich Gelegenheit fand, ihn in sein Vaterland zurückzusenden. Er war ein junger Mann von 19 Jahren und mußte sich schnell in die europäischen Sitten zu finden. Besonders erstaunten Alle über die Fertigkeit, womit er sein Fahrzeug handhabte. Eines Tages bestand er an der Küste unweit Leith einen Wettkampf gegen ein mit 12 Matrosen bemanntes Boot. Die ganze Stadt war Augenzeuge; alle im Hafen befindlichen Schiffe waren bis zur höchsten Spitze der Masten voll Zuschauer. Das Zeichen zum Rudern wurde gegeben, aber so kräftig die Matrosen ruderten, vermochten sie doch nicht lange, mit dem Eskimo Linie zu halten. Als er ihnen ein Stück voraus war, schnürte er sein Fahrzeug dicht um den Leib zusammen, und während er anhielt und die Matrosen ihn sicher einzuholen glaubten, stürzte er sich plötzlich mit dem Kahne um, und tauchte in beträchtlicher Entfernung wieder empor. Wol zwei Stunden trieb er dieses Spiel, nach dessen Ende für ihn unter den Zuschauern eine Geldsammlung veranstaltet wurde. Bald darauf kehrte er auf einem Grönlandfahrer in sein Vaterland zurück, mit einer so ansehnlichen Menge von Handwerkszeug, Geschirren und Kleidern versehen, daß er nun gewiß der reichste Eskimo im ganzen Lande ist.

Mittel zur Entfernung mephitischer Luft aus Brunnen und dergleichen.

Öffentliche Blätter theilen nachstehenden Versuch mit, durch welchen es bei der Ausbesserung eines bis auf den Wasserkanal 60 Fuß tiefen Brunnens gelang, die darin befindliche mephitische Luft (Stickluft) zu entfernen, um die Arbeit bewerkstelligen zu können. Nachdem man sich anderthalb Tage lang vergeblich bemüht hatte, die Stickluft durch brennende Späne oder durch die Entzündung von Schießpulver zu vertreiben, wurden etwa 180 Quart beinahe kochendes Wasser mit einem Mal in den Brunnen gegossen. Dies hatte die Wirkung, daß sich sofort undurchsichtige Dämpfe entwickelten und 15—20 Minuten lang emporstiegen, wonach die Stickluft aus dem Brunnen gänzlich entfernt ward, da unmittelbar nach dem Verschwinden dieser Dämpfe die Arbeiter ohne alle Beschwerde bis zum Wasserspiegel hinabsteigen und ihre Arbeit verrichten konnten; auch blieb ein gleichzeitig heruntergelassenes Licht brennen.

Anstalt zu Paris, in welcher Rindfleisch ohne Knochen, sowie Fleischbrühe verkauft wird.

Seit einigen Jahren bestand schon in Paris eine Gesellschaft, welche in verschiedenen Theilen dieser großen Stadt Anstalten hatte, in denen man zu jeder Tageszeit zu sehr billigem Preise Fleischbrühe erhalten konnte. Diese vortreffliche Suppe wurde aus Rindfleisch bester Qualität und keineswegs aus Abfällen bereitet, wie man dies wahrscheinlich glauben mochte, und eben deshalb erhielt sich zwar wol die Anstalt, aber sie bekam doch nicht den Aufschwung und fand nicht die Unterstützung, welche sie verdiente. Jetzt aber ist daselbst eine andere Anstalt gegründet worden, welche sich nicht nur gleich bei ihrer Eröffnung eines großen Zulaufs zu erfreuen hatte, sondern welche auch eine gänzliche Änderung in dem Fleischhandel hervorbringen wird, eine Änderung, die nicht nur dem Publicum, sondern auch den Fleischern von großem Nutzen sein wird. In dieser Anstalt verkauft man ganz reines Rindfleisch, d. h. Fleisch, aus welchem alle Knochen, Flechsen und sonstige zum Essen unbrauchbare Theile ausgelöset sind. Das Pfund dieses knochenlosen Fleisches wird zu 4 Groschen verkauft, während es, wenn die Knochen und die Zulage, die sonst mitgekauft werden mußten, abgerechnet sind, das Pfund auf 5½ Gr. zu stehen kommt. Aus den Knochen und sonstigem Abgange wird in einem vortrefflich eingerichteten Apparat eine sehr kräftige Suppe bereitet, diese sehr wohlfeil verkauft, und nicht nur der Arme kann sich hier eine gesunde und nahrhafte

Speise verschaffen, sondern auch der Bemittelte sein Fleisch und seine Suppe aus dieser Anstalt holen, und anstatt, wie jetzt geschieht, das Fleisch auszusieden, auf bessere Weise zubereitet genießen.

Die Luftpumpe.

Die Naturlehre unterscheidet bekanntlich zwischen tropfbar flüssigen Stoffen, wie das Wasser, und elastisch oder ausdehnbar flüssigen, zu denen die Luft gehört, welche unsern Erdball gleich einer hohlen Kugel umgibt und die wir auch im Allgemeinen seine Atmosphäre oder seinen Dunstkreis nennen. Das Vorhandensein dieser Lufthülle ward längst nicht mehr bezweifelt, denn abgesehen von zahllosen Naturerscheinungen, mußte jede Fächerbewegung dem Aufmerksamen in dem dadurch entstehenden Winde und dem dabei merklichen Widerstande, den Beweis davon liefern. Man machte ferner die Erfahrung, daß frische Luft für Menschen, Thiere und Pflanzen zum fröhlichen Gedeihen unentbehrlich sei, und so drängten sich denn mit den Fortschritten der Naturwissenschaften immer häufiger die Fragen auf: welchen Einfluß die Atmosphäre auf diese oder jene Erscheinung haben möge, und ob dieselbe überhaupt stattfinden würde, wenn keine Atmosphäre vorhanden wäre.

Um die Mitte des 17. Jahrh. kamen bald nacheinander zwei für diese Zwecke höchst wichtige Erfindungen zu Stande; nämlich durch den Mathematiker Toricelli in Florenz 1643 das Barometer, wodurch die genauere Bestimmung der Größe des Luftdruckes möglich wurde, und durch Otto Guericke, Bürgermeister in Magdeburg, 1650 die Luftpumpe. Letztere bot zuerst die Mittel dar, die von der Schwere, Elasticität, den mechanischen und chemischen Eigenschaften der Luft herrührenden Erscheinungen auf das Vollständigste zu erläutern.

Im Allgemeinen versteht man unter Luftpumpen solche Vorrichtungen, bei denen in einem der äußern Luft unzugänglichen Gefäß ein luftleerer Raum erzeugt wird, auf daß sich die Luft aus einem damit verbundenen luftdichten zweiten Gefäß, welches zugleich die zu untersuchenden Gegenstände enthält, kraft ihrer Elasticität mit jenen Raum vertheile und also verdünnt werde. Der Natur der Sache nach kann durch Fortsetzung dieses Theilens einer gegebenen Menge kein völlig luftleerer Raum, jedoch eine ihm sehr nahe kommende Verdünnung, erreicht werden.

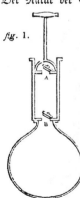

fig. 1.

Ist nun z. B. AB ein hohler metallener Cylinder, in welchem der mit einer Handhabe versehene, aus Metall oder Lederstücken bestehende Kolben luftdicht hineinpaßt, bei B genau aufsaß und von da nach A zurückgezogen wurde, so müßte zwischen A B ein luftleerer Raum entstanden sein, wenn nicht die in dem am Cylinder befindlichen Glas- oder Metallgefäß vorhandene Luft das Ventil bei B zurückdrückte und sich in dem erhaltenen Raume vertheilte, während der Druck der äußeren Luft das Ventil im Kolben schließt. Sobald dieser aber herabgeschoben wird, drückt die zwischen A B enthaltene Luft das untere Ventil zu und öffnet sich zugleich durch das bei A einen Ausweg, bis der Kolben wieder auf B ruht und die Operation wiederholt werden kann.

Auf dieser einfachen Grundlage, die man bis heute beibehalten hat, beruht die ganze Erfindung; nur die Ventile waren ihr fremd. Guericke's Luftpumpe, mit der er 1654 in Regensburg vor Kaiser Ferdinand III. und den anwesenden Reichsfürsten seine berühmten Versuche anstellte, und die noch auf der Bibliothek in Berlin verwahrt wird, bestand aus einem Kolben ohne Ventil, der luftdicht in einen messingenen Cylinder oder sogenannten Stiefel paßte, an den sich eine aufwärts gekrümmte Metallröhre anschloß, die in eine Schraubenmutter endigte. In diese wurden die mit einem Halse und darin mit einem Hahne zum Absperren gegen den Rücktritt der Luft versehenen Gefäße geschraubt, aus welchen Luft entfernt werden sollte. Nach jedem Kolbenzuge wurde der Hahn geschlossen und ein kleiner Stöpsel unterhalb des Cylinders geöffnet, um der vom niederwärts getriebenen Kolben bedrängten Luft einen Ausweg zu schaffen. Ruhte der Kolben wieder auf dem Boden des Stiefels, so wurde der Stöpsel wieder eingepaßt, der Hahn geöffnet und das Verfahren wiederholt.

Mittels dieses unvollkommenen Apparats entleerte Guericke in Regensburg zwei genau mit den Rändern zusammenpassende kupferne Halbkugeln in so hohem

Grade, daß 24 Pferde den Druck der darauf wirkenden äußern Luft nicht überwinden konnten, während die Halbkugeln fast von selbst auseinander fielen, sobald durch Drehung des an der untern befindlichen Hahnes der Zutritt der Luft gestattet wurde. Zu Ehren des Erfinders bezeichnet man die zu diesem Versuch nöthigen Halbkugeln seitdem mit dem Namen der magdeburger oder Guericke'schen Halbkugeln.

Binnen kurzer Zeit wurden wichtige Verbesserungen mit der Luftpumpe vorgenommen und es waren vorzüglich Deutsche, Holländer und Engländer, die sich darin auszeichneten. An die Stelle der aufzuschraubenden Gefäße trat der viel zweckmäßigere Teller, der mit dem Stiefel durch eine in seinem Mittelpunkt sich öffnende Röhre verbunden ist, und auf die Glasglocken oder andere Gefäße, die man sämmtlich Recipienten nennt, aufgesetzt und von Luft entleert werden können. Man baute ferner Luftpumpen mit Ventilen und ähnlicher Einrichtung des Cylinders, wie oben bei Fig. 1., brachte zwei Cylinder an, um die Luft schneller fortzuschaffen, versah die Kolben mit gezähnten Stangen und ließ sie durch ein mit einer Kurbel versehenes Räderwerk auf und nieder bewegen. Auch die Luftpumpen mit Hähnen wurden vervollkommnet und namentlich die Hähne durch doppelte Bohrung so eingerichtet, daß man nach Belieben den Recipienten völlig absperren, mit der äußern Luft oder mit dem Stiefel in Verbindung bringen kann.

Da die ältern Ventilluftpumpen die Unbequemlichkeit hatten, daß bei großer Luftverdünnung die Elasticität der eingeschlossenen Luft nicht mehr hinreichte, das innere Ventil zu öffnen, also die Entleerung nicht fortgesetzt werden konnte, so suchte man diesem Mangel durch Einrichtungen abzuhelfen, welche das regelmäßige Öffnen der Ventile der Luft nicht überließen. Zu den vorzüglichsten Vorrichtungen dieser Art gehört die von Cuthbertson, einem wissenschaftlich gebildeten Mechanicus in Amsterdam, nachher in London, gebaute und auf der folgenden Seite abgebildete Luftpumpe. Der Zweck der beiden Stiefel, welche von unten, durch eine in Mittelpunkt des auf dem obern Theile der Maschine angedeuteten Tellers mündende

Röhre, mit dem aufzusetzenden Recipienten verbunden sind, und ihre gezähnten Kolbenstangen, mit einem hinter dem Holzwerke angebrachten Räderwerke, bedürfen nach dem vorher Gesagten wol keiner Erläuterung.

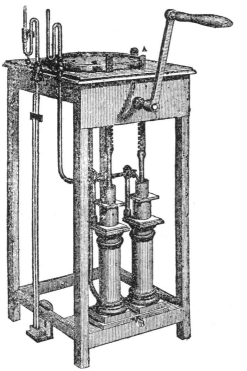

Die links angebrachten Röhren sind Barometer, deren offene Seiten unter dem Tische mit dem Kanal zum Auspumpen der Luft aus dem Recipienten in Verbindung stehen, und mittels der nach dem Fallen des Quecksilbers die unter der Glocke hervorgebrachte Luftverdünnung beurtheilt werden kann. Bei A öffnet sich ein Kanal für ein ähnliches Maßinstrument, welches dort angeschraubt wird, wenn man es anwenden will. Zur Erläuterung der innern Einrichtung der Cylinder ist der hier gegebene Durchschnitt des einen bestimmt. Der Kanal m verbindet ihn unten mit dem Recipienten und wird der darin enthaltenen Luft, zum Entweichen in den Cylinder, durch Erhebung des Stabes g g geöffnet, der luftdicht in die hohle Kolbenstange paßt, von dieser beim Aufsteigen des Kolbens gelüftet, allein durch das bei O angebrachte Schräubchen verhindert wird, der Bewegung weiter zu folgen, als durchaus nöthig ist, während der Kolben selbst an dem Stabe völlig hinauf steigt. Sobald aber der Kolben wieder herabgestoßen wird, drückt er gg augenblicklich in die verlassene Öffnung bei L, und sperrt dadurch m gegen die in den Cylinder gedrungene Luft ab. Weil nun der Kolben selbst aus zwei einander umschließenden Theilen besteht, deren mittelster, hier deutlich abgeschnittener, sich beim Herabgehen um so viel unter den äußern senkt, als ihm die mit aa bezeichneten, überragenden Arme erlauben, so entsteht eine Trennung dieser Theile, welche der unter dem Kolben im Cylinder enthaltenen Luft den Durchgang in den obern Raum erlaubt, bis das Aufstoßen des Kolbens bei L alle Theile desselben wieder luftdicht vereinigt. Wird er nun abermals gehoben, so entweicht die oberhalb befindliche Luft durch aa, welcher Kanal zugleich das etwa mit herausgetriebene Öl

(denn alle Theile einer Luftpumpe müssen sehr geschmeidig gehalten werden) in die bei G befindliche offenen

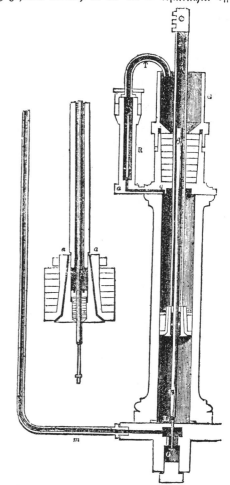

Ölbehälter leitet, durch welche die Kolbenstange auf und nieder geht.

Die Anwendung der hier noch abgebildeten kleineren Luftpumpe wird nun ohne Andeutung deutlich sein,

und nur hinsichtlich des zweiten Tellers ist zu bemerken, daß dieser hier zur Aufstellung des Barometers unter einer besondern Glocke, oder zu Versuchen benutzt wird, welche eine lange Dauer der Luftverdünnung nöthig machen, wozu eine eigne Absperrung dieses Tellers eingerichtet ist.

Von den merkwürdigen Erscheinungen, welche Körper unter der Luftpumpe darbieten, wird künftig gesprochen werden; da jedoch viele Ventil= und alle Hahnluftpumpen, wenn man die Regeln ihres Gebrauchs umkehrt, auch als Instrumente zur Verdichtung der Luft benutzt werden können und nur einer Vorrichtung zur Festhaltung des Recipienten bedürfen, so mag hier noch von der Windbüchse, als von einem merkwürdigen Beispiel starker bewegender Kraft, die Rede sein, welche durch Zusammenpressen oder Verdichten der Luft hervorgebracht wird. Die Haupttheile einer Windbüchse sind ein luftdichtes Behältniß für die verdichtete Luft oder die Windkammer, hier CS, mit einem nach innen sich öffnenden Ventil hinter der im darunter angebrachten Lauf ruhenden Kugel. Im Kolben befindet sich eine Pumpe MS, mittels der durch Auf= und Niederbewegen Luft durch das Ventil eingesogen und nach

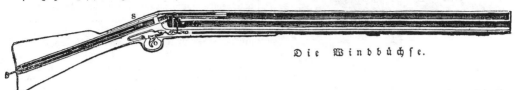

Die Windbüchse.

CS getrieben wird. Der Drücker steht mit dem Ventil in einer solchen Verbindung, daß er dieses, wenn er angezogen wird, einen Augenblick öffnet. Sogleich stürzt ein Theil der in CS zusammengepreßten Luft heraus und treibt die Kugel mit großer Gewalt fort. Da nicht alle Luft entweicht, kann man mehrmals, ja bis 40 Mal, mit einer hinlänglich geladenen Windbüchse schießen; doch wird natürlich jeder Schuß schwächer.

Die Einrichtung der Windbüchsen ist sehr verschieden. Manche haben den Windbehälter im Kolben, bei andern wird er angeschraubt, man hat sie sogar in Form von Spazierstöcken; allein ihr Gebrauch verlangt große Vorsicht. Sehr oft sind die Windbehälter gesprungen und haben großes Unglück angerichtet, ohne grade überladen gewesen zu sein, und blos, weil man sie von einem kalten Ort an einen wärmern brachte, wodurch die Elasticität der darin enthaltenen Luft zu sehr erhöht wurde.

Thon essende und auf Bäumen lebende Völker.

Man hat in allen Gegenden des heißen Erdstrichs die Beobachtung gemacht, daß bei gewissen Völkern die merkwürdige, fast unwiderstehliche Begierde herrscht, Erde zu essen; und diejenige Erdart, welcher man den Vorzug gibt, ist eine Art fetter Lehm mit starkem Geruch. Man trifft diesen sonderbaren Geschmack in Neucaledonien, auf der Insel Java, in Guinea und Peru, und es sind an Ort und Stelle über diese merkwürdige Erscheinung mehrfache Untersuchungen angestellt worden. So berichtet uns Alexander von Humboldt genau beschriebene Thatsachen, die jeden Zweifel an der Wahrheit der Mittheilungen, welche wir von andern Reisenden besitzen, heben müssen. Das Volk, welches sich durch seinen Geschmack an dieser Kost besonders auszeichnet, sind die Ottomaken, an den Ufern des Orinoco. So lange das Wasser niedrig ist, nähren sich diese Wilden von Fischen und Schildkröten; sind aber die Überschwemmungen eingetreten und gehen ihnen jene Nahrungsmittel ab, so leben sie während dieser Zeit von einer fetten und ölhaltigen Lehmerde, dem Töpferthone ähnlich, der durch ein wenig Eisenocher gefärbt ist. Sie kneten sie zu Klumpen, lassen diese an einem gelinden Feuer kochen und versorgen sich damit in ihren Hütten, indem sie ihre Erdklöße in Pyramiden aufschichten. Wollen sie nun ihre Klöße essen, so feuchten sie dieselben an und so verzehrt Jeder täglich ¾ — ⅘ Pfund Lehmerde. Die Ottomaken verwenden große Sorgfalt auf die Einsammlung dieser Erde, und selbst in der trockenen Jahreszeit, bei allem Überfluß an Fischen, essen sie täglich, um sich gütlich zu thun, nach der Mahlzeit ein paar Lehmklöße.

Ist nun dieser Geschmack ein unnatürlicher, erkünstelter, anfangs durch das Bedürfniß nach Nahrung hervorgebrachter Geschmack, der durch die Gewalt, welche man ihm anthat, endlich zur Gewohnheit wurde? Enthalten jene Erdarten wirklich eine ernährende Kraft, oder dienen sie nur dazu, um einigermaßen den Hunger zu befriedigen, während der Körper langsam von seiner eignen Substanz, wie dieses bei den schlafenden Thieren der Fall ist, fortlebt? Solche und ähnliche Fragen hat man noch nicht genügend beantwortet, und fortgesetzte Beobachtungen werden erforderlich sein, um über diese Erscheinung Gewißheit zu erlangen. So viel ist jedoch entschieden, daß man die Ottomaken unter die schmutzigsten und häßlichsten Menschen rechnen kann, ein Umstand, der für jenes Nahrungsmittel nicht sehr günstig spricht.

Es lebt außerdem an der Mündung des Orinoco ein bis dahin unbezwungenes Volk, welches sich auch durch höchst merkwürdige Sitten auszeichnet; es sind die Guaranis, die in der Regenzeit, während welcher das zwischen den Mündungen gelegene Land überschwemmt ist, wie die Affen auf den Bäumen leben. Die Fächerpalme bietet ihnen Nahrung und Wohnung. Mit der starken Blattader dieses Baumes nähen sie Matten zusammen, welche sie geschickt zwischen den Zweigen ausbreiten. Diese schwebenden Behausungen sind theilweise mit Lehm bedeckt und auf diesem feuchten Lager unterhalten die Frauen das zur Wirthschaft nöthige Feuer. Der Reisende, welcher zur Nachtzeit auf dem Strome fährt, bemerkt oft eine lange Reihe solcher Flammen in einer beträchtlichen Höhe über der Erde. Zu einer gewissen Zeit des Wachsthums enthält das Mark der Fächerpalme einen dem Sago ähnlichen Stoff, welcher sich durch Trocknen zu dünnen Scheibchen formen läßt und die Stelle des Brotes vertritt. Aus dem gegohrenen Safte bereitet man ein angenehmes und berauschendes Getränk. Auch liefern die Früchte, wie fast alle Früchte des heißen Erdstrichs, eine Nahrung, deren Geschmack und Güte je nach dem Grade der Reife, in welcher man sie bricht, verschieden ist.

So finden wir, sagt Humboldt, daß auf der niedrigsten Stufe der Gesittung der Wohnsitz und das Leben eines ganzen Volkes an eine einzige Baumart gefesselt scheint, ähnlich gewissen Insektenarten, welchen die Natur blos einzelne Theile der Blume als Wohnsitz anwies. — Wir lassen hier eine Abbildung der Fächerpalme folgen.

Die Fächerpalme.

Die unverwundbaren Soldaten.

In dem Heere der Birmanen gibt es eine Abtheilung von mehren tausend Mann, die für unverwundbar gehalten wird. Sie zeichnen sich durch besonders schön tättowirte Glieder aus, auf welchen man die Sinnbilder des unerschrockenen Muthes und der Kraft, nämlich Figuren von Tigern, Elefanten und andern wilden Thieren eingegraben sieht. In den Armen tragen sie Edelsteine, kleine Stücke Gold oder Silber, welche vermuthlich in frühester Zeit der Jugend eingesetzt werden. Wo die Engländer während des Krieges 1824—26 gegen eine birmanische Verpfählung anrückten, sah man auch solche Unverwundbare den herausfodernden Kriegstanz auf den Punkten tanzen, welche dem Feuer am meisten ausgesetzt waren. Durch Opium berauschten sie sich gegen Muthlosigkeit und Verzagtheit; in der augenscheinlichsten Gefahr dachten sie nie an Rettung, und besiegelten meist durch ihren Tod den Wahn, daß sie unverwundbar seien. Man darf sich nicht wundern, daß der Aberglaube so weit gehen kann. Gibt es doch jetzt noch einzelne Menschen, welche glauben, daß man sich gegen Hieb und Schuß festmachen könne. Im dreißigjährigen Kriege war dieser Glaube allgemein; im siebenjährigen Kriege herrschte er noch sehr. Von Wallenstein glaubte Jeder, daß er fest sei.

  Denn in der blut'gen Affair' bei Lützen
  Ritt er euch unter des Feuers Blitzen
  Auf und nieder mit kühlem Blut.
  Durchlöchert von Kugeln war sein Hut,
  Durch den Stiefel und Koller fuhren
  Die Ballen; man sah die deutlichen Spuren;
  Konnt' ihm keine die Haut nur ritzen,
  Weil ihn die höllische Salbe that schützen.

So läßt ihn Schiller von seinem Wachtmeister schildern. Auch Tilly sollte fest sein. Darum hatte ihn der lange Schwede in der breitenfelder Schlacht nicht erschießen können, obgleich er ihm mit der Pistole so viel Schläge und Stöße beibrachte, daß er sich in Halle die schmerzlichen Quetschungen aufschneiden lassen mußte. Statt der

 — — Salbe von Hexenkraut,
 Unter Zaubersprüchen gekocht und gebraut,

welche Wallenstein fest gemacht hatte, benutzten Andere ehemals einen Zauberspruch, den sie im Koller, im Degenknopfe u. s. w. bei sich führten. Wie aber, wenn solche Menschen wirklich verwundet oder getödtet wurden, so mußte ja der Wahn schwinden? Nicht doch! Gewöhnlich war eine Bedingung damit verknüpft, z. B. nicht zu fluchen, oder zu gewissen Zeiten ein bestimmtes Gebet herzusagen. Wie leicht ist so etwas vergessen und damit die Ehre des Aberglaubens gerettet! Vermuthlich hat auch der Birmane bis jetzt dadurch seinen Wahn in Ehren zu halten gewußt.

Die indianischen Vogelnester.

Auf verschiedenen kleinern ostindischen Inseln zwischen Cochinchina und Java, auf Sumatra und Java, und am häufigsten auf den Philippinnen, ist eine Schwalbe (hirundo esculenta) heimisch, die zu der kleinsten ihrer Gattung gehört, und an Größe kaum unserm Zaunkönig gleich kommt. Sie ist von Farbe bräunlich-grau mit weißem Unterleib, hat, wie alle Schwalben, einen langen gabelförmigen Schwanz und ganz schwarzen Schnabel. Sie hängt ihr Nest, welches die Gestalt eines kleinen Kessels hat, sehr fest in die Felsenklüfte, und zwar mit der Öffnung gegen die Wand, sodaß dem Vögelchen nur eine kleine Spalte zum Durchschlüpfen offen bleibt. Oft ist eine Höhle mit solchen Nestern von allen Seiten behangen und gleichsam austapezirt. Auf der Insel Java werden die Felsen, worin sie sich befinden, förmlich verpachtet, und die Pachter haben bestimmte Leute in ihrem Solde, welche sie bewachen müssen, damit sie nicht von Fremden gestohlen werden. Die Einsammlung der Nester geschieht, wenn die Brutzeit der Vögel vorüber ist, und ist mit großen Schwierigkeiten und Gefahren verbunden, da die Sammler sich in die tiefsten Schluchten hinablassen und die oft sehr versteckten Nester sogar mit Fackeln aufsuchen müssen. Ein neuerer Reisender, der sich längere Zeit auf Java aufhielt, erzählt, daß sich diese Leute aus Furcht, ihr Leben zu verlieren, oft weigern, die Nester einzusammeln, und nur durch Zureden und Vorspiegelungen der Priester, welche dafür von den Pachtern bezahlt werden, dazu bewogen werden können. Über den Stoff, woraus diese eßbaren Vogelnester erbaut werden, war man lange ungewiß. Einige glaubten, sie beständen theils aus Fischrogen, den die Vögel von den Felsen, wo ihn die Wellen anspülen, oder von der Oberfläche des Meeres selbst sammelten, theils aus einer Art von Schleimwürmern. Andere hegten sogar die unwahrscheinliche Vermuthung, daß diese Schwalben die Eier anderer Vögel aus den Nestern raubten und aus der flüssigen Masse derselben die Nester erbauten. Die neuesten Reisenden jedoch, welche an Ort und Stelle die Bestandtheile der Nester genau untersuchten, geben die bestimmte Versicherung, daß sie aus aufgelösten eßbaren Seegewächsen bestehen, die an den Küsten mehrer Inseln des indischen Archipels häufig vorhanden sind und den dortigen Eingeborenen zur

Speise dienen. Diese Seepflanzen frißt die Schwalbe und läßt sie einige Zeit in ihrem Magen aufweichen, gibt sie alsdann wieder von sich und bildet sie zu einer teigartigen Masse, woraus sie das Nest baut. Wenn die Nester eingesammelt sind, packt man sie in diesem rohen Zustande in Kistchen und versendet sie nach China, wo sie mit eignen dazu verfertigten Instrumenten gereinigt und dann auf die Märkte geschickt werden. Bei der Zubereitung derselben vermischt man sie mit verschiedenen feinen Gewürzen, und dadurch besonders erhalten sie erst ihren Wohlgeschmack. In Japan, wo man die Bestandtheile dieser Nester genau kennt, verfälscht man sie, indem man die Pflanzen selbst, woraus sie gebaut werden, sammelt, dieselben pulvert und zu einer dicken Gallerte einkocht. Dieser weiche Teig wird dann in länglich-runde Stücke geformt, nach Art der Nudeln oder Maccaroni, und so als Vogelnestersubstanz auf den Märkten zu Macao und Kanton in großer Menge verkauft.

Die Chinesen, welche diesen Leckerbissen am höchsten schätzen, genießen ihn als Sauce zu den Fleischspeisen; die Europäer hingegen bereiten ihn durch Aufkochen zu einem Gelée, welches, mit Wein und Saft von Früchten versetzt, überaus wohlschmeckend sein soll. Auch macht man eine Art Hühnerragout davon, indem man die aufgeweichte Masse in Stücke zerschneidet und diese in den geöffneten Leib eines Huhns steckt, welches langsam in Wasser gekocht, die Nacht hindurch über Kohlenfeuer stehen bleibt und am andern Morgen verspeist wird. Es gibt mehre Arten dieser Schwalbennester, wovon die vorzüglichste, die ganz reinen und unverfälschten, in China zu dem ungeheuern Preise von 12—1500 Thaler der Centner verkauft werden. Die geringste Art kostet 20 Thaler und ist nicht genießbar, sondern wird nur zu Leim und Kleister verbraucht. Diese wird von den Einsammlern nur deshalb abgelesen, damit die Vögel nicht wieder darin nisten sollen und genöthigt sind, neue zu bauen. Der Absatz der eßbaren Vogelnester ist so groß, daß blos aus Batavia die Ausfuhr an vier Millionen Stück beträgt.

Die Bestandtheile der chinesischen Tusche.

Es dürfte unsern Lesern nicht uninteressant sein, wenn wir ihnen einige Mittheilungen über die chinesische Tusche geben, aus deren Zubereitung die Chinesen noch jetzt ein Geheimniß machen, über deren Bestandtheile wir jedoch durch eine ausländische Zeitschrift einiges Licht erhalten.

Die chinesische Tusche wurde vor etwa 1000 Jahren aus einer schwarzen Erde verfertigt. Unter der Dynastie Tang's fing man an, ihn aus Ruß zu bereiten. Den Ruß versetzt man mit Terpenthinöl, mit dem Saft von dem Kienbaume und mit Leim, um ihm Festigkeit zu geben. Einem gewissen Liking-Kuei gelang es, die Tusche so hart wie Stein zu machen. Später mischte man der Tusche Kampher und Moschus bei, und versah sie mehr und mehr mit Verzierungen, bis man endlich die Eleganz mit diesem Artikel so weit trieb, ihn zu vergolden. Die von Nanking bezogene Tusche wird als die beste betrachtet. Um die Güte der Tusche zu prüfen, braucht man nur einige Tropfen davon auf ein dunkelschwarzlackirtes Holz fallen zu lassen, auf welchem jene Tropfen sich durch nichts unterscheiden müssen, wenn die Tusche wirklich gut ist.

Hohes Lebensalter in Nordamerika.

In den Vereinigten Staaten von Nordamerika ist es nicht so selten wie bei uns, Leute von 100 und mehr Jahren anzutreffen; so weist ein öffentlich bekannt gemachtes Verzeichniß 130 Personen nach, die über 110 Jahre alt geworden, sieben davon zählten 130, 133, 136, 137, 145 und endlich eine Negerin sogar 150 Jahre. Es scheint, als ob die Veränderung des Klimas der längern Lebensdauer ebenso günstig sei, als es die Lufterneuerung der Gesundheit ist. Nach den gemachten Beobachtungen ist das Verhältniß unter den beiden Geschlechtern bis zum 80. Jahre wie 49 zu 34; aber über dieses Alter hinaus findet man mehr Männer als Frauen. So ist ebenfalls bemerkt worden, daß die Hundertjährigen fast insgesammt der ärmern und arbeitenden Classe angehören, während reiche oder den Wissenschaften obliegende Personen es sehr selten so weit bringen.

Über die Kunst, den Kautschuk zu spinnbaren Fäden zu verarbeiten und elastische Zeuche daraus zu verfertigen.

Die Erfindung, den Kautschuk *) zu obengenannten Zwecken verarbeiten zu können, nehmen die beiden Franzosen Rattier und Guibal für sich in Anspruch, da, wie diese behaupten, die Versuche des Herrn Reithofer in Wien sich blos auf die Fabrikation von Schnüren zu Schnürriemen, welche nicht verwebt werden können, beschränkten. Ob aber die Priorität dieser Erfindung nicht auch von Engländern in Anspruch genommen werden kann, wollen wir nicht entscheiden; das ist aber gewiß, daß schon vor mehren Jahren die Fabrikation elastischer Zeuche in England einen gewissen Grad von Vollkommenheit erreicht hatte. Dem sei nun, wie ihm wolle, so viel ist wenigstens wahr, daß die aus der von Rattier und Guibal in St.-Denis bei Paris gegründeten großen Fabrik hervorgehenden Fabrikate mit denen des Herrn Reithofer durchaus keine Ähnlichkeit haben. In dieser Fabrik werden die Kautschukflaschen erst ausgedehnt und in zwei Hälften getrennt, diese dann flach gemacht und spiralförmig in Bänder und hierauf in Schnüre zerschnitten, was Alles durch sehr sinnreiche Maschinen geschieht. Die Schnürchen werden, nachdem sie fast auf das Zehnfache ihrer Länge ausgezogen und beinahe haarförmig geworden, auf große Haspeln aufgewickelt und getrocknet, um ihnen die Elasticität zu nehmen. Ist dies geschehen, so werden nun diese Fäden mit Baumwolle, Wolle oder Seide übersponnen, indem sich um jeden Faden 12 Spulen bewegen, und dies geschieht in dieser Fabrik durch 1000 Stühle. Die so nun übersponnenen Fäden werden auf dem Webstuhle zu Hosenträgern, Strumpfbändern, Gürteln, Gurten und Corsets u. s. w. verarbeitet, welchen Gegenständen man die Elasticität zum Theil wiedergibt, indem man sie einem bestimmten Grad von Wärme aussetzt.

Eine Dampfmaschine von 12 Pferdekraft treibt die 12,000 Spulen, die fünf Messer, welche den Kautschuk zerschneiden, die Haspeln u. s. w., und 300 Personen sind täglich in dieser Fabrik beschäftigt, welche jährlich für beinahe 200,000 Thlr. Waare liefert, wovon über die Hälfte ausgeführt wird.

*) Kautschuk heißt auch das unter dem Namen gummi elasticum bekannte Product des Federharzbaumes, dessen Abbildung in Nr. 23 des Pfennig-Magazins steht, wo auch über die Art der Gewinnung des Kautschuk ausführlich berichtet ist.

Kaiserswert.

Die deutschen Könige von den frühesten Zeiten an, bis weit in die Regierungszeit der habsburgischen Linie hinab, kannten keine Hauptstadt ihres Reichs, sondern zogen von Gau zu Gau, von Ort zu Ort, um Recht zu sprechen, Händel zu schlichten und für die Wohlfahrt des Staats zu sorgen. Dagegen hatten sie in den bedeutendsten Städten Pfalze, d. i. Paläste, und in den verschiedenen Gauen und Landschaften feste Burgen mit dazu gehörigen Ländereien, die ihnen auf ihren Zügen Obdach und Unterhalt boten. Der Lieblingsaufenthalt der merovingischen wie der karolingischen Könige war das Stromgebiet des Rheins, und von diesen Fürsten ward das Königsschloß auf der Insel Kaiserswert (Kaiserswerder, d. i. Kaiserinsel) wenn nicht gegründet, doch bedeutend erweitert. Unter den sächsischen Kaisern befand sich das Hoflager oft in diesen Hallen, und Agnes, die Gemahlin Heinrich III., zog sich nach dem Tode ihres Gemahls (1056) mit ihrem unmündigen Sohne dahin zurück, um sich und ihn vor drohenden Gefahren sicher zu stellen. Der ehrgeizige Hanno, Erzbischof von Köln, wußte sich auf das Schloß, das nicht weit von seinem Gebiete lag, einzuschmeicheln; und so gelang es ihm, den jungen Heinrich auf ein sogenanntes Wunderschiff zu locken, das er zu diesem Zwecke hatte erbauen lassen, um unter dem Vorwande einer Spazierfahrt auf dem Rheine sich des Prinzen zu bemächtigen. Der junge Fürst, der sich, als ihm die Frevelthat klar ward, in die Fluten stürzte, wurde von Ekbert von Braunschweig, der sich mit Hanno verbündet hatte, wieder herausgezogen und unter den Augen der jammernden Mutter nach Köln entführt. Später besuchte der unglückliche König oft noch die Burg, und einmal ward er gar von den Parteigängern seiner Söhne lange vergeblich in dem Kaiserswerder belagert. In spätern Zeiten, als durch die Erfindung des Schießpulvers und der Geschütze eine neue Kriegskunst geschaffen wurde, blieb das Schloß noch immer durch die Festigkeit seiner Mauern und seiner günstigen Lage bedeutend und vermochte selbst den Waffen Alba's, welcher seine dorthin geflüchteten Widersacher bedrohte, zu trotzen. Erst 1794 gelang es den Franzosen, nach einer förmlichen Belagerung das Schloß zu nehmen, welches sie in einen Schutthaufen umwandelten. Selbst die Steine wurden später von den Umwohnern zu Bauten benutzt, und in dem Werder umgebender Rheinarm versandete so sehr, daß jetzt weder von dem Schlosse, noch der Insel eine Spur übriggeblieben ist. In der Nähe liegt, einige Stunden von Düsseldorf, das Städtchen Kaiserswert, welches beinahe ganz aus den Trümmern des alten Schlosses erbaut ist. Unsere Abbildung ist nach dem in den Archiven des alten bergischen Residenzschlosses Burg gefundenen Original gefertigt und stellt das Schloß auf dem Werder dar, wie es vor der französischen Einnahme gewesen ist. Es erscheint als ein Denkmal des Baugeschmackes verschiedener Zeiten. Schon auf diesem Bilde aber sehen wir manche durch Alter und Krieg mürbe gewordenen Thürme abgebrochen und mit flacheren Dächern gedeckt, und nicht mehr die volle Herrlichkeit in den Tagen der sächsischen Kaiser.

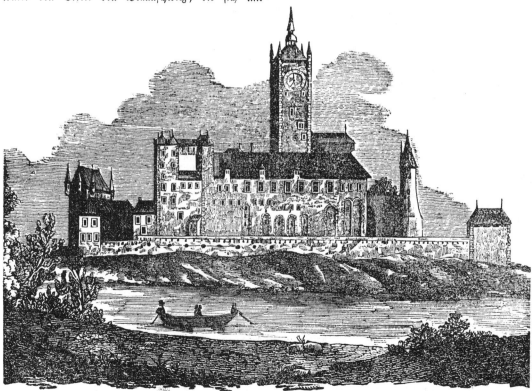

Kaiserswert.

Verantwortliche Herausgeber: Friedrich Brockhaus in Leipzig und Dr. C. Dräxler-Manfred in Wien.
Verlag von F. A. Brockhaus in Leipzig.

Das Pfennig-Magazin

der
Gesellschaft zur Verbreitung gemeinnütziger Kenntnisse.

95.]   Erscheint jeden Sonnabend.   [Januar 24, 1835.

Hogarth und seine Werke.

Der berühmte Maler William Hogarth wurde am 10. Nov. 1697 zu London geboren, der Sohn eines unbemittelten Schulmeisters, der außer ihm noch zwei Söhne hatte. Da er an dem jungen William eine nicht gewöhnliche Anlage zum Zeichnen bemerkte, gab er ihn zu einem Silberarbeiter in die Lehre, in der

Meinung, daß in diesem Berufe der Knabe am schnellsten seinen Unterhalt erwerben könnte. Der junge Hogarth aber fühlte bald, daß er hier nicht an seinem Platze und zu etwas Größerm bestimmt wäre, als zum bloßen Modellzeichnen und Wappenstechen. Schon während seiner Lehrzeit beschäftigte er sich mit Zeichnen nach der Natur. Er wählte dazu gewöhnlich komische Scenen, und es ließ sich schon an diesen Jugendversuchen die eigenthümliche Laune bemerken, die seine spätern Arbeiten so berühmt machte. Mehr Zeit konnte er auf diese Lieblingsbeschäftigung verwenden, als er nach überstandenen Lehrjahren eine Zeichnenschule besuchte, wobei er jedoch, um seinen Lebensunterhalt zu gewinnen, auch Büchertitel und Adressen für Kaufleute in Kupfer stach. Auf diese Weise kam er mit einigen Buchhändlern in Verbindung, die sein Talent erkannten und ihm auch Zeichnungen und Kupferstiche zu den Werken selbst auftrugen. Großen Beifall fanden besonders seine Abbildungen zu dem komischen Gedicht „Hudibras" und zu dem Roman „Don Quixote", und die Ausgaben, worin sie sich befinden, sind jetzt sehr selten. Diese Arbeiten verkaufte Hogarth um einen sehr wohlfeilen Preis und sie sicherten ihm deshalb nur ein nothdürftiges Auskommen. Mit großer Schnelligkeit aber verbreitete sich sein Ruf, als er anfing, Gemälde nach dem Leben auszuführen, welche er mit einer reichen Fülle von Laune und Witz ausstattete. Er machte es sich zur Aufgabe, in einer Reihe von Zeichnungen und Gemälden die Laster und Thorheiten seiner Zeit, bald ernst, bald lächerlich zu schildern, und der Reichthum von Gedanken und satirischen Einfällen, welche er hineinzulegen wußte, war so groß, daß der aufmerksame Beschauer selbst in den kleinsten Nebendingen, den unbedeutendsten Gegenständen, die auf diesen Bildern vorkommen, interessante und witzige Beziehungen entdeckte. Eins der frühesten Werke Hogarth's in dieser Gattung, für welche er eigentlich geboren war, ist „Der Lebensweg der Buhlerin", in sechs Blättern, die mit ergreifender Wahrheit das Leben eines anfänglich nur leichtsinnigen Mädchens darstellen, das von Stufe zu Stufe bis zur verabscheuungswerthesten Verworfenheit herabsinkt. Der Gegenstand sowol als die Ausführung wurde von den Kennern gepriesen, und diese Blätter fanden binnen kurzer Zeit einen sehr bedeutenden Absatz. Auch auf Hogarth's häusliche Verhältnisse wirkte die gute Aufnahme dieses Werks günstig ein. Er hatte sich einige Jahre vorher mit der Tochter des Malers Thornhill wider Willen ihres Vaters verheirathet, welcher sich, als er die Heirath erfuhr, von dem jungen Paare lossagte. Nach der Erscheinung jenes trefflichen Sittengemäldes aber versöhnte er sich mit dem Schwiegersohn, indem er äußerte, daß ein Mann von so ausgezeichnetem Talent wohl eine Frau würde ernähren können. Ein Jahr später erschien „Der Weg des Liederlichen", in acht Blättern, wo auf ähnliche Weise ein leichtsinniger Mensch dargestellt wird, der durch Verschwendung und Ausschweifung in Verlegenheit, Armuth, Elend, Verzweiflung und Verbrechen herabsinkt, bis er gänzlich zu Grunde geht. Zu den vorzüglichsten Werken Hogarth's gehört auch die Reihe von Blättern, welche den Titel führen: „Fleiß und Faulheit". Sie enthalten das Leben zweier Jünglinge, von welchen der eine sich der Betriebsamkeit, der andere der Trägheit ergibt. Der erste macht sein Glück, wird reich und geehrt bei seinen Mitbürgern, bis ihn das letzte Bild als den ersten Stadtbeamten von London vorstellt; der zweite, der als Lehrling faul war, spielte und seines Herrn Gut veruntreute, betritt alle Stufen auf der Leiter des Verbrechens, bis er zum Richtplatze geführt wird, wie auf dem letzten Bilde dargestellt ist. Diese Gegensätze des Edlen und Verworfenen, welche der Maler hier immer gegenüberstellt und in den stärksten Zügen schildert, geben dieser Reihe von Gemälden auch einen hohen sittlichen Werth.

Unter denjenigen Bildern Hogarth's, in welchen er seiner unerschöpflichen satirischen Laune freien Spielraum ließ, sind besonders ausgezeichnet „Der erzürnte Musikus"; „Das Hahnengefecht"; „Die wandernden Schauspieler, die in einer Scheune übernachten" und „Die Heirath nach der Mode". Nur selten traf Hogarth's Satire bestimmte Personen. Wenn er sich aber gekränkt und beleidigt fühlte, so erwiderte er die Kränkung gewiß durch einen Kupferstich voll der beißendsten Laune. So rächte er sich an seiner ehemaligen Hauswirthin, einer alten geizigen Frau, welche ihn wegen einer Schuld von wenigen Thalern ins Gefängniß hatte setzen lassen, dadurch, daß er sie in einer Caricaturzeichnung darstellte und öffentlich zum Verkauf aushängen ließ. Sonst war Hogarth in seinem Privatleben keineswegs von hämischer Gesinnung, vielmehr gutmüthig und dienstfertig; seine Sitten aber waren rauh und oft gemein, weil er den Umgang mit Leuten niedern Standes liebte, den er anfangs vielleicht aus künstlerischer Absicht gesucht hatte. Er starb am 26. October 1764 auf seinem Landgute zu Chiswick unweit London. Man errichtete ihm auf dem Kirchhofe ein schönes Denkmal, welches mit einer Inschrift von seinem besten Freunde, dem berühmten Schauspieler Garrick, geziert ist. Hogarth's Werke sind in mehren Nachbildungen bekannt, unter welchen die von Riepenhausen mit geistreichen Erläuterungen von Lichtenberg herausgegebenen Kupferstiche zu den vorzüglichsten gehören. Hogarth trat auch als Schriftsteller auf und suchte 1753 in einer Schrift über die Schönheit zu beweisen, daß die Schlangen- oder Wellenlinie die wahre Schönheitslinie sei. Eine solche Linie sehen wir auf der Palette in unserer Abbildung.

Wir werden von Zeit zu Zeit die bekanntesten Bilder dieses Meisters in ganz ausgezeichneten Holzschnitten, nebst einer kurzen Erklärung nach Lichtenberg in unserm Blatte mittheilen, und eröffnen diese Reihe Seite 23 mit „Der erzürnte Musikus".

Die Erziehungsanstalt zu Billodes.

Im November 1834 starb zu Billodes, einem Dorfe unweit Locle im Schweizercanton Neufchatel, Fräulein Calame, und hinterließ eine Stiftung, die ihrem Namen einen ehrenvollen Platz unter den Wohlthätern der Menschheit sichert. Wie einst der edle August Hermann Franke, der Gründer des hallischen Waisenhauses, hat auch sie ein Senfkorn ausgesäet, das sie bei ihrem Scheiden bereits zu einem fruchtbaren Baum aufgewachsen sah. Ohne eignes Vermögen und nur von ihrer Handarbeit lebend, nahm sie im Jahre 1814 fünf junge Mädchen zu sich, um sie vor Verführung und bösem Beispiele zu schützen. Zwei Jahre später war der Kreis, in welchem sie wirkte, schon auf 16 angewachsen. In den Theurungsjahren 1817 und 1818 glaubten die Menschenfreunde, welche ihr Unterstützungen gewährt hatten, nicht länger im Stande zu sein, zu dem Gedeihen der Anstalt mitzuwirken, sie selber aber ließ den Muth nicht sinken. Gegen vielfältige Schwierigkeiten kämpfend, verdoppelte sie ihre Anstrengungen. Es flossen ihr bald neue Unterstützungen zu, die es ihr möglich machten, ein größeres Haus für ihre Pfleglinge zu gewinnen, deren Zahl nun mit jedem Jahre stieg, im Jahre 1827 schon 150, 1829 aber 210 betrug, und bei dem Tode der Stifterin fast bis zu 300 angewachsen war. Drei aneinander stoßende Häuser waren für die Anstalt bald nicht mehr zureichend, und es mußten neue Gebäude errichtet werden, wozu ein bedeutendes Vermächtniß verwendet wurde. Kinder beiderlei Geschlechts fanden hier Aufnahme, um sich für ihren künftigen Stand vorzubereiten, sei es Dienstboten, Handwerker, oder Erzieherinnen zu werden. Es wurden Werkstätten für Schuhmacher, Schneider, Drechsler und andere Handwerker angelegt und alle Bedürfnisse der Anstalt hier verfertigt. Jeder Zögling erhält nach Verhältniß seines Alters Pflege und Unterricht, von den jüngsten Pfleglingen an, die in einer Kleinkinderschule vereinigt sind, bis zu den erwachsenern, die Unterricht in nützlichen Kenntnissen erhalten. Zu Bestreitung des Aufwandes hatte die Stifterin keine andern Hülfsmittel, als den Arbeitsfleiß der Anstalt selbst, die geringen Jahrgelder einiger Zöglinge, die einen Theil der für sie aufgewendeten Kosten bezahlen, und die Gaben einiger Menschenfreunde. Nie aber versagte sie die Aufnahme von Kindern, so lange sie Platz hatte, und die Ärmsten wurden ebenso gut behandelt als Diejenigen, die nicht mit ganz leeren Händen kamen. Ein unbegrenztes Vertrauen auf die Vorsehung belebte unter allen Bedrängnissen die Zuversicht der Stifterin. In den Theurungsjahren wußte sie oft nicht, wo sie am folgenden Tage Brot für ihre Kinder finden werde; aber immer kam eine unerwartete Hülfe, und am Ende des Jahres waren sich gewöhnlich Einnahme und Ausgabe gleich. Die Hülflosigkeit der Anstalt in jener Zeit war auch nicht ohne Nutzen für die Zöglinge, die dann an ihre wahre Lage dachten, ihre Anstrengungen verdoppelten und wenn Hülfe kam, um so dankbarer gegen Gott waren. Ein großes Verdienst der Stifterin bestand darin, sich Gehülfen und Gehülfinnen zu verschaffen, die aus gleichen edlen Beweggründen für die Förderung des guten Werkes arbeiteten. Alles ging in dieser großen christlichen Familie aus einem immer lebendigen christlichen Sinne hervor, der seinen Einfluß selbst auf die bösartigsten Gemüther zeigte, und unter so vielen Kindern wurde nur ein einziges, als der Besserung unfähig, aus der Anstalt fortgeschickt.

Die ägyptischen Tänzerinnen.

In allen großen Städten, ja fast in jedem ansehnlichen Dorfe in Ägypten gibt es öffentliche Tänzerinnen, die das Tanzen als Gewerbe treiben. Sie zeichnen sich durch große Kunstfertigkeit aus. Der Tanz der Almeh — so ist ihr Name — kann für die Oper der Morgenländer gelten. Personen von allen Ständen, Männer und Frauen, Alt und Jung, freuen sich über diese Kunstleistungen. Die Frauen in den Harems, die gleichfalls in der Kunst der Almeh unterrichtet werden, tanzen in ihren Gemächern zur Unterhaltung ihrer Angehörigen. Selbst die Frauen und Töchter der Europäer, die lange in Ägypten leben, finden so viel Gefallen an dem Almehtanz, daß sie sich nicht scheuen, in den reizenden Bewegungen desselben vor ihren Freunden aufzutreten. Der Engländer Saint-John, der in den letzten Jahren Ägypten besuchte, gibt uns einige anziehende Nachrichten über die Tänzerinnen in Kahira. Sie wohnen in dem kleinen Dorfe Schatzra, nahe bei der Hauptstadt, wo sie vor den neugierigen Besuchern zu jeder Stunde des Tages ihre Kunstfertigkeit zeigen. Als der Engländer mit seinem Begleiter in dem Dorfe anlangte, das nur aus schlechten Lehmhütten bestand, kamen ihnen mehre schön geputzte Tänzerinnen entgegen. Alle waren jung, keine über 20 Jahre alt, die meisten zwischen 12 und 16 Jahren. Einige waren hübsch, die meisten aber, obgleich schöner als gewöhnlich die Frauen in Kahira, konnten nur durch ihre Jugend und ihre Kunstfertigkeit gefallen. Als sie hörten, daß die Reisenden einen Tanz sehen wollten, führten sie dieselben in das Kaffeehaus, wo die Tänzerinnen den größten Theil ihres Lebens, Kaffee trinkend, singend und Märchen erzählend, zubringen. Im Saale des Kaffeehauses waren gegen 100 Tänzerinnen versammelt. Einige der schönsten waren sehr zierlich gekleidet: kurze, knapp anliegende, gestickte Mieder, lange und weite Beinkleider von hellfarbiger Seide, ein Shawl von blendender Farbe, wie ein Gürtel angelegt, ein kleiner Turban von Mousselin mit goldener Verzierung. Ihr Haar, das in langen schwarzen Flechten unter dem Kopfputze hervorkam, war mit Reihen von Goldmünzen verziert, die bei einigen Mädchen selbst die Stirne bedeckten. Die Meisten waren unter Mittelgröße, wie gewöhnlich ihre Landsmänninnen; die Hautfarbe hellbraun, die Zähne blendend weiß, die Augen groß und schwarz. Ihr Anzug ist keineswegs unanständig. Die erste Almeh bereitete sich nun zum Tanze. Sie war eine schöne Araberin in der Blüte der Jugend. Ihr gewöhnlicher Anzug wurde mit einem leichtern vertauscht. All dies geschah vor den Augen der Zuschauer. Als sie fertig war, legte sie einen breiten und dicken bunten Gürtel um den Leib, zog dann ihre Pantoffeln aus und der Tanz begann, den die ägyptische Pfeife und Trommel, der Gesang einiger andern Tänzerinnen und die muntern Töne der Castagnetten begleiteten.

Gebirgsreisen in Südamerika.

Wer je Gelegenheit hat, die Pyrenäen oder die Alpen zu bereisen, wird sich doch von den außerordentlichen Beschwerden und Gefahren einer Reise über die Anden in Südamerika nur eine geringe Vorstellung machen können. Dieses Gebirge, dessen höchste Punkte sich 18—20,000 Fuß über die Meeresfläche erheben, ist voll von Schluchten und jähen Abgründen, und die Wege steigen oft in fast senkrechter Höhe hinan. An den gefährlichsten Stellen findet der Reisende Führer, die ihn auf dem Rücken in einer Art von Sessel tragen, und ein einziger Fehltritt des Mannes kann hier zwischen Leben und Tod entscheiden. In der Regel aber macht man die Reise mit Mauleseln, die unter allen Lastthieren den ruhigsten und sichersten Gang haben. Unser Bild stellt den Übergang des englischen Obersten Hamilton über einen solchen gefährlichen Gebirgspaß vor. Er reiste als Bevollmächtigter des Königs von England im J. 1823 nach Colombia und durchzog einen großen Theil der Anden. Man sieht, daß hier der steile Weg durch eine jener tiefen Schluchten unterbrochen ist, die oft fünf bis sechs Fuß weit sind. Hier muß sich der Reisende lediglich auf die Sicherheit seines Maulthiers verlassen, und dies kann er fast immer. Am gefährlichsten ist auf einer

*

solchen Reise das Herabrutschen an steilen Abhängen, oft von beträchtlicher Höhe. Bei solchen Gelegenheiten ist die Vorsicht des Maulthiers zu bewundern. Gelangt es mit seinem Reiter an eine solche Stelle, so bleibt es zuerst stehen und betrachtet eine Weile den Abgrund, als wollte es die Tiefe desselben genau ermessen und sich mit allen Schwierigkeiten bekannt machen; dann läßt es sich auf den Hintertheil nieder, streckt die Vorderfüße vorwärts und gleitet so den Abhang hinunter.

Der Engländer Head beschreibt in seinen „Reisen durch die Pampas in Südamerika" eine Maulthierkarawane über einen der gefährlichsten Punkte der Andenkette. Der Berg, über welchen er mit seinen Reisegefährten ziehen mußte, schien von unten ganz steil, und der Weg ging an einem fast senkrechten Abhange hin. Unten floß ein reißender Bergstrom. Der Erdboden war von den Gebirgswässern aufgewühlt und überall mit abgerissenen Felsenstücken bedeckt, die bei dem leisesten Stoß in die Tiefe rollten und keinen sichern Fußtritt gestatteten. Die Führer sahen sich deshalb genöthigt, den Maulthieren die Augen zu verbinden, weil diese auf holprigen Wege dann am vorsichtigsten und sichersten gehen. Den Zug eröffnete ein altes an Bergreisen gewöhntes Maulthier; dieses erhielt die geringste Last, während unter die übrigen das Gepäcke gleich vertheilt wurde. Als der Zug fast die Spitze des Berges erreicht hatte, stolperte ein junges Maulthier über die lockern Steine, verlor das Gleichgewicht und rollte mit seiner Last den über 300 Fuß tiefen Abgrund hinunter. Die Reisenden sahen, wie es sich mehre Mal überschlug und endlich in den Strom stürzte. Man gab das Thier sammt den Waarenballen, das es trug, verloren, allein wie sehr erstaunten die Reisenden, als sie, nachdem man kaum eine halbe Stunde Wegs zurückgelegt hatte, das beladene Maulthier athemlos hinter sich herkommen sahen, ganz durchnäßt, aber unbeschädigt bis auf das Gesicht, das beim Überschlagen bedeutend war verletzt worden. Allen, selbst den Führern, war es unbegreiflich, wie bei den häufigen Felsenvorsprüngen des Abhangs und bei dem klippenvollen Bette des Stromes das Thier nicht alle Glieder zerbrochen hatte.

Bergreise in Südamerika.

Anbau der Walachei.

Daß der Menschen in Europa nicht zu viele sind und noch für Millionen in unserm Welttheil Raum ist, beweist unter Anderm die Walachei. Man zählt hier 1,200,000 Bewohner, allein es könnten sich mindestens noch 6—8 Millionen ansiedeln, ohne daß es an Platz gebräche. Man findet hier beträchtliche Landstriche, die seit Jahrhunderten der Pflug nicht berührt hat. Indessen scheint jetzt die Zeit gekommen zu sein, wo die Bevölkerung wächst; vorzüglich Bulgaren und Griechen wandern zahlreich ein, da die von der türkischen Regierung bisher untersagte Ausfuhr nun frei ist, und die regere Donauschiffahrt den Absatz der Landeserzeugnisse sehr erleichtert.

Der Gürzenich in Köln.

Das merkwürdigste und vielleicht schönste Gebäude in Köln ist, wenn wir jenes Meisterwerk altdeutscher Baukunst, den Dom, ausnehmen, der Gürzenich, ein Palast im reinsten gothischen Styl erbaut, der durch den Zweck seiner Gründung, wie seine jetzige Benutzung doppelt an Bedeutung gewinnt. Gegen Ende des Mittelalters, als die freie Reichsstadt Köln durch ihren Handel und Reichthum in der höchsten Blüte stand, wurde das Haus von einem dortigen Edlen, dem Ritter von Gürzenich, gegründet, dem öffentlichen Vergnügen, vorzüglich dem Ballspiele, gewidmet und der Stadt zum Geschenk gemacht. Das Gebäude besteht aus einem länglichen, aus Quadern aufgeführten, mit Bildnerei geschmückten Viereck, hat zwei Stockwerke, und endigt nach oben in einer mit Zinnen bewehrten Mauerkrone. Das Erdgeschoß ist in mehre Gemächer abgetheilt, der obere Raum aber bildet einen großen Saal, der unstreitig einer der größten in Deutschland ist. Seine Decke wird durch eine Säulenreihe getragen, die den Saal in der Mitte durchschneidet. Alle Verzierungen, worunter besonders eine Reihe herrlicher Kamine mit halberhabener Arbeit gehört, zeugen von dem Geschmack jener Zeit. Mit dem Verfalle des Ansehens und des Einflusses der Städte sank auch dieses Gebäude zu gemeinerm Dienste herab, bis zuletzt seine untern Räume zu einem Lagerhause, seine obern zu einem Fruchtspeicher benutzt wurden. Lange blieb das Gebäude in diesem Zustande, bis im Jahre 1818 die Künstler mehrer Städte des Niederrheins zu einem gemeinschaftlichen Bunde für die Kunst, besonders die Tonkunst, sich verbanden, um sich alljährlich gegen Pfingsten in einer der rheinischen Städte zur Aufführung alter Musikwerke zu versammeln, welche durch die Modesucht verbannt sind, oder deren Aufführung nur durch große vereinte Kräfte möglich ist. Köln wurde zum Versammlungsorte gewählt und seitdem im Gürzenich mehre herrliche Tonfeste gefeiert. Wenige Jahre nach Stiftung des Musikfestes trat Köln mit Rom und Venedig in einen Wettstreit und vereinigte die lustigen Scharen seiner Bürger zu einer gemeinsamen Faschingsfeier, deren große Bankette ebenfalls in jenem Saale gehalten werden.

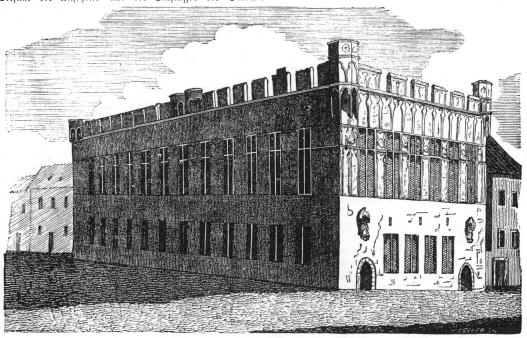

Der Gürzenich in Köln.

Sitten und Gebräuche der Tscherkessen.

Tscherkessien oder Circassien heißt diejenige Landschaft des asiatischen Rußlands, welche sich längs dem nördlichen Kaukasus vom schwarzen bis zum kaspischen Meere erstreckt und ungefähr 1540 ◻M. umfaßt. Ein Deutscher, der sich acht Jahre in dem Lande aufhielt, gibt über die Sitten und Gebräuche der Bewohner folgende ausführliche Beschreibung.

Der Charakter der Tscherkessen ist von Natur kriegerisch, und um diese Eigenschaft schon bei den Kindern auszubilden, bleibt die Erziehung eines Knaben nicht dem Vater überlassen, sondern wird Sache des Gemeinwesens. Es melden sich zu dem Erziehungsgeschäfte stets mehre Ortseinwohner, und wem dasselbe anvertraut werden soll, wird durch Schiedsrichter bestimmt. Der Atlik oder Erzieher des Knaben sucht ihm die größte Ausbildung in dem Gebrauch der Waffen, im Bändigen der Pferde und in der Ertragung von Kriegsbeschwerden zu geben. Erst wenn er hierin etwas Bedeutendes leistet, wird er seiner Familie zurückgegeben.

Die Tscherkessen theilen sich in zehn Stämme, an deren Spitze jedesmal ein Fürst steht. Die Streitigkeiten, die diese stets unter sich haben, sowie ihre feindliche Stellung zu den Nachbarvölkern, tragen dazu bei, ihren kriegerischen Muth zu erhöhen, und weil es hier auf plötzliche Überfälle und Verringerung der Macht des Feindes ankommt, so wird der Tscherkesse früh in Räubereien aller Art geübt. Je schlauer und kühner sich Jemand hierin benimmt, desto geachteter ist er. Dagegen wird es für den größten Schimpf gehalten, wenn einer sich noch keiner gewonnenen Beute rühmen kann. Die Religion der Tscherkessen ist ein seltsames Gemisch von Christenthum und heidnischem Götzendienst. Sie verehren den einigen Gott und die Jungfrau Maria, aber zugleich eine Menge untergeordneter

Gottheiten, welchen sie Opfer bringen, die aus Schafen, Ziegen und Ochsen bestehen. Unter der großen Anzahl von Festen, die sie feiern, ist ihnen aber besonders das Osterfest heilig, vor welchem sie sich des Genusses von Eiern, ihrer Lieblingsspeise, mehre Wochen lang enthalten. Im Essen und Trinken sind die Tscherkessen überhaupt sehr mäßig; sie genießen sehr selten Fleisch, und in der Regel nur dann, wenn sie Fremde bei sich beherbergen, welchen, da sie sehr gastfrei sind, sie die größte Ehre erweisen. Bei solchen Gelegenheiten trägt man das Essen, nach türkischer Sitte, auf kleinen runden Tischen auf. Der Fremde ißt allein, während der Hausherr ehrerbietig hinter ihm steht. Von Zeit zu Zeit bietet ihm der Gast von einem oder dem andern Gericht etwas an, und erst dann, wenn dieser abgegessen, setzt sich der Wirth zu Tische. Beim Speisen bedient man sich nur hölzerner Löffel, und anstatt der Gabeln der Finger. Vor und nach dem Essen wird gebetet, und nach orientalischer Sitte von Sklaven Wasser gebracht, um sich die Hände zu reinigen. Die Frauen essen immer in einem besondern Gemach und lassen sich dabei nicht gern von Männern beobachten.

Ihre Kriegsgefangenen beiderlei Geschlechts behandeln die Tscherkessen als Sklaven und sie bedienen sich ihrer theils zum Landbau, theils zu Arbeiten in der Hauswirthschaft, theils verkauft man sie. Auch entschließen sich zuweilen freie Mädchen, nach der Türkei zu gehen und sich dort verkaufen zu lassen, wozu die Erzählungen der aus Konstantinopel und andern türkischen Städten zurückkehrenden Sklavinnen, welche die Herrlichkeiten des Harems rühmen, und meistens ansehnliche Geschenke mitbringen, viel beitragen mögen. Überhaupt haben die Frauen in Tscherkessien ein weit glücklicheres Loos, als bei andern orientalischen Völkern. Der Tscherkesse ist sehr galant, und seine Höflichkeitsbezeigungen gegen Frauen sind oft mit großen Unbequemlichkeiten für ihn selbst verbunden. Wenn z. B. ein Mann zu Pferde einer Frau seiner Bekanntschaft begegnet, die desselben Weges geht, so steigt er ab und ersucht sie, sich seines Pferdes zu bedienen. Lehnt sie dieses Anerbieten ab, so begleitet er sie zu Fuß, bis sich ihre Wege scheiden. Die tscherkessischen Frauen dürfen jedoch nicht müßig gehen. Selbst die reichern, die mehre Sklavinnen haben, sind den ganzen Tag über mit weiblichen Arbeiten, besonders mit Verfertigung von Kleidungsstücken, beschäftigt, und zwar nicht blos zum Gebrauch für ihre Familie, sondern auch für Andere, die bei geringern Mitteln ihrer Hülfe bedürfen. In diesen Arbeiten, besonders aber in feinen Stickereien, zeigen die Tscherkessinnen viel Kunst und Geschmack. Die Frauen sind zwar im Allgemeinen von angenehmer Gesichtsbildung und schlankem zierlichem Wuchs, allein sie entsprechen doch nicht dem hohen Rufe der Schönheit, in welchem sie bei den europäischen Nationen stehen. Die Zartheit ihres Wuchses kommt wol hauptsächlich von der Gewohnheit her, sich von Kindheit an stark zu schnüren. Namentlich tragen die jungen Mädchen Maroquincorsets, die ihnen auf den Körper festgenäht werden, und die sie vor ihrer Verheirathung nicht ablegen dürfen. In der Brautnacht schneidet der Bräutigam diesen jungfräulichen Schmuck, der nun nicht mehr getragen werden darf, mit seinem Dolche. Die Gesetze der Keuschheit werden in Tscherkessien sehr hoch gehalten, und aus einem übertriebenen Zartgefühl in diesem Punkte mag unter Anderm die seltsame Sitte herrühren, daß junge Eheleute sich niemals in Gesellschaften zusammen zeigen dürfen, und am allerwenigsten vor Verwandten. Wenn der Mann die Frau zufällig antrifft, so wird diese von den Gefährtinnen so lange verborgen, bis er sich entfernt hat, und ebenso verläßt der Mann augenblicklich das Gesellschaftszimmer, wenn seine junge Frau hereintritt. Ein gleiches Gefühl der Schamhaftigkeit zeigt der Tscherkesse, so oft ihn seine Frau mit einem Kinde beschenkt. Sobald er die Nachricht davon erhalten, verläßt er das Haus und betritt es erst nach mehren Tagen wieder. Bei der Geburt eines Kindes findet übrigens keine religiöse Feierlichkeit statt. Die Mutter gibt dem Kinde einen Namen, und wenn es ein Knabe ist, wird es sogleich dem von der Gemeinde erwählten Erzieher übergeben.

Die Tracht der Tscherkessen ist durchaus militairisch. Sie tragen enganschließende Gewänder, die jedoch mit langen Ärmeln versehen sind, in welchen sie die Hände verbergen, sobald sie bei Jemand vorübergehen, dem sie Ehrerbietung schuldig sind. In der Form ihres Kopfputzes wechseln sie häufig ab. Sie führen krumme Säbel, ein Pistol, einen Dolch und eine albanesische Flinte, zuweilen auch noch einen Bogen. Sobald sie in ein Zimmer treten, legen sie die Waffen ab, bis auf den Dolch, der nie von ihrer Seite kommt. Panzerhemden mit stählernen Arm- und Beinschienen tragen nur die Fürsten und die Reichen. Da der Krieg die Hauptbeschäftigung der Tscherkessen ist, so sind sie in den meisten Zweigen der Betriebsamkeit noch sehr zurück, obgleich sie im Allgemeinen Anlage zu mechanischen Arbeiten haben, und besonders in Metallarbeiten große Geschicklichkeit zeigen. Der Ackerbau ist bei ihnen noch in der ersten Kindheit. Mit Mühlen sind sie erst seit Kurzem bekannt geworden; im Allgemeinen stampft man das Korn in Mörsern, um es zu verbacken. Unter den Künsten sind ihnen Musik und Dichtkunst nicht ganz fremd, ja sie zeigen dafür sogar entschiedene Anlage.

Die Vanille.

Die Vanille ist eine windenartige Pflanze, hat, wie der Weinstock, Knoten, aus welchen hellgrüne, dem Lorber ähnelnde Blätter, hervorkommen; sie treibt einen langen Stengel, der sich um Bäume schlingt, oder auch auf der Erde fortläuft; die Blüte ist weißlich-gelb, und aus dieser bildet sich als die Frucht der Pflanze eine kleine Schote, in welcher sich mehre schwarzglänzende Körner befinden. Dieses Gewürz, wie so viele andere Bedürfnisse der höhern Stände, welche seit dem verflossenen Jahrhundert immer allgemeiner geworden sind, kommen zum Theil aus so entlegenen Gegenden nach Europa, die selbst denen, welche damit handeln, kaum mehr als dem Namen nach bekannt sind. Dies war sonst z. B. mit dem Zimmet und den Gewürznelken der Fall, und noch jetzt findet es bei dem so angenehm duftenden Gewürz, der Vanille, statt, die nur aus zwei kleinen Districten von etlichen Quadratmeilen des ungeheuern Amerika zu uns gebracht wird. Denn obgleich die Vanille namentlich in Südamerika und Mexico wild wächst, deren Blüten die Luft mit ihrem herrlichen Duft erfüllen, deren Früchte aber äußerst dürr und fast geschmacklos sind, so wird doch dieselbe nur in zwei Districten von Mexico, bei Veracruz und Oaxaca, förmlich angebaut und dadurch veredelt. Die Bewohner dieser Gegenden binden die Reben der Vanille an Pfählen oder Bäumen auf, und diese geben dann im dritten Jahre, nachdem sie im Februar und März geblüht, Früchte, die vom März bis Juni geerntet werden. Eine nicht zu feuchte und nicht zu trockene Witterung bedarf eine gute Ernte, indem bei zu großer Nässe die Blüte abfällt, bei zu großer Dürre die Frucht verkrüppelt, und so gewinnen die Anbauer, obgleich die Frucht an Ort und Stelle sehr theuer, wenn auch nur mit Flinten, Pulver, Branntwein, Taback und dergl. bezahlt wird, doch nur wenig, da die oben genannten Bedingungen selten alle so eintreffen. Die weitere Behandlung der Früchte ist nur Wenigen bekannt und sehr mühsam, und nur Einzelne beschäftigen sich damit. Die Hauptsache aber bei der Behandlung besteht in dem gehörigen Bestreichen der Früchte mit Cacaoöl, und dann im Trocknen. Es muß dies in der Sonne geschehen, oder bei Regenwetter über Feuer bewirkt werden, und diese letztere Behandlung erfordert besondere Aufmerksamkeit. Der Handel mit diesem Erzeugniß ist in den Händen einiger wenigen Kaufleute, welche den Indianern auf den Ertrag der Ernte Vorschüsse machen, und da viele Erfahrung dazu gehört, um den Einkauf nicht getäuscht zu werden, so ist die Concurrenz sehr gering. Die verschiedenen Sorten der Vanille, welche im Handel vorkommen und alle in Rohr und dünn geschlagenem Zinn eingepackt sind, rühren von der verschiedenen Zeit des Einsammelns, der Sorgfalt, womit sie getrocknet wurde, und dem Boden, worauf sie gewachsen, namentlich der höhern oder tiefern Lage desselben her. Veracruz, von woher Europa alle Vanille bezieht, führt jährlich für etwa 40—50,000 Thaler aus, allerdings für jene Provinz schon eine bedeutende, aber doch immer nur eine geringe Summe für ganz Europa, woraus sich ein nur geringer Verbrauch dieses Gewürzes ergibt. In Amerika wird die Vanille nur wenig gebraucht, und man behauptet von ihr, daß sie Krämpfe verursache, und auch bei uns ist ihr häufiger Genuß, vorzüglich nervenschwachen Personen, zu widerrathen.

Zunehmende Verminderung der Ostsee.

In mehren Ostseehäfen, neuerdings aber vorzüglich in dem Hafen von Petersburg, hat man die Bemerkung gemacht, daß der Wasserstand in demselben während der letzten 20 Jahre auffallend niedriger geworden ist. Man kann dies als einen neuen Beweis von der Richtigkeit der frühern Beobachtungen betrachten, daß die Gewässer der Ostsee sich fortwährend vermindern und das feste Land sich immer weiter ausdehnt. Die Stadt Piteå, die vor 45 Jahren noch hart am Meere lag, ist jetzt ¾ St. von demselben entfernt. Vor 28 Jahren war Luleå noch eine Seestadt, jetzt liegt sie ½ St. landeinwärts. Die alte Stadt Lowisa, früher einer der besten Ostseehäfen, liegt jetzt 1½ St. vom Strande, und so mehre andere Ortschaften, die früher am Strande lagen, sind gegenwärtig mehr oder weniger davon entfernt. Als Torneå gegründet wurde, konnten die größten Schiffe unmittelbar vor der Stadt vor Anker gehen, während es jetzt auf einer ziemlich großen Landzunge liegt. Die Inseln Engsöe, Aspöe und Testeröe waren ehemals durch breite Meerarme voneinander getrennt, bilden nun aber seit mehren Jahren nur eine Insel, die sich fortwährend vergrößerte. Mehre andere ehemalige Inseln, wie Luisöe, Psalmodi u. s. w. gehören jetzt zum Festlande.

Wenn man auch nicht, wie der Naturforscher Linné, auf ältere Beobachtungen gestützt, glaubt annehmen zu können, daß die Ostsee in 2000 Jahren gänzlich verschwunden sein werde, so bestätigen doch die neuern Beobachtungen mit den ältern übereinstimmend, daß der Grund dieses Meeres beständig höher steigt und dessen Wassermasse sich in demselben Verhältnisse vermindert, und daß die in dieselbe sich ergießenden Ströme immer seichter werden und die meisten daran liegenden Häfen immer mehr versanden.

Den Angaben mehrer Naturforscher zufolge ereignen sich gleiche Erscheinungen am häufigsten in den dem Nordpol am nächsten gelegenen Gegenden. Als Beweis kann man anführen, daß vor ungefähr 1500 Jahren Skandinavien noch eine Insel war, daß damals Finnland noch unter Wasser stand und so die Ostsee mit dem weißen Meere und mit dem Eismeere unmittelbar zusammenhing.

Hogarth's Werke.
1. Der erzürnte Musikus.

Das vorliegende Bild zeigt einen italienischen Kapellmeister, vor dessen Hause sich alle Mistöne, die eine Stadt wie London nur aufzutreiben vermag, versammelt haben. Ob diese Gesellschaft zum Hohn und Spott des Musikers sich absichtlich vor seiner Wohnung zusammengefunden, oder ob sie der Zufall so zusammenführte, bleibt ungewiß; doch wird, wenn das Letztere der Fall ist, der Witz nur noch treffender und wahrhaft ergötzlich, wenn man erwägt, daß dies unharmonische Orchester ohne Schadenfreude sein Wesen treibt. Zunächst dem rechten Ohre des Kapellmeisters sitzt auf einer Laternenstange ein Papagei, der unaufhörlich „Kakadu" schreit. Dicht unter ihm steht eine wahrlich nicht sehr anmuthige Sängerin mit einem vielleicht gemietheten Kinde auf dem Arme, das im Schreien mit der Mutter wetteifert. In der Linken hält das Weib „Sechs schöne neue Lieder", unter denen gewiß die „Schreckliche Mordgeschichte" sich befindet. Der Kerl, dem Musikus gegenüber, der mit halbgeschlossenen Augen die Clarinette bläst, ist ein hausirender Virtuos. Er bildet den vollkommensten Gegensatz zu Dem, der sich über ihn ärgert, denn er ist das leibhaftige Conterfei der Seelenruhe. Im Mittelpunkt der Scene erblicken wir die reizendste Figur der Gruppe, ein londoner Milchmädchen, und sie wäre wol die Einzige, die den Musikus mit dem schrecklichen Auftritt vor seinem Fenster aussöhnen könnte, wenn nicht für einen Kapellmeister die Dissonanz eine zu große Qual wäre. Im Vordergrunde zur Rechten erblicken wir drei der schrecklichsten Musikanten, einen Jungen mit großer Perrücke, welcher Raritäten austrommelt, dann einen Scherenschleifer, der ein Hackemesser schleift, und dessen Hund, der sich über die Legion von Disharmonien, die er hier hört, durch sein eignes Geheul betäuben will.

Von einem andern kleinen Jungen sehen wir nur die Schattenseite. Er trägt ebenfalls das Seinige zur Unterhaltung bei, denn er hat an seinen Gürtel eine große Schiefertafel gebunden, die er auf dem Pflaster hinter sich herschleist. Ihm zur Seite steht ein kleines Mädchen, das eine Schnurre dreht und deren aus Ziegelsteinen aufgebautes Häuschen beim Umsturz den Lärm noch zu vermehren droht. Der Hintergrund zeigt uns drei ganz originelle Gestalten, nämlich irgend einen Verkäufer mit dem Korbe auf dem Rücken, der so gewaltig seine Waare ausschreit, daß sein feistes Gesicht von der Anstrengung zu zerplatzen droht; einen Schweinschneider mit krummem Ochsenhorne, und dicht hinter diesem den Kehrichtsammler mit seiner Handglocke. Als letztes Glied der musikalischen Kette erscheint halb unsichtbar der Steinsetzer, dessen Ramme und Hammer gewiß auch in dem Ganzen hörbar sind. Aber auch von dem Nachbarhause und dem entferntern Stadttheile her dringt das musikalische Unglück auf den gequälten Kapellmeister ein; denn die Aufschrift jenes Hauses meldet uns, daß darin ein Klempner wohnt, und zwar ein londoner Klempner, bei welchem immer zehn Hämmer gegen einen in Deutschland ihr einwiegendes Spiel treiben. Auf dem Dache dieses Hauses geben zwei Katzen ein leidenschaftliches Duett zum Besten, und sogar aus der Feueresse hervor dringt der Geist musikalischer Verwirrung in der Person des Schornsteinfegers. Die auf dem Kirchthurme aufgesteckte Fahne zeigt uns, daß dort mit allen Glocken geläutet wird, ein Umstand, der die Verzweiflung des Musikers aufs Höchste steigern muß; denn das Glockengeläute in London ist die Monotonie selbst. Die Quintessenz aber der nur zu belebten Gruppe ist die in Verzweiflung gesetzte Figur des Kapellmeisters selbst. Sein Ingrimm kennt keine Grenzen mehr. Wüthend hat er das Fenster aufgerissen. Es scheint, als wolle er eine Flut von Verwünschungen ausstoßen, aber das Entsetzen über diese Musik beraubt ihn der Sprache. Er hält sich mit beiden Händen die Ohren zu und vermag nur einen Blick auf die Störer seines Friedens hinabzuschleudern. Am meisten scheint sein Zorn auf den ruhigen Klarinettbläser gerichtet zu sein, in welchem er seine Kunst so schrecklich herabgewürdigt sieht. Hogarth gab dieses höchstwitzige Blatt im Jahre 1740 heraus, als Seitenstück zu einem früheren, das den Titel führt: „Der Dichter in der Noth", und das wir nächstens folgen lassen werden. Er wollte diesen beiden noch ein drittes hinzufügen, das einen geängsteten Maler vorstellen sollte, welches aber unterblieben ist.

Der ergrimmte Musikus.

Das Pfennig-Magazin

der
Gesellschaft zur Verbreitung gemeinnütziger Kenntnisse.

96.] Erscheint jeden Sonnabend. [Januar 31, 1835.

Ansicht von Moskau.

Moskau.

Geschichte der Stadt.

In der Kriegsgeschichte der neuern Zeit behauptet keine Stadt einen leuchtendern Ruhm, als die alte Hauptstadt Rußlands, Moskau. Sie ist der Schauplatz eines der folgenreichsten Ereignisse unserer Zeit; hier ist die Katastrophe eines der blutigsten Kriegszüge, hier waltete sichtbar die Hand der Vorsehung.

Moskaus früheste Geschichte ist in Dunkel gehüllt. In der Mitte des 12. Jahrhunderts (1147) soll es Georg I., der Sohn Wladimir Monomacho's, als Hauptstadt seines Herzogthums Moskowskaja gegründet und von dem alten Kiew seinen Fürstensitz hierher verlegt haben. Folgendes soll die Veranlassung dazu gegeben haben. Stephan Kutschko, ein mächtiger Bojar, besaß den ganzen Sumpf und Waldbezirk an den Ufern der Moskwa und der Negrina. Seine Macht und die Anzahl seiner Unterthanen gab ihm einen Geist des Hochmuths ein, der ihn in Gegenwart seines Fürsten des Gehorsams vergessen ließ, den die russischen Zaren von ihren Kronvasallen foderten. Der Zorn des Fürsten fiel auf ihn; er ward ergriffen, getödtet und seine Ländereien wurden für die Krone eingezogen. Da, wo Stephan's Schloß einsam mitten in den Waldsümpfe stand, gründete Georg eine kleine Stadt, Moskwa, die aber nach seinem Tode verlassen ward und in Trümmer verfiel. Im Anfang des 14. Jahrh. stiftete Daniel, Fürst von Moskowskaja, an dieser entlegenen Stelle mehre Kirchen und Klöster; eine neue Stadt erhob sich um diese her auf dem Hügel des Kreml, und Daniel umgab sie mit einer hölzernen Mauer, die in der Mitte desselben Jahrh. durch eine stärkere, steinerne ersetzt ward. Von da an wuchs Moskau empor. Im Jahre 1382 fiel die Stadt in Tamerlan's Gewalt, und nun wechselten schnell hintereinander mehre tatarische Horden in ihrem Besitz, bis am Schlusse des 15. Jahrh. Iwan Wassiljewitsch I. sie den Tataren für immer entriß und zur Hauptstadt seines neuen Reiches erhob, indem er sie mit prachtvollen Bauwerken schmückte und ihr zuerst das Ansehen einer fürstlichen Residenz verlieh. Als nach Iwan's, seines Bruders, Tode auch die übrigen russischen Fürstenthümer ihm zufielen, konnte er sich nicht entschließen, seine Residenz zu verlassen, und so ward Moskau die Hauptstadt von ganz Rußland. Im Jahre 1611 legten sie die Polen in Asche. Moskau entstand von Neuem und behauptete seinen Rang, bis Peter I. diesen Sitz der russischen Adels mit dem neu gegründeten Petersburg vertauschte, wo er sich zum begonnenen Werke der Gesittung seines Volkes freier fühlte und wo er zu diesem hohen Zweck den Hebel des Welthandels anbringen konnte. Von nun an war Moskau zwar nicht mehr die erste Stadt des Reiches, und das Heer, der Hof, die großen Manufacturisten folgten dem Zar in seine neue Hauptstadt; aber der Adel blieb Moskau treu, und der Verlust der Stadt war daher gering; denn die Scharen der Anhänger des Adels, seine zahlreichen Diener, die Geistlichkeit und Alles, was der alten Stadt angehörte, blieb auch zurück; Moskau blieb die Kathedrale des Reichs, die Krönungsstadt der russischen Zaren und heilte die Wunden bald aus, die ihm Petersburgs Entstehung schlug. Ja, mit dem Wachsen des Reichs gegen Süden und Osten wuchs es selbst empor und stand um 1812 auf der höchsten Stufe seines alten Glanzes.

Beschreibung der Stadt.

Wenn man sich Moskau durch die weite Ebene von der Abendseite her auf der großen Straße von Mosaisk nähert, so wird das Auge an einem Punkt von einem Walde von Thurmspitzen, in allen Formen und zum Theil von Gold und bunten Farben erglänzend, wahrhaft geblendet. Wir treten durch die Barriere ein und verwundert fragen wir uns: Wo die goldglänzende Stadt geblieben sei, die wir eben erst sahen und anstaunten. Statt ihrer sehen wir eine unabsehbare, zerstreute Vorstadt, Hütten und Gärten, einzelne Kirchen, Ställe, Paläste, Düngerhaufen, Schuppen, Waarenhäuser, Kasernen und Haufen von Baumaterial, das hinreichend scheint, ein ganzes Reich mit Städten und Dörfern zu bebauen. Der Markt für alle Wohnungen von Europa, eine Häusermesse scheint hier aufgeschlagen zu sein, und jeder Baustyl der bewohnten Erde scheint seinen Vertreter zu haben. Dies ist der charakteristische Zug in dem Bilde Moskaus, wie es der Fremde erfaßt; Hütten aus Baumstämmen von dem Nordpol her, Moscheen aus Konstantinopel, schwedische und dänische Paläste mit Gypsmörtel überzogen, aber seit ihrer Ankunft nicht wieder abgeweißt, gemalte Häuser aus Tirol, Tatarentempel aus der Bucharei, Pagoden und Pavillons aus Peking, Schenken aus Spanien, Virandas aus Indien, Gefängnisse und Wachthäuser aus Paris, Ruinen aus Rom, Terrassen und Gitterwerke aus Neapel, Waarenhäuser aus London, und russische Kabaks. Der Contrast zwischen der Öde in einigen Vierteln und dem Gewühl anderer, und der Contrast in Sprachen, Manieren und Trachten dieser Tausende selbst, die aus Russen und Engländern, aus Franzosen und Polen, aus Italienern und Tataren, aus Griechen, Deutschen, Kosacken und Chinesen sich mischen, erhält den Fremden in einem dauernden Zustande des Traumes und des Wunders.

Moskau ist nach dem Raum und dem Umfang, den es einnimmt, sechs deutsche Meilen, die größte Stadt in Europa. Nach ihrer Einäscherung im J. 1812 ist sie neu und regelmäßiger wieder aufgebaut worden, aber die Reste der alten Stadt sind dieser Regelmäßigkeit oft störend in den Weg getreten. Im grellsten Contrast wetteifert sie in ihren reichen und schönen Quartieren mit den prächtigsten Hauptstädten aller Zeiten, während sie in andern elend und ärmlich erscheint. Auch nach ihrem Wiederaufbau, der einem Wunder gleicht, so gut wie ihre Zerstörung, ist ihre Eintheilung dieselbe geblieben. Der alte, ehrwürdige Haupttheil ist der Kreml, die Festung, der heilige Sitz des Reichs, mit dem Schloß der Zaren, dem Arsenal, dem Senatspalast, dem Sitz des Patriarchen und zahllosen Kirchen. Das zweite Quartier ist Kitaigorod, der Sitz des Handels, mit zahlreichen Bazars, Läden und Waarenhäusern, einem Kloster und der Druckerei der h. Synode. Das Viertel von Beloigorod enthält die Universität (1755 gestiftet), die Post, die Münze, die Stückgießerei, viele Hospitäler und die reinsten und zierlichsten Straßen Moskaus. Das vierte Quartier, Ssemlänoigorod, enthält 60 Kirchen, mehre öffentliche Plätze, Friedhöfe und Klöster, und das Quartier der Slobodi (der 30 Vorstädte) wird von Hospitälern, Hütten, Gärten und den Angehörigen der tatarischen und deutschen Colonien eingenommen. Das Ganze ist von einem Erdwall umschlossen, durch den 14 Thore in die Stadt führen; sonst war jedes Quartier besonders eingefriedigt, aber diese Mauern sind jetzt verschwunden und nur das heilige Thor des Kreml steht noch, während die äußern Theile in Eins zusammengeschmolzen sind.

Der Brand von Moskau.

Nachdem Napoleon in der Schlacht von Mosaisk, am 5.—6. September 1812, den Weg nach Moskau erkämpft hatte und gegen die Gewalt seines Angriffs kein Widerstand übrig war, fingen die Russen an, Moskau zu räumen, um es dem Sieger als eine lockende, aber nutzlose, als eine verderbliche Beute zu überlassen. Graf Rostopschin, Gouverneur der Stadt, sollte das Opfer vollbringen, das seinem Zweck so vollkommen entsprach. Ob die Einäscherung der ganzen Stadt ursprünglich beabsichtigt oder ob sie nur der Erfolg der Sorglosigkeit war, mit welcher man alles öffentliche Eigenthum den Flammen opferte, bleibt in Dunkel gehüllt, seitdem Graf Rostopschin selbst der ihm untergelegten Absicht öffentlich widersprochen hat. Indeß ist doch gewiß, daß er alle Mittel, dem Brande zu begegnen, Spritzen und Spritzenleute, über 2000 an der Zahl, durch seinen Befehl aus Moskau entfernt, auch die Brunnen verschüttet hatte, daß er den Brand in die öffentlichen Gebäude werfen ließ, ebenso daß viele reiche Russen seinem oder seines Kaisers Beispiel in freiwilliger Zerstörung ihres Eigenthums folgten, und so brannten vom 15.—18. September, fünf Tage nach Einzug der Franzosen, von 10,000 Häusern 7932 nieder. Als das feindliche Heer nun hierdurch zum Abzug genöthigt war, sollte vor diesem noch der alte heilige Kreml in die Luft gesprengt werden, aber es gelang blos zum kleinern Theil.

Nach dem Frieden ernannte die Regierung eine Entschädigungscommission; aber viele patriotische Russen reichten ihren Verlust nicht ein. Ein Theil der Beute des Feindes war an Ort und Stelle selbst wiedergefunden worden; einen andern Theil bedeckte die lange Leidensstraße von Moskau bis zum Niemen. Die Grafen Rosumowski, Aprarin, Buturlin und Rostopschin verschmerzten ihren bedeutenden Verlust von 5 Mill. und bauten ihre Paläste aus eignen Mitteln wieder auf. Diesem schönen Beispiele folgte ein großer Theil der Bewohner Moskaus, und neun Jahre nach der Zerstörung stand Moskau schöner, glänzender und edler als je wieder da. Im Sommer 1812 zählte Moskau in seiner Bevölkerung 4779 Geistliche, 10,712 Edelleute, 22,000 Soldaten, 11,885 Kaufleute, 19,036 Angestellte, 1410 Fremde, 36,404 Dienstboten und 203,776 Bewohner aus dem Volke, und jetzt zählt es 250,000 Einw., die im Winter, wenn der Adel einzieht, wol auf 400,000 steigen.

Jetziger Zustand Moskaus.

Moskau ist der Sitz des innern Handels des ganzen Reichs, der Ort, den die Großen und Reichen lieben, welche vom Hofe unabhängig leben wollen, und endlich der alte geheiligte Sitz von Kirche und Reich. Im Mittelpunkt des Staats, zwischen dem baltischen und kaspischen Meere, an zwei Flüssen mit vier Kanälen und für den sibirischen wie den europäischen Handel hat Moskau eine günstige Lage. Der Kreml ist prachtvoller wiederhergestellt, die schöne Alexander-Promenade an der Moskwa, das ungeheure Exercierhaus für 3000 Mann sind neu entstanden, letzteres ein in seiner Art einziger Bau, 568 Fuß lang, 170 Fuß breit und 44 Fuß hoch. Im Innern der Stadt führen jetzt 72 Brücken über die Moskwa und die Yaonza; die engen Durchgänge und Gassen sind verschwunden; Alles ist luftig und rein in den 164 Hauptstraßen und den 539 Nebenstraßen. Die Zahl der Gärten hat sich vermindert und der Zusammenhang der Stadttheile hat hierdurch gewonnen; 3793 öffentliche Brunnen versehen jetzt die Stadt mit Wasser. Die Thore sind dieselben geblieben, auch die 25 öffentlichen Plätze sind wiederhergestellt, dagegen sind von den ehemaligen 296 Kirchen nur 289 wieder aufgebaut und die Klöster haben bis auf 21 sich gleichfalls vermindert. Moskau zählt jetzt 55 Arbeitshäuser, ebenso viele öffentliche Lagerhäuser, 12 Druckereien, 372 Manufacturen, 7358 Läden und Magazine, 22 Seminare, zwei Hospitäler, vier kaiserliche Paläste, sieben Kathedralen, Arsenal Universität, Findelhaus, Staatsgefängniß, Theater, Militairwaisenhaus, viele Barracken und zahllose Wachthäuser, 237 Schmiede, 406 Gastwirthschaften, 187 Restaurateurs, 132 Schenken, 57 Bierhäuser, 161 Weinläden, 110 Bäckereien, 140 Kuchenläden, 57 Garküchen. Man bemerkt dabei eine bedeutende Abnahme von Branntweinschenken und in Folge dessen eine wesentliche Zunahme der Nüchternheit im Volke.

Unter den öffentlichen Gebäuden Moskaus nimmt der Kreml noch immer den ersten Rang ein. Die in Nr. 63 des Pfennig-Magazins mitgetheilte Abbildung zeigt ihn von der Plattform selbst. Er ist das Herz, der Mittelpunkt der Stadt, ja des Reiches überhaupt. Er ist dreieckig in seiner Gestalt, mit Steinwällen und einem tiefen Sumpfgraben umgeben, und hat eine halbe deutsche Meile im Umfange. Wir treten in seinen Haupteingang, ein rothgemalte Gewölbthor, das von den ältesten Zeiten her das heilige Thor heißt. Das Bildniß des Heiligen über dem Bogen, vor welchem eine ewige Lampe brennt, und der dieses Thor gegen ein polnisches Heer vertheidigte, prangt noch darüber. Jeder Vorübergehende, Jeder, der das Thor betritt, entblößt sein Haupt; eine Schildwache sieht darauf, daß Niemand sich dieser Regel entziehe. Wir betreten den Kremlplatz; Kirchen, Paläste und Buden umgeben uns, in verworrener Pracht übereinander gehäuft, wie nirgend in der Welt. Zuerst fällt uns das Arsenal in die Augen, noch unvollendet; ihm zur Seite erhebt sich der Senatspalast, in seinen drei Stockwerken eine Menge von kais. Behörden zählend. Etwas weiter hin ist die Schatzkammer, das Museum, das Consistorium und neben ihm die lange Linie des kaiserlichen Residenzschlosses. Ihm gegenüber erhebt sich der achteckige Glockenthurm von Iwan Welicki, von dessen Höhe wir der schönsten Ansicht von Moskau genießen. Wir sehen den Kreml zu unsern Füßen mit seinen 32 Kirchen und Palästen und der alten Zarenburg, mit zahllosen Spitzen und Thürmen im hellsten Glanz. Westwärts strömt die Moskwa in einem weiten Bogen vor dem Kreml durch die Stadt hin, zwischen Kirchen und Glockenthürmen; rings um uns her ein unabsehbares Gewirr von Häusern. Der Thurm Iwan's selbst enthält gegen 30 Glocken, deren größte ungefähr 110,000 Pfund wiegt, und deren Geläute wie ein ferner Donner schallt. Überhaupt spielen die Glocken in der heiligen Stadt eine bedeutende Rolle, und eine noch riesigere, die größte Glocke der Welt, liegt wenige Schritte von Iwan entfernt, zersprungen unter einer offenen Dachung, davon nähere Beschreibung in Nr. 61 des Pfennig-Magazins sich findet. Ihr zur Seite ist die riesenhafte Kanone zu nennen welche 18½ Fuß lang und so weit ist, daß in ihrer Mündung ein Mann aufrecht sitzen kann. Zwischen ihren gothischen Thürmchen zieht zuerst das Fenster unser Auge auf sich, aus dem

*

Demetrius sich herabließ und zerschmettert ward. Unter eben diesem Fenster saßen die Zaren in vollem Pomp, empfingen Bittschriften und gaben Audienzen. Beim Eintritt in das Innere sehen wir eine breite Steintreppe, die zur Schatzkammer führt. In dieser weiten Halle sieht man die Kronen der Völker, welche den Russen sich unterwarfen, die Krönungsgewänder der Zaren und den handschriftlichen Codex des tugendhaften Alexis nebst vielen andern Schätzen und Denkmälern aller Art. Den ältesten Theil des Gebäudes nimmt die ehemalige Patriarchenwohnung ein; hier werden die Reliquien verwahrt; hier stehen auch die berühmten Silbervasen für das heilige Öl, und die Onyxe, die Mutter des Heilandes darstellend. Das Modell zu einem neuen Kreml, wie Katharina ihn ausbauen wollte, ist gleichfalls hier.

Aussicht vom Iwanthurme.

Schöner noch als die Aussicht von Iwanthurm, ist wol die von der Terrasse des Kreml, welche nachstehende Abbildung versinnlicht, ein wahrhaft eigenthümliches Panorama. In der Kathedrale zur Himmelfahrt, die wir vor uns sehen, werden die Kaiser gekrönt, in der zum Erzengel Michael ist ihre Gruft. In beiden fand man die zusammengeschmolzenen Schätze in den Kesseln vor, von denen die Flammen den Feind verscheuchten.

Aussicht von der Terrasse des Kreml.

Sitten, Feste und Gewohnheiten.

In den Privatpalästen des hohen Adels zu Moskau findet man eine großartige Pracht. In seiner Lebensweise herrscht Nacheiferung und Überbietung im Luxus. Museen und Bibliotheken, Galerien und Sammlungen aller Art, die manchen regierenden Fürsten zu kostbar sein würden, werden hier mehre angetroffen. In vielen Häusern wird eine Schar von Dienern gehalten, nicht selten mehre Hunderte; aber die Lebensweise des großen Haufens steht hiermit wenig in Einklang. Moskau gleicht hierin London, Neapel, Lissabon; aber weder Wien, noch Paris, wo der Wohlstand in vielen Händen ist. Sinnlichkeit ist der Charakter der Russen alter Art und daher auch der seiner alten Hauptstadt. Die kirchlichen Feierlichkeiten, an welchen die griechische Kirche so reich ist, werden mit derselben Großartigkeit, wie alles Andere in dieser Hauptstadt, begangen. Eine eigenthümliche und zugleich eine der prachtvollsten kirchlichen Feierlichkeiten ist in Moskau die Bereitung des heiligen Salböls für die Kirchen des ganzen Reichs. In der Halle des Patriarchen auf einem erhabenen Herd stehen zwei Kessel, in welchen die Bestandtheile, von sechs Diakonen mit Cypressenzweigen beständig umgerührt, sieden. Die Stiele der Zweige sind mit rothem Sammt umwunden. Das Öl, aus den Bestandtheilen, wie sie das levitische Gesetz angibt, gemischt, siedet vier Tage lang; der Metropolitan segnet es zweimal ein, und die ganze Zeit über werden die Evangelien ohne Unterbrechung darüber gelesen. Immer neu drängen sich unübersehbare Scharen von Gläubigen, zum Theil aus den fernsten Gegenden des Reichs, zu dieser heiligen Handlung. Im Hintergrunde der Halle glänzen die geweihten Gefäße von Gold und Silber, zur Aufnahme des Öls bestimmt, und der Glanz der Lichter zwischen ihnen vermehrt ihre Zahl und ihren Schein. Die große Perlmutterschale, in welcher das erste heilige Öl im 10. Jahrh. aus Konstantinopel nach Kiew kam, ist darunter. Aus dieser werden wenige Tropfen in die neue Mischung gethan und der Rest wird sorgfältig verwahrt. Sind die heiligen Krüge gefüllt, so wird in ihnen durch das ganze Reich das Öl versendet. Ein anderes großes Kirchenfest ist zu Ostern, die Verkündigung der Auferstehung Christi. Die Worte: „Der Herr ist erstanden!" sind das Zeichen zum Schluß der strengen russischen Fasten. Freude ergreift das ganze Volk bei diesen Worten, die, nachdem der Patriarch sie sprach, sich von Mund zu Mund wiederholen. Sie künden die völlige Verwandlung des gesammten Volkslebens in einem Augenblick an. Die Ceremonie beginnt mit dem Palmsonntag. Jung und Alt, jedes Geschlecht, zu Roß, zu Wagen, zu Fuß strömt zum Kreml, Palmzweige für seine Bogs (Hausheiligen) zu kaufen und ihre Bildnisse damit zu schmücken. Alle Behörden, der Gouverneur, der Policeimeister, gehen in diesem fröhlichen Zuge voran. Im Kreml angekommen, wirft sich Alles, in aufgelöster Ordnung, über die künstlichen Blumen her, welche die Stelle der Palmzweige vertreten. Diese Kränze und Zweige, mit Früchten von Wachs, Orangen und Blüten darstellend, sind oft von bewunderungswürdiger Arbeit und für wenige Kopeken feil. Jeder Bewohner von Moskau kauft einen oder zwei solcher Zweige und bringt sie nach Hause. Am Dienstag vor Ostern findet die feierliche Fußwaschung statt. Dies ist das zweite Hauptfest dieser Zeit. Zwölf Mönche vertreten die Apostel. Die Kathedrale ist mit Menschen erfüllt. Der Erzbischof entkleidet sich seines Schmucks und thut, was der Evangelist erzählt, wörtlich nach, bis er an St. Peter gelangt, worauf das Gespräch zwischen diesem und dem Herrn von ihm und dem Mönch nachgesprochen wird. Das dritte und größte Fest erfolgt am Ostersonntag Morgens, das Fest der Auferstehung, das an Pracht und Feierlichkeit mit der Segnung der Völker durch den Papst, in Rom, wetteifert. Vor Tage noch ist ganz Moskau in Bewegung; die Kirchen sind erleuchtet, die Straßen erglänzen taghell von zahllosen Fackeln. Eine unzählbare Menschenmenge erfüllt den Raum der Kathedrale, Wachskerzen in den Händen. Noch sind die Thüren verschlossen. Der Patriarch zieht mit seinen geistlichen Brüdern in feierlichem Aufzuge, Fahnen und Kreuze vorauf, singend um die Kathedrale, im glänzendsten Ornat, strahlend von Edelsteinen. Zum dritten Mal hält er vor der Thür an, besprengt seine Priester, besprengt die Pforte, die nun plötzlich sich öffnet. Ein überraschendes, wunderbares Schauspiel zeigt sich. Das Innere des Tempels, gefüllt mit Gläubigen und strahlend im Glanz von 10,000 Wachskerzen, ein unvergleichlicher Anblick! Indeß öffnen sich die Scharen, segnend zieht der Patriarch, singend die Procession hindurch zu dem Thron inmitten des Tempels. Die Pracht der Anzüge, der Glanz der Lichter, der unermeßliche Kronleuchter in der Mitte der Halle blenden unser Auge. Die Musik beginnt, die Versammelten werfen sich nieder, bekreuzen sich und empfangen den Segen. Mit seinem Kreuze tritt der Patriarch vor und hält dasselbe der Umarmung, der Verehrung der Gläubigen hin, die sich zu ihm drängen. Dann zieht er sich in das Heiligthum zurück, den Leichnam des Herrn zu suchen. Lautlos, athemlos harrt die Versammlung auf seine Wiederkehr. Endlich geht die Pforte des Heiligthums auf; in einem rothen Purpurgewande steht der Patriarch da und ruft mit lauter Stimme: „Der Herr ist auferstanden!" Nun fällt er auf die Knie nieder, und unter dem allgemeinen Jubel wendet er sich von Kapelle zu Kapelle, küßt die Bilder der Heiligen und betet zu ihren Reliquien. Draußen aber beginnt die Lust des Volkes mit dem allgemeinen Zuruf: „Christ ist auferstanden!" bei dem das ganze Volk sich küßt und sich umarmt.

Das Schnabelthier (Ornithorhynchus paradoxus).

Ein Blick auf unsere Abbildung zeigt, woher dieses Thier seinen Namen führt, welcher unstreitig sehr passend ist, denn der Mundtheil des Kopfes gleicht einem Entenschnabel auf das Täuschendste, und doch gehört es nach seinem ganzen übrigen Bau offenbar zu den Säugethieren; dafür sprechen schon die vier Füße, der Schwanz, die Behaarung, und es gleicht auch in der Gestalt einer Fischotter. Daß es aber dieser auch in der Lebensweise ähnlich sein müsse, zeigen schon die Schwimmfüße.

Dieses sonderbare Geschöpf lebt in Neuholland, wo sich noch mehre auffallende Thierformen finden, unter denen wir nur hier des Kängurus gedenken wollen, wovon in Nr. 42 des Pfennig-Magazins gesprochen wurde. Das Schnabelthier hat die Größe einer kleinen Katze, etwa einen Fuß sechs bis acht Zoll lang; das Weibchen ist immer kleiner als das Männchen. Das Merkwürdigste an dem Thiere in Bezug auf seine äußere Bildung ist eben die Schnauze, welche ganz die Gestalt eines Entenschnabels hat; sie ist, wie dieser, hornartig, an der Spitze erweitert; die Ränder sind ebenfalls

Das Schnabelthier.

mit kleinen, zahnartigen Hervorragungen versehen, doch stehen die Nasenlöcher vorn auf demselben, die eigentlichen Zähne nur als ein Paar hornartige Platten nach hinten zu, und der Schnabel ist am Grunde mit einem häutigen Lappen umgeben. Der Unterkiefer ist viel kürzer und schmäler als der obere. Am Kopfe bemerkt man keine äußern Ohren, und die Augen sind ganz klein. Der Körper ist lang und gleichsam platt gedrückt, die Füße sind zwar deutlich, jedoch sehr kurz, die Zehen an den vordern ganz in eine Schwimmhaut gehüllt, welche über sie vorragt, die aber bei den hintern Füßen kürzer ist und die Krallen vortreten läßt. Außerdem findet sich an den hintern Füßen noch ein besonderes Organ, dessen Bestimmung man bis jetzt noch nicht genau kennt, nämlich ein nach hinten zu stehender Sporn, welcher durchbohrt ist und auf einer Drüse sitzt, die bei einem Drucke eine Flüssigkeit durch ihn ergießt. Bei dem Weibchen findet sich an derselben Stelle, wo bei dem Männchen der Sporn sitzt, eine Vertiefung. Man will bemerkt haben, daß das Männchen sich dieses Sporns auch als Waffe bedient, und daß die mit demselben gemachten Wunden sich als vergiftet zeigen. Die Farbe des Thieres ist oben braun, mehr oder weniger schwärzlich, unten weißlich-grau; der Schwanz ist bei den jüngern Thieren auf der untern Seite behaart, bei den erwachsenen haarlos.

Wenn aber der äußere Bau dieses Thieres so manches Auffallende zeigt, so ist der innere nicht minder merkwürdig. Er kommt nämlich, was das Knochengerippe betrifft, in manchen Stücken, namentlich im Bau des Schädels und des Brustbeins, mit dem der Vögel sehr überein; noch auffallender aber zeigt sich der Bau der weichen Theile dem dieser Thiergattung ähnlich. Es finden sich nämlich bei dem Weibchen zwar die Brust- oder Milchdrüsen, aber man bemerkt äußerlich keine Zitzen, und es wird überhaupt schwer begreiflich, woher für die Jungen die Möglichkeit des Saugens bei diesem Schnabelbau kommen soll. Demnächst aber zeigt sich noch eine andere Eigenheit, indem nämlich bei beiden Geschlechtern, ebenso wie bei den Vögeln, die Geschlechtstheile und der Darmkanal nur einen Ausgang haben, oder, wie die Naturforscher es mit einem Wort auszudrücken pflegen, eine Cloake vorhanden ist.

Es hat sich daher seit der Entdeckung dieses Thieres unter den Naturforschern ein Streit erhoben, wohin dasselbe zu rechnen sein möchte. Daß ihm eigentlich kein anderer Platz angewiesen werden könne, als unter den Säugethieren, darüber war man wol im Allgemeinen einig, indessen ließen jene Abweichungen schließen, daß es keine lebendigen Jungen gebäre, sondern Eier lege, und so waren denn Mehre der Meinung, daß es, ungeachtet jener Brustdrüsen, welche indessen Andere nicht für Milchdrüsen erklären wollten, dennoch von den Säugethieren getrennt und in eine eigne Classe, zwischen Säugethiere und Vögel, gestellt werden müsse.

Darüber könnte zuletzt nur eine nähere Beobachtung des lebenden Thieres entscheiden, aber auch hier fehlte es bis jetzt an ganz zuverlässigen Nachrichten. Zwar versicherten die Eingeborenen des Landes, daß das Schnabelthier Eier lege, ja es wurden sogar solche Eier nach Europa geschickt, sowie Eierstöcke, in denen man mehr oder weniger ausgebildete Eier vorgefunden haben will; indessen ist dies Alles noch nicht so bestimmt und gewiß, daß man jenen Angaben vollen Glauben schenken dürfte. Wir unsererseits lassen also einstweilen das Schnabelthier unter den Säugethieren stehen, wohin es auch der französische Naturforscher und Anatom Cuvier (vergl. Pfennig-Magazin Nr. 1) gebracht hat, der indessen für dasselbe und ein anderes, ihm im innern Bau verwandtes Thier, eine eigne Ordnung unter dem Namen Monotremen gegründet hat.

Dieses sonderbare Thier lebt in der Nähe von Port Jackson im Wasser, soll auf dem Grunde herumkriechen, von Zeit zu Zeit hervorkommen, um Luft zu schöpfen, und dann Kopf und Schnabel wie eine Ente schütteln. Es soll nur von Schlamme leben, welche Angabe indessen wol ebenso gut auf einem Irrthum beruht, als wenn man sagen wollte, die Enten nährten sich von Schlamme, da sie doch nur Nahrung aus diesem hervorsuchen. In ihren Höhlen am Ufer soll es auch ein Nest aus Gras und dergl. zusammenbauen. Ein besonderer Nutzen des Thieres ist nicht bekannt, und was den Schaden betrifft, so soll die Verwundung mit dem Sporn auch keine schlimmen Folgen haben, sodaß man annehmen darf, unwissende und furchtsame Reisende haben auch hier, wie sonst manchmal, übertrieben.

Die Eidechse und Lord Nelson.

In den heißesten Gegenden von Amerika, Afrika und Ostindien lebt eine Gattung Eidechsen, welche man Warner oder Wachhalter (Lacerta monitor) nennt. Man trifft sie von verschiedener Größe, von einem Fuß bis sechs Fuß Länge, und das Eigenthümlichste an ihnen ist, daß sie auch den verborgensten Aufenthalt der giftigen Amphibien, der Krokodile, Klapperschlangen u. s. w., entdecken, und die Anwesenheit eines solchen Thieres durch ein heiseres Pfeifen verrathen. Die Behauptung, daß sie dies thäten, um den Menschen vor der Gefahr zu warnen, ist nur eine Fabel; sie thun es vielmehr nur aus eigner Furcht, allein sie werden dadurch freilich oft die Retter der Menschen. Ein Vorfall dieser Art ereignete sich mit dem berühmten englischen Admiral Nelson. Als dieser im J. 1781 noch Capitain war, hatte er eine Kriegsunternehmung gegen S.-Juan (eine der Inseln des grünen Vorgebirgs) zu leiten. Während er eines Tages, äußerst ermüdet, auf dem Lande in seiner Hängematte schlief, schlüpfte ihm eine solche Eidechse über das Gesicht hinweg. Sobald dies die in der Nähe befindlichen Eingeborenen bemerkten, weckten sie den Capitain mit großem Geschrei. Aus dem Schlafe auffahrend warf dieser, erschrocken, die Decke von sich und gewahrte nun zu seinem Entsetzen eine der giftigsten Schlangen dieser Gegend zu seinen Füßen. Die Eingeborenen schrieben diese augenscheinliche und wunderbare Rettung einem besondern Schutze ihrer Götter zu, und dieser Umstand erleichterte es Nelson sehr, sich das Vertrauen derselben zu gewinnen und sie seinen Plänen geneigt zu machen.

Tamarindenbaum (Tamarindus indica).

Der Tamarindenbaum gehört zu den Schotengewächsen und ist in Ostindien und Afrika, namentlich in Ägypten und Arabien einheimisch, findet sich aber auch in Amerika, wohin er wahrscheinlich verpflanzt wurde. Der Stamm erreicht eine ansehnliche Höhe, ist mit brauner borstiger Rinde umgeben, oben in sparrige, ausgebreitete Äste getheilt und trägt gefiederte Blätter von 10—15 Blättchenpaaren, die fast stiellos, elliptisch und stumpf sind. Die rosenfarbenen oder gelblichgrünen, ziemlich großen Blüten stehen zu fünf oder sechs, in etwas hangende Trauben vereinigt, am Ende der Äste. Sie haben einen abfallenden fünfspaltigen Kelch und eine dreiblätterige Krone. Die Frucht besteht in dicken, vier bis fünf Zoll langen Schoten, die braunroth und etwas gebogen sind; in ihnen liegt ein gelbliches oder rothbraunes Mark und eine bis drei Bohnen. Dieses Mark gibt als Arzneimittel einen Handelsartikel ab. Es bildet dann eine rothbraune musige Masse mit zwischenliegenden Schoten, hat einen weinartigen, angenehm süßsäuerlichen, etwas zusammenziehenden Geschmack. Man bereitet es durch Eindicken des frischen Marks in kupfernen Kesseln und schichtet es zum Aufbewahren wechselsweise mit Schichten Zucker ein. Durch das Eindicken in kupfernen Gefäßen nimmt es oft Kupfertheile

Der Tamarindenbaum.

auf, welche es dann nachtheilig für die Gesundheit machen, außerdem wird es aber auch noch verfälscht durch Zumischung von gewelkten Pflaumen, in welchem Falle man ihm dann die erfoderliche Säure durch einen Zusatz von Weinstein- oder selbst Schwefelsäure gibt; Verfälschungen, welche der Arzt ohne große Mühe entdeckt.

Das Tamarindenmark wird bei uns als ein mildes und zugleich kühlendes Abführungsmittel angewendet; auch die Bohnen sind arzneikräftig, werden jedoch ebenfalls häufig verfälscht. Aber noch häufiger wenden die Bewohner jener Länder, wo der Baum wächst, das frische Mark an, welches, in Wasser aufgelöst, ein angenehmes säuerliches Getränk gibt, das nicht blos erfrischt, sondern auch auflösend wirkt. Tamarindenmark bildet deswegen einen Hauptbestandtheil derjenigen Vorräthe, welche Reisende in die Wüste mitzunehmen pflegen.

Unter dem Baume zu schlafen wird als für die Gesundheit schädlich gehalten, und das Gras und andere Pflanzen im Bereich seines Schattens sollen nicht gedeihen.

Blätter, Blüte und Frucht des Tamarindenbaums

Das Generalarchiv zu Venedig.

Es ist seltsam, daß keiner der neuern Schriftsteller über Italien in der Beschreibung der Merkwürdigkeiten der dortigen Hauptstädte des großen Archivs in Venedig erwähnt, welches die großartigste Anstalt dieser Art in Europa und wahrscheinlich der ganzen Welt ist. Vor mehren Jahren gab der Kaiser von Östreich Befehl, die sämmtlichen Archive der ehemaligen Republik Venedig in einem einzigen Local zu vereinigen, und setzte für dieses Unternehmen bedeutende Summen aus. In zwei Jahren kam man mit der Ausführung desselben zu Stande, und der Reisende kann nunmehr in dem Gebäude des „Archivio generale" den größten Schatz alter Urkunden in Augenschein nehmen. Diese mit bewunderungswürdiger Ordnung aufgestellte Sammlung nimmt 298 Säle und Gänge ein, umfaßt aber dessenungeachtet noch nicht die Gesammtzahl der venetianischen Actenstücke, welche sich auf 8,664,709 Hefte beläuft und früher den Inhalt von 1890 kleinern Archiven ausmachte.

Das Rheinwaldthal in der Schweiz.

Die untenstehende Abbildung gibt eine Ansicht des Dorfes Splügen im Rheinwaldthale, welches den Hinterrhein, nachdem er sich aus dem Gletscher des Muschelhorns herausgewunden, durchströmt und ohne Zweifel auch gebildet hat. Dieses Thal, im Canton Graubündten gelegen, ist von allen Seiten von hohen Bergen eingeschlossen und ungefähr zehn Stunden lang. Von den Bergen herab ziehen sich ungeheure Gletscher und das Thal ist häufigen Lawinen ausgesetzt. Der Winter währt hier neun Monate; erst im Juni beginnt das Gras zu keimen und schon im September muß es geerntet sein. Das Thal, sowie das Dorf Splügen, das 4100 Fuß hoch liegt, ist von Schwaben bewohnt, die Kaiser Friedrich I. zu Ende des 12. Jahrhunderts hier ansiedeln ließ, um sich dadurch den Weg über den Splügen zu sichern. Die zwei Hauptwege aus Deutschland nach Italien, der über den Splügen und der über den Bernhardin, führen durch dies Thal, in welchem Hinterrhein das höchste Dorf ist, welches 4770 Fuß hoch liegt und wo sogar die Gerste nicht mehr reif wird, was doch bei dem Dorfe Splügen noch der Fall ist, wo selbst etwas Flachs und in manchem Jahre auch wol Erbsen gedeihen. Noch wollen wir erwähnen, daß im Jahre 1800 der französische General Macdonald im September diesen Bergpaß mit seiner ganzen Armee unter unsäglichen Mühen überschritt und in das Veltlin eindrang, wobei er freilich außerordentlich viel Menschen und Pferde einbüßte; doch gehört dieses Unternehmen trotzdem zu den kühnsten, deren die neuere Kriegsgeschichte gedenkt. Jetzt ist mit ungeheuren Kosten über den Splügen eine Fahrstraße gebaut, welche an Schönheit und Kühnheit den übrigen Alpenstraßen, auf welche wir ein andermal zurückkommen werden, in allen Beziehungen an die Seite gesetzt werden kann.

Das Rheinwaldthal in der Schweiz.

Das Pfennig-Magazin
der
Gesellschaft zur Verbreitung gemeinnütziger Kenntnisse.

97.] Erscheint jeden Sonnabend. **[Februar 7, 1835.**

Ansicht von Nauplia.

Nauplia.

Die Stadt Napoli di Romania, wie man sie sonst nannte, Anapli bei den Türken, Nauplion oder Nauplia, wie die Griechen sie jetzt nennen, und deren Ansicht von der Seeseite wir in vorstehender Abbildung geben, dehnt sich an dem Fuße eines steilen und etwa 900 Fuß hohen Vorgebirges aus, das in einen Meerbusen vorspringt. Sie nimmt seiner ganzen Länge nach den schmalen Landstrich ein, der sich zwischen den Klippen und dem Meeresufer hinzieht und läßt daher eine weitere Ausdehnung auf keiner Seite zu. Eben dies machte sie untauglich zur Hauptstadt des neuen Königreichs Griechenland, wozu sie anfänglich bestimmt zu sein schien und was sie bis Ende 1834 auch war. Nauplia ist wohl befestigt und rings von Wällen umgeben, die noch durch die „geflügelten Löwen" ihren venetianischen Ursprung verkünden. Obgleich an sich schlecht gebaut, so gehört sie doch zu den bestgebauten Städten Moreas, für dessen Haupthafen sie gilt. Die Sümpfe, welche sich von hier bis nach Argos hinziehen, machen die Stadt ungesund; in militairischer und commercieller Hinsicht aber ist ihre Lage unvergleichlich. Das Innere der Stadt besteht, außer einem größern Platze, blos aus engen, fast immer schmuzigen Straßen, in welchen sich die Häuser mit hervorspringenden Stockwerken oben beinahe berühren. Die größern von Stein gebauten Häuser rühren sämmtlich von den Venetianern her und dienen jetzt zu öffentlichen Zwecken; die Bürgerhäuser, meist von Türken erbaut, aber sehr verschieden von deren hellen, lichten Wohnungen in Konstantinopel, öffnen sich alle unten in einem weiten Flur, der zum Stall dient und aus welchem eine elende und wankende Treppe in die obern Stockwerke zu führen pflegt. Die mehrmalige Belagerung der Stadt durch die Griechen im J. 1821 und im December 1822, wo sie von den Türken übergeben ward, zerstörte einen großen Theil jener Wohnungen, an deren Stelle noch jetzt entweder Ruinen liegen oder kleine offene Buden hingebaut sind, in welchen Wein, warme Getränke, Waffen und dergl. feilgeboten werden. Eine einzelne Moschee mit ihrem schlanken Minaret und einige noch unversehrte Brunnen sind jetzt die einzigen Zeugen der langen türkischen Herrschaft.

Jetzt, nachdem Athen zur Residenz des Königs von Griechenland bestimmt ist, wird Nauplia nur noch als Seeplatz und Festung seine Bedeutung haben. Seine Bevölkerung beträgt ungefähr 6000 Seelen, erhebt sich aber zu Zeiten auf das Doppelte. Der Hafen ist vortrefflich und von dem Golf her bietet die Stadt und ihre Umgebung einen reichen und malerischen Anblick dar. Der geschäftige Hafen im Vorgrunde, die Ebene und die Akropolis von Argos dahinter, die Schneegipfel des Taygetus, die majestätischen Felsmassen und die Veste Palamidi zur Seite, all dies gewährt ein reizendes Schauspiel. Jene auf der Höhe der Klippe hervorragende Burg Palamidi bildet die Hauptbefestigung der Stadt, welche sie beherrscht. Die Steilheit der Klippe macht sie fast uneinnehmbar, wie sie denn 1822 auch nur durch Hunger überwunden wurde. Sie erhebt sich 720 Fuß über der See und wird von der Stadt her durch eine Felstreppe erstiegen; 300 Fuß tiefer zieht sich eine Art von Felsterrasse um die Stadt her, auf welcher mehre andere Forts von den Venetianern aus alten cyklopischen Steinmassen erbaut, sich befinden. Ein anderes Festungswerk ist das Castell St.-Theodor auf einer Inselklippe im Hafen selbst, den es beschützt. Auf dem untern Fort, Urbanitika, befinden sich die Batterien gegen den Golf hin; außerdem hat die Stadt noch die oben erwähnten Ringmauern und all dies, mit 300 Kanonen versehen und von etwa 3000 Mann vertheidigt, bietet eine Befestigung fast wie die von Gibraltar dar. Trinkwasser empfängt Nauplia aus dem berühmten Quell Kanathus, der sich unter Palamidi herabzieht, aber abgeschnitten werden kann. Die Stadt ist der Sitz eines Bischofs, eines Civil- und eines Criminalgerichtshofes; sie besitzt eine Druckerei und die öffentlichen Schulen sind gut eingerichtet. Für Fremde bietet die Stadt seit einigen Jahren hinreichende Bequemlichkeit dar; es gibt jetzt Gast- und Kaffeehäuser und selbst mehre Billardsäle daselbst. Ein Abendspaziergang auf dem Marktplatz oder in die Vorstädte gehört, nebst dem Besuch der Kaffeehäuser, zu den vorzüglichsten Vergnügungen der Einwohner. Den Markt versorgt die Ebene von Argos mit Früchten und Gemüsen aller Art, nur das Fleisch ist schlecht; das meist neuangebaute Land umher ist mit Thimian, Fenchel und dergl. bewachsen und einige malerische Cypressen überragen die Stadt. Der Handel Nauplias ist im Abnehmen; doch verführen zahlreiche Kaïks (Küstenschiffe) Wein, Öl, Korn, Wachs, Schwämme, Honig und Baumwolle. Zum Schiffbau eignet sich Nauplias Lage nicht, da der Westwind den Golf zu stark bewegt, sodaß die Schiffe gewöhnlich Abends die Anker lichten müssen. Das uralte Nauplia soll vor dem trojanischen Kriege, etwa 1200 Jahre v. Chr. Geb., erbaut sein und war der Seeplatz der Argiver. Pausanias schon fand es in Ruinen. Die Venetianer nahmen es 1460 ein, übergaben es 1495 an die Türken, eroberten es 1586 wieder und verloren es durch Verrath 1714, worauf es Residenz des Pascha von Morea blieb, bis Tripolizza dazu erwählt ward. Seitdem gehorchte es dem Bei von Argos. Den 12. December 1822 ward es den Griechen übergeben, 1825 griff Ibrahim Pascha es vergebens an, im Jahre 1826 war es der Regierungssitz, später des Präsidenten Kapodistrias Residenz, der hier ermordet wurde, und den 31. Januar 1833 landete König Otto daselbst. Nauplia ist etwa drei Meilen von Argos entfernt, wohin eine ziemlich gute Straße längs der Küste und durch die Ebene führt, während eine andere treffliche von Kapodistrias angelegte Straße nach Epidaurus und von dort nach Ägina und Athen bringt.

Die Kupferstechkunst.
1. Ursprung derselben.

Der Kunst des Kupferstechens ging zunächst diejenige des Niellirens voraus, der Niellirkunst aber die, welche man schlechthin die Stechkunst genannt hat. Letztere war die Kunst, durch spitze Instrumente in Metall, Holz, Stein und dergl. Figuren einzugraben, und es sah sich dieselbe schon von den Israeliten, Ägyptern, Griechen und Römern ausgeübt. So gedenkt der Prophet Jeremias des Siegelringes in Juda ausdrücklich. Zu Hiob's Zeit grub man schon mit einem eisernen Griffel Schrift in bleierne Tafeln. Die Kretenser und andere griechische Völker gruben ihre Gesetze in Erz. Und die Römer thaten dasselbe; denn nachdem die Gesetze der 12 Tafeln von den Galliern zertrümmert worden waren, schnitten sie solche von Neuem erzenen Tafeln ein. Bündnisse der Völker wurden in eherne Säulen geschrieben; wie denn auch der Bund zwischen den Makkabäern und Rom auf messingenen Tafeln zu lesen war.

Als einen Schritt näher zur Übertragung von dem Metall auf andere Flächen und zur nachherigen Kupferstechkunst sehen wir schon früh Griechen wie Römer Stempel für ihre Münzen gebrauchen. Die Ägypter aber kannten erhaben geschnittene Buchstabenformen, welche sie den noch ungebrannten irdenen Gefäßen eindrückten; die Römer sogar hochgeschnittene Monogrammenstempel in Holz und Metall, welche sie mit Farbe bestrichen und statt der Unterschrift aufdrückten.

Die Stechkunst war es nun, welche mit der Zeit die Niellirkunst erzeugte. Hatte man nämlich mit dem Instrumente (Grabstichel) das Bild auf eine Silber = oder Goldfläche, oder überhaupt Metall, gestochen, so füllte man die eingegrabenen Striche mit derjenigen Masse aus, die man in Italien niello nennt und die aus einem Gemische von geschmolzenem Silber, Blei, schwarzem Schwefel und Borax besteht. Hierauf griff man zu Feile und Schabeisen, nahm vom Niello, was über die Striche herausging, hinweg, polirte mit Tripel die Oberfläche der Arbeit, und der eingelassene Niello erschien auf der Fläche als Bild. — Man kennt den Zeitpunkt der Erfindung der Niellirkunst nicht, aber man weiß, daß das Nielliren schon seit der ersten Hälfte des 7. Jahrhunderts in Frankreich betrieben ward. Welche Verbreitung diese Kunst und ihre Erzeugnisse erfuhren, schließe man daraus, daß um das Jahr 1000 selbst in den zwei alten slawischen, durch Handel und ihre Verbindung mit den Byzantinern blühend gewordenen Städten Nowgorod und Kiew Niellen in großer Anzahl sich vorfanden. Wahrscheinlich ist es, daß die Niellirkunst aus den frühesten Zeiten herstammt und nicht jenen finstern und barbarischen Jahrhunderten angehört; ja es scheint, daß dieselbe in enger Verwandtschaft mit der Enkaustik der Alten steht. Letztere bediente sich nämlich meist eines heißgemachten Griffels, und brachte mittels desselben einer Elfenbein = oder Holzscheibe die Umrisse zu einem Bilde ein, vertiefte dieselben, und füllte sie alsdann mit gefärbtem und mit Mastix oder Gummi gehärtetem Wachse dergestalt aus, daß das Ganze einem Gemälde glich.

Als unverkennbare Verkündigerin der jetzt bald an das Licht tretenden Kupferstechkunst dürfen wir die zu Mainz um die Mitte des 15. Jahrhunderts erfundene Buchdruckerkunst nennen; denn sie war es, welche Übertragung von festen Formen auf einen schmiegsamen Stoff lehrte.*)

Im Anfange des 15. Jahrhunderts wurde die Niellirkunst in Italien, besonders aber zu Florenz eifrig betrieben. Es waren die Zierathen an Kelchen, Reliquienkästchen und dergl., ferner sogenannte Kußbilder (d. h. solche, die dem andächtigen Kusse geweiht sind), nicht minder Griffe von Dolchen und Schwertern, Schalen, Agraffen und anderes Geschmeide, wozu man den Niello anwandte, sowie man ihn auch zur Ausschmückung des Hausgeräthes gebrauchte, und man besaß Schränke von Ebenholz, in welche silberne Plättchen eingelassen waren, worauf sich Figuren, historische Darstellungen, Blumen und dergl. niellirt befanden. Die berühmtesten unter den trefflichen Meistern italienischer Niellirkunst waren um diese Zeit die Goldschmiede und Maler Forzore von Arezzo, Caradosso von Mailand und Francia von Bologna; der Bildhauer Johann Turini von Siena, und die drei Florentiner: Matteo Dei, Antonio del Pollajuolo und Maso Finiguerra, ebenfalls Goldschmiede und zugleich Maler.

Betrachte man den Zuletztgenannten dieser Künstler als Den, welcher, wie wir in nächster Nummer zeigen werden, uns die Kunst des Kupferstechens erschuf und die ältesten mit Daten versehenen Kupferstich lieferte.

(Fortsetzung in Nr. 98.)

Der Pilchardfang in Cornwall.

Wenn auch die Pilchards oder Strömlinge, wie man sie in Norddeutschland nennt, nicht in so großer Menge nach Deutschland versendet werden als die Heringe *), zu welchen sie als eine besondere Familie gehören, so sind sie doch an dem Orte, wo sie gefangen werden, ein so wichtiger Gegenstand für den Handel und selbst den Ackerbau, und bieten überdies so manche merkwürdige naturhistorischen Erscheinungen dar, daß es nicht ohne Interesse sein dürfte, sie in naturgeschichtlicher und gewerblicher Beziehung näher kennen zu lernen.

Die Pilchards haben die Größe eines ausgewachsenen Herings, sind jedoch ölhaltiger als diese, haben auf dem Rücken eine blaugrüne Farbe und am Kopfe einen silberfarbigen Schiller, ihr Mund ist zahnlos und sie zeichnen sich besonders dadurch aus, daß die Rückenflosse unmittelbar über dem Schwerpunkte des Körpers sich befindet. Würde man da, wo die Flosse aus dem Körper hervortritt, einen Faden befestigen und den Fisch frei schweben lassen, so würde er in einer ganz horizontalen Linie wie ein das Gleichgewicht haltender Wagebalken hängen. Er lebt in den Tiefen des nördlichen Oceans; nimmt, um seinen Laich abzusetzen, eine südliche Richtung und erscheint in jener Absicht an der zu England gehörenden Südwestküste Cornwalls. Auf ihren Wanderungen kommen die Pilchards zuerst in der Mitte des Julius in kleinen Gruppen, später aber, vorzüglich Ende Augusts, werden die Züge immer zahlreicher, bis sie, allmälig abnehmend, gegen den December ganz aufhören. An den schottischen Küsten kommen sie oft, vermischt mit den Zügen der Heringe, zum Vorschein. Die Vorbereitungen zum Pilchardfange bestehen darin, längs der Küste die Boote in Abtheilungen aufzustellen; mehre Leute unter dem Namen Schreier (huers), welche sich theils auf die Anhöhen des Ufers, theils auf die Meeresklippen begeben haben, spähen, bis sie einen großen Zug bemerken; alsdann schreien sie laut „Heva!" und alle Boote stoßen vom Lande ab, um ihren angewiesenen Posten einzunehmen. Das nächste Geschäft ist nun, den Zug näher zu untersuchen, und auszumitteln, welcher Platz zum Auswerfen der Netze der passendste sei. Hat man diesen bestimmt, so wird ein großer Theil des Zuges von seinen Gefährten abgeschnitten und eingeschlossen. Das Hauptboot, welches das große, oft 1800 Fuß lange und über 100 Fuß tiefe Netz enthält, rudert um das bestimmte Revier, während zwei darauf befindliche Schiffer fortwährend das Netz mit einer solchen Gewandtheit und Geschwindigkeit auswerfen, daß das Boot binnen einer Minute wieder am Anfangspunkte ankommt, und auf diese Weise einen großen Theil Fische umschlossen hat. Da der untere Saum dieses Netzes durch die Schwere der daran befindlichen Bleistücke auf den Meeresgrund sinkt, der obere jedoch mittels Korkstücke auf der Fläche des Meeres schwimmend erhalten wird, so können die gefangenen Pilchards weder nach oben noch nach unten entweichen. Die Ausbeute eines einzigen, auf diese Weise veranstalteten Fanges beläuft sich oft auf Millionen Stück. Da den Fischern der

---

*) Über diese Erfindung sehe man das Pfennig = Magazin Nr. 177.

*) Über den Fang der Heringe und die verschiedene Behandlungsweise dieses Fisches sehe man Nr. 8 und 55 des Pfennig = Magazins.

Besitz ihrer Beute nun vollkommen sicher ist, so nehmen sie die Pilchards nach Bequemlichkeit aus ihrem Gefängnisse mit großen Netzen heraus und bringen sie, nachdem sie wie die Heringe getödtet und ausgenommen, in die gewöhnlich in der Nähe des Ufers errichteten Hütten zum Einsalzen. Die für die Ausfuhr bestimmten Pilchards kommen jedoch in tiefe kühle Felsenkeller, wo sie mit abwechselnden Salzlagen aufgeschichtet werden, wie unsere Abbildung zeigt. In diesem Zustande bleiben sie 20—30 Tage, und während dieser Zeit fließt ein Gemisch von Lake, Blut und Öl ab, welches in besonders dazu in dem Boden angebrachten Fässern aufge-

Das Einsalzen und Verpacken der Pilchards.

fangen wird. Nach Verlauf jener Zeit werden die etwa unbrauchbar gewordenen obern Schichten abgesondert und als Dünger bei Seite gelegt. Um sie hierzu anzuwenden, vermengt man sie mit Meergras, Meersand und einer fetten Thonerde, und man versichert, daß ein Pilchard einen Quadratfuß Land für mehre Jahre dünge.

Der Pilchard.

Die guten Fische werden mit Seewasser ausgewaschen, getrocknet und in Fässer eingepackt, in deren jedes etwa 3000 Stück gehen. Den reinen Gewinn, welchen dieser Fischfang abwirft, schlägt man auf 50—60,000 Pf. Sterl. (gegen 324,000 Thlr.) an. In Cornwall beschäftigen sich 5000 Menschen mit der Pilchardfischerei. Von diesen Leuten treiben jedoch nur einige hundert ausschließend das Fischerhandwerk. Bei dem Makrelen- und Pilchardfange aber gesellen sich zu ihnen mehre tausend der Bergleute, welche in den benachbarten Zinngruben arbeiten, und nach der Beendigung desselben kehren diese in ihre Gruben zurück. Merkwürdig ist es, daß sich seit Jahren in den Wanderungen der Pilchards große Veränderungen gezeigt haben, welche dadurch, daß sie den Fischfang erschwerten, auch auf den Handel mit diesem Artikel nicht ohne Einfluß waren. Vor 50—60 Jahren blieben sie, wenn sie sich im Juli eingestellt hatten, ununterbrochen an den Küsten von Cornwall bis zur Weihnachtszeit, und da der Fischfang bis zu ihrem gänzlichen Verschwinden, also volle fünf Monate lang, fortgesetzt wurde, so ernährte er nicht nur eine größere Anzahl Menschen, sondern der Handel mit den Pilchards war auch viel ausgebreiteter und einträglicher. In guten Jahren dauert er jedoch jetzt nur zwei, höchstens drei Monate, und es ist sogar schon der Fall gewesen, daß sich die Pilchards auf einer ihrer Wanderungen nur ein Paar Wochen an jenen Küsten aufhielten. Während sie Jahrhunderte lang immer an der Nordküste zum Vorschein kamen, und dann die ganze südwestlich auslaufende Landspitze umzogen und längs der östlichen Küste ihren Weg nahmen, haben sie in neuerer Zeit die nördliche Küste gar nicht berührt, sondern die Landspitze in größerer Entfernung umgehend, kommen sie erst an der südöstlich gelegenen Küste zum Vorschein.

Die Kutschen im 16. Jahrhundert.

Man sagt, daß das Wort „Kutsche" vom Städtchen Kotze in Ungarn stamme und die Erfindung selbst vom König Matthias Corvinus gemacht worden sein soll, der in der zweiten Hälfte des 15. Jahrh. lebte.

Allein schon unter Philipp dem Schönen von Frankreich findet sich aus dem Jahre 1294 ein Verbot derselben vor, wonach sich gewöhnliche Bürgerfrauen derselben nicht bedienen sollen. Vermuthlich hat man ihnen in Ungarn nur eine bessere Gestalt, ein Verdeck oder Ähnliches gegeben; denn so uralt der Gebrauch der Wagen zum Transport von Waaren und Gepäck ist, so uralt war wol auch der Wunsch kränklicher oder schwächlicher Personen, sich fahren zu lassen. In der ältesten Zeit der Fabelwelt finden sich schon Spuren davon bei einem Könige von Athen, Erichthonius, der deshalb zu einem Sternbilde, dem Fuhrmanne, Anlaß gab; in der Beschreibung des trojanischen Kriegs bei Homer kommen oft Wagen vor, ebenso braucht man nur der Triumphwagen zu erinnern, abgesehen von dem Götterwagen des Apollo, in welchem die Alten sich ihn als Sonne den Himmel befahrend dachten, die Erde zu erwärmen und zu erleuchten, um sich vom Alter der Wagen zu überzeugen, ohne daß wir hier der Indier und Chinesen erwähnen, denen sonst jede Erfindung so gern zuerkannt wird. Als indessen durch die Völkerwanderung der Luxus und Wohlstand lange Zeit verschwunden waren, das Faustrecht aber das Wiederaufleben beider hinderte, mußte der Gebrauch, wie die Verbesserung solcher Mittel des Fortkommens um so weniger schnelle Fortschritte machen, je schlechter damals alle Landstraßen, ja die ungepflasterten Straßen in den Städten selbst waren. Die Männer ritten lieber, als daß sie gefahren wären, wenn sie nicht durch Alter und Krankheit davon abgehalten wurden, und nur bei feierlichen Gelegenheiten sah man wieder Kutschen im 15. Jahrhunderte, z. B. beim Auffahren von Gesandten. So weiß man es wenigstens von einem Gesandten Trevasi 1433 zu Mantua. Ebenso fuhr der deutsche Kaiser Friedrich III. 1475 in Frankfurt ein. Zu Ende des 15. Jahrhunderts war ihr Gebrauch schon häufiger geworden. Die Königin Elisabeth fuhr in einer Kutsche nach der Kirche, wo wegen der vernichteten spanischen Armada ein Dankfest gefeiert wurde, und Walter Nipon baute bereits eine für den Grafen von Rutland im Jahre 1555. Es war die erste in England verfertigte, wie Zeitgenossen ausdrücklich anmerkten. Neun Jahre später baute er eine für die Königin mit Säulen und Bögen, d. h. vermuthlich mit einem auf Säulen ruhenden Verdeck. Eine noch prächtigere baute er für sie 1584, wo vier Säulen einen Thronhimmel trugen; auf ihm lag eine Krone, vorn standen ein Löwe und ein Drache, welche Englands Wappen hielten. Zu Shakspeare's Zeiten mußten Kutschen schon sehr gewöhnlich sein; denn in einigen seiner Stücke kommen mehre Anspielungen darauf vor. Im J. 1600 kam eine Gesandtschaft aus Marokko nach London und ihr folgten vier Kutschen. Eine russische in demselben Jahre hatte deren acht. Als eine französische Gesandtschaft Jakob I. zu seiner Thronbesteigung Glück wünschten, fuhren schon dreißig auf. Freilich war bei ihnen nicht die Bequemlichkeit zu finden, welche jetzt der geringste Lohnkutscherwagen darbietet, obgleich es an Schnitzwerk und Vergoldung nicht fehlte. Eine Vorstellung davon gibt unsere Abbildung, welche von einem italienischen Gemälde entnommen ist. Es scheint hier eine Gesellschaft eine Spazierfahrt zu machen. Eine Dame sitzt im Kutschenschlage und der Sitz des Kutschers ist sehr niedrig angebracht; die Pferde ziehen ziemlich schwerfällig, weil vermuthlich der ganze Wagen zu schwer beweglich ist. Von elastischen Federn und Glasfenstern war damals noch keine Spur. Letztere kamen erst im 17. Jahrh. und jene gar erst in der zweiten Hälfte des 18. Jahrh. in Gebrauch. Von solchen vermehrten Bequemlichkeiten aber abgesehen ist der Gebrauch der Kutschen, wie gesagt, uralt, mögen sie auch geheißen und ausgesehen haben, wie sie wollen.

Trachten und Kutschen des 16. Jahrhunderts in Italien.

Die Besteigung des Montblanc.

Der Leser erinnert sich vielleicht noch aus den Zeitungen der Berichte über die mehrmalige Besteigung des Montblanc im Laufe des vorigen Jahres (1834). Besonders machte die erste dieser Besteigungen durch die beiden savoyischen Gelehrten Chenal und Viallet einiges Aufsehen, da die Richtigkeit derselben von Einigen bezweifelt worden war, und jene Männer sich deshalb bewogen fanden, die sämmtlichen Führer, deren sie sich bei der Reise bedient, vor Notar und Zeugen die Wahrheit ihrer Aussage erhärten zu lassen. Die Ergebnisse dieser nunmehr unbezweifelten Besteigung verlohnten sich indeß der Mühe nicht, denn die Reisenden erreichten zwar glücklich den Gipfel des Montblanc und genossen von einer tiefern Höhe dieses riesenhaften Berges eine herrliche Aussicht auf das ganze Juragebirge und einen beträchtlichen Theil des Genfersees; allein sie konnten wegen eines heftig tobenden Sturmes nicht die geringsten Versuche anstellen, und mußten, da sie in Gefahr waren vom Gipfel herabgeschleudert zu werden, so schleunig als möglich ihren Rückzug antreten. Graf Tilly, der letzte Besteiger des Montblanc, der mit großer Kühnheit seine Reise in einer späten Jahreszeit (am 9. October dieses Jahres) unternahm, konnte, da er auf dem Berge nicht übernachtete, nur kurze Zeit auf dessen Gipfel verweilen, und hatte das Unglück, auf dem Rückwege beide Füße dergestalt zu erfrieren, daß er mehre Wochen befürchtete, man werde sie ihm ablösen müssen.

Da durch diese kühnen Unternehmungen der neuesten Zeit das Interesse an dem Bergriesen von Europa wieder aufs Neue angeregt ist, so halten wir es nicht für unpassend, dem Leser eine kurze Übersicht der frühern Besteigungen des Montblanc zu geben, mit besonderer Rücksicht auf die vom Herrn von Saussure, welche die meisten physikalischen und geologischen Resultate gab, und auf die zweimalige von dem Doctor Hamel, welche eine der interessantesten ist. Ebenso willkommen dürften einige Bemerkungen über die innere und äußere Beschaffenheit dieser ungeheuern Bergpyramide sein, welche an Erhabenheit nicht übertroffen wird.

Der Montblanc, die höchste Spitze der savoyischen Alpen, wie von ganz Europa, zwischen dem Chamouny- und dem Entrevesthal gelegen, erhebt sich, nach den genauesten trigonometrischen und mehrmals wiederholten Messungen des Hrn. Tralles, 14,793 F. über die Meeresfläche. Obgleich 5335 Fuß niedriger als der Chimborasso in Südamerika, gewährt er doch einen noch großartigern Anblick als dieser. Der Gesichtskreis des Montblanc beträgt 68 Stunden. Man kann ihn zu Lyon und auf den burgundischen Bergen deutlich sehen, ja Herr von Saussure will ihn sogar bei Toulon erkannt haben. Von seinem Gipfel behauptet Herr Bourrit das mittelländische Meer gesehen zu haben. Trotz diesem außerordentlichen Gesichtskreis ist die Aussicht dennoch nicht bedeutend, wegen der Schwäche des menschlichen Auges, das in solche Entfernungen selten zu dringen vermag, und weil der Dunstkreis nahe an der Erdoberfläche sich in solcher Weite zu sehr verdichtet.

Obgleich der Fuß des Montblanc einen sehr ausgedehnten Umfang hat, so wird doch wegen der gegen Süden aufsteigenden steilen Felswände von mehren tausend Fuß Höhe, sowie wegen der ungeheuern Gletscher, Eismauern und Abgründe gegen Nord und Nordost die Reise auf den Gipfel sehr schwierig und gefährlich. Der sehr verdienstvolle Naturforscher, Herr von Saussure, war der Erste, der an eine Besteigung des Berges ernstlich dachte. Er versprach in den Jahren 1760 und 1761 denen eine bedeutende Belohnung, welche einen gangbaren Weg auf den Montblanc ausmitteln würden. Hierauf versuchte es Pierre Simon aus Chamouny von der Seite des Bossongletschers hinaufzukommen, allein vergebens. In den Jahren 1775 und 1783 fanden neue, aber eben so vergebliche Versuche statt. Der schon erwähnte Herr Bourrit aus Genf unternahm im Jahre 1784 eine Besteigung in Gesellschaft zweier Gemsenjäger: Marie Coutet und Franz Cuidet, welche mit großer Anstrengung eine Höhe von 14,000 Fuß, den Gipfel selbst aber nicht erreichten. Im Jahre 1785 machten Bourrit und Saussure einen abermaligen Versuch mit 15 Führern, sie erklimmten die sogenannte Aiguille du Gouté, welchen Namen die schroffe Westseite des Montblanc hat, bis zu einer Höhe von 11,442 Fuß, konnten aber wegen des tiefen Schnees und der trotzdem unerträglichen Hitze nicht weiter kommen. Ein Jahr später unternahmen dasselbe sechs Männer aus dem Chamounythal, von denen der Eine, Jacques Balmat, der später so bekannte Führer Saussure's, sich auf dem Gletschern verirrte, dort die Nacht zubringen mußte, und nur wie durch ein Wunder gerettet wurde. Er erblickte den Gipfel in keiner großen Entfernung und machte einen zugänglichern Weg ausfindig.

Wirklich erreichten die Spitze im Jahre 1786 zuerst derselbe Jacques Balmat und Doctor Paccard. Sie reisten am 7. August aus Chamouny ab, übernachteten auf der Höhe des Berges la Côte und erreichten am andern Abend nach sechs Uhr den Gipfel. Um acht Uhr des folgenden Morgens langten sie fast erblindet und mit dick aufgeschwollenem Gesicht wieder in Chamouny an. Balmat erhielt von dem König von Sardinien eine Belohnung und als Geschenk eine andere Summe, die durch freiwillige Beiträge aus Sachsen zusammengebracht ward.

Im folgenden Jahre, 1787, am 1. August trat Herr von Saussure, begleitet von Jacques Balmat und noch 17 andern Führern, welche physikalische Instrumente, ein Zelt, Betten, Leitern, Stangen, Stricke und Lebensmittel trugen, die Reise auf den Montblanc von Chamouny aus an. Die Reisenden brachten die Nacht auf den Felsen la Côte zu. Am folgenden Morgen ging es über den Côtegletscher, der wegen seiner ungeheuern Spalten große Schwierigkeiten darbot, dann über Schneeflächen dem Dôme du Gouté zu, wo die Felsen immer steiler und die Spalten und Abgründe immer beträchtlicher wurden. Auf einer Höhe von 11,970 Fuß übernachtete man wieder. Am folgenden Tage wurde der Weg so steil, daß man erst Stufen in das Eis einhauen mußte, und trotz aller angewandten Sorgfalt fiel doch ein Führer in eine der Felsenklüfte, und wurde nur mit Mühe wieder herausgezogen. Früh um acht Uhr am dritten Tage sah man den ganzen Zug von Chamouny aus über die letzte Erhöhung hinwegsteigen, und als sie den Gipfel erreichten, wurde im Dorfe mit allen Glocken geläutet. In der Höhe von 12,000 Fuß ward allen, selbst den kräftigsten Führern, die doch an Bergsteigen gewöhnt, unwohl, keiner hatte Lust zum Essen, aber Alle einen sehr quälenden Durst nach Wasser. Die Erschöpfung war so groß, daß sie zur Ersteigung der letzten 900 Fuß volle zwei Stunden gebraucht hatten. Da sich Herr von Saussure fünf Stunden lang auf dem Gipfel des Montblanc aufhielt, so hatte er Gelegenheit, mehre interessante Beobachtungen anzustellen. Er prüfte den Puls seiner Reisegefährten, der bei allen außerordentlich schnell ging. Der seinige that 100 Schläge und der seines Dieners 112 in der Minute, während in der Tiefe der Puls eines gesunden und ruhigen Menschen nur 60—70 Schläge thut. Der Barometer stand auf dem Gipfel auf 16 Zoll 1 Linie, während ein anderer zu Genf zu derselben Zeit auf 27 Zoll 1 Linie stand. Die Farbe des Himmels war ein weit dunkleres Blau als unten im Thale, und wenn man im Schatten stand, sah man am hellen Tage die Sterne.

Nach Saussure bestiegen den Montblanc Bourrit und Camper im Jahre 1788, der Engländer Beaufoy im Jahre 1790, welcher auf dem Gipfel die Polhöhe aufnahm, Formont und von Ortern im Jahre 1802, die aber sämmtlich wegen heftig tobender Ungewitter sich kaum eine halbe Stunde auf dem Gipfel verweilen und deshalb wenig oder gar keine Beobachtungen anstellen konnten. Ebenso ging es Howard und von Rousselaar aus Neuyork, welche den Montblanc im Jahre 1819 erstiegen.

[Der Schluß folgt in nächster Nummer.]

Die zusammengewachsenen Fische und Bäume.

Der Leser erinnert sich noch wohl der beiden zusammengewachsenen siamesischen Knaben, welche der Capitain Coffin vor mehren Jahren aus ihrem Vaterlande nach England brachte, und die in ganz Europa so großes Aufsehen erregten. Eine ganz ähnliche Erscheinung sind die beiden kleinen Fische, zu der Gattung von Wels (silurus), welche im Sommer vorigen Jahres an der Mündung des Cap-Learflusses in Nordcarolina gefangen wurden. Diese waren ganz auf dieselbe Weise miteinander verbunden wie jene Siamesen, nämlich an der Brusthaut, und die Stelle, wo sie zusammengewachsen waren, erkannte man äußerlich an einem dunklern Streifen. Alle äußern Theile, sowie die Eingeweide, hatte jeder Fisch besonders, nur ergab sich bei der Section, die mit großer Behutsamkeit vorgenommen wurde, daß die Verbindungshaut zwischen beiden hohl war. Der eine dieser Fische maß 3½ Zoll, der andere nur 2½ Zoll, was wahrscheinlich davon herrührt, daß der größere im Aufschnappen der Nahrung gewandter war, als der andere.

* * *

Hierbei mag eine im Pflanzenreiche nicht so selten vorkommende Erscheinung erwähnt werden, daß nämlich ein Baum sich einem andern natürlich einpfropft, sodaß der eine den andern förmlich trägt, und beide mit Stamm, Zweigen und Kronen ineinander fortwachsen. So befindet sich im Staate Florida in Nordamerika eine gelbe Fichte, die einen andern Baum derselben Gattung trägt. Beide Bäume sind in einer Höhe von 38 Fuß miteinander verwachsen, und ihr Wuchs ist vollkommen gesund. Sie sind sehr alt und wurden den ersten Einwanderern schon von den Indianern als eine Seltenheit gezeigt. Von dem eingepfropften Baume ist der Wurzelstock gänzlich verschwunden, und der Platz, wo er stand, mit Buschholz bewachsen. Der Naturforscher Decandolle beschreibt sogar eine Gruppe von drei Bäumen, von denen der mittelste sich in die beiden andern mit allen seinen Ästen verschlungen hatte und von ihnen gleichsam schwebend getragen wurde. Der untere Stamm war in beide gleichmäßig eingewachsen, und der Baum, da sein Wurzelstock gleichfalls abgestorben, auf diese Weise von dem Boden ganz abgeschnitten.

Die Abnahme des Heilandes vom Kreuz, Gemälde von Rubens.

In Nr. 23 des Pfennig-Magazins lieferten wir eine kurze Lebensbeschreibung und das Bildniß des berühmten Malers Peter Paul Rubens, den man wegen der großartigen Erfindung und Ausführung seiner Werke, wegen der zauberischen Wirkung ihres Colorits und wegen der außerordentlichen Kunst, womit er die Leidenschaften und Charaktere darzustellen weiß, mit Recht den Fürsten der niederländischen Maler nennt. Als eine interessante Zugabe zu der Lebensgeschichte des großen Meisters wird die hier mitgetheilte Nachbildung eines seiner berühmtesten Werke dienen, welches die Abnahme des Heilandes vom Kreuze vorstellt. Rubens malte das Original für die Kathedralkirche zu Antwerpen, wo es sich über 200 Jahre befand. Später kam es nach Paris und wurde in der Galerie des Louvre aufgestellt, nach dem Frieden von Paris aber nach Antwerpen zurückgebracht. Während der letzten Belagerung der Stadt, 1830—32, wurde es, wie die übrigen Kunstschätze der Stadt, in Sicherheit gebracht, prangt aber gegenwärtig wieder auf dem ursprünglich für dasselbe bestimmten Altar.

Rubens malte dieses Bild kurz nach seiner Heimkehr aus Italien, wo er sich sieben Jahre aufgehalten und die Werke Tizian's und Paul Veronese's mit besonderm Fleiß studirt hatte. Der Einfluß dieser Muster ist zwar in dem Bilde selbst unverkennbar, allein es ist an Großartigkeit der Erfindung, an Feuer der Phantasie, an Richtigkeit der Zeichnung und an Pracht der Farben durchaus originell und in seiner Art einzig. Alle Schwierigkeiten des Gegenstandes hat der Maler mit seltener Kunst überwunden. Die höchste Bewunderung verdient die Gestalt des Heilandes, und sie ist vielleicht das Vorzüglichste, was Rubens je geleistet hat. Der Tod kann nicht treuer und ergreifender dargestellt werden, als hier geschehen ist. Das auf die Schulter geneigte Haupt, der leblos herabsinkende Arm, die über die rechte Schulter herabhangenden Locken, die Muskeln und Adern, welche noch von der Kreuzesmarter aufgeschwollen sind, Alles ist ausdrucksvoll. Die um den Heiland beschäftigte Gruppe besteht aus fünf seiner Jünger, seiner Mutter und den beiden andern Marien. Zwei von den Jüngern sind auf das Kreuz gestiegen, haben den Leichnam von seinen Banden gelöst und lassen ihn langsam am Stamme des Kreuzes hinabgleiten. Joseph von Arimathia, zur Linken des Heilandes, etwas niedriger als die beiden Jünger stehend, unterstützt mit der Linken den Arm der herabsinkenden Leiche, während Johannes unten steht und sie in seinen Armen aufnimmt. Zur Linken, unter Joseph von Arimathia, steht die Mutter des Herrn mit dem Ausdruck des höchsten Schmerzes in ihren Zügen. Neben Johannes kniet Maria Magdalena mit aufgelöstem Haar. Die Trauer, welche sich in den Zügen aller Umstehenden ausdrückt, scheint auch die Natur zu theilen; denn das Himmel ist von trüben Wolken umzogen, und nur aus der Mitte des Gewölks fällt ein heller Strahl grade auf den Leib des Erlösers. Von malerischer Wirkung ist auch das vom Kreuz herabhangende weiße Leichentuch, dessen Ende Joseph von Arimathia mit seiner Rechten faßt. Es dient zur Verhüllung des Leichnams und deutet zugleich an, daß man ihn in dieser zu Grabe tragen will. Es bildet einen wohlthuenden Gegensatz zu den Gewändern der Nebenfiguren, in welchen Rubens Pracht der Farben mit dem höchsten Geschmack in der Anordnung zu vereinigen gewußt hat. Die rothe Tunica des

Johannes im Vordergrunde, das grüne Gewand der Maria Magdalena, das dunkelblaue der heiligen Jungfrau, und hinter dieser das purpurne Gewand Joseph's stechen wunderbar ab gegen den bleichen Körper des Heilandes, und bringen bei der dunkelklaren Beleuchtung eine herrliche Wirkung hervor.

Die Abnahme des Heilandes vom Kreuze, Gemälde von Rubens.

Das Pfennig-Magazin

der Gesellschaft zur Verbreitung gemeinnütziger Kenntnisse.

98.] Erscheint jeden Sonnabend. [Februar 14, 1835

Die Pompejussäule.

Wenige der Denkmale des Alterthums sind in Bezug auf ihren Ursprung und ihre Bedeutung so in Dunkel gehüllt, als die bekannte Pompejussäule, welche unsere Abbildung darstellt, und dies ist um so auffallender, als dieselbe nicht etwa erst in neuerer Zeit gleichsam wieder entdeckt worden ist, wie so viele andere Monumente alter Kunst, sondern da sie vielmehr durch alle Zeiten auf einer sehr in die Augen fallenden Stelle an der flachen Küste Ägyptens unversehrt, fast wie ein Wahrzeichen des Landes, gestanden hat, das dem Auge jedes Ankömmlings gleich auffällt. Man ist darüber einig, daß der jetzige Name dieses Denkmals ein falscher sei; aber welcher andere ihm zukomme, ist und bleibt, trotz seiner freilich zwiefach zu lesenden Inschrift*), zweifelhaft; denn wiewol zu Pompejus Andenken ein Denkmal bei Alexandria errichtet wurde, so kann diese Säule doch aus vielen Gründen keinen Bestandtheil desselben gebil-

---

*) Nach einer Auslegung: „Dem Diocletianus Augustus, sehr ehrbarem Imperator (Kaiser), Schutzgott von Alexandria, widmet dies Pontius, Präfect von Ägypten"; nach der andern: „Posthumus, Präfect von Ägypten, und das Volk der Hauptstadt dem sehr verehrten Kaiser, Schutzgott von Alexandria, dem göttlichen Hadrianus Augustus." Jedoch ist die erstere Lesart die bessere, obgleich auch hier die fast verloschten Buchstaben ziemlich willkürlich ergänzt worden sind

det haben. Da die griechischen Schriftsteller Strabo und Diodorus ihrer nicht erwähnen, so können wir als gewiß annehmen, daß sie zu ihrer Zeit (im ersten Jahrhundert) noch nicht stand. Der gelehrte französische Alterthumsforscher Denon meint sogar, sie sei erst von den spätern griechischen Kaisern oder wol selbst von den ägyptischen Khalifen, vielleicht im 15. Jahrh., aufgerichtet worden. Die Inschrift ist vielleicht erst später hinzugefügt.

Die Pompejussäule erhebt sich, wie die Abbildung sie darstellt, auf einer kleinen Erhöhung auf halbem Wege zwischen den Mauern Alexandriens und den Ufern des Sees Mareotis, etwa 2000 Schritte von jedem dieser Punkte, und fällt durch ihre schlanke Form und ihre einsame Stellung in einer baumlosen Ebene majestätisch und zugleich gefällig ins Auge. Sie ist von rothem Granit; der Schaft, von schöner Politur, scheint älter als Basis und Kapitäl zu sein; das Ganze, aus drei Stücken bestehend, gehört der korinthischen Ordnung an; das Kapitäl hat ungezahnte Palmblätter. Über einer mit Hieroglyphen bedeckten Unterlage erhebt sich die Basis, und da diese Unterlage ihre schmalere Seite nach unten hat, so glauben die Araber, Gott allein habe diese Säule aufrichten können. Zu verschiedenen Zeiten hat man diese Basis unterwühlt, vielleicht um Schätze zu entdecken, und diesen Beginnen mag es zuzuschreiben sein, daß die Säule jetzt eine Neigung von sieben Zoll nach Südwesten hat. Spätere Besucher haben auf die kindischen und nicht streng genug zu tadelnden Unart, ihre Namen auf das Piedestal einzumeißeln oder auch ganze Stücke davon loszubrechen, der Schönheit des Ganzen beträchtlich geschadet; ebenso hat der Schaft auf der Süd- oder Landseite von den trockenen Winden gelitten, die den Sand der Wüste gegen sie schleuderten, während die Nordseite ihre schöne Politur behalten hat. In neuerer Zeit ist die Spitze der Säule oft mittels einer Strickleiter erstiegen worden. Das Verfahren dabei ist seltsam und sinnreich und verdient wol einer nähern Erwähnung. Zuerst läßt man einen Papierdrachen mit einem Faden aufsteigen; wenn dieser grade über der Säule ist, zieht man ihn herab, sodaß der Faden an seinem Schwanz grade über dem Säulenkapitäl fällt; darauf wird an ihm ein Seil und hiernach ein tüchtiges Tau darüber weggezogen. Dies wird straff angespannt und an einem Vierundzwanzigpfünder befestigt, welcher unfern davon liegt und welchen der englische Admiral Sir Sidney Smith, wie man sagt, auf der Säulenspitze aufstellen wollte. Nun werden dünne Sprossen von unten, sowie man emporsteigt, in das Tau geflochten, sodaß das Ganze einer Schiffsleiter ähnlich wird. Aber selbst dann noch erfodert das Ersteigen der Säule ungewöhnliche Kräfte, sodaß es nur Wenigen gelingt. Die veranstalteten Messungen ergeben 99 Fuß 4 Zoll für die ganze Säule mit Einschluß der Unterlage. Der Umfang des Schafts oben ist 24 Fuß 2 Zoll, unten 27 Fuß 2 Zoll.

Die Kupferstechkunst.

2. Weiteres Entfalten derselben, und der älteste Kupferstich.
(Fortsetzung aus Nr. 97.)

Maso oder Thomas Finiguerra, geboren um 1418, gestorben etwa 1460, wie schon erwähnt ein geschickter Goldschmied, feiner Nielliror, guter Zeichner und selbst Maler, ansässig zu Florenz, ward um 1452 Erfinder der Kupferstechkunst, oder, streng genommen, der Kunst, auf der Fläche irgend eines Metalls mittels des Grabstichels Figuren darzustellen und Abdrücke einer solchen Platte auf Papier zu machen; denn durchgehends war es hauptsächlich Silber, was Finiguerra bearbeitete. Lange und vielfach ist ihm dieses Verdienst bestritten, durch unermüdliche Nachforschungen der Kunstschriftsteller Vasari, Zani, Baldinucci, Lanzi, von Bartsch und Anderer aber dasselbe ihm zuerkannt worden. So hat eine Stelle des römischen Schriftstellers Plinius Viele auf die Meinung gebracht, die Kupferstechkunst sei von Marcus Terentius Varro, einem Römer, erfunden worden. Keineswegs aber gilt jene Stelle von Abdrücken gestochener Platten. Wäre übrigens auch die Kunst, Kupferstiche zu machen, schon gekannt gewesen zu jener Zeit, dennoch würden wir sie jetzt denjenigen Künsten beizuzählen haben, welche uns ganz verloren gingen, und ihre Wiederentdeckung gleich einer völlig neuen Erfindung betrachten müssen. Kaum eine Beachtung aber verdient die Sage, daß den Chinesen die Kupferstechkunst schon lange vorher bekannt gewesen sei.

Kommen wir wieder zu Finiguerra's Erfindung, so that auch bei dieser, wie bei der Mehrzahl der Erfindungen, der Zufall das Meiste. Finiguerra nämlich pflegte die besten der Arbeiten, welche er in Silber oder Gold stach, ehe er sie mit Niello ausfüllte, in Thon oder eine Massen abzudrücken, in der die Vertiefungen seines Metalls erhaben erschienen, über den Thon aber wiederum flüssigen Schwefel zu gießen, um so eine möglichst treue Copie zu erhalten, welche er nun noch dadurch vervollkommnete, daß er die Striche der Schwefelplatte mit einer schwarzen Masse ausfüllte. Nun ereignete es sich, daß die Kirche S.-Giovanni zu Florenz bei ihm ein silbernes Pace oder Kußbild *) bestellt, welches er 1452 vollendet, und worauf die Krönung der heiligen Jungfrau Maria nebst vielen Figuren dargestellt ist. Die sehr gelungene Arbeit erfreute den Meister und veranlaßt ihn, davon einen Schwefelabguß zu machen, den er mit der gewöhnlichen Schwärze ausfüllt.

Hier nun treten sich zwei verschiedene Behauptungen der Kunstschriftsteller entgegen. Während nämlich die Einen erzählen, daß eine Wäscherin aus Versehen feuchte Wäsche auf einen in der oben beschriebenen Weise ausgeführten Schwefelguß gelegt habe, der Meister aber, beim Hinwegnehmen den Abdruck der Schwärze auf dem weißen Linnen gewahrend, hierdurch auf den Gedanken gekommen sei, dergleichen Abdrücke auch auf feuchtes Papier zu machen: so meinen die Andern, — z. B. auch Bartsch, — die Erfindung sei von Finiguerra dadurch geschehen, daß dieser, um das Überflüssige der Farbe von seinem Schwefelabguß zu beseitigen, wiederholt angefeuchtetes Papier über denselben gebreitet habe, sodann aber mit der Hand darüber hingestrichen sei, bis denn das letzte feuchte Blatt nicht allein die Reste der Farbe von der Oberfläche des Schwefels hinweggenommen, sondern zugleich auch etwas von der Schwärze aus den Strichen heraus- und an sich gezogen habe; auf diesem Wege aber sei der Meister, durch einen vollkommenen Abdruck auf Papier überrascht, zu den ersten Kupferstich gelangt. Freilich möchte hiergegen zu bemerken sein, es sei nicht wol denkbar, daß die Schwärze über die eingedrückten Linien gegangen, wenigstens würde dies eben nicht auf große Sauberkeit bei der Arbeit schließen lassen.

---

*) Auch Friedensgruß genannt, weil solches bei der Messe während des Gesanges des Agnus Dei dem Geistlichen zum Kusse mit den Worten gereicht wird: Pax tecum! Friede sei mit dir!

Wir bemerken, daß man in neuerer Zeit sowol die italienischen Niellen, aus auch deren Schwefelabgüsse und die Abdrücke von diesen auf Papier — welche man ebenfalls Niellen nennt — mit großer Vorliebe gesammelt hat. Das königliche Kupferstichcabinet zu Paris besitzt deren viele; fast nicht minder das des Grafen Durazzo in Florenz und des Marquis Malassina in Mailand; die Sammlungen des Herzogs von Buckingham und des Samuel Woodburn in London verdienen alle Beachtung, zu welchen letzteren sich früher noch ganz besonders Sykes's Sammlung in London gesellte, die jedoch nach dem Tode ihres Besitzers vereinzelt worden ist. Wir machen aber auch darauf aufmerksam, daß sehr bald diese Sammlerlust der Speculation, und in deren Folge den Verfälschungen ein ergiebiges Feld eröffnet hat. In neuerer und neuester Zeit haben sich mehre Kunstfreunde und Schriftsteller, um die Untersuchung der Niellen verdient gemacht und in ihren zum Theil sehr kostbaren Werken Beiträge über diesen Gegenstand geliefert, welche manchen Wahn zu beseitigen, manches Dunkel aufzuhellen und manchen Betrug zu ermitteln geeignet sind.

Das von Finiguerra im Jahre 1452 für S.=Giovanni zu Florenz verfertigte Kußbild wird noch jetzt in derselben Kirche aufbewahrt und selbst zwei Schwefelabgüsse davon sind noch vorhanden.

Immer noch aber fehlte ein Abdruck, der von Finiguerra von jenen Schwefelabgüssen auf Papier gemacht worden wäre. Erst dem verdienstvollen Gelehrten Zani war es vorbehalten, einen solchen Abdruck im J. 1797 im Kupferstichcabinete zu Paris aufzufinden. Die umständlichsten Nachrichten über seinen Fund, die Beweise für die Echtheit dieses alten Abdrucks, wie auch eine mit der größten Genauigkeit besorgte Copie desselben hat Jener in einem Werke mitgetheilt; durch diese wichtige Auffindung aber Wesentliches für die Geschichte der Kupferstechkunst gethan und uns den ältesten mit Daten versehenen Kupferstich zugeführt.

(Fortsetzung in Nr. 99.)

Die Maulwurfsgrille (Acheta gryllotalpa).

Die Maulwurfsgrille.

Die Maulwurfsgrille, auch Werre, geflügelter Maulwurf, Reutwurm, Ackerkrebs genannt, ist ein äußerst schädliches Insekt, aus der Familie der Heuschrecken. Es hat wie diese vier Flügel, welche flach auf dem Leibe aufliegen wie bei der Hausgrille, oder dem sogenannten Heimchen, mit dem es überhaupt viele Ähnlichkeit hat, nur daß es größer ist; auch die Farbe ist wie bei jenem dunkelbraun, mit hellern Flügeln. Von dem Bau seiner vordern Füße hat es seinen Namen erhalten, denn diese gleichen, ohne daß man eben die Einbildungskraft sehr zu Hülfe zu nehmen braucht, allerdings den Vorderpfoten des Maulwurfs. Sie dienen ihm auch, wie diesem, zum Graben, sowie die hintern mit ihren starken Schenkeln zum Hüpfen.

Dieses Thier nährt sich von den Wurzeln verschiedener Pflanzen, wird deshalb in Feldern und auf Wiesen sowol, als durch sein Graben und Wühlen — denn es erscheint nur sehr wenig auf der Oberfläche — sehr nachtheilig, ist dagegen in Weinbergen von einigem Nutzen, weil es den Boden auflockert, und soll auch die hier häufig vorkommende gelbe Wucherblume vertilgen.

Gleich den Heuschrecken kommt das Thier nur unvollkommen, d. h. noch ohne Flügel aus dem Ei. Es erlangt seine Ausbildung erst vom Juni bis September, je nachdem die Witterung günstig ist. Das Weibchen legt auch um diese Zeit an 300 Eier in eine kleine Höhle wenige Zoll unter der Erde. Man findet solche Nester am häufigsten auf Wiesen in der Nähe von Getreidefeldern, und da die jungen Grillen, welche zu dieser Zeit etwa so groß als Ameisen sind, immer vom Neste aus in die Runde fressen, so erkennt man auf den gemähten Wiesen solche Nester leicht an den Flecken, welche das gelbe, verwelkte Gras bildet. Die Jungen bleiben den ganzen Winter über unter der Erde, in welche sie sich bei zunehmender Kälte tiefer eingraben.

Ihre Vertilgung gelingt am besten, wenn man auf jene Flecken Acht hat, sie aufgräbt und die Thiere tödtet. Die erwachsenen fängt man auch, indem man auf ihre Gänge, die sie von einem Felde zum andern machen und welche aussehen, als wären sie von einem kleinen Maulwurf aufgeworfen, Töpfe mit Wasser bis an den Rand eingräbt.

Der gemeine Mann hält diese Thiere auch wol für giftig; das sind sie jedoch nicht und können nur allenfalls mit ihren kräftigen Füßen und Freßzangen verletzen.

Taue aus Aloëfasern.

In dem Arsenal von Toulon sind vor einiger Zeit Vergleichungen zwischen Tauen aus Hanf und aus den Fasern der Aloë, welche die Behörde aus Algier hatte kommen lassen, hinsichtlich ihrer Stärke angestellt worden. Die letztern hoben 40 Centner, die aus Hanf nur 8 Centner. Ungetheert hoben die Taue aus Aloë nur 8—10 Centner mehr als die andern. Die Aloë wächst in Algier wild und kann auf den großen noch wüsten Ebenen leicht angebaut werden. Die französische Regierung bezieht bis jetzt den zu ihrer Marine nöthigen Hanf meistentheils aus Ungarn.

Die Kirche St.=Maclou zu Rouen.

Die ehemalige französische Provinz Normandie, jetzt in mehre Departements getheilt, stand bis zu Heinrich VI. unter der Herrschaft der Könige von England, und die öffentlichen Gebäude jener Zeit zeigen daher eine große Verwandtschaft des Styls und der Anlage mit denen Englands. Was man in England den Tudorstyl nennt — die Bauweise des 14. und 15. Jahrhunderts — findet man auch in der Kirche St.=Maclou zu Rouen, welche in unserer Abbildung von der Nordseite dargestellt ist. Dieses schöne Bauwerk, von Jean Goujon, einem der tüchtigsten französischen Baumeister, 1512 gebaut, zeigt an seiner Westseite eine aus drei Gewölbbogen bestehende Vorhalle von seltener Schönheit; die geschnittenen Thürverzierungen gehören zu den ausgezeichnetsten Arbeiten Goujon's. Der Hauptthurm ward dem der berühmten Kathedrale von Rouen nachgebildet; im Innern deutet zwar Manches auf die Bauart des 14. Jahrhunderts, doch zeigen mehre Eigenheiten den

Styl der französischen Baumeister des 16. Jahrhunderts. Der schöne Spitzthurm litt 1705 von einem furchtbaren Orkan so sehr, daß er 1734 abgetragen werden mußte. Der Ertrag der Abläße, an denen die Kirche reich war, gab die Kosten zu dem Bau derselben her; aber sie verfiel, als diese Quelle versiegte. Dennoch gehört St.=Maclou noch immer zu den schönsten Kirchen Nordfrankreichs.

Die Kirche St.=Maclou zu Rouen.

Das Dromedar und das Kameel.

Unsere Leser sind schon durch Nr. 7 des Pfennig=Magazins mit einigen Merkwürdigkeiten dieser Thiere bekannt geworden, wir müssen indessen noch Einiges, was dort übergangen, oder nur angedeutet wurde, nachholen.

Das Vaterland des Dromedars sind die asiatischen Steppen, wo es sich jedoch selten noch im wilden Zustande findet. Zahm dagegen ist es als Hausthier im ganzen Orient anzutreffen, und von ungemeinem Nutzen für jene Gegenden, indem man sogar seinen Mist getrocknet als Feuerungsstoff verbraucht. Der Höcker ist, wie beim Kameel, aus einer Fettmasse gebildet, und nimmt daher, wenn das Thier Mangel leidet, ab, wird sich aber bei guter Nahrung wieder stärker. Daß sie beim Beladen niederknieen, wird den jungen Thieren gelehrt, die Schwielen aber, welche sie an den Knien haben, sind angeboren. Das Dromedar trägt zwischen elf und zwölf Monaten und wirft ein Junges.

Auf einem dem Großherzog von Toscana zugehö-

Das Dromedar.

rigen Landgute in der Nähe von Pisa besteht schon seit mehren Jahrhunderten eine Dromedarstuterei. Man benutzt die Thiere dort zu landwirthschaftlichen Arbeiten.

Das eigentliche Kameel oder Trampelthier lebt heerdenweise wild in den großen asiatischen Steppen und wird im gezähmten Zustande in Afrika und Arabien nur wenig und blos bei reichern Einwohnern angetroffen. Wie aber in jenen Ländern das Dromedar benutzt wird, so dient auch das Trampelthier, namentlich den Mongolen, Tataren, Chinesen zum Reiten und Lasttragen. Wie jenes wirft das weibliche Thier jährlich nur ein Junges, welches zwei Jahre saugt und im dritten schon erwachsen ist.

Das Kameel.

Die Besteigung des Montblanc.
(Schluß des Aufsatzes aus Nr. 97.)

Eine der interessantesten und am ausführlichsten beschriebenen Besteigungen des Montblanc ist die im Sommer 1820 von dem russischen Arzt und Naturforscher Doctor Hamel unternommene, obgleich es diesem nicht gelang, die Spitze zu erreichen, und sein Unternehmen von mancherlei Unglücksfällen begleitet war. Hamel machte sich am 3. August mit seinen

Reisegefährten, nachdem sie sich mit sichern und erprobten Führern versehen, von dem Pfarrdorfe St.-Gervais aus auf den Weg. Sie gelangten gegen Abend ohne bedeutende Schwierigkeiten bis zu einer Felsengruppe, die Pierre ronde genannt, wo sie auf einer Höhe von 8500 Fuß übernachteten. Sie hatten zu ihrer Erwärmung nur einige wollene Decken, denn das von den Führern mitgebrachte Holz war wegen der Dünne der Luft nicht zum Brennen zu bringen, und über sich den unermeßlichen Sternenhimmel, der auf dieser Höhe weit prachtvoller als in der Tiefe erscheint. Nachdem die Reisenden den noch prächtigern Aufgang der Sonne abgewartet hatten, setzten sie ihre Reise fort und kamen gegen sechs Uhr Morgens an dem Fuße der Aiguilles du Gouté an. Diese bestehen aus einer Anzahl fast senkrechter Eisfelsen, die durch Eisschluchten getrennt sind, in denen am Tage das durch die Sonne aufgethaute Schneewasser herabfließt, welches über Nacht zu Eis gefriert. Um auf denjenigen dieser Felsen zu gelangen, über welchen der Weg zum Gipfel des Montblanc führte, waren die Reisenden genöthigt, eine 200 Fuß breite, beinahe senkrechte Eisschlucht hinüberzugehen. Um dies zu bewerkstelligen, mußte der vorderste Führer erst mit dem Beil die Vertiefungen aushauen, in welche die Nachfolgenden ihre Füße setzen sollten. Ein einziger Fehltritt konnte hier das Leben kosten, da zu ihren Füßen ein unermeßlicher Abgrund heraufgähnte. Zuweilen wird bei solchen Gelegenheiten dem Reisenden ein Strick um den Leib befestigt, dessen Ende der Führer um die Hand schlingt; dies ist jedoch noch gefährlicher, da bei dem Ausgleiten des einen auch der andere unfehlbar mit verloren ist. Der Übergang über diese Schlucht dauerte eine volle Stunde, und gegen neun Uhr erreichten die Reisenden die Spitze der Aiguille. Hier nahmen sie auf einer Höhe von 12,000 Fuß ein Frühstück ein und schützten zur Fortsetzung der Reise, die nun über ewigen Schnee ging, die Augen durch Larven und Schneebrillen gegen die Wirkung der vom Schnee zurückprallenden Sonnenstrahlen. Die dünne Luft wirkte hier so stark auf die Muskeln der Reisenden, daß sie alle zwanzig Schritte ausruhen und Athem schöpfen mußten. Um 12 Uhr Mittags gelangten sie auf den Dom du Gouté an, der 13,200 Fuß hoch ist.

Es fehlten also von hier aus bis zum Gipfel nur noch 1400 Fuß; allein die Führer erklärten, daß es unmöglich sei, die Nacht hier auf dem Schnee zuzubringen, und es wurde deshalb die schleunigste Rückkehr beschlossen, um noch vor einbrechender Nacht über die gefährlichen Aiguilles du Gouté zu gelangen.

„Von den Gefahren dieses Rückzugs — sagt Hamel — kann sich schwerlich Jemand eine Vorstellung machen. Erstens ist das Hinabsteigen eines jähen Abhanges, zumal auf einer solchen Höhe, weit schwieriger, als das Hinaufsteigen, und zweitens war jetzt das Eis, welches am Morgen viele der losen Steine festhielt, von der Sonne aufgethaut, sodaß Alles unter unsern Füßen wich, und hätte Einer einen Fehltritt gethan, so wäre er 6000 Fuß tief bis zum Bionnassay-gletscher hinabgestürzt. Einer unserer Leute hatte, als wir das Hinabsteigen begannen, so große Angst, daß er laut zu weinen anfing." Der Erzähler ließ sich, auf Zureden der Führer, einen Strick um den Leib binden, dessen zwei Enden die zwei folgenden Führer hielten, und ebenso thaten seine Begleiter. Jeden Augenblick lösten sich ihnen zur Rechten und Linken mächtige Felsblöcke ab und rollten donnernd in die ungeheure Tiefe. Unter dieser stundenlang dauernden Lebensgefahr erreichten sie endlich den Fuß der Aiguille und brachten die Nacht in dem sogenannten Pavillon de Bellevue zu, einer Sennhütte auf dem niedrigern Bergrücken, von wo sie nach Genf zurückkehrten.

Da jedoch Hamel mit den geringen Erfolgen dieser Reise nicht zufrieden war, so beschloß er, den Montblanc noch ein zweites Mal zu besteigen, und machte sich deshalb am 16. August auf den Weg, begleitet von zwei Engländern und von mehren Führern, versehen mit allen nöthigen Instrumenten, um auf dem Gipfel des Berges physikalische Beobachtungen anzustellen. Sie nahmen ihren Weg diesmal von einer andern Seite, nämlich über den Bossongletscher, ein Eisfeld, gegen welches das so häufig besuchte des Montenvert nur unbedeutend ist. Bald sahen die Reisenden hier einen bodenlosen Abgrund, an dessen Rande sie hinziehen mußten, bald einen himmelhohen Eisthurm, dessen Spitze sich weit herüberneigte. Das Getöse, welches die berstenden Eismassen verursachten, war fürchterlich. Höher hinauf donnerten auch Lawinen. Die Reisenden mußten mehrmals über Eisspalten von 20 Fuß Breite setzen und sich an Stricken in tiefe Schluchten hinablassen, um auf der andern Seite hinaufzuklimmen. Trotz diesen Gefahren erreichten sie ohne Unfall den sogenannten Grand-Mulet, eine aus dem Eise hervorragende Felsengruppe, welche fast ebenso steil und unsicher ist, als die Aiguilles du Gouté. Hier übernachteten sie und erlebten ein furchtbares Gewitter, das die ganze Nacht hindurch wüthete, von Regen und heftigen Stürmen begleitet. Gegen Morgen ließ das Gewitter nach und die Luft wurde so rein, daß die Reisenden den Genfersee sehen konnten. Sie genossen bei völlig heiterm Himmel den schönsten Anblick. Tief unter ihnen bedeckte ein weißes Wolkenmeer den ganzen Horizont; nur hie und da ragten die Spitzen der höchsten Berge wie Inseln daraus hervor. Gegen Mittag fing dieser Wolkenteppich an zu zerreißen, und durch eine dieser Öffnungen erblickten die Reisenden einen Theil des Chamounythals, wie eine auf der Wolkenfläche gemalte Landschaft. Nach einer Stunde erreichten sie die letzte der großen Schneeebenen, über welcher sich in einer Höhe von 900 Fuß der Gipfel des Montblanc erhebt. Auf dieser blendenden Fläche nahmen die Reisenden ein Mittagsmahl ein, voll Freude, dem Ziele so nahe zu sein, und trafen bereits alle Anstalten zu den auf dem Gipfel selbst vorzunehmenden Beobachtungen.

Allein auch jetzt sollten sie nicht so glücklich sein, ihn zu erreichen; denn kaum hatten die Reisenden, Einer dem Andern auf dem Fuße folgend, ihren Weg angetreten, wobei sie wegen der außerordentlich dünnen Luft fast alle zehn Schritte Halt machen mußten, als der Schnee unter ihren Füßen zu weichen anfing. „Im ersten Augenblick — erzählte Hamel — glaubte ich nur auszugleiten und stieß meinen Stock zur Linken fest ein; aber umsonst. Der Schnee häufte sich zu meiner Rechten, warf mich um, bedeckte mich und ich fühlte mich durch eine unwiderstehliche Gewalt abwärts fortgerissen. Bald drückte der Schnee so stark auf mich, daß er mir den Athem benahm. Ich stellte mir vor, ein Theil der großen Eismassen komme den Gipfel herab und schiebe mich vor sich her. Schon glaubte ich zu fühlen, daß diese Masse über mich wegrolle und mich breit drücke. Das Einzige, was ich thun konnte, war, daß ich mir mit den Händen etwas Luft zu machen suchte. Endlich gelang es mir, den Kopf aus dem Schnee emporzuheben, und ich erblickte einen großen Theil der Oberfläche gegen den Abgrund in Bewegung. Gleich darauf blieb jedoch der Schnee stehen und jetzt erst erkannte ich die wahre Größe der Gefahr; denn ich befand mich an dem Rande einer bodenlosen Eisspalte, welche den Abhang begrenzt und von der Schneefläche scheidet. Zu gleicher Zeit entdeckte ich die Köpfe einiger meiner Gefährten, alle tief im Schnee vergraben. Sie arbeiteten sich nach und nach mit Mühe hervor, bis auf drei von den Führern, welche die Schneemasse wahrscheinlich zu weit nach der Tiefe hingeschleudert und in der Eisschlucht begraben hatte."

Dieses Unglück ereignete sich auf einer Höhe von 13,800 Fuß, und sonach haben diese drei Unglücklichen wahrscheinlich, wenigstens in Europa, das höchste Grab gefunden.

Fünf Jahre später als die eben beschriebene, erfolgte die Besteigung des Montblanc von den beiden Engländern Doctor Clark und Capitain Sherwill, und im Jahre 1827 gelang es abermals zwei Engländern, Fellover und Harves, den Gipfel des Montblanc zu erklimmen. Seit dieser Zeit wurde kein neuer Versuch gemacht, bis auf die oben erwähnte Reise der Herren Chenal und Biallet im Sommer 1834. Die letzte Besteigung des Montblanc ist die ebenfalls schon erwähnte des Grafen Tilly, welche insofern auch merkwürdig ist, als sie in der kürzesten Zeit vollendet ward.

Über die äußere Gestalt und innere Beschaffenheit des Montblanc theilt uns ein genauer Beobachter dieses Gebirgsriesen Folgendes mit. Der Montblanc bildet eine erhabene, prächtige, Erstaunen erregende Pyramide, wenn man ihn von Norden und Süden aus betrachtet. Die südwestliche und nordöstliche Seite steigen allmälig über mehre Stufen zum Gipfel hinauf. Südwärts ist er vom Gipfel 9600 Fuß fast senkrecht abgerissen, sodaß Schnee und Eis dort nicht liegen können; nord- und westwärts hingegen steigt er allmälig hinab und ist fast 11,000 Fuß hoch mit Eis und Schnee ewig unveränderlich überzogen. Sein Gipfel zeigt sich wie eine gedrückte Halbkugel, welche aus Standpunkten in Nordosten gesehen, die Gestalt eines Kameelhöckers hat, weswegen man ihn auch la bosse de dromedaire nennt. Von dem Montblanc steigen 18 Gletscher herab, von denen mehre fünf bis sechs Stunden lang sind und bis in die blühenden Thäler reichen. Der Kern des Montblanc besteht, wie bei allem Urgebirge, aus Granit, doch finden sich auch an verschiedenen Stellen Kalkstein, Quarz, Hornblende, Glimmerschiefer, Feldspath und sogar Sandstein. Eine andere merkwürdige Erscheinung, die sich auf dem Dôme du Gouté findet, ist, daß der Schnee von Spalten in rechten Winkeln durchschnitten wird, sodaß die regelmäßigsten vierseitigen Schneeblöcke gebildet werden, die sich oft in großer Menge gleich ungeheuern Würfeln beisammen finden.

Das beste Mittel gegen den Mehlthau.

Der berühmte Botaniker, Professor Lindley in London, erklärte in einer seiner öffentlichen Vorlesungen, daß, seiner Erfahrung nach, das einzige sichere Mittel gegen das unter dem Namen Mehlthau bekannte und von Gärtnern und Ökonomen gefürchtete Übel darin bestehe, daß man den Samen vor dem Aussäen 12 Stunden lang in Kalkwasser einweicht und dann an der Luft trocknet. Wir verdanken die Entdeckung dieses Mittels einem Deutschen, dem durch seine Reisen und seine Zeichnungen von Pflanzen bekannten Herrn Bauer.

Rafael's Cartons.

1. Christus, der dem Petrus die Schlüssel des Himmelreichs übergibt.

Wir theilten in Nr. 43 des Pfennig-Magazins historische Nachrichten über die Entstehung und die Schicksale der sieben Cartons Rafael's mit, welche durch Kriegszüge und andere Ereignisse von einem Lande zum andern geschleppt, bald eine Beute der Raubsucht, bald der Unwissenheit, bald der Geldgierde, und auf diese Weise vielfach beschädigt wurden. In der nachstehenden Abbildung erhält nun der Leser einen derselben, und wir werden Gelegenheit nehmen, auch die übrigen sechs in gelungenen Abbildungen mitzutheilen.

Unser Bild bezieht sich auf die Bibelstelle, wo Christus den Petrus als das auserwählte Rüstzeug in Verkündigung seiner Lehre bezeichnet. Da Christus in dieser Stelle überhaupt im Gleichniß spricht, und namentlich in den Worten: „Ich will dir des Himmelreichs Schlüssel geben", so eignete sie sich vollkommen zu einer bildlichen Darstellung, und so hat der Künstler diese und die folgenden Worte, die der Heiland zu Petrus spricht: „Weide meine Schafe", buchstäblich aufgefaßt, indem er uns wirklich die Schlüssel zeigt und die Lämmerheerde, die der Apostel künftig weiden soll. Mit der Miene der Hoheit eines göttlichen Lehrers steht der Heiland vor seinen um ihn versammelten Jüngern, mit der Linken auf die Schlüssel, die er so eben in die Hände des vor ihm knieenden Petrus gelegt, mit der Rechten auf die Lämmer deutend, welche in der Nähe ohne Hirten weiden. In der Haltung und Miene des Petrus liegt der Ausdruck der höchsten Demuth, zugleich der Freude über die Auszeichnung, die er von dem Meister erfährt, und des frohen Gottvertrauens, mit welchem er seinen hohen Beruf im Sinne des Herrn zu erfüllen denkt. Die andern Apostel stehen mit ernster Aufmerksamkeit hinter ihm und scheinen bereit und gefaßt, die letzten Befehle des scheidenden Meisters zu empfangen. An der jugendlichen Miene und den vollen Locken erkennen wir sogleich den Lieblingsjünger des Herrn, der mit dem Ausdruck liebender Ungeduld im Gesicht auf ihn zuschreitet, als müsse er eilen, um ihm noch ein Abschiedswort vor seinem Scheiden zu sagen, und eine tröstende Lehre von ihm zu empfangen. Hinter ihm steht ein Apostel, an dessen kaltem unbelebten Gesicht, worin man Zweifel und Unglauben liest, wir den Thomas erkennen, dem der Herr so oft darüber Vorwürfe machte, daß er erst Alles mit leiblichem Auge sehen und mit Händen greifen müsse, bevor er Glauben gewänne. Der ihm zunächst stehende Jünger scheint dies zu empfinden, und ihm seine theilnahmlose Kälte zu verweisen, indem er mit der Hand nach dem Heilande deutet und ihn mit finsterm fragenden Blick betrachtet, als wollte er sagen: Bist du auch jetzt noch nicht überzeugt? Die Köpfe der sämmtlichen Apostel sind höchst ausdrucksvoll. Der herrliche Hintergrund des Bildes zeigt den Ölberg, der auf die Verklärung des Heilandes entfernt hindeutet; die Stadt Jerusalem, und ein Kahn mit Fischergeräth auf dem die Landschaft durchströmenden Flusse, erinnert sinnig an den frühern Beruf des Petrus und an die Worte des Herrn: „Von nun an sollst du Menschen fahen."

Christus übergibt dem Petrus die Schlüssel des Himmelreichs.

Verantwortliche Herausgeber: Friedrich Brockhaus in Leipzig und Dr. C. Drärler-Manfred in Wien.
Verlag von F. A. Brockhaus in Leipzig.

Das Pfennig-Magazin

der
Gesellschaft zur Verbreitung gemeinnütziger Kenntnisse.

99.]   Erscheint jeden Sonnabend.   [Februar 21, **1835**.

Der öffentliche Schreiber.

Unsere Abbildung führt den Beschauer nach dem milden Himmel Italiens und zeigt in der Hauptperson einen jener Schreiber, die auf den öffentlichen Plätzen von Rom, Neapel und andern großen Städten ihr tragbares Schreibepult für Jedermann aufschlagen. Ein Tisch mit einem Schubfache, ein Stuhl, ein oberhalb als Aushängeschild befestigtes Fähnlein und einige sinnbildliche Ankündigungen, wie z. B. das am Tische befestigte Bild eines flammenden Herzens, machen dessen ganzes Geräthe aus. Es ist leicht weiter geschafft, wenn es die Umstände fodern; jeder behauptet jedoch gern seinen Lieblingsplatz. Die Kundleute sind gewohnt, ihn dort zu finden, die benachbarten Verkäufer sind im Laufe der Zeit seine guten Bekannten geworden und auch hier hat eine Obsthändlerin der Obhut des Schriftgelehrten und seines Stabes all ihre Waaren anvertraut, während sie mit ihrem Manne und ihren Kindern, saftige Früchte in beiden Händen, auf dem Markte die Runde macht und Käufer sucht. Der Schreiber hat seine Zeit indessen auch nicht verloren; die von freundlicher Hand am Morgen unter seinen Tisch gesetzte Flasche Wein ist schon halb leer und, was mehr ist, eine Bäuerin aus der Umgegend Roms nimmt seine Dienste in Anspruch. Sie hat einen Brief von entfernten Verwandten erhalten und horcht auf den entzifferenden Mund des Schreibers, um ihm dann die Antwort aufzutragen. Es ergibt sich daraus, daß diese Leute einen ziemlichen Grad von Vertrauen bei den untern Volksclassen genießen, die zwar Bildung genug besitzen, um das Bedürfniß schriftlicher Mittheilung zu fühlen, es aber nicht ohne fremde Hülfe befriedigen können. Die Schreiber sind daher ihre Vertrauten, wissen um ihre Familienangelegenheiten und Geschäfte, müssen sich aber deshalb auch durch Verschwiegenheit empfehlen, wenn sie ihre Kunden nicht verlieren wollen. Ihr Verdienst ist jedoch gering und man sieht es unserm Helden an, daß seine Kleidung mit ihm alt geworden ist; zum leidlichen Lebensunterhalt reicht indessen der kleinste Erwerb hin. In Deutschland möchten öffentliche Schreiber dieser Art kaum ihr Auskommen finden. Der Landmann pflegt sein Vertrauen dem Pfarrer oder Schulmeister zu schenken, wo er der Feder nicht mächtig genug ist, und findet man auch in größern Städten Anstalten, wo schriftliche Arbeiten auf Bestellung gefertigt werden, so haben diese entweder meist in rechtlicher Hinsicht Wichtigkeit oder beschränken sich auf Abschreiben.

Die Kupferstechkunst.
3. Ausbreitung derselben.
(Fortsetzung aus Nr. 98.)

Nach dem, was im vorigen Abschnitte gesagt worden, gebührt unstreitig dem Goldschmiede Finiguerra zu Florenz die Ehre, Erfinder der Kupferstechkunst zu sein, und ebenso gewiß ist es, daß diese Erfindung um 1452 geschah; allein es scheint, daß unser Meister die Wichtigkeit der neuen Kunst nicht eingesehen, daher auch nicht sich veranlaßt gefühlt habe, einen Schritt zu ihrer Vervollkommnung weiter zu thun. Es ist beinahe gewiß, daß er dabei stehen geblieben und völlig damit zufrieden gewesen sei, von seinen Niellen einige Schwefelabgüsse, und von diesen sich Abdrücke auf Papier verschafft zu haben. Und obgleich er seine Entdeckung andern Goldschmieden und Malern mitgetheilt hat, so blieb dieselbe doch lange noch in derselben Unvollkommenheit, und keiner unter Italiens Künstlern trug Verlangen, den dargebotenen Faden weiter zu spinnen.

Da erschien der seinem Namen nach unbekannte vortreffliche Meister unter den Deutschen, welcher sich mit den Buchstaben E. S. bezeichnet hat und den man den „Meister E. S." oder den „Kupferstecher mit der Jahrzahl 1465" nennt. Sinnvoll und bedeutsam nahm er Dasjenige auf, was der Italiener nur mit Lauheit behandelte; denn mit vollem Grunde glaubt man, dieser Deutsche habe die neue Kunst zu einem höhern Grade der Vollkommenheit gebracht, daß er den Umweg mit dem Modell von Thon und dem darin gemachten Schwefelabguß vermied, daß er zuerst kupferne Platten und diese noch dazu von bedeutender Größe an die Stelle der kleinen von edelm Metall setzte, daß er saftvolle und wohlzubereitete Schwärze nahm, endlich daß er zu dem Abziehen seiner Abdrücke statt der hölzernen, blos mit den Händen in Bewegung gesetzten Presse sich einer Walze bediente.

Durch diesen Meister nun angeregt, begannen sehr bald Mehre seiner Landsleute, Goldschmiede vornehmlich, die Kupferstecherei — jetzt so zu nennen im eigentlichen Sinne, da sie in Kupfer gravirte — zu betreiben und deren Producte zu verbreiten. Rasch gesellte sich diesen eine bedeutende Anzahl jener Maler bei, welche die Gebetbücher mit bunten Buchstaben und Heiligenbildern ausschmückten, und führte so mit überraschender Schnelligkeit die junge Kunst vorwärts. Man darf annehmen, daß es, von jenem Meister an gerechnet, in den nächstfolgenden 40 Jahren in Deutschland über 200 Kupferstecher gegeben hat. Alle ihre Stücke, auf Kupfer gestochen, sind von zartem Stich und mit einer kraftvollen Farbe gedruckt.

Die Anregung, welche der Meister E. S. den Goldschmieden und Malern Deutschlands gegeben, verbreitete sich bald bis jenseit der Alpen, obschon er dort nicht ganz die nämliche Wirkung wie in Deutschland hervorbrachte. Zwar finden sich dort allmälig viele Meister (es dürften ihrer 90 gewesen sein, deren Mehrzahl jedoch nur dem letzten Jahrzehnde des 15. Jahrhunderts angehört), welche die neue, in ihrer Technik jetzt schon mehr vervollkommnete Kunst betrieben und auch ihrerseits auszubilden strebten; immer aber kommen jene italienischen Meister, in Beziehung auf den Stich, selbst in ihren besten Arbeiten, den deutschen Künstlern nicht gleich, sondern erscheinen steif, tonlos und unrein. Ueberdies sind die Blätter der Italiener immer noch größtentheils auf Zinnplatten gestochen, mit einer schwachen gräulichen Farbe gedruckt und wahrscheinlich fast durchgehends blos mittels der Hand oder durch eine hölzerne Walze abgedruckt: und so ist also dem Deutschen unbestreitbar wenigstens die Erfindung des eigentlichen Kupferstichdrucks zuzuerkennen.

Auch von den Niederländern wurde die neue Kunst sogleich mit Regsamkeit ergriffen und in deutscher Weise gefördert, bis sie in Lukas van Leyden (geb. 1494, gest. 1533) den würdevollsten Stützpunkt erhielt.

Ebenso wie es schon früher in Frankreich Goldschmiede, Silberstecher und Nielliner gab, so haben diese, wie die Italiener, auch wol Abgüsse und selbst vielleicht Abdrücke davon auf Papier gemacht; jedoch ist von ihren Niellirungen nur wenig mit Zuverlässigkeit bekannt. Die ersten sichern Spuren des französischen Kupferstichs schreiben sich von 1488 her. In diesem Jahre nämlich erschien zu Lyon ein Buch [*], Kupferstiche, sowie Land- und Seekarten enthaltend, worin die Karten mit zu den ältesten, die man durch Kupferstich besitzt, gehören; ihr Verfertiger aber ist nicht bekannt. Das Buch ist von Nicolaus le Huen, „Religieux du mont Carmel" (Carmelitermönch), gedruckt ward es von Jacques Herembeck. Als der älteste französische Kupferstecher aber ist ein gewisser Noel oder Natalis Garnier bekannt, muthmaßlich Goldschmied zu Ende des 15. und Anfange des 16. Jahrh. Es stellte dieser Künstler auf 48 Blättern die Handwerke und Künste zum Theil in Allegorien dar, stach ein mit Figuren geschmücktes Alphabet und noch einiges Andere. Alles aber trägt den Stempel der größten Unvollkom-

---

[*] Unter dem Titel: „Des saints pérégrinations de Jérusalem et ses environs et des lieux prochains".

menheit und zeigt, wie weit die Franzosen in der Kupferstechkunst zu jener Zeit noch gegen die Deutschen zurück gewesen.

Wenden wir endlich noch den Blick auf England, so sehen wir, daß hier im Allgemeinen erst sehr spät die zeichnenden Künste, und namentlich die Kupferstechkunst, gepflegt und ausgeübt wird. Aus dem J. 1490 behaupten Einige einen englischen Kupferstich zu kennen; dieser wäre demnach der älteste dieses Landes. Doch war es erst Wenzel Hollar's Ankunft in England, welche recht eigentlich den Geschmack der Engländer für die Kupferstechkunst weckte, und dieser achtbare Künstler verdiente diesen Einfluß. Dies geschah jedoch nicht früher als im 17. Jahrhunderte.

Und so sahen wir, wie die Kupferstechkunst, gleich einem Baume kräftiger Art, zu allen Nationen hin ihre Äste verzweigte. Über die Verbreitung der Kupferstechkunst bei den übrigen europäischen Nationen sagen wir nichts, da diese meist nur durch fremde Künstler dort eingeführt und ausgeübt ward.

(Fortsetzung in Nr. 100.)

Heldenmüthiger Kampf zwischen 13 Italienern und 13 Franzosen.

Die Leser kennen aus der römischen Geschichte den berühmten Kampf der Horatier und Curiatier, welche in dem Kriege der Römer mit dem Albanern von beiden Heeren, zur Entscheidung des Streites durch Zweikampf, gewählt wurden. Die alten Schriftsteller erzählen, daß die Mütter dieser sechs Kämpfer Schwestern gewesen, deren jede an einem Tage drei Söhne geboren habe. Der Ausgang des Kampfes entschied für die Römer; die Horatier siegten und verschafften ihrem Vaterlande die Oberherrschaft über Alba. Die italienische Geschichte liefert ein ähnliches Beispiel heldenmüthigen Einzelkampfes, das wir unsern Lesern mittheilen wollen. Als zu Anfang des 16. Jahrhunderts Ludwig XII., König von Frankreich, und Ferdinand III., mit dem Beinamen „der Katholische", König von Spanien, sich des Königreichs Neapel bemächtigt und zu gleichen Theilen darein getheilt hatten, sandte jeder dieser Fürsten eine Besatzung in das eroberte Land, um seine Ansprüche zu schützen und zu vertheidigen. Das spanische Heer stand unter dem Befehl des berühmten Gonsalvo de Cordova, das französische unter dem Herzog von Nemours. Diese Maßregel führte zu mancherlei Grenzstreitigkeiten, in deren Folge es bald zu hartnäckigen Gefechten kam. Während eines der Waffenstillstände, welche diesen gegenseitigen Feindseligkeiten zu folgen pflegten, gab einer der spanischen Generale zu Barletta ein glänzendes Fest, bei welchem auch mehre französische Offiziere zugegen waren. Bei der Tafel kam das Gespräch auf die Truppen und ein spanischer Oberst pries laut die Tapferkeit einer Compagnie Italiener, die unter seinem Befehle stand, wogegen die Franzosen heftig stritten, indem sie die italienischen Soldaten für lauter Memmen erklärten. Um diesen immer heftiger werdenden Streit zu schlichten, ward ein Wettkampf verabredet. Es sollten 13 Mann von der erwähnten Compagnie gegen 13 Franzosen gestellt werden. Jedem Sieger wurden Pferd und Waffen seines Gegners und 100 Scudi in Geld zugesichert; zum Kampfplatz wählte man ein Feld zwischen den Ortschaften Andria und Quarata im Mittelpunkt beider Heere und jede Partei stellte vier Kampfrichter. Am folgenden Morgen, den 13. Februar 1503, waren die Kämpfer auf dem Wahlplatze, nachdem sie vorher die Messe gehört und das Abendmahl empfangen hatten. Jeder Kämpfer mußte auf das Evangelium schwören, daß er den Platz nur als Sieger lebend verlassen, und seinen Kampfgenossen, sobald ihnen Gefahr drohe, zu Hülfe eilen wolle. Nachdem diese feierlichen Vorbereitungen vorüber waren, stellten sich die Streiter in Schlachtlinie; Trompeten gaben das Zeichen zum Angriff und die Kämpfer legten in Galopp ihre Lanzen ein. In dem engen Raume zersplitterten diese ohne Erfolg, allein schon geriethen die Franzosen in Unordnung, während die Italiener fest zusammenhielten. Man griff nun zu den Stoßdegen und Streitäxten und handhabte sie von beiden Seiten mit Muth und Geschicklichkeit. Nachdem man eine halbe Stunde lang von beiden Seiten mit steigendem Ingrimm auf diese Weise gefochten hatte, fiel zuerst ein Franzose mit tödlichen Wunden bedeckt, und zwei andere, von ihren Gegnern heftig in die Enge getrieben, gaben sich gefangen. Ein neuer Angriff erfolgte jetzt von Seiten der Italiener, welche in dem Bewußtsein, ihren Gegnern an Zahl nun überlegen zu sein, um so wüthender fochten. So tapfer die Franzosen, aufgemuntert durch den Zuruf der Kampfzeugen, widerstanden, mußten sie doch die überlegene Zahl der Feinde schmerzlich empfinden. Die Wuth stieg jetzt aufs Höchste; die Franzosen wollten ihre Kriegerehre retten, um so mehr, da schon zwei aus ihrer Mitte feig vom Kampfplatze geflohen waren. Ein Italiener wurde von seinem scheu gewordenen Pferde auf gräßliche Weise an den Schranken geschleift. Man focht jetzt sowol zu Fuß als zu Pferde, da mehre der letztern schon unter ihren Reitern getödtet waren. Einer der italienischen Soldaten, Hector Feramosca, zeichnete sich vorzüglich durch Tapferkeit und Körperstärke aus, mehre Franzosen fielen unter seinen gewaltigen Streichen, sodaß zuletzt deren nur noch drei kampffähig waren. Trotz ihrer zur höchsten Wuth entbrannten Gegenwehr, mußte sich bald einer gefangen geben, der zweite ward in die Flucht getrieben, und nur der letzte, zu Fuß wie ein Löwe fechtend, hielt sich noch einige Zeit, indem er trotz den empfangenen Wunden mit Schnelligkeit die Stelle wechselte, bis zuletzt auch er tödlich verwundet fiel.

So war also das Schicksal des Tags zu Gunsten der Italiener entschieden. Die Sieger, von denen mehre geblieben und alle verwundet waren, empfingen ihren Kampflohn. Von dem Feldherrn wurde ein stattlicher Zug geordnet, der unter dem Geläute aller Glocken, unter dem Donner des Geschützes und dem Jauchzen des Volkes in die Stadt Barletta einzog, wo die Kämpfer an der Hauptkirche von der Geistlichkeit empfangen und feierlich eingesegnet wurden. Ein glänzendes Fest, von den spanischen Offizieren gegeben, krönte das Ganze.

Nach diesem Einzelsiege, den die spanisch-italienische Armee über die Franzosen erfochten, war die auflodernde Flamme des Kriegs nicht mehr zurückzuhalten. Schon am 28. April wurde das Schicksal des getheilt gewesenen Königreichs auf dem Schlachtfelde von Carignola entschieden, und am 14. Mai übergaben die Franzosen die Hauptstadt an die Spanier.

Die Insel Capri.

An der Südspitze des Golfs von Neapel erhebt sich die kleine reizende Felseninsel Capri, die, von Neapel aus

*

gesehen, durch ihre Gestalt uns unwillkürlich an irgend ein fern daher schwimmendes Meerungeheuer erinnert. Ihre Entfernung von dem gegenüberliegenden Vorgebirge Campanella, von dem die hochwogende Bocca di Capri sie trennt, scheint gering, da die klare Luft in diesen Gegenden Alles dem Auge näher bringt, indeß braucht man doch gewöhnlich einige Stunden zur Überfahrt, und diese ist selten ganz gefahrlos, da die eingeengten Wogen bei dem leisesten Lufthauche hier in eine wilde und plötzliche Bewegung gerathen, die den Besucher oft Tage lang auf Capri festbannt. Glücklicherweise ist aber sein Gefängniß einer der reizendsten Punkte der Erde, auf dessen kleinem Raum Naturschönheiten, Ruinen und geschichtliche Erinnerungen im reichsten Maß abwechseln. Die Masse der Insel besteht aus zwei durch eine flache Aushöhlung verbundenen Kalk-

Die Insel Capri.

felsen von tiefgrauer Farbe, links und rechts steil abfallend und nur in der Mitte einen Landungsplatz darbietend. Weiße Dörfer und zwei kleine Städte hangen malerisch an diesen Felsmassen. Die ganze Insel mißt kaum zwei deutsche Meilen im Umfang, alle Buchten mit gerechnet, und doch, wie reich an mannichfaltiger Schönheit, an historischen Erinnerungen ist dies kleine Eiland! Der alte Name Capreä, von den wilden Ziegen entlehnt, deren es ehemals viele hier gegeben haben soll, hat sich in Capri erhalten. Wie abgeschieden von der Welt, leben ihre 4000 Bewohner fast mehr in der Erinnerung der Vorzeit, als in der Gegenwart, und es ist spaßhaft, sie von Augustus, dem Kaiser von „Capri" und „König von Rom", von Julia, seiner Nichte, und von Tiberius, Sueton u. s. w. wie von ihren nächsten Vorältern sprechen zu hören.

Die ersten Bewohner der Insel scheinen griechische Ansiedler gewesen zu sein. Die Bürger von Neapolis unterwarfen sich die Insel, von diesen kaufte sie Augustus und erbaute sich hier einen prächtigen Landsitz. Merkwürdiger ist Capri noch als der Zufluchtsort des Tiberius, seines Nachfolgers. Und in der That gibt es für die Furcht vor Verrath keinen befriedigendern Wohnsitz als diese Insel mit ihrem einzigen Landungsplatz und ihren unzugänglichen Felsen, auf welchen der Fürst nicht weniger als 12 feste Schlösser, deren Ruinen noch vorhanden, im Umkreise von einer Meile besaß, unter denen sein Aufenthalt wechselte. Mit ihm bringen noch heute die Bewohner jeden ausgezeichneten Punkt ihrer Insel in Verbindung und das steile Felsenriff, Campanella gegenüber, von dem er seine Feinde herabgestürzt haben soll, heißt noch jetzt „der Sprung des Tiberius"; ja der kleine Fischerknabe, der unsern Führer unter den Ruinen macht, versichert uns ganz ernsthaft auf die Frage, wie lange Tiberius wol todt sei: das wisse er nicht; aber sein Großvater habe ihn oft gesehen und recht gut gekannt. Nach seinem Tode aber hätten die Meerfeen die Paläste des Grausamen zerstört. Der Besuch Capris bei einem sanften Landwinde gehört zu den reizendsten Ausflügen, die man von Neapel aus machen kann. Wir landen an dem Sbarco di Capri, auch Marina genannt, und rauhe Stufen führen uns zur Hauptstadt Capri hinauf. In wenigen Festungswerken widerstanden die Engländer hier Jahre lang der französischen Macht, bis Sir Hudson Lowe die Insel übergab. Capri, die Hauptstadt der Insel, besteht aus 2—300 ziemlich hübschen Häusern und sechs Kapellen. Fischer, Schiffer und Handelsleute bilden die Bevölkerung der Stadt; die Weingärtner und Olivenpflanzer wohnen in dem höher liegenden Anacapri. Eine wunderliche Zickzacktreppe von 538 Stufen, in eine steile Felswand eingehauen, verbindet sie mit dem übrigen Theile der Insel. Über Anacapri und noch höher ragen die malerischen Ruinen eines Schlosses aus dem Mittelalter hervor. Gruppen von einigen Winzerwohnungen hängen hier und da, besonders auf der östlichen Seite, an den

Felsklippen und bilden die Dörfer der Insel. Wo nur ein Baum zu wurzeln vermag, da haben die fleißigen und fröhlichen Bewohner einen solchen gepflanzt. Die Erde dazu haben sie zum Theil vom Festlande herübergeholt und mit unendlicher Mühe Terrassen aufgeschichtet. Aber eben deshalb lieben sie diesen mühsam erworbenen Boden nun auch doppelt und nichts geht ihnen über ihre Insel. Hier wächst köstlicher weißer und rother Wein, der einzige, der frei von dem schwefelichten Beigeschmack der neapolitanischen Weine ist; weniges, aber sehr schönes Öl gedeiht hier, und von hier kommen die schmackhaften Wachteln, die im Frühjahre und im Herbste zu 100,000 hier auf ihrem Zuge nach und von Afrika einfallen, in großen Netzen gefangen werden und eine der ergiebigsten Erwerbsquellen der Bewohner bilden. Der Bischofssitz von Capri, jetzt zu Sorrento, empfing aus diesem Handelsartikel ehemals seine reichen Einkünfte. Das Volk, kunstlos und frei, natürlich und gutmüthig, hinterläßt bei jedem Besucher eine freundliche Erinnerung. Wenige sind reich, Alle aber zufrieden und glücklich in der Liebe zu ihrer Heimat.

Die blaue Grotte.

Eine niedere Öffnung an der Westseite von Capri, eine Viertelmeile von dem gewöhnlichen Landungsplatz entfernt, führt, wenn man flach in einem besonders dazu eingerichteten Kahne liegend sie durchschifft, zu der blauen Grotte, la grotta azurra oder la caverna blù ge-

Die blaue Grotte auf Capri

nannt, wie sie unsere Abbildung darstellt. Bei günstigem Winde und ruhiger See schifft man ohne Gefahr hinein; aber entsetzlich muß es sein, von dem zauberischen Anblick in ihrem Innern gefesselt, so lange darin zu verweilen, bis ein schnell entstandener Sturm den Ausgang sperrt; der Tod in den Wogen wäre die gewisse Strafe solcher Verwegenheit. Die niedrige Einfahrt läßt uns völlige Dunkelheit im Innern der Grotte erwarten; aber das wunderbarste Licht blendet unser überraschtes Auge. Man müßte zu erblinden fürchten, wäre es nicht blau. Am besten vergleicht man es mit einer Spiritusflamme. Der Wassergrund gibt den Wiederschein dieses zauberischen Lichts, das von ihm auf die Gewölbe und die mit Stalaktiten (Tropfstein) bedeckten Wände der Grotte zurückstrahlt. Erst wenn das Auge sich mit diesem seltsamen Lichte vertraut gemacht hat, unterscheidet es die Gegenstände in dieser prachtvollen, von Fels und Meer verborgenen Wohnung: ihre glänzende Stalaktitenbekleidung, die hohe azurblaue Wölbung, die zerbrochenen Stufen, welche diese heimliche Badezelle, wol die prachtvollste, die es gibt, vielleicht mit einer der Villen des Tiberius in Verbindung setzten. Dieser jetzt verschütteten Stufen ungeachtet ist die Grotte selbst jedoch gewiß ein Werk der Natur, nicht aber, wie man gemeint hat, ein Werk von Menschenhand. Das Verdienst, die blaue Grotte entdeckt zu haben, gebührt zwei Deutschen, dem Maler Fries aus Heidelberg und Herrn Kopisch aus Breslau, die im J. 1826 zuerst es wagten, in die nur bei ruhigem Meere sichtbare Öffnung hineinzuschwimmen, und seit dieser Zeit besucht kein Reisender Neapels paradiesische Gegenden, der sich nicht dem wunderbaren Zauber dieser Grotte hingäbe.

Alterthümer von Capri.

Die steile Klippe am östlichen Ende von Capri, die sich 700 Fuß hoch über die Flut erhebt und den berüchtigten Saltus capreárum bildet, führt zu den beträchtlichen Resten eines Jupiterstempels oder besser einer Villa empor, die den Namen Villa Jovis trug und eine der Wohnungen war, die Tiberius hier erbauen ließ. Halbverschüttete Kammern und Gemächer zeigte uns der Führer als Marterkammern; sie waren aber wol nur kühle Erdgeschoffe der Villa. Einige Säulen, eine griechische Statue, eine Nymphe darstellend, Kameen und Gemmen und ein schöner Mosaikfußboden wurden hier gefunden. Vier prächtige Säulen wurden von hier in die Königskapelle zu Caserta gebracht; eine prachtvolle Mosaik kam nach Portici und andere Reste der Villen des Tiber's schmücken jetzt Museen, Kirchen und Paläste mancher Großen in Neapel. Die korinthischen Säulen in diesen Ruinen gelten besonders für Muster dieses Styls. Die unserer Abbildung entgegengesetzte Seite nach dem Ocean zu, ist ein steiles, unbewohnbares, baumloses Klippengewirr, das siegreich selbst dem ausdauernden Fleiß der Caprianer Trotz bietet.

Das Schachspielerdorf Ströbeck.

Das Schachspiel ist jetzt weit mehr bekannt, als noch vor 25 Jahren, und so wird es manchem Leser und auch wol Schachspielern willkommen sein, etwas von einem Dorfe zu erfahren, wo vom Schulzen bis zum Nachtwächter alle Bauern Schachspieler sind. Es sind jedoch von diesem Dorfe viele Fabeln verbreitet. Bald sollen die Leute geschicktere Spieler sein als Philidor, bald jährlich einen Abgeordneten nach Berlin schicken müssen, der dort Schach spielt, weil das Dorf so lange keine Abgaben bezahlt, als es keine Partie verliert, aber eben darum alle Jahre eine spielen lassen muß; bald soll ein königlicher Beamter deshalb aus Berlin ins Dorf kommen; bald thut kein Bauer, wenn er mit einem Fremden zieht, einen Zug, ohne daß zwei andere Bauern, rechts und links sitzend, denselben gut geheißen, oder mit den Worten: „Nachbar mit Rath", zurechtgewiesen haben; und was solcher Sagen mehr sind. Im halberstädtischen Kreise liegt allerdings ein Dorf Ströbeck, und das Schachspiel ist unter den Einwohnern von uralten Zeiten her gewöhnlich. Das Wirthshaus selbst führt ein Schachbret als Zeichen. Es ist auch wahrscheinlich, daß die Bauern sonst einige darauf gegründete Freiheiten hatten, aber alles Übrige ist ohne Grund. Das Dorf gehört zum Domcapitel in Halberstadt, und ein Domcapitular, so erzählt man, ward in alter Zeit dahin verwiesen. Er lehrte die Einwohner Schach spielen, um nicht ganz vor Langweile vergehen zu müssen; späterhin ward er Bischof und zeigte sich nun für den guten Willen erkenntlich, den sie früher ihm bewiesen hatten. Friedrich Wilhelm, Kurfürst von Brandenburg, besuchte das Dorf, um mit den Bauern Schach zu spielen, und schenkte ihnen ein kostbares Schachbret zum Andenken, nebst einem Spiele von Silber, und eines von Elfenbein. Das Bret mit der Inschrift: „Daß der Kurfürst Friedrich Wilhelm der Große es den 13. Mai 1651 dem Flecken u. s. w. verehret habe", nebst den letzten Spiele ist noch vorhanden. Sind aber die Bewohner des Dorfs so außerordentliche Spieler? Keineswegs. Ein Reisender, der zu ihnen kommt, wird freilich selten oder nur zufällig ein Spiel ihnen abgewinnen, aber nicht wegen ihrer Meisterschaft, sondern weil sie 1) ganz anders ausziehen, drei Bauern und die Königin zu gleicher Zeit; 2) den Bauer, jenen beim Ausziehen abgerechnet, allemal nur einen Schritt von Haus aus thun lassen; 3) nie rochiren; 4) eine neue Königin erst dann gelten lassen, wenn der in die feindliche Offizierreihe gekommene Stein drei Freudensprünge gethan hat. Er muß drei Felder wieder zurück und noch einmal den gefährlichen Weg wandern, bevor er als Königin gilt. Nun frage sich der beste Spieler, ob er einem ganz mittelmäßigen Spieler, dem aber diese Eigenheiten zur andern Natur geworden sind, eine Partie ohne die allergrößte Aufmerksamkeit abgewinnen kann. Daß sie übrigens dennoch besiegbar sind, geht aus folgendem Zeugnisse hervor, welches Hirsch Silberschmidt in seinen „Neu entdeckten Geheimnissen des Schachspiels" (Braunschw. 1826) mittheilt: „Daß Herr N. N. am heutigen Dato sich hier producirt, die vornehmsten hiesigen Schachspieler zum Spiel aufgefodert, und leider zu bekennen, den Sieg davon getragen hat, wird hiermit der Wahrheit gemäß attestirt. Ströbeck, den 12. Juni 1825." Unterschrift: (Ortssiegel). Nämlich ein Adler und Schachbret im freiem Felde, das letztere umgeben mit König und Königin, und der Umschrift: Die Gemeinde Ströbeck.

Erhaltung thierischer Körper im Torf.

Unter den mannichfachen eigenthümlichen Erscheinungen, welche der Torf darbietet, ist seine Eigenschaft, Leichname im unverwesten Zustande zu erhalten, eine der merkwürdigsten, und um so auffallender, da der Torf selbst ein Product der Verwesung ist. Folgende bis dahin, wie es scheint, wenig bekannte Thatsachen dürften zur Naturlehre der Erde wichtige Zusätze liefern. Im Juni 1747 entdeckte man beim Torfstechen auf der Insel Arholm, zur Grafschaft Lincoln gehörig, unter einer 6 Fuß dicken Torfschicht den Leichnam einer Frau. Sowol der Körper als die Kleider waren wohlerhalten. Ihre alterthümlichen Sandalen ließen auf das Zeitalter schließen, in welchem sie lebte, und hiernach mußte sie mehre Jahrhunderte lang in dieser feuchten Grabstätte zugebracht haben. In einem Torfmoor auf dem Gute des Grafen Moira in Irland ward ein männlicher Leichnam in einer Tiefe von 12 Fuß im Kiese liegend, und mit 11 Fuß Torfmoor bedeckt gefunden. Er war ohne alle Spuren von Verwesung, und das härene Kleid, womit er angethan war, ließ auf ein bedeutendes Alter des Leichnams schließen. Daß man indeß die erwähnte Eigenschaft des Torfes schon vor 160 Jahren kannte, zeigt uns ein in den Schriften der königl. Gesellschaft der Wissenschaften in London erzählter Versuch. Die Leichname zweier Personen wurden 1674 ungefähr eine Elle tief in nassem Torf begraben und nach 28 Jahren und 9 Monaten untersucht. Die Farbe ihrer Haut glich natürlich eines lebenden Menschen und ihr Fleisch war noch ebenso weich wie bei neuverstorbenen Personen. — Es bleibt uns nur noch die wahrscheinliche Ursache dieser merkwürdigen Erhaltung thierischer Körper im Torfe zu erörtern übrig. Der Torf entsteht durch eine ganz besondere Zersetzung mehrer Pflanzengattungen im stillstehenden Wasser. Auf dem Festlande findet sich nicht selten Torf aus Meerpflanzen, und dieser ist dann ohne Zweifel der älteste und reicht in die Vorwelt hinauf. Die Bildung des Torfmoors beginnt mit der Zersetzung desjenigen Theils der Pflanzen, welcher oberhalb des Wassers der Einwirkung der Luft ausgesetzt ist, und die Pflanze wird vom Sauerstoffe der Luft bis auf einen kleinen aus Erde und Kohlenstoff bestehenden Antheil verflüchtigt. Dieser Rest ist der sogenannte Humus von schwarzer Farbe, die unter Wasser befindlichen Pflanzen oder Pflanzentheile zersetzen sich jedoch ungleich langsamer und vom Sauerstoff der Luft ganz getrennt, gerathen sie in eine Gährung von ganz eigenthümlicher Art. Die Producte dieser Zersetzung sind der Gerbestoff, der sich dem Wasser beimischt und eine ölige Substanz, welche nach der verschiedenen Beschaffenheit ihrer Grundstoffe bald als Erdöl, bald als Naphtha, bald als Asphalt, gleichfalls eine ölige Substanz, vorkommt. Merkwürdig ist jene Torfart, welche bei Soissons gefunden wird, und von dem obigen und andern brennbaren Stoffen in dem Grade durchdrungen ist, daß sie, befeuchtet, sich an freier Luft entzündet. Diese Eigenschaft rührt zunächst von einem Antheil fein zertheilten Schwefelkieses her, womit der Torf vermengt ist. Nun ist es bekannt, daß die Ägypter ihre Leichname mit dem obenerwähnten Asphalt einbalsamirten, und so können wir den Schluß ziehen, daß die natürliche Einhüllung jener Leichname im Asphalt des Torfes ebenso die Ursache ihrer Erhaltung war, als die künstliche Anwendung desselben Stoffes bei den Verstorbenen im alten Ägypten.

Hogarth's Werke.
2. Das Hahnengefecht.

Die Hahnengefechte, eine Lieblingsbelustigung des englischen Volks, jedoch mehr der niedrigsten Classe, waren schon den Völkern des Alterthums bekannt, und namentlich in Athen sehr beliebt. Man sagt, daß sie schon zu Solon's Zeiten zu den öffentlichen Schauspielen gehörten, und gewiß ist, daß zu Athen auf Veranlassung des Themistokles häufig Hahnenkämpfe gehalten wurden. Es ist wahrscheinlich, daß die Griechen dieses rohe Vergnügen durch die Perser kennen lernten; denn bei diesen, sowie in Ostindien, kommen die Hahnenkämpfe schon in den frühesten Zeiten vor, und ihre Streithähne waren im Alterthume vorzüglich berühmt durch Muth und Stärke. In England, wo das Volk für dies Schauspiel fast ebenso leidenschaftlich eingenommen war, als die Spanier für seine Stiergefechte, wurden im 12. Jahrhundert Hahnenkämpfe gehalten, und im 16. Jahrh. gab es bereits mehre ausführliche Werke, welche Vorschriften zur Fütterung, Pflege und Abrichtung der Kampfhähne enthielten.

Bei einer so großen Vorliebe für den Hahnenkampf richtete man natürlich ein vorzügliches Augenmerk auf die Erziehung und Fütterung der Hähne; denn je schöner, stärker und muthiger diese sind, desto größeres Vergnügen gewährte ihr Streiten. Zuerst kommt Alles auf die Wahl einer tüchtigen Henne an; diese muß von einer guten derben Brut, groß und besonders nach hinten zu stark gebaut sein. Ihre Farbe soll entweder schwarz, braun oder gefleckt sein; doch ziehen Einige die gelben vor. Wenn die Bruthenne eine Erhöhung auf dem Kopfe und Spornen an den Beinen hat, so ist dies ein willkommenes Zeichen von Tapferkeit. Sie darf überhaupt nicht zahm und geduldig sein und von andern Hennen kein Unrecht leiden. Die beste Zeit zum Brüten ist vom Ende Februar bis zu Ende März. Während die Henne sitzt, darf sie nicht gestört werden, muß das beste Futter nahe bei sich haben und täglich frisches Wasser bekommen. Die Hühnchen läßt man so lange beisammen, bis sie anfangen einander zu jagen und zu beißen, alsdann sperrt man die Hähne, die man zu Kampfhähnen erziehen will, jeden in ein besonderes Behältniß mit einem freien Platz, der aber gedielt sein muß, damit er sich den Schnabel nicht verderbe. Man wählt die Kampfhähne nach folgender Vorschrift aus. Weder die Kleinsten noch die sehr kleinen sind zu gebrauchen; ihr Kopf muß klein, das Auge groß und feurig, der Schnabel stark und an der Wurzel etwas gebogen, vorzüglich muß aber das Bein stark sein und an Farbe der Hauptfarbe der Federn gleichen. Die Spornen müssen rauh, lang, etwas Weniges gekrümmt und nach innen gekehrt stehen. Ein scharlachrother Kragen um den Hals deutet auf Fülle von Kraft und Muth. Ist der Hahn nach diesen Vorschriften ausgewählt, so werden ihm der Kamm, dann die Mähnen vom Kopf bis an die Schultern hart an der Haut abgestumpft, so auch die Schwanzfedern und alle Federn des Hinterleibes, der alsdann sehr roth erscheinen muß. Auch die Flügel werden rund abgestumpft, doch so, daß man jede einzelne Feder schräg und spitzig zuschneidet, um so den Augen des Gegners gefährlich zu werden. Dies wird einige Zeit vor dem Kampfe wiederholt, damit er dann ganz kunstgerecht erscheine. Auf das Füttern, vorzüglich vor dem Treffen, kommt sehr viel an. Man gibt ihnen dann gewöhnlich schon zehn Tage vorher geröstetes Brot, das in starkes Bier getaucht ist. Zum Gefechte selbst werden sie zuweilen mit scharfen langen eisernen Spornen versehen, und so ist der Fechter fertig.

Nach diesen Bemerkungen über die Streithähne selbst, gehen wir zur Erklärung des hier mitgetheilten Bildes von Hogarth über, wodurch er dieses barbarische, zu seiner Zeit noch allgemeiner beliebte Vergnügen mit den schärfsten Zügen darstellt und es verächtlich und lächerlich macht, wobei wir, wie bereits früher, den geistreichen Erörterungen Lichtenberg's folgen.

Die hagere dünne Gestalt in der Mitte des Bildes, gekleidet wie ein gebildeter Mann, aber mit dem Ausdruck höchster Dummheit im Gesicht, stellt gleichsam den Präsidenten der Versammlung vor. Dafür, daß er diese Ehre hat, der Vorsitzer einer so achtbaren Gesellschaft zu sein, welche zum dritten Theil wenigstens aus Gaunern und Beutelschneidern besteht, für diese Ehre läßt ihn sogleich sein Nachbar zur Linken büßen, indem er ihm, wie es scheint mit gutem Erfolg, eine der Banknoten zu entwenden sucht, die der blödsichtige und blödsinnige Herr vor sich auf den Hut gelegt hat, um damit entweder die Hähne zu belohnen oder irgend eine Wette im Betreff ihrer zu bestreiten. Von oben herab, sowie von der rechten Seite des Vorsitzenden, strecken sich nach diesem mehre Hände aus; diese gehören einigen tüchtigen Fleischern, welche ebenso, wie der Herr, zum Ersten geneigt sind und wenigstens einen ehrlichern Weg zu den Banknoten einschlagen, als der Dieb zur Linken. Weiterhin zur Rechten des Herrn bemerken wir einen Mann mit einem Krückenstocke und Hörrohr, durch welches letztere er sich von seinem Nachbar wahrscheinlich keine Geheimnisse ins Ohr sagen läßt.

Gleich unter diesen sitzt mit untergeschlagenen und auf den Kampftisch gelegten Armen ein Hahnenfütterer. Er befindet sich zunächst dem blutigen Kampfe und blickt darauf hin mit der Miene eines gelehrten Kenners. Er hält, als untrügliches Kennzeichen seines Berufs, in der Linken einen Sack, aus welchem ein Hahn hervorsieht. Hinter ihm sitzt ein Schornsteinfeger, zu arm, um mit der übrigen Gesellschaft zu wetten, aber doch großen Antheil an dem Schauspiel nehmend. Höher hinauf steht einer, der unartig genug ist, aus irgend einem Grunde der Gesellschaft den Rücken zuzukehren. Das große Bandelier quer über die Schultern bezeichnet ihn als Viehhirten, und daher als ein würdiges Mitglied der Versammlung. Höchst ergötzlich ist der unmittelbar neben ihm vorgehende Auftritt. Auf der hintern Galerie, welche um den Kampfplatz herumläuft, steht nämlich ein Franzose, der bei seinem feinen französischen Gefühl, wer weiß durch welchen Zufall, hier unter die englischen Metzger und Gauner gekommen sein mag. Er ist sehr gewählt gekleidet, und hat ein wirklich vornehmes Ansehen. In der Rechten hält er eine Dose, aus der er eben eine Prise zu nehmen im Begriff ist. Der scharfe Geruch des französischen Tabacks ist aber den Nerven eines gleich unter ihm stehenden derben Engländers zu angreifend, und bewirkt bei ihm ein unaufhörliches Niesen, das dem in diesen Zustand Versetzten gewiß bei einer solchen Gelegenheit sehr unlieb ist.*)

Mitten unter dem dichtgedrängten Pöbelhaufen, zur Linken des präsidirenden Herrn, bemerkt man eine dicke untersetzte Figur, die durch den Druck des auf ihr liegenden Kerls sehr leidet, jedoch noch etwas weniger als der unglückliche Kahlkopf, der von dem heftigen Stoß dicht an die Schranken gedrängt wird, und seine Perrücke verliert.

Unter den übrigen mehr oder weniger thätigen Zuschauern sind kaum noch zwei ehrliche Gesichter. Im Vordergrunde befinden sich einige Vorreiter, an ihren helmartigen Mützen und Reitpeitschen kenntlich. Darunter ein Betrunkener, dem ein Genosse eben im Begriff ist die Börse zu stehlen, und ein anderer Kerl, dessen Rücken mit einem weißen Galgen geziert ist, eine ziemlich deutliche Anspielung, daß ihm der wirkliche gewiß ist. Mit dem Schatten, den wir auf dem Kampfplatze sehen, hat es folgende Bewandtniß. Wer bei diesen Gelegenheiten seine Wetten nicht bezahlen konnte, wurde, sonst wenigstens, in einen Korb gesetzt und bis zur Beendigung des Schauspiels an der Decke heraufgezogen. Der hier Schwebende scheint die Uhr seinen Gläubigern anzubieten. Das Gemälde an der Wand ist das Portrait einer berühmten Liebhaberin der Hahnenkämpfe.

---

*) Es mag hierbei bemerkt werden, wie Hogarth seinem Spott über die Franzosen bei jeder Gelegenheit freien Lauf läßt und schon damals, wie auch jetzt noch, beide Völker sich gegenseitig durch Zerrbilder lächerlich zu machen bemüht waren.

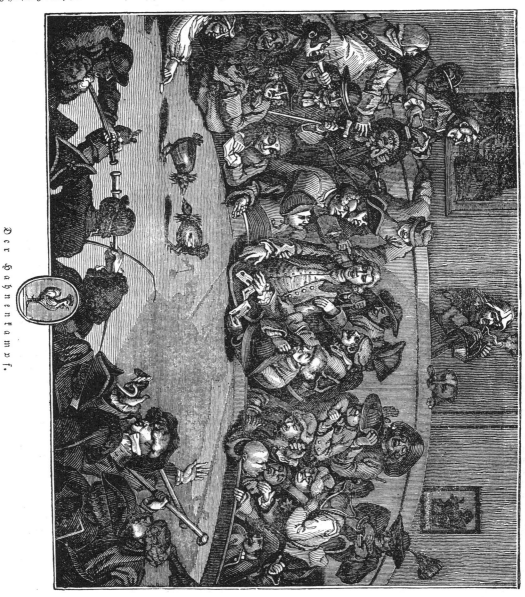

Der Hahnenkampf.

Verantwortliche Herausgeber: Friedrich Brockhaus in Leipzig und Dr. C. Drärler-Manfred in Wien.
Verlag von F. A. Brockhaus in Leipzig.

Das Pfennig-Magazin

der
Gesellschaft zur Verbreitung gemeinnütziger Kenntnisse.

100.] Erscheint jeden Sonnabend. [Februar 28, **1835.**

Das Nordcap.

Das Nordcap in Finnmark bildet den nördlichsten Punkt des europäischen Festlandes, und bietet, nach dem Zeugniß aller Reisenden, eines der erhabensten Naturschauspiele in Europa dar. Wir wollen unsern Lesern eine doppelte Ansicht davon geben, sowol von der Landseite als von der See her, nachdem wir zuvor das Land selbst, auf dem wir stehen, etwas näher betrachtet haben. Das Nordcap besteht aus einer langen und schmalen Felszunge, die unten halbrund in einer klippigen Spitze gegen das Meer hin ausgeht. Es bildet ein hohes, flaches, sogenanntes Tafelland, das einige tausend Schritte vor seinem äußersten Endpunkte sanft gegen die See hin abfällt, wo es mit einer steilen Klippe endet. Das Ganze ist von allem Pflanzenwuchs entblößt; schwere Nebel, Stürme und Schneewirbel bedecken das Cap bei der Annäherung des Winters und beim wehenden West; bläst der Wind aus Osten, so ist der Himmel heiter und klar. Das Klima ist natürlich rauh, aber gesund; der Skorbut ist die einzige hier bekannte Krankheit und 30 Meilen umher kein Arzt anzutreffen. Die Sonne verschwindet den Bewohnern des Caps fast zwei Monate lang, vom Anfang des Decembers bis Ende Januars, und während dieser Zeit leuchtet das Nordlicht*) den wenigen Beschäftigungen, die dann überhaupt hier vorgenommen werden. Ebenso lange Zeit verläßt sie im Sommer den Horizont gar nicht, und stellt uns so das seltsame Schauspiel einer mitternächtlichen Sonne dar, indem sie bis auf einige Grade gegen den Horizont sinkt, dann eine Zeit lang über ihm in grader Linie hinzieht und sich hierauf wieder zum Scheitelpunkt erhebt. Die Ursache dieser Erscheinung ist folgende. Die Sonne erhellt stets eine Hälfte der Erdkugel, oder 90 Grad von jeder Seite des Punktes, über dem sie vertical steht. Wenn dieser Punkt der Äquator ist, so reicht sie mit ihrem Lichte (im Frühling und im Herbst) auf jeder Seite bis zum Pol. Sinkt sie nordwärts vom Äquator (im Sommer), so reicht ihr Licht über den Nordpol hinaus, und der Pol selbst liegt sechs Monate lang im Sonnenlicht. Der Erfolg ist der entgegengesetzte, wenn die Sonne (im Winter) südwärts von dem Äquator abfällt, und der Nordpol hat dann eine sechs Monate lange Nacht. Am Nordcap nun, das unter dem 71. Grade liegt, beträgt diese Zeit, wie erwähnt, ungefähr zwei Monate, und vermindert sich, je nachdem wir uns vom Nordpol entfernen. Während der Winterzeit verschlafen die Bewohner des Caps die Hälfte des Tages, und bringen, müßig an ihren Feuern sitzend, die andere Hälfte hin; im Sommer dagegen verlassen sie um 10 Uhr Morgens das Lager, essen um 5 oder 6 Uhr zu

---

*) Vergl. Pfennig-Magazin Nr 65.

Mittag und legen sich um 1 Uhr zur Ruhe. Der Engländer Arthur de Capelle Brooke, aus dessen Reisewerke unsere Abbildung entlehnt ist, besuchte das Nordcap von der Landseite her. "Umsonst", sagt er, "forscht das Auge, auf der Wasserwüste haftend, nach einem Segel oder irgend einem lebenden Gegenstande; Alles umher ist starr, todt und wild. Nur die Flut schlägt an den Fuß der Klippe und von Spitzbergen her hüllt ein Nebelstreif den Horizont ein. Ostwärts streckte sich das 13 Seemeilen lange Cap Nordkyn wild in die Wogen hinaus, getrennt von uns durch den Porsanger und den Lachs-Fjord. Westwärts starrten die riesigen Felsen von Stappen uns an, und hinter ihnen erhoben Maasöe und Jelmsöe ihre rauhen Felsmassen. Es war Abend, der Wind heulte und rieth uns, mit dem Aufschlagen unserer Zelte zu eilen, und nicht ohne viele Mühe gelang es endlich, die Stäbe in die Felsspalten einzukeilen. Unsere Vorräthe wurden ausgepackt, wir aßen und schliefen endlich bei der Musik der Brandung ein. Um Mitternacht erhob ich mich; die Sonne war unter, aber ein röthlicher Streif am Horizont, ein grelles Zwielicht, verkündete ihre nahe Wiederkehr. Die dunkeln Wolkenmassen über uns warfen ihre Strahlen sanft zurück." Dies ist die Zeit, wo die hier zahlreichen Füchse ihre seltsame Jagd beginnen, die ein anderer englischer Reisender, Henderson, beschreibt. Eine Schar von ihnen versammelt sich auf der Klippe, und kämpft miteinander, um zu wissen, wer von ihnen der stärkste sei. Ist dies ausgemacht, so nahen sie sich der Klippe; der Schwächste steigt zuerst herab, während ein Stärkerer ihn am Schwanze festhält; dieser folgt und wird wieder von einem stärkern gehalten und so fort, bis der vorderste die Beute, ein Vogelnest oder dergl., erreicht hat. Nun ziehen die hintersten zurück und die ganze Kette lang wieder auf der Klippe an, und verzehrt gemeinschaftlich die gemachte Beute. Wir lassen die Wahrheit dieser Erzählung dahingestellt, und hören lieber, wie ein dritter Reisender den Anblick des Nordcaps von der Seeseite her beschreibt. "Als wir dem Cap etwa um Mitternacht näherten, schien uns die Felswand rings von gleicher Höhe, bis wir die dahinter liegenden höheren Bergmassen erkannten und die malerischen Spitzen des Caps selbst unterschieden. Die Flut tobte gegen den seit Jahrtausenden bekämpften Fels und schäumte hoch auf. Ihr weißer Gischt glänzte in der Mitternachtsonne, nur auf den westlichen Klippen ruhte tiefer Schatten. Wir landeten und entdeckten bald eine Grotte, in der ein Quell sprudelte. Ein ungeheurer Fels sprang dem Cap vor und erhob seine Masse gegen die Wolken; zur Linken zog sich eine niedere Felswand hin, welche die Bai schloß." Die Reisenden erstiegen die Klippen, auf deren Höhe ein kleiner See angetroffen wurde, wol 90 Fuß über dem Meeresspiegel. Auf dem Gipfel eines andern Berges war ein zweiter See; in der Ferne, landeinwärts, erhellten die Sonnenstrahlen eine Reihe spitzer Felsenmassen.

Die See sinkt an dieser Küste, wie an allen übrigen der Finnmark, in beträchtlichen Verhältnissen; selbst an dem Felsen des Caps sieht man die Wirkung der Fluten hoch über ihrem jetzigen Spiegel. Der gänzliche Mangel an Holz duldet keinen langen Aufenthalt der Reisenden auf dem Cap. Brooke mußte es daher am andern Tage wieder verlassen; aber zuvor errichtete er mit seinen Gefährten aus Steinen ein Denkmal seiner Anwesenheit, 10 Fuß hoch und etwa 500 Schritt von dem nördlichsten Punkte Europas entfernt, das sich in Gestalt einer Pyramide auch auf unserm Bilde zeigt. An lebenden Wesen fand er auf dem Cap blos einige Seevögel. Etwa eine Stunde Wegs vom Cap liegt Maso, der nördlichste Punkt von Norwegisch-Lappland, mit einer vortrefflichen Bai, wo Schiffe selbst den Winter sicher zubringen können.

Die Kupferstechkunst.
4. Die Schulen in ihrer Begründung.
(Fortsetzung aus Nr. 99.)

Es gestalteten sich die vornehmsten Schulen der Kupferstechkunst erst im Beginn des 16. Jahrhunderts; all die Goldschmiede, Silberstecher und Niellirer aber, welche in den vier oder fünf Jahrzehnden vor dieser Zeit unter den Italienern, Deutschen, Niederländern die Kupferstechkunst trieben, werden alte Meister (vieux maîtres) genannt.

Den Grundstein zu der deutschen Kupferstecherschule legte Albrecht Dürer *), geboren zu Nürnberg 1471, gestorben daselbst 1528, ebenso groß auch als Kupferstecher, wie er groß war als Maler. Der Stützpunkt der italienischen Schule ward Marc-Antonio Raimondi, geboren um 1488 zu Bologna, gestorben ebendaselbst um 1536, Schüler des sehr geschickten Goldschmieds und Malers Raibolini, genannt Francia, zu Bologna. Die niederländische Schule begründete Lukas van Leyden, Maler zugleich, geboren zu Leyden 1494, daselbst gestorben im Jahr 1533. Die "école (Schule) de Fontainebleau", so genannt, weil die Künstler derselben fast ausschließend nur die Meisterwerke des Pinsels im Schloß Fontainebleau, dem Lustorte der französischen Könige von Franz I. bis auf Heinrich IV. (oder von 1515—1610), durch die Radirnadel wiedergaben, bezeichnet zuerst die französische Schule. Eine britische Kupferstecherschule rief erst Wenzel Hollar, geboren 1607 zu Prag, gestorben zu London 1677, in Dasein und Wirksamkeit.

Fassen wir das Bezeichnende ins Auge, welches jeder der eben genannten Meister, und jene Künstlergemeinde zu Fontainebleau, der von ihnen angeführten Künstlerschule aufgedrückt hat, so gab das Beispiel Dürer's der deutschen Kunst eine Richtung nach dem Wirklichen und Gediegenen, welche eines theils zwar ihren höhern Aufschwung lähmte, hinsichtlich der Darstellung jedoch förderte und nützte. Er war ein Mann von den größten technischen Anlagen und dem beharrlichsten Fleiße, von einer thätig verarbeitenden Einbildungskraft, aber von nur geringem schöpferischen Geist, der von der Natur mehr zur Auffassung der Erscheinungen des Wirklichen hingewiesen war, mit diesem Sinne jedoch ein außerordentliches Darstellungsvermögen vereinte. Marc-Antonio — er, der Zeitgenosse des Rafael, von diesem berathen und in der Erhabenheit, Einfalt und Grazie dieses großartigen Vorbildes sich spiegelnd — rückte den Italienern ein Streben vor Augen, die Erscheinungen einer wirklichen Welt nicht blos zu copiren, sondern die Gegenstände nach ihrer geistigen Bedeutung aufzufassen und dieselben zu veredeln. Lukas van Leyden wiederum lenkte das Augenmerk der Niederländer vorwaltend auf das Wirklichvorhandene und auf kunstreiche Formung, die Poesie in der Kunst verleugnend. Er war ein Künstler, der durch

---

*) Siehe über denselben Pfennig-Magazin Nr. 76

den Besitz des ausbauerndsten Fleißes und seltener technischer Anlagen eine Vollendung in dem Mechanischen der Kunst erzielte, die in ihrer Art kaum höher zu erreichen ist, und eine Sicherheit und Feinheit, die nur Beharrlichkeit und seltenes Talent zu erreichen vermögen, welchem mehr vollkommene Technik, weniger aber geistige und ideale Bedeutung zur Aufgabe diente. Die Schule von Fontainebleau — sie, welche die Namen der wenigsten ihrer Meister, wol aber Blätter hinterlassen hat, die nur fremde, von den Königen nach Frankreich gerufene Maler copirten — zeigt, wie es den Franzosen weniger um Herausbildung aus sich selbst, weniger um einen selbständigen Kunstcharakter und um echt künstlerischen Gehalt, sondern mehr um Nebenzwecke zu thun war. Wenzel Hollar endlich — der unermüdlich thätige Künstler, gebietend über zahlreiche und glänzende technische Mittel, äußerst vielseitig und überraschend in seinen Darstellungen, geist- und gemüthvoll in deren Ausführung, eine gleiche Kunstfertigkeit zeigend in jeder der beliebtern Arten in Kupfer zu stechen, dabei jedoch freilich nicht ganz ohne Eigenthümlichkeit; er, welcher sich durch diese Eigenschaften an Britannien ein zweites Vaterland bereitete — beweist, wessen es bedurfte, um die Aufmerksamkeit und Gunst der nur das Praktische achtenden Engländer, ja sogar ihre thätige Theilnahme an der Kunst des Kupferstechens zu erregen.

(Über die weitere Entwickelung der verschiedenen Schulen der Kupferstechkunst wird in Nr. 105 fg. berichtet werden.)

Das Alpenmurmelthier (Arctomys Marmotta).

Das Alpenmurmelthier, auch Bergmaus, Alpenmaus, im Salzburgischen Murmamentl, in der Schweiz Murmentl, Mistbellerle genannt, ist ein Nagethier, dem Hamster verwandt, sowie den Mäusen, indem seine untern Schneidezähne spitzig sind, aber es hat oben auf jeder Seite fünf und unten nur vier Backzähne, auch fehlen ihm die Backentaschen. An den Vorderfüßen sind vier Zehen und statt des Daumens ein kleines Knötchen, wie bei den Eichhörnchen, an den Hinterfüßen sind aber fünf Zehen. Diese Kennzeichen kommen allen Arten von Murmelthieren zu, und überhaupt gleichen sich alle darin, daß sie schwerfällige kurzbeinige, Thiere sind, mit kurzem buschichten Schwanz, breitem, plattem Kopf, welche den Winter schlafend zubringen. Sie leben gesellig und graben sich Höhlen, in denen sie ihren Winterschlaf halten.

Die gemeinste und bekannteste Art ist das Alpenmurmelthier, welches gegen ein Fuß acht Zoll lang ist, einen fast sieben Zoll langen Schwanz hat und bis neun Pfund schwer wird. Es hat einen dicken Kopf, den es im Sitzen mitunter aufwärts trägt; die Oberlippe ist gespalten, die Vorderzähne sind pomeranzenfarbig. Die kurzen runden Ohren sind in den Haaren versteckt. Die Backen scheinen sehr dick zu sein, welches indessen davon herrührt, daß das Haar auf und hinter ihnen besonders lang ist. Der kurze dicke Körper hat einen breiten, flachen Rücken, und die Haut hängt so schlaff um ihn herum, daß sie nach den Füßen zu sackförmig herunterhängt; der Schwanz ist mit langen Haaren besetzt, die Füße haben lange kahle Sohlen. Die Färbung ist im Allgemeinen graugelblich, oben dunkler, an den Seiten mehr röthlich, am Kopfe mehr grau. Einzelne Thiere erscheinen lichter oder dunkler, zum Theil mit schwarzem Rücken, auch hat man schon weiße, schwarze und bunte gefunden.

Die Alpenmurmelthiere leben in zahlreichen Gesellschaften, friedlich gegen andere Thiere und nur im Nothfall sich gegen ihre Feinde mit Kratzen und Beißen zur Wehre setzend. Sie sind sehr schüchtern und schützen einander selbst, indem dasjenige, welches irgend eine Gefahr bemerkt, ein durchdringendes scharfes Pfeifen ertönen läßt, das die übrigen sofort beantworten, worauf dann alle schleunigst die Flucht ergreifen. Sie lieben es sehr, Stunden lang sich in die Sonne zu legen, ehe sie dies aber thun, oder auch ehe sie ihrer Nahrung nachgehen, richten sie sich auf den Hinterbeinen in die Höhe, um sich überall umzuschauen. Ebendeswegen, da immer bald das eine bald das andere auf diese Weise den Aufpasser macht, hält es schwer, sie zu beschleichen. Wenn sie mit einander spielen, murren sie wie junge Hunde.

Man findet sie in den höchsten Gebirgen des südlichen Europa, wie auch in Asien, namentlich aber in der Schweiz, in Tirol, in Savoyen und auf den Pyrenäen. Sie lieben gegen Süden oder südwestlich liegende freie Plätze auf steilen Felsen und kleine enge Thäler, wo der Boden trocken ist, obgleich sie gern Wasser in der Nähe haben. Immer wählen sie solche Gegenden, wo der Holzwuchs aufhört und weder Menschen noch zahmes Vieh hinkommen. Hier graben sie ihre Höhlen und zwar verschiedene für den Sommer und für den Winter. Die Winterwohnung besteht aus einer großen Höhle, mit einem einzigen Zugang, und wenn sich mehre Röhren zu derselben finden, so wurden sie in der Regel erst von den Thieren gegraben, wenn sie verfolgt wurden. Im August und September sieht man vor diesen Winterwohnungen etwas Heu, zu Anfang des Octobers aber findet sich der Wintereingang fest verschlossen, was ein Zeichen ist, daß die Thiere sich zur Ruhe begeben haben. Der Eingang ist übrigens bis sechs Fuß lang, von innen mit Erde, Steinen und Gras fest vollgestopft, und an sich ist die Röhre so eng, daß man kaum begreift, wie die Thiere durch dieselbe hindurch können. Die Länge der Eingangsröhre ist sehr verschieden, geht mehre Klafter in den Berg und oft ein paar Klaftern in die Tiefe. Die Höhle, in welcher die Thiere liegen, hält je nach der Größe der Familie drei bis sieben Fuß im Durchmesser; die Thiere selbst liegen auf Heu dicht aneinander, mit dem Kopf nach hinten gekehrt und zwar meistens fünf bis neun Stück, aber auch wol nur zwei und bis vierzehn. Von dem Eintragen des Heues zum Winterlager erzählte man sonst eine lustige Fabel. Wenn nämlich das Gras von ihnen abgebissen und getrocknet war, so sollte sich eines der Thiere auf den Rücken legen, das Heu zwischen seine vier Pfoten fassen, und die andern, an den Schwanz sich spannend, auf diese Weise die Last einfahren. Dem ist aber nicht so. Allerdings trocknen sie zwar in den schönsten Tagen des Augusts an der Sonne das abgebissene Gras, das Eintragen aber besorgt jedes Thier einzeln, indem es das Heu mit dem Munde faßt und das, was locker um das Bündel hängt, mit den Vorderpfoten abstreift. Man kann diese Gewohnheit auch an den zahmen Thieren beobachten, welche allerlei, was sie von Lumpen, Stroh und dergl. finden, zu einem Winterlager zusammenschleppen. Die Winterhöhlen werden von ihnen je nach den Umständen, nämlich der mildern oder rauhern Witterung, später oder früher bezogen, vom September bis Ende Octobers, und im März oder April wieder verlassen. Sie sind während dieses Schlafs ganz kalt, wie gefroren, steif und unempfindlich; das Athmen geht ganz langsam, in der Stunde etwa 15 mal,

*

statt daß ein wachendes Thier 1500 mal in jeder Stunde athmet. Auch das Blut stockt, und der Puls, der im schlafenden Zustande nicht bemerkt wird, zeigt sich erst bei 17 Grad Wärme zunehmend. Wenn die Kälte in dem Winterlager, wo sie beim Thiere wenigstens fünf Grad über dem Gefrierpunkt ist, unter diesen sinkt, so wachen sie auf. Zahme Murmelthiere bringen den Winter auch wachend zu, wenn sie in einer warmen Stube gehalten werden; doch soll es auch hier Ausnahmen geben. Schlafende, in die Wärme oder in die Sonne gebracht, erwachen nach und nach taumelnd. Wenn sie im Frühjahr erwacht sind, so ziehen sie nach den Gebirgen herab, wo sie früher Nahrung antreffen als in den höhern Gegenden; im Sommer aber suchen sie diese wieder auf, weil sie da mehr Einsamkeit finden. Ihre Sommerhöhlen verlassen sie nur an schönen Tagen und bergen sich in ihnen bei Sturm, Regen oder Gefahr. Immer kommen zuerst die Alten aus den Höhlen hervor, später erst zeigen sich die Jungen, die dann ihre Spiele miteinander treiben, besonders aber aufrechtsitzend sich in der Sonne wärmen.

Ihre Nahrung besteht in der Wildniß aus dem besten Grase und allerlei Alpenkräutern und Wurzeln. Im heißen Sommer und vor dem Winterschlaf sind sie auch bei den Quellen zu finden, sollen auch dann und wann nach den auf den Alpen aufgestellten Salzlecken der Viehheerden gehen. Im Herbste, ehe sie ihre Winterhöhlen beziehen, sind sie sehr fett, im Frühjahr aber desto magerer. Sonderbar ist es, daß man schon im Herbst, wenn sie sich zur Ruhe begeben, ihren Magen und ihre Gedärme ganz leer findet. Die Fortpflanzung pflegt im April und Mai stattzufinden und schon im Juni findet man die Jungen, und zwar zwei bis vier, auf dem weichen Heubette der Winterhöhlen. Sie lassen sich leicht zähmen und zu allerlei Kunststückchen abrichten; namentlich sind es die Knaben der armen Einwohner Savoyens, welche unter dem Namen Savoyarden mit solchen abgerichteten Murmelthieren überall herumziehen. Man sagt auch den Savoyarden scherzweise nach, sie hätten das Klettern — Viele von ihnen sind Schornsteinfeger — selbst erst von den Murmelthieren gelernt, welche es freilich recht gut verstehen, in engen Felsenspalten oder zwischen nahe aneinanderstehenden Mauern sich hinaufzuzwängen.

Die jungen Murmelthiere werden ohne weitere Anstalten gefangen, die alten auch wol dann und wann geschossen, was aber wegen ihrer Wachsamkeit viele Schwierigkeiten hat; am häufigsten aber gräbt man sie am Sanct Gallustag aus, doch muß man sich hüten, daß man nicht zu früh kommt, indem sie sonst durch Weitergraben sich dem eindringenden Feinde zu entziehen suchen. Auch stellt man ihnen allerlei Fallen, nach Art der Mäusefallen, wie denn unsere Abbildung eine solche zeigt, nur daß sie nicht so im freien Felde, sondern vor dem Haupteingange der Höhle, nachdem man die Nebengänge verstopft hat, angebracht wird.

Das Alpenmurmelthier.

Obgleich ihr Fleisch hart und schwer zu verdauen ist und einen unangenehmen Geruch hat, den man nur durch starke Gewürze verbirgt, so wird es doch, namentlich in der Schweiz, gekocht und gebraten gegessen. Es soll wie Schweinefleisch aussehen und schmecken; aus den Keulen sollen sich durch Pökeln und Räuchern gute Schinken machen lassen; das Fett wird von den Bergbewohnern als Arznei und statt Öl in Lampen gebraucht, der Balg aber gibt ein brauchbares Pelzwerk ab, welches jedoch niedrig im Preise steht. Die zahmen Thiere genießen ziemlich Alles, wovon der Mensch lebt, und lernen sogar Fleisch fressen, werden aber lästig durch ihren Geruch und thun durch Nagen und Beißen Schaden; auch vertragen sie sich durchaus nicht mit Hunden.

Die schwimmenden Boten in Peru.

Alexander von Humboldt erwähnt in seinen „Pittoresken Ansichten der Cordilleren" einer eigenthümlichen Postverbindung, welche zwischen den Küstenländern des stillen Meeres und der Provinz Jaën de Brancamoros stattfindet. Dies geschieht durch die sogenannten schwimmenden Boten, zu welchen man die kräftigsten und natürlich im Schwimmen geübtesten Indianer wählt, die in zwei Tagen den zu diesen Provinzen gehörigen Theil des Flusses Guancabamba und eine beträchtliche Strecke des Amazonenflusses bis Tomependa schwimmend zurücklegen. Bevor diese Schwimmer ihre Reise antreten, legen sie die ihnen anvertrauten Briefe in eine Art von Brieftasche, welche sie in einem Stück Zeug verwahren, das sie in Form eines Turbans sich um den Kopf binden. Ein breites und langes Messer, welches diese Indianer nie ablegen, stecken sie ebenfalls in diese Kopfbedeckung und bedienen sich seiner zum Lichten des Unterholzes in den Wäldern, da sie wegen der Untiefen, Wirbel und Klippen, die sich in dem Flusse Guancabamba sehr häufig finden und ihn für jedes Fahrzeug unzugänglich machen, oft genöthigt sind, ans Land zu steigen und eine Strecke längs dem Ufer zu Fuß zu machen. Außerdem sind sie noch mit einem Stücke leichten Bambusrohrs versehen, das sie, um sich das Schwimmen zu erleichtern, unter den linken Arm legen, wie auf unserer Abbildung dargestellt ist. Mit Lebensmitteln pflegen sie sich auf ihrer Reise nicht zu versorgen, da sie bei der Gastfreundschaft der die Flußufer bewohnenden Indianer in jeder Hütte Herberge und Nahrung finden.

Diese Einrichtung zeigt uns, wie früh selbst bei noch ungebildeten Völkern das Bedürfniß der schriftlichen Mittheilung vorhanden, und mit welchen Schwierigkeiten dieses zu befriedigen verbunden war. Wie glücklich sind dagegen die schreiblustigen Leute in Deutschland, die nur die kleine Mühe haben, ihren Brief auf die Post zu tragen, um ihn, doppelt und dreifach gesichert, mit aller Schnelligkeit menschlicher und thierischer Kräfte, sogar durch Eisenbahnen und Dampfwagen, an seinen Bestimmungsort befördert zu sehen.

Die schwimmenden Boten in Peru.

Die Negeransiedlung Liberia.

In den Vereinigten Staaten von Nordamerika war die Sklaverei schon vor der Trennung von England eingeführt, und die für die Negersklaven geltenden Gesetze sind meist Ueberreste der alten englischen Gesetzgebung. Als sich die nordamerikanischen Colonien 1776 von England trennten und sich zu 13 unabhängigen Staaten vereinigten, wurde die Sklaverei in 7 derselben abgeschafft. Unter den seitdem gebildeten 11 neuen Staaten sind zwei, wo sie durch Gesetze aufgehoben ward, und drei, Ohio, Indiana und Illinois, welche gleich bei ihrer Gründung sie verboten. Es gibt daher unter den 24 Staaten noch 12, wo die Sklaverei besteht.

Sie zerfallen in zwei Classen, solche, die Sklaven zum Anbau des Bodens, besonders in den Tabacks- und Zuckerpflanzungen, brauchen, z. B. in Südkarolina, Georgia, Mississippi, Louisiana, und solche, die Sklaven zum Verkaufe erziehen, wie vorzüglich in Virginien, das die stärkste Sklavenbevölkerung, beinahe 500,000, zählt. Überhaupt machen die Schwarzen den sechsten Theil der Bevölkerung der Vereinigten Staaten, nämlich über zwei Millionen, aus, worunter über 1,850,000 Sklaven sind. Dieses unglückliche Verhältniß ist schon lange, selbst in Amerika, der Gegenstand eines gerechten Vorwurfs gewesen, den die Lobredner seiner freien Staatseinrichtungen hören mußten. Als Missouri, wo es schon Sklaverei gab, 1820 in die Reihe der Staaten trat, wurde der Antrag gemacht, durch ein Gesetz zu gebieten, daß nirgend Sklaverei geduldet werden dürfte, und die alten Staaten, wo sie bestand, eine nicht weiter auszudehnende Ausnahme sein sollten; aber dieser Vorschlag fand zu viele Gegner, die jedoch nicht die Sklaverei begünstigen, sondern nur den Grundsatz aufrecht halten wollten, daß die einzelnen Staaten in der Anordnung ihrer innern Angelegenheiten unabhängig bleiben müßten. In neuern Zeiten ist jedoch 1808 und noch strenger 1820 durch Gesetze die Einfuhr von Negersklaven aus Afrika verboten worden, und die jetzige Sklavenbevölkerung in den verschiedenen Staaten besteht aus früher eingeführten Negern und deren Abkömmlingen. Die physische Lage der Sklaven ist in Amerika nicht ungünstig, da besonders diejenigen Weißen, welche Sklaven zum Verkaufe erziehen, sie nicht durch Arbeit anstrengen und ihnen Land zum Anbau überlassen; aber desto tiefer ist ihr moralischer Zustand gesunken, und dies hat auch auf die Weißen in den Sklavenstaaten nachtheilig gewirkt. „Der Mensch müßte wahrlich ein Wunder sein, der unter solchen Umständen seine Sitten unverdorben erhalten könnte", sagte mit Recht der 1826 verstorbene ehemalige Präsident Jefferson. Der Sklavenhandel ist sehr bedeutend, besonders zwischen den südlichen Staaten und Neuorleans in Louisiana, und hat zu dem abscheulichen Misbrauche geführt, selbst freigelassene Schwarze zu rauben, was um so leichter geschehen kann, da nach den alten Gesetzen von 1740 jeder Neger die Vermuthung gegen sich hat, daß er Sklave sei, wenn nicht das Gegentheil bewiesen ist. In den südlichen Staaten sind die Sklaven aller Mittel zu ihrer Bildung beraubt, und noch in der neuesten Zeit sträubten sich dort die Sklavenbesitzer gegen den Unterricht der Schwarzen, während in den nördlichen Staaten, wo die Freunde der Sklavenbefreiung zahlreich sind, viele freie Neger die öffentlichen Schulen der Weißen besuchen. Im Allgemeinen ist aber auch die Lage der freien Schwarzen und ihrer Abkömmlinge traurig, da sie in einigen Staaten durch Beschränkungen ihrer bürgerlichen Rechte gedrückt werden, und selbst in denjenigen Staaten, wo die Sklaverei abgeschafft ist, die Gefühle, welche die Weißen von ihren schwarzen Mitbürgern trennen, so mächtig sind, daß eine Verschmelzung verhindert wird, die beide Stämme veredeln würde. Kein Wunder, daß diese Ausgestoßenen dadurch in Unsittlichkeit versinken. „Die Laster der freien Schwarzen", sagte vor einigen Jahren ein amerikanischer Staatsmann, „entspringen nicht aus einer angeborenen Verderbtheit, sondern aus ihrer unglücklichen Lage. Sie sind ausgeschlossen von gebildeter Gesellschaft, ja nicht selten in ihrem eignen Kreise ohne geselligen Verkehr, und nehmen daher ihre Zuflucht zu Sklaven oder zu der unwürdigsten Classe der Weißen." Die freien Schwarzen sind daher in den Sklavenstaaten ein Gegenstand des Argwohns und der Besorgniß geworden, und die Sklavenbesitzer hielten es für unklug, ihren Sklaven die Freiheit zu geben und dadurch die Zunahme jener gefährlichen Volksclasse zu befördern.

Die Nachtheile, die aus diesen unglücklichen Zuständen für die gesammte Volksmenge hervorgehen, haben in neuern Zeiten viele edle Männer in Amerika bewogen, auf Mittel zu denken, dem Übel abzuhelfen. Das Vorurtheil gegen die Schwarzen und ihre Abkömmlinge war aber zu tief gewurzelt, der unvernünftige Stolz der Weißen zu groß, als daß man das von der Gerechtigkeit gebotene nächste Mittel zu ergreifen gewagt hätte, die freien Schwarzen den Weißen völlig gleichzustellen und alle Schranken einer Verbindung zwischen Mitbürgern aufzuheben. Schon 1777 legte Jefferson in Virginien den Plan vor, allen nach jenem Jahre geborenen Sklaven die Freiheit zu geben, die männlichen bis zum 21., die weiblichen bis zum 18. Jahre zu erziehen, und sie dann in anzulegende Colonien zu senden. Mehre Staaten genehmigten diesen Plan; aber erst 1816 bildete sich ein wohlthätiger Verein, die amerikanische Ansiedlungsgesellschaft, deren Zweck war, freien Schwarzen auf der Westküste Afrikas Niederlassungen zu verschaffen. Nachdem der erste 1820 gemachte Versuch mislungen war, kaufte sie auf der sogenannten Pfefferküste in Oberguinea von den Eingeborenen ein Gebiet unweit dem Vorlande Mesurado. Die ersten Ansiedler, freie Neger aus Pennsylvanien, wurden im Januar 1822 unter der Aufsicht des Doctors Ayres nach der neuen Niederlassung gebracht. Viele Weiße, die sie begleiteten, fanden den Tod theils im Kampfe mit den umwohnenden feindlichen Negerstämmen, theils durch den vom Einflusse des Klimas herbeigeführten Krankheiten, und Ayres selber mußte seiner Gesundheit wegen nach Amerika zurückkehren. Die Ansiedlungsgesellschaft schickte als ihren Geschäftsführer einen tüchtigen Mann, Jehudi Ashmun, nach Afrika und er war der eigentliche Schöpfer der Ansiedlung, welche er 1822 mit großer Tapferkeit gegen einen Angriff der benachbarten Negerstämme vertheidigte. Er widmete ihr mehr als sechs Jahre seine Sorgfalt, um ihr eine feste Grundlage zu geben. Sie erhielt 1824 den Namen Liberia und ihre gesellschaftliche Einrichtung, die sich seitdem durch wohlthätige Erfolge erprobt hat. Die oberste Leitung der Ansiedlung hat der Geschäftsführer der Gesellschaft, die in Philadelphia ihren Sitz hat. Die oberrichterliche Gewalt besitzt er nebst zwei von ihm ernannten Beamten, während die übrigen bürgerlichen Beamten und die Kriegsanführer jährlich von den Ansiedlern selbst gewählt werden. Alle in der Colonie geborenen oder daselbst wohnenden Schwarzen sind frei und genießen die Rechte amerikanischer Bürger. Als sich die Ansiedlung gegen wiederholte Angriffe ihrer Nachbarn behauptet und immer mehr befestigt hatte, wurde durch Ashmun's Unterhandlungen das ursprüngliche Gebiet bedeutend vergrößert, und die Ansiedlungsgesellschaft erhielt die Oberherrlichkeit über einen Küstenstrich von 30 deutschen Meilen, vermöge welcher fremde Völker von der Anlegung einer Niederlassung auf dieser Küste ausgeschlossen sind. Es wurde Verkehr mit den umwohnenden Negerstämmen angeknüpft, die nach und nach friedliche Gesinnungen annahmen. Das jetzige Gebiet der Ansiedlung ist im Allgemeinen ein niedriges Küstenland, das landeinwärts allmälig sich erhebt, und in einer Entfernung von fünf bis sechs Meilen von dem Meere sieht man Berge von beträchtlicher Höhe. Gegen 12 Meilen nordwestlich von Mesurado steigt ein hoher Berg empor, aus dessen dichten Waldungen mehre

Bäche in die Niederung sich ergießen. Die bedeutendsten Flüsse sind der Piſſu, den man bereits 25 Meilen von seiner Mündung landeinwärts verfolgt hat, der Paulsfluß, der sich nördlich von Mesurado in die Liberiabai ergießt, der Montserado und der ansehnliche Fluß St.‑John, 20 Meilen südöstlich von Mesurado, der durch ein reizendes Gelände fließt und selbst für Fahrzeuge von 100 Tonnen schiffbar ist. Das Land hat Überfluß an Rindvieh, Ziegen und Geflügel und erzeugt fast alle Gewächse, die zwischen den Wendekreisen heimisch sind. Die älteste Ansiedlung ist das Vorland Mesurado, das ungefähr 80 Fuß über dem Meere erhaben, eine Meile lang und durch eine schmale Landzunge mit der Küste verbunden ist. Hier liegt die Stadt Monrovia, nach dem ehemaligen Präsidenten Monroe, einem eifrigen Mitgliede der Ansiedlungsgesellschaft, so genannt. Sie hat sich seit zehn Jahren bedeutend gehoben; der Hafen hat mehre steinerne Waarenhäuser und es sind bereits mehre Schiffe auf den Werften der Stadt gebaut worden. Die Bewohner sind reinlich und arbeitsam, überall sieht man Zeichen eines steigenden Wohlstandes und in den Häusern alle Bedürfnisse europäischer Lebensbequemlichkeit. Die übrigen, auf dem Gebiete der Gesellschaft seit zehn Jahren angelegten Ansiedlungen sind Caldwell, Neugeorgia und Millsburg weiter landeinwärts am östlichen Ufer des Paulsflusses, wozu in der neuesten Zeit in einem angekauften Gebiet von 40 Quadratmeilen an der Mündung des Flusses St.‑John eine neue Stadt Edina gekommen ist, die bereits 150 Häuser zählt und eine gesundere Lage als Monrovia hat. Sämmtliche Ansiedlungen hatten im Jahre 1833 eine Volksmenge von 3000 freien Negern. Sie hatten schon 1831 sechs Milizcompagnien, eine Festung, 29 Geschütze und Waffen für 1000 Mann. Der Zustand und der Charakter dieser Auswanderer haben sich durch den Einfluß der Freiheit und einer unternehmenden Betriebsamkeit auffallend verbessert. Menschen, die einst Sklaven waren, sind freie Eigenthümer geworden, diejenigen, die Gegenstände der Mildthätigkeit waren, können jetzt Wohlthaten erweisen, und dieselben Menschen, die vor wenigen Jahren in ihrer ehemaligen Heimat keinen Muth und zu keiner kräftigen Anstrengung Aufmunterung und Spielraum fanden, erheben sich jetzt im Gefühle ihrer Menschenwürde und genießen alle Rechte und Ehren eines freien christlichen Gemeinwesens. In den Ansiedlungen bestehen sechs Schulen, die von edlen Frauen in Philadelphia erhalten werden, und auch Sonntagsschulen sind eingerichtet. Die umwohnenden Negervölker theilen sich unter eignen Häuptlingen in drei Stämme, deren Volkszahl auf mehr als 150,000 geschätzt wird, und unter ihnen sind die Bassa‑Neger der zahlreichste und betriebsamste. Tiefer im Binnenlande wohnen gebildetere Stämme, die mit den Künsten des geselligen Lebens bekannter sind. Die Ansiedler in Liberia haben mit ihren Nachbarn lebhafte Handelsverbindungen angeknüpft, und erhalten aus dem Innland Elfenbein, Gold, Schildpat, Häute, Seepferdzähne und Kaffee. Der Handel hat jedoch jetzt zum Nachtheil des Ackerbaues eine unverhältnißmäßige Ausdehnung gewonnen; es ist aber zu erwarten, daß die Ansiedler sich auch dem Landbau eifrig widmen werden, wenn erst die Mitbewerbung den Handelsgewinn auf die gewöhnlichen Vortheile herabgedrückt haben wird. Die Ansiedler sind jetzt im Begriff, Reisende in das Innere zu schicken, um das Land zu erforschen und neue Handelsverbindungen mit den binnenländischen Negerstämmen anzuknüpfen. Diese Niederlassung hat einen Vorzug vor allen aus Weißen bestehenden Ansiedlungen, weil der eingeborene Neger den Weißen als ein gänzlich verschiedenes Wesen betrachtet, dem er sich nicht gleichzustellen hoffen kann, während die Gesittung der schwarzen Ansiedler in Liberia ihm ein Beispiel gibt, dem er folgen zu können glaubt. Schon vor einigen Jahren stellten sich einer der eingeborenen Stämme freiwillig unter das Gesetz der Ansiedler in Liberia. Alle bieten ihnen beständig neue Landstriche zum Verkauf an und schon finden sie den Handel mit den Erzeugnissen ihres Landes vortheilhafter als den Sklavenhandel. Seit mehren Jahren werden die Schulen der Ansiedler von den Kindern der umwohnenden Stämme besucht, die einen großen Werth darauf legen, denselben die Vortheile einer bessern Erziehung zu geben, und dieser moralische Einfluß der Negeransiedlung ist unendlich wichtiger als ihr unmittelbarer, so bedeutend dieser auch sein mag.

So wichtig der Erfolg dieser Unternehmung für die Gesittung der Negerstämme in Westafrika werden kann, so hat er bereits auf die Verhältnisse der Sklaven in Nordamerika großen Einfluß gehabt. Das Beispiel der Ansiedlungsgesellschaft von Philadelphia hat viele ähnliche Vereine in andern Staaten ins Leben gerufen und die Besorgnisse, welche in der neuesten Zeit der unruhige Geist der Schwarzen in den südlichen Staaten erweckte, hat diesen Bemühungen auch in den Sklavenstaaten Freunde gewonnen. Mehren tausend Sklaven in Kentucky und andern Staaten ward ihre Freiheit ohne Entschädigung zugesichert, sobald die Mittel der Ansiedlungsgesellschaft es gestatten würden, die Freigelassenen nach Liberia zu bringen, und in Virginien wurden 1832 und 1833 ansehnliche Summen bewilligt, um die freien Schwarzen in Stand zu setzen, sich mit ihren Brüdern in Afrika zu vereinigen. Dieser Staat hat die Absicht, eine eigne Ansiedlung in Afrika für seine Sklaven zu gründen. Der Staat Maryland hat dies bereits gethan und am Vorgebirge Palmas in Oberguinea ein Gebiet von 40 Quadratmeilen angekauft, das einen trefflichen Hafen hat. Die Negerstämme, die das Land besaßen, haben es zu einer Verkaufsbedingung gemacht, daß die marylandische Gesellschaft in jeder ihrer Ansiedlungen eine Schule zum Unterrichte der Eingeborenen errichten soll. Die große amerikanische Ansiedlungsgesellschaft setzt neben diesen Bemühungen ihre Anstrengungen fort; ihre Hülfsmittel haben bedeutend zugenommen, und ihre jährliche Einnahme ist seit 1820 von 7500 auf 50,000 Thaler gestiegen. Zu den freien Negern, die in Liberia Ansiedlungen gegründet haben, kamen auch viele Sklaven, die in den letzten Jahren mehren Sklavenhändlern an der afrikanischen Küste weggenommen und als freie Leute unter den Schutz der Colonie gestellt wurden, und beinahe 300 Sklaven, welche man gegen die neuern Gesetze nach den Vereinigten Staaten gebracht hatte, und die auf Befehl der Regierung nach Liberia, um gleichfalls ihre Freiheit zu erhalten, wieder eingeschifft werden mußten. Mehre Verordnungen der amerikanischen Staaten verrathen die Absicht, sich von den freien Negern und Mulatten zu befreien. So darf kein schwarzer oder halbschwarzer Sklave freigelassen werden, wenn nicht der Eigenthümer entweder mit einer Ansiedlungsgesellschaft sich zur Übersiedlung der Freigelassenen nach Liberia vereinigt, oder der Staatsregierung zu diesem Zwecke 70 Thaler bezahlt, und freie Schwarze und Mulatten unter 18 Jahren können sogar wider ihren Willen nach Liberia gebracht werden. Man hat selbst in Amerika gegen die Bestrebungen der Ansiedlungsgesellschaften manche Einwendungen erhoben und nicht ohne Grund behauptet, daß dadurch die Knechtschaft in den Sklavenstaaten desto dauernder gemacht werden möchte, wogegen man sich ein Mittel verschaffen würde, die Sklaverei allmälig auszurotten, wenn man jene Schwarzen, die man jetzt nach Afrika schafft, im Lande behielte, um desto mehr Mitbewerber für die freie Arbeit zu gewinnen, zumal da die Ansicht, daß freie Arbeit wohlfeiler als Sklavendienst ist, sich immer mehr zu verbreiten scheint. Was aber auch die entfernern Folgen jener Bemühungen sein mögen, so haben wir doch die nächsten wohlthätigen Folgen für eine unglückliche Menschenclasse vor Augen, und es können nur heilsame Ergebnisse für die Gesittung von Westafrika daraus hervorgehen, wenn der Einfluß der vermehrten Negeransiedlungen sich immer weiter verbreitet.

Die Bäder von Pischtyan in Ungarn.

Pischtyan, auch Piestjan, Pöstyén, Kleinpósthény genannt, liegt in der neutraer Gespanschaft, dicht an dem Ufer der Waag, sechs Meilen von Tyrnau, 18 Meilen von Wien entfernt, und ist seit langen Zeiten ein Besitzthum der Grafen Erdödy. Nicht nur das rechte und linke Ufer der Waag, sondern auch der Fluß selbst sind, besonders des Morgens und bei hohem Wasserstande der Waag, in eine dichte Dampfwolke gehüllt, welche aus den Quellen hindurchdringend aufsteigt, die überall, wo man einigermaßen tief gräbt, auch zu Tage kommen, aber sowol dem Wasserstande als auch der Temperatur nach, die zwischen 48—51° R. beträgt, mit dem Steigen und Fallen des Flusses in umgekehrtem Verhältniß zu stehen scheinen. Diese Quellen gehören zu den warmen Schwefelwassern, haben viele Ähnlichkeit mit den aachner Quellen und werden nicht blos zur Trink- und Badecur, sondern auch zu Schlammbädern benutzt. Das Wasser nämlich, obgleich, wenn es frisch geschöpft wird, klar und ohne sehr hervorstechenden Geschmack und Geruch, setzt doch sehr bald einen Bodensatz ab, der auch, besonders in dem sogenannten Hauptbrunnen, in hinreichender Menge vorhanden ist, auch überdies seine natürliche Wärme so lange behält, daß er zu dem erwähnten Gebrauche dienen kann. Diese Heilquellen haben sich besonders wirksam gezeigt gegen chronische Krankheiten, namentlich gegen veralteten Rheumatismus und Gicht, Lähmungen, Scrofeln, Rhachitis, Hautausschläge, Geschwüre; gegen hartnäckige Unterleibsübel, Krankheiten der Blase und dergl. Die Benutzung dieser bereits im 16. Jahrh. bekannten Quellen wurde erst in der neuern Zeit ausgebreiteter, als der letzte Besitzer, Graf Joseph Erdödy von Monyorokerék, im J. 1822 eine gänzliche Umgestaltung der bis dahin sehr unvollkommenen Bade- und Wohngebäude vornahm. Er ließ das Wannenbad ganz neu aufbauen, das sich auf unserer Abbildung durch seinen Säulengang auszeichnet; ebenso das gemeinschaftliche Bad, welches in vier Abtheilungen, das Schlammbad, das Gehbad, das gemeine Bad und das Judenbad, getrennt ist. Das Schlammbad und das Gehbad erhielten jedes zwei abgesonderte Cabinete zum An- und Auskleiden für beide Geschlechter. Für das Unterkommen und die Bequemlichkeit der Gäste wurde durch Erweiterung des Gasthofes, durch ein neues Gebäude, welches als Kaffeehaus und Tanzsaal dient, und durch Anlage eines Gartens gesorgt. Auch in dem nahen Dorfe finden die Badegäste in mehren herrschaftlichen Gebäuden Aufnahme. Das wohlfeile Leben, die entfernern Umgebungen, das schöne Thal der Waag und das Schloß Bitterz mit seinen Gartenanlagen, tragen zur Annehmlichkeit dieses Badeortes bei, dessen heilkräftige Quellen kein Hülfesuchender ganz unbefriedigt verlassen wird, die oft aber schon wahrhaft wunderbare Genesungen bewirkten.

Die Bäder von Pischtyan in Ungarn.

Verantwortliche Herausgeber: Friedrich Brockhaus in Leipzig und Dr. C. Dräxler-Manfred in Wien.
Verlag von F. A. Brockhaus in Leipzig.

Das Pfennig-Magazin

der

Gesellschaft zur Verbreitung gemeinnütziger Kenntnisse.

101.]   Erscheint jeden Sonnabend.   **[März 7, 1835.**

Über Eisenbahnen und das deutsche Eisenbahnsystem.

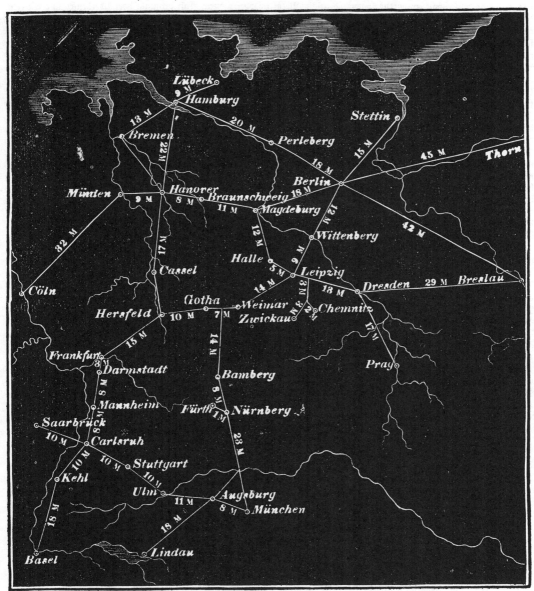

Eisenbahnen oder Schienenbahnen sind parallel nebeneinander fortlaufende, 3 Fuß 8 Zoll bis 4 Fuß 8 Zoll voneinander entfernt liegende Geleisebäume (im Englischen Rails) oder Schienen von Eisen, oder auch von Holz oder Steinen, die mit Eisen beschlagen sind, worauf eigens dazu bestimmte Wagen mit gußeisernen Rädern, welche durch die an ihrer innern Peripherie befindlichen Ränder oder Kränze stets auf dem flachen Geleise gehalten werden, in beliebiger Schnelligkeit fortbewegt werden können. Die noch jetzt erhaltenen Überreste der Appischen Straße von Rom nach Capua, welche aus festzusammengefügten Steinblöcken bestand, worin die Geleise eingehauen waren, beweisen, daß schon die Römer die großen Vortheile einer so viel möglich horizontalen Fläche bei Straßen und fester, glatter Geleise kannten. In der Form ihr fast ähnlich waren die ersten Geleisewege der Engländer, welche aus mit Geleisen versehenen Stücken Holz bestanden. Nach der Behauptung der deutschen Bergleute ist die erste Idee zu den jetzigen Eisenbahnen aus ihren Bergwerken, in welchen unter der Benennung Hundegestänge schon seit Jahrhunderten eine ähnliche Vorrichtung im Gebrauch gewesen, nach England hinübergekommen, und dies ist um so wahrscheinlicher, als die Königin Elisabeth, um den englischen Bergbau emporzubringen, deutsche Bergleute vom Harz und aus dem Erzgebirge nach England berief. Schon 1676 führte man auf dergleichen sehr unvollkommenen Bahnen in der Nähe von Newcastle am Tyne aus den Kohlengruben nach dem nahen Fluß so viel Kohlen mit Einem Pferde, als auf gewöhnlichen Straßen kaum mit vier. Später, da sich an den Krümmungen das Holz schnell abnutzte, fing man an, sie an solchen Stellen mit Eisen zu beschlagen, wobei man die Erfahrung machte, daß auf diese Weise viel Kraft erspart werde. Dies führte darauf, die ganze Bahn mit Eisen zu beschlagen und der Rand, welcher das Rad auf der Bahn halten sollte, an dem innern Umkreise desselben, anstatt an der innern Seite der Schienen anzubringen. Als in England das Holz immer theurer und seltener, das Eisen aber wohlfeiler zu werden begann, kam 1776 Curr auf den Gedanken, gußeiserne Schienen auf Querhölzer zu legen, worauf 1797 Barns die Querhölzer durch steinerne Unterlagen ersetzte. Da man bemerkt hatte, daß die flachen Schienen auf der innern Kante sich mit dem Rade stark reiben, so erfand man den „Edge Rail" (Randschiene), welcher in der Mitte hoch ist und nach beiden Seiten sich rundet und der auch noch gegenwärtig für den besten gehalten wird. Später wählte man statt der gußeisernen Schienen, die oft brachen, geschmiedete, die aber in der neuesten Zeit durch Schienen von gewalztem Eisen ersetzt wurden. Schon 1799 hatten die Leistungen der so vervollkommneten Schienenbahnen die Aufmerksamkeit des Parlaments dergestalt in Anspruch genommen, daß eine Prüfung derselben durch einen Ausschuß angeordnet ward. Aber noch war die Dampfmaschine nicht auf diejenige Stufe der Vollkommenheit gelangt, welche den Eisenbahnen ihre Wichtigkeit geben sollte, die alle Vorstellung übersteigt; noch begnügte man sich mit den Leistungen der Kanäle und den großen Vortheilen einer ausgedehnten Küstenfahrt. Der Stockton- und Darlington-Eisenbahn-Gesellschaft war es vorbehalten, ihre große Bestimmung ahnen zu lassen. Die Vollendung dieser Bahn im Jahre 1825 macht daher Epoche in der Geschichte der Eisenbahnen. Ihr folgte in England die Liverpool- und Manchester-Bahn*), in Frankreich die von St.-Etienne nach Andrieur, in Ostreich die zwischen der Donau und Moldau, in Nordamerika die von den Quincy-Steinbrüchen nach Boston, welche, obwol nur von steinernen Blöcken, mit darauf befestigten flachen Eisenschienen, und nur drei Viertelstunden lang, die Mutter so vieler Riesenbahnen geworden ist. Die auf der Stockton- und Darlington-Bahn bereits gemachten Versuche, den Dampfwagen anzuwenden, fielen so glücklich aus, daß die Liverpool- und Manchesterbahn-Gesellschaft nach Vollendung ihres Werkes einen Preis von 3500 Thalern auf den besten Dampfwagen aussetzte und einen Wettlauf anordnete, der im Jahre 1830 die erfreulichsten Ergebnisse gewährte. Von da an haben Alle, welche den Einfluß des schnellen und wohlfeilen Transports auf die Industrie, den Wohlstand und die höhere Bildung der Völker zu schätzen wissen, die Überzeugung gewonnen, daß diese Transportmaschine bestimmt sei, der Welt eine andere Gestalt zu geben.

Zwischen zwei gegebenen Punkten hat man meistens die Wahl unter verschiedenen Richtungen. Wenn anders eine Richtung nicht größern Transport gewährt als die andere, so ist diejenige die vortheilhafteste, welche die ebenste Fläche, die gradeste Linie und den festesten Boden darbietet. Vorkommenden Unebenheiten wird durch Durchstiche der Höhen, durch Aufdämmung oder Überbrückung der Vertiefungen und durch Tunnels oder Stollen (s. Fig. 3 u. 4) abgeholfen. Eine Vergleichung der zu erlangenden Vortheile mit den aufzuwendenden Kosten und den vorhandenen Mitteln muß ergeben, ob es vortheilhafter ist, eine Anhöhe zu durchstechen, oder einen Tunnel durchzugraben, oder mittels schiefer Flächen und Maschinen sie zu überschreiten. Selten ist es möglich, der Eisenbahn eine ganz horizontale Fläche zu geben, zumal wenn der Weg lang ist. Geringe Unebenheiten sind auch kein bedeutender Nachtheil, so lange die angewendete Kraft hinreicht, die Steigung zu überwinden. Je weniger die Schnelligkeit des Transports Hauptbedingung ist, desto weniger hindert eine mäßige Steigung. Ist aber diese mit der gewöhnlichen Kraft nicht zu überwinden, so wird die Anlegung von schiefen Flächen, auf welchen man, wie bei den Kanälen, auf einmal auf- oder niedersteigt, nothwendig, um vorher und nachher eine so viel möglich ebene Fläche zu gewinnen. Auf diesen schiefen Flächen kann Wasser oder Pferde- oder Dampfkraft angewendet werden, um die Lasten aufwärts zu schaffen. Bei gleich starkem Transport in beiden Richtungen ist die Compensationsmaschine, mittels welcher man die hinaufgehenden Wagen durch das Gewicht der herabgehenden in die Höhe zieht, am vortheilhaftesten. Was an dem herabgehenden Gewicht fehlt, wird am einfachsten und wohlfeilsten durch auf Wagen gestellte Wasserbehälter ersetzt, die mittels einer oben angebrachten Cisterne gefüllt und unten wieder ausgeleert werden. Eine so viel möglich grade Linie wird erfodert, weil der Eisenbahnwagen in seiner bisherigen Form sich bei Krümmungen gegen die Schienen um so stärker reibt, je kürzer die Krümmung ist, wodurch Kraftverminderung und Beschädigung der Schienen verursacht wird. Inzwischen lassen sich diese Krümmungen ebenso wenig ganz vermeiden als die Steigungen. An der Liverpool- und Manchesterbahn beträgt der Radius der kürzesten Krümmung 540 Fuß, an der Baltimore- und Ohiobahn 400 Fuß, doch gibt es auch andere, deren Radius nur 250 Fuß beträgt. Die Kunst hat übrigens dieser Unbequemlichkeit bereits bedeutend abgeholfen, und wird sie wahrscheinlich gänzlich beseitigen durch Verbesserungen an den Achsen und Rädern des Eisenbahnwagens. Knight, Hauptingenieur der Baltimore- und Ohiobahn, versichert in seinem Bericht vom 1. October 1831, die von ihm gemachten Verbesserungen seien so wirksam, daß er eine Krümmung von 400 Fuß Radius, ohne allen Nachtheil für die Bahn, mit einer Schnelligkeit von 3 Meilen in der Stunde durchfahren könne. Früher schon hatte Baader eine Erfindung angekündigt, mittels welcher er im Stande ist, eine Krümmung zu befahren, deren Radius nur 20 Fuß beträgt. Es ist nur zu bedauern, daß dieser verdienstvolle deutsche Mechaniker nicht in den Stand gesetzt wird, diese und andere Verbesserungen öffentlich zu erproben.

Das Fundament der Bahn ist nach dem Boden und der Art des Oberbaus verschieden. Eine Eisenbahn mit ganz hölzernem Oberbau erfodert auf ebenem,

---

*) Ein ausführlicher Bericht über diese Bahn wird demnächst folgen.

festem Grunde nichts als einen niedern 16—24 Fuß breiten Kies- oder Erddamm mit Gräben auf beiden Seiten, welcher in manchen Gegenden nicht über 3000—6000 Thaler für die deutsche Meile kosten wird, worauf, nachdem er sich gesetzt hat, die Querhölzer unmittelbar zu liegen kommen. Massive Bahnen erfodern auf drei zu drei Fuß steinerne Unterlagen, welche auf einem besondern, oder auch durch Gräben fortlaufenden Fundament von zerschlagenen und fest gestampften Bruchsteinen ruhen. Fortlaufende Mauern sind nur an Abhängen, oder wo der Grund nicht fest genug ist, erfoderlich. Für eine doppelte Bahn werden auf die deutsche Meile 10—12 Morgen Landes zu 40,000 □Fuß erfodert.

Der Oberbau der Bahn ist ebenfalls sehr verschieden. Wo Holz wohlfeil ist, Eisen theuer, das Capital schwer aufzutreiben und der Transport nicht sehr groß, ist es am gerathensten, vorläufig eine einfache Bahn von Holz zu legen, die Straße aber, auf welche die Bahn gelegt wird, so vollkommen als möglich herzustellen und für ein doppeltes Geleis einzurichten, damit später, wenn der Transport durch den Einfluß der hölzernen Bahn auf den Verkehr sich so vermehrt hat, daß der Ertrag derselben die Maßregel rechtfertigt, ein zweites massives Geleis gelegt werden könne. Einzig in Folge dieses klugen, den Landesverhältnissen angemessenen Verfahrens ist es den Nordamerikanern möglich geworden, jetzt schon so riesenhafte Werke zu unternehmen. Es werden dort 6—8 Fuß lange Querhölzer von hartem Holz von drei zu drei Fuß den Damm fest aufgelegt, in dieselbe 15—21 Fuß lange, 9 Zoll hohe und 5 Zoll starke Geleisebäume vom besten Tannenholz oder noch besser von eichenem Holz eingekämmt und unter sich verbunden, auf die innere Kante dieser Geleisebäume eiserne 2—2¼ Zoll dicke und ½ bis ⅝ Zoll starke Schienen, welche zu diesem Behuf mit Bohrlöchern versehen werden, aufgenagelt, und das Holzwerk wird mit Theer bestrichen. Das hierzu erfoderliche Eisen wiegt ungefähr 1200 Ctr. für die deutsche Meile und kostet etwa 8000 Thaler; das Holzwerk wird in den meisten Gegenden nicht über 8000 Thaler kommen und dauert 10—20 Jahre. Es ist berechnet worden, daß die Ersparniß an Interessen, Zwischenzinsen, und die Mehreinnahme an Bahnzöllen, weil die Bahn viel schneller zu Stande kommt, binnen einem Zeitraume von 7 Jahren über 30,000 Thaler auf die deutsche Meile beträgt.*) Dagegen kostet die vollständige Erneuerung des Holzwerks ungefähr 8000 Thaler für die deutsche Meile nach einem Zeitraume von 10—20 Jahren; die eisernen Schienen aber verlieren, wie durch Versuche erprobt worden ist, jährlich nicht mehr als 1/272 ihres Gewichtes. Die Behauptung, daß diese Anlagen nicht solid und ein Rückschritt im Eisenbahnbau seien, ist nicht gegründet. Sie leisten ganz dieselben Dienste wie die massiven Bahnen, und sind ebenso gut mit Dampfmaschinen zu befahren, zumal wenn man die in Nordamerika übliche Verbesserung in Anwendung bringt, diese Maschinen auf sechs bis acht Räder zu stellen, und so das Gewicht derselben auf mehre Punkte zu vertheilen. Eine hölzerne Bahn erfodert nur den dritten Theil des Capitals einer massiven, also nur den dritten Theil des Tranports, um eine ebenso große Dividende zu bringen, als eine massive; dabei verdreifacht sie diesen Transport leicht im Lauf von 10—15 Jahren und gibt also nebenbei noch die Mittel zu Erbauung einer massiven. Diese Verhältnisse verdienen in Deutschland in reiflich Erwägung gezogen zu werden, da auf der Erkennung und Anerkennung derselben die Hoffnung beruht, bald große Nationalwerke dieser Art bei uns erstehen zu sehen.

Zwischen jenen und den massiven Bahnen sind noch Mittelarten. Es werden entweder von drei zu drei Fuß Hausteine auf ein Fundament von Bruchsteinen gelegt, in die obere Fläche derselben Löcher gemeiselt, diese mit hölzernen Pflöcken ausgefüllt, auf diesen Pflöcken Sitze von Gußeisen befestigt, in diese Sitze hölzerne Schienen von der bereits angeführten Art gelegt, unter sich verbunden und mit leichten eisernen Schienen beschlagen, wie an der Hudson- und Mohawk-Eisenbahn im Staate Neuyork; oder man legt auf ein fortlaufendes Fundament von Bruchsteinen zwei fortlaufende Reihen von behauenen Steinen, fügt sie gut zusammen und beschlägt sie mit leichten eisernen Schienen, wie bei einem Theile der Ohio- und Baltimore-Eisenbahn. Bei allen diesen Arten erspart man ⅔—¾ des zu ganz massiven Bahnen erfoderlichen Eisens. Letztere werden besonders in denjenigen Gegenden von Deutschland anwendbar und vortheilhaft sein, wo gute Steine leicht und wohlfeil zu haben sind.

Die ganz massive Bahn hat die bei der Hudson- und Mohawk-Bahn beschriebene Einrichtung, nur mit dem Unterschiede, daß, statt hölzerner, Schienen von gewalztem Eisen in den Sitzen ruhen, wovon drei Fuß an der Glasgow-Bahn 28 Pf., an der Liverpool-Bahn 35 Pf. wiegen, oder auf die deutsche Meile ungefähr 6000 Centner, welche auf 30,000—40,000 Thaler kommen dürften, ohne die gußeisernen Sitze, die 4—5000 Thaler auf die Meile kosten, und ohne die steinernen Unterlagen, welche mit Einschluß der Arbeit ungefähr 10,000 Thaler kosten mögen. Demnach wird eine einfache massive Bahn auf die deutsche Meile ohne Auffüllungen, Abgrabungen, Mauerwerk, Durchstiche, Tunnels, Brücken, Grund und Boden ungefähr 60,000 Thaler kosten.

Bei einfachen Bahnen sind von Strecke zu Strecke Ausweichplätze nöthig, d. h. doppelte Bahnen. Der Übergang von einem Geleise auf das andere, oder auch über Chausseen und Vicinalstraßen, die mit der Eisenbahn in gleichem Horizonte liegen, geschieht mittels einfacher und wenig kostspieliger Vorrichtungen. Nur in wenigen Fällen, z. B. bei Durchschnitten, ist es nöthig, die Straße mittels eines Viaducts (s. Fig. 5) über die Eisenbahn wegzuführen. Ein Pferd zieht auf einer vollkommenen Ebene wol zehnmal mehr als auf guten Chausseen, nämlich 250 Ctr., bei einem Fall von 80—150 F. auf die deutsche Meile 300—500 Ctr. Bei mehr als 150 Fuß Fall laufen die Wagen von selbst und bedürfen Hemmvorrichtungen, um nicht in zu starken Lauf zu gerathen. Dagegen erfodert die Steigung in gleichem Verhältniß mehr Zugkraft. Sind Fall und Steigung gleich und mäßig, so wird bergab gewonnen, was bergan zugesetzt werden muß. Die Dampfwagen haben ein Gewicht von 4½—10 Tonnen. Eine Dampfmaschine von 4½ Tonnen zieht 30 Tonnen rein auf der Ebene 3 Meilen in einer Stunde, oder 7 Tonnen bei einer Steigung von 250 Fuß. Je langsamer die Bewegung ist, desto mehr kann sie leisten. Sie bringt 150—200 Reisende mit Sicherheit 4—5 deutsche Meilen weit in der Stunde; im Fall der Noth kann sie aber auch 10—12 deutsche Meilen in einer Stunde zurücklegen. Sie verbraucht in 12 Stunden eine Tonne oder

---

*) Vergleiche List, „über ein sächs. Eisenbahnsystem, als Grundlage eines allgemeinen deutschen Eisenbahnsystems und insbesondere über eine Eisenbahn von Leipzig nach Dresden" (Lpz. 1833) und die Berichte des leipziger Eisenbahn-Comité.

20 Ctr. Steinkohlen. In der neuesten Zeit wendet man die Kohle selbst an, statt der Cokes. Auch die schwer entzündbare Kohlenblende (Anthracit) benutzen die Nordamerikaner mit Erfolg für diesen Zweck, weshalb sich hoffen

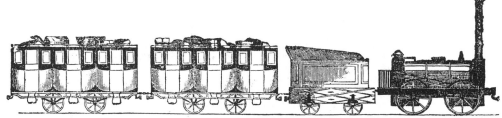

Fig. 1. Eine Dampfmaschine mit einer Reihe von Reisewagen.

läßt, daß viele Arten schlechter deutscher Kohlen zu gebrauchen sein dürften. Trockenes Holz versieht gleichfalls den Dienst, wo die Kohle fehlt. Bisher sind durch die Funken, welche dasselbe aussprüht, Personen und Güter nicht selten beschädigt worden; doch hat man vor Kurzem eine Vorrichtung erfunden, welche beide vollkommen sicherstellt.

Nur Unkundige oder Befangene können die Hoffnung hegen, der Chaussee-Dampfwagen werde den Eisenbahndampfwagen sammt den Eisenbahnen überflüssig machen, da jener höchstens den zehnten Theil so viel ziehen kann, als dieser und sich dabei nur halb so schnell fortbewegt, auch wegen des Widerstandes auf gewöhnlichen Landstraßen täglich und stündlich in den Fall kommt, Halt zu machen, um bei Wagnern und Schmieden Hülfe zu suchen. Nur auf kürzern Strecken wird er mit Erfolg angewendet werden können.

Die gewöhnlichen Bahnwagen haben, wie die Dämpfer, gußeiserne Räder von 2½—4 Fuß im Durchmesser. Nach Einigen sind die größern viel vortheilhafter als die kleinern; nach Andern ist es sehr

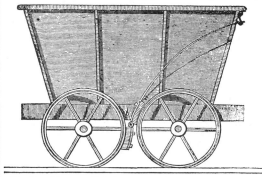

Fig. 2. Ein zum Behuf des Steinkohlentransports eingerichteter Eisenbahnwagen.

Fig 3. Eingang einer Reihe von Kohlenwagen in den Stollen der Lyon- und St.-Etienne-Bahn.

förderlich, die Ladung in Stahlfedern zu hängen. Ein solcher Wagen kostet 100—150, ein Passagierwagen 300—500 Thaler. Auf die kleinern Frachtwagen werden 20—30, auf die größern 50—60 Ctr. geladen; ihr eignes Gewicht beträgt 15—30 Ctr.

Die Transportkosten, mit Einschluß der Bahnzölle, betragen ein Drittel der Chausseefracht, die Zugkosten insbesondere nur ein Achtel. In der Regel machen die Handelsgüter zwei Meilen in der Stunde, sie gehen also von Hamburg nach Nürnberg oder um-

Fig. 4. Eingang in den Hauptstollen der Lyon= und St.=Etienne=Eisenbahn.

gekehrt in ungefähr 50 Stunden. Reisende können für die Hälfte der jetzigen Schnellposttaxe dreimal schneller reisen, nämlich von Nürnberg nach Hamburg in 30—40 Stunden. Am wichtigsten aber ist die Transporterleichterung und Frachtverminderung in Ansehung derjenigen Artikel, die bei geringen Preisen sehr ins Gewicht fallen, und bei ausgedehntem Markt auf die productiven Kräfte außerordentlichen Einfluß haben. Dahin gehören Steinkohlen, Brennholz, Torf, Gyps, Mergel, Kalk, Schiefer, Eisen, Baumaterialien, Salz, Getreide. Für alle diese Artikel kann die Eisenbahnfracht, so weit es nöthig und der Production wie dem Eisenbahnertrag zuträglich ist, auf ein Fünftel bis Siebentel der Chausseefracht heruntergesetzt werden, sodaß sie nunmehr ihren Markt in gleichem Verhältniß ausdehnen. So kann z. B. Steinkohle, welche bisher nur eine Chausseefracht von vier bis fünf Meilen ertrug, ihren Markt mittels der Eisenbahnen bis auf 30 und 40 Meilen ausdehnen. Demnach sind es eben diese Artikel, welche mit der Zeit den Eisenbahnen das meiste Einkommen gewähren.

England, das schon früher viele hundert Meilen Eisenbahnen zum Transport von Steinkohlen, Kalk, Gips, Eisen u. s. w. besaß, baut jetzt dergleichen nach allen Richtungen, und Actien, welche erst 35 Thaler eingezahlt haben, werden schon zu 77 Thaler verkauft. Die Bahnen gehen von London nach Birmingham, Bristol, Southampton, Dover, Brighton,

Fig. 5 Der Viaduct von Voiron auf der lyoner Bahn mit einem darüber gehenden Steinkohlenwagentransport.

Edinburg u. s. w. Man schätzt die Anlagekosten derselben auf mehr als 100 Millionen Thaler. Dies muß um so mehr in Erstaunen setzen, als England viele und vortreffliche Kanäle, die herrlichsten Landstraßen und eine Küstenschiffahrt ohne Gleichen besitzt. Nordamerika hat seine erste Eisenbahn, die von Quincy nach Boston, 1825 erbaut. Jetzt schätzt man die Strecke der fertigen oder im Werk befindlichen Bahnen und derjenigen, welche aller Wahrscheinlichkeit nach, im Lauf der nächsten drei Jahre werden ausgeführt oder doch begonnen werden, auf 6000 englische Meilen, und das zu ihrer Vollendung erforderliche Capital auf 90 Millionen Thaler. Wie sehr dort diese Unternehmungen die öffentliche Meinung für sich gewinnen, beweist die neueste Erfahrung. Im August 1833 ward die erste Strecke der Eisenbahn, welche längs des großen Neuyorkkanals von Albany nach Buffalo führen soll, zur Unterzeichnung aufgelegt. Es waren dazu 6,000,000 Thaler erfoderlich. Ein Zusammentrag sämmtlicher Subscriptionslisten ergab aber die ungeheure Summe von 20,500,000 Thlr. Nicht nur längs des Neuyorkkanals werden Eisenbahnen geführt, sondern auch längs des Susquehanna, des Delaware und des Hudson, auf dem die schönste Dampfschiffahrt in der Welt besteht. Die Bahn von St.-Etienne nach Lyon in Frankreich ist acht Meilen lang und kostet ungefähr 2,500,000 Thaler. Von dieser Bahn geben die Bilder 7, 8 und 9 drei der interessantesten Ansichten. Nach den erstatteten Berichten hat sie im Jahre 1832 bereits 300,000 Thaler rein eingetragen, und dies ermuthigte zu neuen Unternehmungen. Im J. 1831 ward sogar der Vorschlag gemacht, ein ganzes System von Eisenbahnen in Frankreich herzustellen, das von Paris nach Strasburg, Metz, Lille, Calais, Havre, Brest, Bordeaux, Nantes, Marseille u. s. w. ausstrahlen sollte *), welchen Plan das französische Ministerium auch auszuführen gedenkt. Die Kammern haben 1833 125,000 Thaler zum Behuf der Vermessungen verwilligt, die auch bereits beendigt sind. Früher schon hatte Baader in einer ausführlichen Schrift den Franzosen die Vorzüglichkeit der Eisenbahnen vor den Kanälen mit triftigen Gründen bewiesen. Belgien hat bereits die Erbauung eines ganzen Systems von Eisenbahnen beschlossen und begonnen, wozu eine Anleihe von 10,000,000 Thaler gemacht worden ist.

In Deutschland bestehen außer einer kleinen 950 Fuß langen Bahn in der Nähe von Freiberg im sächsischen Erzgebirge, die 14 Proc. reinen Gewinn bringt, und einigen kleinen Anlagen in den preußischen Rheinlanden, mittels welcher Steinkohlen transportirt werden, und die im verflossenen Jahre schon zum Theil 10 Procent reines Einkommen abgeworfen haben, nur die von Budweis nach Linz und die von Prag nach Lana. Erstere ist 17 Meilen lang, kostete im Ganzen 1,680,000 Gulden und gab im Jahre 1833 68,000 Guld. Reinertrag. Sie hat aber noch den Erwartungen ihrer Unternehmer nicht ganz entsprochen, theils wegen Mangels an Transport, theils wegen ihres ungünstigen Profils und ihrer mangelhaften Bauart. Während auf Routen, wo großer Verkehr stattfindet, durch den Passagiertransport doppelt so viel gewonnen wird als durch den Gütertransport, hatte diese Bahn fast gar keine Einnahme von Reisenden, weil sie wegen ihres ungünstigen Profils und ihrer zu leichten Bauart nicht mit Dampfmaschinen befahren werden kann. Der Transport an Gütern aber beträgt nicht mehr als 300,000 Ctr., welche, bei den durch die bedeutende Steigung verursachten großen Transportkosten nur einen sehr geringen reinen Ertrag abwerfen. Die Bahn von Prag nach Lana ist so mangelhaft gebaut, daß man bald nach ihrer Vollendung einsah, sie müßte, sollte sie Dienste leisten, wieder gänzlich umgebaut werden. Man hatte nicht mehr als 16,000 Thlr. für die deutsche Meilen darauf verwendet, also kaum den fünften oder sechsten Theil so viel als zu einer soliden Holzeisenbahn erfoderlich ist. Dabei hat sie nur 200,000 Ctr. zu transportiren und zwar meistens Brennholz, das kaum einen reinen Ertrag abwirft, indem bei der mangelhaften Anlage die Zugkosten außerordentlich groß sind und die Bahnzölle wegen der bestehenden Concurrenz mit dem Floßholz sehr niedrig gestellt werden müssen, nämlich auf $^3/_4$ Kreuzer für Centner und Meile. Von Passagieren hatte sie keine Einnahme.

Hieraus erhellt, daß man in denjenigen Gegenden von Deutschland, wo ein großer Verkehr von Reisenden und Gütern zu erwarten ist, sich durch das Mislingen jener beiden Versuche nicht abschrecken lassen darf, zumal wo das Terrain sich günstiger darstellt als dort. Gleicher Meinung ist man auch in Östreich. In diesem Augenblick ist dort eine neue Bahn von Linz nach den Salzwerken bei Gmunden im Werke, welche 50,000 Gulden für die Meile kosten soll. Im übrigen Deutschland sind gegenwärtig folgende Routen im Vorschlag:

1) Von Nürnberg nach Fürth, zwei Stunden lang; blos für den Passagiertransport berechnet, fast ebenes Terrain. Man rechnet täglich auf 500 Personen. Sie wird gut rentiren; die Unterzeichnung ist vollständig.

2) Von Hanover nach Hamburg, 22 Meilen lang; meist ebenes Terrain, bedeutender Transport an Reisenden und Gütern, Hamburg hat erst kürzlich ein Comité erwählt; ist noch nicht unterzeichnet.

3) Von Manheim nach Basel, 56 Stunden lang; sehr günstiges Terrain, großer Verkehr an Reisenden und Gütern. Sie ist erst kürzlich projectirt. Dieses Unternehmen wird ohne Zweifel zu Stande kommen.

4) Von Dresden nach Leipzig, 12 Meilen lang; großer Transport an Reisenden und Gütern, günstiges Terrain. Die Vorarbeiten und Vermessungen sind beendigt und man erwartet mit Zuversicht, daß die Unterzeichnung im Laufe dieses Frühjahrs zu Stande kommen wird.

5) Von Hamburg nach Lübeck, sieben Meilen lang; günstiges Terrain und bedeutender Verkehr. Sie ist vermessen, aber noch haben nicht Unterzeichnungen statt gefunden.

Die Vortheile, welche die Transportverbesserung durch Eisenbahnen für den Volkswohlstand herbeiführen wird, sind nicht zu berechnen. Man hat schon oft den größten Theil des Wohlstandes des alten Ägyptens und Hollands den Kanälen und der Küstenschiffahrt zugeschrieben, man hat darauf hingewiesen, wie die in der Nähe von Flüssen liegenden Gegenden ihren hervorstehenden Wohlstand nur den Transporterleichterungen, welche die Flüsse gewähren, zu danken haben. Wir glauben daher die Vortheile der Eisenbahnen nicht besser bezeichnen zu können, als wenn wir sagen, daß sie ganze Welttheile, Hochlande, Sandwüsten und Niederungen schiffbar machen, trotz Sturm und Gewitter, im Winter wie im Sommer. Westpreußen, Schlesien, Baiern und Oberschwaben werden ihr Getreide, der Neckar, Rhein, Main und die Mosel ihre Weine, der meißner Kreis, der Harz, das Erzgebirge u. s. w. ihre Steinkohle 50 — 100 Meilen weit ebenso leicht verfahren als jetzt 10 Meilen. Die Mittel der Volks-

---

*) Vgl. List, „Idées sur des réformes économiques et commerciales", Paris 1831.

bildung und die Landeseinkünfte werden sich verdoppeln; der Landbau wird sich aufrichten, die Fabriken werden blühen und Deutschland wird erfahren, was Binnenhandel ist. Die finanziellen Vortheile der Eisenbahnen sind durch die Erfahrung außer Zweifel gestellt. Es handelt sich hier nicht von Aufopferungen wie bei den Chausseen und bei den meisten Kanälen, sondern von gewissem, bleibendem und fortwährend steigendem Gewinn. Die Actien der vollendeten Hauptbahnen sind in England um 100—200 Procent über pari, in Nordamerika um 25—100 Procent, in Frankreich ebenso hoch gestiegen, und zwar in Folge der großen Dividenden, die sie bereits gemacht haben. Es ist die Meinung erfahrener Personen, daß die Hauptrouten Deutschlands, wenn man bei ihrer Anlegung auf ökonomische Weise zu Werke ginge, wie in Nordamerika, schon im ersten Jahre weit über zehn Procent einbrächten.

Die vorstehende Zeichnung eines deutschen Eisenbahnsystems ist der Schrift: „Über ein sächsisches Eisenbahnsystem als Grundlage eines deutschen Eisenbahnsystems" entnommen und bedarf keiner weitern Erklärung.

Leipzig, durch seine centrale Lage und seine Interessen aufgefodert, scheint an die Spitze dieser neuen industriellen Bewegung treten zu wollen. Das hier bestehende Eisenbahncomité behandelt diesen Gegenstand nicht blos mit Rücksicht auf seine specielle Aufgabe, sondern aus dem Gesichtspunkt, daß Leipzig bestimmt sei, sich zum Mittelpunkt eines deutschen Eisenbahnsystems zu erheben. Dieses Unternehmen verdient daher die eifrige Unterstützung aller Derer, welchen das Wohl der deutschen Industrie am Herzen liegt.

Ausführlichere Belehrung über diesen Gegenstand, mit Rücksicht auf die besondern Verhältnisse Deutschlands findet man in den Berichten des Eisenbahn-Comités von Leipzig, die im Wege des Buchhandels zu beziehen sind. Friedrich List.

Mittel, Burgunder und Champagner auf weiten Seereisen vor Verderben zu schützen.

Der Burgunder gehört zu jenen Weinen, welche den Transport zur See nicht vertragen; eine Überfahrt von Calais nach Dover ist oft hinreichend, um ihm einen Theil seiner vortrefflichen Eigenschaften zu benehmen und seinen Preis dadurch bedeutend zu vermindern. Das beste Mittel, diesem Umschlagen des Burgunders auf weiten Seereisen vorzubeugen, ist, nach einer Angabe einer französischen Zeitschrift, folgendes. Man soll den Burgunder in einem Fäßchen in ein größeres mit weißem Weine gefülltes Faß bringen und durch Stützen von den Wänden des äußern Fasses entfernt halten. Der weiße Wein erleidet hierdurch nicht die geringste Veränderung, wenn das Holz des Burgunderfäßchens und seiner Stützen von guter Beschaffenheit ist. Der Herausgeber jener Zeitschrift bemerkt hierzu, daß es wahrscheinlich ebenso gut sein würde, wenn man den zwischen dem Burgunder und dem größern Fasse befindlichen leeren Raum mit Koch- oder Seesalz ausfüllte; er schließt dies daraus, daß man auch die Champagnerflaschen auf langen Seereisen, besonders zwischen den Wendekreisen, in Seesalz zu packen pflegt, um so den Wein gegen Verderben zu schützen.

Die wandernden Fische in Guiana.

In einigen Gewässern von Guiana in Südamerika gibt es eine Art Fische, deren Floßfedern mit einer Reihe spitziger Gräten besetzt sind, welche einer scharfen Säge gleichen. Mit Hülfe dieser Gräten schwingen sie sich in der trockenen Jahreszeit, wenn das Wasser in den Sümpfen und flachen Seen versiegt ist, auf das Land und schlüpfen über dasselbe nach der Richtung hin, wo tieferes Wasser anzutreffen ist. Zuweilen treffen die Eingeborenen auf solche Züge wandernder Fische, welche sie dann leicht fangen und, da ihr Fleisch nicht unschmackhaft ist, als Nahrung gebrauchen. Die Bewegungen dieser Fische auf einer solchen Reise, welche oft eine ganze Nacht hindurch dauert, gleichen dem Hüpfen der zweibeinigen Eidechsen. Sie stützen sich mit den steifen Flossen auf den Boden, neigen den Kopf und schnellen sich mit Hülfe ihres beweglichen Schwanzes vorwärts. Die Schnelligkeit dieser Sprünge kommt ungefähr dem gewöhnlichen Schritte eines erwachsenen Mannes gleich. Eine andere Eigenthümlichkeit dieser Fische ist, daß sie eine Art Nester bauen, worein sie ihre Eier legen. Dieses Nest besteht aus einem Haufen Gras und Reisig, und wird von dem Männchen und Weibchen bewacht und vertheidigt.

Äneas, der seinen Vater aus Troja trägt.

Domenico Zampieri, genannt Domenichino, war einer der berühmtesten Maler der lombardischen Schule und zugleich ein sehr vorzüglicher Baumeister. Seine Gemälde zeichnen sich besonders durch großartige Erfindung aus und er besaß in hohem Grade die Gabe, den innern Seelenzustand der dargestellten Personen auszudrücken, sei es nun in Schilderung heftiger Leidenschaften oder ruhiger Gemüthszustände. Seine Figuren sprechen ihr Inneres mit einer Bestimmtheit aus, welche über ihre Bedeutung keinen Zweifel läßt. Domenichino war zu Bologna im Jahre 1581 geboren und starb zu Neapel 1641, wie man sagt an einem von neidischen Kunstgenossen ihm beigebrachten Gift.

Das Gemälde, dessen sehr gelungene Nachbildung wir hier geben, ist eine von Domenichino's vorzüglichsten Arbeiten. Es stellt den trojanischen Helden Äneas vor, der seinen Vater Anchises aus dem brennenden Troja trägt, begleitet von seiner Gattin Kreusa und seinem Sohn Ascanius. Derselbe Gegenstand ist unter Andern auch von Rafael und Ludovico Carracci dargestellt worden, und die Vergleichung mit diesen Meisterwerken thut unserm Gemälde keineswegs Eintrag. Wir sehen hier die Familie des Äneas vereinigt, gerüstet, den heimatlichen Herd zu verlassen. Äneas, der treffliche Sohn, hat eben den von Alter und Kummer geschwächten Vater auf seine Schultern gehoben, welcher aus den Händen der Kreusa, auf deren Gesicht der tiefste Schmerz über das Schicksal Trojas zu lesen ist, die von ihr geretteten Hausgötter empfängt. Der junge Ascanius, mit der Rechten zärtlich die Hand des Vaters drückend, scheint mit der Linken den Weg anzudeuten, den die Vertriebenen nehmen müssen. Die treue und lebendige Wahrheit in dieser leidenschaftlich bewegten Gruppe, der Blick des Äneas, auf seinen alten Vater, auf die trauernde Gattin und auf die ehrwürdigen Götterbilder gerichtet; die tiefe Niedergeschlagenheit des Anchises, das kummervolle Haupt der Kreusa, die ängstliche Miene des Knaben, die zur Eile ermahnt, Alles so ausdrucksvoll und ergreifend, ist des Pinsels eines Domenichino würdig.

Dieses Gemälde wurde von dem Marschall Crequi, französischem Gesandten zu Rom, noch bei Lebzeiten des Malers gekauft, während dieser zu Neapel mit Müseligkeiten aller Art kämpfte. Der Verkäufer gab es für ein Bild des Carracci aus, weil er dadurch mehr zu erhalten glaubte. Nach dem Tode des Marschalls kaufte es der Cardinal Richelieu, der es der Krone Frankreich vermachte, seit welcher Zeit es sich in der königlichen Galerie zu Paris befindet.

Äneas, der seinen Vater aus Troja trägt.

Verantwortliche Herausgeber: Friedrich Brockhaus in Leipzig und Dr. C. Dräxler-Manfred in Wien.
Verlag von F. A. Brockhaus in Leipzig.

Das Pfennig-Magazin

der

Gesellschaft zur Verbreitung gemeinnütziger Kenntnisse.

102.] Erscheint jeden Sonnabend. [**März 14, 1835.**

Der Mangobaum (Mangifera indica).

Nutzbare Gewächse verbreiten sich durch Verpflanzung oft so leicht und schnell, daß man ihr eigentliches Vaterland zuweilen nicht mehr anzugeben weiß, wie dies z. B. mit vielen unserer Obstsorten der Fall ist. So hat sich auch der Mangobaum aus seinem Vaterland Ostindien schon nach Arabien und bis nach Südamerika verbreitet, obgleich dieses letztere Land an großen und schönen Bäumen mit Früchten vom vortrefflichsten Geschmack keineswegs Mangel hat. In jenen Gegenden ist dieser Baum etwa Das, was bei uns Apfel- und Birnbäume sind, und wie man von diesen eine fast zahllose und sich immer noch vermehrende Menge verschiedener Sorten hat, so ist dies auch bei den Mangofrüchten der Fall.

Der Mangobaum erreicht eine Höhe von 40 Fuß und gleicht einigermaßen unserer Eiche, die Blätter sind aber fast wie die des Wallnußbaums gebildet. Die Blüten ähneln denen unsers Hartriegels (Cornus sanguinea), nur sind sie und deren Trauben größer, und an den letztern kommen vier bis fünf Früchte zur Vollkommenheit, welche, wie die Pfirschen und Aprikosen, außen fleischig sind und innen eine harte Nuß mit einem bittern Kern haben.

Diese Früchte sind es, welche dem Baume seinen Werth geben, sie sind aber untereinander bedeutend verschieden; denn manche haben einen sehr schlechten Geschmack (so schmeckt und riecht eine Art sehr stark nach Terpenthin) und ein nicht sehr lockendes Äußere, andere dagegen zeichnen sich durch innere Güte ebenso wie durch ihr Ansehen aus, und diese halten mit den köstlichsten Früchten anderer Art jede Vergleichung aus. Man unterscheidet besonders den grünen Mango, welcher sehr große Früchte trägt, den Pflaumenmango, dessen Frucht auch im Geschmack einer Pflaume gleicht, dann den Pfirschen- und Aprikosenmango u. s. w. Die gewöhnliche Art hat Früchte, größer als ein Gänseei, am Stiel dicker als unten, einer Gurke ähnlich. Sie sind anfangs grün, gehen dann ins Gelbe über, wobei manche rothe Seiten, wie viele Äpfelarten, bekommen, andere aber ganz gelb, auch wol grün bleiben. Ihre Schale ist dünn und manche zieht sie beim Essen ebenso ab, wie man dies bei den Pfirschen zu thun pflegt; wie bei diesen ist das Fleisch faserig und außerordentlich saftig. Ihr Geschmack ist ungemein angenehm, säuerlich süß, daher kühlend und erquickend. Auch der Geruch ist aromatisch, und zeigt, wie bei der Ananas, die Reife an. Man ißt die Früchte roh oder bereitet sie auf verschiedene Weise zu. Man macht sie mit Zucker ein; die jungen, unreifen Früchte kommen zwischen das unter dem Namen Achia (oder Aschiar) bekannte indische Eingemachte. Auch wird die Frucht mit dem Messer geöffnet und das Innere mit frischem Ingwer, Knoblauch, Senf, Salz, Öl und Essig gefüllt, um sie mit Reis oder wie eingemachte Oliven zu essen. Den ausgepreßten Saft bewahrt man eingedickt auf. Die Mandeln aus dem Kern werden, getrocknet und gepulvert, verschiedenen Speisen zugemischt; geröstet braucht man sie auch als Heilmittel. Die Blätter und die zerquetschte Rinde haben einen dem der Früchte ähnlichen Geruch und man pflegt wol die Rinde zu kauen, um die Zähne dadurch zu reinigen und das Zahnfleisch zu stärken. Auch macht man von ihr mehrfachen medicinischen Gebrauch; ebenso soll die Frucht ein ganz vortreffliches Mittel gegen die Skorbut sein, doch darf dabei gar keine andere Speise genossen werden.

Der Mangobaum wächst schnell und trägt schon vom siebenten Jahr an reichlich; er soll hundert Jahre alt werden, und pflanzt sich leicht durch seine Kerne fort, die man aber auch regelmäßig steckt. Sein Holz ist wenig brauchbar, da es zu saftreich und zu zerbrechlich ist, weshalb die Äste nicht blos oft von der Last der Früchte, sondern auch unter ihrer eignen brechen, wenn sie von Holzwürmern durchfressen sind, die sich in Menge darin aufhalten. Er wird fast nur als Brennholz benutzt, doch macht man auch wol Kähne daraus, auch verwendet man es nebst Sandelholz zum Verbrennen der Leichen oder zu Särgen. Mit den Blättern schmückt man in Indien an festlichen Tagen die Häuser. Unser europäisches Klima verträgt dieser Baum nicht und wird nur in sogenannten Warmhäusern (stark geheizten Gewächshäusern) zur Blüte und Frucht gebracht.

Über das Gold und dessen Benutzung.

Das Gold, geschmolzen und unvermischt mit andern Metallen, ist fest, geruchlos, stark metallisch glänzend, hochgelb, das einzige Metall, das in dünnen Platten durchscheinend ist. Es ist nicht elastisch und daher nicht klingend, sehr dehnbar, nicht abfärbend, weicher als Silber und wird leichter als dieses abgenutzt. Zur Schmelzung erfodert es einen höhern Wärmegrad als Silber und leuchtet in geschmolzenem Zustande mit meergrüner Farbe. Bei dem Schmieden erhärtet es und das gehämmerte Gold ist schwerer als das gegossene. Bei dem Erkalten zieht es sich mehr zusammen als alle andern Metalle und ist daher zu Kunstwerken weniger brauchbar als Kupfer. Es erleidet keine Veränderung seines Glanzes in der Luft und im Feuer. In der heftigsten, durch Brenngläser und Brennspiegel hervorgebrachten Hitze verflüchtigt sich das Gold, im Feuer eines gewöhnlichen Schmelzofens aber kann es lange in Fluß erhalten werden, ohne an Gewicht zu verlieren. Unter den angeführten Eigenschaften des Goldes ist seine Dehnbarkeit eine der merkwürdigsten. Ein Gran Gold kann zu einem 500 Fuß langen Draht gezogen werden, und man schlägt das Gold zu Blättchen aus, die nur $1/2000$ Linie dick sind. Bei den Goldgalonen geht die Ausdehnung noch weiter. Der französische Naturforscher Réaumur überzog 360 Theile Silber mit einem Theile Gold und zog das Ganze zu einem Drahte aus, wovon 3 Ellen auf einen Gran gingen. Dann wurde der Draht zu einer Breite von $1/48$ Zoll ausgewalzt und dadurch zugleich um $1/4$ verlängert. Das Vergrößerungsglas konnte nicht das geringste Fleckchen von unbedecktem Silber finden. Das Goldhäutchen war hier blos $1/12{,}000{,}000$ eines Zolles. Bei dieser außerordentlichen Dehnbarkeit zeichnet sich das Gold auch durch einen ungemein festen Zusammenhang seiner Theile (Cohäsionskraft) aus. Es ergab sich durch Versuche, daß ein 2 Fuß langer Golddraht, der einen Durchmesser von $3/10$ Linie hatte, beinahe $16\frac{1}{2}$ Pfund trug, ehe er zerriß.

Nächst dem Eisen und Braunsteinmetall (Mangan) ist das Gold das verbreitetste Metall. Es gibt kaum einen Schwefelkies, der nicht Gold enthielte. Einige Naturforscher fanden es in der Asche der Weinreben, Andere haben es aus den Flügeldecken der spanischen Fliegen dargestellt. An seinen eigentlichen natürlichen Fundörtern findet man es gediegen, d. h. von der Natur in reiner Gestalt erzeugt, aber auch verlarvt, d. i. mit andern Mineralien verbunden, von welchen es geschieden werden muß. Am häufigsten kommt es in dem sogenannten aufgeschwemmten Lande vor, d. h. in demjenigen Theile der Erdrinde, der in späterer Zeit gebildet wurde. Selten sind diese Ablagerungen mächtig und werden daher leicht in Jahrhunderten erschöpft, aber sie haben oft eine sehr große Ausdehnung. So ist das aufgeschwemmte Land, worin sich Goldablagerungen finden, im Uralgebirge, an der Grenze von Europa und Asien, in einer Strecke von ungefähr 150 Meilen ausgedehnt, und nimmt in Nordkarolina, in den Vereinigten Staaten von Nordamerika, einen Raum von 50—60 ☐Meilen ein. Die Goldlager gehen unter der Dammerde meist 2—12 Fuß tief, selten 50—100 Fuß, wie in Brasilien. Sie liegen gewöhnlich am Fuß oder am Abhange der Gebirge, zuweilen aber steigen sie auch bis zu dem Gipfel hinan, wie man es gleichfalls in Brasilien gefunden hat. Die Lager sind meist aus magnetischem Eisensand, oder eisenschüssigem Thon und Lehm gebildet. In Südamerika und im Ural wird das Gold in ansehnlicher Menge mit geringer Mühe gewonnen. Gewöhnlich ist es in größern oder kleinern Körnern zerstreut oder wird mit dem Sande in die Flüsse geführt, zuweilen aber findet man es auch in großen Massen, (wie in Merico bis zu 6 Pfund) und in Nordamerika, und im J. 1826 fand man im Uralgebirge neben Stücken von 2—4 Pfund eines von 21 Pfund. Außer dem aufgeschwemmten Lande findet sich das Gold auch in Gängen, d. h. den das Gebirggestein durchschneidenden Lagerstätten des Erzes, und zwar oft in beträchtlicher Höhe, wie in Peru, wo die höchsten Punkte die goldreichsten sind und die Beherrscher des Landes, die Inkas, vor der Ankunft der Spanier im 16. Jahrhundert in einer Höhe von mehr als 10,000 Fuß über dem Meere große Schätze gewannen. Auch in Salzburg und Piemont hat man in ansehnlicher Höhe Gold gefunden. Fast alle goldführenden Gänge haben in der Tiefe wenig Gold; nur in Siebenbürgen und in Zacatecas (in Mexico) sind als Ausnahme von der Regel die untern Tiefen (Teufen) goldreich. Im Allgemeinen ist zu bemerken, daß das Vorkommen des Goldes weniger durch die Gebirgsbildung bestimmt wird als von örtlichen Verhältnissen abhängig ist, und man findet in dieser Hinsicht auffallende Verschiedenheiten in verschiedenen Gegenden der Erde. So ist der Granit im Schwarzwald, im Spessart, in Schweden und in den meisten Ländern goldarm, in Tibet soll er mächtige Goldgänge führen; der Gneis ist im sächsischen Erzgebirge ohne Gold, in Mexico die Lagerstätte dieses Metalls und auch in Salzburg hat er goldführende Gänge. Ähnliche Erscheinungen findet man bei andern Gebirgsarten in verschiedenen Erdgegenden. Man muß daher annehmen, daß der Mangel an Beobachtungen über das Vorkommen des Goldes in einer bestimmten Gebirgsart die Möglichkeit des Vorkommens in derselben nicht ausschließt. Der Syenit ist in manchen Gegenden, z. B. in Mejico, Nordcarolina, Ungarn und Siebenbürgen, goldreich, am meisten der Porphyr; auch der Thonschiefer, z. B. in Mejico, Brasilien und Ungarn; die vulkanischen Gebirge von älterer Bildung sind goldreich in Mexico und Ungarn. Nur in dem Basalt hat man bis jetzt nirgend Gold gefunden, und in den jüngern vulkanischen Gebirgen nur auf den aus Lava gebildeten Inseln Ischia und Procida im Meerbusen von Neapel. — Das häufige Vorkommen des Goldes in Flüssen und Bächen hat nicht darin seinen Grund, daß diese Gewässer das Metall aus den Goldgängen erhalten, die sie bespülen, oder aus den Gebirgen, wo sie entspringen, sondern sie werden goldhaltig, indem sie Goldablagerungen im aufgeschwemmten Lande an ihren Ufern berühren. So ist die Donau in den Gebirgsländern goldarm, und erst in der Ebene von Efferdingen wird sie goldführend. Ebenso die Ens. Der Rhein hat mehr Gold bei Strasburg als bei Basel, und die Goldwäschen sind an einigen Stellen über 1000 Schritte von diesem Flusse entfernt. Überhaupt wird der Goldsand nur innerhalb eines beschränkten Raums in den Flüssen gefunden, z. B. im Rhein und der Donau; am häufigsten findet man ihn nach einem Sturme.

Im Allgemeinen läßt sich annehmen, daß man das meiste Gold im Uralgebirge, in Nord- und Südkarolina, in Siebenbürgen, im indischen Inselmeere und in Afrika findet. So häufig es aber vorkommt, so wird es doch selten in so großer Menge gefunden, daß es überall und lange die Kosten des Baues lohnte. Dies erklärt sich aus den Umständen, die wir oben bereits über die Art des Vorkommens dieses Metalls in geringen Tiefen angeführt haben, und aus dem vermehrten Aufwande der Arbeit in größerer Tiefe. Darin ist auch die Ursache der Erscheinung zu suchen, daß das Gold in mehren vor Zeiten reichen Erdgegenden verschwunden ist, oder doch abgenommen hat, z. B. in mehren europäischen Ländern und in Südamerika, während in andern Gegenden, z. B. im Ural und in Nordamerika, sich neue Schätze öffnen. Seit Gold gewonnen wird, hat sich dies oft wiederholt. Im Allgemeinen haben wir wenig zuverlässige und vollständige Nachrichten über den Umfang, in welchem das Gold in den verschiedenen Gegenden der Erde vorkommt. Wir wissen kaum, wie viel Gold in Europa gewonnen wird; Asien ist nur zum Theil bekannt, das goldreiche innere Afrika ganz verschlossen und nur von einem Theile Amerikas kennen wir den jährlichen Ertrag.

Wir wollen hier das Hauptsächlichste über das Vorkommen des Goldes in den verschiedenen Erdgegenden zusammenstellen. Spanien, einst das Brasilien der Phönizier, und noch zu den Zeiten der Römer goldreich, ist zwar noch Gold, das aber nicht gewonnen wird. Frankreich, das einst von seinem Goldreichthum einen Beinamen führte, ist jetzt arm an Gold; doch sind mehre Flüsse, z. B. Rhone, Rhein, Garonne, goldhaltig. Piemont hat in einigen Thälern Goldkies, und bei Chaland gediegen Gold. Die ehemaligen Goldgruben in der Schweiz, in Wallis und Graubündten, werden nicht mehr bebaut. Der Rhein, die Reuß, die Emmet führen dort Goldsand. In England findet man Goldkörner in den Zinngruben von Cornwall. Schottland, dessen Goldreichthum im 15. und 16. Jahrhundert gerühmt wurde, gewinnt jetzt nur selten Goldkörner aus Flüssen und Bächen. In der irländischen Grafschaft Wicklow fing man 1795 an, Gold im aufgeschwemmten Lande zu gewinnen. Schweden hat Goldkies und goldhaltiges Silber. In Deutschland ist, Salzburg ausgenommen, der Goldertrag unbedeutend. In Baden wird aus dem Rhein jährlich etwas Gold (5 — 6 Mark) gewonnen. Bei Koblenz wurde 1827 eine Goldmasse von etwas mehr als 3 Loth gefunden. Auf dem Harz wird jährlich etwas Gold (9 Mark) aus dem Braunerz gewonnen; auch hat man gediegen Gold bei Tilkerode, goldhaltige Erze an andern Orten gefunden und scheidet jährlich geringe Mengen aus Silbererzen. Kurhessen gewinnt Gold aus dem Ederflusse. Im Königreich Sachsen, wo von 1531 — 98 aus der Elbe und Mulde und noch im 18. Jahrhundert aus der Elster und Gölzsch im Voigtlande Gold gewonnen wurde, findet man zuweilen in den Bächen bei Johanngeorgenstadt, und zu Auersberg im aufgeschwemmten Lande Goldflitter, und die freiberger Silbererze enthalten zuweilen einige Gran Gold im Centner. Tirol gewinnt jährlich im Zillerthale 25 Mark aus Golderzen und gediegenem Gold; Salzburg 100 Mark, theils gediegen, theils aus Erzen. Böhmen, einst goldreich, hat keine bebauten Goldgruben mehr. Ungarn liefert jetzt jährlich 1000 Mark, wovon $3/4$ auf Niederungarn kommen. In Siebenbürgen hat der Goldgewinn zugenommen, der früher jährlich 2100 — 2500 Mark betrug, wovon 950 aus Erzen erlangt wurden, das Übrige aus Wäschen kam, seit 1827 aber stieg der Ertrag über 3000 Mark. In der Bukowina, der Moldau und Walachei gewinnen die Zigeuner Gold aus den Flüssen. An den Grenzen von Europa, am östlichen und westlichen Abhange des Ural, liegen die bereits seit 1770 bekannten reichen Goldablagerungen, die man aber erst seit 1814 ausgebeutet hat. Sie ziehen sich in weiter Ausdehnung bis an die Quellen des Ural. Von 1814—30 gaben sie einen Ertrag von 153,562 Mark, und 1830 allein 24,850 Mark; die Hälfte des Goldgewinns des ehemaligen spanischen Amerika in seiner glänzendsten Zeit. Vor 1814 wurden nur die schon 1745 entdeckten Gruben nördlich von Katharinenburg bebaut. Am kleinen Altai im asiatischen Rußland, werden seit 1725 goldhaltige Silbererze gewonnen, und im selenginskischen Gebirge ist ein bedeutender Bergbau auf Gold. Zwischen dem Euphrat und Tigris, einer an edlen Metallen reichen Gegend, wird Gold aus Erzen gewonnen. Arabiens ehemals gepriesener Goldreichthum wird durch neuere Berichte nicht bestätigt. Persien hat Mangel an edlen Metallen. Balk, Afghanistan und Beludschistan sind goldreich. Kaschemir hat goldführende

Flüsse. Tibet hat Gold in Flüssen und im aufgeschwemmten Lande, oft in großen Massen, und in Gängen des Gebirges. In China, wo das Aufsuchen edler Metalle in den Gebirgen verboten ist, wird Gold aus Flüssen gewonnen, was die Gesetze erlauben. In Ava, Pegu, Siam wird viel Gold gewonnen und zu Kunstwerken verwendet. Japan gewinnt Gold aus Gruben und Flüssen. Vorderindien ist arm, Hinterindien reich an Gold. Birma, das Vaterland der Rubinen, hat Goldgruben und goldreiche Flüsse. Unter den Inseln des hinterindischen Meeres sind besonders Borneo, Sumatra, Celebes und Manila goldreich. In Ägypten ist der von den Alten gerühmte Goldreichthum verschwunden. Auf dem östlichen Rande von Nordafrika hat man, trotz allen Forschungen der Reisenden, kein Goldland gefunden. Es scheint im südlichen Äthiopien zu liegen. Nach neuern Berichten liegt jenseit Abyssinien ein Landstrich, wo die Frauen Goldstaub und Goldkörner in den Flüssen mit Geierfedern sammeln, das gefundene Gold in den Kielen aufbewahren und diese dann als Geld gebrauchen. Nördlich vom Äquator im innern Afrika liegen wahrscheinlich die goldreichen Länder, aus welchen das Gold kommt, das in großer Menge auf der Westküste Afrikas in den Handel gebracht wird. In Amerika wird das meiste Gold durch Wäschen, sogenannte Seifenwerke, gewonnen. Die äußerste bekannte Goldablagerung gegen Norden ist in Virginien. In den nordamerikanischen Freistaaten wurde zuerst in Nordkarolina Gold entdeckt; später in Südkarolina und in Georgia. In Nordkarolina wird das Gold theils durch Bergbau, theils durch Wäschen gewonnen. Man hat hier im aufgeschwemmten Lande Massen von 27 Pfund gefunden. In Mexico gewinnt man Gold durch Wäschen und in Gängen, ebenso in Guatimala, wo die Ausbeute steigt. In Colombia sind besonders die Provinzen Antioquia und Choco goldreich, doch ist der Bergbau fast ganz vernachlässigt. Das feinste Gold Colombias findet man in Giron. Peru hat reiche Goldgänge im Gebirge und viele Wäschen. An den Ufern des Mecuipampa hat man ungemein große Goldmassen in einer Höhe von 12,000 Fuß über dem Meere gefunden. Bolivia hat viele goldführende Flüsse und goldhaltige Gänge in dem Berge Descuelga, dessen nordwestliche Seite senkrecht abgestürzt ist und viele Höhlungen hat, aus welchen die Peruaner lange vor der Ankunft der Spanier Schätze holten. Brasiliens Goldreichthum liegt in der Landschaft Minas geraes, wo es bedeutende Wäschen gibt, doch hat der Goldertrag des Landes seit einigen Jahren sehr abgenommen. Der ehemals gerühmte Reichthum der Antillen ist verschwunden; auf der holländisch-westindischen Insel Aruba aber hat man seit 1824 Gold im aufschwemmten Lande, zum Theil in Massen von 5—6 Pfund, und in Gängen gefunden, das ansehnlichen Ertrag (im Jahre 1826 über 71 Pfund) gab.

(Die Fortsetzung folgt in Nr. 103.)

Ein nordamerikanisches Dampfboot.

Das hier dargestellte Dampfboot ist der Carroll von Carrollton, ein Fahrzeug erster Classe, im Kiel 158 Fuß lang und 52 Fuß breit, das zwischen Baltimore und Philadelphia hin- und herfährt. Dasselbe faßt von 300—700 Passagiere und bedeutendes Gewicht an Gütern. Es hat zwei Maschinen und zwei Verdecke. Auf dem untern Verdecke ist die Expedition, die Haarkünstler-, Bartscherer- und Schuhputzerstube, sowie das Zimmer des Capitains.

Unterhalb des zweiten Deckes, wo die Fenster angebracht sind, befinden sich die Kajüten, die an Geräumigkeit und Pracht mit den Zimmern und Sälen fürstlicher Paläste wetteifern. Der Fußboden ist durchaus mit Teppichen belegt; überall sind Spiegel und Gemälde mit reich vergoldeten Rahmen angebracht. Die Wände, Säulen und Meubles sind von Mahagony, zum Theil mit vergoldeten Verzierungen. Vorn befindet sich die Herrenkajüte, die 150 Fuß lang ist. Am äußersten Ende hat das Boot ein mit einem reich verzierten Schenktisch versehenes Cabinet, worin, außer einer gewählten Bibliothek, alle Arten von Getränken, von Früchten und

Ein nordamerikanisches Dampfboot.

Erfrischungen in glänzenden Gefäßen aufgestellt sind. Auf beiden Seiten läuft eine doppelte Reihe von Betten, eines über dem andern, mit damastenen, mit goldenen Franzen verzierten Vorhängen. Im Stern oder Hintertheile des Bootes befindet sich die Frauenkajüte, die wo möglich noch glänzender ausgestattet ist. Außer den elegantesten Meublen, Sophas, Betten und allen möglichen Bequemlichkeiten der Toilette, findet sich hier ein vortreffliches Pianoforte. In dieser Kajüte haben, wie auf allen amerikanischen Dampfschiffen, in der Regel die Herren keinen Zutritt.

Man nimmt zur bestimmten Zeit Frühstück, Mittagmahl und Thee, wozu man durch die Glocke gerufen wird, in der Herrenkajüte an zwei langen Tafeln; denn ein reicher, mit dem Erlesensten jeder Jahreszeit wohlbesetzter Tisch wird nothwendig erfodert, um den Credit des Dampfbootes aufrecht zu erhalten.

Der Schafesser.

Dem Menschen sind die Triebe eingepflanzt, an deren Befriedigung die Erhaltung und Dauer des Lebens geknüpft ist; so der Trieb nach Speise und Trank. Er hat dieselben auch mit den Thieren gemein, aber der Geist in ihm erhebt ihn hoch über alle übrigen Geschöpfe. Wenn der Mensch aber diese Triebe entheiligt, wenn er sie misbraucht, daß sie in Laster ausarten, dann versündigt er sich am Schöpfer, verliert seine Menschenwürde und setzt sich in den Augen jedes gebildeten Mitmenschen weit unter das Thier herab. Diesem sind vom Schöpfer zur Befriedigung seiner Triebe Zeit und Maß bestimmt. Ist es gesättigt, so streckt es sich ruhig nieder, bis abermals der leere Magen sein Recht verlangt. Nur der Mensch ist hierin weder an Zeit noch Maß gebunden, in ihm wohnt der Verstand, der jene Triebe beherrschen soll. Mit Mitleid und Abscheu blicken wir auf Jene, die noch im Jünglingsalter durch ihre Schuld dem Greise ins Grab voraneilen,

Der Schafesser.

mit Bedauern auf jenen Trunkenbold, der, den Kindern ein Spott, verstandlos dahintaumelt. Auch der Sättigungstrieb kann ausarten, wird ihm nicht ein vernünftiges Maß gesetzt, und der Mensch sich zum unersättlichen Tieger herabwürdigen. Welcher Ausartung aber der Mensch hierin fähig ist, mögen folgende, von der Asiatischen Gesellschaft zu London mitgetheilte Berichte eines Augenzeugen, des britischen Generals Hardwick, über einen Hindu darthun, welcher sich vor einigen Jahren in Indien förmlich als Fresser, und zwar vorzugsweise als Schaffresser öffentlich zeigte. Dieser Mensch erschien eines Morgens in Begleitung seines Guru, oder geistlichen Vaters, vor einer zahlreichen Gesellschaft, und brachte zwei lebendige Schafe mit. Nachdem er den Umstehenden nach Marktschreiersitte sein Freßtalent angepriesen, und aller Augen in Erwartung der Dinge, die da kommen sollten, auf ihn gerichtet waren, packte er plötzlich ein Schaf, legte sich mit ihm auf den Rücken nieder, riß ihm mit den Zähnen das Fell von der Brust, band die Eingeweide heraus, und löschte seinen Durst im Blute des Thieres. Hierauf hob er sich ein wenig in die Höhe und einen wahrhaft scheuslichen Anblick gewährte es, wie er mit grimmigem, blutbesudeltem Gesichte im Kreise umhergaffte. Im Augenblick war das Fell abgezogen, das ganze Schaf zerlegt, der Kopf abgerissen und jedes einzelne Stück tüchtig mit Staub eingerieben, als Mittel, wie der Mann versicherte, sich das Ablösen des Fleisches von Knochen und Sehnen zu erleichtern. Großen Ekel zeigte er indeß nicht, denn ganz gleichgültig verschlang er diese Fleischstücke, und in wenig Minuten waren vom ganzen Schafe nur noch Knochen und Sehnen übrig. Den Schluß der Mahlzeit machte das Kauen einer ziemlichen Menge Madarpflanzen *), wovon er indeß nur den milchähnlichen Saft zur Beförderung der Verdauung verschluckte. Alles dies wurde liegend verrichtet. Jetzt stand er auf, ging mit einem Madarzweige im Kreise umher und erbot sich, auf ähnliche Weise auch das zweite Schaf zu verzehren.

Gewöhnlich verschlang dieser Mensch zwei Schafe mittler Größe, also doch wenigstens, rechnet man Knochen, Sehnen u. s. w. ab, 64 Pfund Fleisch. Diese und andere Überreste des Mahles vergaß er nie sorgfältig zu sammeln; dies gab ihm und seinem Guru noch ein Abendessen, und es war seine gewöhnliche Mahlzeit, er mochte nun des Morgens ein Schaf gegessen haben oder nicht.

Ein Reisender sagt: „Die Gestalt dieses Kannibalen war ein wirklich seltenes Bild von Magerkeit, und aus seiner krankhaften Eßlust können wir richtig folgern, daß die Speisen, grade wegen ihrer zu großen Masse, nicht zugleich nährend sein konnten."

Der auf unserer Abbildung an der Seite stehende Mann ist der Guru, mit welchem der Hindu im Lande umherzog. Dieser war über 6 Fuß hoch und gut gebaut. Nach seiner Versicherung zählte er bereits 100 Jahre. Seine Haut war dunkelgelb und sein Haar fast ganz weiß, er trug es zierlich in Form eines Turbans ineinandergeflochten. Wirklich sehenswerth aber machte ihn sein Bart, der, geflochten und herunterhängend, den Boden berührte. Gewöhnlich trug

---

*) Asklepias gigantea. Den milchähnlichen Saft derselben gebrauchen die Indier in vielen Fällen als Heilmittel.

er das Ende desselben in der einen Hand, während die andere ein mächtiges Rohr führte.

Die Borarsäurefabrikation in Toscana.

Aus vielen Spalten der Vulkane Toscanas strömen Dämpfe aus, welche, wie die im Jahre 1778 von zwei italienischen Chemikern angestellte Untersuchung derselben ergab, Borarsäure enthalten. Ein Franzose, Namens Larderel, hat diesen Umstand nun zur Darstellung bedeutender Quantitäten von Borarsäure benutzt. Zuerst ließ er, um diese nach schwefliger Säure riechenden Dämpfe mit Wasser zu verbinden, Gruben von 20—25 Fuß Tiefe auf einem Umfang von 100—150 Fuß um die dampfenden Spalten herum ausgraben, umgab sie mit Mauern und leitete dann süßes Wasser hinein. Da der Dampf aus den Spalten mit der größten Heftigkeit austritt, so kochte das Wasser und das Thermometer zeigte 75° Réaumur. Er ließ dieses Wasser mehre Tage lang kochen (die so erhaltene Auflösung von Borarsäure zeigte am Aräometer nur einen Grad) und leitete dann die schlammige und schwarze Flüssigkeit in einen großen Behälter, damit sie sich klären konnte; das klare Wasser wurde hierauf in flachen Kesseln abgedampft. Zuletzt brachte er noch das Wasser in bleierne Gefäße, worin nach 48 Stunden die Borarsäure sich krystallisirte.

Um diese Fabrikation aber einfacher und ökonomischer zu machen, baute er besondere Öfen mit flachen bleiernen Kesseln, welche durch den Dampf der Vulkane selbst erhitzt wurden, der bei seinem Austritt aus den Spalten der Vulkane 120° zeigt; die Abdampfung geschah auf diese Art in 24 Stunden. Nachdem an einem günstigen Erfolge dieser Unternehmung nicht mehr zu zweifeln war, kaufte Larderel alle Grundstücke an, wo Vulkanspalten vorkamen; er machte ganze Berge eben und grub den Boden bis auf eine große Tiefe um, wodurch er die Anzahl der Dampfspalten noch bedeutend vermehrte; er legte Straßen an, errichtete nach und nach ansehnliche Gebäude, worin sich die Öfen, Kessel, Krystallisationsgefäße und Trockenapparate befinden. Der natürliche Dampf der Vulkane wird für alle diese Anstalten und auch als Triebkraft benutzt. Solcher Fabriken bestehen bis jetzt acht; sie liefern zusammen jährlich 12,000 Centner Borarsäure, wovon 2000 Centner allein in Livorno, wo eine große Raffinerie angelegt ist, raffinirt werden. Eine solche Menge hat die Einfuhr des ausländischen überseeischen Borax sehr vermindert. Der Borax wird arzneilich vielfach angewendet, vorzüglich aber zum Zusammenlöthen und Schweißen der Metalle, als Basis der meisten gefärbten Schmelze, als Fluß zu Emaillen, zu weißen Schmelzen und künstlichen Edelsteinen, zum weißen Krystallglas, zu weißen und andern Glasuren auf Kupfer, Eisenblech, Töpfergeschirr, zum Einbrennen des Goldes und zu manchen Farben auf Glas und Porzellan.

Die Diamantenminen in Indien.

Nach den neuesten Berichten der Reisenden sind es noch immer, wie ehemals, vier Diamantengruben, welche in Ostindien vorzüglich die Habsucht reizen. Nichts hat sich dabei, weder in der Art, sie auszubeuten, noch in den Eigenthümlichkeiten der Behandlung und des Handels mit diesen Edelsteinen geändert, wenigstens nicht im Wesentlichen, seit der Franzose Tavernier im 17. Jahrh. Indien besuchte. Die älteste dieser Gruben ist zu Analconda, ungefähr vier Tagereisen von Golconda im Königreiche Visapur. Sie soll schon vor 400 Jahren entdeckt worden sein. In der Gegend von Analconda ist ein sandiger Boden, häufig mit Felstrümmern durchmengt. In diesen Felsstücken, eine Art Wacke, findet man oft Adern von 3—6 Linien breit, worin die Diamanten, von Thonerde und Sand umgeben, liegen. Mit dazu eingerichteten Instrumenten werden die Adern geleert und ihr Inhalt in gläserne Gefäße geschüttet, um die Diamanten später herauszusuchen.

In diesen Gegenden wohnen ebenfalls viele Diamantschneider. Tavernier, der selbst mit Edelsteinen Handel trieb und folglich für einen Kenner gelten kann, behauptet, die Indier verständen es nicht so gut, als die Europäer, dem Diamant vollkommene Politur zu geben. Aber dagegen ist es auch gewiß, die Indier kennen manche Art des Schnittes, die ihnen kein europäischer Steinschneider nachmachen würde. Noch ganz wie ehemals wird dort heutiges Tages der Edelsteinhandel getrieben. Indische Kaufleute stellen auf eigne Kosten Steinbrecher an und zahlen dem Staate vier Pagoden täglich für 100 angestellte Arbeiter. Von diesen kommen die Diamanten durch Verkauf an andere Kaufleute, die damit im Einzelnen handeln. Es ist überraschend, erzählt Tavernier, Kinder von 5, 10 bis 16 Jahren unter den Bäumen auf den öffentlichen Plätzen der Stadt sitzen zu sehen, die ihre Diamanten mit vieler Genauigkeit und Kenntniß nach dem Gewicht verkaufen. Jedes von ihnen hat eine Wage und einen kleinen Beutel. Die Kinder sitzen alle in einem Kreise beisammen. Bringt Jemand einen Edelstein zum Verkauf, so gibt er ihn dem ältesten, der gewissermaßen Vorsteher der kleinen Innung ist. Hat dieser den Stein untersucht, so gibt er ihn dem Nachbar, dieser dem dritten und so in der Reihe weiter, bis der Stein wieder an das erste Kind zurückkommt. Während der ganzen Zeit spricht niemand ein Wort. Der kleine Präsident fragt dann den Verkäufer um den Preis des Steines, erhandelt ihn und des Abends überblicken die Kinder ihren Einkauf, ordnen die Diamanten nach ihrem Gewicht oder ihrer Schönheit und verkaufen sie nun an den Großhändler. Die Kinder theilen darauf ihren Gewinn und der Vorsteher hat jedes Mal vier Procent mehr, als die andern. All dies ist noch jetzt so. Der Handel mit den Großhändlern wird mit geheimnißvoller Feierlichkeit und großer Klugheit geführt. Käufer und Verkäufer sitzen einander gegenüber, ohne ein Wörtchen zu sagen. Der Käufer faßt des Kaufmanns Hand und schon durch die Art, wie sie sich die Hände geben, bedeuten sie einander, wovon die Rede ist. So beginnt das Handeln; der Kauf wird abgeschlossen, ohne daß einer von beiden Theilen einen Laut von sich gegeben hätte. Da der Werth der Diamantgruben natürlich sehr von der größern oder geringern Sicherheit der Personen abhängt, die Einkaufs wegen dahin kommen, so haben die indischen Fürsten daselbst von jeher die strengste Polizei ausgeübt. Es gibt einen Beamten, der beim Wiegen der Steine die Aufsicht hat und jede Art von Betrug und Unterschleif verhüten soll. Die vornehmsten Kaufleute empfangen Wachen, von welchen sie bis an die Grenzen des Gebiets zurückbegleitet werden. Die Arbeiter, welche die Diamanten brechen, mögen sie in ihrer Kunst auch noch so geschickt sein, sind doch immer übel dran. Ihr Verdienst das ganze Jahr hindurch beläuft sich nie über drei Pagoden oder 6—7 Thaler. Sie sind gewissermaßen, um leben zu können, zum Stehlen gezwungen, und um dies thun zu können, bleibt ihnen, da sie beinahe ganz nackt gehen, nichts übrig, als die Diamanten in der Geschwindigkeit zu verschlucken. Gewöhnlich machen aber die Pächter einen Theil der Arbeiter für die Ehrlichkeit der andern verantwortlich.

Sieben Tagereisen von Golconda sind die Diamantengruben von Calun, welche die Indier Hani nennen. Sie wurden 100 Jahre später als die zu Analconda entdeckt. Ein Bauer, der eines Tages seinen Acker bestellte, um seine Hirse zu säen, fand einen glänzenden Stein und trug ihn zu einem Kaufmanne, der darin einen Diamanten von außerordentlichem Werthe erkannte. Dieser Fund machte großes Aufsehen; Kaufleute traten zusammen, ließen nachgraben und man fand in diesem Boden viele und oft schönere Diamanten, als in andern Gruben; manche davon wogen 40 Karat und wol mehr. Der berühmte Diamant von 900 Karat, welcher den Schatz des Aurengzeb schmückte, kam aus diesen Gruben. Die Erde wird aus Schachten hier zu Tage gefördert, dann gewaschen und ausgesiebt. Die dritte Diamantengrube ist an den Grenzen Bengalens, zu Sumbhulpur. Diese Stadt liegt am Ufer des Honelstroms, dessen Sand Diamanten führt. Wenn die Regenzeit vorbei ist und die Gewässer abnehmen, werden gegen 8000 Arbeiter angestellt, die Diamanten im Flußsande zu suchen. Sie gehen bei diesem Geschäfte über 25 Meilen stromaufwärts. Die Arbeiter erkennen die Stellen, wo sich Diamanten finden, schon an der Farbe des Sandes. Haben sie einen solchen Platz gefunden, so umhängen sie ihn mit Flechtwerk und Reisern, graben den Sand zwei Fuß tief aus, sieben und schwingen ihn, wie man es in andern Diamantengruben macht. Doch große Edelsteine findet man in diesem Strombette sehr selten. Eine vierte Diamantengrube war einst in Karnatik, aber einer von Aurengzeb's Generalen ließ sie verschütten, weil die Steine gelb waren, sagt man, und nicht von klarem Wasser. Dagegen werden noch gegenwärtig die Gruben von Panteal am Fuße der Gatsgebirge fleißig bearbeitet. Sie liegen 45 Stunden südwärts von Golconda oder zwei Tagereisen westlich von Masulipatam am Zusammenflusse des Kissera und des Krichna. Von hier stammt auch der berühmte Diamant, der Pitt oder der Regent genannt, welcher 14 Linien lang, $13\frac{1}{4}$ Linien breit und $9\frac{1}{3}$ Linien dick ist. Er wiegt 547 Gran oder $136\frac{3}{4}$ Karat. Man schätzt seinen Werth wegen der seltenern Vollkommenheit auf ungefähr anderthalb Millionen Thaler.

Rafael's Cartons.
2. Paulus predigend zu Athen.

Einer der entschiedensten Vorzüge Rafael's ist die einsichtsvolle und klare Anordnung der Scenen, die er darstellt. Alles hat bei ihm seine Bedeutung, nichts ist überflüssig, und die Gruppen sind stets so geordnet, daß sie sich vor dem Auge des Beschauers von selbst abtheilen. Jede hat ihr Charakteristisches, wodurch sie eigenthümlich hervortritt, ohne der andern Eintrag zu thun. Das nachstehende Bild ist in dieser Hinsicht eins der ausgezeichnetsten Werke Rafael's. Wir sehen den Apostel Paulus, wie er in einem Tempel das Evangelium verkündigt. Mit dem Ausdruck hoher Begeisterung im Gesicht, mit ausgestreckten Händen scheint er alle Kraft der Rede aufzubieten, um die Athener von der Wahrheit seiner Lehre zu überzeugen. Die ihn umgebenden Zuhörer aus allen Volksclassen schenken ihm die gespannteste Aufmerksamkeit. Die beiden Personen ganz im Vordergrunde, sind Dionysius Areopagita und dessen Gattin Damaris. In den Mienen Beider malt sich die vollkommenste Überzeugung von der Göttlichkeit des Worts, das der Apostel predigt. Die Geberde des Dionysius nach dem Redner hin, ist leidenschaftlich bewegt, als könne er das Ende der Rede nicht erwarten, um sich, von ihm überzeugt, öffentlich zu der neuen Lehre zu bekennen.

Das Gebäude im Hintergrunde ist ein Tempel der griechischen Götter; wir erblicken zwischen seinen Säulen die Statuen der Götter selbst, die von dem Maler mit der Absicht dargestellt sind, um auf den Gegensatz des heidnischen Gottesdienstes mit dem christlichen aufmerksam zu machen.

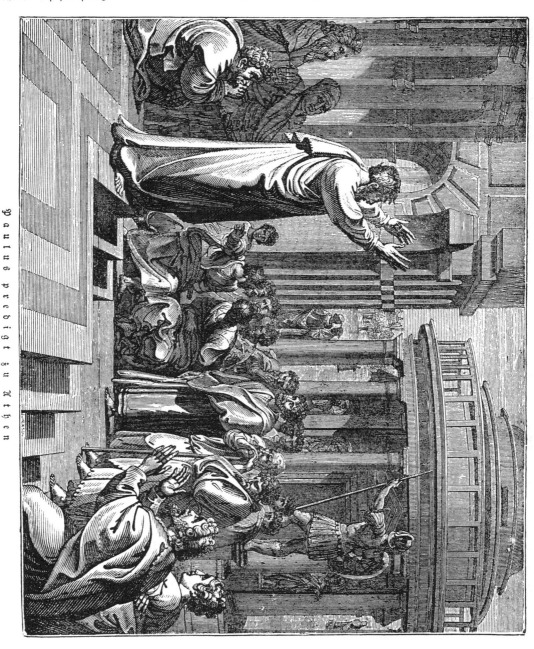

Paulus predigt in Athen.

Verantwortliche Herausgeber: Friedrich Brockhaus in Leipzig und Dr. C. Drärler-Manfred in Wien.
Verlag von F. A. Brockhaus in Leipzig.

Das Pfennig-Magazin

der

Gesellschaft zur Verbreitung gemeinnütziger Kenntnisse.

103.]   Erscheint jeden Sonnabend.   [März 21, **1835**.

Der Marktplatz in Nürnberg.

III.   12

Nürnberg.

Unter allen Städten Deutschlands hat keine mehr als Nürnberg in ihrer Bauart, in mehren Denkmalen, in dem Äußern und zum Theil selbst noch in dem Innern der Gebäude jenes alterthümliche Ansehen behalten, das an eine Vorzeit erinnert, wo diese Stadt ein Mittelpunkt des europäischen Handels, der Sitz eines regen Gewerbfleißes, eine einflußreiche Kunstschule und ein Vorbild des kräftigen, selbständigen und durch Wohlhabenheit genährten Bürgerlebens im Mittelalter war. Die Stadt liegt im Rezatkreise des Königreichs Baiern, an der Pegnitz in einer freundlichen Ebene, deren ursprünglich sandiger Boden ein fleißiger Anbau in ein fruchtbares Land verwandelt hat. Diese wellenförmige Ebene, die bei der Stadt nur in dem Schloßberge mit dem alten Reichsschloß sanft ansteigt, ist gegen Abend offen, wird auf den übrigen Seiten aber von einem ausgedehnten Walde umgeben, über welchem sich in blauer Ferne ziemlich hohe Gebirgsrücken erheben. Nürnberg wurde wahrscheinlich im 10. Jahrhunderte erbaut, hatte sich bedeutend gehoben um die Mitte des folgenden, wo es Marktfreiheit, Zoll= und Münzrecht erhielt und gehörte als Reichsstadt des fränkischen Kreises unter die wichtigsten deutschen Städte. Die deutschen Kaiser hatten hier oft ihr Hoflager, hielten hier Reichstage und Turniere, und verliehen der Stadt viele Vorrechte, welche das Aufblühen derselben begünstigten. Vor Allem wichtig aber und die Belebung der einheimischen Betriebsamkeit befördernd war der Gang, welchen der Handelsverkehr zwischen Europa und Asien seit den Kreuzzügen genommen hatte. Die kostbaren und vielbegehrten Waaren des östlichen Asiens, besonders Indiens, gingen seitdem nicht mehr durch das arabische Meerbusen über Suez nach Venedig, dem damaligen Mittelpunkt des Welthandels, und von dort über Augsburg nach Nürnberg, welches den weitern Vertrieb nach dem nördlichen Europa vermittelte. Nürnberg kam durch diesen gewinnvollen Verkehr in Verbindung mit den bedeutendsten Handelsplätzen, besonders mit Italien, woher so viele wohlhabende Kaufleute sich nach Nürnberg begaben, daß selbst die alte italienische Art, die Stunden von 1—24 zu zählen, dort bei den Schlaguhren eingeführt ward, was bis 1806 fortdauerte. Der Wohlstand der Stadt und der Reichthum ihrer Bürger stiegen, und mit ihnen der Gewerbfleiß, während zugleich der Kunstsinn geweckt wurde und treffliche einheimische Künstler ehrenvolle Ermunterung fanden. Bis zu Ende jener glänzenden Zeit hatte Nürnberg (im 14. Jahrhundert) in seinen Baumeistern Georg und Friedrich Rupprecht und dem Bildhauer Sebald Schonhofer, später in dem Bildhauer Adam Kraft, in dem Maler Michael Wohlgemuth (geb. 1434, gest. 1519), dem Gründer der nürnbergischen Schule, und seinem Zögling Albrecht Dürer (geb. 1471, gest. 1528), in dem trefflichen Erzgießer Peter Vischer (geb. 1470, gest. 1530) und seinen Söhnen, in dem Dichter Hans Sachs (geb. 1494, gest. 1576), Männer, die den Kunstruhm ihrer Vaterstadt in Deutschland und selbst jenseit der Alpen verbreiteten. Martin Behaim, einer der gelehrtesten Astronomen, machte seit 1480 eine Entdeckungsreise und half die azorischen Inseln auffinden. Willibald Pirkhaimer (geb. 1470, gest. 1530), Rathsherr zu Nürnberg, ein vielseitig gebildeter Gelehrter, war als Staatsmann geehrt und gab der Buchdruckerkunst in Nürnberg einen hohen Aufschwung. Nürnbergs Goldarbeiten gehörten zu den kunstreichsten. Auch seine Handwerker waren ausgezeichnet, wie denn der alterschwache Schlosser Hans Bullmann 1535 in einer Sänfte nach Wien geholt wurde, um wegen künstlicher Uhrwerke Rath zu geben. Das Drahtziehen (1360—1400), die Taschenuhren, das Flintenschloß (1517) und die Windbüchse sind nürnbergische Erfindungen, und vielleicht wurden dort zuerst künstliche Maschinen gebaut. Dieses rege gewerbliche Leben hatte einen so wohlthätigen Einfluß auf die Lage der Bewohner, daß der vielgereiste Italiener Aeneas Sylvius Piccolomini (später, 1458, Papst Pius II.) wol ohne Übertreibung sagen mochte, Nürnbergs Bürger hätten bessere Wohnungen als die Könige von Schottland. Das Gedeihen der Stadt führte zu einer Erweiterung, durch welche sie seit 1427 ihren jetzigen Umfang erhielt. Im 15. Jahrhundert war Nürnberg oft in Fehden mit den Nachbarn verwickelt, ohne daß es dadurch gelitten hätte; es erwarb vielmehr in diesen Kriegen nach und nach so ansehnliche Besitzungen, daß es unter allen deutschen Reichsstädten das größte Gebiet besaß, welches 23 ☐Meilen betrug. Die Entdeckung des Weges nach Indien um das Vorgebirge der guten Hoffnung (1498) gab dem Handelsverkehr der Europäer mit Indien einen andern Gang, und verminderte allmälig den Waarenzug durch Italien und Süddeutschland, und da auch andere Länder auf die Vortheile des Handels immer aufmerksamer wurden, so erlitt Nürnbergs Verkehr im 16. Jahrh. einen Stoß, von welchem es sich nie erholte, obgleich seine Manufacturen noch lange in ihrer frühern Thätigkeit blieben. Die Verheerungen des dreißigjährigen Kriegs, welche die Stadt hart empfand, seit Wallenstein in ihren Mauern (1632) von Gustav Adolf belagert wurde, brachten sie noch mehr von ihrer Höhe herab. Die Volksmenge der Stadt sank auf die Hälfte der frühern Bewohnerzahl. Manche Gebrechen der städtischen Verfassung erhöhten diese Nachtheile. Die Schulden der Stadt stiegen im 18. Jahrhundert zu der Höhe von 9 Millionen Gulden, die sie freilich größtentheils ihren eignen Bürgern schuldig war, und ihre Einkünfte waren nicht hinreichend zur Bezahlung der Zinsen. Bei den großen Veränderungen, die Deutschland 1803 erlitt, behielt sie zwar ihre reichsstädtische Freiheit, aber bei der Stiftung des Rheinbundes kam sie an das Königreich Baiern, das im Sept. 1806 die Stadt und ihr ganzes Gebiet in Besitz nahm. Nürnberg hat noch immer einen nicht unbedeutenden Handel, vorzüglich mit einheimischen Manufacturwaaren. Es verfertigt verschiedene Arbeiten in Messing, Stahl und Eisen, Drechslerwaaren, Spiegel, musikalische Instrumente und viele andere Gegenstände, die nicht nur durch ganz Europa, sondern selbst nach Amerika und Indien gehen. Der wohlfeile Preis jener Waaren hat seinen Grund in der sparsamen Lebensweise der nürnberger Arbeiter und der Landleute im Thüringerwalde, deren Kinder sich im Winter mit der Verfertigung des größten Theils der hölzernen Waaren und Spielsachen beschäftigen, die von Nürnberg aus versendet werden. Die Stadt hat jetzt über 40,000 Bewohner, und neben ihren wohl begabten Stiftungen aus der alten glänzenden Zeit, seit 1806 mehre treffliche Bildungsanstalten erhalten, wozu die polytechnische Schule, eine Kunstschule mit bedeutenden Kunstsammlungen, eine Anstalt zur Aufbewahrung und Erhaltung einheimischer Alterthümer und Kunstwerke gehören. Ihre Bewohner zeichnen sich durch Bildung und Gemeinsinn aus, und haben in der neuesten Zeit einige gemeinnützige Anstalten ins Leben gerufen. Ein Kunstverein, an den sich der bei Albrecht Dürer's Gedächtnißfeier 1828 gestiftete Dürerverein später anschloß, hat die Belebung des Kunstsinns zum Zwecke.

Nähern wir uns der Stadt, die 1½ Stunde im Umfange hat, und von dem Pegnitzflusse in zwei ziemlich gleiche Hälften getheilt wird, so führt uns gleich der Anblick der vier Hauptthore mit ihren runden hohen Thürmen, der in doppelter Reihe die ganze Stadt umgebenden Mauern, durch Thürme, Brustwehren und Basteien geschützt, des alten wohlerhaltenen Reichsschlosses und der schlanken Spitzen einiger Kirchthürme in die Vorzeit zurück. Noch lebhafter ergreifen uns diese Erinnerungen, wenn wir durch eines der gewölbten Thore in das Innere der Stadt treten. Vorzüglich überrascht uns der Hauptmarktplatz, den unsere Abbildung darstellt, mit seinen schönen Denkmalen der Baukunst, seinen stattlichen Häusern, welchen schöne Erker, hohe Giebel, Thürme und Thürmchen den malerischen Reiz der Alterthümlichkeit geben. Unter allen süddeutschen Städten findet man nirgend so häufig als in Nürnberg die mittelalterlichen Erker, die oft durch mehre Stockwerke durchgehen und zuweilen durch kunstvolle Anlage und Verzierung sich auszeichnen. Rings um den Marktplatz sind in den Erdgeschossen viele Magazine und Läden, und in der Mitte desselben, wo früher ungleiche und schlechte Buden standen, sind in neuern Zeiten drei Reihen fest stehender Buden, als drei Seiten eines gegen Süden offenen Vierecks, errichtet worden. Hier und in andern Stadttheilen sind die Häuser der alten städtischen Geschlechter und der wohlhabenden Kaufleute sämmtlich aus massivem Stein aufgeführt. Sie sind meist 3—5 Stockwerke hoch, haben eine geringe Breite gegen die Straße, aber eine beträchtliche Tiefe. Nach dem ersten Hofraum folgt ein zweites Gebäude, dann ein zweiter Hof und ein anderes auf eine andere Straße hinausreichendes Gebäude. Diese Masse von Gebäuden bildet ein Haus und bedeckt einen ansehnlichen Raum, und auch diese Baueinrichtung erinnert uns an die Zeit des großartigen Handels in Nürnberg. Das Erdgeschoß dieser Häuser ist ausschließend zu Kaufmannsgewölben und Magazinen bestimmt. Das Innere solcher Häuser läßt uns einen Blick in das Privatleben der Vorzeit thun. In den höhern Stockwerken findet man geräumige Säle, mit Fußböden von Estrich, nach italienischer Weise; Treppen auf- und niedersteigend, kommt man in weite Wohnzimmer, doch sieht man größtentheils unheizbare Kammern. Die Zimmer sind meist groß und dunkel, haben gefirnißte Decken und Vertäfelungen von alterthümlicher, zum Theil sehr schöner Bildhauerarbeit. Man sieht Treppen mit gothisch durchbrochenem Steingeländer. Rings um den Hof laufen lange Gänge. Selten findet man Abtheilungen für mehre Haushaltungen, da der große Raum nur für eine Familie und ihre zahlreichen Hausgenossen bestimmt war, und der Kaufmann keiner zweiten ihm fremden den Zugang zu seinen Magazinen gestatten mochte.

Treten wir wieder auf den Marktplatz, so sehen wir rechts die Frauenkirche, die von 1355—61 von dem Baumeister Rupprecht und dem Bildhauer Schonhofer erbaut wurde, nachdem Kaiser Karl IV. im Jahre 1349 dem Stadtrathe erlaubt hatte, die früher hier befindliche Synagoge abzubrechen. An der Vorderseite sieht man den ganzen Reichthum altdeutscher Formen und Verzierungen. Die hohe Giebelwand mit vielen nischenförmigen Abtheilungen hat einen zierlichen Thurm, an welchen sich eine kleine Kapelle lehnt, die auf einer von innen und außen reich verzierten Vorhalle ruht. Diese später überbaute Kapelle hat ein künstliches Uhrwerk, das 1509 in einer Nische angebracht wurde. Man sieht von den neun in Kupfer getriebenen, 2½ Fuß hohen Figuren nur noch Karl IV., auf einem Throne sitzend, und vor ihm den geharnischten Reichsherold. Die Figuren der sieben Kurfürsten sind verschwunden, in der neuesten Zeit aber durch hölzerne ersetzt worden, welche sich wieder, wenn das Uhrwerk aufgezogen ist, um den Kaiser bewegen, während der Herold in die Posaune stößt. Dieses Uhrwerk heißt das „Männleinlaufen". Die Frauenkirche ist die einzige katholische Kirche in Nürnberg, unter dessen Bewohnern es gegen 3000 Katholiken gibt. Das Innere hat seine alten Kunstwerke und Gemälde verloren, zu deren Ersatz in der neuesten Zeit aus andern Kirchen Manches zusammengebracht wurde.

Links auf unserer Abbildung erhebt sich eines der kunstreichsten Baudenkmale der Stadt, der schöne Brunnen, gleichzeitig mit der Frauenkirche von dem Baumeistern derselben errichtet. Das Ganze bildet eine über 50 Fuß hohe, von unten bis oben durchbrochene Pyramide, die in drei Abtheilungen achteckig emporsteigt, sodaß die Kanten des obern Achtecks auf der flachen Seite des untern stehen. Die Pyramide endigt sich in einer mit Blumenknospen verzierten Spitze, die zwei Lilien krönen, über welche sich eine Helmstange und eine Fahne erheben. An den acht Pfeilern der untern Abtheilung stehen 16 Figuren, die sieben Kurfürsten und neun Helden aus der christlichen, jüdischen und heidnischen Vorzeit. An der obern Abtheilung sieht man acht Figuren, Moses und die sieben Propheten. Zeichnung und Ausführung dieser in Stein gehauenen Bilder ist untadelhaft und rein. Dieses Denkmal wurde von 1447—1586 mehrmals hergestellt, und da es gänzlichen Einsturz drohte, in den Jahren 1822—24 unter Reindel's Leitung durch nürnbergische Künstler im alterthümlichen Styl erneuert. Das zierliche Eisengitter, das den Brunnen umgibt, wurde 1586 von Paul Kön, einem Schlosser aus Augsburg, verfertigt. Der Brunnen hat zwei Zuflüsse trefflichen Wassers, das die Nachbarschaft versorgt.

(Der Beschluß folgt in Nr. 104.)

Das Ichneumon (Herpestes Ichneumon).

Dieses seit dem Alterthume berühmte Thier, dessen Naturgeschichte mit einer Menge Fabeln ausgeschmückt war, welche erst die neuere Zeit aufgeklärt hat, ist 1 Fuß 6 Zoll lang, und ebenso lang der Schwanz, dagegen steht es sehr niedrig auf den Füßen, indem es kaum 7 Zoll hoch ist. Die Farbe des Pelzes ist braun, durch die weißen Haarspitzen schmuzigweiß gesprenkelt. Die alten Ägypter stellten dieses Thier in die Reihe derjenigen, welchen sie eine besondere Ehrerbietung bewiesen, weil sie dasselbe für einen Vertilger der in ihrem Lande so häufigen Reptilien, besonders der Krokodile hielten. Sie glaubten, daß das Ichneumon diesen Riesenthieren, wenn sie mit offenem Maule schliefen, in den Rachen kröche und sich durch den Leib durchfressend, ihnen den Tod brächte. Das Ichneumon vertilgt die Krokodile jedoch nur dadurch, daß es ihre Eier aussaugt, was aber auch selten genug der Fall ist, wenigstens jetzt, da das Ichneumon nur in Niederägypten, das Krokodil aber nur bei und oberhalb der Wasserfälle des Nils vorkommt. Diese Thiere haben in ihrer Lebensweise die größte Ähnlichkeit mit dem Marder und Iltis. Sie halten sich im Freien in der Nachbarschaft der Menschenwohnungen auf, meist an den Rändern der Gräben, welche zur Wässerung gebraucht werden. Wenn sie in die Hühnerhöfe bringen, so tödten sie, gleich jenen Thieren, alles Geflügel, das ihnen vorkommt, begnügen sich aber, das Gehirn zu fressen und das Blut auszusaugen. Im Felde verfolgen sie Ratten, Vögel und kleine Reptilien, auch suchen sie die Eier derjenigen Vögel auf, welche an der Erde nisten, und wissen geschickt die der Reptilien aus dem Sande, wo sie verborgen liegen, hervorzusuchen, so auch die der Krokodile. Ihr Gang ist äußerst vorsichtig und sie thun nicht einen Schritt, ohne sich vorher versichert zu haben, daß ihnen keine Gefahr droht; das geringste Geräusch bringt sie zum Stillstehen und zum Rückzug, und nur wenn sie versichert sind, daß nichts Gefährliches droht, werfen sie sich rasch auf ihre Beute, auf welche sie aber auch außerdem stundenlang lauern können. Zwar wird das Schneumon jetzt in Ägypten nicht mehr als Hausthier betrachtet, doch scheint dies früher der Fall gewesen zu sein. Es ist auch sehr leicht, sie zu zähmen, und sie gleichen dann in ihrem Benehmen ganz den Katzen; sie gewöhnen sich, wie diese, an ihren Aufenthalt, und nehmen sich ebenso sehr in Acht, irgend einen Ort zu besuchen, bevor sie ihn nicht sorgfältig ausgekundschaftet haben, wenigstens mit Hülfe des Geruchs. Sie gewinnen Zuneigung zu den Personen, die sich mit ihnen abgeben, vergessen aber, gleich den Katzen, diese Anhänglichkeit, sobald sie mit einer Beute beschäftigt sind, die sie in den dunkelsten Winkel schleppen, um sie dort unter Knurren zu verzehren. Das Vaterland dieser Thiere scheint einzig Niederägypten zu sein.

Das Schneumon.

Der Wasserfall des Puppanassum.

Unfern von Tinevelley, der Hauptstadt des Gebiets Karnatik, in der indischen Präsidentschaft Madras, befindet sich der merkwürdige Wasserfall des Puppanassum. Wir nähern uns diesem erhabenen Naturschauspiel, dessen Anblick uns durch die Windungen eines von hohen Felswänden enge eingeschlossenen Thales so lange entzogen bleibt, bis wir plötzlich nahe davor stehen. Dieses Thal wird durch den in eine unergründliche Tiefe hinabstürzenden Strom geschlossen und läßt uns so nur die von beiden Seiten durch mächtige Felsen eingedämmte Wassermasse sehen, welche nach ihrem Sturz mit ruhigem klaren Spiegel durch eine blühende Ebene dem Meere zufließt.

Obgleich sein donnerähnliches Gebrüll den Reisenden schon von ferne auf etwas Außerordentliches vorbereitet, so übertrifft doch die Wirklichkeit jede Erwartung und ist wahrhaft erschütternd. Der Strom stürzt sich seiner ganzen Breite nach 150 Fuß hoch über eine steile Felswand in das Thal, wo ihn zuerst ein Wald von Felsspitzen aufnimmt und in unzählige Theile gleichsam zersplittert. Schäumend mit tosendem Gebrüll stürzt er von diesen Felsspitzen in einen tiefen Kessel, wo er mit betäubendem Geräusch kocht, siedet und zischt. Sein Getöse wird selbst in der trockenen Jahreszeit mehre Meilen weit gehört; in der nassen aber ist es schon in gleicher Entfernung betäubend. Der Wirbel, zunächst unterhalb des Falles, ist furchtbar; kein Kahn darf sich ihm nahen. Zu allen Zeiten sind die Felsbänke umher mit Pilgern besetzt, welche hier in andächtiger Stellung ihre Gebete verrichten und dann in den heiligen Wassern des Puppanassum (wörtlich Sündenabwaschung) zur Sühne ihrer Sünden sich baden. Die Wände der Felsen sind mit uralten Bildwerken bedeckt, wie unsere Abbildung sie andeutet, und so gleicht das ganze große Landschaftsbild einem unermeßlichen Tempel.

Der Wasserfall von Puppanassum.

Über das Gold und dessen Benutzung.
(Fortsetzung aus Nr. 102.)

Wir haben nun über die Kennzeichen, die Eigenschaften, das Vorkommen und die Fundörter des Goldes so viel mitgetheilt, als es der Raum gestattet und ohne in nähere wissenschaftliche Erörterungen einzugehen, möglich war, und wollen zunächst betrachten, wie das Gold an seinen Fundörtern vorkomme und wie es aufgesucht und gewonnen werde. Das Gold wird selten in Krystallen, häufiger in unregelmäßiger Gestalt gefunden, drahtförmig, haarförmig, gestrickt, zähnig, moosartig, in Platten auf den Erzgängen, oder eingesprengt in Gebirgsmassen, in stumpfeckigen Stücken, in runden oder platten, oft sehr kleinen Körnern, aber auch, wie wir gehört haben, zuweilen in großen Massen. Selten findet man das gediegene Gold rein, gewöhnlich mit Silber verbunden, zuweilen mit Kupfer, selten mit Eisen und andern Metallen. Zuweilen ist das Gold andern gediegenen Metallen beigemengt. Das Silber goldreicher Länder ist in der Regel goldhaltig. Der gediegene Arsenik in Ungarn enthält Gold. Häufiger ist das Gold in Schwefelmetallen vorhanden, z. B. Schwefeleisen, Schwefelkupfer (Kupferkies), Schwefelsilber (Bleiglanz). Beim Aufsuchen des Goldes in Flüssen und sandigen Ablagerungen sind eisenschüssiger Sand, Magneteisensand, Menakan oft Anzeigen des vorkommenden Goldes. Das feste Gestein, wo man Gold erwartet, wird mit dem Bergbohrer untersucht oder man schlägt in das zu Tage ausgehende Gebirge ein. Ist das gefundene Gold verlarvt, so wird es auf trockenem oder nassem Wege erprobt. Bei der trockenen Probe wird das Erz zuerst zermalmt und gewogen. Schwefelhaltige Erze röstet man, schmelzt dann einen Theil derselben mit Blei, und trennt die Schlacke von der flüssigen Masse, worauf das Blei auf der Kapelle — einem aus Asche oder Knochenmehl verfertigten Gefäß — abgetrieben wird. Die gewonnene Kugel wird dann hinsichtlich ihres Goldgehaltes geprüft und gewogen. Durch die Vergleichung der Gewichte des Probeerzes und des Goldkorns wird der Goldgehalt im Centner des Erzes ausgemittelt. Hat das Goldkorn einen überwiegenden Silbergehalt, so wird das Gold vom Silber chemisch geschieden. Bei der Probe auf dem nassen Wege wird das zermalmte Erz mit Königswasser bei einer Hitze von 60 Grad aufgelöst, und in der mit Wasser verdünnten Flüssigkeit durch eine Auflösung von Eisenvitriol das Gold niedergeschlagen, endlich getrocknet und gewogen. Im festen Gestein wird das Gold wie andere Metalle durch Anlegung von Gruben, Schachten und Stolln gewonnen. Wo reiche Erze (edle Geschicke, in der bergmännischen Sprache) sich befinden, wird bei dem Bohren und Schießen vorsichtig verfahren, damit der Erzgang nicht zu weit geworfen werde und sich nur ablöse. Reiche Erze werden schon in der Grube gesondert. Gediegen Gold wird mit den Werkzeugen von der Gebirgsart getrennt, dann mit Borax und Salpeter eingeschmolzen und in Platten gegossen. Um das Gold aus den Erzen zu scheiden, wird zuerst das fremde Gestein durch Waschen und Schlemmen entfernt, und das Erz dann mit Quecksilber verbunden (amalgamirt), diese Mischung durch Auspressen in dünnem Leder von dem überflüssigen Quecksilber befreit und das übrige Quecksilber im Amalgamirofen entfernt, wobei das Gold, gewöhnlich mit Silber verbunden, zurückbleibt. Golderze, die außer Silber noch andere Metalle enthalten, werden durch Schmelzung mit Blei gereinigt. Sogenannte arme Golderze (¹/₁₀ Loth Gold im Centner enthaltend) werden geröstet, gepocht und geschlemmt, reiche (über 1 Loth Gold im Centner) trocken gepocht und chemisch geschieden. Goldhaltige Schwefelmetalle, goldhaltiger Eisenkies und Arsenikkies werden durch Rösten entschwefelt, oder gemahlen, geschlemmt und dann amalgamirt, um das edle Metall zu scheiden. Goldhaltiges Silbererz wird auf Silber bearbeitet und dann das gewonnene Silber jetzt gewöhnlich bei erhöhter Temperatur durch concentrirte Schwefelsäure in verschlossenen eisernen Gefäßen vom Golde geschieden.

Das Gold im aufgeschwemmten Lande und in Flüssen wird durch Anlegung von Seifenwerken, durch Waschen des Sandes und durch Sammeln der festen Massen gewonnen. Das Gewinnen des Goldes aus dem Sande durch Waschen ist sehr verschieden. Das einfachste Verfahren haben die Neger in Westafrika; der Goldsand wird in einem ausgehöhlten Kürbis mit Wasser gemischt und durch kreisförmige Schwingung des Gefäßes schnell gereinigt. In Ungarn wird der goldhaltige Sand auf schiefliegenden Bretern gewaschen, die mit Rinnen und wollenen Tüchern versehen sind, und der Schlich in Trögen gesammelt. Am Ural wird der Goldsand gesiebt, der feinste gewaschen, der gröbere ausgeklaubt. In Nordamerika wäscht man den Sand in einer Wiege durch schaukelnde Bewegung, und nachdem man das taube Gestein mit der Hand entfernt hat, wird der Rückstand auf eine eiserne Scheibe gegossen und durch eine drehende Bewegung gereinigt. In Brasilien leitet man Bäche nach der Gegend, wo man das Gold ausbeuten will. Die Negersklaven brechen das goldhaltige Gestein los, das durch den Wassersturz zertrümmert und in die am Fuße des Gebirges angelegten Kanäle und Sammelteiche gespült wird. In den Kanälen befinden sich Gitter, die das grobe Gestein abhalten und nur den feinen Sand in die Teiche fließen lassen. Der in den Flüssen und im aufgeschwemmten Lande gefundene Goldsand wird in Ungarn mit Quecksilber verbunden, durch Leder gepreßt und das zurückgebliebene Amalgam im offenen Feuer ausgeglüht, um das Quecksilber zu entfernen, und das reine Gold zurückzuhalten.

Das Gold läßt sich durch Schmelzen mit andern Metallen mehr oder weniger leicht verbinden, was man legiren nennt, und die dadurch entstandenen Metallmischungen sind bald sehr geschmeidig, wie Gold mit Platin oder mit reinem Kupfer, bald spröder, wie Gold mit Wismuth oder Zinn. Gold, mit Eisen verbunden, gibt gleichfalls eine geschmeidige Masse von grauer oder weißlicher Farbe, die gewalzt, geprägt und gehärtet werden kann und zu Schneidewerkzeugen gebraucht wird. Mit Silber bildet Gold eine geschmeidige Verbindung. Eine Mischung von 4 Theilen Gold und 1 Theil Silber gibt das Elektron der Alten. Eine ähnliche Verbindung unter diesem Namen kommt als Mineral vor. Die ursprüngliche Farbe des Goldes wird durch die Versetzung mit andern Metallen mehr oder weniger verändert. Das Gold, das in seinem reinen Zustande wegen seiner Weichheit nicht gut verarbeitet werden kann, muß, ehe es zu Kunstsachen oder Münzen benutzt wird, mit Silber oder mit Kupfer oder mit beiden zugleich versetzt (legirt) werden, um ihm mehr Festigkeit zu geben. Man verfährt bei diesen Mischungen auf folgende Weise. Es wird 1 Pfund Münzgewicht, das 16 Loth gewöhnliches Gewicht hat, eine Mark, in 24 Karat eingetheilt, jedes Karat zu 12 Gran, und die Zahl der Karate bestimmt die Menge des Goldes in der Mark. Sind verarbeitetem Golde ³/₂₄ Silber oder Kupfer beigemischt, so sagt man, es habe 21 Karat Gold. Man hat verschiedene Mittel, das verarbeitete Gold hinsichtlich der Versetzung mit andern Metallen zu probiren und zu reinigen. Zu der Probe wird gewöhnlich der Probirstein — schwarzer geschliffener Kieselschiefer — und die Probirnadel gebraucht. Die Nadeln sind kleine Goldstreifen, die auf verschiedene Weise mit andern Metallen versetzt sind, und zwar für jeden halben Karat, wenigstens von 15 bis 23½ Karat. Sie haben fünf verschiedene Zumischungen, nämlich 1) reines Silber, 2) reines Kupfer, 3) eine Mischung von ²/₃ Silber und ¹/₃ Kupfer, 4) gleiche Theile Silber und Kupfer, 5) eine Mischung von ¹/₃ Silber und ²/₃ Kupfer. Auf dem Probirsteine wird mit dem zu prüfenden Golde ein Strich gemacht und neben demselben ein Strich mit der Probirnadel, die der Probe in der Farbe am meisten ähnelt. Auf diese Weise findet man, daß die Probe dieselbe Mischung hat, welche man in der Nadel kennt, deren metallische Abfärbung dem Striche der Probe am nächsten kommt. Die Verhältnisse der Beimischungen von Silber und Kupfer zu dem Golde, sowol bei Goldarbeiten als bei Münzen, sind meist durch Gesetze bestimmt und sehr verschieden. Venedig prägte einst Münzen, die 24 Karat Gold enthielten, mithin ohne Beimischung waren. Das schwedische Dukatengold enthält 23 Karat 5 Gran Gold und 7 Gran Silber. Legirungen mit Silber allein sind jedoch selten, häufiger wird mit Kupfer, wie gewöhnlich bei Münzen, oder mit Kupfer und Silber legirt. In Frankreich sind die Goldmünzen mit 9 Theilen Silber und einem Theil Kupfer versetzt. Auch in England besteht die Legirung der Goldmünzen aus Silber und Kupfer. Andere Staaten prägen nur selten so fein; manche nehmen nur Gold von 20 Karat, ja man hat Goldmünzen von 7 Karat 6 Gran, wie die brandenburgischen Augustd'or von 1758. Beim Legiren des zu Münzen bestimmten Goldes wird von der geschmolzenen Masse, ehe sie ausgegossen wird, mit einem eisernen Löffel, der einen thönernen Überzug hat, eine Probe ausgeschöpft und dann chemisch untersucht.

Kein Metall hat so früh die Aufmerksamkeit, den Kunstfleiß, den Scharfsinn und die Leidenschaften der Menschen in gleichem Grade erweckt als das Gold. In Ägypten waren in den ältesten Zeiten Tausende von Sklaven in den Goldgruben beschäftigt. Vor 3000 Jahren zogen Karawanen nach Afrika, um Gold zu gewinnen, wie in neuern Zeiten Holländer und Briten die Goldküste in Westafrika beschifften. Die Karthager unterjochten Spanien, um Sklaven für die Bergwerke zu gewinnen, wie die Spanier seit dem 16. Jahrhundert Amerika. Wir haben nur dürftige Nachrichten über die Entdeckung, das Vorkommen, die Gewinnung und Verarbeitung des Goldes in der Vorzeit, doch reicht die Entdeckung des Goldes und die Erfindung des Gebrauchs dieses Metalls in die früheste Zeit des Menschengeschlechts. Der Gebrauch des Goldes wurde durch das Vorkommen in gediegenen Massen, die keine mühsame Bereitung erfodern, und durch seine Dehnbarkeit erleichtert. Unter den sieben, der alten Welt bekannten Metallen wurde das Gold zuerst, das Eisen zuletzt bearbeitet. Die Dehnbarkeit des Goldes war schon zu Mosis Zeiten bekannt, wie die dünnen Goldplatten andeuten, mit welchen die Bundeslade bedeckt war. Künstliche Verbindungen des Goldes mit Kupfer kannte schon der römische Schriftsteller Plinius im ersten Jahrhundert der christlichen Zeitrechnung, sowie er auch von der Anwendung des Goldes als Arznei spricht. Die Alten kannten außer dem gediegenen Golde auch verlarvtes, und die Ägypter wahrscheinlich den Goldkies. In Spanien war unter den Römern das Rösten der Golderze bekannt, die wahrscheinlich goldhaltige Schwefelmetalle waren. Auch über das verschiedene Vorkommen des Goldes finden wir wenige Nachrichten bei den Alten. Sie unterschieden zwar das Vorkommen im aufgeschwemmten Lande, in Flüssen, in festem Gestein und in Erzgängen, nicht aber die Gebirgsarten des Gesteins. Die Nachrichten über die verschiedenen Fundörter des Goldes sind gleichfalls dunkel. Es ist noch immer nicht ausgemittelt, wo das Ophir zu suchen sei, wohin Salomo seine Schiffe sendete, und ungewiß, ob die Edomiter, von welchen Moses spricht, ihr Gold aus Wäschen oder durch Karawanen erhielten. Ebenso wenig wissen wir, wo die Heimat der einäugigen Arimaspen war, die nach der Erzählung des griechischen Geschichtschreibers Herodot (480 Jahre vor Christus) den Greifen das Gold raubten. Ohne Zweifel sind darunter Bergleute zu verstehen, und die Einäugigkeit ist nur eine bildliche Redensart, die sich darauf bezieht, daß im Alterthum die Grubenlichter — Thonlampen — vor der Stirne getragen wurden. Nordindien wurde früh von Karawanen besucht, die Gold einkauften. Äthiopien war so reich an Gold, daß die Sklaven goldene Fesseln trugen. Nach Herodot's Berichte führten die Karthager mit einem Volke in Afrika gegen Goldsand einen stummen Handel, eine Nachricht, die auf das hohe Alter des Handels mit Goldstaub auf der Westküste Afrikas hindeutet, wo noch jetzt die Europäer mit Negern Verkehr haben, ohne sich gegenseitig anders als durch Zeichen verständlich machen zu können. Die Griechen hatten Goldwäschen und Bergwerke in verschiedenen Gegenden, ebenso die Römer, die den Bergbau in Spanien, Portugal und Frankreich erweiterten, zahlreiche Sklaven in den dortigen Bergwerken hatten und in spätern Zeiten Gruben und Goldwäschen in Dalmatien, Illyrien, Niederungarn, Siebenbürgen, der Moldau und Walachei entdeckten. Gold wurde früher aus Flüssen und im aufgeschwemmten Lande gewonnen als durch Bergbau, der künstlicher Arbeiten, fester Wohnsitze und eines gemeinsamen Wirkens bedarf, während auch ein wanderndes Volk Gold in Flüssen sammeln kann. Die Gewinnung des Goldes aus den Gängen der Bergwerke lernte man erst weit später, wie überhaupt die Kenntnisse des Bergbaus und der Schmelzkunst sich nur langsam entwickelten. Goldwäschen gab es besonders in Spanien, wo man zu den Zeiten der Römer Bäche weit herbeileitete, um die Trümmer der Gebirge zu waschen und das darin enthaltene Gold in tiefer angelegten Becken zu sammeln, wie es noch jetzt in Brasilien geschieht. Schon früh aber ward in Spanien Gold aus Gruben gewonnen, doch war es meist nur ein kostspieliger Versuchbau. Nach den auf uns gekommenen Nachrichten aus dem ersten Jahrhundert der christlichen Zeitrechnung wurden dort Berge ausgehöhlt, wobei das Gestein mit Feuer und Essig gewältigt ward und endlich der Berg zusammenstürzte, ohne daß man bei dem Anfange der Arbeit gewußt hätte, ob man Gold finden würde. Die Nachrichten über die Aufbereitung, d. h. die Absonderung der untauglichen Mineralien von den brauchbaren, und über das Schmelzen der goldhaltigen Erze sind auch nur ungenügend, da sie von Schriftstellern herrühren, welche das Verfahren zu wenig kannten. Bei den Ägyptern wurden die Erze in steinernen Mörsern zerstampft und auf Mühlen zu Schlich gemahlen, der dann auf ebenen Flächen geschlemmt wurde. Der durch Waschen gereinigte goldhaltige Schlich wurde in thönernen Schmelz-

gefäßen mit Blei, Zinn, Salz und Mehl einem langsamen Feuer ausgesetzt. In den Seifenwerken der Römer wurden die zur Auffangung des Goldsandes gebrauchten Sträucher getrocknet, zu Asche gebrannt und diese auf Rasen gewaschen, um die darin befindlichen Goldtheile zu sammeln. Die aus Gruben gewonnenen goldhaltigen Erze wurden gepocht, geschlemmt und zu Pulver gemahlen, und die bei dem Schmelzen ausgeworfene Schlacke nochmals gepocht, um sie noch einmal zu schmelzen. Das Probiren des Goldes geschah im Feuer und auf dem Probirsteine, den man schon 370 Jahre vor Christus kannte.

(Der Beschluß folgt in Nr. 104.)

Putz in Neusüdwales.

Die Schwänze der Bisamkatze werden von den Frauen in Neusüdwales an ihre fettigen Haarlocken befestigt, und ihren Nacken ziert eine Schnur, auf welche Bruchstücke von Thonpfeifen, die mit bunten Knöpfen abwechseln, gereiht sind. Um ihre Schultern hängt ein schmuziger Mantel vom Felle der Bisamkatze, und ein Bündel von Lumpen, deren Stoff nicht leicht zu erkennen ist, umgibt ihre Hüften. Ein Sack auf ihrem Rücken ist zur Aufnahme von Eßwaaren bestimmt, aber außerdem so mit kleinen Thierchen angefüllt, daß wir, um nicht Ekel zu erregen, diese nicht weiter nennen wollen. Auch die Männer zieren ihr Haupt mit einem Bisamkatzenschwanze und wenden Fett und rothe Farbe im Überfluß an, ihre Reize zu erhöhen. An dem Kinn steht ein Büschel Barthaare, und die Farbe ihrer Haut läßt sich unter der dicken Lage von Schmuz und Holzkohle, die sie bedeckt, kaum erkennen. Durch die Nase stecken die Männer ein Metallstäbchen. Auch sie tragen einen Gürtel von Pelzwerk. Nie sieht man sie ohne die Pfeife, und die Europäer können ihnen kein angenehmeres Geschenk machen als Taback.

Die Bananen (Musa).

Der Wuchs der Bananen, deren unsere Abbildung eine ganze Gruppe und dahinter hohe Stämme der Cocospalme zeigt, hat etwas Großartiges und Gefälliges, zugleich aber auch viel Eigenthümliches. Sie gleichen nicht sowol Bäumen, als hochschäftigen Lilienstengeln. Auch ist ihr Schaft, welcher gegen 12 Fuß hoch wird, eigentlich kein Baum, sondern besteht aus einer Menge blätteriger Scheiden, welche dicht aufeinander liegen und von denen nur die innersten an der Spitze Blätter tragen, welche eine Länge von 4—10 Fuß und eine Breite von zwei Fuß erreichen. Aus der Mitte dieses prachtvollen Blätterbüschels steigt der lange Blütenkolben empor. Um diesen herum stehen die sehr großen gelben Blüten in halben Quirlen, d. h. nur auf einer Seite, und zwar immer 6—12 zusammen und unter jedem ein großes roth gefärbtes Blatt. Die Geschlechter sind in diesen Blüten getrennt, die weiblichen Blüten unten, die männlichen nach der Spitze hin.

Man unterscheidet hauptsächlich zwei Arten Bananen, von welchen die hier abgebildete der sogenannte Paradiesfeigenbaum (Musa paradisiaca), auch Adamsfeige genannt, die geschätzteste ist. Den Namen führt sie davon, daß angeblich unsere ersten Ältern nach dem Sündenfalle im Paradiese sich von den Blättern Schürzen gemacht haben, zu welcher Sage wol die Größe der Blätter Veranlassung gegeben haben mag. Der Paradiesfeigenbaum wächst in Ostindien, sowie in Afrika, dagegen er nach Südamerika erst zu Anfange des

16. Jahrh. gekommen sein soll. In jenen Ländern findet er sich im Allgemeinen in feuchten Niederungen und treibt jedes Jahr aus seiner Wurzel einen fruchttragenden, 18 Fuß hohen, 6—8 Zoll dicken Schaft, an dessen Blütenkolben nach dem Verblühen 6—8 Zoll lange gurkenähnliche dreiseitige Früchte erscheinen, die, wenn sie reif sind, eine gelbliche Farbe haben. Diese sind besonders unter dem Namen Bananen bekannt und haben ein dickes teigiges Fleisch. Die zweite Art, die Bananenfeige (Musa sapientum), kommt mit der vorigen ziemlich überein, unterscheidet sich aber durch spitzigere Blätter und durch die kürzern Früchte, welche auch ein süßeres, schmelzenderes Fleisch haben.

Beide Arten werden in großer Menge in Afrika, Asien und Amerika angebaut, hauptsächlich um ihrer Früchte willen, von welchen die Bewohner jener Gegenden vielfachen Gebrauch machen. Am meisten ist dies bei dem Paradiesfeigenbaum der Fall. Man kann das Mark der Früchte dieses letztern mit einem Teige aus Butter und Kraftmehl vergleichen, nur ist der Geschmack gezuckert und etwas würzig, das Fleisch selbst mitunter etwas trocken. Man ißt diese Früchte roh, gekocht und auf verschiedene Weise zubereitet, besonders aber verwendet sie in jenen Gegenden das Volk zu seiner hauptsächlichsten Nahrung, sowie man in den Colonien fast allein damit die Sklaven ernährt. Man macht auch ein angenehm schmeckendes geistiges Getränk daraus, das sich jedoch nicht lange hält. Durch Auspressen der reifen Früchte erhält man ein vortreffliches Kraftmehl, welches sich ebenso gut als anderes benutzen läßt und äußerst nährend ist. Außer der Frucht dient aber auch der junge Schaft als nährende Speise. Aus seinen gröbern Fasern macht man Stricke und allerlei Gewebe, die Blätter, obgleich leicht reißend, werden dennoch zu verschiedenem Gebrauche verwendet; so benutzt man sie zum Decken leichter Hütten, auch wie Tisch- und Handtücher, welche man nach dem Gebrauche wegwirft, zum Einpacken und namentlich um Cigarren darein zu verpacken.

Man hat immer geglaubt, daß die Bananen nur im heißen Klima gedeihen; aber sie kommen schon recht gut auf der Insel Madeira fort, und in mehren Gärten Andalusiens, namentlich in Sevilla und in den Umgebungen von Malaga, wachsen sie im freien Lande.

Die Bananen.

Das Pfennig-Magazin

der

Gesellschaft zur Verbreitung gemeinnütziger Kenntnisse.

104.] Erscheint jeden Sonnabend. [März 28, **1835.**

Die Barberini- oder Portlandvase.

Es sind aus dem Alterthume, besonders aus Griechenland und den griechischen Colonien in Italien, viele kunstreich geformte irdene Prachtgefäße auf uns gekommen, die man unter dem Namen Vasen begreift. Sie sind gewöhnlich von einer feinen Thonmasse und meist mit trefflichen Zeichnungen, seltener mit erhaben gearbeiteten Gruppen geziert. Man nannte sie früher hetrurische Vasen, weil sie zuerst in größerer Anzahl in

Toscana (dem alten Hetrurien) gefunden wurden. Man hat deren aber in neuern Zeiten nicht blos in Toscana, sondern auch viele vorzüglich bei Capua und Nola im Königreich Neapel, wo im Alterthume Colonien der Griechen blühten, in Sicilien, in Athen und auf der Insel Ägina gefunden, und in mehren Städten, z. B. Neapel, London, Paris, Wien, Berlin, Petersburg, reiche Sammlungen davon angelegt. Solche Vasen wurden bis jetzt meist nur in Gräbern entdeckt, doch dienten sie dort nicht als Aschenkrüge, sondern wurden, wie es scheint, den Todten als Weihgeschenke ins Grab mitgegeben. Vasen mit Hochzeitscenen wurden wahrscheinlich Bräuten zum Geschenke dargebracht. Es gab im Alterthume mehre Fabrikstätten solcher Gefäße, und an solchen Plätzen hat man deren in neuern Zeiten besonders viele aufgefunden. In Unteritalien werden die alten Vasen so gut nachgeahmt, daß manche Kunstfreunde dadurch getäuscht werden.

Wir liefern hier die Abbildung einer der vorzüglichsten Vasen des Alterthums. Sie ward in der Mitte des 16. Jahrh. in einem Sarkophage entdeckt, der sich in dem sogenannten Grabmal des Kaisers Alexander Severus und seiner Mutter Julia Mammäa zwischen Rom und Frascati befand. Der Sarkophag, ebenfalls ein sehr ausgezeichnetes Kunstwerk, ist noch jetzt in Rom; die Vase selbst stand hier über zwei Jahrhunderte lang in dem Palaste Barberini, von welchem sie auch ihren Namen erhalten hat. Vor etwa 40 Jahren kaufte sie der gelehrte Alterthumsforscher Sir William Hamilton, welcher lange englischer Gesandter in Neapel war, für die Sammlung des Herzogs von Portland. Nach dem Tode ihres Besitzers kam die Vase in das britische Museum, wo sie gegenwärtig aufgestellt ist. Sie ist nur um Weniges größer als unsere Abbildung; allein die Schönheit ihrer Formen und die Zierlichkeit ihrer Arbeit kann in keinem Bilde wiedergegeben werden. Der Stoff, woraus sie besteht, ist eine dunkelblaue, durchsichtige, glasartige Masse. Die darauf in Basrelief gearbeiteten Figuren sind von einer undurchsichtigen weißen Substanz, welche mit der Grundmasse völlig eins zu sein scheint. Die Kunst, durch welche dies erreicht worden ist und beide Massen auf das Innigste miteinander verschmolzen sind, ohne daß die eine durch die andere getrübt erscheint, ist bis jetzt, aller Bemühungen ungeachtet, nicht ermittelt worden. Auch über die Bedeutung des Basreliefs sind die Alterthumsforscher nicht einig, doch behauptet Veltheim, der über die Portlandvase Ausführliches mitgetheilt hat, daß darauf die Geschichte der Alceste, welche durch Hercules dem Admet wieder zugeführt wird, vorgestellt sei. Die Kenner des Alterthums sind darin einverstanden, daß hinsichtlich des Ausdrucks der Figuren dieses Basrelief von keinem andern auf ähnlichen Kunstwerken übertroffen wird. Außer mehren Gypsabgüssen, die es von dieser Vase gibt, lieferte auch die Fayencefabrik des Engländers Wedgwood mehre Nachbildungen dieses Kunstwerks, worin nicht allein die Form, sondern sogar auch die Farbe des Originals wiedergegeben ist.

Über das Gold und dessen Benutzung.
(Beschluß aus Nr. 103.)

Bei dem Verfalle des römischen Reiches, zu welchem fast alle bedeutenden Bergwerke des Alterthums gehörten, waren die Goldwäschen und Gruben schon gegen das Ende des 3. Jahrhunderts erschöpft. Der Werth des Goldes stieg. Wie andere Bergwerke, wurden auch mehre Goldgruben im östlichen Europa durch den Einfall fremder Völker zu Ende des 4. Jahrhunderts zerstört. Später geschah dies auch in Spanien. Es wurde jedoch sowol dort als in andern europäischen Ländern auch nach jener Zeit mehr Gold gewonnen, als Europa jetzt liefert. Bedeutend war besonders der Goldertrag in Böhmen, wo seit dem 8. Jahrhundert bei Eule reiche Gruben bebaut wurden. Man erzählt von einem Grubenbesitzer in Böhmen, Rothlow, der im 14. Jahrhundert 48 Kuxe besaß und aus vier derselben vierteljährig 30,000, aus zwölf aber 300,000 Goldgulden zog. Auch Schlesien war vom 11. bis 13. Jahrhundert goldreich, wie die noch vorhandenen verfallenen Gänge (Pingen) bei Löwenberg, Nickolstadt, Wahlstadt zeigen, und bei Goldberg gab es im 12. Jahrhundert ein ansehnliches Seifenwerk, das wöchentlich 150 Mark Gold lieferte. Schemnitz in Ungarn hatte schon im 8. Jahrhundert Bergbau auf Gold. Zur Zeit des bergbaukundigen Schriftstellers Georg Agricola aus Glauchau, der 1555 starb, wurde bei Goldkronach im Fichtelgebirge wöchentlich für 1500 Goldgulden Gold gewaschen. Die Erfindung der Amalgamation, welche von den Arabern nach Europa kam und schon im 15. Jahrhundert in Böhmen und im Fichtelgebirge angewendet und 1566 nach Südamerika gebracht wurde, beförderte die Gewinnung des Goldes, und durch die Erfindung des Königswassers im 8. Jahrhundert war die Scheidung desselben erleichtert worden. Die Entdeckung von Amerika gab Anlaß zur nähern Kenntniß des Goldes und zu vielen Untersuchungen über die Aufbereitung, Schmelzung und Scheidung desselben; aber erst in der neuesten Zeit wurden wir durch Reisende, und zwar meist durch Deutsche, mit jenen goldreichen Gegenden genauer bekannt gemacht. Während in dem Zeitalter, auf welches wir oben einen Blick geworfen haben, mehre für die Gewinnung der Metalle wichtige Entdeckungen gemacht wurden, gewann auch eine Meinung Eingang, die zu vielen vergeblichen Bemühungen geführt und bis in späte Zeiten Anhänger gefunden hat. Im 4. Jahrhundert gab es besonders in Ägypten Chemiker, deren Zweck war, unedle Metalle in edle, und vorzüglich in Gold zu verwandeln. Man nannte sie Alchemisten oder Goldmacher. Sie behaupteten die Möglichkeit, aus Körpern, die kein Gold enthalten, wahres Gold darzustellen und nannten das dazu nöthige Mittel den Stein der Weisen oder die rothe Tinctur. Nach ihrer Behauptung geschah die Verwandlung durch die Vermischung jener Tinctur mit dem geschmolzenen Metall, und die Veredlung sollte in dem Verhältnisse zunehmen, als die Tinctur kräftig wäre. Das Geheimmittel, das Metall in Gold zu verwandeln, war nach der Lehre der Alchemisten zugleich eine der wohlthätigsten Arzneien, sollte aber nur in starker Verdünnung gereicht werden dürfen, um nicht zerstörend zu wirken. Diese Meinung verbreitete sich aus Ägypten nach Italien und Spanien und bald über ganz Europa. Mehre ihrer Anhänger haben als geübte Chemiker, während sie den Stein der Weisen suchten, nützliche Entdeckungen gemacht, wie in Spanien das Scheidewasser, im 15. Jahrh. das Rubinglas und um dieselbe Zeit das Spießglasmetall entdeckt wurden.

Sehr früh wurde das Gold zu Kunstarbeiten verschiedener Art angewendet. Die Sagen der Ägypter und Griechen und die Schriften der Hebräer sprechen von der Ausbildung der Goldschmiedkunst in Ägypten und in Asien. Unter Salomo kamen Künstler aus Tyrus auf der Küste von Kleinasien nach Jerusalem, um

Kunstwerke aus Gold für den Tempel und den Palast des Königs zu verfertigen. Auch unter den Griechen kannte man früh die Kunst, in Gold zu arbeiten, die zuerst auf der Insel Kreta, jetzt Kandia, ausgebildet wurde. Die höchste Stufe der Vollendung erreichte sie 450 Jahre vor Christus unter dem griechischen Bildhauer Phidias, der das Bild der Göttin Pallas Athene aus Gold und Elfenbein verfertigte. Mit dem Untergange des griechischen Staates kam auch dieser Kunstzweig in Verfall. Goldstoffe sind eine alte asiatische Erfindung. Goldene Gefäße und Geräthe wurden bei den Griechen mehr zu gottesdienstlichen Zwecken als zum häuslichen Gebrauche angewendet. Im Morgenlande hingegen herrschte große Goldverschwendung. Man hatte unter Elefanten mit goldenem Geschirr, und der König Porus von Indien schlief in einer goldenen Bettstelle. Ebenso vergeudete man das Gold in Rom unter den Kaisern. Nero's Palast übertraf Alles in Verschwendung goldener Verzierungen. Kaiser Claudius hatte im ersten Jahrhundert der christlichen Zeitrechnung bei seinem Triumphzuge eine von Spanien ihm geschenkte goldene Krone, 7000 Pf. schwer. Um dieselbe Zeit war es Sitte in Rom, mit Goldstaub das Haar zu pudern. Nach dem Untergange des weströmischen Reiches im 5. Jahrhundert blühte die Kunst des Goldgießens und Goldschmiedens fortdauernd in Konstantinopel, dem Sitze der griechischen Kaiser. Die Einführung der Bilder in den Kirchen im 6. Jahrhundert war auch diesem Zweige der Kunst günstig. Der Gebrauch des Goldes war jedoch in jenem Zeitalter beiweitem nicht so allgemein als jetzt; nur Kirchen und Fürsten besaßen Schmuck und Geräthe von Gold. Erst später, als ein wohlhabender Mittelstand in Europa aufkam, wurde goldener Schmuck gewöhnlicher. Die Goldschmiedekunst blühte in Köln und im 12. Jahrh. vorzüglich in Nürnberg. Unter den Arbeiten der Goldschmiede in Köln zeichneten sich besonders mehre zur Aufbewahrung von Reliquien bestimmte Behältnisse aus, von welchen das der heiligen drei Könige vom Jahre 1191 das merkwürdigste ist. Auch Klostergeistliche waren damit beschäftigt, Kirchengeräthe zu verfertigen. Seit dem 10. Jahrhundert wurden Kirchen und Klöster immer mehr mit goldenen Zierrathen ausgestattet. In Italien wurden solche Kunstarbeiten besonders von Griechen verfertigt. Der prächtige Hochaltar in der Ambrosius-Kirche zu Mailand ward im 10. Jahrhundert vollendet. Die Kunst des Metallgießens wurde von den Goldschmieden ausgebildet. Der Kunstsinn der Päpste Julius II. und Leo X. und die Freigebigkeit des Hauses Medici in Florenz beförderten im 15. und 16. Jahrhundert die Kunst der Goldarbeiter. Die Anschauung der Bildwerke des Alterthums wirkte auch auf diese Kunst wohlthätig ein. Mehre vorzügliche Baumeister, Bildhauer und Maler gingen aus den Werkstätten trefflicher Goldschmiede hervor. Benvenuto Cellini in Florenz, der 1570 starb, war der erste Goldschmied seiner Zeit. Die Kunst, Gold mit Schmelz einzulegen, wurde zu Anfange des 15. Jahrhunderts erfunden, und Paul Rizo zu Venedig machte eingelegte Arbeit von Gold in Stahl von bewunderungswürdiger Kunst. Im Anfange des 18. Jahrhunderts war unter vielen kunstsinnigen Goldarbeitern ausgezeichnet Johann Melchior Dinglinger, der treffliche emaillirte, aus Gold verfertigte Bildwerke lieferte, von welchen mehre im grünen Gewölbe zu Dresden aufbewahrt werden. Unter den vorzüglichsten Künstlern des 19. Jahrhunderts ist Kirschstein in Strasburg zu nennen, der Vasen von getriebener Arbeit mit trefflichen Basreliefs und schöne Landschaften und Thierstücke aus Gold und Silber geliefert hat. Rondel in London verfertigte einen Schild aus Gold und Silber für Lord Wellington. Im Allgemeinen wurden in frühern Zeiten bedeutende Goldmassen zu Geräthen und Bildwerken für Kirchen verwendet und dadurch auf eine gewisse Zeit dem Umlaufe entzogen. Wie jetzt wird in Europa Gold in größerer Menge verbraucht, was nachtheilig ist, seit die Sendungen aus Südamerika geringer geworden sind. Der arzneiliche Gebrauch des Goldes ist auch in neuern Zeiten von mehren Ärzten in Frankreich, Spanien und Deutschland, besonders als Ersatz des Quecksilbers, empfohlen worden. Ein ansehnlicher Theil des verbrauchten Goldes wird zur Vergoldung von Kupfer, Messing und Silber angewendet. Man bedient sich dazu der oben erwähnten Verbindung des Goldes und des Quecksilbers. Die Oberfläche des Metalls wird sorgfältig abgeputzt, erwärmt und mit Salpetersäure und etwas Quecksilber gleich bestrichen. Alsdann wird die Mischung von Gold und Quecksilber (das Goldamalgam) darauf gelegt, und das Quecksilber auf dem Feuer abgeraucht. Das Gold bleibt als ein dunkelbrauner Überzug auf der Oberfläche. Man bestreut diese dann mit einer Mischung von Salpeter, Salmiak, Eisenvitriol und Grünspan, entweder allein oder mit Wachs (Glühwachs) eingeknetet, und erhitzt das Metall, bis die Masse zu rauchen anfängt, wovon das Gold eine hellere Farbe erhält. Endlich wird das Gold mit dem Polirstahl oder mit Blutstein polirt. Man hat noch eine andere Art, das Innere von Schalen und andern Sachen, die nicht gescheuert zu werden brauchen, zu vergolden. Man löst Gold in Salpetersäure und Kochsalz auf, und tränkt in dieser Auflösung Lappen, die man trocknet und zu Asche verbrennt. Ein glattes Stück Korkholz, an einem Ende ein wenig verkohlt, wird angefeuchtet, in die Asche getaucht und die Oberfläche des Metalls damit so lange gerieben, bis sie mit Gold völlig bedeckt ist. Man polirt sie dann mit feiner, über ein weiches Stück Korkholz ausgespannter Leinwand.

Sehr alt ist der Gebrauch des Goldes als Tauschmittel oder Geld. Goldstaub und gediegen gefundene Goldmassen dienten lange zur Ausgleichung bei dem Handel, ehe man geprägtes Gold hatte. Goldstangen waren früher als Goldmünzen. Die Handelsstaaten, die ein bequemes Tauschmittel brauchten, erfanden das unter der Aufsicht des Staats gewogene und bezeichnete Metall. Daher die Gewichtnamen der Münzen im Alterthum. Nicht alle Völker der Vorzeit hatten geprägtes Geld, die Hebräer schwerlich vor der babylonischen Gefangenschaft. Auch bei den Ägyptern fehlte es in den ältesten Zeiten, da man weder in den Königsgräbern noch in andern Denkmalen alte ägyptische Münzen gefunden hat. Goldene Münzen gab es in Europa später als silberne, kupferne und eiserne. Die ältesten echten Goldmünzen, die wir kennen, wurden 450 Jahre vor Christus von einem macedonischen König geprägt. Die Goldmünze der Griechen war von feinem Golde und mit Silber legirt. Sie hieß Stater und wog gewöhnlich zwei Drachmen. Die Goldmünze der Römer (aureus) war in frühern Zeiten 1 bis 10 Scrupel schwer, wurde aber später nach und nach weit leichter geprägt. Das Verhältniß zwischen Gold und Silber war im Alterthum sehr schwankend; in der frühesten Zeit wie 1 zu 13, 100 Jahre vor Christus wie 1 zu 9, und zu Anfange des 4. Jahrhunderts wie 1 zu 21. Noch schwankender war das Verhältniß des Goldes zum Kupfer. Unter den fränkischen Königen seit dem 6. Jahrhundert war eine Goldmünze gangbar, die 84 Gran wog. Die ersten Dukaten ließ 1140 Herzog Roger von Apulien in Italien schlagen. Florenz schlug 1252 die ersten Goldgulden (fiorini, daher der Name Florin) von 24 karätigem Golde. Nach diesem Beispiele ließen auch die deutschen Fürsten Goldgulden prägen, deren 64 auf eine feine Mark gingen. Die schlechtesten Goldmünzen waren die spanischen Maravedis von 1253, deren 243 auf eine feine Mark von 16 karätigem Golde geprägt wurden. Nicht alle gesitteten Völker Asiens haben Goldmünzen. In China und Tibet werden Waaren gegen Goldbleche eingetauscht, die man mit einer Schere abschneidet, oder gegen Goldsand und Barren. Die indischen Fürsten prägen kleine Goldmünzen, deren es auch in Japan und auf Sumatra gibt. Größere indische Goldmünzen sind die Pagoden von 2 Thlr. 11 Gr. und die Rupien von 2 Thlr. 23 Gr. Werth. In dem größten Theile von Afrika ist Goldstaub das gangbare Geld.

Schon in frühern Zeiten gab es in den europäischen Staaten verschiedene Gesetze über das Aufsuchen, die Gewinnung, Schmelzung, Verarbeitung und dem Gebrauch des Goldes. Dahin gehört das iglauer Bergrecht aus dem 10. Jahrhundert, das andern Ländern zum Vorbilde diente. Die Verwaltung der Goldbergwerke ward auf Kosten des Staats in Europa und den europäischen Colonien nur auf einzelne Bergwerke beschränkt. Das Aufsuchen des Goldes wurde von den Regierungen durch Belohnungen und durch Ertheilung besonderer Vorrechte begünstigt, z. B. bei Goldwäschen, wegen des geringen Verdienstes, in mehren Ländern durch Befreiung vom Zehnten und von andern Abgaben. In einigen Ländern aber muß das durch die Wäschen gewonnene Gold zu einem bestimmten Preise an die Münze abgeliefert werden. In den Goldbergwerken werden besondere policeiliche Maßregeln angewendet, um das Entwenden der Goldstufen und den Verlust des Goldstaubes zu verhüten. Das Probiren des Goldes wird in allen gesitteten Ländern, wo Goldbergwerke und Goldwäschen sind, von verpflichteten Personen vorgenommen, die Wardeine heißen. Es ist meist überall verboten, das in Gruben und aus Wäschen gewonnene Gold außer Landes schmelzen zu lassen, und es außer Landes oder an Goldschmiede und Juden zu verkaufen; die Regierung kauft es zu einem gesetzlich bestimmten Preise. Das Verhältniß des Goldes zum Silber ist in Europa durch Gesetze bestimmt; z. B. in Östreich $14^{11/71} : 1$, in Preußen $13^{11/13} : 1$, in Frankreich $15^{1/2} : 1$, in Spanien $14^{3/10} : 1$, in Rußland $15 : 1$, in England $15^{1/8} : 1$, in der Türkei $12^{1/2} : 1$, in den Vereinigten Staaten von Nordamerika jetzt $16 : 1$. In Asien hat das Gold einen geringern Werth als in Europa; in China z. B. verhält es sich zu Silber wie $2 : 1$. In Frankreich, Spanien, England und Rußland ist die Ausfuhr des Goldes verboten. Auch der Gehalt des verarbeiteten Goldes ist in mehren Ländern durch Gesetze bestimmt, in England z. B. darf es nicht unter 22, in Frankreich nicht unter 18 Karat sein, in Augsburg muß es 19 Karat haben.

Der jährliche Betrag des gewonnenen Goldes läßt sich nicht genau bestimmen. Man hat berechnet, daß in Europa, mit Einschluß von Rußland, im indischen Inselmeer, in Afrika und in Nord- und Südamerika überhaupt gegen 162,270 Mark gewonnen worden. Der jährliche Verbrauch des Goldes ist dagegen auch sehr bedeutend, und von den 8—9 Millionen Thalern, die nach einer wahrscheinlichen Berechnung den Werth der jährlich verbrauchten edlen Metalle ausmachen, kommt ein großer Theil auf das Gold. In England allein werden jährlich für Vergoldungen und leichte Goldwaaren 407,440 Unzen verbraucht.

Der Melonencactus.

Das Vaterland dieser merkwürdigen Cactusart ist Südamerika, wo sie in wüsten und felsigen Gegenden häufig wächst. Die Frucht derselben zeichnet sich durch ihre runde, melonenartige Gestalt aus, wie die Abbildung zeigt, und ist ringsum mit dornenartigen Stacheln besetzt, welche auf der harten Schale dicht beieinander stehen. Oben auf der Krone der Pflanze, wo die Blätter sich zusammenschließen, sitzen die sternförmigen Blüten, welche, wie bei den meisten Cactusarten, von ausgezeichneter Schönheit sind. Um den großen Nutzen dieser Pflanze einzusehen, muß man sich die Beschwerden einer Reise durch die südamerikanischen Steppen vergegenwärtigen, wo sie, wenn die Noth der Reisenden aufs Höchste steigt und Menschen und Thiere vor Hitze und Durst fast verschmachten, diesen eine erwünschte Erquickung darbietet. Das Innere derselben bildet nämlich ein saftiges, angenehm schmeckendes Fleisch, welches

Der Melonencactus.

vorzüglich die Maulthiere, von einem natürlichen Instinct geleitet, sehr geschickt zu erlangen wissen. Sie streifen mit ihrem Vorderhuf vorsichtig die Stacheln ab, welche die Schale umgeben, öffnen dann die Rinde gleich einer Kapsel und ziehen mit dem Maul die stärkende Labung heraus. Aber auch hier hat die Natur es so eingerichtet, daß der Genuß durch Schmerz erkauft wird; denn so scharf und spitzig ist die dornige Außenseite der Frucht, daß die armen Thiere sich ihre Füße oft unheilbar verwunden, wenn sie die Dornen abstreifen.

Nürnberg.
(Beschluß aus Nr. 103.)

Werfen wir einen Blick auf die übrigen Bauwerke und Denkmale des Alterthums, so fesselt uns zuerst die Lorenzkirche, die größte und schönste der Stadt. Sie ist wahrscheinlich gegen Ende des 13. oder zu Anfang des 14. Jahrhunderts gegründet, aber nur nach und nach ausgebaut worden. Während das ursprüngliche Gebäude die altdeutsche Bauart in ihrer Einfachheit zeigt, erscheint in dem Portal und dem Giebel schon der überladene Schmuck einer spätern Zeit. Der Bau wurde größtentheils durch milde Beiträge im 15. Jahrhundert vollendet. Die Kirche ist 312 Fuß lang und 105 breit. Der ältere Thurm wurde 1498 mit vergoldetem Blech, das noch immer seinen alten Glanz hat, der jüngere 1680 mit zinnernen Platten gedeckt. Der Vorderbau der Kirche zeichnet sich besonders durch schöne Anordnung aus. Zwei schlanke Thürme schließen die Vorderseite ein, die unten ein prächtiges Portal ziert, und oben eine reich verzierte Giebelwand hat. Hier befindet sich eine 32 Fuß hohe und breite kreisrunde Fensterrose, die aus acht, sich stets in abwechselnder Lage wiederholenden spitzbogenartigen Durchbrechungen besteht. Die zwei großen, mit schöner Bildschnitzerarbeit in gothischem Styl verzierten Thüren wurden erst 1824 nach Heideloff's Zeichnung von dem bald nachher verstorbenen Bildhauer Rotermund verfertigt. Einen schönen Theil des Gebäudes bildet die Vorhalle der sogenannten Brautthüre, mit vorzüglich gearbeiteten Verzierungen über ihren Bogen und steinernen Bildsäulen der Jungfrau Maria mit dem Kinde und der drei Weisen aus dem Morgenlande. Das Innere der Kirche ist zwar durch ungünstige Veränderungen in neuern Zeiten verunstaltet, aber es wird durch schöne gemalte Fenster mit einem wunderbaren Licht erhellt.

Minder vollendet im Äußern als die Lorenzkirche, ist die Sebalduskirche in der Nähe des Schlosses und in dem Mittelpunkte des ältesten Stadttheils, mit welchem sie wahrscheinlich gleichzeitig entstanden ist. Sie ist merkwürdig als das einzige Bauwerk Nürnbergs, an welchem sich der Stufengang der altdeutschen Baukunst von den frühern Anfängen bis zu ihrer höchsten Vollendung im 14. Jahrhunderte verfolgen läßt. Der vordere Theil der Kirche zwischen den beiden Thürmen ist der älteste. Der 1361—77 erbaute neue Chor zeichnet sich durch die Zierlichkeit der Formen aus, die der Baukunst jener Zeit eigen war. Das Äußere der Kirche hat mehre schöne, zum Theil gut erhaltene Bildwerke und Verzierungen; ein Meisterstück altdeutscher Baukunst aber ist die Brautthüre, über deren Spitzbogen die Vermählung Adam's und Eva's durch den segnenden Gott den Vater abgebildet ist, und ebenso ausgezeichnet ist ein trefflich erhaltenes Werk des Bildhauers Kraft, die Grablegung des Heilands, an einer andern äußern Mauer der Kirche. Im Innern ist das Bedeutendste das Grab des heil. Sebaldus, das Peter Vischer mit seinen fünf Söhnen von 1506—19 vollendete, und das durch Richtigkeit der Zeichnung, durch Abwechselung in den Stellungen, Ausdruck in den Köpfen, kunstvollen Faltenwurf und Reinheit des Gusses, den berühmten Bildwerken Italiens gleich steht. Den mit Gold= und Silberblech überzogenen Sarg des Heiligen bedeckt ein künstlich durchbrochener Baldachin von Bronze, mit den Bildern der Apostel, der Kirchenväter und vielen andern Figuren geziert. Vischer hat sein Bild, wie er in seiner Gießhütte einherging, mit dem Schurzfell u. s. w., unter den kleinen Figuren angebracht. Zum Sarge allein wurden 506 Gulden an Gold gebraucht und zu dem Baldachin 120 Centner Metall verwendet. Das Ganze kostete 26,400 Gulden. Die Ägidienkirche, ursprünglich die 1140 gestiftete Klosterkirche schottischer Benediktiner, wurde 1711 nach einem Brande neugebaut und hat ein schönes Altargemälde von Vandyk. Die Deutschhauskirche mit einer schönen Kuppel, von 1784—1802 erbaut, ist im Innern unvollendet geblieben.

Ein merkwürdiges Denkmal der Vorzeit ist das hier dargestellte Wohnhaus Albrecht Dürer's, in der jetzt nach diesem Künstler genannten Straße, das vor einigen Jahren

Albrecht Dürer's Wohnhaus.

städtisches Eigenthum geworden ist, und seitdem durch den Architekten Heideloff im Styl der Vorzeit wiederhergestellt wurde. Ebenfalls ein schöner Überrest altdeutscher Baukunst ist das sogenannte, hier abgebildete Haus Nassau, der Lorenzkirche gegenüber, das thurmartig aufsteigt und in drei Eckthürmen mit zwischenliegenden Zinnen endigt. Ein zierlicher Erker mit Bildwerken ragt an der Morgenseite hervor. Das Gebäude hat seinen Namen

Nassauischer Hof in Nürnberg.

von der unerweislichen Sage, daß Kaiser Adolf, Graf von Nassau, es bewohnt oder erbaut habe. Dem Hause Dürer's gegenüber liegt das Pilatushaus, wo der Ritter Martin Ketzel wohnte, der 1477 Palästina besuchte, um die Entfernung aller merkwürdigen Orte vom Hause des Pilatus bis zur Richtstätte zu messen und dann in der Nähe seiner Vaterstadt Erinnerungsbilder errichten zu lassen. Nach seiner Rückkehr hatte er das Blatt, das seine Messungen enthielt, verloren, und reiste deshalb 1488 noch einmal nach Jerusalem. Er ließ darauf durch Adam Kraft das Werk ausführen, das von jenem Hause bis zu dem Johanniskirchhofe reicht, wo es in dem Calvarienberge mit der trefflich ausgeführten Darstellung der Kreuzigung endigt. — In der Nähe der Sebalduskirche liegt der Pfarrhof zu Sanct-Sebald mit dem sogenannten schönen Erker, der auf einen starken Pfeiler aufgebaut, achteckig und mit vorzüglichen Bildwerken und gemalten Fenstern verziert, an dem Gebäude leicht und gefällig aufsteigt. Diesem Hause gegenüber sieht man die im 14. Jahrhundert erbaute Moritzkapelle, die seit 1829 eine Sammlung von mehr als 100 Bildern der oberdeutschen Schule von ihrem Emporblühen bis zu ihrem Verfall enthält, mit welchen auch viele Werke der niederdeutschen Schule, die in Köln ihren Mittelpunkt hatte, vereinigt sind.

Unter den übrigen Bauwerken bietet das Reichsschloß von allen Seiten eine malerische Ansicht dar. Es besteht aus größern und kleinern Gebäuden, die zu verschiedenen Zeiten vom 10. bis 16. Jahrh. erbaut wurden und den deutschen Kaisern bei ihrem Aufenthalt in Nürnberg zur Wohnung dienten. Seit Nürnberg an Baiern gekommen ist, wurde ein Theil des Schlosses der Kunstschule und der Gemäldesammlung eingeräumt, die aber in ein anderes Gebäude des Schloßberges kamen, als in der neuesten Zeit eine Zimmer des Schlosses zur Wohnung für den König eingerichtet wurden. — Eines der ansehnlichsten Gebäude der Stadt ist das Rathhaus, das in seiner jetzigen Gestalt in der ersten Hälfte des 17. Jahrhunderts erbaut wurde; aber von dem ältern Rathhause, das aus dem 14. Jahrhunderte stammte, ist das Hintergebäude stehen geblieben, das sehenswerthe Überreste des Alterthums und schätzbare Kunstdenkmale enthält. Dazu gehört der große durch zwei Stockwerke reichende, 80 Fuß lange und 30 Fuß breite Saal, der früher durch ein treffliches Bronzegitter von Peter Vischer abgetheilt war, das man 1809 verkaufte und einschmolz. Die Wände haben mehre alte Gemälde, die seit 1824 sehr gut wiederhergestellt wurden, unter welchen der Triumphwagen Maximilian I., von Albrecht Dürer, und andere vorzügliche Bilder dieses Meisters sich auszeichnen. Die alte Rathsstube, in welcher der Stadtrath sich seit 1340 versammelte, hat über der Thüre die Inschrift:

„Eines manns red ist eine halbe red,
Man muß die teyl verhören beid."

d. i. eines Mannes Rede ist eine halbe Rede, man muß die Theile verhören beide. Einen Saal des Rathhauses ließ der Stadtrath 1825 zu einem Ehrentempel für ausgezeichnete Bürger Nürnbergs einrichten, die sich durch wohlthätige Stiftungen um die Stadt verdient gemacht haben, und neun lebensgroße Bildnisse darin aufstellen.

Gesammtwörterbuch der deutschen Sprache.

Es ist ein wesentlicher Theil der Bestimmung des Pfennig-Magazins, als Volksblatt, auf alle diejenigen Erscheinungen aufmerksam zu machen, welche geeignet scheinen, Volksbildung durch Verbreitung nützlicher Kenntnisse zu befördern; daher achten wir es für Pflicht, unsere Leser mit einem soeben erschienenen Werke bekannt zu machen, welches mit vollem Rechte „ein Buch für Jedermann, der deutsche Sprache spricht, liest und schreibt" genannt werden mag, nämlich: „Das Gesammtwörterbuch der deutschen Sprache in allen ihren Mundarten und mit allen Fremdwörtern" u. s. w., vom Professor J. Kaltschmidt (Leipzig, bei K. Tauchnitz). *)

Mit einem bewunderungswürdigen Fleiße hat der Verfasser den ganzen reichen Sprachschatz seines Volkes gesammelt und geordnet, und zwar auf eine Weise, welche seine Arbeit ebensowol dem einfachen Bürger und den Frauen, als dem wissenschaftlich gebildeten Manne zum nothwendigen Handbuche macht, sei es, daß man Belehrung über die Bedeutung, oder Auskunft über die Rechtschreibung irgend eines Wortes, oder endlich zum Behufe schriftlicher Arbeiten, um übelklingende Wiederholungen zu vermeiden, Wörter von verwandter Bedeutung suche, um sie mit dem schon zu oft gebrauchten zu vertauschen. So mag z. B. der Eine fragen, was ein „Kameralist" oder eine „Dankadresse" oder „Anschrote" sei. Das Wörterbuch wird ihn belehren. Ein Zweiter ist vielleicht unsicher, wie wol „Distichon", oder „Ankerboje" oder „Absud" geschrieben werde. Das Wörterbuch reißt ihn aus der Verlegenheit. Ein Dritter endlich will ein anderes Wort für „Unternehmung", für „Bataille" oder „Distelfink" — hier hat er die Auswahl unter zahlreichen Stellvertretern. Das Buch gewinnt aber noch bedeutend mehr an Werth, wenn wir erwägen, daß es zugleich alle deutschen Mundarten in sich faßt, und neben den hochdeutschen Wörtern und Fremdwörtern auch Ausdrücke verschiedener deutscher Länder, wie z. B. aeken, anschmaddern, aufgrapsen, dolen, gosten und dergl. mehr kurz und faßlich erklärt, ohne Gelehrtthuerei und schwerfällige Weitläufigkeit. Auf diese Weise findet man hier in einem Bande zusammengefaßt, was man bisher in mehren Wörterbüchern zerstreut suchen mußte, sodaß wir kein Bedenken tragen, das genannte Gesammt-Wörterbuch zu den nützlichsten Büchern zu rechnen, welche die neuere Zeit dem Volke gebracht hat. In schönem und besonders zweckmäßigen und klaren Drucke und weißem Papiere läßt es nichts zu wünschen übrig. Möge nun das Publicum ein so großes und dankenswerthes Unternehmen durch seinen Beifall und seine freundliche Theilnahme und Unterstützung ehren und belohnen!

Hogarth's Werke.
3. Die Heirath nach der Mode.

Dieses ausgezeichnete Bild Hogarth's, welches viel dazu beigetragen hat, seinen Ruhm dauerhaft zu begründen, wurde von dem Künstler mit besonderer Vorliebe behandelt. Man hatte ihm von mehren Seiten den Vorwurf gemacht, er wisse nur Darstellungen aus dem gemeinen Leben mit Glück zu schildern. Durch diesen Vorwurf gereizt, stellte er in einer Reihe von sechs Bildern, unter dem Titel „Die Heirath nach der Mode", mit viel Witz und Wahrheit das eheliche Leben, wie es in den

---

*) Zur Erleichterung der Anschaffung erscheint das Buch in 11 Lieferungen, deren jede 12 Gr. kostet, und von welchen bereits zwei ausgegeben worden sind. Bis Michaelis 1835 wird das Ganze vollendet sein.

höhern Kreisen der Gesellschaft wol oft vorkommen mag, dar, und beschämte dadurch nicht nur seine Gegner, sondern wirkte hier auch als strenger Sittenprediger. In diesen sechs Darstellungen gibt Hogarth die Ehestandsgeschichte eines Grafen Feldverschleuderer (Squanderfield). Da nun aber dem Herrn Das eben fehlt, was die erste Sylbe seines Namens nennt, nämlich Feld, um Das sein zu können, was die übrigen Sylben bezeichnen, so läßt er sich herab, um die Hand der Tochter eines reichen, aber sich über seinen Stand erhebenden londoner Kaufmanns zu werben, und mit der hübschen Tochter zugleich eine erkleckliche Summe zu gewinnen. Da sich nun, wie der Graf nach neuen Mitteln für seine seltene Verschwendungsgabe, so die begüterte Bürgerfamilie nach Rang und Auszeichnung, sehnt, so ist der Handel bald geschlossen, und die beiden in jeder Hinsicht sehr ungleichen Ehecandidaten (denn der Herr Graf scheint etwas „gichtbrüchig" zu sein, die junge Dame dagegen ist physisch wenigstens nicht eben stiefmütterlich ausgestattet) miteinander verbunden.

Unsere Abbildung ist die zweite Darstellung der ganzen Reihe; allein, obgleich nur ein Theil des Ganzen, doch ausdrucksvoll genug, um einen tiefen Blick in das häusliche Leben der beiden jungen Ehegatten zu gewähren. Wir sehen hier das Vorzimmer und den Salon in dem Palaste des vornehmen Ehepaars. Es ist hier noch früher Morgen, obgleich die Wanduhr schon auf 10 weist. Man gähnt hier noch, man dehnt sich noch und frühstückt noch. Zur rechten Seite des Kamins erblicken wir den Herrn vom Hause im Gallakleide, mit dem Tressenhute auf dem Kopfe. Die verflossene Nacht, welche er auswärts zugebracht, scheint ihn bedeutend angegriffen zu haben. Wahrscheinlich stolperte er beim Eintritt über den umgeworfenen Stuhl, auf welchem die Notenbücher und Violinkästen lagen, und zerbrach bei dieser Gelegenheit seinen Staatsdegen, dessen Stücke nun zu seinen Füßen liegen. Die Figur des Lords ist unstreitig eine der besten, die Hogarth je gezeichnet hat. Sie ist das wahrhafte Abbild einer allseitigen Erschlaffung nach den wildesten Vergnügungen einer durchschwärmten Nacht. Der todte, nichtssagende Ausdruck des Gesichts, auf welchem man, trotz dem Mangel der Farben, die Leichenblässe zu erkennen glaubt, das schlaffe Herabhangen der Arme, deren Endpunkte, gleichsam um eine Stütze zu finden, in die Tasche der Beinkleider fahren, die matt ausgestreckten Beine, die Verschiebung der Perrücke, der aufgerissene Rock, die aufgeknöpfte Weste, die faltenreichen Strümpfe, Alles beweist, daß diese Nacht ihn um einige Jahre älter gemacht hat. Der Lord ist um seinen Haarbeutel, um die Uhr und wahrscheinlich auch um die Banknoten gekommen, die er in seiner Tasche hatte. Diese Verluste kann man auf seinem Gesichte lesen, und noch mehr als in diesem in dem geistlos vor sich hinstarrenden Auge. Man sieht den Nebel von Kopfweh, der um die Stirne des Wüstlings schwebt, und hier und auch Spuren von tieferm Herzweh unverkennbar. Sehr bezeichnend ist der Gegenstand, der ihm aus der Rocktasche hervorsieht. Es ist ein Kopfzeug, das eben von dem Schooshündchen der gnädigen Frau behutsam beschnüffelt wird. Dieses scheint der ganze Ersatz für die verlorene Börse und Uhr zu sein.

Auf eine ähnliche angreifende Weise hat die zur Linken sitzende Frau vom Hause die verflossene Nacht zugebracht. Müdigkeit und Erschlaffung im Gesicht, dehnt sie sich mit den Armen, wie ihr Gemahl mit den Füßen. Das vor ihr stehende Frühstück ist noch unberührt; denn nach einer Abendgesellschaft, die erst um 7 Uhr endigte, pflegt sich um 10 Uhr der Appetit noch nicht einzustellen. Der Abend war, wie man sieht, halb musikalisch, halb kartenspielend. Ersteres beweisen die bereits erwähnten Violinkästen und Notenbücher, letzteres die auf dem Boden des Salons umherliegenden Kartenblätter. Auf dem einen Tische brennt noch ein einsames Licht, dessen Flamme einen benachbarten Armstuhl zu ergreifen droht, und bezeugt, daß es noch nicht lange her sein kann, daß die Gesellschaft auseinandergegangen ist. Dagegen sind die beiden Wandleuchter neben der Uhr im Vorzimmer, wie man auf den ersten Blick sieht, gar nicht angezündet gewesen. Eine Anspielung darauf, wie wenig man sich hier um die Zeit bekümmerte.

Der Herr des Hauses, obgleich unlängst erst angelangt, scheint doch schon gefrühstückt zu haben, wiewol nicht auf die erfreulichste Weise; denn unberührt trägt der alte Haushofmeister, die dritte Person auf dem Blatte, das Frühstück wieder hinweg. Es besteht aus einem ansehnlichen Packt Rechnungen, die diesen Morgen berichtigt werden sollten, aber nicht berichtigt worden sind. Fast noch unheildrohender als diese ist das große Hausbuch, das der böse Geist des Lords, denn als solcher wird hier der redliche Buchführer angesehen, unter dem Arme trägt, und das er vielleicht schon manchmal uneröffnet hat wieder forttragen müssen. In Betreff des ausdrucksvollen Kopfes des Haushofmeisters über die Bedeutung seines Blicks und der Bewegung seiner Linken sind Anmerkungen überflüssig. Beides reicht hin, um uns zu unterrichten, wie es mit den Finanzen des Lords steht. Auffallend und sehr im Contrast mit der übrigen Umgebung sind die Gemälde, welche an der Wand des Salons hangen. Sie stellen Heilige vor, und scheinen gleichsam zum Hohn hier aufgehängt; die in dem Vorzimmer befindlichen Wandverzierungen zeugen von dem schlechten Geschmack derselben. Der ganze Sims des Kamins, neben welchem das Ehepaar sitzt, ist mit abscheulich widerwärtigen Figuren besetzt. Man sieht hier chinesische Götzen mit dicken Bäuchen und dergl. Eine alte Büste mit neuem Kopfe und eingesetzter Nase ist auch vorhanden. Daneben Flaschen, deren Stöpsel menschliche Köpfe bilden und dergl. mehr. Das Kamingemälde stellt einen Amor vor, dem es im Laufe der Zeit schlecht ergangen; denn sein Bogen hat keine Sehne, sein Köcher keine Pfeile mehr. Die Verzierungen um die Wanduhr sind ebenfalls ganz wunderlich. Ein dickbäuchiges Götzenbild, dessen Füße die Leuchter tragen, ringsherum allerhand Blätterwerk, worin Fische angebracht sind und in dessen Gipfel eine Katze sitzt, was auf die Vermuthung bringt, daß diese Uhr die Stunden miaut, sowie man Kukuksuhren hat, welche sie rufen, oder Hundeuhren, wo ein zierlich bronzirter Hund die Stunden abbellt.

Wie Hogarth schon in frühern Darstellungen den allmäligen Verfall des Lasters bis zum äußersten physischen und sittlichen Elend, bis zum bürgerlichen Untergange des Verbrechers, auf die ergreifendste Weise und in den großartigsten Zügen darstellte, so läßt er auch in den folgenden Blättern, die zu dieser Reihe gehören, das Schicksal der beiden Ehegatten, die wir kennen lernten, immer bedenklicher werden, und ihre lockere und selbst verbrecherische Lebensweise sie dem Untergange entgegenführen. So stellt, nachdem Gesellschaften, Liebschaften und Spiel Beide moralisch verderbt und ökonomisch heruntergebracht, das fünfte ausgezeichnet schöne Blatt den gewaltsamen Tod des Lords durch die Hand des Buhlen seiner Gattin dar.

Ebenso strafend und ausdrucksvoll erweist sich Hogarth's Satire auf dem sechsten Blatte, wo auch das verbrecherische Weib ihr Ende findet. Sie hat unmittelbar nach dem Tode des betrogenen Gemahls die vornehme Welt verlassen und begibt sich mit ihrem Kinde in den Laden ihres Vaters, des geizigen Krämers, zurück. Hier in der finstern Einsamkeit der Altstadt London (City), welche so sehr gegen den gewohnten frühern Glanz absticht, wird ihr Gewissen rege, und in diesem schrecklichen Seelenzustande, nachdem sie die Nachricht erhalten, daß auch der Mörder ihres Gatten von der Hand der Gerechtigkeit ergriffen worden und gehängt werden soll, nimmt sie Gift und stirbt. Eine alte Haushälterin hält der Sterbenden ihr Kind entgegen, das in seinem abgezehrten Körper die Spuren der Laster seiner Ältern trägt. Bei diesem Auftritt verhält sich ihr Vater, dessen Ehrgeiz so viel Schuld an dem Unglück seiner Tochter hat, ganz theilnahmlos; er hat in seiner erbärmlichen Seele keinen Platz für die Trauer und die höhere Stimme; er sucht nur den Trauring seiner Tochter abzuziehen, um diesen nicht auch noch zu verlieren.

Die Heirath nach der Mode.

Verantwortliche Herausgeber: Friedrich Brockhaus in Leipzig und Dr. C. Drärler-Manfred in Wien.
Verlag von F. A. Brockhaus in Leipzig.

Das Pfennig-Magazin

der

Gesellschaft zur Verbreitung gemeinnütziger Kenntnisse.

105.] Erscheint jeden Sonnabend. [April 4, 1835.

Mohammed II.

Der türkische Kaiser Mohammed II. gehört durch Das, was er that und bewirkte, zu den merkwürdigsten Männern aller Zeiten. Geboren zu Adrianopel 1430, ward er schon im 13. Jahre auf den Thron der Osmanen erhoben, da sein Vater, Murad II., freiwillig abdankte. Allein schon im nächsten Jahre (1444) wurde durch den Friedensbruch des jungen ungarischen Königs Ladislaus die Sicherheit des türkischen Reichs sehr gefährdet und Murad übernahm die Zügel der Regierung selbst wieder, bis die Schlacht von Varna die Besorgnisse gehoben hatte. Murad trat wieder zurück, aber einige Monate darauf empörten sich die Janitscharen; es verbanden sich viele christliche Fürsten zum Sturze des gefürchteten Erbfeindes, und noch einmal trat der alte, kränkliche Murad auf, ohne daß der junge Fürst etwas dagegen eingewendet hätte. Er ließ jetzt den Vater an der Spitze der Regierung, bis dieser 1451 starb und er nun seinen Willen geltend machen konnte. Die Grausamkeit, womit er den Antritt seiner Regierung begann, verhieß nichts Gutes. Der schrecklichen Sitte des Morgenlandes gemäß, ward gleich sein jüngerer Bruder hingerichtet, obgleich ihn der sterbende Murad aufs Dringendste der brüderlichen Liebe empfohlen hatte. Die Klagen der Mutter zu beschwichtigen, überließ er ihrer Rache die von ihm angestellten Mörder seines Bruders. Von dem türkischen Reiche rings umgeben, lag das fast nur auf Konstantinopel beschränkte einst so große griechische Kaiserthum, auf dessen Thron Konstantin saß. Mit ihm hatte Mohammed den Frieden erneuert, als er zur Regierung kam und ihm auch ein Jahrgeld zu zahlen versprochen für seinen Oheim Orcan, der dort lebte, um vor Mohammed's Nachstellungen sicher zu sein. Konstantin versprach dagegen, daß der Thron des Sultans von diesem Fürsten nichts zu fürchten haben solle. Mohammed aber zahlte die versprochene Summe nicht und Konstantin war unvorsichtig genug, deshalb Klage zu führen und zu drohen, daß er Orcan nicht länger bei sich dulden werde. Nun fand Mohammed es an der Zeit, die Freundschaft mit dem griechischen Kaiser aufzukündigen, welche auch wol bald unter einem andern Vorwande ihr Ende erreicht haben würde. Er ließ am Eingange des Bosporus auf der europäischen Küste ein festes Schloß bauen, das einem schon auf der asiatischen Seite stehenden, welches sein Vater errichtet hatte, gegenüber lag. Eine starke Besatzung und vieles schwere Geschütz in beiden Vesten schnitten dem volkreichen Konstantinopel von der Abendseite her alle Zufuhr ab. Nach diesen Vorbereitungen erschien Mohammed selbst am 2. April 1453 mit 300,000 Mann, die von vielem Geschütze und einer Flotte, welche 320 große und kleine Fahrzeuge zählte, unterstützt wurden, vor Konstantinopel. Die Belagerten konnten kaum 10,000 M. entgegenstellen und dennoch widerstanden sie lange der furchtbaren Übermacht. Mohammed leitete alle Unternehmungen selbst. Dreiundfünfzig Tage lang wurden aber alle Anstrengungen der Osmanen zurückgewiesen, wozu besonders die Sperre des Hafens mittels eiserner Ketten beitrug, da jeder Angriff von der Wasserseite dadurch unmöglich wurde. Unter unsäglichen Beschwerden und Anstrengungen wurden aber einige Galeeren und eine schwimmende Batterie über das Land hin in den Hafen gebracht und jetzt entschied die Übermacht. Am 29. Mai drang das türkische Heer in die Stadt. Der letzte Konstantin fand seinen Tod hinter der Bresche, die noch vor einigen Jahren offen da lag, wie zu der Zeit, als die wilden Krieger eindrangen. Dem Versprechen Mohammed's gemäß, plünderten die Soldaten drei Tage lang. Die Einwohner waren meist in die Kirchen geflohen, deren Thüren bald den Äxten weichen mußten. Die Türken fanden keinen Widerstand mehr und trieben daher nun Alle zusammen, die ihnen als Sklaven dienen oder ein hohes Lösegeld zahlen zu können schienen; 60,000 von beiden Geschlechtern wurden so ins Lager hinausgebracht. Nach Verlauf jener drei Tage zog Mohammed als Sieger selbst ein und stieg vor der Sophienkirche ab, wo er einen Türken, der ein Stück des Marmorbodens aufzuheben versuchte, mit seinem Dolche tödtete, da er sich die Gebäude vorbehalten hatte. Die Kirche selbst ward auf seinen Befehl in eine Moschee verwandelt, das Kreuz überall abgenommen; die Wände waren bald statt der Bilder mit Sprüchen aus dem Koran bedeckt und noch am nämlichen Tage rief der Muezzin von der hohen Kuppel herab die Osmanen zum Gebet, wobei der Sultan selbst am Hauptaltar erschien. Ebenso besuchte er sogleich den verwüsteten kaiserlichen Palast. Im Ganzen scheint Mohammed sehr mild gegen die Besiegten gehandelt zu haben. Für viele Vornehme bezahlte er selbst das Lösegeld an seine Krieger; Allen versprach er Sicherheit und Schutz, gab ihnen die Hälfte ihrer Kirchen zurück und sicherte ihnen freie Religionsübung zu. Dem frei gewählten Patriarchen der Christen ertheilte er die Bestätigung, wie es die griechischen Kaiser früher auch gethan hatten. Die Eroberung von Konstantinopel war Mohammed's glänzendste That, obgleich er fast ununterbrochen, meist siegreich, Krieg führte. Im Kampfe gegen die Perser starb er 1481, erst 51 Jahre alt. Er war das Schrecken Europas; denn er hatte schon Otranto erobert und gedroht, Italien gänzlich zu unterjochen. Besser erzogen und unterrichtet als die meisten osmanischen Fürsten vor ihm, besaß er viele Kenntnisse und Sinn für Kunst und Wissenschaft. Das vorstehende Bild von ihm ist nach einer Zeichnung von Gentile Bellini, die sich im britischen Museum befindet. Mohammed hatte nämlich in Venedig um einen geschickten Maler nachgesucht, und man sandte ihm Bellini; er wurde vom Sultan wohl aufgenommen und nach einiger Zeit mit reichen Geschenken entlassen.

Die Kupferstechkunst.
5. Die italienische Schule.
(Fortsetzung aus Nr. 100.)

Auf dieselbe Weise, wie sich allmälig die Meister der Malerei in Schulen absonderten, geschah dies auch mit den Kupferstechern; und wie bürgerliches Verhältniß, Lebensweise und Klima einen bestimmten Nationalcharakter feststellten, so drückte auch dieser einer jeden, unter die verschiedenen Nationen sich einbürgernden, Künstlerschule seinen eigenthümlichen Stempel auf. Nun war es der Italiener, welcher, unter dem Einflusse eines milden Himmelstrichs, in einer frohen Behaglichkeit der Lebensgenüsse, ermuntert von kunstsinnigen und freigebigen geistlichen sowol als weltlichen Fürsten, im Anschauen eines classischen Bodens und der Großartigkeit und edeln Einfachheit der Antike hochgeachtet, wenn ei wahrhaft ein Künstler — es war der Italiener, welcher Künstlerschulen entstehen sah, die vor all Diesen unzweideutige Spuren trugen. Da es hier die Schule der Kupferstecher ist, die wir betrachten, so finden wir, wie sich in derselben hohe Ideale, Einfachheit, ruhige Wirkung und Gewalt sowol über die Sinne als auch über das Herz wiederspiegeln. Ihr Stifter jener erste entschiedene Meister italienischer Kupferstechkunst, Marc-Antonio Raimondi (starb um 1530 zu Bologna), bewahrheitet Jenes in seinen Stichen auf überraschende Weise.

Dem Marc-Antonio folgen gegen die Mitte des 16. Jahrhunderts in dem Streben nach großartiger Zeichnung und geistigem Gehalt, sich aber zugleich auch eine lobenswürdige Technik aneignend: Agostino Veneziano, di Musi genannt, Marc von Ravenna oder Ravignano, und der sogenannte Meister mit dem Würfel. Ihnen schließen sich würdig an: Georg Ghisi und Äneas Vico oder Vighi. Aber Julius Bonasone (1510—80) gefährdete die Kunst durch angenommene Manier. Die zuerst in Deutschland erfundene Kunst des Radirens*) verpflanzte Franz Mazzola oder Mazzuoli, genannt Parmeggiano (aus Parma gebürtig), um 1530 nach Italien, und sie ward hier mit Eifer, aber auch bald mit Fahrlässigkeit betrieben. Immer mehr verlor sich die Reinheit des Vortrags und mit dieser der Adel der Form, und Julius Sanuti, noch Zeitgenosse des Bonasone, wurde sogar sittenlos in seinen Darstellungen. Giovanni Battista Franco, genannt Semoleo, geb. zu Udine, vermochte nicht, den Verfall der Kunst zu hemmen, obschon er nur edle Gegenstände wählte und der um diese Zeit Sitte gewordenen schlechten Art des Ätzens nicht folgte. Andreas Schiavone, Meldolla genannt (1522—82), war es jetzt, welcher die Stechweise mit der trockenen oder kalten Nadel, obgleich nur auf Zinnplatten, in Ausübung brachte. Immer mehr vermißt man von dieser Zeit an Rafael'schen Geist in der Kunst des Kupferstichs, wogegen Radirungen oder Arbeiten mit der kalten Nadel sich Platz machen. Ausgezeichnet jedoch sind in diesen Manieren die Maler: Anton Tempesta (1555-1630), Joseph Ribeira (Rivera), genannt Spagnoletto (in Spanien 1588 geboren), und Stephan della Bella (1560—1654). Aber der Holländer Cornelius Cort, in Rom lebend und hier eine Schule errichtend, rettete den Italienern die Kunst, mit dem Grabstichel zu arbeiten; denn sein Schüler Augustin Carracci (1558—1602), ausgezeichnet an Talent und künstlerischer Bildung, beginnt die Kupferstechkunst, wie auf eine kunstreiche und geregelte Behandlung, so auf Adel des Gedankens und Reinheit der Formen zurückzuführen. Weniger glücklich, aber fast nicht minder berühmt, ist Cort's zweiter Schüler Franz Villamena zu Assisi (1566—1626). Die Achtsamkeit auf den Grabstichel beginnt jetzt, auch auf die Radirnadel sich überzutragen, in welcher angenehme Leichtigkeit mit regelrechter Sorgfalt verschmilzt; und Guido Reni, dieser große Maler (1575—1642), gibt dazu das Beispiel. Es bedurfte nun, wenn die Kunst nicht abermals sinken sollte, ihr Ideen zuzuführen, die sie würdig beschäftigten, und eines Technikers, welcher Das in sich vereinte, was in einem Schiavone, Carracci und Guido Reni zerstreut vorlag. Ein Solcher war Peter Sante Bartoli (1605—70), der Grabstichel, kalte Nadel und Ätzung zur schönsten Zusammenwirkung verschmolz. Er war es auch, welcher in seinen Werken wieder auf die Antike hinwies. Dem Guido Reni folgt in der Radirung nach sein Schüler Simon Cantarini da Pesaro (1612—42). Diesem schließen sich an: die Maler Peter Testa, genannt Lucchesino, weil er zu Lucca 1617 geboren, Joseph (bei Manchen Johann) Diamantini, arbeitend zu Venedig gegen Ende des 17. Jahrh., und Julius Carpioni (1611—74); Letzterer neben der Radirnadel zugleich Grabstichel und kalte Nadel gebrauchend. In dieselbe Classe gehören die Maler Salvator Rosa, genannt Salvatoriello (1615—73), Johann Benedict Castiglione, auch blos Benedetto genannt (1616—70), endlich Bartholomäus Biscaino (1632—57). Den Grabstichel wieder gebrauchte Marc-Pitteri, ein Venetianer (1703—67); und nach der Antike bilden sich, nach Bartoli's Beispiele, im Beginn des 18. Jahrh. Peter, mehr aber noch Farao Aquila, Beide aus Palermo gebürtig. Der Florentiner Franz Bartolozzi (1730 geb.) erschien, noch Jüngling, als Meister in der mit neuem Glanze strahlenden Kupferstechkunst; Technik und Geist durchdrangen seine Werke; doch verlor ihn die italienische Schule, weil er früh sein Vaterland verließ. Treu dem reinen Kunststreben blieb der treffliche Volpato (1738—1803), in seinen Arbeiten nach Rafael und andern Vorbildern aufs Glücklichste die Radirnadel mit dem Grabstichel gebrauchend. Hinsichtlich der Technik aber verbreitete sich durch Volpato eine sorgfältigere Ausführung mit der Rücksichtnehmen auf malerischen Effect, sofern dieser nicht blos auf dem Colorit, sondern auf der Luftperspective, sowie auf Vertheilung des Schattens und des Lichts beruht. In Volpato's Geist war der zwar an Jahren ältere Dominic Cunego (1727—1800) eingegangen; und was derselbe nach Michel Angelo herausgegeben hat, ist das Vorzüglichste beinahe von Allem, was bis jetzt nach diesem Meister gestochen worden ist. Unter Denen aber, die, was sie geworden, ganz dem Volpato verdanken, ist der Ausgezeichnetste Rafael Morghen, geb. 1758 zu Neapel. Er war der erste italienische Kupferstecher, welcher im Portrait den Effect des Gemäldes hervorzubringen suchte und sich bemühte, die Darstellung auch der Beiwerke bis zur täuschendsten Nachahmung wiederzugeben. Volpato's zweiter Schüler, der sich zum großen Meister erhebt, ist der Venetianer Johannes Folo, neben vorwaltender großartiger Form und einem kräftigen Vortrage dennoch die weichere Behandlung keineswegs aufgebend. Mehr zu Morghen's gefälliger Manier neigt sich Peter Bettelini, während sich Peter Anderloni mehr des Ausdrucks der Formen befleißigt, jezuweilen aber auch dem Glanze des Stiches fröhnt. Der zu Florenz geborene Ludwig Sabatelli, ein Maler, desgleichen Bartholomäus Pinelli, radiren verdienstlich, indem sie ihre Ätzarbeit mit dem Grabstichel oder der trockenen Nadel unterstützen. Ihnen schließt sich in gleicher Weise an der geistreiche Luigi Rossini. Karl Lasinio, ein Venetianer, macht sich um 1780 durch Ausübung der mehre Jahrzehende vorher in Frankreich erfundenen le Bloe'schen Stechweise bemerkbar. Die Crayonmanier, nicht minder die Aquatinta-, endlich auch die Aquarellmanier zählen in der italienischen Kupferstecherschule kaum Einen Meister, der genannt werden müßte. Dasselbe gilt einigermaßen auch vom englischen Punctenstich; denn Bartolozzi, der ihn nicht nur übte, sondern sogar verbesserte, gehörte damals schon zu der britischen Schule. Blicken wir wieder auf die schwierigste und edelste aller Stechweisen, auf die des Grabstichels hin, so haben Künstler wie Giovita Garavaglia, Peter Fontana, Ignaz Pavon, Porporati, Rosaspina, Peter Bonato, Palmerini, Rainaldi, Rampoldi, Joseph Benoglio, Anton Giberti, Karl Dallarocca, Bisi, Toschi und Andere derselben in Italien bis auf die neuere Zeit einen ehrenvollen Platz bewahrt. Alle jedoch überragt Joseph Longhi, im Kirchenstaate 1768 geboren. Nicht nur, daß dieser Meister in jeder Art des Stichs Proben der höchsten technischen Vollendung abgelegt hat, er lieferte zugleich den Beweis, daß die Technik, wie sie stets dem Geiste des Bildes untergeordnet sein, immer nur der Form dienen, stets nur dieser Ausdruck verleihen müsse. Longhi besitzt den Ruhm, höchste Ausbildung der Kunstmittel und innigste Vereinigung dieser mit ihrem erhabenen Zwecke erreicht und auf das deutlichste erkannt zu haben. Wie er die Kunst aufgefaßt, was er von ihr gewußt, wie er sie geübt hat, das hatte er angefangen, auch als Kunstschriftsteller darzulegen, als er unlängst zu Mailand starb.

Jetzt fürwahr bedürfte es sowol eines ungetheilten Kunststrebens der Einzelnen, um die Saat, welche Longhi ausgestreut, für Alle gedeihen zu machen.

(Fortsetzung in Nr. 106.)

---

*) Was diese sei, sowie über andere jetzt vorkommende Ausdrücke der Technik der Kupferstechkunst und über diese letztere selbst, werden spätere Aufsätze das Genügende sagen.

Der Evaapfel oder die verbotene Frucht (Tabernaemontana dichotoma).

Dieser Baum mit seinen sonderbar gebildeten Früchten heißt in seinem Vaterlande Ceylon Diwi Kaduru, welches so viel bedeutet als den Tigern verboten. Er wächst dort in Niederungen in leichtem gemischten Boden und findet sich in der Nähe der Hauptstadt Colombo. Die Blüte riecht sehr angenehm; die Farbe der Früchte, welche auf ganz eigne Weise vom Baume herabhangen, ist ausgezeichnet schön; sie zeigt sich auf der äußern Seite orangengelb, auf der innern lebhaft hochroth. Die Frucht selbst hat ein eignes Ansehen, indem es scheint, als sei ein Stück aus derselben herausgebissen. Diese Bildung, verbunden mit dem Umstand, daß sie ein tödliches Gift enthält, veranlaßte die Mohammedaner bei ihrer ersten Ankunft auf Ceylon, das sie für das Paradies hielten, diese Frucht als die verbotene zu betrachten, indem sie von dem Gedanken ausgingen, daß, so schön und verführerisch diese Frucht auch aussehen möge, der Einbiß Eva's daran geblieben sei, um den Menschen gegen dieselbe wegen ihrer gefährlichen Eigenschaften zu warnen.

Blüte und Frucht des Evabaumes.

Der Baß Rock in Schottland.

Dieser merkwürdige Felsen (Bass Rock), welchen das Auge des Reisenden, der die schottischen Küsten bei Berwick befährt, schon von weitem bemerkt liegt mitten in der See unweit der Mündung des Flusses Forth, nahe an der Küste von Ostlothian. Er ist auf eine Tagereise weit von allen Seiten

Der Baß Rock in Schottland.

sichtbar, hat ungefähr eine Viertelstunde im Umfange und scheint seiner steilen Ufer wegen sehr hoch zu sein, obgleich er sich nur etwa 400 Fuß über die Meeresfläche erhebt. Man kann nur bei schönem und ruhigem Wetter auf diesem Felsen landen, denn das Meer, das in seiner Nähe 30—40 Faden Tiefe hat, ist hier sehr unruhig und voll von Klippen. Nahe bei dem Landungsplatze befinden sich, dicht an dem steilen Abhange des Ufers, die Trümmer eines alten Schlosses, das in der Geschichte von England eine nicht unwichtige Rolle spielte. Während der Kriege zwischen den Anhängern der bischöflichen Kirche und den Presbyterianern unter Karl II. diente es zu einem Gefängniß. Nach der Vertreibung des Hauses Stuart wurde das Schloß zu einer Festung eingerichtet, erhielt eine Besatzung und diente zu einem trefflichen Vertheidigungspunkt der Küste. In den spätern ruhigen Zeiten ward es nur noch von einigen Staatsgefangenen und deren Wächtern, sowie von einigen Mönchen bewohnt, welche auf diesem unwirthbaren Felsen einen schicklichen Platz für ihre andächtige Lebensweise fanden. Eine solche Einsiedelei scheint das kleine Haus gewesen zu sein, welches wir auf unserm Bilde beträchtlich höher als das Schloß mitten auf dem Abhange des Felsens bemerken. In den neuesten Zeiten mochten auch die Mönche das Leben auf dem nackten Felsen zu einsam und unerfreulich finden, der nun mit seinen Wohnungen, welche allmälig in Trümmer fielen, immer mehr verödete und jetzt nur einer ungeheuren Menge von Solangänsen zum Aufenthalte dient.

Einen malerischen Anblick gewähren die tiefen Grotten im Innern des nackten Felsens, welche das Wasser, vielleicht seit Jahrtausenden, ausgehöhlt hat. Die größte dieser Grotten geht von Osten nach Westen durch das ganze Eiland; mit reißender Schnelligkeit flutet hier das Wasser durch die Öffnung, sodaß nur kühne Fischer es wagen, hindurch zu fahren und sich an der Schönheit und Abenteuerlichkeit der hohen Felsengewölbe zu ergötzen. Mehre Reisende, welche diese nicht gefahrlose Fahrt gemacht haben, versichern, daß das Innere der Grotte vollkommen einer gothischen Kirche gleiche, deren erhabener Eindruck noch durch das ewige Brechen und Branden der Meereswogen erhöht wird. Dieser Felsen ist jetzt das Eigenthum der schottischen Familie Dalrymple, welche für dessen Besitz eine jährliche Abgabe von 250 Thlr. entrichten muß. Der größere Theil dieser Summe ist auf den Fang der schon erwähnten Solangänse gerechnet. Diese Vögel, von welchen im eigentlichen Sinne das Eiland wimmelt, sind um Vieles kleiner als unsere gewöhnlichen Gänse. Es sind Zugvögel, welche regelmäßig gegen den Anfang des März eintreffen und in der Wahl ihrer Wohnplätze so eigen sind, daß sie unter den vielen felsigen Eilanden der schottischen Küste nur auf diesem und noch einem andern, das von den Seeleuten die Ailseklippe genannt wird, nisten. Sie ziehen gegen Ende des Octobers wieder fort, bleiben jedoch, wenn der Winter mild ist, oft das ganze Jahr hindurch da. Das Fleisch der Solangänse hat einen strengen und unangenehmen Fischgeschmack, und das der alten ist wegen seiner Härte und Unverdaulichkeit ganz ungenießbar, dagegen sind die Jungen eine angenehme Speise und werden auf den Märkten zu Dunbar, Haddington und Edinburg in großer Menge verkauft. Da diese Vögel, wie die Eidergänse, ihre Nester in die Vertiefungen der steilsten Klippenabhänge bauen, so fängt man sie wie jene. Ein Mann läßt sich an einem Tau, woran ein Sitz befestigt ist, den Felsen hinab und nimmt die Nester aus, während fünf bis sechs andere Männer auf der Spitze des Felsens stehen und ihn hinablassen und heraufziehen. Ein anderes Tau geht dem sich hinablassenden Menschen um den Leib, um ihn vor dem Überschwanken zu bewahren, und in seiner Linken hält er einen Stock mit eisernem Stachel, mit welchem er sich von den hervorragenden Felsenstücken abstößt. Aus Kurzweil fangen die Fischer zuweilen die Solangänse auch auf eine andere Art, indem sie ein Bret am Ufer hinablassen, sodaß es mit dem untern Ende die Oberfläche des Wassers berührt. An dieses Bret befestigen sie einen Hering. Sobald der Vogel diese seine Lieblingsspeise von fern erblickt, schwingt er sich in der Luft drei bis vier Mal im Kreise herum, gleich dem Habicht, wenn er auf einen Vogel stoßen will, und stürzt sich dann mit solcher Gewalt und Begierde auf seine Beute, daß er sich an dem Brete den Kopf einstößt. Die Flaumfedern der Solangänse geben an Weichheit und Güte den Eiderdunen nur wenig nach und werden deshalb sehr gesucht.

Der Salmenfang am Baikalsee.

Wir haben in Nr. 89 des Pfennig-Magazins eine ausführliche Beschreibung des Thunfischfangs in Sardinien gegeben, der von Reisenden als eins der interessantesten Volksfeste gefeiert wird. Als Seitenstück mag hier die Art und Weise erwähnt werden, wie man am Baikalsee in der russischen Provinz Dunrien die Salmen fängt, was gleichfalls für die Umgegend als Volksfest zu betrachten ist.

An der Mündung des Selengastroms in jenen See liegt das Dorf Tschertowkina, in dessen Nähe sich eine Reihe kleiner hölzerner Baraken befinden, die einstweilige Niederlagen für den Haupthandelsartikel dieser Gegend dienen, der eben in diesen Salmen (Salmo omul), die dem Schellfische gleichen, besteht, welche im Juli und August, wo sie dem Fluß Selenga hinaufgehen, um zu laichen, in demselben gefangen werden. Um diese Zeit strömt eine große Menge Menschen, von jedem Alter und Geschlecht, aus der Umgegend herbei, um an dem Fange dieser Fische und an den Vergnügungen, die dies mitbringt, Theil zu nehmen. Das Dorf selbst ist zu klein, um allen Fremden Unterkommen zu gewähren, und man sieht deshalb den Strom mit großen und kleinen Fahrzeugen bedeckt, auf welchen Jeder sich ein leidliches Obdach sucht. In den Gassen des Dorfs drängt sich eine lärmende Menschenmenge, rüstige Fischer, die nicht selten halbtrunken sind, singende Frauen und jauchzende Kinder. Alles freuet sich auf den Fischzug und den dadurch zu erlangenden meist nicht unbedeutenden Gewinn. Ein von der Regierung bestellter Aufseher ertheilt vor dem Beginn desselben seine Anordnungen, welche genau beobachtet werden müssen, und bestraft Diejenigen, welche gegen seine Befehle handeln.

Den Fischern wird die Annäherung der Salmen durch Schwärme von Möven und Wasserraben verkündigt, welche sich vorher auf dem Flusse versammeln. Gewöhnlich trifft der Zug ein, wenn es einige Tage zuvor gelinde geregnet hat, was die Fischer das Salmenwetter nennen. Dann theilen sich die Fischer längs den Ufern in Gesellschaften ab, von denen jede drei oder vier Netze von etwa 1000 Fuß Länge auswirft. Ein und eine halbe Meile von der Mündung des Stroms ist eine Grenze abgesteckt, unterhalb welcher kein Netz ausgeworfen werden darf. Solcher Gesellschaften sind gewöhnlich 100—150. Jede bekommt von dem Aufseher einen Zettel, worauf die Zahl und die Größe der Netze angegeben ist, was nicht überschritten werden darf. Die Selenga erscheint nun ganz mit Kähnen bedeckt, die hinauf und herunter durcheinander kreuzen, um den Augenblick nicht zu verfehlen, wo die Fische, die in regelmäßigen Zügen herankommen, anlangen. Zur Nachtzeit werden deshalb auf den Booten Laternen angezündet, und der ganze Strom erscheint dann, so weit das Auge reicht, feenhaft erleuchtet. Eine Todtenstille, in welcher man nur die Plätschern der Ruder und die vorsichtig leise Arbeit der Fischer bei den Netzen hört, tritt ein, sobald die Fische eintreffen; denn jedes Geräusch verscheucht diese und macht den Fang unergiebiger. Nun ist Alles voll Thätigkeit. Einige rudern den Fluß hinauf, um Netze auszuwerfen, Andere kehren schon mit reich beladenen Kähnen zurück, welche auf der Stelle an die Kaufleute von Tschertowkina verkauft werden. Auch die Weiber und Kinder dürfen nicht müßig sein. Diese nehmen die Fische aus, jene salzen sie in Tonnen ein. In jede Tonne kommen 12—1500 Stück, und ein einziger Zug ist oft so ergiebig, daß man mit dem Inhalte des Netzes 20—30 solcher Fässer anfüllen kann.

Wenn der Fang glücklich ist, so liefert er 6—7000 Tonnen. Die eingesalzenen Fische werden größtentheils in das Gouvernement Irkuzk versandt, wo sie den mittlern und niedern Ständen, besonders in der Fastenzeit, zur Nahrung dienen.

Zur Geschichte des Glases.

Mehre chinesische, japanesische und tatarische Geschichtschreiber erzählen, daß es bereits vor länger als 2000 J. im östlichen Asien Glasfabriken gegeben habe, und an einer gewiß ebenso alten ägyptischen Mumie, welche neuerdings in London gezeigt wurde, fanden sich Verzierungen von kleinen Glasstücken. In England dagegen, dem Heimatlande von so vielen nützlichen Erfindungen, wußte man im 6. Jahrh. n. Chr. Geb. noch nichts von dem Glase und dessen Bereitung. Der Prior des Klosters von Weymouth ließ zuerst im J. 674 Gläser aus Frankreich herüberkommen, um die Fenster der Klosterkapelle mit Glasscheiben zu versehen, und erst im 13. Jahrh. gab es einheimische Gläser in England.

Der Bergsturz von Goldau.

Die Zeitungen haben unlängst von den Besorgnissen gesprochen, welche die sichtbaren Veränderungen in der Beschaffenheit des Hochgebirges unter den Bewohnern des Rheinthals in Graubündten erwecken. Aus den im November 1834 angestellten Untersuchungen ergab sich, daß hinter dem Rande der senkrechten Felsenwand über dem Dorfe Felsberg große Spalten netzartig und in wirrem Laufe durch den Waldboden ziehen, hier und da 600 Fuß senkrecht in das Innere des Berges hinabgehen, und andere ebenso große Klüfte, gefährlich für den ungewarnten Wanderer, zum Theil mit bewachsenem Erdreich bedeckt sind. Die gelösten Felsenpfeiler sind gleichsam Inseln, durch Klüfte getrennt. Die größern Spalten und Klüfte scheinen Jahrhunderte alt zu sein, neben diesen aber sieht man neue Brüche und Senkungen, in welche hier und da große Blöcke und grünende Bäume eingesunken sind. Bei der Betrachtung der überall sichtbaren innern Zerklüftung der größern Felsmassen kann man sich der Besorgniß nicht erwehren, daß bei irgend einer Einwirkung der Kälte, des Regens oder des Thauwetters das untere Thal den Gefahren einer Überschüttung ausgesetzt sei. Sollten blos die obern Felsenspitzen herabstürzen, so könnten sie sich vielleicht als ein schützender Steindamm vor das Dorf im Thale legen; gleiten aber die zerrissenen Felsmassen durch den Druck ihrer eignen Schwere von ihrer Unterlage, die durch eingedrungenes Wasser erweicht worden wäre, so ist zu erwarten, daß der ganze losgetrennte und bereits hangende felsige Hintergrund nachstürzen und nicht nur den Thalgrund überschütten, sondern selbst das Flußbett des Rheins dämmen werde. Nach dem Berichte der Männer, welche die Untersuchung vornahmen, kann ein theilweiser Felsensturz nicht lange ausbleiben, da die Bewegung fortdauert, und die keilartig sich in die Spalten einsenkende Zwischenmasse langsam auf einen Übersturz der äußersten Felsengehänge wirkt.

Die Gefahren jener Zerklüftungen, welchen mit Menschenkraft nicht vorgebeugt werden kann, erinnern an furchtbare Ereignisse, die durch ähnliche Ursachen in den schweizerischen Hochgebirgen herbeigeführt wurden. Das verheerendste in der neuern Zeit war der Bergsturz bei Goldau im September 1806, dessen Wirkungen die vorstehende Abbildung zeigt. Im Canton Schwyz am Fuß des Rigi bis zum Lowerzersee lag das freundliche goldauer Thal in einer Breite von zwei Stunden, mit blühenden Dörfern, von kräftigen und gutmüthigen Menschen bewohnt. Schon in frühern Zeiten waren von dem beinahe 4000 Fuß hohen Rigiberg Felsenschichten hinabgestürzt, deren Trümmer sich in dem Thale zeigten. Vor 1354 stand ein Dorf am Fuße des Berges, von welchem man in den spätern Jahrhunderten keine Spur mehr sah, und seit 1750 hatten mehre kleinere Felsbrüche Verheerungen angerichtet. Im Winter 1805—6 war viel Schnee gefallen; die Monate Juli und August 1806 waren sehr naß und am 1. und 2. Sept. fielen heftige Regengüsse. Von dem Gnypenspitz, dem Rigi gegenüber, liefen zwei steile senkrechte Felswände herab, welche aus Schichten bestanden, die auf Thon und mergelartigem Sandsteine gelagert waren. Diese Lager waren durch eingedrungenen Regen und Schnee schon lange in ihrer Bindung zerstört, und die letzten Regengüsse vermehrten die Auflösung. Als die Unterlage zu weichen begann, mußten die darauf ruhenden Schichten, die hier und da schon eine breite Spitze hatten und sich bedeutend senkten, vollends brechen. So entstand nicht sowol ein Bergfall als eine Stein- und Erdlawine, den Schneemassen ähnlich, die im Frühling oft verheerend von den Hochgebirgen herabstürzen. Schon in den Vormittagsstunden des 2. Septembers hörten die durch mehre Anzeigen schon vorher gewarnten Bewohner des Thales zunächst am Gnypenspitz Getöse und Krachen und bemerkten andere ungewöhnliche Erscheinungen. Am Nachmittag um 5 Uhr sahen Reisende aus Bern, die nach dem Rigi wanderten, daß ein großer Tannenwald sich fortzubewegen anfing; die Vögel flogen zu Tausenden empor, der Wald stürzte und die Vögel wurden durch die Lufterschütterung mit in den Abgrund gerissen. In wenigen Minuten sah man nichts als Dampf und Staubmassen, Erde und Steine, die wie Meereswogen sich übereinander thürmten und forttrieben. Als die oberste Felsspitze in einer Breite von 1000 Fuß unter furchtbarem Donner herabstürzte, trennte sich zugleich eine ungeheure, gegen 300 Fuß starke Erdmasse in einer Breite von 100 Fuß vom Gebirge. Der Sturz wälzte sich in vier Armen herab, von welchen der verheerendste sich nach dem Rigi wendete. Die Gewalt war so stark, daß große Felsenstücke gegen 1000 Fuß an dem Rigi hinaufgewälzt wurden und liegen blieben, große Buchen zersplittert und höher aufwärts Äste von den Bäumen abgeschlagen wurden. Binnen fünf Minuten war das reizende und fruchtbare Thalland, eine Fläche von mehr als einer Quadratstunde, in eine wilde Steinwüste verwandelt, bis zu 200 Fuß hoch mit Trümmern bedeckt und die Dörfer Goldau, Lowerz, Buchingen und Röthen waren unter Schutt begraben. Nur der Kirchthurm von Lowerz ragte aus den Trümmern hervor, und der Weiser der Uhr bezeichnete später dem Wanderer halb sechs Uhr als den Augenblick der furchtbaren Überschüttung. Ein kleiner Theil des Felsensturzes, der eine von der Hauptmasse verschiedene Richtung genommen hatte, wälzte sich aufwärts gegen den Lowerzersee, trieb ihn aus seinem Bett und zwang die Flut, 150 Fuß hoch über das Ufer zu steigen. Ein ungeheurer Steinblock, der nicht weit vom Seeufer an der Straße lag, wurde nach dem Unglück auf der andern Seite des Sees gefunden und mußte zerschlagen werden, um Platz für die neue Straße zu gewinnen. Eine Kapelle in dieser Gegend wurde von den Fluten weggespült und eine halbe Stunde weiter abgesetzt. Reisende, die auf dem Wege zum Rigi waren, konnten sich, als die ersten Zeichen des Felsensturzes sie schreckten und schon Steine über sie wegflogen, nur durch die schnellste Flucht retten; andere aber wurden unter den Felsentrümmern begraben, ehe sie den Abhang erreicht hatten. Gegen 440 Menschen verloren ihr Leben in den verschütteten Dörfern, und 350 gerettete sahen sich in die tiefste Armuth gestürzt. Am folgenden Tage, als aus der Umgegend von allen Seiten Hülfe herbeieilte, wurden noch 14 Menschen aus dem Schutte der Häuser und dem Schlamme gerettet, und unter ihnen ein Vater, der sein todtes Kind in den Armen hielt. Der ganze Verlust an Wiesen, Wäldern und Gebäuden ward auf mehr als eine Million Thaler angeschlagen. Der Schauplatz dieser Verheerung läßt sich von dem Dorfe Art, zwischen dem Rigi und Ruffiberg, am besten übersehen. Schon jetzt steht auf den Trümmern wieder eine Kirche und neben ihr ein Wirthshaus, wie unsere Abbildung zeigt.

Nicht minder schrecklich war 188 Jahre früher der Untergang des Fleckens Plurs. In der seit 1512 dem Canton Graubünden unterworfenen Landschaft Chiavenna oder Kleven, an der Südseite des Splügen, in einem von der Mera durchströmten Thale, am Fuße des Berges Conto, lag dieser gewerbfleißige und reiche Flecken, wo besonders Seidenweberei blühte. Jetzt bedeckt ein Kastanienwald die Stelle, wo er stand, dem Berg Savagno gegenüber, von welchem der Bach Fraggia sich herabstürzt. Vom 25. bis 29. August und und vom 1. bis 3. September 1616 hatte es viel geregnet. Am 4. September wurde der Himmel heiter, aber ein Theil des Erdreichs senkte sich vom Conto und verschüttete einige Nebenhügel. Die Hirten eilten nach Plurs und warnten die Bewohner. Der Berg, sagten sie, hätte seit mehren Jahren bedenkliche Risse, und die Kühe eilten dort brüllend hinweg. Wie Andere erzählten, hatten die Bienen in den umliegenden Dörfern ihre Körbe in Schwärmen verlassen, und waren todt zur Erde niedergefallen. Diese Warnungen wurden nicht geachtet. Bei Anbruch der Nacht dröhnte die Erde dumpf und weit. Der Fluß stand zwei Stunden lang seicht. Gegen Morgen stürzte bei stiller Luft unter furchtbarem Krachen der Gipfel des Conto herab und verschüttete Plurs und das Dorf Cilano. Der Schutt bedeckte 100 Fuß hoch die Häuser und 2500 Menschen wurden unter den Trümmern begraben. Nur drei Bewohner dieser Orte entgingen dem Unglück, weil sie eben von ihrer Heimat abwesend waren. Von den Gebäuden blieb nur ein Landhaus stehen, wo man noch die Abbildung des unglücklichen Ereignisses sieht.

In der Nähe von Chiavenna, an den Gebirgsabhängen der östlichen und westlichen Felsenrücken, gibt es viele Felsenspalten, welche kalte Luft ausstoßen, Windlöcher (ventaroli) genannt, die man zuweilen zu Kellern benutzt. Besonders findet man solche Spalten zwischen Chiavenna und dem herabgestürzten Conto.

Der Bergsturz von Goldau.

Das Pfennig-Magazin

der

Gesellschaft zur Verbreitung gemeinnütziger Kenntnisse.

106.] Erscheint jeden Sonnabend. **[April 11, 1835.**

Der Jaccabrotbaum (Artocarpus integrifolia).

Wir haben von dem Brotfruchtbaume, der in den Ländern der Südsee einheimisch ist, schon in Nr. 24 des Pfennig-Magazins gesprochen, dabei auch des Jaccabrotbaumes erwähnt, der sich von jenem durch die ungetheilten Blätter unterscheidet und dessen ursprüngliche Heimat Ostindien ist. Seine Frucht wird Jacca genannt. Es ist ein ziemlich großer Baum mit dickem Stamm und vielen gewundenen Ästen, fester, einen Milchsaft von sich gebender Rinde, und zahlreichen spannenlangen, elliptischen Blättern. Die Frucht hängt einzeln am Stamme oder an den stärkern Ästen, und gleicht einem Zapfen; sie ist fast zwei Fuß lang und einen Fuß dick und wird an 30 Pfund schwer. Die Schale ist grün, mit stacheligen Schuppen besetzt und schließt eine große Anzahl kleinerer Früchte ein, mit gelblichem, süßem und wohlschmeckendem Fleisch, in welchem ein Fruchtkern liegt. Man hat eine Menge Abarten dieses Baumes, mit mehr oder weniger schmackhaften Früchten. Man ißt sie frisch, auch werden sie eingemacht, in Palmenöl gebraten oder wie Kastanien geröstet. Aus den getrockneten Früchten bereitet man Mehl. Mehre Theile des Baums werden außerdem als Arzneimittel benutzt. Der Baum trägt von seinem sechsten Jahre bis ins siebzigste Früchte. Um ihn fortzupflanzen, steckt man die ganze Frucht, und wenn die einzelnen Früchte ihre Schößlinge treiben, so bindet man sie so zusammen, daß sie in einen Stamm verwachsen.

Die Kupferstechkunst.
6. Die deutsche Schule.
(Fortsetzung aus Nr. 105.)

Prüfender Blick, vorwaltender Verstand, ausdauerndes Streben und ruhige Kraft im Charakter der Deutschen leiteten frühe das Auge ihrer Künstler auf Erscheinungen hin, welche meist nur einer wirklichen Welt angehörten, und machten, daß sie, streng an der Kunstregel haltend, dieselbe auch in Form und in Ausdruck kleideten.

So Albrecht Dürer (1471—1528), der Stifter der deutschen Kupferstecherschule. Obgleich seit dem Tode dieses Künstlers, drei Jahrhunderte hindurch, der Erfahrungen manche und der Schritte viele gemacht worden sind zur Vervollkommnung der Kupferstechkunst, so würde man doch noch heute manche Blätter dieses Meisters weder besser noch vielleicht so gut liefern können, und es ist fürwahr kaum zu begreifen, wie er, der keine nachahmungswürdigen Muster vor sich hatte, so Großes zu leisten vermocht hat. Auch Lucas Kranach (1472—1553), gefeiert als Maler, reizte die junge Kunst, auf Augenblicke den Pinsel mit dem Grabstichel zu vertauschen; doch stach er nur wenig, seinen wahren Beruf zum Coloristen erkennend. Wahrscheinlich ist, daß dieser Meister durch die ganz beispiellose Freiheit seiner kupferstecherischen Arbeiten Dürer zur Nachahmung veranlaßt und so auf die Erfindung des Radirens gebracht hat; Letzterer wird nämlich für den frühesten Aßkünstler gehalten. Die meisten Schüler Albrecht Dürer's lieferten größtentheils nur sehr kleine und sehr fein gearbeitete Kupferstiche. Sie haben deshalb den Namen „kleine Meister" (petits-maîtres) erhalten, und ausgezeichnet unter ihnen sind Ludwig (nach Andern Lucas) Krug, auch der Meister mit dem Kruge genannt, gest. 1535; Albrecht Altorfer, Maler zugleich, gest. 1538; Hans Sebald Beham, gest. um die Mitte des 16. Jahrhunderts; Johannes Brosamer oder Broßhammer (1537—50); Jakob Binck (1490—1560); Heinrich Aldegrever oder Aldegraf, von Einigen unter dem Namen Albert von Westfalen verstanden (1502—55); Augustin Hirschvogel, starb etwa 1560; Bartholomäus Beham oder Boehm, Boeheim, Bruder des Hans Sebald (1502—40); endlich Georg Pens oder Penz (1530—50). Übrigens fangen viele Kunstfreunde die Zahl der kleinen Meister schon in der Mitte des 15. Jahrhunderts an und beschließen dieselbe gegen Ende des 16.; immer sind die Meisten Deutsche, die Besten aber aus Oberdeutschland und der Schweiz. Der größere Theil dieser Künstler hält fest an Dem, was ihm von seinen Vormeistern gelehrt worden war. Nur Binck ist es, welcher sich aus sich selbst mehr der Reinheit und Anmuth der Formen zukehrt, sowie wir auch von Aldegrever und Hirschvogel rühmen müssen, daß dieselben eine freiere Strich- und Stechart einführten. Von Raimondi's Arbeiten nach Rafael begeistert, ergreifen jetzt Penz und Bartholomäus Beham den Wanderstab, um in der römischen Schule neue Studien zu machen, und nach ihrer Rückkehr erwarben sich Beide das Verdienst, den deutschen Künstlern ein freieres und höheres Aufstreben verliehen, ihre Blicke auf großartige Gegenstände der Kunst gelenkt, ihnen erhabene Ideale vorgesetzt, und dabei Verschmelzung italienischer Form mit deutscher Technik gelehrt zu haben. Gelungene Stiche nach italienischen Bildern wurden von deutschen Künstlern geliefert, und harmonisch vereinigte sich deutscher mit italienischem Kunstcharakter. Virgilius Solis (1514—62), nicht ohne Talent und dadurch, daß er Andern lehrte, von Einfluß, gefährdete leider durch theilweise veraltete Manier und Hinneigung zu dem Kleinlichen die deutsche Kupferstechkunst auf ihrem damaligen Standpunkte.

Mit dem 17. Jahrhunderte aber eröffnete sich für Deutschland eine traurige Zeit. Der dreißigjährige Krieg schlug ihm blutende Wunden, die Blicke der Deutschen und ihre Kräfte beschäftigten ernstere Verhältnisse, und der Sinn für die Kunst unterlag. Geistige Belebung mangelte ganz. Eine Abstumpfung des Gefühls und eine Mattigkeit der Phantasie nahmen überhand und ertödteten jedes künstlerische Schaffen. Was nun namentlich in der Kupferstechkunst geleistet ward, beschränkte sich auf Verzierung der Andachtsbücher durch religiös sein sollende, allegorisch-mystische Bilder und auf Blätter, in denen man die Helden des Tages und die Ergebnisse der Zeit darstellte. Der sehr wackere Ägidius Sadeler, geboren in Flandern, in Rom und Venedig gebildet, nach Deutschland gerufen von Rudolf II., gehörte nicht zu der Schule der jetzt künstlerarmen Deutschen; auch verwehten die Spuren seines Schaffens in den Stürmen des Kriegs. Matthäus Merian aus Basel, gest. 1651, durchwanderte Deutschland, um Prospecte zu geben, bedeutungslos und geschmackswidrig ausstaffirte. Joachim von Sandrart, Merian's Schüler, ging erfolglos für die Kupferstechkunst vorüber. Theodor de Bry, der Vater, und Johann Theodor, sowie Johann Israel, die Söhne, Ersterer im Beginn, Letzterer gestorben um die Mitte des Jahrhunderts, aus Lüttich stammend, waren zwar nicht ohne Besiß rein künstlerischen Talents, vermochten aber doch nicht Achtsamkeit oder Nachahmung zu erwecken. Ein noch entschiedeneres Talent ist Lucas Kilian (1579—1637). Er machte Studien in Italien und ist uns, sammt Wenzeslaus Hollar, ein tröstendes Gestirn in jener düstern Zeit. Johann Heinrich Roos (1631—81) förderte die deutsche Kunst vorzüglich durch die von ihm versuchte, mit Grabstichel oder trockner Nadel unterstüßte Aßkunst. Lediglich aber mit der Nadel übte dieselbe Jonas Umbach (1624—1700). Bemerkt zu werden verdient, daß in diesem für die deutsche Kunst so dürftigen Jahrhunderte doch ein Deutscher eine neue Stechweise erfand, nämlich die Schab- oder Schwarzkunst, auch Mezzotinto-Manier genannt. Es war dies Ludwig von Siegen (auch Siegens geschrieben), hessischer Oberstlieutenant und Kunstdilettant, geb. um 1620. Verbessert ward die neue Weise durch Siegen's Zeitgenossen, den Domherrn und Obersten Theodor Kaspar von Fürstenberg, geübt aber durch Johann Friedrich von Elz, Johann Jakob Kremer und Martin Dichtl; ferner durch Benjamin Blocke und Johann Franz Leonart. Auch die von Julius Campagnuola, einem der alten Meister Italiens, erfundene Weise mit der Goldschmiedspunze sieht sich um diese Zeit in der deutschen Kupferstecherschule geübt durch Hieronymus Bang, Goldschmied zu Nürnberg, ferner durch Franz Aspruck, Daniel Kellerthaler und Paul Flind, sämmtlich Goldschmiede. Nichts aber von all diesem erhob sich hinsichtlich des Gegenstandes über die Wirklichkeit und zu dem Idealen.

So verarmt im 17. Jahrhunderte das deutsche Land in jeder Hinsicht war, so erholte es sich doch und erstarkte im darauf folgenden bald wieder. Auch die Künste begannen von Neuem zu erblühen, obschon, beziehen wir uns auf die Kupferstechkunst, diese erst im Jahre 1746 erfreuliche Früchte spendete. In diesem Jahre nämlich kehrte Georg Friedrich Schmidt (1712—75), nachdem er lange Zeit sammt seinem trefflichen Landsmanne Wille zu Paris die damals auf einer imposanten Höhe stehende französische

Kunst studirt hatte, in sein Vaterland zurück. Schmidt schuf sich das Verdienst, unter den Deutschen zuerst wieder am vollkommensten auf eine Wirkung der Malerei, neben der größten Sorgfalt für Stich und für Reinheit, hingearbeitet zu haben; und obgleich er nicht eigentliche Schüler berief, so haben doch seine Werke großen und wohlthätigen Einfluß auf die Bildung fast aller deutschen Kupferstecher gehabt. Aber auch Johann Georg Wille, geboren 1717, nützte seiner vaterländischen Schule von jenseit des Rheins her, und Johann Gotthardt von Müller und Jakob Schmuzer (1733—1806) waren es, welche, die Leitung Wille's in Paris aufsuchend, den deutschen Kupferstechern den Verlust dieses Meisters zu ersetzen strebten und — sehen wir auf Müller — auch genügend ersetzt haben. Müller nämlich (geboren 1747), ganz die geregelte Technik seines Meisters sich aneignend, veredelte nur das Erlernte durch einen noch fast höhern Kunstsinn, und nicht minder verband er auf das Geistreichste den malerischen Ton mit der malerischen Form. Den talentvollen Sebastian Ignaz Klauber, geboren 1754, hatte die deutsche Kupferstecherschule verloren, da derselbe nach Petersburg sich wendete.

Der Schab- oder Schwarzkunst wurden um die Mitte des 18. Jahrh. an der wiener Akademie für bildende Künste besonders Professoren bestellt, unter denen sich auszeichneten: Johannes Jakobe (1733—97) und Johann Pichler (1766—1806). Auch Vinzenz Kininger machte sich zu Wien als Schabkünstler beachtungswerth. Von Denen aber, welche im 18. Jahrh. unter den Deutschen die Kunst des Ätzens und Radirens in Achtung erhielten, verdienen Auszeichnung: Christian Wilhelm Ernst Dietrich, auch Dietericy (1712—74), und Daniel Chodowiecky (1726—1800), Beide eigentlich Maler; Ersterer die Instrumente mit einer angenehmen Ungezwungenheit führend, Letzterer geistreich, charaktervoll, originell. Ihnen schließen sich an die Maler: Christian Bernhard Rode (1725—97), Franz Edmund Weirotter (1730—73), Salomon Geßner (1730—87), endlich Ferdinand Kobell (1740—99). Als rühmenswerth aber in der Stechweise, welche ätzt und mit Grabstichel beendigt, zeichnen sich um diese Zeit aus Johann Friedrich Bause (1738—1814), Karl Guttenberg (1744—96), Wilhelm Friedrich Gmelin, geb. 1745, Johann Georg Preißler, um 1750 geboren, endlich der zugleich als Maler achtbare Johann Friedrich Leybold, geb. 1756. Den Punzenstich übte in diesem Zeitraume mit Auszeichnung der sehr geschickte Silber- und Goldschmied Otto Christian Sahler. Die sogenannte Crayonmanier ward nur wenig in Deutschland geübt. Die englische punktirende Stechart fand achtbare Vertreter in Heinrich Sinzenich, geb. 1752, in Karl Hermann Pfeiffer, geboren um 1766, und in Friedrich John, um 1770 geboren; die Aquatinta- oder le Prince'sche Manier aber in Johann Gottlieb Prestel, geb. 1739, in Maria Katharina Prestel, des Vorigen Gattin, geb. 1747 und 1786 nach London gehend, wo sie 1794 starb, in Wilhelm Kobell, 1766 geboren, endlich und vorzüglich in Karl Kunz, geb. 1770, sämmtlich zugleich Maler.

Wenden wir uns wieder zu jener kunstvollsten Weise, derjenigen des Grabstichels, so sehen wir, wie im Jahre 1815 ein zeitiger Tod den vielversprechenden Sohn des wackern Gotth. von Müller, Friedrich, entrückt, ehe er noch, was er bei längerer Lebensdauer gewiß gethan haben würde, entschieden für die deutsche Kupferstechkunst zu wirken vermocht hatte. Doch zeigte sich in seinen, der Formung nachstrebenden, sich großartige Muster vorsetzenden und diese in ihrer tiefsten Bedeutung erfassenden Leistungen am überzeugendsten die Tendenz, welche sein Vater den neuern Kupferstechkünstlern gegeben. Johann Friedrich Leybold, geb. 1760, ebenfalls Schüler Gotthardt von Müller's, schreitet auf der bezeichneten Bahn vor, der Kupferstechkunst wieder eine neue, kräftige Stütze in seinem Sohn Gustav, geb. 1792, hinterlassend. Adam v. Bartsch zu Wien, auch als Schriftsteller um die Kupferstechkunst verdient, wird 1821, in demselben Jahre Gmelin in Rom, 1830 Gotthardt von Müller, 1831 Haldenwang, 1834 Fleischmann in München der Kunst durch den Tod entrissen. Aufrecht erhalten aber bis auf die neuesten Tage sieht sich die Ehre deutscher Kupferstechkunst in all ihren Stechweisen durch: Guttenberg, Darnstädt, Veith, Frenzel und Stölzel in Dresden; Schwerdgeburth in Weimar; durch Buchhorn, Berger, Caspar, Meno Haas in Berlin; desgleichen Rahl, Höfel, Agricola, Axmann, Beyer, Stöber, Piringer, Gauermann und John in Wien; durch Döbler in Prag; durch Mettenleitner und die Brüder von Kobell in München; durch Schuler und Frommel in Karlsruhe; Seyffer in Stuttgart; durch Klein, Reindel, Ulmer und Geisler in Nürnberg; dann durch Lips, Eßlinger, Duttenhofer, Schlottbeck, Lutz, Aloys Keßler, Böhm, Jury; ferner durch Marie Ellenrieder; durch Dürner, Wenk, Günther, Reinhardt, C. Reinhard, Ford, Koch, Friedhof u. A. m. Den Charakter der neuesten deutschen Kupferstechkunst, wie derselbe sich in den Blättern namentlich eines Ruscheweyh aus Mecklenburg und des Schweizers Samuel Amsler, ferner eines Krüger und Stölzel in Dresden, nicht minder Barth's aus Hildburghausen und Steinla's aus Weimar zu erkennen gibt, dürfen wir als denjenigen bezeichnen, welcher sein Vorbild nicht blos copirt, sondern den Gegenstand nach seiner geistigen Bedeutung und der ihm innewohnenden Seele auffaßt, durch Technik denselben unter schönen Formen, richtigem, leichtem, einfach edlem Stich und Strich darstellt, und stets dazu reine und hochgeniale Muster sich vorsetzt. Als das neueste ausgezeichnete Ergebniß dieser Kunstrichtung verdient Peter Lutz's schöner Stich der Madonna des heiligen Franciscus von Correggio, eins der ausgezeichnetsten Bilder dieses Meisters in der dresdner Galerie, bezeichnet zu werden. Das Blatt wird seit dem December 1834 ausgegeben.

(Fortsetzung in Nr. 107.)

Die Addax-Antilope (Antilope Addax).

Schon die Alten sprachen von dieser Antilope, als von einem Thiere, das mit den Ziegen und zugleich dem Hirsche Ähnlichkeit habe, dessen Hörner aber so gebogen seien, daß man sie einer Lyra vergleichen könne; sie nannten das Thier Strepsiceros, bemerkten aber, daß die Araber es Addax nennten, und in der That heißt es bei diesen noch jetzt ungefähr so: nämlich Akasch, sonst aber auch Bakar el vasch, welches eine wilde Kuh bedeutet. Diese Antilopenart ist erst in der neuern Zeit gleichsam wieder aufgefunden worden. Der Gestalt nach hält sie das Mittel zwischen Ziege und Kuh. Beide Geschlechter haben starke Hörner, welche weit auseinander spiralförmig gewunden sind, sie sind dabei geringelt und laufen in eine lange grade Spitze aus; die Hufe sind platt und breit, die Farbe ist milchweiß, der Hals aber licht, der Kopf dunkler braun und vor diesem läuft eine weiße Binde unter den Augen. Junge Thiere haben grade Hörner. Diese Antilope lebt im nördlichen Afrika in kleinen Heerden beisammen und nährt sich von den Blättern einiger Akazienarten und wilder Hirse. Sie werden, wie die andern Antilopen, mit Pferden gejagt.

Die Addax-Antilope

Guido Reni.

Der berühmte italienische Maler Guido Reni wurde 1575 zu Bologna geboren, und von seinem Vater, einem der vorzüglichsten Componisten und Flötenspieler seiner Zeit, zum Tonkünstler bestimmt. Der Knabe erhielt vom neunten Jahre an Unterricht in der Musik; sehr bald aber bemerkte der Vater, daß Guido weit mehr Talent zum Zeichnen besaß, und gab ihn deshalb zu Dionysius Calvaert, einem niederländischen Maler, der sich in Bologna niedergelassen, in die Lehre. Hier eignete sich Guido Reni bald jene Leichtigkeit und Gefälligkeit der Ausführung an, die seine Werke auszeichnet. Im zwanzigsten Jahre ward er Schüler der Brüder Carracci, und man sagt, daß mehre seiner Gemälde sogar die Eifersucht seiner Meister erregt hätten. Sein Kunststyl in dieser Zeit unterschied sich von dem der Carracci nur durch eine gewähltere Farbengebung und glücklichere Vertheilung des Lichtes, Vorzüge, welche er dem sorgfältigen Studium der Werke Paul Veronese's verdankte, den er stets als den größten Coloristen, sowie Rafael als den größten Zeichner bewunderte. Der Drang, sich zu vervollkommnen, trieb den jungen Künstler nach Rom. Hier eignete er sich viel von dem rauhen, aber kräftigen Styl des Michel Angelo Caravaggio an, der damals in hohem Rufe stand, und führte mehre Arbeiten, die früher dem Caravaggio aufgetragen worden, zu allgemeiner Bewunderung aus, erregte aber auch dadurch die Eifersucht und den Haß jenes leidenschaftlichen Mannes in hohem Grade, und lebte mit demselben von dieser Zeit an stets in Unfrieden; ja es kam sogar einst zwischen beiden Künstlern zum Zweikampf, in welchem Guido Reni verwundet ward. Er stand in besonderer Gunst bei dem Papst Paul V., für welchen er die Kapellen von Monte Cavallo und Sta. Maria-Maggiore ausschmückte. Von Rom ging Guido nach Bologna zurück, wo er sich des ausgezeichnetsten Ruhmes erfreute und eine vielbesuchte Malerschule hatte. Obgleich ihm hier seine Arbeiten theuer bezahlt wurden, so befand er sich doch stets in Geldverlegenheit, weil er dem Spiele leidenschaftlich ergeben war. Dies störte ihn in seiner Kunstvollendung sehr, da er, um zu erwerben, leichtsinnig und flüchtig zu arbeiten anfing. Er starb im J. 1642. Man unterscheidet bei den Werken Guido Reni's drei verschiedene Manieren. Die erste fällt in die Jugendzeit des Künstlers und zeichnet sich durch Kraft und Kühnheit des Pinsels und durch das Streben nach Effecten aus. Die zweite Manier ist dieser ganz entgegengesetzt; sie ist weich und gefällig und diesem Künstler eigenthümlich. Die dritte Manier fällt in seine letzte Lebenszeit, wo er weniger um der Kunst, als um des Gewinnes willen arbeitete. Man erkennt sie an dem unnatürlichen, oft ins Graue und Grünliche fallende Farbenton und im Allgemeinen an der nachlässigen Behandlung.

Guido Reni.

Wir geben hier neben dem Bildniß Guido Reni's eins der berühmtesten Werke dieses Meisters, die Aurora, ein Deckengemälde im Palast Rospigliosi zu Rom, in einer Abbildung. Es ist eine seiner schönsten und kräftigsten Arbeiten und gehört in diejenige Periode seines Künstlerlebens, wo er von der Nachahmung der Carracci's in die ihm ganz eigenthümliche Zartheit und Anmuth überging. Der Gedanke, der diesem schönen Bilde zum Grunde liegt, ist im höchsten Grade dichterisch aufgefaßt. Es ist eine Verherrlichung jenes großen und jedes für Naturschönheit empfänglichen Gemüth tief ergreifenden Augenblicks, wo die ersten Purpurstrahlen der aufgehenden Sonne den Osten besäumen. Guido hat diesen Augenblick im Sinne der griechischen Mythologie dargestellt. In dem Sonnenwagen, von den flammenhufigen Rossen gezogen, fährt auf blauröthlichem Gewölk Apollo, der Sonnengott, den die Horen als Göttinnen der Anmuth umkreisen. Über den Sonnenpferden erblicken wir einen geflügelten Genius mit der Fackel. Dies ist Phosphorus, der Lichtbringer, nach der griechischen Mythologie der Sohn der Aurora. Der Maler ist hier insofern von der allgemeinen Vorstellung abgewichen, daß er den Götterknaben hinter der Mutter fliegen läßt, da er auf allen Bildwerken als Morgenstern vor ihr herschwebt. Außerordentlich schön ist die Gestalt der Aurora selbst, welche glänzende Blumen aus den Wolken herab auf die Erde streut, von flatternden Gewändern leicht umhüllt, in welchen der Morgenwind spielt. Über der ganzen Wolkenscene schwebt ein sanft glänzendes Licht, welches vortrefflich gegen die halbdämmernde Beleuchtung der tiefer liegenden Meerlandschaft absticht.

Die Aurora, Gemälde von Guido Reni.

Die Witterung des Jahres 1834.

Schon das Jahr 1833 hatte eine ungewöhnliche Witterung. Der Sommer, welcher sich schön anließ, wurde sehr bald kühl, und überall gesellte sich so viel Regen dazu, daß die Weinlese und die Getreideernte so gut wie nichts gaben. Heftige Stürme folgten einander vom September und wechselten in manchen Gegenden mit Nordlichtern, mit Meteoren, gleich einer Feuersbrunst, und Steinregen.*) Besonders hauste ein schrecklicher Sturm, wie er seit 1794 nicht beobachtet worden war, in den Abendstunden am 18. December 1833. Große Regengüsse kamen oft im Gefolge solcher Stürme und füllten die Flüsse, daß sie alle über ihre Ufer traten. Kurz, die Witterung des Jahres 1833 war sehr ungewöhnlich gewesen, sodaß Jemand sogar berechnete, um wie viele Meilen die Erde jährlich von der Sonne sich entferne, wie das Jahr darum jährlich länger und die Temperatur kühler werde, bis die ganze Planet in 2000 Jahren in einen Eisklumpen verwandelt sein werde. **) Das Ganze lief jedoch darauf hinaus, daß sich mehre Eisberge in der Baffinsbai und Davisstraße losgerissen hatten und auf ihrem Wege im atlantischen Ocean die Wärme der Atmosphäre beim Zerschmelzen an sich zogen, ihr Gleichgewicht störten, sie mit Dünsten füllten und so Kühle, Sturm und Regengüsse veranlaßten.

Noch ungewöhnlicher aber gestaltete sich die Witterung des Jahres 1834, von welcher wir jetzt einen Bericht ablegen wollen, so weit sich die merkwürdigsten Erscheinungen derselben in der Kürze zusammenfassen lassen. Gleich mit den ersten Stunden trat das Jahr höchst sonderbar auf. In der Sylvesternacht tobte ein Sturm, der an Heftigkeit dem vom 18. December nicht viel oder gar nichts nachgab, an Dauer aber ihn beiweitem übertraf; denn er hielt bis früh um 8 Uhr an. Ein ewiges Sausen und Brausen füllte die Luft und wurde nur von einzelnen häufigen Stößen unterbrochen. Um 8 Uhr endlich kam eine wahre Sündflut und bald gingen von allen Orten die schrecklichsten Nachrichten über die Wuth ein, mit welcher der Sturm an den Küsten und auf der See gehaust hatte. Die Küsten litten vornehmlich von Sturmfluten. In Ostfriesland waren weite Strecken zu einem See geworden. Auf der Themse wurden über 100 Kähne verschlungen. In Scheveningen riß er einen Theil der Dünen weg. Viele Hunderte hatten das neue Jahr nur begrüßt, um den Tod in den Wellen zu finden. So gingen von Antwerpen zwei Schiffe mit aller Mannschaft unter, obgleich sie das nahe Ufer vor Augen hatten. An der englischen Küste wurden mehr als 40 Schiffe von den Ankern gerissen und in die hohe See getrieben. Bei Triest gingen in drei Stunden 15 Schiffe unter. Es ist kaum glaublich und doch wahr, daß dieser Sturm in Breslau ein Mädchen von 13 Jahren mit ihrer Führerin über die Brücke hinabgeschleudert hat; in einer andern Gegend gerieth eine Frau mit den Haaren in eine Hecke, sodaß sie sich nicht wieder befreien konnte und umkommen mußte. Jenem Sturme und jenen Regen- und Sturmfluten folgte nun ein ungewöhnlich milder Winter oder vielmehr der schon im verflossenen Jahre begonnene Winter fuhr in der bisherigen Weise fort. Im westlichen Deutschland sah man überall schon in der Mitte des Januars die Mandel- und Aprikosenbäume, den Raps und so viele Wiesenblumen blühen, daß zu Krefeld am 12. Januar bereits 70 Arten aufgestellt werden konnten. Ebenso sah man Störche ankommen und ähnliche Boten des Frühlings einwandern, z. B. einen Maikäfer in Breslau. Heftige Gewitter zogen längs dem Rheine hin, daß er immer wieder aus seinen Ufern trat. Selbst in den kältern Gegenden Deutschlands trieben manche Gesträuche bis Ende Januars frisches Grün und der Crocus steckte zeitig seine bunten Köpfchen heraus. Man verglich bereits diesen gelinden Winter mit dem von 1328, wo im Januar die Baumblüte, im April die Weinblüte, zu Pfingsten die Ernte und zu Jacobi die Weinlese war. Der hohe Norden machte allein eine Ausnahme; in Petersburg war die Kälte meist zwischen 14—21 Grad, obschon noch in Pommern ebenfalls Blumen auf den Wiesen zum Vorschein kamen. Viele Insekten lebten fröhlich auf; viele Zugvögel waren nicht nach Süden gezogen oder schon im Januar zurückgekehrt; viele Thiere, die den Winter verschlafen, wie der Igel, der Hamster, waren sehr unruhig. Die Lerchen sangen, ehe noch der Januar zu Ende ging, und selbst hinter dem kalten Rhöngebirge blühten Kirsch- und Birnbäume. Die Kälte war dagegen verhältnißmäßig nach Morgen und Mittag gewandert. Ägypten klagte über kalte, furchtbare Regengüsse. Auch in Neuorleans fanden ähnliche ganz unbekannte Erscheinungen statt und Mancher erfror in dieser oft vor Hitze verschmachtenden Stadt die Hände auf der Straße. Die Anzeichen von einer frühzeitig zu erwartenden Ernte und Weinlese nahmen jedoch im Anfange des Februars ein Ende. Dieser Monat so wenig als der März brachte zwar eigentliche Kälte, aber doch so frische Luft und so viele Nachtfröste, daß der Pflanzenwuchs allenthalben ins Stocken gerieth, und da auch der April sich launisch zeigte, so war im Ganzen für die Obstblüte so wenig gewonnen, daß, mit Ausnahme der Aprikosen und Pfirschen und ähnlicher Frühgewächse, dieselben im nördlichen Deutschland wenig früher erschienen, als es sonst der Fall zu sein pflegt. Ein gleiches Verhältniß fand beim Weinstocke und auf den Getreidefeldern statt. So sehr das südliche Deutschland vorher gejubelt hatte, so lang wurde ihm nun die Zeit, besonders da die Blüte der Mandelbäume und Pfirschen meist abfiel. Jene drei Monate waren ihrem gewöhnlichem Charakter ganz treu geblieben. Erst der Mai zeigte sich besonders heiß. Mit Ausnahme einiger Tage hatte er häufig 20 Grad Wärme, z. B. in Leipzig, und wir dürfen uns daher nicht wundern, daß in südlichen Deutschlande, namentlich in Stuttgart, Kirschen und Erdbeeren auf den Markt gebracht werden konnten. Schon in diesem Monate aber zeigten sich heftige Gewitter, welche nun den ganzen Sommer hindurch mehr als gewöhnlich herrschen sollten, und viele waren von schrecklichem Hagel begleitet. Die Weinberge am Rhein bei Forst und andere wurden vom Hagelwetter am 13. Mai in wenig Minuten vernichtet, sodaß im Herbste die Weinberge bei Deidesheim nur 100 Stück saß Wein, statt wie sonst 1500 gaben. Ein ähnliches Schicksal hatten die Saaten am 14. Mai bei Elbing, am 16. Mai in einem großen Theile Frankens. Das noch nicht gelöste Räthsel des Höherauchs mit seinem brandigen Geruch stellte sich ebenfalls ein und hatte an vielen Orten sehr rauhe Witterung zur nächsten Nachfolgerin, die aber grade nur so lange anhielt, um einige Bohnen und Gurken zu verderben. Es begann im Gegentheil vom Juni an eine Hitze und Trockenheit, welche seit 1811 nicht beobachtet worden war und nur von Zeit zu Zeit, nur hier und da von furchtbaren Gewit-

---
*) Am 23. October 1833 in Mähren.

**) Grade umgekehrt bewies der berühmte Euler aus der entgegengesetzten Erscheinung des sehr heißen Sommers 1750, daß die Erde sich jährlich der Sonne mehr nähere, bis sie von dieser selbst angezogen und vernichtet werde.

tern unterbrochen wurde, welche oft von schrecklichen Wolkenbrüchen begleitet waren. Die Trockenheit und Hitze stieg schon im Juni so hoch, daß in München am 8. Juni um Regen zu erflehen eine Procession gehalten wurde. Am nämlichen Tage wüthete im Harzgebirge ein Gewitter, das Felsstücke von 100 Centnern fortschleuderte, während die Felder durch den Regen tief ausgespült wurden. Oft gesellten sich zu solchen Gewittern Hagelschlag, wie z. B. am 16. Juni in der Gegend von Hildburghausen und in dieser Stadt selbst, wo in fünf Minuten die Fenster nach der Wetterseite hin alle zertrümmert waren; die Vögel in der Luft wurden getödtet und die Feldfrüchte vernichtet. Eben solche Klagen hörte man in allen Ländern mehr oder weniger, z. B. in der Gegend von Frankfurt an der Oder, wo man den Schaden, den ein solches Gewitter anrichtete, auf 150,000 Thaler schätzte. Am 23. Juni wüthete ein Wetter der Art auf dem Bodensee und trieb große Wassermassen in die Höhe; auf dem Starenbergersee in Baiern gerieth am 22. Juni der König bei einer Lustfahrt dadurch in Gefahr. Ein Paar Tage darauf, am 27. Juni, sah Erfurt seine Felder in kurzer Zeit mit einer 4—6 Fuß hohen Wasserflut bedeckt. Dagegen standen im gebirgigen Theile Badens fast alle Mühlen und Eisenwerke aus Mangel an Wasser still, und bei St.-Martin in Würtemberg konnten die Einwohner dem Tode in den Wasserfluten, welche ihnen ein Wolkenbruch zuführte, nur durch schnelles Heraussteigen aus den Fenstern entgehen.

(Der Beschluß folgt in Nr. 107.)

Die orientalische Pest in Smyrna *).

Von welchem Greuel soll ich die Züge leihen, wenn ich von dieser Krankheit spreche, der ich mehr als einmal auf meinen Wegen begegnet bin, ja deren Anhauch, wenn ich so sagen darf, ich auf den erbleichten Wangen fühlte? Woher die Farben nehmen, um den Zügen des Bildes die Wahrheit sich näherndes Leben zu geben? Der Angstschrei der Pest schallt durch die Straße, und siehe, wie der Sturmwind Blätter peitscht, stürzt alles Volk nach Hause, den gläubigen Muselmann ausgenommen, der die strafende Hand des Himmels, wie die lohnende mit Ergebung und Ruhe aufnimmt. Die Thore, die Fenster schließen sich; der Markt, der Gottesdienst sind zu Ende. Der Tod wird seine Ernte halten, das spricht sich aus, und Jedermann weiß es und bebt, in banger Furcht, unter den bezeichneten Opfern zu sein. Das ärmste Volk allein, dem es nicht gegeben ist, zugleich den Tod zu fliehen und das Leben zu lieben, besorgt allein noch die Geschäfte des täglichen Bedarfs. Juden, von blaßgelben Weibern ihres Stammes gefolgt, wandern von Haus zu Haus. Es ist, als wenn sie einen Vertrag mit der Pest geschlossen hätten bei dem ersten Besuche, den sie ihnen machte; denn sie tragen ihren gräßlichen Stempel. Sie untersuchen die Kranken, und sprechen das Wort der Entscheidung aus, das in diesem Falle mit Tod oder Leben gleichbedeutend ist. Kaum ist das eine gesprochen, so beginnen die Augen des Unglücklichen in halbem Lichte zu funkeln, Blässe und Röthe entstellt abwechselnd die Züge, die sich zu verzehren nicht versäumen; der Geist geht irre und versinkt allmälig in gräßlichen Wahnsinn; Beulen treten hervor — das Opfer ist unter dem Messer! Hat es geendet, so kommen dieselben scheußlichen Gestalten und laden den entkleideten, von Allen geflohenen, von Niemand beklagten Leichnam wie ein gefallenes Vieh auf die Tragthiere, und durch alle Straßen der Stadt, und zu allen Stunden des Tages und der Nacht unterbricht nur dieser Zug, dem die Einbildungskraft nichts Traurigeres an die Seite setzen kann, die bange Todesstille. Ich habe die Pest in Konstantinopel gesehen, wo man sie am gleichgültigsten behandelt; in Kahira, wo ihr Sitz zu sein scheint; in Griechenland endlich, wo ich nahe genug mit ihr zusammen war. Im Jahre 1828 nämlich, eine Anzahl freigemachter Sklaven zu Modon nach Ägina einschiffend, hatte ich dem griechischen Capitain des Schiffes jeden Verkehr mit dem ägyptischen Lager aufs Strengste untersagt. Die Sucht nach Gewinn verleitete ihn jedoch, dieses Verbot zu übertreten; er handelte einen Shawl ein, den er aus Furcht, daß er ihm entwendet werde, während der Überfahrt verbarg. Sein Schiff war mit mehr als 100 der Befreiten beladen; ich selbst nahm einige 60 an Bord des östreichischen Kriegsschiffes, mit welchem ich ihn begleitete. Kaum in Hydra angelangt, legte er seinem Weibe die für sie mitgebrachte Gabe vor; in wenigen Tagen waren Weib, Kind und Verwandte ein Opfer der Pest. Einige von den Befreiten trugen das Übel in ihre Heimat. Am Bord des Schiffes, auf welchem ich mich befand, starben drei Mann mit allen Zeichen dieser furchtbaren Krankheit. Die Regierung ergriff Maßregeln. Ich selbst befand mich auf Ägina, und erinnere mich noch, nicht ohne Schauder, des Abends, als die erste Nachricht von den Vorfällen auf Hydra und das Gutachten der Ärzte nach Ägina kamen. Ich befand mich eben bei dem Fürsten Maurokordatos; da überfiel mich Übelbefinden, heftiges Kopfweh, Erbrechen. Ich zweifelte nicht, ging nach Hause und legte mich zu Bette, in der festen Erwartung, nicht wieder aufzustehen. Dennoch täuschten diese Zeichen damals, und dies gab mir den Muth, den ich nach meiner Wiedereinschiffung nöthig hatte, um die Mannschaft zu ermuthigen.

Das Entstehen der Pest, sowie ihre eigentliche Natur, sind bis jetzt noch ein Räthsel. Merkwürdig indessen ist es, daß selbst aufgeklärte Ärzte an ihrer Ansteckung zweifelten. In Kahira lernte ich den französischen Arzt Dussap kennen, der seit mehr als 30 Jahren dort ansässig und ein Mann von gediegenem Charakter ist. Dieser behandelt die Pest wie jedes andere bösartige Fieber, berührt, reinigt, verbindet die Beulen, ohne daß er davon ergriffen würde. Er erzählte mir eine Menge Fälle, wo Gatten sich nicht sonderten, obwol der eine Theil die Pest hatte, wo Mütter bei ihren pestkranken Kindern schliefen, ohne angesteckt zu werden. Ich selbst habe in Smyrna eine Frau gekannt, welche das Bett ihrer pestkranken Tochter nicht verließ, und Beide leben noch. Diese einzelnen Fälle neben den hunderttausenden der Ansteckung beweisen freilich nur, daß eine gewisse Verwandtschaft oder Anlage im Körper vorhanden sein müsse, um für die Ansteckung empfänglich zu sein. Übrigens ist der Gang dieser Krankheit so launenhaft, wie ihre Natur, und ich habe bis jetzt noch nicht zwei Menschen gefunden, welche mir dieselbe Schilderung von ihr gemacht hätten. Auch scheint überhaupt, Gott sei Dank, diese schreckliche Geißel des Himmels im ganzen Oriente an Kraft verloren zu haben. Die Krankheiten haben ihre

---

*) Wir verdanken diese furchtbar-wahre und interessante Schilderung den Reiseberichten eines um genauere Kunde des Morgenlandes sehr verdienten k. k. hohen Staatsbeamten, Hrn. von Prokesch Ritter von Osten, der, nachdem er zu verschiedenen Zeiten den Orient besucht, jetzt als k. k. Gesandter in Griechenland angestellt ist.

Bahnen, wie alles Übrige in der Welt, ihre Kindheit, ihre Jahre der Kraft, ihr Alter und, ich hoffe, ihren Tod. Schlüßlich nur noch die Bemerkung, daß die Pest aus Konstantinopel in Smyrna für weit milder gehalten wird, als diejenige, welche aus Ägypten oder Syrien kommt.

Der giftige Honig in Trapezunt.

Der berühmte altgriechische Geschichtschreiber Xenophon erzählt in seiner Geschichte des Rückzuges der 10,000 Griechen von einem in der Gegend von Trapezunt, in der türkischen Provinz Anadoli, gefundenen Honig, nach dessen Genuß bei dem ganzen Heere eine augenblickliche Tollheit oder Trunkenheit entstand, welche jedoch ohne weitere Folgen blieb. Indeß hat ein Herr K. E. Abbot aus Trebisond, dem sonstigen Trapezunt, im December 1833 in einem Briefe an die zoologische Gesellschaft in London Nachrichten von diesem Honig mitgetheilt. Nach diesem verhalten sich seine Wirkungen ganz so, wie sie Xenophon angab. In kleinen Gaben genossen verursacht er heftiges Kopfweh und Erbrechen und der Zustand Dessen, der davon genoß, gleicht ganz dem eines Trunkenen; nach größern Mengen verliert man die Besinnung und noch mehre Stunden nachher alle Bewegung. Die Pflanze, aus welcher die Bienen diesen Honig holen, ist wahrscheinlich Azalea pontica, eine auch bei uns in Gärten beliebte Zierpflanze mit schönen gelben Blüten, welche in jenen Gegenden in großer Menge wächst und die Luft mit ihrem Wohlgeruche erfüllt.

Ein Grenzstein in Cumberland.

Die Grafschaft Cumberland in England ist reich an schauerlich-romantischen Gebirgsgegenden, wilden Einöden und einsamen Mooren. Eine solche Landschaft sehen wir auf der beigegebenen Abbildung. Der ungeheure Felsenblock in der Mitte der Einöde ist der sogenannte Grenzstein. Er hat eine Länge von 62 Fuß, und ist von der Grundfläche bis zum höchsten Gipfel über 24 Fuß hoch. Die Oberfläche dieses Felsstücks bildet eine weichere Lehmerde, die das dürftige Wachsthum einiger niedrigen Bäume und Sträucher begünstigt. Auf welche Weise derselbe in diese Gegend gekommen, darüber sind die Alterthumsforscher noch uneinig. Da sich in der Nähe mehre alte, halbverfallene Schlösser befinden, so vermuthen Einige, daß der Stein ein herabgewälztes Stück von einem solchen sei, der an diese Stelle gebracht worden, um als Grenzstein zu dienen. Wahrscheinlicher ist es, daß auf der Stelle selbst, wo dieser Markstein liegt, vor Jahrhunderten ein Gebäude gestanden habe, dessen Trümmern bis auf wenige umher verstreute Bruchstücke verschwunden sind. Vielleicht gehört dieser Stein zu den sogenannten erratischen Felsblöcken, jenen großen Geschieben, die man, oft weit von ihrer ursprünglichen Heimat, in mehren Gegenden der Erdoberfläche findet, z. B. auf dem Jura, in Holland, Dänemark und Norddeutschland.

Verantwortliche Herausgeber: Friedrich Brockhaus in Leipzig und Dr. C. Drärler-Manfred in Wien.
Verlag von F. A. Brockhaus in Leipzig.

Das Pfennig-Magazin

der

Gesellschaft zur Verbreitung gemeinnütziger Kenntnisse.

107.] Erscheint jeden Sonnabend. [April 18, **1835**.

Stadt und Schloß Wernigerode.

Der ältern Hauptlinie der Grafen zu Stolberg, deren Ursprung sich unter dem Namen der Grafen Stalberg in die ältesten Zeiten der deutschen Geschichte verliert, gehört die Grafschaft Wernigerode am Harz. Sie ist fünf ☐ Meilen groß und von 14,000 gewerbfleißigen Menschen bewohnt, welche, außer dem Bergbau auf Eisen, besonders Viehzucht und Flachsbau treiben. Das Land erhebt sich in ansehnlichen bewaldeten Bergen um den Brocken (3489 F.) her, der ihren Mittelpunkt bildet. Die andern höchsten Punkte des Harzes sind: der Bruchberg 2755 F., der Wormberg 2667 F., die Ackermannshöhe 2605 F., alle granitische Urgebirge. Die Grafschaft steht unter preußischer Landeshoheit, hat jedoch ihre eigne Civil- und Criminalgerichtsbarkeit, das Bergwerks- und Münzregal und ihre gesonderte Verwaltung. Man schätzt ihre Einkünfte auf 20,000 Thaler. Der Hauptort ist Wernigerode, dessen schöne Lage und reizende Umgebungen unsere Abbildung darstellt. Dicht neben der Stadt, auf einer ansehnlichen Berghöhe, liegt das malerische Residenzschloß, umgeben von mehren hübschen Jagd- und Lustgebäuden, und von einem schönen Garten, der in einen Thierpark endet. Hier befindet sich eine vorzügliche Bibliothek von 40,000 Bänden mit einer reichen Bibel- und Leichenpredigtsammlung. Die Stadt am Fuße des Schloßberges hat ein Gymnasium und 855 Häuser; sie ist hübsch gebaut, zählt gegen 5000 Einwohner und ist der Sitz sämmtlicher Behörden. Ausgezeichnet sind die großen Branntweinbrennereien und viele Öl- und Papiermühlen, sowie die Eisenwerke und eine Glashütte in der Nähe der Stadt.

Die Kupferstechkunst.
7. Die niederländische Schule.
(Fortsetzung aus Nr. 106.)

Der niederländische Künstler, mit noch größerer Neigung als der deutsche zu dem Wirklichen, sowie mit einem das Kleinste bis in seine unmerklichste Bedeutung verfolgenden Sinn, läßt dieses Beides sichtbar vorherrschen bei seinen Arbeiten, auf welche er die mühevollste Technik verwendet.

Überzeugend hat dies der Stifter der niederländischen Schule, Lukas van Leyden (1494—1533), darbgethan. Auch er war, gleich dem deutschen Dürer, Maler zugleich, und wenn Jener als Erfinder des Radirens und des Ätzens zu betrachten ist, so sieht man Diesen in seinen Blättern mit beharrlichem Fleiße die richtigste Abstufung der Töne nach Verhältniß der Entfernungen geben. Ein Künstler, welcher fast den Lukas verdunkelte, ist Dirk van Staren (Dietrich von Stern). Von seinen Lebensumständen weiß man nur wenig und sein Todesjahr wird um 1550 vermuthet. Er ist der Flamänder, welcher zuerst den Styl seiner Landsleute zu reingedachten Idealen anwandte und der selbst zu dem Erhabenen sich emporgeschwungen hat. Doch allzu mächtig war unter den Niederländern der Hang nach dem Wirklichvorhandenen und Gewöhnlichen, sowie nach dessen kunstreicher Ausarbeitung. Als Folge dessen ging zwar vervollkommnete Technik, doch Dürftigkeit alles Geistigen und Zerfallen der Kunst mit sich selbst hervor.

Immer mehr macht sich der Mechanismus an gemeinen Gegenständen geltend, als Heinrich Golzius oder Goltz erscheint (1558—1617). Zwar schreitet dieser Meister auf jenem falschen Wege fort, aber Alles, was im Stich, in den Lagen und in der Schraffirung geleistet werden könne, hat er gezeigt, und wo seine Schrankenlosigkeit und Kühnheit erschrecken, beruhigen wieder seine Zuversichtlichkeit und sein Genie. Am erfolgreichsten geht des Golzius Meisterschaft, aber auch seine Verirrung auf Jakob Matthan oder Matham, seinen Stiefsohn (1571—1631), über, sowie auf seine beiden Schüler Johannes Müller (1589—1625) und Johann Saenredam (gestorben hochbejahrt 1607). Mit Entschiedenheit machte sich jetzt die Kupferstechkunst von der Kunst des Malers los und begann von nun an für sich ein eignes Künstlerleben zu verlangen. Streng sonderte sich um diese Zeit der Kupferstecher von dem Maler ab, jener sich die Kunst des Grabstichels bewahrend, dieser zuweilen sich die des Radirens aneignend. Dies bezeugen die Maler, welche jetzt auftreten und die Radirkunst bis zu einer solchen Vollkommenheit ausbilden, daß dadurch die Wirkung einfarbiger Zeichnungen überraschend hervortritt. Vor Allen: Paul Rembrand, genannt van Ryn (1606—74), ausgezeichnet durch Genialität und Technik. So ist er der Erste, welcher sich der trockenen oder kalten Nadel mit dem ausgezeichnetsten Erfolge bedient, und diese Stechweise, als deren Erfinder mit großer Wahrscheinlichkeit Schiavone, genannt Meldolla, gest. 1582, angenommen wird, erst recht in die Kunst einführt. Rembrand zunächst, fährt dessen Zeitgenosse Adrian van Ostade (1610—85) fort, in seinen Radirungen zwar nicht geringe technische Vollendung, zugleich aber auch eine bedeutende Verderbtheit in der Wahl der Gegenstände zu beurkunden, indem er diese nicht selten in eine Unschönheit kleidet, die die simpelste Natur selbst herabzieht. Diesem schließt sich an Remigius Nooms, gest. 1612; man nannte ihn Seemann, weil er nur Seestücke radirte. Und weiter üben die Ätzkunst oder Radirung, zwar technisch und malerisch vervollkommnet, in idealer Hinsicht jedoch dürftig und aufschwunglos, die Maler: Anton Waterloo, um 1618 geboren. Er brachte die Landschaft zu einer bedeutenden Höhe. Sodann Hermann Swanevelt, genannt d'Italie, auch unter dem Beinamen: der Einsiedler bekannt (1620—90). Auch dieser Künstler bildete die Landschaft aus. Ihm folgt Nicolaus Berghem (1624—83). Die Brüder Johann und Andreas Both, gest. 1651 und 1650. Paul Potter (1625—54), die Thierstücke der Niederländer zu einer unübertrefflichen Höhe erhebend. Karl Dujardin, genannt Bocksbart (1635—78). Jakob Ruysdael (1635—81), von Bedeutung in der Landschaft. Roman de Hooghe (1638—1708), der sich mit der lebhaftesten, fast einer ausschweifenden Phantasie und einem unendlichen Ideenreichthume dem Mystisch-Allegorischen, der Satire und selbst der modernen Historie zuneigt, doch alles dies nicht eben mit künstlerischer Tadellosigkeit. Endlich Cornelius Dusart (1665—1704), der beste Schüler Ostade's, jedoch nichts als Quacksalberbühnen, Bauerngesellschaften, Kirmessen und dergl. darstellend. Doch überlebte diese Künstlerreihe den eignen Ruhm, und neben dem oft zur Gemeinheit hinabgezogenen Gegenstand wird bei ihnen zugleich entartete Technik bemerkbar. Hatten doch schon die Maler Peter van Laar (Laer) mit dem italienischen Beinamen: il Bamboccio, seiner misgestalteten und phantastischen Figuren wegen (1613—73 oder 74), und Adrian van der Kabel (1631—95) durch Unachtsamkeit in der technischen Ausführung, sowie durch unedle Wahl und wunderliche Manier, üble Beispiele gegeben und zur Nachahmung verführt.

Wie das Leben zu allen Zeiten Männer hervorrief, welche reichbegabt und thatenvoll dem sie umgebenden Kreise vorleuchteten und in ihrem Beginnen und Vollenden demselben als ein Gesetz galten, so begegnet uns in einer Periode, da die niederländische Kupferstecherschule durch die Überfülle der Technik eines Golzius und seiner Schüler zu wanken begann, ein Meister, welcher mit kräftigem Sinn eine Stütze darbot und mit Überlegenheit den gänzlichen Umsturz verhinderte. Dieser Künstler war kein anderer als Peter Paul Rubens, 1577 in Köln geboren, und nach Antwerpen sich wendend; zuerst 1640 gestorben. Nie hat Rubens es über sich vermocht, des in seiner Hand mächtigen Pinsels sich zu begeben und die leichtere Radirnadel zu erfassen; er arbeitete niemals in Kupfer. Und doch ist dieser Maler entscheidend geworden, wie für die Kupferstecherei überhaupt, so zunächst für diejenige der flamändischen Schule. Unter Verhältnissen nämlich, welche dem Hange des Niederländers zu dem Gemeinwirklichen die schmackvollste Nahrung boten und das Wohlgefallen desselben an technischer Kunststückmacherei weideten, stellte Rubens Bilder auf, in denen zwar Reales sich kund gab, jedoch dieses Reale in der überraschendsten Neuheit, in der geistreichsten Auffassung, in dem kräftigsten Umriß.

Jetzt war der Zeitpunkt erschienen, in welchem die bessern Künstler die Alltäglichkeit des Gegenstandes verachteten, das blos Künstlerriche ihnen selbst nicht mehr genügte; und viele geschickte Stecher boten sich dar, jenen Reichthum, welchen Rubens zu Tage förderte, zu verwenden. Die

Kupferstecher Lukas Vorsterman der Vater, geb. 1580 und um 1630 in seiner höchsten Kunstblüte stehend, Paul Pontius oder du Pont, 1603 geboren, Schelde a Bolswert, um 1586 geboren, endlich Peter Soutman, um 1640 blühend, versammelten sich um den großen Rubens und stachen seine Werke, von ihm selbst angeregt und unterstützt, in einer freien, leichten, heitern und kraftvollen Weise. Ihnen aber zur Seite verdient Erwähnung Cornelius Galle, um 1570 geboren. Er machte Studien in Italien, und nahm, zurückgekehrt, nur reine Ideale zu Mustern. Und noch copiren mit dem Grabstichel den Rubens und richten ihr Augenmerk nicht auf gemeinwirkliche, sondern erhabnere Gegenstände um 1530 ein Boëthius und ein Heinrich a Bolswert, zwei Brüder des vorhin genannten Schelde; ferner Jonas Suyderhoef, geb. um 1600; endlich der vortreffliche Cornelius Visscher (1600—70), dieser geistvoll, kunstreich und malerisch mit dem Grabstichel die Radirnadel verbindend.

So hoch nun sah sich jetzt die flamändische Kupferstechkunst gestellt, so eng des Niederländers Hang zu dem Realen sich mit dem Reingedachten verschwistern, und innig sich mit correcter Zeichnung vollendete Technik verbinden, als Gerhard Edelinck, geb. 1649, erschien. Obgleich dieser in der Folge der französischen Schule sich beigesellte, so hob er dennoch die Kupferstechkunst auch der Niederländer auf die höchste Staffel ihres Ruhms. Wenn nämlich Golzius die Aufgabe der Kunst in der Meisterschaft des Grabstichels, dessen übrige, von Rubens angefeuerte Landsleute hingegen sie in der treffenden, markigen Behandlung und einer richtigen Zeichnung zu lösen vermeinten, so sind ihre Vorzüge und Verdienste nur einseitige Richtungen, in Edelinck aber laufen alle die Radien dergestalt zu einem Mittelpunkte zusammen, daß keine derselben als einzelne Tugend hervorglänzt, sondern aus Dem, was Edelinck schafft, die vollkommene Vereinbarung aller entgegenstrahlt.

Blicken wir jetzt auf die andern Stecharten, so begegnet uns bei der Weise der Goldschmiedspunze Johannes Lutma, Goldschmied zu Amsterdam, um 1681 Außerordentliches leistend. Die nur erst erfundene Schabkunst ergreift Johann Thomas, 1610 geboren, ein Maler; und ihm folgen Wallerant Vaillant, Maler (1623—77); Johannes und Paul van Somer, Kupferstecher, um 1670; Abraham (nach Andern Anton) Bloteling, Kupferstecher, 1634 geboren; Gerhard Valk, 1606 geboren, ein Maler; endlich und vorzüglich Johann und Nicolaus Verkolje, Vater (1650—93) und Sohn (1673—1746), beide Maler. Von neuern Namhaften ward die Schabkunst nicht geübt. Die le Blon'sche Stechweise verbreitet zwischen 1737 und 1741 Johannes (nach Andern Jakob) l'Admiral, ward jedoch nur von wenig Bekannten nachgeahmt. In der Crayonmanier begegnet uns als der Namhafteste unter den Niederländern der talentvolle Dilettant Cornelius Ploos van Amstel, zwischen 1758 und 1770 in seiner Künstlerblüte stehend. Die sogenannte englische Punktirstechart wird um 1760 durch den leydener Maler und Kupferstecher Jakob Bylaert erfunden; doch erlangte weder in dieser, noch in der Bister- oder Aquatinta-Manier, und ebenso wenig in der Farbentusch- oder Aquarellmanier irgend ein Niederländer besondere Berühmtheit.

Fassen wir wiederum den Grabstichel ins Auge, welcher, wie wir bereits wissen, in eines Edelinck Hand die lichtesten Strahlen warf, so sehen wir, da dieser Meister zeitig nach Frankreich ging und dort auch blieb (er starb 1707 zu Paris), den Glanz des Grabstichels bald mehr den Franzosen zu Theil werden. Deshalb glänzten auch in Frankreich häufigere Muster, und der wackere Stecher Jakob Houbraken (1698 —1780) verdankt seine Meisterschaft nur französischem Unterricht.

In der neuern Zeit hat die niederländische zeichnende Kunst wieder ein regeres Leben begonnen. Besonders vortheilhaft wirkte Antwerpen mit seiner trefflichen Akademie. Gent, Haag, Brüssel blieben nicht zurück. Die Kupferstechkunst besaß gegen die neueste Zeit an Vinkeles und van Senus, beide aus Amsterdam, ausgezeichnete, jetzt aber durch den Tod entrückte Talente. Claessens aber und de Frey arbeiten noch mit dem Grabstichel, während ein Troostwyck, van Os, Overbeek, Jansen, Chalon u. A. den Ruhm der niederländischen Radirungen aufrecht erhalten.

(Fortsetzung in Nr. 108.)

Sandstürme in der Wüste Sahara.

Die Sahara ist die größte aller Wüsten; sie umfaßt, mit Ausnahme von Ägypten, Nubien und der Berberei, das ganze nördliche Afrika, einen Flächenraum von 80,000 ☐ Meilen, ist 600 Meilen lang und bis 200 Meilen breit. Sie bildet ein Meer von Sand, aus welchem wie im Ocean hier und da grüne Inseln (Oasen) sich erheben. Die Berberei im Nordwesten von Afrika wird durch die Sahara von dem südlichen Hochlande weit entschiedener getrennt als durch das mittelländische Meer von Europa, denn eine Seereise von den gegenüberliegenden Küsten nach der Berberei ist beiweitem gefahrloser als der mühselige, traurige, oft mehre Monate während Zug einer Karavane durch diese furchtbare Einöde. Im Westen wird die Wüste unmittelbar von dem atlantischen Ocean begrenzt, an einigen Stellen, den sogenannten Vorgebirgen Bojador, Mirik und andern, streckt sie sich noch mehre Stunden weit als Sandbänke unter der Meeresfläche selbst fort. In Osten trennt sie ein sich nicht sehr hoch erhebender Felsendamm, das libysche Gebirge, von dem fruchtbaren Nilthale. In Nordwesten geht sie in das Steppenland Biledulgerid über, in Nordosten aber scheiden sie niedrige Felsenzüge vom Mittelmeere, da, wo die Wüste Barka anfängt. Ihre südliche Grenze ist eigentlich an der Westküste Afrikas am grünen Vorgebirge; aber im Innern erstreckt sie sich noch einige Tagereisen weit nach den Flüssen Senegal und Niger hin. Dieser ungeheure Flächenraum theilt sich, seiner natürlichen Beschaffenheit nach, in zwei Theile. Der westliche führt den Namen Sahel, und ist bei weitem der ödeste. Selten sind hier Quellen und Berge, und noch seltener Oasen, der Boden ist hier ein dünner Sandstaub. In dem östlichen Theile der Wüste dagegen ist der Sand gröber, an vielen Strecken besteht der Boden aus Thon und Sandstein und ist hart und felsig. Die Sandfläche selbst ist ohne allen Pflanzenwuchs, selbst das dürftigste Moos gedeiht nicht. Auf den Oasen dagegen findet man Getreide, Südfrüchte, Palmen, gute Weideplätze, und stets frisches Wasser. Die größten dieser Oasen sind: Fessan, mit mehren Ortschaften und 60—70,000 Einwohnern, im nördlichen Theil der Wüste; die große Oase, 13 Meilen lang, reich an Quellen, mit der Stadt el Karghe von 2000 Einwohnern, und die Oase Darfur, beide im östlichen Theil der Wüste, und von Karavanen häufig besucht.

Unsere Abbildung stellt eine solche Karawane vor, welche die Wüste durchreist, und das Unglück hat, von einem Sandsturme überfallen zu werden und die es versucht, sich noch durch eilige Flucht zu retten. Es ereignet sich nämlich häufig, daß heftige Winde jene ungeheuern Sandmassen gleich Meereswogen in Bewe-

Eine Karawane, welche vor einem Sandsturme flieht.

gung setzen, wie unsere andere Darstellung auf der folgenden Seite zeigt, aufwühlen und forttreiben, oder auch als thurmhohe Sandsäulen aufwirbeln. Die Leiden der Reisenden während eines solchen Sandsturms sind unbeschreiblich. Die ganze Atmosphäre ist gleichsam ein großes Gewölk, welches die Strahlen der Sonne verdunkelt und so dicht ist, daß die Reisenden kaum zwei Schritte vor sich sehen können. Dabei steigt die Hitze zu einem erstaunlich hohen Grade; Menschen und Thiere werden von brennendem Durst gequält. Die Pferde lassen die Zunge weit aus dem Halse hangen und bäumen sich schnaufend. Nur das Kameel erträgt diese Beschwerden und Mühseligkeiten noch am leichtesten — mit Recht nennt es darum auch der Araber „das Schiff der Wüste" — und bewährt auch hier seine Geduld und Ausdauer. Da die Sandwirbel mit beispielloser Schnelligkeit sich fortbewegen, so ist es auch mit dem schnellsten Pferde unmöglich, ihnen zu entkommen. Erhebt sich ein entgegengesetzter Wind, so ist die Gefahr bald vorüber, wo nicht, so müssen die Reisenden, wenn die schreckliche Naturerscheinung zu lange anhält, verschmachten oder ersticken. Im Jahre 1805 fand auf diese Weise eine Karawane von 2000 Personen in der Wüste Sahara ihren Untergang. Die Reisenden stoßen in dem westlichen Theile derselben häufig auf Gerippe von Menschen und Thieren, welche als grausige Denkmäler eines solchen Unglücks halb im Sande liegen, wie auch im Vordergrunde unsers Bildes angedeutet ist.

Der englische Reisende Bruce, der die Wüste Sahara in ihrer ganzen Länge durchzog, war auf dieser Reise mehrmals Augenzeuge von Sandstürmen, und beschreibt sie als das Furchtbarste, was einem Reisenden begegnen kann. Wir entnehmen aus einem seiner Reiseberichte folgende ausführliche Schilderung eines Sandsturms. „Um ein Uhr — erzählt er — ließen wir uns, nachdem wir eine gute Strecke Wegs zurückgelegt, unter einigen Akazienstäuchen zu Wadi el Helbrul nieder. Ein erhabener und furchtbarer Anblick erfüllte uns hier mit Schrecken und Staunen zugleich. In der ungeheuern Ausdehnung der Wüste von Westen nach Nordwesten hatten sich eine Menge riesengroßer Sandsäulen aufgestellt, die in verschiedenen Entfernungen bald mit großer Geschwindigkeit vorwärts flogen, bald in erhabener Gestalt mit feierlichem Schritte sich langsam fortbewegten. Zuweilen fürchteten wir, sie würden in wenigen Minuten uns überschütten, und in der That wurden wir mehr als einmal von feinem Sandstaub getroffen; bald aber zogen sie sich wieder zurück, sodaß wir ihren Fuß fast ganz aus dem Gesichte verloren, während sie mit ihren Gipfeln bis in die Wolken drangen. Oft lösten sich die Gipfel von den Säulen ab, die dann plötzlich in der Luft verschwanden, zuweilen aber erschienen sie in der Mitte gebrochen, als wären sie durchbohrt worden. Später, als ein heftiger Nordwind sich erhob, begannen sie auf einmal mit bedeutender Schnelligkeit auf uns einzudringen. Elf Sandsäulen stellten sich der Reihe nach uns gegenüber auf, aber noch in einer Entfernung von 1½ Stunden; die größte unter ihnen schien mir 10 Fuß im Durchmesser zu haben. Sie zogen sich indeß mit einem frischen Südostwinde schnell wieder zurück, nachdem sie mich, theils mit Angst, theils mit Bewunderung erfüllt hatten." Adamson, der von der großen Wüste über den Gambia setzte, beobachtete eine Sandsäule auf dem Flusse.

Sie war 18—20 Faden von dem Hintertheil des Schiffes entfernt, und schien 10 oder 12 Fuß im Umfange und gegen 250 Fuß Höhe zu haben. Sie verbreitete bis auf eine Entfernung von 100 Fuß eine empfindliche Wärme um sich her, und ließ einen starken Schwefelgeruch, nachdem sie zerplatzt war, zurück.

Sandstürme in der Wüste Sahara.

Die Witterung des Jahres 1834.
(Beschluß aus Nr. 106.)

Der Julius blieb hinter seinem Vorgänger nicht zurück. Am 6., 7. und 8. gab es in Franken, Hessen und Brandenburg schreckliche Gewitter mit all ihren Begleitern. Bisweilen zeigten sich dabei sonderbare Erscheinungen, z. B. in Kassel, wo der Herkules auf der Wilhelmshöhe in den Strahlen der Sonne glänzte, während der Regen auf den Straßen in Strömen herabstürzte und der Sturmwind Schornsteine, Dächer und Bäume umriß. Bis in die fernsten Gegenden zeigten sich diese auffallenden Naturerscheinungen. Selbst aus Amerika kamen uns Nachrichten solcher Art zu. So wüthete am 5. Mai in Virginien ein Wirbelwind, der alle Wolken, die schwarz vom Himmel herabhingen, in seinen umgekehrten Kegel zu verschlingen schien und nun alle ihm im Wege stehenden Gegenstände mit sich fortriß. Unter allen Gewittertagen war für manche Gegenden besonders der 26. Jul. furchtbar. Im Ausgange des Murgthals fiel ein Hagel 50 Minuten lang, sodaß er mehre Fuß hoch das Land bedeckte, und im Rhöngebirge ein Wolkenbruch, welcher in der Breite von einer Stunde Alles mit sich fortriß. Mühlen, Häuser und Brücken wurden zerstört und ungeheure Felsenstücke wälzte das Wasser bei Leibach in Baiern fort. Ebenso schreckliches Geschick erlitt die Stadt Plauen in Sachsen durch das Anschwellen eines sonst kleinen Baches am 22. Jul. *) Am Rhein klagte man über Sonnenglut, die nichts wachsen lasse; über Hagelwetter, welche Alles vernichteten, über Mäuse, welche alle Saaten und selbst die Kartoffeln zernagten, und sogar über Heuschrecken, die auch in Ostpreußen zum Vorschein kamen. Jener Wolkenbruch hob selbst die Verbindung der Poststraße von Leipzig nach Frankfurt auf, und ein Gleiches geschah einen Monat später bei Lyon, wo am 26. Aug. ein Wolkenbruch die Eisenbahn von St.-Étienne beschädigte und viele steinerne Brücken über die Rhone mit hinwegnahm.

Schreckliche Folgen hatte diese große anhaltende Wärme besonders für die Schweiz und die angrenzenden Länder, wo die geschmolzenen und aufgelockerten Schnee- und Eismassen in den Thälern Graubündtens, Veltlins, Altorfs u. s. w. am 27. Aug. sich nach lange ausgebliebenem Regen bei einem Gewitter auflösten, zu Strömen wurden, den Rhein und die Reuß aus ihren Ufern drängten, die Straße über den Splügen, den Gotthardt durchbrachen und die ganze Landschaft in einen See verwandelten. Tirol theilte dieses Geschick mit der Schweiz. Die prächtige Straße von Mailand über das Wormserjoch wurde in einer großen Strecke von Grund aus zerstört; die nach Venedig führende Pusterstraße hatte ein gleiches Schicksal. Auch die Straße über den Simplon wurde sehr beschädigt. Und all dies an einem Tage, von Lyon bis Padua, in der ganzen Schweiz, in ganz Tirol und in der ganzen Lombardei! Der Sesia, der Ticino, der Serio rissen die festesten Brücken und Häuser hinweg. Dazu gesellte sich in Padua ein Hagel, wo Stücke von 2—9 Pfund fielen und alle Dächer zertrümmerten. Zugleich stieg ein fürchterlicher Schwefelgeruch aus der Erde auf. In Piemont und in Savoyen war es nicht besser gewesen. Die Rhone stieg höher als je, riß Alles mit sich fort und bis zum Genfersee stieg sie um mehr als 8 Fuß. Die hohen Firnen in Uri wurden gleichsam aufgeweicht und die Gestalt derselben verwandelte sich. Eisfelder öffneten ihre Spalten und gaben die Todten zurück, welche darin einst ihr Grab gefunden hatten. Auch in den Pyrenäen traten alle Bäche

---

*) In wenigen Augenblicken wurden 17 Häuser niedergerissen und einige 50 sehr beschädigt; 26 Menschen verloren ihr Leben in dem wüthenden Elemente.

über und richteten großen Schaden an. Gleichzeitig tobte ein Ungewitter bei Potschepp im russischen Gouvernement Tschernigoff, und von der Nordsee bis zum Harz ein schrecklicher Sturm. Andere Gegenden dagegen litten an entsetzlicher Dürre, z. B. Schlesien, wo es in 14 Wochen nicht regnete. Es fehlte so sehr an Futter für das Vieh, daß es zum großen Theile geschlachtet werden mußte. In mehren Gegenden Würtembergs mußte das Wasser stundenweit hergeholt werden. Selbst in Amerika trieb es der Sommer in solcher Art. Zu Anfang des Julius brach in Cuba ein Sturm aus, der eine Menge Plantagen verwüstete und das Land ward weit und breit unter Wasser gesetzt. In Neuyork stand das Thermometer häufig über 30 Grad; Menschen und Thiere sanken todt auf den Straßen nieder, und die Arbeiten der Maurer, der Zimmerleute mußten eingestellt werden. Erst in der zweiten Hälfte des Octobers nahm diese oft noch auf 12—15 Grad steigende Wärme dadurch ein Ende, daß heftige Stürme aus Westen eintraten und Gewitter herbeiführten, welche die lechzende Erde mit Regen tränkten. So gab es fünf Gewitter, welche am 24. October von allen Seiten in der Umgegend von Bremen gleichzeitig zusammengetrieben wurden und an mehren Orten zündeten. In Emden herrschten 10 Tage nacheinander solche Stürme und das Meer überschwemmte fast alle Straßen, während ein starker Hagelschauer fiel. Die erste Hälfte des Novembers hatte noch viele warme, ja fast heiße Tage; doch stellte sich auch in vielen Gegenden, z. B. in Schlesien und Ostpreußen, so viel Schnee ein, daß er selbst den Verkehr erschwerte. Der December zeichnete sich gleichfalls durch eine milde Temperatur aus, welche es selten an einigen Tagen zu einem gelinden Froste kommen ließ.

Durch die anhaltende Dürre geriethen ganze Wälder in Brand und Feuersbrünste in Städten konnten nicht gelöscht werden. Schon im Junius zeigte sich ein Brand im dachauer Moos, einem langen Moos- und Torfgrunde zwischen München und Augsburg. Acht Fuß tief glühte derselbe und das Feuer ging selbst unter den Wassergräben fort, die dem Brande Grenzen setzen sollten, der mehre Stunden im Umfange einen stinkenden Qualm und Rauch emportrieb. Waldbrände gab es besonders viel in Ostpreußen, Lithauen und Liefland. Moskau verlor in zwei Bränden, am 11. Jun. und 25. Aug., an 350 Häuser, und die durch ihre Gewehrfabrik und Stahlarbeiten bekannte Stadt Tula, von mehr als 30,000 Menschen bewohnt, brannte am 26. Jul. in wenigen Stunden so schnell nieder, daß allein an 10 Millionen Thaler an Brillanten und Papieren verloren gingen. Am 17. Sept. brannte auch der Rest der Stadt, 600 Häuser, viele Fabriken und öffentliche Gebäude nieder. Eine Menge Vorräthe gingen zu Grunde; ebenso eine große Sammlung von Urkunden aus den Zeiten der alten Zaren bis zu Peter I. Das bairische Städtchen Cham hatte, sowie die betriebsame Wienerisch-Neustadt am 28. Sept., gleiches Schicksal. *) Nicht minder schrecklich war der Brand in der ungarischen Festung Munkacz gewesen, welche in der Nacht vom 27.—28. Jul. gänzlich abbrannte. Ähnliche Unfälle kamen zu Karlsburg in Siebenbürgen, zu Ödenburg in Ungarn, zu Auerbach im sächsischen Voigtlande und an andern Orten vor. In gleicher Art war die Stadt Wenersborg in Schweden vernichtet. Die Stadt Goldapp im Regierungsbezirke Gumbinnen hatte am 15. October und Welau in Ostpreußen am 16. October, Wunsiedel in Baiern am 22. October, am 20 October das uralte Opatow in Polen, ein ziemlich gleiches Geschick. Über 10,000 Morgen brannten binnen vier Wochen an Waldung in Lief- und Kurland nieder. Ein solcher Waldbrand wüthete auch in den Wäldern der Goggauergebirge in Kärnten 16 Tage lang, bis er sich andern Waldungen mittheilte, und zwei Thäler, 8 ☐ Meilen lang, einem Feuermeere glichen, die Sonne verfinstert ward und hohe Feuersäulen aus den dunkeln schwarzen Wolken stiegen. Ein heftiger Regen löschte endlich das Feuermeer am 23. September.

Nach den karlsruher Beobachtungen von D. Otto Eisenlohr, welche im Ganzen auch auf Sachsen passen, ist seit 1779 das Jahr 1834 am heißesten und trockensten gewesen. Es hat die heißesten und die meisten heißen Tage gehabt; denn 1781 gab es zwar auch einmal 29 Grad, ebenso war dies auch einmal 1783 der Fall, wie im verflossenen Jahre. Dagegen aber hatten die heißen Jahre 1781, 1811, 1822 nur 74, 55 und 59 heiße, über 20 Grad steigende Tage, während der Sommer 1834 deren 83 hatte, und während die genannten Jahre nur 90, 78, 91 Sommertage, d. h. solche hatten, wo das Thermometer 15 Grad mindestens zeigte, zählte das Jahr deren 103. Ebenso zeichnete es sich durch die anhaltende Trockenheit und Wärme aus.

Vulkanische Erscheinungen mögen an dieser Witterung wichtigen Antheil gehabt haben. So flossen zu Biel in der Schweiz am 1. Jan. alle Brunnen mit einem gelblich weißen und dicken Brei über. Die Quellen überströmten ihr Bett. In derselben Nacht aber, vom 31. December bis 1. Januar, fiel zu Zeitz ein 11 Pfd. schwerer Meteorstein unter großem Knall zur Erde. Bei Altona versanken fünf Eichen mit großem Gekrache während eines Sturmes am 25. Jan. in die Erde, sodaß keine Spur blieb und die Vertiefung einen See bildete. Ein Erdfall fand bei Odessa statt, wobei ein Landstrich an der Küste versank. Im Mai hatte man ein Erdbeben im schwarzen Meere und eins in Spanien, also an beiden Enden Europas. Der Vesuv war unruhig und erhielt fünf neue Öffnungen; zwei mächtige Feuerströme ergossen sich fortwährend. Am deutlichsten tritt der Zusammenhang zwischen der vorjährigen Witterung und ihrem vulkanischen Ursprunge durch die Ereignisse des 27. Augusts hervor; denn an demselben Tage wüthete auch der Vesuv wie seit Jahren nicht; 10—15 Fuß hoch floß die Lava und begrub außer zwei Dörfern eine unabsehbare Menge Landes. Am 28. August überschüttete ein Aschenregen die Gegend um Neapel selbst. Die Hitze stieg in Rom am 27. Aug., während der Vesuv so wüthete, auf 32 Grad. Ob ein Erdfall, der am 29. Jul. in Oberhausbergen eine Stunde von Strasburg, ein Wohnhaus verschlang, auch zu diesen vulkanischen Erscheinungen zu rechnen sei, wagen wir nicht zu bestimmen. Ein heftiger Erdstoß aber fand zu Wieliczka im October statt, und zwei solche machten sich zu Lemberg am 16. October bemerkbar, sowie solches zu gleicher Stunde an vielen andern Gegenden Ungarns und Siebenbürgens geschah. Es sprudelte an vielen Orten Wasser und Sand aus der geborstenen Erde. Der Sand enthielt Schwefel und Salpeter, sodaß er verpuffte, wenn man ihn auf Kohlen warf. Die trockenen Wiesengräben füllten sich plötzlich mit Wasser und die Brunnen bis zum Rande voll. Die Theiß stieg, nebst andern Flüssen, über ihre Ufer und es sprützte Wassersäulen empor. Am 7. September gab es auf Jamaica ein Erdbeben. Die Insel Ste.-Marie in Westindien wurde durch den

---

*) Siehe über den Brand von Wienerisch-Neustadt das Pfennig-Magazin Nr. 86.

Ausbruch eines Vulkans fast gänzlich zu Grunde gerichtet. Große Erderschütterungen gab es auch im Julius in Syrien. Zehn Tage lang hielten sie mehr oder weniger an. Das Kloster zu Bethlehem begrub Alle, welche hierher geflohen waren, unter seinen Trümmern.

Noch im December spürte man in der Gegend von Koblenz und Neuwied eine kleine Erderschütterung. Von den vielen Erdbeben, welche in Südamerika wütheten, sprechen wir hier nicht, weil sie dort zu häufig sind, um auf unsere Atmosphäre und deren Temperatur einen bemerkbaren Einfluß haben zu können. Dagegen dürfen wir am Schlusse dieses Rückblicks auf die vorjährige Witterung nicht unbemerkt lassen, daß sie auf den Pflanzenwuchs einen außerordentlichen Einfluß hatte. An vielen Orten sah man Bäume zweimal blühen und zum Theil zweimal Früchte tragen. Dasselbe geschah beim Weinstocke. Man konnte in mehren Weinbergen die zweite Traubenlese zu halten hoffen und manche haben wenigstens genießbare Trauben geliefert. In Brüssel blühte ein Kirschbaum sogar zum dritten Male im Herbste. Der Wein selbst, welchen man in den Weinländern gewann, kam den besten Jahrgängen von 1811 und 1822 gleich oder übertraf sie noch an Menge wie an Güte. Dagegen fiel die Getreide- und Heuernte in vielen Gegenden von Rußland, Östreich, Preußen sehr dürftig aus und ließ in der That Mangel befürchten, insofern nicht alte Vorräthe oder Zufuhren aus der Ferne demselben abhelfen konnten, und Alles zusammengenommen berechtigt zu dem Schlusse, daß das Jahr 1834 hinsichtlich der Witterungsverhältnisse zu den merkwürdigsten gehört. Wäre der von Vielen in demselben erwartete Halley'sche Komet erschienen, so würde man daraus den Schluß gezogen haben, daß er die anhaltende Trockenheit und Wärme bedingt habe. So aber ist er noch viele Millionen Meilen und war noch viel hundert Millionen Meilen mehr im vorigen Jahre von uns entfernt. Ungleich wahrscheinlicher ist daher die Vermuthung, daß die Erde selbst eine größere Menge Wärme in ihrem Schooße entwickelt und dies durch die genannten vulkanischen Erscheinungen kund gethan hat, so wenig wir auch darthun können, wodurch jene Entwickelung befördert wurde.

Miscellen.

Dem englischen Arzte Johnson wurde es während seines Aufenthalts in Indien gegen die gewöhnliche Ansicht zweifelhaft, daß Raubvögel das Aas aus weiter Ferne durch den Geruch wittern. Er bemerkte, daß viele Raubvögel von allen Himmelsgegenden auf einen Leichnam herabflogen, der im Ganges schwamm, zu einer Zeit, wo der nordöstliche beständige Wind (Mousson) wehte, der Monate lang dieselbe Richtung behält. Er wußte es sich nicht zu erklären, wie die Ausdünstungen eines verwesenden Körpers im Wasser gegen den Wind sich in die Luft erheben und das Geruchsorgan der Raubvögel reizen könnten. Nächst dem Geier weiß der Toucan ein Aas aus der weitesten Entfernung zu unterscheiden. Man hielt bisher seinen ungeheuern Schnabel, der weit größer als der Kopf ist, für den Sitz verlängerter Geruchsnerven und suchte sich dadurch seine Fähigkeit zu erklären, Aas aus der Ferne zu wittern. Neuere Untersuchungen aber haben gezeigt, daß der Schnabel seine eigenthümliche Einrichtung blos zu dem Zwecke hat, ihm größere Stärke zu geben. Das Auge dieses Vogels aber ist etwas größer als sein ganzes Gehirn. Erfahrungen haben gezeigt, daß, wenn man Aas in einen Korb verbarg und verdeckte, sodaß zwar der Geruch daraus aufsteigen, aber der faulende Gegenstand selbst nicht gesehen werden konnte, weder Geier noch andere Raubvögel herbeigelockt wurden; sobald man aber den Korb aufdeckte, kamen von allen Seiten Raubvögel herab, aus welcher Richtung auch der Wind wehen mochte.

Man hat in Amerika die Erfahrung gemacht, daß gefrorene Kartoffeln verfaulen, wenn man sie in freier Luft aufthauen läßt, aber nicht verderben und sehr wenig von ihrem natürlichen Geruch und ihren Eigenthümlichkeiten verlieren, wenn sie an einem dunkeln Orte aufthauen.

Ein französischer Landwirth hat gefunden, daß junge Obstbäume gegen die Zähne der Hasen geschützt werden, wenn man sie mit Fett, besonders mit Speck reibt.

Eine französische forstwissenschaftliche Zeitschrift gibt folgendes Heilmittel für Ulmen an, die eine rissige Rinde haben. In jede wunde Stelle wird ein Loch gebohrt und ein Röhrchen gesteckt, das ungefähr einen Zoll tief hineingeht. Gesunde Bäume, die man anbohrt, lassen keine Flüssigkeit auslaufen, wol aber kranke, und der Ausfluß nimmt bei hellem Himmel zu, wird aber bei stürmischem Wetter unterbrochen. Nach 24—48 Stunden hört der Ausfluß auf, und die wunden Stellen heilen.

Rafael's Cartons.
3. Der Tod des Ananias.

Ananias, ein reicher Mann zu Jerusalem, verkaufte seine Güter und legte einen Theil des daraus gelösten Geldes in die Hände der Apostel, indem er vorgab, er bringe aus reiner Liebe zum Evangelium seine ganze Habe zum Opfer; er verheimlichte aber den andern Theil, den er für sich behielt. Petrus erkannte dieses Benehmen des Ananias und machte ihm bittere Vorwürfe, wobei er sagte: „Du hast nicht Menschen, sondern Gott belogen!" Diese Worte aber machten einen solchen Eindruck auf das Gemüth des Ananias, daß er, wie es in der heiligen Schrift heißt, niederfiel und seinen Geist aufgab. Rafael stellte diese Begebenheit mit ergreifender Wahrheit dar. Wir sehen den todten Ananias. Die ganze Lage des Entseelten, der zurückgebogene Kopf, die unnatürliche Lage des linken Armes zeigen, daß er eines plötzlichen und gewaltsamen Todes gestorben ist. Man kann sich die Darstellung leicht erklären; Ananias war die Stufen hinaufgestiegen, wo Petrus und die übrigen Apostel stehen. Durch die zürnende Rede des Petrus, durch das Bewußtsein, seine Lüge durchschaut zu sehen, wie von einem Blitzstrahl getroffen, war er rückwärts gefallen, und wir bemerken noch an dem Leichname die krampfhaften, aber vergeblichen Anstrengungen, sich aufzurichten. Die Begebenheit ereignet sich so unerwartet schnell, daß sie nicht einmal von allen Anwesenden bemerkt wird; denn wir sehen die im Hintergrunde befindlichen Personen noch theilnahmslos beschäftigt, während die zunächst Stehenden auf das lebhafteste ihre Bestürzung zu erkennen geben. Der Abscheu vor diesem Anblicke drückt sich am entschiedensten in der Stellung und Geberde des zur Linken dicht bei dem Leichname befindlichen Mannes aus. In halb knieender Stellung, mit weitoffenem Munde, emporgesträubtem Haar, die Rechte weit vorgestreckt, kann es kein lebendigeres Bild des Entsetzens geben. Die beiden zur Rechten stehenden Personen, welche sich über den Leichnam hinbeugen, und besonders die eine derselben, die mit der Hand nach Petrus zeigt, scheinen sagen zu wollen: „Siehe, dies ist des Himmels Strafgericht!"

Der Tod des Ananias

Verantwortliche Herausgeber: Friedrich Brockhaus in Leipzig und Dr. E. Drärler-Manfred in Wien.
Verlag von F. A. Brockhaus in Leipzig.

Das Pfennig-Magazin

der

Gesellschaft zur Verbreitung gemeinnütziger Kenntnisse.

108.]   Erscheint jeden Sonnabend.   [April 25, **1835**.

Das Karavanserai.

Unter Völkern, die zwar aus dem Zustande der Rohheit hervorgegangen sind, aber noch auf einer niedern Stufe der Gesittung stehen und selten von Fremden besucht werden, findet der Gast eine freundliche Aufnahme in dem Zelte oder der Hütte eines Häuptlings, und man streitet sich zuweilen um die Ehre, ihn zu bewirthen. So bei den Beduinen in Arabien, so bei den Indianerstämmen in Amerika, die nicht durch den Verkehr mit den Weißen verderbt oder zur Rache gereizt worden sind. Schreitet die Gesittung vor und wird der gesellige Verkehr lebendiger, so fodert das häusliche Leben so manche zarte und schonende Rücksichten, daß die Aufnahme eines Fremdlings in diesem stillen Kreise unangenehm wird, und es werden besondere Gebäude eingerichtet, wo man dem Gaste alle Aufmerksamkeit erweist und ihn reichlich mit allen Bedürfnissen versieht. Auf einer noch höhern Stufe des geselligen Lebens gewährt die Gastfreiheit dem Fremden nur, was er sich selber nicht verschaffen kann, ein Obdach, und auf der höchsten Stufe endlich, wo der Arme selten reisen kann und der Reiche desto mehr reist, überläßt man die Fremden den Leuten, die ein Gewerbe daraus machen, ihn mit allen Bequemlichkeiten zu versehen. Eine jener Mittelstufen findet der reisende Fremdling in den meisten Ländern Asiens, wo noch die alte Volkssitte herrscht, und namentlich in Persien. Es gibt hier dreierlei zur Aufnahme der Fremden bestimmte Anstalten, das Karavanserai, das Khan und das Mensil. Das Karavanserai ist in wüsten Gegenden oder auf Straßen, die von Städten entfernt sind, erbaut, um Reisende zu beherbergen; das Khan dient zu demselben Zwecke in einer Stadt, das Mensil aber ist ein etwas unbestimmter Name für Herbergen, wird jedoch gewöhnlich von den Häusern Derjenigen gebraucht, die Fremde in Örtern aufnehmen, wo es kein Khan oder kein Karavanserai gibt. Im gewöhnlichen Leben unterscheidet man zwar nicht so scharf zwischen diesen beiden Herbergsanstalten; man verwechselt sie aber nicht so sehr, als man aus den Berichten mancher Reisenden schließen könnte, die uns sagen, daß die für Fremde bestimmten öffentlichen Gebäude in der Türkei Khan, in Persien Karavanserai heißen. In der Türkei findet man kein eigentliches Karavanserai, als ein für Reisende in der Entfernung von Städten errichtetes Gebäude, in Persien hingegen sind solche Anstalten sehr häufig. Hier gibt es kein öffentliches Gebäude, das mit einem Karavanserai sich vergleichen ließe, da die Moscheen sich nicht durch äußere Schönheit auszeichnen, wogegen in der Türkei die Bethäuser oft sehr schöne Gebäude sind, während die Herbergsanstalten ein elendes Ansehen haben.

Karavanserai bedeutet wörtlich Karavanenhaus, da es zunächst zur Aufnahme von Gesellschaften, welche die Reisenden ihrer Sicherheit wegen bilden, der Karavanen, bestimmt ist. Jedes Karavanserai ist in Persien nach demselben Plane erbaut, doch sind diese Anstalten sehr verschieden, nicht nur in den Materialien, woraus sie bestehen, und in der Bauart, sondern auch darin, daß man nicht überall die verschiedenen Anlagen findet, die zu einer vollständigen Herberge gehören. Wir beschreiben zuerst ein vollständiges Karavanserai. Ein Karavanserai der ersten Classe ist für den Fremden ein Gegenstand, der seine Blicke fesselt, mag er es in seiner einsamen Pracht erblicken, oder als Gegensatz der armseligen Hütten, die es zuweilen umgeben. Ein Europäer, der zum ersten Mal ein solches Gebäude sieht, glaubt einen Palast, eine Festung, eine Burg zu erblicken, aber der erste Eindruck wird immer schwächer, wenn er sieht, daß sich keines der innern Gebäude über die Ringmauer erhebt. Diese Mauer ist sehr hoch, gewöhnlich 20 Fuß, und hat zuweilen eine Ausdehnung von 300 Fuß auf jeder Seite des Vierecks, das sie einschließt. Sie ist sehr stark von Ziegeln gebaut, gewöhnlich auf einer Grundlage von Bruchsteinen, und in dem obern Theile mit Maurerarbeit verziert. Die Vorderseite hat oft ein sehr stattliches Ansehen, besonders wenn die Einförmigkeit der Mauer nicht nur durch den Haupteingang, sondern auch durch Nischen unterbrochen ist, die sich ungefähr vier Fuß von dem Boden erheben, wie man es in einigen der vorzüglichsten Herbergen findet. Der Eingang in der Mitte der Mauer ist ein hoch gewölbter, weiter Thorweg, über welchem sich, zuweilen Gemächer befinden, von einer prächtigen Kuppel bedeckt. Gewöhnlich ist diese Eingangshalle mit Maurerarbeit und Mosaik schön verziert. Auf beiden Seiten des Thorweges sind Gemächer, die in der Regel der Aufseher der Herberge und seine Leute bewohnen, und einige derselben dienen als Läden, wo diejenigen Waaren verkauft werden, die zu den gewöhnlichen Bedürfnissen der Reisenden gehören. Geht der Reisende durch den Thorweg, so erblickt er einen Säulengang, der auf jeder Seite des innern Vierecks läuft, und einen geräumigen Freiplatz in der Mitte offen läßt. Er tritt näher, und sieht, daß jede der durch Säulen getrennten hochgewölbten Hallen ein Gemach ist, dessen Fußboden sich drei bis vier Fuß über die Grundfläche erhebt, und das von dem angrenzenden Gemach durch eine Mauer geschieden ist. Diese vorn offenen Gemächer haben einen zierlichen Estrich, einige auch einen Feuerplatz. Eine andere Thüre führt in eine kleinere Kammer, die gewöhnlich von länglicher Gestalt ist und ein Herdfeuer hat, der Thüre gegenüber, durch welche das Gemach allein Licht erhält. Längs den Mauern, gegen drei Fuß vom Boden, läuft eine Reihe von Wandschränken, ein Zoll bis ein Fuß tief, die in allen persischen Gemächern ein unumgängliches Bedürfniß sind. Das hintere Gemach wird selten benutzt, selbst nicht zum Nachtlager, außer im Winter oder bei schlechtem Wetter, oder von Frauen. Das Vordergemach wird als das Sommerzimmer gebraucht, und ein Morgenländer sucht nicht Abgeschiedenheit weder zum Schlafen, noch zum Essen oder zu Andachtsübungen. In der Mitte jeder der drei Seiten des Gebäudes, außer der Eingangsseite, befindet sich ein geräumigeres und höheres Gemach als die übrigen, das aber größer scheint, als es nach seiner Baueinrichtung ist, weil man es nicht wie die andern in zwei Räume getheilt hat. Diese großen offenen Gemächer scheinen nicht einem bestimmten Gebrauche gewidmet zu sein. Sie werden zuweilen von Familien benutzt, zuweilen aber dienen sie den Gästen, um darin zu rauchen, sich durch Gespräche zu unterhalten oder Märchenerzählern zuzuhören. Die gewölbten Gemächer über dem Thorwege, die man in den ältesten und besten Herbergen findet, werden als die Ehrenplätze in einem Karavanserai betrachtet, und gewöhnlich von Vornehmen eingenommen, besonders wenn sie Frauen bei sich haben. Zuweilen aber ist dieser Theil des Gebäudes nicht zu Wohnungen bestimmt, sondern wird blos zu Andachtsübungen benutzt. Diese Gemächer sind mehr gegen zudringliche Besuche gesichert, luftiger, heller und reinlicher als die untern Räume, die nicht selten durch Schmuz und Ungeziefer unangenehm werden.

Die Ställe eines Karavanserai sind in einem bedeckten Gange angebracht, der zwischen der Hintermauer der Gastzimmer und der äußern Mauer des Gebäudes liegt. Längs dieser Mauer läuft, innerhalb der Ställe, eine andere Reihe von zellenartigen Behältnissen, welche für die Maulthiertreiber, die Diener und diejenigen armen Reisenden bestimmt sind, die ihre Thiere selber warten müssen. Die Perser ziehen jedoch den offenen innern Hofraum für sich und ihre Thiere vor, und benutzen ihn bei günstigem Wetter als Stall.

In der Mitte des Hofes sieht man eine Erhöhung von Mauerwerk, die Decke eines unterirdischen Gemaches, das Sira Simuhn heißt, und wo die Reisenden in den heißesten Tagesstunden eine angenehme Kühlung genießen. Zuweilen aber findet man an der Stelle dieser Erhöhung die runde oder viereckige Einfassung eines tiefen Brunnens oder eines Behältnisses, woraus das Karavanserai Wasser erhält, die einzige Bequemlichkeit, welche die Herbergen, außer dem Obdach, den Reisenden gewähren, und die in Gegenden, wo Wasser selten ist, zuweilen mit großen Kosten gewonnen werden muß. In den Ecken des Vierecks befinden sich Treppen, die auf das platte Dach des Gebäudes führen, wohin die Reisenden sich in der Abendkühle begeben. Gewöhnlich bringen sie ihre Betten auf das Dach, um oben zu schlafen, wenn sie nicht unten in den Gemächern Sachen von Werth zu bewachen haben.

Häufig findet man jedoch jene Bequemlichkeiten nicht vollständig in einem Karavanserai. In einigen fehlen die Ställe, in andern laufen die Gastzimmer nicht längs allen Seiten des Vierecks. Viele haben keine mit einer Kuppel bedeckten Gemächer, oder überhaupt keine über dem Thorwege; viele kein Sira Simuhn, in einigen fehlen die Bogengänge des Binnenplatzes, und man sieht blos eine Reihe von einzelnen Gemächern, vor welchen eine Bank von Stein oder Ziegeln fortläuft. Diese Herbergen geben, wie wir gehört haben, nichts als die nackten vier Wände, und da es oft unmöglich ist, um irgend einen Preis Lebensmittel in der Umgegend zu erhalten, so müssen sich die Reisenden nicht nur mit Betten und Küchengeschirr, sondern auch mit einigen Lebensbedürfnissen versehen. Zuweilen muß man sogar Brennholz auf einer Station einkaufen, wenn man weiß, daß es auf den nächstfolgenden nicht zu haben ist. Für die Bequemlichkeiten, die das Karavanserai gewährt, hat man eigentlich nichts zu bezahlen; und obgleich man von angesehenen Reisenden zuweilen eine kleine Erkenntlichkeit zu erwarten scheint, so wird sie doch nicht als Vergütung für das Obdach, sondern nur als Belohnung für die Aufmerksamkeit und die Dienstleistungen angesehen, welche man von den Aufsehern des Karavanserai erhalten hat. In abgelegenen Gegenden, wo keine Mitbewerbung zu fürchten ist, mögen die Aufseher der Herbergen aus dem Verkaufe von Lebensbedürfnissen guten Gewinn ziehen; was jedoch, nach dem Zeugnisse eines neuern Reisenden, in den Herbergen, die königliche Stiftungen sind, keineswegs allgemein der Fall ist, wie Andere behauptet haben. Er bemerkte nie, daß man die Bewohner eines benachbarten Dorfes abgehalten hätte, Lebensmittel im Karavanserai zu verkaufen, oder daß ein Reisender wäre gehindert worden, seine Bedürfnisse einzuhandeln, wo er wollte.

Diese Herbergsanstalten sind sehr alten Ursprungs. Nach Xenophon's Erzählung ließ schon Cyrus (500 Jahre v. Chr.) beobachten, wie weit ein Pferd in einem Tage gehen könne, und in diesen Entfernungen Ställe anlegen, über welche er Aufseher setzte. Viele dieser Herbergen sind von den persischen Königen erbaut worden, die meisten aber scheinen Stiftungen reicher Leute zu sein, die entweder ihr Andenken verewigen oder sich durch diese mildthätigen Anstalten Gott gefällig machen wollten. Sie sind entweder so gebaut, daß sie wenig Ausbesserungen zu bedürfen schienen, oder es sind zu diesem Zwecke von den Stiftern Ländereien, Kaufmannsläden oder Häuser angewiesen, oder es ist dem Gemeingeist oder dem Wohlthätigkeitssinn Anderer überlassen worden, die nöthigen Ausbesserungen vorzunehmen. Wo aber nicht auf diese Weise für die Erhaltung der Anstalten gesorgt ist, läßt man sie in Verfall gerathen, weil diejenigen, welche Mittel haben, lieber ihren eignen Namen durch Erbauung eines neuen Karavanserai verewigen, als den Reisenden durch die Wiederherstellung alter nützen wollen. Sind sie fest gebaut, so dauern sie lange ohne sichtbaren Verfall, und behalten unter dem reinen und trockenen Himmel Persiens Jahrhunderte lang das frische Ansehen neuer Gebäude.

Wunderbare Lebensrettung.

Unsere Leser sind bereits durch die in Nr. 35 und 45 gegebenen Abbildungen und Schilderungen des Vesuvs mit der innern und äußern Beschaffenheit desselben bekannt geworden, sodaß wir ohne weitere Einleitung folgende Begebenheit mittheilen können, die sich bei dem letzten Ausbruche desselben im August 1834 ereignete.

Schon seit mehren Tagen waren furchtbare Rauch- und Flammensäulen aus dem Krater emporgestiegen. Der aus demselben hervorragende Hügel war in den glühenden Abgrund gesunken. Der östliche Theil des Berges öffnete sich an mehren Stellen, und aus allen diesen Spalten ergossen sich Lavaströme. Mit lautem Jammergeschrei flohen die Menschen aus ihren Wohnungen vor dem Alles zerstörenden Feuerstrome, nur mit der geringen Habe beschwert, welche die schnelle Flucht mitzunehmen erlaubte. Eine Viertelmeile breit ergoß sich die glühende Lava, oft zu einer Höhe von 10—15 Ellen emporsteigend. Schon waren viele der herrlichsten Besitzungen, der schöne Palast des Fürsten Ottojano, der fruchtbarste Theil der Gegend von Nappi, Caprari, Mauro S.-Giovanni und viele andere blühende Ortschaften verwüstet. Aus einem Hause, von welchem der Lavastrom nur noch wenige Schritte entfernt war, stürzte mit lautem Jammer eine unglückliche Familie, Vater, Mutter, Kinder, nur das Nothdürftigste mit sich nehmend. Schon hat die Lava die Mauern des Hauses erreicht, die aber so fest sind, daß der mächtige Strom sich gabelförmig theilt; aber nun hat er das Haus beinahe umzingelt — da bemerkt die unglückliche Mutter, daß ihre Tochter fehlt. Nur ein kleiner Raum ist noch zwischen den beiden Riesenarmen des Stromes offen. Da tritt das Kind aus dem Hause, begleitet von dem treuen Hofhunde, den es mit Anstrengung hinter sich her, dem einzigen schmalen Ausgange zuschleppt. Schon glauben die Ältern ihr Kind gerettet, da schließt sich plötzlich der Lavastrom zusammen und nun bildet das Haus eine Insel im Feuermeere, auf welcher das Kind mit dem Hunde, von aller menschlichen Hülfe verlassen, steht, dem gewissen Untergange preisgegeben. Der Hund, heulend und winselnd, versucht den rettenden Sprung, aber kaum ist er gewagt und die glühenden Wellen haben ihn ergriffen und, sein Gebein aufzischend, zerstört. Jeder Versuch der unglücklichen Ältern, ihr Kind zu retten, ist vergebens, die Lava strömt breiter und breiter, und in jedem Augenblicke erwartet man, daß die kleine Insel verschwinden und von der Lava überflutet wird. Aber nein; auch hier sollte der Mensch erkennen, daß da, wo alle Menschenhülfe aufhört und nichts vermag, der Beistand Gottes anhebt. Unwiderstehlich floß noch die Lava mehre Tage und Nächte, und immer gewahrten die Ältern ihr jammerndes Kind. Da, am 29. August Abends, stockte plötzlich der Strom, und alle Anzeichen verkündigten, daß der schreckliche Ausbruch für diesmal aufgehört hatte. Nach einigen Stunden hört das Zischen des Lavastroms auf, eine schwarze Kruste legt sich darüber hin, und die Hoffnung, das Kind zu retten, erwacht in der Ältern Seelen. Noch immer aber war ein solcher Versuch ein gefährliches Unternehmen; allein der Vater entschließt sich dazu. An einer Stelle, wo die Lava nur 10 Fuß breit ist, wagt er den Übergang, und wirklich, die schreckliche Brücke trägt. Mit unbeschreiblicher Wonne schließt er die vor Hunger und Angst halb ohnmächtige Kleine in seine Arme und bringt der nun überglücklichen Mutter ihr schon verloren geglaubtes Kind zurück.

Der Argolostorch oder Adjutant (Ciconia Marabu).

Manche unserer Leserinnen, welcher die herrlichen Marabufedern nicht unbekannt sind, hat sich wol auch ein Bild von dem Vogel gemacht, der solchen kostbaren Schmuck trüge, und das Bild entsprach gewiß jener Federnpracht, sie wird daher erschrecken, wenn sie die ziemlich häßliche Gestalt, den dicken Schnabel, kahlen Hals mit seinem großen hängenden Kropf, überhaupt den plumpen Körper des hier dargestellten Vogels betrachtet, und wir ihr sagen: von ihm kommen die Marabufedern! Er ist ein naher Verwandter unsers Storches, hat aber beiweitem dessen Anstand nicht; am Bauche ist er weiß, auf Rücken und Flügeln schillernd schiefergrau; weiß sind auch die seidenweichen Marabufedern, welche am Hintertheile herum sitzen, seltener findet man sie graulich oder bräunlich. Die Höhe des ganzen Vogels beträgt fünf bis sechs Fuß. Der Adjutant ist in ganz Indien einheimisch, besonders aber an den Mündungen der bengalischen Flüsse und auf den Inseln Java und Sumatra. Dort wird er von den Eingeborenen hoch in Ehren gehalten, und einen zu tödten, wird streng bestraft. Furchtlos gehen ganze Heerden zur Winterszeit in den Straßen selbst der Städte und auf den Dächern der Häuser herum, oft den Einwohnern lästig und gefährlich, da sie, wenn man sie reizt oder ihnen einen Fraß nehmen will, mit ihrem starken Schnabel derbe Hiebe austheilen. Sie sind sehr gefräßig, was in jenen Gegenden freilich eine Wohlthat für die Bewohner wird.

Der Argolostorch oder Adjutant.

Diese Vögel sorgen nämlich dafür, daß nichts auf den Straßen, kein todtes Vieh und anderer Unrath, liegen bleibt, was in jenen Ländern stets ohne Weiteres auf die Straße geworfen wird, für deren Reinigung nur diese und andere Thiere Sorge tragen. Auch verschlingen sie lebende Schlangen, Eidechsen, kleinere Vögel und dergl., und Stücke Fleisch von 5—6 Pfund sind nicht zu große Bissen. So fand man in dem Kropf eines solchen Vogels eine 10 Zoll lange Schildkröte und einen schwarzen Kater noch unverdaut. Die Knochen gibt das Thier von Zeit zu Zeit durch Ausspeien von sich, gleich den Raubvögeln. Auch ist sein Magen so muskulös als bei diesen und reich an Drüsen, daher denn die Verdauung schnell vor sich geht. Die Adjutanten ziehen in der heißen Jahreszeit in höhere, kältere Gegenden; auch täglich gegen Mittag erheben sie sich schaarenweise in die Luft, nach den kühlern Gebirgen ziehend. Sie ruhen, entweder wie eine Gans aufliegend, oder stehend, den Schwanz ganz senkend, daß er zum Theil die Beine bedeckt, den Kopf aber hochtragend, den Schnabel auf die Brust neigend. Sie geben einen brüllenden Ton von sich. Um die schönen und kostbaren Federn zu gewinnen, ziehen die Landleute diese Vögel in großer Anzahl auf, sie werden dann sehr zahm, bleiben aber immer gefährlich.

Die Riesenblume Rafflesia (**Rafflesia Arnoldi**).

Diese merkwürdige Pflanze wurde von dem englischen Naturforscher Arnold auf der Insel Java entdeckt. „Am Mannafluß", schrieb er an einen Freund in Europa, „habe ich eine Blume gefunden, welche ich für das größte Wunder der Pflanzenwelt halte. Die Blume stand unter Gebüsch dicht auf dem Boden; sie entsproß aus einer kleinen, etwa zwei Finger dicken, horizontalen Wurzel. Die ganze Blume ist von sehr dicker Substanz; die Blumenblätter und das Honiggefäß sind an einigen Stellen $^1/_4$ Zoll, und an manchen $^3/_4$ Zoll dick; die Substanz ist sehr saftig. Viele Fliegen schwärmten um die Mündung des Honiggefäßes und schienen ihre Eier hineinzulegen. Der Geruch ist wie von verdorbenem Rindfleisch; der Kelch besteht aus mehren rundlichen, dunkelbraunen, hohlgebogenen Blättern, ungleich in Größe, und wie es scheint, unbestimmt in der Zahl. Am Honiggefäß stehen fünf Blumenblätter, welche stark und mit gelblichweißen Warzen von verschiedener Größe bedeckt sind; die Zwischenräume sind ziegelroth. Das Honiggefäß ist becherförmig und wird enger nach oben. In der Mitte desselben erhebt sich ein großes Pistill (Griffel), oben darauf sind etwa 20, ein wenig gebogene und zugeschärfte Fortsätze, die wie Kuhhörner aussehen, und es sind noch ebenso viel kleinere, sehr kurze Fortsätze zu sehen. Etwas tiefer als die Hälfte des Honiggefäßes umgibt eine ganz glatte braune Schnur Das, was vielleicht der Fruchtknoten ist; und etwas weiter unten ist eine andere, beinahe rosenkranzförmige Schnur." Das Erstaunungswürdigste aber an der Blume ist ihre Größe. Sie mißt quer drei Fuß; die rundlichen Blumenblätter sind vom Grunde zur Spitze 12 Zoll lang, und die Entfernung der Anheftung zweier gegenüberstehenden Blumenblätter beträgt ein Fuß. Das Honiggefäß kann 12 Nößel fassen, und das Gewicht der ganzen Blume berechnete Arnold auf 15 Pfund.

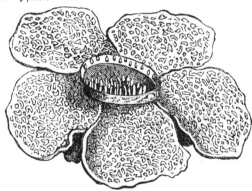

Die Rafflesia.

Arnold hatte nicht Zeit, die Blume auf der Stelle genauer zu untersuchen, und setzte sie daher in Branntwein, nebst zwei großen Blumenknospen, die man an derselben Wurzel gefunden hatte; jede Knospe war zwei Faust groß. An dieser Pflanze waren weder Blätter noch Äste; wahrscheinlich kommen die Stengel, welche Blätter tragen, zu einer andern Jahreszeit hervor. Der Boden, wo diese Pflanze wuchs, war sehr gut und mit Elefantenmist bedeckt. Die Bewohner der Gegend sagten, diese Blume sei selten und heiße Krubul.

Warschau.
Ansicht der Alexanderkirche.

Warschau, die Hauptstadt der Woiwodschaft Masovien und zugleich des Königreichs Polen, ist in neuerer Zeit zu einer der schönsten Städte Europas geworden. Sie ist der Sitz des katholischen Erzbischofs, der seit 1818 den Titel eines Primas des Reiches führt, des

Statthalters und aller höhern Behörden des mit Rußland vereinigten Königreichs Polen. Mitten in einer weiten, sandigen Ebene am linken Ufer der Weichsel, und mit ihrer Vorstadt Praga auf das rechte Ufer hinüberreichend, nimmt sie einen Umfang von drei Meilen ein, Plätze, Gärten und Felder eingeschlossen. Sie zählt 300 Straßen, gegen 5000 Häuser und hatte 1828 gegen 150,000 Einw., die Besatzung und 30,500 Juden mitgerechnet. Ihr Wohlstand, ihre aufblühende Gewerbsamkeit und ihre Bevölkerung sind durch die letzte polnische Revolution sehr geschmälert worden. Im September 1831, als die Russen die Stadt wieder eroberten, zählte sie nur 113,000 Einw., im Jahre 1832 jedoch schon wieder 121,868, ohne die Besatzung. Eine der schönsten Zierden der Stadt ist die neue Alexanderkirche, welche unsere Abbildung darstellt, und die den ersten Rang behauptet nach der Domkirche, die mit dem Schlosse in Verbindung steht, der großen Dominikanerkirche, der doppelten heiligen Kreuzkirche und endlich der schönen lutherischen Kirche.

Die Alexanderkirche in Warschau.

Die Neustadt und die ehemaligen Vorstädte von Warschau mit ihren schnurgraden, breiten, gutgepflasterten Straßen und großen Plätzen bilden eine durchaus schöne Stadt. Praga auf dem rechten Weichselufer ist mit ihr jetzt durch eine neue, stehende Brücke, statt der alten Schiffbrücke verbunden. Dieser Theil von Warschau hat ansehnliche Festungswerke, indeß die Wälle der Stadt in neuester Zeit abgetragen wurden, aber durch eine starke Citadelle ersetzt werden. Im Innern der Stadt sieht man, nach osteuropäischer Art, stolze und prachtvolle Paläste häufig mit den Hütten der Armuth wechseln, sowie sich hier überhaupt Bilder des Luxus, die fast an Asien erinnern, mit Gemälden der tiefsten Entblößung verbinden. Vollkommen schöne Straßen, wie die Krakowskie, die Miodowa (Honigstraße), die Dluga (lange Straße), Nowyswiat (neue Welt), die Electorska (Kurfürstenstraße), Krolewska (Königstraße), Leszno (die Marschallstraße), die schönen Plätze von Marieville, der drei Kreuzplatz, der Sigismundplatz, der altstädter, der sächsische Platz, das Marsfeld, wechseln mit ärmlichen, schmuzigen und krummen Gassen. Prachtvoll erscheinen die königlichen Paläste, Zamek Krolski, das schöne Lustschloß von Lazienki in der Neuen Welt, mit seinen reizenden Gärten, seinen großen Wasserkünsten und der Reiterstatue des Königs Sobieski, der ehemalige Krasinski'sche, jetzt der Regierungspalast, das vorzüglichste Prachtgebäude Warschaus; der sächsische Palast mit seinen öffentlichen Gärten, das große Rathhaus, der Statthalterpalast, das Hôtel des Ministeriums des Innern, das der Finanzen und die Münze, das königliche Lustschloß Belvedere mit einem reizenden englischen Garten und als des Großfürsten Konstantin Residenz berühmt; das Gebäude der Akademie der Wissenschaften und viele andere. Man zählt in Warschau außerdem 150 große Privatpaläste, unter welchen die von Zamoiski, Chodkiewicz, Pac, Ostrowski, Potocki, Bielinski und Czartoryiski miteinander um den Vorrang streiten. Außer ihnen sind auch das Zeughaus, die Casernen, das Stadthospital und das große Militairhospital sehenswerthe Gebäude. Warschau ist weitläufig und für seine Bevölkerung nach einem zu großen Plan erbaut. Man vermißt daher hier das Gewühl auf den Straßen, welches andere Städte auszeichnet und was in dem Gemälde einer Hauptstadt einen wesentlichen Zug bildet. Nur zur Zeit seiner zwei Messen zeigt sich Warschau als der Hauptsitz des polnischen Binnenhandels und des Gewerbfleißes. Man zählt hier 7000 Kaufleute und Gewerbtreibende, fünf Banken und 50 große Handelshäuser. Ebenso bedeutend ist die Stadt als Sitz der Wissenschaften, der Gelehrsamkeit und mehrer Bildungsanstalten. Mit den höhern Wissenschaften beschäftigen sich die königliche Gesellschaft der Freunde der Wissenschaft, mit einer kostbaren Sammlung von Kupferstichen, einem Münz= und Naturaliencabinet und einer Bibliothek; die medicinische, die ökonomische, die physikalische Gesellschaft u. s. w. Alles, was Polen Großes und Schönes enthält, sammelt sich in und um Warschau. Hier öffnen sich der Schaulust Kunstausstellungen und drei Theater, worunter ein französisches; Bälle und Concerte beleben den Winter, und diese und große Schlittenfahrten geben den Reichen des Landes Gelegenheit, ihrer Prachtliebe zu fröhnen. Hier prangen während des Sommers in den Alleen von Ujazdow die schönsten Wagen und die Wege nach Bielang bedecken sich mit Schaustellungen der Mode, während die Insel Kepa=Saska mit ihren schönen Gärten, Mariemont, mit ökonomischen Instituten und Schloß Willanow, von Sobieski gegründet, zahlreiche Besucher anziehen.

Die Kupferstechkunst.
8. Die französische Schule.
(Fortsetzung aus Nr. 107.)

Wenn wir die Meinung aussprechen: die Franzosen besitzen keinen ausgebildeten, selbstständigen Kunstcharakter, so berechtigt dazu einestheils die Neigung derselben, jede äußere Anregung gern willkommen zu heißen und ihre Ergebnisse sich anzueignen, anderntheils ihr leicht über jede Tiefe dahingleitender Sinn, sowie ihr mit Unbesorgtheit um Das, was zwischenliegt, einzig nur auf das ersehnte Ziel sich richtender Blick.

Was die Kupferstechkunst betrifft, so nahmen auch in Bezug auf sie die Franzosen, die eine mühsame Entwickelung aus sich heraus scheuen, willig die Stellung ein, welche ihnen im Lauf des 16. Jahrh. von ausländischen Malern angewiesen ward. Die Aufgabe dieser Maler bestand in der Ausschmückung hauptsächlich des königl. Lustschlosses Fontainebleau, das Geschäft der Kupferstecher hingegen, oder vielmehr Radirkünstler — denn Alle radirten — wurde die Verbreitung der Werke jener Coloristen mittels des Stichs. Da nur die Namen der wenigsten dieser Kupferstecher bekannt sind, so begreift man sie zusammen unter der Benennung: die Schule von Fontainebleau (l'école de Fontainebleau) und ordnet ihre Blätter nach den Malern, nach welchen sie arbeiteten. Doch war es in demselben Jahrhunderte Stephan de Laune (auch Laulne oder Losne geschrieben), zuweilen blos Karl Stephanus genannt (1518—95), ein Goldschmied, welcher mit Talent einen Michel Angelo und Rafael copirte, während er sich durch kleine Arbeiten auch den petits-maîtres zugesellte.

Bei der eben bezeichneten Lage der Dinge nun, und von dem Wunsche beseelt, hinter andern Nationen nicht zurückzubleiben, suchten die Franzosen in dem Besondern ihre Vorzüge. So Claudius Melan (1594 oder 1601—88) und Jakob Callot (1593—1635), dieser mit einer Phantasie begabt, die jede Schranke zerbrach, und mit einem Vortrage, der nur durch eine beispiellose Keckheit seine große Wirkung erreichte. Und wie Callot der erste namhafte Franzose ist, welcher auf malerische Weise mit der Radirnadel den Grabstichel verbindet, so folgen ihm nach die Maler Claudius Gelée, genannt Lorrain (1600—82); Johannes Morin, geb. 1612; Nicolaus de la Plate=Montaigne, gest. 1706, und Johann Alix, ein Zeitgenosse des de la Plate=Montaigne.

Eine neue Epoche der französischen Kupferstecherei verkündigen die trefflichen Stecher: Franz de Poilly (1622—93), mit besonderm Fleiße die Zeichnung ausbildend; Robert Nanteuil (1630—78), zugleich Maler; Peter van Schuppen (1623—1702); Stephan Baudet, Nanteuil's Schüler (1598—1671); Sebastian le Clerc (1637—1714); endlich und vorzüglich: Anton Masson (1636—1700), berühmt als Derjenige, welcher durch die Abstufungen seiner Striche zwischen Hell und Dunkel, Saftig und Matt auf das Glücklichste die Farbengebung des Gemäldes nachahmte.

Die neue Epoche der französischen Kupferstechkunst bildet Gerhard Edelinck (1640—1707). Er ist Derjenige, welcher de Poilly's formende und Masson's malende kupferstecherische Richtung in sich aufnahm und beide, mit eigner Hinzufügung der technisch ausführenden, wieder zurückgab. Ihn aber unterstützte der Stecher Gerhard Audran (1640—1703), zugleich als der erste bedeutende Künstler jene Stechweise handhabend, die das Geätzte mit dem Grabstichel beendigt. Diesem schließt sich würdig an Nicolaus Dorigny (1657—1746). Lange Zeit studirte dieser in Italien, verweilte sodann in England, und zurückgekehrt nach Frankreich, beschenkte er die vaterländische Schule mit Rafael'schen Mustern und dem ausgebildetsten Grabstichel. Auch er ätzte und beendigte mit dem Grabstichel.

Bernhard Picart (1663—1733) verpflanzt die um die Mitte des 17. Jahrhunderts in Deutschland erfundene Schabkunst nach Frankreich; doch haben in dieser Stechweise, sowie auch in dem englischen Punktenstich, die Franzosen nur wenige und unbedeutende Meister aufzuzeigen. Um 1735 kommt den Franzosen durch Christoph le Blon, einen Maler (1670—1741), die sogenannte le Blon'sche Stechweise mit bunten Farben zu. Ausgezeichnet sind in dieser Manier noch Johann Fabian Gautier (1717—86), und Eduard Gautier=Dagoty, Sohn des Vorigen (1745—83). Um die Ehre, die Erfindung der Crayon= oder sogenannten französischen Manier gemacht zu haben, stritten Magny, ein Feldmesser, Desmarteaux, Kupferstecher, und François, ebenfalls Kupferstecher, welche Alle dieselbe 1756 gemacht haben wollten. Jedoch dürfte Johann Karl François (1717—69) als der eigentliche Erfinder anzusehen sein, während Ägidius Desmarteaux (1722—76) die neue Weise nur vervollkommnete. Noch nennen wir zu dieser Stechart Bonnet, Basset und Bichard. Peter Franz Charpentier erfand 1762 die Farbentusch= oder Aquarellmanier, und es haben dieselbe mit Auszeichnung geübt Janinet und Descoutis, sowie Karl Benazech. Noch erfinden nach 1760 die Franzosen die Bister= oder Aquatinta=Manier, auch, nach ihrem muthmaßlichen Erfinder, die le Prince'sche genannt; wiewol es nicht völlig gewiß ist, ob dem Johann Baptist le Prince (1733—81), eigentlich Maler, oder dessen Freunde, dem Abbé Saint=Non, einem geschickten Dilettanten, jene Ehre gebührt. Auch lassen wir nicht unerwähnt, daß die Franzosen Kupferstiche lieferten, welche ohne Pinsel und ohne Farben illuminirt waren, durch einen chemischen Proceß bewerkstelligt wurden und den Namen der Kupferstiche mit chimärischen Farben führten.

Aber mit dem Grabstichel üben im 18. Jahrhunderte die Kunst auf löbliche Weise Peter Drevet, der Vater (1674—1749), und Peter Drevet, der Sohn (1707—49), sowie Claudius Drevet, der Vorigen

Vetter und Schüler; vorzüglich aber Jakob Philipp le Bas (1708—82), zugleich ausgezeichnet in Führung der Nadel.

Große Platten arbeitete um diese Zeit blos mit der trockenen Nadel der geschickte Dilettant, auch Kunstschriftsteller, Claudius Heinrich Watelet (1718—86).

Auch haben wir als achtungswerthe Künstler mit dem Grabstichel aufzuführen: Stephan Ficquet (1731—60); Peter Savart, 1750 geboren; endlich Johann Baptist Grateloup, einen Dilettanten, geb. 1735.

Im Jahre 1736 kommen den Franzosen zwei Deutsche zu, Johann Georg Wille und Georg Friedrich Schmidt, deren Ersterer dieselben mit einer bei aller Vollendung dennoch streng an der Regel haltenden Technik beschenkt, Letzterer ihnen neben dem Hinarbeiten auf Effect der Malerei, Geist und Gemüth für seelenvolle Bilder einhaucht. Während Schmidt in sein Vaterland zurückging, verblieb Wille den Franzosen; er starb zu Paris 1808. Karl Clemens Bervic, Wille's Schüler, geb. 1756, pflanzt Wille's Lehre, sowie Schmidt's Geist und Gemüth, mit reichem Gewinn unter den Franzosen fort, und ihn unterstützen die wackern Stecher Moritz Blot und Peter Audouin, vornehmlich aber der mit höchst reinem Grabstichel Antiken nachbildende, jedoch auch den Rafael copirende Urban Massard; unter den Radirkünstlern hingegen Jakob Bouillard und Johann Jakob de Boissieu.

Eine kräftige Stütze der französischen Kupferstecherschule erblicken wir jetzt in Augustin Boucher-Desnoyers, einem der vortrefflichsten Grabstichelführer, geschicktesten Zeichner und geistreichsten Darsteller unserer Zeit. Desnoyers hat wenn auch kein Atelier eröffnet und durch directe Unterweisung genützt, dennoch durch die hohe Achtung und Aufmerksamkeit, welche man Allem zollte, was er that, bei nicht Wenigen eine edle Kunstrichtung begründet, und solchergestalt für die Kupferstechkunst seines Vaterlandes Erhebliches gethan. Achtungswerth eifern ihm nach Künstler, wie sie die neuern und neuesten Tage und die vornehmsten der Stechweisen aufzählen in einem Girodet, Lignon, Dien, Morel, Richomme, Gudin, Mercury, Jazet, de Chatillon und Andere.

(Fortsetzung in Nr. 109.)

Beiträge zur Völkerkunde.

1.

In dem südamerikanischen Staate Chile gibt es so viele Pferde, daß die niedern Volksclassen in ihrer Lebensweise ganz den Beduinen in Arabien gleichen. Selbst der Ärmste hat sein Pferd, und selten geht Jemand auch nur einen kurzen Weg zu Fuß. Ihre Beine sind von stetem Reiten gekrümmt. Immer zu Pferde, achten die Bewohner eine Reise von 40—60 Meilen für nichts. Statt des Sattels haben sie verschieden gefärbte Schaffelle, die auf den Rücken des Pferdes übereinander gelegt werden und einen breiten weichen Sitz bilden. Die Steigbügel sind gewöhnlich von Holz, mit Schnitzwerk verziert, aber sehr plump. Die Öffnung ist grade so groß, daß nur die Zehe Raum darin hat. Die Reiter halten viel auf große Sporen und das Rädchen hat zuweilen beinahe zwei Zoll im Durchmesser. Ebenfalls hat ein jeder eine Schlinge (Lasso), die aus einem schmalen Streif Rindsleder besteht. Das eine Ende derselben wird an dem Sattel befestigt, das andere wird, wenn sie gebraucht werden soll, um die linke Hand gewickelt, während die Rechte die Schlinge hält. Soll sie geworfen werden, so wird sie zwei- bis dreimal um den Kopf geschwungen und dann fortgeschleudert. Sehr selten verfehlen sie ihr Ziel; sie sind so geschickt in dem Gebrauche dieser furchtbaren Waffe, daß sie damit einem laufenden Thiere die Beine umschlingen. Wenn die noch unabhängigen Indianer ihre Feinde angreifen und auf Plünderungen ausziehen, werfen sie ihrem Gegner die Schlinge über, sprengen dann in vollem Laufe davon und schleppen den Unglücklichen über die rauhen Bergpfade, bis er den Geist aufgegeben hat. Diese Schlingen sind auch bei andern südamerikanischen Völkern gebräuchlich, besonders bei den Bewohnern der Pampasebenen, welchen sie zum Einfangen des verwilderten Rindviehes und wilder Pferde dienen.

2.

Der Fluß bei der Stadt Canton in China ist mit Böten von verschiedener Größe bedeckt, in welchen die Eigenthümer, die zur ärmern Volksclasse gehören, ihre beständige Wohnung haben. Tausende werden in diesen Böten geboren, und sterben darin, ohne mit den Landbewohnern andern Verkehr zu haben, als ihre Bedürfnisse fodern. Der hintere Theil dieser Fahrzeuge ist mit Bambusmatten bedeckt, die so wasserdicht sind, daß sie den Regen abhalten und lang genug, um die Bewohner des Bootes nicht den Blicken der Uferbewohner auszusetzen. Diese Leute, die auf einen so kleinen Raum beschränkt sind und gewöhnlich nur kauern, sind meist sehr linkisch, wenn sie ihre Beine gebrauchen. Die Kinder werden im Schwimmen unterrichtet, so früh es nur thunlich, bis zu dieser Zeit aber wird ihnen eine Calebasse um den Hals gehängt, damit sie nicht untersinken, wenn sie zufällig in das Wasser fallen.

3.

Das Schwitzbad (Temiscal) in Kalifornien ist aus Lehm gebaut, kreisförmig und von 15—20 Fuß im Durchmesser. Der Boden ist vier bis fünf Fuß tiefer als die Oberfläche der Erde. Außer der Eingangsöffnung, die sehr schmal ist, um die äußere Luft so viel als möglich abzuhalten, hat das Bad noch eine andere Öffnung in der Decke, um dem Rauche des in der Mitte brennenden Feuers einen Ausgang zu gewähren. Die Indianer liegen um jenes Feuer, mit den Füßen gegen die Flamme, und in dicke wollene Tücher gewickelt, bis sie mit Schweiß bedeckt sind. Dann verlassen sie das Bad und stürzen sich in kaltes Wasser. Gewöhnlich werden diese Bäder in der Nähe eines fließenden Wassers angelegt.

4.

In China gilt Wohlbeleibtheit für eine Schönheit bei Männern, aber bei Frauen für eine Unzierde. Die Frauen haben gewöhnlich hochgewölbte Augenbrauen, was ebenso sehr Wirkung der Kunst als Gabe der Natur ist, sehr ausdruckslose Gesichter und unter den vornehmern Classen ungemein kleine Füße, weil dieselben von Kindheit an in enge hölzerne Schuhe gepreßt werden. Nach der Erzählung der chinesischen Geschichtschreiber verbanden sich vor mehrn Jahrhunderten viele Weiber zu einem Aufstande und suchten die Regierung zu stürzen. Seitdem wurde, um ähnliche Ereignisse zu verhüten, der Gebrauch hölzerner Schuhe für junge Mädchen eingeführt, die ihre Füße so sehr zusammenpressen, daß sie nicht ohne heftigen Schmerz gehen kön-

Mörtel aus Algier.

Seit der Besetzung Algiers durch die Franzosen ist man mit einem Mörtel bekannt geworden, der dort seit langer Zeit schon allgemein im Gebrauch war und der allen Einflüssen der rauhesten und ungestümsten Witterung noch besser als selbst Marmor widersteht. Dieser Mörtel besteht aus zwei Theilen Holzasche, drei Theilen Thon und einem Theile Sand, nebst einer Quantität Öl. Bei den Mauren heißt er Fabbi.

Die Verlobung auf dem Lande.

Der französische Maler Jean Baptiste Greuze, von dem wir hier eins seiner vorzüglichsten Gemälde mittheilen, war zu Tournus 1726 geboren. Noch sehr jung ging er nach Paris, wo er mehr durch eigne Anstrengung als durch Anleitung seines Lehrers sich auszubilden bemühte. Da seine Arbeiten bald Aufmerksamkeit erregten, so erhielt er bedeutende Bestellungen, was ihn 1755 in den Stand setzte, nachdem er bereits Mitglied der Akademie geworden, zu seiner weitern Ausbildung nach Italien zu gehen. Nach seiner Rückkehr lieferte er eine beträchtliche Anzahl von Öl- und Pastellgemälden, welche größtentheils Familienscenen und Begebenheiten der französischen Geschichte darstellen, und ihres gefälligen Charakters wegen sowol viele Bewunderer als Nachahmer fanden. Greuze arbeitete mit großem Fleiße und gewissenhafter Genauigkeit und bewährte durchgängig einen reinen und edeln Styl. Seine Gemälde sind sehr anspruchslos und streng national, fast in allen herrscht ein oft schwermüthiger Ton. So sieht man bald einen sterbenden Hausvater, der seine zahlreiche Familie in großer Dürftigkeit verläßt, bald eine liebreiche Mutter mit ihren Kindern, oder einen Kranken, der von seinen Söhnen unterstützt wird, und ähnliche Gegenstände. Zwei seiner berühmtesten Bilder sind die sogenannte Pleureuse (Weinende), ein Mädchen vorstellend, das einen todten Vogel beweint, und das hier mitgetheilte: die Verlobung auf dem Lande. Letzteres kann besser als irgend ein anderes von der diesem Künstler eigenthümlichen Darstellungsweise eine Vorstellung geben. Hier ist der Gegenstand so glücklich gewählt und ausgeführt, daß man auf den ersten Blick erkennt, was in dem Gemüthe der versammelten Personen vorgeht. Besonders ausdrucksvoll sind die Köpfe der jungfräulich schüchternen Braut, des abschiednehmenden Sohnes und des greisen Vaters, der für die Zukunft seiner Kinder den Segen des Himmels erfleht.

Greuze war einer der fruchtbarsten Künstler und lieferte fast zahllose Arbeiten, von denen viele in Kupfer gestochen sind. Er starb 1805, nachdem er eine Reihe von Jahren vor seinem Tode noch mit Mangel und Sorgen hatte kämpfen müssen.

Die Verlobung auf dem Lande.

Das Pfennig-Magazin

der
Gesellschaft zur Verbreitung gemeinnütziger Kenntnisse.

109.] Erscheint jeden Sonnabend. [Mai 2, **1835**.

Ansicht von Edinburg.

Ansicht von Edinburg.

Das Blatt, welches wir hier liefern, gibt eine Ansicht von Edinburg von der Südostseite, und zeigt uns diese schöne Stadt in ihrer ganzen Ausdehnung auf ihren drei Hügeln majestätisch ruhend, hier von kahlen, baumlosen Felsen, dort von den glänzenden Gewässern des Forth, begrenzt, und das ganze Bild von den nahen Hügeln und fernen Bergmassen Hochschottlands eingeschlossen. Wir sehen das Castell und das alte Schloß Holyrood die ganze Stadt mit ihren zum Theil neun- und zehnstöckigen Häusern überragen, und die Kuppeln seiner öffentlichen Gebäude, die Thürme seiner Kirchen sich zu ihm emporheben, während auf dem Meerbusen Forth ein Segel neben dem andern sich zeigt. Dieses schöne Bild gibt uns Gelegenheit zu einem Gemälde der Stadt, die es darstellt.

Edinburg, die Hauptstadt der Grafschaft Midlothian und des Königreichs Schottland, liegt am Meerbusen des Forth. Kahle Felsen bilden die westliche und südliche Umgebung dieser Stadt, nur gegen Nordosten senkt sich die Umgegend sanft gegen den Meerbusen herab, an dem der Hafenort Leith liegt. Auf drei beträchtlichen Hügeln erbaut, wird sie durch ein tiefes Thal in zwei Hälften getheilt, die Altstadt und die Neustadt. Die Altstadt ist unregelmäßig gebaut und ihre Straßen sind schmutzig und finster. Hier sind überhaupt die engen Gassen und die himmelhohen Häuser anzutreffen, welche der altschottischen Hauptstadt eigen sind. Die Neustadt hingegen ist nach regelmäßigem Plane erbaut, mit reinlichen, breiten und langen Straßen, schönen Plätzen, prachtvollen Gebäuden aus Quadersteinen, eleganten Läden geziert, welche Edinburg einen Rang unter den schönsten Städten Europas erworben haben. Die Straßen Princestreet, George- und Queenstreet in der Neustadt, und in der Altstadt selbst Highstreet steht keiner der schönsten Straßen Londons nach. An herrlichen Ansichtspunkten für die Stadt sind nicht blos ihre Höhen, sondern auch die drei schönen Brücken (die Südbrücke, Nordbrücke und Waterloobrücke) reich, welche die verschiedenen durch das Thal getrennten Stadttheile wieder zu einem Ganzen vereinigen und von denen man staunend auf die tiefer liegenden gewühlvollen Straßen herabsieht. Dieser charakteristische Anblick gehört Edinburg ausschließend an; nur Genua hat etwas Ähnliches aufzuweisen, wie die 310 Fuß lange und 68 Fuß hohe Nordbrücke, welche sich auf drei kühnen und malerischen Bögen erhebt, oder die Südbrücke, welche über Häuser und Straßen sich wegschwingt. Unter den öffentlichen Gebäuden der Hauptstadt ist das Schloß Holyrood *), eine ehemalige, 1128 gestiftete Abtei, auszuzeichnen. Dieses Schloß umgibt ein Platz, auf welchem der zahlungsunfähige Schuldner Schutz vor der Einkerkerung genießt. Dies hat die Gründung einer Colonie veranlaßt, die um Holyrood in geringen Häusern wohnt, sich nach ihren eignen Gesetzen regiert und von 500 solchen Halbgefangenen — denn den Bezirk der Schloßfreiheit dürfen sie ohne Gefahr eingekerkert zu werden nicht verlassen — bewohnt wird. Zu den übrigen sehenswürdigen Gebäuden gehören: das ehemalige Parlamentshaus, die neue Börse, das 1827 vollendete neue Universitätsgebäude, einer der schönsten Prachtbauten Großbritanniens, das Gymnasium, das Besserungshaus, das neue Gefängniß, das zweite College, das Archivgebäude, der Ballsaal, die Ägidiuskirche und die neue Kirche, nach dem Muster des Parthenons in Athen erbaut, und das Denkmal Nelson's auf Caltanhill, ein hoher Thurm in chinesischem Geschmack, zu welchem ein schöner, mit Sitzen umgebener Parkweg führt, und welches ein kostbares Panorama der Stadt darbietet. Unfern von dem Denkmal Nelson's steht die Sternwarte. Zwei große und schöne Plätze verschönern die Neustadt, die jedoch einsam erscheint, während das Gewühl in der Altstadt fast erdrückend ist. Unter den Wohlthätigkeitsanstalten Edinburgs steht das große Hospital (durch ein Vermächtniß des Goldschmieds Heriot 1650 gestiftet) oben an, nach ihm folgen das Watson- und Gillespiehospital und endlich das große Waisenhaus.

Auf einem hohen, nur von der Ostseite zugänglichen, aber auf allen Seiten sehr steilen Felsen, 383 Fuß über dem Meere, liegt die Festung von Edinburg, das sogenannte Schloß, wovon wir hier eine Abbildung

Die Festung von Edinburg.

geben. Es wird durch eine äußere Reihe von Palisaden, einen Graben, eine Zugbrücke, ein von zwei Batterien gedecktes Thor und andere Werke geschützt. Hier findet man eine Kapelle, einen Exercierplatz, mehre ein Viereck bildende Häuser, die zu Wohnungen für die Offiziere der Besatzung dienen, ein bombenfestes Pulvermagazin und ein großes Zeughaus. Auf der Ostseite des Vierecks waren Zimmer für die königliche Familie, und hier wurde Jakob VI. geboren. In diesem Theile unter einem viereckigen Thurme befindet sich das sogenannte Kronzimmer, wo 1707, nach der Vereinigung Schottlands mit England, die schottischen Krönungsinsignien, Krone, Zepter und Schwert, niedergelegt wurden. Man hatte lange gezweifelt, ob sich diese Alterthümer noch dort befänden, als man sie 1818 wohlerhalten in einer großen eichenen Kiste fand. Das Schloß kann eine Besatzung von 2000 Mann fassen, aber war es schon vor der Erfindung des Geschützes nicht unüberwindlich, so würde es sich jetzt noch weniger gegen einen feindlichen Angriff halten können.

Edinburg zählt mit dem Hafenort Leith 138,000 Einwohner, unter denen man 2300 Studenten auf der 1581 gestifteten Hochschule rechnet. Diese besitzt eine ansehnliche Bibliothek; größer aber noch ist die Advocatenbibliothek im Parlamentshause. Als Vorbereitung zu der Universität steht die High-School in großem Ansehen. Fünfundzwanzig gelehrte Gesellschaften verbreiten den Ruhm Edinburgs als Sitz der Wissenschaften. Unter diesen sind auszuzeichnen die 1782 gestiftete königliche Gesellschaft der Wissenschaften, die Gesellschaft der Arzneikunde, der nach dem deutschen Mineralogen Werner genannte Verein von Naturforschern mit einer trefflichen Naturaliensammlung, und das edinburger Institut, das 1812 eine prächtige Stern-

---

*) Dieses an geschichtlichen Erinnerungen so reiche Schloß ist bereits in Nr. 22 des Pfennig-Magazins ausführlich beschrieben und daselbst auch eine Ansicht der westlichen Fronte des Palastes, sowie das Innere der alten Kapelle, geliefert worden.

warte erbauen ließ. Zu den übrigen Bildungsanstalten gehören die Militairakademie, der botanische Garten, die Kunstschule für Mechanik, das Merchant's Maidenhospital, wo die Töchter verunglückter Kaufleute aufgenommen und geschickte Arbeiterinnen gebildet werden, und das Taubstummeninstitut.

Wiewol der vorherrschende Charakter Edinburgs der einer Gelehrtenstadt ist, so blühen hier doch mehre Industriezweige und ein lebhafter Handel beschäftigt den Hafenort Leith. Die Bereitung des schottischen Branntweins (Whisky), Wachskerzenfabriken und Seifensiedereien, Stärkefabriken, Strumpfwirkereien beschäftigen einen großen Theil der Bewohner. Drei öffentliche und nun Privatbanken und mehre Assecuranzgesellschaften dienen diesem Handel, von dessen Lebendigkeit die Magazine und Schiffswerfte in Leith und seine 15,000 Einwohner zeugen. Ein treffliches Wasserleitungssystem versorgt die Stadt seit 1814 mit gutem Trinkwasser, woran es sonst mangelte. In der Umgebung aber ziehen den Freund der Natur, unter Merkwürdigkeiten aller Art und hohen Naturreizen, besonders die seltsamen, steif stehenden, steilen, oft 1000 Fuß hohen, basaltartigen und prismatischen Felsmassen an, welche eine vulkanische Bildung dieser Landschaft zu beurkunden scheinen. Das Klima von Edinburg, durch die Nähe des Meeres gemäßigt, ist gesund und weit milder, als man nach seiner hohen nördlichen Lage vermuthen sollte.

Man liebt in Edinburg alterthümliche Sitte und hat sich hier vor der Nachahmung der französischen Gesellschaft besser als in London bewahrt. Darum verspotten die Londoner die Bewohner Edinburgs gern mit ihren etwas steifen altbürgerlichen Sitten; aber dem fremden Besucher thut es wohl, hier eine fast deutsche Gemüthlichkeit in der Gesellschaft zu finden. Angenehm überrascht es, im Gewühl der Altstadt jenen Balladensänger mit dem schottischen Pibroch, jene heimatlosen Zigeunerfamilien und Wahrsager, jene malerischen Nationaltrachten anzutreffen, die den schlanken und starken Hochschotten so gut stehen und welche die Liebe zu alter Sitte und alter Nationalität bei dem Schotten verkünden.

Die uralte Schildkröte.

Zu Peterborough in England wurde eine Schildkröte gehalten, die wenigstens 220 Jahr alt war. Der Vorgänger des jetzigen Bischofs hatte sie seit 60 Jahren gekannt und keine Veränderung an ihr bemerkt. Er war der 17., der auf dem bischöflichen Stuhle saß, während der Zeit, wo die Schildkröte unterhalten wurde. Ihr Schild war durchbohrt, um sie an einen Baum zu binden, und dadurch Verheerungen auf den Erdbeerbeeten zu verhüten. Im Frühjahr aß sie am liebsten Löwenzahn; besonders gern auch Endivien, grüne Erbsen, nie aber Spargel und Petersilie. Vom Ende des Junius an aß sie nur Obst gern, besonders Erdbeeren, Stachelbeeren, Johannisbeeren, Himbeeren, Pfirschen, Birnen, nie aber Kirschen. Sie kannte den Gärtner im bischöflichen Garten, der sie fütterte, sehr gut, und beobachtete ihn, wenn er Stachelbeeren und dergl. pflückte. Thierische Nahrung aß sie durchaus nicht, selbst nichts flüssiges, wenigstens weder Milch noch Wasser, und wenn ein Blatt feucht war, schüttelte sie es erst ab. Sie bewegte sich ziemlich leicht, obgleich von centnerschwerer Last gedrückt; sie selbst war nur 13½ Pfund schwer. Bei trübem Wetter zog sie sich in eine Höhlung zurück, gewöhnlich in einer gegen Süden liegenden, wo sie unthätig und halb erstarrt ruhte, bis milder Sonnenschein sie wieder erweckte. In diesem Zustande hatte sie die Augen geschlossen und Kopf und Hals ein wenig zusammengezogen, doch nicht unter der Schale. Ihr Geruch war so scharf, daß sie aus ihrem Schlummer aufgestört wurde, wenn ihr Jemand auf 12 Schritt nahe kam. Gegen Anfang des Octobers zog sie sich in ihr Winterlager zurück. Sie hatte dazu seit vielen Jahren einen besondern Winkel des Gartens ausgewählt, wo sie sich wie ein Maulwurf eingrub, und zwar in eine Tiefe von 1 — 2 Fuß, je nachdem der Winter gelinder oder strenger war. Ungefähr vier Wochen vor ihrem Einzuge in das Winterquartier aß sie durchaus nichts. Zu Ende des Winters kam sie wieder hervor, aber es dauerte dann wenigstens 14 Tage, ehe sie Nahrung zu sich nahm.

Eduard Jenner.

Auch der größte und glücklichste Arzt gehört in seinem praktischen Wirken doch nur seiner Zeit und seinen nähern Umgebungen an, und wenn die Summe des von dem Einzelnen Vollbrachten ihm die dankbare Anerkennung Vieler erwirbt, so besteht doch alle Hülfe, die von ihm ausging, nur in oft mühsam errungenen Siegen gegen eine Übermacht, welcher alles Lebende unterworfen ist. Entschiedene Sicherung gegen einen der vielen Angriffe, womit der Tod aufblühende Geschlechter hinwegrafft und ganze Erdstriche verödet, gelang bis jetzt erst Einem Manne, der deshalb auch der Wohlthäter der ganzen Menschheit genannt wird, in einem höhern Sinne noch, als manches Edle und Große einen Anspruch auf diesen Namen sich erwirbt. Dieser Mann war Jenner, der Entdecker der Schutzkraft der Kuhpocken.

Edward Jenner wurde am 17. Mai 1749 zu Berkley in der englischen Grafschaft Gloucester geboren. Seinen Vater, Pfarrer zu Berkley, verlor er schon im fünften Jahre und der älteste Bruder übernahm die Sorge für seine Erziehung. Nach beendigtem Schulunterrichte kam Jenner zu dem Wundarzte Ludlow in Sodbury bei Bristol, wo er die Anfangsgründe der Chirurgie und Pharmacie erlernte, und ging 1770 nach London. Hier unter der besondern Leitung des berühmten Arztes John Hunter und in dessen Hause wohnend, brachte er zwei Jahre zu, während welcher er sich nicht nur in der Ausübung der Wundarzneikunst vervollkommnete, sondern auch, durch Hunter's anatomische und physiologische Forschungen angeregt, die in ihm von früher Jugend auf vorherrschende Neigung zu naturgeschichtlichem Sammeln und Beobachten zu wissenschaftlich begründeten Studien ausbildete. Fest entschlossen, in seiner Heimat die chirurgische Praxis zu betreiben, lehnte er viele vortheilhafte und glänzende Anerbietungen ab, die ihm seine bald bemerkten vielseitigen Talente verschafften und fand in der treuen, unverdrossenen Ausübung der beschwerlichen Pflichten eines Landwundarztes Zufriedenheit, in seinen naturhistorischen Studien, deren Ergebnisse er nach und nach bekannt machte, die Erholung, welche ihm seinen Beruf und seine bescheidene selbst gewählte Stellung in der Gesellschaft werth machten. Erst später, 1792, als die Ausdehnung seines Wirkungskreises ihn nöthigte, sich blos auf die innere Praxis zu beschränken, erwarb Jenner zu St. Andrews in Schottland die medicinische Doctorwürde. Verheirathet hatte er sich 1788, und seine Ehe, in der er mehre Kinder hatte, war glücklich und langdauernd.

Schon als Lehrling bei dem Wundarzte Ludlow

hatte er eine Bauerfrau gelegentlich äußern hören: „sie werde die Menschenpocken nicht bekommen, da sie die Kuhpocken gehabt habe." Diese Worte blieben ihm unvergeßlich, und bei seiner nachmaligen Praxis in der Umgegend von Berkley hatte er häufig Gelegenheit, unter den dortigen Landbewohnern nicht nur dieselbe Meinung verbreitet zu finden, sondern auch von ihrer Richtigkeit durch eigne sorgfältige Beobachtungen sich zu überzeugen. Die Milchmädchen nämlich, die von dem Ausschlage an den Eutern der Kühe an den Händen angesteckt wurden, blieben dann von den Menschenpocken frei, auch wenn sie sich der Ansteckung noch so sehr aussetzten. Jenner brachte diese Wahrnehmung mehrmals in zwei ärztlichen Vereinen, deren Mitglied er war, zur Sprache. Niemand aber erkannte ihre Wichtigkeit, und weder Zweifel noch entschiedene Beistimmung ermuthigten ihn, seine Beobachtungen zu verfolgen. Er aber ließ nicht ab, nicht nur immer mehr Thatsachen zu sammeln, sondern auch die Widersprüche, die sie anfangs nur zu häufig darboten, zu lösen. So ergab sich denn, daß nur eine Art von Kuhpocken, und auch diese nur in einem bestimmten Zeitraume, wirklich Schutzkraft besäßen. Er brachte nun 1788 eine genaue Zeichnung der echten Schutzpocke, wie sie an den Fingern der Milchmädchen erschien, nach London und zeigte sie mehren Ärzten. Seine Entdeckung machte nun einiges Aufsehen, doch fast nur, um ihre Wichtigkeit zu bestreiten. Aber Jenner überzeugte sich nun auch, daß die Kuhpocken sich nicht nur von den Kühen auf Menschen, sondern auch von einem Menschen auf den andern übertragen ließen, und am 14. Mai 1796 machte er die erste vollkommen gelungene und wirklich schützende Impfung, von welchem Tage die vollendete Entdeckung sich demnach herschreibt.

Eduard Jenner.

Um Jenner's Verdienst vollkommen zu würdigen, müßte man die Verheerungen erwähnen, welche früher die Pocken angerichtet hatten und von denen jetzt auch der Arzt nur noch historische Kenntniß hat. Ebenso könnte man mit der Kuhpockenimpfung die Einimpfung der Menschenpocken nicht vergleichen, ein sehr unsicheres und an Gefahr der Krankheit selbst nur wenig nachstehendes Schutzmittel, dessen man sich vor Jenner's Entdeckung bedient hatte. Wahr ist es endlich, daß man in Deutschland, besonders aber in Holstein, nicht nur die Kuhpocken gekannt, sondern auch in einem Falle sogar ihre schützende Kraft erprobt hatte; aber einestheils ließ man es dabei bewenden, anderntheils ist erwiesen, daß Jenner von dieser nicht die geringste Kenntniß hatte, sondern seinen Beobachtungen, Versuchen und Prüfungen allein den Ruhm verdankte, der nun von allen Seiten ihm zu Theil wurde, trotz manchen Anfeindungen, trotz den Schmähungen einiger englischen Ärzte, sich die Entdeckung zuzueignen und den bescheidenen Jenner in die Vergessenheit seines ländlichen Aufenthalts zurückzudrängen. Seine erste 1798 erschienene Schrift über die Impfung ward sogleich fast in ganz Europa durch Übersetzungen bekannt; eine Gesellschaft, zu deren Beschützer sich der König erklärte, trat in London zur Beförderung und Verbreitung der Schutzpockenimpfung zusammen, bat Jenner um die Übernahme der Präsidentenstelle und bezeichnete sie mit seinem Namen. Mehr aber noch als diese war Jenner selbst durch Versendung von Impfstoff und zweckdienliche Belehrung thätig. Eine ausgebreitete Correspondenz mit den ausgezeichnetern Ärzten Europas und Amerikas, mit Fürsten und Privatpersonen, die Mitwirkung mehrer begeisterter Männer, unter Andern des Doctors de Carro, der die Lymphe zu Lande nach Ostindien schickte, da sie zur See jedesmal verdorben angekommen war, trugen Jenner's Ruf und die Wohlthat seiner Entdeckung in alle Welttheile. In England selbst machte die Einführung der Schutzimpfung bei der Marine Epoche, deren Andenken durch eine Denkmünze erhalten wurde. Ähnliche Münzen auf die eingeführte Impfung wurden nach und nach in mehren Ländern geprägt. Das britische Parlament endlich bewilligte Jennern 1802 als Belohnung 70,000 Thlr., welche es 1807 auf 140,000 Thlr. erhöhte. Von mehren Monarchen erhielt Jenner schmeichelhafte Zuschriften; fast alle Gelehrtenvereine hatten ihn unter die Zahl ihrer Mitglieder aufgenommen. Am Abend seines Lebens hatte er die Freude, die große Angelegenheit, welche die Hauptaufgabe seines unermüdeten Bestrebens geworden, durch alle Zweifel, Schwierigkeiten und Anfeindungen bis zu dem Grade von Gewißheit und Theilnahme bei den Zeitgenossen geführt zu haben, daß er das von ihm begonnene Werk nun ruhig Andern überlassen konnte, obwol er fortfuhr, durch Schriften, die nähern oder entferntern Bezug auf die Impfung hatten, sie immer mehr aufzuhellen. Auch als er reich und berühmt geworden, blieb er der bescheidene, einfache Mann, der er früher gewesen. Ein sehr schneller und sanfter Tod traf ihn endlich in seinem 74. Jahre, am 26. Jan. 1823, in dem Orte seiner Geburt, seiner Berufsthätigkeit und der Heimat eines Beobachter- und Forschergeistes, dem es vorbehalten war, sich nicht in den Annalen einer einzelnen Wissenschaft, sondern in der Geschichte der ganzen Menschheit ein unvergängliches Denkmal zu errichten.

Der achtarmige Tintenfisch oder Polyp (Sepia octopodia).

Das auf der folgenden Seite abgebildete Thier, der achtarmige Tintenfisch, gehört zu der Classe der Thiere, die man in der neuern Zeit Mollusken oder Weichthiere genannt hat, und zu welchen namentlich alle Schnecken und Muscheln gerechnet werden. Von andern Thieren dieser Classe unterscheidet es sich sowol bedeutend durch seinen ganzen innern Bau, als namentlich auch durch die äußere Gestalt.

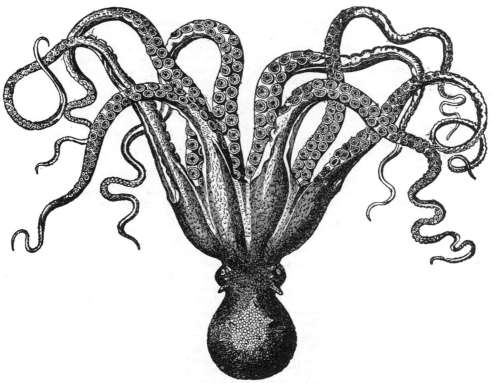

Der achtarmige Tintenfisch oder Polyp.

Der Körper ist in eine häutige muskelreiche Hülle, in den sogenannten Mantel, eingeschlossen, die ihn wie ein Sack umgibt, und aus welcher der Kopf hervorragt. Der Mund, mit zwei schnabelartigen Kiefern bewaffnet, ist von acht oder zehn fleischigen Fangarmen umgeben, die mit vielen reihenweise stehenden Saugnäpfen besetzt sind. Die großen Augen geben dem Thiere um so mehr ein abschreckendes Ansehen, als sie, gleichsam menschenähnlich, einer Misgeburt anzugehören scheinen. Auf dem Rücken unter dem Mantel findet sich bei manchen Arten ein schalenartiger Körper, während andere mit einer äußern Schale versehen sind oder vielmehr mit dem Körper in dieser stecken. Außerdem haben sie im Innern einen eignen Sack, den sogenannten Purpurbeutel, in welchem sich eine braune oder schwärzliche Flüssigkeit befindet, womit sie das Wasser um sich her trüben, besonders um sich den Verfolgungen ihrer Feinde zu entziehen. Jene innere Schale ist unter dem Namen weißes Fischbein bekannt, die braune Flüssigkeit eingetrocknet liefert die schöne braune, unter dem Namen Sepia bekannte Malerfarbe.

Vermöge seines eigenthümlichen Baues hat der achtarmige Tintenfisch auch eine andere Weise sich fortzubewegen, als andere Thiere derselben Classe. Er schwimmt nicht so schnell, als der eigentliche Tintenfisch, sondern rudert ziemlich unregelmäßig, den Kopf nach unten gerichtet, mit den Armen. Auf dem festen Seeboden und selbst auf dem Lande kann er auch recht gut damit kriechen, er streckt dann irgend einen Arm aus, heftet ihn an einen Gegenstand fest und zieht seinen Körper nach. Der griechische Naturforscher Aristoteles, der das Thier sehr genau beobachtete, behauptet sogar, daß diese Thiere auf ihren acht Armen wie auf Beinen gehen könnten, was aber wenig wahrscheinlich ist; ja andere ältere Naturforscher behaupten, daß dieses Thier sogar auf Bäume steige, um sich Früchte zu holen.

Gewöhnlich dienen die langen Arme ihnen dazu, ihre Beute zu erfassen und dieselbe mittels ihrer Saugnäpfe festzuhalten. Diese Saugnäpfe wirken ganz wie Schröpf-

Saugnäpfe des Polypen.

köpfe. Das Thier setzt diesen Theil glatt auf, damit sich die ganze Fläche dicht an den Körper anlege, wodurch alle Luft weggedrückt und so das Festhalten bewirkt wird. Nach Andern soll jedoch das Thier, wenn es den Saugnapf aufgesetzt hat, die Mitte desselben, vermöge der Muskelfaser, wie man sie an unserer Abbildung sieht, zurückziehen und so einen luftleeren Raum bilden. Wie dem auch sei, das Thier hält sich mit seinen Saugnäpfen außerordentlich fest, und da es deren eine große Menge hat, so kann es sich so fest anklammern, daß man es fast nicht anders loszulösen vermag, als durch Abschneiden der Arme, die aber selbst dann noch längere Zeit angeheftet bleiben. Wenn ein Polyp sich an einen

Theil des menschlichen Körpers ansaugt, so entstehen an allen diesen Stellen rothe Flecke, die jedoch weiter keinen Nachtheil bringen und nach einiger Zeit sich wieder verlieren.

Die Polypen sind sehr gefräßige Thiere, welche meist in den Felsenspalten unter der Meeresoberfläche verborgen bleiben und nur ihre Arme herausragen lassen, um damit nach Beute zu haschen. Sie sollen aber mitunter auch offener zu Werke gehen, wenigstens erzählt Belon, daß er in dem Hafen von Corcyra den Kampf eines Polypen mit einer großen Krabbe zugesehen habe. Schon Aristoteles erzählt von der eignen Fähigkeit, welche diese Thiere besitzen, ihre Farbe zu verändern, und namentlich hat dies in der neuern Zeit die Aufmerksamkeit mehrer Naturforscher auf sich gezogen, die den Grund davon in kleinen, mit gefärbter Flüssigkeit angefüllten Gefäßen gefunden, welche durch die verschiedentlich laufenden Hautmuskeln abwechselnd zusammengepreßt und entleert werden und bei nachlassendem Druck sich wieder füllen.

Die Hauptnahrung dieser Polypen scheint in Krebsen aller Art zu bestehen, und auf verschiedenen Theilen der französischen Küste klagen die Fischer darüber, daß diese gefräßigen Thiere der Krebsfischerei nicht allein dadurch Schaden thun, daß sie so viel zu ihrer Nahrung bedürfen, sondern daß sie den Krebsen gleichsam zum Schrecken werden und diese von den Küsten verscheuchen. Aber auch von Schalthieren, das heißt von Schnecken und Muscheln, nähren sie sich, und man erzählt allerlei Märchen davon. So sagt man unter Anderm, daß es der Polyp meisterlich verstehe, sich einer Auster zu bemächtigen, obwol diese bei Annäherung einer Gefahr schnell ihre steinerne Festung zu schließen pflege. Der Polyp fasse nämlich ein hinreichend großes Steinchen und schiebe es zwischen beide Schalen, sodaß es der Auster unmöglich werde, ihre Wohnung zu schließen und er sie nun mit Gemächlichkeit herausholen könne. Auch erzählt man, daß der Polyp, von Hunger gequält, seine eignen Arme fräße, welche die Eigenschaft hätten, sich wieder zu ergänzen. Man findet allerdings Polypen mit kürzern Armen, indessen sind diese von Meeralen abgebissen.

Laurent, Professor der Anatomie zu Toulon, behauptet, daß es unter den Polypen mehr Männchen als Weibchen gebe, und daß die Fischer, um die Polypen zu fangen, ein Weibchen an einen Strick befestigen und dasselbe wieder in das Meer lassen, hernach aber sammt dem anhängenden Männchen herausziehen. Dieser Fang findet an den französischen Küsten im Frühjahre statt. Die Zahl der Eier ist beträchtlich und sie bilden zusammen eine Masse, einer Weintraube ziemlich ähnlich, welche größer ist als der Körper, aus welchem sie hervorkamen, sodaß man annehmen muß, daß sie, wie die Eier mehrer anderer Wasserthiere, nachdem sie gelegt sind, noch anschwellen. Sie werden immer in eine Höhle zwischen Felsenritzen gelegt, auch wol in leere Schneckenschalen. Während des Winters scheinen sich die Polypen zu verbergen, wenigstens geben französische Fischer an, daß man um diese Zeit keine finde. Übrigens weiß man nicht, welche Größe diese Thiere erlangen, obwol man in den Berichten mancher Reisenden Nachrichten von sehr großen Thieren dieser Art findet. Man darf aber wol annehmen, daß Das, was unter Anderm Plinius von einem solchen Polypen erzählt, fabelhafte Übertreibung ist. Nach ihm hatte allein der Kopf dieses Thieres die Größe eines Gefäßes von 15 Kannen, die Arme maßen 30 Fuß in der Länge und waren so dick, daß sie ein Mann kaum umspannen konnte. Spätere Naturforscher aber haben so große Thiere nicht wieder gesehen. Die Gefahr, welche die Menschen von diesen Thieren zu befürchten haben sollen, ist übertrieben, denn da der gemeine Polyp nur zwei Fuß lang wird, so kann er wenigstens keinem Schwimmenden verderblich werden. Hier und da am mittelländischen Meer werden diese Thiere gegessen.

Die Kupferstechkunst.
9. Die britische Schule.
(Fortsetzung aus Nr. 108.)

Fragt man nach dem Standpunkt der britischen zeichnenden Kunst vor dem 16. Jahrhundert, und ob dieselbe hochgestellt gewesen, so müssen wir dies mit einem Nein beantworten. Des Engländers Sinn hing zu sehr am Praktischen, welches sich wiederum eng an Staats- und Handelsverhältnisse knüpfte.

Was nun die Kupferstechkunst anlangt, so führt man erst aus dem Jahre 1490 den ersten äußerst unvollkommenen englischen Kupferstich an, und noch über ein Jahrhundert hatten die Briten in Hinsicht auf diese Kunst in ihrer Unbedeutendheit verharrt, als der Böhme Wenzeslaus Hollar (geb. 1607) in London erschien, und durch seine mit allgemeinem Beifall aufgenommenen Leistungen den Grundstein zu einer Schule für England legte. Grabstichel und Radirnadel führte er meisterhaft.

Durch die Arbeiten Hollar's zur Nacheiferung gereizt, machten sich jetzt viele Engländer mit der bis hieher nicht beachteten Kupferstechkunst bekannt. Selbst ein Prinz folgt, als Dilettant, dem gegebenen Beispiele, nämlich Ruprecht von der Pfalz, Herzog von Cumberland, Großadmiral von England (1620—82). Dieser ist es zugleich, welcher auf einer Reise in Deutschland die eben damals erst durch den von Siegen erfundene Schabkunst von diesem selbst erlernt, sie nach seiner Zurückkunft in England bekannt macht, und derselben sowol durch seine gesellschaftliche Stellung sowol als auch dadurch, daß er selbst sie übt, große Ausbreitung verschafft. Weil nun unter den Engländern sehr bald die geschabten Kupferstiche weit eifriger gearbeitet wurden, als selbst in Deutschland, so heißen sie fast allgemein englische Kupferstiche.

Die Folge einer solchen Liebhaberei, sowie der überhand nehmenden Neigung zu radiren, endlich des 1677 zu London erfolgten Todes Hollar's, war, daß die Engländer sehr bald fast gänzlich der schwierigen Weise des Grabstichels entsagten. Darum hat die britische Schule weder in dieser Zeit noch später einen bedeutenden Meister aufzuweisen, welcher allein mit dem Grabstichel gearbeitet hätte; wol aber ist die Zahl derer groß, welche zugleich mit der Radirnadel den Grabstichel geführt haben. Auch die Schabkunst zählt viele achtbare Künstler unter den Briten, und auf das Ehrenvollste verdient aus dieser Zeit genannt zu werden der Schabkünstler Johannes Smith der Ältere (1654—1721).

Da um diese Zeit die englischen Maler den Werth ihrer Leistungen in einer kecken Führung des Pinsels und stark aufgetragenen Farben suchten, so sahen sich dadurch die nach ihnen Stechenden verführt, auffallend starke Striche zu machen, was die meisten Blätter jener Zeit darthun.

Merkwürdig wird jetzt Wilhelm Hogarth (1698 —1764), ursprünglich ein Maler, jedoch weniger wegen kunstfertiger Technik, sondern mehr wegen origineller Erfindung, Auffassung und Darstellung. Auszeichnung verdient auch Hogarth's Zeitgenosse Thomas Worlidge (1700—66), Maler, die trockne Nadel auf das Geschickteste führend. Nicht minder müssen als wackere Schabkünstler dieser Zeit genannt werden: Jakob Mac-Ardell, ein Irländer (1710—65), und Theodor Fry (1710—62).

Dem Franzosen Franz Vivares (1712—82), in England heimisch geworden, verdankt die britische Schule ihre treffliche Landschaftstecherei. Mit Auszeichnung übt denselben Gegenstand Wilhelm Woollett (1735—85), dieser wieder wackere Jünger erziehend in B. J. Pouncy, W. Ellis, J. Brown, J. Emes, J. Vivares, S. Smith. Neben Woollett aber arbeiteten mit Ruhm Robert Strange, ein Schotte, geb. 1725. Frühe nach Frankreich gegangen, waren es Edelinck, Masson, de Poilly, Audran, Dorigny, Nanteuil, es war der Genius eines Rafael und Michel Angelo, sowie die hohe Würde der Antike, was Strange, aus Italien nach England zurückgekehrt, mit Vereinbarung der eignen schöpferischen Kraft seiner vaterländischen Schule darbrachte. Gelungen wäre es vielleicht unserm Künstler, die Engländer für die reine Stechart des Grabstichels, die er so meisterhaft verstand, zu gewinnen, hätte nicht des Florentiners Bartolozzi punktirende Manier, von diesem mit einer solchen Liebe ergriffen, gepflegt und vervollkommnet, daß man ihres holländischen Ursprungs vergaß und sie die englische nannte, sich einen zu großen Anhang verschafft, und hätten nicht eines Ignazius Spilsbury blos mit der trocknen Nadel gearbeitete, sowie Valentin Green's und Richard Earlom's geschabte Blätter die allgemeine Aufmerksamkeit getheilt. Aber dennoch erregten Strange's Leistungen ein nicht geringes Aufsehen, und verschafften seinen Schülern Johann Keyse Sherwin, sowie Jakob und Karl Heath eine willkommene Aufnahme. Strange starb 1792 zu London, nachdem er noch die allzu sehr hervortretenden Schraffirungen des sonst recht ehrenwerthen Stechers Wilhelm Sharp, geb. 1746, sowie Johann Hall's und des eingebürgerten Franzosen Simon Franz Ravenet nach theatralischer Anordnung und Composition trachtende Productionen erlebt hatte.

Als wackere Künstler in der punktirenden Stechart sind zu nennen Wynne Ryland (1732—83) und Thomas Burke (thätig von 1770—80). Die geschiedene Prestel, eine Deutsche seit 1786 in London, befreundete die Briten durch eine Anzahl schöner Blätter mit der le Prince'schen Tuschart. Wieder einen sehr braven Landschaftstecher zählen die Engländer im Samuel Middiman, 1748 geboren; und tüchtige Stützen mit dem Grabstichel erblickt ihre Schule in Jakob Fittler und Johannes Scott. Johann Burnet, zugleich Maler, fördert die britische Kupferstechkunst in trefflicher Weise, und Byrne, Raimbach, Mason machen sich genannt.

Im Jahre 1812 stirbt Bartolozzi, und den Ehrenplatz in der britischen Schule nimmt in den neuesten Jahren Thomas Holloway ein. Dieser ist es, welcher in seinen Leistungen das Nationale des englischen Kupferstechers überzeugend vor Augen rückt, desjenigen Künstlers, welcher das in Hinsicht auf Gegenstand und Ausführung erdenkbar Schwierigste sich auferlegt, und in dem Technischen fast seine höchste Aufgabe zu suchen pflegt. Darum eben wird in der Mechanik unserer Kunst keine andere Nation die Engländer übertreffen; hingegen zur hohen Weihe eines allem Materiellen entrückten, in Bild gekleideten Gedankens, d. h. zu dem rein Idealen, wird schwerlich ein Brite sich zu stimmen vermögen.

Vielfach unternommene Prachtwerke wecken auf der einen Seite die englischen Kupferstechkünstler zur Regsamkeit, auf der andern leiten sie dieselben zu einer industriösen, zwar complicirten, jedoch, da ihr der gute innere Einklang nur selten abgeht, erfreulichen Ausführungsweise hin. Es wird nämlich häufig unter ihnen die Einrichtung der Theilung bei der Arbeit getroffen; der Eine sticht Architektur, der Andere Landschaft, der Dritte Figuren. Dadurch freilich lernt Jeder, wenn er auch für sich nur eine einseitige Kunstfertigkeit erwirbt, zum Gewinn der Sache den ihm übergebenen Bereich zu einer ungewöhnlichen Vollkommenheit ausbilden. Leider aber sah man diese Vollkommenheit oft bis zu einer zum Übertriebenen gesteigerten Zierlichkeit, die an Geleckheit grenzt, und zu einer fast in Kunststückmacherei übergehenden Kunstfertigkeit ausarten.

Wie willkommen übrigens einestheils der Individualität, anderntheils dem Thätigkeitskreise des britischen Kupferstechers die von den Engländern im Jahre 1820 gemachte Erfindung der Stahlstechkunst gekommen ist, wie eifrig sich diese von ihm geübt sieht, davon zeugen die vielen Productionen dieser neuen Kunst.*)

Einer fortwährenden, wenn auch mit der Kunst des Stahlstichs getheilten Pflege hat sich gegenwärtig die Kupferstecherei in England zu erfreuen von den Künstlern Brandard, Goodall, Dean, T. Landseer, Quilley, G. S. Lukas, Giller, W. Daniell, Webb, W. R. Smith, Moses, Bishop, C. G. Lewis, F. C. Lewis, Hicks, Radcliffe, Higham, Duncan, Phillips, Rove, J. Conny, Allen, Skeldon, Varrall, Bromley, Hernot, J. W. Giles, Wright, Swan, Ralph, Jorden, J. Cochran, Jeavons, Busby, Fisher, W. J. Cooke, Woolnoth, Thompson, W. Finden, E. Finden, Doo, Redaway, Cousins, Freeman, Willmore, Miller, Raddon und J. Neele.

Schließlich bemerken wir noch, daß die Kunst, Kupferstiche auf irdene Gefäße, Fayence, Porzellan und dergl. zu drucken und einzubrennen, von den Engländern erfunden worden ist.

(Fortsetzung in Nr. 114.)

Die Anbetung der Hirten, von Spagnoletto.

Der Spanier Joseph Ribeira, genannt Spagnoletto (geb. 1588), war ein Schüler des italienischen Malers Caravaggio und hatte sich den kraftvollen aber auch zuweilen rauhen Styl dieses Meisters angeeignet. Er gefiel sich besonders in Darstellungen, die oft das Zartgefühl verletzen, und Gemälde dieser Gattung gelangen ihm am besten, wie dies die beiden Bilder, Irion auf dem Rade und der Märtyrertod des h. Bartholomäus darthun, in welchem das entsetzliche Leiden mit der erschütterndsten Wahrheit ausgedrückt ist. Die Genauigkeit in der Ausführung war bei diesem Meister unübertrefflich und er wußte dabei die Farben so geschickt zu behandeln, daß er mit einzelnen Pinselstrichen sogar die Muskeln darzustellen vermochte Auch die kleinsten Theile des menschlichen Körpers wußte er mit ungemeiner Treue wiederzugeben, und die Finger und Nägel an seinen Figuren sind deshalb von jeher bewundert worden.

Diese ihm ganz eigne Darstellungsweise hatte Einfluß auch auf diejenigen Gemälde, zu welchen er sanftere Gegenstände wählte, und man muß deshalb

---

*) Indem jedoch hier nur von dem Kupferstiche die Rede ist, verweisen wir in Bezug auf die Kunst des Stahlstichs auf spätere Nummern des Pfennig-Magazins.

auf dem vorliegenden Blatte, das die Anbetung der Hirten vorstellt, in Gesicht und Gestalt der Madonna und des Kindes nicht die hohe Anmuth erwarten, womit Rafael und Correggio ihre heiligen Familien ausgestattet haben. Der demüthige, gottergebene Sinn, verbunden mit dem erhabenen Gefühl, den Heiland der Welt geboren zu haben, ist jedoch in Gesicht und Stellung der Maria vortrefflich ausgedrückt, und die Gestalten der anbetenden Hirten können an charakteristischer ein=

facher Wahrheit schwerlich übertroffen werden. Die ganze Darstellung zeichnet sich durch Natürlichkeit und Kraft aus und die Farbengebung ist vortrefflich.

Das Original befindet sich in Spanien im Escurial. Da jedoch der Meister selbst mehre Copien davon geliefert hat, deren eine sich in der Sacristei des Augustinerklosters zu Cordova befindet, so sind die Kenner ungewiß, ob das erstere oder letztere Bild, oder vielleicht gar ein verloren gegangenes das eigentliche zuerst gemalte Original sei.

Die Anbetung der Hirten, von Spagnoletto.

Verantwortliche Herausgeber: **Friedrich Brockhaus** in Leipzig und **Dr. C. Drärler=Manfred** in Wien.
Verlag von F. A. Brockhaus in Leipzig.

Das Pfennig-Magazin

der

Gesellschaft zur Verbreitung gemeinnütziger Kenntnisse.

110.] Erscheint jeden Sonnabend. [Mai 9, **1835**.

Maserpfeifenköpfe.

Die Maserpfeifenköpfe werden aus den Wurzeln und Stöcken der Erlen, Birken, Eschen, Rüstern und anderer Bäume verfertigt. Der Maser oder das verwimmert gewachsene Holz findet sich jedoch keineswegs an allen obengenannten Bäumen, sondern man kann denselben mehr als ein Naturspiel betrachten. Man findet auch an manchen Stämmen äußerliche Auswüchse sowol nahe an der Wurzel als auch mehre Fuß von der Erde entfernt. Der dichteste, feinste und haltbarste Maser ist der Buchsbaummaser, der an den Wurzeln des Strauchbuchsbaumes, welcher in der französischen Schweiz und an dem hochstämmigen Buchsbaum, der in Italien, dem südlichen Frankreich und Spanien wächst, gewonnen wird. Diese Gattung wird besonders zu Tabacksdosen, die mit Horn oder Schildpatt ausgefüttert werden, verbraucht. Die erstgenannten Sorten aber werden hauptsächlich von den Drechslern zu Tabackspfeifenköpfen verarbeitet, von denen das beste Fabrikat zu Ulm geliefert wird; wie auch von den Tischlern zum Fourniren von Meubles, Chatoullen, Toilettenkästchen u. s. w. Um die marmorartige Zeichnung an den verfertigten Arbeiten noch mehr zu heben, beizt man das Maserholz mit beliebigen Farben, schleift es nachher ab, und bringt dadurch eine noch schönere Zeichnung hervor. Unsere Abbildung zeigt eine Drechslerwerkstatt, worin solche Maserköpfe verfertigt werden, und wie der rohe Klotz bis zum fertigen Pfeifenkopfe behandelt wird.

Gefängnißwesen und Gefangenenzucht in Nordamerika.

Um dieselbe Zeit, als der menschenfreundliche Engländer Howard im letzten Viertel des 18. Jahrhunderts fast überall in Europa Anregung zur Verbesserung des Zustandes der Gefängnisse gab, waren auch die Quäker — die Gesellschaft der Freunde, wie sie sich nennen — zu diesem wohlthätigen Zwecke in Nordamerika wirksam. Sie richteten zuerst ihre Bestrebungen dahin, einige grausame und unzweckmäßige Strafen, z. B. Geißelhiebe und Pranger, abzuschaffen und dafür, wie selbst für die Todesstrafe, die nach ihrer Ansicht wirksamere Bestrafung durch längere oder kürzere Gefangenschaft einzuführen. Schon 1776 bildete sich in Philadelphia ein Verein zur Linderung des Elendes der Gefängnisse. Der Krieg der amerikanischen Colonien gegen das Mutterland unterbrach diese Bemühungen, die aber bald nach der Gründung der Unabhängigkeit wieder aufgenommen wurden. Es gelang den Quäkern, ihre Mitbürger von der Zweckmäßigkeit einer Umwandlung der frühern Strafarten zu überzeugen. Die Gefängnißstrafe ward anfänglich von den Verbrechern sehr gefürchtet. Die mit der Strafe verbundene Arbeit ersparte dem Staate einen ansehnlichen Theil der Kosten für die Unterhaltung der Gefängnisse. Die neue in Philadelphia bewährte Einrichtung fand bald Nachahmung in mehren nordamerikanischen Staaten; nach einiger Zeit machte man jedoch die Erfahrung, daß die Verbrecher nicht gebessert waren. Die Furcht vor dem Gefängnisse war verschwunden. Die Leichtigkeit des Verkehrs unter den Gefangenen war die Ursache, daß sie schlechter aus dem Gefängnisse kamen, als sie hineingekommen waren. Den Gefangenen war es erlaubt, für sich zu arbeiten, wenn sie das ihnen aufgelegte Tagewerk vollbracht hatten, und auf diese Weise waren sie bei dem Ablauf der Strafzeit in Besitz von Mitteln, die sie oft zur Ausführung neuer böser Anschläge benutzten, oder die bis zum Winter hinreichten, wo sie sich dann durch Begehung neuer Verbrechen wieder ein Obdach im Gefängnisse verschafften. Es wurden viele Versuche in Amerika gemacht, das Gefängnißwesen zu verbessern. Zur Leitung dieser Angelegenheit bildete sich vor zehn Jahren ein Gefängnißverein in Boston. Die öffentliche Meinung schien sich für die Einführung strenger einsamer Einsperrung zu erklären. Nach diesem Plane wurde 1816 das Gefängniß zu Auburn im Staate Neuyork angelegt, und später verordnet, die Verbrecher entweder ganz oder theilweise einsam einzusperren und jedem Gefangenen sobald als möglich eine abgesonderte Zelle zu geben. Man fand in Amerika, daß dies ein wesentlicher Schritt zur Verbesserung des Gefängnißwesens sei, und daß einsame Einsperrung zur Nachtzeit und einsame Arbeit oder gemeinsame Arbeit in kleinen Abtheilungen bei Tage unumgänglich nothwendige Bedingungen guter Gefangenenzucht seien. Im Jahre 1824 ließ die Staatsbehörde in Neuyork die Gefängnisse untersuchen. Dies führte zu mehren neuern Verbesserungen der Gefangenenzucht, und seitdem ist besonders Auburn das Vorbild, welchem andere Staaten gefolgt sind. Die in Auburn festgesetzte Einrichtung besteht hauptsächlich in einsamer Einsperrung zur Nachtzeit und während der Essenszeit, in gemeinschaftlicher Arbeit während des Tages und in dem strengsten Stillschweigen zu allen Zeiten; die Gefangenen dürfen nur mit den Aufsehern sprechen, nie aber mit ihren Mitgefangenen sich unterhalten, auch nicht durch Zeichen und Blicke. In Beziehung auf die Beobachtung dieser Gesetze stehen sie unter der strengsten Aufsicht. Diese Abwechselung von Arbeit und stillem Nachdenken hat sich als sehr heilsam erwiesen. Ihre Wirkung wird unterstützt durch die Stimme religiöser Belehrung, welche auch in das einsame und dunkle Gefängniß dringt. Diese Belehrungen zeigen manchem Verbrecher, was vielleicht nie zu seinem Bewußtsein gekommen ist, daß er eine geistige Natur hat und nicht das thierische Wesen ist, das seine frühern Neigungen anzukündigen schienen. Dieser erste Schritt auf dem Pfade sittlicher Besserung ist ungemein wichtig; es erwacht ein neuer Ehrgeiz in dem gesunkenen Menschen und eine Aufmunterung, deren er vorzüglich bedarf. Es ist ein Hauptzweck der amerikanischen Gefangenenzucht, diese Regung zu erwecken. Der geistliche Berather und Lehrer der Gefangenen läßt es sich angelegen sein, die Sinnesart und die frühern Verhältnisse jedes Sträflings zu erforschen; er sucht seine Ermahnungen den Bedürfnissen jedes Einzelnen anzupassen, den Unwissenden zu belehren, den Gleichgültigen anzuregen, das Herz des Unbußfertigen zu rühren und den Willigen zu leiten. Die Wirkung der täglichen Morgen- und Abendandachten wird erhöht durch die ausführlichern sonntägigen Belehrungen und durch den Einfluß der Besprechungen mit jedem Einzelnen. Die Sonntagsschule gibt Gelegenheit, nützliche Kenntnisse mitzutheilen. Jeder nachtheilige Einfluß kann durch all diese zu Gebote stehenden Mittel entfernt werden. Der Grundsatz, die geistigen und sittlichen Eigenschaften des Menschen in Anspruch zu nehmen und den Verbrecher als physisches und geistiges Wesen zu behandeln, ist das eigenthümliche Verdienst der Gefangenenzucht, die in der neuesten Zeit so große Fortschritte in Amerika gemacht hat. Die Anwendung bloßer Gewalt, die man so lange als das einzige Strafmittel betrachtet hat weicht nun immer mehr der Überzeugung von der höhern Wirksamkeit eines moralischen Einflusses. In Amerika hat die Erfahrung gezeigt, daß man auch auf den verhärteten Verbrecher anders als durch bloßen körperlichen Schmerz zu wirken vermag, daß dieser selten etwas Anderes als Furcht, Haß, Rachgier oder finstere Verzweiflung erwecken kann, und daß dagegen selbst auf den verhärtetsten Bösewicht durch sittliche Mittel gewirkt, ja daß er zum Guten zurückgeführt werden kann. In den sehr schätzbaren Berichten des Gefängnißvereins in Boston werden Thatsachen mitgetheilt, die dies darthun. Aber selbst die Voraussetzung, daß der ausgelernte Bösewicht nie gebessert, daß die blutige Schuld nie getilgt werden könne, würde noch nicht zu der Folgerung berechtigen, daß man nicht mit Nutzen moralische Einflüsse innerhalb der Mauern des Gefängnisses anwenden könne. Einer der Männer, welche im Staate Neuyork den Auftrag zur Untersuchung der Gefängnisse erhielten, hatte Gelegenheit, einige Beispiele gänzlicher Sinnesänderung in dem Gefängnisse zu Auburn zu beobachten. Man sah oft Verbrecher während der Vorträge der beredten und eifrigen Prediger in der tiefsten Rührung, und einer der Geistlichen versicherte, er habe sich nie über empfänglichere Zuhörer gefreut.

Die Besorgniß, daß die neue Gefängnißeinrichtung kostbar sein müsse, ist in Amerika nicht gerechtfertigt worden. Die frühere Einrichtung war in Beziehung auf den unmittelbaren Aufwand für die Erhaltung der Gefängnisse zehnmal theurer. Die Arbeit der Gefangenen, die ein wesentlicher Bestandtheil der neuen Einrichtung ist, kann bei gehöriger Leitung so einträglich gemacht werden, daß sich das Gefängniß, mit Einschluß der Gehalte der Aufseher, selbst erhält, und in einigen Staaten hat sich sogar ein bedeutender Überschuß ergeben. Mag auch der hohe Preis der Arbeit in Amerika Einfluß auf dieses günstige Ergebniß haben, so darf man doch gewiß annehmen, daß überall, wo ein arbeitsfähiger Mensch sich außerhalb des Gefängnisses von seiner Arbeit zu ernähren im Stande ist, er auch innerhalb der Mauern desselben davon leben kann. Man hat einen Unterschied zwischen der Ertragbarkeit freiwilliger und unfreiwilliger Arbeit finden wollen; aber es ist grade eine der Wirkungen der in Auburn eingeführten Gefangenenzucht, die Arbeit freiwillig zu machen, und man darf wol sagen, daß es unter keinen Umständen, selbst wo die Lockung des Gewinns am meisten wirkt, bessere Beweise eines emsigen und willigen Fleißes gibt als in gut geleiteten amerikanischen Gefängnissen. Der ökonomische Vortheil, so wichtig er ist, steht übrigens weit hinter dem großen Zwecke, die bürgerliche Gesellschaft von den Gefahren zu befreien, die dem Leben und dem Eigenthum drohen, und hinter dem noch größern Zwecke, den Irrenden, den Verlorenen, den Ausgestoßenen auf einen bessern Weg zu führen. Diese Wirkungen sind während einer Probezeit von zehn Jahren aus der neuen Einrichtung hervorgegangen. Sie lassen sich nicht nach dem Aufwand der Mittel schätzen, durch welche sie hervorgebracht wurden, und wenn er noch größer wäre als bei andern Einrichtungen, so würde dies kein Einwurf gegen Anstalten sein, die so wohlthätig wirken.

Der glückliche Erfolg war aber vorzüglich von der Tüchtigkeit des Oberaufsehers sowol als aller übrigen Angestellten abhängig. Nicht minder wichtig ist die Einrichtung der Gefängnißgebäude, welche die vollständige Ausführung des Verbesserungsplans begünstigen soll. Die Einrichtung des Gefängnisses zu Auburn ist in der neuesten Zeit an andern Orten nachgeahmt worden, am besten zu Wethersfield im Staate Connecticut, wo das für 136 Gefangene eingerichtete Gebäude nach dem Anschlage 60,000 Thaler kostet. Diese Anstalten sind auf die Ausführung des oben angegebenen in Auburn befolgten Grundsatzes der Behandlung der Gefangenen berechnet, demselben gemäß auch die Gefängnisse gebaut. Ganz anders aber ist das Gefängniß in Philadelphia und das später in Pittsburg angelegte eingerichtet. Hier wird die Trennung der Sträflinge weiter als in Auburn getrieben, indem nicht nur bei Nacht, sondern auch bei Tage jeder Gefangene einsam in seiner Zelle bleiben muß und die Beschäftigung als ein Belohnungsmittel betrachtet wird; doch hat man in der neuesten Zeit angefangen, die Sträflinge in ihren Zellen arbeiten lassen. Dadurch ward einem Übel der früheren Einrichtung abgeholfen, aber manche anstrengende Arbeiten können in der Einsamkeit nicht ausgeführt werden, wodurch ein Vortheil für den Gesundheitszustand der Gefangenen verloren geht, weshalb denn auch wol in den letzten Jahren die Sterblichkeit in Philadelphia in einem ungünstigern Verhältnisse (fast 6 Procent) sich zeigte als in Auburn und Wethersfield, wo nur halb so hoch stieg.

Wir gehen nun zur Beschreibung des Gefängnisses zu Philadelphia über, das nach dem ursprünglichen Plane gegen 700,000 Thlr. kosten wird. Dieses merkwürdige Gebäude, das im J. 1821 begonnen wurde und noch nicht vollendet ist, liegt auf einer Anhöhe außerhalb der Stadt. Es bildet mit seinen Höfen und Nebengebäuden ein regelmäßiges Viereck. Die Höhe der Ringmauer, welche das Ganze, ungefähr einen Flächenraum von 12 Morgen, umgibt, beträgt 30 Fuß. In dem Hauptgebäude befinden sich die Wohnungen der Angestellten, die Küchen und Speicher, die Geschäftszimmer, Krankenzimmer und die Apotheke. Die Gebäude des ersten Hofes enthalten Gemächer zum Reinigen und Einkleiden der Gefangenen; erst im zweiten Hofe befindet sich die Gefängnißanstalt selbst. Sämmtliche sieben, größtentheils noch unvollendete Gänge, welche zu den einzelnen Gefängnissen führen, gehen von einem einzigen thurmähnlichen Wachhause aus, in welchem die Aufseher wohnen. Auf beiden Seiten jedes Ganges befinden sich die ein Stockwerk hohen Zellen, und die Gänge selbst sind so gebaut, daß man das leiseste Geräusch in der Zelle sogleich von außen vernehmen kann. Unter den Gängen befinden sich die Wasserleitungen, von welchen aus in jede einzelne Gefängniß Röhren geleitet sind. Die Zellen sind gedielt, erhalten ihr Licht alle von oben, und werden im Winter durch Dampfröhren geheizt. Die Geräthschaften jeder Zelle bestehen in einer eisernen Bettstelle mit Pfühl, Matratze und Decke, einem Tisch, einem Stuhl und einem Nachtgeschirr, welches durch die unterirdischen Röhren gereinigt wird. In der Thüre befindet sich eine Klappe, durch welche dem Gefangenen das Essen gereicht wird. Jede Zelle hat einen kleinen hochummauerten Hof, wo der Sträfling täglich auf kurze Zeit freie Luft genießt. Zu diesen weitläufigen Gefängnißräumen führt an der Vorderseite des Hauptgebäudes nur ein einziger Eingang, der durch ein eisernes Fallgitter und doppelte, mit eisernen Spitzen versehene Thorflügel verwahrt wird. Mittels einer künstlichen Vorrichtung kann der Pförtner diese schwerfälligen Flügel leicht durch einen einzigen Zug öffnen. Die höchste Reinlichkeit und Ordnung herrschen im Innern der Anstalt. Sobald ein Verbrecher ankommt, wird er aufgezeichnet und erhält außer seinem wirklichen Namen noch einen besondern Hausnamen. Darauf wird er eingekleidet und ihm eine Zelle angewiesen. So lange seine Strafzeit dauert, bewohnt er diese allein, und sieht nie einen Mitgefangenen. Selbst der Aufseher spricht mit ihm während der ersten Zeit seines Aufenthalts kein Wort; Bibel und Gesangbuch werden ihm gereicht, wenn er ein aufrichtiges Verlangen danach zeigt. Die Kost in den Gefängnissen ist nahrhaft und gut. Zum Frühstück erhält der Gefangene Brot und Milch, des Mittags ein halbes Pf. Fleisch mit Suppe und Gemüse, des Abends Brot mit Syrup. Bei vorkommenden Widerspenstigkeiten sind Schmälerung der Kost und Entziehung der Arbeit die einzige Strafe. Körperliche Züchtigungen finden nie statt. Die Arbeiten der Sträflinge bestehen jetzt nur im Weben und Schuhmacherarbeit; man beabsichtigt jedoch, sie immer mehr zu vervielfältigen. Wer diese Arbeiten nicht versteht und Verlangen nach Beschäftigung zeigt, wird in der einen oder der andern unterrichtet. Unkundige erhalten auch Unterricht im Lesen, aber nie im Schreiben.

Über die gegenseitigen Vorzüge dieser beiden Gefängnißeinrichtungen und die verschiedenen Gefangenenzucht sind in Amerika die Meinungen getheilt. Eine längere Erfahrung wird darüber entscheiden. So viel geht aus den mitgetheilten Angaben hervor, daß der in Philadelphia angenommene Plan kostbarer ist als die andere Einrichtung, und nach allen Nachrichten ist der Arbeitsertrag dort geringer als in Auburn. Auch können in der Anstalt zu Philadelphia, die, in Übereinstimmung mit dem Grundsatze strenger Einsperrung, keinen Betsaal hat, keine öffentlichen Andachtsübungen stattfinden, welche, wie wir gehört haben, in Auburn für die Besserung der Sträflinge so wirksam sind.

Rehabeam, König von Juda.

Im zweiten Buche der Chronik Cap. 12 lesen wir, daß der König Sisak von Ägypten Jerusalem unter der Regierung Rehabeam's bekriegte und es zinsbar machte, nachdem er den Tempel geplündert hatte. Bei den Geschichtschreibern der Griechen und Römer finden wir davon keine Spur, da sie einer viel spätern Zeit angehören, und so fehlte es uns an aller Bestätigung dieser Angabe, bis sie sich in der neuesten Zeit gefunden zu haben scheint. Der französische Gelehrte Champollion will in den Trümmern zu Karnak in Ägypten einen Pharao Scheschonk entdeckt haben, der einen Palast baute, auf dessen Mauern ein großer Triumphzug zu sehen ist. Der Pharao führt hier die Fürsten von beinahe 30 besiegten Völkern dem Götterbilde vor, dem er seine Huldigungen bringt, und unter diesen Gestalten sieht man auch eine, welche hier abgebildet ist. Die Schrift auf der Vorderseite deutete Champollion: Jondaha Malek, d. h. der König der Juden. Da Rehabeam der einzige jüdische König war, welcher von Sisak besiegt war, so dürfte es nicht unwahrscheinlich sein, daß wir hier ein Bildniß von demselben haben; denn es ist mindestens viel Originalität darin, und die jüdische Nationalphysiognomie zu getreu und originell ausgedrückt, um auch in

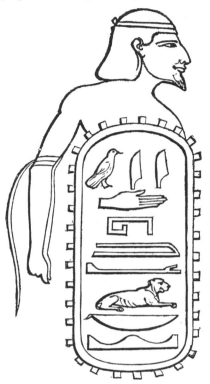

Rehabeam, König von Juda.

diesen Umrissen verkannt werden zu können. In jedem Falle würde das Bild schon aus dem letztern Grunde Werth haben; denn allerdings ist das Lesen der Hieroglyphen viel zu unsicher, um die gegebene Erklärung für untrüglich zu halten.

Der lindenblätterige Hibiscus (Hibiscus tiliaceus).

Man sieht es diesem Gewächse gleich an, daß es mit den Malven verwandt ist, welche bekannt genug sind, sowie auch eine andere hierher gehörige Pflanze, die unter dem Namen der chinesischen Rosen wegen ihrer schönen rothen Blüten häufig von Blumenliebhabern gepflegt wird. Alle Gewächse dieser Gattung sind in der alten Welt zu Hause, und nur einige ihres Nutzens wegen auch in die neue verpflanzt. Eine Art, welche sich in unsern Gärten von selbst aussäet, ist ausgezeichnet durch ihre blasenähnlich aufgeblähten Blütenkelche und die schöne ganz blaßgelbe, am Grunde dunkelviolette Blume, in deren Mitte der orangegelbe Griffel mit den Staubfäden schön absticht. Die hier abgebildete Art aus Ostindien hat eine große, schöne, außen gelbe, innen rothe Blüte, welche, wie bei andern Arten, nur kurze Zeit dauert und während der Nacht abfällt, dem Stamme aber, der etwa 18 Fuß hoch wird, um so mehr zur Zierde gereicht, als ihre Farbe schön von den grünen, sammetartigen, sechs Zoll langen Blättern absticht und die Pflanze das ganze Jahr hindurch fast immer Blüten hat. Vor den Häusern, selbst in den Städten, wird der Hibiscus wegen seines Schattens häufig angepflanzt und zu Lauben gezogen, auch zur Einfriedigung von Gärten und Feldern häufig benutzt, sowie die

Der lindenblätterige Hibiscus.

Blätter zur Ausschmückung von Frucht= und Blumenkörben. Auch das Holz, das weiß und leicht ist, wird vielfach, vorzüglich aber als Arznei, sowie ebenfalls die Wurzel wegen ihres Schleimgehaltes, gebraucht. Auch der Bast wird, gleich dem Weidenbast, zu Stricken u. s. w. verwendet.

Die Korbtrompetenblume (Bignonia aequinoctialis).

Die Trompetenblumen oder Bignonien sind Gewächse aus den heißen Erdstrichen, welche bald Bäume, bald Sträucher bilden, bald auch als Rankengewächse erscheinen. Die Blüten stehen oft in großen Trauben beisammen, und ihre meist gelbe oder rothe Farbe empfiehlt

Die Korbtrompetenblume.

diese Gewächse als Zierden der Treibhäuser und Blumengärten um so mehr, als manche unter ihnen auch bei uns recht gut im Freien ausdauern. Diejenigen derselben, welche schwache rankende Stengel, auch wol an diesen noch besondere Ranken, gleich unsern Reben, haben, mit denen sie sich an benachbarte Gegenstände anheften, bilden einen Theil der von den Reisenden in heißen Ländern, namentlich in Südamerika, so oft erwähnten Schlingpflanzen, welche die dortigen Wälder so ungangbar machen, daß man sich Wege nur durch Aushauen und Abschneiden der Ranken bilden kann. Auch die auf der umstehenden Seite abgebildete Art ist eine solche Schlingpflanze. Sie ist in Westindien und Cayenne einheimisch, findet sich aber häufig ihrer schönen Blüten wegen in unsern Gewächshäusern. In ihrem Vaterlande benutzt man ihre zähen Stengel häufig zu allerhand Flechtwerk, namentlich zu Körben.

Das Felsenthor bei Besançon.

An Denkmälern aus den Zeiten der Römer ist, nächst Italien und Griechenland, kein Land reicher als Frankreich das alte Gallien. Hierher brachten 100 Jahre v. Chr. Geb. die siegreichen Römer ihre Sprache, Sitte, Gesetze, Religion und Bildung, beherrschten fünf Jahrhunderte lang das Land und verewigten ihren Ruhm durch unzählige Denkmäler, die seit achtzehn Jahrhunderten der Zeit und den Elementen trotzten. Einige der schönsten und großartigsten Überreste jener Zeit findet man in der Umgegend von Besançon, im heutigen Departement des Doubsflusses, und schon dieser Fluß hat geschichtliches Interesse. Ihm verdankte Besançon den Namen Chrysopolis (Goldstadt), wie es die Griechen, die Gründer von Massilia, dem heutigen Marseille, nannten. Zur Zeit der Gallier nämlich war der Doubs reich an Goldsand. Zwar fließt er noch in demselben Bette, auch zeigt der Ufersand noch heute einen ungewöhnlichen Glanz; doch der Goldgehalt mag sehr gering sein, da man es nicht der Mühe werth erachtet hat, Wäschen anzulegen. Mehr aber als den Fluß bewundert man die Überreste römischer Baukunst, die sich um Besançon vorfinden. Nahe vor der Stadt erheben sich die Trümmer eines Triumphbogens. Sie verkünden, daß hier Cäsar den Ariovist, den mächtigen König der Deutschen, schlug, weil er es wagen konnte, sich gegen Roms Oberherrschaft aufzulehnen. Kaum konnte der Besiegte, die Geschichte erzählt, Freiheit und Leben retten. Zwei seiner Weiber kamen auf der Flucht um, eine seiner Töchter fiel in der Schlacht und die andern wurden gefangen in des Siegers Hände überliefert. Das zweite und unstreitig das großartigste Denkmal der Römerzeit ist das Felsenthor, durch welches man von der Schweiz her in das reizende Thal von Besançon tritt. Der Berg, durch welchen es führt, heißt der Citadellenberg und bildet die äußerste Schutzmauer für die Stadt von der einen Seite, während der Doubs den größten Theil derselben halbmondförmig so umspült, daß jeder Zugang ihr versperrt wird, und man entweder über die Brücke oder durch jenes Felsenthor gehen muß. Zur Römerzeit hatte dieses Thor eine andere Bestimmung. Anfangs führte durch dasselbe eine Wasserleitung von Acier nach Besançon. Später erst, vielleicht lange nach den Römern, hat man das Felsengewölbe erweitert und die Verbindungsstraße nach der Schweiz, welche früher über den Berg führte, da, wo er nach der Flußseite hin am wenigsten steil sich erhebt, hierher verlegt. Wahrscheinlich geschah dies zu der Zeit, wo Besançon anfing als Festung Bedeutung zu erhalten, und wo sich das Felsenthor weit leichter vertheidigen ließ, als jener freie Zugang. Bedenkt man aber, daß jenes Thor durch einen Berg gehauen werden mußte, der einen einzigen ungeheuern Felsen bildet, und daß man diese Riesenarbeit durch Instrumente vollendete, die, wenn auch noch so vollkommen, unser Pulver beiweitem nicht ersetzen konnten, so muß man den gewaltigen Willen der Römer bewundern, dem selbst die Elemente gehorchen mußten. Auch von jener Wa-

Das Felsenthor bei Besançon.

serleitung sind noch bedeutende Überreste vorhanden, die an Festigkeit und Regelmäßigkeit ihres Gleichen suchen. Von den Festungswerken, welche schon Cäsar, bewogen durch die vortheilhafte Lage der Stadt, auf dem Citadellenberge anlegte, finden sich jetzt keine Spuren mehr. Wahrscheinlich wurden die letzten Reste vernichtet, als Ludwig XIV. Besançon durch Vauban zu einer Festung ersten Ranges erhob. Der über dem Felsenthore stehende Thurm ist nach Vauban's Angabe erbaut und für eine Besatzung von 100 Mann eingerichtet, die bei Belagerungen diese Felsenpforte vertheidigten.

Japan.

Die Wunder des Morgenlandes sind noch nicht erschöpft und die Herrlichkeit desselben ist noch beiweitem nicht in ihrem vollen Umfange uns bekannt geworden, das beweist jeder neue Schritt, welchen die fleißige Forschung vorwärts thut in dem alten Zauberlande, wo die Wiege der Menschheit stand und der Baum der Erkenntniß zuerst keimte, Wurzel schlug und Früchte trug, Beides zum Heil wie zum Verderben; noch immer kommt von Sonnenaufgang Neues und Wunderbares, und die später geborenen Kinder unserer alten Muttererde, Amerika und der Archipel der Südsee, dürften leichtlich eher und genauer erkannt und gewürdigt werden, als es gelungen sein wird, der alten Asia den Schleier zu entreißen, in welchem sie sich so lange schweigend gehüllt und in den die Sagen und Gesänge gewebt sind, die uns die älteste Kunde bringen von der Vermählung des Unendlichen mit dem Endlichen, von der Schöpfung der Welt und von dem ersten Träumen und Lallen der Menschenkinder. Ja, Asien ist und wird noch lange das Land der Wunder, der Räthsel sein, um so mehr und um so länger, als die Eifersucht grade seiner interessantesten Völkerschaften ein weiteres Vordringen der Europäer und ihre nähere Bekanntschaft mit hartnäckiger Consequenz und Beharrlichkeit zu vermeiden bemüht ist. Indeß für den strebenden Menschengeist gibt es ja — Gott sei Dank! — keine chinesischen Mauern, und der rechte und würdige Forschungstrieb, welcher in die Erweiterung der Wissenschaft sein hohes, lohnendes Ziel setzt, spottet aller Drohungen und Gefahren, wenn er einmal erwacht und zu männlicher Reife und Klarheit entwickelt ist. Zeugen für die Wahrheit dieser Behauptung stellen alle Zeiten uns auf; einer der jüngsten ist der Ritter von Siebold, ein Deutscher, aus Würzburg gebürtig, durch eignes Verdienst, wie durch den wissenschaftlichen Ruhm seiner Familie geadelt, aus dessen in den Jahren 1823—30 unternommenen Reise nach dem so wenig bekannten Japan oder Nippon wir unsern Lesern nach Maßgabe der Erscheinung des herrlichen Prachtwerkes, in welchem er die gesammelten Reiseschätze niederzulegen gedenkt, von Zeit zu Zeit Einiges mittheilen werden; denn neben dem streng Wissenschaftlichen findet sich darin auch des allgemein Interessanten so Vieles, daß wir durch auszügliche Berichte den Dank auch des größern Publicums zu verdienen hoffen.

I. **Name, Lage und Größe des japanischen Reiches.**

Japan wird von seinen Einwohnern Nippon oder auch Niffon genannt. Nitsi oder Nitsu bedeutet Sonne, Hon oder Fon ist Ursprung. Aus beiden bildet sich durch eine Veränderung, die bei der Zusammensetzung auf Regeln der Aussprache sich gründet, der Name Nippon, Niffon, dessen Bedeutung also Aufgang der Sonne ist. In der Mundart der Priestersprache wird das Wort Zippon ausgesprochen, woraus die englische Benennung Japan (Tschápan) entstanden ist. In der rein japanischen und in der Dichtersprache heißt Japan Hinomobo, welches dieselbe Bedeutung wie Nippon hat. Die Mythologie, und nach dieser die Dichter, legt Japan noch vielerlei Namen bei; hier sei blos die Benennung Jamato, Bergland, berührt, welche noch gegenwärtig im Gebrauche ist. Der Name Nippon bezeichnet auch insbesondere die größte der japanischen Inseln, und Jamato jene Landschaft auf Nippon, in welcher die alte Hauptstadt der Mikado oder Erbkaiser sich befindet. Der ganze Umfang des japanischen Reiches heißt bei den Eingeborenen Dainippon, d. i. das große Nippon.

Erst mit Ende des vorigen und Anfange des laufenden Jahrhunderts wurde uns die geographische Lage und die Größe des japanischen Landes genauer bekannt, wozu die Japaner selbst wol das Meiste beigetragen haben. Das eigentliche Japan aber besteht aus den drei großen Inseln Nippon, Kiusiu und Sikok, und aus einer sehr großen Anzahl größerer und kleinerer Inseln und Felsen. Rechnet man die Nebenländer dazu, als die Insel Jetzo mit den südlichen Kurilen, den südlichen Theil der Insel Krafto und die Gruppe der Munininseln; fügt man von den Schutzländern die Liukiuinseln bei, deren nördliche Gruppe größtentheils von Japanern selbst bewohnt ist, so erstreckt sich das japanische Reich von 123° 23'—150° 50' östl. Länge und von 24° 16' bis etwa 50° nördl. Breite. Diese großen und kleinen Inseln werden unter sich von zahlreichen Meerengen und Sunden durchschnitten und vom festen Lande, von Asien, getrennt. Bei all dieser Zerstückelung umfaßt das japanische Reich mit Einschluß der erwähnten Neben- und Schutzländer noch einen sehr ansehnlichen Flächenraum. Dieser konnte jedoch bis jetzt blos annäherungsweise berechnet werden; seit einigen Jahrzehnten aber haben die Japaner selbst, mit unsern europäischen Wissenschaften vertrauter geworden, richtigere Karten von ihrem Lande zu verfertigen gesucht und nach diesen läßt sich der Flächeninhalt der größern Inseln Japans mit ziemlicher Gewißheit bestimmen. Auch haben die Japaner von den größern Inseln den Umfang gemessen und mit bewunderungswürdiger Geduld und Pünktlichkeit eine Aufzählung der gesammten Inseln, groß und klein, der Felsen und sichtbaren Klippen ihres so weit ausgebreiteten Inselreiches gemacht. Ersteres, so unzuverlässige Resultate es auch immer bei oft so zerrissenen Küsten liefern kann, verschafft uns dennoch einen guten, oberflächlichen Überblick der verhältnißmäßigen Größe der Inseln unter sich, und Letzteres gibt uns ein recht deutliches Bild der großen Erdrevolutionen, aus welchem dieses Labyrinth von nicht weniger als 3850 Inseln und Felsen hervorgegangen ist. Diese fast unglaubliche, ohne Zweifel aber bestehende Anzahl einzelner kleiner Theile ist es grade, welche den wahren Flächeninhalt des ganzen Reiches noch immer nur annäherungsweise angeben läßt. Nach den neuesten japanischen Karten berechnet beläuft sich derselbe auf 5720 □M.

(Fortsetzung folgt in Nr. 111.)

Die Piazza del popolo und die Obelisken in Rom.

Der Reisende, der aus dem nördlichen Europa zu der ewigen Stadt kommt, empfängt gleich bei seinem Eintritt einen tiefen und unvergeßlichen Eindruck, wenn der große Freiplatz, Piazza del popolo (Volksplatz), den unsere Abbildung zeigt, seine Blicke fesselt. Rom hat andere größere Plätze mit schönen Obelisken, mit prächtigen Springbrunnen, herrlichen Kirchen, glänzenden Palästen und großartigen Überresten des Alterthums, und alle machen eine um so ergreifendere Wirkung, da die meisten Straßen der Stadt, die dahin führen, eng und krumm sind; aber weil der Fremde auf der Piazza del popolo den ersten Anblick jener Denkmale verschiedener Zeitalter genießt, wird hier sein Gemüth so lebhaft bewegt. Auf dem Wege über das alte Marsfeld verschließen ihm hohe Mauern meist die Aussicht, bis er vor der Porta del popolo (Volksthor) steht. Es ist dies ein Werk des großen Baumeisters Michael Angelo, macht aber keineswegs einen mächtigen Eindruck. Der Künstler mußte vier Säulen, Überreste des Alterthums, zur Verzierung benutzen, die aber nicht groß genug für die in dem Risse angegebene Höhe des Thores waren, und er sah sich genöthigt, die übrigen Theile des Bauwerkes über das richtige Verhältniß zu erheben, wodurch das Ganze an Großartigkeit verlor, wie es immer geschieht, wenn die Zeichnung, statt als Vorschrift zu gelten, sich nach den Baustoffen richten soll. Sobald wir durch das Thor gegangen sind, treten wir auf den großen Freiplatz, einen der belebtesten Stadttheile. Ein ägyptischer Obelisk erhebt sich prächtig in der Mitte. In grader Linie von hier öffnet sich die große Straße, der Corso, die vom Freiplatz nach dem Capitol in einer Länge von beinahe einer halben Stunde sich hinausdehnt und in das Innere der Stadt führt. Auf allen Seiten erheben sich Paläste und Kirchen. Rechts wölbt sich der mächtige Dom der Peterskirche, links liegt der Monte Pincio, der vor dem Freiplatze in Terrassen sich erhebt. Unsere Abbildung ist von dieser Anhöhe genommen. Jene Terrassen, die Statuen, die Schiffschnäbelsäulen, bilden den Vordergrund des Bildes; alles Werke der neuern Zeit. Der Obelisk zieht zuerst unsern Blick an. Er ist eine der zwölf Granitmassen, die seit der Regierung des Kaisers Augustus aus Ägypten nach Rom kamen, in den Zeiten aber, wo barbarische Kriegerhorden die Stadt überschwemmten, umgestürzt wurden und unter dem Schutte begraben lagen, bis verschiedene Päpste zur Verschönerung der neuern Stadt sie wieder aufrichten ließen. Der Schaft des Obelisks auf der Piazza del popolo ist 78 Fuß hoch, aber nicht mehr ganz, sondern vor der Wiederaufrichtung in drei Stücke zerbrochen. Die Höhe des ganzen Obelisks mit dem Unterbau beträgt gegen 116 Fuß. Die Seiten sind mit Hieroglyphen bedeckt, die zum Theil durch die Zeit gelitten haben. Dieser Obelisk wurde 1589 auf Befehl des Papstes Sixtus V. aufgerichtet, welcher der erste unter den Päpsten war, der diesen prächtigen Denkmalen des Alterthums seine Aufmerksamkeit widmete. Vorher hatte er drei andere wieder aufrichten lassen, einen vor der Peterskirche, den andern vor der Kirche Maria Maggiore, den dritten auf dem Platze vor dem Lateran. Die Errichtung des über 83 Fuß hohen Obelisks vor der Peterskirche, die 1586 vollendet wurde, war mit großen Schwierigkeiten verbunden, da der Schaft unzerbrochen war und keine früheren Versuche Erfahrungen geliefert hatten. Die Berichte der Zeitgenossen über dieses Unternehmen sind merkwürdig für die Geschichte der angewandten Mechanik, und zeigen uns, wie weit die neuere Zeit in der Benutzung der bewegenden Kräfte fortgeschritten ist, wenn wir uns an die Leichtigkeit erinnern, mit welcher in unsern Tagen ein Obelisk von Luxor in Ägypten nach Paris geschafft wurde, oder an die in Nr. 83 des Pfennig-Magazins beschriebene Aufrichtung der Alexandersäule in Petersburg. Mehre neuere Schriftsteller haben die großen Zurüstungen zu jenem Unternehmen mit der Aufrichtung des Obelisks auf der Piazza del popolo verwechselt, welcher als eine zerbrochene Masse weit leichter auf die Unterlage gehoben werden konnte. Als Sixtus V. die Wiederaufrichtung des Obelisks vor der Peterskirche beschlossen hatte, vergingen drei Jahre unter den nöthigen Vorbereitungen. Der römische Hof erließ Auffoderungen an Gelehrte in ganz Europa, und aus vielen Ländern wurden von Baumeistern und Mathematikern Plane eingesendet. Endlich erhielt der Baumeister Domenico Fontana den Auftrag, das Werk zu vollführen. Der Tag der Errichtung wurde mit großer Feierlichkeit angekündigt. Nach dem Gottesdienste in der Peterskirche empfingen die Baumeister und seine Gehülfen den päpstlichen Segen. Auf ein gegebenes Zeichen wurden die Maschinen durch eine große Anzahl von Menschen und Pferden in Bewegung gesetzt, aber erst nach 52 erfolglosen Versuchen wurde die mächtige Masse aufgerichtet und erhob sich in die Luft. In diesem Augenblicke erscholl das Freudengeschrei der Zuschauer, das Geschütz der Engelsburg donnerte und das festliche Geläute aller Glocken ertönte. Nach dem gleichzeitigen Berichte über Fontana's Unternehmen wurden 160 Pferde und 800 Menschen gebraucht, um die Maschine in Bewegung zu setzen. Oben auf der ungeheuern Maschine, die das Ansehen einer Burg hatte, sah man einen Trompeter und eine große Glocke. Auf ein Zeichen des Baumeisters schmetterte die Trompete, worauf Menschen und Pferde das Hebewerk in Bewegung setzten, und wenn ausgeruht werden sollte, ertönte die Glocke. Nur auf diese Weise, sagt der Berichterstatter, konnte man die Befehle des Baumeisters verständlich machen; hätte die menschliche Stimme die Arbeit leiten wollen, so wäre es nicht möglich gewesen, Unordnung zu vermeiden, denn das Getöse glich dem Donner oder einem Erdbeben, so groß war das Krachen und Dröhnen der Maschine, die eine so schwere Masse erheben sollte. Dieselbe Maschine, nur verkleinert und mit verminderter Kraftanwendung, benutzte Fontana, die drei andern Obelisken aufzurichten, und die gleichzeitigen Berichterstatter sagen ausdrücklich, daß nach dem ersten großen Unternehmen die spätere Arbeit leichter gewesen sei.

Der Obelisk auf der Piazza del popolo ist nächst den beiden vor der Peterskirche und dem Lateran der größte der in Rom aufgerichteten. Die Seiten des Schafts sind von ungleicher Breite; auf der Nord- und Südseite unten 7 Fuß 10 Zoll, am Gipfel 4 Fuß 10 Zoll, auf den beiden andern Seiten unten 6 Fuß 11 Zoll, oben 4 Fuß 1 Zoll breit. Die nördliche Seite zeigt Spuren einer Beschädigung durch Feuer. Dieser Obelisk ist einer von den beiden, die Augustus nach Rom bringen und im Circus aufrichten ließ. Nach der Angabe alter Schriftsteller ward der Schaft um die Zeit, als der griechische Philosoph Pythagoras Ägypten besuchte, verfertigt und würde daher über 2000 Jahre alt sein. Das Alter dieser Obelisken, ihre wundervolle Heimat, die Geschichte ihrer Fortschaffung nach Europa durch die römischen Welteroberer, ihr Umsturz durch die kriegerischen Schwärme, die seit dem 5. Jahrhundert Rom überwältigten, ihre Wiederaufrichtung durch die Päpste, die zahllosen Schicksalswechsel, die verhängnißvollen Umwandlungen, deren stumme Zeugen sie waren, seit sie zuerst im Circus, auf dem Marsfelde und andern Plätzen der alten Weltstadt aufgerichtet wurden — all dies knüpft ergreifende Erinnerungen an diese großartigen Denkmale.

Die Eingänge der Hofburg in Wien.

Verantwortlicher Herausgeber: Friedrich Brockhaus in Leipzig und Dr. C. Dräxler-Manfred in Wien.
Verlag von F. A. Brockhaus in Leipzig.

Das Pfennig-Magazin

der

Gesellschaft zur Verbreitung gemeinnütziger Kenntnisse.

| 111.] | Erscheint jeden Sonnabend. | [Mai 16, 1835. |

Die Orgel zu Harlem.

Die Orgel zu Harlem und über die Geschichte und Erfindung der Orgeln überhaupt.

Die im Jahre 1738 von dem Orgelbauer Müller in Amsterdam erbaute Orgel in der Hauptkirche zu Harlem, deren Ansicht unsere Abbildung zeigt, ist eines der berühmtesten Werke dieser Art. Sie hat 8000 Pfeifen und 60 Stimmen oder Register, d. h. Pfeifenreihen. Vorzüglich berühmt ist das Register, welches man die Menschenstimme (vox humana) nennt, das aber bei den meisten Orgeln unbrauchbar und nur ein mislungener Versuch ist. Der englische Musikkenner Burney sagt in seiner Schrift „Über den Zustand der Musik in Deutschland und den Niederlanden", er habe dies auch in Harlem bestätigt gefunden, und obgleich die Stimme in ihrer Art sehr gut und die Orgel überhaupt ein treffliches Werk sei, so könne jenes Register doch ebenso wenig als jedes andere, das er je gehört habe, auch nur für eine annähernde Nachahmung der menschlichen Stimme gelten. Übrigens ist die Orgel in Harlem nicht das größte der bekannten Werke, wie man wol behauptet hat. Dieser Rang gebührt der Orgel in der Peterskirche zu Rom, die 100 Stimmen hat. Unter den übrigen berühmten Orgeln nennen wir die in der Nicolaikirche zu Hamburg mit 80 Registern, 1586 von Schnittler erbaut; die im Dom zu Halberstadt und in Rothenburg an der Tauber, auf welcher drei Organisten gleichzeitig spielen können; die im Dom zu Köln (1572 erbaut und 1818 erneut); in der Peter-Paulskirche zu Görlitz (von 1697); in der Garnisonskirche zu Berlin; im Dom zu Magdeburg; in der Stiftskirche zu Stuttgart (ursprünglich 1750 für die ehemalige Benedictinerabtei Weingarten erbaut); in der Michaeliskirche zu Hamburg; in der katholischen Hofkirche zu Dresden (Silbermann's schönstes Werk); und unter den neuesten sind auszuzeichnen die Orgeln in der Paulskirche zu Frankfurt am Main, von Walch in Ludwigsburg, und die zu Perleberg, 1831 von Fr. Wilke in Neuruppin gebaut. Ein prächtiges Orgelwerk ward in den letzten Jahren zu Birmingham in England erbaut.

Wir wollen diese Gelegenheit ergreifen, unsere Leser über den Ursprung und die Geschichte des kirchlichen Gebrauches der Orgel zu unterhalten.

Der Name Orgel stammt von einem griechischen und einem daraus gebildeten lateinischen Worte, das früher zur Bezeichnung aller musikalischen Instrumente diente, in spätern Zeiten aber besonders von Blasinstrumenten gebraucht ward, und in der engsten Bedeutung das großartige aus mehren Blasinstrumenten zusammengesetzte Werk bezeichnet, das in unsern Kirchen den Chorgesang leitet. Der Ursprung der Orgel geht in das entfernteste Alterthum zurück. Sie entstand aus der Verbindung mehrer einfacher Pfeifen, die schon den griechischen Hirten bekannt war. Diese aus Rohr gemachten Pfeifen — die Syrinx — waren mit Wachs aneinander gefügt, eine kleiner als die andere, oben von gleicher Höhe, an den untern Enden eine schiefe Linie bildend. Später vermehrte man die Zahl der Pfeifen von 7 bis auf 21; an die Stelle der schlichten Rohrhalme traten kunstvollere Pfeifen, die durch Ringe verbunden wurden. Zufällige Umstände mochten zu der Bemerkung führen, daß man, um die Lunge zu schonen, den Pfeifen auf andere Weise Töne entlocken konnte, da es wol nicht lange unbekannt geblieben ist, daß man Luft in ein Behältniß einschließen, theilweise durch größere oder kleinere Öffnungen wieder herauslassen und an gewisse Orte hinleiten kann. Wendete man diese Beobachtung an auf die verbundenen Pfeifen, so bediente man sich anfänglich eines ledernen Schlauches und drückte die darin befindliche Luft mittels des Armes in die Pfeifen. Auf diese Weise aber würden alle Pfeifen auf einmal getönt haben, und man mußte daher nur entweder eine einzige Pfeife anwenden, oder ein Mittel finden, aus ihr allein so viele Töne herauszubringen, als man vorher durch mehre erhalten hatte. Es war schon bekannt, daß eine längere Pfeife einen tiefern, eine kürzere einen höhern Ton gibt, und es kam nur darauf an, einer einzelnen Pfeife eine solche Einrichtung zu geben, daß man verschiedene Töne hervorbringen konnte. Dies gelang, indem man Löcher anbrachte, die man mit den Fingern schloß und öffnete, um ebenso viele Töne auf einer einzigen Pfeife zu erhalten als sie Löcher hatte. Eine solche Pfeife steckte man in einen ledernen Schlauch, drückte die Luft in dieselbe, gebrauchte die Finger zur Öffnung oder Verschließung der Löcher und so war die Sackpfeife oder der Dudelsack erfunden. Ging man weiter auf dem Wege, den diese Entdeckung gebahnt hatte, so mußte man bald auf die Erfindung eines Instruments kommen, das seinem Wesen nach eine Orgel war. Man konnte den Schlauch in einen hölzernen Kasten verwandeln, die Pfeifen mit Löchern wieder aufgeben und zu den ursprünglichen Hirtenpfeifen zurückkehren, jede einzelne Pfeife in ein auf dem obern Theile des Kastens angebrachtes Loch stecken, unter diesen Löchern Schieber anbringen, um den Eingang in die Pfeifen zu verschließen oder zu öffnen und auf verschiedene Art Luft in die Pfeifen strömen lassen. Es wurden viele Versuche gemacht, um das beste Mittel zu finden, den Wind in die Pfeifen zu treiben, und bei den meisten war Wasser die bewegende Kraft, um Wind hervorzubringen; endlich aber blieb man bei den Blasebälgen, die durch Wasser oder durch Menschenkräfte in Bewegung gesetzt wurden. Durch die Anwendung der verschiedenen Mittel, die Pfeifen mit Luft zu füllen, entstanden zwei Hauptarten von Orgeln, Wasserorgeln und Windorgeln, obgleich in der Hauptsache kein Unterschied obwaltete, da die Pfeifen nur durch Luft zum Tönen gebracht werden konnten.

Bei der Wasserorgel wurden die Töne durch ein Druckwerk hervorgebracht. Sie hatten auch Pfeifen und wurden, wie später die Windorgeln, mit der Hand gespielt, aber die innere Einrichtung des Werkes war verschieden, und während bei den Windorgeln die Luft durch Blasebälge in die Pfeifen geleitet wurde, so geschah dies bei den Wasserorgeln durch das eingeschlossene, aufgeblähte oder stark bewegte Wasser, das Wind erregte, der die Pfeifen zum Tönen brachte. Man schreibt die Erfindung der Wasserorgeln einem Künstler in Alexandrien zu, der 220 Jahre v. Chr. lebte. Sie hatten nur eine geringe Anzahl von Pfeifen, wurden aber schon mit einer Claviatur gespielt. Die Tasten schoben, wenn sie niedergedrückt wurden, ein dünnes Bretchen zwischen den Pfeifen und der Windlade hin und her, wie das Holz, das bei unsern Orgeln durch das An- und Abziehen eines Registers in der Windlade bewegt wird. Unter Nero's Regierung im 1. Jahrhundert der christlichen Zeitrechnung wurden in Rom die Wasserorgeln verbessert. Nach der Erfindung der Windorgel wurde die Wasserorgel allmälig verdrängt. Der erste hauptsächliche Unterschied zwischen beiden Arten mochte darin bestehen, daß man es versuchte, die Blasebälge ohne Hülfe des Wassers in Bewegung zu setzen. Der Name des Erfinders ist unbekannt. Im Morgenlande waren sie wenigstens früher gewöhnlich als im westlichen Europa, wiewol sie auch hier schon in frühern Zeiten bekannt gewesen, aber in den stürmischen Zeiten, die seit dem 5. Jahrh. hereinbrachen, wieder verschwunden sein mögen. Im 8. Jahrh. erhielt Pipin, König der Franken, von dem griechischen Kaiser eine Orgel zum Geschenke, die als eine besondere Merkwürdigkeit betrachtet wurde. Später erhielt auch Karl der Große eine Orgel aus Konstantinopel, wo die Orgeln zunächst im Theater und an öffentlichen Vergnügungsorten gebraucht wurden. Wahrscheinlich ließ er diese Orgel oder eine nach diesem Muster verfertigte in dem Münster zu Aachen aufstellen. Auch ließ er Sänger aus Rom kommen, die in den neugestifteten Singschulen zu Aachen und Metz den Geistlichen Unterricht ertheilen mußten, um den Kirchengesang zu verbessern. Bald nachher kam ein Geistlicher aus Venedig, der mit dem Orgelbau bekannt war, nach Deutschland, und erhielt von dem Kaiser Ludwig dem Frommen den Auftrag, für den Palast zu Aachen eine Orgel zu bauen. Es ist nicht klar, ob dieses Werk eine Wind- oder Wasserorgel gewesen sei, aber es ist bekannt, daß selbst in weit spätern Zeiten Wasserorgeln nicht ganz ungewöhnlich waren, wie denn noch im 12. Jahrh. in England einer Kirchenorgel erwähnt wird, in welcher durch heißes Wasser die Töne hervorgebracht wurden.

In Deutschland hatte sich indeß die Kunst des Orgelbaus und des Orgelspiels schon gegen Ende des 9. Jahrh. so sehr verbreitet, daß selbst Rom deutsche Künstler herbeirief. Von Baiern, wo der erste Sitz dieser Kunstfertigkeit gewesen zu sein scheint, verbreitete sie sich bis nach Italien. Die Mönche des Klosters Bobium in den genuesischen Alpen beschäftigten sich auch mit der Vervollkommnung der Orgel, und besonders war der gelehrte Abt Gerbert, der später als Sylvester II. den päpstlichen Stuhl bestieg und 1603 starb, auch in der Kunst des Orgelbaus ausgezeichnet. Während diese Kunst sich in Deutschland und Italien ausbildete, finden wir schon in der Mitte des 10. Jahrh. eine Orgel von bedeutendem Umfange in der Benedictinerabtei zu Winchester in England. Nach einer gleichzeitigen Beschreibung eines Mitgliedes der Klostergenossenschaft hatte sie oben 12 und unten 14 Bälge, die von 70 rüstigen Männern getreten wurden, und 400 Pfeifen. Bei den ältern Orgeln waren die meist drei Zoll breiten und 1½ Zoll dicken Tasten so schwer beweglich, daß sie mit den Fäusten geschlagen werden mußte, daher man die Orgelspieler auch später noch Orgelschläger nannte. Man schlug blos eine Taste nieder und hielt damit den Hauptton des Liedes aus.

Seit dem 11. und 12. Jahrh. wurden in Frankreich, England, Italien und Deutschland Domkirchen und Klosterkirchen mit Orgeln geziert. Die Stadt Nördlingen hatte schon im Jahre 1412 mehre besoldete Organisten. Die Orgel in Delft soll die älteste in Holland sein. Im 15. Jahrh. erhielt die Orgel eine wichtige Verbesserung, das Pedalclavier, durch den deutschen Tonkünstler Bernhard, der um 1480 Hoforganist des Dogen zu Venedig war, und diese neue Erfindung wurde bald bei allen Orgelwerken eingeführt. Seit dem 16. Jahrh. wurde die Orgel immer mehr vervollkommnet. Früher war der Unterschied der Register in den Orgeln wenig bekannt. Man konnte den Ton der Orgel nicht schwächen und nicht verstärken, sondern mußte sie stets auf gleiche Weise tönen lassen. Die Pfeifenwerke wurden nun durch eine Vorrichtung, die man Springlade nennt, in Register geschieden. Diese Erfindung bahnte den Weg zu der Ausmusterung der Pfeifenwerke und der Einführung der verschiedenartigen Stimmenveränderung der Orgel. Im 17. Jahrh. erfand Christian Förner aus Wettin die Windwage oder Windprobe, wodurch jedem Register das gehörige Maß von Wind zugetheilt wird. Seitdem wurde die Kunst des Orgelbaus fortschreitend vervollkommnet, und daß die Deutschen sich darin immer ausgezeichnet haben, beweist die große Anzahl vorzüglicher Orgeln, die es in allen Gegenden Deutschlands gibt.

In der morgenländisch-griechischen Kirche wurde die Orgel nie zu gottesdienstlichen Zwecken benutzt, sondern man gebrauchte sie blos in Concerten und Schauspielen. Eine Folge dieser Vernachlässigung ist gewesen, daß sich dort der Kirchengesang nie so vollkommen ausgebildet hat als in der abendländischen Kirche. Auch im Abendlande fand die Orgel in frühern Zeiten eifrige Gegner, wie den schottischen Abt Calred im 12. Jahrh., der sich über den störenden Lärm ärgerte, den die damaligen unvollkommenen Werke machten. Diese Abneigung zeigte sich auch noch in spätern Zeiten in Frankreich und Italien, selbst als die Orgel eine höhere Vollkommenheit erreicht hatte. Auf der Kirchenversammlung zu Trient sprachen einige Bischöfe gegen die Orgel und wollten sie wenigstens während der Messen schweigen lassen. Mehre kunstsinnige Männer aber erhielten der Kirche den Gebrauch der Orgel, wogegen sie ihre Zustimmung zu einer Verordnung wider den Misbrauch der Kirchenmusik gaben. Unter den Protestanten waren nur die ältern Reformirten gegen den kirchlichen Gebrauch der Orgel, und noch in dem letzten Viertel des 18. Jahrh. gab es in den Kirchen zu Bern und Biel keine Orgeln. In neuern Zeiten hat diese Abneigung sich fast ganz verloren, nur in Schottland setzte die strenge Partei noch zu Anfange des 19. Jahrh. der Einführung der Orgeln in den Kirchen einen heftigen Widerstand entgegen.

Steinkohlenbergbau.

Unter den verschiedenen Gewerben nimmt der Bergbau unstreitig eine der ersten Stellen ein. Die Brauchbarkeit und Unentbehrlichkeit seiner Erzeugnisse, die durch ihn bewirkte Belebung und Bevölkerung von Gegenden, welche ohne denselben gar nicht oder doch nur spärlich bewohnt werden könnten und der große Einfluß, den er auf die Entstehung und das Gedeihen vieler Zweige der Betriebsamkeit hat, geben ihm eine besondere Wichtigkeit. Da der lebhafte Betrieb desselben wenig von der Modesucht und Laune der Menschen abhängt, so ist er dem Wechsel und der Veränderung auch nicht so unterworfen, wie andere ins Große betriebene Gewerbe, und es finden die durch ihn beschäftigten Personen wenigstens einen sichern, wenn auch nicht immer reichlichen Erwerb, um so mehr, da sich derselbe nicht willkürlich nach andern Ländern und Gegenden verpflanzen läßt.

Wir werden in diesen Blättern nach und nach die wichtigsten Gegenstände nicht allein des Bergbaus, sondern auch des Hüttenbetriebs kurz und allgemein verständlich beschreiben. Zuvörderst wenden wir uns zur Betrachtung des Steinkohlenbergbaus, der besonders in England, in Belgien, in Frankreich, in den preußischen Rheinlanden, in Westfalen, im Königreich Sachsen und in Schlesien blüht. Die Steinkohlen finden sich in mehr oder weniger starken Schichten oder Lagen (Flötzen) in den ältesten Sandsteingebirgen, sind stets von Thonschichten (sogenanntem Schieferthon) begleitet und diese, sowie die Sandsteinschichten enthalten viele Abdrücke von Farrenkräutern, Palmblättern, hin und wieder auch ganze Stämme von leztern, die sämmtlich jetzt untergegangenen Gattungen angehören.

Die beistehende Abbildung ist ein senkrechter Durchschnitt von einem Steinkohlengebirge und einer Steinkohlengrube. aa sind die Kohlensandstein- und Schieferthonschichten, bb die Steinkohlenflöze, von welchen das obere schmäler als das untere ist. Um die Steinkohlen zu gewinnen, verfährt man folgendermaßen. Auf dem tiefsten Punkte des stets mehr oder weniger geneigt liegenden Steinkohlenflözes senkt man den Schacht ee ab. Gewöhnlich ist das Gebirge, durch welches der Schacht getrieben wird, nicht so fest, daß seine Wände ohne Unterstützung stehen, sondern es müssen dieselben entweder ausgezimmert oder ausgemauert werden. Der Schacht erhält gewöhnlich zwei voneinander getrennte Abtheilungen, von welchen die eine zur Ausförderung der gewonnenen Steinkohlen, die andere zum Fahren, d. h. zum Hinein- und Heraussteigen der Arbeiter auf Leitern, sowie auch als Kunstschacht, d. h. als Platz für die Pumpen dient, mittels welcher die Grundwasser in der Grube gehoben werden. Diese

Senkrechter Durchschnitt eines Steinkohlengebirges und einer Steinkohlengrube.

letzte Abtheilung des Schachtes ist mit andern Abtheilungen oder Böden versehen, die ihn, wie die Böden eines Thurmes, in 20—30 Fuß hohe Etagen theilen. Die Leitern oder Fahrten reichen von einem Boden (Bühne) zum andern und es sind diese mit Öffnungen versehen, durch welche man auf die Leitern und umgekehrt von diesen auf die Ruhebühnen gelangt. Hat man mit dem Schacht die Sohle oder die unter dem obersten Flöz liegende Gesteinschicht erreicht, so treibt man von dem Schachte ab auf dem Streichen oder auf der Längenerstreckung des Flözes einen horizontalen Gang oder eine Strecke. Senkrecht auf derselben oder auf dem Fallen des Flözes treibt man andere Strecken, die in gewissen Entfernungen parallel miteinander laufen und das ganze Flöz in Streifen theilen. Zwischen diesen Streifen werden nun wieder sehr breite Strecken getrieben, die mit der untersten horizontalen Strecke parallel laufen und lediglich zum Zweck der Kohlengewinnung angelegt werden. Zwischen diesen sogenannten Abbaustrecken läßt man mehr oder weniger starke Massen oder Pfeiler von Kohle zur Sicherung der Grube gegen Einstürzen der Decke stehen, wie die Abbildung zeigt. Bei dem Betriebe der Strecken und bei der eigentlichen Kohlengewinnung verfährt man folgendermaßen. Die zu gewinnende Kohlenmasse wird auf der Sohle und zu beiden Seiten der Strecke durch einen sogenannten Schram, d. h. durch einen mit einer Spitzhaue geführten Schlitz, von drei Seiten frei gemacht. Ist dies geschehen, so werden an der Decke eiserne Keile in die Kohlenmasse getrieben und es wird dieselbe auf diese Weise gänzlich losgemacht. Eine Hauptsache bei der Kohlengewinnung ist es, so große Stücke als möglich zu erhalten, da die kleinen oder sogenannten Staubkohlen nur geringen, ja oft gar keinen Werth haben. Die von dem Schacht ee ausgehende horizontale, sogenannte Grundstrecke wird zu beiden Seiten desselben getrieben, sodaß er in der Mitte liegt.

Hat man sich mit den geneigten Strecken bedeutend von dem Schachte entfernt, so wird parallel mit der Grundstrecke eine andere Strecke auf dem Streichen des Flözes getrieben und häufig auch ein zweiter Schacht ff angelegt. Links von demselben werden die Baue so weit fortgetrieben, als es das Flöz erlaubt. Nachdem dies obere Flöz abgebaut worden ist oder gewöhnlich schon während des Abbaus desselben schreitet man zum Abbau des untern, wobei man ganz auf dieselbe Weise wie bei dem Abbau des obern verfährt. Ist auf diese Weise das ganze Flöz oder das einer Grube gehörige Feld abgebaut, so werden auch die stehengebliebenen Pfeiler von hinten nach vorn zu weggenommen und man läßt die Decke der Grube zusammenstürzen.

Wir wenden uns nun zur Förderung oder zur Fortschaffung der gewonnenen Kohlen aus der Grube. Von den Abbaustrecken nach dem Schachte erfolgt die Förderung in Kästen von einem gewissen Gemäß, die auf Wagen gesetzt werden, welche von Menschen, oder in großen Gruben von Pferden auf Eisenbahnen unter die Schächte gezogen werden, und zwar die Kohlen von den Bauen, die links von dem Schachte ff liegen, unter diesen und die aus den Bauen rechts von diesem Schachte nach ee. Beide Schächte sind oben mit einem Gebäude überbaut und neben jedem derselben steht eine Dampfmaschine c. Diese bewegen starke Wellen oder Trommeln, um welche sich ein Seil auf- und abwickeln kann. Das Spiel der Maschine ist so, daß sich die Trommel links und rechts herumdrehen kann. Das eine Ende des Seils ist auf dem Boden des Schachtes; an dem Haken, womit es versehen ist, wird eins von den Fördergefäßen gehängt und die Maschine wird so bewegt, daß sich das Seil um die Trommel wickelt und das gefüllte Fördergefäß in die Höhe zieht, während das andere Ende des Seils mit einem leeren Gefäße niedergeht. Über der Schachtöffnung hängen Scheiben und über diesen bewegen sich die Seile. Ist das volle Gefäß oben über der Öffnung angelangt, so wird es abgesetzt und an seine Stelle kommt ein leeres. Während derselben Zeit wird das auf dem Boden des Schachtes angekommene leere Gefäß mit einem gefüllten vertauscht und das Spiel der Maschine beginnt von Neuem,

Außerhalb der Grube geschieht die Fortschaffung der Steinkohlen entweder nach einem Hüttenwerke oder in Magazine, oder nach Ablagen an Kanälen, Flüssen, dem Meere u. s. w. auf Wagen, die entweder von Pferden, gewöhnlich auf Eisenbahnen, oder von Dampfwagen gezogen werden. Hin und wieder transportirt man, um die schädliche Zerkleinerung der Kohlen zu verhindern, dieselben Gefäße aus der Grube bis zum Orte der Bestimmung; gewöhnlich werden die Kohlen aber über dem Schachte in andere Gefäße gestürzt.

Die von der Oberfläche in die Grube bringenden Wasser sucht man so viel als thunlich abzuhalten. Jedoch ist dies nicht immer vollkommen möglich und im Innern der Erde ist außerdem immer mehr oder weniger Wasser vorhanden. Können diese Grundwasser nun nicht durch einen Stollen, d. h. durch einen von dem tiefsten Punkte der Grube nach der Erdoberfläche geführten horizontalen Gang abgeleitet werden, so muß man sie an den tiefsten Punkten beider oder nur des einen Schachtes ee sammeln und von da ab durch Pumpen, die durch Dampfmaschinen bewegt werden, aus der Grube herausschaffen. Sowol bei diesen als auch bei den Förderungsdampfmaschinen werden die kleinen Steinkohlen als Feuerung gebraucht.

Der Bergmann würde jedoch in den unterirdischen Räumen nicht athmen können, wenn nicht überall für einen gehörigen Luftzug oder, wie der Bergmann sagt, Wetterzug gesorgt würde. In Steinkohlenbergwerken ist dies um so nöthiger, da sich aus den Klüften der Kohlen eine Gasart entwickelt, die, wenn sie in einem gewissen Verhältnisse mit der atmosphärischen Luft in Verbindung und mit einem Grubenlichte in Berührung kommt, eine fürchterliche Explosion veranlaßt, welche oft alle in der Grube befindlichen Arbeiter tödtet und den Einsturz der Grube zur Folge hat. Man nennt diese Luftart schlagende Wetter. Da, wo sie vorkommen, muß man sie durch starken Luftzug wegzuschaffen suchen; jedoch ist dies nicht überall thunlich und die Punkte der Grube, wo sie vorhanden sind, dürfen nicht mit offenen Lichtern, sondern nur mit sogenannten Sicherungslampen befahren werden. Bei diesen ist die Lichtflamme mit einem auch oben verschlossenen Cylinder von sehr feiner metallischer Drahtgaze bedeckt. Wenn sich nun auch das Gas, welches die Lichtflamme umgibt, entzündet, so bleibt doch die Entzündung innerhalb des Cylinders und kann keine Explosion veranlassen.

Bei dem abgebildeten Bergwerke bringt die äußere Luft durch den Schacht e, dessen Öffnung niedriger liegt, in die Grube, durchstreicht dieselbe und zieht durch den Schacht f wieder heraus. Damit sich aber bei Gewittern das aus dem Schacht f entweichende Gas nicht entzünden könne, ist bei d ein Blitzableiter angebracht.

Wir haben nun in dem Obigen eine Steinkohlengrube beschrieben, wie sie bei dem gewöhnlichsten und regelmäßigsten Vorkommen der Steinkohlen beschaffen ist; es gibt aber eine Menge verschiedener Arten des Vorkommens und folglich auch der Grubenbaue. Zum Schlusse bemerken wir, daß in England jährlich 100 Millionen preußische Tonnen (jede zu 4 preußischen Scheffeln) Steinkohlen gewonnen werden, von denen ungefähr $1/10$ in London verbraucht wird. Auf den Verbrauch in den Manufacturen rechnet man 128 Millionen Scheffel. Der Werth dieser ungeheuern Steinkohlenmenge an den Orten, wo sie verbraucht wird, beträgt fast 70 Millionen Thaler. Die gesammte Steinkohlenproduction von Preußen beträgt ungefähr 7 Millionen Tonnen, also etwa $1/14$ der englischen, und nicht viel bedeutender ist die Steinkohlenproduction Frankreichs.

Ansicht von Egribos oder Chalkis.

Die Ansicht von Negroponte, bei den Türken Egribos und jetzt wieder, wie im Alterthume, Chalkis genannt, welche unsere Abbildung darstellt, gehört zu den reizendsten, die das an herrlichen Gegenden so reiche Griechenland aufzuweisen hat. Das türkische Egribos, in seiner blühenden Zeit von 16,000 Menschen bewohnt, war nicht blos die Hauptstadt der großen Insel Negroponte, sondern des ganzen Sandschaks, welcher außer dieser

Ansicht von Egribos oder Chalkis.

Insel auch Attika, Böotien und Phocis (Livadien) und die Inseln Koluri und Ägina umfaßte. Jetzt, wo sie etwa nur 6000 Einwohner zählt, ist sie der Sitz des Erzbischofs und des Departements von Euböa, welches die Insel, die nun wieder, wie in alter Zeit, Euböa heißt, und außer ihr die nördlichen Sporaden Skopalos, Skirathos, Skiros und Chelidromia in sich schließt. Hier hatte sonst eine türkische Flotille ihre Station, und ein großer Palast gehörte dem Kapudan Pascha, Befehlshaber der türkischen Flotte. Die Stadt Chalkis, die noch jetzt ganz das Ansehen einer türkischen Stadt hat, liegt an der Stelle, wo der Kanal, der die Insel vom Festlande trennt, am schmalsten ist, und eine Brücke, aus drei kühnen Bogen bis zu einem Thurm in der Meerenge und von hier aus fünf Bogen bis zur Küste, bestehend, ein Meisterstück alter Baukunst, führt über den berühmten Kanal Euripus. Der eine der Bogen ist als Zugbrücke zu öffnen, um die Schiffe im Kanal hindurch zu lassen. Als eine der Vormauern Griechenlands ist Chalkis wohl befestigt; ihre krummen und engen Gassen sind mit hohen Häusern unregelmäßig besetzt. Noch jetzt leben über 100 türkische Familien hier; jetzt freilich als Unterthanen ihrer ehemaligen Sklaven.

Die Insel Negroponte, 76 ◻M. groß und von 60,000 Menschen, worunter 45,000 Griechen, bewohnt, war reich und blühend beim Ausbruche des griechischen Aufstandes. Sie hat demselben diesen Reichthum und diesen Wohlstand zum Opfer gebracht. Schon 1821 erhob sie das Banner der Unabhängigkeit, auf den Ruf der Modena Maurogani, einer Frau aus der ersten Familie des Landes. Nach dem Tode ihres Vaters flüchtete sie nach Mykone, rüstete hier zwei Schiffe aus und befreite die Ortschaften am Euripus von der türkischen Gewalt. Die Bewohner Negropontes erhoben nun die Waffen und belagerten die Türken in Chalkis und Karystos. Oft erlagen sie, und ihre Baumwollfelder und Weingärten wurden dann von den Türken zerstört. Im März 1822 gab sich Elias Jatranis, ihr Anführer, in einem Sturm auf Karystos heldenmüthig den Tod, um nicht in Feindesgewalt zu gerathen. Euböa ist jetzt eine Perle in der griechischen Krone. Die Insel erhebt sich jetzt von Neuem zur Blüte; ihr fruchtbarer Boden, ihre Naturreize sind ihr geblieben, wie ihr herrliches Klima. Sie zählt vielleicht wieder 60,000 Einwohner, und außer der Hauptstadt und der kleinen festen Stadt Karystos mit einem Hafen am Südende der Insel, einem Bergschloß und 2000 Einw., gegen 60 Dörfer. Am nächsten liegen ihr die Inseln Skyros, mit 2000 Einw., Skopelos, mit 2400 Einw., und einem gleichnamigen Städtchen, Chelidromia und Skiathos, die nur einigen Fischern und Seeräubern zum Aufenthalte dienen. Die herrlichste Vegetation, die sich keiner Frucht versagt, schmückt Euböa und bringt, wie unser Bild zeigt, selbst bis in die Stadt ein.

Japan.

II. Entdeckung von Japan durch die Europäer.
(Fortsetzung aus Nr. 110.)

Japan hatte bereits unter einer fast ununterbrochenen Regierungsfolge von 106 Regenten während eines Zeitraums von 2202 Jahren zu einem mächtigen Reiche sich erhoben, als es im Jahre 1543 nach Chr. Geb. von den Portugiesen zufällig entdeckt wurde. Daß bereits Marco Polo, dieser berühmte Reisende des 13. Jahrhunderts, Japan unter dem Namen Zipangu gekannt habe, ist zwar nicht zu bezweifeln; allein die Geschichte nennt vor Allen einen Antonius Mota, Franciscus Zeimoto und Antonius Peirota als die Entdecker der japanischen Inseln, an welche sie auf einer Reise von Dobra in Siam nach China verschlagen wurden. Aller Wahrscheinlichkeit nach sind diese Entdecker, die man unter diesen auf vielerlei Weise verstümmelten Namen bisher geehrt hat, Niemand anderes als Fernan Mendez Pinto, Diego Zeimoto und ein dritter ungenannter Portugiese, die mit einem Fahrzeuge, von dem berüchtigten Seeräuber Samipocheka geführt, durch einen Sturm von den chinesischen Küsten an die japanische Insel Tanega-Sima verschlagen wurden und im Jahre 1543 wirklich Japan entdeckten. Dies bewährt sich auch aus den japanischen Nachrichten über dieses Ereigniß, welche mit dem Berichte Mendez Pinto's vollkommen übereinstimmen. Letzterer enthält darüber ungefähr Folgendes: Fernan Mendez Pinto war nach mannichfaltigen Schicksalen auf der Insel Sancham angekommen, wo er mit seinen Reisegefährten eine Schiffsgelegenheit nach Malakka zu finden hoffte. In der ihrer Hoffnung getäuscht, entschlossen sie sich endlich, mit einem Seeräuber, Samipocheka, der mittlerweile hier vor Anker gekommen war, um seine Verwundeten zu heilen, auf gut Glück umherzuschweifen, bis ihnen das Schicksal irgend eine sichere Gelegenheit, wieder zu ihren Landsleuten zu kommen, zuführen würde. Pinto begab sich an Bord zu Samipocheka und die fünf übrigen Portugiesen fanden am Bord des Fahrzeuges Aufnahme, welches der Neffe jenes Hauptmannes führte. Mit günstigem Winde segelten sie längs den Lamaoinseln hin, als sie plötzlich von einem andern Seeräuber angegriffen wurden. Das Gefecht war heftig, einige Schiffe des Feindes und das des Neffen von Samipocheka wurden verbrannt, doch Pinto's Fahrzeug entkam glücklich der Gefahr und entdeckte, nachdem es 23 Tage lang mit dem Sturme gekämpft und unter großen Anstrengungen und Mühseligkeiten hin und her lavirt hatte, endlich Land. Unsere Abenteurer näherten sich und ein großes Feuer am südlichen Strande ließ sie schließen, daß es eine bewohnte Insel sei. Sie gingen daher nahe bei derselben vor Anker, worauf sie sogleich zwei kleine Fahrzeuge auf sich zurudern sahen, die alsbald an der Seite des Schiffes ankamen. Es waren sechs Männer von der Insel. Nach landesüblicher Begrüßung gab einer von ihnen die Frage zu erkennen, woher das Schiff komme, und als man ihnen zu verstehen gegeben, daß es von China gekommen sei, um hier einigen Handel zu treiben, bedeutete man dagegen, daß der Herr dieser Insel, welche Tanega-Sima heiße, dieses wol zugestehen werde, wenn sie den üblichen Abgaben bezahlen würden. Da man dieses nicht verweigerte, erhielt Pinto mit seinen Gefährten und Landsleuten, Diego Zeimoto und Christoval Borallo, Zutritt auf der Insel, wo sie großes Aufsehen erregten. Vor Allen zog Diego Zeimoto, als ein sehr geübter Schütze mit dem Feuerrohre, die Bewunderung des Volkes und des Herrn dieser Insel auf sich. Dieser Letztere, erstaunt über die neue Kunst zu schießen, erwies ihm außerordentliche Ehrenbezeigungen. Der Portugiese glaubte diese nicht besser vergelten zu können, als wenn er dem Fürsten sein Feuerrohr, sicher ein sehr willkommenes Geschenk, geben würde, und überreichte es ihm eines Tags, von der Jagd zurückgekommen, nebst einer Menge eben erbeuteter Turteltauben und anderer Vögel. Der Fürst nahm das Feuerrohr als einen Gegenstand von so großem Werthe mit Freuden an und erklärte daß er es höher als alle Schätze von China achte, und ließ Zeimoto dafür 1000 Tael Silbers (etwa 1650 Gulden) zur Belohnung geben, mit der Bitte, ihm auch die Bereitung des Schießpulvers zu lehren, ohne welches für ihn das Feuergewehr nur ein unnützes Stück Eisen wäre. Zeimoto versprach es und that es dann auch. Das Gerücht von der Ankunft dieser seltsamen Fremdlinge hatte sich bald auch nach dem Hofe des Fürsten von Bungo verbreitet und dieser wünschte einen von ihnen zu sehen. Der Fürst war seit Jahren krank und verlangte nach einer Aufheiterung. Glücklich traf daher die Wahl den lustigen Gesellen Pinto, der nun die Reise nach dem Hofe des Fürsten von Bungo antrat. Der Weg, den er mit seinem japanischen Geleitsmanne dahin eingeschlagen, läßt sich genau nachweisen und ist derselbe, den noch jetzt die japanischen Fahrzeuge für diese Reise nehmen. Pinto wurde am Hofe sehr gut aufgenommen und hatte freien Zutritt. Sein Feuerrohr machte hier nicht weniger Aufsehen, als das Zeimoto auf Tanega-Sima; doch hatte ein Sohn des Fürsten Unglück damit, indem er durch Zersprengung des überladenen Rohres stark verwundet wurde. Pinto heilte indeß den Prinzen, nachdem er bereits früher mit einem aus China mitgebrachten kräftigen Holze den Fürsten selbst hergestellt hatte. Dadurch erwarb er sich dessen Gunst und die Gewogenheit der Großen am Hofe in hohem Grade und kehrte reichlich beschenkt nach Tanega-Sima zurück, von wo er später wohlbehalten wieder zu seinen Landsleuten nach Liampoo zurückkam.

Diese Entdeckungsgeschichte von Japan, wie sie Pinto erzählt, kommt, wie schon bemerkt, in der Hauptsache mit Dem überein, was uns die Jahrbücher der Japaner davon melden. Der Vorfall ist und bleibt eine Thatsache; nur möchte in Zweifel zu ziehen sein, ob Pinto wirklich selbst einer dieser Abenteurer gewesen, oder ob er diese merkwürdige Begebenheit während seines Aufenthaltes zu Liampoo von seinen Landsleuten oder bei seiner spätern Reise nach Japan (im Jahre 1556) erfahren und blos nacherzählt habe — ein Vergehen, dessen sich unsere ältern Reisebeschreiber so häufig schuldig gemacht haben. Herr von Siebold theilt uns in seinem Werke nach einer Zeichnung des berühmten japanischen Malers Hoksai das Bild des portugiesischen Entdeckers Japans mit. Diese Zeichnung befindet sich in einem japanischen Buche, Mangwa, den Abbildungen der Feuergewehre und den dazu gehörigen Geräthschaften beigefügt, zum Beweis der europäischen Abkunft derselben.

(Die Fortsetzung folgt in Nr. 112.)

Notiz.

Man hat neuerlich verschiedene Versuche gemacht, Kartoffeln unter der Erde zu gewinnen. Wir erwähnen hier nur einer Erfahrung. Eine Mischung von zwei Theilen Flußsand und einem Theil gewöhnlicher Gartenerde wurde ein Zoll hoch in einer Ecke des Kellers aufgehäuft, und im April legte man 32 Kartoffeln in ihrer Schale auf die Erde. Sie trieben von allen Seiten Ranken, und am Ende des Novembes hatte man über ¼ Scheffel sehr gute Kartoffeln gewonnen, von welchen der zehnte Theil die Größe gewöhnlicher Äpfel hatte. Die Schale war sehr dünn, das Innere mehlig, weiß und wohlschmeckend.

Rafael's Cartons.
4. Das Opfer zu Lystra.

Die Apostel Paulus und Barnabas, aus Ikonien vertrieben, begaben sich nach Lystra und predigten daselbst das Evangelium. Paulus heilte durch sein bloßes Wort: „Stehe aufrichtig auf deinen Füßen!" einen lahm geborenen Menschen. Dieses Wunder machte auf das Volk einen solchen Eindruck, daß es die Apostel für himmlische Wesen hielt. „Die Götter", sprachen sie, „sind den Menschen gleich geworden und zu uns hernieder gekommen," und nannten den Barnabas Jupiter und den Paulus Mercur. Auch die Priester kamen mit Kränzen und Opferthieren und wollten den vermeintlichen Göttern im Tempel opfern.

Diesen Moment hat Rafael zu seiner Darstellung gewählt. Wir sehen eine gewaltige Volksmenge zur Pforte des Tempels hereindringen, welche der Opferfeierlichkeit zuschauen will. Diese beginnt schon im Vordergrunde. Der Stier liegt bereits gefesselt am Boden und der vor ihm Stehende ist eben im Begriff, ihn zu tödten. Neben dem Opferthiere knieen zwei Priester, die wir an den Kränzen um das Haupt erkennen. Zwei andere, in ihre Mäntel gehüllt, stehen hinter dem Manne mit dem Beile. Ihre Miene ist feierlich ernst und ihr Blick zur Erde gesenkt. Unter der hereinströmenden Volksmasse erblicken wir sogleich den Krüppel, an welchem das Wunder der Heilung vollbracht worden ist, wir erkennen ihn an den beiden Krücken, die er, auf die nun erlangte Gesundheit seiner Glieder vertrauend, von sich geworfen hat. Mit gefalteten und zum Himmel erhobenen Händen, mit dem Ausdruck der Dankbarkeit und Verehrung in seinen Zügen, die Augen unverwandt auf Paulus heftend, beeilt er sich, der Erste beim Dankopfer zu sein. Neben ihn schreitet ein Greis, mit der Rechten das Gewand des Geheilten lüftend, um sich von der Wahrheit des Wunders zu überzeugen, während die erhobene Linke seine Verwunderung darüber ausdrückt, daß er die vor Kurzem noch gelähmten Glieder nun völlig erstarkt findet. In der Miene des Paulus, der nebst Barnabas auf dem Sockel einer Säule steht, ist der Unmuth über die Vergötterung von Seiten des Volkes unverkennbar. Sein Blick auf den erhobenen Arm scheint sich auf den Theil seiner Rede zu beziehen, in welchem er sagt: „Ihr Männer, was macht ihr da? Wir sind auch sterbliche Menschen, gleichwie ihr." Um dies zu beweisen, deutet er auf seine Glieder, die aus Fleisch und Bein bestehen, wie bei andern Menschen. Der hinter ihm stehende Barnabas, mit gefalteten Händen, scheint Gott dafür zu preisen, daß er an ihm seine wunderbare Macht verherrlicht hat. Der lieblichste Theil des Gemäldes sind unstreitig die beiden schönen Kinder, die am Opferaltare stehen. Das eine spielt ein musikalisches Instrument, wie es bei dem Gottesdienste der Griechen üblich war, das andere hält in beiden Händen eine Specereibüchse. In ihrer Unschuld scheinen sie von Allem, was um ihnen vorgeht, nichts zu ahnen, und bilden in ihrer anmuthigen Natürlichkeit einen vortrefflichen Gegensatz zu den ausdrucksvollen, bewegten Gesichtern der sie umgebenden Personen. Im Hintergrunde sieht man die Bildsäulen des Mercur und anderer Gottheiten, sowie einen Theil der Stadt Lystra.

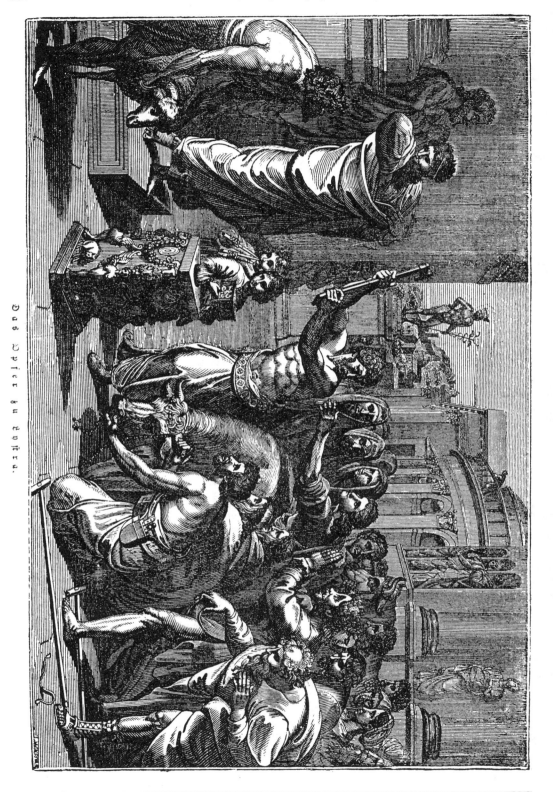

Das Opfer zu Upsala.

Verantwortliche Herausgeber: Friedrich Brockhaus in Leipzig und Dr. C. Drärler-Manfred in Wien.
Verlag von F. A. Brockhaus in Leipzig.

Das Pfennig-Magazin

der
Gesellschaft zur Verbreitung gemeinnütziger Kenntnisse.

112.]   Erscheint jeden Sonnabend.   [Mai 23, **1835**

Die wilde Dattelpalme.

Die wilde Dattelpalme (Phoenix dactylifera).

Die Dattelpalme, welche die bei uns so beliebten und für die Bewohner der Gegenden, wo sie einheimisch ist, fast unentbehrlichen Früchte liefert, ist unsern Lesern schon aus Nr. 11 des Pfennig-Magazins bekannt, und von den Palmen überhaupt werden wir später zu reden Gelegenheit haben. Hier geben wir die Abbildung der wilden Palme, welche um so interessanter erscheinen dürfte, als sie recht auffallend den Unterschied zeigt, welchen die Cultur bei diesem Baume hervorbringt. Unsere Abbildung ist aus dem Werke des französischen Reisenden Laborde „Über das steinige Arabien" entlehnt und stellt eine Gegend des Gebirgs Sinai vor. „Was mir der Auszeichnung werth schien", erzählt Laborde, „war ein Palmbaum in seinem natürlichen Zustande, umgeben mit einem Wall von abgestorbenen Blättern, was sein hohes Alter bekundete. Wir fanden ihn oberhalb Quadi selah nahe bei einer klaren Quelle. Überall wird dieser Baum mit verjüngtem Leibe abgebildet, die Blätter zurückgebogen, eine Krone bildend, von welcher Früchte, wie Korallen glänzend, herabhangen, und wir denken nicht daran, daß all dieser Schmuck nur ein Ergebniß der Kunst ist. Vernachlässigt von den Arabern der Wüste, welche jeden Schritt zur Cultur unter ihrer Würde halten, bildet in den von ihnen bewohnten Gegenden der Palmbaum oft fast undurchdringliche Wälder, häufiger aber findet er sich einzeln an Quellen. Gleich einem Leuchtthurm zeigt er sich da dem Wanderer, ihm schon von fernher die Stelle andeutend, wo Wasser sich findet, seinen Durst zu löschen, und erquickender Schatten zur Ruhe."

Japan.

III. Schöpfungsmythen und Urgeschichte von Japan.
(Fortsetzung aus Nr. 111.)

Was uns Herr v. Siebold über die Mythologie der Japaner mittheilt, ist ganz geeignet, hohes Interesse zu erwecken, weil es neue Beweise liefert von dem innigen Zusammenhange, der nahen Verwandtschaft und auffallenden Ähnlichkeit der Schöpfungsmythen des ganzen Morgenlandes. Sie gewinnen aber dadurch noch bedeutend an Werth, daß sie größtentheils japanischen Schriften unmittelbar und wörtlich entnommen sind. Wir theilen Einiges davon unsern Lesern mit.

Vor der Schöpfung der Welt war ein Gemenge der Elemente, Himmel und Erde noch nicht geschieden, das Trübe und Klare nicht getheilt — eine Masse, bestehend aus Wasser, Luft, Erde, gleich einem trüben Gewässer, nach allen Seiten wogend, wie das Dotter im Ei mit dem Weißen vermengt. In diesem unbegrenzten Raume des „hohen Himmelsfeldes" bildete sich ein Gott, dessen Name das mitten im Himmel thronende oberste göttliche Wesen (Ameno-mi-naka-nusinokami) bezeichnet. Ihm folgte der hoch erhabene Schöpfungsgott und der geistig erhabene Schöpfungsgott. Diese drei Stammgötter bestanden jeder für sich unenthüllt in ihrer geistigen Natur. In der Zeit der Schöpfung schied sich nun das Chaos. Es bildete sich ein Niederschlag der trüben und schweren Bestandtheile der Welt und wurde Erde, während das Klare, Durchsichtige und Leichte anfangs zwar nicht befühlbar, doch wol sichtbar gleich dem Rauche oder einer dichten Wolke nach außen und oben schwebte und allmälig als Himmel sich formte, der sich dann endlich bis zur Unsichtbarkeit aufheiterte. Die Erde selbst war noch eine junge Masse, weich, gleich dem Schlamme, und schwebte im Luftraume, wie des Mondes Bild, das in Gewässern dahinzieht. Da erhob sich aus der Masse unter dem Himmel ein Stoff, ähnlich einer Knospe des Schilfes Asi (Erianthus Japonicus); der edle Erdengott des schönen Schilfkeims trat ins Leben und der Baumeister des Himmelsgewölbes begann und vollendete seine Schöpfung. Ohne Gemeinschaft miteinander lebten auch diese Götter allein und in sich verborgen. Mit den drei ersten zusammen erscheinen sie vorzugsweise unter dem Namen Amatsu-Kami, die fünf Götter des Himmels. Zwischen Himmel und Erde entstand aus der Entwickelung und Verwandlung der Asiknospe der Schöpfer des festen Landes und waltete in der noch nicht ausgebildeten Welt während eines Zeitraums, dessen Dauer dem menschlichen Verstande unergründlich ist, mehr als hunderttausend Millionen Jahre. Sein Andenken ist noch heute durch einen Tempel in der Landschaft Omi verewigt. Nach einem Zeitalter von sieben Dynastien der Götter des Himmels erst beginnt die Schöpfung des inselreichen Japan. Hören wir darüber die schöne Fabel. Stehend auf der am Himmel schwebenden Brücke sprach einst der Gott Izanagi zu seinem Weibe Izanami: „Wohlan, es muß ein bewohnbares Erdenland vorhanden sein, laß uns suchen, in den hier unter uns wogenden Gewässern es aufzufinden." Und er tauchte seine mit Edelsteinen geschmückte Pike in die weite See und rührte die Wogen um. Die trüben Wassertropfen, die von der aus den Gewässern genommenen Pike abströmten, verdickten sich und bildeten in einem Augenblicke eine Insel, Ono-korosima, d. h. die von selbst Zusammengeströmte. Auf diese ließ sich Izanagi mit seinem Weibe herab und Beide schufen hier durch göttliche Kraft die übrigen Länder dieses Reichs. Indeß öde noch war das Land und unbewohnbar. Da rief Izanagi acht Millionen Götter ins Leben, die, mit einem Male durchs ganze Inselland verbreitet, dessen allseitige Entwickelung begannen und die Vegetation der Erde erzeugten. Noch erschuf Izanagi die zehntausend Dinge, aus denen die unzählbare Menge aller vorhandenen Gegenstände hervorging. Erst nachdem dieses Land der acht Eilande geschaffen, nachdem die Berge, Quellen, Flüsse, das Reich der Pflanzen und der Thiere hervorgerufen waren, zeugten diese beiden Schöpfungsgötter als höchste Herren darüber die Göttin der großen Sonne.

Fünf Dynastien Erdengötter herrschten jetzt; der Sohn des letzten ist Zin-mu-ten-moo, d. h. der göttliche Krieger, der himmlisch erklärte Herrscher, ein Name, der ihm erst nach seinem Tode und für die Nachwelt gegeben ward, unter dem er jedoch als Stifter der noch jetzt regierenden Herrscherlinie in der Geschichte des Reiches bekannt ist. Über ihn hören wir Folgendes. Waren auch seine ältern Brüder verständige und tugendhafte Männer und würdig, ihren göttlichen Ältern in der Regierung zu folgen, so wichen sie doch ihm, dem jüngern Bruder, den sein Vater schon in einem Alter von 15 Jahren zu seinem Thronerben bestimmte. Frühzeitig übernahm er die Regierung seines Vaters; im 45. Jahre seines Alters aber beschloß er, auf Anrathen seines alten Dieners, seine Herrschaft über die im Osten gelegenen Länder von Japan auszubreiten und begann zu ihrer Eroberung den Krieg. Mit einem Heere, an dessen Spitze seine drei Brüder und seine zwei Söhne waren, schiffte er sich ein und steuerte mit seinem Fahrzeuge dem Osten zu. Er mußte mit Gefahren und Ungemach kämpfen, denn Niemand unter seinem Kriegsvolke hatte Kenntniß von jenem Meere, oder verstand den Lauf der Fahrzeuge zu lenken. Im zehnten Monate erreichte er an der Küste der Landschaft Bungo die Straße Haja=sunokado (der schnellen Strömung Pforte), und stieß da auf einen Mann, Wuds=hiko (im Strome Geleitsmann), der, treibend in dem Schilde einer Schildkröte, sich mit Fischfang beschäftigte. Dieser diente ihnen später als Lootse auf ihren fernen Fahrten, und sie erreichten endlich den Hafen Wusa, im Lande Tsukusi, dem heutigen Buzen. Die Einwohner daselbst unterwarfen sich, und Zin=mu steuerte nach kurzer Rast von Neuem dem Osten zu, bestand siegreich mehre Gefechte mit den Küstenbewohnern, die seinem Vorbringen widerstanden, und erreichte endlich den Hafen Feno=mija, in der Landschaft Aki, wo er sein Kriegsvolk ans Land setzte, ein großes Haus erbaute und den Winter über verweilte. Im folgenden Jahre verlegte er seinen Hof auf die Halbinsel Jaka=sima, in der Landschaft Kibi. Hier rüstete er drei Jahre lang sich zu weiterm Kriege und baute Fahrzeuge, mit denen er sein Heer nach Tsuno=kuni (Hafenland), dem heutigen Oosaka, führte. Unfern des Hafens dieses Landes geriethen die Fahrzeuge in eine ungewöhnlich starke Strömung, und heftiger Wind warf sie auf den Strand, wobei jedoch seinem Volke kein Nachtheil widerfuhr. Daher bekam das Land den Namen Namibajano=kuni (reißender Strömung Land), woraus dann später Nani=ha wurde. Zin=mu lief mit seinen übrigen Fahrzeugen in den Fluß Nani=ha=kawa, der in den Hafen mündet, ein, und segelte denselben aufwärts bis Sira=ka=tano=tsu, in der Landschaft Kawatsi. Nachdem er alle seine Schiffe zurückgelassen, führte er sein Heer nach Tatsuta (Drachenfeld) in der Landschaft Jamato, wo ein mächtiger Feind ihm die Spitze bot.

Ein Oberhaupt der Eingeborenen von Jamato hatte sein Volk und seinen ganzen Stamm auf einem Berge vereinigt, den von Natur steilen Zugang befestigt, und erwartete hier den Angriff des Zin=mu. In solcher Stellung fand Zin=mu seinen Feind und stürmte, empfangen von einem heftigen Pfeilregen, auf steilen Felsenwegen den Berg hinan, als mitten im hartnäckigen Gefechte sein ältester Bruder, während er mit glänzender Tapferkeit seinem Volke vorfechtend den Weg bahnte, eine tiefe Pfeilwunde in den rechten Arm erhielt, worauf Zin=mu mit seinem Heere sich zurückzog. Nur dem Umstande, daß er bei Anbruch des Tages gegen die aufgehende Sonne gekämpft, maß er die Schuld an dem Misgeschicke seines Bruders zu, und änderte seinen Kriegsplan. Der Angriff von dieser Seite wurde aufgegeben, und beschlossen, die Gebirgskette südlich zu umgehen, um von Osten oder Südosten aus dem Feinde in den Rücken zu fallen. Sein verwundeter Bruder starb auf dem Zuge dahin, und er verlor noch unweit eines Hafens in der Landschaft Kü, da er mit seinen Fahrzeugen eben ostwärts steuerte, seine beiden übrigen Brüder, die sich hier heldenmüthig dem Tode weihten.

Schon von Nani=ha aus mußten seine Schiffe mit reißenden Strömungen der beengten See kämpfen; auf einer Höhe erhob sich ein Sturm und brachte sie in die augenscheinliche Gefahr unterzugehen oder zu scheitern.

Da wurden Zin=mu's beide Brüder unwillig und ergrimmend über den Gott der See rief der ältere aus: „Warum widerfährt uns, wahrhaften Nachkommen himmlischer Götter, solch unheilvolles Schicksal? Auf dem Lande vermochten wir nicht den Feind zu überwinden und auf der See verfolgt uns solch Ungewitter. Gott der Meere, ich will mich dir für meine Brüder, für mein Volk übergeben!" So sprang er, die Waffen in der Hand, in die tobende See. Doch der Sturm wüthete fort, immer heftiger. Da stürzte auch der andere Bruder als Opfer sich nach. Nun legte sich der Sturm, und die See ward allmälig ruhig und still. Heiter erscheint die Sonne am Himmel, und Zin=mu gelangt mit seinem Volke in einen Hafen im Südosten der Landschaft Kü. Kaum waren sie ans Land getreten, so kam aus dem Walde ein Bär, welcher die Krieger nicht wenig erschreckte. Doch sie faßten Muth und suchten das Unthier anzugreifen; es schnaubte aber einen so giftigen Hauch von sich, daß Alle, und selbst Zin=mu, wie betäubt zu Boden fielen. Das Unthier zog sich, ohne Jemand ein Leid zuzufügen, in den Wald zurück.

Als Zin=mu wieder zu sich gekommen, trat ein Mann zu ihm, der ihm ein Schwert überreichte und also sprach: „Ich hatte vor einigen Tagen in der Nacht ein Traumgesicht, mir erschien ein Gott, furchtbar von Antlitz, der sprach zu mir: „Ich bin Take=miko=tsutsino=kami, der kriegerische Donnergott. Als die Nachkommen der Götter des Himmels noch auf die Erdenländer herabkamen, und mich zu ihrem Herolde erwählten, habe ich Alle, die sich mir widersetzten, mit dem Schwerte in meiner Rechten hier überwunden. Ein Abkömmling aus jenem himmlischen Stamme wird als Eroberer dieser Länder gegen Jamato ziehen. Sobald er hier ans Land gekommen, überreiche ihm dieses Schwert, das ich aus dem Himmel in dein Beihaus senden werde." Der Gott sprach's und verschwand. Am frühen Morgen fand ich in meinem Weihause dieses Schwert im Boden festgesteckt, das Dach durchbohrt. Ich übergebe es dir, sowie der Gott im Traume mir befohlen."

Nun setzte Zin=mu seinen Zug tiefer ins Land hinein fort; aber die Wege waren ganz ungebahnt und so beschwerlich, daß er am ersten Tage vom Abende überfallen wurde, ohne eine merkliche Fortschritte gemacht zu haben. In tiefsinnigem Nachdenken über das vorgefallene Ereigniß mit dem Schwerte, und vom Wege ermüdet, überließ Zin=mu sich dem Schlafe; da erschien ihm in der Nacht, schwebend über seinem Haupte, die himmelerleuchtende große Göttin, Ama=terasu=oo=kami, und sprach zu ihm: „Ich werde einen Raben entsenden, um dir als Wegweiser zu dienen. Folge ihm, und du wirst guten Weg finden." Mit Anbruch des Tages sah Zin=mu einen Raben mit acht Köpfen aus der Höhe niederschweben, und sobald er das Lager erreicht, seinen Flug seitwärts wenden. Zin=mu folgt diesem Vogel, findet in der That einen guten Weg und erreicht Simo=gata in der Landschaft Jamato. Hier stieß er auf einen Gegner, der sich ihm ernstlich widersetzte, allein er überwand diesen Feind und vernichtete ihn, wie auch die andern Heerhaufen, die ihm entgegentraten. Dadurch kam die Herrschaft über Jamato mit den meisten übrigen Landschaften des Reichs in die Hände von Zin=mu, der innerhalb sechs Jahren den Frieden herstellte, das ganze Land seiner Dynastie einverleibte und Gesetz und Ordnung in demselben einführte. Nachdem er all Dies vollbracht, starb er in einem Alter von 127 Jahren, und ward unter Festen und Todtenopfern in einem Felsen an der nordöstlichen Seite des Berges Wunebi beigesetzt; die dankbare Nachwelt aber gab ihm den unsterblichen Namen Zin=mu=ten=moo, der göttliche Krieger. Von ihm stammt bis auf unsere Tage, während eines Zeitraums von beinahe dritthalbtausend Jahren, die Dynastie der Mikado, oder erblichen Regenten von Japan, die den Europäern unter dem Namen der geistlichen Kaiser bekannt geworden sind.

(Der Beschluß folgt in Nr. 113.)

Ein polnischer Jahrmarkt

Ein polnischer Jahrmarkt.

Das Königreich Polen wird von Völkerschaften sehr verschiedener Abstammung theils bewohnt, theils vielfach besucht, und außer den eigentlichen Polen findet man daselbst viele Deutsche, Juden, Russen, selbst Tataren u. s. w. Besonders versammelt ein Jahrmarkt diese verschiedenen Stämme, wie man auf diesem Bilde wahrnimmt, zu einem bunten Gewühl, was durch eigenthümliche Volkstrachten einen besondern Reiz erhält. Es wird in Polen starke Pferdezucht getrieben, besonders in dem ehemals damit vereint gewesenen Provinzen Volhynien und der Ukraine. Der Verkauf der Pferde macht daher auf einem solchen Jahrmarkte einen Hauptgegenstand aus und man sieht daher hier auch eine Menge Käufer oder Verkäufer damit beschäftigt. Auch die Schweinezucht ist in Polen sehr stark, sodaß auf den leipziger Messen nur allein viele tausend Centner polnischer Schweinsborsten gebracht werden, die nach England, Frankreich und überhaupt dem Süden Europas Absatz finden. Man darf sich deshalb nicht wundern, wenn ein Paar der grunzenden Thiere gleich im Vordergrunde sich auf dem Jahrmarkte geltend machen. Daß die kleinen polnischen Städte nicht durch schöne Bauart sich auszeichnen, ist bekannt und geht aus dem mitgetheilten Bilde ebenfalls hervor, wo nur die Kirche und das Rathhaus sich auszeichnen, alle andern Gebäude aber wenig mehr als Hütten sind.

Das Rhinoceros oder Nashorn.

Das Rhinoceros, wovon es verschiedene Arten gibt, ist ein großes, plumpes Thier, dem Elefanten im Äußern ähnlich, nur daß ihm der Rüssel fehlt. Wie von den Elefanten hat es auch in der Vorwelt mehre Rhinocerosarten gegeben, von welchen wir jetzt freilich nichts weiter kennen, als die hier und da in Gebirgsschichten gefundenen Knochenüberreste.

Die Haut des Rhinoceros ist trocken, runzelig, fast haarlos und sehr dick. An dem großen, hinten hoch gewölbten Kopf fallen die sehr kleinen Augen auf, sowie die langen, durch ihre Beweglichkeit ausgezeichneten Ohren; die Schnauze ist kurz abgestutzt, die Oberlippe, fast hakenförmig, hat in ihrer leichten Beweglichkeit und der Hülfe, welche sie dem Thiere beim Fressen gewährt, Ähnlichkeit mit dem Haken am Elefantenrüssel. An den Füßen stehen drei kurze zugerundete Klauen.

Alle Rhinocerosarten leben blos von Pflanzen, und wie man überhaupt aus dem Bau der Zähne mit Gewißheit auf die Nahrung des Thiers schließen kann, so kann man in Bezug auf letztere auch von den Arten der Vorwelt behaupten, daß sie gleichfalls von Pflanzenkost lebten. Im Verhältniß zu der Größe des Thieres ist die Mundöffnung nur klein. Ein besonderes Kennzeichen dieser Thiere, wovon sie auch ihren ganz bezeichnenden Namen haben, ist das kegelförmige, mehr oder weniger große, schwach nach hinten gebogene Horn, das vorne auf der Nasenkuppe sitzt und hinter welchem sich bei manchen Arten noch ein zweites kleineres befindet. Dieses Horn ist nicht knochig, wie bei den Hirschen, und ebenso wenig hornig und hohl, und nicht auf einem Knochenkern sitzend, wie bei dem Rindvieh, sondern sein Bau ist faserig und es besteht gleichsam nur aus dichten der Länge nach miteinander verbundenen Haaren. Die Größe dieses Horns ist bei den einzelnen Arten sehr verschieden, und steigt bis auf vier Fuß Länge, bei andern bildet es jedoch nur einen Höcker.

Alle Arten dieser Thiere leben in den heißen Gegenden der alten Welt, an feuchten und schattigen Orten, im Morast und Sumpf sich wälzend, sodaß die Farbe ihrer Haut oft ganz von Schmuz verdeckt wird. Sie sind dumm, unbändig und überhaupt sehr wild; ihre Feinde sind Löwen, Tiger u. s. w.; ihr Hauptfeind aber ist der Mensch, so gefährlich auch die Jagd dieser Riesenthiere ist und so sehr ihre dicke Haut selbst gegen Flintenkugeln schützt. Zu ihrer Vertheidigung dient ihnen zunächst das Horn, mit welchem sie ihren Feind aufzuheben versuchen, worauf sie ihn, wenn er niedergeworfen ist, mit den Füßen zertreten. Ihre Nahrung wissen sie sehr geschickt mit Hülfe ihres Nasenhakens abzureißen.

Das sogenannte einhornige oder indische Nashorn, das unsere Abbildung zeigt, ist das größte von allen, und auf dem asiatischen Festlande, besonders oberhalb des Ganges einheimisch. Es unterscheidet sich von den übrigen theils dadurch, daß es nur ein Horn hat, theils durch die tiefen Falten, welche die graubraune Haut auf den Schultern, an den Lenden und am Halse bildet. Es wird über fünf Fuß hoch und in der Länge mißt der Kopf allein mehr als zwei Fuß, der Körper über acht Fuß, das Horn erlangt eine Länge von zwei Fuß. Die Haut ist anderthalb Zoll dick und ebenso tief sind die Falten, die sie bildet. Die wenigen Haare, die sich hier und da auf derselben befinden, am sparsamsten an den Beinen, sind überall abgenutzt.

Das Rhinoceros war schon den Alten bekannt. Das erste, dessen sie überhaupt erwähnen, ist dasjenige, welches bei einem glänzenden Feste, das Ptolemäus Philadelphus gab, erschien; das erste, das nach Europa kam, wurde in den Thierspielen von Pompejus zu Rom aufgeführt. Augustus ließ einst eins mit einem Nilpferde kämpfen, als er den großen Triumph über Kleopatra, die Königin von Ägypten, feierte. In neuern Zeiten scheint das erste nach Europa gekommene dasjenige gewesen zu sein, welches 1513 aus Indien nach Portugal geschickt wurde und von welchem der deutsche Maler Albrecht Dürer eine Abbildung lieferte. Später kamen zu verschiedenen Zeiten Rhinocerosse nach England, Frankreich und auch nach Deutschland. Diese Individuen waren im Allgemeinen ziemlich ruhig und gutmüthig, nur zuweilen zeigten sie sich ungeduldig und mitunter wild. Ihr Blick war dumm und ihr Gesichtssinn schien nicht scharf zu sein, dagegen deutete die beständige Beweglichkeit ihrer Ohren auf ein feines Gehör. Ihre Stimme war ein Grunzen, das in hohe, scharfe Töne überging, wenn die Thiere gereizt wurden.

Im Zustande der Freiheit soll das Weibchen neun Monate tragen und nur ein Junges auf einmal gebären, das blos eine Spur vom Horn hat, welches erst später sich entwickelt. Das Junge hat bei der Geburt etwa die Größe eines Schweines. In Indien wird das Horn des Rhinoceros besonders zu Gefäßen benutzt, welchen man die Eigenschaft beimißt, jedem vergifteten Getränke das Gift zu benehmen, weshalb sie hoch im Preise stehen, außerdem aber auch noch wegen der schönen Verzierungen, welche man auf ihnen anzubringen pflegt. Auch macht man Degen- und Dolchgriffe, Tabacksdosen und dergl. daraus.

Das afrikanische zweihörnige Rhinoceros war ebenfalls den alten Römern bekannt, doch haben sie es nicht nach Europa gebracht und erst in neuern Zeiten hat man nähere Kenntniß von demselben erhalten. Zur Zeit des Kaisers Domitian wurden Münzen geschlagen, auf welchen man das Bild dieses Thieres sieht. Diese Art, die zwei Hörner hat, weicht außerdem auch durch mindere Größe und wenigere Hautfalten von dem indischen Nashorn ab. Auf Sumatra findet sich ebenfalls ein zweihörniges Rhinoceros, welches nur die Größe eines kleinen Ochsen hat, jedoch mit einem verhältnißmäßig viel größern Kopfe, und dadurch sich auszeichnet, daß das zweite Horn gleichsam nur in einer Spur vorhanden ist, auch nur hinter den Schultern eine Hautfalte sich findet, während am übrigen Körper fast nirgend eine bemerkt wird.

Auf Java gibt es ein einhörniges Rhinoceros, welches in Gestalt und Ansehen ganz mit dem indischen übereinkommt, auch Hautfalten hat, nur ist es kleiner und zeichnet sich besonders dadurch aus, daß die Haut in viele eckige Schildchen getheilt ist, in deren Mitte ein kurzes, steifes Haar steht.*)

Wir fügen dieser naturgeschichtlichen Übersicht die Erzählung eines Jagdabenteuers bei, das ein in Bengalen lebender Europäer bei der Jagd eines Rhinoceros bestand. „Es wurde mir", erzählt er, „angezeigt, daß sich auf der kleinen Insel Sougor, nicht weit von dem Flecken Middletonpoint, von Zeit zu Zeit ein ungeheures Rhinoceros sehen ließe. Um dieses gefürchtete Thier wo möglich zu erlegen, bestieg ich in Begleitung eines Freundes eines Abends einen Baum, auf welchem wir ein Gerüst hatten errichten lassen, nahe bei einem Teiche, wo das Rhinoceros jeden Abend zu trinken pflegte. Bald darauf vernahmen wir in dem Dickig neben uns ein Getöse, und erblickten, ungefähr 60 Fuß weit von uns entfernt, das ungeheure Thier. Es näherte sich langsam und grasend, bis es dicht unter unserm Baume stand. Wir feuerten auf dasselbe aus unsern Doppelbüchsen. Das Thier schien dadurch zwar erschreckt, blieb jedoch ruhig stehen; erst beim zweiten Schusse drehte es sich schnell um, und verließ mit lautem Grunzen den Ort. In einer Entfernung von 15 Schritten hatte Jeder von uns vier Kugeln auf das gewaltige Thier gefeuert, die es jedoch so wenig beachtete, als ob es Erbsen gewesen wären. Nicht lange darauf erschien das Ungeheuer wieder und näherte sich dem Teiche; wir gaben nun aufs Neue Feuer, wobei uns jedoch das Unglück begegnete, daß das Gewehr meines Freundes zersprang, ihm selbst zwei Finger zerschmetterte und mich am Arme verwundete. Nach diesem Unfall blieb uns nichts übrig, als so schleunig als möglich nach Hause zurückzukehren. Nach Verlauf von anderthalb Monaten, als die Hand meines Freundes geheilt war, versuchten wir, bei bessern Vorsichtsmaßregeln, einen neuen Angriff auf das Rhinoceros. Wir nahmen in einer schönen Mondnacht unsern alten Posten an dem Baume wieder ein, hatten aber diesmal zwei Sechspfündner in unserm Versteck auffahren lassen. Zwei Nächte nacheinander mußten wir vergebens auf das Thier warten; erst in der dritten erschien es wieder. Ich stellte mich sogleich an das Geschütz, aber der Feind hatte meine Bewegung bemerkt und entfernte sich. Nach einer Stunde kam das Thier wieder; allein ich hatte kaum die Lunte zum Feuern erhoben, als es auf mich losstürzte. Meine gute Ladung kam ihm auf halbem Wege entgegen, und ich erkletterte nun eilig meinen Baum, um dem entsetzlichen Horne des Ungeheuers zu entgehen. Es erschien jedoch nicht. Bald vernahmen wir in einiger Entfernung ein dumpfes Stöhnen und Grunzen, und entdeckten nun, daß das schwer verwundete Thier etwa noch 50 Schritte weiter gelaufen und dann niedergestürzt war. Die Kugel hatte ihm das linke Auge durchbohrt und war in den Kopf gedrungen. Die Länge des getödteten Thieres betrug, ohne den Schwanz, zwölf Fuß, und seine Höhe sieben Fuß. Bei der Section fanden wir eine der bleiernen Kugeln unserer Doppelbüchsen in seinem Magen. Das Fleisch desselben wurde von der Mannschaft eines Birmanenschiffs gegessen, obgleich es nicht sonderlich schmackhaft ist."

Naturhistorische Unterhaltungen.

Bewundernswürdig ist die Kunst, welche die Vögel bei dem Bau ihrer Nester zeigen. Wir sind gewohnt, von dem Neste als der Wohnung des Vogels zu sprechen; es ist aber nichts als die Wiege der Jungen. Das Nest des Kolibris ist die feinste Arbeit, die man sehen kann. Es ist von Moos gemacht und sieht aus wie ein davon geschlungener Knoten. Noch künstlicher ist das Nest des indischen Schneidervogels. Um seine Jungen gegen so viele ihnen drohende Feinde zu schützen, heftet er zwei große Baumblätter aneinander, die er an das äußerste Ende eines Zweiges hängt, wohin weder Affe noch Schlange sich wagen kann. Er braucht dabei seinen Schnabel als Nadel und Fasern statt Zwirn. Zwischen den zusammengehefteten Blättern bringt er sein Nest an, das er aus Baumwolle, Federn und Dunen macht. Auf ähnliche Weise schützt die nordamerikanische Oriole ihr Nest. Sie bindet zwei gabelförmige Zweige am

---

*) Vergl. auch Nr. 37 des Pfennig-Magazins, wo schon über das indische Nashorn gesprochen und eine Abbildung desselben mitgetheilt wurde.

Ende eines Astes zusammen, wozu sie Pflanzenfasern nimmt, die sie von einem Pfropfreis oder einem Fenster stiehlt. Diese Zweige bilden gleichsam einen Rahmen, um welchen der Vogel ein Netz von Fäden, Wolle oder Werg macht. In diesem Sacke befindet sich das eigentliche Nest, das selbst bei dem heftigsten Winde ohne Gefahr geschaukelt wird und durch die Blätter des Baumes Schutz gegen Sonne und Regen erhält. Andere Vögel zeigen bei dem Bau ihrer Nester weniger sinnreiche Kunst, aber mühsamere Arbeit; z. B. der Specht, der in den Stämmen und Ästen der Bäume eine Wohnung nicht nur für sich selber, sondern auch für den Blauspecht und andere Vögel anlegt, die später sein verlassenes Nest einnehmen. Der Königsfischer gräbt sich, von seinem Weibchen unterstützt, mit Schnabel und Klauen einen Tunnel, der mehre Fuß in die Erde läuft. Der entlegenste Theil ist geräumig, der Eingang aber so enge, daß nur Einer Platz hat. Er legt sein Nest so an, daß es für mehre Jahre dient. Die Uferschwalbe baut ihr Nest auf ähnliche Weise. Die amerikanische goldgekrönte Drossel legt ihr Nest auf dem Boden an, sodaß es dem Torflager, worauf es sich befindet, vollkommen gleicht. Andere Vögel zeigen keine besondere Sorgfalt, ihr Nest zu verbergen. Die Seevögel, meist abgehärtet gegen äußere Einflüsse, legen ihre Eier offen in den Sand. Die Eidergans zeigt eine so sorgsame Mutterliebe, daß sie die Dunen aus ihrer Brust rupft, um das Nest auszufüttern. In den nördlichen Gegenden, wo sie brütet, plündern die Eingeborenen das Nest, aber der Vogel rupft neue Federn aus, um sie sich abermals geraubt zu sehen. Die meisten Vögel bauen ihr Nest mit unendlichem Fleiße, nur der europäische Kukuk folgt nicht diesem Naturtriebe, sondern erspart sich die Mühe, für die Wohnung und die Erziehung seiner Jungen zu sorgen, indem er diese Beschwerde andern Vögeln auflegt. Der amerikanische Vogel dieses Namens, der gelbschnabelige Kukuk, zeigt sich dagegen sehr mütterlich gesinnt. Man hat zwar seine Eier in den Nestern anderer Vögel gefunden; doch, wie einheimische Beobachter glauben, in der Absicht, sich zwar eines fremden Nestes zu bemächtigen, nicht aber seine Jungen der Sorge anderer Vögel zu überlassen. In Nordamerika kennt man nur eine unnatürliche Mutter, die Amsel, die ihr Ei in fremde Nester legt, ohne sonderliche Auswahl. Hat die Eigenthümerin des Nestes selbst Eier, so sorgt sie lieber für das fremde, ehe sie die ihrigen verließe, im entgegengesetzten Falle aber gibt sie ihr mühsam vollendetes Werk auf. Zuweilen werfen die Vögel das fremde Ei heraus, zuweilen geben sie dem Neste einen neuen Boden, in den meisten Fällen aber bewegt sie die Mutterliebe, sich den Betrug gefallen zu lassen. Ist der junge Findling ausgebrütet, so ist die Wohnung zu klein und er erstickt dann oft die andern Jungen. Sobald er flügge ist, verläßt er das Nest, als ob er fühlte, daß er darin kein Heimatrecht habe.

(Wird fortgesetzt.)

Hogarth's Werke.
4. Fleiß und Faulheit.
I.

Wenn wir in dem früher gegebenen Blatte: „Die Heirath nach der Mode", in Nr. 104 des Pfennig-Magazins, das vielseitige Talent Hogarth's sich den höhern Kreisen des gesellschaftlichen Lebens zuwenden sahen, um diesen einen Spiegel ihrer Sitten vorzuhalten, so zeigen uns dagegen die nach und nach von uns mitzutheilende Reihe der Darstellungen, „Fleiß und Faulheit" benannt, den Künstler in dem Kreise des Mittelstandes, diesem gewissermaßen ein Doppelleben, zur Nacheiferung wie zur Warnung, vor die Augen führen. Die Sorgfalt und Vollendung, womit Hogarth diese Darstellungen ausführte, beweisen, wie hoch er seine Aufgabe stellte, und für wie wichtig er es ansah, grade denjenigen Stand zu belehren, aufzumuntern und zu warnen, dessen Gewerbfleiß, Tüchtigkeit oder Müßiggang so unendlich viel zur Blüte eines Volkes beiträgt. Um diesem Stande aber die Folgen des Fleißes und der Faulheit recht eindringlich zu versinnlichen, wählte der Künstler zu seinen Sittengemälden das Leben zweier Schulkameraden. Die Geschichte der beiden Jünglinge beginnt mit ihrem Lehrlingstande in einer und derselben Werkstatt bei einem Weber in London, allein bald nehmen ihre Wege ganz verschiedene Richtungen und endigen, wie Lichtenberg sagt, Beide mit Processionen, die ihnen zur Ehre angestellt werden. Der faule Kamerad nämlich wird unter dem Zulauf einer ungeheuern Volksmenge gehenkt; der fleißige dagegen wird erster Stadtbeamter von London und hält unter dem Jubel des Volkes den prachtvollen Einzug in seine Amtswohnung.

Auf dem ersten hier mitgetheilten Bilde sehen wir nun die beiden Zeuchweber und Nebengesellen in einer Werkstatt an ihren Stühlen sitzen. Dem Fleißigen hat Hogarth den Namen Gutkind gegeben, den andern nennt er Thomas Faulhans. Ein flüchtiger Blick reicht hin, dem Beschauer zu zeigen, welcher der Faule und welcher der Fleißige ist; denn die beiden Gesichter verhalten sich zueinander, wie ein Empfehlungsschreiben zu einem Steckbriefe. Die Umgebungen des Schläfers sind so beschaffen, daß sie gleich ein vollständiges Licht auf seine Gemüthsart werfen. Vor ihm auf der Drehwalze des Webstuhls steht der zinnerne Bierkrug, fürs erste sehr sicher, denn es scheint nicht als ob die Hand des Schlummernden den Stuhl sobald wieder in Bewegung setzen würde. Außerdem hat er vor seinem Einschlafen, an welchem unstreitig der Inhalt des Kruges mit Schuld war, die Vorsicht gebraucht, die Walze noch mit einem Haken zu sperren, und dieser Mechanismus wird durch Faulhansens Lieblingspfeife unterstützt, die ihm nächst dem Bierkruge wol das unentbehrlichste Bedürfniß sein mag. Mit dem Weberschiffchen, welches ungebraucht an seinem Stuhle herabhängt, sehen wir die Katze spielen. Unweit der spielenden Katze aber liegt auf dem Boden ein Buch: „Der Wegweiser für Lehrburschen", das ungefähr ebenso aussieht wie sein Besitzer. Zerrissen ist es, aber wahrscheinlich hat es der Eigenthümer nicht zerlesen, es wird wol das Werk derselben Katze sein. Dagegen ist Gutkind's Buch rein und ganz wie sein Kleid, und dennoch gewiß weislich genützt. An der Wand hinter Gutkind's Stuhl sind verschiedene Blätter angenagelt, vermuthlich Haustafeln, Neujahr- oder Pathenwünsche. Zunächst der Thüre hängt indeß ein Blatt mit der Überschrift: „Whittington, Lordmayor", und soll das Gegenstück zu der über dem Haupte des faulen Schläfers aufgehängten unsittlichen Ballade bilden. Die Geschichte von Whittington und seiner Katze ist in England eine allbekannte Volkssage.*) Hier ist die Anspielung auf

---

*) Die Geschichte von Whittington und seiner Katze, die wol mit Recht nicht viel mehr als ein Märchen heißen mag, aber in England zur Volkssage geworden ist, verhält sich nach allverbreiteter Erzählung so: Richard Whittington war ein armer Knabe, der seine Ältern früh verloren und nach allerlei Ungemach endlich als Küchenjunge in das Haus eines Londoner

diese Geschichte gleichsam als Prophezeihung des Looses, das auf den Fleißigen wartet, angebracht. Noch ist auf unserm Bilde zu bemerken, die Gestalt des Lehrherrn an der Thüre, der einen drohenden Blick auf den schlafenden Faulen wirft und dessen aufgehobener Stock zu sagen scheint, daß er es bei diesem Blicke nicht bewenden lassen wird.

Wie ganz besonders Hogarth diese Blätter für das Volk bestimmte, zeigt sich auch darin, daß unter einem jeden ein Spruch aus der Bibel gesetzt ist. Unter obigem Blatte steht: „Lässige Hand macht arm, aber des Fleißigen Hand macht reich", und: „Die Säufer und Schlemmer verarmen, und ein Schläfer muß zerrissene Kleider tragen."

(Die Fortsetzung folgt in Nr. 113.)

Kaufmanns kam, wo er den Tag über viel von der rauhen Behandlung des Kochs, des Nachts auf seinem engen Dachkämmerchen noch mehr von den Ratten und Mäusen zu leiden hatte, die dort ihr Wesen trieben. Um diese Plagegeister zu bannen, kaufte sich Richard für die wenige Baarschaft, die er sich nach und nach erspart hatte, eine Katze. Es begab sich nun, daß um dieselbe Zeit Richard's Herr ein Schiff in See gehen ließ und jedem seiner Dienstboten die Erlaubniß gab, irgend einen Handelsartikel mit auf das Fahrzeug zu geben, um solche in den fremden Ländern zu verkaufen. Nur der arme Richard hatte nichts, was er mitgeben konnte, aber aufgefodert von seinem Herrn, holte er seine Katze mit weinenden Augen aus seiner Schlafkammer, und übergab sie dem Schiffscapitain, während die ganze versammelte Dienerschaft über diesen seltsamen Artikel lachte. Das Schiff segelte ab und landete an der Küste der Berberei. Der Capitain meldete sich bei dem König des Landes, schickte ihm Proben seiner Schiffsladung, und ward freundlich von ihm aufgenommen und zur Tafel geladen. Wie staunte aber der Engländer, als in dem Augenblicke, wo man sich eben zu Tisch gesetzt, ein Heer von Ratten und Mäusen von allen Seiten auf die Tafel sprang, und sich sämmtlicher Speisen bemächtigte, noch ehe die Gäste zulangen konnten. Bei diesem Treiben, über welches der schwarze König in laute Klagen ausbrach, erinnerte sich der Capitain sogleich an Whittington's Katze, ließ sie augenblicklich aus dem Schiffe holen, und siehe da, in Kurzem war das Ungeziefer verschwunden und der Speisesaal gereinigt. Darüber erstaunte und erfreute sich der König in gleichem Maße, und beschwor den Capitain, ihm die Katze als Eigenthum zu überlassen, der sie ihm auch für eine große Menge Goldes verkaufte. Während dies mit seiner Katze in fernen Landen sich zutrug, ging es dem armen Whittington selbst in London noch weit schlechter als sonst. Er hatte, nachdem er nun sein einziges Eigenthum von sich gegeben, selbst vor den Ratten und Mäusen keine Ruhe mehr, und auch bei seinem Tagewerk fand er nur üble Behandlung. Er faßte deshalb den Entschluß, in die weite Welt zu gehen, verließ eines Tags am frühen Morgen das Haus seines Herrn heimlich und wanderte aus der Stadt. Kaum aber hatte er eine halbe Stunde im freien Felde zurückgelegt, als die Glocken der Stadt zu läuten anfingen, und in diesem harmonischen Geläute glaubte der Knabe deutlich die Worte zu vernehmen:

Kehre um, Whittington,
Dreimal Mayor von London!

Diesen Zuruf nahm er für eine Vorbedeutung, und kehrte in das Haus seines Herrn zurück, wo man ihn noch nicht vermißt hatte. Bald darauf kehrte das Schiff zurück, und Whittington, der arme Knabe, sah sich plötzlich im Besitz eines außerordentlichen Vermögens. Er lernte nunmehr das Geschäft seines Herrn, wurde später dessen Theilnehmer, heirathete dann dessen einzige Tochter und ward endlich wirklich dreimal zum Lordmayor von London erwählt.

Verantwortliche Herausgeber: **Friedrich Brockhaus** in Leipzig und **Dr. C. Drärler-Manfred** in Wien.
Verlag von F. A. Brockhaus in Leipzig.

Das Pfennig-Magazin
der
Gesellschaft zur Verbreitung gemeinnütziger Kenntnisse.

113.] Erscheint jeden Sonnabend. [Mai 30, 1835.

Die Stadt Canterbury.

Die Stadt Canterbury, Hauptort der englischen Grafschaft Kent, gehört zwar nur zu den kleinern Städten Englands, ist aber durch ihre anmuthige Lage am Stour, in einer weiten, durch fruchtbare Hügel unterbrochenen Ebene, durch ihr Alter, ihre prachtvolle Domkirche, ein schönes gothisches Bauwerk und eines der großartigsten in ganz Europa, sowie endlich als Sitz des Oberhaupts der anglicanischen Kirche merkwürdig. Unsere Ansicht stellt die Stadt, welche etwa 1600 Häuser und 13,400 Einwohner zählt, in ihrer ganzen Ausdehnung von Westen nach Osten und von der Südseite dar. Im Vordergrunde erhebt sich die Domkirche, welche sich gegen die schönen Hügel von Surrey malerisch hebt. Südwärts auf der Straße nach Dover eilt auf der Eisenbahn ein Dampfwagentransport hin, die Straße nach London liegt links vom Beschauer. Canterbury, zu den ältesten Städten des Reichs gehörend, hat mehre römische Alterthümer aufzuweisen. Das Innere der Stadt weicht von dem der jüngern Städte Englands ab und erinnert an die deutsche Bauart. Außer einigen Wollen= und Seidenfabriken hat sie wenig Gewerbthätigkeit. Der Waarentransport nach Dover ist der Haupterwerbsquell ihrer Einwohner.

Japan.
IV. Einige Nachrichten über Korea und seine Bewohner.
(Beschluß aus Nr. 112.)

Die Japaner nennen die westlich von ihrem Reiche gelegene Halbinsel zwischen dem 34—43° N.B., welche unsere Geographen unter dem Namen Koréa beschreiben, Koorai; der alte eigentliche Name des Reiches war Tsio=sien, d. i. Heiterkeit des Morgens, wie die Eingeborenen auch jetzt noch ihr Land nennen. Es ist dasselbe großentheils rauh und nicht so fruchtbar als die meisten der japanischen Inseln, und selbst die Theestaude wird nicht überall gebaut. Die Eingeborenen sind von größerer Gestalt als die Japaner, jedoch nur selten

5½ Fuß, von starkem kräftigen Körperbau, mit Ebenmaß der Glieder, rüstig und behende. Ihre Gesichtsbildung trägt im Allgemeinen das Gepräge der mongolischen Rasse; das breite, grobe Gesicht, die hervorstehenden Backenknochen, die starken Kinnladen, die eingedrückte Nasenwurzel und breiten Nasenflügel, der ziemlich große Mund mit breiten Lippen, die eigenthümliche, scheinbar schiefe Augenbildung, das straffe, dichte, schwärzliche Kopfhaar, starke Augenbrauen, dünner Bart bei röthlichgelber Gesichtsfarbe lassen ihn beim ersten Anblick als einen Bewohner des nordöstlichen Asiens erkennen. Das Benehmen des Kooraïers ist ernst, gelassen, nach Umständen munter, freimüthig, sein Gang sicher, behende, und er verräth überhaupt mehr Selbständigkeit und Freiheit der äußern Haltung als der Japaner, dem er jedoch in Bildung des Geistes und Verfeinerung der Sitten weit nachsteht. Er soll ehrlich, treu und gutmüthig sein; weniger kann man seine Sauberkeit und Nettigkeit loben. Die Kleidung der Kooraïer ist höchst einfach und bei beiden Geschlechtern meistens weiß, selten blau von Farbe, bei gemeinen Leuten von baumwollenem Zeuche, bei vornehmern von Seide. Der Mann trägt eine etwas über die Hüften hinabgehende Jacke und eine weite Hose, beide oft mit Watte gefüttert. Als Schuhe dienen eine Art Sandalen von Stroh, bei Frauen und Kindern mit gefärbten Baumwollenzeuchen zierlich durchflochten. Die Vornehmen tragen Schuhe wie die Chinesen. Das Kopfhaar ist bei den Männern in einen knopfartigen Zopf zusammengedreht und wird im Sommer ganz weggeschoren. Bei Jünglingen, und im Allgemeinen bei Unverheiratheten, ist das Haar auf dem Scheitel der Länge nach getheilt und nach hinten zu in einen langen, über den Nacken hangenden Zopf geflochten. Häufig tragen die Männer auch ein netzartiges Stirnband (Man-gong) von Pferdehaaren, die bewundernswürdigster Geschicklichkeit geflochten; fast jeder Kooraïer trägt ein solches, selbst unter dem großen Sonnen- und Regenhute. Dieser ist eine Art auffallend großer, breitrandiger Hüte, von Stroh oder Bambus verfertigt und mit gefirnißtem Kattun überzogen, bald weiß, bald schwarz. Die Männer tragen diesen Hut gegen Sonnenschein und Regen, und vertauschen ihn im Winter mit einer Mütze, die über den Nacken hängt, durch einen Ausschnitt nach vorne das Gesicht offen läßt und mit Pelzwerk gefüttert ist. Die Frauen sind ebenso einfach gekleidet und unterscheiden sich in ihrem Anzuge von den Männern namentlich durch einen um die Lenden befestigten faltigen, kurzen Rock, wobei die weiten, unter dem Rocke hervorragenden Hosen ihnen ein drolliges Ansehen geben. Häufig tragen sie auch ein schwarzes Tuch um den Kopf; der Sonnenschirme und Fächer bedient man sich auch hier allgemein.

Fast jährlich werden kooraïsche Fischer- und Küstenfahrzeuge durch die im Frühjahre herrschenden nordwestlichen Stürme an die japanischen Küsten verschlagen. Hier hatte der Ritter v. Siebold oft Gelegenheit, die Mannschaft derselben Monate lang zu beobachten. Sie wußten sich gut in ihr Schicksal zu finden, und bei der Hoffnung, ihr Vaterland bald wiederzusehen, bestanden sie gewöhnlich gutes Muthes ihr Abenteuer. Mit Anbruch des Tages verrichteten sie unter Schlagen einer Trommel ihr Gebet. Jedes Familienglied fand dann für den laufenden Tag und die bevorstehende Rückreise Beschäftigung, und Gesang und Spiel — besonders Damen- und Schachspiel — und das beliebte Tabackrauchen füllten die müßigen Stunden aus. Über einen besonders interessanten Besuch dieser Art theilt unser Reisender Folgendes mit: „So oft schiffbrüchige Reisende nach Nagasaki kamen, suchte ich Gelegenheit, sie zu besuchen, um sie näher zu beobachten und einige Nachrichten über ihr uns Europäern so wenig bekannt gewordenes Land zu erhalten. Solche Besuche waren übrigens mit großen Schwierigkeiten verbunden; ich mußte Erlaubniß vom Statthalter von Nagasaki haben, ohne dessen Vorwissen mich der japanische Aufseher der Kooraïer weder in seinem Hause empfangen, noch bei jenen zulassen durfte. Meine japanischen Freunde wußten jedoch stets unter dem einen oder andern Vorwande diese Erlaubniß auszuwirken und mir den Zutritt zu verschaffen. Die Kooraïer begegneten mir jedesmal sehr leutselig; aber namentlich war es bei Gelegenheit eines Besuches am 17. März 1828, wo mich ihr Benehmen sehr einnahm und wobei ich Gelegenheit hatte, einige wichtige Beobachtungen über ihre physische Beschaffenheit, ihre Sitten, Sprache, Schrift u. dgl. zu machen. Eine Gesellschaft von 36 Kooraïern nämlich, theils Fischer, theils Schiffer, einige Kaufleute und Reisende, welche mit drei Fahrzeugen von der Westküste von Koorai nach Japan verschlagen worden, befand sich eben zu Nagasaki im Handelshause des Fürsten von Tsu-sima. Bereits früher hatte ich die Bekanntschaft eines Aufsehers, einiger Beamten und Offiziere dieses Fürsten gemacht, und einige willkommene Geschenke kündigten, nach japanischer Sitte, mich als einen bald erscheinenden Gast an. Die Gastfreundschaft der Japaner, die nicht genug gepriesen werden kann, that sich auch hier wieder ausnehmend hervor. Im Empfangsaale des Aufsehers war Alles bereitet, um einen Fremden von einer so geschätzten Nation, als es auf Japan die holländische ist, seinem Stande gemäß zu empfangen und den andern Fremden, einem benachbarten asiatischen, gegen Europäer ungastfreundlichen Volke angehörend, zu zeigen, welche Achtung man einer Handelsnation schuldig sei im Verkehre, mit welcher man bereits einen 200jährigen Frieden genieße. Aus der erwähnten Gesellschaft der schiffbrüchigen Kooraïer hatte mein japanischer Gastfreund eine Auswahl der angesehensten und gebildetsten Männer getroffen, ihrer vier an der Zahl, und der Verschiedenheit der Costume wegen auch noch einen Matrosen und Schiffsjungen herbeikommen lassen. In ihren besten Anzug gekleidet, traten diese Leute ernsten Ganges in den Empfangsaal und setzten sich der Reihe nach theils auf japanische Weise, theils nach ihrer Sitte mit gekreuzten Beinen auf die Matte nieder. Sie schienen ihre ganze, aus dem Schiffbruche gerettete Habe an Kleidungsstücken angezogen zu haben; Einige waren mit mehren Röcken dick, fast unbehülflich aufgeputzt, und Haarputz und Kopfbedeckung dergestalt unter ihnen vertheilt, daß man die gute Absicht, mir ein Bild ihrer verschiedenen Trachten zu geben, deutlich errathen konnte. Einige trugen einen langen weißen Überrock von Baumwollenzeuch über der oben beschriebenen Jacke; einer hatte eine Jacke von hellblauer Seide, wattirt und in Streifen durchnäht und ähnliche seidene Hosen an. Die Kopfbedeckung war verschieden; einige trugen das Haarnetz, einer eine spitzige Mütze, ebenfalls aus Pferdehaaren geflochten, ein anderer eine mit Pelz gefütterte Wintermütze, und einer hatte über dem Netze einen großen Hut auf. Außerdem führten die andern noch große Hüte bei sich, woraus ich schloß, daß diese zur festlichen Kleidung gehören."

„So musterte ich die Kooraïer, welche sich eben in einem Halbkreise vor uns niedergelassen. Jetzt begrüßte ich sie und ließ ihnen durch einen Dolmetscher die Absicht meines Besuches eröffnen und einige Geschenke vorlegen. Der Erste in der Reihe erwiderte in einem Tone, der einige Gewandtheit im Sprechen verrieth und selbst einer Art Declamation glich, meine Anrede, und bezeigte nur sein Leidwesen, daß sie als arme Schiffbrüchige außer Stand seien, unsere Geschenke zu vergelten. Hierauf nahm auch der Zweite das Wort und bezeigte seinen Dank, den er mehr in Zeichen als in rednerischen Formen auszudrücken strebte. Während einer hierauf eintretenden Pause fiel mir auf, daß keiner von ihnen ruhig sitzen blieb, sondern, mit dem Oberleibe sich anhaltend, hin und her bewegte. Es waren zwei Kaufleute, ein Lehrmeister in der chinesischen und kooraïschen Sprache und in der Sittenlehre des Confucius, ein reisender Gewerbsmann und der Schiffer, mit welchen ich mich unterhielt. Diese wackern Leute hatten ein ausnehmend gutes Zuvorkommen, und der anfangs etwas verlegene Blick schien sich allmälig aufzuheitern. Ich brachte in dieser seltsamen Gesellschaft einen sehr merkwürdigen und lehrreichen Tag zu. Der eine Kaufmann war jedoch äußerst niedergeschlagen, ich möchte sagen seelenkrank; er hatte all sein Gut verloren, bei dem Schiffbruche selbst körperlich gelitten und beschäftigte sich, wie man mir sagte, beständig mit der traurigen Erinnerung an die Seinigen. Der andere, der sich Ho=sa=tsiëm nannte, war ein aufgeräumter, doch ernster Mann, der am heutigen Tage sein Unglück ganz vergessen zu haben schien und es sich wirklich angelegen sein ließ, dem europäischen Fremdlinge zu zeigen, daß er kein gemeiner Mann war. Unser Gelehrte hatte wol ein pfiffiges, aber eben kein sehr gelehrtes Aussehen; es lag etwas Gemeines in seinen Zügen, und als ich unsern Ho=sa=tsiëm fragte, wer von ihnen die so recht bezeichnenden Gesichtszüge der gemeinen Volksclasse habe, wußte er nicht ohne Witz auf Kum=tsium, so hieß der Gelehrte, zu deuten, und benutzte die Gelegenheit, seiner Eigenliebe zu huldigen und sich als ein Muster der vornehmen Classe anzupreisen. Der Schiffer hatte den Blick, der im Auge der Seeleute bei den meisten Völkern sich zeigt, das starre, ernste Wegsehen unter den heruntergezogenen Augenbrauen, welche gleichsam das Auge vor dem Glanze des Himmels und Wasserspiegels zu beschützen scheinen. Der Matrose gab ein gutes Muster des groben Knochenbaues der gemeinen Classe, und der Schiffsjunge zeigte das glatte runde Gesicht, welches der Jugend der mongolischen Rasse so eigenthümlich ist. Die Männer trugen Schnurrbärte und einen Bart ums Kinn; der Bart, sowie das Kopfhaar ist kohlschwarz im Grunde, doch schimmert es ins Braunrothe. Das Geschenk, welches ich den Kooraïern machte, bestand in einigen Ellen farbigen Tuchs, Zitz und einigen Flaschen Arak und Genever, und fand bei ihnen eine äußerst gute Aufnahme. Sie schienen sich zu berathen, was sie mir zum Gegengeschenk geben sollten, und der Erste in der Reihe, welcher auch schon früher das Wort geführt hatte, entschuldigte sich nun in Verlegenheit mit ihrer Armuth und bat mich, einige der Geräthe, die sie noch gerettet hätten, anzunehmen. Es waren einige Handschriften, Gemälderollen, ein Tischlein, einige Krüge und Schüsseln, wozu Jeder noch ein entbehrliches Kleid oder Kleinod legte. Der Sprecher hatte einen sehr geläufigen Vortrag; es hatte indessen nicht das Ansehen, als wenn er etwas aus dem Stegreife vorbringe, sondern seine Sprechart war, wie wenn Jemand etwas, ohne Sinn zu verstehen, aufsagt: — eine Eigenschaft des Vortrags, die auch dem der Japaner eigen ist. Man hatte mittlerweile Papier und Schreibgeräth herbeigebracht, und Einige beschäftigten sich, etwas zu Papier zu bringen. Von Dreien erhielt ich Aufsätze, in chinesischer und kooraïscher Sprache niedergeschrieben."

Es sind jene Aufsätze zu interessant, als daß wir sie nicht zum Schlusse dieser Mittheilungen beifügen sollten.

1) **Kooraïsches Liedchen.** Es gibt auf der Welt nichts Abscheulicheres als die Spinne, welche aus ihrem Hintern Fäden zieht und ein breites Netz ausspannt, um den Schmetterling zu umgarnen, der fröhlich die Blumen sucht.

2) Zwischen Himmel und Erde breitet sich das Meer aus, und die allenthalben daraus hervorkommenden Länder, wer kann sie kennen? In meinem ganzen Leben habe ich nie etwas von Holländern gehört; heute kam ich mit dieser Nation zusammen und unsere Trauer fand Theilnahme. Auf der Tafel steht Wein und hohe Männer sind gegenwärtig. Durch Stürme verfallen, weilen wir hier und denken des fernen Vaterlandes. Wir werden nun wieder zu Schiffe gehen; seit gestern liegt es bereit, und jubeln werden wir und tanzen, wenn der Tag der Heimfahrt kommt.

3) Drei Nationen sind in diesem Zimmer zusammengekommen, und der längst verstorbene Han=wu sieht auf den Saft der Trauben herab. Wir erhielten bei dem heutigen Besuche gastfreundliche Bewirthung, man schied unter Händedruck, doch wir werden der genossenen Freundschaft nie vergessen. — Aus Dankbarkeit für die gastfreundliche Bewirthung bei unserm ersten Besuche sendet dieses Ho=sa=tsiëm von Kang=tsin im Kreise Osiën=la auf Tsio=sien.

Naturhistorische Unterhaltungen.

Es ist ungemein anziehend, zu beobachten, mit welcher Sorgfalt sich die Vögel ihre Bedürfnisse verschaffen, und wie sicher der Instinct sie immer dabei leitet. Der Specht umfaßt den Baumstamm mit seinen Klauen und auf den Schwanz sich stützend, zieht er Insekten aus den Spalten der Rinde. Der Blauspecht öffnet Nüsse und andere steinichte Fruchtkerne durch wiederholte Stöße seines harten hornigen Schnabels. Der Fleischervogel, der von Insekten und kleinern Vögeln lebt, soll seine Beute durch Nachahmung ihrer Stimme anlocken, und diejenigen Insekten, die er nicht gleich verzehren will, auf Dornen stecken. Einige haben geglaubt, dies sei eine Falle für andere Vögel, was aber unwahrscheinlich ist, weil es unnöthig wäre. Die Bachstelze sitzt auf dem Zaune oder auf der Schwelle einer Thüre und singt traurig und klagend, aber wehe der Motte, die ihr nahe kommt; der Vogel hascht sie, ohne seinen Gesang zu unterbrechen. Der Rabe und die Möve, die gern Schaltiere fressen, aber nicht im Stande sind, sie zu öffnen, fliegen mit ihrer Beute empor und lassen sie aus der Höhe auf eine Klippe fallen. Der Adler sitzt stolz und ruhig auf einem Felsen und beobachtet die Arbeit der fischfangenden Vögel in der Tiefe, indem er die mächtigen Flügel halb erhoben hat. Bald sieht er den Fischreiher in das Meer sich tauchen und mit freudigem Schrei wieder emporsteigen mit seinem Raube. Dann wird des Adlers Blick feurig, seine Flügel breiten sich aus, und er jagt den Reiher, bis er ihn nöthigt, seine Beute fallen zu lassen; aber sie geht nicht verloren; in einem weiten Kreise schwebt der Adler zu dem Meere nieder, und faßt sie, ehe sie das Wasser erreicht.

(Wird fortgesetzt.)

Die Pyramide von Cholula.

Man findet in mehren Gegenden von Mexico künstliche Hügel in der Gestalt von Pyramiden, die von den Bewohnern des Landes vor ihrer Unterwerfung durch die Spanier errichtet wurden und zu gottesdienstlichen Zwecken, zu Begräbnißplätzen der Könige und Oberpriester bestimmt waren. Das größte, älteste und berühmteste dieser Denkmale ist die Pyramide unweit Cholula, die wir auf unserer Abbildung sehen. Sie heißt Teocatli, das Haus der Götter. Die Stadt Cholula liegt in der großen Ebene von Puebla, welche eine Reihe vulkanischer Berge von dem Thale von Mexico scheidet. Die Pyramide erhebt sich auf der Ostseite der Stadt. Im Vordergrunde unsers Bildes sehen wir einige Aloe- und Gummibäume, in der Ferne zeigt sich der Gipfel des schneebedeckten Vulkans Orizaba. Die Morgenseite der Pyramide ist noch ziemlich gut erhalten und von hier ist unsere Abbildung aufgenommen. Sie besteht aus vier Terrassen von gleicher Höhe, und hat eine ausgedehntere Grundfläche als andere ähnliche Denkmale in der alten Welt. Nach den Messungen, die Alexander von Humboldt anstellte, ist die Grundfläche auf jeder Seite 1400 Fuß lang, also noch einmal so lang als bei der Pyramide des Cheops in Ägypten. Die Pyramide besteht aus Ziegeln, die durch Mörtel verbunden sind. Nach der Versicherung der Indianer ist das Innere derselben ausgehöhlt, und durch einen Zufall hat man die Entdeckung gemacht, daß diese Angabe nicht ganz ungegründet ist. Als man vor mehren Jahren der Straße von Puebla nach Mexico, die früher nördlich von der Pyramide lag, eine andere Richtung gab und die erste Terrasse der Pyramide durchbrach, stießen die Arbeiter auf ein viereckiges ausgemauertes und durch Cypressenpfeiler gestütztes Gemach, worin man zwei Leichname, Götterbilder von Basalt und viele schön bemalte Vasen fand. Leider war man nicht bedacht, diesen Fund aufzubewahren, aber man versichert, jenes Gemach habe weder Eingang noch Ausgang gehabt. Auf dem Gipfel der Pyramide stand in frühern Zeiten ein dem Gott der Luft geweihter Altar. Nach der Volkssage war das Land vor der großen Flut, die es 4000 Jahre nach der Schöpfung überschwemmte, von Riesen bewohnt, und alle, die nicht umkamen, wurden in Fische verwandelt. Nur sieben fanden Rettung und verbargen sich in Berghöhlen. Als die Wasser sich verlaufen hatten, kam einer der geretteten Riesen nach Cholula und baute einen künstlichen Hügel, zum Andenken des Berges, wo er Zuflucht gefunden. Er ließ die Ziegel zu dem Bau in weiter Entfernung brennen, und um sie nach Cholula zu bringen, ward eine Reihe von Menschen aufgestellt, die sie sich von Hand zu Hand zureichten. Die Götter aber sahen mit Unwillen diesen Bau und schleuderten Feuer gegen die Pyramide, wodurch die Arbeiter umkamen. Das Werk blieb unvollendet und ward endlich dem Gott der Luft geweiht.

Über Entstehung, Elektricität, Höhe und Formen der Wolken.

Die Wolken, die schon die Einbildungskraft des Kindes mit unwiderstehlichem Zauber anziehen und ihm durch die Mannichfaltigkeit ihrer Formenbildung die erste geistige Nahrung geben, verdienen es als tägliche Gefährten unserer Erde, daß wir ihre physische Natur kennen lernen. Es ist bekannt, daß die Wolke eine Ansammlung wässeriger Dünste, und wahrscheinlich kleiner Wasserbläschen ist, welche sich durch ihr geringeres Gewicht als das der Luft in dieser schwebend erhalten, bis eine größere Verdichtung der Feuchtigkeit die Wasserbläschen in Regentropfen verwandelt, die in dem Augenblicke, wo ihr Gewicht das der Luft übertrifft, niederfallen. Eine andere Frage ist es aber, wie und auf welche Weise eine solche Ansammlung entstehe. Je tiefer man in die Naturwissenschaft eingedrungen, um so mehr erkannte man die Schwierigkeit dieser

Frage. Schon Beccaria, ein berühmter Naturforscher des vorigen Jahrhunderts, schreibt der Elektricität bei der Wolkenbildung einen wichtigen Einfluß zu, nur hat er die Art und Weise ihrer Wirksamkeit nicht befriedigend bezeichnet. Daß die Elektricität bei der Entstehung des Regens, Schnees, Hagels bedeutend mitwirkt, ist außer allem Zweifel, auch so viel ist ermittelt, daß, wenn die Zeit eintritt, wo die Luft am stärksten mit Elektricität angefüllt ist, zugleich der höchste Feuchtigkeitsgrad stattfindet; ungewiß ist man jedoch darüber, ob die Feuchtigkeit die Elektricität, oder diese jene erzeuge. So entschieden es nun nach sorgfältigen Untersuchungen ist, daß die Wolken stets mit Elektricität angefüllt sind, so würde es doch voreilig sein, die Wolken blos als ein Erzeugniß derselben anzunehmen. Das merkwürdigste Beispiel einer mit Elektricität geladenen Wolke bietet uns die von Brybone auf seiner Reise nach Malta beobachtete Erscheinung dar. „Am 29. October 1757, kurz nach Mitternacht, sah man in Melita von Südwesten eine schwarze Wolke heraufziehen, welche mit ihrer Annäherung die Farbe veränderte, bis sie endlich einer mit Rauch vermischten Feuerflamme glich. Zuerst vernahm man ein dumpfes Getöse, welches mit ihrer Annäherung an Furchtbarkeit zunahm, und endlich die Stadt aufschreckte. Der erste Gegenstand, über welchen sie streifte, war ein englisches Schiff, dessen Masten und Takelwerk durch ihre Berührung sogleich in Stücke zersprengt und eine bedeutende Strecke weit weggeschleudert wurden. Eine Schildwache, welche sich ins Schilderhaus zurückgezogen hatte, wurde sammt letzterm von der Wolke fortgerissen und ins Meer geworfen. Mehre freistehende Häuser der Stadt wurden zerstört, die Thurmspitzen mit den Glocken fortgeschleudert, die Dächer der Kirchen abgedeckt, bis die Scene mit der Zerstörung des Leuchthurmes endete. Hierauf erhob sich die elektrische Wolke wieder und nahm die Richtung nach Sicilien. Zweihundert Todte und Verwundete waren ein Opfer dieser merkwürdigen und seltenen Naturerscheinung." Von Wolken ähnlicher Art waren einmal der Naturforscher Saussure und sein Begleiter auf den Alpen umringt. Ihre Elektricität war so stark, daß aus ihren Fingern fortwährend Funken, denen der Elektrisirmaschine ähnlich, schossen.

Höhe und Formen der Wolken.

Befriedigender ist ein anderer Versuch, die Bildung der Wolken zu erklären. Erkältete Luft scheidet ihre Feuchtigkeit aus. Dies ist eine unleugbare, durch tägliche Erfahrung bewährte Thatsache. Wie kann aber die Luft anders erkältet werden, als durch einen kältern Luftstrom? Derjenige Theil der Luft, welcher erkältet worden ist, gibt seine Wärme an den erkälteten ab. Nun aber stehen die Massen der Feuchtigkeit, welche die Luft tragen kann, nicht im graden Verhältnisse mit den verschiedenen Temperaturen derselben.

Die Feuchtigkeit, von welcher wir hier sprechen, ist gleichmäßig vertheilt. Gesetzt nun, zwei dem körperlichen Raume nach gleiche Luftmassen sind bei den verschiedenen Temperaturen von 15° und 45° des hunderttheiligen Thermometers mit Feuchtigkeit gesättigt, und vermischen sich gegenseitig, so entsteht eine Mitteltemperatur von 30°. Da nun aber die erstere Luftmasse 200 Theile Feuchtigkeit und die letztere 800 Theile bei ihrer Sättigung in sich halten kann, so kommen nach der Mischung auf beide körperliche Räume 1000 Theile Feuchtigkeit und auf jeden einzeln genommen 500 Theile; allein die Mitteltemperatur von 30° verträgt nur 400 Theile und ist dann gesättigt, folglich müssen 100 Theile niedergeschlagen werden. Diese 100 Theile Niederschlag betragen den $1/200$ Theil des Gewichts von dem körperlichen Lufträume, aus welchem sie niedergeschlagen sind. In diesem Beispiele haben wir zwei sehr bedeutende Unterschiede von Temperaturen angenommen, die in der Wirklichkeit selten in Berührung kommen; ein anderes Beispiel von geringern Unterschieden wird uns zeigen, daß auch dann schon eine bedeutende Massermenge erzeugt wird. Gesetzt, es habe ein Luftstrom 31° Réaumur, ein anderer 22°, so sind die Verhältnisse der Feuchtigkeit 334 zu 200; die Summe davon 534 Theile Feuchtigkeit, daher kommt auf jeden Raum 267½ Theile Feuchtigkeit; da nun aber die Mitteltemperatur von 31° und 22° nur etwa 258 Theile halten kann, so ist der Unterschied 9½, welches $1/2300$ des Gewichts der Luft, womit die Feuchtigkeit vermischt ist, ausmacht. Angenommen nun, es habe eine solche Mischung auf einer sechs bis sieben deutsche Meilen langen und einer Stunde breiten Fläche stattgefunden, so gibt dies schon eine Zollhöhe wässerigen Niederschlags. Diese Berechnungen stimmen genau mit der Erfahrung überein. Je höher die Temperatur der verschiedenen Luftströme ist, desto stärker sind die Niederschläge; denn während die Mischungen der Temperaturen von 18° und 26⅔° einen Niederschlag von 6⅗, die oben angeführten einen von 9½ geben, so geben die Temperaturen von 35° und 44° Réaumur schon einen von beinahe 19 Theilen.

Die Höhe, bis zu welcher sich die Wolken erheben, ist äußerst ungleich. Man will sie schon in der Höhe von 5—600 Fuß über der Erde beobachtet haben, dagegen hat der Naturforscher Bougier Wolken gesehen, welche noch 4800 Fuß über der Spitze des Chimborasso standen. Ein anderer französischer Gelehrter, Gay Lussac, sah bei einer Luftreise, als er eine Höhe von 21,600 Fuß erreicht hatte, noch Wolken sehr hoch über sich. Die Bewegung der Wolke hängt nicht immer von der Richtung der herrschenden Windes oder Luftstromes ab. Wenn wir zuweilen bemerken, daß verschiedene Wolkenschichten entgegengesetzte Richtungen nehmen, so rührt dies nicht immer von entgegengesetzten Winden her. So fanden die Luftschiffer Charles und Roberts, als sie bei einem Gewitter sich 4000 Fuß über die Erdoberfläche erhoben hatten, bei entgegengesetzten Wolkenzügen keine verschiedenen Luftströmungen.

Was die Gestalten der Wolken betrifft, so hat der englische Naturforscher Forster, auf vieljährige Beobachtungen gestützt, den Versuch gemacht, sie auf einzelne Hauptformen zurückzuführen. Solcher Grundgestalten nimmt er drei an: 1) Der Cirrus oder das Haarbüschelgewölk, bestehend aus Parallelkrümmungen, die nach allen Seiten gerichtet sind, die als die höchsten Wolkenschichten anzusehen sind, und deren Höhe man auf 25,000 Fuß schätzen kann. Gewöhnlich erscheint er bei heiterm Himmel und reiner Luft und hat die geringste Dichtigkeit der Feuchtigkeitstheilchen. Oft kommt diese Wolkengestalt auch in den niedern Lufträumen vor; dann sind aber die Streifen gedrängter. Unter diesen Umständen ist der Cirrus ein Vorbote des Sturms oder heftigen Windes, welcher sich dann gewöhnlich in einer der Entfaltung der Büschel entgegengesetzten Richtung einstellt. 2) Der Cumulus hat die dichteste Structur, schwebt in der mittlern Luftregion und geht mit dem auf der Erde herrschenden Luftstrome. Oft kann man seine Entstehung und Ausdehnung verfolgen; es erscheint anfänglich ein Pünktchen, gleichsam als Kern, und wächst mit merklicher Geschwindigkeit. Er verschwindet mit Sonnenuntergang. 3) Der Stratus besteht aus weit ausgedehnten, zusammenhangenden, wagerechten Schichten.

Von diesen drei Hauptgestalten gibt es nun wieder Mittelgestalten: 1) Der Cirrocumulus oder die sogenannten Schäfchenwolken, seines gleichsam wolligen Gewebes wegen so genannt; er erreicht eine Höhe von 14—20,000 Fuß. 2) Der Cirrostratus besteht aus horizontalen oder schrägen Wolkenstreifen, erscheint gewöhnlich in Gruppen, bald geschlossener, bald getrennter; erzeugt sich nur bei warmem und trockenem Wetter, verkündigt Sturm und Regen und bildet sich häufig, wenn lang anhaltende Stürme eine Pause machen. Auch soll der Cirrostratus die Entstehung der Mondhöfe, sowie die der Nebenmonde und Nebensonnen veranlassen, und daher als Vorbote schlechten Wetters anzusehen sein. 3) Cumulostratus ist eine Mischung des Cumulus und Stratus, mehr oder minder in einander verfließend, und ist Vorbote des Regens. 4) Cumulo-Cirro-Stratus oder Nimbus ist die eigentliche Regenwolke.

Miscellen.

Ein Vogelsammler in Manchester entdeckte unlängst durch einen glücklichen Zufall, daß gedrückte und beschädigte Federn sich vollkommen wiederherstellen lassen, wenn man sie in heißes Wasser taucht. Er hatte eine Kiste mit seltenen Vögeln aus Amerika erhalten, worunter ein Exemplar war, dessen Schwanz durch das Packen gelitten hatte. Während er den Vogel betrachtete, ließ er ihn in eine Tasse Kaffee fallen, und hielt ihn nun für gänzlich verloren, fand aber mit angenehmer Überraschung, daß das Gefieder, als er den Vogel am Feuer getrocknet hatte, wieder grade und glatt geworden war.

Das Dorf Fredonia im Staate Neuyork, nahe am Eriesee, wird von einem kleinen aber schnellen Flusse durchströmt, der mehre Mühlen treibt und sich dann in den See ergießt. Als man im Jahre 1827 eine dieser Mühlen abbrach, die im Dorfe zum Theil über den Fluß gebaut gewesen, bemerkte man, daß oft Blasen im Wasser aufstiegen, und bei näherer Untersuchung ergab sich, daß die darin entwickelte Luft brennbares Gas war. Es bildete sich ein Verein, und als man ein Loch von 1½ Zoll im Durchmesser durch den Felsen, einen stinkenden Kalkstein, gebohrt hatte, verließ das Gas seinen natürlichen Weg und stieg durch diese Öffnung empor. Man baute einen Gasometer darüber, legte Röhren und leitete so das Gas in alle Häuser des Dorfs. Es werden dadurch gegen 100 Gasflammen genährt, und jede kostet jährlich im Durchschnitt nur ungefähr drei Gulden. Die Flamme ist groß, hat aber nicht so viel Lichtstärke und Helligkeit als Steinkohlengas. Man glaubte, daß das Gas aus Lagern von erdpechhaltiger Kohle herrührt; wiewol die Gebirgsart, die hier und in der ganzen Umgegend zu Tage ausgeht, nur aus stinkendem Kalkstein besteht.

Das Museum der Naturgeschichte zu Nantes ist neuerlich durch ein sehr seltenes und merkwürdiges Stück bereichert worden, nämlich einen Schwamm von seltener Größe, der den Namen Neptunsbecher führt. Die Höhe dieses Schwammes beträgt 22 Zoll, sein oberer Theil oder Hut, der die Gestalt eines Bechers hat, mißt 3 Fuß 10 Zoll im Durchmesser, die Tiefe seiner Schale beträgt 15 Zoll 6 Linien, der innere Durchmesser 1 Fuß 6 Linien, sein Strunk hat 1 Fuß 6 Linien im Umfange. Das Vaterland dieses gigantischen Gewächses ist Indien, wo es der Schiffscapitain Auger fand, der es dem Museum zum Geschenk machte.

Hogarth's Werke.
4. Fleiß und Faulheit.
(Fortsetzung aus Nr. 112.)

II.

Wir fahren in dem in Nr. 112 des Pfennig-Magazins begonnenen Lebenslaufe des Fleißigen und Faulen fort. Dieses zweite Blatt hat als Spruch: „Wie habe ich dein Gesetz so lieb, täglich rede ich davon".

Unser Bild zeigt das Innere einer Kirche, welche Hogarth auf alle Weise ausgeschmückt hat, und der er auch den größten Schmuck gegeben, den eine Kirche haben kann, nämlich eine zahlreiche, andächtige Gemeinde. Aber der übersprudelnde Humor unsers Künstlers hat sich auch hier nicht verleugnet.

Im Vordergrunde zur Rechten sehen wir in einem Kirchstuhle unsern Helden, den fleißigen Gutkind, wie er mit der Tochter seines Principals aus einem und demselben Buche singt. Die Gestalten der jungen Leute sind sehr ausdrucksvoll und zart ausgeführt. Schon sehen wir aus der Innigkeit und Einigkeit, womit das junge Paar hier gemeinschaftlich seine Andacht verrichtet, den Zug einer gegenseitigen Neigung unverkennbar hervorscheinen, und so im Voraus angedeutet, was auch am Ende geschieht, daß diese Beiden einst Mann und Frau werden. Außer diesen Hauptpersonen ist in der andächtigen Versammlung noch besonders zu bemerken die alte Frau zur Linken, welche nächst Gutkind und seiner Geliebten vielleicht die einzige wahrhaft andächtige Person in der ganzen Kirche ist, da sie, der übrigen Gemeinde den Rücken zukehrend, jeden Schein von Frömmigkeit verschmäht, und sich nur um sich selbst und ihr Gebet zu bekümmern scheint. Nächst dieser guten Alten, welche vielleicht eine lange und schmerzliche Lebenserfahrung so gestimmt hat, befindet sich im Rücken des jungen Paars eine sehr dicke Frau, mit einem ungeheuern Fächer, welche weniger Bescheidenheit zu besitzen scheint als die Alte. Dieser gegenüber in ein weit weniger wohlbeleibter Herr mit einer gewaltigen Brille, dem das Singen große Anstrengung zu kosten scheint, und dicht unter diesem ein ehrbarer londoner Bürger, gleichfalls von stattlichem Umfange, der ebenso fest, aber noch weit ruhiger schlummert als der faule Lehrling auf dem ersten Blatte.

Das dritte Blatt zeigt uns von der eben beschriebenen Andachtsübung im Innern des Gotteshauses das entschiedenste Gegenstück vor der Thüre desselben. Der Schauplatz ist der Kirchhof. Die Hauptgruppe stellt ebenfalls eine gewählte Gesellschaft vor, die auf eine ganz eigne Weise den Sonntag feiert. Der lange Kerl mit dem keineswegs empfehlenden Gesichte, der über den Grabstein ausgestreckt liegt, ist Niemand anders als der faule Kamerad des andächtigen Gutkind. Er ist von seinem Principal auch zur Kirche geschickt worden, ist aber zu seinem Unglück unterwegs einigen gleichgeschaffenen Seelen begegnet, welche, wie er, keine Lust haben, in der Kirche, wie sie sagen, Grillen zu fangen. Sie ziehen es also vor, sich einstweilen mit der Außenseite des Gotteshauses zu begnügen, und ihren bösen Gelüsten folgend, machen sie eine kleine Spielpartie auf einem Grabsteine neben einem offenen Grabe. Der faule Thomas übernimmt hierbei die Hauptrolle, und die Art und Weise, wie er sich dabei benimmt, zeigt, daß er in diesem Geschäfte nicht so ganz unerfahren ist. Wenigstens scheint der breite Klapphut vor ihm nicht vergebens neben den Geldstücken zu liegen, vielmehr die Art von Hausmittelchen zu sein, womit er durch List ersetzt, was ihm das Glück verweigert. Auch wäre es, wenn man diese Gesichter betrachtet, wol zu gewagt, bei ihnen auf ehrliches Spiel zu schließen.

Unter dem einen Beine unsers Thomas erblickt man die Worte der Grabschrift: Here lies the body etc. (Hier liegt der Leib u. s. w.). Unter den vier, bei dem ruchlosen Spiele im Angesicht der Todtengebeine und der offenen Gruft betheiligten Personen ist nur unser Fauler, wo nicht der moralisch Beste, doch unstreitig der Reinlichste. Wenigstens trägt er doch ein ganzes Kleid, während an den Kleidern, besonders des Einen, immer ein Lumpen dem andern Lebewohl sagt. Dieser (seines Zeichens ein Schuhputzer, wie aus dem umgestürzten Schemel und dem Korbe mit Bürsten zu seinen Füßen hervorgeht) ist wirklich ein wahres Scheusal, dessen Persönlichkeit näher zu beschreiben überflüssig ist, ein Gesicht, welchem gegenüber die Todtenschädel noch Schönheiten sind. Weniger ekelhaft, aber vielleicht ebenso gefährlich ist der Kniende zu seiner Rechten, mit der gestreiften Schlafmütze und dem Pflaster auf dem linken Auge. Hogarth hat ihn in der Reihe dieser Gemälde noch mehrmals angebracht und in die Lebensgeschichte Faulhansens verwebt. Die dritte hinter ihm stehende Person scheint durch Faulhansens Kunstgriffe schon bei dem Spiele überflüssig geworden zu sein. Er sieht sehnsüchtig auf die ausgebreiteten Geldstücke, als wollte er sie gern wiederhaben und kratzt sich mit kläglicher Miene in den Haaren. Daß dieses Gesindel auf dem Todtenacker spielt, ist kein Wunder. Sie sehen das Grab vor dem Galgen nicht, der ihnen näher steht.

Eine anwesende Person wenigstens ist mit dem Treiben dieses Gelichters sehr unzufrieden, nämlich der Bettelvogt, der eben, von den eifrigen Spielern nicht bemerkt, im Begriff steht, der Hauptperson einen ganz unzweideutigen Beweis seines Misfallens zu geben. Die ganze Figur des Bettelvogts ist bei der Ausübung seines Amts beschäftigt; das Ballen der linken Hand, das Zucken der Mundwinkel und das Blinzeln der Augen zeigen, daß es ihm damit kein Spaß ist. Nur noch ein Augenblick, und der niederfallende Stock wird gleich dem Posaunentone des jüngsten Gerichts eine schleunige Auferstehung der Gruppe bewirken. Dieses Blatt hat als Denkspruch die Unterschrift: „Den Spöttern sind Strafen bereitet, und Schläge auf der Narren Rücken".

(Die Fortsetzung folgt in Nr. 115.)

Verantwortliche Herausgeber: Friedrich Brockhaus in Leipzig und Dr. C. Drärler-Manfred in Wien.
Verlag von F. A. Brockhaus in Leipzig

Das Pfennig-Magazin

der

Gesellschaft zur Verbreitung gemeinnütziger Kenntnisse.

114.]   Erscheint jeden Sonnabend.   [Juni 6, **1835.**

Die beiden Wucherer,
nach einem Gemälde von Quintin Messis.

III.   23

Die beiden Wucherer,
nach einem Gemälde von Quintin Messis.

Der niederländische Maler Quintin Messis war zu Antwerpen um das Jahr 1440 geboren. Sein Vater, ein Grobschmied, bestimmte den Sohn ebenfalls für dieses Handwerk, und Quintin ward bald ein tüchtiger Schmiedegesell, und lieferte später Arbeiten, welche Zeugniß davon ablegen. In mehren niederländischen Städten finden sich noch besonders Balcongeländer und Gitterwerke von seiner Arbeit; so namentlich ist in Antwerpen der Brunnen unweit des Doms, den der Leser auf der in Nr. 16 des Pfennig=Magazins mitgetheilten Abbildung dieser Kathedrale zur linken Seite des Eingangs bemerken wird, von ihm verfertigt.

Quintin Messis war 20 Jahre alt, als er von einer langwierigen Krankheit befallen wurde, die ihn außer Stand setzte, sein Gewerbe zu treiben. Er fing deshalb an, um nicht müßig zu sein, sich im Holz=schneiden zu versuchen. Aber der Hand, welche bisher nur gewohnt gewesen, den Schmiedehammer zu füh=ren, fielen freilich die ersten Versuche in einer so ganz verschiedenen Beschäftigung sehr schwer und gelan=gen anfangs nicht besonders; allein Messis gehörte zu den Menschen, die durch Schwierigkeiten vom einmal unternommenen Werke nicht abgeschreckt werden, und mit dieser Beharrlichkeit brachte er es nun auch bald zu einer nicht gewöhnlichen Fertigkeit im Holzschneiden, und als er von seiner Krankheit völlig hergestellt war, fanden seine Holzschnitte schon Liebhaber und Anerkennung der Kunstverständigen. Dessenungeachtet kehrte er zu seinem Handwerk zurück und arbeitete noch mehre Jahre als tüchtiger Schmied, und wäre dies auch vielleicht Zeit seines Lebens geblieben, wenn ihn nicht eine besondere Veranlassung plötzlich auf eine ganz andere Laufbahn gebracht hätte. Er verliebte sich nämlich in die schöne Tochter eines Malers in seiner Vaterstadt, und hielt, da er selbst ein stattlicher Jüngling war, der sein Brot reichlich verdiente, freimüthig bei dem Vater um die Geliebte an. Allein dieser schlug ihm seine Bitte rund ab, indem er ihm erklärte, daß nur ein tüchtiger Ma=ler sein Eidam werden solle. Ein weniger kräftiges Ge=müth würde diese Erklärung niedergeschlagen haben; al=lein für Quintin wurde sie vielmehr ein Sporn zu ei=nem neuen Lebenslaufe, denn er beschloß von Stunde an, das Schmiedehandwerk aufzugeben und Maler zu wer=den. Nachdem er bei einem geschickten Meister die da=mals üblichen Lehrjahre ausgehalten, ging er auf Reisen, um sich in seiner Kunst zu vervollkommnen. Er besuchte die ausgezeichneten Städte seines Vaterlandes, hielt sich in Holland, Deutschland und England mehre Jahre auf und soll auf diesen Reisen, aus Anhänglich=keit an sein voriges Handwerk, zuweilen den Pinsel wieder mit Hammer und Feile vertauscht haben, wenig=stens nennt man das eiserne Gitterwerk am Grabmal König Eduard IV. von England im Schlosse zu Wind=sor als eine Arbeit des Quintin Messis. In England schätzte man übrigens seine Gemälde sehr, und der be=rühmte Thomas Morus, sein Zeitgenosse, gedenkt seiner mit großem Lobe in einem seiner Gedichte.

Nachdem Quintin Messis sich auf diesen Reisen in seiner Kunst ausgebildet, kehrte er in seine Vaterstadt zurück, wohin ihm sein Ruf schon vorausgegangen war. Als Fremder trat er in die Arbeitsstube des Vaters seiner Geliebten. Bei Quintin's Ankunft war der Ma=ler nicht zugegen. Jener benutzte diese Abwesenheit, um auf ein Gemälde, das sich eben auf der Staffelei be=fand, eine Fliege auf dem Hintertheile eines Pferdes so täuschend hinzumalen, daß der zurückkehrende Mei=ster sie mehrmals wegzuscheuchen versuchte. Als er nun, über solche Geschicklichkeit verwundert, den jungen Messis mit großen Augen anblickte, gab sich ihm dieser zu er=kennen, und bat ihn nochmals um seiner Tochter Hand, die ihm nunmehr auch nicht verweigert wurde. Quintin Messis, öfters auch „der Schmied von Ant=werpen" genannt, starb 1519. Er arbeitete viel, aber dennoch mit der größten Genauigkeit, und seine Ge=mälde sind sehr gesucht und äußerst selten. Zu seinen berühmtesten Stücken gehört das hier im Holzschnitt mitgetheilte, in dem königlichen Schlosse zu Windsor be=findliche Gemälde, welches unter dem Namen „Die beiden Wucherer" bekannt ist. Es wurde von ihm selbst, aber stets mit kleinen Abänderungen, öfters wiederholt. Der Ausdruck in den Gesichtszügen dieser beiden Wucherer, wenn nicht die zweite Figur ein Weib sein soll, die eben beschäftigt ist, ihren Gewinn zu berechnen, wäh=rend dieser in Beuteln und Goldhaufen vor ihnen liegt, ist so charakteristisch und sprechend, daß es überflüssig wäre, den Sinn des Malers durch Erläuterungen er=gänzen zu wollen.*) Als Seitenstück zu diesem Ge=mälde kann ein anderes desselben Meisters, gegenwärtig in der Galerie des Louvre zu Paris befindlich, ange=sehen werden, welches einen Juwelier vorstellt, der Gold=stücke abwiegt. Ihm zur Seite sitzt seine Frau und blättert in einem Bilderbuche. Ein anderes berühm=tes Gemälde von Quintin Messis ist die Kreuzabnah=me, die er für die Tischlerzunft in Antwerpen malte, und welche von Kennern wegen der ausdrucksvollen Schönheit der Figuren, besonders des Christuskopfes und der beiden Marien, sehr geschätzt wird. Die Klap=pen, welche dieses vorzügliche Bild schließen, sind eben=falls von Messis gemalt, und stellen die eine den Mär=tyrertod Johannis des Täufers, die andere Herodes und Herodias mit dem Kopfe des Johannes vor. Phi=lipp II., König von Spanien, schätzte dieses Gemälde ganz vorzüglich, und bot dafür vergebens beträchtliche Summen. Endlich ward es von dem Gewerbe aus Geldmangel dennoch für 1500 Gulden verkauft.

Wir fügen zuletzt noch eine Abbildung des Denk=mals des Quintin Messis bei, das sich in der äußern Mauer der Domkirche von Antwerpen, dem oben er=wähnten Brunnen gegenüber, befindet. Unter des Mei=sters Büste sind auf dem Felde zur Rechten die Em=bleme der Malerkunst, Pinsel, Palette u. s. w., auf dem Felde zur Linken Schmiedehandwerkszeuge, als Ham=mer, Zange und Ambos, angebracht. Die Doppelin=schrift in lateinischer Sprache lautet: „Quintin Mes=sis, dem trefflichen Maler, widmet zum Zeichen ihrer Bewunderung dieses Denkmal die dankbare Nach=welt" und: „Die Liebe machte aus dem Schmied einen Apelles".

---

*) Auf einem der Abbildung ganz ähnlichen Bilde Quin=tin Messis', bis auf den nicht darauf befindlichen Papagei, das sich in Leipzig befindet, stehen auf dem auch auf der Abbildung vorhandenen Zettel, der an der Wand hinter dem Manne angeheftet ist: Hier ontvangt men den excys (so=viel wie Acciseinnahme) und darunter die Jahrzahl 1441, vielleicht sein wahres Geburtsjahr. Auch könnte danach der Geizhals sich in einen Acciseinbeamten verwandeln, der von der andern durch noch halboffene Thüre eingetre=tenen Person die Abgabe empfängt, was der Ranzen und die eigne Kopfbedeckung derselben nicht widerlegt. Der Beamte, der auf die empfangene und aufgezählte Summe wieder et=was herausgegeben hat, zählt dies auf, während er in dem Buche den Betrag einschreibt und dabei nachrechnet.

Quintin Messis' Denkmal.

Heilsamkeit des Zuckers.

Nicht blos der Mensch, sondern fast jedes Thier liebt Süßigkeiten und meidet das Gegentheil, und in der That ist Zuckerstoff ein Hauptbestandtheil jedes Pflanzenkörpers, der in größerm oder geringerm Verhältnisse nährende Stoffe enthält. „Ein wenig Zucker" — sagt der Engländer Martin in seiner „Geschichte der britischen Colonien" — „setzt uns besser als irgend ein anderes Nahrungsmittel in Stand, körperliche und selbst geistige Beschwerden zu ertragen. Oft bin ich mit dem Araber durch die brennende Wüste gereist, und wenn wir in den Mittagsstunden, von Müdigkeit erschöpft, uns niederließen, vertheilte ich an meine Gefährten einige von Zucker und Gewürz, mit Mehl zu einem Teige zusammengeknetete kleine Kügelchen. Zwei oder drei von diesen und ein Trunk Wasser waren für mich immer das beste Erfrischungsmittel, ja selbst ein Reizmittel zu neuen Anstrengungen." Während der Zuckerernte in Westindien werden die Neger, trotz ihrer schweren Arbeit, gesund und munter, und Pferde, Maulthiere, Kühe und dergl., welche das ausgepreßte Zuckerrohr und die Abfälle als Futter erhalten, werden rund und stark. In Cochin-China wird den Soldaten der königlichen Leibwache sowie andere Lebensmittel auch täglich Zuckerrohr gereicht, was sie essen müssen, um ein wohlgenährtes Ansehen zu erhalten. Reis und Zucker sind in jenem Lande das gewöhnliche Frühstück aller Volksclassen. Es werden dort nicht nur alle Früchte, sondern selbst viele Küchengewächse, Gurken, Radieschen, Artischocken und die fleischigen Blätter der Aloe in Zucker eingemacht. Auch Pferde, Büffel und Elefanten werden hier mit Zucker gefüttert. „Ich habe in Indien", sagt Martin ferner, „Hammelfleisch gegessen, das in London vor sechs Monaten geschlachtet und darauf nebst Zucker in einer Kiste aufbewahrt, noch so frisch war, als ob es eben geschlachtet worden wäre." Die Eingeborenen Ceylons bewahren ihr Wildpret in irdenen Töpfen mit Honig auf, und nach zwei bis drei Jahren hat es noch seinen ganzen Wohlgeschmack. Der frische Saft des Zuckerrohrs ist ein wirksames Mittel gegen mancherlei Krankheiten und heilt leicht Geschwüre und alte Schäden. Nach der Behauptung eines englischen Arztes hat die Pest nie an einem Orte geherrscht, wo die Einwohner viel Zucker genießen. Benjamin Franklin fand bei seinen Steinschmerzen große Erleichterung, wenn er vor dem Schlafengehen ein halbes Nößel Syrup genoß, das beruhigender wirkte als eine Gabe Opium. Die auf Seereisen so furchtbare Krankheit, der Skorbut, ward oft in kurzer Zeit geheilt, wenn man die Kranken viel Zucker essen ließ. Die Wurmkrankheiten, welchen Kinder so sehr ausgesetzt sind, werden durch den Genuß des Zuckers verhütet, den Kinder aus einem Naturtrieb so gern essen. Die Behauptung, daß der Zucker den Zähnen nachtheilig sei, erklärt Martin für ungegründet; man besuche die Zuckerpflanzungen und sehe, wie schön und weiß die Zähne der Neger und die ihrer Kinder sind, die doch täglich Zucker kauen. „Ich habe", setzt er hinzu, „die wildesten Pferde durch Zucker gebändigt und gesehen, wie man die grimmigsten Thiere damit zu zähmen im Stande war.

Wie aus den von Martin angeführten Beispielen hervorgeht, ist hier nur von Rohzucker die Rede, raffinirter Zucker möchte aber nicht so allgemein zu empfehlen sein und bei häufigem Genusse manche Nachtheile haben.

Die Ruinen von Stonehenge.

Zu den merkwürdigsten alten Denkmalen Englands gehören die Trümmer von Stonehenge in der Nähe der Stadt Amesbury. Kaum gibt es irgendwo Überreste des Alterthums, die sich mit ihnen an kolossaler Größe messen können. Die Bewunderung, die sie dem Beschauer abnöthigen, steigt, wenn er bedenkt, welche Kräfte erforderlich waren, diese Massen aufzurichten und aufeinander zu thürmen. Die hier dargestellten Trümmer liegen auf einem Hügel in der Ebene von Salisbury, und die Landstraße von Amesbury nach Shrewton führt an ihnen vorbei. Ein Pfad, auf beiden Seiten von den Spuren eines kreisrunden Grabens begrenzt, bildet den Zugang zu den 1107 Fuß im Umkreise haltenden Trümmermassen. An einigen Stellen ist auch durch und über diesen Graben ein Weg, aber wol erst in späterer Zeit dadurch entstanden, daß man Steine zu Bauten wegführte. Mitten in diesem Kreise steht das dargestellte riesenhafte Werk selbst. Ungeheure Steinblöcke erheben sich und quer auf denselben liegen andere, sodaß sie gewissermaßen Portale bilden. Es sind von den letztern noch 17 aufrechtstehende vorhanden; liegende und stehende zählt man überhaupt 30; alle bilden einen noch leicht zu bemerkenden Kreis. Die zwei aufrechtstehenden Säulen, welche den Eingang bilden, haben 13 Fuß Höhe und sechs

Die Ruinen von Stonehenge.

bis sieben Fuß Breite. Der Raum zwischen ihnen beträgt fünf Fuß und ist größer als zwischen den übrigen aufrechtstehenden Säulen. Nach innen zu ist die Breite aller Öffnungen bedeutender als nach außen. Die oben querüberliegenden Steine sind mittels Zapfen befestigt, in welche der aufrechtstehende Stein sich endigt und der in zwei Zapfenlöcher des liegenden eingefugt ist. Dies mußte nothwendig die meiste Mühe verursacht haben. Diese Zapfen gehen jedoch nach oben etwas verjüngt zu und sind nicht eben sauber gearbeitet.

Innerhalb des großen Kreises sieht man einen kleinern und roher gearbeiteten, welcher ursprünglich aus 40 Säulen bestanden haben mag, von denen aber nur noch 20 vorhanden sind. Diese stehen alle aufrecht; von quer darübergelegenen Blöcken ist hier keine Spur. Der Durchschnitt dieses Kreises beträgt 48 Fuß und der Raum zwischen ihm und dem äußern acht Fuß. Zehn Steine endlich bilden den innersten dritten Kreis, sie sind höher, als die des äußern und in fünf Paare geordnet, sodaß sie eine Hufeisenform darstellen. Die beiden äußersten Paare dieses Ovals stehen gegen 40 Fuß voneinander und haben eine Höhe von etwas mehr als 16 Fuß. Die ihnen zunächst stehenden Paare haben über 17 und das letzte, fünfte Paar 21½ Fuß. Auf allen ruht, wie im äußern Kreise, ein Querstein, deren einer 16 Fuß und drei Zoll lang ist. Mit Ausnahme des fünften Quersteins sind die übrigen zwar hier und da beschädigt, aber doch meist wohl erhalten. Noch scheinen 19 Steine wieder in diesem Kreise ein für sich bestehendes Oval gebildet, aber nur aus aufrechtstehenden Säulen bestanden zu haben.

Das Wort Stonehenge selbst ist angelsächsisch und bedeutet schwebende oder hangende Steine. Der Name thut aber nicht etwa kund, daß die Angelsachsen das Gebäude aufgeführt hätten. Wahrscheinlich ist dies früher von den Druiden errichtet worden, allein alle Forschungen haben die Zeit der Entstehung so wenig wie den Zweck desselben aufzuhellen vermocht. Die Steine selbst sind in dem äußern Kreise und dem mittlern denen in der Umgegend vorkommenden ähnlich, von ganz anderer Art sind dagegen die der zwei andern Kreise. Man hat daraus den Schluß gezogen, daß diese später hinzugefügt worden sind. Auch in Deutschland befindet sich ein mit jenen räthselhaften Trümmern zu vergleichendes Riesenwerk, die Extersteine in Westfalen, und ebenfalls in Frankreich sieht man solche Trümmer, den oben beschriebenen ganz ähnlich, in der Nähe von Cherbourg.

Der pferdeschweifige Ochse (Bos grunniens).

Der noch wenig bei uns gekannte und hier dargestellte pferdeschweifige Ochse, auch Yak genannt, ist in Tibet einheimisch, wo er, jedoch nur selten, in einigen Gegenden auch wild angetroffen wird; sonst wird er als Hausthier wie unser Rindvieh benutzt. Dieses Thier ist über fünf Fuß hoch und hat fast die Gestalt unsers Ochsen. Aber die vorzüglichste Verschiedenheit zwischen dem Yak und jeder andern Art dieser Thiergattung besteht darin, daß der Körper, mit Ausnahme des Kopfes und der Füße, mit langem glänzenden Haar bedeckt ist, das bis auf die Füße herabfällt und oft selbst den Boden berührt, weshalb die Beine sehr kurz erscheinen, und dem Thiere das Ansehen gibt als wenn es kröche. Sein Kopf ist so lang als der eines Ochsen, die Ohren sind kleiner, die Hörner

Der pferdeschweifige Ochse.

aber länger und werden vom Schädel nach der Spitze zu dünner, bilden einen horizontalen Bogen und neigen sich nicht weit vom Ende gegeneinander, biegen sich aber dann wieder auswärts. Der Vorderkopf scheint bedeutend vorzuragen, was aber von dem dicken Busch gekräuselter Haare herrührt, welche sich über denselben hinziehen, zum Theil die Augen beschatten und dem Thiere dadurch ein schwermüthiges Ansehen geben. Die Augen sind übrigens groß und treten kühn aus ihren Höhlen hervor. Die Nasenlöcher sind klein, die Nase dünn und fein gebildet. Der Nacken ist kurz, aber gebogen und zwischen den Schultern mit einem hohen Höcker versehen, der mit kurzen, krausen Haaren bewachsen ist, welche sehr weich und von ganz anderer Beschaffenheit als die auf den andern Theilen des Körpers sind. Des Thieres weicher Pelz — denn so kann man in Wahrheit sagen — geht von den Schultern aus und zieht sich, doch weniger weich, über den Rücken bis an die Wurzel des Schwanzes hin, welcher aus einem dichten Busch langer Haare besteht, die bis auf den Boden reichen und dem Thiere ein besonderes, aber schönes Ansehen geben. Dieser Schwanz ist voller als der eines gesunden Pferdes. Bei manchen ist dieses Haar ganz weiß, indessen die übrigen Haare, nur mit Ausnahme des weichen Haares des Rückenhöckers, schwarz sind, und umgekehrt, der Höcker und der Schwanz schwarz, das übrige Haar weiß.

Dieses Thier wird wie das Rindvieh überhaupt genutzt und zu diesem Zwecke von den nomadisirenden Tataren in großen Heerden gehalten. Es ist aber auch so kräftig und hat einen so sichern Gang, daß es vielfach als Lastthier gebraucht wird.

Die Hirten benutzen die Felle zu Mänteln, die ihnen am Tage als Bekleidung, des Nachts als Decke dienen. Aus der feinen Wolle und dem Haar werden sowol feine Zeuche aller Art, sowie sehr haltbare Stricke und dergl. verfertigt. Der Schweif gilt als ein Zierath bei den Vornehmen, und man weiß dieses Putzstück sehr täuschend nachzumachen. Auch werden Fliegenwedel daraus verfertigt und zu hohen Preisen verkauft.

Im Allgemeinen ist dieses Thier nicht wild, nur wenn ihm fremde Personen nahen, wird es unruhig, doch zeigt es auch keine besondere Anhänglichkeit an seine Wärter. Wird es aber gereizt, so ist es schwer wieder zu besänftigen.

Die Kupferstechkunst.

10. Der Kupferstecher nach seiner Anlage und seiner Bildung.

(Fortsetzung aus Nr. 109.)

Man gibt den Namen Kupferstecher im strengsten Sinne nur demjenigen Künstler, welcher hauptsächlich mit dem Grabstichel arbeitet. Gewöhnlich aber begreift man unter dieser Benennung Alle, welche auf Kupfer arbeiten, sei es nun mit dem Grabstichel, der Radirnadel, der Punze, dem Schabeisen u. s. w.

Das Erste, was zu einem Kupferstecher erfodert wird, ist ein kräftiger Körper und ein gesundes Auge. Dann sei es eine glückliche Auffassungsgabe, die von einer lebendigen Einbildungskraft unterstützt wird, ein feines, richtiges Gefühl, ein geläuterter Geschmack, ein heller Verstand. Hierzu geselle sich eine gründliche Schulbildung, Kenntniß der Physik und Chemie — denn viele Verrichtungen der Kupferstechkunst beruhen auf Gesetzen derselben — sodann der Mathematik und Optik. Der Kupferstecher soll ein ebenso guter Zeichner sein als der Maler. Nicht blos deswegen, damit er im Stande sei, den Gegenstand, welchen er stechen will, vorher zu zeichnen, sondern hauptsächlich, damit er in der Ausführung der Zeichnung frei verfahren könne. Besonders ist ihm derjenige Theil der Zeichnenkunst nöthig, welcher Haltung, Licht und Schatten, Farbenandeutung und Ausdruck des Charakters des darzustellenden Gegenstandes betrifft. Da es aber einen Haupttheil der ausübenden Kupferstechkunst ausmacht, nach Gemälden zu arbeiten und die ausgezeichnetsten Werke des Pinsels nachzuahmen, so muß der sich bildende Kupferstecher fleißig sich im Zeichnen nach Gemälden üben. Mit der Praxis im Zeichnen versäume er nicht, die Theorie immer gleichen Schritt halten zu lassen. Hierher zählen wir zuerst die Lehre von den Verhältnissen des menschlichen Körpers nach dessen verschiedenem Geschlecht und Alter. Zunächst gehört noch hierher das Studium der Anatomie des Menschen und theilweis auch derjenigen der Thiere. Doch während der Zeit schon, daß der künftige Stecher sich im Zeichnen oder selbst auch im Malen übt, mag er auch die ersten Anfänge mit dem Grabstichel machen, um sich eine feste Hand und einen freien Strich anzueignen.

Denn die Kupferstechkunst auf der Stufe, wohin sie durch Die, welche sie übten und ausbildeten, gestellt worden ist, macht an ihren Meister keine geringe Anfoderung; nämlich daß derselbe nicht blos die mechanischen Mittel seiner Kunst völlig in der Gewalt habe und in die Geheimnisse der Zeichenkunst eingeweiht sei; daß er ferner nicht allein den auf einer Fläche darzustellenden Gegenstand in seinen feinsten Theilen verstehe: sondern daß er eine Darstellung liefere, in welcher der eigenthümliche Charakter des Gegenstandes frei und leicht aufgefaßt, das rauhe, glänzende oder matte Gewand desselben wiedergegeben, ja sogar die ihm zugehörende Farbe angedeutet sich befindet.

Punkte nur und Striche sind es, womit der Kupferstecher seine Aufgabe zu lösen hat, und nur wirkliches Talent vermag mit diesem Wenigen Großes auszurichten. Denen aber, welche allen aufgezählten Anfoderungen entsprachen, ja in echter Genialität noch zu neuen berechtigten, ward auch Ruhm und Anerkennung der Zeitgenossen wie der Nachwelt zu Theil.

11. Die Kupferplatte.

Das Kupfer, dessen der Kupferstecher bedarf, muß weder zu hart noch zu weich, in sich fest und wohl verbunden, sowie ohne Beimischung sein. Je schöner roth und je weniger gelb oder braun es ausfällt, desto reiner ist es. Das englische Kupfer ist das beste; nächst ihm das ungarische Cementkupfer; dann das russische Kopekenkupfer; das schwedische Altbergschlag=, sowie das schwedische Rosettenkupfer; und endlich das gute goslarer Kupfer.

Das Kupfer darf nicht auf dem Kupferhammer zu Blech geschlagen, sondern es muß zur Platte gewalzt worden sein. Diese wird vom Kupferschmiede kalt, aber stark gehämmert, um dadurch das Kupfer dichter und fester zu machen. Alsdann wird die Platte geschliffen und polirt, und zwar zuerst mit grobem Sandstein so lange, bis keine Spur des Hammers mehr vorhanden ist; dann mit Bimsstein und hierauf auch mit einem Schleifstein von besonderer Weiche und Feinheit; nach diesem mit Kohle, am liebsten von Linden= oder Weidenholz; endlich mit dem sogenannten großen Kerbstahle und mit dem Handpolirstahle, um der Platte die größte Glätte und den Glanz eines Spiegels zu geben. Während des Schleifens wird die Platte mit Wasser begossen, bei dem Kerb= und Polirstahle aber nur durch Öltropfen benetzt. Nach vollständig geschehener Polirung der Platte wird letztere mit feinen Lappen und geschlemmter Kreide rein abgeputzt, und endlich gleicht, rundet und ebnet man die Ecken und Ränder derselben mittels feiner Feilen und dem Polirstahle aus. *)

Etwas abweichend von der hier angegebenen Verfahrungsweise ist die der englischen Kupferplattenarbeiter, und wir wollen hier die der berühmtesten derselben, Namens Harris, anführen. Man wählt eine möglichst reine Kupferplatte, etwas dicker als man sie eigentlich braucht, und glättet mit einem starken und in einem so langen Hefte steckenden Schaber, daß man ersteres unter den Arm nehmen und so eine größere Kraft anwenden kann, alle Ungleichheiten, Splitter und Schlacken aus. Dann wird die Platte derb und mit gleichmäßigen Schlägen auf einem ziemlich gewölbten Ambose gehämmert, um sie zu härten, hernach aber auf einem breiten Ambose gestreckt und eben gemacht. Hierauf kommt sie unter den Stein, d. h. sie wird mit einem nicht allzu groben Sandsteine unter fortwährendem Abspülen mit Wasser dergestalt abgeschliffen, daß alle Spuren des Schabers und Hammers verschwinden. Dann wird das Schleifen mit einem zweiten feinern, und zuletzt mit einem dritten noch feinern Steine fortgesetzt, und endlich folgt das Abschleifen mit der Kohle. Hierzu wird zuerst Birken= oder Erlenkohle mit Wasser, dann Weidenkohle mit Öl genommen. Nur zuweilen wird nunmehr noch die Platte mit dem Polirstahle übergangen.

Was endlich die Stärke der Kupferplatten betrifft, so muß jene mit der Größe dieser letztern im Verhältnisse stehen, sowie man zu den Stechweisen, welche einen an sich schwierigen Druck veranlassen, die Platten immer dicker zu wählen hat. Im Allgemeinen muß eine Platte, die im Viereck 18—20 Zoll mißt, zumal für den Grabstichel, von der Dicke einer Linie sein. Kleinere Platten, sowie auch die für Radirung, mögen schwächer genommen werden.

12. Die Stechweisen; die Stichgattungen; die Grundirung — Kalkirung — Zeichnung.

Die Stechweisen oder Stecharten sind die verschiedenen Arten des Kupferstechens, unter welchen der Künstler die Wahl hat.

Solcher Stechweisen gibt es gegenwärtig eilf; sie sind 1) das Arbeiten mit dem Grabstichel; 2) das Radiren und Ätzen; 3) die Stechweise der trockenen oder kalten Nadel; 4) die Stechart, welche ätzt und mit dem Grabstichel beendigt; 5) die Stechweise mit der Goldschmiedspunze; 6) die Schab= oder Schwarzkunst, auch Mezzotintomanier; 7) le Blon's Stechart mit bunten Farben; 8) die Farbentuschart oder Aquarellmanier; 9) die französische Crayonmanier; 10) die englische Punktirstechweise; 11) die Bister= oder Tuschweise, auch Aquatintamanier.

Ehe nun, wie es in jeder der Stechweisen, nur die 6., 7. und 11. ausgenommen, geschieht, die Zeichnung auf die Kupferplatte getragen wird, pflegt man letztere erst mit einem Firniß, dem sogenannten Grundfir-

---

*) Wenn die Kupferplatte sehr stark und besonders wenn sie nicht groß ist, darf man sich nicht mit Abebnung des Randes begnügen, sondern man muß sie etwa zwei Linien breit von der blanken Seite nach dem Rande zu abschärfen. Geschieht dies nicht, so drückt die Stärke der Platte, namentlich bei scharf angespannter Presse, zu stark in das Papier und preßt sich dann um den Rand herum durch. Doch wird dies von dem geschickten Kupferdrucker vor dem Abdruck der Platte berücksichtigt werden.

niß oder Ätzgrunde, zu überziehen — sie zu grundiren — und dann diesen Firniß zu färben, zu kalkiren.

Es gibt sehr verschiedene Arten von Grundfirniß; aber sie sind wesentlich nur wenig voneinander verschieden. Jetzt bedient man sich meist nur des sogenannten weichen Ätzgrundes, der auf folgende Art zusammengesetzt ist: zwei Loth Asphalt stößt man zu Pulver in einem ganz kalten Mörser und läßt dieses in einem neuen, thönernen, glasirten Tiegel bei gelinder Wärme schmelzen. Hierauf thut man zwei Loth ebenfalls pulverisirten Mastix dazu und rührt Alles wohl durcheinander. Nun setzt man noch zwei Loth des feinsten weißen Wachses hinzu, das man unter stetem Umrühren zergehen läßt. Wenn sich Alles gehörig vereinigt hat, gießt man die Mischung in eine Schüssel lauwarmen Wassers, läßt jedoch den Bodensatz sorgfältig zurück. Ist erstere nun einigermaßen kalt geworden, so macht man aus der Masse Kugeln, die man mit Taffet oder feiner Leinwand überzieht. Auf dieselbe Weise wird ein anderer Grundfirniß bereitet, wozu man nimmt: zwei Loth Asphalt, Colophonium oder schwarzes Pech ein Loth, Mastix oder burgunder Pech ein Loth, sogenanntes weißes Jungfernwachs vier Loth. Da mancher Grundfirniß bei der Wärme des Sommers sich zu weich zeigt, im Winter dagegen zu hart ist und dann zu leicht springt, ist es nicht unzweckmäßig, für jede Jahreszeit eine besondere Mischung vorräthig zu haben.

Das gewöhnliche Verfahren beim Grundiren besteht in Folgendem: die Platte wird auf eine Glutpfanne gelegt, bis sie durchwärmt ist; dann fährt man mit der Firnißkugel so lange darüber, bis der Firniß den Taffet durchdringt, sich über die Platte verbreitet und dieselbe bedeckt. Die feine und gleiche Verbreitung befördern die Tupfballen von verschiedenen Größen. Dieselben sind von Taffet mit Baumwolle gefüllt.

Ist nun die Platte wieder kühl und der Firniß erhärtet, so wird derselbe weiß oder schwarz gefärbt. Die weiße Färbung geschieht mit Kremserkreide, die in Gummiwasser fein abgerieben und mittels eines Pinsels aufgetragen wird. Die schwarze hingegen bewirkt man durch den Rauch von gelben Wachskerzen, welche unter der gefirnißten Platte so gehalten werden, daß der Qualm sich mit dem Firniß verbinden kann.

Die Zeichnung nun, welche auf die so zubereitete Platte getragen werden soll, besteht aus Umrissen. Diese werden auf Papier mit Rothstift gezeichnet, dasselbe aber, damit es sich nicht verschiebe, mittels Pich- oder Klebwachses an die Ecken der Platte befestigt. Das Pichwachs sei entweder von starkem, frischem, gelbem Wachsstocke, oder es bestehe in zwei Unzen gelben Zugpflasters, einer Unze gelben Wachses und zwei Quentchen Schöpsentalgs. Streicht man hierauf behutsam über das Blatt, so drückt sich die Zeichnung auf den gefärbten Firnisse mit Deutlichkeit auf. Diese Art nun, die Zeichnung zu kalkiren (denn auch hiervon braucht man das Wort), ist auf dem weißen sowol als schwarzen Grunde gebräuchlich.

(Fortsetzung in Nr. 115.)

Technologisches Allerlei.

Gelbfärben mit dem haarigen Blätterschwamm. Der haarige Blätterschwamm (Boletus hirsutus), der nicht selten auf Nuß- und Apfelbäumen wächst, enthält einen vorzüglichen Färbestoff. Man zerstößt, um damit zu färben, die Schwämme in einem Mörser und kocht den Brei eine Viertelstunde lang mit Wasser. Eine Unze Schwammasse reicht hin, um sechs Pfund Wasser gehörig zu färben. Die Zeuche werden dann in dem Farbebade durchgenommen und eine Viertelstunde lang gekocht. Alle Zeuche nehmen die Farbe an; auf Seide ist sie jedoch schöner und glänzender als auf Baumwolle und Leinen. Die Farbe kann durch verschiedene Beizen mannichfaltig verändert werden. Seide, die nach dem angegebenen Verfahren gefärbt ist, wird, wenn man sie mit schwarzer Seife behandelt, herrlich goldgelb. Der gelbe Färbestoff, der sich aus diesem Schwamme ziehen läßt, kann auch zum Malen mit Wasser- und Ölfarben gebraucht werden; auch gibt er mit Alaun einen schönen Lack.

Die Schrauben an den Violinen, Guitarren und ähnlichen Instrumenten haben häufig den Fehler, daß sie sich nicht leicht genug drehen lassen, oder daß sie ihre Stellung nicht behalten. Man hat verschiedene Compositionen, diesen Zweck zu erreichen, unter denen jedoch folgende den Vorzug verdient. Man soll die Zapfen der Schrauben nämlich zuerst leicht mit einem Stücke vollkommen trockener Seife abreiben, und sie dann mit einer Mischung überpulvern, welche aus zwei Theilen Meudonerweiß (geschlemmte Kreide) und einem Theile Colophonium besteht.

(Wird fortgesetzt.)

Der gemeine Lorberbaum (Laurus nobilis).

Unter der Gattung des Lorbers, wozu auch der Zimmtbaum, der Kampherbaum, der Benzoëbaum gehören, ist der gemeine Lorberbaum die einzige aller Arten, welche mit einem weniger heißen Klima zufrieden ist, und die einzige, die auch im südlichen Europa gedeiht. Er findet sich wildwachsend in allen Küstenländern des mittelländischen Meeres und auf den griechischen Inseln; auf den canarischen Inseln bildet er sogar große Wälder und erreicht hier eine Höhe von 30 Fuß. Überall ist der Lorberbaum mit seinem schlanken Wuchs, seinem immer grünen, glänzenden Laube eine Zierde der Gegend und erfreut auch durch den balsamischen Duft, welchen er verbreitet. Die kleinen, weißlich gelben Blüten sind in vier bis fünf Abschnitte getheilt und stehen in Dolden vereinigt in den Blattwinkeln. Die Frucht nennt man mit Unrecht eine Beere, da sie eigentlich eine Steinfrucht von der Größe einer kleinen Kirsche ist, außen fleischig, innen mit einem länglich runden Kerne. Die getrockneten Blätter des Lorberbaums werden vielfältig in der Küche benutzt, aber auch als Arzneimittel, doch dazu noch mehr die Früchte, wie auch ein aus ihnen bereitetes Öl, das sogenannte Loröl, welches auch im Sommer die Fliegen von den damit bestrichenen Meubeln abhalten soll. Der Lorberbaum ward bei den Alten besonders hoch in Ehren gehalten und galt als dem Apollo heilig, der sich auch, sowie sein Sohn Äskulap, mit Lorberzweigen bekränzte. Da Apollo der Gott der Dichtkunst und überhaupt der Wissenschaften war, so wurden die Dichter mit Lorberkränzen geschmückt, und Diejenigen, welche die Orakel befragten, setzten Lorberkränze auf. Überhaupt brauchte man Lorberblätter, um durch das Kauen derselben eine Sehergabe zu gewinnen; auch weissagte man aus dem Knistern brennender Lorberzweige. Den Feldherren, welche aus einem Kriege siegreich zurückkehrten, ward eine Lorberkrone aufgesetzt. Die Sitte, Dichter und Gelehrte überhaupt mit Lorber zu kränzen, erstreckte sich später auch auf jüngere Gelehrte, daher der Name Baccalaureus, d. h. bacca laureatus, Belorberter, und noch jetzt wird der Lorberkranz dem Helden, wie dem Dichter und Künstler, als ein Symbol des Ruhms gewährt. Als geheiligter Baum ward der Lorber von den alten Römern um Tempel, um die Paläste der Kaiser und die Wohnungen der Priester gepflanzt, da er auch noch überdies gegen Einschlagen des Blitzes schützen sollte. Unsere Abbildung stellt ihn neben Ruinen aus jenen Zeiten vor.

Der gemeine Lorberbaum.

Verantwortliche Herausgeber: Friedrich Brockhaus in Leipzig und Dr. C. Drärler-Manfred in Wien.
Verlag von F. A. Brockhaus in Leipzig.

Das Pfennig-Magazin

der
Gesellschaft zur Verbreitung gemeinnütziger Kenntnisse.

115.]   Erscheint jeden Sonnabend.   [Juni 13, **1835**.

Ansicht von Oxford.

Oxford.

Auf einer sanften Anhöhe in einem Thale, in welchem die kleinen Flüsse Isis und Cherwell sich vereinigen, liegt die Stadt Oxford, der Hauptort der gleichnamigen Grafschaft, berühmt als der Sitz einer der ältesten und reichsten europäischen Universitäten, der sie ihr Aufkommen meist verdankt. Längs den beiden Flüssen, welche, ehe sie sich vereinigen, die freundliche Landschaft in mannichfaltigen Windungen durchströmen und zwischen ihnen und der Stadt grünen üppige Wiesen, hinter welchen ein Halbkreis von Hügeln die Aussicht schließt, die nur gegen Mitternacht offen ist, wo ein wohl angebautes Gelände sich ausbreitet. Der Ursprung der Stadt, den die Sage in das höchste Alterthum hinaufgerückt hat, verliert sich wenigstens in die früheste Zeit des Mittelalters, die sich jedoch bei dem Mangel zuverlässiger geschichtlicher Quellen nicht genau bestimmen läßt. Die erste sichere Thatsache, die aus dem Dunkel hervortritt, ist die Nachricht, daß es zur Zeit des großen angelsächsischen Königs Alfred, der 872 den Thron bestieg, und einige Zeit mit seinen Söhnen in Oxford sich aufhielt, hier ein in der ersten Hälfte des 8. Jahrhunderts gestiftetes Kloster gab, unter dessen Schutze wahrscheinlich die ersten Anbauer sich angesiedelt hatten. Seitdem kommt Oxford häufig in der Geschichte Englands vor. Die Stadt hatte während der Verheerungen, welche die Landungen der Dänen über England brachten, viele Drangsale zu erleiden und wurde bis zu Anfange des 11. Jahrhunderts zweimal ein Raub der Flammen. In spätern Zeiten war sie der Sitz der angelsächsischen und dänischen Beherrscher des Landes. Wilhelm der Eroberer nahm die Stadt 1067 mit Sturm und schenkte sie einem seiner Kriegsanführer, der hier eine Veste anlegte, von welcher noch jetzt ein als Gefängniß dienender Thurm übrig ist, und eine Klosterschule gründete. Später kam die Stadt wieder an die Krone. König Heinrich II., der von 1154 — 89 regierte, hatte hier seinen Wohnsitz in einem von seinem Großvater Heinrich I. erbauten Palaste, in welchem sein Sohn, der tapfere Richard Löwenherz, geboren wurde. Seit dem 12. Jahrhundert kam die Stadt durch die allmälige Ausbildung der Universität immer mehr in Aufnahme. Heinrich VIII., der 1547 starb, machte sie zum Sitz eines Bisthums, und seine Tochter, die Königin Elisabeth, war oft in Oxford, um die ihr angenehmen Huldigungen und Schmeicheleien der Gelehrten zu empfangen. Jakob I. (gest. 1625) suchte hier Zuflucht vor der Seuche, die London verheerte, aber sie folgte ihm bald, und wüthete so furchtbar, daß die Studenten die Hochschule verließen, die Bürger ihre Läden schlossen und, wie ein Zeitgenosse erzählt, selbst auf dem Marktplatze Gras wuchs.

Oxford hat eine sehr malerische Lage, wenn man sich der Stadt von den östlichen und südwestlichen Höhen nähert. Ihre Thürme, ihre Kuppeln, ihre hohen Kirchen, mit dunkeln Laubmassen untermischt, erheben sich über den Wiesenkranz, der sie umschließt, und der Eindruck wird nicht gemindert, aber mannichfaltiger, wenn man die Stadt betritt und ihre zahlreichen und großartigen öffentlichen Gebäude in der Nähe erblickt. Sie war früher mit Basteien umgeben, von welchen nur noch wenige Spuren übrig sind. Von Osten, Süden und Westen führt der Weg zur Stadt über Brücken, unter welchen besonders die 1779 erbaute, 526 Fuß lange, über den Cherwell führende westliche Brücke sich durch schöne Bauart auszeichnet. Sie führt in die größte und prächtigste Straße der Stadt, die Hochstraße, eine der schönsten in Europa, wo mehre Kirchen, alterthümliche Bauwerke und einige der bedeutendsten Universitätsgebäude liegen, welche bei der sanften Krümmung der Straße einen höchst ergreifenden Anblick gewähren. Die innern Straßen sind zwar ziemlich enge und die Häuser oft dicht zusammengedrängt, übrigens sind die jetzt zahlreichen neuern Gebäude fester und bequemer gebaut als die unregelmäßigen ältern. Die Stadt ist in 13 Kirchspiele getheilt, deren jedes seine eigne Kirche hat, unter welchen die Peterskirche die älteste ist, in ihren ursprünglichen Überresten eines der herrlichsten Denkmale der angelsächsischen Baukunst in England. Die Domkirche, die bei ihrer ersten Gründung zu einem angeblich im 8. Jahrhundert gestifteten Nonnenkloster gehörte, wurde von Heinrich I. (gest. 1135) erbaut und zeigt die Verschiedenheit der Bauart, die von jener Zeit bis zum 16. Jahrhunderte in England herrschte. Unter den übrigen öffentlichen Gebäuden ist das um die Mitte des 18. Jahrhunderts auf Kosten eines Bürgers erbaute Stadthaus vorzüglich auszuzeichnen. Ein Theater gibt es nicht in Oxford, da die Aufführung von Schauspielen wegen der Verhältnisse der Universität nicht erlaubt ist. Die Zahl der Häuser beträgt über 3900, und die Einwohnerzahl, mit Einschluß der Universitätsangehörigen, gegen 23,000. Die Stadt ist in einem blühenden Zustande, und ein bedeutender Durchfuhrhandel belebt den Verkehr, der durch den Themse- und Oxfordkanal befördert wird.

Die Zeit der eigentlichen Stiftung der Universität Oxford ist ein Gegenstand vieler Streitigkeiten gewesen. Vor dem 12. Jahrhunderte gab es in Europa keine Lehranstalten, die mit unsern Universitäten verglichen werden könnten, welche bestimmt sind, alle Hauptwissenschaften und die wichtigsten Hülfswissenschaften zu lehren. Die Streitfrage würde sich in die Frage auflösen, wann Oxford zuerst Schulen erhalten habe. Es ist wahrscheinlich, daß König Alfred, der so thätig für die Beförderung der geistigen Bildung des Volkes sorgte, auch in Oxford Schulen anlegte und, wie es auch in andern europäischen Ländern geschah, mit Klöstern verband. So mochte er zu dem Ruhme kommen, den ihm die alte Überlieferung als Stifter der Universität beilegt. Seine Nachfolger begünstigten diese Lehranstalten, die nach der Eroberung Englands durch die Normänner (1066) sich immer mehr erweiterten. Heinrich I., wegen seiner Liebe zu den Wissenschaften „der Gelehrte" genannt, erhielt seine Bildung in Oxford, wo unter Heinrich II. schon ein Lehrstuhl für das bürgerliche Recht errichtet wurde. Die Zahl der Schüler wuchs so sehr, daß die Klöster nicht alle aufnehmen konnten und viele wurden in Herbergen gelegt, deren 200 gewesen sein sollen. Wahrscheinlich wohnten in diesen Häusern unter der Obhut von Aufsehern, die über die Erhaltung der Ordnung wachen und die Beschäftigungen der Zöglinge leiten mußten. Das Gedeihen dieser Anstalten wurde bedeutend gestört, als 1220 ein Streit zwischen den Studenten und den Bürgern entstand, der so heftig wurde, daß die jungen Leute die Stadt verließen. Geschreckt durch die Drohung des Papstes, der sich der Studenten annahm, gaben die Bürger nach und bewilligten den zurückkehrenden Studenten die günstigsten Bedingungen. Später gab es jedoch noch mehre ähnliche Zwistigkeiten. Seit der Mitte des 13. Jahrhunderts bildete sich die Lehranstalt, die viele wichtige Vorrechte erhielt, immer mehr zu ihrer spätern Gestalt aus. Wie in andern europäischen Ländern, besonders in Deutschland, milde Geber eigne Anstalten, sogenannte Bursen, errichteten, wo

Studirende für geringe Miethe Wohnung erhielten, so wurden auch in Oxford seit 1260 ähnliche reich begabte Stiftungen zur Unterstützung der Studenten angelegt. Als diese Anstalten sich immer mehr erweiterten, zogen sich die Studirenden von der Verbindung mit den Bürgern zurück, die so viele Zwiste herbeigeführt hatte. Im 13. und 14. Jahrhunderte stieg die Zahl dieser Stiftungen auf sieben, außer welchen es auch noch zahlreiche Herbergen für Studirende gab. Während der Fehden zwischen den um die Krone streitenden Familien York und Lancaster kam auch die Universität in Verfall, erhob sich aber wieder unter der Regierung Heinrich VII. (1485 — 1509) und besonders unter Heinrich VIII., wo der Cardinal Wolsey, des Königs allgewaltiger Minister, ihr freigebiger Gönner war, der sieben Lehrstühle errichtete und mit ausgezeichneten Männern besetzte. Wie er eine neue Stiftung für junge Gelehrte gründete, so machten sich später auch andere Freunde der Gelehrsamkeit durch ähnliche Anstalten um Oxford verdient, bis nach und nach 19 gegründet waren, von welchen die jüngste 1714 gestiftet wurde. Diese noch jetzt in ihrer alten Verfassung bestehenden sogenannten Collegien sind eine Eigenthümlichkeit der beiden englischen Universitäten Oxford und Cambridge. Jedes dieser Collegien hat ein besonderes Gebäude mit Gärten und liegenden Gründen, wo die Mitglieder unter einem Vorsteher beisammen wohnen. Alle haben auch eine eigne Kapelle, einen großen Versammlungssaal, Halle genannt, und eine Bibliothek. Der Vorsteher einer solchen Stiftung bildet mit den übrigen Beamten, den Lehrern, Mitgliedern und Studirenden derselben einen geschlossenen Verein, der von den übrigen Collegien und der allgemeinen Universität unabhängig ist. Die Vorsteher werden auf Lebzeit erwählt und haben wirksame Gewalt in der Verwaltung der Anstalt. Es ist ihnen gestattet zu heirathen. Eigentliche Mitglieder der Collegien sind Diejenigen, die an allen Vortheilen der Stiftung vollen Antheil haben, aus den Einkünften derselben ganz oder zum Theil erhalten werden und ihre Pfründe in der Regel zeitlebens behalten, bis sie heirathen oder liegende Gründe erben, oder Aemter erlangen, die mehr eintragen. Nur in einem Collegium müssen die Mitglieder ihre Pfründe nach achtzehnjährigem Genusse abgeben. Selbst wenn ein Mitglied eines Collegiums mehre Jahre auf Reisen ist, bleibt die ihm angewiesene Wohnung zu seiner Verfügung. Diese Pfründen, deren Einkünfte sehr verschieden sind und von 200 bis über 1000 Thaler steigen, bieten ein Mittel dar, verdienstvollen Gelehrten Unterstützung und ungestörte Muße zu wissenschaftlichen Arbeiten zu geben; aber freilich sind nur die Anhänger der herrschenden bischöflichen Kirche zum Genusse dieser Stiftungen berechtigt und nicht nur Katholiken, sondern selbst Protestanten, die von den Lehrmeinungen der englischen Kirche abweichen, davon ausgeschlossen. Die zu jedem Collegium gehörenden eigentlichen Studenten empfangen gleichfalls eine gewisse jährliche Summe, aber nur für eine bestimmte Zeit, gewöhnlich vier Jahre. Nach den Verfügungen mehrer Stifter können nur die Eingeborenen besonderer Grafschaften, ja besonderer Kirchspiele, oder die Zöglinge besonderer Schulen Mitglieder des Collegiums werden, und so geschieht es oft, daß nicht die Verdienstvollsten unter allen Studenten, sondern nur die Ausgezeichneten unter einer beschränkten Anzahl eine Aufmunterung erhalten. Aus den Mitgliedern werden gewöhnlich die Privatlehrer der zu den Stiftungen gehörenden Studenten genommen, die einer sehr strengen Zucht unterworfen sind. Außer den abhängigen Studenten haben viele Collegien noch unabhängige Mitglieder, die für ihr Geld leben, jedoch den meisten Schulgesetzen gleichfalls gehorchen müssen. Die Mitglieder und die Studenten der Collegien haben eine besondere Tracht, die in einem weiten Obergewande und einer schwarzen Mütze mit viereckigem Deckel besteht. Auf unsern beiden Abbildungen sehen wir sie angedeutet. Die Festtracht der Beamten der Universität und der Collegien ist alterthümlich, aber glänzend.

Die Gebäude mehrer Collegien sind umfassend und großartig. Das größte und prächtigste ist das bereits erwähnte vom Cardinal Wolsey gestiftete Collegium der Kirche Christi. Wolsey erhielt 1524 von dem Papste die Erlaubniß, 22 Mönchs- und Nonnenklöster aufzuheben, um mit den Einkünften derselben dieses Collegium auszustatten. Die dazu gehörende Kapelle wurde später zur Stiftskirche des Bisthums Oxford erhoben und hat daher einen Dechanten und acht Stiftsherren. Sehenswerth ist der große Saal (die Halle), einer der schönsten in England, 115 Fuß lang, 40 Fuß breit und 50 Fuß hoch. Die Decke besteht aus Eichenholz, mit sorgfältig gearbeitetem Schnitzwerke verziert, und die getäfelten Wände sind mit einer zahlreichen Sammlung von Bildnissen bedeckt. In der ältesten der 19 Stiftungen, Merton-Collegium, ist die gothische Kapelle mit einem schönen gemalten Fenster merkwürdig. Die Kapelle des neuen Collegiums, das 1373 gestiftet ward, ist eines der prächtigsten Gebäude in Oxford und hat trefflich gemalte Fenster in einem vierfach verschiedenen Kunststyl. Die Bibliothek des 1437 gestifteten Aller-Seelen-Collegiums ist der größte Büchersaal in England, 198 Fuß lang und über 32 Fuß breit. Sie wurde 1716 — 56 von einem Vermächtnisse des Ahnherrn des tapfern Admirals Codrington gebaut. Außer den Collegien gibt es in Oxford noch fünf sogenannte Hallen, Gebäude zur Aufnahme von Studenten, den Herbergen ähnlich, welche vor der Stiftung der Collegien ausschließlich zu jenem Zwecke dienten. Sie stehen unter der Obhut eines Aufsehers, der die Erziehung der Zöglinge leitet, sind aber in Allem, was Vorrechte und Schulzucht betrifft, ganz den Collegien gleichgestellt. Sie haben jedoch nicht, wie diese, liegende Gründe, sondern ihre Einkünfte fließen blos aus den für den Unterricht bezahlten Jahrgeldern und aus der Miethe der Wohnungen. Im Jahre 1834 zählte man in sämmtlichen Collegien und Hallen 5290 Mitglieder und Zöglinge. Die eigentliche Universität, als besondere Körperschaft von den Collegien verschieden, steht unter einem Kanzler, wozu in der Regel ein einflußreicher Mann gewählt wird (jetzt der Herzog von Wellington), einem Vicekanzler, der sein Amt gewöhnlich vier Jahre verwaltet und andern Oberbeamten. Sie zählt viele theils aus öffentlichen Mitteln besoldete, meist aber durch Privatstiftungen unterhaltene Lehrer, die aber nicht so regelmäßige und umfassende Vorträge über ihre Wissenschaften halten, als es auf deutschen Universitäten üblich ist.

Die Hauptgegenstände des Unterrichts in Oxford wie in Cambridge sind die griechische und lateinische Sprache und Literatur und die Mathematik. Eigentliche Gesammtschulen der Wissenschaften, wie die deutschen Universitäten und selbst die Hochschule zu Edinburg, sind sie nicht, doch hat in neuern Zeiten die veraltete einseitige Beschränkung der Unterrichtsgegenstände abgenommen, und es sind mehre neue Lehrstühle, besonders für die Naturwissenschaften, gestiftet worden, wodurch ein regeres wissenschaftliches Leben geweckt worden ist. Doch können hier, bei den noch immer bestehenden mangelhaften alten Einrichtungen, nicht wie auf den deutschen und schottischen Universitäten, Rechtsgelehrte und Ärzte eine umfassende Berufsbildung erhalten, sondern müssen in andern Anstalten suchen, was sie in Oxford und Cambridge nicht finden. Dies hat in der neuesten Zeit Veranlassung gegeben, in London zwei Lehranstalten, die londner Universität und King's-College, zu gründen, welche jenen Mängeln abhelfen sollen.

Unter den mit der Universität verbundenen Anstalten sind mehre einer besondern Erwähnung werth. Wir nennen zuerst die von Thomas Bodley zu Ende des 17. Jahrhunderts gestiftete Bibliothek, die später durch andere Geber bedeutenden Zuwachs erhalten hat, und an gedruckten Werken und Handschriften eine der reichsten in Europa ist. Die Radcliffe-Bibliothek, die unsere Abbildung zeigt, ist in einem der prächtigsten Gebäude der Stadt aufgestellt, welches von 1737—49 gebaut wurde. Die schöne Kuppel gewährt in jeder Entfernung von der Stadt eine überraschende Ansicht. Ihr Stifter war Radcliffe, ein ausgezeichneter Arzt zu Anfange des 18. Jahrhunderts. Nicht so reich als Bodley's Bibliothek, beschränkt sie ihre Mittel hauptsächlich auf die Sammlung naturwissenschaftlicher und ärztlicher Werke. Radcliffe stiftete auch im Magdalenen-Collegium zwei Reisestipendien für studirende Ärzte, jedes jährlich zu 2100 Thalern auf zehn Jahre, wovon die ersten fünf im Auslande zugebracht werden müssen. Eine der bedeutendsten Anstalten ist Ashmole's-Museum, eine Sammlung von Naturmerkwürdigkeiten, die ihr Gründer, Elias Ashmole, der Universität schenkte. Das sogenannte Theater, von dem großen 1723 ge-

Die Radcliffe-Bibliothek.

storbenen Baumeister Christoph Wren errichtet, ist zu den öffentlichen Feierlichkeiten der Universität bestimmt. Die Sternwarte, welche ebenfalls von einem Vermächtnisse des freigebigen Radcliffe erbaut und 1786 vollendet wurde, liegt am Ende der nördlichen Vorstadt, und endigt in dem dritten Stockwerke mit einem achteckigen Thurme, einer Nachbildung des Tempels der Winde zu Athen. Auf der Spitze sieht man einen kolossalen Globus, den Hercules und Atlas tragen. Die Universitätsbuchdruckerei heißt Clarendon's-Druckerei, weil das dazu bestimmte Gebäude 1711 von dem Ertrage des Verkaufes der von dem Grafen von Clarendon herausgegebenen Geschichte der englischen Rebellion gegründet wurde. Vor einigen Jahren hat die Universität eine neue Druckerei erbaut, ein schönes Gebäude, in dessen Erdgeschoß der Saal für die Druckerpressen sich befindet, der 200 Fuß lang und 18 Fuß breit ist.

Der Yurumi oder Ameisenfresser.

Der Ameisenfresser auch Ameisenbär, lebt im südlichen Amerika, er wird vier Fuß, sein Schwanz aber drei Fuß lang. Sein borstiges Haar ist grau, über den Rücken läuft eine weiße, schwarz eingefaßte Binde. Der Kopf ist in die Länge gezogen und die Mundöffnung sehr klein, die Zunge, nur drei bis vier Linien dick, ist so dehnbar, daß das Thier sie beinahe anderthalb Fuß weit aus dem Munde herausstrecken kann, Zähne hat es nicht, die Klauen aber sind lang und wie Adlerkrallen gekrümmt. Der Yurumi ist ein schwerfälliges, einsam lebendes Thier. Das Weibchen wirft nur ein Junges und trägt dasselbe dann noch eine Zeit lang mit sich auf dem Rücken herum. Es ist ein friedliches Thier, das nur wenn es lange gereizt wird, sich zur Wehre stellt, und läßt sich sogar zähmen. Seine Nahrung besteht einzig und allein aus verschiedenen Arten Ameisen und ihren Larven. Seine Krallen dienen ihm vortrefflich die Ameisenhaufen und Termitenhügel aufzuscharren, ist dies geschehen, dann streckt er seine lange Zunge unter die, von allen Seiten gegen solche Störungen herbeieilenden Insekten, die sich sofort des Feindes zu bemächtigen suchen und die Zunge dicht besetzen, welche der Yurumi gemächlich in den Mund zurückzieht, was dann so oft wiederholt wird, bis er gesättigt ist. Das Fleisch dieses Thieres wird nur von den Eingeborenen gegessen, welche auch das Fell benutzen; außer den Verfolgungen der Menschen sind es nur die größern Katzenarten, welche mitunter einen Yurumi tödten, namentlich der Jaguar.

Die Kupferstechkunst.

13. Die verschiedenen Stechweisen.
A. Das Arbeiten mit dem Grabstichel.
(Fortsetzung aus Nr. 114.)

Ist die Zeichnung auf die Platte kalkirt, wie Nr. 114 erwähnt, so überfährt jetzt der Künstler dieselbe mit einer scharfen Radirnadel, d. i. einem gut gestählten, spitzigen, mit einem Hefte versehenen Eisendrahtstifte, um die Zeichnung leicht in das Kupfer zu ritzen. Hierauf wird die Platte über Kohlen wieder vom Firniß gereinigt. Das Werkzeug, dessen hierauf sich der Künstler bedient, ist der Grabstichel. Dieser besteht aus einem in einem Hefte befestigten, mehre Zoll langen, viereckigen Stahlstifte, welcher auf einer Ecke schneidig und an dem Ende schief zu einer Spitze angeschliffen ist.

Man unterscheidet an dem Grabstichel: die Bahn oder Schneide, d. i. diejenige Kante, welche beim Stechen in der gestochenen Linie läuft und diese bildet. Sie entsteht durch die Vereinigung der zwei untern Seiten des Stichels in einem Winkel, je nachdem diese Bahn eine rechtwinklige oder eine mehr oder minder spitzwinklige ist, wird der Grabstichel ein niedriger oder ein hoher, hochkantiger, rautenförmiger, oder nur ein halbhoher genannt. Letzterer, der gebräuchlichste, hat einen Winkel von 70°. Dann ist zu bemerken die Kappe, d. i. der schiefe Anschliff gegen die Spitze. Je nach ihrer Richtung zur Bahn in einem spitzigern oder stumpfern Winkel, heißt die Kappe eine hohe oder niedrige. Die höchste bildet einen Winkel von 30°, die niedrigste einen von 55°. Die Länge der Grabstichel unterscheidet sich ebenfalls; sammt dem Hefte, das 1½ bis 2 Zoll hat, messen die kürzesten drei, die längsten sechs Zoll. Auch die Stärke ist verschieden, je nachdem die Bahnseite 1 bis 1½ Linie hält. Wie die Bestimmung der Bahn Sache der Willkür, aber auch von der zu liefernden Arbeit abhängig ist, so wählt der Künstler auch Kappe, Länge und Stärke nach Bedarf. Mit diesem Instrumente nun werden die Striche gegraben, indem man den Grabstichel fast parallel auf die Platte auflegend, ins Kupfer nach der Zeichnung Furchen einzieht. Des niedern Grabstichels bedient man sich, um mit ihm die Striche anzulegen, des hohen, um damit dieselben zu vertiefen. Fortwährend ist der Grabstichel auf dem Schleifsteine mit Öl zu wetzen, denn Spitze und Schneide müssen stets vollkommen scharf sein. Die Spitze muß kleben, d. h. der leise auf den Daumennagel gesetzte Stichel muß sogleich eingreifen. Nebenbei wendet der Künstler den Schaber (ein stählernes, auch mit einem Hefte versehenes Instrument, welches dreischneidig ist und in eine Spitze ausläuft) an, um seinen Strichen den Bart oder Grat (das rauhe Kupfer, welches der Stichel oder die Radirnadel der Furche zur Seite herausdrückt) zu nehmen. Eben den Schaber gebrauchet er auch, um mislungene Striche wieder aus der Platte zu bringen. Waren jene Striche so tief gegangen, daß nach ihrer Beseitigung eine Vertiefung entsteht, so werden dieselben herausgetrieben, d. h. die Platte mit einem kleinen Hämmerchen auf der Rückseite an den vertieften Stellen geschlagen, bis diese ausgeglichen sind, der Polirstahl aber (ein ovalspitziges, in Heft gefaßtes Stück Stahl, welches rings herum polirt ist), sowie der Schleifstein thun dann noch das Nöthige.

Die Weise des Grabstichels ist die kunstvollste sowol als auch die schwerste. Keine ist, wie sie, geeignet, alle Gegenstände so genau und rein darzustellen; keine bietet dem ausübenden Künstler so viel Gelegenheit, sein Talent und eine geübte Hand zu zeigen. Nur bei der Landschaft, wo Bäume und Erdreich besondere Freiheit der Behandlung erfordern, ist der Grabstichel minder gut anzuwenden.

B. Das Radiren und Ätzen.

Zum Radiren und Ätzen hat man sonst auch wol Eisen=, Messingblech und auch Zinnplatten genommen; jetzt jedoch nimmt man nur Kupferplatten. Zum Radiren dienen verschiedene Nadeln, deren es stumpfe oder spitzig angeschliffene von sechserlei Graden gibt. Ältere Künstler gebrauchten außer den Nadeln auch noch die Echoppe, ein Instrument, das, fast wie ein Grabstichel, gekrümmt in eine Spitze ausläuft. Mit der Radirnadel nun wird die auf die Platte kalkirte Zeichnung weiter ausgeführt, wobei man jedoch nicht stärker niederhält, als eben nöthig ist, um die hernach zu ätzenden Striche rein aus dem Grundfirniß hervortreten zu lassen. Nachdem die Platte so radirt worden, wird sie geätzt. Hierzu nimmt man das Ätzwasser oder Ätzmittel. Dieses wird verschieden bereitet; doch ist es gewöhnlich Doppelscheidewasser mit destillirtem Regenwasser, und zwar dergestalt vermischt, daß man zu den feinsten Partien zu einem Theil Säure vier oder fünf Theile Wasser hinzusetzt, zu weniger zarten Stellen aber die Säure vermehrt. Die gewöhnlichste Art nun, das Ätzwasser zu gebrauchen — zu Kupfer zu bringen — ist folgende. Es wird rings um die Platte ein etwa 1 Zoll hoher Rand aus gelbem Wachse befestigt. Um aber diesen Rand gegen das Ätzwasser undurchdringlich zu machen, wird er innerhalb noch mit dem Deckfirniß bestrichen, aus Unschlitt, gelbem Wachse, einigen Tropfen Baumöl und, nachdem dieses durchkocht ist, einigem Kienruß bestehend. Eines ähnlichen Deckfirnisses bedient man sich auch, die etwaigen Fehler der Radirung zu bedecken, ehe das Ätzen beginnt. Dieser Firniß ist eine Auflösung von Colophonium in Terpenthinöl, welche man mit Lampenruß oder mit Zinnober vermischt, dies jedoch nicht eher, bis man den Firniß brauchen will. Bei Darstellungen endlich, wo dunkle und dunklere Massen auf lichtere folgen, als bei Landschaften, wo es mehrere Gründe bedarf, wird der Deckfirniß vorzüglich gebraucht. Man gießt nämlich das Ätzwasser von der Platte herunter, trocknet dieselbe mit weichem Papier und bestreicht die Stellen, welche im Ton lichter ausfallen sollen. Dann gießt man das Ätzwasser wieder auf die Platte, damit es auf die offen gelassenen Stellen fortwirke. Auf diese Weise werden die verschiedenen Töne hervorgebracht.

Wie lange das Ätzwasser auf der Platte zu stehen habe, läßt sich nicht bestimmen. Die Wirkung desselben richtet sich nach dem Wetter und Beschaffenheit der Arbeit. Zuweilen ist die Ätzung in einer halben Stunde vollendet, oft werden zwölf, auch noch mehrere Stunden erfodert.

Hat das Scheidewasser hinlänglich gewirkt, so gießt man es ab, entfernt den Wachsrand, reinigt die Platte vom Firniß über glühenden Kohlen, und nun erscheinen die Striche, als wären sie in die Platte eingegraben worden.

Die Ätzkunst hat manche Vortheile; sie ist leichter zu erlernen, geht geschwinder, und es kann mit ihr Alles, wo viel Rauhes, Matteres und Abgebrochenes vorkommt, z. B. Landschaften und Thierstücke, wo unbestimmte Umrisse mit beständig abwechselnden Krümmungen nöthig sind, vorzüglich gearbeitet werden. Sie verschafft den Malern ein leichtes Mittel, ihre Zeichnungen selbst in Kupfer zu stechen und so zu vervielfältigen, und unbestreitbar lassen uns diese Radirungen mehr vom eigenthümlichen Geiste des schaffenden Meisters erkennen, als die durch fremde Hand gefertigten Arbeiten. Andererseits ist aber auch zu berücksichtigen, daß, während die sehr zarten Töne der allerdings immer einige Rauhheit erzeugenden Ätzung nicht wohl zu überlassen sind, es auch das Scheidewasser ebenso wenig vermag, die stark beschatteten Theile gehörig zu kräftigen.

C. Die kalte Nadel.

Kalt oder trocken heißt die Nadel, weil sie, sowie der Grabstichel, nur auf das blanke, vom Grundfirniß und der Kalkirung wieder gereinigte Kupfer angewandt wird. Darum verlangt auch die trockene Nadel große Geschicklichkeit und Übung. Nur kleine Sachen sind ihr Bereich, und um größere Blätter in ihr auszuführen, bedarf es fürwahr des Talents eines Rembrandts. Grade Striche lassen sich in dieser Stechart zwar ziemlich leicht machen, desto schwerer aber gekrümmte, geschwungene Striche, weil, um diese in das Kupfer zu bringen, die Nadel Gewalt brauchen muß, starkes Niederhalten aber die Freiheit der Behandlung gar sehr erschwert; eine zu leichte Hand hingegen ritzt nur das Kupfer und bewirkt keine kräftigen, dunkeln Schatten. Zwar gibt es Künstler, welche, um in dieser Stechweise dunkle Töne zu erreichen, den von der Nadel erzeugten Grat auf der Platte dulden und so, mittels der an diesen sich anhängenden Farbe, die dunkelste Sammetschwärze hervorzubringen vermögen. Allein die Wirkung dauert nur kurze Zeit, da der Grat durch das Wischen des Kupferdruckers bald sich abschleift, wodurch dann die spätern Abdrücke des Tons und Einklangs ermangeln. Zu kleinen Sachen ist diese Stechart, wie gesagt, wol zu gebrauchen, und die Carnation, d. i. die Nachbildung der menschlichen Fleischoberfläche, vermag sie ungemein weich zu geben.

D. Ätzen und mit dem Grabstichel beendigen.

Die Stechart, welche ätzt und mit dem Grabstichel beendigt, ist eigentlich nur eine Verbindung der drei erstern Stechweisen. Der Künstler radirt förmlich das Bild in allen seinen Theilen, jedoch so, daß die Carnation, besonders in den mittlern Tinten (unter Tinte versteht man das herausgehobene Licht, das die Farbe andeutet), nur durch Punkte, die Schatten und alles Übrige durch einfache Striche, selten durch Kreuztirungen (Schattirungen sind die nebeneinander gesetzten, sich auch bisweilen durchkreuzenden Striche, wodurch die Schatten ausgedrückt werden: daher einfache und doppelte Schattirungen) gegeben sind, das Ganze aber von der größten Zartheit erscheint. Wo die Ätzung nicht hinreicht, die gehörige Tiefe der Striche zu bewirken, kann diese Mängel der Grabstichel heben; wo weniger der Grabstichel paßt, wo Leichtigkeit und Freiheit vorwalten sollen, kann die Ätzung aushelfen; wo endlich bei sehr zarten Partien Ätzung und Grabstichel nicht anwendbar sind, mag die trockene Nadel das Ihrige leisten. Aus dem zuletzt Gesagten und der Verbindung jener drei erstern Stechweisen folgt, daß diese vierte Stechart insofern von namhaftem Nutzen ist, als sie zu allem und jedem Darzustellenden mit fast gleich gutem Erfolge gebraucht werden kann.

E. Der Punzenstich.

Der Punzenstich führt auch den Namen der gehämmerten Arbeit oder der Arbeit des Spitzhammers.

Nachdem die Zeichnung auf die Platte kalkirt und geritzt, diese sodann gereinigt worden, wendet man die Punze aufs bloße Kupfer an. Die Punze (Goldschmiedspunze) ist ein gehärtetes Stahlstängelchen, drei oder vier Zoll lang, etwa einen Achtelzoll dick, an dem für den Gebrauch bestimmten Ende rund oder oval zugespitzt, und platt abgeschnitten. Diese untere Kante hat entweder kleine, dichtstehende Zacken, oder auch nur eine schärfere oder stumpfere Spitze.

Hiernächst braucht der Künstler ein Hämmerchen, Spitzhammer genannt, die Punze damit ins Kupfer zu treiben und so seine Aufgabe zu lösen.

Diese Stechart vermag die mehrfachen Schatten aufs sanfteste verschwimmen zu lassen und den Rothstein, die schwarze Kreide und den Bleistift täuschend nachzuahmen.

(Die Fortsetzung folgt in Nr. 116.)

Hogarth's Werke.
4. Fleiß und Faulheit.
(Fortsetzung aus Nr. 113.)

III.

Wir verließen in Nr. 113 des Pfennig-Magazins die beiden Helden unserer Geschichte in sehr verschiedener Beschäftigung, den Fleißigen in der Kirche, den Faulen vor derselben mit Würfelspiel noch beschäftigt, was aber eben gewaltsam unterbrochen zu werden drohte. Das vierte Blatt steht an Erheblichkeit den vorigen nach; es stellt nur auf ganz einfache Weise den fleißigen Gehülfen vor, wie er in den Besitz des vollen Vertrauens seines Principals gelangt ist. Das Gesicht und die Haltung des Herrn hat etwas sehr Edles und Wohlmeinendes. Sein linker Arm lehnt sich sanft auf die Schulter des Gehülfen, zum Zeichen, daß zwischen ihnen nicht allein Vertrauen, sondern auch Vertraulichkeit stattfindet. Mit der Rechten zeigt er nach den in vollem Gange befindlichen Webstühlen hin, als wolle er sagen, diese hätten ihn zum begüterten Manne gemacht, der nun die Mittel besitze, treue Dienste zu belohnen. Gutkind hat, wie man sieht, den Beutel, die Schlüssel und die Bücher. Auf der herabgeschlagenen Klappe des Schreibpults liegen ein Paar rechte Handschuhe, die sich so anfassen, als ob es Hände wären. Dies ist noch eine Anspielung auf die Freundschaft, welche zwischen dem Principal und dem Gehülfen besteht, und bezieht sich zunächst auf ein englisches Sprüchwort, welches sagt: „Sie sind Hand und Handschuh". Zur Linken sehen wir einen Packträger mit mehren Ballen Zeuch hereintreten. Das Schild auf seiner Brust zeigt, daß er königlich privilegirt ist. Er hat einen Hund bei sich, der bereits mit der Cypperkatze des West'schen Hauses einen kleinen Krieg angefangen hat, welches beweist, daß, wenn auch Alles sich einträchtig und brüderlich die Hand reicht, Hund und Katze doch niemals Hand und Handschuh werden können. Dieses Blatt hat als Unterschrift die Worte: „Du frommer und getreuer Knecht, du bist über Weniges getreu gewesen, ich will dich über Vieles setzen".

Welche von dieser wieder ganz verschiedene Scene stellt sich uns auf dem folgenden Blatte dar, was als Spruch die Worte hatte: „Ein thörichter Sohn ist seiner Mutter Grämen". Es zeigt uns den faulen und unverbesserlichen Lehrkameraden Gutkind's, wie er von seinem Herrn weggejagt und nun als Matrose zur See geschickt wird. Weder dessen Ermahnungen noch die gewiß bei ähnlichen Gelegenheiten öfters wiederholten nachdrücklichen Zurechtweisungen, wovon wir ihm eine Probe auf dem Kirchhofe durch den Bettelvogt in Empfang nehmen sahen, haben den Taugenichts zu bessern vermocht. Nur die Hoffnung blieb noch, daß er vielleicht in einem andern Lande unter andern Umgebungen ein neues Leben beginnen würde, und darum leistete ihm sein ehemaliger Principal noch den Dienst, ihn auf ein Schiff als Matrose zu verdingen, um ihn zo während der Reise unter der strengen Seemannsdisciplin zu wissen und ihn dann in der neuen Welt ein neues Leben beginnen zu lassen.

So wird ihm noch einmal die Hand zur Rettung geboten. Das Boot, auf dem er sich befindet, soll ihn an Bord des Schiffes bringen, das über diesen Zuwachs an Mannschaft eben nicht glücklich zu preisen ist. Wir bemerken auf dem Boote fünf Personen, nämlich drei Seeleute, den Taugenichts selbst und dessen unglückliche Mutter. Ein Blick reicht hin, um den nichtsnutzigen Thomas herauszufinden, denn eine vollkommenere Galgenphysiognomie kann nicht leicht gedacht werden. Die Geberde, die er mit den Fingern der linken Hand über seinem Kopfe macht, erklärt Lichtenberg als einen tölpelhaften Witz, den sich der Taugenichts gegen den ihm gegenübersitzenden Matrosen erlaubt, der ihn, gewiß nicht ohne Fug und Grund, durch die so eben kund gegebene Gesinnung, indem er den Vertrag zerriß, der für ihn mit dem Schiffsherrn abgeschlossen wurde, und der noch auf den Wellen schwimmt, auf einen am Ufer stehenden Galgen aufmerksam macht. Der hinter dem Thomas sitzende Seemann scheint die Ansicht seines Collegen über jenen vollkommen zu theilen, und redet zu ihm, nicht blos von seinem zukünftigen Schicksal, das ihm in Gestalt des Galgens gewiß ist, wenn er sich nicht bald bessert, sondern auch vom gegenwärtigen, von Strafen nämlich, die ihm nicht langsam nachschleichen, sondern ihn schon in diesem Augenblick so schnell wie der Blitz treffen können. Er klopft ihn nämlich mit der Linken auf die Schulter und zeigt ihm mit der Rechten ein Besserungsinstrument, das in der Schiffssprache die Katze mit neun Schwänzen (the cat o'nine tails) heißt. Dies ist nämlich eine Geißel, von zähen Riemen gedreht, womit der Rücken Derjenigen gezüchtigt wird, die sich auf einem Schiffe grobe Vergehen zu Schulden kommen lassen. Die Kiste, welche neben dem bedrohten Sünder steht, birgt wahrscheinlich die Habseligkeiten, welche ihm die Armuth seiner Mutter noch auf die lange Reise mitgegeben.

Die von Gram und Dürftigkeit niedergebeugte Gestalt der Mutter, in Witwentracht, welche dem ruchlosen Betragen des nichtswürdigen Sohnes nur Ermahnungen und Thränen entgegenzusetzen vermag, ist sehr ausdrucksvoll. Ebenso gelungen ist die Figur des am Vordertheil des Fahrzeuges sitzenden Bootsmanns, der sich, mit der theilnahmlosesten Gelassenheit auf dem Gesichte, um nichts bekümmert, als das Boot weiter zu bringen.

Die Windmühlen am Ufer sind eine Anspielung auf den am Galgen Hängenden und auf den Helden selbst, dem das Schicksal, im Winde zu baumeln, noch bevorsteht.

(Die Fortsetzung folgt in Nr 116.)

Verantwortliche Herausgeber: Friedrich Brockhaus in Leipzig und Dr. E. Drärler-Manfred in Wien.
Verlag von F. A. Brockhaus in Leipzig.

Das Pfennig-Magazin

der
Gesellschaft zur Verbreitung gemeinnütziger Kenntnisse.

116.] Erscheint jeden Sonnabend. [Juni 20, **1835**.

Die Börse zu Valencia.

Der Anblick von Valencia, der Hauptstadt des gleichnamigen Königreichs, und noch jetzt einer der bevölkertsten und gewerbreichsten Städte Spaniens, erfüllt den Reisenden nichts desto weniger mit traurigen Gefühlen, wenn er sich ihres ehemaligen Glanzes, ihrer hunderttausende von Bewohnern, der Pracht ihrer Bazare, ihrer Feste, wo das Gold und die Geschmeide der Sonne gleich strahlten und ihres alten Ruhms unter den maurischen und christlichen Beherrschern Spaniens erinnert. Hier errichteten nacheinander Römer, Gothen, Mauren und Aragonier die prachtvollsten Denkmale; sie sind verschwunden, aber noch entfaltet die Natur hier die Pracht eines ewig heitern und lachenden Himmels und einen üppigen Pflanzenwuchs, und ein vom Fleiße wohlbebauter Boden, ein seltener Wasserreichthum macht noch heute die Umgegend von Valencia zu dem Garten von Spanien. Ja, man behauptet, diese üppige Triebkraft der Natur sei hier so groß, daß Pflanzen und Sträucher sich in Blüten erschöpfen und so der Frucht entbehren müssen.

Unter der Herrschaft der Mauren gelangte Valencia zur höchsten Blüte. Die Siege, welche sie der christlichen Herrschaft unterwarfen, waren für sie nicht gewinnbringend. Doch Jakob I. von Aragon, gleich groß als Feldherr und Gesetzgeber, erkannte die Wichtigkeit der auch für den Handel so günstig gelegenen Stadt; er bevölkerte ihre verödeten Mauern von neuem, er ordnete die Zünfte, setzte Gerichtshöfe ein und baute der Kaufmannschaft einen Palast, wo sie unter dem Schutze eines Handelsgerichts ihre Geschäfte verfolgen und sich zu gemeinsamen Unternehmungen vereinigen konnte. Dieser Palast war die Börse. Drei Jahrhunderte nach ihm, um 1482, fiel dieses Gebäude in Trümmer, aber Ferdinand der Katholische ließ es wieder aufrichten und erhielt ihm fast seine alte Einrichtung. Dies ist das Gebäude, von dessen gegenwärtiger Ansicht wir vorstehend eine Abbildung liefern.

Dieser gewaltige, aber unregelmäßige Palast verbindet die Spuren hohen Alterthums mit der Originalität seiner Formen und der Eleganz des gothischen Styls, und gilt mit Recht für eines der lehrreichsten und eigenthümlichsten Bauwerke des gothisch-sarazenischen Styls. Seine Hauptfronte theilt sich in zwei ganz verschiedene Hälften, die ein massiver viereckiger Thurm wiederum vereinigt. Die linke Seite ist schmucklos bis zu zwei Drittheilen ihrer Höhe, hier aber beginnt eine lange Galerie von höchst malerischer Wirkung. Die Spitzfenster, mit Zahnungen von feinster Arbeit verziert, schließen zierliche Säulchen ein, welche Büsten und Wappen aragonischer und castilischer Könige tragen, und andere oberhalb in andern Zahnungen. Die rechte Seite des Thurms dagegen ist in ihrem obern Theile schmucklos, in ihrer untern Hälfte aber mit einer Fülle von architektonischen Zierrathen bedeckt, die durch Zeichnung und Arbeit gleich hohen Werth erhalten. Das Ganze schließen Zinnen in Gestalt von Königskronen, die nicht wenig zu dem eigenthümlichen Eindrucke beitragen, den dieses schöne und seltsame Gebäude auf den Beschauer macht.

Eine prachtvolle Treppe führt in das Innere eines Saales von 150 Fuß Länge und 80 Fuß Breite. Dies ist die eigentliche Börse oder der Versammlungssaal der Kaufmannschaft von Valencia. Eine Reihe von gewundenen Säulen, maurischen Styls, umgibt ihn, und kühn schwingen sich diese leichten Säulen zu der hohen Gewölbdecke empor. Auf diesen Saal folgt das Sitzungszimmer des Handelsgerichts, dann eine Kapelle, reich an schönen Gemälden, und endlich ein geräumiger, schattiger Garten voll Orangenbäume.

Die Börse liegt an dem belebtesten Marktplatze Valencias, der mit einer Fontaine geschmückt ist und schön zu nennen sein würde, wenn man ihn von einigen verfallenen Hütten befreite, denn hier sieht man außer der Börse die schöne Kirche von St.-Juan del Mercado, mit gothischen Sculpturen reich verziert, und das große schöne Kloster von Santa-Magdalena.

Die Kupferstechkunst.

13. Die verschiedenen Stechweisen.

F. Die Mezzo-Tintomanier.

(Fortsetzung aus Nr. 115.)

Die Mezzo-Tintomanier, auch Schab- oder Schwarzkunst genannt, besteht in Folgendem. Nachdem die Platte gehörig vorgerichtet, wird sie mit dem Granirstahle bearbeitet. Der Granirstahl, auch die Wiege genannt wegen seiner schaukelnden Bewegung während der Arbeit, hat die Gestalt eines Stemmeisens, das auf seiner mehr oder weniger zirkelförmigen Kante dicht mit vollkommen gleichen Zähnen versehen ist. Mit diesem Instrumente nun übergeht der Künstler die Platte nach Länge, Breite und übereck, er granirt dieselbe. Je nachdem die Zähne des Stahls stumpf oder scharf, weit oder dicht waren, heißt die Granirung eine gröbere oder feinere. Erstere hält zwar mehre Abdrücke aus und gibt in den dunklern Schatten eine saftige Schwärze, aber leicht werden auch in den lichten Tönen die Punkte des Granirstahls sichtbar und bringen dann eine unangenehme Wirkung hervor.

Wie aber bei dem Stechen und Radiren Alles zuerst in Licht erscheint, und hierauf die Schatten und dunkeln Stellen gearbeitet werden, so ist bei der Schabkunst Alles schon Schatten und die Lichter werden erst später hervorgehoben. Hierzu braucht der Schabkünstler die Schabeisen. Diese haben die Dicke einer Messerklinge, vier bis fünf Zoll Länge, $1/2$ Zoll Breite und sind an dem zum Gebrauch bestimmten Ende auf beiden Seiten schief und auf das schärfste geschliffen. Es werden ihrer mehre gebraucht, sie sind jedoch blos durch den Winkel ihres Anschliffs verschieden. Mit diesem Eisen schabt nun der Künstler an den Stellen, wo er der Lichter bedarf, das Rauhe der Granirung so lange hinweg, bis der beabsichtigte Ton erreicht ist.

Weil es bei dieser Stechart weder Striche noch Schraffirungen gibt, so erscheint ein geschabtes Blatt auf das vollendetste verschmolzen und so, als wäre es mit dem Pinsel gearbeitet. Das Weiche und Milde, wie Nacktes, Haar und feines Gewand, wird durch diese Behandlung aufs schönste dargestellt. Die Mangelhaftigkeit der Schabkunst hingegen liegt in der Behandlung der kleinen Details.

G. Die Stechweise le Blon's.

Le Blon's Stechweise ist mit der Schabkunst in der Hauptsache gleich. Der Unterschied besteht nur darin, daß jene nur einer Platte bedarf, zu dieser aber mehre gehören, um ein Ganzes darzustellen, wovon jede Platte mit einer besondern Farbe gedruckt wird.

Zu jedem Blatte nämlich, das man in le Blon's Stechart liefern will, werden mindestens drei Platten erfodert, von denen die eine zur rothen, die zweite zur blauen, die dritte zur gelben Farbe — als zu den Primitivfarben — bestimmt ist. Zuweilen setzt man auch eine vierte, der schwarzen Farbe bestimmte Platte, hinzu.

Durch Vermischung dieser drei Hauptfarben kann man verschiedene andere hervorbringen und so werden damit alle andern nöthigen Farben erzeugt.

Die lichtern oder dunklern Töne in den Farben entstehen aus der tiefern oder seichtern Granirung der Platten, wie oben erwähnt, und sind mithin dem Kupferstecher anheimgestellt. Hieraus geht aber hervor, daß jede dieser Platten vom Kupferstecher anders zu bearbeiten ist. Auf der zur blauen Farbe bestimmten Platte z. B. werden diejenigen Stellen ganz rauh gelassen, welche völlig blau ausfallen sollen; minder geschabt jene, wo das Blaue mit der Farbe einer andern Platte sich mengen soll, und rein auspolirt endlich diejenigen, auf denen blau gar nicht erscheinen darf.

Als eine Abart dieser Stechweise bezeichnen wir die Methode, auf ähnliche Weise eine geätzte Platte zuzurichten, die verschiedenen Farben aufzutragen und so das Ganze abzudrucken. Doch ward dies von dem Verfahren le Blon's bald verdrängt. Nicht minder machen wir darauf aufmerksam, daß man seit etwa 16 Jahren geschabte Kupferstiche mit bunten Farben liefert, die, obgleich sie, wie die vorhergehenden, nur mit einer Platte verfertigt sind, dennoch mit le Blon's Blättern viele Ähnlichkeit haben. Im Allgemeinen aber fallen die Abdrücke einer mit Farben bemalten Platte im Vergleich mit den echten le Blon'schen immer ungenügend aus.

Betrachtet man den Vorzug der le Blon'schen Manier, so ist sie es, welche die Werke der Maler in allen ihren Theilen am deutlichsten nachzuahmen vermag, indem sie selbst das Colorit uns vors Auge führt.

H. Die Aquarellmanier.

Zur Farbentuschart oder Aquarellmanier wird dieselbe Anzahl von Platten erfodert, wie zur le Blon'schen.

Die Bearbeitung der Platte geschieht durch die Roulette; diese besteht aus einem kleinen, mit feinen und enger oder weiter voneinander stehenden Stacheln versehenen Cylinder, der sich in einer, an einem hölzernen Hefte befestigten Achse dreht. Manche Künstler gebrauchen auch noch ein Instrument, das an dem Ende ein bewegliches Stachelrädchen hat; sie führen solches mit beiden Händen: die rechte hält es in fast senkrechter Richtung, der Mittelfinger der linken aber dreht das Rädchen. Alle Arbeit geschieht aufs blanke Kupfer, und Ätzung wendet man nur insofern an, als sie die Umrisse der Zeichnung hervorheben soll.

Mittels dieser Stechweise vermag man aufs Feinste ausgearbeitete, mit bunten Saftfarben lavirte Blätter herzustellen.

I. Die Crayonmanier.

Die Crayonmanier ist lediglich dazu bestimmt, Zeichnungen, mit schwarzer Kreide oder Rothstift gefertigt, ganz ähnlich durch Kupferstich darzustellen.

Das Verfahren ist folgendes. Wenn die Kupferplatte grundirt und die Zeichnung kalkirt worden, so gebraucht, die Schraffirungen ins Kupfer hinein zu arbeiten, der Kupferstecher abwechselnd folgende Instrumente: eine Radirnadel, um die zur Ätzung bestimmten Linien zu ritzen; sodann eine Doppelnadel, welche zwei, und eine dreifache, welche drei Punkte zugleich sticht; den Mattoir, d. i. eine Art von Punze, wovon das Ende die Gestalt eines Würfels hat und mit kleinen, abgestumpften, unregelmäßig angebrachten Zähnen besetzt ist, um damit die Schraffirungen zu verschummern; einen zweiten, dem vorigen ähnlichen, doch heftlosen Mattoir, ihn in die schon geätzte Platte mit dem Hammer zu treiben; dann die Roulette und endlich den Grabstichel. Diese Instrumente nun heben die Grundirung hinweg und alle Striche, Schraffirungen und Schummerungen erscheinen in Punkten und so, wie der Rothstift eine Zeichnung auf dem Papier liefert. Hierauf wird die Platte mit Scheidewasser geätzt. Nach der Ätzung wird die Platte retouchirt, d. h. die zu offen gerathenen Schummerungen werden ausgefüllt, die kräftigen Striche und dunkeln Töne übergangen und vertieft, und jene sanfte Schummerung, welche man dem Ätzwasser nicht überlassen durfte, auf dem trockenen Kupfer hinzugefügt. Zum rothen Druck bedient man sich des gebrannten Sartinobers, mit Mohnöl abgerieben.

Bald nach Erfindung dieser Stechart erweiterte ihre Brauchbarkeit und vervollkommnete sie noch L. Bonnet, indem er sie zur Nachahmung von Pastellgemälden anwandte. Er ging dabei nach le Blon's Grundsätzen zu Werke, nahm mehre Farben, bestimmte aber zu jeder derselben eine besondere Platte.

K. Der Punktenstich.

Die Punktirstechweise besitzt vor der nahe verwandten, vorhergehenden Stechart, deren Verfeinerung sie eigentlich nur ist, den Vorzug, daß ihre Blätter selbst den vollendetsten Kreidezeichnungen in keiner Hinsicht nachstehen, vielmehr das Ansehen haben, als wären sie mit dem Pinsel fein punktirt.

Das Verfahren ist folgendes. Es werden mit der gewöhnlichen Radirnadel und in den breitern Schattenmassen mit der Doppelnadel Punkte gestochen. Einige Künstler setzen in den stärksten Schattenpartien einfache Linienschraffirungen hinzu, die sie mittels der gewöhnlichen Nadel über die Punktirung hinwegziehen. Nun folgt die Ätzung. Wo aber die Ätzung nicht ausreicht, den nöthigen Farbenton hervorzurufen, werden die Punkte hier und da noch mit dem Grabstichel verbunden, vertieft und mit neuhinzugefügten dicht ausgefüllt. Mit ähnlichen Punkten, wozu man in den lichtern Tönen sich auch der Nadel bedient, wird selbst die Ätzungsanlage überschummert und ausgefüllt. Die Carnation aber und Alles, was sehr zarter Behandlung bedarf, muß bei der Ätzung aufgespart und erst später mit der trockenen Nadel und dem Burin in das Kupfer gearbeitet werden. Um vollkommen fein die Schatten zu verschummern, wenden Manche zuletzt noch sowol den Mattoir als auch die Roulette an.

Auch bei dieser Stechart liefert man, nach Anleitung der le Blon'schen, buntfarbige Abdrücke. Die Platte wird gleichsam colorirt und man gewinnt, zumal im Kleinen, Blätter durch dieses Verfahren, die kaum den vollendetsten Miniaturgemälden nachstehen.

L. Die Aquatintamanier.

Bei der Aquatintamanier, auch Wister- oder Tuschart genannt, wird, wenn die Umrisse auf die grundirte Platte kalkirt, radirt und geätzt worden sind, diese gereinigt und neuerdings, jedoch nur dünn, mit Firniß überzogen. Sobald dieser erhärtet ist, wird er an den Stellen, wo Schattirung erscheinen soll, von der Platte wieder rein losgelöst und zwar mittels einer Mischung aus Terpenthingeist und Baumöl, mit fein zerriebenem Kienruße vermengt. Diese, auf die Schattenstellen mit einem Pinsel getragen, hebt von der Platte den Ätzgrund ganz los. Hierauf wird die ganze Platte mit feinpulverisirtem weißen Pech, oder Gummi Sandarach, oder Asphalt und feinem durchsichtigen Pech in gleichen Theilen durch ein enges Haarsieb bestreut. Damit aber dieses Pulver sich anhängen möge, wird es vorher mit einer Mischung aus Seife, Zucker und Wasser benetzt. Wenn nun das Überflüssige des Pechstaubes von der Platte abgeschwenkt worden, wird solche so lange über ein Kohlenfeuer gehalten, bis jene Stäubchen — das Korn genannt —, aufgelöst durch die Wirkung der Glut, sich dem Kupfer angeheftet haben. Dies ist geschehen, wenn diejenigen Stellen, auf denen der Ätzgrund geblieben und die vom aufgestreuten Staube weißlich erschienen, sich braun färben und auch die Umrisse aus dem Pulver hervortreten. Sobald dieses sich zeigt, wird die Platte von der Kohlenpfanne genommen und abgekühlt und dann mit Ätzwasser übergossen. Dies darf aber nicht sehr stark sein, damit es nicht die ebenso schwach befestigten als ungemein zarten Körnchen vom Kupfer trenne und so die Arbeit verderbe. Hat man den ersten der Schattentöne erhalten, so reinigt man die Platte, überzieht sie von Neuem mit dem Radirfirniß und arbeitet den zweiten Ton hinein, und so wird fortgefahren, bis sämmtliche Tinten hervorgebracht sind. Dabei steht es zugleich in der Willkür des Künstlers, entweder mit den stärksten Schatten zu beginnen und nach und nach die schwächern hervorzubringen, oder die schwachen Tinten zuerst zu ätzen und mit den dunkelsten zu endigen. Die erstere Methode ist jedoch die gewöhnliche.

Trefflich eignet sich, zumal wenn der Pechstaub sehr fein genommen worden, diese Stechart, getuschte, lavirte Zeichnungen zu copiren, und keck hingesetzte, abgeschnittene Schatten sind ihr Gebiet.

(Der Beschluß folgt in Nr. 117.)

Das Schloß Caernarvon.

Dieses alterthümliche Gebäude wurde im Jahre 1283 vom König Eduard I. von England erbaut, der um dieselbe Zeit noch mehre Schlösser errichtete, um sich seine Eroberungen in dem Gebirgslande zu sichern. Das Schloß bildet die Citadelle der Stadt gleiches Namens, welche am Kanal Menay, der Insel Anglesea gegenüber, liegt, und ungefähr 1200 Einwohner hat. Das Schloß ist ungeachtet seines hohen Alters noch gut erhalten. Die dasselbe umgebenden acht bis zehn Fuß dicken Wälle sind mit vielen runden Thürmen und einer Galerie mit Schießscharten versehen. Der Eingang zum Schlosse ist unter einem breiten Thurme, auf dessen Gipfel die Bildsäule des Erbauers in kriegerischer Rüstung mit einem Dolche in der Hand steht. Der merkwürdigste Theil des Schlosses ist der sogenannte Adlerthurm, in welchem der Sohn Eduard I., der erste Prinz von Wales, seitdem der Titel des Kronprinzen von England, geboren wurde, der als Eduard II. nach einer kurzen und unruhigen Regierung 1307 starb.

Die Wasserhose.

Die Wasserhose ist eine der großartigsten und furchtbarsten Naturerscheinungen, vorzüglich auf dem Meere, und zeigt sich besonders häufig auf der Westküste von Afrika. Die noch nicht bekannte Entstehung dieses außerordentlichen Phänomens schreibt man verschiedenen Ursachen zu. Einige Physiker erklären sie für die Wirkung heftiger Wirbelwinde, was jedoch durch die stets bei dieser Erscheinung stattfindende Windstille widerlegt wird. Ebenso wenig kann man die Angabe anderer Naturforscher gelten lassen, welche behaupten, die Wasserhose sei nichts als ein hohler Wassercylinder und bestehe nur aus Schaum des Meeres, der von den Wirbelwinden zusammengetrieben werde; denn auf diese Weise läßt sich nicht erklären, woher die ungeheure Menge Wasser komme, die oft bei ihrer Auflösung ins Meer stürzt. Noch Andere sehen die durch ein Übermaß von Sonnenhitze entstehende Verdünnung der Luft als die Ursache der Wasserhose an, was aber ebenfalls nicht wahrscheinlich ist. Die richtigste Ansicht von der Sache ist unstreitig die, welche den Entstehungsgrund der Wasserhose in einem elektrischen Zustande der Atmosphäre findet, was auch aus dem Umstande hervorgeht, daß sie nur bei warmer Witterung sich zeigt, in der Regel von starken Blitzen begleitet ist, und daß in dem Wassercylinder selbst ein elektrischer Lichtschein oft wahrgenommen wird.

Die Wasserhose bildet sich nicht immer auf gleiche Weise, doch ist der Vorbote derselben gewöhnlich eine vollkommene Windstille; dichtes Gewölk steigt am Himmel auf, und es bildet sich allmälig auf der Oberfläche des Meeres ein weißlicher Fleck, aus welchem endlich eine Wassermasse, bald als trichterförmige Röhre, bald in Gestalt eines Kegels aufsteigt, zu welcher sich eine andere Wassermasse, ebenfalls in Röhren- oder Kegelform, aus den Wolken herabsenkt. Nachdem die Erscheinung eine Weile stillgestanden, fängt sie an sich unter heftigem Brausen des Meeres fortzubewegen, bis endlich die ganze Wassermasse unter fürchterlichem Getöse ins Meer stürzt. Zuweilen kündigt sich die Wasserhose auch auf ganz entgegengesetzte, nämlich durch eine stürmische Bewegung der Gewässer an, wobei das Wasser gleichsam zu sieden scheint. Oft vereinigen sich beide Wassermassen, die aus der Wolke und die aus dem Meere, zu einer großen Säule, welche dann eine Höhe von 50—60 Fuß erreicht, und auf welche sich die darüber hangende Wolke so tief herabsenkt, daß Himmel und Meer eins zu sein scheinen. Da während der Dauer der Erscheinung völlige Windstille herrscht, so wird es den in ihrer Nähe befindlichen Schiffen sehr schwer, ihr auszuweichen, besonders wenn sie im Fortschreiten begriffen ist. Man versucht alsdann die Wassermasse durch heftige Lufterschütterung zu zerplatzen, indem Kanonen auf dieselbe abgefeuert werden, und oft gelingt es, daß die flüssige Säule dadurch das Gleichgewicht verliert. Wenn jedoch die Masse des in derselben angehäuften Wassers zu groß ist, so fruchtet die Erschütterung nichts, und es bleibt dann der Schiffsmannschaft nur übrig, sich unter dem Verdeck zu verbergen, und alle Luken und Öffnungen auf das sorgfältigste zu verschließen. Denn kleinere Fahrzeuge werden von dem hinaufdrängenden Wasser zuweilen ergriffen und besonders wenn die Segel aufgespannt blieben, eine ziemliche Strecke in die Höhe hinaufgezogen und wieder herabgeschleudert.

Ähnliche Erscheinungen, wie die Wasserhose, gibt es auch auf dem Lande. So sah man vor einigen Jahren an einem heißen Juniusnachmittage in der Gegend von Trier eine höchst auffallende Erscheinung. Es hatte vorher stark geregnet und der Himmel war noch ganz umzogen, als plötzlich aus einer dicken abhangenden Wolke eine leuchtende Masse, gleich einem feurigen Rauche in Gestalt eines Spitzkegels, sich bis auf den Boden herabsenkte, die sich mit großer Schnelligkeit fortbewegte, auf ihrem Wege gewaltige Verheerungen anrichtete und sich endlich mit einem lauten, prasselnden Geräusch in die Mosel stürzte, wo sie das Wasser bis zu einer beträchtlichen Höhe aufwühlte. Von da aus zog sie mit außerordentlicher Schnelligkeit noch eine Strecke von mehren tausend Fuß weiter, verwüstete auf diesem Wege Alles, und zerplatzte endlich mit bedeutendem Geräusch in der Luft.

Die Afghanen in Persien.

In Kandahar, nördlich von Indien, östlich von Persien, wohnt ein Völkerstamm, der bald den Mongolen unterworfen war, bald den Persern gehorchte, noch öfter aber unabhängig war, und wol gar Alles um sich her niederzuwerfen drohte, denn so hatten sie 1720 ganz Persien erobert. Er besteht aus Nomaden, die meist unter Zelten und Hütten leben, wo Sklave, Herr und Vieh in brüderlicher Eintracht vereint sind. Klein, aber kräftig, übel gebildet, geschickt im Bogenschießen, sonst unwissend, aber im höchsten Grade tapfer, wissen die Afghanen ihre Pferde trefflich zu behandeln und suchen nichts als Krieg, den sie auf eigne Art zu führen wissen. Ihr Heer besteht meistentheils aus zwei Theilen; einem erlesenen Corps, das, ohne eine regelmäßige Reiterei zu bilden, den Vortrab ausmacht und in die feindlichen Schaaren einzubrechen und den ihm folgenden Abtheilungen Gelegenheit zu geben sucht, mitten hineinzudringen. Ist dies gelungen, so ziehen sich diese Schaaren hinter ihre Streiter zurück. Ihr Hauptwerk ist gethan. Das andere ist das leichteste, Acht zu haben, daß Niemand aus dem Kampfe feig entfliehe. Wehe dem Feigen, der dies wagte! Ihr Säbel spaltete ihm sicherer den Kopf als der feindliche. „Wo willst du hin?" fragte ein solcher Tapferer einen verwundeten Streiter, der zurückkam. „Mich verbinden lassen", erwiderte dieser. „Nicht doch", sagte der Erstere, „ihn wieder in die Schlacht treibend, „Streite mit der linken Hand, wenn du die rechte verloren hast, und wird auch sie dir verwundet, dann zerfleische deinen Feind mit den Zähnen."

Der grüne Schweizerkäse.

Glarus ist der einzige Canton der Schweiz, wo der so beliebte grüne Schweizer- oder Kräuterkäse in größerer Menge verfertigt wird. Der weiche, weiße, noch triefende magere Käse, der aus vorher abgerahmter Milch bereitet wird, der sogenannte Zieger, wird von den Sennhütten der Alpen, in Säcke gepackt, auf Saumrossen in die Dörfer gebracht, und hier in großen Haufen aufgeschüttet. Sobald die Molken abgelaufen sind, vermischt man ihn mit feingesiebtem Steinklee. Die Vermischung geschieht auf eignen dazu eingerichteten Mühlen. Auf einem horizontal liegenden, mit einem Rande versehenen Mühlsteine läuft ein anderer herum, und reibt den Klee mit dem Käse zu einer Masse, die man alsdann in die dazu hutförmig gestalteten Formen drückt, wo man ihn so lange trocknet, bis er gehörige Festigkeit hat. Zum Verkauf wird er in Fässer von 40 Stück, oder ungefähr vier Centner, gepackt. Es gehört viel Erfahrung dazu, um den gehörigen Grad von Trockenheit zu kennen, und wenn er auf die Mühle kommt, das richtige Maß der Zerreibung zu bestimmen. Die Versendung dieses Käses in ganz Europa, ja selbst nach Amerika, gewährt dem kleinen Glarus einen jährlichen Gewinn von mehr als 300,000 Gulden.

Unverbrennliche Stoffe.

Der französische Chemiker Pitay macht ein sehr einfaches und nicht kostspieliges Mittel bekannt, welches alle Arten von Zeuche unverbrennbar machen soll. Dies sei nämlich das phosphor- und salzsaure Ammonium, ein mineralisches Salz, welches man auflöst und worein alsdann die Zeuche getaucht werden. Sobald dieselben an der Luft getrocknet, sind sie unverbrennlich und man kann den Stoff dreist in eine brennende Flamme halten, ohne daß etwas Anderes als Schwärzung erfolgt. Nach Pitay's Behauptung haben mehr oder weniger alle mineralischen Salze diese Eigenschaft, das oben genannte jedoch im vorzüglichen Grade. Ungefähr 2½ Pfund von diesem Salze würden etwa 1 Thlr. 12 Gr. kosten und 80 Ellen Stoff unverbrennbar machen. Es würde also auf jeden Fall, besonders für solche Leute, die mit Feuer umgehen oder an Orten sich aufhalten müssen, wo leicht Feuer entstehen kann, sehr zweckmäßig sein, wenigstens Hemden von solchem unverbrennlichen Zeuche zu tragen. Auch gibt Pitay auf Veranlassung des letzten schrecklichen Brandes im Theater Gaité zu Paris, der durch einen brennenden Vorhang entstand, allen Theaterdirectionen den Rath, ihre Behänge, besonders die in der Nähe der Lampen befindlichen, aus dem erwähnten Stoffe machen zu lassen.

Hogarth's Werke.
4. Fleiß und Faulheit.
(Fortsetzung aus Nr. 115.)

IV.

Auf dem nun folgenden Blatte, wovon wir keine Abbildung geben, ist der faule Thomas, der sich nicht lange in der neuen Welt gefallen, nach London zurückgekehrt und dargestellt, wie er in einer elenden Dachstube, an der Seite eines Wesens, welches zu seinem sittlichen Untergang Vieles beigetragen haben mag, im Bette liegt, wie er eben durch ein Geräusch aus seinem ängstlichen Schlafe aufgeschreckt wird, das von einer Katze herrührt, die den Schornstein herabgestürzt kommt. In Thomas' Gesicht, der sich erschrocken im Bett aufrichtet, zeigt sich das Erbeben eines Bösewichts, und, wie Lichtenberg sagt, „der Wiederhall eines schweren Donnerschlags des Gewissens". Auf der Bettdecke liegen mehre werthvolle Sachen, als Uhren, Juwelen, Ketten und Ohrgehänge umher, die der Unglückliche in dieser Nacht auf der Heerstraße geraubt hat. Der Sinnspruch dieses ausdrucksvollen Bildes ist sehr bezeichnend: „Das Rauschen eines Blattes soll die Bösen verjagen". Das weibliche Wesen zeigt dagegen sich gar nicht erschreckt; es ist in ihr schon alles Gewissen ertödtet; sie betrachtet mit begierigem Blick die geraubten Gegenstände, und sieht sich schon damit geschmückt. Die übrige Ausstattung des elenden Gemachs stimmt mit demselben gut überein. Gewehre auf dem Boden, halbzerbrochenes, armseliges Geschirr, Weinflaschen, Gläser, Töpfe, Schüsseln und Hausgeräth, das Alles eigentlich nur aus Trümmern besteht.

Das auf dieses Schaudergemälde folgende Blatt, wovon wir gleichfalls keine Abbildung geben, stellt den Schmaus nach der Wahl des braven Gutkind zum Sheriff von London vor. Man sieht hier nichts als Esser oder beim Essen beschäftigte Personen, von denen jeder auf seine besondere Weise genießt. Hier sitzen Leute, welchen man es ansieht, daß sie ihr Leben lang nicht viel Anderes gethan haben, als essen, und wieder Andere, die wenig essen, aber viel trinken, und endlich Solche, die viel essen und viel trinken. Auch sind unter diesen Speisenden die Hungrigen, deren in London sehr viele herumlaufen, nicht vergessen. Sie stehen hinter den Schranken mit beneidenden Blicken als Zuschauer und bitten sich demüthig die Brocken des vorhandenen Überflusses aus. Die vom Künstler diesem Blatte gegebene Unterschrift paßt mehr auf Den, welchem zu Ehren hier gespeist wird, als auf die Speisenden selbst, und heißt: „Der Weisheit Anfang ist, wenn man sie gern hört und die Klugheit lieber hat als alle Güter. Achte sie hoch, so wird sie dich erhöhen, und wird dich zu Ehren machen, wo du sie herzest." Ein Spruch, der gewiß von den meisten Anwesenden übersehen wird.

Nachdem wir so den fleißigen Gutkind zu Ehren, den faulen Thomas aber schon an den Rand des Verderbens gelangen sahen, so führen uns nun die folgenden zwei Blätter (das achte und neunte der ganzen Reihe) das Leben der Beiden weiter vor.

Vor dem Hause des Herrn West, Gutkind's ehemaligen Lehrherrn, sehen wir hier Musikanten versammelt, die eine Ehrenmusik gebracht haben, und zwar galt diese einem neuvermählten Paare, und dies ist Gutkind, der fleißige Gehülfe und die Tochter des Herrn West, mit welcher wir ihn schon so andächtig im Kirchstuhle singen sahen. Gutkind ist aber nicht blos der Schwiegersohn, sondern auch der Handelscompagnon des Herrn West geworden, und als solcher zeigt er sich noch im Morgenanzuge am Fenster, dem Trommelschläger sein Geschenk reichend. Hinter ihm steht in bescheidener Zurückgezogenheit die junge Frau und schlürft ihren Morgentrank.

Was die vor dem Hause versammelten Musikanten betrifft, so scheint es, als hätten die Neuverehelichten mehr Ursache, mit ihrem guten Willen vorlieb zu nehmen, als sich an ihrer Kunstfertigkeit zu erfreuen, denn sie scheinen die Musik nicht grade als ihren eigentlichen Beruf zu treiben. Die Gesellschaft besteht wahrscheinlich aus Arbeitern, die in Lohn und Brot der Herren West und Gutkind stehen, und denen mehr daran liegt, sich des jungen Herrn Gunst zu erhalten, als ihm, ihr Ständchen anzuhören. Darauf deutet der tiefe Bückling, so tief es die Trommel nur erlaubt, mit welchem der abgeordnete Tambour seinen Dank für die empfangene Gabe begleitet. Auf dem linken Flügel des Musikcorps sehen wir einen Paukenschläger und einen Violoncellisten in einem Streite, der leicht dem Instrument des Letztern gefährlich werden kann, und welcher vielleicht daher rührt, daß Beide über Tonart und Takt nicht einig sind. Vielleicht würden sie ihn friedlicher schlichten, wenn sie mehr von der Sache verständen. In der geöffneten Hausthüre sehen wir einen Bedienten in Staatslivrée, der von den Resten des Hochzeitmahls einer armen Frau mittheilt, deren Dank über die unverhoffte Reichlichkeit der Gabe auf ihrem Gesichte zu lesen ist.

Die merkwürdigste Figur auf dem Blatte ist der Arme, welcher der Hausthüre grade gegenüber in einer Art von Mulde auf dem Boden sitzt. Dieser Unglückliche ohne Beine war zu Hogarth's Zeit in London eine historische Person, die Alt und Jung unter dem Namen: Philipp in der Mulde, kannte. Er war ein herumrutschender Bänkelsänger, welcher mit Liedern, Balladen, Leichencarmen, Neujahrswünschen und Hochzeitgedichten durch ganz London in seiner Mulde herumzog, sich vor den Thüren lagerte und bescheiden wartete, bis die Personen, welchen er zu gratuliren oder zu condoliren gekommen, ihm seine Gedichte abnahmen und dafür ihm eine Gabe in die Hand drückten. Sein steter Begleiter war sein treuer Hund, der auch hier mit gesenktem Kopfe und mit Ergebung in den Willen seines Herrn vor ihm sitzt, und, obgleich vielleicht so hungrig als dieser, der reichlichen Spende nicht achtet, womit die arme Frau erfreut wird.

Als Unterschrift hat dieses Blatt: „Ein fleißig Weib ist eine Krone ihres Mannes, aber ein unfleißiges ist ein Eiter in seinem Gebein."

Das andere Blatt stellt im eigentlichsten Sinne des Worts eine Räuberhöhle und Mördergrube dar. Da Gleich und Gleich sich immer wieder findet, so hatte Thomas sich aufs Neue mit seinen alten Spießgesellen wieder zusammengefunden, und aus den Gaunern auf dem Kirchhofe sind nun abgefeimte Spitzbuben und Straßenräuber geworden. Unsere Abbildung stellt einen londoner Keller vor, und zwar einen der berüchtigsten der damaligen Zeit, der sich im Blutnapfgäßchen (Blood - bowl) befand. Thomas ist hier mit seinem Genossen, dem Einäugigen mit der baumwollenen Schlafmütze, den wir schon vor der Kirche sahen, beschäftigt, sich in die Habseligkeiten eines Mannes zu theilen, den sie hier gemordet, während ein Dritter den Unglücklichen in ein mit einer Fallthüre versehenes Loch wirft, das für dergleichen Fälle gleich in der Wirthsstube angelegt ist. Das Frauenzimmer hinter den beiden Missethätern ist Thomas' Geliebte aus der Dachstube, welche aber ihren Buhlen nicht etwa aus Reue, sondern für einige Schillinge an den eintretenden Policeibeamten verräth, dessen Gefolge sie schon näher zu kennen und anzugehören scheint. Die von dem auflodernden Kaminfeuer und den Laternen der Gerichtsdiener schwach beleuchtete Scene ist fürchterlich, und gewährt uns einen tiefen Blick in die Ruchlosigkeit und Verwilderung des Abschaums der Menschheit. Auf des Thomas Gesicht malen sich schon die Vorboten der Todes- und Gewissensangst, die er nun bald bis zu seinem Ende empfinden wird, obwol die Begier nach den Schätzen ihn noch nichts von den Eintretenden bemerken läßt, welche in Kurzem sich seiner und seines Raubgenossen bemächtigen werden. Dagegen ist das Aussehen dieses Menschen ganz das eines verhärteten Bösewichts. Mit einer Ruhe, als ob er einen redlich verdienten Gewinn einstreiche, theilt er die so ruchlos erlangte Beute, und auch nicht ein scheuer Blick von ihm fällt auf den Ermordeten. Das Pistol in der Tasche des Thomas Faulhans bezeichnet ihn als einen Straßenräuber. Im Hintergrunde des Mordgemachs findet eine Prügelei mit Knüppeln, Stühlen, Feuerschaufeln und dergleichen Waffen statt, und bei diesem wüthenden Getöse schlummert ein Kerl dennoch ganz sanft. Um jedoch anzudeuten, von welchem Gelichter der hier Schlummernde ist, hängt von der Decke ein Strick auf ihn herab, der ihm sein Ende prophezeit. Ein Anderer sitzt neben ihn, ruhig seine Pfeife schmauchend, und blickt gedankenlos- und gewissenlos in die Flamme des Kamins. Auf der entgegengesetzten Seite steht ein baumlanger Grenadier und malt Figuren an die Wand. Ihn brachte wol Hogarth in diese Gesellschaft, um dadurch auf die schlechten Sitten der damaligen englischen Soldaten anzuspielen. Diese drei ruhigen Personen, von dem Schläfer unter dem Strick bis zu dem malenden Grenadier, sagt Lichtenberg, sind wie ein Vorspiel des ewigen Todes, als des ewigen Friedens zu nennen. So sehen Leute aus, deren Seelen der Fürst der Finsterniß schon gewiß hat. Was nach dem Dichter über der Thüre der Hölle steht, das sagen auch diese Gesichter: Hier ist sogar die Hoffnung verloren!

(Der Beschluß folgt in Nr. 117.)

Verantwortliche Herausgeber: Friedrich Brockhaus in Leipzig und Dr. C. Drärler-Manfred in Wien.
Verlag von F. A. Brockhaus in Leipzig.

Das Pfennig-Magazin

der
Gesellschaft zur Verbreitung gemeinnütziger Kenntnisse.

117.]   Erscheint jeden Sonnabend.   [Juni 27, **1835**.

Die Talipot- oder Schirmpalme (Corypha umbraculifera).

Die Talipot- oder Schirmpalme (Corypha umbraculifera).

Die Talipot- oder Schirmpalme führt in ihrem Vaterlande verschiedene Namen. Ihre Heimat sind die gebirgigen Gegenden Ostindiens, namentlich Malabar und Ceylon, wo sie den Bewohnern vielfachen Nutzen gewährt. Ihr prächtiges Aussehen und ihre bedeutende Größe haben ihr stets die Aufmerksamkeit der Reisenden zugezogen. Man stelle sich einen glatten, runden und ebenso graden, unverästeten Stamm vor, welcher eine Höhe von 140 — 160 Fuß erreicht, und oben mit einem Büschel schöner, großer Blätter gekrönt ist, die von so bedeutender Größe sind, daß der Durchmesser dieses Blätterschirms, welcher sich traubenförmig verlängert, oft an 40 Fuß beträgt. Die einzelnen Blätter bestehen wieder aus Blättchen, die dermaßen dergestalt an einem Hauptstiele zusammengewachsen sind, daß sie fast handförmig erscheinen, obgleich sie eigentlich federförmig zusammenstehen. Am Mittelpunkte dieses großen Blätterbüschels erhebt sich, wenn der Baum ein Alter von 35 — 40 Jahren erreicht hat, der Blütenstiel, in Gestalt einer kegelförmigen, langen, mit Schuppen bedeckten Scheide, welche gleichfalls schuppige Seitenzweige hat und eine Höhe von fast 30 Fuß erreicht. Die Blüten erscheinen an ihm, zwischen den Schuppen vorkommend, in Gestalt von hangenden cylindrischen Ähren, weiß, in größern ästigen Rispen vereinigt. Die kugeligen Früchte sind grünlich, fast den grauen Reinetten gleich. Sie haben ein saftiges, etwas bitteres Fleisch und einen ziemlich dicken Kern, in welchem sich eine feste Mandel befindet. Man sagt, daß ein einziger Baum an 20,000 solcher Früchte trägt, welche 14 Monate zu ihrer Reife brauchen. Eine so außerordentliche Fruchtbarkeit muß aber den Baum erschöpfen, der daher auch nach und nach abstirbt. Ein einzelnes Blatt ist so groß, daß 15—20 Menschen darunter gegen Regen und Sonne geschützt sind, und man benutzt die Blätter, um auf Reisen Zelte daraus zu machen und die Wohnhäuser damit zu bedecken. Überdies gebraucht man sie auch als Papier, um mittels eines eisernen Griffels darauf zu schreiben, und diese Blätter werden, wenigstens in Malabar, zu allen wichtigen Werken gebraucht, indem man unbedeutendere Werke auf die Blätter der Fächerpalme schreibt. Man beschreibt sie auf beiden Seiten, und sie sollen sehr dauerhaft sein. Übrigens werden auch noch die Kerne der Frucht zu Zierathen benutzt und diese selbst dienen häufig als Nahrungsmittel. Unsere Abbildung stellt eine Landschaft am Calamyflusse auf Ceylon dar. Man sieht auf dem Flusse Böte und ein Floß, das mit einem Talipotblatte bedeckt ist.

Die Kupferstechkunst.
14. Hülfsmaterialien und Hülfswerkzeuge.
(Beschluß aus Nr. 116.)

Zu den Hülfsmaterialien und Hülfswerkzeugen des Kupferstechers gehören: 1) Die Kalkirpapiere, um mittels derselben die Umrisse des Originals auf die Platte überzutragen. Veraltet ist das Öl- und das Naphthapapier, gewöhnlicher aber das sogenannte Copir- oder Firnißpapier, das Gelatine- und das Eispapier, das sogenannte Pflanzen- oder Pappelpapier, und auch zuweilen das Bauspapier. 2) Das Copirpult (vorzüglich eingerichtet das von Altham), das Abzeichnen des Originals zu erleichtern. Vieles dabei wird durch das sinnreich aufgefangene Tageslicht erreicht. 3) Sömmerring's Copirmaschine oder Camera lucida, den zu copirenden Gegenstand verkleinert oder vergrößert, nicht minder auch in gleichem Maßstabe, darzustellen. 4) Der Storchschnabel oder Pentograph, um verkleinernd, aber aufs Genaueste, zu copiren. 5) Die Feilkloben, zum Festhalten der Kupferplatten, namentlich beim Grundiren. 6) Die Lineale, nämlich ein gewöhnliches, ein Parallellineal, ein Triangel und ein gebogenes Lineal. 7) Ein Handzirkel mit einer Stellschraube. 8) Das Stechpolster, auf welchem sich Manche, indem sie auf dasselbe die Platte legen und letztere drehen, die Ausführung gekrümmter Striche erleichtern. 9) Longhi's Drehpult, um bei großen und schweren Platten die Handhabung derselben zu erleichtern. 10) Der Spiegel, welchem Manche das Original so gegenüberstellen, daß sie es aus diesem verkehrt sehen und auf das Kupfer bringen können. 11) Die Staubmaschine, das sogenannte Korn bei der Aquatintamanier in größter Gleichheit auf die Platte zu bringen. 12) Der Amboß. 13) Der Staubpinsel, um die Platte abzustäuben. 14) Der Ätzkasten, für Künstler, welche die Platte beim Ätzen nicht gern mit einem Wachsrande umgeben. 15) Der Ätzpinsel oder die Ätzfedern, um die beim Aufgießen des Ätzwassers sich entwickelnden Luftblasen, welche das Eindringen des letztern in die radirten Linien verhindern, zu beseitigen. 16) Der Blasebalg, um, zumal bei wiederholtem Ätzen verschiedener Töne, die Platte schnell ins Trocknen zu bringen. Endlich 17) der Filz- oder Tuchballen, um die Platte einzuschwärzen, damit der Künstler von Zeit zu Zeit die Arbeit beurtheilen könne. Auch gehören hierher noch die Kupferstechmaschinen, um das Stechen großer Platten zu erleichtern. Die berühmteste dieser Maschinen ist die Conté'sche; neben dieser muß die von Nicholson erwähnt werden, sowie die Elliptographen von Farrey und Cubitt, und das Instrument von Clement, womit Kreise, Ellipsen, Spiral-, Schraubenlinien u. s. w. gestochen werden können.

Als untergeordnete Fächer der Kupferstechkunst sind zu betrachten der Schriftstich — der Notenstich — der Landkartenstich. Den Schriftstich anlangend, so sind die Studien des Schriftstechers: das Abzeichnen einer schönen Schrift nach den besten Schreibevorschriften und Buchdruckerlettern; dann das Verkehrtschreiben, wie nämlich die Schrift auf die Kupferplatte zu arbeiten ist, die geschmackvolle und symmetrische Eintheilung und Vertheilung der Worte und Buchstaben, und die Anwendung der Instrumente auf das Metall. An eigenthümlichen Werkzeugen sind nöthig. Parallellinienzieher von Stahl mit zwei oder mehren Spitzen, um sofort die sämmtlichen Linien, welche das Maß der verschiedenen Buchstaben und ihrer Theile angeben, auf dem Metalle ziehen zu können. Nachdem man aber die Stelle, welche jedes Wort bekommen soll, mit dem Zirkel, dem Parallellineal und dem Linienzieher bezeichnet, und hierauf jeden Buchstaben mit einer sehr feinen, nicht zu stark einschneidenden Nadel umrissen hat, nimmt man das Kupfer zwischen diesen Umrissen mit dem Echoppenstichel hinweg, welcher diese Arbeit besser fördert, als es der gewöhnliche scharfkantige Grabstichel thun würde. Daneben bedient man sich des gewöhnlichen Grabstichels, um diejenigen Züge anzulegen, welche die stärkern Theile der Buchstaben untereinander und diese letztern zu Worten verbinden; die weitere Vertiefung dieser Züge, sowie überhaupt die fernere Ausarbeitung der Schrift, bleibt dem rautenförmigen Stichel überlassen.

Nur Musiknoten von besonderer Feinheit werden jetzt noch in Kupfer gestochen, und das Verfahren dabei ist demjenigen mit dem Grabstichel gleich, nur daß auch noch Punzen mit angewendet werden. Die Arbeit fängt damit an, daß mit dem Lineal und einer Radirnadel das Viereck bezeichnet wird, welches den Rahmen ausmacht. Hierauf bestimmt man mit dem Zirkel die Zwischenräume der Linien. Dann folgt das Ziehen der Linien selbst mittels eines Linienziehers von Stahl. Nun erfolgt eine gleichmäßige und geschmackvolle Anordnung sämmtlicher Zeichen und Noten; doch wird Alles nur erst angedeutet. Ist so die Eintheilung der Platte beendigt, so geht es an das Einschlagen. Man legt zu dem Ende die Platte auf eine Marmortafel, setzt die stählerne Punze, auf welcher die Noten und sonstigen Zeichen erhaben gearbeitet sind, senkrecht leicht auf, und bewirkt mit einem kurzen kräftigen Schlage den Eindruck. Ist das Einschlagen vollendet, so legt man die Platte mit der Druckseite behutsam auf den Ambos, um die Erhöhungen, welche die Punzen auf der Kehrseite gemacht haben, mit schwachen Hammerschlägen auszugleichen. Hierauf schwänzt man die Noten mit dem Grabstichel aus, und sticht die Theilungsstriche der Takte und Taktstriche mit der Echoppe. Endlich bessert man die Linien des Notensystems mit einem messerförmigen Stichel, die Echoppenarbeit aber mit der Echoppe, aus, nimmt den Grat überall mit dem Schaber weg, glättet die Platte mit dem Polirstahle, und übergeht sie zuletzt noch einmal mit Echoppe und Grabstichel. Zu dem gewöhnlichen Stich der Musiknoten werden jetzt meist Zinnplatten genommen.

Was nun den Landkartenstich betrifft, so sind darunter auch die Seekarten und topographischen Aufrisse, sowie Plane aller Art zu verstehen.

Die ersten hierher gehörigen waren 26 Landkarten für die im Jahre 1478 zu Rom erschienene Geographie des Ptolemäus. Dann kam im Jahre 1488 zu Lyon ein Buch über Jerusalem und das gelobte Land heraus, das mit Land- und Seekarten verziert war. Um 1575 verbreitete der Kupferstecher Melchior Tavernier, in Paris als Kunsthändler ansässig, eine bedeutende Anzahl gestochener Landkarten. Bis in die neue Zeit jedoch boten dergleichen Blätter, wie überhaupt, so auch in ihrem Kupferstich, ein nur wenig befriedigendes Bild dar. Erst seit Karl Jäck in dem letzten Jahrzehnd des vorigen Jahrhunderts, sowie seit Homann, hat sich die geographische Kupferstechkunst zu einem höhern Standpunkte erhoben. Gerstenbergk durch seine militärisch-topographische Zeichnungslehre, Lehmann durch seine Theorie der Situationszeichnung, Bach durch seine meisterhafte Darstellung, die Schropp'sche Handlung zu Berlin durch ihre Aufmunterungen, endlich von Odeleben's Bemühungen, sowie des Generalmajors von Müffling neue Zeichnungsart förderten die Theorie und Praxis des Landkartenstichs wesentlich. In der neuesten Zeit ward in Betreff dieses Gegenstandes Vieles geleistet, und ihre Meisterschaft in diesem Theile der Kunst haben innerhalb der letzten Jahre unter den Deutschen bethätigt W. Jäck, Jättnig der Vater und der Sohn, Schmidt der Vater und der Sohn, Kliewer, Bimbé, Bürk, Kindermann, Güsseseld, Reichard, Mollo, Sotzmann, Brose, Bach, Mare, Leutemann, Kolbe, Franz, Richter, Stein, Müller, Seitz, Schleich, Streit, Knittel, Felsing und Andere. Bei den Franzosen verdienen als vorzügliche Landkartenstecher der neuen Zeit und bessern Manier ausgezeichnet zu werden: Danville, Delisle, Tardieu, Piquet, Barbier, Aubert, Pellicier; bei den Engländern ganz besonders Arrowsmith (starb 1823) und Jeffery; bei andern Ausländern: Rizzi Zannoni, Bugge, Lapie und Akrel; und in Rußland namentlich das Corps geographischer Kupferstecher.

Was nun die geo- und hydrographische Kupferstechkunst, nämlich sowol ihre Studien als auch ihre Praxis, betrifft, so steht das Geschäft des Landkartenstechers in so enger Verbindung mit der Arbeit des Landkartenzeichners, daß die Hauptfoderungen, welche an Letztern zu machen sind, hier angeführt werden müssen. Es hängt jedoch die sorgfältige Ausführung dieser Anfoderungen größtentheils von dem bei jeder Karte überhaupt anzuwendenden Maßstabe ab. Sie sind: genaue Angabe des Steigens und Fallens des Terrains, charakteristische Bezeichnung des Wassersystems eines Landes, sich unterscheidende Angabe der Landes-, Provinz- und Districtsgrenzen, Auftragung nach scheitelrechter Projection der Wälder, Berge, Straßen, der Städte und Festungen ꝛc.; Darstellung nach der sogenannten Vogelperspective der Brücken, Gebäude und dergl.; endlich die wohlberechnete Raumgebung zu einer nach gewissen Abstufungen geordneten Schrift. Die Fehler des Zeichners pflegen, da der Kupferstecher hier an strenge Nachahmung gebunden ist, gewöhnlich auch zu Mängeln des Landkartenstichs zu werden, und darum ist es Obliegenheit eines tüchtigen geographischen Stechers, die Studien des Zeichners, deren wir oben gedachten, zu theilen, und selbst mit der Natur der verschiedenen Länder wohlbekannt zu sein, damit er bei der praktischen Ausführung der Zeichnung, welche er auf das Kupfer übertragen soll, ernstlich prüfen und die etwa in derselben vorkommenden Fehler gehörig verbessern könne.

Die Technik des geographischen Stichs anlangend, so geschieht das Übertragen der Zeichnung auf die, wie gewöhnlich grundirte Kupferplatte. Hierauf folgt die Arbeit mit der Radirnadel; dann wird geätzt, und trockne Nadel und Grabstichel vollenden das Ganze. Bei der ganzen Ausführung muß vorzüglich Freiheit herrschen, alle Manier, aller Zwang verbannt sein. Mit der Radirnadel bearbeitet man gewöhnlich die Biegungen der Ufer, Gewässer, sumpfige Gegenden, Wälder, Gebirge und Alles, was mit einer gewissen Leichtigkeit dargestellt werden soll. Der Grabstichel wird vorzugsweise angewandt zur Bezeichnung der Straßen, Kanäle, der Bauwerke jeder Art und alles Desjenigen, was durch grade, scharfe Linien ausgedrückt werden muß. Ist nun der Entwurf eines Blatts durch den Landkartenstecher vollendet, so kommt dasselbe nicht selten erst in die Hände des Schriftstechers, und ist die Schrift vollendet, so nimmt es von Neuem der Landkartenstecher in Arbeit, und zwar um einestheils die Einzelnheiten nachzuholen, anderntheils das Ganze in innern Einklang zu bringen.

Die Stadt York.

York war ursprünglich ein Wohnsitz der Urbewohner Englands und ward unter den Römern einer der Hauptsitze der römischen Macht im nördlichen Britannien. Der Name der Stadt entsprang wahrscheinlich aus dem alten Namen des Flusses, an dem sie liegt, jetzt Ouse genannt. Bei ihrer Lage am östlichen Ufer dieses Flusses, da wo er mit dem kleinern Fors zusammenfließt, können Schiffe bis zur Last von 90 Tonnen die Stadt erreichen; in ältern Zei-

Ansicht von York.

ten aber galt sie für einen Haupt-, Handels- und Hafenplatz, der jedoch seit der Gründung von Hull durch Eduard I. seine Bedeutung verlor. Dennoch hat die Stadt ihren Rang als die zweite unter den Handelsstädten Englands behauptet und ihr Vorstand, der Mayor, führt mit dem von London allein den Titel Lord. Hier nahmen die römischen Kaiser, wenn sie Britannien besuchten, am liebsten ihren Sitz; hier starb Severus 211. Nach der Gründung der angelsächsischen Herrschaft wurde York die Hauptstadt von Northumberland. Ein mächtiger Bund angelsächsischer Edlen kämpfte hier gegen die Normannen, bis Wilhelm der Eroberer die Stadt einnahm und eine Burg anlegte, die dem jetzigen Kastell seinen Ursprung gab. Unfern davon steht der alte Cliffordthurm, der Sitz der ersten normännischen Statthalter, der Cliffords. Später wurden hier die ersten Parlamente versammelt und 1299 verlegte Eduard I. selbst die Gerichtshöfe von London hierher.

York liegt in der Mitte der größten Ebene Englands. Die Schönheit seiner von Eduard I. erbauten Mauern (1280) fällt uns zuerst in die Augen. Diese Mauer wurde von den Beschädigungen der 1644 erlittenen Belagerung wiederhergestellt und bietet jetzt einen reizenden Spaziergang dar. Die Stadt hat noch 23 zum Theil sehr prächtige Kirchen und weit über alle diese ragt die Kathedralkirche hervor. Dieser gothische Prachtbau, vor einigen Jahren vom Feuer stark beschädigt, aber jetzt wiederhergestellt, wurde bereits in Nr. 56 des Pfennig-Magazins näher beschrieben und eine Abbildung davon mitgetheilt. Ihm gegenüber, im entgegengesetzten Stadttheile, erhebt sich das Kastell, jetzt ein Gefängniß. Unter den andern öffentlichen Gebäuden sind auszuzeichnen das Stadthaus, 1725 erbaut; die Guildhall aus dem 15. Jahrhunderte mit einem schönen gothischen Saale, 96 Fuß lang, 43 Fuß breit und 30 Fuß hoch; die Rathskammer, 1819 erbaut; das Theater, 1769 gegründet; das Versorgungshaus für Geisteskranke u. A. Der Erzbischof hat keinen Palast in der Stadt, er wohnt in Bishopsthorpe, drei englische Meilen entfernt, am westlichen Ufer der Ouse. Der Umfang der Ringmauer von York beträgt $\tfrac{3}{4}$ deutsche Meilen, und auf diesem engen Raume wohnen gegen 26,000 Menschen. Die Gassen sind enge und obgleich in neuern Zeiten viel für Erweiterung der Straßen geschehen ist, so hat die Stadt doch noch immer ein finsteres Ansehen. Am meisten hat sich das Ansehen der Ufer verändert. Der Fors ist aus einem sumpfigen Graben ein klarer Fluß geworden. Neue Brücken, über den Fors von einem kühnen Bogen, über die Ouse von drei elliptischen Bogen, haben die alten engen Flußbrücken verdrängt. Vier alte Thore aus dem 13. Jahrh. sind durch ihre schöne Bauart redende Zeugen des frühen Glanzes der Stadt.

Die natürlichen Brücken des Icononzothales.

Auf dem Wege von Santa-Fé de Bogota nach Tusagasuga, Popayan und Quito durch die Cordilleren Südamerikas, trifft man im Thale von Icononzo auf das seltene Schauspiel zweier von der Natur gebildeten Brücken, welche die beiden Ufer der Schlucht, durch die der Icononzo sich Bahn bricht, miteinander verbinden. Von dieser Naturseltenheit hat Humboldt, welcher diese Brücken im September 1801 sah, in seinen „Ansichten der Cordilleren" eine Abbildung geliefert, von welcher die unserige eine treue Copie ist. Das Thal von Icononzo, auch Pandi- und Mercadillothal genannt, liegt in der Mitte eines Gebirgkessels, dessen niedrigste Punkte sich zu der Höhe unsrer Alpenspitzen erheben. Der Grund des Thales zieht sich tief in die Berge hinab, und die Brücken, die es überbauen, erheben sich ungefähr 3000 Fuß hoch über dem Meeresspiegel. Unter ihnen, 305 Fuß tiefer, bricht der kleine Bergstrom Rio de la Summa Paz durch die Schlucht, über welche

Die natürlichen Brücken des Icononzothales.

sich die zwei Brücken wölben, die den Gegenstand unseres Bildes ausmachen. Die obere derselben wird von einer riesigen Felsmasse aus einem Stück Sandstein, wie die benachbarten Ufer, gebildet. Sie mißt 47½ Fuß in der Länge, und die Stärke der Masse, die den Bogen bildet, beträgt etwa 8 Fuß, in der Breite hält sie 41½ Fuß. Die Eingeborenen haben ihren Rand mit einem Geländer von starkem Rohre gesichert, auf welches man sich ohne Gefahr stützen kann, um in die Schlucht hinabzusehen.

Die zweite Brücke, etwa 20 Ellen tiefer, wird von drei mächtigen Felsblöcken gebildet, von welchen der mittlere, wie ein kunstreich eingefügter Schlußstein in unsern Gewölben wirkt, und die andern beiden trägt. Dieses Werk der Natur hat die Bewohner dieser Gegend frühzeitig auf die Gesetze des Gewölbes hinweisen können. Wahrscheinlich hat der gleichzeitige Sturz dreier Felsstücke, die der Zufall so fügte, dieses seltsame Werk geschaffen.

In der Mitte der tiefern Brücke findet sich ein

Loch, etwa 90 ☐ Fuß haltend, durch welches man in den Grund der Schlucht hinabsehen kann, um den Waldstrom wie in einer Höhle, welche nie den Tag erblickt, schäumend und tosend dahinrauschen zu sehen. Die Bewohner dieser schauerlichen Höhle sind zahllose Nachtvögel, welche, von einer hinabgeworfenen Fackel aufgestört, zu Tausenden über die schäumenden Wasser hervorkommen. Man beschreibt diese noch unbekannten Vögel, welche die Indianer Cacas nennen, als eine Art Eulen, von der Größe eines Huhns, braungrau von Gefieder und mit gekrümmtem Schnabel; Humboldt hält sie für eine eigne Species des Ziegenmelkers (Caprimulgus), der in dieser Gegend einheimisch ist. An den Tag kommen sie nie.

Unsere Ansicht dieser merkwürdigen Naturbrücken ist von der Nordseite des Thales genommen, wo sie sich in ihrer vollen Frontansicht darstellen; der kleine Waldstrom verliert sich westwärts in andre Waldwasser, die in derselben Richtung von Ost nach West dem Meere zuströmen.

Die Alpenkrähe (Pyrrhocorax Alpinus).

Die Alpenkrähe bewohnt die höchsten Gegenden der Alpen und nistet in den steilsten Felsen. Nur in den strengsten Wintern kommt sie in die Thäler herab. In ihrer Lebensart ähnelt sie in vielen Stücken den Krähen, liebt die Geselligkeit, wie diese, und kreist oft und gern in den höchsten Luftregionen. Wenn diese Vögel einen Gegenstand gewahren, der ihnen auffällt, so fangen sie alle im Chor an zu schreien. Auch in der Nahrung sind sie unsern Krähen ähnlich, denn sie fressen Alles, Obst, Gesäme, Insekten, Eier, junge Vögel und kleine Säugethiere, von letztern jedoch gewöhnlich nur das Hirn.

Die Alpenkrähe gehört zu den Vögeln, welche sich leichter als die meisten andern zähmen lassen und sie beweist die größte Anhänglichkeit an Diejenigen, die sie liebgewonnen hat. Ist dieser Vogel einmal zahm gemacht, so braucht man ihn nicht mehr eingeschlossen zu halten, noch seine Flügel zu binden oder zu beschneiden, da er, selbst ganz frei herumfliegend, zuverlässig wieder nach Hause zurückkehrt. Ein sorgfältiger Beobachter, der italienische Naturforscher Sari, gibt uns über denselben folgende interessante Nachricht. „Zur Zeit des Frühstücks und des Mittagessens stellt sich meine Alpenkrähe regelmäßig ein, nimmt Platz auf einer Ecke des Tisches und mustert nun, aufmerksam wie ein Feinschmecker, die Schüsseln, die ankommen, und wenn sie eine nach ihrem Geschmacke sieht, langt sie gewöhnlich ohne große Umstände zu. Dabei trinkt sie bald Wein, bald Wasser, scheint jedoch zu Zeiten den erstern vorzuziehen. Milch liebt sie vorzüglich; von Speisen sind besonders rohes und gekochtes Fleisch, Obst, namentlich Trauben, Feigen und Kirschen, ferner das Gelbe vom Ei, trockener Käse und schwarzes Brot die Gerichte, die sie am meisten liebt, und von denen sie sich in der Regel nährt. Beim Fressen bedient sie sich ganz nach der Weise der Raben ihrer Klauen, um Dasjenige festzuhalten, was sie kleinmachen will; auch versteckt sie, wie diese, den Vorrath ihres Futters, wenn ihr Zeit oder Appetit zum Fressen fehlt. Es ist wahrhaft ergötzlich, zu sehen, mit welcher Sorge und Aengstlichkeit dieser Vogel einen Ort sucht, seine Schätze zu verbergen, wie er diese versteckt, indem er sie mit Papierstückchen, Holzspänen, Lumpen und dergleichen bedeckt, wie aufmerksam er von allen Seiten herumfliegt oder geht, bald den Kopf reckend, bald ihn beugend, um zu sehen, ob sich das Versteckte von keiner Seite erspähen lasse. Wenn er dann auf solche Weise sein Magazin angelegt und gesichert hat, setzt er sich gewöhnlich in einiger Entfernung davon und hält unbeweglich Wache, und wer sich dann etwa in dessen Nähe wagt, sei es Mensch oder Thier, dem fliegt er auf den Rücken und sucht ihn mit gesträubtem Gefieder, ausgebreiteten Flügeln und unsanften Schnabelhieben zu entfernen. Er hat eine merkwürdige Liebe zum Feuer: so holt er z. B. sehr oft die brennenden Kerzen und Dochte aus den Laternen und verschluckt sie; ja im Winter sah ich ihn sehr oft und zu meiner großen Verwunderung, ohne alle nachtheiligen Folgen für ihn, kleine glühende Kohlen aus dem Kamine holen und mit wahrer Begierde verschlucken. Nicht weniger Freude scheint ihm der Rauch des Feuers zu machen, und so oft er ein Geschirr mit Feuer oder Kohlen findet, läuft er in possirlicher Emsigkeit herum, sucht Stückchen Papier, Holz oder anderes brennbares Material, wirft es hinein und zieht sich dann zurück, um mit der größten Aufmerksamkeit den Rauch zu sehen, der von den hineingeworfenen Dingen aufsteigt. — Seine Stimme ist verschiedenlautig: wenn er einen Gegenstand gewahr wird, der ihm nicht bekannt ist oder vor dem er sich fürchtet, wie z. B. eine Schlange, ein Krebs u. dgl., so stößt er, während er mit seinen Flügeln schlägt und den Schwanz schnell auf- und abbewegt, ein Geschrei aus, das dem Krächzen der Raben sehr ähnlich ist. Wenn er auf einem Fenster oder über der Hausthüre sitzt, so schreit er die vorübergehenden, und noch mehr die ins Haus tretenden Fremden mit wahrhaft betäubendem Geschrei an; wenn ihn aber dann ein Glied der Familie, und namentlich einer von Denen, die sich seiner besondern Gunst erfreuen, ruft und anredet, so antwortet er mit einem kurzen, abgebrochenen, fast zärtlichen Krächzen, welches fast wie Kwe-kwe klingt. Außer diesen Tönen, welche eine gewisse Bedeutung für ihn zu haben scheinen, hat er auch noch einen Gesang, den er hören läßt, wenn er ruhig sitzt oder wenn er Mitleid erregen will; dies ist besonders dann der Fall, wenn er nicht in das Zimmer kommen kann, in welchem die Familie versammelt ist, was ihm das Allerunangenehmste zu sein scheint. Dieser Gesang hat zwei Modulationen: die eine ist gleichsam ein melodisches Krächzen, schwächer und sanfter als dasjenige, das er bei einer Anwandlung von Furcht hören läßt; die zweite ist ein voll und angenehm tönendes Pfeifen, dem der Schwarzdrossel sehr ähnlich. Mit diesem Tone hat er einen kleinen Marsch pfeifen gelernt, und zwar mit der größten Leichtigkeit. Höchst bemerkenswerth ist die zärtliche Liebe, die er für alle meine Angehörigen an den Tag legt; wenn einer derselben sich auf längere Zeit als gewöhnlich entfernt hat, so darf er bei seiner Rückkehr versichert sein, von meinem gefiederten Hausgenossen mit der Freude und Zärtlichkeit empfangen zu werden, die man nur von einem fühlenden Wesen erwarten sollte: er läuft ihm mit halbausgebreiteten Flügeln entgegen, begrüßt ihn jubelnd mit zärtlichem Geschrei und ist nicht eher zufrieden, bis er ihm so nahe als möglich ist. — Am frühen Morgen, mit Sonnenaufgang, verläßt er seine Ruhestätte, und wenn er nicht alle Zugänge verschlossen findet, eilt er in das Zimmer einer seiner besondern Lieblinge und ruft ihn zwei- oder dreimal; wenn aber dann jener nicht antwortet, so wird er still und erwartet, unbeweglich auf dem Kopfkissen oder auf dem Stuhle nahe bei dem Bette sitzend, das Erwachen seines Herrn und Freundes. Sobald dieser aber die Augen öffnet, ist der zärtliche Vogel nicht mehr zu halten; er schreit, so laut er kann, und zeigt in seinen Bewegungen die Freude, die er über das Erwachen und die Gesellschaft seines Wohlthäters empfindet. Von dieser Zärtlichkeit des Vogels, welche ich eine Veredlung seines natürlichen Wesens nennen möchte, könnte ich die auffallendsten und zahlreichsten Beweise anführen. Übrigens behauptet die Alpenkrähe auch noch gegen diejenigen, denen sie ihre besondere Zuneigung geschenkt hat, eine gewisse Freiheit und läßt sich nie ganz zum Sklaven machen; vielmehr sträubt sie sich hartnäckig, wenn man sie nöthigen oder gar zwingen will, etwas gegen ihre Neigung und Lust zu thun. Auch ist sie nicht gegen Alle, noch zu jeder Zeit gleich befreundet und gefällig; ja einige Personen scheinen ihr dergestalt zuwider zu sein, daß sie dieselben nicht sehen kann, ohne sich zu sträuben und auf sie loszuhacken, während sie sich von Andern ohne Widerstand fangen und in den Händen halten läßt."

Wunder der Vegetation *).

Das Jahr 1834 war reich an merkwürdigen Erscheinungen im Bereich der Pflanzenwelt, wovon wir einige hier mittheilen wollen. In dem Garten von Manderstone, einem Landgute des Generallieutenants Sir W. Maitland, befindet sich ein in voller Kraft stehender, riesenhafter Aprikosenbaum, der 61 Fuß 9 Zoll hoch, 14 Fuß 7 Zoll dick, und an dem Spalier, woran er gezogen ist, einen Raum von 893 Quadratfuß bedeckt. Er trug im vergangenen Sommer gegen 14,000 Stück reife Aprikosen, welche nach und nach abgenommen wurden. Der Baum ist 46 Jahr alt und von schönem kräftigen Wuchs.

Der Gärtner Dutemple zu Valenciennes hat im vorigen Jahre von seinen Weinstöcken zwei vollständige Lesen gehalten, die erste im Juli, die zweite im October. Bei der ersten waren die Trauben außerordentlich schön und süß, bei der zweiten hatten sie etwas durch Frost gelitten. Dieser Umstand ist um so merkwürdiger, da in gewöhnlichen Jahren die Trauben dort selten ganz reif werden.

Zu Dünkirchen aß man von einem Birnbaume erster Ernte im Juli, zweiter Ernte im September reife Früchte. Die letzte Birne der ersten Ernte war am 26. Juli abgenommen, während man die erste der zweiten Ernte schon am 1. September pflückte.

Auch in mehren Gegenden blühten einfache Blumen zum zweiten Male und dann gefüllt. Selbst an den Ufern des Sees auf dem St.-Bernhardsberge, 40 Fuß unter dem Hospiz und 7640 Fuß über der Meeresfläche, fand man noch im Herbst gefüllte Veilchen, von denen einige aus den Kelchen der einfachen hervorgewachsen waren.

In der russischen Provinz Bessarabien, am schwarzen Meere, empfing ein Gutsbesitzer im Mai einige Weinschößlinge, die im März aus Frankreich abgesandt waren. Von diesen Steckreisern trugen einige im folgenden September bereits schöne Muskatellertrauben. Das Erstaunenswürdigste bei dieser Fruchtbarkeit ist, daß der kräftigste unter diesen neuen Weinstöcken neun Reben getrieben hat, aus denen man im November ebenso viele Absenker machen konnte.

*) Man vergleiche hierbei den Aufsatz in Nr. 106 und 107 des Pfennig-Magazins: „Die Witterung des Jahrs 1834."

Hogarth's Werke.
4. Fleiß und Faulheit.
(Beschluß aus Nr. 116.)

V.

Was uns nach dieser Mord- und Schreckensscene das folgende Blatt (das zehnte der ganzen Reihe) zeigt, ist nicht minder ergreifend, obgleich beruhigender, denn wir sehen hier das Ende der Missethat und die strafende Hand der Gerechtigkeit. Während Thomas, der anfänglich freilich nur ein fauler Lehrbursche war, immer tiefer, von Verbrechen zu Verbrechen und von Elend zu Elend herabgesunken ist, verbesserte Gutkind, der fleißige Lehrbursche, sein Loos von Tage zu Tage. Er erhob sich vom Gehülfen seines Herrn zu dessen Compagnon und Schwiegersohn, erwarb sich Vertrauen bei seinen Mitbürgern, ward zum Sheriff von London und zuletzt zum Alderman ernannt. Da sitzt er nun eines Tages in seinem Amtszimmer, um Recht zu sprechen und ein Angeklagter wird ihm vorgeführt, und dieser Schuldbeladene ist — Thomas Faulhans, einst sein Lehrgenosse. Mit tiefer Wehmuth wendet der Richter bei dieser Wiedererkennung sein Angesicht von dem Verbrecher ab; er bedeckt mit der Linken die Augen, während die Rechte, gleichsam erschlafft, niedergleitet. Aus der Gestalt und Haltung Gutkind's spricht ein fühlendes Herz, das den Richter mehr adelt, als die goldene Kette, die an seiner Brust herabhängt.

Vor den Schranken sehen wir die ganze Bande, die wir schon auf dem vorigen Blatte kennen lernten. Zunächst dem Richter steht Thomas, mit dem Ausdrucke der fürchterlichsten Zerknirschung in Stellung und Geberde. Das Geständniß jenes Mords, dessen er angeklagt ist, scheint ihm auf den Lippen zu schweben. Neben ihm steht wieder jener Einäugige. Hier tritt dieser, um sich selbst noch für diesmal vom Galgen zu retten, als Zeuge gegen seinen Mordgesellen auf, aber um doch sein Heuchlergewissen nicht zu beflecken, schwört er mit der linken Hand auf die vorgehaltene Bibel, welches Der, der ihm den Eid abnimmt, nicht bemerkt, weil dessen eigne Rechte beschäftigt ist, eine kleine Bestechung in Empfang zu nehmen, die ihm das hinter ihm stehende Weib zusteckt. Im Hintergrunde steht die weinende, unglückliche Mutter des Verbrechers, die den vor ihr stehenden Gerichtsdiener vergebens um Mitleid und um Verwendung anfleht. Das Gesicht dieses Mannes ist im höchsten Grade humoristisch. Er verweist, um Lichtenberg's Worte zu gebrauchen, die jammernde Mutter ex officio zur Ruhe. Ein wichtigeres Gesicht kann nicht leicht Einer machen, der weiter kein Ansehen in der Welt hat, als was er sich nebenbei selbst macht. Dieses Blatt führt zwei Unterschriften: Zur Linken steht: „Die Heiden sind versunken in der Grube, die sie zugerichtet hatten", und zur Rechten: „Ihr sollt nicht Unrecht handeln im Gericht".

Mit diesem Blatte beschließen wir nun diese Reihe von Darstellungen, denn was sich nun noch mit den beiden ehemaligen Kameraden begibt, ist schon in der Einleitung zu diesem Doppelleben angeführt worden. Das elfte Blatt stellt dar, wie über Thomas, nachdem er selbst von dem mildesten aber doch gerechten Richter der Strenge des Gesetzes nicht hat entzogen werden können, das Schuldig ausgesprochen worden ist. Auf einem Karren sitzend, mit dem Rücken an seinen Sarg gelehnt, befindet er sich nun auf dem Wege zum Galgen, auf welchem also jener Schiffer, der ihn nach einem andern Welttheil beförderte, nicht mit Unrecht hin-

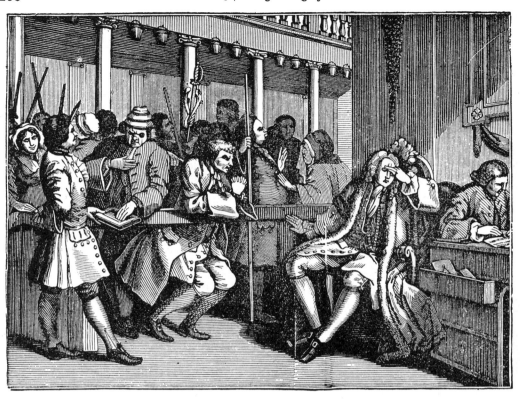

gedeutet hat. Dem Verbrecher gegenüber sitzt ein Geistlicher, den Zeigefinger ermahnend und drohend gegen ihn aufhebend. Die Todesangst auf dem Gesichte des Verbrechers ist meisterhaft ausgedrückt, und könnte wol Manchem, der auf ähnlichen Wegen wie Thomas wandelt, zum abschreckenden Beispiel dienen. Außerdem fehlt es auf diesem Bilde nicht an ernsten, eindringlichen, aber auch satirischen Zügen, welche zur Schilderung jenes Auswurfs der Menschheit dienen, der sich kein Gewissen daraus macht, selbst noch im Angesicht des Galgens Verbrechen zu begehen. Auch die unglückliche Mutter des Verurtheilten erscheint nochmals auf diesem Bilde mit einem Karren, auf welchem sie nach englischer Sitte den Leichnam des Hingerichteten wegführen will, als den einzigen Liebesdienst, den sie ihm noch erzeigen kann, da, wenn sie dies nicht thut, er der Anatomie verfällt, was noch jetzt, aber ehemals besonders, dem englischen Volke als das Schrecklichste erschien. Sehr charakteristisch sind die dieses Blatt umgebenden Randverzierungen, Todtengerippe und der Spruch: „Wenn über Euch kommt wie ein Sturm, das ihr fürchtet, und euer Unfall als ein Wetter, wenn über Euch Angst und Noth kommt, dann werden sie mich rufen und ich werde nicht antworten, sie werden mich frühe suchen und nicht finden."

Wenn wir uns nun von diesem schauerlichen Ende des Thomas, das leider vorauszusehen war, mit Abscheu und Mitleid abwenden, so verweilen wir dagegen um so lieber bei dem letzten Begegniß Gutkind's, das uns Hogarth als Schlußstein des Ganzen vorführt. Gutkind ist Lordmayor von London geworden, und das zwölfte Blatt stellt den pomphaften Aufzug vor, der ihm zu Ehren gehalten wird. Gutkind sitzt, seiner neuen Würde gemäß gekleidet, im Staatswagen und fährt durch die Straßen von London, nach seiner Amtswohnung. Jubel, Bewunderung, Anerkennung des Verdienstes, Freude über den Mann, der es durch seine Tugend und Thätigkeit so weit gebracht, drücken sich auf den Gesichtern der Zuschauer aus. Dafür hat sich aber auch Hogarth bei dieser Gelegenheit manchen Scherz erlaubt, und ist ein wenig über die gute Stadtmiliz von London hergefallen. Er schildert nämlich in den Soldaten, welche den Staatswagen des Lordmayors begleiten, eine wahre Invalidenlegion. Sie können sich sämmtlich kaum auf den Beinen halten, und der Wunsch: „Ich wollte es wäre Schlafenszeit, und Alles wär' aus" scheint jedem auf der Lippe zu schweben. Der Eine taumelt vor Alterschwäche unter dem Gewehr, dem Andern geht die Büchse gar aus Versehen los, und jagt ihm selbst den größten Schrecken ein; ein Dritter hat sich im Wirthshause verspätet und ist im Begriff, sich der Heldenschar in einem Zustande anzuschließen, wo es besser wäre, wenn er sich zu Bett legte. Diesem Schlußgemälde ist ein passender Spruch beigegeben: „Langes Leben ist zu der Guten rechten Hand, und Ehre und Reichthum zu ihrer Linken." Diese Worte bezeichnen das mit Ruhm, Glück und Zufriedenheit gekrönte Verdienst einfach und wahr, und enthalten zugleich für den Beschauer dieser so inhaltreichen und in moralischer Hinsicht so nachdrücklich zum Herzen und Verstande redenden Gemäldereihe eine verheißende Ermahnung, dem wackern Gutkind in Leben und Wirken ähnlich zu werden.

Das Pfennig-Magazin

der
Gesellschaft zur Verbreitung gemeinnütziger Kenntnisse.

118.] Erscheint jeden Sonnabend. **[Juli 4, 1835.**

Die alte Frau nach Waldmüller von Höfel.

In vorstehender Darstellung geben wir unsern Lesern einen Holzschnitt, der wol schwerlich von irgend einem deutschen oder englischen Holzschnitte in irgend einer Art übertroffen wird. Dieses ausgezeichnete Blatt ist nach einem Originalgemälde des Malers Waldmüller vom Professor Blasius Höfel in Wiener=Neustadt gearbeitet. Wir werden in einem Aufsatze über die Holzschneidekunst auf dieses Blatt wieder zurückkommen.

Gemälde von London.

Die Hauptstadt der Handelswelt, das unermeßliche London mit seinen ungeheuern Hülfsquellen und Mitteln, der Mittelpunkt der europäischen Industrie und aller Verbindung zwischen den verschiedenen und entlegensten Theilen der Erde; diese Stadt, mit deren Reichthümern verglichen Babylon, Tyrus und Bagdad nur ärmliche Prachtsitze waren und die größer ist als Rom zur Zeit seiner Weltherrschaft, die an Einwohnerzahl einige europäische Königreiche übertrifft; dieser Sitz unermeßlicher Reichthümer und der tiefsten Armuth, der üppigsten Schwelgerei und des grellsten menschlichen Elends, welches von Verworfenheit lebt; diese Welt im Kleinen mit einem Wort, wo Alles angetroffen wird, was die Welt überhaupt nur darbietet, verdient in unsern Blättern wol eine übersichtliche und doch umfassende Darstellung. Wir wollen die Stadt London — ihre Institute — ihre Sitte und Gesellschaft — kurz darstellen.

* * *

Der Ursprung und das Alter Londons ist in Dunkel gehüllt. Cäsar gedenkt der Stadt bereits als eines alten Sitzes der Briten. Dem Namen London gibt man einen doppelten Ursprung, indem man ihn von dem celtischen Llong-din (Schiffstadt) oder besser noch Llyn-din (Stadt am See) ableitet, da der breite Wasserspiegel der Themse wol als ein See bezeichnet werden möchte. Zuerst erwähnt der römische Geschichtschreiber Tacitus ihrer als Londinium bei Gelegenheit des Abfalls der Königin Boadicea im J. 61, und ihr Umfang unter den Römern scheint sich etwa eine Viertelstunde längs dem nördlichen Ufer der Themse ausgedehnt zu haben. Konstantin oder Theodosius umgab sie mit Mauern, 22 Fuß hoch, und mit 15 Thürmen, von denen noch Reste zu sehen sind. Unter dem angelsächsischen Könige Egbert war London so emporgewachsen, daß im Jahre 833 hier eine Volksversammlung gehalten ward; 884 begründete König Alfred die Gemeindeverfassung der Stadt; 1066 besetzte sie Wilhelm der Eroberer, und seitdem erst kann London als die Hauptstadt Englands angesehen werden. Im J. 1258 starben schon in London 20,000 Menschen Hungers, 1348 aber 30,000 an der Pest; 1542 begann man die Straßen zu pflastern, aber noch unter der Königin Elisabeth beschränkte sich jedoch ihr Umfang auf die Altstadt (City) und diese bestand zum Theil noch aus Gärten. Im Kriege mit Spanien stellte London ein Heer von 20,000 Mann und 38 Kriegsschiffe. Während des Bürgerkriegs im 17. Jahrhundert umgab man die Stadt mit Festungswerken, die seitdem aber gänzlich verschwunden sind. Der große Brand von 1666 verheerte 400 Straßen mit 13,200 Häusern der City, die seit dieser Zeit gesünder und regelmäßiger wiederaufgebaut wurde; zugleich verschwand die Pest auf immer, welcher noch ein Jahr vorher 68,000 Menschen als Opfer gefallen waren. Seit dieser Zeit wuchs London nach allen Richtungen hin. Zu Ende des 17. Jahrhunderts zählte London kaum die Hälfte der jetzigen Einwohnerzahl und nahm etwa den dritten Theil seines heutigen Umfangs ein; 1801 hatte es 900,000, 1812 aber 1,050,000 Einwohner und gegenwärtig 1,500,000, worunter stets an 50,000 Fremde. Die schönsten Ansichtspunkte für die Stadt gewähren an den wenigen ganz heitern Tagen, welche London zählt, die Hampstead-Haide im Westen, Greenwich und Puttney im Osten, vor allen aber der Primrose-Hügel im Norden der Stadt. Von hier aus gesehen, steigen die Thurmspitzen der 500 Kirchen und des Tower, vermischt mit den Masten von mehr als 1000 Seeschiffen, welche in ihren Häfen und Docks liegen, malerisch über die Nebelflut empor, welche die Häusermassen fast immer bedeckt und die das Auge selbst am heitersten Sonnentage nie ganz durchdringt, und der ungeheure Park, welcher London südwärts und westwärts umschließt, begrenzt das Bild mit seinen dichten grünen Schatten. Nicht minder großartig erscheint London von dem Mittelpunkte seiner Brücken betrachtet. Zwar fehlen hier die gewühlvollen Quais, welche die Flußansichten von Paris so reizend machen; aber das Bild ersetzt durch Größe, was ihm in Vergleichung mit der Ansicht vom Pont des arts in Paris an Reiz und Abwechselung fehlen mag, und die kühne Überwölbung eines Flußspiegels von 1250 Fuß Breite durch sechs Brücken schließt selbst jede Vergleichung dieser verschiedenen Gemälde unter sich aus.

London liegt etwa 14 M. von der Seeküste an der Themse, welche noch weiter hinauf Ebbe und Flut hat, auf einer sanften Anhöhe an der Nordseite des Flusses und mit dem kleinern Theile an dessen Südseite, auf einem lehmigen Sandboden, der, überall an Ziegelerde reich, den schnellen Anwuchs der Stadt sehr begünstigt hat. Das Klima ist mild und gesund. Die Themse, im Durchschnitt 1250 Fuß breit und etwa 12 Fuß tief, gewährt der Stadt nicht nur alle Hülfsmittel einer Seestadt, da sie die größten Seeschiffe zu ihr hinaufführt, sondern sie hat im Ganzen genommen auch ihre Gestalt und ihre Bauart bestimmt. Am nördlichen Ufer (Middlesex) folgen die Straßen der Stadt der Biegung des Flusses amphitheatralisch von Osten nach Westen. Das südliche Ufer (Surrey), ursprünglich ein Sumpf, ist flach und stellt eine Häusermasse von etwa 1½ M. in der Länge, von Deptford bis Vauxhall, dar. Da London weder Mauern noch Thore, noch irgend ein anderes Begrenzungszeichen hat und nur nach Kirchspielen sich eintheilt, so ist es schwer, seine Ausdehnung und seine Bevölkerung genau anzugeben. Die drei Städte, welche London bilden, und die Vorstädte, sonst Dörfer, die man jetzt dazu rechnet, nehmen jedoch von Knightsbridge bis Poplar eine Ausdehnung von mehr als anderthalb Meilen in der Länge und von Newington-butts bis Islington eine Breite von einer Meile ein; der Umfang nach diesen Durchschnittslinien beträgt fast sieben Meilen. Streng genommen besteht London aus einer Stadt (London), einem Marktflecken, Westminster, einem Burgflecken, Southwark, und 45 Dörfern, die nach und nach darin aufgingen.

Unabhängig von dieser politischen Eintheilung zerfällt London in sittlicher und gesellschaftlicher Beziehung gleichsam in fünf verschiedene Städte. Das Westende der Stadt, aus den schönsten Plätzen und Straßen bestehend, ist die Residenz des Hofes, des Adels, der Sitz der gesellschaftlichen Verfeinerung, der Pracht, des Reichthums, der elegantesten Läden, kurz die Hauptstadt der Mode und des Glanzes. Die City (eigentliche Stadt London) ist der Mittelpunkt der Handelswelt, der Geschäfte aller Art, der Geldmarkt, die Residenz der großen Kaufherren, der städtischen Behörden und der Magazine. Das Ostende der Stadt und seine Bewohner widmen ihr Leben dem Handel. Hier sind die Schiffswerfte, die ungeheuern Docks und Waarenlager jeder Art; hier ist die Residenz der Matrosen und der Gauner, das Nachtlager der Sünde in unerleuchteten Gassen. Southwark, am Südufer der Themse, gleicht einigermaßen dem östlichen Stadttheile, vorzüglich aber ist es der Sitz der Manufacturen und Fabriken. Auch minder zarten Nerven sind der üble Geruch, der Rauch und das Getöse dieses Stadttheils nichts weniger als angenehm. In Westminster sind die Sitze der gesetzgebenden Behörden, die hohen Gerichtshöfe, die Wohnungen der Hofleute, der Gelehrten und Beamten. Zu diesen tritt in neuester Zeit eine sechste Stadt, im Norden von Holborn und im Süden von Summerstown, hinzu, die Viertel von Paddington und Mary=le=Bone, eine Stadt, fast ganz aus Palästen bestehend, auf Speculation erbaut und zum Theil noch unbewohnt, nebst Sommersitzen reicherer Bürger, die in der schönen Jahreszeit die Stadt verlassen. Staunenswerth ist das schnelle Anwachsen der Stadt seit dem Frieden von 1815, und noch jetzt erinnern sich Viele der glänzenden Stadttheile von Vincent=Square, Russel= und Brunswick=Square als eines Sumpfes oder als Kornfelder. Der heutige Mittelpunkt der Stadt, Charing=Croß, war vor hundert Jahren ein Dorf, Charing.

London zählt jetzt 8191 Straßen, zum Theil von sehr bedeutender Länge, 75 große Plätze (Squares), 34 Märkte, 500 Kirchen (deren unter Georg I. 50 auf einmal gebaut wurden), 95 Armenhäuser, 24 Hospitäler, 4100 Erziehungsanstalten, 1000 Buch= und Musikhandlungen, 180 Druckereien, 9000 Kaffee= und Gasthäuser, 5210 Bierbrauereien und gegen 250,000 Häuser. Auf der Nordseite theilt sich diese Häusermasse in drei große Gruppen. Die erste derselben schließt, von St.=James' Palast an, Pallmall, den Strand, Fleetstreet, St.=Paul, Watling, Cannonstreet, Eastcheap und den Tower ein. Alle Querstraßen, die von dieser langen Häuserreihe zum Flusse hinabführen, sind kurz. Nördlich von dieser Linie bildet die große Orfordstraße, Holborn, Skinnerstreet, Newgate, Cheapside, Cornhill, Leadenhall und Whitechapel eine zweite äußere Linie, fast schnurgrade, anderthalb Meilen lang und in keinem Theile von der innern Linie weit entfernt, da alle Querstraßen zwischen beiden auch nur kurz sind. Über diesen beiden Parallellinien dehnen sich gegen Norden längere Querstraßen ins Freie hin aus. Weniger regelmäßig zeigen sich die Surreyseite und das Ostende. Die längste Straße Londons ist Commercial Road, 5280 Ellen lang. Dann folgt die schöne und schnurgrade, mit Trottoirs eingefaßte Orfordstraße von 2304 Ellen. Eine der schönsten ist Regent'sstreet. Das Pflaster Londons, zum größten Theil aus Quadern bestehend und fast durchgängig mit erhöhten Fußsteigen von schottischem Granit, ist ungemein schön. Diese Sonderung der Pfade für Fußgänger von den Fahrwegen erscheint als ein bringendes Bedürfniß in den Stadtvierteln, welche, wie der Strand, Bondstreet und die City, einem stets gewühlvollen Markte gleichen und wo die Fußgänger ohne Zwischenraum sich Fuß an Fuß folgen, sodaß man von einem Fremden erzählt, der einen ganzen Tag an der Ecke von Bondstreet stillstand, um das Ende des Auflaufs abzuwarten. Fast alle Straßen sind jetzt mit Gas erleuchtet, und zwar in sehr freigebigem Maße. Bei allen diesen Vorzügen jedoch wird der an die stille Pracht der schönen Städte Italiens, Florenz, Pisa, Rom, Venedig, gewöhnte Geist sich schwer entschließen, London eine schöne Stadt zu nennen. Die vorherrschende Einförmigkeit unabsehbarer Reihen von Häusern, aus Ziegeln erbaut, nach einem Plan angelegt, ohne Abputz und Verzierung,

und jedes dem andern ziemlich gleich, kann den Eindruck der Schönheit nicht geben. Die Mehrzahl dieser Häuser, dreistöckig, unten in Läden sich öffnend, schmal, nur drei, höchstens vier Fenster breit, mit verstecktem Dach, zuweilen mit einem schmalen Balcon, zur Gewinnung eines hier stets kargen Lichtes fast ganz aus Fensterscheiben bestehend, wie sie die City, der Strand und die Themsestraßen darstellen, hat keinen Anspruch auf Schönheit oder Dauer; ja sie scheint wie absichtlich nur für ein Menschenalter gebaut. Nicht das Ganze, sondern nur das Einzelne unter den Gebäuden Londons kann daher schön sein, und solche einzelne, anziehende, aus Quadern und im großen Styl erbaute Paläste, Kirchen u. s. w. finden sich allerdings viele in London. Bequemlichkeit ist überhaupt, nicht eben Schönheit, der Zielpunkt der englischen Bauherren und Baumeister, und bequemer als in einem römischen Palaste, oder selbst in einem französischen Staatsgebäude, wohnt es sich allerdings in einem londoner Bürgerhause. An äußerm Glanze sind die Läden Londons unvergleichlich und die von Paris dagegen nur ärmlich und klein. Am glänzendsten zeigt sich London dem erstaunten Auge Abends, wenn alle Läden glänzend, fast feenhaft erleuchtet sind, prachtvolle Wagen ihre Besitzer zu den eröffneten Gesellschaftssälen bringen, mehre hundert öffentliche Wagen aller Art aus den innern Theilen der Stadt nach geschlossenen Geschäften, meist mit vier schönen Rossen bespannt, dahinjagen und auf den Trottoirs des Strandes die schöne Welt auf= und abwogt. Eine unabsehbare Kette schwebender Feuer erleuchtet dann die langen und gewühlvollen Straßen; hier stellen von Licht strahlende Kaufläden ihre Pracht aus; dort spiegelt der in große Flaschen gefüllte, purpurfarbig, violett und blau gefärbte Spiritus vor den Fenstern der Apothekerläden seinen Wiederschein weithin auf dem Pflaster ab, und in der Luft erheben sich gleich, ebenso vielen Leuchtthürmen, die erleuchteten Kuppeln und Zifferblätter der Kirchen. Das Gewühl, das Rufen, der Lärm der Volksmenge, das Geräusch so vieler Kutschen und Carossen, die gellende Stimme der Ausrufer, der Balladensänger, der Ton ihrer Instrumente, ein nie endendes Glockengeläute dazwischen und diese wogende Bewegung durch diese nächtliche Pracht: all dies betäubt und entzückt uns wie eine Erscheinung aus der Märchenwelt. Verlassen wir London plötzlich mit diesem Eindruck in der Seele, so erscheint uns Alles, wohin wir auch versetzt würden, klein, ärmlich und gering. Stellen wir diesem glanzvollen Bilde jedoch sogleich seine Kehrseite gegenüber.

(Fortsetzung folgt in Nr. 119.)

Die Glocken.

Den Ursprung der Glocken muß man im hohen Alterthume suchen, denn von kleinen Glocken oder Schellen liest man schon im Alten Testamente. So trug z. B. der jüdische Hohepriester an Festtagen ein mit goldenen Glöckchen geschmücktes Gewand; die kleinen Glocken gaben das Muster zu größern und Glocken von nicht unbedeutender Größe hatten auch schon die alten Römer; aber von Glocken, bestimmt zu gottesdienstlichem Gebrauche, findet man damals noch keine Spur. Noch im 5. und 6. Jahrhunderte wurden die christlichen Gemeinden, nach alter jüdischer Weise, durch Trompeten oder durch Schlagen an Breter zum Tempel gerufen, und in Klöstern ging, besonders zur Nachtzeit,

Die große Glocke auf dem Iwan Weliki zu Moskau.

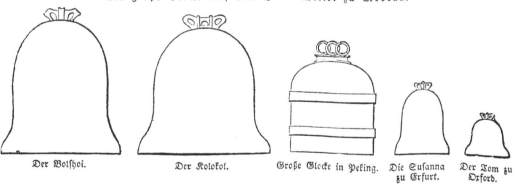

Der Bolshoi.   Der Kolokol.   Große Glocke in Peking.   Die Susanna zu Erfurt.   Der Tom zu Orford.

ein Mönch oder eine Nonne umher und verkündigte die Betstunden durch Anschlagen an die Zellen mittels eines hölzernen Hammers. Kirchenglocken in unserm Sinne finden wir zuerst im 7. Jahrhunderte in Italien, und in der campanischen Stadt Nola goß man die ersten großen schön klingenden Glocken. Von Italien aus erhielt auch im Jahre 872 der griechische Kaiser Michael zwölf große Glocken, die er im Thurme der Sophienkirche zu Konstantinopel aufhängen ließ, als aber die Türken 1453 diese Stadt eroberten, entfernten sie solche wieder; denn die Türken bedienen sich der Glocken nicht, sondern versammeln die Gläubigen zum Gebet durch Anschlagen an Breter und durch den Ruf von hohen Thürmen. In der abendländischen Kirche findet man die ersten Glocken in den Klöstern, doch ahmten diesen Gebrauch bald auch andere Kirchen nach, denn es wird z. B. erzählt, daß, als König Chlotar von Frankreich 659 Orleans belagern wollte und der dortige Bischof die Glocken der St.=Stephanskirche läuten ließ, des Königs Kriegsvolk über das unbekannte Getöse so erschrocken sei, daß es eilig die Flucht ergriffen habe. Als man mit der Zeit in allen christlichen Kirchen Glocken einführte, waren metallene für arme Kirchen oft zu kostspielig, und man gebrauchte hier und da gebrannte Thonglocken. Dagegen findet man noch jetzt in manchen Kathedralkirchen silberne, oder doch solche, deren Metall viel Silber enthält, in China eherne, in Abyssinien steinerne, in Pegu messingene, und in einigen katholischen Kirchen läutete man in der Marterwoche mit hölzernen Glocken. In neuern Zeiten hat man hier und da statt der eigentlichen Glocken große Triangel eingeführt, die durch Anschlagen einen weithin schallenden Ton geben. Auch der Zweck der Glocken blieb nicht immer blos das Zusammenrufen der Gemeinden zum Gottesdienste, sondern es gab Ehren= und Schand=, Wetter= und Sturm=, Feierabend= und Betglocken. Mit der Ehrenglocke wurde z. B. in Klöstern der Abt bewillkommt; mit der Schandglocke läutete man Friedensstörer und excommunicirte Verbrecher aus dem Lande, und besondere Wetter= und Sturmglocken findet man häufig, und eine der größten ist der 11,000 Pfund schwere Roland zu Gent, mit der Umschrift:

Roland, Roland! als ich klappe denn is Brand!
Als ich lúe, denn is Orlog, (Krieg) in Flanderland!

Reiche Kirchen haben von jeher in der Größe der Glocken miteinander gewetteifert und es übersteigt fast allen Glauben, welche ungeheure Metallmassen man mitunter auf Thürme gehangen hat. Das gegenseitige Verhältniß der größten Glocken in Europa in Hinsicht auf Umfang, Höhe und Durchmesser enthält in genauen Umrissen unsere Abbildung. Die größte Glocke Deutschlands auf der St.-Stephanskirche zu Wien wiegt 354 und mit Klöppel, Helm und Eisenwerk 514 Centner. Berühmt ihrer Größe und ihres Alters wegen ist auch die in dem Dome zu Erfurt; sie wiegt 276 Centner und wurde 1497 gegossen, nachdem ihre Vorgängerin, die bedeutend schwerere Susanna, bei einem Brande 1472 geschmolzen war. Auch außer Deutschland findet man Glocken von ungeheurem Gewichte, besonders in Frankreich, der Schweiz und in Italien, weniger in England; denn der berühmte große Thomas zu Oxford, eine der größten Glocken Englands, wiegt nur 150 Centner. Die größten Glocken aber gibt es in Rußland. In Moskau zählte man vor dem Brande von 1812 nicht weniger als 1706 Glocken. Viele derselben gingen damals zu Grunde, zersprangen oder schmolzen, die meisten aber prangen seitdem wieder auf den Thürmen der alten Hauptstadt, und die größte von ihnen, 1819 gegossen, hängt auf dem Iwan Weliki, dem höchsten Thurme Moskaus; sie wiegt 1000 Centner und wird vorzugsweise Bolshoi, d. i. die Große, genannt. Unmöglich wäre es, eine solche Last in Schwung zu bringen, allein die Russen läuten überhaupt nicht mit Bewegung der ganzen Glocke, sondern blos durch Anschlagen des Klöppels, wie die Abbildung zeigt, aber dessenungeachtet erschallt, wenn diese Glocke ertönt, über ganz Moskau ein dumpfes Getöse, gleich dem fernen Rollen des Donners. Eine noch weit größere und überhaupt wol die größte Glocke der Erde, liegt am Fuße jenes Thurmes, von welchem wir in Nr. 61 des Pfennig=Magazins schon ausführlich gesprochen haben.

Auch in China gibt es Glocken von ansehnlicher Größe und von hohem Alter, so zu Peking eine eiserne, 125,000 Pfund schwer und 14½ Fuß hoch, welche der Kaiser Yong=lo gießen ließ, als er 1403 seine Residenz von Nanking hierher verlegte. Sie ist, wie die Abbildung zeigt, anders gestaltet als unsere Glocken. Dieselbe Form haben überhaupt alle chinesischen Glocken, dabei nur hölzerne Klöppel und sind oben durchbohrt, was, wie die Chinesen glauben, den Schall verstärken soll.

Der Gebrauch, die Glocken zu taufen, schreibt sich aus dem 9. Jahrhunderte her, wurde aber schon von Karl dem Großen streng verboten. In der dabei üblichen feierlichen Taufe wusch man die Glocke mit Weihwasser, salbte sie mit geweihtem Öle, sprach den Exorcismus über sie aus, lud zur Weihe oft an 300 Taufzeugen ein, gab ihr einen Namen, räucherte und segnete sie ein, schmückte sie mit Tüchern, Binden und Blumen und zog sie so auf den Thurm hinauf.

Der Brocken.

Das Brockenhaus.

Der Brocken, auch wol Blocksberg genannt, von dessen Gipfel und dem Wirthshause wir hier eine Abbildung mittheilen, bildet den höchsten Punkt des Harzgebirges und überhaupt des nordwestlichen Deutschlands.

Der Harz ist ein freistehendes Massengebirge, welches durch das Eichsfeld mit dem Thüringerwalde verbunden ist und von Nordwest nach Südost in einer Länge von 13 Meilen sich zieht. Es besteht im Allgemeinen aus Grauwacke und Thonschiefer, ist von einigen tiefen Thälern durchschnitten, aus welchen sich die Granitpar=

tien des Brockengebirges und des Ramberges erheben. Der nordwestliche Theil des Gebirges heißt der Oberharz, und ist der höchste, der südliche Theil, der größere, wird der Unterharz genannt. Der Ramberg bildet den höchsten Punkt im östlichen Harz, liegt über 1900 Fuß über der Meeresfläche, hat einen hohen hölzernen Thurm auf seinem sanft abgerundeten Gipfel und gewährt einen der schönsten Aussichtspunkte des Harzes. Er liegt ganz in der Nähe des Alexisbades.

Das Brockengebirge hat eine auf der Längenerstreckung des Harzes fast senkrecht stehende Richtung und besteht im Allgemeinen aus Granit. Der höchste Punkt ist der Brocken; er liegt gegen 3500 Fuß über der Meeresfläche. Seine höchsten Nachbarn sind die Heinrichshöhe, der Königsberg, der Wormberg und die Achtermannshöhe, welche beide letztere kegelförmige Gipfel haben und durch ihre Form an Vulkane erinnern. Alle diese Berge sind nicht unter 2600 Fuß hoch. Die nächsten Umgebungen des Brockens zeigen einen sehr öden und wilden Charakter. Auf dem steilen, meist mit steifen Gräsern, Binsen und Moos bedeckten Boden liegen große Granitblöcke zerstreut; weiter niederwärts liegen Torfmoore mit einzelnen niedrigen und verkrüppelten Fichten; der eigentliche Baumwuchs beginnt erst weit tiefer.

Auf dem Gipfel des Brockens liegt das Wirthshaus, wahrscheinlich in Deutschland der höchste auch im Winter bewohnte Punkt. Es wurde, wie es jetzt ist, im Jahre 1800 von dem Grafen von Wernigerode, dem Grundherrn des Brockens, mit nicht unbedeutenden Kosten erbaut. Seine Vorderseite ist grade nach Morgen gekehrt. Es ist aus Stein erbaut, hat fünf Fuß dicke Mauern und enthält außer der Wohnung des Wirths einen Saal, ein allgemeines Gastzimmer und acht Wohnzimmer; in dem hölzernen Nebengebäude im Vordergrunde des Bildes sind auch noch drei Wohnzimmer befindlich. Der Thurm in der Mitte des Gebäudes ist, da er sehr baufällig war und einzustürzen drohte, im Herbste 1834 abgetragen worden, und es wird nicht weit vom Hause ein ähnlicher im Laufe dieses Sommers erbaut werden. Der Thurm war oben offen und gewährte eine ungehinderte Fernsicht. Man findet in dem Hause ein bequemes und billiges Unterkommen; darf aber natürlich weder Leckerbissen noch Prunkgemächer erwarten. Jährlich wird dasselbe von 12—1500 Reisenden besucht, die meist alle darin übernachten.

Die Umsicht vom Brocken ist großartig und ausgebreitet, ja für das Auge unermeßlich, da aber der Brocken auf allen Seiten von Vorbergen umgeben ist, so erblickt man keine malerischen Landschaften von demselben, indem die anmuthigen Gegenden des Harzes alle zu entfernt von dem Beobachter sind und zu klein erscheinen. Aber über Alles um sich her erhaben stehend, ringsum durch nichts im Sehen gehindert, überblickt man eine ungeheure Fläche Land und bedeutende Massen von Gebirgen, die gleich einer Landkarte ausgebreitet liegen, ein sehr großartiges Panorama bildend, und der Reisende wird für die Mühe des Ersteigens hinlänglich belohnt. Nur muß der Besuchende durch gutes Wetter begünstigt werden, welches freilich nicht immer der Fall ist, denn bei der Unbeständigkeit des Gebirgsklimas geschieht es häufig, daß man oben, statt einen heitern Himmel zu finden, in ein Wolkenmeer gelangt und wenig oder gar nichts sieht. Ein ungetrübter Sonnenaufgang und Sonnenuntergang gehört zu den seltenern Genüssen; ein Gewitter, gewöhnlich unter dem Beobachter, oder eine klare Vollmondsnacht zu den noch selteneren.

Der Botaniker findet auf dem Brocken manche seltene Pflanzen, besonders Kryptogamen und Alpenpflanzen; den Geologen werden die vielen einzelnen, zum Theil bedeutend großen Granitblöcke interessiren, die auf dem Berge zerstreut liegen, hin und wieder groteske Felspartien bilden und an einigen Punkten des nördlichen Abhanges so übereinander gehäuft sind, daß man gar kein fest anstehendes Gestein findet. Von diesen Bruchstücken oder Brocken einer wahrscheinlich früher größern und im Verlaufe von Jahrtausenden zerstörten Gebirgsmasse, ist der Name des Berges entlehnt. An dem Berge, selbst schon 18—20 Fuß unterhalb des Hauses, sind zahlreiche Quellen, die mehren Gebirgsströmen ihren Ursprung geben.

Unter den mancherlei Wegen, die zur Brockenspitze führen, sind besonders drei bemerkenswerth: 1) Der von Elbingerode über Elend und Schierke führende kann bis zu dem letztern Orte sehr bequem befahren werden; von Schierke bis zum Brockenhause, zwei Stunden weit, muß man aber gehen; 2) von Wernigerode über Plessenburg, der bequemste Weg zum Fahren; 3) von Ilsenburg über den Ilsenstein, längs dem Ilseflüßchen, durch das Schneeloch. Dieser Weg, der interessanteste von allen, kann theilweise auch befahren werden, allein um alle Naturschönheiten zu genießen, um die von der Ilse gebildeten Wasserfälle um die wilde Gegend des Schneeloches zu sehen, muß man den fünf Stunden langen Weg zu Fuß machen.

Die über ganz Deutschland verbreitete Volkssage, daß es in der Nacht des 1. Mai auf dem Brocken spuke und alle Hexen sich hier versammelten und auf Mistgabeln, Besen und dergl. hergeritten kämen, um auf dem Blocksberge zu tanzen, rührt wol daher, daß zur Heidenzeit ein Götzenbild auf der Höhe des Berges stand, welchem in der Mainacht Opfer gebracht wurden, wobei mit Feuerbränden in der Hand um das Bild herumgesprungen wurde. Mehre der oben erwähnten Granitblöcke führen daher auch noch die Namen Teufelskanzel, Hexentanzplatz u. s. w., da nach Einführung des Christenthums jener Götzendienst als dem Teufel zu Ehren gefeiert angesehen wurde.

Der Goldfisch.

China ist das Vaterland des Goldfisches (Cyprinus auratus), der zum Karpfengeschlechte gehört. Er wird dort häufig in den Flüssen gefunden. Die chinesischen Frauen finden eine angenehme Unterhaltung darin, Goldfische in gläsernen oder porzellanenen Gefäßen aufzubewahren. So zart sie auch sind und schwer zu transportiren, so hat man sie doch schon lange in Europa eingeführt, z. B. in England gegen Ende des 17. Jahrhunderts. Man kann sie aber bei uns nur in Teichen und kleinen Wasserbehältern halten, in Flüssen findet man sie in Europa nicht. Selbst die geringste Strömung in einem stehenden Wasser ist ihnen nachtheilig. Sie laichen selten vor dem Mai, nie später als im Julius, und unter günstigen Umständen auch wol mehr als einmal im Jahre. Während der Laichzeit halten sie sich tief im Wasser, sonst schwimmen sie immer an der Oberfläche. Die männlichen Fische unterscheiden sich von den weiblichen nicht durch die Farbe, sondern nur durch die Länge der

Rückenfinne, die bei den weiblichen bis an den Schwanz hinabreicht und sich fächerartig ausbreitet. In der ersten Zeit, nach der Versetzung in einen Teich, vermehren sie sich ansehnlich, nach einiger Zeit aber ist kein Zuwachs merklich, wenn man nicht die junge Brut wegnimmt. Dies kommt, wie man voraussetzen darf, daher, daß die Brut den Laich verzehrt, ehe er belebt ist. In den Flüssen Chinas wird der Laich sorgfältig gesammelt, um ihn zu verkaufen. Wenn die jungen Fische aus dem Laich hervorkommen, sind sie von sehr dunkler Farbe, viele beinahe schwarz, andere von dunkler Schieferfarbe. Aus jenen werden die Goldfische, aus diesen die Silberfische. Die Veränderung der Farbe tritt bei einigen schon zu Ende des ersten Jahres ein, bei andern erst im zweiten oder dritten. Den Goldfischen schadet die Winterkälte in Europa nicht. Hitze wird ihnen nachtheilig, und wahrscheinlich ist dies der Grund, daß sie, in Gläser eingeschlossen, selten lange leben. Will man sie lange erhalten, so muß man das Wasser sehr oft erneuern. Es ist auch gut, sie während der Nacht in eine Tonne mit Wasser zu setzen und sie erst am Morgen in ein engeres Behältniß einzuschließen. Die beste Zeit, sie aus dem Teiche zu nehmen, ist im April, ehe sie laichen, denn im Zustande der Gefangenschaft überleben sie selten die Laichzeit. In durchsichtigen Gefäßen laichen sie nie. Ihre Farbe wechselt zu verschiedenen Jahreszeiten, aber immer ist sie in der Laichzeit am lebhaftesten. In Teichen gehalten, werden sie sehr zahm, wenn man sie zuweilen mit Brot füttert, und sie versammeln sich gewöhnlich auf den Ruf der Stimme.

Lange Enthaltsamkeit.

Im Jahre 1786 lebte in England ein junger Mann von schwermüthiger, überspannter Stimmung, der die Unterleibsbeschwerden, woran er litt, durch Enthaltsamkeit zu heilen versuchen wollte. Er zog sich plötzlich von seinen Geschäften und seinen Freunden zurück, miethete sich eine Wohnung in einer abgelegenen Straße Londons, versagte sich alle feste Nahrung und befeuchtete nur von Zeit zu Zeit den Mund mit Wasser, in welches er etwas Pomeranzensaft tröpfelte. Nach dreitägiger Enthaltsamkeit hörte das Hungergefühl auf und er konnte sich ohne Unbequemlichkeit seinen Studien widmen. Er machte sich keine Bewegung, schlief nur wenig und brachte den größten Theil der Nacht mit Lesen zu. Täglich brauchte er höchstens eine halbe Kanne Wasser und der Saft von zwei Pomeranzen reichte für acht Tage hin. So lebte er 60 Tage. In den letzten Tagen aber nahmen seine Kräfte schnell ab; er war nicht mehr im Stande, aus dem Bette aufzustehen und ward besorgt. Seine Erhaltung war ihm seither, bei seiner schwärmerischen Stimmung, wunderbar erschienen, und seine Einbildungskraft hatte ihm mit der Hoffnung geschmeichelt, daß dieser ungewöhnlichen Enthaltsamkeit irgend ein großes Ereigniß folgen werde. Die Täuschung schwand und er sah sich am Rande des Grabes. Um diese Zeit entdeckten seine Freunde seinen Aufenthalt. Sie bewogen ihn, den Besuch eines würdigen Geistlichen anzunehmen, der ihm das Thörichte seiner Einbildungen zeigte und ihn vermochte, sich der zu seiner Wiederherstellung nöthigen ärztlichen Behandlung zu unterwerfen. Der Arzt besuchte ihn am 22. März, am 61. Tage seiner Enthaltsamkeit. Der Kranke war wie ein Skelett abgezehrt, die Augen hatten aber ihren Glanz noch nicht verloren, die Stimme war klar und gesund, aber eine große Geistesschwäche sichtbar. Er hatte während seines Fastens angefangen, die Bibel in Schnellschrift abzuschreiben und war damit bis zum zweiten Buche der Könige gekommen. Vom 23. bis 28. März hatte er sich so weit erholt, daß er wieder im Zimmer umhergehen konnte, aber am 29. verlor er das Bewußtsein und starb ganz erschöpft am 9. April. Der Arzt, Dr. Willan, der diesen Fall erzählt, hält ihn für die längste Enthaltsamkeit, die man kennt, und glaubt wol mit Recht, der junge Mann würde sie ohne seine schwärmerische Überspannung nicht haben aushalten können, da es bekannt ist, daß Geisteskranke sehr lange ähnliche Entbehrungen zu ertragen vermögen.

Der Nelkenpfefferbaum
(Myrtus pimenta).

Der hier dargestellte Nelkenpfefferbaum gehört zu den Myrten und gleich diesen hat er schöne glänzende dunkelgrüne, fast fünf Zoll lange Blätter. Er treibt einen gegen 30 Fuß hohen Stamm, der aber nur 8—10 Zoll dick wird. Die Blüten sind weiß, klein und stehen büschelweise beisammen, sie erscheinen im Julius und haben einen angenehmen Geruch. Die Frucht ist eine erbsengroße, runde, schwarze Beere, in welcher sich meist zwei, seltener nur ein Samenkorn befindet. Diese Früchte geben getrocknet das unter den Namen Nelkenpfeffer, Jamaicapfeffer, Piment oder neue Würze bekannte Gewürz.

Dieser Baum ist in mehren Ländern Südamerikas einheimisch, besonders aber in Westindien, Jamaica und Barbados, wo er überall wegen seines Nutzens sorgfältig angebaut wird. Man pflegt dazu eine Strecke Wald in der Nähe wildwachsender Nelkenpfefferbäume zu wählen. Es wird nun alles andere Holz und Gesträuch abgeschlagen und in einem, längstens zwei Jahren kommen dann überall junge Nelkenpfefferbäumchen aus Samenkörnern hervor, die durch Vögel, welche jene verzehrten, dahin gebracht worden sind. Schon mit dem dritten Jahre tragen die Bäumchen Früchte, aber erst im siebenten Jahre sind sie völlig ausgewachsen. In diesem Alter bringt ein einziger Stamm wol 150 Pfund frische Beeren, die bei der Zubereitung ein Drittheil am Gewicht verlieren. Etwa im September, bald nach dem Abfallen der Blüten, werden die Beeren eingesammelt. Sie sind dann zwar noch nicht völlig reif, haben jedoch schon ihre volle Größe erlangt. Sie werden beim Einsammeln mit der Hand abgestreift. Wenn die Beeren sorgfältig von den Blättern, kleinen Ästen und ihren eignen Rispen gereinigt sind, breitet man sie auf Tüchern aus und wendet sie am ersten und zweiten Tage oft um, damit sie desto gleichmäßiger an die Sonne kommen, wenn sie aber anfangen zu trocknen, werden sie geschwungen und bleiben fortwährend auf den Tüchern liegen, um sie so besser gegen Regen und Thau verwahren zu können, bis sie vollkommen trocken sind. Durch dieses Trocknen, welches gewöhnlich zwölf Tage währt, verändert sich ihre grüne Farbe in ein tiefes Röthlichbraun, woran man, wie an dem Klappern der Samenkörner in den Beeren, erkennt, daß sie gehörig trocken sind; sie werden dann in Säcken oder Fässern in den Handel gebracht. Läßt man die Beeren völlig reifen, so werden sie purpurroth und haben ein süßes Fleisch, sind aber weniger gewürzreich als jene.

In Europa werden die Beeren theils als Arznei, theils als Gewürz häufig gebraucht. Man destillirt aus demselben auch ein schweres, ätherisches Öl, welches unter dem Namen Nelkenöl verkauft wird. Man thut nicht gut, den Piment gestoßen zu kaufen, indem er nicht selten mit den der Gesundheit nachtheiligen Kokelskörnern verfälscht wird.

Der Nelkenpfefferbaum.

Verantwortliche Herausgeber: Friedrich Brockhaus in Leipzig und Dr. C. Drärler-Manfred in Wien.
Verlag von F. A. Brockhaus in Leipzig.

Das Pfennig-Magazin

der
Gesellschaft zur Verbreitung gemeinnütziger Kenntnisse.

119.] Erscheint jeden Sonnabend. [Juli 11, **1835.**

Die Bank von England.

Gemälde von London.
(Fortsetzung aus Nr. 118.)

Bei aller dieser Größe Londons, bei allen unermeßlichen Fortschritten seiner Industrie, bei einer Zahl von fast 5000 Schiffen, die ihm angehören, bei allem Reichthum seiner Erzeugnisse und der Unermeßlichkeit des darauf gegründeten Handels vertheilt sich der Gewinn daraus doch zu ungleich und in zu wenige Hände, als daß neben dem Bilde des Glanzes, das es darstellt, nicht auch das eines Elendes ohne Gleichen zum Vorschein kommen sollte. Ein großer Theil seiner Bewohner, zu unausgesetzter und mühevoller Arbeit verdammt, wie sie der Südeuropäer gar nicht kennt, gewinnt dennoch nicht genug, um sich vor Mangel zu schützen. Die unablässigste Anstrengung gewährt ihm nicht genug, um nothdürftig das Leben zu fristen und seinen Bedürfnissen zu begegnen. Die von der Furcht angeregte Mildthätigkeit hat sich umsonst zu großen Opfern entschlossen und kostspielige Anstalten aller Art erschaffen; sie haben dem Übel nur wenig Abhülfe gebracht. Jahr aus Jahr ein müssen in London etwa 117,000 Personen durch die Armensteuer, welche jetzt fast 4 Mill. Thaler einträgt, unterhalten werden, und dennoch sind die Summen unermeßlich, welche mehr als 15,000 Bettler täglich von der Mildthätigkeit der Vorübergehenden erpressen. Ein solcher Zustand der Dinge enthält mehr Grund zur Verzweiflung als zur Bewunderung. Dicht neben diesen Straßen, welche von Gold, Silber und Edelsteinen, von Allem, was die Welt an Luxus und Üppigkeit kennt, erglänzen, erblickt man mit schmerzlicher Überraschung in den kleinen Durchgängen und Gassen, in den finstern Gängen, wohin das Tageslicht kaum jemals dringt, Scenen der gräßlichsten und empörendsten Entblößung von Allem, was dem Menschen nothwendig ist. Man kann sich nichts Zurückschreckenderes denken, als diese Familien von Männern, Weibern und Kindern, welche fast nackt in demselben Winkel zusammengekauert, die Schutt- und Kehrichthaufen nach einem Knochen, einer Brotrinde durchwühlen, und wenn sie nichts finden, zum Stehlen, zur Sünde genöthigt sind.

Das Herz zieht sich uns zusammen, wenn wir jene Diebeshöhlen, jene Clubs von Leichendieben, Bettlern und Gaunern sehen, die von der Verworfenheit leben; oder in Southwark jene Scharen bleicher, verkrüppelter Kinder, die in den Manufacturen ein elendes Leben kaum fristen; oder im Ostende jene Bevölkerung von Boxern, Matrosen, Diebshehlern, Seelenverkäufern und Spitzbuben, die ein lebendiges Panomara menschlicher Verdorbenheit und menschlichen Elendes darstellen. Im J. 1831 rechnete man, daß in London 4000 Individuen vom Diebs- und Gaunerhandwerk und Leichendiebstahl und 6800 Erwachsene und 7400 Kinder vom Betteln lebten. Die Asylgesellschaft machte bekannt, daß im Winter 1829—30 jeden Abend 8000 Personen in ihren Sälen aufgenommen werden mußten, weil sie außer Stande waren, sich ein Nachtlager zu verschaffen. Und über diesem äußersten Grade des Elends, wie viel halbes Elend möchte da schweben! Freilich stehen sich manche unter diesen Bettlern nicht so übel als es scheint. Man weiß, daß ein Bettlerclub besteht, wo geschmaust und gezecht wird und wo oft 2—300 Mitglieder die Nacht hindurch sich vergnügen; man weiß, daß Bettler Capitalien von mehr als 10,000 Thalern gesammelt haben; man weiß, daß mancher von einem Hunde geführte Blinde sehend genug ist, um täglich 12 Thlr. zu verdienen und daß der Tag ein schlechter heißt, der nicht über 2 Thlr. einbrachte; man kennt alle die unglaublichen Kniffe und Ränke, durch welche das Mitleid erregt werden soll, die mehrfachen Verkleidungen, die künstlichen Verkrüppelungen; aber dennoch bleibt genug übrig, um uns neben dem Glanze Londons sein entsetzliches Elend erkennen zu lassen.

Und dennoch, welchen staunenerregenden Überblick gewährt die Andeutung seiner Macht, seines Handelsreichthums, seines Geldumsatzes? Schon vor einem Jahrzehend beschäftigte der Handel von London eine Anzahl von Schiffen, deren Tonnengehalt den der gesammten Handelsmarine von Frankreich übertraf, und noch jetzt tritt bei einem Überblick der Handelsmacht der britischen Hauptstadt in Vergleichung sowol mit Frankreich als andern Staaten ein günstiges Verhältniß hervor. Fürwahr, wir schwindeln bei der Vorstellung, daß, die Flüsse und Frachtfahrt hinzugerechnet, sich die Ausfuhr Londons schon vor 10 Jahren auf die Summe von 840 Mill. Thlr. belief und daß seit dieser Berechnung London noch um ein Fünftel seiner Bevölkerung zugenommen hat! Auch wollen wir als eine Probe von den Geldkräften Londons noch anführen, daß die einzige Einkommensteuer im Jahre 1815 in London die Summe von etwa 35 Mill. Thlr. eintrug, also etwa ebenso viel, als die gesammte Staatseinnahme Spaniens, und mehr als die Hälfte aller Staatseinkünfte von Deutschland, mit Ausschluß von Preußen und Ostreich.

Der Reichthum und das rege Leben, das diesem unermeßlichen Handelsverkehr entströmt, beschränken sich nicht blos auf London. Sie sind es vielmehr, welche die Dörfer umher zu blühenden Städten machen und sie nacheinander zu sich heranziehen. Unter der Königin Elisabeth wurde der Strand gepflastert, um als Landstraße nach Westminster zu dienen. Jetzt können wir London, von welcher Seite wir wollen, meitenweit verlassen, ohne wahrzunehmen, daß wir es verlassen haben. Breite, reinliche, regelmäßig bebaute Straßen verbinden zahllose Dörfer auf unmerkliche Art mit der Stadt. Hier rasseln die Wagen so gut, wie in London, und zierliche Häuser, Terrassen und Gärten begrenzen die Straßen.

Noch ein Wort, bevor wir nach diesem allgemeinen Überblicke die Einzelnheiten Londons näher ansehen, über sein Erleuchtungs- und Wassersystem und seine Verbindungen mit andern Städten des Reichs. Ganz London wird jetzt durch 9 Gaserleuchtungsgesellschaften mit Gas erhellt. Die Leitröhren derselben durchlaufen nicht weniger als 75 deutsche Meilen, der jährliche Verbrauch von Steinkohlen ist 43,000 Chaldrons (zu 2000 Pfund), welche 70,400 Privatgasreservoirs und 7800 öffentliche Reservoirs füllen. Diese Erleuchtung hat sich nun auch auf die Thurmuhren, die Brücken und die Landstraßen um London ausgedehnt. Ebenso bewunderungswerth ist das Wasserversorgungssystem; die 75 Meilen umfassenden Vertheilungsröhren von 8 Gesellschaften bringen das Trinkwasser in jede Wohnung, ja in jedes Stockwerk, zum täglichen Betrage von 4½ Mill. Cubikfuß Wasser, mittels 12 Dampfmaschinen zu 100 Pferdekraft. Der Zufluß ist so stark, daß man auf diesem Wege in jedem Augenblicke mittels eines Luftloches die Straße Londons in einen See verwandeln kann, wo bei Feuersgefahr die Spritzen eine unerschöpfliche Nahrung finden. Was Londons Verbindungen betrifft, so muß es hier genügen, anzuführen, daß etwa 1000 Fahrgelegenheiten täglich, ja zum Theil stündlich, meist mit prächtigen Wagen und schönen Roßgespannen nach allen Richtungen des Reichs aus der Stadt abgehen, und daß auf der Themse nicht weniger als 170 Dampfschiffe auf- und abfahren.

Bei der Beschreibung der einzelnen Merkwürdigkeiten Londons kommt es uns zu statten, daß das Pfennig-Magazin schon über eine Reihe solcher Gegenstände ausführliche Nachrichten und von vielen derselben Abbildungen geliefert hat. Solche Merkwürdigkeiten sind z. B. die schönen Brücken Londons, welche Nr. 14 unsers Magazins, der Tunnel, den Nr. 28, das Postamt, das Nr. 31 schildert; ferner das Oberhaus, in Nr. 35, das Unterhaus, in Nr. 37, das Postwesen Londons in Nr. 43, und unter den wissenschaftlichen Anstalten das Königs-Collegium (King's College) in Nr. 61, die Universität in Nr. 63; ferner die Westminster-Abtei, in Nro. 78, der Tower, in Nr. 82, und endlich das große londoner Hospital, in Nr. 91 geschildert. Von einer Reihe anderer Gegenstände werden in künftigen Nummern Abbildungen geliefert werden, und wir werden uns hinsichtlich ihrer Beschreibung auf den gegenwärtigen Artikel beziehen können.

Unter den Merkwürdigkeiten, welche uns zu beschreiben noch übrig bleiben, nehmen, um mit dem Ostende anzufangen, der Hafen und die Docks von London den ersten Rang ein. Die Handelseinrichtungen, welchen London seine Größe verdankt, werden wir später kennen lernen, hier haben wir es mit der Ansicht seines Hafens zu thun. Etwa 14,000 englische und fremde Schiffe besuchen denselben jedes Jahr, und da er etwa 1000 Schiffe aufnehmen kann, so zeigt er sich auch dem bloßen Raume nach als einer der größten Häfen der Welt. In der That erstreckt er sich von der londoner Brücke bis Deptford in drei Abtheilungen, d. h. etwa 1 deutsche Meile lang und 500 Ellen breit. Hierzu kommen die verschiedenen nassen und trockenen Docks, zuerst die London-Docks bei Wapping, welche auf Kosten des londoner Handelsstandes im Jahr 1795 gebaut wurden, und zu welchen 5½ Mill. Thlr. in wenigen Stunden unterzeichnet wurden. Dann die Westindia-Docks, in welchen alle Schiffe aus Westindien ausladen müssen, und die aus zwei Abtheilungen bestehen, in den Jahren 1800 und 1802 angelegt. Ungeheure Waarenmagazine erfüllen den Raum zwischen Blackwall und Limehouse. Die ostindischen Docks wurden 1805—6 mit unermeßlichen Kosten erbaut und sind die schönste Anlage dieser Art in der Welt. Das Bassin zur Ausbesserung der Schiffe und die Waarenhäuser nebst allen andern Anstalten des Schiffbaus, Seilereien, Segel-, Masten- und Ankerfabriken werden nirgend in dieser Größe angetroffen. Eine schöne lange Straße, die 7 Mill. Thlr. kostete, führt von der Börse bis zum Thor der ostindischen Docks, und um sie grade zu legen, mußten allein für 840,000 Thlr. Häuser angekauft und abgetragen werden.

Die Bank von England, von dessen Hauptfronte wir vorstehend eine Abbildung gegeben, zieht nächstdem unsern Blick auf sich. Dieses große Institut, das unabhängig von den 72 Privatbanken Londons besteht, erhielt seine Gründung im Jahr 1694. Aus einem kleinen Anfange, einem Darlehn von 8,400,000 Thlr., das die Kaufmannschaft der City der Regierung vorgeschossen hatte, erhob sich diese Anstalt allmälig zu dem größten Geldmarkt der Erde. Die Corporation der Bank, welcher ein Gouverneur und 24 Directoren vorstehen, befaßt sich mit keiner Art von Handelsgeschäft, das Geld ist hier die einzige Waare. Ihre Verhältnisse zu der Regierung, deren Agent in Finanzgeschäften die Bank ist, ihre Verfassung und die Geschäftsführung bei ihr sind so verwickelter Art, aber auch so interessant, daß wir ihrer besonders erwähnen müssen. Das Bankgebäude gehört zu den prächtigsten Bauwerken der City. Die Südseite, der älteste Theil, wurde 1733 erbaut, die Seitenflügel 1786, das Übrige 1788. Das Ganze bildet ein längliches Viereck, 410 Fuß lang und 245 Fuß breit, mit 8 offenen Höfen. Die Hauptfronte zieren zwei Reihen ionischer Säulen, die Seitenansichten von korinthischer Ordnung sind noch zierlicher. Ausgezeichnet ist besonders die ungeheure Rotunde, vor Gründung der Stockbörse der Sitz der Hauptgeschäfte. Säle und Räume für den Dienst umgeben die einzelnen Höfe; höchst sinnreich aber ist die Uhr der Bank, welche auf 16 Zifferblättern in verschiedenen Theilen des Gebäudes die Zeit anzeigt und durch eine Glocke verkündet.

Die Börse wurde 1668 von einem Schüler des Baumeisters Christoph Wren erbaut. Ihre Hauptfronte zieren korinthische Halbsäulen, mit Statuen von Karl I. und II. in den Nischen, und ein schöner Thurm. Die Börse ist von 8—¼4 Uhr offen. Etwa 200,000 Personen besuchen täglich diesen Ort, den Mittelpunkt der Handelswelt, und vertheilen sich in die 200 Logen der Galerien. Das größte Gewühl herrscht gegen 2 Uhr, und in der That gibt der Gedanke, welche unermeßliche Geschäfte hier verabredet werden, dem Orte eine Art von Größe, zu welcher nur die Buden nicht passen, die ihn umringen und verunzieren. Der Börse gegenüber liegt das berühmte Lloyd's Kaffeehaus, der Sammelplatz der Schiffsversicherer und Rheder.

Die bedeutendsten Handelsgesellschaften, welche London bereichert haben, sind vorzüglich die ostindische Compagnie, welcher die Königin Elisabeth 1600 einen Freibrief ertheilte. Ihr erstes Capital betrug über 2½ Mill. Thlr., 1676 besaß sie gegen 8 Mill. Thlr., 1702 hatte der Regierung schon gegen 22 Mill. Thlr. vorgeschossen, 1730 und 1814 wurde ihr Freibrief, zuletzt auf 20 Jahre, verlängert, 1833 aber ihr Alleinhandel zum Vortheil des allgemeinen Verkehrs der Nation aufgehoben. Jetzt ist die Gesellschaft die Regiererin eines Reichs von fast 70 Millionen Einwohnern in Indien. Sie wird von den Directoren geleitet, die unter einer Regierungsbehörde stehen, aber die neuesten Anordnungen haben ihre Befugnisse, hinsichtlich der Verwaltung des Landes, vielfach beschränkt. Auf dem Wege durch Leadenhall treffen wir auf den prachtvollen hier dargestellten Palast, welcher der Gesellschaft zum Sitz ihrer Behörden dient, 1726 gegründet und 1798 erweitert, 200 Fuß lang, groß, einfach, mit einer Vorhalle von sechs ionischen Säulen geziert und ein Museum und eine Bibliothek mit vielen chinesischen und indischen Handschriften enthaltend.

Die Südsee-Compagnie ist die zweite im Range, sie steht unter einem Obervorsteher und 21 Directoren. Ihr Palast ist ein schönes dorisches Gebäude. Die levantische Compagnie, 1579 gegründet, wird, der Südsee-Compagnie gleich, von 18 Beamten unter einem Vorsteher verwaltet. Unter den übrigen Handelsgesellschaften sind zu nennen: die russische Compagnie, 1555 gegründet und 1614 erweitert; die Hudsonbay-Compagnie; die Eastland-Compagnie für das baltische Meer, 1579 gegründet.

Indem wir unsern Weg gegen den Tower nehmen, stoßen wir auf ein Denkmal, das vorzugsweise das „Monument" (s. Abbildung) genannt wird. Auf einem engen Platz erhebt sich eine cannelirte dorische Säule von 202 Fuß Höhe und 15 Fuß im Durchmesser auf einem 40 Fuß hohen Piedestal. Zur Spitze dieser schönen Säule, welche Christoph Wren von 1671—77 ausführte, und die gewiß zu den schönsten Denkmälern der britischen Hauptstadt gehört, führt eine Treppe von 345 Stufen empor. Oben ist eine Ga-

Das Haus der ostindischen Compagnie.

rie mit eiserner Brüstung, von der herab sich ein schönes Panorama Londons eröffnet. Die Säule, aus 28,196 Werkschuhen des schönsten Portlandsteines, einer Kalksteinart, erbaut, am Sockel mit lateinischen Inschriften geziert, wurde zum Andenken an die große Feuersbrunst errichtet, welche vom 2. bis 5. September 1666 fast ganz London zerstörte. Sie steht an der Stelle, wo das Feuer um die Mitternacht des 2. September bei einem Bäcker ausbrach.

Wir nähern uns nun auf dem Wege zum Strande dem größten Prachtbau Londons, der Paulskirche, der Peterskirche in Rom an Größe nur wenig nachstehend. Die Kirche liegt in einer Erweiterung der Ludgatehillstraße, viel zu dicht von Privathäusern umringt, um den Eindruck zu machen, den ein großer freier Raum umher gewähren würde. Auf dem Grunde der durch den Brand zerstörten gothischen Kathedrale St. Paul, ward dieser größte Tempel der protestantischen Christenheit den 21. Juni 1676 von Christoph Wren begonnen und 1710 beendet. Er ist ganz aus Portlandstein erbaut, mißt von Ost nach West 500 Fuß, im Umfang 2292 Fuß, in der Breite des Chors 100 Fuß, im Kreuzgewölbe 285, in der Höhe 110, bis zur Spitze des Thurms 404 Fuß, und ward mit ei=

Das Monument.

nem Kostenaufwande von etwa 10 Mill. Thlr. erbaut. Auf der Westfronte gegen Ludgatestreet ist der Haupteingang, aus 12 korinthischen Säulen bestehend, die von 8 kleinern überragt werden, und mit einem prächtigen Giebel schließend; 22 Stufen von schwarzem Marmor führen zu dem Portico empor. Zwei Glockenthürme von großer Schönheit zieren überdies noch diese Fronte. Die ursprüngliche Farbe des Gebäudes war ein glänzendes Weiß, aber ein beständiger Kohlenrauch hat diese Grundfarbe stellenweise geschwärzt und läßt dasselbe graugefleckt erscheinen, ohne es dadurch zu verunzieren. Der nördliche Eingang ist mit einem halbrunden Porticus geziert, ebenso der südliche mit der Überschrift: Resurgam, und der östliche. Die Außenseiten zieren zwei Reihen korinthischer Pilaster; die Kuppel schließt in einer Laterne und einem Knopf, aus dem ein Kreuz hervorragt. Das Innere ist fast schmucklos, nur einige Monumente und Trophäen sind die ganze Verzierung des unermeßlichen Raumes. Unter diesen Denkmälern ist das Nelson's von Flaxman das berühmteste, das des Admiral Howe das schönste.

(Fortsetzung in Nr. 120.)

Winterleben der Thiere.

Es sind in dem Leben der Pflanzen und Thiere verschiedene Umläufe und von Zeitverhältnissen abhängige Abwechselungen zu bemerken, wodurch dieses Leben gleichsam in einen frühern Zustand seiner Bildung zurückkehrt, ohne daß es aufhörte, in seiner Bahn fortzuschreiten. Diese Wechsel gehen zwar von einem einzelnen Organ aus, verbreiten sich aber über das gesammte Leben und erscheinen entweder in einem bestimmten Zeitraume, der mit Abwechselungen in dem Stande unsers Erdkörpers zusammentrifft, oder in unbestimmten Zwischenräumen, und werden vorzüglich in einer Veränderung der Beziehungen zur äußern Welt sichtbar. Die Abwechselungen in den Richtungen des Lebens zeigen sich bald als freiere Äußerung der Kräfte, als regerer Verkehr mit der Außenwelt, bald aber ist das Leben von der Außenwelt gleichsam geschieden, um in das Innere zurückzugehen. Es ist ein Wechsel von Thätigkeit und Ruhe. Auch der flüchtigen Beobachtung zeigen sich diese Abwechselungen in ihrer genauen Übereinstimmung mit den regelmäßigen Veränderungen der Erde. Auffallend ist sie in dem Leben der Pflanzen und im Thierreiche überall, wo der Verkehr mit dem Luftkreise besonders thätig ist, bei den Insekten, bei den Vögeln, deren Schlafen, Singen, Fressen, Begatten, Mausern und Wandern an bestimmte Zeiten gebunden erscheint. Die Veränderungen des Erdkörpers, die ihren Einfluß auf das Leben der Pflanzen und Thiere äußern, sind der tägliche Umlauf der Erde, der sich in dem Gegensatze von Tag und Nacht und im Gegensatze der Tageszeiten zeigt, und die jährliche Bewegung um die Sonne, deren Ergebniß der Wechsel der Jahreszeiten ist. Den Erscheinungen, in welchen der tägliche Umlauf der Erde sich offenbart, entsprechen bei den Pflanzen und Thieren das Hervortreten des Lebens nach außen oder die Rückkehr des Lebens in das Innere, Wachen und Schlafen; aber nicht immer fallen diese Wechsel mit den ähnlichen Abwechselungen in den Verhältnissen des Erdkörpers in der Zeit zusammen, da z. B. manche Pflanzen um Mittag, andere am Abend, andere in der Nacht erwachen, und manche Thiere am Tage sich zurückziehen und nur in der Nacht die regeste Lebensthätigkeit offenbaren. Ebenso tritt der Einfluß der von den Tageszeiten abhängigen Erscheinungen des Lichts und der Wärme und der regelmäßigen Veränderungen im Wasser- und Luftmeere, bei den Pflanzen in abwechselnden Zuständen der Blüten und Blätter, bei dem Menschen in Veränderungen des Blutlaufes, der Wärmeerzeugung, der regelmäßigen wie der krankhaften Absonderungen, der Athmungsbewegung und der gesammten Sinnenthätigkeit hervor. Mannichfaltiger und durch eigenthümliche Wirkungen ausgezeichnet ist der Einfluß des jährlichen Umlaufs der Erde und des Wechsels der Jahreszeiten auf das gesammte Leben der Pflanzen und Thiere und auf einzelne Lebensverrichtungen. Betrachten wir das Pflanzenleben, so zeigt es sich überhaupt als ein jähriges Leben, da es bei einigen Gewächsen auf ein Jahr beschränkt ist, bei andern jährlich neue lebendige Theile entstehen. Hier ist im Sommer der über die Erde hervorragende Theil in voller Lebensthätigkeit im Gegensatz zu der in der Erde lebenden Wurzel, wogegen im Winter, wenn der Stamm ganz oder zum Theil abstirbt, in der Wurzel allein das Leben sich regt und in ihr neue Bildungen vorbereitet werden. Es ist eine Rückkehr zu der ursprünglichen in der Wurzel beginnenden Lebensentwickelung, die vollständig bei denjenigen Pflanzen hervortritt, die ihren Stamm im Herbste verlieren und im Frühlinge einen neuen aus der Wurzel hervortreiben; theilweise hingegen ist der Wechsel, wenn der Stamm zwar fortdauert, aber seine Lebensthätigkeit abnimmt, seine Blätter absterben und früher oder später abfallen. Nur bei den immergrünen Gewächsen dauert das Leben der Blätter mehre Jahre lang, und wenn die ältern endlich absterben, werden sie nicht vermißt, weil sie durch das frische Leben der jüngern ersetzt werden; eine Erscheinung, die in dem festern Gewebe dieser Blätter, ihren zähern Säften, ihren harzigen Bestandtheilen oder auch in dem geringen Umfange ihrer Oberfläche gegründet sein mag. Bei der Rückkehr der warmen Jahreszeit wird dann die von der Wurzel aufgenommene Nahrung zersetzt, um den Stamm neu zu beleben. Wir müssen hier die Bemerkung machen, daß jener Wechsel im Pflanzenleben zwar mit veränderten Zuständen des Erdkörpers zusammentrifft, aber nicht in ihnen seinen Grund hat, sondern die Wirkung einer innern Bildung ist, welche sich auffallend in den von dem Vorgebirge der guten Hoffnung in europäische Gewächshäuser verpflanzten Gewächsen zeigt, die im Winter, und die Sommerzeit ihrer Heimat, Blüten treiben.

Diese Bemerkung bahnt uns den Übergang zu dem Gegenstande, dessen Betrachtung uns beschäftigen soll, zu einigen merkwürdigen Erscheinungen in dem thierischen Leben, die mit dem Wechsel der Jahreszeiten zusammenfallen, und auf welche jene Bemerkung gleichfalls angewendet werden kann und in der Folge von uns angewendet werden soll, wie denn überhaupt nach den neuesten Beobachtungen über die Natur der innern Pflanzenbildung die Ähnlichkeit zwischen dem Leben der Pflanzen und der Thiere immer mehr hervortritt. Die Veränderungen, die mit der Abwechselung der warmen und kalten Jahreszeit in Verbindung stehen, sind mehr oder minder allgemein unter verschiedenen Thierclassen und beziehen sich auf die Veränderung der Hautbedeckung und deren Farbe, auf die aus Vorgefühl hervorgehende Sorge für ihre Nahrung, auf eine Veränderung des Wohnorts und endlich auf eine mehr oder minder vollständige Unterbrechung der Lebensthätigkeit während des Winters. Wir betrachten zuerst eine der merkwürdigsten Erscheinungen in dem thierischen Leben, den Winterschlaf, der eine der geheimnißvollsten erhaltenden Vorkehrungen der Natur ist. Er hat die Aufmerksamkeit der Naturforscher vielfach beschäftigt, doch möchten nicht alle Beobachtungen rein und zuverlässig sein, da manche Naturforscher die Erscheinungen der durch einen hohen Grad von natürlicher oder künstlicher Kälte hervorgebrachten Erstarrung auf den Winterschlaf übertragen haben, der ein Entwickelungszustand des Lebens ist, während jene zum Tode führt. Die Erstarrung, als unmittelbare Folge heftiger Kälte, kann selbst schlafenden Thieren verderblich werden, und der wahre Winterschlaf wird, wie wir hören werden, nicht durch strenge Kälte, sondern durch eine gemäßigt niedrige Temperatur hervorgebracht. Es gibt nämlich mehre Thiere, welche, außer der täglichen Ruhezeit, einer jährlich einige Monate dauernden Unthätigkeit bedürfen, um in der übrigen Zeit des Jahres die Beschwerden des Lebens ertragen zu können. Betrachten wir zuerst die Erscheinungen, welche in diesem Zustande hervortreten und nach den Thierclassen verschieden sind. Bei den Pflanzen ist der Winterschlaf Regel, bei den Thieren aber erscheint er nicht so allgemein und besteht darin, daß sie die Winterzeit in der Verborgenheit und mit Unterbrechung der Sinnenthätigkeit, der willkürlichen Bewegung und der Ernährung zubringen. Im schärfsten Gegensahe zeigen sich in dieser Beziehung die Vögel und die Amphibien, da bei jenen der Winterschlaf in der Regel gar nicht erscheint, bei diesen aber allgemein ist. In den übrigen Thierclassen ist nur einzelnen Gattungen dieser Zustand eigen. Unter den Weichthieren (Mollusken) schlafen z. B. die Schnecken, während andere auch unter dem Eise wachen; unter den Insekten erstarren die meisten Käfer, andere aber durchleben den Winter im Freien oder in ihren Nestern, wie die Bienen, in deren Stöcken eine gleichförmige Wärme von 24° R. sich erhält. Mehre Süßwasser- und Seefische erstarren im Winter. Unter den Säugethieren sind dem Winterschlafe mehre nächtliche Thiere bei den Handflüglern unterworfen, z. B. die Fledermäuse, einige Insektenfresser; besonders aber mehre Nagethiere, z. B. der Hamster, das Eichhörnchen, die Haselmaus. Der Winterschlaf besteht theils in einem tiefen, den ganzen Winter fortdauernden Schlafe, wie bei den in der Erde lebenden Insekten und dem Murmelthiere, theils in einem von Zeit zu Zeit unterbrochenen Schlafe, wie bei mehren in der Luft lebenden Insekten, die bei mildem Wetter erwachen und herumfliegen, oder bei den Igeln, den Haselmäusen und Fledermäusen, die bei jedem Thauwetter erwachen und wieder zur Ruhe gehen, theils aber ist es nur ein Vorherrschen des Schlafes, indem das Thier in seinem Lager den größten Theil des Winters schlafend zubringt, und gar keine oder nur wenig Nahrung genießt, z. B. der Dachs, der Bär, der Biber, das Eichhörnchen. Die Nahrung der Winterschläfer ist sehr verschieden nach den Classen, zu welchen diese Thiere gehören; so lebt die Fledermaus von Insekten, der Igel von Würmern und Schnecken, der Hamster und das Murmelthier von Pflanzentheilen. Der Winterschlaf beginnt bei mehren Insekten mit den ersten Frösten, bei andern früher; gewöhnlich suchen die Winterschläfer ihren Ruheplatz, wenn das Thermometer um den Eispunkt steht, im Allgemeinen zu der Zeit, wo es ihnen schwierig wird, sich Nahrung zu verschaffen. Bei den Insekten und bei dem Hamster währt der Winterschlaf vier bis fünf Monate, bei mehren Schnecken und Landschildkröten, bei dem Murmelthiere und der Haselmaus länger. Die Zeit des Erwachens fällt meist in den März oder April, wo die Nahrung wieder häufiger wird. Das Winterlager ist nach den Gewohnheiten der Thiere verschieden. Luftinsekten leben unter Laub, Wurzeln oder Steinen, in hohlen Bäumen und Mauerspalten, Wasserkäfer im Schlamme, Wasserschnecken in der Tiefe des Wassers oder im Schlamme, Laubschnecken unter Moos und Laub, andere in Erdlöchern, mit der Öffnung ihres Gehäuses nach oben; die Fische im Schlamm, Seefische in der Nähe der Küste, Landschildkröten in Erdgruben. Das Murmelthier gräbt an der südlichen oder westlichen Seite des Gebirges sechs Fuß tiefe, wie ein Backofen gewölbte Erdhöhlen, zu deren engem, mit Erde, Sand, Laub und Steinen verstopftem Eingange ein langer Gang führt. Das Ziesel hat eine länglich runde, mit Heu ausgefüllte Höhle, deren Eingang es verschüttet, während es einen andern Gang bis dicht an die Oberfläche anlegt, wo es sich nach dem Erwachen vollends durchgräbt. Alle Winterschläfer suchen einen Ruheplatz, wo sie, entfernt von ihren Feinden und gegen Abwechselung von Kälte und Wärme geschützt, ungestört schlafen können. Die meisten Insekten liegen einsam in ihrem Winterschlafe, andere ruhen gesellig und aneinander geschmiegt, und zwar nicht blos solche, die im Sommer gesellig leben. Die meisten Amphibien leben einsam im Winterlager, wiewol viele Schlangen sich haufenweise beisammen legen, und ebenso hat bei manchen Säugethieren, z. B. den Zieseln, jedes seine eigne Höhle, während gewöhnlich fünf bis sechs Murmelthiere in einer Höhle liegen. Wenn die Winterschläfer sich in ihren Ruheort zurückziehen, nehmen sie gewöhnlich eine besondere Lage und versehen sich auch wol vorher mit einem kleinen Vorrathe von Lebensmitteln. Mehre Insekten liegen wie im Puppenzustande, und ziehen Füße und Fühlhörner an den Leib; einige Käfer rollen sich wie Schlangen zusammen; Schalschnecken verschließen die Öffnung des Gehäuses mit einer Schleimschicht, die zu einem dünnen hornartigen Deckel verhärtet; die Fledermaus wickelt sich in ihre Flughaut und hängt sich mit ihren Klauen an die Decke ihrer Höhle oder an die Mauern alter Gebäude, eine Lage, die sie auch bei ihrem gewöhnlichen Schlafe annimmt; viele Säugethiere rollen sich wie ein Ball zusammen und ziehen die äußern Gliedmaßen unter den hohlen Leib, wie das Murmelthier, das die Schnauze gegen den After drückt und Mund und Augen verschließt.

(Fortsetzung in Nr. 120.)

Adrian von Ostade.

Der ausgezeichnete Maler Adrian von Ostade, den man gewöhnlich zur niederländischen Schule rechnet,

Adrian von Ostade.

war 1610 zu Lübeck geboren. Man nennt ihn gewöhnlich zum Unterschiede von seinem jüngern Bruder Isaak, der ein minder ausgezeichneter Künstler und Adrian's Schüler war, den guten Ostade. Sein Lehrer war Franz Halß, aber er erhielt auch von Rembrandt Unterricht und Rubens hatte viel Einfluß auf Ostade's Bildung, indem er ihn häufig ermahnte, selbständig in seiner Kunst zu sein, und ihn abhielt, die Manier des so originellen Teniers nachzuahmen. Er folgte diesem Rathe, insofern er zwar dieselben Gegenstände, wie Teniers *), aber doch in einer ihm eigenthümlichen

*) Siehe über diesen Meister das Pfennig-Magazin Nr 94.

Manier behandelte. Ostade lebte anfangs in Harlem, vertauschte jedoch nach einiger Zeit den Aufenthalt in dieser Stadt mit dem in Amsterdam, wo er auch, nachdem er sich Ruhm und Vermögen erworben, im J. 1685 starb. Ein herrliches Bild von ihm in der pariser Gemäldesammlung zeigt den Künstler an der Hand seiner Gattin und umringt von acht Kindern.

Ostade gefällt sich besonders in Darstellung humoristischer Scenen von Bauern und gemeinen Leuten, in der burlesken Behandlung ihrer Gestalten und Beschäftigungen. Den Tadel, zu welchem man bei seinen Bildern hinsichtlich der Wahl seiner Figuren könnte veranlaßt werden, vergißt man bei der Wahrheit und Meisterschaft, womit er sie darstellt, und bei dem kräftigen Effecte, die sie hervorbringen. Wegen dieses besondern Talents ward er von den Künstlern seiner Zeit so hoch geschätzt, daß selbst die ausgezeichnetsten derselben die Figuren in ihren Landschaften von ihm malen ließen.

Wir geben hier nächst dem Bildnisse des Künstlers eins der vorzüglichsten Gemälde Ostade's, der Schmaucher, wovon das Original sich ebenfalls im pariser Museum befindet. Es ist in dem bei Ostade gewöhnlichen grünlich-violetten Farbenton gehalten; das Colorit ist etwas eintönig, allein die Behandlung des Lichteffects höchst kunstvoll. Der Kopf des Schmauchers ist voll Leben und Charakter, wie der Leser auch aus dem sehr gelungenen Holzschnitte abnehmen kann.

Der Schmaucher.

Verantwortliche Herausgeber: Friedrich Brockhaus in Leipzig und Dr. C. Drärler-Manfred in Wien.
Verlag von F. A. Brockhaus in Leipzig.

Das Pfennig-Magazin

der

Gesellschaft zur Verbreitung gemeinnütziger Kenntnisse.

120.] Erscheint jeden Sonnabend. [Juli 18, 1835.

Papst Leo X., nach einem Gemälde von Rafael.

Leo X. stammte aus dem berühmten Geschlecht Medici und war zu Florenz im Jahre 1475 geboren. Vor seiner Erwählung zum Papste hieß er Giovanni de' Medici und war der zweite Sohn Lorenzo's, der wegen seiner fürstlichen Großmuth und des thätigen Eifers für Künste und Wissenschaften den Beinamen des Prächtigen führte. Giovanni wurde von seinem Vater frühzeitig für den geistlichen Stand bestimmt, und schon in seinem siebenten Jahre soll er die Tonsur erhalten haben, im dreizehnten aber gelangte er durch den damaligen Papst Innocenz VIII. zur Cardinalswürde. Er nahm im Jahre 1492 als Mitglied des heiligen Collegiums seinen Wohnsitz in Rom, begab sich aber einige Jahre später, als Alexander VI. auf den päpstlichen Stuhl gelangte, gegen dessen Wahl er gestimmt hatte, wieder nach Florenz. Bald darauf wurde die Familie Medici aus Florenz vertrieben, und Giovanni mußte nach Bologna flüchten. Er unternahm von hier aus mehre Reisen nach Venedig, Genua, Deutschland und Frankreich, und kehrte hierauf nach Rom zurück, wo er den Wissenschaften und Künsten sich widmete. Im Jahre 1505 fing er an, sich den Staatsgeschäften zu widmen; er wurde vom damaligen Papste Julius II. zum Statthalter von Perugia ernannt, und 1511 unter dem Titel eines Legaten von Bologna an die Spitze des päpstlichen Heeres gestellt, das zu dem sogenannten heiligen Bunde gehörte, den Kaiser Maximilian I., König Ferdinand von Spanien und der Papst gegen Ludwig XII. von Frankreich geschlossen hatten, um diesen zu Abtretung seiner Besitzungen in Italien zu nöthigen. Giovanni hatte das Unglück, in der Schlacht von Ravenna von den Franzosen gefangen zu werden, machte sich aber bald wieder frei und ging nach Bologna, wo er als Legat die Verwaltung übernahm. Er wirkte von hier aus sehr thätig für die Wiederherstellung der Herrschaft seiner Familie in Florenz, und kehrte, als die Florentiner für ihr altes Fürstenhaus wieder gewonnen waren, dorthin zurück, bis er, erst 38 Jahre alt, nach dem Tode Julius II. (1513) zu dessen Nachfolger auf dem päpstlichen Stuhl erwählt wurde. In den ersten Jahren seiner Regierung war er in unaufhörliche Zwistigkeiten mit Frankreich verwickelt, fand dabei aber doch Muße, für die Vervollkommnung des wissenschaftlichen und künstlerischen Lebens Sorge zu tragen, was von seinen Vorgängern vernachlässigt worden war. Er stellte die Universität zu Rom wieder her, verlieh ihr ansehnliche Güter und Vorrechte, und berief die ausgezeichnetsten Gelehrten zu Lehrern an derselben. Durch eine übermäßige Prachtliebe erschöpfte er aber seine Finanzen, und dies gab Anlaß zu manchem Misbrauche, der als nächste Ursache der durch Luther bewirkten Reformation angegeben wird. Leo legte anfänglich auf die Lehren des Reformators kein großes Gewicht, lud aber endlich, auf Anregung des Kaisers, Luther vor sich nach Rom, was dessen Erscheinen zu Augsburg vor dem Cardinal Cajetan zur Folge hatte, wodurch jedoch nichts entschieden wurde. Im Jahre 1528 erließ Leo die Bulle, worin er die päpstliche Gewalt, Ablaß zu ertheilen, behauptete und die Verbreiter entgegengesetzter Lehren mit dem Kirchenbann bedrohte, worauf Luther an eine allgemeine Kirchenversammlung appellirte. Im Ganzen ließ sich jedoch Leo die Fortschritte der Reformation in Deutschland wenig anfechten. Er starb am 1. December 1521 während der glänzenden Feste, welche er zu Ehren der Wiedereinsetzung der Familie Sforza in Mailand feierte.

Unsere Abbildung ist eine Copie des berühmten Gemäldes von Rafael, welches sich im Vatican zu Rom befindet. Dieses Bild, eins der vorzüglichsten Werke Rafael's, ist auf Holz gemalt, und soll, nach der Versicherung älterer Schriftsteller, ein vollkommen ähnliches Bildniß des Papstes sein. Er ist an seinem Arbeitstische sitzend dargestellt, ihm zur Rechten steht der Cardinal Giulio de' Medici, sein Vetter (nachmaliger Papst Clemens VII.), und hinter seinem Stuhle der Cardinal Rossi.

Winterleben der Thiere.
(Fortsetzung aus Nr. 119.)

Wenn die Winterschläfer in diesen Schlaf verfallen, vermindert sich allmälig die Thätigkeit des thierischen Lebens. So wird der Igel schon im November träge und schläft 24 Stunden nacheinander, dann Wochen lang, bis er gegen Weihnachten in ununterbrochenen Schlaf fällt. Bei vollkommenem Winterschlafe verliert sich die Sinnenthätigkeit; so bei dem Murmelthiere, dessen Auge für das Licht unempfindlich ist, so bei den Fledermäusen, die oft selbst durch einen Flintenschuß nicht geweckt werden konnten. Das Gemeingefühl ist stumpf geworden, daher bemerkt man an Insekten bei bedeutenden Verletzungen nur ein leises Zucken, bei höherer Kälte gänzliche Gefühllosigkeit, und das Murmelthier kann wie eine Kugel auf der Erde gerollt und drei Fuß hoch herabgeworfen werden, ohne zu erwachen, ja es ist selbst gegen tiefe Wunden wenig empfindlich, und bei elektrischen Schlägen streckt es sich, öffnet die Augen, erwacht aber nicht; nur durch fortgesetztes Galvanisiren wird es bald völlig geweckt. Die Glieder der Insekten werden so starr, daß sie eher brechen als sich biegen lassen. Bei den Säugethieren sind die Muskeln stark zusammengezogen, und ein mit Gewalt auseinandergerolltes Murmelthier kugelt sich von selbst wieder zusammen. Die Berührung der entblößten Muskeln mit Säuren oder mit dem Messer konnte bei dem Igel nicht wenig, bei Haselmäusen und Fledermäusen aber lebhaftere Bewegungen hervorbringen. Der italienische Naturforscher Mangili fand, daß bei wachenden Murmelthieren, wenn er ihnen den Kopf abschnitt, der Herzschlag 50 Minuten, bei schlafenden drei Stunden dauerte. Während des Winterschlafs hört das Nahrungsbedürfniß auf, die Verdauung steht still, und erst bei dem Erwachen erfolgt eine Darmausleerung. Man fand bei schlafenden Murmelthieren Magen und Därme verengt, den Mastdarm mit einem dem sogenannten Kindspech ähnlichen Kothe angefüllt und in der Gallenblase eine braungrüne, wenig bittere Masse. Diejenigen Thiere, welche sich Vorräthe einsammeln, zehren davon vor und nach dem Winterschlafe, andere aber, z. B. die Haselmäuse und der Igel, werden, wie es scheint, von Zeit zu Zeit durch Hunger geweckt, und zehren dann von ihren Vorräthen. Bei dem Erwachen sind die Thiere halb betäubt. Insekten, die an warmen Wintertagen aufleben, zeigen sich stumpfsinnig. Der erwachende Hamster streckt sich, öffnet den Mund, stößt knurrende Töne aus, öffnet endlich blinzelnd die Augen. und versucht es, sich auf die Beine zu stellen, aber seine Bewegungen sind unsicher und er taumelt, bis er nach wiederholten Anstrengungen den Gebrauch seiner Glieder wieder erlangt. Diese Veränderungen mögen unmerklich vorgehen, wenn das Thier in seiner Höhle bleibt, wo es die Unannehmlichkeiten nicht fühlt, die mit einer gewaltsamen Erweckung unter den Händen beobachtender Naturforscher verbunden sind.

In den Lebensthätigkeiten der Winterschläfer zeigen sich merkwürdige Veränderungen, die besonders die Erzeugung der innern Wärme, das Athmen und den Blutumlauf treffen. Der Herzschlag vermindert sich, und sinkt, z. B. bei der Fledermaus auf $1/4$, bei dem Murmelthiere auf $1/9$ gegen den wachenden Zustand. Bei dem Hamster ist der Blutumlauf so langsam, daß das Herz in einer Minute nur 15 mal schlägt, während man bei dem wachenden Thier 150 Schläge zählt. Noch langsamer wird der Blutumlauf der Haselmaus, bei welcher man im wachenden Zustande die Pulsschläge kaum zählen kann, wogegen sie im Winterschlafe endlich auf 16 in einer Minute herabgehen. Im tiefsten Winterschlafe ist kaum Athmen zu bemerken, und erst unter dem Einflusse von 15° Wärme trat es bei einem schlafenden Murmelthiere ein. Zuweilen erfolgt die Athmungsbewegung unmerklich, wenn man das Thier an die freie Luft bringt. Bei dem Igel erfolgen 30 — 35 Athemzüge nach vierstündigen Pausen. Aber auch das Bedürfniß des Athmens ist während des Winterschlafes geringer. Beobachtungen haben gezeigt, daß schlafende Insekten nicht leicht ersticken, und Fledermäuse selbst dann nicht, wenn sie einige Minuten lang unter Wasser gehalten werden. Die Lungen schlafender Murmelthiere sind zusammengefallen und enthalten wenig Luft, während in den Gefäßen derselben viel Blut ist. Bei den Insekten ist der Nahrungssaft, der die Organe umgibt, während des Winterschlafs dicker und nimmt später ab. Bei den schlafenden Säugethieren enthielt das Blut viel wässerige Theile (Blutwasser) und wenig feste Stoffe. Die Wärmeerzeugung vermindert sich, doch ist diese Verminderung nicht bei allen vierfüßigen Thieren gleich. Gewöhnlich sinkt die Lebenswärme sehr tief. Aus Vergleichungen des Zustandes dieser Thiere im Wachen und im Winterschlafe ergab sich, daß die Wärme in der Brusthöhle und in der Bauchhöhle bei dem Murmelthiere von 30 auf 4, bei der Haselmaus von 29½ auf 3½ Grad sank. Nach andern Beobachtungen war die innere Lebenswärme im Winterschlafe niedriger als die Luft innerhalb der Höhlen, wo die Thiere ruhten, doch war diese um einige Grade höher als die äußere Luft. Die Winterschläfer nehmen an Gewicht ab. Ein Murmelthier verlor, nach Mangili's Beobachtungen, binnen zwei Monaten zwei Unzen an Gewicht; eine Fledermaus nach einem andern Beobachter in drei Wochen $\frac{1}{32}$ ihres Gewichts.

Aus diesen Erscheinungen ergibt sich, daß bei dem Winterschlafe hauptsächlich der Zustand der Sinnesthätigkeit Veränderungen erleidet. Der Schlaf beginnt mit Empfindungen, die das Thier veranlassen, sich in die Verborgenheit zurückzuziehen. Das thierische Leben tritt von der Oberfläche zurück. Zuerst nimmt das Athmen ab, und dadurch vermindern sich der Blutumlauf und die Wärmeerzeugung. Das Thier läßt sich durch Eindrücke wecken, die auf das Gemeingefühl wirken, wie durch einen hohen Grad von Wärme oder Kälte oder durch andere Reize. Beim Erwachen treten Athmen, Blutumlauf und Wärmeerzeugung nur allmälig in den regelmäßigen Zustand zurück, und zwar um so später, je tiefer der Schlaf war. Der Winterschlaf ist ein wirklicher Schlaf, und hat mit diesem, besonders im Anfange, alle Erscheinungen gemein. Das Murmelthier läßt sich in den ersten Tagen schon durch ein schwaches Geräusch erwecken. Der Schlaf ist eine Absonderung von der Außenwelt, wobei die organischen oder bildenden Lebensthätigkeiten zwar beschränkt werden, aber zur Selbsterhaltung hinreichend fortdauern. Wie wir früher schon angedeutet haben, tritt hier deutlich eine Rückkehr in den ursprünglichen Zustand, in das Fruchtleben ein. Die Lage des schlafenden Thieres, die Unthätigkeit der Sinneswerkzeuge und der Bewegungsorgane, die Fortdauer des Lebens ohne Nahrung, die eignen im Darmkanale sich bildenden Absonderungen, die Beschaffenheit des Bluts und der innern Lebenswärme, Alles zeigt diese auffallende Ähnlichkeit mit dem Fruchtleben. Der Winterschlaf ist nicht zunächst von äußern Einflüssen, dem Wechsel der Kälte und Wärme, abhängig, sondern geht aus Veränderungen in der innern Organisation hervor. Wird er durch äußere Reize gestört, so tritt er nach der Entfernung derselben bald wieder ein. Die gewaltsame Unterbrechung des Schlafes wird oft tödtlich; so z. B. starb ein oft geweckter und gefütterter Igel, und das Fleisch, das er gefressen hatte, fand sich unverdaut im Darmkanale. Das Futter, das man Eidechsen vor ihrer Erstarrung beibrachte, fand man gleichfalls unverdaut in den Eingeweiden, und bei denjenigen, die man nicht tödtete, erfolgte erst im Frühling die Ausleerung. Selbst wenn man ein Murmelthier während des Winters in einem warmen Zimmer aufbewahrt, macht es sich ein Nest und hält seinen Winterschlaf, wie kurz oder unterbrochen er auch sein möge.

Die bedingenden Ursachen dieser Erscheinung liegen zunächst in dem Umstande, daß die äußere Welt in einer bestimmten Zeit die zur Erhaltung des thierischen Lebens nöthigen Mittel versagt. Das Thier wird dann in einen Zustand versetzt, in welchem es, ungeachtet jenes Mangels, sein Leben zu erhalten vermag. Der Winterschlaf soll gegen die ungünstige Luftbeschaffenheit der Jahreszeit schützen. Die Winterschläfer sind sehr empfindlich gegen Kälte; der Igel und das Murmelthier erstarren und sterben, wenn man sie einer künstlichen Kälte oder im Sommer einer künstlichen Kälte von 8° aussetzt, weil sie ihre Temperatur nicht zu behaupten im Stande sind. Ebenso wenig können die Winterschläfer, wie es scheint, viel Hitze vertragen; während des Sommers gehen sie, besonders der Igel, nur in der Nacht aus, und athmen dann mehr als am Tage, während bei andern Thieren das Gegentheil stattfindet. Ihr Leben hat hinsichtlich der Wärmeerzeugung weniger Selbständigkeit, und es zeigt sich daher bei ihnen der jährliche Schlaf fester als der tägliche. Aus diesem Umstande ist es zu erklären, warum der Winterschlaf hier in der kältesten, dort in der heißesten Jahreszeit eintritt. So schläft der Alligator im nördlichen Amerika während des Winters, wie sein Verwandter, das Krokodil in Ägypten, in den heißen Gegenden Amerikas aber in der trocknen und warmen Jahreszeit. Winterschlaf ist daher genau genommen nicht die richtige Bezeichnung jenes Zustandes, insofern wir uns den Winter als eine kalte Jahreszeit denken. Auch aus andern Umständen geht hervor, daß die Kälte nicht die nächste bedingende Ursache des Winterschlafs ist. Dieser Zustand wird durch ein Vorgefühl bestimmt und ist weniger auf die Gegenwart als auf die Zukunft berechnet, da er vor dem Eintritt der Kälte anhebt und zu einer Zeit aufhört, wo die Frühlingswärme erst bevorsteht. Beim Erwachen der Murmelthiere ist es fast immer kälter als bei dem Eintritte des Winterschlafs, da auf den Bergen ihrer Heimat der Schnee oft nicht vor Ende des Mai schmilzt. Wie in heißen Ländern die Amphibien in Sümpfen gegen die Hitze schützen, so suchen die europäischen Winterschläfer Ruheorte, wo die Kälte geringer ist, und verschließen sie gegen das Eindringen der kalten Luft. Sie sichern sich auf verschiedene Weise nach den Verhältnissen des Klimas ihrer Heimat. In Savoyen gräbt sich das Murmelthier sechs Fuß, in Sibirien 20 Fuß tief in die Erde ein. Wir haben bereits erwähnt, daß Kälte den Winterschlaf stört, wie denn ein Hamster, in einem offenen Kasten der Kälte ausgesetzt, wach bleibt, aber alsbald einschläft, wenn man ihn vier bis fünf Fuß tief in die Erde gräbt. Murmelthiere erwachen, wenn man den Eingang ihres Baues öffnet und der kalten Luft Zutritt gibt. Wärme erweckt die Schläfer nicht so leicht als Kälte. Ein Igel, der durch Wärme erweckt wurde, blieb träge, nahm wenig Nahrung zu sich und verdaute sie nicht, und Fledermäuse erwachten in einem Zimmer erst bei mehr als 13° Wärme. Eine andere bedingende Ursache des Winterschlafs ist der Mangel an Nahrung. Die europäischen Winterschläfer leben von Nahrungsstoffen, die im Winter fehlen, die Nagethiere von Pflanzen, die Fledermäuse und Igel von Insekten. Thiere, die im Winter Nahrung finden oder in der wärmern Jahreszeit Vorräthe aufhäufen, bleiben wach; diejenigen aber, die ununterbrochen schlafen, werden vor dem Rückzuge in das Winterlager sehr fett und erhalten dadurch einen Vorrath von innerem Nahrungsstoffe. Während des Schlafs wird die Thätigkeit des Lebens nach außen vermindert, folglich auch der Verbrauch der Kräfte herabgesetzt und das Bedürfniß der Nahrung aufgehoben.

Wie wirken nun diese Umstände, die Erscheinungen des Winterschlafs herbeizuführen? Die Triebe des Thieres sind erloschen, und es zieht sich zurück, weil die Außenwelt ihm nichts mehr darbietet; es sehnt sich nach Ruhe, weil es nach halbjähriger Fütterung gesättigt ist. Das Fett, als Überschuß an bildender Thätigkeit, kündigt die Befriedigung des Nahrungstriebes an. Bei vielen Winterschläfern hat es sich so reichlich abgelagert, daß es die Eingeweide der Bauchhöhle ganz einhüllt, und die Brusthöhle ausfüllt. Es veranlaßt die Schläfrigkeit des gesättigten und befriedigten Thieres und trägt mit andern Umständen, z. B. der gekrümmten Lage, dazu bei, den Raum für die Lungen zu beschränken, wodurch das Athmen vermindert wird. Das Blut bleibt größtentheils in den Aderstämmen, und es findet nicht mehr ein vollständiger Kreislauf statt. Während indeß in diesem Zustande die bildenden Lebensthätigkeiten fortdauern, entwickelt sich in der Ruhe allmälig eine neue Empfänglichkeit für Eindrücke. Die Trägheit weicht, Muskeln und Nerven wirken lebhafter aufeinander, nach der Zersetzung des Fettes wird die Lungenthätigkeit freier und durch das vermehrte Athmen mehr rothes Blut gebildet, welches das Gehirn zu erregen vermag. Zugleich treten Umstände ein, die das Gemeingefühl beleben. Das Bedürfniß der Nahrung erwacht, und so erhebt sich das Thier zu neuer Thätigkeit grade in der Zeit, wo die Außenwelt die Befriedigung seiner Triebe begünstigt.

(Die Fortsetzung folgt in Nr. 121.)

Die Nauskopie.

Schon im Jahre 1785 machte ein Franzose, Namens Bottineau, eine von ihm ausgehende neue Erfindung bekannt, die ihn in Stand setzen sollte, die Annäherung eines Schiffes wahrzunehmen und vorauszusagen, lange bevor dasselbe vom Lande aus mit Fernröhren gesehen werden könnte. Er hatte seine Entdeckung zuerst auf Isle de France gemacht, und begab sich nun, mit Empfehlungsschreiben vom Gouverneur und von mehren Offizieren, welche unverwerfliche Zeugnisse seiner Kunst enthielten, nach Paris, wo man dieselbe jedoch nur kalt aufnahm und in Vergessenheit gerathen ließ, sodaß sie bis auf die neueste Zeit ganz unbekannt geblieben ist und mit ihrem Erfinder unbeachtet zu Grabe ging. Seinen Wahrnehmungen zufolge, sagte Bottineau, sei jedes Fahrzeug auf dem Meere gleichsam von einem Nebeltrabanten begleitet, der ihm oft mehre Tage vorausgehe. Die Nauskopie — Schiffschau — lehre nicht blos dieses Nebelbild des Schiffes erkennen, sondern man würde bei größerer Ausbildung dieser Wissenschaft selbst dahin gelangen, die Entfernungen und die Anzahl der heransegelnden Schiffe genau zu bestimmen. Es sei ihm, behauptete er, durch lange Beobachtungen und durch Berechnung gelungen, dies wirklich festzusetzen, und er habe sich eine Scala entworfen, nach welcher er in Gegenwart des Gouverneurs von Isle de France und vieler Seemänner ankommende Schiffe mit der größten Zuverlässigkeit vorhergesagt habe. Aus der größern Dunstmasse des Nebeltrabanten erkenne man, daß mehre Schiffe im Heransegeln begriffen seien; die Nauskopie beschränke sich jedoch nicht blos darauf, von der Küste aus die Annäherung von Schiffen wahrzunehmen, sondern auch auf dem Meere selbst könne von einem Schiffe ein anderes in der Entfernung von 100 — 500 Seemeilen wahrgenommen werden, sowie man auch die Nähe des Landes durch ein eigenthümliches Luftbild vom Meere aus in weiter Entfernung entdecken könne. Bottineau legte auf seine Entdeckung einen großen Werth, da er überzeugt war, daß mit ihrer Hülfe die Schiffahrt wesentlich vervollkommnet werden könne; auch hielt er sie keineswegs für die besondere Eigenschaft eines Begabten, sondern er nahm an, daß man sie den künftigen Seemännern als einen Theil des Seedienstes lernen könne. Laut seinen Zeugnissen kündigte Bottineau während seines Aufenthalts auf Isle de France von 1778 — 82, wo er beim Ingenieurdepartement angestellt war, 575 Schiffe an, und zwar einige selbst vier Tage zuvor, ehe sie vom Ufer aus sichtbar wurden. Besondere Beachtung hierbei verdient der Umstand, daß er mit unbewaffnetem Auge in seiner Kunst mehr leistete als mittels der Fernröhre.

Neuerdings nun, nachdem Bottineau mit seiner Entdeckung längst in Vergessenheit gerathen ist, gibt der französische Capitain Dumont d'Urville, der auf dem Schiffe Astrolabe die Welt umsegelte, von dieser Wissenschaft wiederum Nachricht. Er lernte nämlich auf Isle de France den Signaldirector Faillefé kennen, einen Mann, fern von aller Aufschneiderei und in seinem Dienst, sowie als Bürger und Familienvater allgemein geachtet. Dieser behauptete ebenfalls im Besitze der Wissenschaft der Nauskopie zu sein. Er sprach von derselben mit eben dem Ernste und der hohen Meinung wie Bottineau, und erzählte dem Capitain d'Urville, daß es früher auf Isle de France mehre sichere Nauskopen gegeben habe, er aber gegenwärtig der Einzige sei, bei dem sich diese Kunst zu einer wirklichen Wissenschaft ausgebildet habe. Faillefé besitzt diese Eigenschaft schon 30 Jahren und bemerkt ankommende Schiffe in einer Entfernung von 500 Meilen, wiewol diese Fälle, nach seiner eignen Angabe, nur selten sind.

„Das Bild der heransegelnden Schiffe", sagt er, „spiegelt sich am Firmament unter der Form einer braunen, dunkeln Wolke mit schwachen Umrissen, und in einer dem Horizonte parallelen Richtung. Es nimmt einen Raum von zwei, drei und mehren Graden ein, je nachdem das Schiff näher oder entfernter ist, und man kann sogar an gewissen Zeichen die Classe, wozu es gehört, sein Segelwerk und seine Richtung erkennen. Bei 45° ist das Bild am klarsten, und nimmt an Bestimmtheit ab, je nachdem es steigt oder fällt, d. h. je nachdem es sich nähert oder entfernt. Sobald das Schiff vom Lande aus sichtbar ist, verschwindet das Bild ganz."

Außer Faillefé befanden sich auf der Insel noch zwei weibliche Nauskopen, Frau Dufailly, eine Schülerin Bottineau's, und Fräulein Aibourdin; Beide aber besaßen die Kunst nicht in der Vollendung wie Faillefé. Unstreitig ist, nach den angeführten Merkmalen, die Nauskopie mit der Fata Morgana (s. Pf.-Mag. Nr. 67) nahe verwandt, und verdiente wol eine ernstliche Erwägung, besonders wenn es sich bestätigen sollte, daß diese Kunst einer wissenschaftlichen Vervollkommnung fähig ist.

Gemälde von London.
(Fortsetzung aus Nr. 119.)

Unter den übrigen Kirchen Londons nimmt die Westminsterabtei den Rang nächst der Paulskirche ein; wir verweisen wegen dieses englischen Pantheons auf die Nr. 78 des Pfennig-Magazins und geben hier eine Ansicht des auch dort erwähnten Poetenwinkels und des Schiffes der Kirche. Nächst ihm wird St.-Stephan in Walbrook als Ch. Wren's Meisterwerk angesehen, und zeichnet sich durch seine schönen Verhältnisse aus. Ein großer Theil der Kirchen Londons ist in engen Gassen versteckt; Mary-le-Bone, St.-Giles und St.-Saviour hübsche, gothische Tempel; St.-Giles in the Fields und St.-Sepulchre, St.-Andrews in Holborn gehören nebst der neuen St.-Pancraskirche und der Kapelle am Waterlooplatz zu den elegantesten kirchlichen Gebäuden Londons. Außer den bischöflichen Kirchen zählt London 16 katholische, sieben deutsche lutherische und protestantische, zwei holländische, sechs französische, eine schwedische, eine schweizerische, eine griechische und eine armenische Kirche oder Kapelle, ferner

Der Poetenwinkel.

Das Innere der Westminsterabtei.

sechs Synagogen und über 100 Bethäuser der mehr oder weniger von der bischöflichen Kirche abweichenden protestantischen Parteien.

Unter den Palästen Londons, die dem Könige gehören, ist keiner des Fürsten eines solchen Reiches würdig. Vor Jakob I. bewohnten die Könige Englands theils den Tower, theils Westminsterhall. Der alte St.-Jamespalast, im Norden des gleichnamigen Parks von Jakob I. erbaut und seit 1695 die Residenz der Könige von England, war nie weder großartig noch schön. Auf der Frontseite von St. James=street führt ein tiefer Thorweg in einen engen Hof, mit niedrigen, unansehnlichen Gebäuden umgeben. Zwei andere Höfe sind nicht besser; die prachtvollen Staatszimmer liegen nach dem Park heraus, der allerdings eine reizende Umgebung bildet. Nichts an dem Gebäude ist königlich, Alles hat, obgleich erst 1821 durchaus erneut, ein ödes und verfallenes Ansehen. Carltonhouse, sonst Burlingtonhouse, ein Privatpalast Georg II., war ein kleines zierliches Gebäude, ist aber abgetragen worden, und seitdem ein neuer Palast im St.=Jamespark erbaut, an dem wenigstens die Gartenfaçade groß und be=

Whitehall.

friedigend ist. Das Dach und die Säulen daran sind von Gußeisen, das Ganze ist leicht, einfach und in einzelnen Theilen selbst prachtvoll. Noch ist hier der Palast von Whitehall zu nennen, den Heinrich VIII. vom Cardinal Wolsey kaufte, und welcher die königliche Wohnung bis 1697 blieb, wo eine Feuersbrunst ihn zerstörte. Der jetzige Whitehallpalast, von dem wir eine Abbildung der Hauptansicht geben, ist ein schönes Gebäude von Quadern, in gutem Styl gebaut, aber er ist nur ein Pavillon des alten großen Palastes, der bis zum St.=Jamespark reichte. Der Hauptsaal darin ist von Rubens gemalt. Hier ward Karl I. auf einem Gerüste vor der nördlichen Front, am 30. Jan. 1649, enthauptet. In dem Garten von Whitehall, nach der Themse zu, steht eine schöne Bronzestatue Jakob II. Diese Statue ist ein Werk des Bildhauers Gibbons, der während der Regierung Karl II. in London lebte und von diesem besonders ausgezeichnet wurde. Sie steht auf einem einfachen Piedestal und stellt den König als römischen Imperator, mit dem Lorberkranze auf dem Haupte, dar. Seine Rechte hielt früher einen Commandostab. Das Gesicht des Königs hat den Ausdruck eines finstern, fast melancholischen Ernstes.

In Betreff des Tower beziehen wir uns auf Nr. 82 des Pfennig=Magazins. Prachtvoll ist Somersethouse, der Sitz mehrer Regierungsbehörden und der königlichen Akademie der Wissenschaften. Hier wohnte oft die Königin Elisabeth. Der ganze Palast nimmt eine Länge von 800 Fuß auf 500 Fuß Breite ein. Seit 1775 von Chambers neu gebaut und mit einer Terrasse längs der Themse geziert, gehört dieser Palast zu den vorzüglichsten Bauwerken Londons. Das neue Posthaus (vgl. Pf.=Mag. Nr. 31), das prachtvolle Zollhaus an der Themse mit einem der größten Säle in Europa, die neuhergestellte Schatzkammer, das alterthümliche Mansionhouse, die Amtswohnung des obersten Stadtbeamten der Altstadt London (Lord=Mayors), das britische Museum, die Universität (vgl. Pf.=Mag. Nr. 63), das King'scollege (vgl. Pf.=Mag. Nr. 61), das medicinische Collegium, die großen, vortrefflich eingerichteten Hospitäler von Bethlem in Lambeth, seit 1814 gänzlich umgebaut, Bartholomewspital in Smithfield, von Gibbs 1729 neu erbaut und für 11,000 Kranke Raum bietend, das Findlings= und das Guyhospital (vgl. Pf.=Mag. Nr. 91), die ungeheuren Gefängnisse von Coldbathfield, wo die Gefangenen classenweise wohnen, Unterricht erhalten und zum Erwerbe angeleitet werden: alle diese und andere Prachtgebäude ziehen das Auge des Fremden durch ihre Schönheit auf sich, nachdem sie durch ihre Größe ihn zuerst überrascht haben.

Unter den Privatpalästen sind die ausgezeichnetsten der des Herzogs von Wellington, neben welchem die Frauen von London einen kolossalen Achilles mit des Herzogs Gesichtszügen errichten ließen; Northumberlandhouse in Charing, 1821 prachtvoll erneut. Der Lambethpalast, von dem wir eine Abbildung geben, Residenz des Erzbischofs von Canterbury, aus dem 13. Jahrhundert, ist vielleicht das älteste Gebäude Londons, einst der Sitz des Ketzergerichts, mit den Ketzergefängnissen im Lollardsthurm, der seinen Namen von den Lollarden, den grausam verfolgten Anhängern Wicleff's im 14. Jahrh., erhalten hat. Der Palast von Marlborough in Pallmall, Spencerhouse am St.=Jamessquare, in schönem griechischen Style, Bedfordhouse, alles Wohnungen der reichsten Familien des Landes. Schwer zugänglich, verschließen diese schönen Schlösser reiche Sammlungen, Schätze des Alterthums und Meisterstücke der Kunst vor den Augen des Fremden.

Unter den 13 Theatern Londons gehört zu den bedeutendsten die italienische Oper mit einem Raum für 2400 Personen. Von außen ziert eine Colonnade

Der Lambethpalast.

von eisernen Säulen das Gebäude, der Saal gleicht dem Scalatheater zu Mailand. Das Theater Drurylane besteht schon seit 1662. Zweimal, 1771 und 1809, brannte es ab, erstand aber jedesmal schöner wieder; es faßt 3000 Zuschauer, und von hier ging der Ruhm des englischen Schauspiels aus. Coventgardentheater ist nach dem Minervatempel in Athen 1808 neu erbaut, und gehört zu den schönsten Theatern Europas; es hat ebenfalls für 3000 Personen Raum. Das Theater von Haymarket ist zierlich und klein; dieses und die englische Oper am Strand sind die einzigen Sommertheater Londons. In Astley's Amphitheater werden meist blos Reiterkünste und dergl. dargestellt. Die übrigen Theater, Royalcircus, Sadler's Wells und andere, sind Volksbühnen.

(Die Fortsetzung folgt in Nr. 121.)

Dampfschifffahrt durch Eis.

In Nordamerika hat man auf eine neue Art die Dampfschifffahrt in Anwendung gebracht. Zu Baltimore ist nämlich ein Dampfschiff erbaut worden, welches dazu bestimmt ist, andern Fahrzeugen das Aus- und Einlaufen möglich zu machen, wenn die Häfen vom Eise gesperrt sind. Dieses Dampfschiff führt den Namen Secours (Hülfe) und ist bereits seit dem Anfange dieses Jahres in Thätigkeit. Da die mit demselben vorgenommenen Versuche über alle Erwartung günstig ausfielen, so wird künftig die Handelsmarine der Vereinigten Staaten den großen Vortheil genießen, daß ihre Thätigkeit auch in dem kältesten Winter nicht unterbrochen wird. Beim ersten Versuch lief der Secours mit einer Brigg, die er ins Schlepptau genommen hatte, aus dem Hafen von Baltimore und bahnte sich mit Leichtigkeit einen Weg durch die fast anderthalb Fuß dicken Eisschollen. Nachdem das Dampfschiff die Brigg glücklich bis zu einer Stelle geführt, von wo sie die hohe See ohne weitere Gefahr erreichen konnte, ging es nach dem Hafen von Annapolis, der ebenfalls vom Eise gesperrt war. Am folgenden Tage lief es von da einem Dampfschiffe entgegen, das glücklich noch an demselben Tage nach Baltimore geführt wurde. Den glänzendsten Beweis seiner Tüchtigkeit gab der Secours jedoch am vierten Tage, wo er vier ansehnliche Schiffe zugleich ins Schlepptau nahm und sie ohne Unfall durch das Eis zog. Das Äußere des Secours weicht von andern Dampfschiffen ab; sein Vordertheil ist sehr abgeplattet und aufwärts gerichtet, und der im Wasser gehende Theil des Rumpfes hat die Gestalt eines Spatels, sodaß er nicht an das Eis stößt, sondern darauf steigt. Seine Schaufelräder, jedes über 100 Ctr. schwer, sind von Holz und Eisen und haben eine so gewaltige Kraft, daß sie das Eis zermalmen. Dieses weicht dem Drucke des Schiffes, sowie es darauf gleitet, und wird nach hinten unter die Räder getrieben. Man hat bereits als Verbesserung vorgeschlagen, anstatt dieser das Eis zermalmenden Räder solche anzubringen, die es zersägen, und die mithin von weit leichterm Gewicht sein könnten. Alsdann würde eine Maschine von geringerer Kraft dasselbe leisten und eine bedeutende Ersparniß an Brennmaterial eintreten.

Verantwortliche Herausgeber: Friedrich Brockhaus in Leipzig und Dr. C. Drärler-Manfred in Wien.
Verlag von F. A. Brockhaus in Leipzig.

Das Pfennig-Magazin

der

Gesellschaft zur Verbreitung gemeinnütziger Kenntnisse.

121.] Erscheint jeden Sonnabend. [Juli 25, **1835**.

Die vier Evangelisten.
Gemälde von Jordaens.

Jakob Jordaens, einer der vorzüglichsten Meister der flamändischen Malerschule, war zu Antwerpen 1594 geboren. Er erlernte die Elemente der Zeichnenkunst bei Adam van Oort, mit dessen Tochter er sich fast noch im Jünglingsalter verheirathete. Schon als Schüler war Jordaens sehr fleißig, und obgleich er nie Gelegenheit hatte, Italien zu besuchen, so studirte er doch um so eifriger die Werke italienischer Meister in seinem Vaterlande. Ein besonderes Studium verwendete er auf die Werke Caravaggio's, Tizian's und Paul Veronese's. Das außerordentliche Ansehen, worin Rubens in seinem Vaterlande stand, erregte die Bewunderung des jungen Jordaens und es gelang ihm, sich die Freundschaft desselben in hohem Grade zu erwerben. Dem Umgange und der Belehrung dieses Meisters verdankt Jordaens jenes brennende Colorit und die große Vollkommenheit im Helldunkel, welche seine Gemälde auszeichnen. Da er mit bewundernswürdiger Leichtigkeit arbeitete, so erzählt man, daß er eines seiner größten Gemälde: Pan und Syrinx, welches eine ausgedehnte Landschaft, mit vielen lebensgroßen Figuren staffirt, vorstellt, in sechs Tagen vollendet habe. Der Ruf dieses Künstlers verbreitete sich auch außerhalb seines Vaterlandes, sodaß er von allen Seiten bedeutende Aufträge erhielt. So trug ihm der König von Schweden, Karl Gustav, eine Reihe von zwölf Gemälden auf, welche die Passion vorstellen, und für die Prinzessin Emilie von Solms, Witwe des Fürsten Friedrich Heinrich von Nassau, malte er eine Todtenfeier dieses Fürsten, ein allegorisches Gemälde von ungeheurem Umfange, welches den Gemahl der Fürstin auf einem Siegeswagen, von vier weißen Rossen gezogen, vorstellte, umgeben von Trophäen aller Art und sinnreichen allegorischen Gruppen. Auch Rubens, der das Talent seines Freundes wohl zu würdigen verstand, beschäftigte ihn auf mannichfache Weise und trug ihm unter Anderm die Fertigung der Cartons zu den Tapeten im Schlosse zu Madrid auf, welche Philipp IV., König von Spanien, bestellt hatte. Auch hatte er sich der Ehre zu erfreuen, daß man längere Zeit mehre seiner Werke für Rubens' Arbeiten hielt, unter Anderm das große Altarblatt der Kirche St.-Walburg, welches Christum im Tempel unter den Schriftgelehrten vorstellt.

Jordaens führte ein langes und wahrhaft heiteres Künstlerleben, da er sich durch seinen Fleiß und seine Geschicklichkeit ein ansehnliches Vermögen erwarb und seine frohe Laune und glückliche Gemüthsstimmung ihn für Lebensgenuß aller Art empfänglich machte. Unter seinen vornehmsten Arbeiten nennt man die Anbetung der Hirten, eine Kreuzigung, das Familienconcert, die Austreibung der Wucherer aus dem Tempel, das unter dem Namen Le roi boit (der König trinkt) bekannte vortreffliche Gemälde, welches eine niederländische Feier des heiligen Dreikönigsfestes vorstellt, und das in unserer Abbildung mitgetheilte: die vier Evangelisten. Die Harmonie der Farben, die kunstvolle Vertheilung von Licht und Schatten und die ausdrucksvollen Köpfe der Evangelisten geben diesem Gemälde einen hohen Rang.

Jordaens war auch als Kupferstecher durch Keckheit und Fertigkeit in der Ausführung ausgezeichnet und es gibt von seiner Hand nach eignen Gemälden sehr schätzenswerthe Arbeiten in dieser Gattung. Er starb 1678 in seiner Vaterstadt, die er nur selten verlassen hatte.

Persischer Gewerbfleiß.

Die Perser zeichneten sich schon vor vielen Jahrhunderten, und besonders unter der Herrschaft der abbassidischen Khalifen, durch ihre Industrie aus. Kostbare Tapeten wurden damals aus Seide und Wolle gewebt und mit Gold reich durchstickt, welche als Wandverzierung dienten und nach der Türkei und dem ganzen Oriente verhandelt wurden. Noch jetzt ist das Manufacturwesen in Persien nicht unbedeutend, und der größte Theil jener kostbaren Teppiche, welche wir unter dem Namen der türkischen kennen, wird dort aus Schafwolle gefertigt. Ferner liefert der persische Kunstfleiß kostbare Stickereien und Brocate in Gold, Silber, Seide und Halbseide, Waffen, besonders vortreffliche Säbel, welche mit Gold und Silber ausgelegt und oft selbst mit Edelsteinen besetzt sind, irdene Gefäße, die an Feinheit und Sauberkeit fast dem chinesischen Porzellan gleichkommen, Leder-, Papier- und Juwelierarbeiten. Auch ein großer Theil der schönen, aber auch ebenso kostbaren orientalischen Shawls wird in Persien verfertigt.

Winterleben der Thiere.
(Fortsetzung aus Nr. 120.)

Wir gehen nun zu den jährlich wiederkehrenden Erscheinungen über, die sich nur in einzelnen Seiten des thierischen Lebens zeigen, und in Übereinstimmung mit dem Wechsel der Jahreszeiten theils in Veränderungen der Hautbedeckung, theils in den Äußerungen der Triebe der Selbsterhaltung und der Fortpflanzung hervortreten. Hat die Natur den Menschen auch dadurch von der übrigen Thierwelt abgesondert, daß sie ihm keine eigenthümliche Hautdecke gab, und es ihm überließ, nach dem Klima, nach den Jahreszeiten und nach seinen Beschäftigungen sich eine Bedeckung zu wählen, so verlieh sie dagegen den Thieren eine Bekleidung, die für ihre Zustände und Gewohnheiten paßt. Diejenigen Thiere, welche in warmen Erdgegenden leben, haben daher eine sehr dünne Hautbedeckung, während die Bewohner der nördlichen Polarländer in dicke Pelze gehüllt sind. In Spanien und Syrien haben Hunde und Schafe ein feines, büschelartiges und seidenes Haar, der sibirische Hund und der isländische Widder ein langes und starres. In noch wärmern Gegenden wird die Hautbekleidung noch dünner und die Thiere sind fast nackt, wie die Hunde in Guinea, die Schafe in Afrika und Indien. Die Hautbedeckung der Thiere, die in kalten Erdgegenden wohnen, unterscheidet sich aber auch in anderer Beziehung wesentlich von der Hautdecke der Bewohner warmer Länder. Die Schweine in warmen Gegenden haben blos Borsten, die der ganzen Familie eigen sind, aber in kalten Ländern ist die Haut zunächst mit einer feinen gekräuselten Wolle bedeckt, über welche die langen Borsten hervorstehen. Das Vließ der Schafe in Spanien, England, Deutschland und andern Ländern unter gleichem Himmelsstriche besteht blos aus Wolle; in Island und andern nördlichen Gegenden ist die Wolle mit langen Haaren vermischt, die dem Vließ auf dem ersten Blick ein grobes Ansehen geben. Die jetzt lebende Art des Nashorns und der Elefant der südlichen Länder haben fast gar keine Haardecke, wogegen diejenigen Thiere dieser Gattungen, die früher im mittlern und nördlichen Europa lebten, und deren Überreste jetzt in verschiedenen Schichten der Erdrinde gefunden werden, langes Haar und eine dicke kurze gekräuselte Wolle hatten. Das Klima übt einen mächtigen Einfluß auf die Absonderung in den Gefäßen des Körpers jener Theile, worin eben die Ursache der Zunahme oder der Verminderung ihrer Hautbedeckung zu suchen sein mag. Diesen Einfluß des Klimas auf die Hautbedeckung der Thiere bemerkt man auch bei dem Wechsel der Jahreszeiten in allen gemäßigten und kalten Erdgegenden. Im Winter wird die Bedeckung dichter und verändert oft auch ihre Farbe.

Beobachten wir unsere Hausthiere vor dem Eintritte des Winters, so können wir die Veränderung in ihrer Bedeckung leicht bemerken. Die Hautbekleidung wird nicht nur erneut, sondern auch dichter und länger. Dies zeigt sich auffallend bei denjenigen vierfüßigen Thieren, die während eines Landes dauert, desto länger dauert auch das Winterhaar; so erscheint es bei dem Bisamochsen an der Hudsonsbai in Nordamerika unmittelbar nach dem Ausfallen des vorjährigen, und bei dem Berghasen dauert es in der Schweiz sechs bis sieben Monate, in Norwegen und in Lappland zehn Monate, in Grönland das ganze Jahr. Nach der Verschiedenheit des Klimas ist auch die Hautbedeckung der Thiere verschieden; in warmen Ländern ist das neue Haar von gleicher Beschaffenheit mit dem alten, und in den kältesten Ländern der Unterschied bedeutender als in gemäßigten, wie denn z. B. das Winterhaar der Pferde in Deutschland von dem Sommerhaare nur etwas verschieden, in Norwegen aber sehr lang und zottig ist. Wenn aber die winterliche Hautbedeckung der Thiere in gemäßigten Erdgegenden im Sommer sich nicht veränderte, so würde sie in der wärmern Jahreszeit unbequem werden; daher wird bei der Annäherung des Sommers der dichte Pelz nach und nach abgeworfen. Dieses Hären der Thiere findet zu verschiedenen Jahreszeiten statt, nach der körperlichen Beschaffenheit derselben und nach dem Grade der Wärme. Bei dem Maulwurf ist es gegen Ende des Mais vorüber. Die Wolle der Schafe, wenn man sie abfallen läßt, wird selten vor Ende des Juni abgeworfen. In den nördlichen schottischen Inseln, wo die Schafe nie geschoren werden, warten die Bewohner die Zeit ab, wo die Wolle ausfallen will, und ziehen sie dann heraus. Wenn der Anfang des Winters sehr milde ist, so bemerkt man, daß der Pelz langsamer zunimmt, weil das Thier keine dichtere Hautbedeckung braucht; sobald aber die Kälte steigt, werden die Haare stärker und länger. Dies geschieht zuweilen außerordentlich schnell bei Hasen und Kaninchen, deren Hautbedeckung selten eher dicht wird, als vor dem ersten Schnee oder Frostwetter. Unter den Vögeln sorgt die Natur auf ähnliche Weise für das Schneehuhn, das vor dem Eintritt des Winters eine warme, bis zu den Zehen reichende Bedeckung der Füße erhält. Ungeachtet der Übereinstimmung dieser Veränderungen mit Abwechselungen in dem Zustande der Erde, sind jedoch jene nicht die Wirkungen von diesen, sondern die bildende Kraft des innern Lebens, durch ein Vorgefühl der Ereignisse bestimmt, wirkt auch hier, um dem Thiere Schutz zu geben.

Das Mausern der Vögel ist gleichfalls eine Vorbereitung für den Winter, dem Hären der vierfüßigen Thiere ähnlich. Während des Sommers ist das Gefieder der Vögel vielen Zufällen ausgesetzt, ja bei manchen Vögeln werden die Federn sogar ausgerupft, um ihre Nester auszufüttern. Vor Eintritt des Winters, wenn die Jungen flügge geworden sind, fallen die alten Federn aus, und werden durch neue ersetzt. Die Vögel scheinen während des Mauserns sehr schwach zu sein, und waren sie früher nicht gesund, so sterben sie leicht während dieser Veränderung. Sie bedürfen einer wärmern Temperatur und gegen das Ende der Mauserzeit einer reichlichern Nahrung. Einige, die schnell mausern, z. B. die wilden Gänse, bringen diese Zeit in Schlupfwinkeln zu, da sie mehr von dieser Veränderung angegriffen werden und eine Zeit lang nicht fliegen können, während diejenigen, die langsam und jährlich zweimal mausern, weniger Beschwerden fühlen. Diese gänzliche Erneuerung des Gefieders gibt den Vögeln eine vollkommene Winterbedeckung, und setzt sie in Stand, der rauhen Jahrszeit zu widerstehen.

Die Verschiedenheit der Farbe der Hautbedeckung im Sommer und Winter zeigt sich auffallend bei vierfüßigen Thieren und Vögeln. Der Alpenhase oder Berghase (Lepus variabilis), den man z. B. im schottischen Hochgebirge findet, hat im Sommer eine bräunlichgraue Farbe, die sich aber vom September an allmälig in Schneeweiß umwandelt. So bleibt sie während des Winters und wird im April oder Mai wieder dunkler. Eine ähnliche Veränderung findet man bei dem Hermelin. Im Sommer hat sein Pelz eine röthlich braune Farbe, im Herbst wird er gelblich, und in Schottland im November schneeweiß. Die Winterbekleidung liefert das kostbare Hermelinpelzwerk. In den ersten Frühlingsmonaten wird die weiße Hautbedeckung mit Braun gefleckt, bis sie im Mai wieder die Sommerfarbe annimmt. Bei einigen Thieren werden die hellern Farben im Winter nur bleicher, wie bei den Rennthieren und Rehen; die schwarzbraune wird hellbraun mit Grau gemischt bei dem Elenn, die röthlichbraune wird graubraun bei dem Hirsche. Unter den Vögeln sind solche Veränderungen der Farbe des Gefieders sehr häufig, und haben die Naturforscher nicht selten verleitet, Vögel einer Gattung für verschiedene Arten zu halten. Das Schneehuhn (Tetrao lagopus) hat im schottischen Hochgebirge im Sommer ein aschgraues Gefieder mit kleinen dunkeln Flecken und Streifen. Im Winter verschwindet die dunkle Farbe, und das Gefieder wird ganz weiß. Ist der Winter sehr gelinde, so ist diese Veränderung zuweilen nur unvollkommen, und es bleiben einige dunkle Flecke zurück. Im Frühling wird das Wintergewand wieder gefleckt, und der Vogel verliert viel von seiner Schönheit. Auch das erste Gefieder der Jungen ist wie bei den Alten, und wird bei Annäherung des Winters weiß. Bei den Wasservögeln hat man ähnliche Veränderungen der Farbe des Gefieders bemerkt. So hat das schwarze Taucherhuhn an den schottischen Küsten im Sommer eine rußigschwarze Farbe mit einem weißen Fleck auf den Flügeln, im Winter aber verschwindet die schwarze Farbe, und das Gefieder erhält aschgraue Flecke auf weißem Grunde. In nördlichern Gegenden, z. B. in Grönland, wird dieser Vogel im Winter ganz weiß. Bei manchen Vögeln bemerkt man eine solche Veränderung nur in einem kleinen Theil des Gefieders. So hat der Alk (Alca) während des Sommers schwarze Flecke am Kopf und Halse, im Winter aber werden diese Theile schmuzigweiß. Auch gibt es mehre Vögel, bei welchen eine Verschiedenheit in der Farbe des Gefieders im Sommer und Winter stattfindet, wiewol sie nicht so auffallend ist, als in den angeführten Beispielen. Die Sommerfarbe ist glänzend und lebhaft, die Winterfarbe dunkel. So hat der Hüllweiher (Tringa alpina) im Sommer ein sehr schwarzes und röthliches Gefieder, das im Winter matt und aschfarbig wird.

Diese Umstände müssen zu der Frage führen, woher diese Veränderungen der Farbe in der Hautbedeckung entstehen. Einige Naturforscher haben geglaubt, daß diejenigen vierfüßigen Thiere, welche wie der Berghase und das Hermelin im Winter weiß werden, ihr

Haar zweimal im Jahre abwerfen; im Herbst, um den Sommerpelz und im Frühling, um den Winterpelz abzulegen. Diese Meinung scheint jedoch keineswegs durch wirkliche Beobachtungen unterstützt zu werden, und ebenso wenig kann man einen Grund dafür in ähnlichen Erscheinungen im thierischen Leben finden. Beobachten wir, wie das menschliche Haupthaar bei Annäherung des Alters grau wird, so bemerken wir leicht, daß die Veränderung nicht durch das Wachsen eines neuen Haars von weißer Farbe, sondern durch eine Veränderung der Farbe des alten Haars entsteht. Daher findet man, daß einige Haare in der Mitte blaß, an den Spitzen weiß, unten aber dunkel sind. Das menschliche Haupthaar ist darin dem Haare niederer Thierclassen ungleich, daß es immer unten dunkel ist, und während des Übergangs in die graue Farbe so bleibt. Aus diesen Umständen können wir die Folgerung ziehen, daß die Umwandlung der Farbe bei den Haaren der Thiere im Winter aus einer Veränderung der Farbe derjenigen Absonderungen in den Haarzwiebeln, welche das Haar nähren, oder vielleicht dadurch entsteht, daß die Absonderung eines färbenden Stoffes vermindert wird, oder ganz aufhört. Entstände die Veränderung der Farbe durch das Wachsen neuer Haare, so müßte bei denjenigen Thieren, welche in ihren Haaren verschiedene Übergänge von Farben zeigen, wie z. B. das Hermelin, nach dem Eintritte des Winters von Weiß durch Gelb in Braun, ihr Haar mehrmal im Jahre abgeworfen werden. Aber wie entsteht die Veränderung bei den Vögeln? Wir haben gehört, daß das junge Schneehuhn anfänglich ein geflecktes Gefieder hat, wie das alte. Es wird weiß im Winter und wieder gefleckt im Frühling; es müßte daher, wenn die Veränderung der Farbe durch Mausern entstände, dreimal binnen zehn Monaten neue Federn erhalten. Dies wäre ein Aufwand von Lebenskraft, den schwerlich ein Vogel aushalten könnte. Ausgewachsene Vögel müßten unter jener Voraussetzung zweimal mausern. Man darf daher annehmen, daß die Veränderung der Farbe in den alten Federn vor sich geht, da sie von dem gewöhnlichen jährlichen Mausern der Vögel unabhängig ist. Überdies bemerken wir auch, daß die Farbe anderer Theile der Vögel, z. B. der Füße und des Schnabels, sich nach den Jahreszeiten verändert. Sowie bei diesen Theilen eine Veränderung in den färbenden Absonderungen stattfindet, kann es auch bei den Federn sein. Diese Meinung wird auch durch Beobachtungen unterstützt. Ein britischer Naturforscher untersuchte vor mehren Jahren einen zu Ende des Februars geschossenen Alk, der am untern Theile des Kopfes noch das weiße Wintergefieder hatte, während die Federn am Halse schon dunkler geworden waren, unten und in der Mitte eine schwärzlichgraue Farbe, an den Spitzen aber noch immer die weiße hatten und der Übergang von der schwarzen zur weißen durch die graue Farbe ging.

(Fortsetzung folgt in Nr. 122.)

Gemälde von London.
(Fortsetzung aus Nr. 120.)

Hungerford-Market.

Von den prachtvollen Brücken Londons hat Nr. 14 des Pfennig-Magazins Nachricht gegeben. Allein einer ausgezeichneten und ganz eigenthümlichen Schönheit Londons müssen wir noch hier gedenken, nämlich seiner Squares, freier, mit Gartenanlagen versehener, von zierlichen Gittern umgebener Plätze. Zwar sind diese Plätze nicht eigentlich öffentlich, sondern vielmehr nur den anwohnenden Hauseigenthümern zur

Statue Wilhelm III.

Benutzung überlassen, welche zu den Eingängen ihre Schlüssel haben; doch erfreut sich das Auge des Vorübergehenden an den schönen, grünen Lauben und Blumenbeeten inmitten der mit Staub und Kohlendampf erfüllten Stadt. In der engen, übervölkerten City ist für solche Räume wenig Platz gewesen, allein Westminster und besonders Westend enthält deren viele und sehr reizende. Unter ihnen sind die schönsten: Grosvenorssquare, den man mit seinen üppigen Rosen- und Lilalauben, welche eine Reiterstatue Georg II. verbergen, für den schönsten hält; Cavendishsquare mit einer Statue des Herzogs Wilhelm von Cumberland; Bloomburysquare mit einer kolossalen Bildsäule von James Fox geziert; Leicester- und Queenssquare, beide mit schönen Bildsäulen; Belgraves- und Eatonsquare, vom Grafen Grosvenor angelegt; Hanoversquare; Portmanssquare, der dem Grosvenorsquare den Rang streitig macht; Soho- und Manchestersquare, der erstere berühmt durch seinen schönen Bazar; Lincolns-Inn-Fields mit schönen Gebäuden geziert, z. B. dem Royal Surgeoncollege, der größte Platz Londons; Russellssquare mit der Statue des Herzogs von Bedford; Jamessquare mit einer hier dargestellten Statue Wilhelm III.; Princesssquare mit der schönen schwedischen Kirche, und mehre andere.*) Hier auch müssen wir die Märkte Londons nennen, unter allen Smithfield, den großen Viehmarkt Londons, und den größten der Welt, auf welchen jährlich 1,240,000 Hammel, 163,000 Ochsen und Kälber, 200,000 Schweine, und 60,000 Spanferkel für die Bevölkerung Londons zum Verkauf gebracht werden, der aber in neuester Zeit durch den Markt von Lowerroad-Islington und die damit verbundenen Schlachthäuser ersetzt wird; den großen Markt von Leadenhall, für Geflügel und Wildpret; den von Newgate für den Bedarf von 40 Mill. Scheffel Steinkohlen, welche London jährlich verbraucht; den schönen Markt von Coventgarden, und den kürzlich erst beendeten Fischmarkt Hungerford-Market, eine großartige und prachtvolle Anlage, wovon wir eine Ansicht mittheilen (vgl. S. 236 dieser Nr.), zwischen dem Strand und der Themse. Wollen wir London in seiner ganzen architektonischen Pracht sehen, so müssen wir die Königin seiner Straßen, Regentsstreet, durchwandern, welche an Schönheit und Größe wol schwerlich ihres Gleichen hat. Breit und luftig beginnt sie am Waterlooplatz, zieht sich nach Piccadilly hin, bildet hier einen prachtvollen Halbkreis von Palästen, und endet am Portlandplace. Alle Häuser sind hier mit Stuck bekleidet und ganze Reihen derselben gleichen großen Palästen. Bondstreet ist der Sammelplatz der schönen Welt, seiner glänzenden Putzläden wegen; von hier führt der Weg nach dem Soho-Bazar, dem größten unter den Bazars Londons. Schön ist auch Haymarket, nach seinem jüngsten Umbau; High-Holborn und der Strand sind durch die Pracht ihrer Läden reizend, und Tottenham-Count-Road, St. Jamesstreet, Piccadilly, Portlandplace durch die Schönheit ihrer Paläste, die der Sitz des hohen Adels sind; hier walten Üppigkeit und Luxus.

Etwa dreißig öffentliche Gärten zieren die Hauptstadt, unter welchen der Greenpark mit seinem herrlichen neuen Eingang von Burton der besuchteste, der Jamespark der schönste, der Hydepark der ländlichste, und der Regentpark der zierlichste ist. Alle sind besucht und beliebt. Nichts aber überbietet die Pracht, die Eleganz, die Mannichfaltigkeit der Anlagen, und Monumente des Regentpark, in dessen Mitte der Garten der zoologischen Gesellschaft sich befindet.

Im Innern der Stadt bieten die Squares, die Bazars, der Tower, die Terrassen an der Themse, und die Brücken reizende Spaziergänge dar. An Unterhaltung überhaupt fehlt es hier nie, wo ein ganzes Volk in einer ewigen Wanderung begriffen zu sein scheint. Wieviel davon gewähren schon die öffentlichen Gerichtssitzungen, die Sitzungen des Parlaments, die öffentlichen Ausstellungen in Somersethouse und zahllose wissenschaftliche Hörsäle, obwol diese, minder freigebig als die zu Paris, nicht Jedem geöffnet sind. Der zahllosen Kaffeehäuser und Clubs, von denen Union- und Travellerclub wol das Glänzendste darstellen, was die Welt in dieser Art besitzt, dürfen wir hier so wenig gedenken, als der vielen Hallen (Spielhäuser). Zu den Almacksbällen in Willis-Rooms versammelt sich im Winter die feine Gesellschaft Londons. Zu diesen oder zu den Bällen in Argyle-Rooms und den minder glänzenden in den New-Rooms geladen zu werden, ist das Ziel der Wünsche aller Stutzer Londons.

Für die Mittelstände, deren Foderungen an Genuß einfacher sind, öffnen sich das Pantheon und eine Menge von Panoramen, Dioramen und Kunstschaustellungen, und das Colosseum in Regentpark, eine der Zierden Londons, das viele Besucher an sich zieht. Hier ist der Promenadensaal, die Schweizerhütte, eine zauberische Anlage mit drei Wasserfällen, zum Theil 60 Fuß hoch, und das riesenhafte Panorama von London, das größte Bild der Art, als gemalt wurde, da es 40,000 ☐ Fuß Malerei enthält. Um 7 Uhr Abends im Sommer öffnen sich hierauf die Gärten von Vaurhall und Ranelagh. Der erste in der Nähe von Lambeth, bietet Alles dar, was der vergnügungssüchtigste Geist nur zu wünschen vermag. Orchester, mit 100 Virtuosen besetzt, Colonnaden zum Schutz bei üblem Wetter, Theater verschiedenster Art, Feuerwerke, Equilibristen, was nur dahin gehört, Luftfahrer, Boxer u. s. w., bieten sich hier zur Unterhaltung dar, und wenn die Sonne sinkt, entzückt uns eine flammende Erleuchtung der Gärten und zahllosen Säle mit ihren reich besetzten Buffets. Ähnlicher Art sind die Gärten von Ranelagh. Außer diesen öffnen sich nun noch viele tausende von Bierhäusern, Austerbuden u. s. w.

Keine Stadt der Welt ist reicher als London an Anstalten für Wissenschaft und Kunst. An der Spitze derselben steht das britische Museum, die reichste Sammlung wissenschaftlicher und Kunstschätze im britischen Reich, und eine der größten und merkwürdigsten auf der Erde. Die Bibliothek, welche hier aufgestellt ist, nimmt sieben große Säle ein. Merkwürdig ist auch die Sammlung von Meteorsteinen, das reiche Münz- und Medaillencabinet, eine große Sammlung von ethnographischen Seltenheiten, eine schöne Gemäldegalerie, und endlich eine der vorzüglichsten Sammlungen von Alterthümern. Unter den mehr als 1000 Nummern, welche hier zum Studium der bildenden Kunst auffodern, zeichnen sich besonders aus die berühmten, von Lord Elgin gesammelten Denkmäler, aus 300 Stücken vom Parthenon in Athen bestehend, welche die Regierung an sich gekauft. Alles dies füllt 15 schöne Säle. Das Gebäude des Museums selbst bildet ein Viereck, 216 Fuß lang, ist aber, trotz einer schönen ionischen Vorhalle, niedrig, versteckt und unansehnlich. An diese große Sammlung schließen sich die Bibliotheken im medicinischen Collegium, die Sammlungen in Lambethpalast, und die der ostindischen Compagnie, reich an asiatischen Handschriften, an. Hier sind ferner die anatomischen Wachspräparate und die kostbaren naturgeschichtlichen Sammlungen im chirur-

---

*) S. Nr. 79 des Pfennig-Magazin.

gischen Collegium, die Menagerie und das zoologische Museum der zoologischen Gesellschaft, das phelloplastische Museum, eine Sammlung von Korknachbildungen der berühmtesten antiken Bauwerke, die Nationalgalerie und die des britischen Instituts, das Schiff- und Landmuseum, die mineralogische Sammlung Greville's, die Gemäldegalerie Stafford und die des Lords Grosvenor, das Herbarium von Lambert, 36,000 Species enthaltend, zu nennen; aber auch in vielen andern Palästen befinden sich Schätze der Malerei, der Kupferstechkunst, der Bildhauerkunst und der Typographie, die jedoch nur unter günstigen Umständen zugänglich sind. Ebenso flüchtig können wir hier auch nur der großen Anzahl von wissenschaftlichen Instituten und Gesellschaften erwähnen, die London enthält. Für den Elementarunterricht zählt London, außer den Parochial-, Lancaster-, National- und Sonntagsschulen, 4000 Privatlehranstalten. In England muß der Geist der Association und der Industrie auch für diesen Zweig Alles thun. In London hat er reichlich vorgesorgt. Die Nationalsocietät allein hat 40 große Schulanstalten, für 200—1000 Kinder jede, gegründet; gegen 300 Lancasterschulen für Knaben und 100 für Mädchen, mit 150—500 Schülern jede, verbreiten den Elementarunterricht, und hierzu kommen die Sonntagsschulen mit 50,000 Zöglingen und 4—5000 Lehrern. Auf einer höhern Stufe folgen gegen 4000 Privatlehranstalten und über diesen die Gymnasien und die großen Institute der londoner Universität und des Kingscollege (vgl. Pf.-Mag. Nr. 61 und 63). Das Sioncollege ist für Geistliche bestimmt; die Mediciner besuchen das St.-Bartholomew-, das Guy-, St. Thomas-, Middlesex- und Londonhospital, und die Anstalten in George-Windmill, Blenheim, Wabb, Bond- und Bondstreet, sowie die Thierarzneischule und das Taubstummeninstitut. Mit unsern Gymnasien vergleichbar sind die Westminster-, die berühmte St.-Paulsschule und andere Anstalten, denen besonders die Verbreitung einer classischen Bildung in den Mittelständen Londons zu danken ist. Vorlesungen über Physik und Chemie werden im britischen Institut, und andere im londoner Institut gehalten. Für den Handwerker sind die Kunst- und Gewerbeschule des Christhospital u. s. w. bestimmt; für das Militair die Akademie von Blackwater.

Die Zahl der wissenschaftlichen Gesellschaften Londons ist in der That, wie Alles in dieser Stadt, kaum zu übersehen. Wir nennen daher nur einige der vorzüglichsten und wichtigsten. Neben der königlichen Gesellschaft der Wissenschaften, eine der ältesten und größten Akademien Europas, und der königlichen Akademie der Künste, steht die mathematische Gesellschaft, die der Alterthumsforscher; die Linné'sche Gesellschaft, mit prachtvollen Localen und Sammlungen; die phrenologische und mineralogische Gesellschaft; das britische Institut, mit herrlichen Sammlungen für die Mechanik, Physik und Chemie; die entomologische Gesellschaft; die zur Aufmunterung der Künste, Manufacturen und des Handels, mit 5000 Mitgliedern, die Prämien vertheilt und eine reiche Modellsammlung besitzt; die medicinisch-botanische; die der Medicin und Chirurgie; mehre arzneiwissenschaftliche; die königliche Gesellschaft der Musik; das harmonische, das philharmonische Institut, die Gesellschaft der englischen Künstler; die der Baukunst, der Schiffbaukunst, der Pharmacie; die afrikanische Gesellschaft, welche zur Entdeckung Afrikas Reisende aussendet; die Bibelgesellschaft, eine Verbindung, die ihre Filiale in der ganzen Welt hat und Bibelübersetzungen in mehr als 140 Sprachen verbreitet; die Gesellschaft für Gartenbau, welcher wir die Einführung einer Menge von erotischen Gewächsen danken; die zoologische, die astronomische Gesellschaft; das große asiatische Institut, 1823 für die Philologie Asiens gegründet; die geographische Gesellschaft, 1830 gegründet; und endlich die große Gesellschaft zur Verbreitung nützlicher Kenntnisse, eine Stiftung des Lords Brougham, welchem auch die erste Idee zu den Pfennig-Magazinen zu danken ist. Wir schließen diese Übersicht mit dem großen Athenäum, aus 1000 Mitgliedern bestehend, zu denen die königlichen Prinzen und der hohe Adel und viele Gelehrte gehören, für Entdeckungen in allen Zweigen des Wissens, die, so wie die London-Association, die Leitung der zusammenwirkenden Industrie in allen Theilen des Reichs zum Zweck hat.

Ebenso großartig als diese wissenschaftlichen Anstalten, sind die Wohlthätigkeitsanstalten Londons. Hier steht das Findlinghospital oben an, ein schönes Gebäude, wo 200 Knaben und Mädchen Aufnahme finden, und das 180 Pensionaire unterhält; das Taubstummeninstitut, das Magdalenenhospital für gefallene Mädchen, das Lambeth-Asylum für Waisen, das Guyhospital (vgl. Pf.-Mag. Nr. 91), das große Newbethlehemhospital, das Bridewellhospital, ein Besserungshaus, das Londonhospital, das Pockenhospital für Vaccination, mehre Entbindungshäuser, das Bedlamhospital und St.-Lucashospital, für Irre das St.-Georgehospital, zahllose Beschäftigungsanstalten für Arme, Gefängnißgesellschaften und viele andere Anstalten dieser Art.

Colonnade über den Katakomben von Kensall-Green.

Nicht weniger großartig sind auch die letzten Ruhestätten dieses geräuschvollen Lebens, die Kirchhöfe Londons. Wir geben hier die Ansicht eines solchen,

240   Das Pfennig=Magazin.

des Kirchhofs von Kensall=Green. Dieser nimmt 48 Acker Landes ein und ist erst seit 1833 eröffnet, mit einer Kapelle und Colonnaden geziert und mit Katacomben und Grabgewölben umgeben. Das kleinere Bild stellt die Colonnade über den Katakomben dar. Ein Parlamentsact hat seit 1832 die Gründung dieses und anderer Kirchhöfe für London außerhalb der Stadt genehmigt und eine Gesellschaft zur Anlegung derselben ermächtigt.

(Fortsetzung folgt in Nr. 122.)

Ansicht des Kirchhofs Kensall=Green.

Verantwortliche Herausgeber: Friedrich Brockhaus in Leipzig und Dr. C. Drärler=Manfred in Wien.
Verlag von F. A. Brockhaus in Leipzig.

Das Pfennig-Magazin

der
Gesellschaft zur Verbreitung gemeinnütziger Kenntnisse.

122.]   Erscheint jeden Sonnabend.   **[August 1, 1835.**

Westliche Fronte der Kathedrale zu Amiens.

Westliche Fronte der Kathedrale zu Amiens.

Die Kathedrale zu Amiens, einer Stadt in Frankreich, wird mit Recht zu den bewunderungswürdigsten Bauwerken des gothischen Styls gezählt. Ihr Ursprung fällt in die erste Zeit des 13. Jahrhunderts. Zwei Kirchen, die früher auf dieser Stelle standen, wurden 1019 und 1218 durch Feuer zerstört, und nach dem letzten Brande ward ein Tempel erbaut, der an Pracht nicht seines Gleichen hatte. Der Bau ward im Jahre 1220 begonnen; zahlreiche fromme Beisteuern erlaubten die ununterbrochene Fortsetzung des großen Werkes und im Jahre 1269 war sie vollendet. Die Ausschmückung und der Bau der beiden Thürme an der Westseite scheinen jedoch noch mehr als 20 Jahre erfodert zu haben, und vielleicht wurden die letztern selbst erst im Anfang des 14. Jahrhunderts beendet.

Die im gothischen Styl gewöhnliche Kreuzesform wurde auch bei der Kathedrale von Amiens zum Grunde gelegt; Schiff und Chor in der einen und ein Kreuzgang in der Durchschnittsrichtung. Beide haben jedoch ihre Seitenflügel und das Chor hat deren selbst zwei auf jeder Seite. Die Länge des Schiffes beträgt 415 Fuß, die des Kreuzgangs 182 Fuß, die Breite des erstern mit seinen Seitenflügeln 78 Fuß 9 Zoll, die des letztern 42 Fuß 9 Zoll. Kühnheit und Leichtigkeit sind die charakteristischen Züge des Gebäudes und sie haben besonders bei seiner äußern Verzierung vorgewaltet. Die Fenster, zwei Drittel der ganzen Höhe einnehmend, sind so hoch und breit, daß fast kein Mauerwerk zu sehen ist. Die schmalen Stützpfeiler des Architravs treten als kleine Thürmchen hervor, die sich oben zuspitzen und bis über den Anfang des Daches mit ihren zierlichen Spitzen hinausreichen.

Die hier dargestellte Hauptfronte der Kathedrale, gegen Westen, ist außerordentlich reich und prachtvoll. Der Beschauer unsers Bildes erblickt hier zunächst die drei prächtigen Eingangspforten, von denen die mittlere besonders von kolossalen Verhältnissen ist. Die Breite der Façade beträgt 160 Fuß; ein wahres Statuencabinet von Heiligen, Märtyrern und Engeln schmückt sie, diese reihen sich in den Eingangspforten aneinander, drängen sich an den Mauern und schweben um ihre Pfeiler her, und nichts kann fürwahr reicher gedacht werden, als diese Façade mit ihrer Fülle von Figuren und Sinnbildern. Die Mauer ist so tief, daß in jedem der Thore acht Reihen von Statuen nebeneinander Platz gefunden haben, an den Gewölben auf= und niedersteigend. Die Sauberkeit der Arbeit an diesen Figuren zeugt von reinem Geschmack wie von vollendeter Kunstfertigkeit und voller Herrschaft über die Mittel.

Über der Mittelpforte ist eine edle und prachtvolle Fensterrose, ähnliche schmücken die beiden Endpunkte des Kreuzgewölbes. Die beiden Thürme an den Enden der Hauptfaçade messen 210 Fuß in der Höhe. Ein dritter Thurm von Holzwerk erhebt sich über dem Durchschnitte des Schiffes und des Kreuzganges. Die innere Ansicht der Kirche ist ergreifend und von edler Pracht. Der ganze innere Raum entwickelt sich beim Eintritt auf einmal und ohne Unterbrechung bis zu einer Höhe von 145 Fuß vom Pflaster bis zum Schluß des Gewölbes. Majestätisch erheben sich die Pfeiler des Schiffes in luftigen Säulenbündeln; auf jeder Seite begrenzen zwei Reihen reicher Kapellen das Schiff; doch die Krone des Ganzen ist die halbrunde Säulenreihe, welche in lanzenförmigen Pfeilern das Chor schließt und auf einmal ins Auge fällt. Dieses Chor ist überaus reich verziert; sein Pflaster ist der feinste Marmor; vorstrebende Engel, aus jedem Pfeiler wie herausschwebend, tragen die Candelaber, und in der Tiefe bringt ein trübes Gewölb, von goldenen Strahlen durchbrochen, eine hohe Wirkung hervor. Die Länge des Chors beträgt 130 Fuß, und ein Raum von 18 Fuß sondert es von dem Hauptschiffe. Grabdenkmale schmücken das Innere des Chors. Man bewundert darunter besonders ein weinendes Kind. Daneben sind die Grabmale des Bischofs Everard und Abbeville's mit bronzenen Figuren dieser Stifter und Erbauer der Kathedrale. In der Revolution hatte auch diese Kathedrale manche Verstümmelung zu dulden, indeß rettete doch der Muth des Maire und einiger Bürger, die sich zu ihrem Schutze bewaffneten, wenigstens das Gebäude selbst vor Zerstörung.

Winterleben der Thiere.
(Fortsetzung aus Nr. 121.)

Der Umstand, daß jene Farbenveränderung denjenigen Thieren eigen ist, welche kalte Erdgegenden bewohnen, muß uns zu dem Schlusse führen, daß der Wärmegrad einen Einfluß darauf ausübt. Der langsame Fortschritt dieser Veränderung in einem milden Herbst und die unvollkommene Umwandlung in einem gelinden Winter bestätigen jene Voraussetzung. Überdies wird die Veränderung bei manchen Thieren, wie bei dem Taucherhuhn, in gemäßigten Erdgegenden nie, sondern nur im äußersten Norden vollständig. Die Vertheilung der Farbe am Thierreiche scheint im Allgemeinen einem und demselben Gesetze zu folgen. Tiefe und glänzende Farben sind vorherrschend in warmen Gegenden, während sie unter kältern Himmelsstrichen blaß und matt werden. Die Kälte scheint die Thätigkeit der Gefäße zu vermindern, welche den färbenden Stoff absondern, und wenn sie heftig wird, diese Thätigkeit gänzlich zu hemmen. Bei der Farbenveränderung des Gefieders der Vögel mag noch eine andere Ursache mitwirken. Die Federn werden bei allen Vögeln lebhafter im Frühling und es zeigen sich Flecke auf dem Gefieder, die zu andern Jahreszeiten nicht sichtbar sind, und da dieser Farbenglanz nur während der Begattungszeit dauert, so darf man annehmen, daß der Fortpflanzungstrieb auf die färbenden Absonderungen einwirke. Über die Absicht der Natur bei jenen Farbenveränderungen nach dem Wechsel der Jahreszeiten hat man manche Vermuthungen aufgestellt. Die oft ausgesprochene Meinung, daß die Farbenveränderung die Thiere im Winter gegen ihre Feinde schützen solle, könnte zwar den Berghasen und das Schneehuhn für sich anführen, die sich auf dem schneebedeckten Boden vor den Raubvögeln verbergen würden, aber dem kühnen und behenden Hermelin müßten sie dann desto leichter zur Beute werden, und den im Winter gefleckten Vögeln kann die Farbenveränderung keinen Schutz geben. Der eigentliche Zweck dieser Natureinrichtung scheint darin zu liegen, daß die weiße Winterbedeckung jener Thiere besser geeignet ist, die in dem Körper entwickelte Wärme zusammenzuhalten als eine dunkel gefärbte Bekleidung, die mehr Wärme entstrahlt und daher die Lebenswärme vermindert. Die Veränderung in der Dichtigkeit und Farbe der Hautbedeckung der Thiere soll ihre innere Wärme in den verschiedenen Jahreszeiten gleichförmig machen.

Die Veränderungen in dem winterlichen thierischen Leben, welche wir bis jetzt besprochen haben, sind weit häufiger als das Vorkommen solcher Thiere, die bei der Annäherung des Winters den Überfluß des Herbstes einsammeln, um sich für den Winter hinlängliche Nahrung zu sichern. Alle Thiere, die diese Gewohnheit haben, leben von Pflanzen und gehören ohne Ausnahme zu den Nagethieren, obgleich nicht alle Thiere dieser Familie Vorräthe sammeln. Außer dem Biber, der alle Thiere dieser Art an Betriebsamkeit und Sorgfalt im Einsammeln und Aufbewahren übertrifft, gehört vorzüglich das Eichhörnchen hierher, das sein Winterlager unter den größern Ästen alter Bäume wählt, sich eine Vorrathskammer in dem morschen Holze ausnagt, sie mit Eicheln, Nüssen und andern Früchten anfüllt und sorgfältig verbirgt. Diese Vorräthe werden nicht eher berührt, bis die rauhere Jahreszeit das Thier abhält, seine Nahrung weit zu suchen. Alle zur Familie der Mäuse gehörenden Thiere scheinen Vorräthe einzusammeln, selbst die Hausmaus und die Ratte, vorzüglich aber die Feldmaus. Wenn die Eicheln abfallen, graben sie kleine Löcher in die Erde, die sie damit füllen. Unter den Vögeln, Amphibien und Fischen, sowie unter den niedern Thierclassen, findet man keine Beispiele dieser Fürsorge für den Winter, unter den Insekten aber ist vorzüglich die Biene zu nennen. Wir müssen die weise Einrichtung der Natur bewundern, welche jene Neigung den Thieren einpflanzte, die sonst im Winter umkommen müßten. Überdies wird dadurch der Same vieler Pflanzen von den Örtern, wo sie wachsen, weit verbreitet.

Ein Gegenstand besonderer Aufmerksamkeit sind die Wanderungen mehrer Thierarten gewesen, doch verdienen in dieser Hinsicht hauptsächlich die Vögel Beachtung. Wir kennen nur wenige Umstände in Beziehung auf die Wanderungen vierfüßiger Thiere. Einige Arten haben diese Gewohnheit. In Italien zieht die dort häufige gemeine Fledermaus bei dem Eintritt des Winters südwärts und findet sich nirgend in Höhlen im Zustande der Erstarrung. Die Nachtfledermaus hingegen kommt jährlich im Winter dort an und bringt den Sommer in nördlichen Gegenden zu. Mehre wiederkäuende Thiere verändern ihren Aufenthalt nach den Jahreszeiten, wie der Hirsch und das Reh bei der Annäherung des Winters die Alpen verlassen und Schutz in ebenen Gegenden suchen. So gehen auch Rennthiere und Gemsen vor dem Winter in die Thäler hinab, um im Sommer wieder nach dem Hochgebirge zu ziehen, und der Steinbock wendet sich nach der Südseite der Gebirge, während er sich im Sommer an der Nordseite aufhält. Ausgedehntere Wanderungen machen besonders die Robben. Sie verändern ihren Aufenthalt, um sichere Plätze für ihre Brut zu suchen; der gemeine Seehund aber macht regelmäßige Wanderungen, um Nahrung zu finden. Die grönländischen Robben scheinen im Winter gemäßigtere Gegenden aufzusuchen, und kommen jährlich im December nach Island, wo sie bis zum Mai bleiben.

Die Wanderungen der Vögel sind seit den ältesten Zeiten ein Gegenstand allgemeiner Beobachtungen gewesen, aber obgleich wir viele wichtige Thatsachen kennen, und einige allgemeine Grundsätze aufgestellt sind, so ist doch das Feld der Beobachtung noch keineswegs erschöpft, und die merkwürdige Erscheinung den Naturforschern im Allgemeinen nur unvollkommen bekannt. Man hat gangbaren Irrthümern Zutritt in das Gebiet der Wissenschaft gegeben und beglaubigte Thatsachen sind nicht gehörig verbunden und geordnet worden. Ohne in die Einzelheiten der Naturgeschichte der Zugvögel einzugehen, beschränken wir uns auf allgemeine Bemerkungen, und wollen versuchen, die Gesetze der Wanderung und die Umstände, unter welchen sie statt findet, auszumitteln.

Die Zugvögel zerfallen in zwei Classen nach den Jahreszeiten, in welchen sie ankommen oder wegziehen. Zu der ersten Classe gehören diejenigen Vögel, welche im Frühlinge in den gemäßigten Gegenden ankommen und im Herbste sie verlassen, die Sommerzugvögel; zu der zweiten die im Herbste ankommenden und im Frühling wegziehenden, die Winterzugvögel. Die erste Classe begreift nicht blos Vögel einer Familie, oder solche, die überhaupt gleiche Gewohnheiten haben; einige gehören zu den Wasservögeln, z. B. die Möve, andere zu den Landvögeln, wie die Schwalbe und die Wachtel. Auch sind diese Zugvögel hinsichtlich ihrer Nahrung verschieden; so ist der Lerchenfalke fleischfressend, die Möve lebt von Fischen, die Schwalbe von Insekten, die Turteltaube von Pflanzentheilen. Die Sommerzugvögel sind zwar in manchen Beziehungen auffallend verschieden, in einer Beziehung aber gleichen sie sich. Alle bringen in den gemäßigten Gegenden die Zeit der Paarung, des Brütens und der Erziehung ihrer Jungen zu. Die winterlichen Zugvögel haben mehr Ähnlichkeit untereinander. Sie gehören fast ausschließlich zu den Wasservögeln; keine unter ihnen nährt sich von Insekten und nur sehr wenige von Pflanzentheilen. Sie leben gewöhnlich in geschützten Seearmen oder in Binnenseen, oder finden ihre Nahrung in Sumpfgegenden oder an Quellen. Wenn die Winterzeit vorüber ist und andere Vögel sich zum Brüten vorbereiten, verlassen sie ihren Winteraufenthalt. Die Zeit der Ankunft und des Wegziehens ist nicht dieselbe bei den verschiedenen Arten von Zugvögeln. Das Weißkehlchen kommt vor der Hausschwalbe, diese vor der Mauerschwalbe, diese eher als der Wachtelkönig. Unter den winterlichen Zugvögeln sind gleichfalls Verschiedenheiten zu bemerken. Die Schnepfe kommt vor der Drossel und diese vor der Rothdrossel. Die Zeit des Wegziehens kann man weniger genau beobachten, wahrscheinlich aber ist jede Art darin, wie in der Ankunft, an eine bestimmte Zeit gebunden. Die Ankunft und die Abreise tritt aber sogar bei derselben Gattung nicht immer genau zu derselben Zeit ein. Zuweilen beträgt der Unterschied in einem Jahre gegen das andere 8 — 30 Tage, und es ist klar, daß dies von Umständen abhängt, die sich selbst der gewöhnlichen Beobachtung darlegen. Kälte verzögert die Ankunft der Frühlingsboten und die frühe Ankunft der winterlichen Zugvögel deutet auf einen frühzeitigen Winter. Auch die Wanderung der Vögel geht mehr aus einem Vorgefühl der künftigen, als aus einem Gefühle der gegenwärtigen Temperatur hervor. Dieselben Umstände, welche die Ankunft der Sommergäste verzögern, hemmen auch den Fortschritt des Pflanzenwuchses, und wahrscheinlich könnten wir daher die Ankunft jener Vögel voraussagen, wenn wir auf die Zeit achteten, wo gewisse Pflanzen Blätter treiben oder zur Blüte kommen. Das Pflanzenwachsthum hängt vom Wärmegrad ab, das Leben der Insekten von dem Zustande des Pflanzenwuchses, und wir dürfen daher schließen, daß die Bewegungen derjenigen Vögel, welche von Pflanzen und Insekten leben, durch diese Umstände bedingt sind.

(Der Beschluß folgt in Nr. 123.)

Der Roßkastanienbaum
(Aesculus Hippocastanum).

Der überall bekannte, häufig angepflanzte Roßkastanienbaum stammt eigentlich aus dem Orient. Seine großen, handförmigen, siebentheiligen Blätter, seine schönen, weißen, mit rothen Flecken gezierten, in aufrechtstehende spannenlange Trauben vereinigten Blüten haben ihn immer als Zierbaum empfohlen. Man hat zum Anbau dieses Baumes ermuntert, aber auch dagegen gesprochen, weil er kaum zu mehr tauge, als mittelmäßig gutes Brennholz zu liefern. Dem ist jedoch nicht ganz so. Zwar ist das Holz zart und etwas schwammig, kann aber ebenso gut als andere weiche Hölzer gebraucht werden, dauert, gegen Feuchtigkeit geschützt, länger als diese und wird nur selten von Würmern angegriffen. Es ist ferner ein gutes Nutzholz für Bildschnitzer, Drechsler und Tischler, da es sich leicht verarbeiten läßt und gern Beizen und Firniß annimmt. Auch empfiehlt es sich durch seine Leichtigkeit z. B. zu Zugjochen für das Hornvieh und zu Holzschuhen, wo es sogar dem Erlen- und Birkenholze vorzuziehen ist.

Die Asche des Holzes ist reicher an Laugengehalt, als von andern Bäumen und die frischen Blätter wendet man in Frankreich zum Zurichten der Hüte an, indem sie beim Sieden eine schleimige und klebrige Substanz geben. Vom Vieh, mit Ausnahme der Ziegen, werden die Blätter nicht gefressen, getrocknet aber können sie wenigstens als Streu gebraucht werden. Die Früchte dienen roh Hirschen, Rehen und Schweinen als Nahrung, auch das Hornvieh frißt sie gern sowie auch die Ziegen, und jenes soll davon nicht allein ein wohlschmeckendes Fleisch, sondern auch festes und reichliches Fett bekommen, bei den Kühen aber die Milch vermehren. Man muß jedoch die Früchte vorher mehre Tage im Wasser weichen lassen, damit sie ihre Bitterkeit verlieren, und dann sie zerkleinern. Das von getrockneten Kastanien gewonnene Mehl hat man unter Buchbinderkleister zu thun empfohlen, um die Bücher gegen Würmer zu sichern, aber schon nach einem halben Jahre verliert sich die Bitterkeit. Ebensowenig taugen nach angestellten Versuchen diese Früchte zur Bereitung von Branntwein und Essig und als Waschmittel, wozu man sie empfohlen hat, wol aber geben 50 Pfund Asche derselben 35 — 36 Pfund der besten Potasche. Ein Zusatz von solchen Früchten beim Sieden des Hammeltalgs zu Lichtern reinigte zwar denselben und machte ihn fester, verminderte aber dessen Menge. Endlich hat man verschiedene, aber immer sehr mühsame Versuche gemacht, aus diesen Früchten ein brauchbares Mehl zu gewinnen und außer daß dieses Mehl dann wie Kartoffelmehl benutzt werden kann, gibt es auch eine sehr gute Weberschlichte. Man vermengt zu diesem Zwecke ein halbes Pfund davon mit vier Loth Weizenmehl und zwei Loth arabischem Gummi, rührt diese Mischung mit einer hinreichenden Menge von dem vierten Auswaschwasser an und läßt sie mit gehöriger Vorsicht kochen. Diese Schlichte ist fettig, kann leicht auf den Zeuchen ausgebreitet werden, läßt beim Trocknen keine Rauheit zurück, behält selbst an einem gut gelüfteten Orte lange die gehörige Geschmeidigkeit und wird später beim Bleichen nicht nachtheilig, wie dies die aus Canariensamen bereitete thut.

Auch in der Lithographie kann man Anwendung von dem Roßkastaniensatzmehle zur Verfertigung des sogenannten Überdruckpapiers machen, indem man den dazu erforderlichen Leim hauptsächlich aus diesem Mehle und seinem Auswaschwasser bereitet. Die Blätterknospen des Roßkastanienbaums mit heißem Weingeist ausgezogen, geben eine grünlichgelbe, harzige Substanz, die sich zu nicht springenden Firnissen gut eignet.

Der wilde Eber.

Der wilde Eber, den man ehemals in den meisten deutschen Waldungen fand, ist der Stammvater des zahmen Schweines und unterscheidet sich von diesem nur durch die eigenthümliche schwarze oder schwarzbraune Farbe; gefleckte kommen selten vor. Auch wird er weit größer und älter als das Schwein und lebt gewöhnlich 20—30 Jahre. Sein Rüssel läuft etwas spitziger zu und ist mit großen hervorstehenden Zähnen an beiden Seiten bewaffnet, welche namentlich bei dreijährigen männlichen Ebern oder Keilern ungewöhnlich scharfe und gegen Jäger und Hunde gefährliche Waffen bilden. Die Sau (Bache) hat an deren Stelle kurze kolbige Haken. Dicke und sumpfige Wälder sind ihr Lieblingsaufenthalt, hier streifen sie in zahlreichen Rudeln umher, jede Gesellschaft wühlt sich einen großen runden Kessel, Alle legen sich, die Köpfe nach der Mitte kehrend, hinein, schlafen oder vertreiben sich die Zeit unter behaglichem Grunzen. In strengen Wintern verkriechen sie sich gern in Streu- und Laubhaufen, da ihr Kopf gegen die Kälte besonders empfindlich ist, obgleich sie am übrigen Körper ein so hartes Fell haben, daß davon oft eine Flintenkugel abprallt. Die Bache wirft jährlich auf einmal oft zwölf Junge (Frischlinge), welche der Mutter in Kurzem folgen, anfangs weiß oder gelblich sind, nach ungefähr drei Monaten sich aber ebenfalls schwarz färben, und Alt und Jung suchen sich verträglich nebeneinander Waldfrüchte, Eicheln, Buchnüsse, Kastanien, Nüsse ꝛc., umwühlen Wald, Wiese und Acker nach Würmern, fressen wol auch zur Nachtzeit das halbreife Getreide vom Felde. Da sie für solchen Schaden aber nichts als ihr Fleisch, ihre Borsten und das Vergnügen der Jagd bieten können, so wird ihnen jetzt, wenigstens in Deutschland, überall eifrig nachgestellt. Sonst wurden sie fast überall förmlich gehegt; man vermied sorgfältig, einen nicht jagd-

Ansicht einer Eberjagd.

baren Eber zu tödten, damit es bei Saujagden an tauglichem Wild nicht fehlen möchte. In neuester Zeit aber gehören Keiler von 5—600 Pfund an Gewicht, die man früher häufig antreffen konnte, zu den Seltenheiten. Ungereizt sind die Eber friedliche Thiere, und so lange man ihre Zahl beschränkt, sodaß zu ihrer Sättigung die Waldfütterung hinreicht, ist der Landmann vor Einbrüchen in seine Fluren gesichert.

Die Eberjagd bildet einen interessanten Theil des Jagdvergnügens. Hirsche, Rehe, Hasen, Füchse ꝛc. fliehen scheu vor ihren Verfolgern, so lange sie nicht ermattet oder verwundet niederstürzen und von Hunden gepackt werden. Der gereizte Eber aber läßt Beleidigungen nie ungerächt, und deshalb ist der Kampf mit ihm, wenn auch gefahrvoll, doch höchst interessant. Er heißt darum auch der Ritter des Waldes und macht diesem Titel in Wahrheit Ehre. Wir übergehen die mancherlei künstlichen Vorrichtungen, die zu großen Eberjagden getroffen werden, wie die verschiedenen Jagdarten selbst, und beschränken uns auf die interessantesten Momente dabei, wo der Eber seinen Feinden gegenüber kämpfend auftritt. Aufgeschreckt vom Lager durch die spürenden Hunde, flieht er anfangs scheu, dreht sich aber, sobald ihm diese zu nahe auf dem Nacken sitzen, um, stellt sich ihnen mit offenem Rachen entgegen und wehe dann den Hunden, die sich ihm von neuem nähern. Wüthend schlägt er mit seinen Hauern um sich, reißt seinem Gegner oft mit einem einzigen Hiebe den Leib auf und hat er den Rücken frei, so kommt auch nicht ein Hund, so viele ihrer auch gegen einen Eber gehetzt werden, mit dem Leben davon, wenn nicht der Jäger zu Hülfe eilt. Für diesen ist es ein Glück, wenn er gut zielt, denn fehlt der Schuß, oder bringt er dem Eber nur eine leichte Wunde bei, dann wird seine Lage oft höchst gefährlich. Das gereizte Thier stürzt blitzschnell auf ihn los und nur Muth, Besonnenheit und List können ihn retten. Der besonnene Jäger läßt in solchen Fällen den Eber so nahe als möglich kommen, springt dann schnell auf die Seite, der Eber schießt vorbei, immer grade aus, kehrt selten um, und geschieht dies ja, so gewinnt jener doch, ehe sich das Thier umwendet, so viel Zeit, daß er einen Baum erklettern, hier seine Büchse von Neuem laden und den gefährlichen Gegner von oben herab erlegen kann. Ein gewandter Jäger aber würde dieses Verfahren für schimpflich halten, dem heranstürzenden Eber dagegen kühn entgegentreten, den Hirschfänger auf das rechte etwas gebogene Knie ansetzen, sich mit dem übrigen Körper auf den linken Fuß stützen, die Spitze des Hirschfängers so richten, daß sie zwischen Hals und Blatt des Ebers hineinfahren muß, und fährt dann dieser auf den Jäger los, so wird er sich unfehlbar das mörderische Eisen in den Leib stoßen. Der Jäger nennt dies den Eber an- oder auflaufen lassen. Zu diesem Wagstück aber gehört Kraft und vor allem Gewandtheit. Der Eber wird den Jäger sonst über den Haufen werfen, und er kann dann von Glück sagen, wenn sein Vorwitz nicht blos mit einigen Bissen und Hieben bezahlt wird. Es sind Fälle vorgekommen, wo der stärkste Mann, weil er im Augenblicke des Anprallens dem Eber nicht die gehörige Richtung gab, oder keine feste Stellung genommen hatte, von einem einjährigen Eber umgeworfen wurde. Selbst der Jäger zu Pferde ist vor den Angriffen des gereizten Ebers nicht sicher. So kam z. B. der letzt verstorbene Herzog von Dessau bei einer Streifhatze in die größte Lebensgefahr. Er war zu Pferde, wurde, entfernt von seinen Jägern, von einem gehetzten Eber angegriffen, und um sich vor den Hieben desselben sicher zu stellen, blieb ihm kein anderes Mittel übrig, als seine Füße auf den Hals des Pferdes zu legen. Machte dieses jetzt nur die geringste Bewegung, so mußte der Herzog herabstürzen und um sein Leben war es vielleicht geschehen. Aber das treue Roß stand, trotzdem daß es mehre bedeutende Wunden in den Unterleib erhielt, bis der wüthende Eber durch die herbeieilenden Jäger erlegt war. Nichts übersteigt aber den Muth, mit welchem eine Bache ihre Jungen vertheidigt. Auf den ersten Klagelaut eines derselben eilt sie blitzschnell heran, geht blindlings auf den stärksten Feind los und rächt sich durch gefährliche Bisse an ihrem Gegner.

In Deutschland bediente man sich in der Vorzeit zur Eberjagd besonderer Spieße, deren Spitze von Eisen, zweischneidig, 12—14 Zoll lang und an einem hölzernen, mit Zwecken beschlagenen Stiele befestigt war. Hatte sich der aufgejagte Eber vor den Hunden gestellt, so eilte der Jäger hinzu und stieß ihm den Speer in den Leib oder in den Rachen. Am Ende des Eisens (man sehe die Abbildung) waren Widerhaken angebracht, damit dasselbe nur bis dahin in den Eber eindringen konnte. Ebenso gehörte es zu den ritterlichen Übungen, die Eber auf solche Spieße anlaufen zu lassen. Den Schaft des Spießes drückte der Jäger dabei fest an den Körper, gab mit der linken Hand dem Eisen die Richtung, stützte den Körper auf den rechten Fuß, stellte den linken etwas gebogen vorwärts, rief dem Eber, um ihn noch mehr zu reizen, das Wort Hussah oder Huß = Sau entgegen, und wüthend stürzte das Thier in den Mordstahl.

In Indien, wo die Eberjagd von den Eingeborenen leidenschaftlich geliebt wird, erlegt man den Eber mittels langer Speere, die man ihm in den Rachen stößt, oder schleudert nach ihm oft aus einer Entfernung von 30—40 Schritten mit großer Gewandtheit schwere Wurfspieße. Indeß ist hier diese Jagd weit weniger gefährlich, da der indische Eber zwar größer aber minder bösartig ist als der europäische.

Gemälde von London.
(Fortsetzung aus Nr. 121.)

Das Bild Londons würde sich für uns nicht vollenden, wenn wir nicht auch seiner Verfassung, seiner Verwaltung, seiner Rechtspflege kurz gedächten und eine kurze Charakteristik seiner Bewohner, in den verschiedenen Classen und einiger hervorstechenden Züge seiner Gesellschaft hinzufügten. Die Verfassung Londons ist sehr alten Ursprungs. Sie gründet sich auf die verschiedenen Freibriefe, welche von Wilhelm I., König Johann, Heinrich I. und andern Königen der Stadt ertheilt wurden. An der Spitze der Verwaltung der Altstadt stand in ältester Zeit der Hafengraf, dann ein Prevost, der nach der normännischen Eroberung den Titel Maire (Mayor) annahm, und den Rang und Titel eines Lords von Eduard III. erhielt. Unter ihm stehen die 1) Rathsherren (Aldermen), welche auf Lebenszeit von und für die 26 Stadttheile (Wards) unter dem Vorsitz des Mayors erwählt werden und die Friedensrichter ihres Bezirks sind; 2) der Gemeinderath, gleichfalls sehr alten Ursprungs, und bis zur Anzahl von 236 Mitgliedern gewählt; 3) der Rechtsverwalter (Recorder) mit seinen Justizbedienten. Als Vertreter des Königs stehen diesen die beiden Sheriffs von London zur Seite. Diesen Sheriffs gebührt die ausübende Gewalt, die Hinrichtungen, die Vollstreckung der Rechtssprüche. Der Recorder wird zum Lord-Mayor vorgeschlagen und von der Bürgerschaft bestätigt, der Lord-Mayor selbst aber wird nur für ein Jahr aus den Aldermen erwählt. Die Wahl, welche jährlich am 29. September stattfindet, gibt zu einer der charakteristischsten Feste Londons Anlaß. Die Bürgerschaft, aus den Hausvätern der 91 Gewerke bestehend, wählt im Stadthause (Guildhall) zwei rechtskundige Aldermen, von denen der Aldermenhof mit dem abgehenden Mayor einen zum Lord-Mayor erklärt. Am 9. November, wo er sein Amt antritt, findet der feierliche Aufzug statt. Ein unermeßlicher Zug von Kutschen sammelt sich vor Guildhall, der abgehende, sowie der neue Mayor, in ihren kostbaren, alterthümlichen Scharlachkleidern, reich mit Pelzwerk besetzt, mit breitem Hut und goldener Kette, der Letztere seine Keulen = und Schwertträger vor sich, die Aldermen in ihrer Amtstracht, die Sheriffs, der Recorder u. s. w., besteigen um 9 Uhr die Staatsbarke, mit Fahnen und Flaggen geschmückt, in der sie im festlichen Zuge nach Westminster fahren, wo das neuerwählte Stadthaupt die vorgeschriebenen Eide vor den Lords der Schatzkammer leistet. Von hier bewegt sich der Zug nach den hohen Gerichtshöfen, wo der Mayor die Richter zu Tische ladet; dann kehrt Alles zu Wasser nach der Blackfriarsbrücke zurück. Hier erwartet den Gefeierten die städtische Artilleriecompagnie und das Gewerk, dem er selbst als Meister (denn ein solcher muß er sein) angehört; mit Fahnen und Musik folgen die übrigen Gewerke. Ganz geharnischt prangen die Anführer zu Rosse voran. Diesem folgt die Dienerschaft des Mayors, er selbst in seiner Staatskutsche, die Schwert = und die Keulenträger an den Schlägen derselben, die Kutschen der Aldermen, Sheriffs, Common = Sergeants, Chamberlain, Townclerk, die Marschälle und hundert andere Beamte der Stadt. Ein glänzendes Mahl, von 1000 Personen etwa, dessen geringster Kostenanschlag 20,000 Thaler beträgt, und ein Ball nach diesem schließt den festlichen Tag in Guildhall, ein Fest, der riesenhaften Puddings, Kuchen, Braten und Punschbowlen wegen berühmt, die dabei oft erscheinen sind.

Die Rechte und Befugnisse des Lord-Mayors von London sind sehr ausgedehnt. Nach dem Tode des Königs erhält er, bis zur Ausrufung des neuen, Sitz und Stimme im Geheimrath. Er ist der Stellvertreter des Königs in der Verwaltung der Stadt; ohne Anzeige und ertheilten Befehl von ihm, das Thor von Tempelbar zu öffnen, darf der König die City nicht betreten; dies gilt jedoch nur von feierlichen Besuchen des Königs. Er ist der Oberrichter der Stadt und des Fleckens Southwark u. s. w., ohne ihn ist kein Gemeindebeschluß gültig und er steht allen Wahlversammlungen vor.

Unabhängig von ihm ist die Verwaltung Westminsters, das als ungefreite Stadt früher unter dem Abt und seinem Capitel stand, seit Elisabeth zwar unter einer bürgerlichen Verwaltung steht, die jedoch von dem Capitel ernannt wird. Dies erinnert daran, daß Westminster seit der Verlegung des Bischofssitzes nach Norwich keine City mehr ist. Southwark steht, wie gedacht, unter dem Lord-Mayor von London seit 1327. Die City von London hat Gerichts = und Militairfreiheit (eignes Gericht und eigne Miliz, drei Regimenter stark), und sendet vier Mitglieder ins Parlament, die in Guildhall oder Mansionhouse von der Bürgerschaft gewählt werden, und zwar, wenn keine Abstimmung gefodert wird, durch Handerhebung. Wird die Abstimmung gefodert, so muß diese sieben Tage offen sein. Westminster hat diese Freiheiten nicht, sie kann keine Freemen machen, hat nur die kleinen Gerichte, keine Gewerke, und sendet zwei Mitglieder ins Parlament. Southwark schickt ebenfalls zwei Mitglieder. Die übrigen 45 Kirchspiele erwählen deren noch acht. Die Policeiverfassung Londons ist neuen Ursprungs. Sonst war die ganze Policei der Stadt dem

Lord-Mayor und seinem Gerichtshofe allein überlassen. Seit der neuen Einrichtung aber ist London in fünf Policeidivisionen getheilt, jede Division in acht Sectionen, und jede Section in acht Unterabtheilungen. In jeder Division befindet sich ein Wachhaus, von welchem die den Policeidienst betreffenden Anordnungen ausgehen. Die Policeimacht besteht aus ebenso vielen Compagnien als es Divisionen gibt.

Die Gerichtsverfassung von London ist ein wunderliches Gemisch veralteter Gebräuche mit vielen trefflichen Elementen, jetzt zu den seltsamsten Misbräuchen geworden, und so wollen wir hiervon einen flüchtigen Überblick geben.

Des obersten und höchsten Gerichtshofes des Reichs, des Parlaments, haben unsere Nrn. 35 und 37 des Pfennig-Magazins gedacht. Alle Gerichtssitzungen, die großen wie die kleinen, sind öffentlich, alle Richter werden vom König aus geprüften Rechtsgelehrten ernannt, und sind unabsetzlich, wiewol der Tod des Königs eigentlich alle Bestallungen endet. Der Gehorsam gegen das Gesetz aber ist ein Charakterzug des Engländers, und täglich kann man sehen, wie der Stab eines geschworenen Constables (sonst ein gewöhnlicher Bürger) ganze Haufen leidenschaftlicher und unruhiger Menschen auseinandertreibt. Im Angesicht des Gesetzes verstummt hier sogleich jede Leidenschaft, das Gegentheil ist unerhört. Der höchste Gerichtshof nach dem Parlament ist der Gerichtshof des Lordkanzlers, wo dieser oder sein Vicekanzler als alleiniger Richter sitzt. Alle Parlamentswahlen, Patente für Sheriffs, Bankrottprocesse, Blödsinnigkeitserklärungen, Processe wegen Empörungen u. s. w. werden hier bestätigt oder entschieden. Unter ihm stehen alle Mündelsachen, Ehescheidungen u. s. w.

Der höchste Gerichtshof nach strengem Recht ist die Kingsbench, vor welcher alle Schuldsachen und Criminalfälle gehören. Dieser Gerichtshof ist mit der Person des Königs so verbunden, daß er ihm, nach der ursprünglichen Einrichtung, auf seinen Reisen folgen mußte, wie er denn früher wirklich in York, Exeter und Rorburgh gesessen hat. Sein Ansehen erstreckt sich über ganz England in allen Fällen von Friedensbruch, Misbrauch der Gewalt, Irrthum der Richter, in Kronsachen, persönlichen und gemischten Vergehungen u. s. w. Seine Sitzungen sind in Guildhall.

Der Gerichtshof in Westminsterhall hat dieselbe Autorität wie die Kingsbench, nur die Kronsachen gehören nicht vor ihn. Er besteht aus vier Richtern unter einem Oberrichter und zahlreichen Unterbeamten. Das Schatzkammergericht ist ein Appellationsgericht, aus dem Kanzler und allen königlichen Richtern bestehend. Hier kommen nur wichtige Sachen zum Spruch, welche die Gerichtshöfe selbst dahin verweisen, Irrthümer der Gerichte, Gewaltmisbrauch u. dgl.

Das Stadtgericht in London befaßt sich mit kleinen Civil- und Policeisachen und besteht aus Beisitzern, die der Lord-Mayor monatlich aus den Aldermen dazu ernennt. Es zerfällt in sieben verschiedene Gerichte, denen gewöhnlich achtbare Bürger vorstehen. Hier ist die Rechtspflege schnell und wohlfeil. Der Gerichtshof der Admiralität richtet über Seesachen, Verbrechen ausgenommen. Für diese verbindet er sich in Oldbailey mit einem königlichen Richter und der Jury. Das Gericht von Doctor's Common's spricht in Kirchensachen, Ehesachen, Blasphemie u. s. w., und ist zugleich eine Rechtsschule für angehende Advocaten; es steht unter einem Erzbischof. Der Marshallgericht zieht alle Civilklagen in Westminster und 12 Meilen innerhalb der Residenz, die City ausgenommen, vor sich. Oldbailey endlich bildet das Criminalgrafschaftsgericht von Middlesex, unter dem Lord-Mayor und den Aldermen, die Mayors gewesen sind, und dem Recorder, mit einem oder mehren königlichen Richtern.

(Der Beschluß folgt in Nr. 123.)

Verschiedene Arten der Trauer.

In Europa trauert man allgemein schwarz, weil diese Farbe die der Finsterniß ist, welcher der Tod, als eine Beraubung des Lebens, gleicht. In China bedient man sich der weißen Farbe, weil man hofft, daß der Todte im Himmel, dem Orte der Reinheit, ist. In Ägypten ist es die gelbe Farbe, weil die Blumen und Blätter bei ihrem Absterben diese Farbe annehmen. In Äthiopien ist die braune Farbe üblich, weil sie die Farbe der Erde bezeichnet, aus der wir entstanden sind und zu der wir zurückkehren. In einigen Theilen der Türkei ist blau die Farbe der Trauer, weil es die Farbe des Himmels ist, wohin die Abgeschiedenen kommen; in andern dagegen purpur und violet, weil beide eine Mischung von schwarz und blau sind, und ersteres Schmerz, letzteres Hoffnung bedeutet. Man sieht also, daß alle Farben, der Reihe nach, für traurig gelten können.

Rafael's Carton.
5. Petrus, der den Krüppel heilt.

Als Petrus und Johannes in den Tempel zu Jerusalem getreten waren, rief ein Krüppel an, der von Geburt an gelähmt war, und flehte um eine Gabe. Da sprach Petrus: „Silber und Gold habe ich nicht, aber was ich habe, das will ich dir geben; im Namen Jesu von Nazareth, stehe auf und wandle!" Und er rührte ihn mit der Rechten an und richtete ihn auf; da kehrte sogleich die Kraft und Gelenkigkeit seiner Glieder zurück, er stand auf und ging mit ihnen in den Tempel und pries die Gnade Gottes.

Wir erblicken hier auf unserm Bilde das sogenannte „schöne Thor", einen der berühmtesten Tempel der alten Welt. Vier Reihen herrlicher Säulen, mit Basreliefs geschmückt, und im Hintergrunde der Eingang zum Tempel selbst, erhellt von dem Lichte schwebender Lampen. In der mittelsten Säulenabtheilung stehen in vollster Beleuchtung Petrus und Johannes, und vor ihnen liegt flehend und erwartend der Krüppel. Die Haltung des Petrus ist einfach und würdevoll. Man sieht ihm an, daß wahres Mitleid mit dem Unglücklichen und das Bewußtsein, daß die Gnade Gottes in ihm wirke, ihn zu dieser Handlung der Barmherzigkeit veranlassen. Der danebenstehende Johannes betrachtet den Krüppel mit einem theilnehmenden und wohlwollenden Blicke. Den verschiedenartigsten Ausdruck hat Rafael in die Gesichter der umstehenden Personen gelegt: Neugier, Glaube und Zweifel. Der auf den Knien liegende Alte, mit beiden Händen auf einen Knotenstab gelehnt, scheint dieser Offenbarung der göttlichen Macht den vollsten Glauben zu schenken und im Stillen die Hülfe des Apostels auch für sich selbst anzuflehen, deren er gewiß nicht minder bedarf. Der zur äußersten Rechten stehende Krieger scheint dieses Vertrauen zu theilen, während die weiter hinten im Schatten stehende Figur, mit dem auf den Mund gelegten Finger, eher Mistrauen und Unmuth verräth. Einen herrlichen Gegensatz zu den beiden knienden Unglücklichen bildet die Mutter mit dem Säugling auf ihren Armen, welche das um sie her Vorgehende wenig beachtet. Zur Linken sehen wir einige Gestalten, die in das Interesse der mittlern Gruppe nicht verflochten scheinen. Das junge Weib mit dem Korbe auf dem Haupte, und ihr zur Seite der kleine nackte Knabe, welcher Tauben trägt, die wahrscheinlich geopfert werden sollen, sind von großer Schönheit und mit Zartheit und Anmuth ausgeführt. Durch die Zwischenräume der Säulen der Vorhalle sehen wir an dem hindurchblickenden Himmel, daß es Tag ist, und dieser Lichtschein verschmilzt sich vortrefflich mit dem dunklern Lampenschimmer der Tempelhalle.

Petrus, der den Krüppel heilt.

Verantwortliche Herausgeber: Friedrich Brockhaus in Leipzig und Dr. E. Drärler-Manfred in Wien
Verlag von F. A. Brockhaus in Leipzig.

Das Pfennig-Magazin

der

Gesellschaft zur Verbreitung gemeinnütziger Kenntnisse.

123.] Erscheint jeden Sonnabend. [August 8, **1835**.

Der Dichter in der Noth.

Hogarth's Werke.
5. Der Dichter in der Noth.

Auf diesem Blatte, ein Seitenstück zu dem in Nr. 95 des Pfennig-Magazins mitgetheilten erzürnten Musikus, führt uns Hogarth in die Wohnung eines londoner Dichters, der allem Anschein nach besser gethan hätte, wenn er sich einem andern Berufe gewidmet hätte, denn ein Blick auf das Hauswesen dieses Familienvaters reicht hin, sich zu überzeugen, daß es mit seinen Finanzen nicht zum besten bestellt ist. Bei einem

III.   32

Stümpfchen Licht, welches von seinen nächtlichen Studien übrig geblieben ist, sehen wir im Schlafrocke, der einige Defecte zeigt, den Dichter mit der Feder in der Hand sitzen, vor sich ein angefangenes Gedicht, das er, wie das daneben liegende Buch glauben macht, wol nicht ganz aus seinem Kopfe componirt. Obgleich er wol nicht lange verheirathet ist, denn der kleine Schreihals dort in der Wiege, den wir eben beschäftigt sehen, seinen Papa mit einem Morgenliede zu erfreuen, scheint der Erstling dieser Ehe zu sein, mag er doch schon manche Ursache gefunden haben, die voreilig geschlossene Ehe zu bereuen. Denn wenn man einmal in einem armseligen Dachstübchen, unter solchen Verhältnissen, Sorgen und Beschwerden zu hausen genöthigt ist, so ist es doch wenigstens vorzuziehen, allein da zu hausen.

Die Frau unsers Poeten scheint auch wirklich nicht grade die vortrefflichste ihres Geschlechts zu sein. Ein großer Theil der hier stattfindenden Armseligkeit kommt gewiß auf ihre Rechnung, und die Unordnung hat sie auf alle Fälle ganz allein zu verantworten. Es liegt hier Alles durcheinander wie Kraut und Rüben, wofür die frühe Morgenstunde keine hinreichende Entschuldigung ist. Daß die frischgewaschene Wäsche — es sind im Ganzen nur drei Stücke — auf der Leine am Kamin hängt, und dem dichtenden Gemahl einen Duft bereitet, der seiner poetischen Begeisterung nicht allzu günstig ist, möchte noch zu entschuldigen sein, da Leute in solchen Verhältnissen oft sehr eilig ihr Linnenzeug waschen und trocknen müssen; aber daß Schuhbürsten und Kehrbesen, Zeitungen und Scheuerlappen, Blasebalg und Paradedegen (gewiß noch eine Reliquie aus den bessern Jünglingstagen des Dichters) so genial durcheinander auf dem Boden liegen, eine Unordnung, die sich wahrscheinlich noch von gestrigen Tage herschreibt, dies ist für eine Hausfrau, und wenn sie auch nur ein Dachstübchen bewohnt, doch unverzeihlich. Noch unverzeihlicher aber ist, daß der Überrock des Gemahls dazu dient, der Katze, welche ebenfalls mit Nachkommenschaft gesegnet ist, ein bequemes Lager zu gewähren. Wenn dieser so übel behandelte Rock, sowie die Beinkleider, welche eben ausgebessert werden, die ganze Garderobe des Hausherrn ausmachen, so ist es wahrscheinlich, daß er bald gänzlich auf sein Dachstübchen gebannt sein und nicht einmal mehr bei einem Spaziergange sein Hauskreuz vergessen wird. Die dritte Person, die eben zur Thür hereingetreten ist, ist das Milchmädchen, welche dem jungen Ehepaare eine unbezahlte Rechnung vorzeigt. Diese ist, nach altenglischer Sitte, ein Kerbholz, und die bedeutende Anzahl von Kerben, welche sich darauf befinden, bezeugt, daß der Kleine in der Wiege schon weit mehr auf Conto getrunken hat, als mit den Einkünften seines Vaters übereinstimmt. Das Milchmädchen scheint bei geläufiger Zunge zu sein, und ihre Suade setzt den beschäftigten Schriftsteller in nicht geringe Verlegenheit, denn er weiß recht gut, daß er auch an diesem Morgen seiner Schuldigkeit nicht wird nachkommen können, und das arme Kind, das vielleicht schon nach seinem Frühstück wimmert, sonach ohne Imbiß bleiben wird.

Unter den in dem Zimmerchen befindlichen Effecten müssen wir dreien eine besondere Aufmerksamkeit schenken. Erstens der Landkarte, die grade über dem Haupte des Poeten an der Wand hängt. Sie stellt eine Ansicht der Goldminen von Peru vor, bei deren Anblick unserm Schriftsteller ungefähr ebenso zu Muthe sein mag, wie einem Hungrigen, den man mit Brot und Wasser bewirthet und während der Mahlzeit von Pasteten, Austern und Champagner erzählt. Der zweite Gegenstand, der uns fesselt, und den man leicht für ganz unbedeutend halten könnte, ist der Porterkrug dort auf dem Stuhle am Kamin. Was wollte Hogarth wol damit sagen, daß er diesen so fern ab vom Hausherrn hinstellte? Wol nur, daß er leer ist; denn wenn er voll wäre, würde er wahrscheinlich vor dem Dichter stehen, und diesem bei seinen nächtlichen Arbeiten zur Erquickung gedient haben. Armer Poet, der sich nicht einmal einen Trunk Bier erzeugen kann! Der dritte Gegenstand endlich, der uns auffallen muß, ist ein Blatt Papier, das neben dem gemisbrauchten Überrocke auf der Diele liegt, und auf welchem zu lesen ist: „Grubstreet Journal", das heißt wörtlich: Zeitung aus dem Zwerggäßchen. Grubstreet ist nämlich dasjenige Winkelgäßchen von London, in welchem die meisten Flugblätter und Gassenlieder gedruckt werden. Hogarth wollte also mit diesem Papiere andeuten, daß unser Schriftsteller vielleicht gar Mitarbeiter der Zeitung war, deren Titelblatt wir hier erblicken.

Unbemerkt von allen Anwesenden sehen wir noch an der Stubenthür einen Hund beschäftigt, das Stück Fleisch von der Schüssel zu langen, welches die Hausfrau, vielleicht ebenfalls auf Conto, zu ihrem Bedarf entnommen, und dem sie keinen bessern Platz anzuweisen gewußt hat. Es wird also hier das Sprüchwort wahr, daß nie ein Unglück allein kommt, denn hier geht in einem und demselben Augenblicke Frühstück und Mittagessen zugleich verloren.

Der tiefste Schacht in Großbritannien.

Der Schacht, der jetzt in dem Steinkohlengebirge bei Monkwearmouth unweit Sunderland abgeteuft wird, hat eine weit größere Tiefe erreicht, als irgend ein anderer in Großbritannien, oder wenn man die Tiefe von dem Meeresspiegel an rechnet, irgend ein bekannter Schacht. Dieser Schacht liegt 1500 Fuß unter der Meeresfläche und 1600 unter der Bodenfläche. Bis jetzt war der tiefste Schacht in Cornwall von 1470 Fuß, wovon 1150 Fuß unter der Meeresfläche sich befanden. Der Schacht bei Monkwearmouth ward im Mai 1826 begonnen. Als man eine gewisse Tiefe in einer mächtigen Sandsteinschieferschicht erreicht hatte, brach das Wasser in so ungeheurer Menge ein, daß zur Gewältigung eine doppelte Dampfmaschine von 200 Pferdekraft angelegt werden mußte. Erst 1831 stieß man, 544 Fuß unter der Oberfläche, auf die ersten Kohlen; doch war das Flöz gar nicht mächtig, und es zeigte sich keine bedeutende Kohlenschicht, als man schon über 600 Fuß tief gelangt war, mithin über die gewöhnliche Tiefe, in welcher Kohlen gefunden werden. In einer Tiefe von 1000 Fuß stieß man auf neue Wasseradern, die neue Anstalten zur Gewältigung nöthig machten. Die Aussichten für das Unternehmen waren trübe geworden, als man endlich im October 1834 in einer Tiefe von 1578 Fuß unter der Bodenfläche eine Kohlenschicht von ansehnlicher Mächtigkeit fand. Man hat Barometer- und Thermometerbeobachtungen in dem Schacht und den von demselben ausgehenden vier Stollen angestellt, welche mit der bisher angenommenen Meinung übereinstimmen, daß die Temperatur der Erde zunimmt, je tiefer man unter die Oberfläche derselben kommt; man muß dabei jedoch nicht übersehen, daß sich in Kohlengruben Ursachen für die höhere Temperatur angeben lassen, die mit der angenommenen Wärme im Innern der Erde nicht in Verbindung stehen. In Kohlengruben bringen die ausliegenden Schichten einen ungeheuern Druck hervor, der jene Spalten und Risse in den Wänden und Wölbungen, jene Hebungen des Bodens erzeugt, wodurch Luft und Wasser Zutritt erhalten, und man nimmt an, daß diese Umstände theils durch den mechanischen Druck, theils durch chemische Zersetzung auf die Temperatur einwirken.

Pomeranzen auf den Azoren.

Die Pomeranzenpflanzungen auf der azorischen Insel San-Miguel sind von großer Ausdehnung, immer von einer 15—20 Fuß hohen Mauer umschlossen, und innerhalb umgibt sie ein Kranz von Cedern und andern Bäumen, um die Pomeranzenbäume gegen die Seewinde zu schützen. Die Bäume werden durch Ableger fortgepflanzt, welche in den Boden gelegt, und wenn sie Wurzeln geschlagen haben, vom Mutterstamme getrennt werden. Alsdann werden die jungen Pflanzen in drei Fuß tiefe, mit Lavastücken ausgelegte Gruben gesetzt, und am Rande mit Lorberbäumen und andern Sträuchern umpflanzt, bis die Pomeranzenstämmchen stark genug sind, worauf dann die sie umgebenden Pflanzungen weggeschafft werden. Von Zeit zu Zeit wird der Stamm der jungen Bäume mit Theer bestrichen, um schädliche Insekten abzuhalten. Im Laufe von sieben Jahren ist eine Pomeranzenpflanzung tragbar. Jeder ausgewachsene Baum gibt jährlich im Durchschnitt 12—1600 Pomeranzen. Die Früchte werden, ehe sie die völlige Reife erlangt haben, von den Kaufleuten eingekauft, welche sich zur Abschätzung des Ertrags einer Pflanzung erfahrener Männer bedienen, die von diesem Geschäfte leben und durch Übung einen so sichern Blick erlangt haben, daß sie beim Durchgehen einer Pflanzung mit überraschender Genauigkeit den Ertrag angeben. Der Einkauf ist jedoch immer eine gewagte Sache, da die Pomeranzen von der Zeit der Abschätzung bis zur Einsammlung vielen Zufällen ausgesetzt sind. So wirft zuweilen ein anhaltender Nordwind oder Nordostwind sie von den Bäumen, und ein heftiger Sturm schüttelt in einer Nacht sie ab. Nichts läßt sich mit dem üppigen Anblick während der eigentlichen Fruchtzeit, vom November bis zum März, vergleichen, wo die hellgrünen unreifen und die goldenen reifen Früchte aus den dichten dunklen Laube hervorblicken, während die glänzende Blüte weit umher ihren köstlichen Duft verbreitet. Die Insel führt jährlich gegen 120,000 Kisten aus, und man sieht zuweilen 70—80 Schiffe auf der Rhede warten, um sie nach Europa zu führen. Außer Pomeranzen werden auch viele süße Citronen für den einheimischen Bedarf angebaut, die man durch Pfropfen saurer Citronen auf Pomeranzenbäume gewinnt. Diese Frucht schmeckt nicht angenehm, doch ist sie beliebt auf der Insel. Die Bewohner der Azoren, besonders die Vornehmen, essen nur die Seite der Pomeranzen, die der Sonne am meisten ausgesetzt gewesen ist, und sich an der frischen Frucht leicht durch die Farbe unterscheiden läßt.

Gemälde von London.
(Beschluß aus Nr. 122.)

Indem wir schließlich versuchen, ein Charakterbild der Bewohner von London zu entwerfen, beziehen wir uns auf Dasjenige, was schon im Vorhergehenden über die scharfe Sonderung der verschiedenen Stadttheile, über die Rivalität der Mode und die grellen Gegensätze von Armuth und Reichthum, Roheit und Überfeinerung gesagt worden ist.

Was dem Engländer in London allgemein angehört, ist sein entschiedener Nationalstolz, und hierin findet er den Grund, alles Fremde gering zu achten. Er erkennt den Ausländer sofort an Sprache, Kleidung, Haltung und Gang. Zeichnet er sich durch etwas aus, so ist er geneigt, ihn zu verspotten. Nur des Engländers strenges Rechtsgefühl kann seinen stets bereiten Witz zurückhalten, wo er das Eindringen eines Fremden wahrnimmt. Ein zweiter allgemeiner Zug ist der Geldstolz des Londoners. Reich zu sein gilt ihm für das höchste Verdienst. Jeder strebt danach, für etwas mehr werth, d. h. vermögend, zu gelten, als er in der That ist, und hieraus entspringt nun einerseits das beständige Streben nach hohen und vornehmen Verbindungen, andererseits aber die kalte Zurückhaltung gegen Unbekannte. Sonderbar, in dem Lande, das gesetzlich nur einen persönlichen Adel, sonst aber keine Standesunterschiede kennt, und wo die jüngern Söhne des Adels beständig in die Mittelstände wieder übergehen, in diesem Lande macht der strengste und feinschattirteste Standesunterschied sich geltend.

Doch dieses Ringen nach Gönnerschaft abgerechnet, ist der londoner Mittelstand bieder, hülfreich, ohne Complimente, gefällig und selbst zutraulich. Der Bürger ist ein guter Hausvater, nicht eben zärtlich, aber seinen Pflichten treu. Er ist sparsam, und liebt nur seine Bequemlichkeit, seine Zeitungen und endlich seine Familie. Er ist Patriot, soweit sein Egoismus sich damit verträgt, sehr unterrichtet in Dem, was England angeht, sehr unwissend in Allem, was sich auf das Ausland bezieht. Das englische Volk ist ein Mischlingsvolk und seine Sprache eine Mischlingssprache, aber durch alle Stände hin tritt jenes lebendige Gerechtigkeitsgefühl hervor, das an die deutsche Abstammung erinnert, und dieses Gefühl bricht bei allen Anlässen öffentlich hervor.

In den höhern Ständen haben sich, wie überall, die charakteristischen Züge durch die Nacheiferung gemildert und verwischt. Die Gesellschaft, jene Mutter so vieler Tugenden und so vieler Laster, übt hier eine große Gewalt. In diesen Ständen hat man aus dem Tage Nacht und aus der Nacht Tag gemacht. Man ißt um 7 Uhr zu Mittag, kommt um 11 Uhr in den Gesellschaftssälen zusammen, trennt sich um 3 Uhr Morgens und schläft bis Mittag. Der Bürger ißt dagegen um 4 Uhr, nach beendeter Börse. Man wohnt in London viel enger als in Paris, Wien oder noch südlichern Hauptstädten. Die meist schmalen Häuser beherbergen gewöhnlich nur eine Familie, und eine Wohnung, aus einem Zimmer im Erdgeschoß, drei kleinen Zimmern im ersten Stock und den Schlafzimmern in dem zweiten Stockwerk, nebst einer Küche im Souterrain bestehend, ist dem Londoner groß und geräumig genug, um darin 200 Personen zu einer Gesellschaft zusammenzubitten. Bei diesen Gelegenheiten verweilt dann freilich die Hälfte der Gesellschaft auf den mit Teppichen sauber belegten Treppenfluren, und Viele müssen sich entfernen, ohne die Hausfrau, welche im hintersten Zimmer vor dem Theetisch Platz genommen hat, auch nur gesehen zu haben. Solide Zierlichkeit und häusliche Bequemlichkeit ist im Übrigen der Charakter der londoner Hauswirthschaft.

Beide Geschlechter sind in London wohlgebildet, die Frauen sind durch die Schönheit ihrer Hautfarbe, durch die Zierlichkeit ihres Wuchses ausgezeichnet. Die Männer sind meist stark gebaut und trotz der Verweichlichung in den höhern Ständen, gesund und stark.

Statue Jakob II.

Unter den Volksfesten Londons war sonst das Fest der Kaminfeger am 1. Mai, von Lady Montague gestiftet, eins der vorzüglichsten. Die ganze Schar dieser Burschen nahm daran Theil, bekleidete sich mit grünem Laube und durchzog mit lärmender Freude die Straßen seiner Kundschaft, worauf ein Festmahl folgte. Die Lust dieses Festes hat jetzt sehr abgenommen, und Londons heutige Volksfeste sind fast alle politischer Art. London ist, was man ein theures Pflaster nennt, doch trifft die Theurung mehr die Luxusartikel als die ersten Bedürfnisse.

* * *

Wir geben hier noch die in Nr. 120 des Pfennig-Magazins erwähnte, im Garten von Whitehall stehende Statue Jakob II., sowie das in Nr. 78 angeführte Grabmal Heinrich VII. in der Westminsterabtei.

Das Grabmal Heinrich VII. in der Westminsterabtei.

Winterleben der Thiere.
(Beschluß aus Nr. 122.)

Woher aber kommen die Zugvögel und wohin kehren sie zurück? Die Beantwortung dieser Frage wird erleichtert, wenn man diejenigen Vögel beobachtet, die in demselben Lande nur von einer Gegend zur andern ziehen. Im Innern Schottlands erscheint der Kibitz zu Ende des Februars und wenn die Brütezeit vorüber ist, eilt er nach der Seeküste, wo er den Winter zubringt und sich von den kleinen Schalthieren nährt, die das Meer auswirft. Selten aber bleibt dieser Vogel während des ganzen Winters an den schottischen Küsten, obgleich man ihn in dieser Jahreszeit immer an den südlichen Küsten Englands findet. Der Austerfresser brütet in Schottland, kehrt aber im Winter immer an die englischen Küsten zurück. Die schwarzköpfige Möve brütet in England und Schottland, aber sie zieht sich aus Schottland zurück, während sie fortdauernd in England lebt. Bemerkenswerth ist der Umstand, daß diejenigen Vögel, deren Wanderungen sich auf die britischen Küsten beschränken, nach geendigter Brütezeit in einem niedrigern Lande und in wärmern Gegenden Schutz suchen. Einige der schottischen Sommergäste kommen aus England, während einige der winterlichen Zugvögel Englands aus Schottland gezogen sind. Man darf wol annehmen, daß diejenigen Vögel, die ausgedehntere Wanderungen machen, in ihren Bewegungen denselben Gesetzen folgen, welche wir in den angeführten Fällen in einem beschränktern Raum finden. Die Beobachtungen sind zwar noch nicht so vollständig und genügend, daß wir mit Sicherheit die Winterzuflucht derjenigen Vögel angeben könnten, die uns im Sommer besuchen, aber wir wissen so viel, daß wir die Gesetze bestimmen können, von welchen diese Wanderungen abhangen. Die Schwalbe, von deren Wanderungen so viele Märchen verbreitet sind, verläßt die gemäßigten Erdgegenden in Europa vom Ende des Septembers bis um die Mitte des Octobers. Der Engländer Adanson sah sie im October an den Küsten von Afrika. Die Nachtigall verläßt das nördliche Europa zu Anfange des Octobers, und während des Winters findet man sie häufig in Unter-Ägypten. Sie brütet dort nicht und ist blos ein winterlicher Zugvogel, der im Frühling wieder wegzieht, und um diese Zeit häufig im griechischen Inselmeer vorkommt. Auch die Wachteln hat man auf ihren Zügen bis nach Afrika verfolgt; wiewol einzelne zuweilen während des Winters in England bleiben, und in Portugal, wie es scheint, sich immer aufhalten. Während diese Vögel weite Wanderungen unternehmen, machen andere nur kürzere Reisen. So besucht der arktische Papageitaucher nur die Küste von Andalusien und kommt im Frühling nach England zurück. Aus diesen Umständen geht hervor, daß die sommerlichen Zugvögel aus südlichen Gegenden zu uns kommen und nach der Brütezeit wieder in mildere Länder zurückkehren. Einige Sommergäste des nördlichen Europas mögen in Spanien oder Portugal überwintern, die meisten aber wandern nach Afrika. Wir kennen zwar die Wanderungen vieler kleinen Vögel noch nicht genau, dürfen aber annehmen, daß auch ihre Bewegungen den angeführten Gesetzen folgen. Es ist eine bekannte Thatsache, daß die Sommerzugvögel die südlichern Gegenden eines Landes einige Tage und selbst einige Wochen früher besuchen, als die nördlichen. Man kann die Wanderung der Vögel nach Süden mit dem Winterschlafe vergleichen, insofern sie eine Sicherung gegen die kalte Jahreszeit ist. Diese Vergleichung wird auch dadurch gerechtfertigt, daß die Vögel die einzige Thierclasse sind, bei welchen der Winterschlaf nicht als regelmäßiger, aus einem Naturtriebe hervorgehender Zustand vorkommt, und daß einzelne Schwalben, die durch Zufälle gehindert wurden, mit den übrigen wegzuziehen, in einen wirklichen Winschlaf zu verfallen scheinen, aus welchem sie bei einer wärmern Temperatur wieder erwachen, wie aus einigen, auch in neuern Zeiten, namentlich in Schottland gemachten Beobachtungen hervorgeht.

Fragen wir nun nach dem Sommeraufenthalte der Wintergäste, so müssen wir denselben in den nördlichen Gegenden suchen, und hier werden wir durch vielfältige Beobachtungen unterstützt. Die Schneeammer (emberiza nivalis), ein winterlicher Zugvogel in England, zieht im Sommer nach Spitzbergen, Grönland und Lappland, wo sie in Felsenspalten nistet. Dort ist sie ein Sommergast, der im Herbst wieder südwärts zieht. Die Waldschnepfe überwintert in Schottland und England und geht im Frühling nach Schweden, Norwegen und Lappland. Ebenso die Drossel und die Rothdrossel. Die Bewegungen dieser Vögel folgen offenbar demselben Gesetze, welches die nach Afrika ziehenden Sommergäste des nördlichen Europa leitet. Auf ihrem Zuge nach dem Süden erscheinen die winterlichen Zugvögel zuerst in den nördlichen und östlichen Gegenden Großbritanniens und ziehen allmälig nach Süden und Westen. So erscheint z. B. die Schnepfe, die über das deutsche Meer kommt, zuerst an der östlichen Küste.

Ehe die Zugvögel wegziehen, pflegen sie sich zu versammeln. Man bemerkt dies bei den Schwalben, besonders aber auch bei den Schnepfen, die in England zu derselben Zeit in großen Zügen ankommen. Der Entschluß, die Heimat zu verlassen, scheint den Zugvögeln einen Kampf zu kosten; sie sind in großer Unruhe, einige, z. B. die Meisen, sitzen lange wie unschlüssig, und einzelne, die den Flug versucht haben, kehren zurück, wenn die andern ihnen nicht nachfolgen. Die Störche fliegen mehrmals eine kurze Strecke und kommen wieder zurück, bis sie endlich ganz wegbleiben. Interessant ist es, die Ordnung zu beobachten, mit welcher sich einige Vögel beim Wegziehen sammeln. Die wilden Gänse z. B. bilden zwei Reihen, die sich vorn in einem spitzigen Winkel vereinigen, wo der Führer des Zuges die Luft durchschneidet und wenn er müde ist, dem Nächsten in der Reihe seinen Platz überläßt. Können sie mit günstigem Winde ziehen, so ist dies ein Vortheil, wo nicht, so laviren sie, so gut sie können, den Widerstand zu überwinden. Es gibt einige Zugvögel, welche, so weit unsere Beobachtungen reichen, nie in Gesellschaft wegziehen. Dahin gehört z. B. der Kukuk, den man selten bei seinem Weibchen sieht, und der wahrscheinlich auch allein wandert. Es ist merkwürdig, daß bei vielen Zugvögeln die Männchen einige Tage vor den Weibchen erscheinen; dies ist besonders bei der Nachtigall und dem Weißkehlchen (motacilla oenanthe) zu bemerken. Die meisten Vögel ziehen am Tage, unter andern auch Raubvögel; die Lerchen nur in den Morgenstunden und zuweilen auch am Abend noch eine Strecke. Viele aber ziehen vorzüglich in der Nacht, z. B. Wachteln, Fischreiher, Kraniche, wilde Enten, mehre von Insekten lebende Vögel, besonders in hellen Nächten von der Abenddämmerung bis zur Morgendämmerung. Überhaupt mögen diejenigen Vögel, die bei Nacht fressen, auch während dieser Zeit auf ihren Wanderungen fliegen, während andere, die nur bei Tage sich nähren, während der Nacht ausruhen. Die Heerschnepfe z. B. erscheint an den englischen Küsten während der Nacht, daher die Wildschützen häufig Feuer an den Küsten anzünden, das die Schnepfen anlockt. Alles ist dem großen Bedürfnisse des Wanderns untergeordnet; die Schwalbe fängt Insekten, der Königsreiher Fische, ohne den Flug zu unterbrechen. In den Stunden, wo die Zugvögel ausruhen, gehen sie blos der Nahrung nach, und wenn sie bei schlechter Witterung und ungünstigem Winde still liegen, werden sie oft sehr fett. Über unfruchtbare Gegenden eilen sie weg, und jemehr Nahrung eine Gegend darbietet, desto länger verweilen sie. Zuweilen aber sind sie eiliger und nehmen sich weniger Zeit, ihre Nahrung zu suchen, was besonders bei den nach Norden ziehenden Vögeln der Fall ist, die der Zeugungstrieb zur Wanderung anregt. Man hat oft gefragt, wie die Zugvögel auf ihren Reisen so lange fliegen können, ohne hinlängliche Nahrung zu finden, und Manche haben daher diese Wanderungen selbst in Zweifel gezogen. Die Schwierigkeit aber hebt sich, wenn man an die außerordentliche Schnelligkeit des Flugs der Vögel denkt. Der Habicht und viele andere Vögel legen in einer Stunde wahrscheinlich über 20 Meilen zurück. Ein Naturforscher fand durch wiederholte Beobachtungen an der Küste von Labrador, daß eine Eidergans in einer Stunde so weit flog. Es ist bekannt, daß ein Falke Heinrich IV. aus Fontainebleau wegflog und 24 Stunden später in Malta ankam, mit einer Entfernung von mehr als 300 Meilen. Manche Zugvögel machen ihre Wanderungen, wie wir bereits bemerkt haben, mit Ruhezeiten, und wäre es der Fall, daß andere ununterbrochen flögen, so können sie in sehr kurzer Zeit, besonders bei günstigem Winde, eine weite Strecke zurücklegen. Überdies ist es bekannt, daß viele Vögel sehr lange ohne Nahrung leben können; aber es ist nicht nöthig, eine solche Enthaltsamkeit vorauszusetzen, da die Vögel auf ihren Wanderungen nach Süden mit jedem Tage wärmere Gegenden und mehr Nahrung finden. Die Zugvögel werden auf ihren Wanderungen zuweilen von Sturmwinden ergriffen und von dem Wege abgeführt, den sie sonst mit bewunderungswürdigem Instinct verfolgen. Sie werden dann zuweilen weit verschlagen, oder ganz erschöpft auf dem Meere gefunden, wo sie sich an das Takelwerk der Schiffe hängen. Solche Unfälle sind jedoch selten, und diese Vögel kommen Jahr für Jahr in demselben Lande an und kehren sogar zu den alten Brüteplätzen zurück.

Die Ursachen dieser Wanderungen können nur in einem mächtigen Triebe liegen, der die Vögel zwingt, die Felsen, wo sie ausgebrütet wurden, die Wälder, wo sie aufwuchsen, zu verlassen und eine gefährliche Reise in entferntere Gegenden zu unternehmen. Das Verlangen, sich hinlängliche Nahrung, gleichmäßige Wärme und sichere Brüteplätze zu verschaffen, ist ohne Zweifel die nächste Ursache dieser Erscheinung. Mehre Sommerzugvögel im nördlichen Europa können nur während der Monate, wo sie dort bleiben, Nahrung finden. Meist von Insekten lebend, müssen sie ihren Wohnplatz verändern und am Ende des Sommers wärmere Gegenden suchen, um ihr Leben zu fristen. Häufig mangelt diese Nahrung, da sich die Bewegungen der Insekten nach der Luftwärme und der Witterung richten, und darin liegt die Ursache, daß manche Zugvögel nach ihrer Ankunft wieder verschwinden und Gegenden suchen, wo sie Insekten finden. So hat man in England beobachtet, daß die Rauchschwalben, die bei milder Witterung gewöhnlich zu Anfange des Aprils erscheinen, nach einem scharfen Ostwinde, der den Insekten verderblich geworden war, plötzlich sich verloren, und in einem geschützten Thale an der Küste Zuflucht gesucht hatten, wo sie an einem Pfuhl Fliegen fanden. Ebenso mächtig als das Verlangen nach Nahrung wirkt bei den Zugvögeln das Bedürfniß, den zu ihren Lebensbedingungen gehörigen Grad von Luftwärme zu finden. Man hat es in England vergebens versucht, die Schneeammer, die von Körnern sich nährt, während des Sommers zu erhalten, und in Amerika gelang es nur, wenn man sie in einem kalten Zimmer aufbewahrte, wo sie bis zur Mitte des Sommers lebte. Ebenso kann man die Schwalbe im nördlichen Europa während des Winters nur am Leben erhalten, wenn man dafür sorgt, daß sie nicht durch Kälte erstarrt. In ähnlichen körperlichen Umständen mag die Ursache liegen, daß in Schweden die Weibchen des Buchfinken im Winter wandern, während die Männchen dort bleiben. Das Bedürfniß, einen sichern Brüteplatz zu finden, hat ebenso mächtigen Einfluß auf den Wanderungstrieb vieler Vögel. Es gibt in Großbritannien sehr viele Wasservögel, aber nur wenige brüten dort, weil das Land zu bevölkert für so scheue und furchtsame Vögel ist. Der weiße Reiher, den man jetzt selten dort sieht, und der Kranich, der gänzlich verschwunden ist, brüteten in frühern Zeiten häufig in den Sumpfgegenden, bis der zunehmende Anbau des Landes sie verscheuchte. In dem Bedürfnisse ruhiger Brütezeit ist der Umstand gegründet, daß Vögel derselben Gattung in einer Gegend bleibende Bewohner, in einer andern Zugvögel sind, wie der Kibitz auf den Hebriden an der Westküste von Schottland Jahr aus Jahr ein lebt, während er im schottischen Hochgebirge ein Zugvogel ist.

Steigen wir zu den niedern Thierclassen hinab, so finden wir den Wandertrieb immer seltener, da diese Thiere zu wenig Bewegungskraft haben, ihre Wohnplätze zu wechseln, und wenn das Bedürfniß eintritt, sich gegen Winterkälte zu schützen, so versetzt sie die Natur in den Zustand der Erstarrung, wie es bei den Amphibien der Fall ist. Man hat vielfältig darüber gestritten, ob Fische wandern, aber die Beobachtungen, die man dafür angeführt hat, scheinen nicht ganz zuverlässig zu sein. Die Bewegungen der Fische sind wenigstens nicht so regelmäßig als die Wanderungen der Vögel. So besuchen z. B. die Schellfische mehre Jahre lang einen bestimmten Theil der Küste und verlieren sich wieder ohne eine sichtbare Ursache. Regelmäßiger sind die Bewegungen der Fische, welche die Küsten des nördlichen Europa besuchen, um ihren Laich abzusetzen; aber diese Wanderungen stehen nicht, wie bei den Vögeln, mit dem Wechsel der Jahreszeiten in Verbindung, da der Laich fast zu allen Jahreszeiten in den Flüssen abgesetzt wird. Unter den Weichthieren gibt es keine Beispiele von Wanderungen, ein merkwürdiges aber unter den Schalthieren ist eine in Südamerika lebende Landkrabbe, die Uca, die jährlich im April oder Mai in zahlreichen Schaaren aus ihrem gewöhnlichen Aufenthalt in den Gebirgen nach der Seeküste zieht, wo ihre Eier ausgebrütet werden.

Wandernde Musikanten in Indien.

Nachstehende Abbildung zeigt uns eine Gesellschaft wandernder indischer Musikanten, und zwar eine nicht sehr gewöhnliche Vereinigung von Hindus und Mohammedanern. Sie verrathen dies durch ihre Kleidung; jene befestigen nämlich stets ihr Oberkleid auf der linken, diese auf der rechten Seite. In den vordern Gestalten erkennen wir daher Hindus. Eine solche Vereinigung von Mohammed's und Brahma's Anhängern aber kann nur da stattfinden, wo die Vorurtheile der Kasten keinen Einfluß mehr haben, was jetzt nicht selten unter der geringsten der vier bürgerlichen Abtheilungen der Bewohner Hindustans der Fall ist. Die Gesellschaft sitzt auf einem groben Teppich in einer offenen Vorhalle, wo sie ihre Geschicklichkeit zur Unterhaltung des Hausherrn und seiner Gäste zeigt. Der Mann zur Linken ist der Vorstand des Orchesters und der Vorsänger. Er schlägt den Takt mit den Fingern der rechten Hand in die linke, während er das Spiel seiner drei Gefährten mit seiner Stimme begleitet. Der Virtuos zur Linken spielt eine Art von dreiseitiger Guitarre, die ein unter den Hindus nicht sehr gewöhnliches Instrument zu sein scheint, und singt dazu. Von den hinten sitzenden Musikanten spielt einer die gewöhnliche indische Geige, die Sarinda, der andere hat zwei Trommeln, wovon er die eine mit den Fingern der linken Hand schlägt, während er die andere mit der rechten reibt, ungefähr wie man bei uns zuweilen das Tamburin spielt.

Die Leistungen solcher wandernden Musikanten sind gewöhnlich nichts weniger als kunstreich. Aber der Hindu liebt die Musik ungemein; überall in Indien, sei es in der Nähe eines Dorfes oder in einer einzelnen Hütte, wird man stets durch das Geräusch von Cymbeln, Trompeten, Trommeln und vielen andern Instrumenten betäubt. Der größte Reiz der Musik scheint für den Hindu in der Menge, nicht in der Harmonie der Töne zu liegen. Mit Überraschung bemerkt man bei dem gewöhnlich phlegmatischen Hindu die außerordentliche Aufregung, welche durch den Lärm der rauhen Töne seiner Musikanten hervorgebracht wird. Man würde sich aber irren, wenn man glaubte, daß die Hindus nichts Besseres hätten, als was man bei ihren Festen, ihren Processionen, ihren Dorfgelagen hört. Ein Reisender zählt in einem Werke über Hindustan über 40 verschiedene musikalische

Instrumente auf, die dem Lande eigen sind. Diese Instrumente aber sind nicht nur alle nach wissenschaftlichen Grundsätzen gefertigt, sondern mehre auch sehr künstlich gebaut; die meisten können mit Vortheil im Orchester gebraucht werden. Die Musik wurde, wie es scheint, sehr früh unter den Hindus als Kunst geübt und auf eine hohe Stufe der Vollkommenheit gebracht. Es gibt unter den Werken des indischen Alterthums mehre Schriften, worin die Musik mit einer unter den einheimischen Künstlern jetzt ungewöhnlichen Einsicht behandelt wird, und es ist die herrschende Ansicht der eingeborenen Gelehrten, daß die Neuern in musikalischer Kenntniß weit hinter ihren Vorfahren stehen. Die Kunst wird jedoch jetzt auch keineswegs blos von der gemeinen Classe ausgeübt, die wir auf unserer Abbildung sehen, sondern die besten Tonkünstler findet man unter den Reichen und Gelehrten, welche die Musik oft wissenschaftlich studiren und es zuweilen zu bedeutender Kunstfertigkeit bringen.

Wandernde Musikanten in Indien.

Verantwortliche Herausgeber: Friedrich Brockhaus in Leipzig und Dr. C. Dräxler-Manfred in Wien.
Verlag von F. A. Brockhaus in Leipzig.

Das Pfennig-Magazin

der
Gesellschaft zur Verbreitung gemeinnütziger Kenntnisse.

124.] Erscheint jeden Sonnabend. [August 15, **1835.**

Fischfang mit Cormorans in China.

Fischfang mit Cormorans in China.

Der Cormoran (aus dem lateinischen Corvus marinus, Seerabe, zusammengesetzt) gehört zu den Wasservögeln und war schon den alten Naturforschern unter dem Namen Wasserrabe bekannt. Er fliegt besser als die meisten andern Vögel dieser Gattung, ist zugleich ein guter Schwimmer und Taucher und sonach vortrefflich ausgestattet, um seinen Heißhunger — denn er ist vielleicht von allen Vögeln der gefräßigste — hinlänglich befriedigen zu können. Sobald der Cormoran seine Beute von fern erblickt, stößt er mit außerordentlicher Schnelligkeit auf sie los, und hält sie auch, ehe man sich's versieht, schon mit der Mittelzehe des einen Fußes fest, mit Hülfe des andern aber bringt er den Fisch über das Wasser, und weiß ihn dann geschickt beim Kopfe zu fassen, sodaß er nicht von den Floßfedern, die der Fisch in die Höhe sträubt, verwundet wird, schleudert ihn empor und fängt ihn mit dem Schnabel wieder auf. Der Schlund der Cormorans ist einer außerordentlichen Ausdehnung fähig, und es fällt ihm nicht schwer, mehre Fische auf einmal zu verschlingen. Man sieht sie gewöhnlich in zahlreichen Haufen beisammen, und oft in Gesellschaft anderer Wasservögel, die sich dann aber auch gefallen lassen müssen, daß ihnen die gefräßigen und schnellen Cormorans ihre schon gemachte Beute noch wegschnappen.

Zum Fischfang gebraucht man die Cormorans auf folgende Weise. Man bringt sie, indem man ihnen Hauben aufsetzt, an den Fluß, bindet ihnen einen Riemen um den untern Theil des Halses, damit sie die Fische, die sie fangen, nur verschlucken, nicht aber verzehren können, nimmt ihnen sodann die Hauben ab, und läßt sie ins Wasser. Sie tauchen nun sogleich unter, und verfolgen die Fische mit großer Schnelligkeit unter dem Wasser, bis sie einen erhascht haben; dann kommen sie wieder in die Höhe, verfahren mit ihrer Beute, wie oben erzählt, und verschlucken sie. Dies wird so lange fortgesetzt, bis der Vogel fünf oder sechs Fische in seinem Kropfe hat. Hierauf gibt der Jäger dem Cormoran ein Zeichen, nimmt ihn auf seine Hand und läßt ihn alle Fische wieder von sich geben. Nach Beendigung des Fanges wird den Vögeln auch ihr Antheil gegeben.

Dieser ehemals besonders auch in England sehr übliche Fischfang ist in neuern Zeiten dort gänzlich abgekommen; allein in China wird er noch mit dem besten Erfolg ausgeübt. Ein Fischer nimmt hier 10—12 dieser Vögel auf sein Boot und läßt sie auf ein gegebenes Zeichen ihr Taucherwerk beginnen. Es gewährt einen belustigenden Anblick, oft hunderte dieser gierigen Vögel auf dem Wasser schwärmen, flattern, untertauchen und wieder emporkommen zu sehen und zu bemerken, mit welcher Begierde, mit welcher Blitzesschnelle sie sich ihres Raubes bemächtigen. Oft ist der Fisch, den einer gepackt hat, zu groß und zu stark; dann kommen ihm einer oder zwei seiner Cameraden zu Hülfe und bringen den sich gewaltsam sträubenden Fisch mit vereinten Kräften aufs Trockene, wobei ihnen der Fischer durch Entgegenhalten seines Ruders behülflich ist. Hierauf stürzen sie mit neuem Eifer in das Wasser und sind so in ihrem Geschäft unermüdlich.

Die chinesischen Cormorans unterscheiden sich von denen in Europa nur durch die Farbe. Sie sind am Oberleibe schwarzbraun, am Unterleibe lichtbraun gesprenkelt, und am Halse schneeweiß.

Die Frauenbäder im Orient.

Im Orient gehen die Frauen ins Bad, wie bei uns auf den Ball; die Einladungen zu diesen Vergnügungen werden dort oft 14 Tage vorher gemacht. So erhielten die Gattin und die Tochter Lamartine's, der von 1832—34 den Orient bereiste, von der Frau und Tochter eines arabischen Häuptlings in Syrien eine solche Einladung, und er gibt nach der Erzählung seiner Gattin in seiner Reisebeschreibung folgende Schilderung.

„Die Badesäle sind öffentlich; aber stets wird den Männern der Zutritt bis zu einer bestimmten Stunde untersagt, und selbst ganze Tage lang ist er ihnen nicht gestattet, wenn ein Bad für eine Braut bereitet wird, gleich demjenigen, dem meine Frau und meine Tochter beiwohnten. Die Säle werden von oben durch kleine Fenster mit gemaltem Glase schwach erleuchtet. Sie sind mit bunten Marmortafeln, die sehr künstlich gearbeitet sind, ausgelegt. Die Wände sind ebenfalls mit Marmor mosaikartig oder mit maurischer Arbeit bekleidet. Die Gemächer unterscheiden sich nach den verschiedenen Graden der Wärme; die ersten haben die Temperatur der äußeren Luft, dann werden sie wärmer und immer heißer, bis im letzten der Dampf des fast kochenden Wassers aus Bassins hervorströmt und die Luft mit erstickender Hitze erfüllt. Im Allgemeinen befindet sich in den Sälen kein Bassin, sondern nur aus Röhren fällt immerwährend das Wasser auf den marmornen Fußboden; da aber dasselbe stets durch Rinnen wieder abläuft, so ist es fortwährend frisch.

„An jenem Tage waren 200 Frauen aus der Stadt (Beirut) und Umgegend zum Bade eingeladen, und es befanden sich darunter auch mehre Europäerinnen. Alle waren bei ihrer Ankunft in ein großes Stück weißer Leinwand gehüllt, welches das schöne Kostüm der Frauen ganz bedeckt, so oft sie ausgehen. Sie waren alle von ihren schwarzen Sklaven oder ihren freien Dienerinnen begleitet; je nachdem sie ankamen, vereinigten sie sich in Gruppen und ließen sich auf Strohmatten oder Kissen in der Vorhalle nieder. Ihre Dienerinnen nahmen ihnen darauf das weiße Tuch ab und nun erschienen sie in all der reichen und malerischen Pracht ihrer Gewänder und Edelsteine.

„Nachdem alle Frauen vereinigt waren, ließ sich eine rauhe Musik vernehmen; Frauen, in ein einfach rothes Gewand gekleidet, stießen schneidende Kehltöne aus, und bliesen auf Pfeifen oder spielten das Tamburin, und diese Musik dauerte den ganzen Tag hindurch und gab der Scene festlicher Heiterkeit den Charakter wilden Tumults und einer Art von Wahnsinn.

„Als die Braut erschien, von ihrer Mutter und ihren jungen Freundinnen begleitet, und mit einem so prächtigen Kostüme geschmückt, daß Haare, Hals, Nacken und Arme unter einem wogenden Schleier von Guirlanden, Goldmünzen und Perlen ganz verschwanden, bemächtigten sich ihrer die Badedienerinnen und beraubten sie Stück für Stück ihrer Kleider, während auch die andern Frauen durch ihre Sklaven entkleidet wurden. Nun begannen die verschiedenen Ceremonien des Bades. Unter den Tönen der nämlichen Musik und mit denselben Feierlichkeiten und noch auffallendern Worten begab man sich aus einem Saale in den andern; man schritt zu den Dampfbädern und Abwaschungen, dann ließ man wohlriechende Wasser reichen und endlich begannen die Spiele, und nun thaten Alle mit verschiedenen Bewegungen und Tönen das Nämliche, was etwa ein Haufen Kinder thun, die man in einen Fluß führt, um zu baden, sie bespritzten sich nämlich oder tauchten den Kopf ins Wasser, und jedesmal ertönte die Musik lauter und stärker, so oft diese kindischen Scherze von Neuem begannen, die das Gelächter der arabischen Mädchen erregten. Endlich wurden die Badezimmer verlassen; die Sklavinnen flochten von Neuem die feuchten Haare ihrer Gebieterinnen, bekleideten sie und schmückten sie wieder mit Hals- und Armbändern, breiteten dann Polster auf den Fußboden und brachten in Körben und seidenen Beuteln Backwerk und Confituren aller Art, sowie Sorbet und Eis, deren sich die Orientalen zu allen Tageszeiten zur Erquickung bedienen. Auch Pfeifen wurden für die ältern Frauen herbeigebracht, und ein wohlriechender Rauch erfüllte bald den Saal; der Kaffee, der in kleinen Tassen gereicht wurde, welche in kleinen, durchsichtigen, mit Gold und Silber gezierten Gefäßen standen, hörte nicht auf die Runde zu machen; die Unterhaltung belebte sich nun immer mehr, und später kamen Tänzerinnen, die ägyptische und arabische Tänze aufführten. Auf diese Weise wurde der ganze Tag hingebracht, und erst mit dem Beginn der Nacht begleiteten die Frauen die junge Braut zu ihrer Mutter zurück. Eine solche Badefeierlichkeit zu Ehren einer Braut pflegt gewöhnlich einige Tage vor der Hochzeit stattzufinden."

Federmanufactur in England.

Merkwürdig ist die Zunahme der Manufactur von Gänsekielen und Stahlfedern in England während des letzten Jahrzehends. Nach genauen Berechnungen wurden von 1828—34 nach London 18 bis 23 Millionen Gänsekiele eingeführt. Die Fabrikation der Stahlfedern hat außerordentlich zugenommen, seit man sich der von Morden angegebenen Pressen und Vorrichtungen dazu bedient. In einer Fabrik in Birmingham sind stets 300 Menschen mit der Verfertigung von Stahlfedern beschäftigt und es werden jährlich 40 Tonnen Stahl dazu verbraucht. Eine Tonne gibt 1,935,360 Federn. Man rechnet, daß in England überhaupt jährlich 220,000,000 Stahlfedern verfertigt werden. Schon vor 30 Jahren wurden von der noch bestehenden Fabrik Wyse in London Stahlfedern gemacht, aber erst in den letzten Jahren wurde diese Fabrik ein bedeutender Handelsartikel, und obgleich der Handel mit Gänsekielen in England dadurch gelitten hat, so ist er doch nicht bedeutend vermindert worden und hat sich in der neuesten Zeit wieder gehoben. Die Ursachen des vermehrten Verbrauchs liegen theils in dem gestiegenen Verkehr überhaupt, theils insbesondere in dem Umstande, daß sich durch die Verbreitung der Bildung die Zahl der Personen, welche schreiben können, vermehrt hat und sich gegen frühere Zeiten wie 4 zu 1 verhält, und darin, daß bei der Wohlfeilheit der Federn mehr als früher verwüstet werden, wie man berechnet, $\frac{1}{3}$ der gesammten jährlichen Zufuhr.

Tippo Saheb, Sultan von Mysore.

Dieser kühne Krieger, ehemaliger Beherrscher des Reichs Mysore in Ostindien, welches jetzt als eine Provinz der Präsidentschaft Madras unter der Oberhoheit der Engländer steht, war der Sohn Hyder Ali's, welcher den alten Stamm der Radschah's im Jahre 1755 vertrieben und sich auf den Thron von Mysore gesetzt hatte. Tippo Saheb war im Jahre 1751 geboren und folgte seinem Vater am 10. December 1782 in der Herrschaft nach. Er hatte einen unauslöschlichen Haß gegen die britische Nation und setzte deshalb den von seinem Vater begonnenen Krieg gegen dieselbe bis 1784 fort, nachdem ein Jahr früher der Friede zwischen England und Frankreich war geschlossen worden, wodurch Tippo Saheb sich genöthigt sah, die Waffen niederzulegen. Dieser Friedensschluß setzte ihn wieder in den Besitz der verlorenen Plätze; er mußte aber dagegen Kalkutta, das schon sein Vater erobert hatte, an die Engländer zurückgeben, und seinen Ansprüchen auf die Provinz Karnatik entsagen. Sein unvertilgbarer Haß gegen die Engländer aber ließ ihn indessen bald auf ein Mittel sinnen, sich von ihrer furchtbaren Nachbarschaft zu befreien. In dieser Absicht sandte er 1787 eine Gesandtschaft an Ludwig XVI., um diesen wieder zum Kriege gegen England zu bewegen, hatte aber weiter keinen Erfolg, als daß das alte Freundschaftsverhältniß erneuert wurde. Der eroberungssüchtige Tippo Saheb griff jedoch aufs Neue zu den Waffen und bekriegte den Radschah von Travankore, einen unabhängigen Fürsten auf der Küste Malabar. Die Engländer wurden dadurch veranlaßt, mit den Maratten und dem Herrscher von Dekan ein Bündniß gegen Tippo Saheb zu schließen, drangen 1790 in Mysore ein und bemächtigten sich mehrer fester Plätze; ein Jahr später rückten die beiden englischen Heerführer, Lord Cornwallis und Abercrombie, bis nach der Hauptstadt Seringapatam vor, belagerten den Sultan in dieser und nöthigten ihn zum Abschluß eines Friedens, der am 24. Februar 1792 zu Stande kam, kraft dessen Tippo Saheb die kleinere Hälfte seiner Staaten und seine sämmtlichen Grenzfestungen an die Sieger abtreten mußte.

Der stets gleich feindselige Tippo Saheb ruhte indessen nicht; er suchte von allen Seiten den Engländern Feinde zu erwecken, und trat in Unterhandlungen mit dem König von Kabul, die jedoch erfolglos blieben. Er versuchte nun ein Bündniß mit der französischen Republik zu schließen, und schickte deshalb Abgeordnete nach Isle de France, um die Überschiffung eines französischen Hülfsheeres in seine Staaten zu bewirken. Die Zurüstungen, welche zu diesem Zwecke von dem Gouverneur von Isle de France geschahen, verriethen jedoch den Engländern das Geheimniß, und da diese zu derselben Zeit einen Emissär des damals in Ägypten sich befindenden Generals Bonaparte aufgegriffen hatten, welcher bestimmt war, einen Vertrag mit Tippo Saheb abzuschließen, so beschlossen sie, einem Angriffe ihres Feindes zuvorzukommen, und erklärten ihm am 22. Februar 1799, in Verbindung mit dem Subah von Dekan und den Maratten, den Krieg. Demnach ließ der Generalgouverneur von Indien, Lord Wellesley, zwei Heere, das eine unter dem Befehl des Generals Harris, das andere unter dem des Generals Stuart, in Tippo Saheb's Staaten einrücken, der eine Armee von 60,000 Mann den Engländern entgegenstellte. Die ersten Gefechte waren jedoch für den Sultan schon unglücklich, und er sah sich endlich genöthigt, in seine Hauptstadt zu flüchten. Diese gut befestigte Stadt, vor welcher sich nun beide britische Heere vereinigten, wurde nach einer vierzehntägigen Belagerung am 4. Mai 1799 mit Sturm genommen.

Tippo Saheb, Sultan von Mysore.

Der Sultan, an der Spitze des Restes seiner Truppen, kämpfte auf den Wällen mit Löwentapferkeit, und fiel endlich mit dem Degen in der Faust. Die Beute, welche die Sieger machten, war unermeßlich, es befanden sich darunter z. B. auch zwei goldene Tiger mit Augen von Diamanten, von denen der eine, sowie Tippo Saheb's Bibliothek, sich in dem Hause der ostindischen Gesellschaft in London befindet. Von dem Reiche Tippo Saheb's fiel ein Theil an die Maratten; ein anderer an den Beherrscher von Dekan; ein dritter an die Engländer und an den jungen Radschah Kisna, den letzten Sprößling des rechtmäßigen Radschahstammes. Der nachgelassenen Familie Tippo Saheb's wurde die Festung Vallore zum Wohnort angewiesen und eine jährliche Pension von 720,000 Rupien ausgesetzt.

Tippo Saheb war, ungeachtet seiner großen Fehler, worunter auch ein Hang zur Grausamkeit gehörte, ein ausgezeichneter und in der Geschichte des Orients seltener Charakter. Er war von Natur mit einem scharfen und durchdringenden Geiste begabt, kühn in seinen Unternehmungen, klug und listig in der Ausführung derselben. Nicht leicht ließ er sich durch Unglück niederbeugen oder durch Glück zum Übermuth verleiten, und er würde unter andern Umständen seine seltenen Geisteskräfte gewiß segensreicher entwickelt haben.

Das hier mitgetheilte, sehr ausdrucksvolle Portrait Tippo Saheb's ist nach einem dem Herzoge von Wellington gehörigen Originalgemälde gefertigt.

Die Insel Malta.

Auf der kleinen merkwürdigen Insel Malta grenzen Europa und Afrika zusammen. Die Natur und ihre Erzeugnisse sind afrikanisch, die Bevölkerung der Städte ist europäisch, das Landvolk aber ist ein Gemisch von Afrikanern, Asiaten und Europäern. Bei ihrer Lage im mittelländischen Meere zwischen Afrika und Europa hatten sich schon in den ältesten Zeiten Ansiedler auf dieser Felseninsel eingefunden. Phönizische Colonisten trieben hier bald nach der Gründung Karthagos, 800 v. Chr., einen ansehnlichen Handel. Später ließen sich auch ionische Colonien hier nieder und nannten diese Insel Melita (Ogygia). Um 400 v. Chr. fiel Melita an Karthago, 170 Jahre später an Rom. Gothen und endlich um 818 der christlichen Zeitrechnung die Araber besetzten sie hierauf; 1090 vertrieben die Normannen diese Eroberer und 1530 belehnte Kaiser Karl V. den von Rhodus vertriebenen Johanniterritterorden, der von nun an Malteserorden hieß, mit dieser Insel. Bonaparte eroberte sie 1798; 1800 aber überwältigten sie die Engländer, die seitdem im Besitz dieses wichtigen und beinahe uneinnehmbaren Punktes im Mittelmeere blieben.

Die ganze Gruppe, die drei Inseln: Malta, Gozzo und Comino, nebst einigen Klippen, besteht aus ursprünglich dürren und flachen Kalkfelsen, die sich in grotesken Formen meist steil ins Meer herabsenken und außer den zehn sichern Häfen an ihren steilen Wänden keine Landung gestatten. Die Sage berichtet, daß der jetzt so ungemein fruchtbare Boden Maltas durch ein Gesetz, welches jedes Schiff nöthigte, eine Ladung Erde mitzubringen, erst geschaffen worden sei. Die tragbare Erdschicht ist, außer etwa in Privatgärten, nirgend tiefer als etwa 8—9 Zoll. Das Klima ist ausnehmend gesund, der Winter völlig unbekannt; die Seewinde kühlen die Temperatur im Sommer meist bis zu 26° R.

Ansicht der Insel Malta.

ab; fast immer lacht ein heiterer Himmel, nie sieht man Schnee, nie Nebel, und selten fällt Regen. Hagelschauer sind die einzigen Boten, die der Winter bisweilen hierher sendet.

Malta verdankt seine ungemeine Blüte dem Malteserorden, der es fast 300 J. lang beherrschte und der seine Reichthümer über die Insel verbreitete. Diesem geistlichen Ritterorden, dessen Gelübde Kampf gegen die Ungläubigen, Armuth und Keuschheit in sich schloß, im J. 1048 zu Jerusalem gestiftet und während der Kreuzzüge ausgebildet, berühmt durch seine heldenmüthigen Großmeister d'Aubusson, Lavalette und Andere, durch seine Vertheidigung von Rhodus und Malta, bestand aus eigentlichen Rittern, etwa 3000 an der Zahl, aus Kapellanen (Geistlichen), Waffenträgern und Krankenpflegern. Das Haupt des Ordens, der fürstlichen Rang einnahm, hieß der Großmeister des heiligen Hospitals zu St. Johann von Jerusalem und Guardian der Armen Jesu Christi, ein Hospital ursprünglich von Kaufleuten aus Amalfi gestiftet. Der Schutz des heiligen Grabes und drei Kreuz- oder Kriegszüge gegen die Ungläubigen waren jedes Ritters Pflicht.

Der Orden, mit Gütern in ganz Europa begabt, theilte sich in acht Zungen, die deutsche, die provenzalische, die englische, die castilische, die französische, die aragonische, die italienische und die der Auvergne. In Malta, als dem Mittelpunkt der Ordensregierung, war das mächtige Capitel desselben, aus 8 Baillifs (Conventuali) bestehend, welche die Obergewalt, die der Großmeister sonst unbeschränkt ausübte, beschränkte. Strengster Gehorsam aber blieb jedes Mitgliedes Pflicht.

Die Verhältnisse der neuern Zeit beraubten den Orden einer Zunge nach der andern; die drei französischen gingen durch die Revolution, die spanischen durch den Frieden von Amiens, die deutsche durch die Säcularisation der Ballei von Heitersheim ein. Nur die englische besteht eigentlich noch fort und der König von England stiftete 1829 als Großmeister und Souverain von Malta den St.-Georgs- und St.-Michaelsorden, sowie der König von Preußen 1811, bei Aufhebung seines Heermeisterthums, den Orden in einen preußischen Verdienstorden verwandelte. So ist der Glanz des Ordens verschwunden, wiewol der Friedensschluß von Amiens 1802 noch die Rückgabe von Malta an den Orden festsetzte und die Ritter später auf eine entsprechende Entschädigung für ihre Verluste Anspruch gemacht haben. Jetzt gehört, wie schon erwähnt, Malta den Engländern; sie haben einen Gouverneur, einen Untergouverneur und eine Besatzung von vier Regimentern daselbst, ernennen die Richter und lassen die Bevölkerung sich übrigens selbst regieren.

Malta ist einer der bevölkertsten und blühendsten Punkte der Erde. Der Flächenraum der ganzen Inselgruppe beträgt $8\frac{1}{4}$ geographische □Meilen, wovon sechs auf Malta, zwei auf Gozzo und $\frac{1}{4}$ □M. auf Comino kommen. Der ungemeinen Industrie ihrer Bewohner ist es zuzuschreiben, daß auf diesem engen Raume gegen 100,000 Menschen gemächlich leben. Man zählte 1826 drei Städte, sechs Flecken und 40 Dörfer, ohne die Höfe (casali), mit 13,146 Wohnungen. Der Anblick dieser strotzenden Bevölkerung von 12,000 Menschen auf der □Meile würde überaus reizend sein, wenn es Malta nicht durchaus an Bäumen und Schatten fehlte. Der verbrannte Fels, die weißen Einfassungsmauern der Felder, der feine Kalkstaub im Sommer, der sich in den Wintermonaten zu weißem Schlamm verwandelt, die schattenlosen Felder, welche nirgend ein Baum schmückt, machen den Anblick von Malta unerfreulich und trostlos. Bewundernswerth aber ist der ausdauernde Fleiß, mit dem dieser ursprünglich so undankbare Boden dennoch in einen reichen Fruchtgarten umgeschaffen worden ist. Der Wasserarmuth abzuhelfen, sind überall Cisternen und Kanäle angelegt; aber außer dem Wasser fehlt es auch fortwährend an Erde, und diese wird aus gestampftem Tuffstein und Dünger bereitet oder von Sicilien herübergeholt, auf Terrassen und Unterbauen mit aller Vorsicht aufgeschüttet, gepflegt und vermehrt, und mit unendlicher Sorgfalt bestellt. So mußte dieser öde Fels, dem die ersten Bedingungen der Fruchtbarkeit mangelten, Erde und Wasser, wunderbarerweise zu dem fruchtbarsten Fleck der Erde werden, gleichsam zur Probe, wie der menschliche Fleiß die Kargheit der Natur zu besiegen vermöge.

Die Bevölkerung Maltas besteht aus ihrem Urstamm, phönizischer Abkunft, mit einer eignen Sprache, welche sonst wol auf der ganzen libyschen Küste verbreitet war und in der wir mit Recht die Sprache der Karthager alter Zeit wieder erkennen, wie sich denn die Malteser mit den Mauren semitischer Abkunft ohne Mühe verständigen. Der Anblick des Maltesers drückt Kraft, Ausdauer und Gewandtheit aus. Es ist ein hochgewachsener starker Menschenschlag, mit feurigen Augen, etwas Wildes in den Mienen, krausem Haar, dicken Lippen und so an afrikanische Bildung erinnernd. Die Frauen sind klein, mit kleinen Händen und Füßen und einer sehr weißen Hautfarbe; die schwarze Faldella, der Schleiermantel, steht ihnen sehr gut; die Männer tragen eine Art Turban oder eine Mützen; eine kurze farbige Jacke mit rothem Gürtel, den ein Messer ziert; die Füße sind unbedeckt. Die Männer verrichten hier allein alle harten Arbeiten. Es gibt keinen größern Contrast als zwischen dem nahen Sicilien und Malta und zwischen dem stets trägen Sicilier und dem stets rüstigen Malteser. Dort hat die Natur Alles, der Mensch nichts gethan; hier umgekehrt die Natur nichts, der Mensch Alles. Jeder Zollbreit Landes wird benutzt, ausgebeutet, jeder Monat hat seine Mühe und seine Frucht, in jeder Hütte ist Behaglichkeit und Reinlichkeit anzutreffen; in Sicilien von allen diesem das Gegentheil. Der Malteser ist äußerst mäßig im Essen und Trinken; bei stetem Fleiß genügen ihm ein Paar Zwiebeln, ein getrockneter Fisch für den ganzen Tag; Fleisch ziert nur selten seine Festtafel. Er gilt für verschlagen in Geschäften, aber ehrlich und zuverlässig; seine Unwissenheit und sein Aberglaube sind nicht seine Schuld, aber fanatisch ist er nicht und liebt sein Vaterland über Alles. Die gewerbliche Industrie ist nicht sein Fach, aber in Bestellung des Bodens kommt ihm kein anderes Volk gleich. Zu dieser ursprünglichen Bevölkerung haben sich Griechen, Araber und Europäer gemischt, welche die Classe der Kaufleute und Gewerbtreibenden bilden. Die Engländer, mit Einschluß der Garnison, mögen unter ihnen 10,000 Seelen ausmachen. Die Einkünfte von Malta betragen etwa 800,000 Thlr., aber England muß für dies Besitzthum jährlich etwa noch 350,000 Thlr. zuschießen.

Ein Netz trefflicher Straßen breitet sich jetzt über die Insel aus, und diesen Straßen verdankt die Insel viel von ihrem Wohlstand. Das Haupterzeugniß ist die Baumwolle, deren Pflanze sechs Jahre ausdauert; der Anblick dieser Anpflanzungen mit ihrem dunkeln Laube und hellgelben Blumen ist aber mehr auffallend als schön. Die Pflanze wird bis zwei Fuß hoch, und in Zwischenräumen von zwei bis drei Fuß im April gepflanzt; im September platzt die viertheilige Hülse auf und muß dann vor Sonnenaufgang abgeschnitten werden, da die Sonnenhitze die Wolle gelb macht. Die Samenkörner dienen als Viehfutter. Verderblich ist den Baumwollenfeldern der Südostwind (Sirocco), der oft in wenigen Stunden die Pflanzungen zerstört. Das Korn gibt 30—60fältig aus und wird im Mai geerntet, jedoch wird der gesammte Bedarf nicht auf der Insel gewonnen. Mais und Tommon (ägyptischer Weizen), Melonen, Zuckerrohr (auf Gozzo), Soda, Farbekräuter und die kostbarsten Gemüse sind die übrigen Pflanzenerzeugnisse Maltas. Vor allen aber sind die herrlichen Pflanzungen von Orangen und Pomeranzen ertragreich. Hier gedeihen die Granate, die Aprikose, die Feige, der Anis, die Orange in vorzüglicher Schönheit, selbst der Pisang an einigen heißen Stellen. Die köstlichen Trauben werden selten gekeltert, sondern zu Rosinen getrocknet. Die Rosen Maltas genießen eines alten Ruhms. Pferde gibt es wenig; dagegen aber viele Esel, der hier eine volle Schönheit, Größe und Kraft erlangt. Man sieht hier auch wol einzelne Hyänen, sowie Scorpione und Mosquitos; aber keine giftigen Schlangen. Honig, Alabaster, Seesalz und endlich die Erzeugnisse der Industrie, baumwollene Decken, Strümpfe und Filigranarbeiten, Uhren und Kupferwaaren gehen von Malta in das Ausland. Das Haupterzeugniß Maltas, die Baumwolle, geht im Betrage von einer Million Thaler meistens nach England, die Südfrüchte nach Genua und Venedig.

Unsere Abbildung zeigt die schöne Hauptstadt Maltas, Lavaletta oder Valetta. An der Südostküste von Malta auf einem rauhen und hohen Felsen sich erhebend, der sich mit einer klippigen Erdzunge ins Meer erstreckt, bildet die Stadt, eigentlich aus fünf Städten bestehend, von der Seeseite von furchtbaren Castellen, landwärts von in Fels gehauenen Werken geschützt, eine der stärksten Festungen der Welt. Das eigentliche Valetta oder Citta nuova, 1566 von dem Großmeister Lavalette gegründet, breitet sich an der Nordwestseite des von der Erdzunge gebildeten Hafens aus und zeigt seine Front seewärts, im Hintergrunde unseres Bildes. Am nördlichen Endpunkte dieses Felsrückens droht das aus vier Bastionen gebildete Fort St. Elmo; südöstlich das Fort Riccazoli an der Gunta Sottile, beide die Eingangshüter des geräumigen Hafens. Im Rücken wird die Stadt von den beiden Castellen Tigne und Manuel beschützt, von denen das letzte mittels einer Brücke mit der Lazarethinsel zusammenhängt. Auf der Landseite ist Citta nuova mit einem breiten in den Fels gehauenen Graben umgeben. Die Porta Reale, ein in Fels gehauener Bogengang, führt zu der tiefern Vorstadt Floriana, auch Vilhena genannt. Citta nuova selbst zeigt zuerst dem Blick des Fremden eine Reihe nach der Schnur angelegter Paläste, aus Quadersteinen erbaut; das Pflaster besteht aus eben solchen Steinen. Eine breite mit Trottoirs eingefaßte Treppe, sanft abhängend, bildet die Straße, welche von der Marine und dem Hafen und nach dem Platz der Kathedrale führt. Die Strada reale und Mercanti bilden die lebhaftesten und vornehmsten Theile der Stadt, und bestehen aus zweistöckigen zierlichen Häusern mit flachen Dächern. Ein schöner Säulengang führt nach dem St. Georgsplatz, dessen ganze Südseite der ehemalige Palast des Großmeisters, jetzt des Gouverneurs, einnimmt, ein edles, einfaches Gebäude, durch eine schöne Treppe geziert. Das Zeughaus, das Universitätsgebäude, das Rathhaus und das große Hospital zeichnen sich außerdem aus. Citta nuova zählt 26 Kirchen, unter denen der Dom von St. Johann, ein prachtvoller Tempel, mit Marmor, Porphyr und Lapis lazuli bekleidet und mit Frescobildern von il Preci (Calabrese) geziert, der merkwürdigste ist. In der Johanneskapelle ist die Enthauptung Johannis, ein berühmtes Bild von Caravaggio. Der älteste Stadttheil ist die zum Castell St. Angelo sich hinziehende Citta Vittoriosa oder der Borgo, schon im 9. Jahrhundert von den Sarazenen angelegt. Hier zwischen unregelmäßigen Gassen liegt das große Arsenal. Später entstanden die Stadttheile Burmola, Cottonera und Senglea, die jede für sich eine eigne und doch wieder verbundene Festung bilden. Um alle diese Festungswerke gehörig zu besetzen, sind 600 Kanonen und eine Besatzung von 30,000 Mann nöthig. Alle fünf Stadttheile zusammen enthalten 3500 Häuser (Citta nuova zählt deren 1500) mit 34,500 Einwohnern, die Fremden mit gerechnet. Die Stadt hat eine Bank, eine Börse, ein Theater. Während des sogenannten Winters fehlt es nicht an Concerten und Maskenbällen; allein im Sommer, wo alle angesehene Einwohner dem Gouverneur aufs Land folgen, bietet Lavaletta, in Staub gehüllt und glühend heiß, wenig Vergnügungen dar.

Den herrlichsten Anblick gewährt die Stadt von der Seeseite her, mit ihren imposanten Citadellen, den Prachtbauten im Hintergrunde ihres Hafens, der felsumkrönt und von bunten Barken belebt, mit zahllosen Masten erfüllt und mit einem gewühlvollen Molo sich vor uns ausbreitet. Der Hafen selbst, der sicherste und schönste im ganzen Mittelmeere, zerfällt wieder in sieben verschiedene Häfen: der große Hafen zwischen Citta nuova, Vittoriosa und Senglea, der französische zwischen diesem und dem Fels Corradino, der Hafen Renelle zwischen St. Salvadore und Castel Riccazoli, der englische, der kleine am Cabo Carlin, und der Winterhafen an der Lazarethinsel. An diesen Häfen liegen die Docken, Magazine, Hospitäler, und die sie umgebenden Quais sind sämmtlich mit schönen Gebäuden geziert. Westlich von der Stadt liegen die Contumazgebäude. Lavaletta, von den Engländern zum Freihafen erklärt, ist jetzt der Hauptmarkt für die Nordküste von Afrika, der Sitz des Gouverneurs und eines Seedepartements, der südlichsten Universität Europas, mit einer guten Bibliothek, botanischen Gärten, Museen, Sternwarte und den Behörden. Eine schöne Wasserleitung, vom Großmeister Vignacourt angelegt, versorgt die Stadt mit Wasser. Zwei Stunden davon liegt St.-Antonio, das reizende Lustschloß des Gouverneurs, in einem schönen Park.

Die alte Hauptstadt von Malta, Citta Vecchia, mit 4000 Einw., erhebt sich auf einem Hügel, fast in der Mitte der Insel. Sie ist befestigt, aber sehr in Verfall. Hier residirt ein Bischof. Die Kathedrale ist sehenswerth, von ihrer Kuppel herab stellt sich in einem reizenden Panorama die ganze Insel dar. Die großen Katakomben, dann aber der Park von Boschetto, der schönste Punkt der Insel, eine Stunde entfernt, ziehen viele Besucher an. Hier erfreuen das geblendete Auge die einzigen Baumgruppen der Insel, Oelbäume, Steineichen und in einer Thalschlucht (die Fasanerie) riesenhafte Orangenbäume; die ganze Pracht des üppigsten Pflanzenwuchses zeigt sich hier und der erquickendste Schatten umfängt uns.

Citta nuova hieß bei den Alten, wie die Insel selbst, Melita und war ihrer Pracht wegen berühmt. Cicero rühmt den herrlichen Junotempel und die Bildsäulen der Siegesgöttin von Elfenbein, welche Verres raubte. Die Katakomben und eine Menge hier gefundener Bronzestatuen, Münzen und Gefäße zeugen noch von dieser vergangenen Pracht. Außer diesen Städten hat Malta sechs Flecken, Zebug mit 4000, Pinto mit 3000, Nasciaro mit 2500, Zorrica mit 3500, Roban mit 1500 Einwohnern, sämmtlich gut gebaut, von großen Baumwollenfeldern umgeben und wohlhabend. An der Küste sind noch die Forts Rosso, St.-Luciano und Balbani.

Das Gemälde von Malta zu vollenden, gedenken wir noch der Insel Gozzo, Gaulos bei den Alten, zwei Stunden lang und eine breit, aus demselben Fels, wie Malta bestehend, und von 14,000 Menschen in 2185 Feuerstellen bewohnt. Hier hat ein Untergouverneur seinen Sitz. Hauptort der Insel ist der Flecken Rabatto mit 3000 Einwohnern und einem riesenhaften, sesten Thurm. Das Dorf Chambra, mit einem schönen Park an der Ostküste der Insel, ist der Sommersitz des Gouverneurs. Gozzo ist ebenso sorgfältig angebaut als Malta und hat mehre gute Häfen. Seine Erzeugnisse sind Zuckerrohr, Baumwolle und Südfrüchte. Man findet hier Spuren von Gold- und Silberlagern, und auf der Klippe Hagira tal General wird der sogenannte Malteserschwamm (Gynomorium coccineum L.), ein schwammähnliches Gewächs, das in Blutflüssen sehr wirksam ist, gefunden. Zu dieser Klippe setzt man in einem Korbe über, der an einem Seile herübergezogen wird. Die Frauen tragen sich hier noch jetzt ganz türkisch. Fischerei, Ackerbau und Baumwollenweberei nähren die fleißigen Bewohner der Stadt und der sechs Dörfer, die Gozzo zählt.

Das kleine Felseneiland Comino, blos durch die Rhede von Malta getrennt, ist ein kahler Fels, der seinen Namen von dem äthiopischen Kümmel (Cuminum Cym.) erhielt, der hier schon in frühester Zeit gebaut wurde. Dieser Fels ernährt dennoch über 1000 Menschen und beherrscht mit seinem kleinen Fort di Comino die Rhede von Malta. Dies ist zugleich die einzige Ortschaft des kaum $\frac{1}{4}$ ☐ Meile großen Eilands. In Norden von ihr ragt Sicilien, im Süden Afrika über den Wogen empor, und von Osten her winkt das zauberische Griechenland.

Rafael's Carton.
6. Die Erblindung des Elymas.

Die Scene auf diesem Bilde ist ein römischer Gerichtssaal. Der Proconsul Sergius Paulus, umgeben von seinen Beamten, sitzt in der Mitte der Halle. Vor ihm stehen im Vordergrund Paulus und Elymas einander gegenüber. Elymas, einer der sogenannten falschen Propheten, deren es in den ersten Zeiten des Christenthums nicht wenige gab, um die weitere Ausbreitung desselben zu hindern, sucht den Proconsul, welcher den Paulus vor sich beschieden hatte, um seine Lehre anzuhören, zu überreden, daß dieser ein Schwärmer und Betrüger sei. Paulus aber, von der Nothwendigkeit überzeugt, daß hier zu seiner und seiner Lehre Rechtfertigung etwas Außerordentliches geschehen müsse, spricht zu Elymas: „Die Hand des Herrn komme über dich! Du sollst von Stund' an erblinden!"

Wir sehen auf unserm Bilde, wie schnell diese Drohung in Erfüllung ging. Paulus hat eben erst ausgeredet, seine ausgestreckte Rechte bezeichnet noch die Geberde, womit er seine Worte begleitet hatte, und schon ist das Licht aus den Augen von dem verleumderischen Ankläger gewichen. Ein Bild des Schreckens steht er da, mit weit ausgestreckten Händen vor sich hintappend. Sein noch halb geöffneter Mund ist verstummt, sein Angesicht gleicht an Starrheit dem eines Leichnams. Die hinter ihm befindliche Gruppe gibt ihre Theilnahme und Bestürzung auf verschiedene Weise zu erkennen. Einer der Männer zeigt auf den gestraften Verbrecher, als wollte er sagen: Dir ist recht geschehen! Ein Anderer deutet gen Himmel und bezeichnet so die Begebenheit als ein göttliches Strafgericht, während die in der Mitte stehende Frau, wahrscheinlich das Weib des Elymas, mit Gesichtszügen, in welchen sich Schrecken und Bosheit mischen, auf den Apostel zeigt und ihn laut als Urheber des Unglücks anklagt. Der zur Linken des Proconsuls stehende Beamte scheint, zu dem Weibe gewendet, ihr zu sagen: „Wie wagst du es, noch zweideutige Reden auszustoßen? Spricht nicht die wundervolle Begebenheit selbst am deutlichsten gegen deinen schuldigen Gatten?" In keinem Bilde Rafael's ist der Sieg der göttlichen Macht über die Ränke der irdischen Bosheit ergreifender dargestellt als auf diesem. Ruhig und würdevoll erscheint Paulus in fester, aufgerichteter Stellung; mit offnem Auge schaut er dem Verräther ins Angesicht, und sein ganz leidenschaftloses Wesen gibt deutlich zu erkennen, daß er hier als Stellvertreter und Werkzeug Gottes handelt. Elymas dagegen, erbleicht, niedergedrückt, wankend, von Finsterniß umfangen, im Bewußtsein, die göttliche Strafe verdient zu haben, besitzt nicht einmal die physische Kraft mehr, seine Schuld zu bemänteln.

Die Erblindung des Elymas.

Verantwortliche Herausgeber: Friedrich Brockhaus in Leipzig und Dr. C. Drärler-Manfred in Wien.
Verlag von F. A. Brockhaus in Leipzig.

Das Pfennig-Magazin

der Gesellschaft zur Verbreitung gemeinnütziger Kenntnisse.

125.]   Erscheint jeden Sonnabend.   [August 22, **1835**.

Die Bildsäule der Diana.

Die Bildsäule der Diana.

Diana, eine der gefeiertsten Gottheiten des Alterthums, war nach der Mythologie der Griechen und Römer die Tochter des Jupiter und der Latona und die Zwillingsschwester des Apollo. Sie war nicht blos die Göttin der Wälder und die Beschützerin der Jagden, sondern leuchtete auch als Luna (Mond) am nächtlichen Himmel und war in Folge dessen, weil der Volksglaube immer das Nächtliche mit dem Unterirdischen verknüpfte, auch als Hekate die Göttin der Unterwelt. Auf den alten Bildwerken wird sie indeß größtentheils als ewig-jungfräuliche Göttin der Waldung und der Jagd vorgestellt. Als solche erscheint sie gewöhnlich mit einem Halbmond auf der Stirne, mit Bogen, Köcher und Pfeilen und in leichtem, kurzgeschürzten Jagdkleide, zuweilen auch in einem mit Hirschen bespannten Wagen oder hatte wenigstens, wie auf unsrer Abbildung, einen Hirsch bei sich. In der Regel hat sie auch ihre Begleiterinnen und einige Hunde in ihrem Gefolge.

Auf unsrer Abbildung erscheint sie in einer Tunica, über welche eine Art von kurzem Mantel gelegt ist, der von der linken Schulter herabgeht und in der Mitte ihres schlanken Wuchses wie in einem Gürtel sich zusammenschließt. Die linke Hand faßt eine neben ihr her springende Hindin bei dem Geweih, während die rechte im Begriff ist, einen Pfeil aus dem Köcher zu nehmen. Arme und Beine sind unbekleidet, aber die Füße mit zierlichen Sandalen versehen. Ohne Zweifel bezieht sich ihre Stellung auf ein in der alten Mythologie erzähltes Ereigniß. Diana besaß nämlich eine ausgezeichnet schöne Hindin mit goldenem Geweih, die ihr einst von einer Nymphe geweiht worden war und welche sie sehr werth hielt; diese schöne Hirschkuh war ihr entlaufen und Hercules, der damals am Hofe des Euristheus in harter Dienstbarkeit lebte, erhielt von diesem den Auftrag, sie einzufangen und lebendig nach Mycenä zu bringen. Die Hindin war aber außerordentlich schnell und Hercules verfolgte sie ein ganzes Jahr hindurch unermüdet, bis er sie endlich erreichte und mit einem Pfeile lähmte. Diana aber, welche die Gefahr gesehen, die ihrem Liebling drohte, beschützte das Thier vor den weitern Nachstellungen des Hercules, indem sie ihn selbst mit ihrem Pfeil bedrohte.

Das Kunstwerk, das unsere Abbildung darstellt, ist unstreitig das schönste unter allen Statuen der Diana, welche uns aus den Zeiten des Alterthums aufbewahrt sind. Sie ist aus parischem Marmor gearbeitet und vollkommen gut erhalten. Sie befindet sich seit Heinrich IV. Zeiten in Frankreich, man weiß jedoch nicht, wann und auf welche Weise sie dorthin gelangte. Unser Holzschnitt ist nach einem Kupferstiche Baquoys gefertigt.

Das Wichtigste über den Taubstummenunterricht.

I. Im Allgemeinen.

Wie schwierig die Erziehung der mit allen Sinnen begabten Kinder ist, wie schwer es oft hält, ihnen die unentbehrlichsten Kenntnisse beizubringen, welche schwierige Aufgabe die zweckmäßige Organisation irgend einer Erziehungsanstalt für Hörende ist, und wie die Verschiedenartigkeit der Charaktere, der Anlagen und der Verhältnisse es fast wünschbar macht, daß jeder Einzelne sich einer nach eignen Bedürfnissen ihm besonders angepaßten Erziehung erfreuen könnte, weiß Jedermann, und Jedermann sieht ein, daß die Erziehung von Kindern, die weder hören noch sprechen, eine unendlich schwierigere und zusammengesetztere Aufgabe sein muß.

Diesen Schwierigkeiten gemäß muß bei dem Unterricht und der Erziehung der Taubstummen wie der Blinden, mancher andere Weg, als die gewöhnlichen, eingeschlagen werden, weil bei ihnen der Gebrauch des einen oder des andern der Hauptorgane fehlt, durch welche der Seele Ideen und Kenntnisse zugeführt werden. Von diesen beiden Zweigen der Erziehungskunde ist jedoch der uns jetzt vorliegende am schwierigsten und erfodert von Seiten des Lehrers, welcher bei den Taubstummen immer zugleich Erzieher sein muß, eine unermüdliche Geduld und Ausdauer, Kenntniß der Sprache und Gewandtheit in der Entwickelung der Begriffe.

Die Wahrheit des oben Gesagten wird sich am leichtesten darthun lassen, wenn man das Wesen der Taubstummheit und die Eigenthümlichkeiten dieser Unglücklichen einer nähern Betrachtung unterwirft.

Die Taubstummheit ist nämlich dasjenige Gebrechen, vermöge welcher ein Mensch deswegen, weil er mehr oder weniger taub ist, ohne besondern Unterricht auch nicht sprechen lernen kann. Um nun das eigenthümliche Verhältniß des Taubstummen zu andern Menschen einsehen zu können, wollen wir uns zwei Kinder vorstellen und annehmen, das eine von ihnen besitze das Gehör, das andere hingegen sei taub. Diese wollen wir nun, von einem solchen Standpunkte ausgehend, von frühester Jugend auf beobachten und mit dem Alter von einigen Monaten den Anfang machen.

Jetzt kann man noch gar nicht bemerken, daß eines derselben des Gehörs beraubt sei. Beide sind sich einander vollkommen gleich. Blicke, Freude, Töne des Schmerzes bedingen keine Verschiedenheit in ihren Aeußerungen. Sie rücken noch um einige Monate vor, sie werden halbjährig: Beide erkennen schon die pflegende Mutter und den freundlichen Vater; laute Töne von beiden in Lachen und Weinen. Nun sind sie ein Jahr alt, und noch finden wir keine Verschiedenheit. Bei der Weinen stillt der drohende Blick und Wink der Ältern; auf beider Lippen bringt der Mutter Kosen oder des Vaters Scherz ein sanftes Lächeln; sie erkennen bereits ihre Geschwister, sie verlangen durch Geberden Speise und Trank. — Nun sind sie ins zweite Lebensjahr eingetreten. Eins fängt an, „Papa, Mama" herauszustammeln, das andere gibt blos einzelne, unbestimmte Laute von sich.

Die Ältern ahnen nichts Ungewöhnliches, sie glauben, daß eins dieser Kinder blos mehr Anlage zum Reden habe als das andere, und harren von Tage zu Tage sehnsuchtsvoll, ihre Namen aus dem Munde des andern Kindes zu hören. — Und immer noch ist ihr Warten und Hoffen unerfüllt geblieben, indessen das eine Kind bereits mehre Worte ausspricht. Schon ist das dritte Lebensjahr zur Hälfte voll und immer noch redet das Kind nicht; auch müssen sich die Ältern überzeugen, daß dasselbe nicht verstehe, was sie ihm vorreden. Desto mehr weiß es sich aber nach den Mienen und Geberden der Ältern zu richten; es versteht ihre Blicke und Winke, und durch Mienen und Bewegungen drückt es sein Verlangen und seinen Willen aus. Wir können nun ohne Zweifel behaupten, dieses Kind sei taub. Noch begreifen die unerfahrenen Ältern nicht, wie groß das Unglück der Taubheit ist, und erwarten stets, daß doch endlich das Kind, welches sonst helle Töne von sich gibt, zu reden anfangen werde. Es schwinden wieder einige Jahre, und während das eine Kind bereits durch den Umgang mit Menschen eine ziemliche Sprachfertigkeit sich erworben hat, spricht das andere auch nicht ein Wort.

Traurige Zweifel entstehen bei den Ältern, ob wol das Kind auch reden lernen werde. Ihr guten Ältern! Eure bangen Zweifel müssen zur schmerzlichen Gewißheit werden; euer Kind lernt nicht reden; vergebens werdet ihr noch Jahre lang seinem Worte entgegenharren. — Wie so? der Knabe ist doch nicht stumm; er lacht, er weint, er ruft o, a, u. Eigentlich stumm ist er freilich nicht; aber unsere Sprache wird er nicht reden. Warum aber? Hat er vielleicht mangelhafte Sprachorgane? Nein; betrachten wir seine Zunge, seine Lippen, seine Zähne, seinen Gaumen und seinen Kehlkopf: Alles ist wie bei uns, beweglich und gut geformt. Woher denn aber sein fortwährendes Stillschweigen? Einzig und allein daher, daß er uns nicht reden hören kann. Wie, dieses sollte solchen Einfluß haben? Ja, immer führt der Mangel des Gehörs den Mangel der Sprache herbei.

Die ungebildeten Taubstummen können daher mitten in einem civilisirten Staate mit ihres Gleichen keinen Umgang haben und bleiben Wesen, welche, wie die Thiere, zwar Stimme, aber keine Sprache haben, weil diese ein Product der Nachahmung ist und in der Regel nur mittels des Gehörs unter redenden Menschen erlernt werden kann. Diese Beklagenswerthen führen dann ein trauriges Leben in öder, ununterbrochener Stille; die menschliche Stimme dringt nicht an ihr Herz, sie verhallt ohne Nutzen für sie, die erhebenden Töne der belebten Natur rühren sie nicht; sie erkennen im Rauschen des Windes, im Murmeln des Baches, im Zwitschern der belebten Geschöpfe die leise Stimme des umfassenden Geistes des Allmächtigen nicht; die erhebende Harmonie der Musik, der zum Schöpfer emporsteigende Gesang ergreift ihre Seele nie; stumm für die eigne Klage, unempfänglich für die Freude Anderer versinken sie in sich selbst. Die Einen von ihnen, in ungünstigen Verhältnissen lebend, und vielleicht mit wenigen geistigen Anlagen begabt, werden allmälig von ihren Umgebungen hintangesetzt und fallen, weil sie in Hinsicht ihres Geistes ganz vernachlässigt werden, tief herab in Stumpfsinnigkeit und Blödsinn. Sie nähern sich dann gradezu einem höchst kläglichen Zustande, welcher demjenigen der unvernünftigen Thiere ähnlich ist, in welchem ihnen nicht selten in der That thierische Pflege und Behandlung zu Theil wird und in dem sie, grausam genug, Gegenstand des Spottes und der Verfolgung werden. Die andern hingegen, durch geistige Anlagen und äußere Verhältnisse mehr begünstigt, sinken zwar nicht so tief herab, aber sie können, mitten unter den Menschen, ihren Umgang und ihre Ideen nicht theilen; sie sind für das Abstracte ganz unfähig, sie können gehabte Vorstellungen nicht leicht aufbewahren und ordnen; sie können sich von tausend und aber tausend Dingen keine Vorstellung machen; sie unterscheiden nur unvollständig, was recht, was gut ist; ihr Geist, ihr Sinn, ihre Anlagen, ihre Kenntnisse können sich nur höchst langsam und blos bis auf eine sehr niedrige Stufe entwickeln. Dagegen aber entsteht und wächst in ihnen sehr schnell der Trieb zur Mittheilung; sie schaffen sich die Geberdensprache, die ihnen aber nicht hinreicht und sie oft nur desto unglücklicher macht, je mehr das Bedürfniß nach Belehrung und Mittheilung in ihnen wach wird. Viele unter ihnen bilden sich durch Anschauung und eigne Erfahrung so weit aus, daß sie, ohne der menschlichen Gesellschaft nützlich sein zu können, im Stande sind, ihre unglückliche Bestimmung zu erkennen und die traurigen Folgen derselben im höchsten Grade zu empfinden. Beklagenswerth sind aber diese, oft durch ihre Gutmüthigkeit, Erkenntlichkeit, Freundschaft und Zärtlichkeit liebenswürdigen Geschöpfe um so mehr, als ihnen ebenfalls der Religionsunterricht und das Bewußtsein abgehen, daß für sie ihr beschränkter Zustand zeitlich, dagegen aber für sie ein vergeltendes, herrliches Jenseit bereit sei.

Der Taubstumme ist jedoch seines Gebrechens ungeachtet geistiger Bildung fähig, denn sein Übel hat an und für sich auf das Gemüth und den Geist keinen Einfluß, sondern es entzieht ihm nur das gewöhnlichste Mittel zur Ausbildung desselben. Die Folge davon ist überhaupt eine langsamere Entwickelung der geistigen Kräfte und, bei einer verkehrten Behandlungsart, oft ein scheinbarer Blödsinn.

Man hat schon oft die Taubstummen mit Blödsinnigen verwechselt, und zuweilen ist allerdings Blödsinn mit der Taubstummheit verbunden, nie aber ist er Folge der Taubstummheit. Unter den von Geburt an Taubstummen findet man nämlich höchst selten einen Blödsinnigen; dagegen kommt dieses letztere Gebrechen bei Denjenigen, welche durch Krankheit taub wurden, häufiger vor. Dies berechtigt uns zu dem Schlusse, daß bei Taubstummen dieselbe Krankheit, welche die Taubheit herbeiführte, auch zugleich die unmittelbare Ursache des Blödsinnes sei.

Man muß übrigens bei der Beurtheilung der Verstandesfähigkeit eines Taubstummen sehr vorsichtig sein, und es gehören in der Regel Jahre lange Beobachtungen und Bildungsversuche dazu, bevor man einen Taubstummen mit Sicherheit für blödsinnig oder auch nur für verstandesschwach erklären kann. Die Verhältnisse, in welchen man viele dieser Unglücklichen aufwachsen läßt, erzeugen bei ihnen sehr oft eine Stumpfheit und Trägheit des Geistes, welche sich in ihrem ganzen Wesen ausdrückt und welche sehr leicht für Blödsinn gehalten werden kann. Allein man darf sich durch das gedankenlose Aussehen solcher Kinder von dem Versuche ihrer Bildung nicht abschrecken lassen. Bisweilen sieht man schon in der Zeit von einigen Monaten, besonders bei jüngern, schöne Erfolge. Das Auge des Schülers wird dann belebter, sein Handeln bestimmter, seine Fassungskraft schneller, sein Gedächtniß treuer. Oft aber wird freilich eine weit längere Geduld von Seiten des Lehrers erfodert, ehe er sich bei in Müßiggang und gänzlicher Vernachlässigung aufgewachsenen Taubstummen einigen Erfolges erfreuen kann.

Durch zweckmäßigen Unterricht kann der Taubstumme seiner Einsamkeit, dem in sich Verschlossensein, der oft verkehrten Erziehung, den öftern körperlichen Mishandlungen, der Verfolgung und dem Spotte entzogen werden; in wohlgeordneten Anstalten tritt er unter liebreiche Menschen, unter ihm ähnliche Mitschüler, unter Lehrer, die ihr ganzes Dasein für sein Wohl aufopfern; er sieht Ordnung, Arbeitsamkeit, Sittlichkeit; er lernt die Hände aufheben zu Etwas, das über uns sei; er erkennt eine immer rege Wirksamkeit zu Einem Zwecke, und es geht ein Leben und ein Hoffen in ihm auf, die ihn beglücken. Er stellt sich daher zum Lernen immer freudig, eifrig und willig ein, und erleichtert so die unendlich schwere Aufgabe des Lehrers. Es wird ihm mittels geregelter Geberden und Zeichen, durch die Schrift oder gar mittels Laute eine mehr oder minder vollkommene Sprache gegeben; er lernt durch diese sich mittheilen und Andere verstehen, und hiermit ist ihm die Fähigkeit und das Mittel zum Aufnehmen einer jeden Belehrung ertheilt. Er wird nicht selten in den Stand gesetzt, durch eignen redlichen Erwerb seine Bedürfnisse zu befriedigen, seine Selbständigkeit zu erlangen, die menschliche Gesellschaft zu genießen, ein nützlicher Staatsbürger und, was mehr ist als Alles dies, ein Christ zu werden, der im Glauben und in der Wahrheit mit eigner einfacher Sprache zu Gott reden und ihn anbeten kann.

Daß dem wirklich so sei, beweisen, außer vielen ausgezeichneten Künstlern und Handwerkern, eine Menge bekannter, hochgebildeter Taubstummer, welche sogar oft Lehrer und Vorsteher von Taubstummenanstalten geworden sind, namentlich J. Massieu in Paris, Chomel in Genf, Laurent le Clerc, aus Lyon, zu Hartford in Nordamerika; Möller in Schweden; Daniel Heinrich Senß, jetzt in Rußland; Hugo von Schütz, jetzt in Kamberg; Otto Friedr. Kruse in Bremen; Joh. Karl Friedr. Habermaß und Wilke in Berlin, und selbst die leipziger Taubstummenanstalt besitzt in Karl Wilhelm Teuscher einen Taubstummenlehrer.

Es ist daher empörend für jedes fühlende Gemüth, wenn man solche arme Geschöpfe, die gleicher Natur mit uns sind, in Unwissenheit und Roheit aufwachsen läßt, höchstens ihre leiblichen Bedürfnisse befriedigt, aber sie dem Geiste nach ganz und gar darben läßt. Christen würden sich der Sünde fürchten, ein taubstummes Kind nicht taufen zu lassen; aber das halten Viele nicht für eine Sünde, solche Arme ohne Unterricht vor Gott aufwachsen, ohne den Trost der Religion leiden und ohne die Hoffnung eines jenseitigen Lebens sterben zu lassen.

(Die Fortsetzung folgt in Nr 126.)

Reise nach Palästina.

Ansicht von Antiochien.

Die Umgegend von Konstantinopel stand im schönsten Frühlingsschmucke; die Gärten von Bujukdere waren mit silbernen und purpurnen Blüten bedeckt und die dunklen Haine von Dulmah-Baktschi prangten im üppigsten Laubschmuck, als wir uns zu Anfange des Februars zur Abreise rüsteten, um vor dem Osterfeste in Jerusalem zu sein. Wir hatten lange zwischen zwei Reiseplanen geschwankt, die beide ihre Anziehungskraft auf uns ausübten. Hier öffneten sich uns die Dardanellen, und es lockte die Fahrt zwischen den zauberischen Eilanden des ägeischen Meeres und über die Insel Cypern nach Beirut oder Jaffa, wo wir landen konnten, um Palästina zu durchwandern; dort jenseit des Hellespont winkte die asiatische Küste und der nicht minder anziehende Weg über das Taurusgebirge nach Syrien. Reizende Landschaften, erhebende Erinnerungen an die Vorzeit und das wechselnde Schauspiel neuer Volkssitten erwarteten uns auf beiden Wegen. Wir bereueten es nicht, daß ein Zufall die Wahl entschied. Schon hatten wir uns mit dem Capitain eines nach Alexandrien bestimmten englischen Schiffes besprochen, als ich eines Tages in einem Kaffeehause einen sehr unterrichteten armenischen Kaufmann aus Beirut traf, von welchem ich erfuhr, daß eine meist aus Armeniern bestehende Karavane in einigen Tagen nach Haleb (Aleppo) aufbrechen wollte. Seine Schilderungen von den Annehmlichkeiten dieser Reise verschleierten die Beschwerden so geschickt, daß unser Entschluß bald gefaßt war, und der gefällige Armenier leistete uns bei den Vorbereitungen willkommenen Beistand.

Am 8. Februar verließen wir Konstantinopel und fuhren nach Skutari, wo die Karavane sich vereinigte. Als ich am asiatischen Ufer stand und einen Abschiedsblick nach dem europäischen hinüberwarf, traten vor meine Seele mehre große Ereignisse, die sich an diese Gegenden knüpften; der Zug der Asiaten nach Europa unter Xerxes, und in spätern Jahrhunderten der Übergang der türkischen Stämme, und zwischen jenen Ereignissen die Züge der europäischen Christen, die sich seit dem Ende des 11. Jahrhunderts vereinigten, Palästina den Mohammedanern zu entreißen. Der Schauplatz der ersten Begebenheiten dieser Kriegszüge lag vor mir und ich sollte demselben Wege folgen, den die Kreuzfahrer durch ihre Waffenthaten bezeichnet hatten. Ich sah die ersten rohen und raubsüchtigen Scharen unter Peter dem Einsiedler durch Ungarn und Bulgarien vor Konstantinopel ankommen (1096) und bald nachher in der Gegend landen, die mein Fuß betrat; ich sah jenseit des Kanals in der Ferne die hohen Platanen, welche die reizenden Wiesen bei Bujukdere beschatten, wo nach der Sage Gottfried von Bouillon mit den ersten Kreuzfahrern gelagert war, während er mit dem schlauen griechischen Kaiser Alexius Unterhandlungen pflog. Die Gestalt des tapfern und großherzigen Helden trat vor meine Phantasie, und neben ihm sah ich den klugen Grafen Raimund von Toulouse, die tapfern Normänner Bohemund und seinen Neffen, den ritterlichen Tankred und den frommen und gewandten päpstlichen Legaten Ademar, Bischof von Puy, der durch seine Klugheit oft die uneinigen Anführer für den gemeinsamen Zweck zusammenzuhalten wußte. Welches seltsame Schauspiel mochte es sein, als hier auf dieser Küste im Mai 1097 das Heer und bunte Heergefolge der Kreuzfahrer gemustert wurde, die ritterliche Reiterei, der Kern der Streitkräfte, das zahlreichere Fußvolk und der doppelt so starke Schwarm der Unbewaffneten, der aus Geistlichen, Mönchen, Nonnen, Kindern und Knechten bestand; ein Gemisch von so vielen Völkern, daß im Lager nicht weniger als 19 Sprachen gesprochen wurden!

Unsere Karavane machte sich am nächsten Tage nach der Überfahrt auf den Weg. Die Neuheit meiner Umgebungen, die malerischen Gruppen meiner Reisegefährten, die sich in einem langen Zuge bewegten, die meisten auf Maulthieren, einige auf Kameelen, andere auf kleinen schnellfüßigen Pferden reitend, andere zu Fuße; die morgenländischen Eigenheiten meiner Begleiter und die Aufmerksamkeit, die ich auf ihre mir noch wenig geläufige Sprache wenden mußte, all dies beschäftigte mich in den ersten Tagen mehr als die Gegenden, durch welche wir zogen. Endlich kamen wir in die große und fruchtbare Ebene, wo Isnik am Ufer eines ziemlich ansehnlichen, fast ganz von Hügeln eingeschlossenen Sees liegt. Es ist das alte Nicäa, berühmt als der Sitz einer Kirchenversammlung im Jahre 325, die ein allgemeines christliches Glaubensbekenntniß festsetzte

Ansicht von Haleb.

und die Gleichzeitigkeit des Osterfestes anordnete. Man sieht noch die wohlerhaltenen Mauern und Thore aus der Römerzeit, aber das Innere der Stadt ist fast ganz mit Gärten, Feldern und Ruinen bedeckt, wo es kaum eine Spur von Bewohnern gibt. Der türkische Flecken Isnik hat sich in einem Winkel der alten Stadt angebaut. Nicäa war die erste Eroberung der Kreuzfahrer. Die Stadt gehörte damals dem seldschuckischen Sultan Kilidsch Arslan, der seinen Sitz in Iconium (Konieh) hatte. Er suchte Nicäa vergebens zu entsetzen, das nach einer Belagerung von sieben Wochen genommen wurde, und als der Sultan bald nachher eine blutige Niederlage erlitten hatte, hemmte nichts den Zug der Kreuzfahrer nach Syrien.

Unsere Reise wurde beschwerlicher, als wir ein anmuthiges und fruchtbares Thal jenseit Isnik zurückgelegt hatten. Die Gegend ward öde und wasserlos, und wir konnten die Bedrängnisse nachfühlen, welche die Kreuzfahrer erdulden mußten, die in der heißen Jahreszeit durch dieses Land zogen. Unser Weg ging nun durch die Engpässe des Taurus. Die Karavane ließ dann die gewöhnliche Straße nach Haleb seitwärts liegen und kam in das von dem Orontes durchströmte breite und üppige Thal. Wir gingen über den Fluß und nahmen unsere Herberge in einem Khan vor der Stadt Antiochien. Nördlich erhebt sich ein hohes Gebirge, das westwärts läuft und in einem Vorgebirge an der Küste des mittelländischen Meeres, zwei Meilen von der Stadt entfernt, endigt. Eine andere Kette läuft beinahe in gleicher Richtung zwischen Antiochien und Haleb. Nördlich von der Stadt liegt ein großer fischreicher, mit dem Orontes verbundener See. Dieser Fluß entspringt in den Gebirgen nördlich von Damaskt und durchströmt ein enges Felsenthal, bis er eine westliche Richtung nimmt, in das schöne Thal bei Antiochien tritt, und unter den Mauern der Stadt schiffbar, dem mittelländischen Meere zueilt. Die Berge, die aus der Gegend von Damaskt längs dem Orontes laufen, theilen sich auf der südlichen Seite von Antiochien in mehre Arme. Der Abhang des östlichen Armes senkt sich nach der Stadt und ist mit Weinbergen und Gärten bedeckt; am Fuße des breiten westlichen Armes liegt eine tiefe Schlucht, durch welche ein Bergstrom hinabfließt, der durch unterirdische Röhren die Häuser der Stadt mit Wasser versorgt und sich in den majestätischen Orontes ergießt. Die alten prächtigen Mauern der Stadt geben noch Zeugniß von der ehemaligen Größe der Hauptstadt Syriens, die ihren Namen von ihrem Erbauer Antiochus (240 J. v. Chr.) erhielt. Ein Theil der Mauern schließt einen Berg ein und ein anderer läuft über die Gipfel von zwei Bergen. Man sieht noch Überreste des von Antiochus erbauten Schlosses. Die Stadtmauer war auf der westlichen Seite so dick, daß ein Wagen mit vier Pferden innerhalb der zwei Wölbungen, die sie bildeten, von der Stadt zum Schlosse hinaufkommen konnte, und ihre Stärke wurde durch 450 ringsumher errichtete Thürme vermehrt. Antiochien, eine der ältesten christlichen Gemeinden, hat nur wenige Überreste aus der Zeit, wo der Apostel Paulus sich als ihr Lehrer und Pfleger verdient machte. Sie wird von Türken und wenigen Griechen, Armeniern und Juden bewohnt. Mit ihren engen Gassen hat sie ein ärmliches Ansehen, doch fanden wir in einigen Werkstätten eine unerwartete Thätigkeit und an den mit großen Schöpfrädern besetzten Ufern des Flusses ansehnliche Saffiangerbereien.

Ich besuchte während des Tages, wo die Karavane hier ausruhte, alle Umgebungen der Stadt, um mir die Ereignisse der berühmten Belagerung zu vergegenwärtigen, die Antiochien im ersten Kreuzzuge aushalten mußte. Die Stadt gehörte den Seldschucken und hatte einen tapfern und rauhen Befehlshaber, das Urbild von Tasso's Aladin im befreiten Jerusalem. Die Kreuzfahrer rückten im October 1097 vor die Stadt, nachdem Balduin, Gottfried's Bruder, sich von dem Hauptheere getrennt hatte, um Edessa zu erobern, das er zum Sitze eines neuen christlichen Fürstenthums machte. Das Heer umlagerte die Stadt auf allen Seiten, außer auf der südlichen, wo sie durch den Berg und das Schloß geschützt war. Die christlichen Streitkräfte hatten bisher eher einen Kriegerbund als ein vereinigtes Heer gebildet. Jeder Anführer mit seinen Kriegsvölkern war unabhängig von den andern, und obgleich Gottfried von Bouillon, Raimund von Toulouse oder ein anderer ausgezeichneter Heerführer anscheinend den Oberbefehl führte, so war dies doch blos eine stillschweigende Anerkennung seines Ansehens. Als sich die Kreuzfahrer aber in einzelnen Lagern vor Antiochien versammelt hatten, wurde der Beschluß gefaßt, daß die vornehmsten Fürsten den Oberbefehl abwechselnd führen sollten, doch sollte nichts ohne Einwilligung sämmtlicher Anführer geschehen und zu allen kostbaren Unternehmungen jeder einen Beitrag geben. Die Umgegend wurde bald durch die Kreuzfahrer ausgeplündert und man brachte die Lebensmittel in solchem Überflusse in das Lager, daß die Pilger bald nur die reifsten und erlesensten Früchte essen wollten, und viele Theile der geschlachteten Ochsen muthwillig wegwarfen. So wurde der für Monate ausreichende Bedarf in wenigen Tagen vergeudet und die Kreuzfahrer überließen sich Ausschweifungen aller Art. Die Türken benutzten die Sorglosigkeit und die erschlaffte Kriegszucht, die eine Folge dieses ungebundenen Lebens war, und bald brach auch die furchtbarste Hungersnoth im Lager aus. Nur geringe Vorräthe wurden von den Armeniern und syrischen Christen in das Lager gebracht, und der Weg zu dem Hafen an der Mündung des Orontes, wohin Schiffe aus Genua und Pisa Lebensmittel brachten, war gefährlich. Nur die Reichen konnten etwas kaufen, die Armen aber mußten selbst Leder und Baumrinden essen. Seuchen rafften Menschen und Thiere weg. Die Zelte wurden durch heftige Regengüsse unzulänglich und überall sah man Elend und Verwüstung. Viele Kreuzfahrer verließen das Heer und zum allgemeinen Ärgerniß floh selbst Peter der Einsiedler, der durch seine begeisternden Predigten den ersten Anstoß zu den Kreuzzügen gegeben hatte, ward aber durch Tankred auf der Flucht eingeholt und mußte schwören, seinem Gelübde treu zu sein. Trotz diesen Drangsalen blieben die Kreuzfahrer fest in dem Entschlusse, die Belagerung selbst in dem unfreundlichen Winter nicht aufzugeben. Der kluge Legat Ademar war eifrig bemüht, der eingerissenen Sittenlosigkeit zu wehren, und um den Türken die Hoffnung zu nehmen, daß die Belagerung aufgehoben werden sollte, ließ er alle Kornfelder um die Stadt pflügen und besäen. Mit der mildern Jahreszeit kamen reichlichere Vorräthe in das Lager. Gottfried von Bouillon, Bohemund und Tankred wußten die verfallene Kriegszucht wiederherzustellen und den gesunkenen Muth zu beleben; aber selbst als die Christen ein zum Entsatz gekommenes türkisches Heer geschlagen hatten und Mangel unter den Belagerten zu herrschen begann, konnten sie doch nur durch die Verrätherei eines zum Islam übergegangenen Armeniers sich am 3. Jul. 1098 der Stadt bemächtigen. Kaum wehte das christliche Banner auf den Thürmen Antiochias, als ein mächtiges türkisches Heer heranrückte, während das feste Schloß, das die Stadt beherrschte, noch in der Gewalt der Feinde war. Die Christen wurden nun in der Stadt belagert. Hungersnoth riß ein, Muthlosigkeit herrschte, und das christliche Heer schien dem Untergange geweiht zu sein. Gottfried von Bouillon, Ademar und Bohemund, deren Muth und Zuversicht fest standen, ermunterten die wankenden Anführer zur Beharrung, obgleich das geringere Kriegsvolk für ihre Ermahnungen unempfänglich blieb. Endlich als man auf die Einbildungskraft durch Wundererscheinungen zu wirken suchte, wurde die Begeisterung in dem Heere wieder belebt; die Christen machten einen Ausfall, das mächtige türkische Heer wurde geschlagen, und im November sah man die Kreuzfahrer gegen Jerusalem aufbrechen.

Wir folgten jetzt noch nicht den Fußstapfen der kriegerischen Pilger, die den Weg längs der Küste nach Palästina nahmen, sondern wandten uns von Antiochien südöstlich nach Haleb, das zwei Tagereisen von jener Stadt entfernt ist. Unser Weg führte uns über einen Arm des Gebirges Al-Lukan (Amanus) an der Grenze von Syrien. Wir kamen durch fruchtbare Gegenden, die reichliche Ernten geben würden, wenn fleißige Hände sie anbauten, aber jetzt fast unbewohnt sind. Am zweiten Tage erreichten wir eine steinige Gegend, wo wir oft Hügel übersteigen mußten, bis wir in der Nähe von Haleb durch gut angebaute, reichlich bewässerte Felder zogen. Haleb ist eine große und volkreiche Stadt, welche in einem von dem vielarmigen Koik durchströmten Thale liegt, einer Mittelpunkte des asiatischen Binnenhandels. Die Karavanen, die aus Persien, Indien und andern Theilen des Orients kommen, laden hier ihre Waaren ab, die dann in die nächsten Häfen des mittelländischen Meeres gehen. Rings um die jetzt ziemlich verfallenen Stadtmauern mit ihren seltsam gebauten Thürmen sind Weinberge, Baumpflanzungen und Gärten meist an Bergabhängen angelegt, und gedeihen gut, obgleich es während des ganzen Sommers an Regen fehlt, der gewöhnlich erst in der Mitte des Octobers zu fallen anfängt. Die Stadt, mit dem hochliegenden Schlosse auf einem künstlichen Hügel in ihrer Mitte, bietet von allen Seiten malerische Ansichten dar. Sie ist unter allen Städten Syriens am besten gebaut und vielleicht die reinlichste Stadt im ganzen türkischen Reiche. Nur auf den Bazars und in den Buden vermißt man Nettigkeit und hinreichendes Licht. Die Häuser sind aus Quadersteinen aufgeführt, aber meist nur im obern Stockwerke bewohnt und das Erdgeschoß dient zu Waarenniederlagen, Stallung und zu wirthschaftlichem Gebrauch. Der von den Abendländern — Franken — bewohnte Stadttheil ist geräumig und heiter. Sie wohnen hier in schönen Khans *), die milde Stiftungen sind und deren gewölbte Gänge und Zellen man allmälig in bequeme Wohnräume umgewandelt hat, die gegen einen an die Moschee zu entrichtenden geringen Zins das Eigenthum der Inhaber bleiben. Die durch diese Khans führenden Straßen sind oben gewölbt und empfangen durch das Gewölbe ihr Licht. In den Höfen und an den Treppen hat man kleine Terrassen angelegt, auf welchen Gewächse grünen. Die Stadt hat jetzt nicht über 100,000 Einwohner, von welchen 70,000 Mohammedaner sind, deren eine sehr große Anzahl sich durch den grünen Turban als Nachkommen des Propheten ankündigen. Die türkischen Bewohner der Stadt stehen in dem Rufe ungewöhnlicher Bildung, und in der That haben wir hier das Spottgeschrei der türkischen Gassenbuben „fränkischer Kuckuck" nur selten hinter uns vernommen. Dieser Spottruf, der uns an andern Orten so oft verfolgte, soll daher entstanden sein, daß vor Zeiten die Franken sich das Wohlwollen der gefährlichen Buben durch Geschenke von Spielsachen zu erwerben suchten, unter welchen die nürnberger Kuckucke am meisten gefielen. Daher kam es, daß die Kinder jeden Franken um einen Kuckuck ansprachen und bann nach und nach die Bitte in einen Schimpfnamen überging. Ich wohnte mit den meisten Gliedern der Karavane in dem armenischen Khan, wo ich mit meinem Landsmann ein reinliches und bequemes Gemach im Erdgeschosse des Gebäudes erhielt, das einen großen Hof einschloß. Es war uns ein anziehender Genuß, in den warmen Tagesstunden unter dem schattenden Obdache, einem erfrischenden Springbrunnen gegenüber, zu sitzen, und zu unsrer Pfeife den heißen Kaffee schlürfend, dem regen Verkehr im Hofe zuzusehen, wo neben den Wohnungen Kramläden aller Art waren und in den ersten Tagen nach der Ankunft einer Karavane die Liebhaber der mitgebrachten Waaren sich drängten. Nach Anbruch der Dunkelheit wurde der Khan verschlossen. Ich hatte auf der Reise schon so viel Sprachgewandtheit erlangt, daß ich mich mit meinen Gefährten in den einsamen späten Abendstunden ziemlich gut unterhalten konnte, und zuweilen erfreute uns auch ein junger Araber in unsrer Karavane, der in einem großen Gemache im Hintergrunde des Hofes seinen zahlreichen Zuhörern mit geistreicher Lebendigkeit Märchen erzählte. Ich hatte ein gutes Mittel, ihn zu diesen Unterhaltungen zu begeistern, wenn ich ihn in mein Gemach winkte und eine Flasche alten Cypperweins hervorholte, die der junge Mann mit mir theilte, sobald er sich überzeugt hatte, daß er keinem Moslem in der Nähe ein Ärgerniß geben könnte.

Wir hielten uns in Haleb mehre Tage auf. Unsere Karavane trennte sich. Einige unserer Reisegefährten blieben in Haleb, andere zogen nach Damaschk und Basra; ich und mein Freund aber ritten in Gesellschaft unsers Armeniers aus Beirut und einiger seiner Landsleute nach Ladiki oder Latakie — das alte Laodicea — um dann längs der Küste nach Palästina zu reisen. Wir zogen einige Zeit durch eine gebirgige, aber nicht

unfruchtbare Gegend, bis wir bald in eine Ebene mit üppigen Kornfeldern kamen, die nur gegen Abend von einer hohen felsigen Gebirgskette eingeschlossen ist. Ich sah hier Getreide und Hülsenfrüchte aller Art, die der Ernte schon entgegenreiften, welche hier in kürzerer Zeit gewonnen wird als in Europa. Man säet das Getreide im November oder December und schon im April ist Alles reif. Gibt es auch zuweilen Nachtfröste und Schnee, so thaut doch bei Tage Alles auf und dunkle Tage, Regen und Nebel sind selten, weil der Regen meist strichweise fällt. Die Bearbeitung des Feldes fodert wenig Mühe. Die Sonnenhitze macht das Land so locker, daß man gewöhnlich nach einmaligem Pflügen säet und eineggt. Oft ackert man sogar mit unbeschlagenen Pflügen, weil manche Holzarten hier eisenhart sind. Das Ausjäten ist kaum nöthig, da die Saat bei Sonnenhitze und Wässerung so schnell aufschießt, daß sie das Unkraut überwächst. Bei der Ernte hat der Landbauer wenig Sorgen. Nach dem Ende der Regenzeit reift das Getreide vollends, und die Frucht steht dann oft lange auf dem Felde oder liegt geschnitten, während zwischen der Erntearbeit gedroschen wird. Die Tenne ist auf dem Felde, wo das Getreide durch Ochsen ausgetreten wird, die man in der Runde herumjagt. Der Ackerbauer bringt nun die Körner nach Hause und läßt das zertretene Stroh auf dem Felde liegen, um es zu verfüttern, ehe die Regenzeit wiederkehrt. Das Vieh weidet während des ganzen Sommers im Felde und frißt was in der Regenzeit gewachsen und nun dürr geworden ist. Auch während der winterlichen Regenzeit sprießen an den Abhängen der Berge Pflanzen hervor, und das Gebüsch in den Gebirgen gibt den Ziegen und Schafen Nahrung, die gewöhnlich zuerst die Felder abweiden, worauf dann Ochsen, Pferde und Esel und zuletzt die Kameele folgen. Soll aber das Zugvieh arbeiten oder Lasten tragen, so bekommt es Körner mit zertretenem Stroh. Wagen kennt hier der Landbauer nicht; Alles wird von Eseln und Kameelen getragen und die Pferde werden nur zum Reiten gebraucht. Das Brot wird oft, selbst in Gegenden, wo es nicht an Holz fehlt, auf einem Feuer von Ochsen = oder Kameelmist gebacken, der bei der Sonnenhitze ganz dürr wird und wie Torf glimmt. Das Brot besteht aus dünnen Kuchen, welche man auf eingemauerten kupfernen Platten bäckt, die sich leicht erhitzen lassen.

Am dritten Tage nach unserer Abreise von Haleb kamen wir in eine ziemlich steile Gebirgsgegend, und als wir über den Orontes gegangen waren, übernachteten wir in einem großen Khan, der von seinem Stifter mit so reichlichen Einkünften begabt ist, daß jedem Reisenden Brot, Suppe und Fleisch gereicht wird. Wir fanden hier viele mohammedanische Pilger (Hadschi), die auf dem Wege nach Mecca waren und es war bis spät in die Nacht lebendig in der Herberge. Unser Weg zog sich nun abwechselnd über Berghöhen und durch Thäler und wurde nur auf kurze Strecken durch angebautes Gelände unterbrochen. Überall waren die Straßen durch den Regen so sehr verdorben, daß wir erst am sechsten Tage auf die Berghöhe kamen, wo der Spiegel des mittelländischen Meeres sich vor unsern Blicken ausbreitete und etwa zwei Stunden entfernt die freundliche Stadt Laodicea sich zeigte. Sie liegt mit ihrem schönen Hafen in einer fruchtbaren Ebene am Ufer des Meers und ihre Trümmer erinnern noch an ihre ehemalige Pracht und Größe. Wir eilten nun, ohne in Tripolis und Sur, dem alten Tyrus, zu ver-

---

*) Vgl. Pfennig = Magazin Nr. 108.

weilen, schnell längs der Küste, der Heimat der Phönizier, die wir auf unsrer Rückreise bei günstigerer Jahreszeit wiederzusehen hofften, und kamen bald nach Beirut, wo wir im Hause unseres gastfreien Armeniers einige Tage ausruhten.

(Die Fortsetzung folgt in Nr. 126.)

Der Lemming (Mus lemmus).

Die Heimat des durch seine Wanderungen so merkwürdigen Lemmings scheinen die Gebirge Norwegens und Lapplands zu sein. Er ist ohne den Schwanz gegen fünf Zoll lang, der Schwanz selbst aber hat nicht über einen halben Zoll Länge. Das Haar ist sehr fein und dick und von unregelmäßig abwechselnden Farben, aber die Haut so dünn, daß sie gar nicht als Pelzwerk gebraucht werden kann. Vorderkopf, Nacken und Schultern sind schwarz, der übrige Theil des Körpers hat eine röthliche Farbe, mit schwarzen Flecken von verschiedener Gestalt. Die Oberlippe ist gespalten, wie bei dem Kaninchen. Von Zeit zu Zeit kommen diese Thiere in ungeheuern Schwärmen von den Gebirgen herab und richten furchtbare Verheerungen an. Dies geschieht zu unbestimmten Zeiten. Ihre Erscheinung ist plötzlich, und ehe irgend Vorkehrungen getroffen werden können, ist der Boden mit diesen Thieren bedeckt, vor welchen jeder Grashalm verschwindet. Sie wandern immer in Zügen und in grader Linie; kein Hinderniß kann sie in ihrem Fortschritt aufhalten. Sie gehen über Flüsse, erklettern die steilsten Felsen und lassen überall Hungersnoth und Verwüstung hinter sich zurück. Nicht zufrieden, Alles auf der Oberfläche der Erde zu zerstören, wühlen sie den Boden auf und vernichten selbst die Wurzeln der Gewächse. Zum Glück beschränken sich ihre Verwüstungen auf das offene Feld, da sie sorgfältig vermeiden, sich den Wohnungen der Menschen zu nähern. Man hat gesagt, daß sie das Gras vergiften, über welches sie gehen, und daß es im Frühling, wenn es wieder aufsprießt, für das Vieh schädlich sei; dies möchte aber schwerlich der Fall sein, da ihr Fleisch von den Lappländern gegessen wird. Der Lemming vertheidigt sich mit großer Wuth, wenn er angegriffen wird. Er beißt in den Stock des Angreifers, springt selbst auf ihn los und läßt sich lieber todtschlagen, ehe er losläßt, was er einmal festhält. Der Lemming kann zwar bei ruhigem Wetter über Flüsse setzen, wenn es aber stürmisch wird, ertrinken oft viele. Zu ihren Feinden gehören Hermeline, Füchse und Raubvögel, welche ihnen auflauern, um sie zu zerstören, sodaß von ihren ungeheuern Schwärmen nur wenige in die heimischen Gebirge zurückkehren. Man glaubt, daß diese furchtbaren Wanderungen ihren Grund in einer ungewöhnlichen Vermehrung dieser Thiere und zugleich in dem Mangel an Nahrung haben. Vielleicht gibt ihnen auch der Instinct ein Vorgefühl von ungünstigen Jahreszeiten; wenigstens hat man bemerkt, daß ihre Wanderungen gewöhnlich in einem Herbste stattfinden, dem ein strenger Winter folgt. Die Weibchen gebären zuweilen ihre Jungen auf der Wanderung und tragen sie dann in dem Maul und auf dem Rücken. Gewöhnlich machen die Lemminge ihre Wanderungen zwei- oder dreimal im Laufe von 20 Jahren.

Verantwortliche Herausgeber: Friedrich Brockhaus in Leipzig und Dr. E. Drärler-Manfred in Wien.
Verlag von F. A. Brockhaus in Leipzig.

Ausserordentliche Beilage zum Pfennig Magazin N⁰ 125.

Das Haus N⁰ 50. Boulevard du Temple in Paris, worin die gegen den König Ludwig Philipp gerichtete Höllenmaschine aufgestellt war.

Bildniss des bei derselben ergriffenen *Gérard*.

Ansicht der Höllenmaschine.

Das Pfennig-Magazin

der
Gesellschaft zur Verbreitung gemeinnütziger Kenntnisse.

126.] Erscheint jeden Sonnabend. [August 29, **1835**.

Trier.

Das schwarze Thor zu Trier.

Trier, in der Mitte eines vier Stunden langen, von der Mosel durchströmten reizenden Thales, umgeben von anmuthigen Gärten, ist eine der ältesten Städte Deutschlands und war schon zu Julius Cäsar's Zeit als Hauptstadt der Trevirer, eines gallischen Volksstammes, ein bedeutender Ort. Die römischen Kaiser wählten die Stadt nicht selten zu ihrem Aufenthalte und sie war so reich an öffentlichen Prachtgebäuden, daß sie von dem römischen Geschichtschreiber Ammianus Marcellinus ein zweites Rom genannt wird. Als die Franken im 5. Jahrhundert ihre Herrschaft gegründet hatten, kam Trier zu dem austrasischen Reiche; die Stadt war das Hoflager mehrer fränkischen Könige und erhielt wichtige Vorrechte und Freiheiten. Unter Kaiser Otto I. wurde Trier mit dem deutschen Reiche vereinigt. Das frühere Bisthum Trier soll schon im 4. Jahrhunderte zu einem Erzbisthum erhoben worden sein, und bei der Ausbildung der deutschen Reichsverfassung wurde der Erzbischof der zweite im Range unter den Kurfürsten. Die Stadt war seitdem die Hauptstadt des Kurfürstenthums, bis sie mit dem größten Theile des Landes 1801 durch den Frieden von Luneville an Frankreich kam. Der pariser Friede brachte sie an das Königreich Preußen und sie ist jetzt der Hauptort des dritten Regierungsbezirkes des Großherzogthums Niederrhein. Sie zählt über 12,000 Einwohner, welche einigen Handel mit Wein, Holz und Getreide treiben und sich besonders auch mit der Erbauung größerer und kleinerer Fahrzeuge für die Rheinschiffahrt beschäftigen. Trier besitzt mehre merkwürdige Überreste des Alterthums. Außer einer Menge von Münzen und Inschriften, die man in der Umgegend aufgefunden hat, sind auch in der Stadt selbst noch Überreste aus der gallischen und römischen Zeit, wie die Pfeiler der 690 Fuß langen Moselbrücke, deren Bögen, nach ihrer Zerstörung durch die Franzosen zu Anfange des 18. Jahrhunderts, im Jahre 1729 wieder aufgeführt wurden; das Amphitheater, in welchem Kaiser Konstantin im Jahre 306 viele gefangene Franken durch wilde Thiere zerreißen ließ; die großartigen Trümmer des Palastes dieses Kaisers, und die in neuern Zeiten wieder ausgegrabenen Überreste der prächtigen römischen Bäder. Das merkwürdigste Denkmal der Vorzeit aber ist der in vorstehender Abbildung dargestellte gewölbte Durchgang, das schwarze Thor, am nördlichen Ende der Stadt, dessen Erbauung in die Zeit der gallischen Herrschaft fällt. Dieses großartige Gebäude, das ehemals einen Eingang in die Stadt bildete, scheint nie vollendet worden zu sein und hat sich, ungeachtet der aufeinanderfolgenden Verheerungen der Hunnen, Franken und Normannen, fast ganz unversehrt erhalten. Im 11. Jahrhunderte ward es in eine dem heiligen Simeon geweihte Kirche verwandelt. In der neuesten Zeit hat man alle Verunstaltungen späterer Zeit hinweggenommen und nur den Anbau, worin sich der Chor mit dem Hochaltare befand, als einen schönen Überrest deutscher Baukunst, beibehalten.

Von den neuern Bauwerken Triers sind merkwürdig: die Kathedrale des heiligen Petrus auf einer Anhöhe mitten in der Stadt, ein riesenhaftes Gebäude im reinen gothischen Style, mit vielen Altären und einer Marmorgalerie; die schöne, im 13. Jahrhunderte gegründete Liebfrauenkirche, eines der trefflichsten Werke deutscher Baukunst, und die Kirche des heiligen Paulinus mit einem schönen Deckengemälde. Der ehemalige kurfürstliche Palast wird als Caserne gebraucht und aus der im Jahre 1454 gestifteten Universität ist in neuerer Zeit ein Gymnasium geworden. Zu den Schätzen der Stadt gehören die gegen 70,000 Bände starke Bibliothek und eine sehr reiche Sammlung von Alterthümern und naturhistorischen Merkwürdigkeiten im Besitz eines dortigen Gelehrtenvereins. In der Nähe der Stadt liegen die ehemalige Benedictinerabtei St.-Maximin, eine der ältesten in Deutschland, und die Abtei St.-Matthias, die schon im 8. Jahrhunderte eine Schule hatte. Das ehemals zu diesem Kloster gehörige ansehnliche Landgut ist in neuern Zeiten in eine der ausgezeichnetsten landwirthschaftlichen Anstalten verwandelt worden, wo man viele wichtige Versuche zu Beförderung der Fortschritte des Ackerbaues unternommen hat.

Das Wichtigste über den Taubstummenunterricht.

(Fortsetzung aus Nr. 125.)

II. Methode desselben.

Hierbei ist vor allen Dingen der Grundsatz festzuhalten, daß der Taubstumme, da er des Gehörs beraubt ist, Alles durch das Gesicht zu erlernen genöthigt ist, daß bei ihm daher das Auge zugleich den Zweck des Ohres mit erfüllen muß. Der Hauptmittel des Unterrichts gibt es nun eine mehre. Nämlich:

1. Die natürliche Zeichensprache oder Geberdensprache, welche die Taubstummen sich selber bilden und bei ihrem Zusammenleben täglich vermehren.

Diese Sprache ist zwar ein Gemeingut der Menschen, wird aber von dem Taubstummen, welcher auf sie beschränkt ist, mehr ausgebildet und angewandt, als von dem Vollsinnigen. Das Winken mit der Hand, das verneinende Schütteln oder beifällige Nicken des Kopfes, das drohende Erheben des Zeigefingers u. s. w. sind Zeichen, welche von Jedermann gebraucht und verstanden werden. Nicht weniger verständlich sind viele Zeichen, welche wir zwar im gewöhnlichen Leben nicht gebrauchen, welche aber das taubstumme Kind zu seinen Mittheilungen an Andere bildet und gebraucht. Diese Zeichen bestehen hauptsächlich darin, daß die bei der anzudeutenden Handlung charakteristische Bewegung des Körpers nachgeahmt oder die Form der zu bezeichnenden Gegenstände in die Luft gezeichnet, oder wenn dies nicht angeht, der Gebrauch derselben und Ähnliches angedeutet wird. Der fähigere Taubstumme bildet sich diese Zeichen, wenn man ihn nur nicht ganz dem Müßiggange und der Langeweile überläßt, in der Regel ohne alle Anleitung und zeigt dabei nicht selten eine glückliche Beobachtungsgabe und viel Scharfsinn.

Sie ist mehr als jede andere, eine eigenthümliche Sprache voll Leben und Wahrheit, weil sie von allen Völkern und von jedem Einzelnen verstanden wird, und dabei weder aus der Kunst noch aus der Überlegung hervorgeht, sondern eine unmittelbare Äußerung der erhaltenen Eindrücke des Geistes, gleichsam ein Gemälde des Lebens ist, durch dessen Darstellung sich auch das Individuum selbst charakterisirt. Sie ist anziehend und kann durch den genau bezeichnenden Ausdruck, durch die Lebhaftigkeit des Vortrags, durch den Anstand in der Haltung und in den Bewegungen, durch das Spiel der Geberden und den Ausdruck des Auges hinreißend werden. Diese natürliche Sprache hat ferner das Ausgezeichnete, daß sie zwar einfach scheint, aber doch einen außerordentlichen Reichthum besitzt, daß oft die verschiedenartigsten Ausdrücke für die nämliche Sache dennoch Allen leicht verständlich sind, daß jedes Individuum seine eigne Art dieser Sprache haben und doch von Allen verstanden werden kann.

Die natürliche Zeichensprache ist bei der Erziehung Taubstummer unentbehrlich; sie ist die allgemeine Sprache, mittels deren jeder neue Ankömmling mit seinen Leidensgefährten und mit seinen Wohlthätern Bekanntschaft macht; sie ist das, was ihn zuerst und vor Allem beim Eintritt in diese für ihn neue Welt beglückt, indem er da gleich fühlt, daß er von nun an verstanden werde und verstehen könne. Sie ist das einzige Mittel, durch welches Lehrer und Schüler anfänglich sich verständigen können und durch welche der fernere Unterricht ertheilt und alles Schwierige darin erklärt werden soll. Daher wäre es nicht möglich, sie bei der Erziehung der Taubstummen zu unterdrücken, so wenig als es zwei Menschen, welche die nämliche Sprache verstehen, zuzumuthen ist, sich in einer andern, die sie nicht kennen, zu unterhalten. Die natürliche Zeichensprache soll daher als die Muttersprache der Taubstummen gepflegt werden, d. h. von den Schülern gebildet, von den Lehrern geordnet, von Beiden ausgeübt und dann demjenigen Zöglinge, welcher die Tonsprache nicht erlernte, bei seinem Austritte aus der Schule als diejenige Sprache, durch die es ihm allein möglich ist, sich überall verständlich zu machen, in größtmöglicher Vollkommenheit mitgegeben werden.

Das Erste, was der Lehrer eines Taubstummen zu thun hat, ist daher, daß er sich mit dieser natürlichen Zeichensprache seines Schülers bekannt macht, sich dadurch mit ihm in Verbindung setzt und den Umfang seiner Begriffe und den Stand seiner Bildung kennen lernt. Von ihr muß er bei seinem Unterrichte ausgehen und an sie die ganze weitere Bildung desselben, jedoch immer in der Absicht, sie nach und nach entbehrlich zu machen, anknüpfen.

2. **Die künstliche oder methodische Zeichen- oder Fingersprache.**

Jede Sprache ist anfänglich das reine Ergebniß der Natur, wird aber allmälig durch den Einfluß des Verstandes ganz ein Product der Kunst. So ist nun auch die künstliche Zeichensprache aus der natürlichen hervorgegangen, wozu die Taubstummen selbst schon, sobald sie in großer Anzahl zusammenkommen, die erste Veranlassung geben, indem sie durch stillschweigende Übereinkunft allmälig Vereinfachung und Festsetzung gewisser Zeichen einführen, die aber ihnen überlassen immer natürlich bleiben. Wenn aber die Zeichensprache so weit der Übereinkunft, der Ordnung und dem Gesetze unterworfen wird, daß sie nicht mehr durch den Instinct eingegebenen augenblicklichen Ausdruck der Gefühle und der empfangenen Eindrücke, überhaupt nicht mehr eine bildliche Darstellung, sondern eine durch Überlegung und durch Vorschriften bedingte Handlung ist, so hat sie die Eigenthümlichkeit der natürlichen Zeichensprache verloren und ist eine ganz andere geworden, welche allerdings wieder ihre Vorzüge, aber auch große Nachtheile hat.

Die methodische Zeichensprache wird bestimmter, schärfer, kürzer, geregelter und daher beständiger sein, als die natürliche; ihr Vortrag nimmt nicht so sehr den ganzen Körper in Anspruch, ist ruhiger und erlaubt, zumal durch die oft erstaunenswerthe Fertigkeit der Fingersprache, dem Wechsel der Mittheilung eine weit größere Schnelligkeit. Manches, was durch die natürliche Mimik schwer, vielleicht auch gar nicht verständlich auszudrücken ist, wie manches Abstracte, wird durch sie nach getroffener Festsetzung leicht ausgedrückt, indem man z. B. für einen zusammengesetzten Gedanken vielleicht ein einfaches Zeichen einsetzt. Allein dann ist sie nicht mehr eine durch sich selbst verständliche Sprache, nicht mehr das angeborene Verständigungsmittel Aller, sondern sie ist nun nicht nur erst zu gründen, sondern auch schwer zu erlernen und zeitraubend geworden. Der Taubstumme, welcher sich ihrer bedient, bemüht sich nun nicht mehr, die geistige Mienensprache zu studiren, sieht nicht mehr nach dem ausdrucksreichen Antlitz, blickt nicht mehr in das tief aus der Seele sprechende Auge des Menschen, sondern er senkt seine Blicke hin auf die nunmehrigen Sprechinstrumente desselben, die Finger und Hände. Die künstliche Zeichensprache hat ferner den Nachtheil, daß sie, ganz der Willkür ihrer Erfinder unterworfen, unendlich viele Abarten haben kann. In der That sind die methodische Zeichensprache de l'Epée's und die seines Nachfolgers Sicard, Pereira's Handalphabet, Jamet's Daktilologie und die Zeichen nach Bebian's Mimographie u. s. w. alle so sehr verschiedene künstliche Zeichensprachen, daß ein Schüler, welcher nur die eine inne hat, von den andern durchaus nichts versteht. Sie ist ein Mittel zum Unterrichte, welches, um gebraucht werden zu können, selbst einen schwierigen Unterricht erfodert und welches, sobald der Zögling die Anstalt verläßt, ihm zu nichts mehr nütze ist, da weder Stumme aus andern Schulen noch Vollsinnige dieselbe verstehen. Sollte eine künstliche Zeichensprache wirklichen Nutzen haben, so müßte sie in allen Taubstummeninstituten dieselbe sein und auch von denjenigen Hörenden erlernt werden, welche im Falle sind, mit Taubstummen Umgang haben zu müssen. Die künstliche Mimik muß endlich, weil der Taubstumme gewohnt ist, in seinen Zeichen eine Ähnlichkeit oder sonst eine Beziehung auf die Sache selbst zu suchen, nothwendig seine Begriffe verwirren.

Daher sollte, nach unserm Dafürhalten, die methodische Zeichensprache niemals Zweck des Taubstummenunterrichts sein, sondern allenfalls nur als ein höchst untergeordnetes Mittel dienen, und kann als etwas Überflüssiges bei demselben ganz hinweggelassen werden.

3. **Die Schriftsprache.** Wir wollen hier nicht erörtern, wie der Taubstumme den Sinn der Schrift erkennt, begreifen wir Hörende ja doch selbst nicht einmal recht, wie dies uns geschieht. So gut als wir aber im Allgemeinen annehmen, daß der Vollsinnige den Werth der Schriftzeichen nach ihren Lauten würdigt, ebenso gut dürfen wir glauben, daß der Taubstumme sie nicht nach der ihm fremden Betonung, sondern nach der Menge und der verschiedenen Aneinanderreihung der Buchstaben erkenne. Diese setzen für ihn Zeichen zusammen, deren Anschauen ihm die Vorstellung unmittelbar erregt, ohne das Ohr im mindesten dabei in Anspruch zu nehmen, was wahrscheinlich bei dem Taubstummen leichter vor sich geht, als wir vermuthen, weil bei ihm die Geistesthätigkeit mit größerer Leichtigkeit nach dem bei ihm besonders geübten Sehorgane hinwirkt.

Daß der Taubstumme der Schriftsprache völlig mächtig werden könne, ist vielen gemachten Erfahrungen zufolge ganz außer Zweifel. Die Schriftsprache macht gleichsam die Grundlage zur Ausbildung des Taubstummen aus und ohne sie kann ein gründlicher Unterricht oder wenigstens die eigene Fortbildung desselben nicht stattfinden. Daher ist sie ihm, ebenso wie dem Hörenden, zur höhern Ausbildung unumgänglich nothwendig.

Diese Art der Zeichensprache hat nebst vielen andern Vorzügen die Eigenschaft, die Gedanken bestimmt und genau zu bezeichnen. Sie hat nicht das Flüchtige der Geberdensprache, sondern haftet einerseits der Anschauung und dem Auffassen und gewährt andererseits dem Darsteller hinlängliche Zeit und Ruhe, Das, was er ausdrücken will, indem er es thut, zu prüfen. Sie gibt sich jeder Modification hin, entgeht der Aufmerksamkeit nicht und ist besonders zur Mittheilung in die Ferne geeignet. Durch das Niederschreiben werden die Gedanken besser geprüft und geordnet, in Übereinstimmung gebracht und gleichsam geweckt. Die Schriftsprache muß daher späterhin das Hauptmittel des Unterrichts der Taubstummen ausmachen.

4. **Die Lippensprache.** Wir verstehen unter der Lippensprache die Kunst des Tauben, durch aufmerksames Beobachten der Bewegungen der Lippen, der Zunge und zum Theil der Gesichtszüge den Sprechenden zu verstehen. Diese Fertigkeit erwerben sich vorzüglich solche Taubstumme, welche, nachdem sie früher gehört und die Sprache verstanden hatten, das Gehör verloren. Besonders sind diejenigen Stummen hiezu geeignet, welche den bloßen Ton der Sprache hören, aber dessen Modificationen zu unterscheiden nicht im Stande sind, sowie auch Diejenigen, die noch etwas besser hören.

Es ist nun freilich keine leichte Aufgabe, den Taubstummen in der Lippensprache zu unterrichten, obwol er sich in der Überzeugung, daß andere Menschen sich mittels der Bewegungen des Mundes verstehen, gern dazu anstrengt. Es ist aber auch für denselben, wie leicht ersichtlich, ein ungemeiner Vortheil, indem ihm auf diese Weise das Gehör einigermaßen ersetzt wird, zumal wenn er mit einem scharfen Gesichte begabt ist, in welchem Falle er dann oft in einer sehr bedeutenden Entfernung vernehmen kann, was gesprochen wird. Daß der Unterricht und die Bildung eines solchen Taubstummen, welcher die Lippensprache versteht, wie auch sein nachheriges Fortkommen ungemein erleichtert werde, ergibt sich von selbst mehr als zur Gnüge.

Es fehlt nicht an Beispielen, daß Taubstumme es in dem Absehen des von Andern Gesprochenen so weit brachten, daß man mit ihnen beinahe so schnell reden konnte, als mit Andern. Der in dem Institute zu Berlin gebildete, oben bereits erwähnte Taubstumme Habermaß z. B. wohnte den Predigten bei und faßte ihren Inhalt durch bloßes Absehen vollkommen richtig auf.

5. Das hauptsächlichste Mittel endlich zur Bildung des Taubstummen ist die Tonsprache oder Lautsprache. Sie ist zwar von dem Tauben sehr schwer zu erlangen und erfodert sowol von Seite des Lehrers als des Schülers einen großen Zeitaufwand, große Anstrengung und viel Geduld; aber einmal erlernt, ist die Möglichkeit zu jedem fernern Unterrichte im Verhältnisse zu den Schwierigkeiten des Bisherigen so leicht geworden, daß sie überall nicht nur als Mittel, sondern auch zugleich als Zweck des Unterrichts angesehen werden sollte. Sie ist unsers Dafürhaltens die höchste Aufgabe in der Taubstummenbildung.

Über den Nutzen des Unterrichts in der Lautsprache für Taubstumme und in wie weit sie von diesen erlernt werden könne, haben viele Zweifel obgewaltet. Auch wird unsers Wissens in Frankreich, ungeachtet mehrer gemachten Versuche, die Tonsprache noch jetzt nicht als eigentlicher Lehrgegenstand behandelt, obgleich Sicard, welcher den Lautsprachunterricht, einzelne Versuche abgerechnet, in seiner Anstalt, als nach seiner Ansicht unnütz, nie eingeführt hatte, am Ende seiner nützlichen Laufbahn endlich selbst einsah, daß die Erziehung des Taubstummen nur dann als vollendet angesehen werden könne, wenn derselbe nicht nur gelernt habe, am Munde Anderer zu lesen und zu verstehen, sondern auch sich selbst durch mündliche Sprache verständlich machen könne. Hingegen in Deutschland ist die Tonsprache ziemlich allgemein und mit gutem Erfolge eingeführt, indem die Erfahrung nun hinlänglich dargethan hat, daß, wenn auch nicht alle bildungsfähige Taubstummen geeignet sind, die Tonsprache zu erlernen, doch eine große Anzahl derselben dieses Ziel mehr oder minder vollständig erreicht. Wenn auch viele nur mit einer eintönigen, übellautenden Stimme sprechen oder auch nur undeutlich articuliren lernen, so ist dennoch diese Sprache unendlich besser, als alle Zeichen. Eine nicht unbedeutende Anzahl Taubstummer gelangt dadurch zum vollständigen Besitz der Sprache und wird in den Genuß der Vortheile der menschlichen Gesellschaft eingesetzt und für das bürgerliche Leben vollkommen brauchbar gemacht.

(Fortsetzung in Nr. 127.)

Die Sokotora-Aloe.

Die Aloe ist eine in Afrika, vorzüglich auf dem Vorgebirge der guten Hoffnung und in Ost- und Westindien, weniger im südlichen Amerika und Europa heimische Pflanze, welche wegen der Schönheit ihrer Blüte auch in nördlichern Gegenden in Treibhäusern gepflegt wird. Sie hat viel Ähnlichkeit mit der Agave, die man deshalb auch wol Baumaloe nennt. *) Während einige Arten nur wenige Zoll hoch werden, erreichen andere eine Höhe von 30 Fuß. Aus ihren Blättern wird der sogenannte Aloesaft gewonnen, der eingedickt in bun-

*) Siehe Pfennig-Magazin Nr. 32.

kelbraunen, glänzenden Stücken in den Handel kommt und in Wasser oder Weingeist aufgelöst, ein bitterschmeckendes Arzneimittel liefert. Auch benutzen die Eingeborenen die Blätter zur Bedachung ihrer Häuser und weben aus den Fasern derselben verschiedene Stoffe. Den vorzüglichsten Aloesaft liefert die hier abgebildete Sokotora-Aloe auf der gleichnamigen Insel im rothen Meere, deren vorzüglichstes Product sie ist; sie wächst hier hauptsächlich auf den Sandsteingebirgen und gedeiht nur selten in geringerer Höhe als 500 Fuß über dem Meere; vorzüglich im westlichen Theile der Insel sind die Anhöhen Meilen weit mit dieser schönen Pflanze bedeckt.

Sie hat einen 3—4 Fuß hohen Schaft, schwertförmige, gezähnte Blätter von 1—2 Fuß Länge, die in eine scharfe Spitze auslaufen und sich am obersten Theile des Stammes in dichte Büschel vereinigen, aus welchen der schlanke Stengel mit schönen rothen Blüten hervortritt. Die Blätter werden zu jeder Jahreszeit gebrochen. Hauptsächlich hat die richtige Behandlung Einfluß auf die Güte des Saftes. Die sogenannte Roßaloe, die man in der Thierarzneikunde anwendet, wird aus den Abgängen der Aloeblätter bereitet und sieht fast ganz schwarz aus.

Reise nach Palästina.
(Fortsetzung aus Nr. 125.)

Ansicht von Jaffa.

Beirut, das alte Berytus, eine der blühendsten Städte Syriens, ward unter dem Kaiser Augustus eine römische Colonie und erhielt den Namen Felix Julia, die glückliche Julia, wegen ihrer reizenden Umgebungen und ihres unvergleichlichen Klimas. Die Stadt liegt an einem anmuthigen Hügel, der sich sanft gegen das Meer senkt, in welches einige Landspitzen und Felsen mit türkischen Befestigungen malerisch auslaufen. Die Rhede wird durch eine Landzunge gebildet, welche gegen den Ostwind schützt. Dieses ganze Vorland und die umliegenden Hügel sind mit dem reichsten Pflanzenwuchse bedeckt. Überall sieht man Maulbeerbäume auf künstlichen, übereinander sich erhebenden Terrassen; Feigenbäume, Platanen, Pomeranzenbäume und andere Gewächse warmer Himmelsstriche breiten über das ganze Gestade den harmonischen Schleier ihrer verschiedenen Belaubung, während in weiterer Entfernung auf den ersten Abhängen der Gebirge Olivenwälder sich erheben. Ungefähr eine Stunde von der Stadt steigt der Libanon mit seinem schneebedeckten Gipfel empor, und öffnet gegen die Küste seine dunkeln Schluchten. Die Stadt, die jetzt über 6000 Einwohner zählt, hatte unter der Römerherrschaft eine Rechtsschule für die morgenländischen Provinzen; Kaiser Justinian nannte sie die Mutter und Nährerin der Gesetze und wurde von ihren berühmten Zöglingen Dorotheus und Ana-

tolus bei der Anordnung seiner Gesetzsammlung, der Pandecten, unterstützt. In spätern Zeiten war Beirut die Hauptstadt der Drusen, deren Fürst Fakreddin hier im 17. Jahrhundert einen prächtigen Palast baute und schöne Gärten anlegte. Fakreddin, ein merkwürdiger Mann, hatte einige Zeit in Florenz gelebt, wo er mit europäischer Kunst und Wissenschaft sich befreundete. Er unterlag endlich der Macht der Türken und als ihn der Sultan in Konstantinopel hatte erwürgen lassen, kamen seine ansehnlichen Besitzungen in Verfall.

Die Besteigung des Libanons, die wir uns vorgenommen hatten, mußten wir wegen des ungünstigen Wetters einem künftigen Reiseplane vorbehalten, den wir nach der Rückkehr von Jerusalem ausführen wollten. Wir fanden Platz auf einem syrischen Handelsschiffe, das nach Alexandrien bestimmt war, und uns an der Küste von Palästina aussetzen wollte. An einem heitern Abend schifften wir uns ein. Als wir am Strande standen und das Boot erwarteten, erfreute uns der Anblick des fröhlichen Lebens, das sich hier regte. Wir sahen mehre Gruppen von Arabern in ihrer glänzenden Tracht und ihrem Waffenschmucke. Mehre europäische Schiffe lagen auf der Rhede vor Anker, und zahlreiche Schaluppen, mit den Waaren von Damaskus und Bagdad beladen, gingen unablässig von dem Gestade zu den Schiffen. Wir hörten die gellenden Stimmen der Araber, die sich stritten, und das rauhe Stöhnen, das die Kameele ausstießen, wenn sie ihre Kniee beugen mußten, um ihre Ladungen zu empfangen. Die Fahrt war bei dem günstigsten Winde kurz und angenehm. Wir fuhren vor Saida (Sidon) und Akka vorüber und liefen an einem schönen März= abend in den Hafen von Jaffa ein. Die Stadt, das alte Joppe, liegt auf einem kegelförmigen Hügel, der auf drei Seiten von dem Meere umspült wird, und an dessen steilem Abhange eine verwirrte Masse von Thürmen, Kuppeln, Schwibbogen und Häusern reihen= weise emporsteigt. Die Straßen sind eng, krumm und schlecht gepflastert, wie fast in allen Städten des Mor= genlandes. Die Gärten um die Stadt sind mit Hecken von Cactus eingefaßt, den man überall auf der Küste Syriens findet, aber ohne Kunst und Ordnung ange= legt. Bäche fließen zwischen den dicht nebeneinander gepflanzten Bäumen, deren mit Blüten und Früchten beladene Zweige sich zu dem Spiegel des Wassers hin= absenken, und schlanke Palmen erheben sich über die duftenden Wipfel. In üppiger Fülle gedeihen hier Po= meranzen= und Mandelbäume, Reben und köstliche Was= sermelonen. Joppe, in der Nähe der Hauptstadt, war einst der Haupthafen Judäas, und die Lage der Stadt begünstigte den Handel mit den Küsten und Inseln des mittelländischen Meeres. Salomo ließ die Cedern vom Libanon zum Tempelbau hierher schaffen. Unter der türkischen Herrschaft ist der von Simon dem Makka= bäer angelegte Hafen immer mehr für große Schiffe unzugänglich geworden, da der durch die Nordwinde fortgetriebene Sand hohe Bänke vor dem Eingange aufgehäuft hat. Der thätige Aga von Jaffa, Meh= met, hat jedoch in den letzten Jahrzehnden viel für die Vergrößerung des Hafens wie für die Befestigung der Stadt gethan. Nach der Sage der Alten ward An= dromeda an einem Felsen bei Jaffa einem Seeunge= heuer ausgesetzt, bis Perseus sie befreite. Der Pro= phet Jonas schiffte sich hier ein, um in Ninive Buße zu predigen.

Wir hatten nun den Boden des heiligen Landes betreten. In Jaffa landen gewöhnlich die abendländi= schen Pilger und kehren nach Vollendung ihrer Wall= fahrt dahin zurück. Als wir in dem Hause eines Kaufmanns, dem ich eine Empfehlung von meinem Armenier aus Beirut mitbrachte, uns erfrischt hatten, benutzten wir eine Stunde vor dem Schlafengehen, unsern Reiseplan, mit der Karte in der Hand, entschei= dend zu besprechen. Palästina mit dem Gebiete der Phönizier in seiner Ausdehnung längs dem mittellän= dischen Meere vom Libanon bis zur Grenze des steini= gen Arabiens, hatten wir theils schon gesehen, theils hofften wir die merkwürdigsten Punkte dieses Küsten= landes auf der Rückreise zu besuchen. Von den beiden Hälften des Landes aber, die der Jordan von seinem Ursprunge am Fuße des Libanons bis zu seinem Aus= flusse in das todte Meer scheidet, konnten wir die öst= liche, in der ältesten Zeit das Land Gilead, später Pe= räa genannt, nicht bereisen, so viel sie dem forschen= den Blicke auch darbieten möchte, und noch weniger das der Herrschaft David's und Salomo's unterworfene Gebiet bis zum Euphrat; die westliche Hälfte hingegen, das alte Land Kanaan, das spätere Judäa, der Schau= platz der wichtigsten Ereignisse in der Geschichte der Hebräer und das Geburtsland des Christenthums, woll= ten wir nach allen Richtungen durchwandern. Wir hatten uns in Beirut auf den Rath kundiger Einge= borenen mit vollständigen Anzügen versehen, um im Innern des Landes in der dem Klima angemessenen volkthümlichen Tracht sicherer zu reisen. Ehe wir am folgenden Morgen aufbrachen, erhielten wir unter dem Beistande unseres Wirthes und unseres Dieners, eines gewandten Arabers, ein ganz morgenländisches Ansehen. Zuerst wurde der Kopf geschoren. Dann legten wir ein Hemd von weichem Seidenzeuch an, das Hals, Brust und Arm unbedeckt ließ. Weite Pantalons von feinem Tuche wurden um den Leib mit einer herab= hangenden Schleife befestigt, und ein Paar andere von Linnenzeuch für wärmere Tage blieben unter unserm Reisegepäcke. Über diese Beinkleider zogen wir den Sombos, ein Gewand mit langen Ärmeln, das fast bis auf die Füße reichte, mit einem Gürtel befestigt, in welchem wir Pistolen und einen schön verzierten Dolch steckten. Auch fehlte unter unserm Kleidervorrathe nicht das übliche Obergewand von leichtem Stoffe und leb= hafter Farbe, das zuweilen statt des Mantels getragen wird, noch der Bornos, ein langer und weiter weißer Rock von Seide und Kameelhaaren mit seidener Franse besetzt, ein ungemein leichter und kleidsamer Anzug, des= sen Bequemlichkeit wir auf unserer Reise häufig erprobt gefunden haben. Den Kopf bedeckte ein einfacher Tur= ban, der aus einer rothen, oben mit einer Quaste von blauer Seide verzierten Mütze bestand, um welche ein Shawl gewickelt war. Ich wählte einen hellblauen Shawl, mein Reisegefährte aber meinte, ein grüner möchte ihn besser kleiden, doch mußte er einen beschei= denen weißen wählen, als unser Araber lachend aus= rief, der junge Herr möchte sich schwerlich als einen der Nachkommen des Propheten Mohammed ausweisen können, welchen allein das heilige Grün gebührt.

So geputzt, schlossen wir uns der kleinen, meist aus morgenländischen christlichen Pilgern und einigen syrischen Kaufleuten bestehenden Karavane an, die in den Vormittagsstunden von Jaffa aufbrach. Die Ent= fernung von Jerusalem beträgt nicht über 12 Stunden, man braucht aber bei den schlechten Wegen gewöhnlich anderthalb Tagereisen, wenn man ohne Aufenthalt rei= set. Als die Gärten der Stadt hinter uns lagen, ka= men wir in die große wellenförmige Ebene Saron, die sich vom Berge Karmel bis nach Gaza erstreckt, ein fruchtbares Gelände, das zum Theil angebaut und wo der bewaffnete Ackerbauer es nicht mehr mit seinem schlichten Pfluge fürchtet, mit blühenden Pflanzen be= deckt war, doch ist die Zeit längst vorüber, wo Rosen, Lilien, Narcissen und Nelken hier prangten. In den Nachmittagsstunden lagerten wir uns einige Zeit bei einem Brunnen nicht weit von den Trümmern einer Moschee, die auf der Stelle erbaut war, wo nach der Sage Joseph und Maria auf der Flucht nach Ägypten ausruhten. Gegen Abend erreichten wir Ramleh oder Ramla, das anmuthig auf einer sanften Anhöhe in ei= nem Kranze von Ölbäumen liegt. Diese Stadt zeigt noch einige Trümmer ehemaliger Größe, ist aber jetzt klein und verödet. Sie hat ein katholisches Kloster, das die Kaiserin Helena, Konstantin's des Großen Mut= ter, erbaute, eines der schönsten in Palästina, worin wir aber nur einen einzigen Mönch, einen alten Spa= nier, fanden. Wir erhielten eine gastfreundliche Her= berge in dem armenischen Kloster, unter dessen mun= tern Bewohnern wir den Abend angenehm hinbrachten. Ramleh war eine der ersten Eroberungen der Kreuz= fahrer, als sie nach ihrem Zuge längs der syrischen Küste Palästina betraten. Sie feierten hier das Fest des heiligen Georg's und ernannten einen Priester aus Rouen zum ersten abendländischen Bischof im heiligen

Lande, dem jeder Pilger einen Zehnten von seiner Habe gab. Am folgenden Morgen, ehe die Sonne aufgegangen war, verließen wir die Stadt. Nach einigen Stunden stieg der Weg bergan und wurde immer beschwerlicher und nicht selten so schmal, daß nur ein Pferd, und zwar zuweilen nicht ohne Gefahr, Platz hatte, da die felsigen Pfade durch den Regen noch ungangbarer geworden waren. Endlich kamen wir in ein offenes Thal, wo das arabische Dorf Bethur liegt, wahrscheinlich das Bethoron der Bibel. Unser Araber, der die Raubsucht des Häuptlings kannte, der hier seinen Sitz hatte, war nicht ohne Besorgniß, aber wir verdankten es vielleicht der Bereitwilligkeit, womit wir den hohen Preis der uns gelieferten Lebensmittel bezahlten, daß man uns ungeplündert ziehen ließ, als wir einige Zeit unter den Ölbäumen ausgeruht hatten. Wir zogen noch drei Stunden länger über gebirgige Pfade, wo aber selbst die nackten felsigen Abhänge Spuren eines frühern mühsamen Anbaues zeigten, bis wir endlich den Gipfel eines schroffen Berges erreichten. Ein griechischer Pilger, der auf seinem raschen Pferde vorangeritten war, rief plötzlich begeistert: Hagiopolis (heilige Stadt), sprang vom Pferde, warf sich auf die Kniee und sein Haupt entblößend, heftete er seine Blicke auf die Thürme und Zinnen der Stadt, welche unter dem Purpurglanz der untergehenden Sonne lag. Alle eilten ihm nach, und wir waren einige Augenblicke in stumme Gefühle versunken, obgleich der Anblick von Jerusalem von diesem Standpunkte keineswegs prächtig oder begeisternd, sondern vielmehr düster und traurig war. Wir stiegen schnell die Höhe hinab und kamen bald vor das nach Bethlehem führende Thor, das Thor der Auserwählten.

(Fortsetzung in Nr 128.)

Hogarth's Werke.
6. Der Weg des Liederlichen.

I.

Wir theilen unsern Lesern hier zwei Darstellungen aus einer nicht minder ausgezeichneten Gemäldereihe Hogarth's mit, als die der „Heirat nach der Mode"*) und „Fleiß und Faulheit"**) es ist, die er den „Weg des Liederlichen" nannte und wobei er es sich zur Aufgabe machte, die Verirrungen und Vergehungen eines Jünglings darzustellen, der den Lockungen der großen Welt, den verwerflichen Genüssen des Lebens nicht zu widerstehen vermochte und sich so von Stufe zu Stufe ins zeitliche und ewige Verderben stürzte. Auch in diesen Gemälden, wenn wir sie mit Aufmerksamkeit betrachten, tritt uns eine große sittliche Lehre entgegen, daß nämlich jeder Mensch — wie es im Sprüchworte heißt — seines eignen Glücks Schmied ist und daß jede Gabe, die ihm die Vorsehung zu Genuß und Thätigkeit gegeben, ihn sowol zum höchsten Glück als auch zum tiefsten sittlichen Elend zu führen vermag.

Charakteristischer und ausdrucksvoller als dies hier vorliegende Blatt kann nicht leicht ein Gemälde sein. In diesem Gemache, vollgepfropft von den verschiedenartigsten Gegenständen und Personen, ist jeder Winkel, jeder Kasten, jeder Wandzierrath, jede umherliegende Papierrolle ein sprechender Zeuge, der für die Zukunft des unerfahrenen Jünglings von Bedeutung ist. Der Vater des Jünglings, welcher hier im Vordergrunde des Gemachs steht und sich das Maß zu einem Kleide nehmen läßt, ist, es sind wol kaum einige Tage her, gestorben. Er war ein Geizhals und Wucherer, der ein gewaltiges Vermögen auf rechtlichen und unredlichen Wegen zusammengescharrt hatte. Der Beschauer kann, wo nicht ihn selbst, doch sein getreues Conterfei kennen lernen, das über dem Kamine hängt, worein die alte Magd eben ein Bündel Holz legt. Im Schlafrock und Nachtmütze, mit der Brille auf der Nase, sitzt der Alte dort und wiegt Goldstücke, während gefüllte Geldsäcke vor ihm auf dem Tische stehen. Dies war bei seinen Lebzeiten unstreitig seine Lieblingsbeschäftigung und in dieser hat er sich auch abconterfeien lassen. Der Sohn trifft nun, nachdem der Vater sich kaum zur Ruhe gelegt, schon alle Anstalten, das ererbte Vermögen unter die Leute zu bringen. Die Kleidungsstücke, die ihm der Vater machen ließ, mußten ihm freilich gefallen, so lange er sie noch nicht aus seinem eignen Beutel bezahlte; allein jetzt, nachdem dieser die Augen geschlossen, hat er nichts Eiligeres zu thun, als sogleich den Schneider zu bestellen, um sich Kleider nach seinem eignen Geschmack machen zu lassen. Über die Scene des Anmessens, die hier vor sich geht, macht Lichtenberg eine Bemerkung, die wir unsern Lesern nicht vorenthalten wollen. Er sagt nämlich, Hogarth habe auch hierin mit einem Zuge andeuten wollen, wie unerfahren der junge reichgewordene Mensch noch sei und wie wenig er seine Leute zu wählen wisse; denn der Schneider, an den er sich gewendet und den wir hier maßnehmend erblicken, producire sich nicht grade als ein Modeschneider, er sähe vielmehr weit eher wie ein Schuster aus und man könne im Durchschnitt annehmen, daß ein Schneider, der wie ein Schuster aussähe, ein schlechter Schneider sei. Die dritte der anwesenden Personen haben wir schon angeführt; es ist die alte Haushälterin, das Inventarium des Hauses, in deren Geschäften, wie Figura zeigt, das Absterben des alten Hausherrn nichts geändert hat. Eine vierte Person bemerken wir auf der Leiter; dies ist der Tapezierer, den der junge Erbe hat rufen lassen, damit er anstatt der alten abgeschabten Tapeten das Zimmer mit neuen und modischeren verzieren soll. Bei dieser Gelegenheit zeigt es sich, wo und wie der Verstorbene seine Schätze zu verbergen pflegte, denn unter der Verkleidung, die sich bei der Arbeit des Meisters ablöst, fallen eine ziemliche Anzahl Goldstücke herab, die vermuthen lassen, daß da noch mehrere, noch nicht entdeckte stecken mögen. Viel zweideutiger als die des Tapezierers ist die Beschäftigung einer fünften Person, welche hinter dem Rücken des Erben sitzt, der ihre Handthierung nicht bemerkt. Diese Person mit langer Perücke und verdächtigem Gesicht ist der Mann, welcher den Nachlaß des Verstorbenen, der hier in offenen Kisten, Beuteln, Documenten, Kleidungsstücken, Silberzeug u. s. w. besteht und dem Auge des Beschauers vorliegt, ordnet. Bei dieser Ordnung des Nachlasses vergißt aber die würdige Person auch ihr eignes Interesse nicht und zieht sich auf eine, eines Beamten sehr unwürdige Weise aus dem auf dem Tische befindlichen Beutel einige Goldstücke zu Gemüthe, mit seitwärts schielendem Gesicht, ob Jemand seine unredliche Handlung bemerke. Für diesmal jedoch hat er keine Entdeckung seines Diebstahls zu befürchten, denn die Personen im Vordergrunde sind — bis auf den Schneider, der sich um einen Andern bemüht — viel zu sehr mit sich selbst beschäftigt. Wir bemerken nämlich gleich neben der

---

*) Siehe Nr. 104.
**) Siehe Nr 112. 113. 115. 116. 117.

Thür; noch zwei Frauenzimmer, eine Mutter und ihre Tochter, deren Stellung und Geberde ganz deutlich sagt, daß der junge Mensch, auch ehe er die reiche Erbschaft that, schon auf dem besten Wege zum Laster war. Das weinende kummervolle Gesicht der Tochter, der Verlobungsring, den sie zwischen den Fingern hält, die zornige Geberde der Mutter und der Haufen von Briefen, die diese in der Schürze trägt, sind schon im Stande, uns über das obwaltende Verhältniß zu belehren. Diese Briefe hat der leichtsinnige Jüngling in früherer Zeit an das Mädchen geschrieben und ihr seine Liebe betheuert; diesen Ring hat er ihr einst zur Verlobung gegeben und sie hat leider diesem Zeichen und diesen Blättern vollen Glauben geschenkt. Jetzt, da der lockere Mensch Erbe eines großen Vermögens geworden, kommt die Mutter mit der Tochter und mahnt ihn an sein Versprechen, von welchem er nun nichts mehr wissen will und die er schlecht genug ist, mit einer Handvoll Goldstücke als Entschädigung beschwichtigen zu wollen. Sehr weise war es gewiß von dem Maler, hier diesen Zug einer gemeinen ehrlosen Gesinnung anzubringen; denn was läßt sich von einem Menschen, der das Glück einer achtbaren Familie zerstörte und niedrig genug dachte, für die verlorene Ehre Geld zu bieten, anders erwarten, als ein ausschweifendes und verbrecherisches Leben?

(Beschluß in Nr. 130.)

Verantwortliche Herausgeber: Friedrich Brockhaus in Leipzig und Dr. C. Dräxler-Manfred in Wien.
Verlag von F. A. Brockhaus in Leipzig.

Das Pfennig-Magazin

der

Gesellschaft zur Verbreitung gemeinnütziger Kenntnisse.

127.] Erscheint jeden Sonnabend. [September 5, **1835.**

Lüttich.

Ansicht des Säulengangs im bischöflichen Palast zu Lüttich.

III. 36

Lüttich liegt in einem schönen und fruchtbaren Thale an beiden Ufern der Maas, die bei ihrem Eintritte in die Stadt mehre Arme bildet, wodurch verschiedene Stadttheile zu Inseln werden, die von schönen Quais begrenzt und durch hübsche Brücken verbunden sind. Vor der französischen Revolution war Lüttich der Sitz eines Bischofs, der Mitglied des deutschen Reichs war. Das Bisthum wurde ursprünglich in der unweit Lüttich liegenden Stadt Tongern gegründet, wo auch die Bischöfe bis zum 8. Jahrhunderte ihren Sitz hatten und selbst noch einige Zeit nachher sich darnach nannten. Seit der Einnahme der Stadt im Jahre 1792 war sie abwechselnd in den Händen der Franzosen und Deutschen, bis sie 1801 an Frankreich kam, 1815 aber wurde sie mit dem Gebiete des ehemaligen Bisthums eine Provinz des Königreichs der Niederlande und gehört jetzt zum Königreich Belgien.

Der ehemalige bischöfliche Palast, jetzt als Gerichtshof benutzt, ist ein weitläufiges und schönes Gebäude, das am Fuße des Walpurgisberges liegt, auf dessen Gipfel früher die in neuerer Zeit geschleifte Citadelle stand. Ein Theil des Palastes ist ein Überrest eines 1507 gegründeten Gebäudes, wovon aber 1734 ein großer Theil durch eine Feuersbrunst zerstört wurde; doch hat das Ganze dadurch nur gewonnen, indem es bald nachher in einem prächtigern Style wiederaufgebaut wurde. Der gegenwärtige Palast besteht aus zwei großen Höfen, deren jeder von einem Säulengange umgeben ist. Die Ansicht eines dieser Höfe stellt unser Bild dar.

Von andern öffentlichen Gebäuden Lüttichs ist das bedeutendste die Domkirche, ursprünglich dem heiligen Lambert geweiht, weniger wegen ihrer Schönheit als wegen ihres Umfanges merkwürdig. Im Innern hat sie einige schöne Glasmalereien. Von den übrigen sehr zahlreichen Kirchen ist nur die durch ihre schöne Lage und reiche Verzierungen des Innern sich auszeichnende Martinskirche zu erwähnen. Das große und schöne Jesuitencollegium wurde der 1817 gestifteten Universität überlassen und ist von einem botanischen Garten umgeben. Zu den Zierden der Stadt gehören ihre öffentlichen Brunnen. Das Ansehen der Stadt ist in den verschiedenen Theilen derselben verschieden, und während die meisten Straßen enge und unfreundlich sind, findet man in einigen Stadttheilen breite und schöne Plätze. Durch die Höhe der Häuser, den Steinkohlendampf und den Alles bedeckenden Kohlenstaub wird jedoch das Innere der Stadt fast überall verdüstert. Die Einwohnerzahl beträgt über 50,000.

Die wichtigsten Naturproducte der Umgegend sind Steinkohlen, welche die mehre 1000 Fuß weit sich durch die Umgegend der Stadt ziehenden Gruben liefern, Alaun und Eisen. Die vorzüglichen Tuchfabriken, die Schwarzblechfabriken und Nägelfabriken, die ansehnlichen Stückgießereien und besonders die Gewehrfabriken beschäftigen einen großen Theil der Einwohner. Auch durch seine Uhrwerke und Hutmanufacturen ist Lüttich ausgezeichnet, wie durch seine Gerbereien, in welchen eine eigne Art, das Leder zuzubereiten, eingeführt ist. Auch werden hier schwarze Spitzen gewirkt, die auf manchen Märkten denen von Brüssel und Mecheln vorgezogen werden.

Frankreichs und Englands Schuh- und Handschuhfabrication.

In der Anfertigung der eleganten Fußbekleidungen behauptet Paris immer noch den Vorrang und die feinere Welt von Amerika und der englische Adel beziehen diesen Artikel großentheils aus der Hauptstadt Frankreichs. Vor einigen Jahren schätzte man die Zahl der in Frankreich fabricirten Schuhe auf 100 Mill. Paar und den Lohn der in diesem Geschäfte beschäftigten Arbeiter auf 75 Mill. Thlr., eine Summe, die auf das Doppelte steigt, wenn man den Werth des rohen Materials hinzurechnet. In England beläuft sich der Ertrag dieser Art von Handarbeit auf nicht mehr als 50 Mill. Thlr., worein sich 265,000 Arbeiter theilen. Nicht weniger bedeutend ist aber die Handschuhfabrikation in Frankreich, und man berechnet den Werth der fabricirten Handschuhe auf 7,500,000 Thlr. Die Fabriken von Luneville beschäftigen allein 10,000 Arbeiter. Frankreich führt jährlich 1,500,000 Paar Handschuhe nach England aus, obgleich Worcester allein jährlich 500,000 Paar Castorhandschuhe und 5,600,000 Paar aus Schaf- und Ziegenleder liefert, deren Werth sich auf 2,600,000 Thaler beläuft.

Napoleon Bonaparte's Unterschriften.

Die Kunst, aus den eigenthümlichen Schriftzügen eines Menschen auf seinen Charakter zu schließen, hat von jeher Gelehrte und andere Freunde solcher Forschungen vielfach beschäftigt. Man hat Sammlungen von Handschriften angelegt, und durch Anschauung und Vergleichung zu allgemein gültigen Grundsätzen in dieser Angelegenheit zu kommen versucht, jedoch nicht mit dem besten Erfolg. Wäre die Sache nicht so äußerst verwickelt, so würden wir die Gelegenheit benutzen, und bei der Mittheilung der nachfolgenden Namensunterschriften Napoleon's unsern Lesern eine tiefere Einsicht in dieselbe zu verschaffen suchen. Ohne uns aber dabei aufzuhalten, wenden wir uns jetzt zu den Unterschriften, welche in ihrer zum Theil selbst seltsamen Originalität schon an sich ein Gegenstand anziehender Betrachtung sein dürften, wenn man auch nicht durch die Anordnung nach der Zeitfolge an ihre Beziehung zu den Zuständen und Gemüthsstimmungen jenes außerordentlichen Mannes fast unwillkürlich erinnert würde.

Wir beginnen mit der Unterschrift des 16jährigen Buonaparte, Cadet in der königlichen Militairschule zu Paris im Jahre 1785.

Gewissenhaft schreibt er noch alle seine Titel und Würden aus, was er schon 1793

als Bataillonschef verschmäht. Als Obergeneral der Armee des Innern unterschrieb er nur daß er aber den Plan zum italienischen Feldzuge, welchen er am 29. Nivose des Jahrs IV, d. h. am 19. Jan. 1796, dem damaligen französischen Kriegsminister einreichte und zu dessen Ausführung er selbst berufen wurde, mit

unterzeichnete, geschah vielleicht absichtlich und der Titel General sollte wol den 27 Jahren des Planmachers ein kleines Ansehen von Erfahrung geben. Nach Ernennung zum Obergeneral der italienischen Armee verkürzte er seine Unterschrift, den Franzosen zu Gefallen, um das italienische u vor dem o, und schrieb seitdem

oder wie unter dem Original seiner berühmten Proclamation aus Mailand vom 20. Mai 1796.

Als Obergeneral der Expedition nach Ägypten unterzeichnete er

am 30. Jul. 1798 in Cairo; als erster Consul und Consul auf Lebenszeit

endlich als Kaiser

am 25. Mai 1804. Diese Unterschrift gehört zu den frühesten der Kaiserzeit und wurde bis 1806 in ihrer Vollständigkeit beibehalten. Die Instruction für den 1805 mit dem Oberbefehl von 50,000 Mann in Oberitalien beauftragten Marschall Masséna, datirt von St.-Cloud, 18. Septbr., trägt folgende Unterschrift:

Je compte passer le Rhin le 5. vendémiaire; je ne m'arrêterai pas que je ne sois sur l'Inn et plus loin. Je me confie à votre bravoure, à vos talens. Gagnez-moi des victoires. Napoléon. (d. h., Ich hoffe den 5. Vendemiaire über den Rhein zu gehen; erst am Inn oder darüber hinaus werde ich Halt machen. Ich verlasse mich auf Ihre Tapferkeit und Ihre Talente. Siegen Sie für mich. Napoleon.)

Die Proclamation nach der Schlacht von Austerlitz vom 3. Dec. 1805 ist noch unterzeichnet, allein seit dem Feldzuge von 1806 müssen gewöhnlich die ersten Buchstaben die Stelle des kaiserlichen Namens vertreten. In Warschau unterzeichnete Napoleon

am 27. Jan. 1807; und im Lager bei Tilsit im Juni 1807

Später finden sich so vollständige Unterschriften selten und meist nur der erste Buchstabe, wie z. B. bei Ausfertigungen aus Madrid

vom 7. Dec. 1808, und aus Valladolid

vom 8. Jan. 1809.

Aus Donauwerth schrieb der Kaiser zu Anfange des Feldzugs von 1809 folgende Zeile an den Marschall Masséna

activité activité vitesse je me recommande à vs

Nap...

Activité, activité, vitesse. Je me recommande à vous. Napoléon. (d. h., Thätigkeit, Thätigkeit, Schnelligkeit. Ich vertraue mich Ihnen. Napoleon.)

Eine Proclamation aus Regensburg vom 24. April 1809 ist

und ein Decret aus Schönbrunn vom 15. Mai desselben Jahres

unterzeichnet. In Moskau unterschrieb der Kaiser am 21. Septbr. 1812

und am 6. Octob.

Ein Beweis von Unsicherheit in seinen Entschlüssen scheint folgende Unterschrift eines Befehls zu liefern, den der Kaiser am 1. Oct. 1813 in Dresden erließ:

Zweimal hat er seinen Namen ausgestrichen und ihn endlich zum dritten Male darunter gesetzt. Nach der verlorenen Schlacht bei Leipzig unterzeichnete Napoleon am 23. October 1813 Mittags in Erfurt auf diese Weise

ferner am 4. April 1814 in Fontainebleau

und auf der Insel Elba im Septbr. desselben Jahres.

Mit besonderer Zierlichkeit ist das Schreiben unterzeichnet, welches Napoleon am 14. Juni 1815 an den Prinzen Regenten und nachherigen König Georg IV. von England richtete.

Napoleon's Unterschrift auf der Insel St.=Helena war folgende

Sie steht unter dem Scheidebriefe an den ihm freiwillig nach jener Insel gefolgten Grafen Las Cases, der jedoch nicht dort verweilen durfte.

Oxford.

Das Innere der Halle des Collegiums der Kirche Christi zu Oxford.

In Nr. 115 des Pfennig=Magazins ist das Collegium der Kirche Christi weiter beschrieben und indem wir hier die Abbildung des Inneren der Halle dieses Collegiums mittheilen, verweisen wir auf jene Nummer.

Neue Löschmaschine.

In München wurde am 23. Jun. ein interessanter Versuch mit einer neuen Löschmaschine gemacht. Diese Maschine, welche nach der Zeichnung und unter der Aufsicht des Hrn. v. Baader verfertigt wurde, ist ein von der Zuckersiederei in Stettin bestellter Wasserzubringer, dessen Construction von allen bisher bekannten Maschinen dieser Art verschieden ist, und dessen Wirkung Alles übertrifft, was diese bis jetzt irgendwo geleistet haben. Auf einem Wagengestelle mit vier hohen Rädern befestigt, kann dieselbe von zwei Pferden überall hingeführt und in der engsten Straße oder auf einer schmalen Brücke aufgestellt und gehandhabt werden. Sie hat nur einen Cylinder mit einem doppelt wirkenden Kolben, und die Bewegung dieses Kolbens wird nicht, wie gewöhnlich, durch einen langen Hebel oder Wagebalken bewirkt, wobei die arbeitende Mannschaft das beschwerliche hohe Aufziehen und Niederdrücken nicht lange aushalten kann, und daher bald nur sehr kurze und unwirksame Züge macht, sondern auf eine weit leichtere und bequemere Art durch horizontales Ziehen und Schieben an vier langen Stangen, deren Hub durch zwei Kurbeln unveränderlich bestimmt ist. Nach genauer Messung betrug die von dieser Maschine durch einen biegsamen luftdichten Saugschlauch aus dem 20 Fuß tiefen Stadtkanal eingezogene und durch zwei nebeneinander gelegte hänfene Saugschläuche fortgedrückte Wassermenge 44 Cubikfuß oder 17 Eimer in jeder Minute; und mit diesem Zuflusse wurden vier, in einiger Entfernung aufgestellte große Feuerspritzen eine Viertelstunde lang ununterbrochen im stärksten Spiele erhalten. Mittels einer hinlänglichen Anzahl aneinander geschraubter Leitschläuche kann man dieselbe Wassermenge bis auf eine Entfernung von 3000 Fuß abgeben und es können mehre Feuerspritzen reichlich und ununterbrochen versehen werden, wozu auf die gewöhnliche Art durch Zuführen in großen Fässern vierzig zweispännige, beständig hin- und zurückfahrende Fuhrwerke nicht hinreichen würden, wenn auch dabei keine Hemmung und Verwirrung, welche in engen Straßen, besonders zur Nachtzeit, unvermeidlich ist, zu befürchten wäre.

Erdbeben in China.

Einen in verschiedenen öffentlichen Blättern bekannt gemachten Bericht über ein in mehren Provinzen des chinesischen Reichs vom 11. Tage des fünften Mondes (28. Juni) bis zum 13. Tage des sechsten Mondes (19. Juli) 1834 stattgehabtes Erdbeben wollen wir hier als besonders interessant mittheilen. Dieses Erdbeben erstreckte sich von der Provinz Ho-nan über die Provinzen Pe-tschi-li und Tschang-tong, von Westen nach Osten. In dem Hauptorte des Districts Wu-ugan wurden eine bedeutende Anzahl Menschen von den einstürzenden Gebäuden getödtet und fast 200 Pachthöfe in der Stadt zunächst gelegenen Dörfern gänzlich zerstört. Die Zahl der eingestürzten Häuser in diesem Districte wird auf 100,000 und die der dadurch Getödteten auf 4000 angegeben, die Zahl der Verwundeten ist nicht weniger bedeutend. In andern Bezirken öffnete sich die Erde und verschlang nicht weniger Menschen; selbst der Befehlshaber in einem dieser Districte kam auf diese Weise mit Frau und Kindern, seiner Dienerschaft und aller bei ihm versammelten Beamten ums Leben. In mehren Gegenden der eben genannten Provinzen sind die Verunglückten fast nicht zu zählen, ebenso wie der Schaden an eingestürzten Häusern nicht anzugeben ist. Die Todten liegen unbegraben und was noch lebt, hat kein Obdach und die ganze Bevölkerung lagert im Freien. Im Districte Pong-tschin öffnete sich auch die Erde und ein bedeutender Fluß strömte aus den Öffnungen hervor, wie es heißt von ganz schwarzem Wasser, der, was das Erdbeben noch verschonte, nun vollends durch Überströmung zerstörte und dieser Fluß schien auch fortfließen zu wollen, wenigstens hatte er bis zum 15. Januar 1835 an Größe und Wassermenge nichts verloren.

Die Violinsaiten.

Die besten Violinsaiten werden fast für ganz Europa in Italien verfertigt. Die vorzüglichsten führen den Namen romanische, jedoch werden diese weder in, noch bei Rom gefertigt, sondern zu Neapel. Man geht bei der Arbeit ziemlich geheimnißvoll zu Werke, und man weiß nur so viel, daß diese Saiten von Därmen der Lämmer gemacht werden, die nicht über ein Jahr alt sind. Die im September geschlachteten Thiere geben die besten Saiten. Die Därme werden 24 Stunden in frisches Wasser gelegt und wenn sie dann von allen Unreinigkeiten befreit worden, bringt man sie in eine Lauge von Wasser und Weinhefen. Das rechte Verhältniß dieser Mischung zu treffen, ist schwer und wird besonders geheim gehalten. Dann werden immer 10 und 10 Därme in eine Schale gelegt, und fünf Tage hindurch täglich viermal mit frischer Lauge begossen und hierauf werden sie mittels eines Seilerrades zu Saiten gedreht. Zu den feinsten kommen zwei bis drei, zu den stärkern Baßsaiten oft 120 Därme. Sind sie gedreht, so werden sie in einem mit Häkchen versehenen Rahmen ausgespannt. In einer geheizten Kammer, worin sechs Stunden lang Schwefeldampf unterhalten wird, werden sie getrocknet und gebleicht. Ehe man sie aus dem Rahmen nimmt, werden sie noch einmal zusammengedreht und dann mit Pferdehaaren abgerieben und geglättet und später noch mit Öl eingeschmiert, um sie geschmeidig zu machen, und, über einen hölzernen Cylinder aufgewickelt, versendet.

Maschine zum Reinigen der Bettfedern.

Die Maschine besteht aus einem 3 Fuß langen, 18 Zoll im Durchmesser haltenden Cylinder von Eisenblech, durch dessen Mitte eine sich frei in demselben umdrehende hölzerne Welle befindet, aus welcher eine Anzahl von Drähten beinahe bis an die Wände des Cylinders hervorragt und welche durch eine am Ende angebrachte Kurbel umgedreht wird. Längs der einen Seite des Cylinders läuft eine Klappe, wodurch die Federn herein- und herausgeschafft werden. Man wäscht die Federn rein, trocknet sie halb, bringt sie dann in die Maschine, in der man sie unter beständigem Umdrehen der Wärme eines gehörig zu regulirenden Feuers so lange aussetzt, bis kein Dampf aus den Öffnungen des Cylinders bringt. Die Federn werden dadurch sehr leicht und flaumig, auch verlieren sie allen übeln Geruch.

Das Wichtigste über den Taubstummenunterricht.
(Fortsetzung aus Nr. 126.)

Die angeführten Unterrichtsmittel werden nun vorzüglich nach zwei von einander abweichenden Hauptansichten zum Taubstummenunterrichte benutzt. Außer der von Beiden für gleich unentbehrlich gehaltenen Schriftsprache hält nämlich die eine von ihnen, die deutsche Schule, das laute Sprechen für den wichtigsten, den Taubstummen zu lehrenden Gegenstand, während die andere, die französische Schule, die Geberdensprache für die Muttersprache derselben ansieht und sich daher beim Unterrichte auf sie beschränken zu müssen glaubt. Zu der erstern gehören: Pedro de Ponce, Bonet, Pereira, Amman, Raphel, Wallis, Holder, vorzüglich aber Heinicke und Graser. Ihr folgen bei weitem die meisten deutschen Anstalten (mit Ausnahme derjenigen Östreichs) und unter ihnen insbesondere die in Leipzig unter der Direction des M. Reich blühende. Zu der zweiten gehören vorzüglich de l'Epée, Sicard und Guyot, und ihr folgen die französischen, spanischen, portugiesischen, italienischen, östreichischen, russischen, polnischen, holländischen, belgischen, sowie viele englische und nordamerikanische Anstalten. Dieselben bleiben jedoch nicht bei der natürlichen Geberdensprache stehen, sondern wenden eine künstliche Zeichen= oder Fingersprache an, welche leider in jeder Anstalt eine andere ist und wir geben hier in der Abbildung das gegenwärtig besonders in Amerika gebräuchliche Fingeralphabet mit einer und mit zwei Händen.

Amman lehrte die Taubstummen dadurch sprechen, daß er sie daran gewöhnte, auf die bei jedem einzelnen Laute veränderte Stellung der Organe des Mundes zu achten, sie mit dem Gesicht aufzufassen und vor dem Spiegel nachzuahmen. Während er einen Ton vorsprach, ließ er des Taubstummen Hand an seine Kehle halten, um die zitternde Bewegung zu bemerken, welche darin entstand, wenn er den Ton von sich gab. Bei dem Nachahmen dieses Tones ließ er dann die Hand an die eigene Kehle legen und gelangte so zum Aussprechen von Tönen, welche ein Taubstummer durch das bloße Nachahmen der mit dem Gesicht aufgefaßten Mundstellungen nicht würde haben hervorbringen können.

Heinicke sowohl als Graser haben später diese Methode sehr vervollkommnet.

Heinicke wollte seine Zöglinge, so weit nur immer möglich, entstummen, d. h. sie in den Stand setzen, auf mündlichem Wege mit den hörenden Menschen zu verkehren, diese zu verstehen und von ihnen verstanden zu werden. Für das Verstehen derselben übte er sie darin, ihre Augen unverwandt auf den Mund des Sprechenden (und nicht wie wir, auf die Augen) zu richten, und das Gesprochene scharf und schnell aufzufassen. Für das von ihnen Verstandenwerden suchte er ihrer nicht nur aller Melodie, sondern auch noch anderer Erfordernisse zur Deutlichkeit ermangelnden Aussprache, durch Präcision im Articuliren aller Sprachlaute, hauptsächlich aber der Vocale, als der wesentlichsten, die möglichste Deutlichkeit zu geben und die letztern durch eine (der des Gehörssinns analoge) Scala des Geschmackssinnes dauerhaft zu machen, indem er den Taubstummen bei jedem rein gebildeten Vocale eine ihm entsprechen sollende Geschmacksspecies schmecken und so den Eindruck des Geschmacks mit dem der Artikulation empfinden und verbinden ließ. Er bediente sich für die fünf Hauptsprachlaute eben so vieler schmeckenden Flüssigkeiten als Merkmale, und zwar zu dem a des reinen Wassers, zu dem o des Zuckerwassers, zu dem u des Baumöls, zu dem e des Wermuthertractes, und zu dem i des scharfen Essigs.

Grasers Unterrichtsmethode beruht nun auf folgenden wörtlich ausgezogenen Hauptsätzen. Der sprechende Mund macht bei dem Sprechen eines Wortes eben so viele Bewegungen, als articulirte Töne eben so viele Bewegungen, als articulirte Töne dem Ohre des Hörenden vernehmbar vorkommen. Diese Bewegungen müssen dem ganzen Gesichte eine eigenthümliche Form geben, welche bei jedem gesprochenen Buchstaben von der Anschauenden gesehen, unterschieden und aufgefaßt werden können. Daher ergibt sich am sprechenden Munde ein ebenso sichtbares Alphabet als im Ohre ein tönendes vernommen wird, sodaß es dem Sehenden, welcher darauf eingeübt ist, gleichviel sein muß, ob er das Wort sprechen hört oder sprechen sieht. — Wenn nun diese eigenthümlichen Formen in bestimmten, ihnen entsprechenden oder ihre Ähnlichkeit bezeichnenden Figuren gesucht, aufgefaßt und auf dem Papiere festgestellt werden, so erhalten wir ein natürliches Alphabet. Durch die Abbildungen des sprechenden Mundes muß aber nothwendigerweise eine Schrift entstehen, welche andern Menschen nicht fremd ist, indem sonst, wenn die Schriftzeichen willkürlich wären, wieder der Hauptzweck, nämlich der des gegenseitigen Verkehrs mit den Menschen, sehr erschwert werden würde. Die erste Schriftsprache ist unleugbar auf diese Weise erfunden worden, sonst wäre sie nicht so allgemein geworden. Die Grundformen davon lassen sich am natürlichsten im lateinischen A B C nachweisen.

De l'Epée hatte folgende Ansichten: 1) Wozu wir Hörenden mittels des Gehörs gelangt sind, das müssen wir dem Geiste des Taubstummen durch das Gesicht vorführen. 2) Die Begriffe haben mit den articulirten Lauten, durch welche unser Gesicht bereichert wurde, nicht mehr Verwandtschaft als mit den Schriftzeichen. 3) Eine fremde Sprache lehrt man nur mittels der Muttersprache, welche für die Taubstummen die Geberdensprache ist. 4) Jeder Taubstumme besitzt diese letztere, ebenso wie jeder andere Mensch von Natur, er drückt seine Wünsche und Neigungen, seinen Schmerz und seine Freude darin aus. Zu dieser Sprache verhelfen ihm nicht die Kunst, sondern blos die verschiedenen Eindrücke, welche er aufnahm. 5) Wenn man daher diese seine Geberdensprache an die Stelle unserer Wortsprache setzt, so ist man im Stande, den Taubstummen auszubilden, soweit man will. Mithin faßte de l'Epée bei seinem Unterrichte der Taubstummen mehr die geistige Seite ins Auge, während Bonet, Amman, Pereira mehr den rein mechanischen Theil des Unterrichts der Lautsprache behandelt hatten. Seine Methode zeigte sich durch die Darstellung der Geberdensprache, als des natürlichsten Mittels der Begriffsentwickelung, sehr auf das Bedürfniß der Taubstummen berechnet, sie gestattete jedoch derselben eine zu große Ausdehnung.

Sicard, sein Nachfolger, wich nach und nach von de l'Epée's Methode sehr ab; von der richtigen Ansicht ausgehend, daß aller Grund einer Sprache in der Natur des Gedankens selbst aufgefunden werden müsse, glaubte er denn auch vorweg die geistige Kraft der Taubstummen wecken und üben und den Sprachunterricht so ertheilen zu müssen, daß die ganze Sprachlehre gleichsam aus dem Zöglinge hervorgehe, die Sprachgesetze aus seiner Seele entwickelt würden. Sicard ging von den Sachen aus, indem er an ihnen die Begriffe und mit ihnen die Sprache entwickelte, da de l'Epée zuerst das Wort seinem materiellen Inhalte nach gab, und hierauf den durch dasselbe bezeichneten Begriff mittels der Geberdensprache erklärte. Sicard war bemüht, die eigene Thätigkeit seiner Zöglinge anzuregen, überzeugt, daß da, wo dies nicht geschieht, alle Arbeit vergeblich ist, und die Selbsthülfe der Taubstummen unmöglich wird.

Guyot, welcher im Allgemeinen den Grundsätzen de l'Epée's folgt, glaubt dem jungen Taubstummen den ersten Unterricht durch Spielen ertheilen und ihm auf diese Weise Alles leichter und anziehender machen zu müssen. Man hat zu diesem Endzwecke in der Taubstummenanstalt zu Gröningen Karten, auf deren einer Seite die Gegenstände durch Bilder dargestellt sind, während auf der andern die Namen geschrieben sich finden.

In der neuern Zeit nähern sich jedoch die bessern französischen Schulen sehr den deutschen, und selbst in Paris ist schon seit mehren Jahren das Lehren der Lautsprache anbefohlen, wird jedoch leider bis jetzt, aus Mangel an dazu passenden Lehrern, fast gar nicht ausgeübt.

(Die Fortsetzung folgt in Nr. 128.)

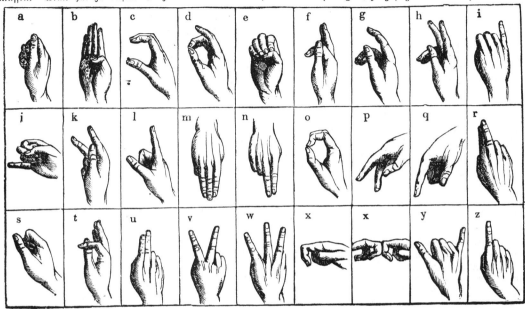

Einhändiges Alphabet.

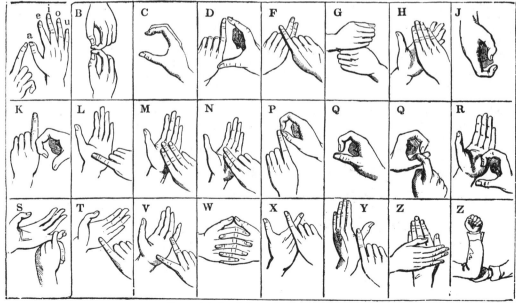

Zweihändiges Alphabet.

Verantwortliche Herausgeber: Friedrich Brockhaus in Leipzig und Dr. C. Dräxler-Manfred in Wien.
Verlag von F. A. Brockhaus in Leipzig.

Das Pfennig-Magazin

der

Gesellschaft zur Verbreitung gemeinnütziger Kenntnisse.

123.]　　　Erscheint jeden Sonnabend.　　　[September 12, **1835**.

Ansicht des Klosters auf dem großen St. Bernhard.

Bereits in Nr. 10 und Nr. 34 des Pfennig-Magazins ist das Kloster auf dem St. Bernhard und dessen Einrichtung ausführlich beschrieben, und wir begnügen uns daher, hier eine Ansicht desselben zu geben, indem wir auf die genannten Nummern verweisen.

Reise nach Palästina.
(Fortsetzung aus Nr. 126.)

Wir nahmen unsere Wohnung, nach der Sitte der meisten abendländischen Reisenden, in dem Kloster der Franziskaner, das für Herberge und Bewirthung eine herkömmliche Vergütung erhält, und daher eifersüchtig ist, wenn Europäer in dem Hause eines Einheimischen sich einmiethen wollen. Als wir in den mit sehr hohen Mauern umgebenen Klosterhof gezogen waren, wurde das Thor sogleich wieder verschlossen, da die Mönche gegen die Araber in den nahen Gebirgen Argwohn hegen. Wir wurden freundlich aufgenommen, erhielten aber nur zwei aneinanderstoßende kleine und kalte Zellen, mit einem Stuhle, einem Tische und einem Flockenbett, als ob wir büßende Pilger gewesen wären. In dem Führer

III.

der Fremden fanden wir einen muntern und gefälligen Mönch, der in seiner hübschen Zelle einige treffliche Herzstärkungen aufbewahrte, womit er auch freigebig genug war. In dem schönen und geräumigen armenischen Kloster, das einen großen Garten hat, sind die Pilger besser aufgehoben. Die ärmern Wallfahrer wohnen hier in den Nebengebäuden und Hofräumen, die reichen aber finden alle Lebensgenüsse und Bequemlichkeiten, da die Gemächer nach morgenländischer Weise eingerichtet sind. Auch wir würden hier eingekehrt sein, da wir Empfehlungen von Beirut mitbrachten, wenn wir nicht bei unserer Ankunft in Jerusalem gehört hätten, daß das Kloster, obgleich es gegend tausend Pilger aufnehmen kann, bereits überfüllt war.

Wir hatten noch 14 Tage bis zum Osterfeste und wollten diese Zeit benutzen, die Stadt und ihre nächste Umgegend kennen zu lernen. Das Wetter hatte sich seit zwei Tagen aufgehellt, und es war warm wie an Sommertagen in unserer nördlichen Heimat. Ich verließ früh nach Sonnenaufgang das Kloster, um einen Überblick der Stadt zu gewinnen, und fand ihn, als ich auf der Südseite derselben die Anhöhe Hinnom bestieg. Jerusalem liegt auf dem Berge Zion, auf dessen Fläche sich einige Hügel erheben, Moria, Bethseda, Acra und südlich von diesem der eigentliche Berg Zion, auf welchem die Burg der Jebusiter lag, die von David erobert wurde und seitdem David's Stadt hieß. Diese nackte Hochebene ist auf drei Seiten von einem zusammenhangenden Thale umgeben. Östlich läuft das Thal Josaphat, vom Bache Kidron durchströmt, das den schönen Ölberg

Erklärung des Plans.

A. Bethseda.
B. Moria.
C. Acra.
D. Zion.

a. Der Tempel.
b. Die Kirche des heiligen Grabes.
c. Davidsthurm.
d. Davidsthor.
e. Stephansthor.
f. Ölbergsthor.
g. Kirche der heiligen Jungfrau.
h. Teich Bethesda.

1. Lager des Grafen Robert von der Normandie;
2. das des Grafen von Flandern;
3. Tankred's;
4. Gottfried's von Bouillon;
5. Raimund's von Toulouse;
6. letzter Angriff.

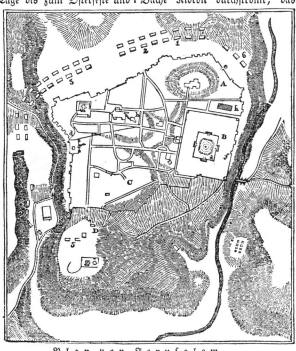

Plan von Jerusalem.

von dem Berg Zion trennt. Die Thäler Hinnom und Gihon ziehen sich gegen Mittag und Abend. In diese Thäler senken sich die Abhänge des Berges Zion, die mit Ölbäumen und Gärten bedeckt sind. Nur auf der Nordseite läuft der Berg Zion in einer Ebene hin und hängt mit andern Bergen zusammen. Hier verlieren sich allmälig die Thäler Josaphat und Gihon. Die Lage der alten Stadt ist ein Gegenstand vieler Streitigkeiten unter den Alterthumsforschern gewesen. Bedenkt man, welche Schicksale und Verwüstungen Jerusalem seit seiner Gründung erlitt, die man beinahe zwei Jahrtausende vor Christus hinaufrückt, so erkennt man die Schwierigkeit, diesen Streit zu entscheiden. Fünfmal war die Stadt schon erobert und geplündert worden, als sie zuerst durch Nebukadnezar, 580 v. Chr., zerstört ward, und nachdem die aus Babylon zurückgekehrten Juden sie wieder aufgebaut hatten, durch Vespasian und Titus im Jahre 70 noch einmal verwüstet und endlich im Jahre 118 durch den römischen Kaiser Hadrian gänzlich verheert wurde. Er ließ (126) eine neue Stadt, ungefähr auf der Stelle der jetzigen, bauen, die er Älia Capitolina nannte. Kaiser Konstantin und seine Mutter Helena zerstörten die von Hadrian erbauten Tempel und ließen neue christliche Gebäude aufführen. Endlich mußte die Stadt sich dem Perserkönig Kosroes auf einige Zeit (615—28) unterwerfen, bis sie dem griechischen Kaiser, der sie wieder erlangt hatte, der arabische Khalif Omar im Jahre 637 entriß. Von den Kreuzfahrern 1099 erobert, wurde sie die Hauptstadt eines christlichen Reiches, das im Jahre 1187 die Mohammedaner erschütterten. Diese Glückswechsel haben so viele Veränderungen herbeigeführt, daß die Zweifel, welche man gegen manche, durch die Überlieferung bestimmte Örtlichkeiten erhoben hat, gerechtfertigt werden. Die Ausdehnung des Zion und die Berge Moria, Bethseda und Acra lassen sich jetzt schwer unterscheiden, und es ist unmöglich, in der Masse von Ruinen, welche man in der Stadt und ihrer nächsten Umgebung findet, die Spuren aus verschiedenen Zeitaltern aufzufinden und deutlich zu unterscheiden. Die Lage der Stadt macht es jedoch ziemlich gewiß, daß das alte Jerusalem vor Hadrian auf der Stelle der neuen Stadt gelegen hat. Auf den drei Seiten, wo die Hochebene sich in das Thal hinabsenkt, hat sich die Stadt nie weiter ausgedehnt, und nur auf der Nordseite ist die Grenze ungewiß. Auf dieser Seite war die alte Stadt von drei

Mauern eingeschlossen, während auf den andern unzugänglichen Seiten eine Mauer sie hinlänglich schützte. Das neue Jerusalem hat kaum eine Stunde im Umfange und ziemlich die Gestalt eines Vierecks. Die Mauern der Stadt sind hoch und stark. Sie hat sechs Thore, das Thor der Auserwählten, das Davidsthor auf dem Hügel Zion gegen Süden, das Thor der heiligen Jungfrau oder Stephansthor, dem Ölberge gegenüber, das Säulenthor, das nach Sichem (Naplus) und Damaskt führt, das Herodesthor zwischen den beiden letzten und das Mistthor. Die Straßen der Stadt sind krumm und schmuzig, die Häuser von Sandstein und im untern Stockwerke ohne Fenster. Der todte und einförmige Anblick der Stadt wird nur durch die hohen Minarete der Moscheen, durch die Thürme der christlichen Kirchen und die zwischen den Gebäuden hervorragenden Cypressen belebt und gehoben. Der Stadttheil, wo die Armenier wohnen, zeichnet sich vor allen übrigen durch Reinlichkeit aus. Der untere Stadttheil, den die Juden bewohnen, ist der schmuzigste und unangenehmste. Ihre große Synagoge ist ein höhlenartiger Raum, dessen Decke eingefallen ist oder von Pfeilern gestützt wird, und zerlumpte Kinder lernen hier die Geschichte der Stadt, wo ihre Väter einst den Gott Abraham's unter prächtigen Säulenhallen und unter Gewölben verehrten, die auf den Cedern Libanons ruhten. Die Straßen sind wenig belebt. Der geräumige mit Bäumen bepflanzte Hof um Omar's Moschee, die schönste im türkischen Reiche, ziemlich auf der Stelle, wo Salomo's Tempel auf dem Hügel Moria stand, ist der einzige freundliche Spaziergang in der Stadt. Die Straßen haben in den Stadttheilen, wo die Klöster liegen, das Ansehen von Festungen, da die Mönche hohe und starke Mauern zu ihrer Vertheidigung nöthig erachtet haben. Die Bazars im mohammedanischen Stadttheile, wo man einige Kaufleute und Handwerker sieht, sind gewölbt und geräumig, ein Beweis, daß sie einst, nicht wie jetzt der Aufenthalt furchtsamer und elender Menschen waren, sondern von den Kaufleuten besucht wurden, welche die kostbaren Waaren Asiens mitbrachten. Das Klima ist im Winter oft rauh und zuweilen fällt sogar Schnee. Die Einwohnerzahl, die sehr verschieden bestimmt wird, steigt schwerlich über 20,000, deren Mehrheit aus Mohammedanern besteht, aber sehr abweichend wird das Verhältniß der Juden und der aus Katholiken, Griechen, Armeniern und Kopten bestehenden Christen angegeben. Die Mehrzahl der Juden lebt in Dürftigkeit. Man findet unter ihnen schöne Männer und Frauen und der unauslöschliche hebräische Charakter ist in ihren Zügen nicht so stark ausgeprägt als unter ihren Stammgenossen in Europa. Weber und Pantoffelmacher sind die einzigen Fabrikarbeiter, aber die Wallfahrten waren seither noch immer eine ergiebige Nahrungsquelle für die Stadt, welche die Andächtigen mit Rosenkränzen und Kreuzen reichlich versorgt; doch sieht man unter den Pilgern, deren zum Osterfeste zuweilen einige Tausende kommen, nur wenige Europäer. Die Lebensmittel sind wohlfeil, aber zum Theil nicht so gut als in Europa. Man genießt fast nur Lammfleisch und Ziegenfleisch, Kalbfleisch selten und Rindfleisch gar nicht, aber desto mehr Geflügel. Alle Früchte sind vortrefflich, besonders auch die Trauben, aber wir waren nicht so glücklich, den köstlichen Wein zu finden, den einige Reisende gepriesen haben, und selbst der trinkbare weiße Wein von den Bergen bei Bethlehem hatte einen erdigen und etwas bittern Geschmack.

Mein junger Reisegefährte wartete ungeduldig, als ich von meinem Morgenspaziergange in das Franziskanerkloster zurückkehrte, das auf dem Hügel Zion liegt. Unser munterer Mönch war bereit, uns nach der Kirche des heiligen Grabes zu begleiten, die an diesem Tage zur Feier eines Festtags geöffnet war. Aus dem Hofe der Kirche kamen wir in ein Gemach, wo eine Soldatenwache an der Thüre stand, der jeder Pilger ein gewisses Eintrittsgeld bezahlen muß. Nicht weit vom Eingange befindet sich eine große über den Fußboden erhobene Marmorplatte, über welcher Lampen brennen; die Stelle, wo der Leichnam des Heilandes, wie die Überlieferung sagt, gesalbt und zum Begräbniß bereitet wurde. Man wendet sich dann links und kommt in eine große Rotunda, welche oben in einer Kuppel endet, die im October 1807 abbrannte, aber bald nachher, nach der Zeichnung eines griechischen Baumeisters zu Konstantinopel, wiederhergestellt wurde. In der Mitte unter der Kuppel, die der Kirche Licht gibt, befindet sich die Kapelle des heiligen Grabes, ein längliches Viereck von einem sehr feinkörnigen röthlichen Steine, der dem Marmor ähnlich ist. Sie steht ganz frei in der Kirche und man kann sie rings umgehen. Als wir einige Stufen hinangestiegen waren, mußten wir die Schuhe ausziehen und traten in einen engen Raum, dessen Wände und Fußboden mit Marmor bekleidet sind. Grade vor dem Eingange befindet sich eine Vertiefung von weißem Marmor, welche die Stelle bezeichnen soll, wo der Engel den Stein vom Grabe wälzte und sich niedersetzte. Wir mußten uns tief bücken, um in die niedrige und enge Thüre zu treten, die zu dem eigentlichen Grabe führt. Die Gruft ist beinahe viereckig, über sechs Fuß lang und fast eben so breit. Die Wand des Felsens ist mit weißen und bräunlichen Marmortafeln bekleidet und mit himmelblauer Seide überzogen. Der Raum zwischen dem Grabe und der Vorhalle ist so enge, daß nur vier bis fünf Menschen auf einmal hineingehen können. Auf der Nordseite der Gruft zeigt man eine zwei Fuß hohe steinerne Tafel, auf welcher der Leichnam des Heilandes gelegen haben soll. Dieser Stein, den der Andachtseifer der Pilger in frühern Zeiten beschädigt hat, ist jetzt mit einem schützenden Marmor bedeckt, der mit Blumen bestreut und mit Rosenwasser begossen wird. Über dem Grabe hangen 27 große silberne Lampen von getriebener Arbeit, Geschenke der Päpste, mehrer fürstlichen Höfe und der verschiedenen christlichen Gemeinden, welche sich in den Besitz der Kirche des heiligen Grabes theilen, der Katholiken, Griechen, Armenier und Kopten. Sie brennen immerwährend und werfen einen Lichtglanz auf das Grab und die darüber hangenden Gemälde, welche die Himmelfahrt und die Erscheinung des Heilandes vor Maria im Garten darstellen. Hier steht immer ein Priester, der in einem silbernen Gefäße mit Mirrhen und Spezereien versetztes Weihwasser hält, womit er die eintretenden Pilger besprengt. Wir verweilten einige Augenblicke, um die Pilger zu betrachten, die aus allen Gegenden der Welt herbeigekommen waren. Christen von allen Bekenntnissen, Männer und Frauen, traten mit Ehrfurcht hinein, stürzten auf die Kniee und drückten ihre Stirne auf das Grab, während das Weihwasser herabregnete. Mehre legten Rosenkränze und Kreuze auf das Grab, um sie weihen zu lassen und in ihre Heimat mitzunehmen. In einem Schiffe der Kirche, östlich von dem Grabe, zeigt man die Stelle, wo Christus der Magdalena in dem Gewande eines Gärtners erschien. In einer kleinen Kapelle wird eine hierher gebrachte marmorne Säule aufbewahrt, an welcher Christus, der Überlieferung nach, gegeißelt wurde.

Auch zeigt man im Umfange der Kirche noch andere heilige Örter, z. B. eine Säule, auf welche der Heiland sich setzen mußte, als ihm die Dornenkrone aufgesetzt wurde, die Säule der Schmach genannt, die Stelle, wo Longinus, der die Seite des Gekreuzigten mit einem Speere durchbohrte, nach seiner Bekehrung strenge Buße gethan haben soll, wo die Kriegsknechte die Kleider verloosten. Nicht weit von hier ist eine Thüre durch die Mauer der Kirche gebrochen und man steigt auf mehren Stufen in eine den Griechen gehörende kleine Kapelle, welche dem Andenken der Kaiserin Helena gewidmet ist. Aus der Kapelle führt eine Treppe in eine Grotte, die man als die Cisterne bezeichnet, wo die Kaiserin das Kreuz Christi fand. Das Innere der Kirche, deren Bauart dem Zeitalter Konstantin's angehört, macht keinen gefälligen Anblick und bietet dem Auge entweder Mißverhältnisse oder störende Schnörkeleien dar. Ich benutze meinen Aufenthalt in der Kirche, um einen flüchtigen Grundriß derselben zu zeichnen, den ich in meiner Schreibtafel aufbewahrt habe.

Die Oberfläche, auf welcher die Kirche des heiligen Grabes von Konstantin dem Großen und seiner Mutter erbaut wurde, ist ungleich, und man hat nicht nur die erwähnten Erinnerungsdenkmale der Leiden des Heilandes darin vereinigt, sondern auch der Platz, wo Christus am Kreuze litt, der Calvarienberg oder Golgatha, liegt mit den übrigen Heiligthümern der Kirche unter einem Dache. Sie ist aus drei Kirchen zusammengesetzt, der eigentlichen Kirche des heiligen Grabes, der Calvarienkirche und der Kreuzerfindungskirche. Es sind in ältern und neuern Zeiten grade über die Lage, welche die Überlieferung dem Calvarienberge gegeben hat, vielfältige Streitigkeiten entstanden und während selbst schon im Mittelalter von Augenzeugen Zweifel gegen diese Angaben ausgesprochen wurden, hat man in der neuesten Zeit die alte Überlieferung wieder vertheidigt. Wie mein Grundriß zeigt, liegt der Calvarienberg links vom Schiff der Kirche. Er ist etwa 17—18 Fuß über dem Boden des übrigen Theils der Kirche erhaben, und 21 Stufen führen durch einen engen Gang zu einer mit buntem Marmor belegten Fläche von etwa 18 Fuß im Gevierte, dem Chor einer Kirche ähnlich, wo einige schlanke weiße Marmorsäulen, die zum Theil

Die Kirche des heiligen Grabes.

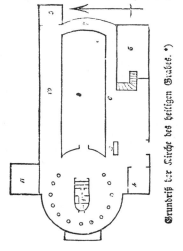

Grundriß der Kirche des heiligen Grabes.*)

mit kostbaren seidenen Vorhängen bedeckt sind, die Decke stützen und die den Katholiken und den Griechen angewiesenen Abtheilungen trennen. Über dem Altare der Katholiken befindet sich ein die Kreuzigung darstellendes Gemälde, über dem griechischen eine Abnehmung vom Kreuz. Als die Stelle, wo das Kreuz in dem Boden befestigt war, bezeichnet man ein mit einem silbernen Rande eingefaßtes Loch in dem Felsen, das jeder Pilger andächtig küßt. Es befindet sich vor dem griechischen Altar, der mit großen silbernen Tafeln belegt, mit Figuren in erhabener Arbeit verziert und von über 50 stets brennenden Lampen erleuchtet ist. Nahe dabei zeigt man einen tief hinabgehenden Spalt in dem Felsen, der bei der Kreuzigung durch ein Erdbeben entstanden sein soll. Der Spalt, offenbar wie durch Naturgewalt entstanden, und der durch den Felsen laufende Riß endigt sich erst in einer andern darunter angelegten Kapelle. Die Mönche der verschiedenen christlichen Parteien, die sich in den Besitz der Kirche theilen, haben außer den Orten, deren Besuch Allen freisteht, eigene Zellen in der Kirche, entweder im Innern ihrer Kapellen oder in unterirdischen Gewölben, oder in den obern Bogengewölben. Hier wohnen sie, bis sie abgelöst werden und empfangen ihre Nahrungsmittel durch ein Loch in der Thüre.

Wir verließen die Kirche erst nach mehren Stunden, und als wir nach der Rückkehr in das Kloster auf dem Ehrenplatze der Pilger zur Rechten des alten Vorgesetzten unsere Mahlzeit eingenommen hatten, schrieben wir mehre Briefe nach Europa, die ein Klosterbruder mitnehmen wollte, dessen Abreise nach Italien, seiner Heimat, auf den folgenden Tag festgesetzt war.

---

*) 1. Das heilige Grab unter der Kuppel. 2. Eine daran stoßende kleine Kapelle, die den koptischen und abyssinischen Christen gehört. 3. Eine große Marmortafel, wo der Leichnam des Gekreuzigten gesalbt wurde. 4. Gemach der türkischen Zolleinnehmer. 5. Kapelle der Kreuzigung, zu welcher Stufen hinaufführen. 6, 7 und 10 Kreuzgänge. 8. Der den Griechen gehörige Theil der Kirche. 9. Kapelle der heiligen Helena, wo sie das Kreuz gefunden haben soll. 11. Kapelle der Katholiken. — Im Jahre 1834 ward ein Theil der Kirche durch ein Erdbeben zerstört; Ibrahim Pascha aber, der jetzige Gebieter Jerusalems, hat nicht nur die Erlaubniß zur Wiederherstellung derselben ertheilt, sondern auch gestattet, daß die seit Saladin im 12. Jahrhundert zugemauerten Fenster einer Kapelle wieder geöffnet werden dürfen.

(Fortsetzung folgt in Nr. 129.)

Ludwig van Beethoven.*)

Ludwig van Beethoven, der größte Instrumentalcomponist der neuern Zeit, welcher alle glänzenden Eigenschaften seiner Vorgänger und Zeitgenossen in sich vereinigte und durch seine reichen und erhabenen Compositionen der Musik eine neue Bahn eröffnete, ward zu Bonn am 17. Dec. 1770 geboren, wo sein Vater bei der kurfürstlich kölnischen Kapelle erster Tenorist war. Er entwickelte von zarter Jugend an ungewöhnliche Talente für Musik, setzte im achten Jahre durch sein Clavierspiel schon Alles in Erstaunen und ließ im elften seine ersten Compositionen drucken. Der Kurfürst verstand Beethoven's Fähigkeiten zu beurtheilen, dessen erste Lehrer der Hoforganist van der Eden und der Componist Neefe waren, ernannte ihn zum Hoforganisten und schickte ihn 1792 zu Haydn nach Wien, um dessen Unterricht zu genießen. Als Letzterer 1795 nach London ging, wurde Beethoven ein Schüler des Kapellmeisters Albrechtsberger, bei welchem er vorzüglich den Contrapunkt studirte, und er bildete sich auch als Clavierspieler so sehr aus, daß er nach einiger Zeit den gefeierten Claviervirtuosen Wölfl überbot. Obgleich er 1801 seinen Gönner durch den Tod verlor, blieb er doch in Wien, wohin ihm zwei Brüder gefolgt waren, welche seine ökonomischen Angelegenheiten besorgten, denen er so wenig Aufmerksamkeit widmete, wie der Beobachtung häuslicher Ordnung, indem er in jeder Beziehung Ungebundenheit liebte. Auch seine Compositionen entwarf er meist im Freien. Seine Blütezeit fällt in die nächstfolgenden Jahre, wo es ihm in Wien so gut gefiel, daß er einen vortheilhaften Ruf nach England ablehnte. Allein die Einflüsse der kriegerisch bewegten Zeit zerrütteten auch seine Verhältnisse; noch mehr aber trug eine herbe Täuschung seines Herzens dazu bei, sein Leben zu verbittern, und er würde vielleicht 1809 der Berufung als königl. westfäl. Kapellmeister nach Kassel gefolgt sein, hätten ihn nicht der Erzherzog Rudolf und die Fürsten Lobkowitz und Kinsky durch Aussetzung eines jährlichen Einkommens von 4000 fl. bewogen, zu bleiben. Wenige Jahre später bekam seine ohnedies schwermüthige Gemüthsstimmung neue Nahrung in der Schwäche seines Gehörs, die, durch eine Erkältung veranlaßt, zuletzt in völlige Taubheit überging. Er lebte seitdem im Dorfe Mödling bei Wien, beschäftigte sich mit seiner Kunst, auf deren Ausübung sein Zustand nicht ohne Einfluß blieb, mit dem Studium der Geschichte und anderer Wissenschaften und starb zu Wien am 26. März 1827 an der Brustwassersucht. Beethoven war untersetzter mittler Statur, etwas rauhen, düstern Charakters, aber bieder, gutmüthig und ohne Falsch. Er hat sich fast in allen Gattungen der Composition hervorgethan, vorzüglich sichern aber seine neun großen Simphonien, seine Ouverturen, Quintetts,

Beethoven's Denkmal.

---

*) Wir geben diesen Artikel aus dem mit so vielem Beifall aufgenommenen Bilder-Conversations-Lexikon.

Quartetts und Trios und die ursprünglich „Lenore" genannte Oper „Fidelio" seinen Ruhm; außerdem hat er geistliche Musiken und eine Menge Compositionen und Gesänge fürs Clavier geliefert, unter denen Matthisson's „Adelaide" sich vor allen auszeichnet.

Das Wichtigste über den Taubstummenunterricht.
(Fortsetzung aus Nr. 127.)
III. Geschichtliche Nachrichten über denselben.

A. Erste Periode des Taubstummenunterrichts.

Die Griechen und Römer haben uns in ihren Schriften nichts hinterlassen, woraus zu vermuthen wäre, daß sie auch nur einen Versuch, die Taubstummen bürgerlich brauchbar zu machen, angestellt hätten. Ungeachtet man erwarten möchte, daß die Römer, bei denen doch die Geberdensprache, welche ja, wie schon oben angegeben worden, auch die natürliche Sprache der Taubstummen ist, in so hohem Grade ausgebildet war, dieselbe zur geistigen Veredlung der Taubstummen hätten benutzen sollen, so findet man doch blos bei Plinius erwähnt, daß der in der Zeit des Kaisers Augustus lebende Redner Messala einen taub Geborenen in der Malerei habe unterrichten lassen und daß der Taubstumme in dieser Kunst Ausgezeichnetes geleistet habe.

In den ersten 1500 Jahren nach Christus findet sich nur noch bei Agricola 1474 eine Spur von einem Unterrichte der Taubstummen. Aus dem 16. Jahrhunderte berichtet zuerst Seidel's Bildergalerie, daß in Deutschland Joachim Pascha, Hofprediger beim Kurfürsten Joachim II. von Brandenburg, seine taubstumme Tochter durch Bilder unterrichtet habe. Da jedoch über das dabei angewendete Verfahren und über die Ergebnisse des Unterrichts ebenso wenig, als bei der frühern von Agricola mitgetheilten Nachricht, angegeben ist, so gewährt auch diese Nachricht kein besonderes Interesse für den Taubstummenunterricht.

B. Zweite Periode des Taubstummenunterrichts.

Sicherer sind die Nachrichten über den Unterricht, welchen, ziemlich zu derselben Zeit als Pascha, Pedro de Ponce, ein Mönch des Benedictinerklosters St.-Salvador zu Sahagun im Königreiche Leon, um das Jahr 1570 vier Taubstummen ertheilte, indem alle gleichzeitigen Schriftsteller angeben, daß er die Taubstummen durch Schrift und Sprache so gut unterrichtet habe, daß sie gleich Hörenden ihre Gedanken auszudrücken vermochten. Spanien kann man daher die Wiege der Taubstummenlehrkunst nennen. Ponce gab vermuthlich dem Juan Pablo Bonet Veranlassung zu Abfassung einer 1620 zu Madrid in spanischer Sprache erschienenen, mit Beifall aufgenommenen Schrift über den Unterricht dieser Unglücklichen.

Gleichzeitig mit dem Letztern befaßte sich in Spanien Emanuel Ramirez de Carrion mit dem Taubstummenunterrichte und soll mehre Personen größtentheils durch ärztliche Mittel (zu denen er jedoch wahrscheinlich nur, um nicht als Hexenmeister angesehen zu werden, veranlaßt worden ist) sprechen gelehrt haben. Wenige Jahre nach Carrion's Tode gerieth jedoch der Taubstummenunterricht in Spanien gänzlich wieder in Vergessenheit, dagegen fangen nun in Italien, England, Holland und Deutschland die mit Erfolg an Taubstummen gemachten Bildungsversuche an.

In Italien erschien zu Anfange des 17. Jahrhunderts eine Schrift über den Taubstummenunterricht von Affinate, und zu derselben Zeit berührte Girolamo Fabrizio ab Aquapendente in seinen Schriften (1600 und 1603) diesen Gegenstand. Bald darauf (1629) schrieb Vincentius Alsarius a Cruce, Genuensis, eine medicinische Consultation für einen Taubstummen. Gegen das Jahr 1670 gab ein Jesuit zu Brescia, Fr. Lana-Terzi, ein Buch heraus, in welchem er unter andern neuen Erfindungen auch von dem Unterrichte der Taubstummen handelt, und die Mittel, sie an den Lippen der Sprechenden lesen und Töne nachahmen zu lehren, angibt. Es ist jedoch gar nicht unwahrscheinlich, daß Lana-Terzi seine Kenntniß davon aus den Schriften des sogleich zu nennenden John Wallis geschöpft hat.

Nachdem nämlich in England Dr. John Bulwers schon 1648 über den Taubstummenunterricht durch mimische Zeichen und über das Hauptalphabet geschrieben hatte, unterrichtete Dr. John Wallis, Professor der Mathematik zu Orford, nicht nur mit glücklichem Erfolge mehre Taubstumme, sondern entwickelte auch (1653) die Grundsätze, von denen er bei dem Taubstummenunterricht ausgegangen war, und später (1662) in einem an Robert Boyle über den Taubstummenunterricht gerichteten Briefe. Nach ihm (1659) lehrte ein Theologe, Will. Holder, einen jungen Engländer sprechen, und um 1670 beschäftigte sich Georg Sibscota mit diesem Unterrichte. Diese Versuche geriethen jedoch wieder in Vergessenheit, und außer Georg Dalgarno, einem Schotten, welcher unter dem Titel Didascalocophus eine 1680 in Orford erschienene Schrift herausgab, dachte in Großbritannien während der zweiten Periode des Taubstummenunterrichtes Niemand mehr an denselben.

Dafür wurde jedoch dieser Unterricht in Holland und Deutschland wieder aufgefaßt. In dem zuerst genannten Lande nämlich gab Fr. M. v. Helmont eine schon 1657 zu Sulzbach erschienene Schrift über den Taubstummenunterricht heraus, worin er die hebräische Sprache als die einzig naturgemäße erklärt und sie daher zum Unterrichte der Taubstummen empfiehlt. Um die behauptete Natürlichkeit der hebräischen Sprache zu beweisen, dichtete er dem sprechenden Munde die wunderlichsten, den hebräischen Buchstaben ähnlichen Stellungen bei der Aussprache derselben an. Bald darauf, 1660, gab Anton Deusing zu Gröningen unter andern Schriften auch eine heraus, welche über die von Geburt an Tauben handelte. Später beschäftigte sich ein zu Amsterdam lebender Schweizer, Johann Konrad Amman, erfolgreich mit dem Unterrichte der Taubstummen und lehrte mehre wirklich sprechen. Er schrieb einige zwar nur kleine aber für den Taubstummenunterricht äußerst wichtige Bücher, in welchen der Mechanismus der Sprache und die Art und Weise, Taubstumme sprechen zu lehren, schon vortrefflich entwickelt ist, und Heinicke hat nicht nur bei der Bildung seiner Unterrichtsmethode sehr viel daraus geschöpft, sondern es lassen sich auch die Grundsätze mancher neuern Schriftsteller, welche dieselben als neu und als eigne Erfindung geltend zu machen geneigt sind, größtentheils darin auffinden.

In Deutschland hatte der berühmte Arzt Johann Rudolph Camerarius zuerst in seiner 1624 zu Straßburg erschienenen Schrift auf die Möglichkeit, Taubstumme zu unterrichten, aufmerksam gemacht, hierauf erwähnte der Jesuit Caspar Schott in mehren seiner zahlreichen Werke, daß die Taubstummen sprechen und das Gesprochene an den Lippen Anderer lesen könnten, und erzählte, daß er selbst mehre Beispiele davon gesehen hätte.

Bulwers Methode, die Taubstummen zu unterrichten, wurde durch Harsdörfer in Deutschland bekannt, und ebenso die von Holder angewandte Methode durch eine zu London besorgte deutsche Ausgabe seines Werks über die Anfangsgründe des Sprechens. Morhoff gab die Geschichte dieser Kunst sowie die Principien, worauf sie beruht, und Mallinkrot ertheilte Unterricht im Mechanischen der Hervorbringung der Buchstaben.

Jetzt fehlte es nur noch an der Ausübung der angedeuteten Grundsätze, und dieses that zuerst zu Anfange des 18. Jahrhunderts L. Wilhelm Kerger zu Liegnitz in Schlesien. Er stellt ebenfalls als Grundsatz auf, daß der Taubstumme sprechen und das Gesprochene von den Lippen lesen lernen solle, und führte dasselbe mit gutem Erfolge aus. Seine Schwester half ihm bei seinen Bemühungen. Zu derselben Zeit wendeten Professor Jakob Wild und der Prediger Niederhof die Methode Amman's an, und Letzterer hatte sich eine Redemaschine, welche die Bewegungen der menschlichen Sprachorgane nachahmte, fertigen lassen, mittels welcher er die Taubstummen mit glücklichem Erfolge unterrichtete. Zu derselben Zeit machte Georg Pasch, Professor der Moral zu Kiel, einen Fall bekannt, in welchem ein Taubstummer mit Erfolg unterrichtet worden war. Im Jahre 1711 machte M. Elias Schulze in Dresden bekannt, daß er in Einem Jahre zwei Taubstummen sprechen gelehrt habe. M. Georg Raphel, Pastor in Lüneburg, unterrichtete nach Amman's Methode seine taubstumme Tochter so vollkommen, daß man kaum ihr Gebrechen bemerken konnte, und schrieb über diesen Unterricht eine besondere Schrift. Johann David Solbrig, Pastor zu Heidenburg, lehrte 1710—30 zwei taubstumm Gewordene schreiben, sowie M. Andreas Weber, Prediger zu Arnstadt, einen Taubstummen, und Beide gaben Bericht über die Art ihrer Unterweisung. J. Chr. Lischwitz lehrte einem Taubstummen nach den Methoden von Wallis und Amman sprechen. J. P. Baumer zu Erfurt, Johann Andreas Elias Buchner, Professor der Medicin, und Jorissen, behandelten den Gegenstand vom medicinischen Gesichtspunkte aus, und suchten Methoden auf, um den Taubstummen das Gehör wiederzugeben. Otto Benjamin Lasius, Superintendent zu Burgdorf, hat ebenfalls eine Taubstumme in der Schriftsprache unterrichtet und bediente sich dazu eines Fingeralphabets, welches er in einer eignen Schrift beschrieb. Endlich hat Johann Ludwig Ferdinand Arnoldi, Pfarrer zu Großenlinden bei Gießen, mehre Taubstumme nach den Methoden von Wallis, Amman und Raphel unterrichtet, mit der Eigenthümlichkeit, daß er sich auch der Zeichnungen zum Unterricht bediente und er schrieb über seine Methode mehre Schriften.

Gleichzeitig mit den zuletzt genannten wirkte Samuel Heinicke, mit welchem in Deutschland, sowie mit dem Abbé de l'Epée in Frankreich, für den Taubstummenunterricht eine neue Periode beginnt, auf welche wir in dem nächsten Abschnitte zurückkommen.

In Frankreich fing die Unterweisung der Taubstummen erst spät an, sodaß zu Anfange des 17. Jahrhunderts Dumoulin noch die Möglichkeit davon leugnen konnte, und wenn Casaubon eine entgegengesetzte Meinung aussprach, so geschah doch dies, ohne daß er sie durch Beispiele bewiesen hätte.

Erst nach der Mitte des 17. Jahrhunderts kommen in Frankreich Beispiele von unterrichteten Taubstummen vor, und namentlich entstand 1679 ein Proceß über das Erbe eines gewissen Guibal. Zu Anfange des 18. Jahrhunderts waren schon mehre dergleichen bekannt, ohne daß man jedoch von ihren Lehrern etwas weiß. Selbst in Paris hatte eine Madame de Sainte-Rose, Religieuse de Saint-Croix, ein taubstummes Mädchen durch das Handalphabet unterrichtet, ohne daß man jedoch etwas Näheres von ihr weiß. Die erste genaue Nachricht von einem solchen Unterricht in Frankreich hat man über einen Fremden, Johannes Rodriguez Pereira aus Portugal, welcher schon im Jahre 1745 einen Taubstummen in la Rochelle mit so gutem Erfolge unterwies, daß er bald darauf versucht wurde, sich nach Paris zu begeben, wo er 1749 der Akademie der Wissenschaften vorgestellt wurde und einen großen Ruf erlangte. Leider weiß man von seiner Lehrart nichts Genaueres, indem er sie in das tiefste Geheimniß hüllte, und sie nur gegen eine Belohnung, die er nicht erhielt, offenbaren wollte. So viel ist gewiß, daß er die Taubstummen auch sprechen lehrte. — Ferner beschäftigte sich 1756 Ernaud in Bordeaux ebenfalls mit dem Unterrichte derselben, und etwas später unterrichtete der Abbé Deschamps zu Orleans Taubstumme. Dieser drang, wie Pereira, gegen de l'Epée, besonders darauf, die Gehörlosen sprechen zu lehren, und sie so in Gemeinschaft mit andern Menschen zu setzen. Er hatte ein Privatinstitut zu Orleans, in welches er zwar Pensionnaire aufnahm, aber den Unterricht auch unentgeltlich ertheilte. Er widmete der Erziehung dieser Unglücklichen sein ganzes Vermögen und Leben. Mit dem Abbé de l'Epée fängt nun eine neue Periode in der Geschichte des Taubstummenunterrichts an.

(Fortsetzung folgt in Nr. 129.)

Der Tunnel zwischen Gravesand und Rochester.

Obgleich die Idee, unterirdische Kanäle oder sogenannte Tunnels zur Erleichterung des Verkehrs anzulegen, keineswegs eine ganz neue ist, sondern schon unter Ludwig XIV. von einem französischen Ingenieur, Namens Regnet, wol zuerst in Anwendung gebracht ward, indem er den Kanal von Languedoc durch einen Berg leitete, so hat sich doch erst seit dem großartigen Unternehmen des berühmten Brunel, einen Tunnel unter der Themse bei London zu erbauen*), die allgemeine Aufmerksamkeit auf den unterirdischen Gewölbe- oder Tunnelbau gelenkt. So bewunderswerth und, wenn man die zu besiegenden Hindernisse bedenkt, fast unglaublich auch die Tunnels erscheinen, die schon früher in England vollendet wurden, wie z. B. der Tunnel unweit Manchester im Bridgewater-Kanal und der durch den Hügel von Harecastle in Staffordshire führende, zu Vereinigung der Trent- und Merseyschiffahrt, so übersteigt diese doch noch an Umfang und Schwierigkeit der Tunnel, der für den Themse- und Medwaykanal zwischen Gravesand und Rochester angelegt wurde, zu Vermeidung eines Umwegs, den sonst die Handelsfahrzeuge machen mußten, um nach London zu gelangen. Dieser Kanal, der sieben Fuß Wasser hat, fängt bei dem südlichen Ufer der Themse in dem Kirchspiel Milton an, und geht über 1½ Stunden lang anfangs durch einen ebenen Boden, meistens Marsch-

---

*) Siehe über dieses Riesenunternehmen Nr. 23 des Pfennig-Magazins.

land. Dann ist er eine Stunde weit durch einen Kreidefelsen gearbeitet, und zwar so grade, daß man von einem Ende zum andern hindurchsehen kann. Die Weite der Aushöhlung beträgt 30 Fuß, von denen der Kanal 24 einnimmt, die übrigen sechs aber zu einem Fußsteige übrig gelassen sind, der mit einem starken Geländer versehen ist.

Man hat es nicht für nöthig gehalten, außer an manchen Stellen, noch besondere Bogen zu erbauen, so fest ist der Stein, durch welchen der Kanal gearbeitet ist. Die Höhe der gewölbten Decke ist mehr als 15 Fuß über der Oberfläche des Fußsteigs erhaben. Daß es nicht ganz finster darin ist, wie man erwarten sollte, rührt größtentheils von der Reflexion des Lichts der weißen Kreidedecke her. Wäre der Tunnel dagegen mit Backsteinen ausgewölbt worden, so würde es nöthig geworden sein, irgend eine künstliche Beleuchtung anzubringen.

Der Eindruck, den es auf den Fremden macht, wenn er diesen Gang betritt, ist großartig und steigert sich, je weiter das Tageslicht zurückweicht. Der Wiederschein des Kreidefelsens auf der klaren Oberfläche des Wassers scheint die Größe des Tunnels zu verdoppeln und der gänzliche Mangel eines andern Lautes, außer dem des langsamen, abgemessenen Schrittes der Zugthiere, welche die Schiffe ziehen und dem leisen Plätschern der Wellen, all dies vereinigt sich, ein Gefühl des Erhabenen in dem Wanderer hervorzubringen.

Die Fahrzeuge können nur zu bestimmten Stunden von beiden Enden in den Tunnel einlaufen, weil es die Breite desselben nicht gestattet, daß sich zwei begegnende Fahrzeuge ausweichen können.

Die Arbeiten an diesem großartigen Unternehmen dauerten aus mancherlei Ursachen über 20 Jahre. Das Capital dazu ward durch Actien zusammengebracht, allein obwol für das allgemeine Beste von großem Nutzen, hat sich diese Speculation doch für die Unternehmer nachtheilig erwiesen. Am stärksten ist die Benutzung des Kanals während der Hopfenernte, da die Hopfenbauer aus Kent durch denselben im Stande sind, ihren Hopfen in 24 Stunden auf den Markt von London zu bringen.

Ansicht des Tunnels zwischen Gravesand und Rochester.

Verantwortliche Herausgeber: Friedrich Brockhaus in Leipzig und Dr. C. Dräxler-Manfred in Wien.
Verlag von F. A. Brockhaus in Leipzig.

Das Pfennig-Magazin

der

Gesellschaft zur Verbreitung gemeinnütziger Kenntnisse.

129.] Erscheint jeden Sonnabend. [September 19, **1835**.

Der Platz des Pelourinho in Lissabon.

Der Platz des Pelourinho in Lissabon.

Die natürliche Unebenheit des Bodens, auf welchem Lissabon erbaut ist, gibt in verschiedenen Stadttheilen zu seltsamen architektonischen Zusammenstellungen Anlaß. In den Theilen, welche das Erdbeben von 1755 verwüstete, erscheinen die Straßen oft im eigentlichen Wortverstande übereinander gestülpt, sodaß die Basis der einen sich über die Dächer der andern erhebt, und das Pflaster da anfängt, wo die Schornsteine der tiefern Gasse enden. Unsere Abbildung gibt von dieser Sonderbarkeit eine Vorstellung.

Der Largo do Pelourinho (Platz des Säulchens), welchen unser Bild darstellt, dehnt sich in der Nähe des Tajo aus, von welchem ihn das Seearsenal an einer seiner Seiten trennt, und hat seinen Namen von der kleinen gewundenen Säule, die ihn ziert. Die Südseite des Platzes wird von der Front des Arsenals gebildet, die Nord= und Ostseite, welche auf unserm Bilde sichtbar sind, grenzen an die höher liegende Rua do St.=Francisco, dessen Hauptkirche den Platz ostwärts überragt, während seine Straße ihn an ihrem Fuße überblickt. Die kleine Ziersäule, von feinem marmorähnlichen Sandstein, erhebt ihren gewundenen Schaft aus einem reich verzierten Piedestal und trägt über ihrem Capitäl eine Himmelskugel von durchbrochenem Eisenwerk. Ehemals diente sie zum Todespfahl für hochverrätherische Edle, welche das Vorrecht besaßen, am Pelourinho gehängt zu werden, dessen Säulenknauf noch jetzt von den vorspringenden eisernen Haken verunziert wird, an welchen die Hinrichtung vollbracht wurde.

Der Platz des Pelourinho bildet die Hauptverbindung zwischen den östlichen und den westlichen Stadttheilen und bietet daher stets das Bild eines belebten und geräuschvollen Marktes dar. Hier, wie überall in Lissabon, sieht man halb vollendete Gebäude, Häuserskelette, so zu sagen, welche in ihrem unvollendeten Zustande Zeugniß von den großen Entwürfen Pombals und der Unzulänglichkeit seiner Mittel geben. Hier strecken sich Haufen von Bettlern hin; ein mächtiger Ruinenberg, von der Zeit des Erdbebens her, dient einer Schar abgemagerter Ziegen als Weide. Seges (Cabriolets) rasseln am Fuße dieses Schuttgebirges hin. Galegos mit ihren bunten Wassereimern, Fruchtverkäuferinnen, der schreiende öffentliche Ausrufer drängen sich laut lärmend durch die Menge; ein schmutziger Maulthiertreiber benutzt diese Öffnung, um seine beladenen Thiere hindurch zu treiben. Den meisten Anspruch auf unsere Aufmerksamkeit und unsere Achtung in dieser bunten Menge hat der fleißige und ehrliche Galego oder Wasserträger, dessen Genossenschaft in der Hauptstadt Portugals eine eigne und fremde Bevölkerung mit ihrer besondern Verfassung und Gesetzgebung bildet. An seiner Ehrlichkeit, durch hundert Beispiele bewährt, an seiner Treue, an seiner Mäßigkeit erkennt man leicht die fremde Abkunft des Galego. Aus den Bergen der spanischen Provinz Galicia strömt diese achtbare Menschenclasse jährlich, arm, fast nackt, aber thätig und grundehrlich, nach Lissabon, wo sie die schwerern Dienste, für welche der weichliche Portugiese zu schwach oder zu träge ist, die Dienste als Wasserträger, Lastträger, Bauhandlanger, Dienstbote, unter der Aufsicht von Vorstehern und Richtern aus ihrer Mitte verrichtet. Ein täglicher Erwerb von etwa drei Groschen genügt dem unglaublich mäßigen Galego nicht blos zum Unterhalte, sondern er legt davon sogar noch die volle Hälfte zurück und verläßt meist Lissabon nach 5—6 Jahren mit einem kleinen Capital versehen, wofür er sich in seinen heimatlichen Bergen eine Hütte baut, seine Hochzeit ausrichtet und zufrieden lebt, und seine Kinder folgen demselben Wege, der den Vater zu behaglicher Zufriedenheit geführt hat. Man schätzt die Anzahl der Galegos in Lissabon auf 11—12,000. Die wenigsten von diesen haben eine feste Wohnung; der Galego schläft im Sommer, den Kopf auf seinen vollen Wassereimer gelehnt, unter irgend einer Vorhalle oder Brunnenschuppen; bereit, in jedem Augenblick auf den Ruf der Feuerglocke mit seinem Eimer herbeizueilen. Diese Verbindlichkeit ist die einzige Leistung, welche der Staat von ihm verlangt; sein Eimer muß stets gefüllt und bei dem ersten Schlage der Feuerglocke muß er selbst auf dem Platze sein. Im Winter sucht er in irgend einem Stall oder Schuppen, unter einer Brücke, einem Bogen des großen Aquäducts, der Lissabon mit Wasser versorgt, Schutz gegen Sturm und Regen. Eine Brotrinde, wenige Loth schwer, und einige geröstete Sardinen nebst einer Zwiebel und Sonntags ein Maß schlechten Weins bilden Jahr aus Jahr ein sein Mahl. Doch in seinem Corps hält er auf Ehre; eine Art von Ehrentribunal straft mit unerbittlicher Strenge jede Verletzung der Gesetze, und man erzählt Beispiele, daß diese Strenge der Vorgesetzten sich bis zum heimlichen Tode des Schuldigen ausdehnte.

Wir gedachten oben des der portugiesischen Hauptstadt eigenthümlichen Fuhrwerks, Sege (sedia) genannt. Dies ist eine so besondere Erfindung, so grotesk in der Erscheinung und doch von so örtlicher Zweckmäßigkeit, daß wir sie etwas genauer schildern müssen. Da die Straßen von Lissabon sich stets zu Bergen erheben und zu Thälern senken und die Stadt übrigens das schlechteste Pflaster hat, das man finden kann, so würde man in einem gewöhnlichen Cabriolet steten Gefahren ausgesetzt sein. Diesem Übel zu begegnen, hat man ein Fuhrwerk erfunden, das ihnen eigenthümlich ist. Die Sege ist eine Art Cabriolet, von zwei Maulthieren gezogen, an dessen hoher Achse der Sitz befestigt ist, sodaß es mit dieser sich erhebt und senkt. Hierdurch wird das Stoßen der Räder fast unmerklich und da so das Fuhrwerk fast immer in grader Linie bleibt, so wird auch die Bewegung beim Auf= und Niedersteigen verringert. Vorhänge vorn an der Sege schützen vor Sonne und Regen; kurz, für Lissabon gibt es kein bequemeres und zweckmäßigeres Fuhrwerk, als dieses, wie seltsam, roh und ungeschickt es auch anfangs erscheint.

Schnelligkeit der Dampfwagen.

Folgende Zusammenstellung schneller Bewegungen ist, obgleich auf nur ungefähren Angaben beruhend, doch interessant, indem sie ungefähr die Stelle anzeigt, welche die Geschwindigkeit der Dampfwagen einnimmt.

Eine Extrapost legt zurück in der Secunde	7 Fuß
Eine Krähe	32
Ein Dampfwagen	40
Ein Zug wilder Gänse	120
Eine Schwalbe	123
Eine Kanonenkugel	1800
Eine telegraph. Nachricht	3703

Demnach hat man mit dem Dampfwagen die Schnelligkeit der Krähe bereits übertroffen und es verlohnt sich die Mühe des Fliegens nicht mehr.

Das Wichtigste über den Taubstummenunterricht.
(Fortsetzung aus Nr. 128.)

C. Dritte Periode des Taubstummenunterrichts.

Jetzt wurde der bisher nur an Einzelnen versuchte Taubstummenunterricht durch die menschenfreundlichen Bemühungen zweier Männer, Samuel Heinicke's in Sachsen und des Abbé de l'Epée in Frankreich, in eigenen Anstalten planmäßig ausgeübt. Hierbei fand nun das Sonderbare statt, daß diese beiden Männer fast zu derselben Zeit, Heinicke jedoch noch ein Jahr früher als de l'Epée, den Taubstummenunterricht begannen und denselben nach zwei verschiedenen Methoden (vgl. darüber das oben Gesagte) ausbildeten und in ein System brachten, wobei sie jedoch in Streitigkeiten geriethen, die mit vieler Bitterkeit geführt wurden.

Samuel Heinicke, der Gründer der deutschen Schule, welche von der Meinung, daß unser Denken nur durch tönende Worte geschehe, ausgehend, das laute Sprechen für den wichtigsten Theil des Taubstummenunterrichts hält, wurde im April 1729 zu Nautschütz bei Weißenfels geboren. Anfangs ergriff er den Beruf seines Vaters, eines Landmannes, später aber wurde er Soldat und zeichnete sich als solcher durch einen seltenen Fleiß in Erlernung von Wissenschaften aus. Im Jahre 1754 beschäftigte er sich zuerst als Militair in Dresden mit dem Unterrichte eines taubstummen Knaben, und später, als er Schullehrer in dem hamburgischen Klosterdorfe Eppendorf, wo er von 1768 bis 1778 blieb, geworden war, unterwies er mit glücklichem Erfolge einen andern taubstummen Knaben. Man wurde dadurch auf seine Leistungen aufmerksam und vertraute ihm mehre Zöglinge, sodaß er schon 1772 deren vier hatte, wozu im folgenden Jahre noch mehre kamen. Man machte ihm unter den vortheilhaftesten Bedingungen den Antrag, eine für diesen Zweck bestimmte Anstalt in Wandsbeck zu gründen, jedoch folgte er lieber dem 1777 erhaltenen Rufe des damaligen Kurfürsten von Sachsen, Friedrich August, welcher alle von ihm dieserhalb gemachten Bedingungen bewilligt und ihm einen jährlichen Gehalt ausgesetzt hatte. Da ihm die Freiheit gegeben war, sich einen Ort in Sachsen als Wohnsitz auszuwählen, so fiel seine Wahl auf Leipzig, und am 13. April 1778 langte er mit 9 Zöglingen hier an. Bald stieg die Zahl der Schüler bis auf 15, verminderte sich aber später wieder, bis der Kurfürst sich bereit erklärte, bildungsfähige taubstumme Kinder armer Ältern seines Landes auf eigne Kosten unterrichten zu lassen. Im April 1790 starb Heinicke, 61 Jahre alt.

Seine Schüler breiteten sich allmälig über den größten Theil von Deutschland aus und errichteten nach seinen Grundsätzen in den meisten größern Städten die noch jetzt daselbst bestehenden Taubstummenschulen. Die vorzüglichsten seiner Schüler und Anhänger sind: Petschke, sein unmittelbarer Nachfolger an dem leipziger Institute; Reich, der jetzige Director desselben; Eschke, Schwiegersohn Heinicke's, Gründer der berliner Taubstummenanstalt; Graßhoff, welcher ihr jetzt vorsteht; Neumann (gest. 1833), Director der Anstalt zu Königsberg; Jäger, Stadtpfarrer und Vorsteher der Taubstummenanstalt zu Gmünd u. A.

Charles Michel Abbé de l'Epée, Gründer der französischen Schule, welche die Taubstummen vorzüglich durch die Geberden- oder Fingersprache unterrichten zu müssen glaubt, wurde am 25. Nov. 1712 zu Versailles geboren, wo sein Vater als königlicher Architekt angestellt war. Einer schon in der zartesten Jugend gefühlten Neigung folgend, widmete er sich dem geistlichen Stande. Als er jedoch nach Vollendung seiner Studien, 17 Jahre alt, zum Empfange der ersten Priesterweihe sich meldete, aber die damals neu eingeführte Glaubensformel, als seinen Grundsätzen widerstreitend, zu unterzeichnen sich weigerte, wurde er von jeder Bewerbung um ein kirchliches Amt ausgeschlossen. De l'Epée wandte sich jetzt der Rechtswissenschaft zu, und trat nach Beendigung seiner Studien als Parlamentsadvocat in die gerichtliche Praxis ein. Aber die Obliegenheiten dieses Berufes sagten seinem sanften und friedlichen Gemüthe in keiner Hinsicht zu, und er kehrte bald wieder zu seinen frühern theologischen Studien zurück.

Durch Empfehlungen von Seiten seiner frühern Vorgesetzten wurde de l'Epée mit dem Prälaten Bossuet zu Troyes, Neffen des großen Bossuet, bekannt und von diesem zum Kanonikus und Prediger seines Sprengels berufen. Mit großem Eifer und mit ausgezeichnetem Erfolge wirkte de l'Epée in dem ihm anvertrauten Amte, als er, bald nach seines Gönners Bossuet Tode, neuen Prüfungen unterworfen wurde. Der damalige Bischof von Senez, der berühmte Soanen, wurde nämlich um diese Zeit seiner Grundsätze wegen verfolgt, und den Abbé de l'Epée, welcher mit diesem nicht allein in freundschaftlichen Verhältnissen gestanden, sondern auch dessen Ansichten getheilt hatte, traf dasselbe Loos. Er wurde auf Befehl des damaligen Erzbischofs von Paris, de Beaumont, seines Amtes entsetzt und ihm sogar der Religionsunterricht untersagt. Von jetzt an lebte de l'Epée zu Paris in stiller Zurückgezogenheit. Hier führte ihn der Zufall eines Tages in eine Familie, in welcher ein Klostergeistlicher, Pater Vanin, 1755 zwei taubstumme Mädchen (Zwillinge) einige Monate hindurch, und zwar mittels Bilder, zu unterrichten angefangen hatte, als ihn der Tod überraschte. Die Mutter jener beiden Taubstummen machte ihn unter Thränen mit dem Unglücke ihrer Töchter und dem Verluste ihres Lehrers bekannt, und de l'Epée, von Mitgefühl ergriffen, entschloß sich, das vom Pater Vanin begonnene Werk fortzusetzen. Ungeachtet des großen Aufsehens, welches besonders Pereira in ganz Frankreich gemacht hatte, war de l'Epée, nach seiner Versicherung, ganz ohne Kenntniß davon, daß man bisher Taubstumme unterrichtet hatte, geblieben. Der glückliche Erfolg seiner Bemühungen bewog ihn bald zu dem Entschlusse, sein Leben ausschließlich diesem Berufe zu widmen. Daher gründete er, ohne anderes Vermögen als eine jährliche Rente von 12,000 Francs, auf eigne Kosten eine Taubstummenschule in Paris, welche er bald in eine förmliche Erziehungsanstalt verwandelte. Zur Erziehung und Verpflegung seiner Zöglinge versagte er sich nicht selten das Nothwendigste. Schon mehrmals hatte er sich vergeblich an die Regierung gewendet, um einen jährlichen Zuschuß zu den Unterhaltungskosten zu erlangen; allein erst im Jahre 1785 bewilligte ihm Ludwig XVI. eine Summe zur Unterhaltung einer gewissen Anzahl Taubstummer. Die Erfüllung seines sehnlichsten Wunsches hingegen, seine Anstalt zu einer öffentlichen erhoben zu sehen, erlebte er nicht, indem er 1789 starb.

Sein Ruf wurde fast durch die ganze Welt verbreitet, und seine Schüler gründeten, nach dem Muster der pariser Anstalt, in Frankreich, Spanien, Portugal, Italien, den östreichischen Staaten, Rußland, Polen, Holland, Belgien, England und Nordamerika sehr viele Taubstummenanstalten.

Die vorzüglichsten seiner Schüler sind der Abbé Roche Ambroise Sicard, geb. 1742, gest. 1822, anfangs Vorsteher des Taubstummeninstituts zu Bordeaux, später de l'Epée's Nachfolger; Massieu, Lehrer an der pariser Taubstummenanstalt; Chomel, Lehrer der Anstalt, gest. 1781, und dessen Schüler Ernsdorfer, Director der münchner Taubstummenanstalt; Heinrich Daniel Guyot, Stifter des Instituts zu Gröningen u. A.

In der neuesten Zeit nähern sich, wie schon oben angegeben wurde, die französischen Schulen den deut-

Samuel Heinicke.

Charles Michel Abbé de l'Epée.

stalt zu Genf; Laurent le Clerc, Lehrer an der Anstalt zu Hartfort, alle drei selbst taubstumme Schüler Sicard's; ferner Dr. Joseph Michel Alea, Gründer einer Anstalt in Spanien; Assarotti, Gründer der Anstalt zu Genua, gest. 1829; Stork, Vorsteher der wiener Anstalt; schen immer mehr, indem auch sie die großen Vortheile des Unterrichts der Taubstummen im Sprechen einsehen, und hoffentlich wird in wenigen Jahren nur noch nach einer Methode unterrichtet werden.

(Der Beschluß folgt in Nr. 130.)

Reise nach Palästina.
(Fortsetzung aus Nr. 128.)

Ansicht von Bethlehem.

Am folgenden Morgen ging die Sonne so heiter auf, daß ich meinen jungen Reisegefährten bewog, die für einen spätern Tag bestimmte Reise nach Bethlehem zu machen. Ein Engländer, den wir im Kloster kennen gelernt hatten, schloß sich uns an. Er hatte schon zwei Jahre vorher Jerusalem besucht, und aus

Persien über Bagdad und Palmyra zurückgekehrt, wollte er nun die früher nicht bereisten Gegenden Palästinas und das südliche Syrien durchwandern. Unsere Vorbereitungen waren mit Hülfe unsers thätigen Arabers und der beiden armenischen Diener unsers Begleiters schnell gemacht, und um sieben Uhr zog unsere kleine Karavane aus dem Thore. Der Weg nach Bethlehem, das zwei Stunden von Jerusalem entfernt ist, geht anfänglich durch eine öde und wilde Gegend, wo man nichts als einzelne Ölbäume sieht, fast die einzigen Bäume, die man in der Umgegend von Jerusalem findet. Wir zogen durch das Thal Rephaim, berühmt durch David's Sieg über die Philister, die Bethlehem besetzt hatten. Ungefähr auf der Hälfte des Weges kamen wir zu dem großen Eliaskloster, von griechischen Mönchen bewohnt, die uns gastfreundlich einige Erfrischungen brachten, welche wir im Schatten alter Bäume verzehrten, nachdem unsere Wirthe uns ihr Kloster gezeigt hatten. Nicht weit von dem Kloster sieht man ein kleines viereckiges Gebäude mit einer Kuppel, das man Rahel's Grab nennt, das aber, obgleich sowol Christen und Juden, als auch Mohammedaner die alte Sage annehmen, doch kein Denkmal des Alterthums, sondern ein türkisches, für einen Heiligen (Santon) bestimmtes Gebäude ist.

Jenseit des Eliaskloster wurde die felsige Gegend ein angebautes Hügelland. Bethlehem lag nun vor uns auf dem Rücken einer felsigen, zum Theil beholzten Höhe, auf allen Seiten von Thälern umgeben. Wir verweilten einige Minuten und genossen den reizenden Anblick, den das Dorf darbietet. Die Umgegend hat durch die Abwechselung von Hügeln und Thälern ein freundliches Ansehen, doch wenig Ansprüche auf den Namen der fruchtreichen, den man ihr einst gab; aber nur der Mangel an Anbau hat sie verödet, wie denn unter der türkischen Herrschaft das fruchtbarste Land in wenigen Jahren verwildert. Das Dorf hat gegen 700 Einwohner, die sich dürftig nähren. Sie verkaufen die schönen, vom rothen Meere kommenden Perlmutterschalen, in deren Oberfläche Vorstellungen von dem letzten Abendmahle und der Kreuzigung eingegraben sind, kleine, auf ähnliche Art verzierte Kreuze von Perlmutter, und Nachbildungen des heiligen Grabes und der Grotte zu Bethlehem von feinem Holze, mit Perlmutter sauber ausgelegt. Gegen die niedrigen Gebäude des Dorfes zeichnet sich das in der Nähe desselben liegende Kloster aus, welches das Ansehen eines festen Schlosses und ein sehr enges Hauptthor hat, damit nicht die Araber zu Pferde und in großer Anzahl eindringen. Wir fanden hier bei den Franziskanern freundliche Aufnahme, und als wir eine mäßige Fastenmahlzeit mit ihnen eingenommen hatten, gingen wir in die von der Kaiserin Helena gebaute, an das Kloster grenzende Kirche, die groß und von 48 Marmorsäulen gestützt ist, welche ein Gebälke tragen, das von Cedernholze vom Libanon sein soll. Die Mosaikarbeiten, die Malereien, womit die Mauern verziert sind, haben ganz das Gepräge des Mittelalters. Hier und da sieht man halb verloschene griechische Inschriften. Am Ende des Gebäudes steht ein den Weisen aus dem Morgenlande geweihter Altar, an dessen Fuße der leitende Stern in Marmor abgebildet ist. Man nimmt an, die Stelle dieser Abbildung entspreche genau dem Punkte am Himmel, wo der Stern stehen blieb, als er die drei Weisen aus Jerusalem nach Bethlehem geführt hatte. Aus dem Schiffe der Kirche führen schmale Stufen an den Ort, der einst der Stall war, wo Christus geboren wurde; ein Umstand, der gar nicht auffallend ist, da man die Ställe im Morgenlande und auch in Jerusalem noch jetzt häufig auf gleiche Weise unter der Oberfläche der Erde anlegt. Diese kleine und nicht hohe Grotte ist aus dem Felsen gehauen. Die Wände sind mit seidenen Stoffen bekleidet. Die Decke, von einer einzigen Säule gestützt, zeigt den nackten Felsen. Der Fußboden ist mit Marmor getäfelt. Ein kostbarer Altar mit 32 immer brennenden Lampen steht auf der Stelle, wo der Heiland geboren wurde, und diese Stelle selbst bezeichnet ein Stern von weißem Marmor, mit einem silbernen Strahlenkranze umgeben, um welchen die lateinische Inschrift steht: „Hier wurde von der Jungfrau Maria Jesus Christus geboren." Nicht weit davon sieht man die Krippe, in welcher das Kind ruhte. Sie besteht jetzt ganz aus weißem Marmor, hat aber noch die ursprüngliche Form. Rings umher brennen immer Wachslichter auf großen silbernen Leuchtern. Gegenüber steht ein anderer Altar auf dem Platze, wo die Jungfrau und das Kind die Huldigung der Weisen empfingen, und über demselben sieht man ein Gemälde, das diese Scene darstellt. Aus dieser Grotte führt ein schmaler, in den Felsen gehauener Gang zu zwei ähnlichen, von welchen eine das Studierzimmer des heiligen Hieronymus heißt; die andere größere wird sein Grab genannt.

Die Kirche der Geburt Christi.

Als wir in das Kloster zurückgekommen waren, bestiegen wir die Terrasse, um die Umgegend zu überschauen. Es ist eine der schönsten Aussichten im Morgenlande. Sie umfaßt die Berge und Thäler nach dem Jordan und dem todten Meere hin, das man hier besser als bei Jerusalem übersieht, und viele Gegenstände, die in der heiligen Geschichte erwähnt werden, z. B. abwärts im Thale, ungefähr eine halbe Stunde von Bethlehem, das Feld, wo die Hirten während der Nacht wachten, als die Engel ihnen die Geburt des Heilandes verkündeten. Vor dem Thore an der Ostseite tranken wir aus dem Davidsbrunnen, aus welchem die drei Helden (2 Sam. 23, 15) ihrem durstigen Heerführer, mitten durch das Lager der Philister sich wagend, einen Trunk holten, den aber David dem Herrn zum Opfer ausgoß, weil seine Waffengefährten das Wasser mit ihrem Blute hatten erkaufen müssen. In den Nachmittagsstunden brachen wir auf und nahmen unsern Weg nach Süden, um die Wasserbehältnisse zu sehen, welche Salomo in einem ziemlich öden Thale anlegte, um Jerusalem mit Wasser zu versorgen. Es sind deren drei, die beinahe in grader Linie übereinander am Bergabhange wie die Schleusen eines Kanals angelegt sind. Alle haben beinahe gleiche Breite, sind aber von verschiedener Länge. Die ganze Anlage verräth das hohe Alterthum, in welches die Überlieferung ihren Ursprung hinaufrückt. Die Quelle, die sie mit Wasser versorgt, ist kaum zwanzig Schritte davon entfernt und kommt einige Fuß unterhalb der Oberfläche des Bodens aus der Erde. Der Zugang zur Quelle ist mit einer Thüre verschlossen, um das Wasser gegen jede Verunreinigung zu schützen. Aus dem höchsten Behälter, den die Quelle füllt, stürzt sich das Wasser hinab, fließt aus dem niedrigsten in das Thal und wird mittels einer Wasserleitung durch einen unterirdischen Gang in die Stadt geführt. Die Quelle, die jene Wasserbehälter füllt, soll, wie man im Kloster zu Bethlehem uns sagte, Salomo im Auge gehabt haben, als er im hohen Lied, die Reinheit seiner Geliebten preisend, ausruft: „Meine Schwester, liebe Braut, du bist ein verschlossener Garten, eine verschlossene Quelle, ein versiegelter Born."

Wir brachten die Nacht im Kloster zu Bethlehem zu, und als wir uns am folgenden Morgen an dem schmackhaften weißen Honig gelabt hatten, der in der Umgegend gewonnen wird, machten wir uns früh auf den Weg, um das Dorf zu besuchen, wo Johannes der Täufer geboren sein soll, zwei Stunden von Bethlehem. Ein beschwerlicher Pfad führte uns in die sogenannte Wüste, wo Johannes sich aufhielt. Mitten im Thale erhebt sich ein steiler Felsen, und ein Quell füllt zwei Becken mit seinem klaren Wasser. Man steigt hier auf einigen Felsenstufen zu einer geräumigen Grotte hinan, die des Täufers Wohnung gewesen sein soll. Oben hat man eine schöne Aussicht auf die fruchtbare Umgegend. Es ist ein enges, anmuthiges, nur zum Theil angebautes und von Bäumen beschattetes Thal, auf allen Seiten von steilen Bergen eingeschlossen. Hier konnte der Prophet, während er seinen Beruf erfüllte, ohne große Beschwerde wohnen. Spricht man von Wüsten, Bergen, Ebenen in Palästina, so muß man sich erinnern, daß sie selten mit ähnlichen Gegenden in größern Ländern sich vergleichen lassen und zuweilen nur schöne Verkleinerungen solcher Landschaftbilder sind. Wir fühlen, wenn wir diese Gegenden durchwandern, daß schon ihre landschaftlichen Reize die Propheten und Seher zu dichterischer Begeisterung aufregen mußten; erhaben und mannichfaltig in ihrer beschränkten Lage, gewährten sie die tiefste Einsamkeit mitten in einem dicht bevölkerten Lande. In dem Geburtsorte des Täufers ist ein katholisches Kloster, das, wie die übrigen Klöster Palästinas, einem festen Schlosse gleicht. Es wurde von der Kaiserin Helena gestiftet, die bei der Erbauung desselben die Absicht hatte, in dieses Gebäude einen Theil des Felsens einzuschließen, der zum Hause des Zacharias gehört haben soll. Auf der Stelle, die man als die Geburtsstätte bezeichnet, steht ein Altar, und vor demselben liegt ein runder Stein mit der Inschrift: „Hier wurde der Vorläufer unsers Herrn Christus geboren."

Wir kamen noch früh genug nach Jerusalem zurück, um einem feierlichen Umzuge der katholischen, griechischen und armenischen Mönche in der Kirche des heiligen Grabes beiwohnen zu können. Zuerst zogen die Armenier, prächtig gekleidet, neunmal langsam um das heilige Grab. Das Gewand und die hohe Tiara des Patriarchen glänzten von Edelsteinen. Die Mönche trugen seidene Fahnen von verschiedenen Farben, auf welchen Gegenstände aus der heiligen Schrift abgebildet waren, und sie verriethen das Bewußtsein, ihre Brüder an Glanze zu überstrahlen; aber ihre abscheulichen Nasentöne erhöhten keineswegs die Wirkung der Feierlichkeit. Ihnen folgten die Griechen, die weniger prächtig geschmückt waren und nicht viel besser sangen; aber der edle Ausdruck ihrer Züge fesselte unsere Blicke. Sie trugen Sträußer in der Hand, aus welchen die anwesenden Pilger eifrig verwelkte Blumen rupften, um sie in ihre Heimat mitzunehmen. Endlich hörten wir den schönen und feierlichen Gesang der Franziskaner, und wir vergaßen dabei leicht ihre schlichten Kutten und ihre groben Gürtelstricke. Jeder trug eine lange Wachskerze in der Hand. An jedem durch die Überlieferung geheiligten Orte knieten die Mönche nieder, bis sie endlich in die Kapelle gingen, wo das Grab der Kaiserin Helena gezeigt wird, und dann in das Gewölbe stiegen, wo das Kreuz gefunden wurde.

Als wir in das Kloster zurückkehren wollten, bewog uns unser Gefährte, der Engländer, die Synagoge zu besuchen, wo der Sabbathabend gefeiert wurde. Welcher Abstich gegen die glänzende Kirche, die wir eben verlassen hatten! Wir stiegen auf einer schmalen Treppe in einen düstern Hof, wo wir im Hintergrunde einen kleinen Raum fanden, der zum Theil mit einem zerstörten Dache bedeckt war. Der Gottesdienst ward in spanischer Sprache gehalten, und die ganze, meist aus bejahrten Personen bestehende Versammlung hörte mit andächtiger Aufmerksamkeit zu. Über die niedergeschlagene Gruppe war ein Ansehen von Traurigkeit und Unruhe verbreitet, welches das innigste Mitleid in uns erregte. Die Lage der Juden in Palästina ist unsicher, und das unglückliche Volk ist Beleidigungen und Erpressungen hier weit mehr ausgesetzt als in Ägypten und Syrien. Man findet unter den Juden in Palästina wenig volksthümliches Gefühl, wenig Begeisterung, und wenn auch zuweilen diese Regungen in hohem Grade sich zeigen, so lebt doch in der Mehrzahl keine erhebende Erinnerung an die verschwundene Herrlichkeit ihres Landes, und all ihre Zuneigungen sind mit ihrem Eigennutz oder ihrer Bereicherung innig verbunden. Sie wünschen nur darum in der Nähe des Thales Josaphat zu sterben, weil sie glauben, daß sie bei der Auferstehung dort werden gerichtet und alle andern Völker ausschließen werden. Dieses unter den Juden nicht seltene Gefühl hat mehre, besonders Juden aus der Levante, bewogen, ihre Heimat zu verlassen und den Rest ihres Lebens in der Nähe der heiligen Stelle zuzubringen. In Jerusalem sind die Juden furchtsam und demüthig; eine Folge der Verachtung, womit sie seither von den Türken behandelt wurden, und sie kleiden sich oft ärmlich, um dem Verdachte der Wohlhabenheit zu entgehen. Aber ein anziehender Anblick ist es, der neben großen Erinnerungen traurige Gefühle erregt, wenn man einen Juden mit einem ehrwürdigen weißen Barte, auf seinen Stab sich stützend, in der reichen und stillen Ebene von Jericho, an den Abhängen der Berge, an dem Ufer des Kischon wandeln sieht, wo der Arm der Gewaltigen in den Schlachten des Gottes Israel's erlag.

(Die Fortsetzung folgt in Nr. 132.)

Anstrich für gußeiserne Geräthschaften.

In England bedient man sich folgender höchst einfachen Methode, um Geräthschaften aus Gußeisen einen schwarzen, glänzenden Überzug zu geben. Man hängt dieselben an einem zu einem Haken gebogenen Drahte auf und bestreicht sie so dünn mit Leinöl, daß dasselbe nicht abfließt. Dann macht man 8—10 Zoll unter ihnen ein Holzfeuer, sodaß sie ganz in Rauch gehüllt werden, und sind sie auf diese Weise eine Stunde lang einem lebhaften Feuer ausgesetzt gewesen, so bringt man sie den glühenden Kohlen nahe, ohne sie jedoch zu berühren. Nach 15 Minuten nimmt man die Gegenstände vom Feuer fort und taucht sie unmittelbar in kalten Terpenthingeist. Sollten die Gegenstände hiernach noch nicht schwarz genug sein, oder nicht Glanz genug haben, so bringt man dieselben nochmals einige Minuten lang über die glühenden Kohlen und taucht sie dann wieder in Terpenthingeist. Dieses Verfahren läßt wegen seiner Einfachheit eine sehr allgemeine Anwendung zu. Gegenstände, die auf diese Weise behandelt wurden, widerstehen nicht nur den Einwirkungen der Luft sehr gut, sondern werden auch von schwachen Säuren nicht angegriffen. Derselbe Überzug läßt sich auch auf Schmiedeeisen anwenden, doch wird er auf diesem nicht so fest als auf dem Gußeisen, sodaß man seiner Wirkung in diesem Falle nicht so ganz sicher ist.

Beschleunigung der Reife des Obstes.

Es ist bekannt, daß man die Wände, an welchen Reben oder andere Obstsorten gezogen werden sollen, schwarz anzustreichen empfohlen hat, um die Früchte eher zur Reife zu bringen. Ein Gartenfreund in Frankreich bringt nun diese Sache wieder in Anregung, behauptet aber, daß man noch weit besser zu diesem Zwecke gelange, wenn man die Spalierwände, statt sie mit schwarzer Farbe zu übertünchen, mit Schieferplatten belege. Trauben, welche auf solchen Schieferplatten ruhten, waren schon ganz gefärbt, während andere an derselben Wand, die keine Schieferunterlage hatten, noch ganz grün waren. Hierbei wird zugleich bemerkt, daß man junge Früchte der Spalierbäume, welche von Würmern angefressen wurden, retten könne, wenn man die angegangenen Stellen mit einem spitzigen schneidenden Werkzeuge entferne. Versuche sollen erwiesen haben, daß die Früchte bei diesem Verfahren ihr volles Wachsthum erreichen, durchaus nicht steinicht werden, und selbst wieder ein sehr schönes Aussehen bekommen.

Drei Ernten im Jahre.

Im Departement du Nord sollen mehre Proben mit einer neuen Weizengattung angestellt worden und alle gelungen sein; es wächst und reift derselbe innerhalb 70 Tagen. Manche Landwirthe glauben sogar, er wachse zu allen Jahreszeiten gleich gut, und wäre dies wirklich der Fall, so könnte man, wenn sich dieser Weizen acclimatisirt, drei Ernten im Jahre erhalten, und dabei soll er an Ergiebigkeit dem gewöhnlichen Weizen nicht nachstehen.

Mittel, das Getreide vor Mäusen zu bewahren.

Ein englischer Landwirth hat dadurch die Mäuse völlig von seinem Getreide abgehalten, daß er in jeden Haufen Getreide, an dem Boden, in der Mitte und oben einen Stengel gewöhnliche Minze mit den Blättern legte. Der starke Geruch ist es jedenfalls, was hier die Mäuse abhält. Daher wird des stärkern Geruchs wegen gerathen, alle von Mäusen stark heimgesuchte Orte durch einige Tropfen Pfefferminzöl vor diesen Gästen zu schützen.

Rafael's Cartons.
7. Der wunderbare Fischzug.

Wir theilen hier unsern Lesern das letzte der ausgezeichneten Werke Rafael's mit, die unter obigem Namen allgemein bekannt sind.*) Es stellt jenen außerordentlichen Fischzug auf dem See Genezareth vor, in welchem die wunderthätige Kraft Christi nicht blos auf irdische Weise, sondern zu dem höhern Zweck wirksam war, um sich in den dürftigen Fischern Petrus und Andreas zwei der ausgezeichnetsten Schüler zu gewinnen. Christus hatte sich in das Boot begeben, um dem am Ufer des Sees versammelten Volke, das ihm nachgefolgt war, in seiner neuen Lehre Unterricht zu ertheilen. Nachdem er das Volk entlassen, befiehlt er dem Petrus, auf dessen Fahrzeug er sich befindet, weiter in den See zu fahren und die Netze auszuwerfen, worauf Petrus, in welchem die überzeugenden Lehren des Meisters schon den Glauben erweckt hatten, erwiedert: Meister, wir haben die ganze Nacht gearbeitet und nichts gefangen, aber auf dein Wort will ich das Netz auswerfen. Als nun der Befehl des Herrn von einem so außerordentlichen Erfolg ist, daß von der Menge der Fische beinahe das Netz reißt, überzeugt sich Petrus, daß Der, in welchem Wort und That so mächtig sind, ein höheres göttliches Wesen sein müsse, und in dem Gefühle, daß er solcher Gnade unwürdig sei, spricht er: „Gehe hinaus von uns, Herr, denn ich bin ein sündiger Mensch." Diesen ergreifenden Augenblick wählte Rafael für seine Darstellung. Wir sehen Petrus, wie er vor dem im Hintertheil des Fahrzeugs sitzenden Heiland auf die Kniee gesunken ist, wie er im festen Glauben, daß dieser Gottes Sohn sei, die erhobenen Hände nach ihm ausstreckt, in dem Bewußtsein seiner eignen menschlichen Gebrechlichkeit; während Christus, liebevoll ermunternd, die bedeutungsvollen Worte zu ihm spricht: „Fürchte nichts, von nun an sollst du Menschen fahen!" Andreas, der Bruder des Petrus, steht hinter diesem, ebenfalls mit dem Ausdrucke der Anbetung, und scheint im Begriff zu sein, dem Beispiele seines Bruders zu folgen. Auf dem zweiten Boote bemerken wir Jacobus und Johannes, die Söhne des Zebedäus, mit ihrem Vater, noch in voller Arbeit begriffen, von denen es ebenfalls heißt, daß sie, von der Größe des Wunders ergriffen, Alles verließen und Christo nachfolgten. Einen der Brüder sehen wir bereits an der im ersten Boot befindlichen Gruppe regen Antheil nehmen, indem er, das Gesicht nach dem Herrn wendend, die Arbeit, welche seine ganzen Kräfte in Anspruch nimmt, zu vergessen scheint.

---

*) Vergl. über dieselben Nr. 9, 98, 102, 107, 111, 122 und 124, wo auch die sechs übrigen Cartons in Abbildung gegeben sind.

In malerischer Hinsicht ist dieses Bild eines der vorzüglichsten des großen Meisters. Wir sehen die Boote bis zur Überfüllung mit Fischen aller Art beladen, und in dem hellen Gewässer die kräftigen Gestalten der Fischer sich abspiegeln. Die großen Wasservögel, welche, von der reichen Beute herbeigelockt, am Ufer stehen, oder über den klaren See mit ausgebreiteten Flügeln hinschwärmen, der malerische Hintergrund des Ufers, welches noch mit umhergelagerten oder heimwärts ziehenden Menschen angefüllt ist, die begrenzenden Berge mit Ortschaften und Baumgruppen besetzt, über denen der unbewölkte Morgenhimmel ruht, machen die ansprechende Scene noch lebendiger und anmuthiger.

Grundlos ist der Vorwurf, den man dem Künstler gemacht hat, daß er die Fischerkähne zu klein dargestellt habe. Es heißt in dem Evangelium ausdrücklich, daß sie in Gefahr gewesen seien, unterzusinken, und die Stellung des Andreas, welchem in dem Fahrzeuge der Raum fehlt, dem Herrn gleiche Anbetung zu beweisen, wie sein Bruder, scheint anzudeuten, daß Rafael sich mit Absicht treu an die Erzählung im Evangelium gehalten.

Der wunderbare Fischzug.

Verantwortliche Herausgeber: Friedrich Brockhaus in Leipzig und Dr. E. Drärler-Manfred in Wien.
Verlag von F. A. Brockhaus in Leipzig.

Das Pfennig-Magazin

der

Gesellschaft zur Verbreitung gemeinnütziger Kenntnisse.

130.]   Erscheint jeden Sonnabend.   [September 26, **1835**.

Ansicht von Ispahan, der Hauptstadt Persiens.*)

*) Wir werden in einer der folgenden Nummern des Pfennig-Magazins eine Beschreibung dieser Stadt geben.

Über den Einfluß der Waldungen auf den Zustand des Menschen.

I.

Unter den verschiedenen Bedingungen der allgemeinen Wohlfahrt nehmen die Waldungen einen der ersten Plätze ein und haben einen bald günstigen bald ungünstigen Einfluß, indem sie nicht nur ein unentbehrliches Bedürfniß liefern, sondern fast in alle Zweige der Volkswirthschaft eingreifen und für den gesellschaftlichen Zustand überhaupt wichtig sind. Welche nachtheilige Folgen der Holzmangel in einem Lande nach sich zieht, zeigen diejenigen Länder, in welchen er herrscht; auf alle häuslichen und öffentlichen Angelegenheiten äußert er einen mächtigen Einfluß, den man bei einer oberflächlichen Betrachtung nicht zu erfassen vermag. Man muß das häusliche Leben und alle Gewerbe, den landwirthschaftlichen Betrieb und den Ausfuhrhandel berücksichtigen, um sich zu überzeugen, daß er auf den gesellschaftlichen Zustand der Menschen und die allgemeine Wohlfahrt außerordentlich einwirkt. Spanien hatte früher den Welthandel in seinen Händen, weil es in seinen Waldungen die Mittel besaß, Schiffe zu bauen und alle vom Holz abhangenden Zweige der Volkswirthschaft zu betreiben. Mit der allmäligen Ausrottung der Wälder und dem dadurch herbeigeführten Holzmangel verschwanden jene Mittel; der Ackerbau wurde immer mehr vernachlässigt, Handel und Gewerbe sanken und der Staat ward in seinen Grundpfeilern erschüttert. Es büßt jetzt die Irrthümer Derjenigen, welche aus Eigennutz und Geldgier Gegenden, welche nur Wald sein sollten, zu Wüsteneien gemacht haben. England, das ihm den Welthandel aus den Händen gerissen, hat zwar seinen gesellschaftlichen Zustand auch ohne ausgedehnte Waldungen verbessert, indem es gleichfalls seine Waldungen vernachlässigte und zerstörte; allein seine zahlreichen Steinkohlengruben und deren Benutzung, seine bequemen Straßen, seine Kanäle und seine Lage, welche den Verkehr durch Küstenschiffahrt erlaubt, die erleichterte Herbeischaffung der Steinkohlen aus den entferntesten Theilen des Königreichs, die tägliche Verminderung des Verbrauchs des Bauholzes durch Anwendung des Eisens, heben theilweise die verderblichen Wirkungen auf, welche der Holzmangel auf den größten Theil des gesellschaftlichen Verkehrs ausübt. Es muß seinen Holzbedarf mit außerordentlichen Summen vom Auslande beziehen, um seinen Ausfuhrhandel sowol zu unterhalten, als auch auszudehnen. Während Schweden seit mehr als einem Jahrhundert durch die Ausfuhr seines Bauholzes viel gewinnt, muß England das Holz, wovon es z. B. seine Flotten erbaut, vom Auslande kaufen. Auch in Frankreich, Italien und Griechenland wirkt der Holzmangel sehr störend auf den gesellschaftlichen Zustand ein. Die Summen, welche Frankreich für Erbauung seiner Schiffe und andere Holzbedürfnisse aus dem Lande senden muß, sind für die ganze Nationalwirthschaft von Bedeutung. Die Bewohner der von der Westküste der Bretagne losgerissenen Inseln müssen ihre Speisen häufig nur halb gekocht genießen, weil sie an getrocknetem Mist fast das einzige Mittel, und selbst dieses selten, haben, womit sie zu kochen und heizen können. Auf den Apenninen sieht man statt der frühern herrlichen Waldungen nur noch Felsenmassen; während einiger Jahre hatte das Wasser alles Erdreich weggeschwemmt und das Felsenskelett des Gebirges entblößt. Die Überschwemmungen wurden häufiger, die Winde ungesunder, wovon die Wirkungen der Malaria einen Beweis liefern, die Hagelwetter und andere Naturerscheinungen erfolgten öfter. Während man aus den Wäldern, welche die Apenninen in Toscana bedeckten, Blätter zur Streu, Bucheckern zur Schweinemast zog, in ihnen bei der brennenden Sonnenhitze Schatten für das Weidevieh, ohne welchen die besten Weiden zu Grunde gehen, und Schutz gegen Unwetter hatte, ist der Anblick eines beträchtlichen Theiles von Toscana beklagenswerth. Und doch muß man das toscanische Gebiet in forstlicher Beziehung als Repräsentanten von ganz Italien ansehen. In Griechenland sind die Folgen des Holzmangels für alle häuslichen und öffentlichen Angelegenheiten nicht weniger fühlbar. Auf Grönland mußte man in den neuesten Zeiten mehre dänische Niederlassungen verlassen, weil das Meer ihnen kein Treibholz mehr zuführte, welches das einzige Holz war, das man in jenem eisigen Lande hatte. Auf den Hebriden unternimmt man zuweilen eine weite und gefährliche Schiffahrt, blos in der Absicht, um das nöthige Holz zur Erbauung einer Scheune, zur Verfertigung eines Pfluges zu erlangen. Wie viele Bedürfnisse wegen des Mangels an Holz beim Ackerbaue unbefriedigt bleiben, oder mit welchen großen Kosten die Herbeischaffung der nöthigen Ackergeräthe oft verbunden ist, zeigen Beispiele aus jenen Ländern, wo sehr viele Unterstützungen entbehrt werden mußten, ohne welche er weder gedeihen noch blühen kann. Aber nur das auf gute Bearbeitung des Bodens gegründete Glück ist dauerhaft, nur der mehr oder weniger blühende Zustand desselben ist als Maßstab für das Wohl des Volkes und der Weisheit der Regierung anzusehen. Gleichsam unter dem Schutze der Wälder rief der Ackerbau allmälig feste Wohnsitze, Zusammenleben in Dörfern, Schutz für Eigenthum, Gesetze, Verfassungen und hierdurch die ersten Gesellschaften an den Ufern der Flüsse, in Thalgründen, wo die Abfälle der Waldungen einen fruchtbaren Boden erzeugt hatten, hervor. Er hielt die wandernden Volksstämme fest, führte durch die Nothwendigkeit vieler Geräthe Handwerke herbei und steigerte durch diese die Veredlung seiner eignen Producte; er enthält die Möglichkeit und einzige Bedingung zu höherer Bildung. Ackerbau treibende Staaten hatten die ersten Gesetze und Verfassungen, bei ihnen ist der gesellschaftliche Zustand der glücklichste und befriedigendste, wenn die Waldungen hinreichen, einen wohlthätigen Einfluß zu äußern, Reichthum an Gewässern zu erzeugen, einen mäßigen Grad von Feuchtigkeit zu unterhalten, die Fruchtbarkeit des Bodens zu befördern, die Anzahl und Mannichfaltigkeit, Güte und Wohlfeilheit der landwirthschaftlichen Erzeugnisse zu erhöhen und hierdurch den allgemeinen Wohlstand zu verbessern und bleibend zu machen. Die Bewohner der Ufergegenden des Rheins und Neckars, des Mains und der Saale, theilweise der Donau und anderer deutschen Flüsse, belegen diese Behauptung.

Während die in den trockenen Wüsten, in die Steppen versetzten Menschen Nomaden und meist Barbaren sind und bleiben müssen, weil diese Gegenden, welchen die Natur die Wälder versagt hat, der sogenannten Dammerde, womit z. B. die Wälder Belgiens und Nordfrankreichs den Boden theilweise bedeckt haben, völlig beraubt sind, und den Heerden statt der nährenden Kräuter nur Gräser mit vertrockneten und stachlichen Blättern gewähren; während diese Hirten und Halbwilden in fast gar keiner gesellschaftlichen Verbindung leben, der Boden mancher Länder nur mit Mühe dem Menschen seinen Unterhalt verschafft, und die in Stämmen, Horden und Familien umherirrenden Hirtenvölker stets bereit sind, oft bei regelmäßigen Wanderungen in fernern Gegenden ein glückliches Loos aufzusuchen, findet sich in den durch die Civilisation eingenommenen, durch den Ackerbau, die Gewerbe und Künste veredelten Ländern eine glückliche Vereinigung eines fruchtbaren Bodens, einer reinen belebenden Luft und einer zahlreichen, sich durch ihre innere Kraft vermehrenden Bevölkerung. Preußen, Sachsen, das südliche und mittlere Deutschland geben uns Belege für die Wohlfahrt, welche entsteht, wenn sich die Anstrengungen der Menschen mit den Geschenken der Natur verbinden. Zu diesen gehören vorzüglich die Waldungen auf Gebirgen und an ihren Abhängen; sie wirken mittelbar fast auf alle Lebensverhältnisse ein und bedingen eben darum das Bestehen der staatsbürgerlichen Verbindung.

Ein Hauptmoment des gesellschaftlichen Zustandes ist das Klima, es trägt zum Gedeihen oder Verderben der landwirthschaftlichen Erzeugnisse und zum physischen Wohle der Menschen das Meiste bei. Seine Verbesserung oder Verschlimmerung liegt theilweise in dem Wirkungskreise der Bewohner. Die Waldungen in Gebirgen bewirken jene, die Wälder in den Ebenen diese. Je mehr Waldungen ein ebenes Land hat, desto feuchter, sumpfiger, unfruchtbarer und weniger cultivirt ist es, desto tiefer liegt der Ackerbau, desto weniger herrscht allgemeiner Wohlstand und desto niedriger ist die Stufe, auf welcher der gesellschaftliche Zustand steht. In Amerika, in Australien, in Rußland findet man Belege hierzu; überall, wo die Wälder die Ebenen bedecken, ist die Luft feucht und ungesund, die Bevölkerung schwach und es fehlen die erforderlichen Nahrungsmittel. Mit der Ausrottung dieser Waldungen wird die Luft reiner, der Boden trockener und fruchtbarer, die landwirthschaftliche und gewerbliche Production erhöht und bei dem innigen Zusammenhange aller Zweige der Volkswirthschaft erfreut sich jeder Bestandtheil der Gesellschaft der Wohlfahrt durch ihre Verbesserung mittelbar oder unmittelbar in stärkerm oder schwächerm Grade; die Kunst zu produciren schreitet immer vorwärts, erleichtert die Gewinnung der Erzeugnisse, welche zu den allgemeinen Bedürfnissen gehören und verbessert nicht nur die Lage der niedern Volksclassen, sondern gewährt auch durch ihren Einfluß auf den reellen Arbeitslohn zugleich den mittlern und höhern Classen eine leichtere Befriedigung ihrer Bedürfnisse und die Mittel zur Erweiterung des Kreises derselben.

Dieser glückliche Zustand der Gesellschaft herrscht nur da, wo das Klima seinen günstigen Einfluß ausübt, er fehlt aber in solchen Ländern, wo dieses ungünstig wirkt. Mit der nördlichern Lage der europäischen Länder ändert sich der gesellschaftliche Zustand ihrer Bewohner; während in den südlichern Ländern die Natur das Meiste thut und die Bewohner sich auf sie verlassen, baut die geschickte Hand des mittlern Europäers den Boden fleißig an und verhindert das Klima die Cultur im Norden. Langsam von Süden nach Norden vorwärts schreitend, hat die Civilisation die Wälder gelichtet, die Sümpfe ausgetrocknet und den Boden, der sumpfig oder gefroren blieb, den Wirkungen der Luft und der Sonne aufgeschlossen. Die Temperatur wurde erhöht und die weniger kalten Winde haben den Anbau des Weinstocks und anderer zarten Gewächse, welche theils zu Nahrungsmitteln, theils zu Handelsartikeln dienen, unter solchen Breitegraden gestattet, deren Klima sie früher nicht hätten vertragen können. Ähnlich schritt die Civilisation von Osten gegen Westen, von Asien nach Europa, und ebenso schreitet sie nach Amerika fort.

(Der Beschluß folgt in Nr. 131.)

Die Manchester-Liverpool-Eisenbahn.

Unter den in Europa angelegten Eisenbahnen hat die von Manchester nach Liverpool führende durch die glückliche Besiegung großer Schwierigkeiten des Bodens, durch die Großartigkeit der Anlage und die belohnenden Erfolge des Unternehmens zuerst die allgemeine Aufmerksamkeit auf die unermeßlichen Vortheile dieser Beförderungsmittel des Verkehrs hingelenkt. In der umfassenden Übersicht der Eisenbahnen, in historischer und technischer Hinsicht, die Nr. 101 des Pfennig-Magazins geliefert hat und auf welche wir hier zurückweisen müssen, ist erwähnt worden, daß England bereits seit dem 17. Jahrhundert in seinen Steinkohlenwerken in der Grafschaft Northumberland ein unvollkommenes Vorbild solcher Schienenbahnen besaß, und daß diese ursprünglich hölzernen, zur leichtern Fortschaffung der Kohlen bestimmten Bahnen schon um 1776 durch Anwendung eiserner Schienen dauerhafter gemacht wurden, nachdem man sich lange mit dem Vortheile begnügt hatte, daß die Pferde, welche auf einer gewöhnlichen Straße 17 Centner gezogen hatten, auf der Holzbahn 42 Centner ziehen konnten. Seit dem Ende des 18. Jahrhunderts haben sich diese Eisenbahnen in den Steinkohlen- und Bergwerksbezirken Englands ungemein vermehrt, und man rechnet, daß allein in der Grafschaft Glamorgan im Fürstenthume Wales eine Strecke von 60 deutschen Meilen mit Eisenbahnen belegt ist. Doch waren all diese Bahnen abgesonderte und einzelne Unternehmungen von Privatpersonen, ausschließend bestimmt, die Erzeugnisse aus den Gruben auf diejenigen Punkte zu schaffen, wo eine Wasserverbindung den Verkehr erleichterte. Bis in die neuesten Zeiten betrachtete man jedoch diese Bahnen in England nur als ergänzende Hülfsmittel der Kanalschifffahrt, und sie wurden daher nur auf kurzen Strecken oder in Gegenden angelegt, wo die Beschaffenheit des Bodens die Wasserverbindungen nicht gestattete. Während die Aufmerksamkeit der unternehmendsten und einsichtsvollsten Männer auf die Wichtigkeit der binnenländischen Wasserverbindung gerichtet war, wurde die Verbesserung und die umfassendere Anwendung der Eisenbahnen übersehen und vernachlässigt. Die ungemeine Vervollkommnung und Erweiterung der Kanalschifffahrt, welche eine Verbindung zwischen allen Theilen Englands geschaffen hat, schien lange die Nothwendigkeit einer weitern Verbesserung der Verbindungsmittel minder bringend zu machen. Die Vorzüge der Eisenbahnen sind jedoch entschieden, wo Geschwindigkeit der Bewegung verlangt wird; da diese nicht mit gleichen Kosten auf Kanälen durch Anwendung von Pferdekraft erlangt werden kann, und als endlich Dampfwagen auf Eisenbahnen eingeführt wurden, mußte der Unterschied noch auffallender hervortreten.

Die fünf deutsche Meilen lange, von Stockton nach Darlington führende, 1825 eröffnete Eisenbahn war die erste in England, und nicht blos zur Fortschaffung von Kohlen, sondern auch von andern Frachtgütern und selbst von Reisenden bestimmt. Gleichzeitig wurde der Entwurf zu einer Verbindung zwischen Manchester und Liverpool durch eine Eisenbahn gemacht, und nach langen Vorbereitungen und der Überwindung vieler Hindernisse, welche die bei dem Gelingen des Unternehmens betheiligten Privatinteressen entgegensetzten, ward im October 1824 von der zur Ausführung des Werkes zusammengetretenen Gesellschaft eine Bekanntmachung erlassen und ein Capital von ungefähr

2,800,000 Thaler durch Actien, jede zu 700 Thlr. (100 Pf. St.), zusammengebracht; doch fand man später, daß diese Summe bei weitem nicht ausreiche. Im Jahre 1825 wurde die Genehmigung des Parlaments zur Ausführung des Werks nachgesucht; aber der Widerstand war hier so groß, daß die Gesellschaft erst 1826 ihren Zweck erreichte.

Die eigentliche Beschaffenheit des Verkehrs zwischen Manchester und Liverpool machte eine schnelle und wohlfeile Verbindung zwischen diesen beiden Städten, die sechs deutsche Meilen voneinander entfernt sind, zu einem Gegenstande nationaler Wichtigkeit. Liverpool ist der Hafen, aus welchem Manchester alle Rohstoffe für seine Baumwollenmanufacturen erhält und wohin es einen großen Theil seiner Fabrikate sendet, um sie in alle Theile der Welt verschiffen zu lassen. Dieser stete Austausch von Waaren und der daraus entstandene ununterbrochene Verkehr zwischen den Bewohnern beider Städte mußte durch eine größere Schnelligkeit der Fortschaffung ungemein vermehrt werden. Es bestand zwischen diesen Städten schon länger eine doppelte Wasserverbindung, deren eine durch den Fluß Mersey und den großen, von dem Herzoge von Bridgewater angelegten Kanal gebildet wurde; doch beträgt die mittlere Zeitdauer der Fortschaffung auf diesen Verbindungswegen 36 Stunden, während jetzt Frachtgüter auf der Eisenbahn in zwei Stunden fortgeschafft werden. Mit jener Wasserstraße sollte die Eisenbahn hauptsächlich in Concurrenz treten. Es bedarf nicht der Bemerkung, wie ungemein wichtig bei allen großen Handelsunternehmungen die Ersparung an Zeit bei der Fortschaffung von Waaren ist, und daß die Bestimmtheit, womit auf die Ablieferung gerechnet werden kann, nicht minder wichtig für die Ersparung an Capital werden muß. Manchester ist die große Factorei von Baumwollenwaaren für die meisten Theile der Welt, und die Kanalverbindung war für den zunehmenden Verkehr zwischen Manchester und Liverpool nicht mehr genügend, so sehr schon diese die Gewerbsamkeit der Stadt gehoben hatte, wie daraus hervorgeht, daß die Volksmenge derselben seit 1760, wo der Bridgewaterkanal begonnen wurde, bis 1824 von 22,000 auf 150,000 Seelen gestiegen war und die Zahl der Dampfmaschinen von 1790, wo die erste angelegt wurde, bis 1824 sich auf mehr als 200 vermehrt hatte.

Als die Genehmigung des Parlaments erfolgt war, wurde die Eisenbahn im Juni 1826 unter der Leitung des trefflichen Baumeisters Georg Stephenson begonnen. Man wollte die Bahn in der gradesten Linie zwischen beiden Städten anlegen; die Beschaffenheit des Bodens aber machte diese Aufgabe sehr schwierig. Man mußte Tunnels anlegen, Anhöhen ausgraben, künstliche Erhöhungen errichten und auf einer Strecke von ungefähr ³⁄₄ d. Meilen ein Moor, das Chat=Moor, trocken legen und einen festen Damm durch dasselbe führen. Diese Vorarbeit ward im Parlament kaum für ausführbar gehalten und von einem der abgehörten Kunstverständigen der Kostenanschlag auf ungefähr 1,400,000 Thlr. gemacht, während die Ausführung nur etwa 194,040 Thlr. kostete. Jenes Moor ist so weich, daß das Vieh nicht darüber gehen und nur in der Zeit der größten Dürre ein Wanderer es wagen konnte. Der Boden desselben besteht aus Thon und Sand, auf welchem 10—35 Fuß dick eine Masse von breiartigem Pflanzenstoffe liegt. Nach Besiegung großer Schwierigkeiten wurde das Moor ausgetrocknet und am östlichen Rande ein ungefähr 20 Fuß hoher Damm errichtet. Da jedoch das Gewicht dieses Dammes die Oberfläche des Moores niederdrückte, so verschwanden nach und nach viele tausend Cubikfuß, bis es endlich der ausdauernden Arbeit gelang, das Moor zu befestigen und ihm einen gleichen Druck zu geben. Auf der westlichen Seite ward ein

Eingang des Tunnels bei Liverpool.

Damm von Moorgrund aufgerichtet, der eine halbe Stunde lang und 10 — 20 Fuß hoch ist. Darauf wurde Sand und Kies geschüttet und auf dieser Unterlage die Straße von zerschlagenen Steinen und Sand angelegt. Auf einer Strecke, wo das Moor in halb flüssigem Zustande war, mußten, um es zu befestigen, Hürden gelegt werden, die dicht mit Haidekraut durchflochten wurden und dann eine Fläche bildeten, die mit Sand und Kies überschüttet ward, auf welche man die hölzernen Unterlagen der Schienen legte. Zu diesen Dämmen wurden 1,560,000 Cubikfuß Moorgrund gebraucht, die man aus den angrenzenden Theilen ausgrub.

Die Eisenbahn tritt in die Stadt Liverpool mittels eines Tunnels und einer geneigten Fläche, wodurch eine Verbindung mit den Schiffsdocks bewirkt wird, ohne eine einzige Straße zu berühren. Dieser Gang läuft unter einem Theile der Stadt. Der erste Schacht des Tunnels ward im September 1826 eröffnet, aber erst im folgenden Jahre machte die schwierige Arbeit schnellere Fortschritte. Es wurden an acht verschiedenen Stellen Schachte abgeteuft, durch welche die ausgegrabene Erde herausgeschafft wurde. Der Tunnel ist 22 Fuß breit und 16 Fuß hoch, und die ganze Länge desselben beträgt 6750 Fuß. Der Eingang in den Packhof der Actiengesellschaft ist ein 46 Fuß breiter unterirdischer Raum. Über diesem Theile befinden sich die Niederlagen der Gesellschaft, welche Fallthüren haben, um die darunter stehenden Wagen schnell laden und abladen zu können, und zur Erleichterung dieser Arbeit sind in diesem Raume vier Bahnen angelegt. Hier beginnt die geneigte Ebene in einer ganz graden Linie und in einer Länge von 5910 Fuß, mit einer gleichförmigen Steigung von 1 Fuß in 48. Ein großer Theil dieses Tunnels wurde durch einen Sandsteinfelsen gegraben, der eine natürliche Decke bildet, die keiner Stützen und Wölbungen bedurfte, während an andern Stellen gemauerte Bögen größere Schwierigkeiten machten. Das ganze Werk ward im September 1828 mit einem Kostenaufwande von ungefähr 243,000 Thalern vollendet. Der Tunnel ist in seiner ganzen Länge mit Gaslampen erleuchtet, die in Entfernungen von 75 Fuß an der Decke hangen. Die Seiten und die Decke desselben sind geweißt. Am obern Ende der geneigten Ebene stößt der Tunnel an einen geräumigen Freiplatz, der 40 Fuß unter der Oberfläche der Erde in den Felsen gehauen ist. Von hier läuft ein anderer kleinerer Tunnel aus, der mit dem obern Theile der Stadt Liverpool in Verbindung steht und 870 Fuß lang, 15 Fuß breit und 12 Fuß hoch ist. Er endigt in der Hauptstation für die Dampfwagen der Gesellschaft. Über dem Freiplatze steigen an der Oberfläche der Erde zwei Schornsteine, 100 Fuß hoch, in Säulengestalt empor, welche zu den unten stehenden Dampfmaschinen gehören, mittels welcher die Lastwagen die geneigte Ebene hinangezogen werden. Östlich von den beiden Tunnels geht die Straße durch einen Bogen von maurischer Bauart, der die beiden Dampfmaschinengebäude verbindet und den Haupteingang zu den Stationen in Liverpool bildet, wie nachstehende Abbildung zeigt.

(Der Beschluß folgt in Nr. 131.)

Maurischer Bogen.

Gediegenes Gold. *)

Ein sehr merkwürdiges Stück gediegenen Goldes, das in den Bergwerken von Choquingillo bei La Paz, der Hauptstadt von Bolivia, gefunden ward, hat großes Aufsehen unter den Mineralogen erregt. Es enthält drei verschiedene Arten von Gold, nämlich 22-, 23- und 23½-karätiges, ohne Beimischung irgend eines Erzes, und wiegt nahe an zwei Pfund. Das im königlichen

*) Vergl. Pfennig-Magazin Nr. 102

Museum zu Madrid befindliche Stück Gold von 40 Pfd. ist kein gediegenes Gold, sondern nur Golderz.

Kraft eines Dampfwagens.

Die außerordentliche Kraft eines Dampfwagens läßt sich aus den Wirkungen beurtheilen, welche zwei Wagen aufeinander äußern, wenn sie durch Zufall zusammenstoßen. Von einem solchen Falle erzählt eine englische Zeitschrift. Im April dieses Jahres stießen auf der Dublin = Kingstown = Eisenbahn, der Dampfwagen „Vauxhall", welcher einen mit Bauholz beladenen Wagenzug nach sich zog, und der Dampfwagen „Dublin" beim Aus = und Einfahren in den Hofraum des Maschinenhauses dergestalt aneinander, daß beide Wagen von den Schienen abkamen und der erstere eine Mauer durchrannte. Niemand verunglückte bei diesem Vorfalle, ja die Wagen wurden schon binnen 3 Stunden so hergestellt, daß sie ihre Fahrten wieder machen konnten.

Das Wichtigste über den Taubstummenunterricht.
(Beschluß aus Nr. 129.)

IV. Bildung der Taubstummen in eigenen Anstalten.

Die vollendete Ausbildung und der höhere Unterricht der Taubstummen kann in der Regel nur in Erziehungsanstalten geschehen, welche für sie und ihr Gebrechen besonders berechnet sind. Denn nur selten findet sich ein Lehrer, welcher neben seinen übrigen Geschäften so viel Zeit gewinnen kann, als die Bildung eines Taubstummen erfodert, wenn sie gelingen soll. Überdies aber können natürlich dergleichen Anstalten mehr leisten als Privatunterricht, weil das ganze Leben und Treiben in denselben auf die Bildung der Zöglinge berechnet ist, und die Lehrer sich dem Geschäfte des Taubstummenunterrichtes ausschließend widmen und deswegen mehr Übung darin erlangen. Es ist auch für den Charakter und die Geistesbildung der Taubstummen, welche, wenn sie außer einem Institute erzogen werden, deswegen, weil die Mittheilung zwischen ihnen und andern Kindern immer sehr beschränkt bleibt, in der Regel nur ein vereinzeltes Leben führen, sehr wichtig, daß sie in einem Taubstummeninstitute erzogen werden, weil ihnen, die doch den Trieb zur Geselligkeit eben so gut als jeder Vollsinnige fühlen, nur hier, unter ihres Gleichen, der ganze wohlthätige Einfluß des geselligen Lebens verschafft werden kann. Der Taubstumme fühlt sich deshalb in dem Institute so wohl, daß ihn nur selten Heimweh befällt und daß er es, wenn dies dennoch geschieht, bald verliert. Allerdings sollen die Taubstummen später wieder in die Gesellschaft der Vollsinnigen zurücktreten, aber erst dann, wenn die Mittheilung zwischen ihnen und Andern so viel als möglich hergestellt ist, weil sie dann nicht mehr so vereinzelt dastehen, als es früher der Fall war. Daher ist es ein dringendes Bedürfniß, daß jeder Taubstumme wo möglich vom 8. bis zum 14. Jahre in ein Taubstummeninstitut aufgenommen werde.

Seit der zweiten Hälfte des vorigen Jahrhunderts, zu welcher Zeit, wie schon angegeben wurde, durch die menschenfreundlichen Bemühungen des Abbé de l'Epée und Heinicke's in Frankreich und Deutschland die ersten Taubstummenanstalten entstanden sind, haben dieselben durch die Theilnahme des Publicums und der Regierungen immer an Zahl und Ausbreitung zugenommen, sodaß man gegenwärtig deren schon ungefähr 132 zählt. Von diesen kommen auf Asien 1, Amerika 12 — wovon die Vereinigten Staaten von Nordamerika 10 enthalten — und auf Europa 122. Davon enthalten Frankreich 28, Italien 6, die Schweiz 5, Dänemark 2, die britischen Inseln 12, Sachsen hat 3, die deutschen Staaten Östreichs 7, Preußen 16, Baiern 8, Würtemberg 4 u. s. w.

Die wichtigsten Taubstummenanstalten sind folgende: In Deutschland die zu Leipzig, zu Wien, zu Berlin, zu München, ehemals zu Freisingen, und die zu Gmünd.

Außer Deutschland aber findet man das königliche Taubstummeninstitut zu Paris, das zu Bordeaux, zu Lyon, zu Mailand, zu Gröningen, zu Kopenhagen, zu Schleswig, zu Bermondsey bei London, zu Edinburg, zu Claremont.

V. Bildung der Taubstummen im Kreise ihrer Familie.

So großen Nutzen aber auch die jetzt bestehenden Taubstummenanstalten gewähren, und so nothwendig sie für die Taubstummenbildung im Allgemeinen sind, so reichen sie doch für das vorhandene Bedürfniß bei weitem nicht aus.

Im Allgemeinen hat sich nämlich bis jetzt ergeben, daß man 650 Taubstumme auf die Million, oder auf 1539 Menschen einen Taubstummen rechnen kann, nach welchem Verhältnisse auf das von ungefähr 214 Mill. Menschen bewohnte Europa 145,131, und auf die gesammte Erde, auf welcher man 850 Mill. Bewohner rechnet, 568,413 Taubstumme kommen. Da nun in den bestehenden 132 Anstalten ungefähr 3800 Taubstumme unterrichtet und davon etwa jährlich 760 aufgenommen werden, so folgt, daß leider auf der gesammten Erde nur von 25 Taubstummen Einer gebildet werden kann. Günstiger gestaltet sich dieses Verhältniß für Europa, indem für die oben angegebene Zahl der Taubstummen in den 122 Anstalten 3320 Zöglinge unterrichtet und davon ungefähr jährlich 660 aufgenommen werden, sodaß wenigstens der achte Taubstumme Unterricht erhält. In Sachsen, welches der letzten Zählung zufolge 1168 Taubstumme enthielt und worin drei, 70 Zöglinge unterrichtende Anstalten bestehen, von denen etwa 14 jährlich aufgenommen werden, kann wenigstens von drei Taubstummen einer seine Bildung erlangen. Bis jetzt ist Dänemark der einzige größere Staat, worin nicht nur die Taubstummenanstalten zur Bildung aller vorhandenen Gehörlosen hinreichen, sondern auch in der That alle solche Bildungsfähige Unterricht erhalten.

Daher werden in mehren Taubstummenanstalten von Sachsen, Östreich, Preußen, Baiern, Würtemberg, Baden, Holland u. s. w., außer dem Unterrichte der gehörlosen Kinder, Seminaristen und Andere in der Methode des Taubstummenunterrichts unterwiesen. Dieselben sollen nämlich dadurch fähig werden, in ihrem künftigen Wirkungskreise als Schullehrer die sich vorfindenden Taubstummen zu unterrichten, und sie wenigstens zum nachmaligen Besuche einer solchen Anstalt vorzubereiten.

Mehre und unter ihnen namentlich zuerst John Arrowsmith, dann Graser, glauben, daß es möglich sei, taubstumme Kinder mit den vollsinnigen zugleich zu unterrichten. Dies ist nun aber deswegen nicht ausführbar, weil die hörenden Kinder durch den Unterricht der taubstummen sehr aufgehalten werden würden, weil diese viel langsamer zu fassen vermögen, als die vollsinnigen, bei denen das ganze Leben eine Schule ist, und weil die Taubstummen natürlich einen eigenen Sprachunterricht erhalten müssen. Dessenungeachtet aber sollten sie von dem sechsten Jahre an die Schule ihres Ortes besuchen, indem sie in derselben ohne Nachtheil für die andern Schüler beschäftigt werden können.

Von dem achten Jahre an hingegen gehören sie in eine Taubstummenanstalt. Sollte es jedoch nicht möglich sein, sie in eine solche zu bringen, so müssen sie täglich wenigstens eine Stunde Privatunterricht erhalten können, aber immer mit dem Besuche der öffentlichen Schule fortfahren, da ja nicht blos der eigentliche Unterricht, sondern auch der Umgang mit andern und das Lesen von Büchern, die Bildung des Taubstummen fördern.

Allein nicht erst in der Schule, sondern schon im älterlichen Hause soll der Unterricht eines taubstummen Kindes beginnen und dasselbe für den nachmaligen Besuch einer Taubstummenanstalt vorbereitet werden. Eben so gut nämlich, als bei einem hörenden Kinde durch die tönende Sprache die Aufmerksamkeit auf Alles, was in seinem Kreise ist und geschieht, gerichtet und sein Verstand geweckt und geübt wird, soll dies bei einem taubstummen durch Geberden und Pantomimen geschehen. Fehlt doch einem solchen Kinde in der Regel nichts als das Gehör, im Übrigen ist es mit gleichen Anlagen und Kräften des Geistes begabt. Dieser Mangel kann aber durch das Gesicht vollkommen ersetzt werden.

Die erwähnte Vorbereitung auf eine Taubstummenanstalt könnte z. B. darin bestehen, daß die Thätigkeit des Schülers rege gemacht und seine Aufmerksamkeit geübt würde, daß er mit der natürlichen Zeichensprache mehr bekannt gemacht würde, daß er im Schreiben, in den Anfangsgründen des Zeichnens, ferner auch in dem Aussprechen der Buchstaben und im Lautlesen sowie im Zählen und überhaupt in den Anfangsgründen der Arithmetik unterrichtet würde.

Wenn dann die gehörlosen Kinder nicht mehr, wie es sonst nur zu oft der Fall ist, völlig verwildert und moralisch verdorben in die Taubstummenanstalten treten, sondern schon gehörig oder wenigstens einigermaßen vorbereitet in dieselben aufgenommen werden, so kann ihr Aufenthalt in den Anstalten von kürzerer Dauer sein und es können dann wenigere und kleinere in den verschiedenen Theilen des Landes zu errichtende Taubstummenanstalten und Taubstummenschulen zu dem Unterrichte und der Erziehung aller taubstummen Kinder hinreichen.

Hogarth's Werke.
6. Der Weg des Liederlichen.
(Beschluß aus Nr. 126.)

II.

Was wir in dem in Nr. 126 des Pfennig-Magazins mitgetheilten Bilde angedeutet finden, nämlich eine gemeine Gesinnung und den Hang zu einem ausschweifenden und verbrecherischen Leben, sehen wir hier auf diesem Bilde bestätigt. Hogarth zeigt uns den Jüngling in dem auf dem mitgetheilten Bilde unmittelbar folgenden Bilde zuerst in den glänzendsten äußern Verhältnissen. Er besucht Theater und Gesellschaften, gibt Diners, Soupers, Bälle und dergl., hält sich eine zahlreiche Dienerschaft, glänzende Equipagen, die schönsten Pferde, verschwendet sein Geld in Wetten, im Spiel, in Lustbarkeiten aller Art, so lange — bis es zu Ende ist, bis Diejenigen, die vorher im Vorzimmer stehend, den vornehmen Mann um Bestellungen baten, nun als ungestüme Gläubiger an die Thür klopfen, fodernd und drohend, bis er endlich in eben den Zimmern, wo er so manchen sogenannten Freund bewirthete, als böswilliger Schuldner von den Häschern verhaftet wird. Nachdem er lange Zeit im Schuldgefängniß gesessen und die traurige Erfahrung gemacht hat, daß auf ein Übermaß des Glanzes und Prunkes immer auch ein Übermaß des Elends folgt, wird es ihm dennoch noch einmal so wohl — oder man soll lieber sagen so wehe — in den Besitz eines beträchtlichen Vermögens zu gelangen. Er macht nämlich, wie es die Welt nennt, eine sogenannte gute Partie, d. h. er vermählt sich mit einer Frau, die mit Rang und Vermögen auch die Fähigkeit besitzt, das letztere „anständig" durchzubringen. Von Neuem beginnt nun dieses würdige Paar das alte wüste Leben. Wie vorher gibt man Feste, reitet, fährt, wettet, spielt und belustigt sich ein paar Jährchen, bis auch das zweite Vermögen durchgebracht und nun keine Rettung mehr vorhanden ist. Vorher zeigte Hogarth den verzweifelten Unglücklichen im verdienten Elend des Kerkers, jetzt zeigt er ihn an einem Orte, dem man zwar kein Elend ansieht, der aber unvermeidlich zum tiefsten Elend führt — im Spielhause. Dort erblicken wir ihn auf dem hier mitgetheilten Bilde, in welchem Hogarth auf die ergreifendste Weise die Wahrheit schildert.

Unter den hier versammelten Personen befinden sich nur vier, deren Gemüthsstimmung man allenfalls eine ruhige nennen könnte. Die erste dieser Personen ist der Gutsbesitzer mit Sporen, Peitsche und dreieckigem Hut, welcher, die Hände über das Knie schlagend, dasitzt und dem Spieltische den Rücken zukehrt. Daß er an dem heutigen Abend auch leerer als gewöhnlich von London nach Hause zurückreiten wird, sieht man ihm wol an; der Umstand scheint ihm auch im Kopfe herumzugehen, denn sonst würde er dem Diener, der ihm ein Glas Punsch darreicht, wol mehr Aufmerksamkeit schenken, allein er bringt ihn doch wenigstens nicht zur Verzweiflung. Die zweite der ruhigen Personen ist der das Glas präsentirende Junge, der nichts zum Gewinnen, mithin auch nichts zum Verlieren hat. Die dritte Person ist das ganz phlegmatische Gesicht vorn an der Thüre zunächst dem eintretenden Nachtwächter, und der Vierte endlich der Wucherer an dem Seitentischchen, der so eben einem ihm gegenübersitzenden Herrn gegen wol eben nicht civile Zinsen die Summe von 500 Pfund Sterling vorstreckt, womit Jener Das, was er an diesem Abend verloren, wieder zu gewinnen hofft. Alle übrigen Personen sind in großer, wiewol nicht gleich großer, Gemüthsbewegung. Die beiden Personen im Hintergrunde bemerken eben erschrocken das Feuer, welches mit dickem Rauch bereits zu dem obern Verschlage des Zimmers hereindringt, und welches der hereinstürzende Wächter schon auf der Straße gesehen hat. Der Bankier, ihnen zunächst, ist dem bloßen Degen eines wüthenden unglücklichen Spielers ausgesetzt, der ihn ermorden will; zwei Andere, wie es scheint die einzigen Gewinner in dieser wüsten Gesellschaft, theilen sich den Gewinn des heutigen Abends, und sind also wenigstens freudig bewegt, während noch zwei Andere, ein stehender und ein sitzender, verschiedene Grade der Verzweiflung in ihren Geberden ausdrücken. Allein der auffallendste und furchtbarste Gegenstand auf diesem Blatte ist der Held unsrer Geschichte selbst, ganz im Vordergrunde. Wahrer und ergreifender konnte kein Maler die Wuth, den Ingrimm, die Zerrüttung der höchsten Verzweiflung auf einem menschlichen Gesichte ausdrücken, als Hogarth es hier that. Die Rechte drohend und lästernd gen Himmel erhebend, die Finger der Linken krampfhaft, wie im Todeskampf, zusammenziehend, auf dem Boden knieend, mit kahlem Haupte, dem die Perücke entfallen ist, mit verzerrten Gesichtsmuskeln, unstät rollenden Augen und fletschenden Zähnen, scheint er gegen sich selbst, gegen die ganze Menschheit, ja gegen die Gottheit zu wüthen. Auf diesem entsetzlichen Gesichte ist es deutlich, unverkennbar, mit schrecklicher Gewißheit zu lesen, daß Alles verloren ist. Das Ende eines Menschen, der so aussieht wie dieser, ist gewiß nahe. Es gibt dann nur noch zwei Dinge, zwischen denen zu wählen ist: Tod oder Wahnsinn. Und in dem letztern läßt Hogarth den Unglücklichen enden, denn das letzte Blatt aus dem Leben dieses Liederlichen stellt ihn im Irrenhause dar. Hier liegt er mitten unter Jammergestalten, denen das Licht der Vernunft geraubt ist, unter weinenden und lachenden Wahnwitzigen, unter Königen mit Kronen von Goldpapier, vermeintlichen Päpsten, Bischöfen, Rittern und Göttern, bleich, abgezehrt, vom Wahnsinn entstellt auf dem Todbette, eben im Begriff seinen Geist aufzugeben, und man kann, wenn man diesen traurigen Überrest eines Menschen betrachtet, nur wünschen, daß ihm das Licht des Gedankens nicht mehr aufgehen möge, damit sein Ende nicht durch moralische Verzweiflung und nagende Gewissensbisse noch qualvoller werde.

Verantwortliche Herausgeber: Friedrich Brockhaus in Leipzig und Dr. C. Drärler-Manfred in Wien.
Verlag von F. A. Brockhaus in Leipzig.

Das Pfennig-Magazin

der

Gesellschaft zur Verbreitung gemeinnütziger Kenntnisse.

131.] Erscheint jeden Sonnabend. [October 3, **1835**.

Das gemeine Faulthier oder der Ai.

Von dem in vorstehender Abbildung dargestellten Faulthiere, auch Ai genannt, das in Südamerika und namentlich in Brasilien lebt, hat man in früherer Zeit viel gefabelt, und wie schon sein Name andeutet, galt es gradezu für ein Muster von Trägheit. Das Thier ist 17 Zoll lang; das Gesicht desselben ist nackt und schwärzlich, die Farbe des übrigen Körpers röthlichaschgrau, am Bauch mehr silbergrau und an jeder Seite des Rückens in einem Längstreifen weißlich. Von seinem auffallenden Körperbaue und dem ganz eigenthümlichen Gange, wobei es sich nicht auf die Fußsohlen, wie andere Thiere, sondern auf die außerordentlich langen Krallen, die ihm außerdem hauptsächlich zum Klettern dienen, und auf die Elbogen stützt, gibt das unten abgebildete Skelett einen Begriff, sowie die andere Abbildung, welche zugleich das breite Becken zeigt, an dem die Schenkel so weit auseinander stehen, daß sich die Knie einander nicht berühren können. Die Hinterbeine sind dabei so schräg zusammengegliedert, daß sie die Erde nur mit ihrem äußern Rande berühren. Die Zehen sind ganz in die Haut verwachsen und nur die Krallen frei.

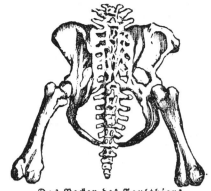

Das Becken des Faulthiers.

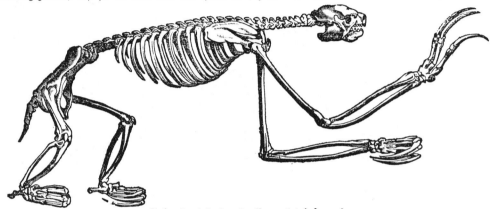

Skelett des Faulthiers.

Das gemeine Faulthier lebt, wie seine andern Gattungsverwandten, fast immer auf Bäumen und kommt nur selten auf die Erde, wo sie dann alle freilich eine klägliche Figur machen. Ihre Langsamkeit ist allerdings groß, aber übertrieben worden, indem ein französischer Naturforscher ein solches Thier, welches auf seinem Schiffe war, in Zeit von 20 Minuten an dem Tauwerk bis auf die Spitze des großen Mastes klettern sah. Diese Thiere klettern sehr geschickt und halten sich mit ihren starken Krallen fest an Zweige und Stämme an. Auch erzählte man sonst, daß das Faulthier, wenn es einen Baum abgefressen habe, sich von demselben herunterfallen lasse, um sich die Mühe des Herabsteigens zu ersparen, dies ist eben so unwahr, als daß es ein halbes Jahr brauche, einen andern Baum wieder zu besteigen, und dann ganz abgemagert oben anlange. Auch der jammervolle, durch den Namen Ai ausgedrückte Ton ist dem Thiere nicht eigen, es läßt seine Stimme selten hören und nur wenn man es beunruhigt.

Die Nahrung der Faulthiere besteht in Blättern und Früchten, besonders sollen sie das Laub der Cecropiastämme und des Sapadillbaumes (Achra Sapota) lieben, doch trifft man sie auch auf andern Bäumen an. Sie leben immer in den höchsten Baumkronen, weshalb man sie noch nicht genau hat beobachten können, doch weiß man, daß sie langen Hunger ertragen und ein sehr zähes Leben haben. Man kann sie nicht leicht anders als durch Schießen mit grobem Schrot von den Bäumen herabbringen, indessen muß man oft viele Schüsse thun, um sie zu erlangen, denn verwundet verändern sie ihre Stellung nicht, sondern klammern sich immer fester an und fallen nur herab, wenn sie völlig todt sind. Sowol die Eingeborenen als die Weißen und Neger genießen das Fleisch, obgleich es einen auffallenden Geruch hat.

Ein Augenzeuge sagt von dem Gange dieses Thieres auf dem Boden: „Seine wahrhaft komischen langsamen Bewegungen geschehen mit einem dummen kläglichen Ausdrucke, die matten kleinen feuchten Augen sind ohne Glanz und Leben, der lange Hals mit dem kleinen Kopfe wird hoch ausgestreckt, der Vorderkörper ist etwas aufgerichtet und einer der Arme bewegt sich zugleich langsam und mechanisch mit den langen Klauen im Halbcirkel gegen die Brust hin, wie um einen Feind zu umklammern, welches übrigens auch die einzige Vertheidigung dieser hülflosen Thiere ist. Die Stärke ihrer Arme ist aber beträchtlich und nur mit Mühe kann man sich von ihnen befreien." Diese Thiere werfen während der warmen Jahreszeit ein Junges, welches in der Gestalt und Farbe der Mutter gleicht, nur ohne Streifen und Flecke ist; es klammert sich mit seinen starken Krallen auf dem zottigen Rücken der Mutter fest an, und läßt sich auf diese Art von ihr herumtragen, bis es stark genug ist, sich selbst zu helfen.

Über den Einfluß der Waldungen auf den Zustand des Menschen.

(Beschluß aus Nr. 130.)

Die Ausrottungen der Waldungen müssen an den Bergen ihre Grenzen haben; geschieht das Gegentheil, so folgen Trockenheit und Unfruchtbarkeit des Bodens, Seichtigkeit der Gewässer und Verminderung der Pflanzen- und Thierarten, die Länder unterliegen unaufhörlichen Extremen des Klimas, die Menge und Mannichfaltigkeit der Nahrungsmittel wird nach und nach vermindert und jene nähern sich dem endlichen Zustande des Erdballes, dessen Bild man erblickt, wenn man die durch Winde und Sonnenhitze ausgetrocknete Tatarei, Persien und das verwüstete Tibet, wenn man die ungeheuren unfruchtbaren und öden Hochebenen und Steppen Asiens, die Savannen Amerikas, die sandigen Wüsten Afrikas und die trockenen Haiden Europas sieht. Die Abhänge des Atlas enthielten den Garten der Hesperiden, allein mit ihren Wäldern verschwanden Gewässer und Fruchtbarkeit, nahm die Bevölkerung immer mehr ab und löste sich endlich die gesellschaftliche Verbindung auf. Die kanarischen Inseln waren früher sehr fruchtbar und bevölkert, bieten aber jetzt, ihres Gehölzes beraubt, nur ausgetrocknete Felder und unbewohnte Gegenden dar, ähnliches Schicksal hatten die Inseln des grünen Vorgebirges, welche in Folge der Verwüstung ihrer Wälder, die ihnen einst den Namen gegeben hatten, ihre nackten und ausgetrockneten Felsen zeigen; viele den kalkigen Antillen wurden während eines Jahrhunderts fast gänzlich unfruchtbar gemacht. Überall ist die Ausrottung der Wälder mit Veränderungen verbunden, welche die Ursache sind, daß man die einst durch die Fruchtbarkeit ihres Bodens und den glücklichen gesellschaftlichen Zustand ihrer Bewohner bereicherten Länder ebenso wenig mehr kennt, als diejenigen, in welchen man nichts mehr von der wilden Rauhheit findet, die ehemals den Anbau nützlicher Gewächse nicht zuließ und dem gesellschaftlichen Zustande große Hindernisse entgegenstellte.

Dieselbe Ursache, welche auf den Zustand des Menschen einen so großen Einfluß ausübt, nämlich die Ausrottung der Wälder an den Abhängen der Gebirge, hat, in den Ebenen vorgenommen, diese für den Aufenthalt der Menschen geeigneter gemacht. Es friert z. B. jetzt in Frankreich die Seine nicht mehr in jedem Jahre zu, wie zu Kaiser Julian's Zeiten, und so haben die nach Strabo's Berichten in den Sümpfen von Burgund befindlichen Thiere dem Ertrage der Weinstöcke Platz gemacht; so blieb die Dauphiné nicht, wie unter der Herrschaft der Römer, die äußerste Grenze für den Weinbau; so liefert der Mais auch über die spanische und italienische Halbinsel hinaus seine Ernten, obgleich es schien, als könne er jene Grenzen nicht überschreiten; so blieb der Ölbaum nicht auf Griechenland und die Nachkommen der Römer beschränkt; so wird in Nordamerika das Klima immer milder, je mehr die Wälder gelichtet werden, wodurch man mit jedem Tage in den Vereinigten Staaten die Erzeugung derjenigen Gewächse sich vervollkommnen sieht, welche, aus Europa dahin gebracht, in dem feuchten und kalten Boden jener waldreichen Länder auszudauern einst hartnäckig verweigerten.

Wärme, Kälte, jährliche Regenmenge, Feuchtigkeit der Luft und geographische Lage bilden vorzugsweise das Klima eines Landes und wirken auf den gesellschaftlichen Zustand der Menschen um so günstiger ein, in je angemessenerm Verhältnisse sie miteinander verbunden sind. Sie selbst aber hangen von der größern oder geringern Ausdehnung der Waldungen ab, denn der Einfluß letzterer auf die atmosphärische Wärme entspricht demjenigen, welchen ihre geographische Lage, d. h. die Entfernung von dem Äquator und dem Meere erzeugen; je waldreicher ein Land ist, desto tiefer ist seine Temperatur gegen die eines Landes, das zwar gleiche Lage hat, dessen Waldungen aber ganz oder theilweise zerstört sind, wodurch ein Temperaturunterschied von 2—6° R. entstehen kann. Während des Winters mindern sie gleich den Ausdünstungen des Meeres die Kälte, während des Sommers aber die Wärme.

Die atmosphärische Feuchtigkeit nimmt unter allen Kräften, auf deren Wirkung der mächtige Einfluß des Klimas beruht, den ersten Rang ein, weil sie es eigentlich ist, welche das physische Bild jedes Landes, jedes Welttheiles, ja der Erdoberfläche verändert und z. B. den Unterschied zwischen den amerikanischen Savannen und den sandigen Wüsten Afrikas hervorbringt. Machen sich ihre Wirkungen im höchsten Grade fühlbar, so sind sie für den Menschen und die Säugethiere verderblich, begünstigen aber das Wachsthum der Pflanzen und die Vermehrung der Insekten. Solche Länder sind ungesund, aber fruchtbar, oder doch geschickt, es zu werden, und die menschliche Sorgfalt kann von ihnen die künstlichsten Gaben erhalten. Der geringste Grad von Feuchtigkeit hat die entgegengesetzten Wirkungen; mit ihm ist das Dasein der niedrigen Thierclassen unvereinbar; er vermindert die Zahl der Gewächse fortwährend und wirkt dadurch nachtheilig auf die Erhaltung des Menschen. Trockene Länder sind zwar im Allgemeinen der menschlichen Gesundheit günstig, allein sie werden immer unfruchtbarer und hören bald auf, ihre Bewohner zu nähren; sie liegen gleichsam in ihrem kraftlosen Alter, wie feuchte Länder in der Kindheit sich befinden. Die Ursachen und Wirkungen des äußersten Grades von Trockenheit, das traurige Bild der Abgelebtheit der Natur, zeigt uns eine Wüste ohne Wasser, entkleidet von Pflanzen und aller lebenden Wesen beraubt.

Die beiden Extreme gehören zu den wichtigsten Hindernissen eines geordneten und beglückenden gesellschaftlichen Zustandes; das erste läßt ihn nicht entstehen, das letzte erschüttert ihn und löst oft ganz auf. Zu große Ausdehnung oder Mangel an Waldungen führen beide herbei, mithin gehören sie auch in dieser Beziehung zu den ersten mittelbaren Bedingungen der allgemeinen Wohlfahrt. Die Feuchtigkeit der atmosphärischen Luft ist es hauptsächlich, wodurch waldreiche Länder sich von denen unterscheiden, die ihre Wälder nicht mehr besitzen; vergleicht man z. B. Sachsen mit Baiern, so findet man viele Verschiedenheiten, welche ihren Grund in der großen Ausdehnung der Waldungen des letztern haben. So sind die Gegenden von Paris und des ganzen nördlichen Frankreichs halb so feucht als Baiern und Hanover; Sachsen und Preußen feuchter als England, Schottland und Holland, welche doch zu den fruchtbaren Ländern Europas gehören. Die großen Wälder der italienischen Halbinsel und des mittäglichen Frankreichs verschafften durch ihre große Feuchtigkeit diesen Ländern ein von ihrem jetzigen Klima ganz verschiedenes.

Im Wirkungskreise menschlicher Betriebsamkeit liegt es also, einerseits zur Vermeidung der nachtheiligen Feuchtigkeit in neubewohnten Ländern die Flüsse einzudämmen, die Waldungen in den Ebenen auszurotten, an den Gebirgen aber zu erhalten, den Luftzug zu befördern; anderseits in den durch lange Civilisation in ihrem physischen Bilde gleichsam veralteten Ländern durch Bewaldung der Anhöhen der Trockenheit, welche Unfruchtbarkeit erzeugt, vorzubeugen.

Quellen und fließende Gewässer gehören zum Aufblühen des gesellschaftlichen Zustandes. Die großen Vortheile für die Bewässerung des angebauten Landes, die Vergrößerung der schiffbaren Gewässer, der hierdurch erleichterte Handel, die fruchtbaren Thäler des Rheins und Mains, überhaupt aller Flüsse, und die mit ihnen zusammenhängende Fruchtbarkeit des Bodens beweisen dies. Die Länder des südlichen Europas verkannten diese Verkettung und Wechselwirkung, rotteten ihre Gebirgswaldungen schonungslos aus, machten ihre Flüsse seicht und ihren Boden unfruchtbar. Anders verhält es sich in den meisten nördlichen Ländern Europas, z. B. in Norwegen, Schweden und Rußland; vergleicht man ihre Bevölkerung und deren gesellschaftlichen Zustand mit denen des mittlern oder südlichen Europas, so ergibt sich ein bedeutender Unterschied, der fast allein aus ihrem durch die vielen Waldungen erzeugten physischen Charakter sich erklären läßt. Die amerikanischen Länder besitzen ungeheure fließende und stehende Gewässer; ihre geringe Bevölkerung und theilweise niedrige Civilisation hat auch ihre Wälder noch nicht erschöpft, welche ihre mächtigen Flüsse unterhalten. Was die Flüsse für den Ackerbau und seine Erzeugnisse bewirken, wie sie den Handel begünstigen, auf das physische und geistige Wohl mittels dieses einwirken und wie sehr sie mittelbar die allgemeine Wohlfahrt der Gesellschaft befördern, ist aus vielen Thatsachen hinlänglich bekannt.

Waldungen in den Ebenen wirken unmittelbar oder mittelbar mit wenigen Ausnahmen ungünstig auf den gesellschaftlichen Zustand ein; sie müssen verschwinden und ihr Boden muß dem landwirthschaftlichen Betriebe überlassen werden. Waldungen an Abhängen und Gipfeln der Berge oder an solchen Höhen, deren Anbau im Allgemeinen unergiebig ist, sollen sorgfältig erhalten und vermehrt werden, weil sie ein unerläßliches Erforderniß sind, die Temperatur der brennend heißen Sommer zu mildern, die mäßigen Regen und eine mittlere Feuchtigkeit zu erhalten, Flüsse und Kanäle für Bewässerungen und Schiffahrt zu unterhalten, den Verlust der Ebenen an vegetabilischer Dammerde zu ersetzen, für den Anbau der Culturgewächse natürliche oder künstliche Befeuchtung zu geben und die zahllose Menge von Befriedigungsmitteln zu gewähren, welche der Verbrauch an Holz für beinahe alle Bedürfnisse des Lebens fodert.

Die Erhaltung und Vergrößerung der Gebirgswaldungen sind für die menschlichen Vereine unserer Zeit ebenso unbedingt wichtige Maßregeln als die Austrocknung von Sümpfen, die Eindämmung von Flüssen, das Graben von Kanälen, die Einrichtung von Eisenbahnen, um den physischen Zustand eines Landes zu verändern, zu verbessern und auf eine den Bedürfnissen seiner Bewohner entsprechende Weise zu gestalten; um die Gefahr des Verlustes derjenigen Mittel abzuwenden, welche die Fruchtbarkeit des Bodens bedingen; jene kräftige Reproduction, jenen glücklichen Himmel, jenen festbegründeten Wohlstand und jene Grundlage eines beglückenden gesellschaftlichen Zustandes zu gewinnen, dessen wohlthätiger und mächtiger Einfluß das Vaterland Jedem theurer macht.

Die Manchester-Liverpool-Eisenbahn.

(Beschluß aus Nr. 130.)

Die Straße hat von hier aus nur eine geringe Biegung, läuft aber 3000 Fuß weit in einer vollkommenen Ebene. Dann hat sie in einer Strecke von ungefähr einer deutschen Meile eine Neigung von 1 Fuß in 1092 Fuß. Weiter hinaus, unweit des Dorfes Wavertree, ist ein Durchschnitt durch eine steile felsige Anhöhe, Olberg genannt, gehauen; eine tiefe enge Schlucht, ungefähr eine Stunde lang, und an der tiefsten Stelle 70 Fuß unter der Oberfläche des Bodens. Die Bahn ist hier

Ansicht der Schlucht bei Wavertree.

nur so breit, daß zwei Wagen nebeneinander fahren können. Man hat bei diesem Durchschnitt 1,440,000 Cubikfuß Steine zu Tage gefördert, die man zur Erbauung von Brücken und Mauern gebraucht hat. Über diese Schlucht, von welcher unsere Abbildung eine Ansicht gibt, gehen einige Brücken, welche die Verbindung mit den Landstraßen auf beiden Seiten der Eisenbahn bewirken. Jenseit der Schlucht befindet sich eine Aufdämmung, über eine Stunde lang, 15—45 F. hoch und 60—135 Fuß breit. Dann läuft die Bahn auf einer steinernen Brücke über die Heerstraße und geht in einer sanften Krümmung nach Whiston, ungefähr 1½ deutsche Meile von Liverpool. Sie läuft hier über eine halbe Stunde in einer graden Linie mit einer Neigung von 1 Fuß in 96; am Ende dieser geneigten Fläche aber zieht sie sich durch eine vollkommene Ebene, die Rainhill-Ebene, die durch eine ansehnliche Ausgrabung bewirkt worden ist. Die Landstraße zwischen Liverpool und Manchester geht hier auf einer steinernen Brücke quer über die Bahn. Dann läuft die Bahn über die geneigte Ebene bei Sutton, welche dieselbe Neigung wie die andere bei Whiston hat. Eine Strecke weiter geht sie über eine Viertelstunde weit durch das Parr-Moor auf einem festen Damm, der 25 Fuß hoch ist, aber nur ungefähr fünf Fuß über die Oberfläche des tiefen Moores sich erhebt. Nicht weit von hier, auf halbem Wege zwischen Liverpool und Manchester, läuft die Bahn über das Sankeythal, durch welches der Kanal fließt, auf einem prächtigen Viaduct, ohne die Schifffahrt zu hindern. Dieser, in nachstehender Abbildung dargestellte Viaduct hat 19 Bögen, jeder von 50 Fuß Spannung und 60—70 Fuß Höhe. Jeder der zehn Pfeiler steht auf einem Pfahlwerke. Zu dem Viaduct führt ein 60 Fuß hoher Damm. Nicht weit von hier, bei dem Flecken Newton, geht die Bahn über ein enges Thal auf einem hohen Damme und einer Brücke von vier Bögen. Unter einem dieser Bögen läuft die Landstraße, unter einem andern fließt ein Fluß. Jenseit Newton, in Kenyon, befindet sich ein Durchschnitt, größer als alle übrigen auf der ganzen Linie, da man 2,400,000 Cubikfuß Thon und Sand ausgegraben hat. Am Ende dieses Durchschnitts fällt die Kenyon-Leigh-Eisenbahn in die Liverpoolbahn. Nicht weit von hier beginnt der bereits beschriebene, durch das Chat-Moor geführte Damm. Ungefähr eine halbe Stunde vom Moor geht die Eisenbahn auf einer steinernen Brücke über den Bridgewaterkanal. Bei dem Dorfe Eccles, 1¾ Meilen von Manchester, beginnt ein bedeutender Durchschnitt. Bei Manchester geht die Bahn auf einer Brücke über den Fluß Irwell und dann über eine Reihe von 22 Bögen und eine Brücke zu der Station der Gesellschaft in der Stadt.

Man erwog lange, ob die Schienen von Gußeisen oder von gewalztem Eisen gemacht werden sollten, bis endlich die Wahl auf diese fiel. Die Unterlagen der Schienen sind theils von Stein, theils von Holz. Die steinernen halten vier Cubikfuß und liegen längs einer Strecke von ungefähr 3½ Meilen; die hölzernen aber, die aus Eichen- oder Lerchenholz bestehen, sind meist als Querschwellen über die Aufdämmungen und über die beiden Moore gelegt, wo, wie man voraussetzt, die Bahn sich senken kann. Die Steinblöcke sind fest in die Straße eingefügt, welche aus einer zwei Fuß dicken Schicht von zerschlagenen Steinen und Sand besteht. Sie liegen in Zwischenräumen von drei Fuß. Jeder Block hat zwei Löcher, in welche eichene Pflöcke eingetrieben werden, um die gußeisernen Lager oder Sättel, worauf die Schienen liegen, zu befestigen. Die Schienen sind zwei Zoll breit und erheben sich einen Zoll hoch über die Oberfläche der Bahn. Sie bestehen aus vier parallel laufenden Linien, die zwei Bahnen bilden,

Ansicht des Viaducts von Sankey.

welche 4 Fuß 8 Zoll voneinander entfernt sind, sodaß zwei Wagenzüge in entgegengesetzter Richtung mit vollkommener Sicherheit fahren können.

Auf der ganzen Linie der Bahn ist der Grundsatz befolgt, ihr eine ebene Fläche, so weit es der Boden gestattete, und eine grade Richtung zu geben. Mit Ausnahme von zwei geneigten Ebenen, wo die Neigung einen Fuß Höhe auf 96 Längenfuß beträgt, hat der übrige Theil der Bahn nirgend eine größere Neigung als in dem Verhältniß von 1 Fuß auf 880. Die Oberfläche der Schienen auf dem höchsten Punkte des Tunnels in Liverpool liegt 46 Fuß höher als die Schienen zu Manchester. Die Bahn hat in ihrer ganzen Ausdehnung keine bedeutenden Krümmungen, und selten findet eine Abweichung von der graden Richtung statt, die mehr als 4 Zoll auf 66 Fuß beträgt. Zu beiden Seiten der Bahn laufen Seitenbahnen nach einzelnen Ortschaften und nach Kohlenniederlagen; sie bestehen aber größtentheils nur aus einer Bahn mit Ausweichplätzen. Die Bahn kostete mit Einschluß der Wohnungen, Waarenlager und ähnlicher Erfodernisse ungefähr 5,750,000 Thaler.

Als man den Plan zu diesem großartigen Unternehmen entwarf, war es keinesweges entschieden, welche Art von bewegender Kraft angewendet werden sollte, ob Pferde oder stehende Dampfmaschinen längs der ganzen Bahn, durch welche die Wagen an Stricken von einer Station zur andern gezogen werden könnten, oder Dampfwagen. Mit jeder wurden Versuche gemacht. Man überzeugte sich aber bald, daß die Anwendung von Pferden gar nicht in Betracht kommen konnte, und als man auch die Aufstellung von stehenden Dampfmaschinen unangemessen gefunden hatte, ward im April 1829 ein Preis von 3500 Thalern auf die Erfindung des vollkommensten Dampfwagens gesetzt, der in einer Stunde zwei deutsche Meilen zurücklegen könne. Die Prüfung der verschiedenen Dampfwagen, die den Directoren der Gesellschaft übergeben wurden, fand am 6. Oct. 1829 auf der Rainhillebene statt. Vier Wagen begannen den Wettlauf. Die dafür festgesetzte Entfernung betrug 13½ deutsche Meilen, und jeder Wagen mußte, wenn er im Gange war, zwei Meilen in einer Stunde zurücklegen und eine Last von drei Tonnen *) auf jede Tonne seines eignen Gewichts ziehen. Die Entfernung wurde dadurch herausgebracht, daß sich die Wagen auf einer Ebene von ungefähr drei Viertelstunden Länge vorwärts und rückwärts bewegten, sodaß der Wagen 40 mal über die Ebene fahren und ebenso oft Halt machen mußte. Der von Stephenson erbaute Dampfwagen Rocket (Rakete), der 4 Tonnen 5 Centner schwer war, legte die vorgeschriebene Entfernung in weniger als 6½ Stunde, mit Einschluß der Verweilungen, zurück. Er fuhr oft 3½ Meile und zuweilen vier Meilen in einer Stunde. Dieser Wagen war der einzige, der die Aufgabe löste und erhielt den Preis. Die jetzt auf der Bahn gebrauchten Wagen sind von ähnlicher Einrichtung. Die Gesellschaft hat seitdem 33 Dampfwagen bauen lassen, von welchen aber mehre theils außer Gebrauch gekommen, theils ganz verändert worden sind. Jeder Dampfwagen hat eine Nummer und einen Namen. Die jetzt gebrauchten Wagen zerfallen in drei Classen; zu der ersten gehören die Maschinen von 30 Pferdekraft und 8 Tonnen Gewicht; zur zweiten die von ungefähr 35 Pferdekraft und 9 Tonnen Gewicht; zur dritten, der "Goliath" und "Simson" von 50 Pferdekraft und 12 Tonnen 10 Centner Gewicht, welche Lastwagen und Reisende die geneigten Ebenen bei Whiston und Sutton hinaufziehen helfen. Das Wagengestelle besteht bei einigen aus Gußeisen, gewöhnlich aber aus Holz, ruht auf den Achsen und trägt die ganze Maschine. Die meisten dieser Wagen haben vier, einige aber sechs Räder. Die Naben und Reifen sind von Gußeisen, die Speichen von Schmiedeeisen, wiewol an einigen auch die Räder größtentheils aus Holz bestehen. Bei kaltem Wetter wird vor dem Wagen, welcher die Dampfmaschine trägt, ein anderer geschoben, der Eis und Reif von den Schienen entfernt. Acht bis zehn Dampfwagen sind gewöhnlich auf der Bahn im Gange, und jeder legt täglich viermal den Weg zwischen Manchester und Liverpool. Die Wagen der zweiten Classe werden hauptsächlich zur Fortschaffung von Waaren gebraucht und ziehen gewöhnlich 20 Lastwagen, jeden zu 3½ Tonnen Gewicht, vier deutsche Meilen in einer Stunde, ausgenommen auf den beiden geneigten Ebenen, und doch legen sie die Reise von Liverpool nach Manchester in ungefähr zwei Stunden zurück.

Als alle Vorbereitungen zur Eröffnung der Bahn vollendet waren, wurde der 15. September 1830 zu dieser Feierlichkeit bestimmt. Acht Dampfwagen sollten die Bahn befahren. Mehre der ausgezeichnetsten Männer des Landes waren eingeladen. Ein Dampfwagen von 14 Pferdekraft eröffnete den Zug mit drei angehängten Wagen. Die Maschine wirkte bis ungefähr auf die Hälfte des Weges, wo angehalten werden mußte, um frische Kohlen einzunehmen. Hier stiegen mehre Reisende aus, und als die Wagen sich wieder in Bewegung setzten, wurde der ehemalige Minister Huskisson, der gestolpert war, von einem Wagen überfahren und so sehr verletzt, daß er einige Stunden nachher starb. An den folgenden Tagen nahm die Zahl der Reisenden wie die Geschwindigkeit der Wagen zu. Der regelmäßige Personenverkehr begann am 16. Sept., und am 4. Dec. 1830 ging der erste Waarentransport zwischen Liverpool und Manchester auf 18, an die Maschine gehängten Wagen, im Ganzen eine Last von 80 Tonnen, und es wurden auf ebener Fläche 2¼ bis gegen 3 Meilen in einer Stunde zurückgelegt, zu der ganzen Reise aber 2 Stunden 54 Minuten gebraucht, mit Einschluß eines dreimaligen Halts. Der große Dampfwagen, der "Simson" fuhr im Februar 1831 mit einer Reihe von 30 Wagen und einer Last von mehr als 164 Tonnen im Durchschnitt vier deutsche Meilen in einer Stunde auf ebener Fläche und kam in 2 Stunden 34 Minuten, mit Einschluß eines mehrmaligen Aufenthalts, in Manchester an. *)

Von der Eröffnung der Bahn bis zu Ende des Jahres 1830 wurde sie von mehr als 70,000 Reisenden befahren. Überhaupt hat sich seitdem die Zahl der Reisenden zwischen Liverpool und Manchester gegen frühere Zeiten um das Dreifache vermehrt und wird jährlich gegen 400,000 gerechnet, die in 6342 Personenfahrten gefördert werden. Wir machen hierbei die Bemerkung, daß man in England und Nordamerika, nach einer durch die Erfahrung bewährten Regel, die Zahl der Reisenden auf einer Eisenbahn zwischen zwei oder mehren großen Städten immer der Einwohnerzahl dieser Städte gleich schätzt. Der tägliche Verkehr be-

---

*) Die Tonne ist gleich 20 Centner

*) Die größte Geschwindigkeit, die man mit einem leeren Dampfwagen bis jetzt erreicht hat, ist 12 deutsche Meilen in einer Stunde. Der "Planet" läuft mit seinem Wasserbehälter von Liverpool bis Manchester in 45 Minuten, oder acht Meilen in einer Stunde, die Ersteigung der geneigten Ebenen mitgerechnet.

läuft sich jetzt im Durchschnitt auf 1020 Reisende und 640 Tonnen Frachtgut. Der Gewinn der Actiengesellschaft wurde bald bedeutend, und schon für die letzten sechs Monate des Jahres 1832 ward er auf ungefähr 228,000 Thaler berechnet. Sie bezahlt jetzt eine Dividende von 9 Procent. Die Erwartungen der Actiengesellschaft sind jedoch insofern nicht in Erfüllung gegangen, als sie nicht den ganzen bedeutenden Güterverkehr, der auf dem Mersey-Kanal stattfand, an sich zog, sondern nur ¼ desselben, da die Kanalgesellschaft ihre Frachtpreise herabsetzte. Diese Erfahrung hat die Folge gehabt, daß man in England bei spätern ähnlichen Anlagen nicht mehr darauf rechnete, mit einer bereits bestehenden Wasserverbindung in Concurrenz zu treten.

Zur Erhaltung der Bahn und der Wagen sind treffliche Einrichtungen getroffen. Im Jahre 1834 war die Ausbesserung und Beaufsichtigung der Bahn für 40,000 Thaler verpachtet, wobei der Pachter die Arbeit, die Lager, Keile und Bolzen lieferte, die Gesellschaft aber Schienen, Steinblöcke und Holzschwellen besorgte. An beiden Endpunkten der Bahn befinden sich Maschinenwerkstätten, in welchen während der Nacht, wo kein Transport stattfindet, die am Tage vorgekommenen Beschädigungen der Dampfwagen wiederhergestellt und die Maschinen ausgebessert werden; gewöhnlich können die Dampfwagen acht Monate gebraucht werden, ehe eine wesentliche Ausbesserung daran nöthig ist. Es werden jährlich für Ausbesserung der Wagen im Durchschnitt gegen 114,000 Thaler ausgegeben. Durch neuere Verbesserungen im Bau der Dampfwagen ist den häufigern Beschädigungen der ältern vorgebeugt. Nach einem neuern, von einigen dem Unternehmen nicht günstig gesinnten Pairs vorgeschlagenen und vom Parlament angenommenen Gesetze dürfen zur Feuerung nur Cokes (entschwefelte Steinkohlen) angewendet werden, um den Rauch roher Kohlen zu vermeiden, wodurch aber die Ausgabe um beinahe 40 Procent erhöht wird, zumal da man auf der ganzen Bahn Cokes von der besten Sorte benutzt und nicht Cokes aus den Gasanstalten, die um die Hälfte wohlfeiler sein würden.

Das Personengeld ist nach Verschiedenheit der Wagen höher oder geringer; auf einem der geringern offenen Wagen 1 Thlr. 8 Gr., auf einem bedeckten 1 Thlr. 10 Gr., auf größern Wagen 1 Thlr. 20 Gr. bis 2 Thlr. 4 Gr. Der Reisende hat 60 Pfd. Gepäcke frei. Güter bezahlen auf der ganzen Länge der Bahn für eine Tonne 3 Thlr. 8 Gr. Die Angelegenheiten der Compagnie werden durch zwölf Directoren geleitet, welche bisher halbjährige Rechnungen über Einnahme und Ausgabe ablegten.

Der glänzende Erfolg dieses Unternehmens und der vermehrte Verkehr haben in der neuesten Zeit zu dem Entwurfe geführt, eine zweite Eisenbahn, nördlich von der bestehenden, anzulegen; da aber auch in dieser Richtung der Boden sehr große Schwierigkeiten darbietet, so würde die Vollendung des Werkes eine Zeit von sieben Jahren erfodern.

Naturhistorische Unterhaltungen.

Die Vögel betrachten einander als rechtmäßige Beute, und die Natur hat daher verschiedene Vorkehrungen treffen müssen, um die Schwachen gegen die Starken zu schützen. Der Bau des Auges gibt dem Räuber wie seinem Opfer einen Vortheil. Es paßt auf eine wundervolle Weise für die Bedürfnisse des Thieres und für das Element, worin es lebt, indem es so eingerichtet ist, daß der Vogel es herausdrängen und einziehen kann und dadurch seinen Gesichtskreis nach Belieben zu erweitern und zu beschränken vermag. Die Blinzhaut bedeckt es mit einem zum Theil undurchsichtigen Vorhange, wenn der Vogel das Licht vermindern will, ohne das Augenlid zu schließen; der Sehnerv ist für jeden Eindruck empfänglich, und so sind die Vögel im Stande, Insekten dicht vor sich zu fassen, oder in weiter Entfernung über Erde und Meer zu sehen. Der Fischreiher sieht den Fisch in einer Ferne, wo er dem menschlichen Auge gar nicht sichtbar sein würde. Unter solchen Umständen finden die kleinern Vögel zuweilen Muth in der Verzweiflung. Der kleine Königsvogel wagt es, selbst die mächtigsten Tyrannen der Luft anzugreifen, und nicht nur Krähen, sondern selbst Habichte und Adler ziehen sich vor ihm zurück. Halten die kleinern Vögel den Kampf für unklug, so verbergen sie sich unter Hecken und im Strauchholz. Kann dies nicht geschehen, so fliegen sie auch wol in großer Anzahl dem Raubvogel entgegen, und in allen Richtungen ihn umkreisend, suchen sie über ihn zu kommen und erheben ein wildes Geschrei, ihn zu betäuben. Der Räuber muß sich dann zurückziehen, um wieder zu sich zu kommen. Für einige Vögel, die nicht klug genug sind, sich selber zu vertheidigen, hat die Natur gesorgt. Einige sind der Rinde der Bäume so ähnlich, daß sie gefährlicher Beobachtung entgehen; andere finden ihre Sicherheit in ihrer Ähnlichkeit mit Erde und Steinen. So die Wachtel. Die Furcht, die den Vögeln zu ihrer Sicherheit nöthig ist, macht sie so scheu in ihrem Verkehr mit dem Menschen, daß man eben darum ihre Eigenheiten noch so wenig kennt. Die Krähe z. B. ist in ihrem wilden Zustande außerordentlich argwöhnisch; sieht sie nur eine Schnur auf einem Kornfelde, so fürchtet sie eine Schlinge, und erblickt sie einen Menschen mit einer Flinte, so hält sie sich in scheuer Entfernung, während sie einen Unbewaffneten nicht fürchtet. Wird sie gezähmt, so legt sie ihren Ernst ab, wird so muthwillig als ein Affe, und zeigt in ihren Possen ungemeine Schlauheit. Die meisten Vögel lassen sich zähmen, aber es ist nicht leicht, ihnen die Furcht zu nehmen, daß der Mensch seine Macht misbrauchen werde.

Antoine Wateau.

Das nachstehende Bild, nach einem der berühmtesten Gemälde des französischen Malers Antoine Wateau, dessen Bildniß wir gleichfalls mittheilen, stellt ein Familienconcert vor. Wateau war aus Valenciennes gebürtig und von niedriger Herkunft. Er stand anfänglich als Theatermaler in der Lehre und malte bis in sein 18. Jahr Decorationen für die Oper in Paris. Später entfernte sich sein Lehrer von Paris und überließ den Schüler seinem Schicksale, der sich nun durch Mangel genöthigt sah, kleine Bilder dutzendweise auszumalen. Glücklicherweise befreite ihn aus dieser drückenden und der Entwickelung seiner Talente so wenig zusagenden Lage der Maler Claude Gillot, der zwar kein Künstler vom ersten Range, aber doch geeignet war, dem jungen Wateau eine bessere Anleitung zu geben als er bis jetzt genossen hatte. Bald zeigte es sich aber, daß Wateau mehr Talent und einen lebendigern Geist besaß, als sein Lehrer, sodaß er, besonders durch ein sorgfältiges Studium des großen Rubens, in kurzer Zeit seinen Meister weit hinter sich ließ.

Antoine Wateau.

Wateau's Gemälde stellen meist heitere und humoristische Scenen aus dem gemeinen Leben, Possen und Scherze in mannichfacher Weise dar, welche mit einem leichten und originellen Pinsel ausgeführt sind. Diese kleinen Gemälde fanden in Paris einen außerordentlichen Beifall, und er wurde im eigentlichsten Sinne der Maler für die Modewelt. Cabinete, Kamine, Wandschirme, spanische Wände, sogar Fächer wurden mit Gemälden von Wateau verziert, und sein Urtheil bestimmte sogar die Kleidermode. Auf diese Weise erwarb sich Wateau viel Geld, allein er that auch seinem Talente großen Schaden und gewöhnte sich durch vieles und leichtes Arbeiten an eine Manier, die zwar originell genug war, um der großen Menge zu gefallen, aber das tiefere und künstlerische Urtheil des wahren Kenners nicht befriedigen konnte. Große Bilder malte Wateau nur selten, da er zu unruhigen Geistes war, um sich bei einem und demselben Gegenstande lange aufzuhalten.

Wateau's Gesundheit war nicht die festeste, und durch unablässiges Arbeiten rieb er seinen Körper wie seinen Geist auf. Einsichtsvolle Kunstrichter versichern, daß er weit Größeres hätte leisten können, wenn er es verstanden, sich über den rauschenden Beifall der Menge hinwegzusetzen. Auch die Gewalt, die er seiner eignen Empfindung anthun mußte, da er eigentlich immer zur Schwermuth geneigt war, indem er heitere Gegenstände malte, scheint seinen Tod beschleunigt zu haben, der 1721 in seinem 37. Lebensjahre erfolgte. Wateau's Gemälde sind jetzt selten, da sie schon in frühern Zeiten meist in die Hände von Liebhabern übergegangen sind. Doch gibt es eine Sammlung von Kupferstichen nach seinen Gemälden, welche aus 563 Stücken besteht.

Das Familienconcert.

Verantwortliche Herausgeber: Friedrich Brockhaus in Leipzig und Dr. C. Drärler-Manfred in Wien.
Verlag von F. A. Brockhaus in Leipzig.

Das Pfennig-Magazin

der
Gesellschaft zur Verbreitung gemeinnütziger Kenntnisse.

132.] Erscheint jeden Sonnabend. [October 10, **1835**.

Der Flamingo.*)

*) Bereits in Nr. 48 des Pfennig-Magazins wurde die Naturgeschichte dieses Thieres mitgetheilt.

Die Bernsteinfischerei.

Der Bernstein ist ein harziges, durchsichtiges, gelbliches Mineral, das aller Wahrscheinlichkeit nach ursprünglich ein in einer nicht mehr bekannten Baumart, vermuthlich einer Kiefernart, entflossenes Harz war, welches durch gewisse Einwirkungen nach der Versenkung in die Erde Veränderungen erlitten hat. Man findet ihn in eckigen Stücken meist am Meeresufer, zuweilen auch in der Braunkohle im Schieferthon. Bei Katharinenburg in Rußland fand man in der neuesten Zeit Bernstein auf Schichten von bituminösem Holz im Thon. Häufig findet man in ihm Insekten und zwar nur Landinsekten, besonders Ameisen und Ameiseneier, ein Beweis, daß sich diese Substanz nicht im Innern der Erde oder im Meere gebildet hat, nicht selten auch Pflanzenabdrücke, Kiefernnadeln und kleine Eisentheilchen. Schon im Alterthume war der Bernstein ein vielbegehrter Handelsartikel und wurde von den Phöniziern aus dem heutigen Samland im Königreiche Preußen geholt. Man nannte ihn Electrum und weil zuerst und besonders an dieser harzigen Substanz bemerkt wurde, daß sie durch starkes Reiben die Eigenschaft erhält, leichte Körper an sich zu ziehen und dann wieder zurückzustoßen, so entstand daher der Name Elektricität für diejenigen Erscheinungen an verschiedenen Naturkörpern, welche in jener Eigenschaft gegründet sind. Früher wurde der Bernstein als Heilmittel, besonders auch als Amulet gebraucht; jetzt benutzt man ihn meist zu Schmuck und allerlei Ziergeräthen, zur Gewinnung der Bernsteinsäure, des Bernsteinöls und zu einem feinen Firniß.

Man findet den Bernstein am häufigsten an den Küsten der Ostsee, von Kurland bis nach Kopenhagen, besonders in der Gegend von Danzig und an der Küste von Pommern, wo er gewöhnlich im Sande liegt. Man gräbt in jenen Gegenden, um den Bernstein zu fördern, Schachten wie in den Bergwerken. Zuweilen findet man aber auch an der Ostsee sehr schönen Bernstein, der keine Rinde hat, in kleinen, durch Vereinigung von mehren Quellen entstandenen Küstenflüssen. Das Fischen des Bernsteins am Ufer der Ostsee hängt von der Richtung des Windes ab. Kommt der Wind bei Danzig aus Nordost, so findet man den Bernstein am Gestade von der Mündung der Weichsel bis Pasewalk; weht er hingegen aus West oder Nordwest, so wird der Bernstein besonders längs dem Flusse an das Ufer gespült. Soll die Bernsteinfischerei glücklich sein, so muß am Ende eines heftigen Sturmes ein entgegengesetzter Wind wehen. Geschieht dies nicht, so gehen die Fischer in einem bis an den Hals reichenden ledernen Koller in das Meer und sammeln den Bernstein in Beutelnetzen, die an 40 Fuß langen Stangen befestigt sind. Nach jedem Fang gehen sie an das Ufer zurück, um ihre Netze zu leeren. Diese Fischerei ist ein sehr beschwerliches Gewerbe, das große Abhärtung fodert, da die heftigen Stürme gewöhnlich im November und December statt finden. Die Fischer sind oft sehr der Kälte ausgesetzt, sodaß sie ihr Koller am Leibe durch Feuer müssen aufthauen lassen. Selten geht einer allein in das Meer, gewöhnlich sind mehre beisammen, um sich bei den Gefahren, die ihnen drohen, Beistand zu leisten. Werden sie von den Wogen ergriffen, so stützen sie sich auf die langen Netzstangen, bis das Wasser sie hebt und sie, wenn die Woge sich zurückzieht, wieder auf die Beine kommen.

Minder gefährlich ist eine andere Art der Bernsteinfischerei. Nach einem Sturme, wenn das Meer wieder ruhig und klar geworden ist, fahren die Fischer in Kähnen aus. Sie haben ein durch Übung so geschärftes Gesicht, daß sie den Bernstein in einer Tiefe von 15 Fuß erkennen, da das kleinste Stück im Wasser, nach den Gesetzen der optischen Strahlenbrechung, größer erscheint, als es wirklich ist. Dann wirft ein Fischer sein langes Netz in das Meer, die übrigen rudern, um den Kahn weiter zu bringen und das Netz wird heraufgezogen. Der Fang wird in den Kahn ausgeschüttet und wenn das durch die Bewegung getrübte Meer wieder klar geworden ist, wiederholen sie die Arbeit. Die Gegend des Meeres, wo man Bernstein findet, erkennt man gewöhnlich an Stücken schwärzlichen Holzes, die nach Stürmen auf der Oberfläche sich zeigen, und je größer diese Holzstücke sind, desto reichlicher ist der Fund, den man zu erwarten hat.

Um am Meeresufer Bernstein zu finden, darf man sich nicht begnügen, ihn auf der Oberfläche zu suchen, sondern man muß Löcher in den Sand graben, wo man denn zuweilen mehre Pfund Bernstein in nebeneinander liegenden Stücken findet. Wenn die am Ufer sich brechenden Wogen Bernstein auswerfen, legen sich die Stücke meist an Stellen, wo sich bereits mehre befinden, weil sie sich bei der geringsten Reibung einander anziehen. Auch in den Dünen nahe an dem Meeresufer wird nach Bernstein gegraben. Braucht man viel Bernstein auf einmal, so fahren Schiffer zu einem sandigen Vorgebirge im östlichen Preußen, nähern sich dem Hügel und lösen Stücke von demselben ab, die in ihre Schiffe fallen. Eine solche Fahrt ist sehr einträglich, aber oft mit Lebensgefahr verbunden.

Je dünner die Rinde ist, die den Bernstein umgibt, desto schöner ist das Innere. Man sieht oft Stücke, die wie große Perlen abgerundet sind, ohne Zweifel, weil sie lange von den Wogen hin und her getrieben wurden. Zuweilen findet man Holztheilchen in diesen Stücken. Der abgerundete Kern, wo sich diese Bruchstücke befinden, scheint seine Gestalt gleichfalls durch die Bewegung des Wassers erhalten zu haben. Dieser Kern enthält zuweilen nicht nur Kiefernnadeln oder Eisentheilchen, sondern auch härtere Bernsteinstücke. Findet man in dem Bernstein Kiefernnadeln oder Holzsplitter, so nennt man ihn neuen Bernstein. Die alten Nadeln geben dem Bernstein einen starken Geruch. Diese Erscheinungen und die kleinen Tannzapfen, die zuweilen an Bernsteinstücken hängen, bekräftigen die Wahrscheinlichkeit des vegetabilischen Ursprungs. Man dürfte wol mit Grund annehmen können, daß der Bernstein, nachdem er als vegetabilisches Erzeugniß gebildet hat, von einem großen Flusse, wie die Weichsel, dem Meere zugeführt werde, das ihn dann, vielfach verändert, wieder ans Ufer wirft.

Die Kunstsachen, wozu man den Bernstein verarbeitet, werden nach der Größe und Reinheit der Stücke oft zu hohen Preisen verkauft. Man findet in mehren Sammlungen, z. B. im grünen Gewölbe zu Dresden, treffliche Bernsteinarbeiten. Von Danzig geht viel Bernstein nach Konstantinopel, wo es ausgezeichnete Bernsteinarbeiter gibt, nach Persien und andern Gegenden des Morgenlandes, und seit 20 Jahren auch nach Frankreich. In Paris schneidet man ihn in Facetten und macht Schmucksachen daraus, die zu hohen Preisen verkauft werden. Der von Danzig nach Ägypten ausgeführte Bernstein besteht aus ganz glatten, aber sorgfältig polirten Stücken. Die Bernsteinarbeiter in Danzig haben viele vereidete Fischer in ihrem Solde, die ihnen den gefundenen Bernstein abliefern müssen, den die Meister zu gleichen Theilen unter sich vertheilen.

Die Bienenjagd im westlichen Nordamerika.

Zu den mancherlei Jagden, die in den ungeheuern, noch unbewohnten Wiesenstrecken des westlichen Theiles von Nordamerika und in den angrenzenden Urwäldern von den dort nomadisch lebenden Indianerstämmen veranstaltet werden, gehört auch, seit dem Vordringen der Weißen in diese Gegenden, die Bienenjagd, welche jene Wilden auf eine ziemlich einfache, aber merkwürdige Weise anstellen, um sich den reichlich aufgehäuften Honig der wilden Bienen zu verschaffen. Wir geben die Beschreibung derselben mit den Worten eines Augenzeugen. „Der schöne Wald, in dem wir uns gelagert hatten, war reich an Bäumen, in deren verfallenen Stämmen die wilden Bienen ihre Stöcke angelegt haben. Es ist überraschend, in welchen unzähligen Schwärmen sich die Bienen in Zeit von wenigen Jahren über den Westen von Nordamerika ausgebreitet haben. Sie sind gleichsam die Herolde der Civilisation gewesen, indem sie derselben beständig, so weit sie nach und nach von der Küste des atlantischen Meeres aus vorgedrungen ist, vorausgegangen sind, und einige der ältern Bewohner des Westlandes behaupten das Jahr angeben zu können, in welchem die Honigbiene über den Mississippi gekommen ist. Mit Erstaunen fanden die Indianer die morschen Bäume ihrer Wälder mit köstlichem Honig gesegnet, und nichts soll der gierigen Lust gleichgekommen sein, mit welcher sie über diesen unerkauften Genuß herfielen. Jetzt schwärmen Myriaden von Honigbienen in den dichten Wäldern, welche die Wiesen einfassen und durchschneiden und die sich längs der von den Flüssen bespülten Niederungen hinziehen. Es scheint, als ob diese schönen Gegenden buchstäblich der Beschreibung des gelobten Landes entsprächen, des Landes, wo Milch und Honig fließt; denn die reiche Weide der Wiesen kann zahllose Heerden ernähren, während Blumen sie zu einem wahren Paradiese für die Biene machen. Wir hatten nicht lange unser Lager aufgeschlagen, als eine Gesellschaft aufbrach, einen Honigbaum zu suchen, und da ich große Lust hatte, dieser Jagd beizuwohnen, so nahm ich die Einladung, sie zu begleiten, mit Vergnügen an. Die Gesellschaft stand unter der Anführung eines alten erfahrenen Bienenjägers, eines langen, schmächtigen Mannes, in einem selbstverfertigten Gewande, das nachlässig um seinen Körper hing, und einem Strohhute, der einem Bienenstocke nicht unähnlich war; ein Gefährte, auf dieselbe Weise gekleidet, doch ohne Hut, über der Schulter eine lange Flinte, ging dicht hinter ihm. Diesen Beiden folgten sechs Eingeborene, einige mit Äxten, andere mit Flinten, denn hier geht ein Bewohner dieser Gegenden unbewaffnet tiefer ins Land hinein. Nachdem wir eine Strecke gegangen, kamen wir an einen offnen Platz an dem Rande des Waldes. Hier machte unser Führer Halt und näherte sich dann leise einem niedrigen Gesträuche, auf dessen Gipfel ein Stück von einer Honigscheibe bemerkte. Dies diente, wie ich später erfuhr, als Lockspeise für die Honigbienen. Schon umsummten es einige Schwärme und krochen in die Zellen. Nachdem sie sich hinlänglich mit Honig beladen hatten, erhoben sie sich in die Luft und schossen dann mit großer Schnelligkeit in grader Linie davon. Die Jäger beobachteten genau den Weg, den sie nahmen, und verfolgten sie in dieser Richtung, über hervorragende Wurzeln und umgefallene Bäume stolpernd, die Augen aufwärts richtend. So gingen sie den honigbelasteten Bienen nach bis zu ihrem Stocke, in der Höhlung einer verdorrten Eiche, die sie, gleichsam begrüßend, eine Zeit lang umschwärmten. Dann krochen sie in die beinahe 60 Fuß über der Erde erhabene Höhlung. Zwei Jäger schlugen nun ihre Äxte kräftig in den Fuß des Baumes, um ihn zu fällen. Zu gleicher Zeit zogen wir uns vorsichtig zurück, um dem Falle des Baumes, sowie der Rache seiner Bewohner auszuweichen. Die schallenden Klänge der Äxte schienen die Bienengesellschaft nicht im Geringsten aufzuscheuchen oder auch nur in Unruhe zu bringen. Sie setzten ihre Arbeiten fort, während einige reich beladen in den Hafen einliefen, andere einen neuen Ausflug antraten. Selbst ein lautes Krachen, welches den Sturz des Baumes ankündigte, vermochte nicht, die Aufmerksamkeit der Bienen von der eifrigen Verfolgung ihres Gewinnes abzulenken. Endlich fiel der Stamm zu Boden und zeigte, von oben bis unten auseinanderstehend, die gehäuften Schätze des kleinen Staates. Einer der Jäger lief sogleich mit einem Bunde brennenden Heus umher, zu Abwehrung der Bienen. Diese machten jedoch nicht den geringsten Versuch, sich durch einen Angriff zu rächen; vielmehr schienen sie erstaunt über das Ereigniß und nicht zu ahnen, was die Ursache desselben gewesen sei; sie blieben ganz ruhig, umkrochen und umsummten die Ruinen ihres Palastes, ohne uns auf irgend eine Art beschwerlich zu fallen. Nun fiel die ganze Gesellschaft mit Löffeln und Jagdmessern über die Beute her, um die Honigscheiben herauszuschaufeln. Einige derselben waren ziemlich alt und von dunkelbrauner Farbe; andere hingegen schön weiß und der Honig in ihren Zellen fast ganz klar und durchsichtig. Die Scheiben, welche noch ganz waren, wurden in die Feldkessel gethan, um in das Lager geschafft zu werden; die aber, welche durch den Fall zerbrochen waren, auf der Stelle verzehrt. Jeder Bienenjäger war mit einem Stücke in der Hand zu sehen, das schnell aufgezehrt wurde. Doch waren es nicht die Bienenjäger allein, die von dem Sturze dieses Staates Gewinn zogen. Gleich als ob die Bienen die Ähnlichkeit ihrer Gewohnheiten mit denen der arbeitsamen, gewinnsüchtigen Menschen vollkommen durchführen wollten, erblickte man eine Menge Bienen aus andern Stöcken, die herbeigeflogen kamen, um sich an dem zerstörten Eigenthume ihrer Nachbarn zu bereichern. Mit großer Lust und Geschicklichkeit verkrochen sie sich in die Zellen der zerbrochenen Honigscheiben, und reichlich mit Beute versehen, flogen sie wieder davon nach ihren Behausungen. Die armen Eigenthümer der Trümmer selbst dagegen schienen nicht den Muth zu haben, irgend etwas zu unternehmen, sondern sie krochen in müßiger Trostlosigkeit auf und ab. Es ist schwer, eine Schilderung von der Verwirrung derjenigen Bienen des gestürzten Stockes zu geben, die während der Katastrophe abwesend waren und nun, mit Ladungen versehen, ankamen. Anfänglich flogen sie über der Stelle, wo vorher der Baum gestanden hatte, in der Luft umher, bestürzt über die Leere, welche sie antrafen. Endlich, als sie es nun ihr Unglück begriffen, ließen sie sich haufenweise auf den Ast eines benachbarten Baumes nieder, von wo sie die niedergestürzten Trümmer zu betrachten schienen. Wir verließen nun den Platz, noch eine Menge Honig in den Höhlungen des Baumes zurücklassend. „Das wird Alles vom Ungeziefer aufgezehrt!" sagte einer der Jäger." „Von welchem Ungeziefer?" fragte ich. „Von Bären und anderer Brut. Die Bären verstehen sich unter Allen am besten, die Honigbäume aufzufinden. Sie nagen so lange an einem Stamme, bis sie eine Öffnung gemacht haben, die groß genug ist, um ihre Tatzen hineinzubringen, und dann holen sie den Honig heraus."

———

Reise nach Palästina.
(Fortsetzung aus Nr. 129.)

Die Quelle Siloa am Berge Zion.

Es war uns angenehm, die nächsten Umgebungen Jerusalems in Gesellschaft unseres Engländers zu durchwandern. Er hatte bei seinem frühern Aufenthalte die Örtlichkeiten aufmerksam untersucht, ohne sich an die gebahnten Wege zu halten, welche die Pilger herkömmlich geführt werden, und mochte er auch in seiner Zweifelsucht bei manchen unbedenklichen Überlieferungen zu weit gehen, so brachte er uns doch oft durch eine scharfsinnige Bemerkung auf die rechte Spur, wo Geschichte und örtliche Verhältnisse mit der Sage unvereinbar sind. Unser Führer, der junge Mönch, der ihn schnell ergründet hatte, warf daher gewöhnlich, wenn er beschrieb und erklärte, seine Blicke auf den Engländer, und sah er ihn lächeln, pflegte er sich mit dem Ausrufe: „Cause volete? C'è un miraculo di Dio! (Ihr wollt die Ursachen wissen? Es ist ein göttliches Wunder!) oder ähnlichen Wendungen zu helfen. Wir gingen durch das Davidsthor auf dem Berge Zion in das Thal Hinnon hinab und bestiegen den sogenannten Schuldberg auf der Südseite der Stadt, die hier jenseit des tiefen Thales sich ernst erhebt. Ihre düstern Mauern umschließen den Berg Zion. Kein Laut stört die Stille. Rechts erhebt sich der prächtige Ölberg, an dessen Fuße das Thal Josaphat liegt, zu welchem das Hinnonthal sich hinabsenkt. Ja die Stadt Gottes ist verschwunden mit den heiligen Stellen, die einst von ihren Mauern umschlossen waren; doch die Gestalt der Natur ist noch unverändert, nur daß Einsamkeit und Wildheit herrschen, wo einst Üppigkeit und Freude wohnten; aber obgleich ihre Herrlichkeit dahin ist, so ruht doch auf mancher ihrer stillen und romantischen Scenen ein hoher und wehmüthiger Reiz.

Seitwärts von dieser Höhe zeigt man das Akeldama, den Blutacker, wo Judas sich erhängte. An dem Abhange, der sich in das Thal Hinnon senkt, sind Gräber von verschiedener Gestalt und Größe in den Felsen gehauen, unterirdische Kammern, deren jede Behältnisse für die Todten hatte. Die Eingänge, früher mit steinernen Thüren verschlossen, sind so niedrig, daß man sich bücken oder zuweilen auf Händen und Füßen hineinkriechen muß. Über allen Gräbern sieht man hebräische und griechische Inschriften. Die hebräischen sind meist ausgelöscht und überdies mit einer schwärzlichen Masse bedeckt, welche die Entzifferung noch schwieriger macht. Einige haben eine größere Vorhalle, die mit Gemälden geziert ist, Christus, die heilige Jungfrau und andere Heilige, im byzantinischen Style dargestellt, und es ist zu verwundern, daß sich bei der in diesen Grüften herrschenden Feuchtigkeit die Farben so lange erhalten haben. Diese Vorhallen scheinen für gottesdienstliche Zusammenkünfte bestimmt gewesen zu sein. Unter den Grabhöhlen zog eine besonders unsere Aufmerksamkeit an. Sie liegt grade dem Berge Zion gegenüber und hat nur ein Behältniß für einen einzigen Leichnam, während in den übrigen Gräbern deren zwei und in manchen mehre sich finden. Der große Stein, der einst, wie es scheint, die Öffnung verschloß, ist weggerollt. Der Engländer erinnerte uns, daß sein Landsmann, der gelehrte Clarke, der die von einigen Reisenden ausgesprochenen, von andern widerlegten Zweifel gegen die Echtheit des Grabes am Calvarienberge theilte, diese Höhle für das eigentliche Grab des Heilands gehalten habe.

In dem Thale hinabwandernd, kamen wir zu der Quelle Siloa am Abhange des Berges Zion. Sie fließt aus dem Felsen in ein Becken, dessen Seiten glatt behauen sind, und gegen die Sonne geschützt, ist sie ungemein kühl. Auf der Mittagsseite führen Stufen hinab. Das Wasser fließt aus dem Becken in das Thal, ist sehr hell, hat aber einen herben und unangenehmen Geschmack, wie es auch die Kreuzfahrer bei der Belagerung von Jerusalem erfuhren, als sie in der Sommerhitze an Wassermangel litten, da der Bach Kidron trocken war und die Sarazenen die Brunnen um die Stadt verschüttet hatten. Die Bewohner der Stadt waschen sich häufig in dem Wasser des Siloa, da sie ihm eine heilbringende Kraft, besonders für die Augen, zuschreiben, an den Blindgeborenen sich erinnernd, den Christus hier heilte.

Die Sonne warf heißere Strahlen. Wir gingen wieder zum Davidsthore hinan und überließen uns, ehe wir in das Kloster zurückkehrten, der Führung unseres gefälligen Mönchs. Am Ende des Berges Zion sahen wir David's Moschee, ein ziemlich unansehnliches Gebäude, das aber die Mohammedaner in hohen Ehren halten, da sie behaupten, daß David und Salomo hier begraben liegen. In einem kleinen, an die Moschee stoßenden Gebäude, wo vor Zeiten eine christliche Kirche stand, zeigt man das Gemach, in welchem der Heiland mit seinen Jüngern das letzte Nachtmahl hielt und den zehn Aposteln nach der Auferstehung erschien. Nicht weit von der Moschee liegt der Begräbnißplatz der Christen, wo man zahlreiche Gräber von Katholiken, Griechen und Armeniern sieht. Auf den griechischen Gräbern sind die Werkzeuge, welche die Beschäftigung des Verstorbenen bezeichnen, plump abgebildet. Von hier gingen wir längs der Stadtmauer, aus welcher ein Thor zu den Quartieren der Armenier und der Juden, das andere zu dem mohammedanischen Stadttheile führt, zu Omar's prächtiger Moschee auf dem Hügel Moria, dem Ölberge gegenüber. Sie liegt nicht hoch über der Fläche der Straße. Der umliegende, mit Bäumen bepflanzte Hof ist geräumig und der einzige freundliche Spaziergang in der Stadt. Der Eintritt in die Moschee ist den Christen streng verboten. Sie ist ein achteckiges Gebäude, 400 Fuß lang und 360 breit, von Omar im 7. Jahrhundert erbaut, nicht so groß als die Sophienkirche in Konstantinopel, die sie aber an Leichtigkeit und Schönheit der Bauart übertrifft. Sie wurde von den Kreuzfahrern in eine christliche Kirche verwandelt, von Saladin aber, als er Jerusalem erobert hatte, ihrer ursprünglichen Bestimmung zurückgegeben. Man zeigt hier den Stein, auf welchem Jakob lag, als er im Traume die Himmelsleiter sah, und dieser Tempel ist den Mohammedanern so heilig, daß er, nächst Mekka und Medina, am meisten von Pilgern besucht wird. Wir gingen in das anstoßende Haus des Stadtbefehlshabers, das auf der Stelle liegt, wo einst Pontius Pilatus gewohnt haben soll. Der Engländer verschaffte uns Zutritt, und es ward uns erlaubt, von dem flachen Dache des Hauses die Äußerte der Moschee zu betrachten. Sie steht auf einer Erhöhung, zu welcher breite Stufen führen, mitten in dem von Cypressen und Gesträuchen beschatteten Raume, wo mehre Mohammedaner schweigend auf- und niederwandelten. Eine hohe Kuppel, die Felsenkuppel genannt, deckt das Gebäude, gekrönt von einem glänzenden Halbmond. Um den Fries laufen in erhabenen Buchstaben Texte aus dem Koran, und an den vier Haupttheilen sieht man Eingänge mit zugespitzten Bögen, die von gewundenen Säulen gestützt werden. Es war Freitag, und die helle Stimme des Muezzin rief von einem der hohen Minarets die Gläubigen zum Gebet.

In dem Hause des Stadtbefehlshabers zeigt man das Zimmer, worin Christus gefangen saß, ehe er vor die Richter geführt wurde. Nicht weit davon ist ein dunkles und verfallenes Gemach, das als der Gerichtssaal des Pilatus bezeichnet wird. Näher nach dem Golgatha zeigte uns der Klosterbruder den arco del ecce homo, den Bogen, wo Christus stand, als Pilatus zu den Juden sprach: „Sehet, welch' ein Mensch!" Nicht weit von dem ehemaligen Pilatushause am Abhange ist die Stelle, wo einst die heilige Treppe lag, die Christus auf dem Leidenswege bestieg, und die vor mehren Jahrhunderten nach Rom gebracht wurde, wo man sie jetzt in einer kleinen Kapelle am Lateran sieht. Unser Führer folgte nun mit uns dem Wege, wo Christus das Kreuz zum Golgatha trug und wo drei kleine Pfeiler die Stellen bezeichnen, auf welchen er, von der Last gedrückt, niedersank.

Nicht weit von Omar's Moschee zeigte der Führer uns das sogenannte heilige oder goldene Thor, das vermauert ist, weil die Mohammedaner die alte Sage fürchteten, daß durch dieses Thor der Feind einziehen werde, der ihnen den Untergang bringen sollte. Nicht weit von hier ragt ein Stein aus der Mauer hervor, auf welchem Mohammed am Tage des letzten Gerichts sitzen wird, das, wie sie mit den Juden glauben, im Thale Josaphat gehalten werden soll. In der Nähe liegt der mohammedanische Begräbnißplatz. Die Gräber sind meist zierlich und haben Denksteine von verschiedener Gestalt, gewöhnlich einem Sarge ähnlich, mit Pfeilern an jedem Ende, die einen grün oder roth bemalten Turban tragen, je nachdem der Verstorbene zum Stamme des Propheten gehörte oder nicht.

Ein mohammedanisches Grab.

Wir gingen dann zu dem Teiche Bethesda, nicht weit von dem Stephansthore, der tief und trocken ist und dessen Rand und Boden mit Gras bewachsen sind. Während der Franziskaner in das Kloster zurückkehrte, da wir unsere Morgenwanderung geendigt hatten, verweilten wir noch einige Zeit in der Nähe jenes Thores und folgten dem Zuge anderer geschichtlicher Erinnerungen, bei welchen er schwerlich unser Führer hätte sein können. Das Stephansthor, auf der Nordseite der Stadt, war es, durch welches die Kreuzfahrer in Jerusalem eindrangen. Wir überblickten, mit dem Plane der Stadt in der Hand, die Richtung, in welcher das Lager der Christen Jerusalem eingeschlossen hatte, und riefen uns die Ereignisse zurück, die der Eroberung der Stadt vorhergegangen waren.

Als die Kreuzfahrer zu Anfang des Junius 1099 in Ramleh verweilten, wurden sie von den Christen zu Bethlehem gebeten, sie durch einen Kriegerhaufen gegen die Mohammedaner zu schützen, die der schönen Kirche über der Geburtsstelle des Heilandes Gefahr drohen könnten. Der tapfere Tankred erhielt den Auftrag, und mit Tagesanbruch zog er an der Spitze von 100 erlesenen Rittern nach Bethlehem. Die Christen kamen ihnen freudig entgegen, heilige Gesänge anstimmend, und führten sie zu der Kirche. Als die Ritter an der Krippe gebetet hatten, stiegen sie wieder zu Pferde, und ungeduldig, Jerusalem zu sehen, eilte Tankred seinen Gefährten voran, wagte sich bis an die Stadtmauer und stieg durch das Thal Josaphat auf den Ölberg, um bei dem Lichte der Abendsonne einen Blick in das Innere der heiligen Stadt zu werfen. Das Kreuzheer wurde von neuem Eifer entzündet, als sich im Lager die Nachricht verbreitete, daß mehre ihrer Gefährten Jerusalem gesehen hätten. Endlich erreichten die Christen die Höhe, wo die Stadt im vollen Glanze der Morgensonne vor ihnen lag. Sie fielen auf ihre Knie, küßten den Boden, baten Gott um weitere Hülfe, und alle Beschwerden vergessend, dachten sie nicht an den Kampf, den sie noch bestehen mußten, ehe sie am Grabe des Heilandes knien konnten. Jerusalem gehorchte seit drei Jahren dem ägyptischen Khalifen aus dem Geschlechte der Fatimiden, dessen Statthalter, Iftichar ed Daula den Kriegsbefehl führte. Er ließ bei der Annäherung der Christen die Mauern der Stadt wiederherstellen, sammelte Waffen und Kriegsbedarf und verheerte die Umgegend bis in weiter Entfernung. Als er die umwohnenden waffenfähigen Mohammedaner in die Stadt gerufen hatte, stand er an der Spitze von 40,000 Kriegern. Zu Anfang des Julius kamen die Christen unter die Mauern der Stadt und legten ihr Lager auf der westlichen und nördlichen Seite an, wo sie allein zugänglich war. Der Lagerplatz Gottfried's von Bouillon war unter David's Burg, am Abhange des Zion, wo der heftigste Angriff erwartet wurde; an ihn grenzten die Lager Tankred's und des Grafen Raimund von Toulouse, an welche in nördlicher Richtung die Zelte der Ritter unter Robert von Flandern und dem Herzoge von der Normandie stießen, der vor dem Stephansthore stand. Am fünften Tage nach ihrer Ankunft wurde die Stadt gestürmt. Die Kreuzfahrer nahmen die äußere Mauer nach einem blutigen Kampfe, aber die Belagerten zogen sich hinter die innere Mauer zurück und stürzten die Bewegenen, welche die Sturmleitern anlegten, in das Thal. Die Christen zogen sich in ihr Lager zurück. Als sie sich nun zu einer längern Belagerung rüsten mußten, fehlte es in der nackten Umgegend, die keine stärkern Bäume als den Ölbaum hatte, an Bauholz zu Kriegswerkzeugen. Ein syrischer Christ führte sie in ein dicht beholztes Thal auf dem Wege nach Naplus, und Tankred entdeckte in einer Höhle viele große Baumstämme, die aus der Zeit der letzten Belagerung der Stadt durch die Ägypter zurückgeblieben waren. Die Werkmeister gingen alsbald an die Arbeit, aber die Heerführer waren so arm, daß der Tagelohn der Arbeiter durch freiwillige Beiträge der Pilger aufgebracht werden mußte. Alle, Alt und Jung, Weiber und Kinder, legten Hand ans Werk, und wer sonst keine Hülfe leisten konnte, half den Boden ebenen oder trug Reiser zu Faschinen herbei. Mangel erhöhte die Beschwerden. Das Wasser mußte beinahe zwei Stunden weit in Schläuchen auf Lastthieren herbeigeholt werden, während die Araber, die in Höhlen und Dickigten lauerten, den Weg unsicher machten. Ein heißer Südwind wehte. Pferde und Maulthiere, von Durst erschöpft, fielen und ihre Leichname verpesteten die Luft. Die Kreuzfahrer gruben Löcher in die Erde, legten sich nackt hinein, bedeckten die Brust mit frischem Rasen, um Kühlung zu finden, und leckten selbst die untere Fläche der Steine ab, die sie aus dem Boden aufgruben. Die Schiffe der Genueser, die in Jaffa Wein und Lebensmittel landeten, linderten die Noth und brachten erfahrene Kriegsbaumeister und bessere Werkzeuge mit als im Lager der Kreuzfahrer zu finden waren. Die Rüstungen zum Sturm rückten schnell vor. Am 8. Julius, einem Freitage, ward auf den Rath Peter's des Einsiedlers und eines alten Klausners auf dem Ölberge, der im Rufe der Sehergabe stand, beschlossen, eine festliche Betfahrt zu halten. Den Priestern in weißen Gewändern, welche Kreuze, Reliquien und Heiligenbilder trugen, folgten die Ritter in voller Rüstung, mit wehenden Bannern und Trompetenklang, und barfuß alle Pilger, die Heiligen um Beistand anflehend. Am Fuße des Zion ging der Zug aus dem Thale Hinnon in das Thal Josaphat und auf den Ölberg. Hier, wo der Heiland Thränen vergossen über die verblendete Stadt, hielt ein Priester aus der Normandie eine eindringende Rede, worin er die Kreuzfahrer zur Eintracht ermahnte, und Peter der Einsiedler ermunterte sie zu tapferer Beharrung. Die Erstürmung ward auf den nächsten Donnerstag festgesetzt. In der Nacht vor diesem Tage beschlossen Gottfried von Bouillon, der Graf von Flandern und der Herzog von der Normandie, welche die gegenüberliegende Stadtmauer zu stark und zu gut vertheidigt gefunden hatten, eine andere Stellung zu nehmen, und ließen die zerlegten Belagerungswerkzeuge auf die Ostseite der Stadt zwischen das Stephansthor und das Thal Josaphat bringen. Bei Tagesanbruch begann der Sturm. Wurfgeschosse wurden gegen die Mauern geschleudert, brachten aber wenig Nachtheil, da die Belagerten sie durch Säcke, die mit Wolle, Stroh und Spreu gefüllt waren, und durch herabgelassene Balken geschützt hatten. Die Christen erstiegen kühn die Mauern, und Gefäße mit siedendem Öl und brennendem Schwefel wurden auf sie herabgegossen, während Feuerpfeile in die Belagerungswerkzeuge in Brand steckten, die nur mit Mühe gelöscht werden konnten. Die Nacht endigte den Kampf. Es war den Christen ein günstiges Vorzeichen, daß die Feinde, trotz allen Anstrengungen, das Kreuz auf Gottfried's Belagerungsthurme nicht hatten beschädigen können. Bei der Morgendämmerung begann der Sturm mit verdoppelter Heftigkeit. Sieben Stunden hatte der Kampf gedauert, als endlich die äußere Mauer auf der Ostseite der Stadt niederstürzte. Gottfried's Thurm war nun gegen die innere Mauer gerichtet, alle Schutzmittel der Feinde wurden in Brand gesteckt und der Nordwind trieb Flammen und Rauch so heftig in die Stadt, daß die Belagerten fast erstickten. Die Fallbrücke von Gottfried's Thurme senkte sich nun auf die Mauer. Zwei tapfere Flanderer sprangen aus dem zweiten Stockwerke des Thurmes, die Ersten, die auf den Mauern Jerusalems standen. Gottfried und mehr Ritter folgten. Andere legten Leitern an. Die Saracenen fliehen, von den eingedrungenen Siegern verfolgt. Das Stephansthor wird erstürmt, und mit dem lauten Geschrei: „Gott hilft!" stürzen die Kreuzfahrer hinein und füllen die Straßen. Das Banner des Kreuzes weht bald auf den Thürmen; es scheint, sagt Tasso *) —

Es scheint, wie nun das stolze Siegerzeichen
In tausend Kreisen wogt und flieht und kehrt,
Das Weh'n der Luft der Huldigung zu gleichen,
Und heller selbst auf ihm der Tag verklärt;
Der Pfeil, darauf gezielt, scheint abzuweichen,
Wenn er nicht rückwärts auf den Schützen fährt;
Anbetend neigt, so scheint's, die Stirn herüber
Burg Zion sammt dem Berg, ihr gegenüber.

Während die Kreuzfahrer auf dieser Seite siegten, ergaben sich die Saracenen im Davidsthurme auf dem Berge Zion dem Grafen Raimund von Toulouse, der mit großen Anstrengungen gegen sie gekämpft hatte. Seine Ritter drangen in die Stadt. Als auch Tankred's Schar durch die Straßen vordrang, hörten sie staunend laute Stimmen, die das Miserere sangen. Es waren die Christen, die sich erschrocken in der Kirche des heiligen Grabes versammelt hatten. Tankred gab ihnen eine Schutzwache und eilte vorwärts. Zehntausend fliehende Feinde suchten Schutz in dem ummauerten Hofe der Moschee Omar's, aber die Kreuzfahrer erstürmten die Thore und fast alle Saracenen wurden ohne Erbarmen niedergehauen. Viele Juden verbrannten in der angezündeten Synagoge. Das Blut strömte in allen Straßen. Überall ein wildes Gemetzel. Hier wurden die wehrlosen Flüchtlinge von den Thürmen herabgestürzt, Kinder von der Mutterbrust gerissen und an die Mauern geschleudert, einige Unglückliche sogar

---

*) Befreites Jerusalem, Gesang XVIII, V. 100 nach Streckfuß's Übersetzung.

bei langsamem Feuer gebraten, um ihnen das Geständniß verborgener Schätze auszupressen. Als Gottfried von Bouillon keine Feinde mehr in den Straßen zu verfolgen fand, legte er ein Pilgergewand an und eilte in die Kirche des heiligen Grabes. Der Abend war gekommen. Alle Krieger waren müde von dem furchtbaren Kampfe, steckten die Schwerter ein und suchten die Ruhe. Da erinnerten sie sich, daß sie in der Stadt waren, welche die Heiligthümer enthielt, zu deren Befreiung sie die Waffen ergriffen hatten. Alle reinigten sich von Staub und Blut, wuschen Haupt und Füße und zogen demüthig durch die Straßen zum Grabe des Heilandes. Das wilde Siegesgeschrei, der Ruf der Verzweiflung waren verstummt und man hörte nur Dankgesänge und Bußgebete, als die Krieger mit gesenkten Blicken zum Calvarienberge wanderten, wo die Geistlichen sie mit Danksagungen empfingen. Die Pilger betrachteten mit Andacht die Heiligthümer, beichteten ihre Sünden und versprachen Besserung ihres Lebens. So erzählen uns Augenzeugen diesen wundersamen plötzlichen Übergang von roher Grausamkeit zu inbrünstigem Andachtseifer, der in den Stimmungen und Ansichten der Zeit seine Erklärung findet. Wenige Tage nach der Eroberung der Stadt wurde Gottfried von Bouillon in der Kirche des heiligen Grabes zum König von Jerusalem ausgerufen, aber der fromme Held weigerte sich, eine goldene Krone auf sein Haupt setzen zu lassen, wo Christus eine Dornenkrone getragen habe.

(Fortsetzung in Nr. 133.)

Der Bläser.

Auf der Südseite der britischen Insel Mauritius (ehemals Isle de France) an der Ostküste von Afrika, befindet sich ein merkwürdiger Punkt, der den Namen des Bläsers führt und ein wirklich großartiges Schauspiel darbietet. Ein neuer englischer Reisender liefert davon folgende Beschreibung. „Eine ansehnliche Felsmasse läuft hier vom Festland aus in die See, mit diesem nur durch eine schmale Erdzunge von kaum zwei Fuß Breite verbunden. Das immerwährende Anschlagen und die Brandung der Meeresflut hat diesen Felsen, der sich 35—40 Fuß über das Meer erhebt, überall so ausgehöhlt, daß er einem gothischen Gebäude mit künstlich gewölbten Bögen nicht unähnlich ist. Durch dieses Vorgebirge haben sich die gewaltsam brandenden Wellen scheitelrecht zwei Durchgänge nach oben gebildet, welche durch die Länge der Zeit so glatt und cylinderförmig geworden sind, als ob sie künstlich mit einem Meißel hineingearbeitet wären. Wenn nun eine große Welle schäumend in diese Öffnung hineinrollt, so füllt sie die Höhle aus und wird gewaltsam zu der cylinderförmigen Öffnung, eine Höhe von fast 60 Fuß, hinaufgedrängt. Ein Theil des hinaufgetriebenen Wassers sprudelt nun aus dem Felsenschlunde hervor, während die größere Wassermasse wieder zurückfällt. Hierdurch wird der Raum dieses seltsamen Springbrunnens plötzlich wieder leer und der nun hindurchstreifende Luftzug verursacht ein dumpfes Geheul, das man schon in weiter Entfernung vernehmen kann." Der Reisende, welcher diesen interessanten Ort besuchte, wollte seine Beobachtungen ganz in der Nähe anstellen, und setzte sich deshalb dicht an die Öffnung des Schlundes, als eben eine ungeheure Welle von unten herauf sprudelte und ihn sammt seinem Gefährten beinahe in den Ocean geschleudert hätte; er mußte deshalb, da der Zudrang des Wassers immer stärker wurde, wieder nach dem Festlande zurück. In der Entfernung von etwa einer halben Stunde nahm sich das seltene Schauspiel herrlich aus. Der Wasserstrudel stieg aus dem Schlunde fast senkrecht und ungebrochen in Gestalt eines sich nach oben ausdehnenden Cylinders über 25 Fuß in die Höhe, dann theilte er sich nach allen Seiten und sandte einen Sprühregen auf das Festland herab, schöner als ihn die herrlichste Fontaine hervorzubringen vermag. Unsere Abbildung kann wenigstens einen Begriff von diesem merkwürdigen Schauspiele geben.

Die Sternwarte zu Greenwich.

Unter die berühmtesten Anstalten zur Beobachtung der Himmelskörper gehört die Sternwarte, die auf einer Erhöhung im Park zu Greenwich unweit London erbaut ist. Sie ward im Jahre 1675 auf der Grundlage eines alten befestigten Thurmes errichtet, als man den Mangel einer öffentlichen Anstalt zur Beförderung astronomischer Untersuchungen lebhaft zu fühlen anfing. Der berühmte Astronom Flamsteed war der erste Aufseher der neuen Sternwarte, wo er 1676 seine Beobachtungen begann und bis zu seinem Tode, 1719, fortsetzte. Sein Nachfolger war Halley, der die Bahn des 1682 von ihm beobachteten und nach ihm genannten Kometen berechnete.

Nach dem Meridian dieser Sternwarte wird von den englischen Geographen die Länge der einzelnen Punkte auf der Erde berechnet, sowie von den Franzosen nach dem Meridian von Paris und ehemals fast allgemein nach dem der kleinen canarischen Insel Ferro.

Die Sternwarte besteht aus zwei Abtheilungen, einem niedrigen länglichen Gebäude, der eigentlichen Sternwarte, und der Wohnung des Astronomen. In dem obern Theile des letztern Gebäudes findet man jedoch, außer der Bibliothek, auch viele Instrumente und auf der obersten Spitze desselben eine camera obscura. Die Sternwarte besteht aus vier Gemächern, welche die trefflichsten astronomischen Instrumente enthalten. Nördlich von der Sternwarte erheben sich zwei kleinere, mit Kuppeln bedeckte Gebäude, welche hauptsächlich für die Beobachtung der Kometen eingerichtet sind. Auch in Greenwich wurde ursprünglich, wie bei den meisten alten Sternwarten, ein tiefer Brunnen angelegt, um in dem Wasserspiegel desselben die Sterne während des Tages zu beobachten; in neuern Zeiten aber, wo man bei den Fortschritten der astronomischen Wissenschaft solcher Hülfsmittel nicht mehr bedurfte, ist er überwölbt worden.

Verantwortliche Herausgeber: Friedrich Brockhaus in Leipzig und Dr. C. Drärler-Manfred in Wien.
Verlag von F. A. Brockhaus in Leipzig.

Das Pfennig-Magazin
der
Gesellschaft zur Verbreitung gemeinnütziger Kenntnisse.

133.]   Erscheint jeden Sonnabend.   [October 17, **1835.**

Ansicht der Kathedrale von Llandaff.

Die Kathedrale von Llandaff.

Eine der schönsten kirchlichen Ruinen in England stellt die uralte Kathedrale von Llandaff oder Landaff in Wales dar. Ihre Erbauung verliert sich in die erste Zeit der Einführung des Christenthums in England, da schon im 5. Jahrhundert das Bisthum Llandaff gestiftet worden sein soll. Die jetzige Kirche aber ward im Jahre 1108 eingeweiht, und gehört also in ihren ältern Bestandtheilen noch immer zu den ältesten Kirchen Englands und seines altsächsischen Baustyls. Das Gebäude, 1120 vollendet, ward den Heiligen Peter und Paul gewidmet. Seine Front auf der Abendseite (mit Ausnahme des 1485 vollendeten Thurmes) und die Kapelle der Jungfrau auf der Ostseite, sind noch aufrechtstehende Reste dieses alten Baues; der Thurm an der Südwestseite ward erst 1787 abgetragen. Das Schiff mißt mit den Seitenflügeln 110 Fuß Länge von den drei halbrunden Eingängen bis zur Altarwand, der Chor, die Orgel und andere Bestandtheile sind neuer und rühren aus der Zeit Eduard IV. her. Während des Bürgerkriegs im 17. Jahrhunderte erfuhr diese Kirche vielfache Beschädigungen; furchtbare Stürme brachten 1703 und 1720 andere Verwüstungen hervor, und da die Kirche, ihrer alten Schätze beraubt, die Mittel zur Wiederherstellung nicht mehr besaß, so verfiel dieser älteste Bischofssitz Englands endlich in den Zustand einer malerischen Ruine, in welchem ihn unsere Abbildung darstellt. Zwar wurde um 1750 ein Theil der Kirche wiederhergestellt, aber diese geschmacklose Restauration beschädigte das uralte Gebäude nur noch mehr in den Augen des Kunstfreundes. Eine plumpe griechische Façade verunziert jetzt den Eingang zum Chor, in der störendsten Verbindung mit den alten gothischen Seitenfenstern. Die innern Theile, Chor, Altarwand und Bischofsthron sind in derselben unpassenden Weise hergestellt und fast nur die Kapelle der Jungfrau, 70 Fuß lang, wurde vor der zerstörenden Hand glücklich bewahrt, aber eben diese verwüstete selbst einen Theil der schönen alten Grabmonumente, und kaum entgingen ihr einige im Nordflügel.

Über den Einfluß der Farbe der Kleidung in Zeiten von Epidemien.

Schon längst ist es bekannt, daß zum Ableiten oder Aufnehmen des Wärmestoffs eine Farbe geeigneter ist als die andere, und namentlich sind alle Physiker darin einverstanden, daß die schwarze Farbe das Einziehen und Ausdünsten des Lichtes und der Wärme mehr als jede andere begünstige. Neuerdings hat nun, von diesen frühern Erfahrungen geleitet, **Dr. Stark** in Augsburg in Hinsicht der Gerüche ähnliche Eigenheiten entdeckt. Er hatte schon oft die Bemerkung gemacht, daß, wenn er das anatomische Theater besucht hatte, der ungesunde und faulige Geruch weit länger an ihm haftete, sobald er dabei schwarze Kleidung getragen; der Geruch war weniger stark, wenn er einen blauen, grünen oder braunen Rock trug. Auf diese unwillkürliche Wahrnehmung gründete er mehre Versuche. Er legte verschiedene Stoffe von Wolle, Baumwolle und Seide von weißer und schwarzer Farbe in eine Büchse mit Kampher, welche hierauf hermetisch verschlossen wurde. Als er dieselben wieder herausnahm, konnte er bemerken, daß der schwarze Stoff von dem Kamphergeruch am meisten geschwängert war. Den nämlichen Versuch machte er mit assa foetida und Stoffen von schwarzer, grüner, rother, gelber und weißer Farbe, und kam auf dasselbe Resultat. In den schwarzen haftete der Geruch so stark, daß es kaum auszuhalten war, während die gelben und weißen Zeuche fast geruchlos geblieben waren.

Dem Zeugnisse des Geruches mistrauend, war Stark mit jenem Versuche noch nicht zufrieden, und suchte sich zu versichern, ob die Vermehrung des Gewichts der von Gerüchen durchdrungenen Substanzen mit dem Sinne des Geruchs übereinstimme. Er setzte Gewebe von gleicher Art, aber in der Farbe verschieden, den Ausströmungen einer Quantität gestoßenen und erwärmten Kamphers aus, und kam auf das Resultat, daß nunmehr die schwarze Wolle drei Zehntel Gran mehr wog als vor dem Versuche, die rothe Wolle zwei Zehntel Gran, die weiße nur ein Zehntel Gran. Er bemerkte auch, daß die Seide zweimal so viel Geruchsausströmungen aufnahm, als Wolle von derselben Farbe, und die Baumwolle noch etwas weniger als die Wolle. Es erhellt aus diesen Versuchen, daß diejenigen Farben, welche die meisten Gerüche aufnehmen, auch am schnellsten sie ausströmen.

Die Dampfwaschanstalt.

Das Reinigen der Wäsche ist eine jener hauswirthschaftlichen Verrichtungen, bei welchen Verbesserungen darum sehr langsam eingeführt werden, weil ihre unmittelbare Ausführung meist dem Gesinde überlassen ist. Das beim gewöhnlichen Verfahren übliche Reiben, Ringen und Klopfen der Wäsche vermindert die Dauer derselben ungemein, auch sollte z. B. auf die Beschaffenheit der Lauge weit mehr Aufmerksamkeit verwendet werden, als gewöhnlich der Fall ist, wenn sie dem Gewebe nicht schaden soll. Manche dieser Nachtheile werden zwar beim Gebrauche der nürnberger Waschmaschinen vermindert, und da dieselben außerdem eine bedeutende Ersparniß an Arbeit und Aufwand gewähren, so verdienten sie allgemeinere Anwendung als bisher. Sie bestehen aus einer Tonne, durch deren Mitte eine von außen drehbare, unten mit einem Teller und mehren Armen versehene Welle geht. Die vorher eingeweichte Wäsche wird partienweise in einen leinenen Beutel und mit diesem in die Tonne gethan, dort mit heißem Seifenwasser übergossen, und nachdem die Tonne fest verschlossen worden, durch Umdrehen der Welle darin hin und her geschüttelt. Die Wäsche reinigt sich dadurch von selbst und die weitere Behandlung bleibt die gewöhnliche, nur wird das Wasser durch Pressen daraus entfernt.

Wo die Verhältnisse aber die Einrichtung großer Waschanstalten erlauben, verdienen vor allen die Dampfwaschanstalten den Vorzug. Eine solche besteht in Baurigard bei Paris und das darin beim Reinigen der Wäsche beobachtete Verfahren schließt Alles aus, was ihr schädlich werden könnte. Die Wäsche wird zuerst eingeweicht und dann in verschlossenen Räumen heißen Dämpfen ausgesetzt, aus denen sie völlig gesäubert hervorgeht. Die eingesogene Nässe wird durch angemessenes Pressen entfernt und die Sorgfalt geht so weit, daß für den Winter heizbare Trockenhäuser eingerichtet sind, um das Gewebe ebenfalls nachtheilige Gefrieren der Wäsche zu vermeiden.

Die Wäsche wird hier also weder gerieben noch gerungen, gebürstet oder geklopft; ein mit chemischen Kenntnissen ausgerüsteter Vorsteher der Anstalt bürgt für die Anwendung zweckmäßiger Laugen, und besonders wichtig ist die durch die Dämpfe bewirkte Entfernung jedes Krankheitsstoffes aus der Wäsche; dennoch braucht nicht mehr dafür bezahlt zu werden, als für das Waschen durch gewöhnliche Wäscherinnen. Wöchentlich zweimal sendet die Anstalt ihre Wagen nach Paris, um die gereinigte Wäsche abzuliefern und die schmutzige zu holen, für die noch besondere Gewähr gegen Feuersgefahr geleistet wird.

Reise nach Palästina.
(Fortsetzung aus Nr. 132.)

Bis zum Palmsonntage hatte sich die Anzahl der morgenländischen Pilger in Jerusalem sehr vermehrt. Der Krieg, den Ibrahim Pascha in den asiatischen Provinzen des türkischen Reiches fortsetzte, machte zwar einige Straßen unsicher und verbreitete Besorgnisse in manchen Gegenden, aber der Befehl, den der ägyptische Heerführer im letzten Jahre, bald nach der Eroberung Jerusalems, erlassen, auf allen vom mittelländischen Meere nach der heiligen Stadt führenden Straßen die früher von den türkischen Machthabern erpreßten Steuern nicht mehr zu erheben, hatte viele Pilger herbeigelockt. Auch die christlichen Priester in Jerusalem, die der Sieger von den Abgaben befreit hatte, welche sie früher für die Ausübung des Gottesdienstes den Türken bezahlen mußten, hegten gute Hoffnungen von der Herrschaft des neuen Gebieters, dem der Erfolg der eben angeknüpften Friedensunterhandlungen die heilige Stadt unterwerfen zu sollen schien.

Es war uns sehr angenehm, unter den letzten andächtigen Ankömmlingen zwei junge Maroniten vom Libanon zu finden, die einige Jahre in Rom studirt hatten und mit europäischer Sitte und Bildung bekannt geworden waren. Sie bestärkten uns durch ihre Mittheilungen in dem Vorsatze, den Libanon zu besuchen und wir schlossen uns um so lieber an sie, da sie auf der Rückkehr in ihre Heimat denselben Weg nehmen wollten, der uns an die Küste des mittelländischen Meeres zurückführen sollte. In ihrer Gesellschaft benutzten wir die ersten Tage der Charwoche zum Besuche der Umgegend von Jerusalem. An dem Abende des Palmsonntags gingen wir zum Stephansthor hinaus. Die Sonne stand schon tief über dem Thale Hinnon, als wir am Fuße des Ölberges zu dem Bache Kidron hinabstiegen, dessen etwa drei Fuß breites Bett tief, aber trocken ist. Links am Wege liegt eine geräumige Grotte, wohin die Überlieferung die Gräber der heiligen Jungfrau, ihrer Mutter Anna und Joseph's verlegt hat. Man steigt auf 50 Marmorstufen in die Gruft hinab, in welcher die Gräber mit Kapellen und Altären bedeckt, mannichfaltig verziert und durch einige Lampen erleuchtet sind. Wir gingen über die Brücke des Baches und kamen zu dem Garten Gethsemane am Fuße des Ölberges. Er ist mit einem niedrigen Zaune umgeben, aber unangebaut und verödet und zeigt dem Auge kein Grün, außer mehren ehrwürdigen, ungemein hohen Ölbäumen, welche, aus alten Wurzeln aufgesproßt, seit Jahrhunderten aufgewachsen sein mögen. Schon der englische Reisende Maundrell, der zu Ende des 17. Jahrhunderts in Jerusalem war, beschreibt sie als sehr alte Bäume. Die Sage, die es vergißt, daß Titus bei der Belagerung der Stadt alle Bäume in der Umgegend fällen ließ, hält sie für dieselben Ölbäume, die zur Zeit des Heilands hier grünten. Das aus ihren Früchten gewonnene Öl wird sorgfältig aufbewahrt und aus den Fruchtkernen macht man Rosenkränze, aus ihrem Holze Kreuze, einst viel begehrte Heiligthümer im Abendlande, besonders in Spanien. Wir sahen oberhalb und unterhalb in das anmuthige Thal; dicht hinter uns stieg der Ölberg empor und vor uns erhob sich die Mauern der Stadt. Wer hier einsam verweilt, wird an jene Leidensnacht gedenken, wo Christus verrathen und selbst von seinen geliebten Jüngern verlassen wurde. Die Stelle, wo ihm Judas den Verrätherkuß gab, ein schmaler Raum, ist zum Theil von einer niedrigen Mauer umgeben, und wie uns Maundrell versichert, ist diese Absonderung des „verfluchten Bodens" durch die Türken gemacht worden. Ein Fußpfad windet sich zum Ölberge hinan, der bis zum Gipfel grün und noch hier und da Ölbäume, aber auch Reben, Citronen-, Mandel- und Feigenbäume trägt. Auf der Höhe entzückte uns eine herrliche Aussicht. Die Stadt lag unter uns, nur durch das tiefe Josaphatthal vom Fuße des Berges getrennt. Der Moria steigt vom Ufer des Kidron steil empor, mit Omar's glänzender Moschee, hinter welcher die Kuppel der Kirche des heiligen Grabes, Klöster, Moscheen und Minarets sich erheben. Höhere felsige Berge schließen die Aussicht auf der Abendseite. Nördlich und nordöstlich ragen über niedrige Hügel die Berge Galiläas hervor und der Spiegel des Jordans an ihrem Fuße. Südlich verfolgen wir den Zug der Berge um Bethlehem, und östlich, jenseit der Wüste, erblicken wir die Ebene von Jericho, die Mündung des Jordans und das todte Meer im Abendschatten, während den Hintergrund die Berge von Moab schließen, von deren Höhen Moses das Land der Verheißung sah, das er nicht betreten sollte. Auf dem Gipfel des Ölberges sieht man die Überreste der von der Kaiserin Helena erbauten prächtigen Kirche. In einem kleinen Gebäude, welches ein großes Gemach enthält, zeigte man uns den Abdruck der letzten Fußstapfe, die Christus bei seiner Himmelfahrt zurückgelassen haben soll, die man aber freilich näher gegen Bethania bringen müßte, um mit der Erzählung des Evangelisten Lukas (14, 50) in Übereinstimmung zu bleiben. Unter den Denkmalen des Alterthums auf dem Gipfel des Berges bemerkten wir besonders einige unterirdische Gemächer, deren eines die Gestalt eines ungeheuern Kegels hatte. Nur die Spitze schien mit der Oberfläche des Bodens gleich zu sein und zeigte oben eine kleine kreisförmige Öffnung. Die Seiten liefen in eine ansehnliche Tiefe hinab und waren mit rothem Stucco eingefaßt. Diese unterirdische Pyramide, die keine Ähnlichkeit mit einem zum christlichen Gottesdienste bestimmten Platze hat, scheint in ein hohes Alterthum zu gehören und ist vielleicht ein Überrest des in Judäa eingeführten phönizischen Götzendienstes, den Josias (2 Kön. 23, 13—14) ungefähr 600 Jahre vor Christus unterdrückte.

Die tiefer über den Zion sich neigende Sonne mahnte uns an die Rückkehr, um vor dem Thorschlusse in die Stadt zu kommen. Am folgenden Morgen kehrten wir in das Thal Josaphat zurück. Wir wanderten südwärts längs dem Fuße des Ölberges und kamen bald zu Absalon's Denkmal, das ein sehr alterthümliches Ansehen hat und sich schön im Thale ausnimmt. Der untere Theil ist ein Viereck, ganz aus dem gelblichen Felsen gehauen, der die Grundlage bildet. Auf den vier Seiten sind Säulen ausgehauen, die einen Fries mit dorischen Verzierungen tragen. Über diesem erhebt sich ein kleineres Viereck von Mauerwerk und das gegen 20 Fuß hohe Ganze endigt eine kegelförmige, in eine Spitze auslaufende Kuppel, mit einer Lotusblume geziert. Es hat keinen sichtbaren Eingang, als eine in neuern Zeiten gemachte Höhle. Nicht weit davon liegt das Grab des Zacharias, gleichfalls aus dem Felsen gehauen, und wie Absalon's Denkmal mit ionischen Säulen verziert, die aber ein schwerfälliges Gebälke tragen, auf welchem eine glatte gemauerte Pyramide ruht. Dieses Denkmal hat gar keinen Eingang, obgleich die Juden eine Kunde von einer geheimen Öffnung zu haben behaupten. Von anderer Gestalt ist das Grab Josaphat's, des Königs von Juda. Es ist ganz aus dem Felsen gehauen und enthält drei Gemächer, deren Eingang von zwei niedrigen dorischen Säulen gestützt wird. Man muß den Felsen erklimmen, um hineinzukommen.

Man weiß nicht, wann diese Gräber ausgehauen worden sind, die zu dem großen Todtenfelde gehören, das Jerusalem auf der südlichen und östlichen Seite umgibt. Die Säulen haben den alten Styl und Charakter, den man noch jetzt an den Bauwerken bemerkt, die von Joniern und Doriern in den von ihnen angelegten Städten Asiens errichtet wurden. Ihre kühnen Umrisse und die düstern Schatten, die auf diesen Denkmalen wie auf den Felsen ruhen, in welchen sie ausgehauen sind, geben ihnen ein großartiges Ansehen in der stillen Landschaft. An der ganzen Seite des Berges hin und in den Felsen über dem Thale Josaphat bis zu Absalon's Denkmal und dem Grabe des Zacharias und aufwärts fast bis zu dem Gipfel des Ölberges, begraben die in Jerusalem wohnenden Juden ihre Todten, deren Andenken sie durch schlichte aufrecht stehende Steinplatten mit hebräischen Inschriften ehren. Unter allen Feierlichkeiten des unglücklichen Volkes macht keine einen tiefern Eindruck, als das Gedächtnißfest bei den Gräbern seiner Väter, das wir während unsers Aufenthalts in Jerusalem zu sehen Gelegenheit hatten. Mit Anstand und Schweigen wurde die Feier vollbracht. Männer, Weiber und Kinder waren zahlreich versammelt. Still und stumm saßen sie einige Zeit auf den Gräbern und Traurigkeit sprach aus ihren Zügen ihren gesenkten Blicken. Ein ergreifendes Schauspiel, das gefallene Volk in dem Thale zu sehen, wo einst seine Könige Opfer

Das Denkmal Absalon's.

Das Grabmal Josaphat's.

darbrachten, seine begeisterten Propheten sprachen und wo, nach seinem Glauben, die Posaune des Engels es zum Gericht erwecken wird!

Unsere Morgenwanderung fortsetzend, kamen wir zu dem armseligen Dorfe Siloa an dem schroffen Abhange des Ölberges. Hier an der südöstlichen Seite des Zion stoßen die Thäler Josaphat und Hinnon zusammen. Wir gingen in dem Thale Josaphat hinauf, das immer breiter wird und dichter mit Ölbäumen bewachsen ist. Endlich kamen wir zu dem Berge, der das Thal schließt. Auf dieser Höhe bietet die Stadt und ihre Umgegend einen herrlichen Anblick dar und es gibt nirgend einen schönern Standpunkt. Die zahlreichen Minarets und die Kuppel der großen Moschee erheben sich über den Bäumen des Thales und der Vorgrund ist grün und angebaut. Wir verweilten eine halbe Stunde in dem Garten eines türkischen Hauses, wo wir die reizende Aussicht genossen und kehrten am Mittage in das Franziskanerkloster zurück.

(Fortsetzung folgt in Nr. 135.)

Die Knoten.

Das Knotenknüpfen ist wol unstreitig eine der ältesten und nützlichsten Erfindungen. Wie auf Nahrung, Obdach und Kleidung, so wurde der Mensch auch hierauf durch das Bedürfniß hingeleitet. Die ersten Knoten machte gewiß das Anlegen der Bekleidung nöthig; denn wenn der Mensch sich auch nur in die Felle erlegter Thiere einhüllte, so mußte er doch diese Felle an dem Körper befestigen und dies geschah am leichtesten durch Ineinanderschlingen der natürlichen Bänder am Felle selbst, nämlich der Füße derselben in einem Knoten. Der erste Knoten war daher wol kein anderer als der, dessen wir uns noch heute bedienen, um auf die einfachste Weise zwei Enden irgend eines biegsamen Gegenstandes, eines Bandes, Seiles u. s. w. zusammenzufügen. Fig. 1 stellt einen solchen Knoten vor. Er ist höchst einfach, aber eben darum ein wichtiges Bedürfniß bei unzähligen Verrichtungen im gewöhnlichen Leben. Doch läßt er sich schon seiner Form wegen nicht überall anwenden, und der Weber z. B. bedient sich zum Zusammenknüpfen seiner Fäden an dessen Stelle des unter Fig. 2 abgebildeten Knotens. Dieser hat vor jenem

den Vorzug, daß er nicht nur ebenso fest, sondern auch weit kleiner ist und daher im Gewebe selbst wenig bemerkt wird. Außerdem gibt es noch eine Menge anderer mehr oder weniger künstlicher Knoten. Denn mit demselben Knoten, womit wir zwei Enden eines Bandes zusammenknüpfen, können wir z. B. nicht zwei Taue verbinden. Die letztern lassen sich nicht so beliebig biegen und ineinanderschlingen als ein Strick, und dieser wieder weniger leicht als ein Band; es kommen jedoch Fälle vor, wo nicht nur mit Stricken und Bändern, sondern auch mit Tauen Knoten geknüpft werden müssen, wie dies z. B. beim Takelwerk auf Schiffen oft nöthig wird. Das Knotenknüpfen bildet daher auch einen nicht unwichtigen Theil der Matrosenarbeit, und bei dem Matrosen schätzt man die Fertigkeit nicht gering, schnell, fest und dabei wieder leicht auflösbare Knoten zu knüpfen. Abbildung 3 bis 16 sind Knoten, wie sie der Matrose und Schiffer bei seinen verschiedenen Arbeiten braucht. Die meisten sind noch unzusammengezogen dargestellt, damit man daran leichter die Art und Weise

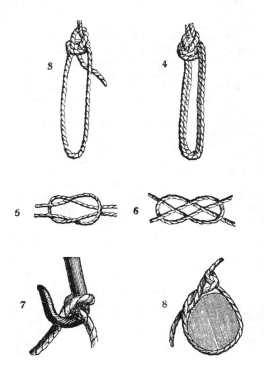

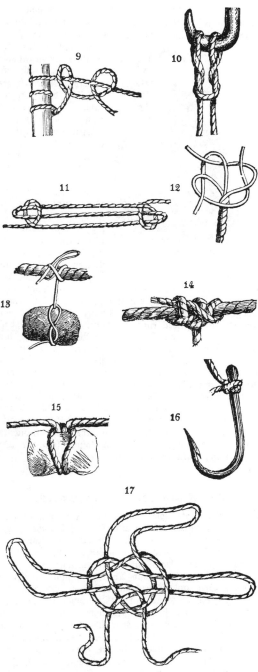

der Verknüpfung erkennen könne. Die einzelnen Abbildungen deuten zugleich die Fälle an, wo dieser oder jener Knoten Anwendung findet. Der Knoten Fig. 17 ist unter allen hier abgebildeten unstreitig der schwierigste. Weshalb er auch der echte Liebesknoten genannt wird. Er wird gebraucht, wenn man Flüssigkeiten in einem Gefäß ohne Griffe und Handhaben schöpfen will. Man schlingt dann einen Strick nach Fig. 17 zusammen und legt ihn um das Gefäß, wie Fig. 18 auf der folgenden Seite zeigt. Das Gefäß erhält auf diese Art vier Griffe und läßt sich zum Schöpfen sehr gut und bequem handhaben. Künstlicher aber als dieser und wol alle uns bekannten Knoten, muß der vielfach erwähnte und sprüchwörtlich gewordene gordische Knoten im Alterthume gewesen sein. Als nämlich, so wird erzählt, in Phrygien einst wegen der Wahl eines neuen Königs blutige Kämpfe ausgebrochen waren, beschlossen die Phrygier endlich, das Orakel zum Schiedsrichter zu wählen und Denjenigen zum König zu erheben, den die Gottheit ihnen nennen würde. Sie schickten eine Gesandtschaft an das Orakel und dieses bestimmte Den zum König, welcher zuerst dem Gesandten auf dem Rückwege auf einem Wagen sitzend und im Begriff, nach dem Tempel des Jupiter zu fahren, begegnen würde. Dies war Gordius, ein phrygischer Landmann. Er bestieg den Königsthron, weihte seinen Wagen aus Dankbarkeit dem Jupiter und befestigte an der Deichsel desselben einen so künstlichen Knoten, daß das Orakel Dem die Herrschaft der Welt versprach, der ihn auflösen würde. Als Alexander der Große auf seinem Zuge durch Asien auch diesen Tempel des Jupiter besuchte und die Unmöglichkeit sah, den Knoten anders als mit Gewalt zu lösen, so zerhieb er ihn mit dem Schwerte; der Knoten war gelöst und der Ausspruch des Orakels ging in Erfüllung, da sich Alexander fast die ganze damals bekannte Welt unterwarf. Hiernach nennt man noch heute jede sehr verwickelte Sache, und jede Aufgabe, deren Lösung scheinbar unmöglich ist, einen gordischen Knoten.

Der Fang der wilden Enten.

Die wilde Ente, die beinahe zwei Fuß lang ist und mit ausgespannten Flügeln 2 Fuß 10 Zoll mißt, zeichnet sich vor der zahmen nicht nur durch die Farbe des Gefieders, sondern auch durch schönere Gestalt, stolzern Gang, schlankern Hals und lebhaftere Augen aus. Sie lebt in Europa, Asien und Amerika, besucht im Sommer die Seen und Marschländer in den nördlichen Gegenden, zieht im Herbst in großen Schaaren nach Süden und verbreitet sich in gemäßigtern Gegenden auch während der rauhern Jahreszeit über Seen und Marschen. Viele kehren im Frühlinge in die nördlichen Gegenden zurück, wo jedoch einzelne Paare bleiben und ihre beständige Heimat haben, wie es in den Marschgegenden der britischen Inseln der Fall ist. Zahlreiche Schaaren besuchen Ägypten im November nach den Überschwemmungen des Nils. Auf einem entgegengesetzten Punkte der Erde sind die Seen auf den Orkney-Inseln ihre Winterzuflucht, und wenn jene gefroren sind, begeben sie sich an die Küsten der Inseln. Auch auf dem czirknitzer See im Herzogthume Krain sind sie häufig, wo sie bei der Annäherung eines Sturmes aus den Felsenhöhlen hervorkommen und sich in der Umgegend ausbreiten. In England sind sie besonders in den Marschen der Grafschaft Lincoln zahlreich. Die wilden Enten sind ungemein scheue Vögel und fliegen in bedeutender Höhe, indem sie einen Keil bilden. Ehe sie sich auf einer Stelle niederlassen, umkreisen sie dieselbe mehrmals, gleichsam um sie zu erforschen und kommen dann mit großer Vorsicht herab. Gewöhnlich halten sie sich von der Küste entfernt, wenn sie schwimmen, und während sie auf dem Wasser mit den Köpfen unter den Flügeln schlafen, halten einige immer Wache und warnen die übrigen, wenn Gefahr naht. Sie erheben sich vertical von der Wasserfläche, indem sie laut schreien, und zur Nachtzeit erkennt man ihren Flug an dem zischenden Geräusche, das sie machen. Während der Nacht sind sie weit thätiger als am Tage und gewöhnlich sind diejenigen, die man bei Tage sieht, entweder von einem Jäger oder einem Raubvogel aufgestört worden. Sie brüten nur einmal jährlich und die Weibchen wählen gewöhnlich zum Brüteplatz ein dickes Gebüsch an Teichen oder Seen, wo sie die Zweige zu einem Neste zusammenbiegen. Zuweilen machen sie ihr Nest auch auf Haiden, in einiger Entfernung vom Wasser und kratzen die nächsten Pflanzen zu diesem Zwecke auf einen Haufen zusammen. Einige behaupten, daß die wilde Ente auch ihre Eier zuweilen in das verlassene Nest einer Elster oder Krähe auf hohen Bäumen lege. Während der Brütezeit rupft das Weibchen gewöhnlich die weichen Federn aus ihrer Brust, um das Nest auszufüttern, worin es gewöhnlich 10 Eier legt, die es mit Blättern bedeckt, wenn es Futter sucht. Kehrt die Ente zurück, so läßt sie sich in einiger Entfernung nieder und nähert sich mit Windungen; hat sie sich aber einmal wieder auf das Nest gesetzt, so verläßt sie es so leicht nicht wieder. Das Männchen hält Wache bei dem Neste oder begleitet und beschützt das Weibchen, wenn es nach Futter ausfliegt. Alle Jungen werden an einem Tage ausgebrütet und an dem folgenden führt die Mutter sie schon an das Wasser. Ist das Nest in der Höhe oder entfernt vom Wasser, so tragen beide Ältern ein Junges nach dem andern in ihren Schnäbeln hinweg, bringen sie aber nicht eher auf das Wasser, bis sie leicht schwimmen und sich Insekten zur Nahrung suchen können. Die Mutter ist außerordentlich sorgsam, bis die Jungen fliegen können, was gewöhnlich drei Monate nach dem Ausbrüten der Fall ist, und sind sie noch drei Monate älter geworden, so haben sie ihre volle Größe. Das Fleisch von wilden Enten ist zarter, saftiger und wohlschmeckender, als von zahmen. Die Jäger stellen daher diesem Vogel häufig nach und haben allerlei Mittel erfunden, ihn zu überlisten.

In Nordamerika haben die Jäger mehre von Holz geschnitzte und wie Enten bemalte Figuren, welchen sie Bleistücke annageln, um sie so tief als die Enten gewöhnlich ins Wasser gehen, schwimmen zu lassen, indem man sie am Ufer befestigt. Die Erscheinung dieser Figuren lockt gewöhnlich die Vögel herbei, die dann leicht geschossen werden. Zuweilen werden diese Figuren in verschiedenen Stellungen verbunden und an einem kleinen Kahne befestigt, den man mit grobem Grase bis zur Oberfläche des Wassers hinab bekleidet, als ob die künstlichen Enten neben einer kleinen Insel schwämmen. Der Jäger, der in dem Kahne verborgen ist, kann oft nahe an einen Entenschwarm gelangen und eine große Verheerung unter denselben anrichten. Im Winter, wenn Eisschollen auf dem Flusse sind, bemalen die Jäger ihren Kahn weiß, legen sich auf den Boden desselben und indem sie mit der vorsichtig erhobenen Hand ein kleines Ruder führen, nähern sie sich unmerklich den Enten, ehe diese den täuschenden Kahn von einer schwimmenden Eisscholle unterschieden haben. Auf dem Lande wird zuweilen eine andere List mit großem Erfolge geübt. Ein großes und dichtes Faß wird in das Marschland oder den Sumpf gesenkt, nicht weit von der Stelle, wo die Enten gewöhnlich bei niedrigem Wasserstande Nahrung suchen und sonst kein Schutz zu finden ist. Der Jäger, in dem Fasse verborgen, das sorgfältig mit Schilf und Gras bekleidet ist, beobachtet die Enten und wenn sich eine hinlängliche Anzahl versammelt hat, richtet er eine große Niederlage unter ihnen an. Merkwürdig ist auch der Entenfang in Indien am Ganges, auf der Insel Ceylon und in China. Der Jäger geht hier bis an das Knie ins Wasser, bedeckt sich den Kopf mit einer leeren Kalebasse und nähert sich den Enten, die ihn herankommen lassen, da Gegenstände dieser Art so häufig auf dem Wasser gesehen werden. Er hat dann nichts zu thun, als die Enten unter dem Wasser bei den Beinen zu fassen und eine nach der andern zu fangen, bis er genug hat. Statt der Kalebasse wird auch wol einer der irdenen Töpfe genommen, welche man gewöhnlich, wenn sie einmal benutzt worden sind, als verunreinigt wegwirft.

In den Seen um Peronne in Frankreich werden viele Enten gefangen. Das Wasser, das aus der Somme zufließt, ist nicht ganz stehend und überall vier bis fünf Fuß tief, von vielen Inseln und Schilfdämmen durchschnitten. Hier werden an einigen Orten die Enten mit Netzen gefangen, am liebsten aber schießet man sie aus Hütten. Zu diesem Behufe wird in dem Schilfe ein großes Viereck ausgestochen und nachdem man einen Grund von Holz, Steinen oder Ziegeln gelegt hat, werden an jeder Seite sechs Pfähle eingerammt, über welche man Bogen spannt, wie über einen bedeckten Wagen. Die Seiten werden mit Rasen ausgefüllt, die Decke wird mit Stroh belegt. An der Vorderseite sind einige Schießlöcher angebracht; die Hinterseite hat eine kleine Thüre, durch welche der Jäger eintritt. Die mitten im hohen Schilf erbaute und mit Schilfhalmen bedeckte Hütte ist gar nicht zu unterscheiden. Der Jäger besucht sie jede Nacht, wie auch das Wetter sein möge. An der Vorderseite sind drei verschiedene Stricke an Pfählen befestigt. An dem mittlern Strick werden vier Entriche, an jeden der beiden andern vier Enten als Lockvögel gebunden. Die getrennten Vögel rufen sich einander zu und selten geht eine wilde Ente vorüber, ohne zu ihnen zu kommen. Der Jäger kann, da die Lockenten eine Reihe bilden, die herankommenden wilden leicht unterscheiden; der See ist bei leidlichem Wetter gewöhnlich spiegelhell und die Nacht selten so dunkel, daß er nicht in der geringen Entfernung schießen könnte.

Weit anziehender als die beschriebenen Arten des Entenfangs ist die in den Marschen der Grafschaft Lincoln gewöhnliche. In den Seen wird auf den Stellen, welche die Enten am häufigsten besuchen, ein Damm angelegt, der am Eingange ziemlich breit ist, aber immer abnimmt, bis zum äußersten Ende, wo er nur noch zwei Fuß Breite hat. Er ist rund, krümmt sich aber nicht sehr in der Ausdehnung der ersten 12—15 Ellen. Der See wird auf jeder Seite des Dammes von Schilf und Gras befreit, damit die Enten dahin gelangen können. Längs dem Damme werden auf beiden Seiten Stangen in die Erde getrieben und oben über dem Damme zusammengebogen. Sie bilden am Eingange des Dammes einen Bogen, dessen oberer Theil 10 Fuß über die Oberfläche des Wassers erhöht ist, und der immer an Höhe abnimmt, wie der Damm sich verengert, sodaß das entfernteste Ende nur 18 Zoll hoch ist. Über das Ganze wird ein Netz geworfen, das an einen Zaun von Schilfrohr am Eingange des Dammes und mehre Schritte weiter hinauf befestigt und zuletzt an den Boden gepflöckt ist. Am Ende des Dammes befindet sich ein sogenanntes Tunnelnetz, das durch mehre Reifen, von 18 Zoll im Durchmesser, ausgespannt wird. Liegt der gekrümmte Damm zur Rechten, wenn man mit dem Rücken gegen den See sich wendet, so sind links zehn Wände von Schilfrohr angebracht, die ungefähr sechs Fuß hoch sind. Vom Ende der letzten dieser Schirmwände kann der Jäger den See nicht sehen und weiterhin ist daher kein Schirm mehr nöthig. Ohne diese Wände würden die Vögel, die an der Mündung des Dammes bleiben, unruhig werden, wenn Derjenige, der die bereits unter dem Netz befindlichen Enten treibt, sich zeigte. Nähert sich der Jäger dem bedeckten Damme, so zündet er zuerst ein Stück Torf an, das er vor den Mund hält, damit die Enten ihn nicht riechen. Langsam geht er, von seinem Hunde begleitet, ungefähr die Hälfte des Weges zwischen den Schirmwänden hinauf, wo ein durch die Wand gestoßenes Stück Holz eine Öffnung macht, so groß, daß man hindurchsehen und bemerken kann, ob Enten hereingekommen sind. Sieht er keine, so geht der Jäger weiter; bemerkt er aber Wild, so gibt er seinem Hunde einen Wink, worauf das Thier sogleich zu einem durch die Schilfrohrwand gehenden Loche eilt. Die Enten fliegen dann in das Wasser. Der Hund kehrt zurück, kommt bei einem andern Loche wieder zu seinem Herrn und hat er eine neue Aufmunterung erhalten, so setzt er das Suchen fort, bis die Enten, durch seine Bewegungen geleitet, zu der Mündung des bedeckten Dammes kommen. Der Jäger zieht sich dann weiter zurück, und treibt den Hund zu verschiedenen Löchern hinaus, bis die Enten hinlänglich unter dem Netze sind. Darauf befiehlt er dem Hunde, sich hinter die Wand zu legen, und dem Ende des Dammes am See sich nähernd, schwenkt er den Hut zwischen den Wänden. Alle unter dem Netze befindlichen Enten können ihn sehen, aber keine von denjenigen, die im See sind. Jene fliegen vorwärts, und der Jäger läuft nach und nach zu den nächsten Wänden und treibt durch Schwenken des Hutes die Enten, bis sie zu dem Tunnelnetze kommen, in welches sie kriechen. Sind alle hinein, so dreht der Jäger das Netz zu, um das Entkommen zu verhüten. Er nimmt dann das Netz vom Ende des Dammes weg, holt die Enten eine nach der andern heraus und dreht ihnen den Hals um. Das Netz wird wieder auf seine Stelle gelegt und so werden zuweilen 5—600 Enten an einem Tage gefangen. Weht der Wind grade in den bedeckten Damm oder aus demselben, so hat der Jäger selten guten Erfolg, weil die Enten gern gegen den Wind schwimmen. Wenn mehre Dämme in einem See sind, werden sie so angelegt, daß sie für verschiedene Richtungen des Windes passen.

Man bedient sich auch zuweilen zahmer Enten, um die wilden in den Dammweg zu locken. Zu diesem Zwecke werden sie so abgerichtet, daß sie auf den Ton einer Pfeife kommen, um den Hanfsamen zu fressen, der ihnen hingestreut wird. Sie gehen gewöhnlich auf ein Zeichen der Pfeife in den Dammweg. An den Anblick des Jägers gewöhnt, gehen sie nicht mit den wilden Enten in das Netz, sondern kehren in den See zurück.

Das Schuppenthier (Manis).

Die Schuppenthiere (Manis) dieser Gattung, die, mit Ausnahme des Bauches, überall mit starken, breiten und hornartigen Schuppen bedeckt sind, haben ein ebenso ungewöhnliches Ansehen, als die zum Armadillgeschlechte gehörenden. *) Sobald sich diese Thiere zusammenrollen, bietet ihr Körper einen natürlichen Panzer dar, und da sie keine andern Vertheidigungswaffen haben, so finden sie in demselben einen Ersatz. Die äußere Körperbedeckung, sowie die ungewöhnliche Länge des Leibes und des Schwanzes gibt ihnen ganz das Aussehen einer Eidechse. Gleichwol haben sie mit dem Geschlechte der Eidechsen nichts weiter gemein und können als ein Verbindungsglied in der Kette betrachtet werden, welche die eigentlichen vierfüßigen Thiere mit der Classe der Reptilien verbindet. Mit Ausnahme ihrer Schuppenbedeckung zeigen diese Thiere viel Ähnlichkeit mit den Ameisenfressern **); wie diese pflegen sie ihre lange Zunge in die Nester von Ameisen und andern Insekten zu stecken, um sie dann plötzlich zurückzuziehen und ihre Beute zu verschlingen. In Indien und auf den indischen Inseln sind sie heimisch. Unsere Abbildung stellt die beiden Gattungen des Geschlechtes dar, welche als lang- und kurzgeschwänzte unterschieden werden.

Die langgeschwänzte, mit vier Zehen oder Fingern versehene Manis (manis tetradactyla) hat eine sehr lange und schlanke Gestalt, einen kleinen Kopf und schmalen Rüssel. Der ganze Körper ist, mit Ausnahme des untern Theiles, mit scharfen, breiten Schuppen versehen, welche gestreift oder ihrer ganzen Länge nach, wie bei den Muschelschalen, durch schmale Rinnen geschieden sind; Hals und Bauch sind mit Haaren bedeckt. Der Schwanz ist zweimal so lang als der Körper und läuft allmälig gegen das Ende spitzig zu. Die Füße sind sehr kurz; jeder Fuß hat vier Zehen, die an den Vorderfüßen stärker sind als an den hintern. Schwanz und Füße sind auf dieselbe Weise, wie der übrige Körper, mit Schuppen bedeckt. Die Farbe dieses Thieres ist dunkelbraun, doch etwas ins Gelbliche fallend, die Oberfläche des Körpers glatt und glänzend; im Durchschnitt beträgt seine Länge von der Nase bis an das Ende des Schwanzes fünf Fuß.

Die kurzgeschwänzte oder fünffingerige Manis (manis pentadactyla) wird in Indien Pangolin, oder Varjacite, das „Donnerkeilreptil", wegen der ungemeinen Härte seiner Schuppen genannt. Diese Gattung unterscheidet sich von der andern dadurch, daß sie weit dicker und kürzer ist; der Schwanz ist nicht so lang als der Körper, an der Wurzel sehr dick und dann immer schmaler zulaufend, bis er sich ganz stumpf endigt. Sie hat dieselben Schuppen, wie die vorher beschriebene, doch weichen dieselben in der Gestalt etwas ab und sind im Vergleiche mit denen am Körper und Schwanze breiter und weißer; bei den größern Individuen sind die Schuppen glatt, bei den kleinern jedoch von der Hälfte der Wurzel an leicht gestreift; bei einigen zeigen sich zwischen den Schuppen wenig Borsten, bei andern beobachtet man dies wieder nicht. Die Theile, welche keine Schuppen haben, sind mit Haaren bedeckt. Dieses Thier ist von sehr blasser, gelbbrauner Farbe, und seine Oberfläche ebenfalls glänzend. Das Pangolin täuscht die Wachsamkeit des Menschen dadurch, daß es sich in Felsenhöhlen oder in Löcher, die es selbst ausgegraben hat, zurückzieht; hier gebiert und säugt das Weibchen seine Jungen. Die Eingeborenen schlagen das Thier mit Knüppeln todt und verzehren sein Fleisch, das sehr hoch geschätzt wird; das Fell wird zu mancherlei kleinem Geräthe und Putz verarbeitet.

*) Vergl. Pf.-Mag. Nr. 88.   **) Vergl. Pf.-Mag. Nr. 115.

Das Schuppenthier.

Das Pfennig-Magazin

der

Gesellschaft zur Verbreitung gemeinnütziger Kenntnisse.

134.] Erscheint jeden Sonnabend. [October 24, **1835**.

Ansicht des Schlosses Amboise.

Das Schloß Amboise.

Unweit Tours, im sogenannten Garten Frankreichs, nahe am linken Ufer der Loire, liegt das alte königliche Lustschloß Amboise, dessen Bauart sowie seine Geschichte die Aufmerksamkeit der Reisenden erregen muß. Der stattliche Palast liegt auf einer der höchsten und steilsten Felsenwände, die hier das romantische Thal der Loire bilden, ist nur durch eine Wendeltreppe, die im Innern des Felsenberges hinaufgeführt ist, zugänglich und könnte noch jetzt, trotz dem Schießpulver, eine fast uneinnehmbare Festung abgeben. Schon vor 300 Jahren von Ludwig XI. erbaut, steht es noch heute fest und unerschüttert, aber öde ist es in seinem Innern. Es war der Lieblingsaufenthalt Karl VIII., der sich hier durch die Aussicht in das herrliche mit Weinbergen begrenzte Thal und durch das Vergnügen der Jagd in den nahen Waldungen für die lästigen Staatsgeschäfte zu entschädigen pflegte. Er verwandte bedeutende Summen auf die Verschönerung der Gebäude und starb auch hier (1498), nachdem er sich bei Gelegenheit einer Baubesichtigung in den Galerien dieses Schlosses durch einen Sturz gegen ein Felsstück das Gehirn zerschmettert hatte. Nach dieser Zeit wurde Amboise immer nur auf sehr kurze Zeit von einzelnen Gliedern der königlichen Familie der Jagd wegen besucht, bis man es nemlich nach dem verhängnißvollen Jahre 1560, wo es durch die darin verübten Greuelscenen verrufen wurde, nicht mehr besuchte und das einst so prächtige Schloß zum Staatsgefängnisse bestimmte.

Es genüge, auf jene Ereignisse, die diesem Schlosse eine traurige Berühmtheit geben, mit wenigen Worten hinzudeuten. Die schweren Verfolgungen, welche die Hugenotten — wie man die Protestanten in Frankreich nannte — in der ersten Hälfte des 16. Jahrhunderts besonders durch die Königin Katharina von Medici und die Herzoge von Guise erlitten, reizten sie zu einer Verschwörung, um sich Glaubensfreiheit zu verschaffen. Einer auserlesenen Schar wurde die Ausführung des Planes aufgetragen. Das Haupt der Verschworenen war der Prinz Ludwig von Condé, der aber im Hintergrunde blieb, während die eigentliche Leitung des Unternehmens ein französischer Edelmann, du Barry de la Renaudie, erhielt, der sich an die Spitze der Bewaffneten stellen, den König Franz II. durch Abgeordnete um Abhülfe der Beschwerden bitten und wenn das Verlangen abgewiesen würde, sich desselben bemächtigen sollte. Ein Advocat zu Paris, obgleich selbst Protestant, verrieth aber den Plan. Der König verließ Blois, begab sich auf sein festes Schloß Amboise und die Herzoge von Guise besetzten die Umgegend mit Kriegsvölkern. Ohne den Verrath zu ahnen, rückten nun die Verschworenen am 16. März 1560 unter allerlei Verkleidung in schwachen Haufen gegen die Stadt Amboise, die unterhalb des Schlosses an der Loire liegt. Sobald sich aber eine Abtheilung dem Orte näherte, wo die Soldaten im Hinterhalte lagen, wurde sie umzingelt und nach tapferer Gegenwehr theils getödtet, theils gefangen. Nicht ein Haufe entging diesem Schicksale. Man brachte darauf die Gefangenen in das Schloß, wo man sie an dem Geländer der Balcons oder an eiserne Haken, die in die Mauer geschlagen wurden, aufhängte. Der Hauptanführer Renaudie aber wurde von einem seiner Verwandten, der im königlichen Heere diente, im Walde bei Amboise erschossen und sein entseelter Körper auf der Loirebrücke unterhalb des Schlosses an den Galgen gehängt. Über 1200 Verschworene verloren an diesem Tage in und um Amboise ihr Leben. Dies war der sogenannte Aufstand von Amboise, dem aber bald noch blutigere Auftritte folgten.

Englands Wollenmanufactur.

Eduard III. war der erste König Englands, unter dessen Regierung dieser Gewerbzweig wichtig wurde. Er munterte Niederländer auf, sich in England niederzulassen, denn vorher hatte man blos rohe Wolle ausgeführt. Er gab zu Gunsten der Wollenmanufacturen ein Gesetz, daß man blos englisches Tuch tragen sollte. Ein Jahrhundert darauf trug die Wollenmanufactur schon viel zu den Staatseinkünften bei. Unter Heinrich VI. findet man schon Eifersucht zwischen den Manufacturisten und Landeigenthümern. Unter Heinrich VIII. waren die englischen Wollenmanufacturen schon so emporgekommen, daß die Flamänder nicht mehr so viel Wolle erzeugen konnten als die Engländer und daher anfingen, englische Wollenwaaren zu kaufen und sie nach verschiedenen Theilen von Europa zu verführen. Als daher 1528 Krieg zwischen England und den Niederlanden ausbrach, fing der Wollhandel gleich an zu stocken; da die Kaufleute keine flämischen Abnehmer mehr hatten, so konnten sie von den Tuchmachern nichts mehr kaufen, diese mußten daher ihre Arbeiter abdanken, welche nun Mangel litten und Brot und Blut foderten. Die Noth wurde so groß, daß beide Staaten eine Übereinkunft trafen, trotz dem Kriege Handel miteinander zu treiben. Als die Protestanten in Frankreich und den Niederlanden verfolgt wurden, nahm Elisabeth die Flüchtlinge wohlwollend auf. Unter Jakob I. machten die Wollwaaren neun Zehntel des englischen Handels aus. Fast alles Tuch wurde roh ausgeführt und von den Holländern gefärbt und zubereitet, welche jährlich an 5,000,000 Thlr. dadurch verdienten. Seit der Zeit nahmen die Wollenmanufacturen bald ab, bald zu, bis ihnen die Einführung der Maschinen einen großen Vorschub that. Gegenwärtig führt England jährlich im Durchschnitte für 4 — 5,000,000 Thlr. Wollenwaaren aus. Man rechnet jetzt in England 1315 Wollenmanufacturen, mit 31,360 Arbeitern und 22,526 Arbeiterinnen; aber dennoch meint man, daß dieser Industriezweig jetzt im Sinken ist. Ausländer wetteifern jetzt mit Engländern auf vielen Märkten, wo England sonst die Oberhand zu haben pflegte.

Hänge= oder Kettenbrücken. *)

Unter die wichtigern Gegenstände der neuern Mechanik und Baukunst gehören die Hänge= oder Kettenbrücken. Man nennt nämlich so Brücken, deren Fahrweg nicht von einer festen Unterlage getragen wird, sondern an einer biegsamen Verbindung beider Ufer aufgehängt ist. Diese Verbindung besteht gewöhnlich aus eisernen Ketten, seltener aus Seilen oder Eisendrath. Die nebenstehende Ansicht der Findhorn=Kettenbrücke in der Grafschaft Murrayshire in Schottland gibt einen allgemeinen Begriff von der Construction einer solchen Brücke. Die einfachste Art dieser Brücken besteht bereits seit Jahrhunderten in Asien und Südamerika, wo sie angewendet wurde, um über Flüsse und Abgründe zuführen; man spannte nämlich quer über dieselben hinreichende Seile und hing eine Brückenbahn daran**), welche gewöhnlich nur für

---

*) Vergl. Pfennig=Magazin Nr. 30 und 63.
**) S. die Abbildung einer solchen Brücke Pf.=Mag. Nr. 30.

Die Findhorn-Kettenbrücke.

Fußgänger bestimmt war. Ähnliche Brücken sollen schon seit langer Zeit auch in China erbaut und daselbst auch eiserne Ketten statt der Seile angewendet worden sein. Über den Fluß Sampu in Hindostan soll sich, Reisebeschreibungen zufolge, eine an fünf eisernen Ketten, deren jede aus 500 Gliedern besteht, hängende Brücke von 480 engl. Fuß Länge befinden.

In Nordamerika waren im Jahre 1811 bereits acht Kettenbrücken ausgeführt, worunter die um das Jahr 1809 in Massachusetts über den Fluß Merrimak erbaute eine Spannung von 244 Fuß hat. Den Engländern gehört inzwischen der Ruhm, die größten und vollkommensten Bauwerke dieser Art ausgeführt zu haben. Die älteste Kettenbrücke in England ist die über den Fluß Tees angelegte Winchbrücke, welche im Jahre 1741 errichtet wurde; diese Brücke führt über einen beinahe 60 Fuß tiefen Abgrund, hat 70 Fuß Länge, zwei Fuß Breite und die Ketten sind in den zu beiden Seiten vorhandenen Felsen befestigt.

Versuche mit geschmiedeten Eisenstangen und Ketten von 30—900 Fuß Länge, die an zwei Punkten aufgehängt und an verschiedenen Punkten belastet wurden, welche 1814 und in den folgenden Jahren von den englischen Architekten Telford, Donkin, Chapman und Rennie und vom Professor Barlow angestellt wurden, lieferten den Beweis, daß Kettenbrücken für die größten Spannungen ausführbar sind, daß sie dieselbe Sicherheit wie die steinernen oder gußeisernen Brücken gewähren und daß sie in den meisten Fällen einen weit geringern Kostenaufwand als die letztern verursachen.

In der That gewähren Kettenbrücken, wo es wegen der Tiefe der Abgründe, oder wegen der Tiefe und Schnelligkeit der Ströme unmöglich oder doch außerordentlich kostspielig wäre, Mittelpfeiler zu erbauen, die größten Vortheile, indem man sie mit weit größern Spannweiten anlegen kann, als es bei hölzernen, steinernen oder gußeisernen Brücken für möglich erachtet wird. Der französische Architekt Navier stellt die Meinung auf, daß eine Kettenbrücke ohne Schwierigkeit in einem Bogen von 1500 Fuß Spannung erbaut werden könnte, wenn nur die Unterstützung der Ketten durch 90 Fuß hohe Tragpfeiler geschieht, und es waltet kein Grund ob, dieser Ansicht zu widersprechen. Kettenbrücken gewähren aber überdies noch den Vortheil, daß ihre Aufstellung selbst bei den größten Spannweiten in einer viel kürzern Zeit bewirkt werden kann, als es bei der Aufstellung steinerner Brückenbögen der Fall ist, daß demnach die Schifffahrt in Flüssen hierbei weit weniger als bei dem Baue anderer Brücken unterbrochen wird. Sollte endlich, was jedoch bis jetzt noch nirgend stattgefunden hat, mit der Zeit eine oder die andere Kette schadhaft werden, so können ohne Anstand nicht blos einzelne Glieder aus einer Kette herausgenommen und durch neue ersetzt, sondern auch die Ketten verkürzt und der Fahrweg erhöht werden, ohne deshalb die Verbindung, wie es bei Vornahme solcher Ausbesserungen an steinernen oder gußeisernen Bögen der Fall ist, zu hemmen.

Seit der Zeit, daß die oben genannten Architekten die entscheidenden Versuche über die Tragkraft des Eisens angestellt haben, wurde die öffentliche Aufmerksamkeit immer mehr und mehr auf diesen Gegenstand gerichtet und mehre der größten Bauten dieser Art ausgeführt.

Zu den imposantesten Bauwerken, die sich in England vorfinden, gehört die Kettenbrücke über den Meeresarm Menai-strait zur Verbindung der Insel Anglesey bei Bangor mit dem festen Lande von England. Der kürzeste Weg von London nach Dublin führt nämlich über diesen Meeresarm und Holyhead auf der Insel Anglesey; da nun die Verbindung mit dieser Insel bisher durch eine beschwerliche und oft gefahrvolle Überfahrt unterbrochen wurde, so war die Anlage einer Brücke über

Kettenbrücke über den Menai.

diesen Meeresarm schon seit vielen Jahren in Verhandlung. Der Umstand, daß dort Seeschiffe ungehindert passiren müssen, machte es nothwendig, der Brücke eine Höhe von 100 Fuß zu geben. Im Jahre 1818 entschied sich das Parlament, eine Kettenbrücke nach dem Plane des Herrn Telford ausführen zu lassen; der Bau wurde unter seiner Leitung in demselben Jahre begonnen und im Jahre 1826 vollendet.

Die Menai-Kettenbrücke besteht aus einem Hauptbogen, welcher zwischen den Tragpfeilern 580 Fuß lang ist. Die untere Fläche dieses Bogens liegt 100 Fuß über dem höchsten Wasserspiegel zur Zeit der Frühjahrsfluten, um den Durchgang der größten Seeschiffe unter der Brücke zu gestatten. Da die Aufdämmung der Straße zu beiden Seiten der Tragpfeiler zu hoch und zu kostspielig geworden wäre, so sind diese Pfeiler mit den Dämmen am Ufer durch sieben steinerne Bögen von 52½ Fuß Spannung verbunden. Die Tragpfeiler sind über der Brückenbahn 52 Fuß hoch. Die Brückenbahn hängt an 16 Spannketten, wovon immer vier übereinander laufen. Die Glieder sind 3¼ Zoll hoch, 1 Zoll dick und 9 Fuß lang. Von den Spannketten gehen in einer Entfernung von 5 zu 5 Fuß die vertikalen Tragstangen von einem Quadratzoll im Querschnitte herab. An denselben hängt die Brückenbahn, welche in zwei Fahrbahnen für die hin- und herfahrenden Wagen und einen dazwischen liegenden Fußweg abgetheilt ist. Die Breite der Brücke mißt 28 Fuß. Die Brückenbahn liegt auf Querstangen von Schmiedeeisen, auf denen zwei Lagen Bohlen ruhen; in den Fahrbahnen liegt noch eine dritte Lage Bohlen und zwischen allen Lagen Filz, zur Bewahrung des Holzes.

Um die Schwingungen bei Stürmen zu vermindern, sind an acht Punkten zwischen den Spannketten eiserne Rahmen angebracht. Wenn daher Postkutschen im Trabe über die Brücke fahren, so sind kaum noch Bewegungen derselben zu bemerken; bei starken Stürmen hebt sich die Bahn in der Mitte noch 1—2 Fuß. An den Seiten der Brücke ist ein 6 Fuß hohes Geländer von gewalzten Eisenstäben befindlich.

Die ganze Länge einer Spannkette, zwischen ihren beiderseitigen Endpunkten gemessen, beträgt 1740 Fuß. Die Enden wurden tief in den Felsenriffen, die auf dem Festlande von England und auf der Insel Anglesey vorhanden sind, verankert, zu welchem Ende zu jeder Seite der Brücke drei Stollen in dieselben eingesprengt wurden. Das Gewicht der Menai-Kettenbrücke beträgt ungefähr 10,000 Centner.

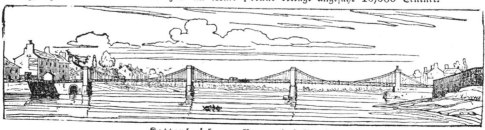

Kettenbrücke zu Bercy bei Paris.

Auch in Frankreich wurden in den letztern Jahrzehnden an vielen Orten Kettenbrücken erbaut, die erste der hier dargestellten zu Bercy bei Paris; die andere verbindet die Insel Barbe mit Lyon. Ebenso wurden auch in Deutschland einige solcher Bauten ausgeführt, unter diesen auch mehre Stahl= und Drahtbrücken, welche jedoch den Kettenbrücken aus Stabeisen weit nachstehen, indem sie theurer sind und bei jedem Fußgänger, der darüber geht, in Schwingungen gerathen, die bei Stürmen sehr bedeutend sind.

Kettenbrücke zwischen Lyon und der Insel Barbe.

Reise nach Palästina.

(Fortsetzung aus Nr. 133.)

Wir bestimmten die Nachmittagsstunden des nächsten Tages zu dem Besuche anderer merkwürdigen Gräber auf der Nordwestseite der Stadt. Als wir durch das nach Sichem führende schöne Säulenthor gekommen waren, ritten wir unter Ölbäumen und durch angebaute Felder und sahen bald mehre in den Felsen gehauene Gräber, die eine, zwei oder drei Todtenkammern enthielten. Der Eingang war fast bei allen viereckig oder länglich mit einem schwerfälligen Gebälke.

Eine Todtenkammer.

Etwas weiter, ungefähr eine Viertelstunde von der Stadtmauer, liegen die Denkmale, die man die Gräber der Könige von Juda nennt. Wir stiegen durch einen in den weißen Kalksteinfelsen gehauenen Paß in einen offenen Hof von 40 Fuß im Gevierte, der einem Steinbruche gleicht. Auf der ganz platt gehauenen Westseite dieses Raumes sieht man die gegen 30 Fuß breite Öffnung einer Höhle, über welcher ein Gebälke mit einem Fries liegt, das schöne, aber meist beschädigte Bildhauerarbeiten hat. Wir traten in diese Öffnung und indem wir uns links wendeten, kamen wir zu dem Eingange einer andern Höhle, der aber so niedrig und verschüttet war, daß wir nur mit Mühe hineindringen konnten. Endlich gelangten wir mit unsern brennenden Kerzen in ein großes, in den Felsen gehauenes Gemach, an dessen Seiten sich andere viereckige Öffnungen fanden, die zu inneren Kammern führten. Jede dieser sechs bis sieben Kammern ist mit ungemeiner Genauigkeit ausgehauen und hat glatte Wände. Einige sind mit Bildwerk von Weinlaub und Trauben verziert, und überhaupt scheint der Künstler jede Anspielung auf Gegenstände vermieden zu haben, die gewöhnlich als Sinnbilder des Todes gebraucht werden. Was sich von diesen Bildwerken erhalten hat, ist mit ungemeiner Kunst ausgeführt. Die Kammern waren früher mit steinernen Thüren verschlossen, welche auf Angeln sich bewegten, die gleichfalls aus dem Felsen gehauen waren. Maundrell sah 1697 eine dieser Thüren sich noch auf ihren Angeln drehen. Wir fanden sie nicht, sahen aber eine ungemein fein gearbeitete Thüre, in Gestalt von Feldern ausgehauen, wie vom feinsten

Steinerne Thüre einer Todtenkammer.

Holze, sauber geglättet, ungefähr einen halben Fuß dick, und ganz unbeschädigt. Sie hatte sich ursprünglich gleichfalls auf ihren aus dem Felsen gehauenen Zapfen bewegt. In allen Kammern, ausgenommen in der größern, die gleichsam eine Vorhalle bildet, sieht man mehre steinerne Behältnisse für Leichname, nicht viel größer als unsere Särge, aber in der regelmäßigen Gestalt länglicher Parallelogramme. Sie sind zum Theil mit Früchten, Blumen und Laubwerk verziert, wie das Fries über der Vorhalle. Mehre Theile dieser Särge lagen auf dem Boden zerstreut, und wie es scheint, hat man sie gewaltsam zerstört, in der Hoffnung, Schätze darin zu finden. Auch sahen wir einige Marmorplatten mit trefflichen Bildhauerarbeiten.

Gräber der Könige von Juda.

Gewiß gehören diese Denkmale nicht in die älteste Zeit der jüdischen Geschichte, und werden daher mit Unrecht als die Gräber der Könige von Juda bezeichnet, die auf dem Berge Zion waren. Sie stammen aus einer spätern Zeit, wo sich der altägyptische Geschmack mit dem altgriechischen Baustyl verband; aber sie einer bestimmten Zeit zuzuschreiben, wie z. B. dem Zeitalter des Herodes im ersten christlichen Jahrhundert, stützt sich immer nur auf Vermuthungen. Ziemlich entfernt von diesen Denkmalen, ungefähr eine Stunde von der Stadt, liegen in einer wilden Gegend die sogenannten Gräber der Richter, die zwar einige Ähnlichkeit mit den Königsgräbern haben, aber nicht so schön und geräumig sind. In dem größten dieser Gräber führt ein verziertes Portal zu einer viereckigen Kammer, aus welcher man in andere kleine kommt. Die Gräber sind stufenweise, eines über dem andern, angebracht. Daß sie die Grabstätte der Richter Israels gewesen sein sollen, ist ebenso unerweislich als die Sage von den Königsgräbern.

Nicht weit von diesen Gräbern, nahe an der nördlichen Stadtmauer, sahen wir die prächtige Grotte, die den Namen des Propheten Jeremias führt. Hier soll er seine Klagen ergossen haben. Der Ernst und die Großartigkeit der Scene sprechen für diese Überlieferung; denn an keiner passendern Stelle hätten die Wehklagen des begeisterten Sehers über das Verhängniß der Stadt ausgerufen werden können. Diese Höhle steht in hoher Achtung und der Schlüssel zur Pforte wird sorgfältig aufbewahrt.

Als wir in das Kloster zurückkamen, erfuhren wir, daß viele Pilger, von Geistlichen begleitet, einen feierlichen Betgang zum Grabe des Lazarus bei Bethania halten wollten. Die jungen Maroniten baten meinen Reisegefährten und mich, uns dem Zuge anzuschließen, und wir ließen uns bewegen, eine andere für den folgenden Tag bestimmte Wanderung aufzuschieben. Wir brachen auf, als es schon dunkelte, und da der Mond nicht schien, so wurden mehre Fackeln vertheilt. Wir zogen gegen zehn Uhr aus dem Stephansthore. Alle Pilger waren barfuß und folgten langsam den singenden Priestern. Im Garten Gethsemane ward angehalten, und bei den Erinnerungen, die wir in dieser feierlichen Stunde erwachten, machten die Gebete und Gesänge, die sich auf den Ort und auf die Zeit der heiligen Woche bezogen, einen desto tiefern Eindruck. Wir gingen dann am Abhange des Ölberges hin, auf welchen die Fackeln ein ungewisses schimmerndes Licht warfen, während der lange Zug auf dem schmalen Pfade sich ausdehnte. Auf dem Gipfel des Berges verweilten wir bis um Mitternacht und erreichten endlich das Dorf Bethania, wo Alles in tiefer Stille begraben war, die nur die Stimmen der Priester und Pilger unterbrachen. Als wir vor dem Felsengrabe des Lazarus ankamen, stiegen alle Pilger die schmalen Stufen hinab, und die Fackeln verbreiteten ein glänzendes Licht in der Höhle, die selbst bei Tage nur matt erleuchtet ist. Die Priester standen unten und die Pilger beugten sich mit andächtigen Gefühlen über sie hinab, um einen Blick in das Grab zu werfen. Der feierliche Gesang verkündete den Sieg, den die Macht des Kreuzes über Tod und Grab errungen und die Auferstehung zum ewigen Leben. Ein schwaches Morgenroth leuchtete über dem Gipfel des Ölberges, als wir das Grab verließen und ehe wir an das Stephansthor kamen, glänzte schon die Morgensonne auf den Domen und Thürmen der Stadt.

Kraft des Walfisches. *)

Ein auf den Walfischfang ausgesandtes amerikanisches Schiff, der Essex, hatte im Stillen Meere den größten

---

*) Vergl. über diesen und die Naturgeschichte des Walfisches Nr. 57 und 61 des Pfennig=Magazins.

Theil der Mannschaft in Böten entsendet, um Walfische aufzusuchen und zu erlegen, als einige der auf dem Schiffe zurückgebliebene Matrosen einen ungeheuren Walfisch dicht auf das Schiff loskommen sahen. Schon sehr nahe daran, schien er unterzutauchen, um dem Schiffe auszuweichen; allein indem er dies that, schlug er mit seinem Rumpfe gegen einen Theil des Kiels an, der sogleich in Stücke zerbrach und auf dem Meere umherschwamm; hierauf sah man den Walfisch in einer kleinen Entfernung vom Schiffe wieder auftauchen und mit anscheinend großer Wuth auf dasselbe losfahren, indem er an eines der Bugspriete mit seinem Kopfe anschlug und dasselbe mit erstaunlicher Gewalt zerschmetterte. Das Schiff füllte sich unmittelbar darauf mit Wasser und sank nach einer Seite zu. So war der einzige Zufluchtsort für die armen Leute auf den Böten zerstört, indem sie sich auf mehre hundert Meilen von dem nächsten Lande entfernt befanden. Als sie zum Wrack zurückkehrten, fanden sie die Wenigen, die sie am Bord zurückgelassen, wie sie in aller Eile sich in ein Boot geflüchtet, da sie kaum noch die Zeit dazu hatten, aus dem umstürzenden Schiffe zu entkommen. Es war nur wenig Vorrath an Lebensmitteln für die Mannschaft mit großer Schwierigkeit aus dem Wrack herbeizuschaffen, und damit sahen sie sich genöthigt, die lange traurige Reise nach der Küste von Peru anzutreten. Nur einem Boote war es geglückt, von einem Fahrzeuge nicht vor der Küste aufgenommen zu werden; auf demselben befanden sich die einzigen Überreste von der verunglückten Mannschaft, drei an der Zahl; alle Übrigen waren unter den schrecklichsten Qualen des Hungers umgekommen.

Hogarth's Werke.

7. Die Biergasse und das Branntweingäßchen.

I.

Wir theilen hier zwei Blätter Hogarth's mit, welche miteinander in genauem Zusammenhange stehen. Die Absicht Hogarth's bei diesen Bildern, deren erstes die „Biergasse," das zweite das „Branntweingäßchen" vorstellt, war eine doppelte. Indem er auf der einen Seite den weltberühmten englischen Porter, und in demselben den ehrenhaftern Theil des Volkes, welcher dieses Getränk vorzugsweise genießt, ein Ehrendenkmal errichten wollte, ohne daß er darum dem übermäßigen Genusse des Bieres eine Lobrede halten und eben dies nur als eine Stufe zur Wohlfahrt bezeichnen will, bemühte er sich auf der andern Seite, den allverderblichen und in so vieler Hinsicht das Glück von Familien untergrabenden Genuß des Branntweins recht eindringlich, Allen zur Warnung, zu brandmarken. Mit Recht sagt Lichtenberg von diesen beiden geistreichen Blättern, welche im eigentlichen Sinne Sittengemälde genannt zu werden verdienen: „Die Verbreitung solcher Bilder verdient selbst die Rücksicht der Policeien; die Knaben sollten sie nachzeichnen und man müßte Anstalten treffen, daß sie auf öffentlichem Markte verkauft würden. Es sind freilich keine Heiligenbilder, aber dafür etwas viel Besseres, die Lehren jener Heiligen."

Das hier mitgetheilte Blatt, die Biergasse, ist eine Zeichnung voller Leben, Frohsinn und Wohlbehagen. Im Vordergrunde zur Rechten erblickt man ein etwas alterthümliches und baufälliges Haus, welches sich durch ein Aushängeschild von drei Kugeln, die von einem Kreuz zusammengefaßt werden, auszeichnet; an der mit der Spitze herabgeneigten Stange, welche augenscheinlich nicht mehr lange das Haus mit seinem Symbol verbinden wird, erkennt man den Verfall des Besitzers und die Hinfälligkeit alles Irdischen; um dies noch mehr zu bestätigen, dienen die Stützen, welche sich am untern Theile des Hauses befinden.

Dasselbe gehört einem Manne, Namens Kneip (Pinch), dessen Beruf ist, auf Pfänder zu leihen. Solche Leihhäuser pflegten immer drei blaue Kugeln als Schild zu führen; denn diese bildeten das gemeinsame Wappen der ganzen Brüderschaft der Pfandleiher, Wucherer und dergl. Witzige Köpfe deuteten diese drei Kugeln so, man könne zwei gegen eins verwetten, daß die in diesem Hause untergebrachten Gegenstände nicht wieder zum Vorschein kommen würden. Obgleich nun der Besitzer dieses Leihhauses Kneip heißt, was wol eigentlich auf seine Interessenten deutet, welche geknippen werden sollen, so scheint es doch, daß er sich während seiner Praxis mehr als seine Kunden übervortheilt hat; denn Herr Kneip ist durch diese offenbar bankrott geworden. Auch hält es nicht schwer, die Ursache dieses Falliments einzusehen, wenigstens zeigt sie der mit Bierkrügen aller Art befrachtete Junge an der Hausthür, der einen solchen durch ein Guckloch in das Haus hineinbefördert, deutlich genug. Herr Kneip hat unstreitig in seinem Leben zu viel Porter getrunken und daher schreibt sich der Umstand, daß er nun Schulden halber nicht mehr das Haus verlassen darf, was Hogarth auf sehr sinnreiche Weise durch die vor der Hausthüre liegenden Steine angedeutet hat.

Im Vordergrunde zur Linken zeichnet sich vor Allem die athletische, wohlgenährte Gestalt eines Mannes aus, mit dem stattlichsten Bierbauche, den es nur in London geben kann. Dieser Mann mit dem knapp an den Leib anschließenden Schurzfell und seitwärts geschobener Schlafmütze, in der Rechten einen Porterkrug, in der Linken eine kolossale Hammelkeule hält, ist seines Zeichens ein Grobschmied. Dieser Mann ist das leibhaftige Conterfei von John Bull, welchem nichts in der Welt mehr fehlt, wenn Porter und Hammelkeule ihm zur Seite stehen. Auch drückt die Miene und die ganze Haltung des wohlbeleibten Mannes das innigste Wohlbehagen und einen vollkommen wünschenswerthen Zustand aus. Zu seiner Rechten, etwas tiefer als er, sitzt ein Fleischer, dessen Krug dem Theile, wohin er eigentlich gehört, dem Magen, noch näher gerückt ist; der Ausdruck im Gesicht dieses Collegen ist nicht minder vergnügt und wohlgefällig, als bei dem ersten und Beide bilden in ihrer Behaglichkeit einen schroffen Contrast zu Herrn Kneip, dem Pfandleiher, dem es nicht so wird, unter Gottes freiem Himmel und in nachbarlicher Gesellschaft seinen Porterkrug zu leeren. Vor den gemüthlichen Trinkern liegt eine Rede des Königs und das londoner Tageblatt: „Daily advertiser", zum Kennzeichen, daß ein londoner Spießbürger vollkommen zufrieden ist, wenn er Fleisch und Bier und ein wenig Politik hat.

Zunächst dem stattlichen Bauche des Grobschmieds befindet sich ein liebendes Pärchen, welches aus einem Hausmädchen und einem handfesten Bierschröter besteht, der in seinen Armen Alles hält, was sein Glück ausmacht, nämlich die Geliebte, das Tragband und den Porterkrug; die Mitte des Vordergrundes aber nehmen ein paar Fischermädchen ein, welche ihre heifern Kehlen mit Absingung einer Ballade zum Lobe der Heringsfischerei abmühen. So wenig sich diese in ihrer musikalischen Begeisterung um ihn bekümmern, ebenso wenig bekümmert sich um sie der schwitzende Lastträger rechts im Vordergrunde, dem man es ansieht, daß er aus wahrem Durste die Gottesgabe genießt. Darum ist sein Krug auch um die Hälfte geräumiger, als die Trinkgefäße der Übrigen.

Der auf der Staffelei über dem Grobschmied befindliche Maler, dessen Garderobe in äußerst schlechtem Zustande sich zeigt, ist eigentlich eine Satire auf den bekannten englischen Maler Liofard. Dieser besaß nämlich die Eigenheit, daß er durchaus nichts darstellen konnte, was er nicht in natura vor sich hatte. Hogarth stellt also, um diesen zu verspotten, einen Hausanstreicher vor, der auf einer Leiter steht, um ein Wirthshausschild zu malen. Der Gegenstand soll eine Flasche sein und um diese naturgetreu darzustellen, hat sich unser Pinsler eine wirkliche Flasche an den eisernen Schnörkel des Schildes befestigt, nach welcher er mit seitwärts geneigtem Haupte so eifrig hinblinzelt, als copire er nach Rafael oder Rubens. Vielleicht gilt auch der sehnsüchtige Ausdruck dem Umstande, daß die Flasche leer ist, und er so auf diesem Blatte als der einzige Durstige erscheint.

(Der Beschluß folgt in Nr. 155.)

Die Biergasse.

Das Pfennig-Magazin

der
Gesellschaft zur Verbreitung gemeinnütziger Kenntnisse.

135.]   Erscheint jeden Sonnabend.   [October 31, **1835.**

Frankfurt am Main.

Ansicht der Zeil.

III.   44

Frankfurt am Main.*)

Wir beginnen die in unserer Zeitschrift nach und nach zu liefernde Schilderung der zum deutschen Bunde gehörenden vier freien Städte mit Frankfurt am Main, das unter denselben den Vorsitz führt. Die Stadt bildet mit ihrem Gebiete, das einen Flächenraum von 4½ ◻M. umfaßt, den Freistaat, der sich auf beiden Ufern des Mains zwischen Kurhessen, Hessen-Darmstadt und Nassau ausbreitet. Frankfurt war schon in der Zeit der Römer ein bewohnter Ort, tritt jedoch erst im 8. Jahrhundert aus dem Dunkel der Geschichte hervor. Karl der Große hielt hier 794 eine Kirchenversammlung und gründete später die Vorstadt Sachsenhausen, wo er den von ihm besiegten Sachsen sich anzusiedeln gestattete. Karl's Sohn, Ludwig der Fromme, machte Frankfurt zu seiner Residenz und auf der Stelle des sogenannten Saalhofes erhob sich der Palast oder die Pfalz, wo seine Nachfolger wohnten, unter welchen Ludwig der Deutsche, der 876 starb, die Stadt erweiterte. Nach der Erlöschung des Stammes Karl's des Großen war Frankfurt nicht mehr die beständige Residenz der deutschen Könige, die Stadt aber wurde nach und nach so bedeutend, daß sie um die Mitte des 12. Jahrhunderts die Rechte einer freien Reichsstadt erhielt, und nachdem bereits mehre deutsche Kaiser in ihren Mauern waren gewählt worden, bestimmte das unter Karl IV. im Jahre 1356 gegebene Reichsgrundgesetz, die goldene Bulle, sie zum Wahlort: ein Vorzug, der auf die Vermehrung ihres Wohlstandes großen Einfluß hatte. Wie in andern Reichsstädten, ward auch in Frankfurt durch die Mängel der Verfassung und die Eifersucht zwischen den Gewerbtreibenden und den bevorrechteten Bürgern, welche in der Verwaltung der öffentlichen Angelegenheiten oft ein drückendes Übergewicht ausübten, die innere Ruhe gestört. Im 16. Jahrhundert entstanden ernstliche Volksbewegungen, die nicht ohne Anstrengung von den Reichsfürsten unterdrückt wurden. Ein Vertrag, der 1613 nach einem neuen Aufstande unter der Vermittelung kaiserlicher Bevollmächtigten geschlossen wurde, konnte die Keime der Zwietracht nicht ersticken und erst hundert Jahre später wurde nach langen Unterhandlungen die Verfassung der Stadt durch Verbesserung ihrer innern Einrichtung geordnet. Kriegsdrangsale vereinigten sich oft während jenes Zeitraums mit den unglücklichen Wirkungen innerer Zerwürfnisse, den Wohlstand der Stadt zu erschüttern. Im schmalkaldischen Kriege auf der Seite der verbündeten Fürsten, mußte sie den Frieden mit einer ansehnlichen Summe erkaufen. Im dreißigjährigen Kriege hatte sie nach dem Einzuge Gustav Adolfs seit 1631 vier Jahre lang eine starke Besatzung zu erhalten und vier schwedische Regimenter zu besolden, und im westfälischen Frieden ward ihr die Bezahlung des siebzigsten Theils der an Schweden zu zahlenden Kriegskosten aufgelegt. Nicht minder schwere Lasten mußte sie in den Kriegen mit Frankreich von 1688—97 tragen. Im siebenjährigen Kriege fiel Frankfurt in die Gewalt der Franzosen. Im ersten Jahre des Revolutionskrieges war die Stadt nur auf kurze Zeit in den Händen der Franzosen, die im December 1792 von den Verbündeten zurückgetrieben wurden. Als 1795 nach dem Frieden von Basel Preußen seine Heere zurückzog, wurde die Umgegend der Schauplatz des Kampfes und die Stadt zweimal beschossen. Sie fiel hierauf wieder in die Gewalt der Franzosen, die bis zum Frieden von Luneville ihr die härtesten Opfer auflegten. Bei der neuen Anordnung der Verhältnisse Deutschlands im Jahre 1803, die mehren Reichsstädten ihre Selbständigkeit nahm, behielt sie ihre Unabhängigkeit; bald nach der Auflösung des deutschen Reiches wurde sie die Hauptstadt des neugebildeten Großherzogthums Frankfurt, das der Fürst Primas, Karl von Dalberg, als Mitglied des Rheinbundes erhielt. Die Vertreibung der Franzosen aus Deutschland löste dieses Verhältniß auf und durch die Acte des wiener Congresses erhielt Frankfurt als Mitglied des deutschen Bundes seine Selbständigkeit wieder. Es wurde Sitz der Bundesversammlung, die ihre Sitzungen am 1. October 1816 eröffnete. Zu derselben Zeit wurde die neue Verfassung, die auf der Grundlage der alten ruhte, feierlich eingeführt.

Frankfurt liegt in einem von dem Main durchströmten reizenden und fruchtbaren Thale, welches im Norden und Nordwesten das Taunusgebirge, im Osten der Spessart und im Süden der Odenwald umschließen. Der Hauptbestandtheil der Stadt ist auf dem rechten Ufer des Mains erbaut und wird durch eine, um die Mitte des 14. Jahrhunderts neu errichtete 660 Fuß lange, auf 14 Bögen ruhende Brücke mit der Vorstadt Sachsenhausen verbunden. Von mehren nahen Anhöhen bietet die Stadt mit ihrer Umgegend vortreffliche Ansichten dar, von welchen nachstehende Abbildung eine der schönsten mittheilt. Anmuthig wie die Umgegend, sind auch die nächsten Umgebungen der Stadt, die auf der ganzen Landseite, vom Obermainthore bis zum Untermainthore, ein Kranz von blühenden Gesträuchen und schattigen Gebüschen, üppigen Rasenplätzen und duftenden Blumenbeeten umgibt, während längs dieser Anpflanzungen, die in den Jahren 1806—13 angelegt wurden, sich lachende Gärten und viele freundliche Landhäuser hinziehen. Schöne und belebte Kunststraßen durchschneiden diese Anlagen. Die meisten derselben führen an alterthümlichen Wartthürmen vorbei, welche in der Vorzeit die Hauptpunkte einer aus Wällen und Gräben bestehenden Befestigungslinie oder sogenannten Landwehr gegen plötzliche und räuberische Überfälle bildeten. Der Stadttheil auf dem rechten Mainufer hat sieben Hauptthore, von welchen zwei noch die alterthümliche Form eines Festungsthores haben. Der ältere Theil der Stadt ist unregelmäßig gebaut und besteht meist aus sehr alten Gebäuden; nur die in neuern Zeiten nach der Schleifung der Festungswerke entstandenen Schöpfungen zeichnen sich durch Regelmäßigkeit aus und unter ihnen ist vorzüglich die am hohen Uferrande des Mains hinlaufende Reihe geschmackvoller Häuser zu erwähnen, die mit Recht den Namen „die schöne Aussicht" führt. Die schönste Straße der Stadt, die vorstehend dargestellte, die Zeil, ist zwar sehr breit, mit vielen schönen Häusern besetzt und durch lebhaften Verkehr anziehend, aber nicht ganz grade. Die vorzüglichsten öffentlichen Plätze sind: der Roßmarkt, der mit dem Platze vor der Hauptwache zusammenhängt und durch eine Allee von Linden und Acazien mit dem Komödienplatze verbunden ist; der Paradeplatz; der Liebfrauenberg und der Römerberg. Die Zahl der Häuser wird auf etwa 4000 angegeben. Unter den Kirchen ist die älteste der dem katholischen Gottesdienste geweihte Dom oder die Bartholomäuskirche, ein großes und schönes Gebäude, das im 13. Jahrhundert angefangen, aber erst im 14. vollends ausgebaut ward. Eine ihrer schönsten und mit vorzüglichen Bildwerken gezierte Hauptpforte ist, wie der größte Theil des Gebäudes, durch Buden und angrenzende Häuser versteckt. Hohe schlanke Pfeiler stützen das mächtige Gewölbe der Kirche,

---

*) Vergleiche auch Pfennig-Magazin Nr. 52.

Ansicht von Frankfurt am Main.

von deren Innerm wir auf der folgenden Seite eine Abbildung geben, aber mehre neuere Verzierungen bilden einen auffallenden Gegensatz zu dem alterthümlichen Charakter des Ganzen. In einer anstoßenden Kapelle wurden die deutschen Kaiser gewählt, die dann vor dem mit einer Nachbildung der Himmelfahrt der heiligen Jungfrau von Rubens gezierten Hochaltar die Salbung erhielten. Zu den Merkwürdigkeiten der Kirche gehören das 1352 errichtete Grabmal des deutschen Kaisers Günther von Schwarzburg, und eine kostbare, mit einem Astrolabium und einem immerwährenden Kalender versehene Uhr, die aber schon seit längerer Zeit nicht mehr im Gange ist. Der Thurm des Doms, 260 Fuß hoch, ist der höchste in der Stadt, entbehrt aber noch der Schlußpyramide, die ihn nach dem ursprünglichen Plane noch um 60 Fuß erhöht haben würde. Um das Gewölbe, welches diese Pyramide tragen sollte, läuft eine Galerie, von welcher man eine herrliche Ansicht der Stadt und des Mainthals mit seinem reizenden Gebirgskranze genießt. Die Kirche Unserer lieben Frauen, im 14. Jahrhundert erbaut, ist ein ansehnliches gothisches Gebäude, dessen mittlern Eingang ein schätzbares Bildwerk aus derselben Zeit ziert, das die anbetenden heiligen drei Könige darstellt. Auch diese Kirche gehört den Katholiken, wie die Leonhardskirche, die sich durch ihr geschmackvolles Innere auszeichnet. Unter den protestantischen Kirchen ist die vorzüglichste die Katharinenkirche, die 1686 auf der Stelle einer ältern gebaut wurde. Sie hat ein gutes Altargemälde, Jesus am Ölberge betend, von Hermann Boos, und eine schöne Orgel. Die im römischen Style erbaute Barfüßerkirche, die schon 1796 begonnen ward, ist noch nicht ganz vollendet. Die, in rein deutschem Baustyle, von Rudolf von Habsburg gestiftete Nicolaikirche wurde 1813 in ein Magazin verwandelt, nach dem Frieden aber ihrer Bestimmung zurückgegeben. Die Reformirten haben zwei Kirchen, die deutsch-reformirte und die französisch-reformirte, von welchen besonders die letztere durch das freundliche Innere sich auszeichnet und durch die unter dem Fußboden angebrachten Röhren im Winter geheizt werden kann.

(Der Beschluß folgt in Nr. 136.)

Ameisennoth.

Martin erzählt in seiner „Geschichte der westindischen Colonien" von einer so ungeheuern Zunahme der Ameisen in Jamaica, daß sie einst die Straßen auf einer Strecke von mehren Stunden bedeckten; sie lagen an manchen Stellen so dick, daß man die Spuren der Pferdehufe darin bemerkte, bis die Vertiefungen von andern herbeieilenden Insekten wieder ausgefüllt wurden. Alle Arten von Lebensmitteln, alles Ungeziefer, besonders Ratten, und selbst die Wunden der gepeitschten Negersklaven waren ihren Anfällen ausgesetzt. Die Regierung versprach 100,000 Thaler für die Mittheilung eines wirksamen Mittels zur Zerstörung dieser Landplage. Gewöhnlich wurden Gift und Feuer versucht. Man vermischte Arsenik und ätzenden Sublimat mit thierischen Stoffen, wodurch auch unzählige zerstört wurden. Sobald sie nämlich nur das Geringste von dem Gifte genossen hatten, wurden sie so wüthend, daß sie einander selbst verzehrten. Auch legte man ihnen glühende Kohlen in den Weg, wohin sie in so großer Menge krochen, daß sie das Feuer erstickten; ebenso wurde das Feuer in Löchern, die man in die Zuckerfelder gegraben hatte, von den Körpern der getödteten unterdrückt. So lange man aber die Nester nicht zerstört hatte, kam immer wieder eine neue Brut hervor, und so zahlreich als je. Erst nachdem ein heftiger Sturm mehre Tage getobt, der die Wurzeln aller Pflanzen aufriß oder auflockerte, wo die Nester sich befanden, und der nun sich ergießende Regen in den Boden drang, wurde die Brut zerstört.

Das Innere des Doms in Frankfurt am Main.

Reise nach Palästina.
(Fortsetzung aus Nr. 134.)

Die Osterfeier versammelte nun alle Pilger in der heiligen Stadt. Am grünen Donnerstage wurde die Abendmahlsfeier in der Kirche des heiligen Grabes festlich begangen. Es hat sich aus der ältesten christlichen Zeit der Gebrauch erhalten, daß an diesem Tage von den Andächtigen viele Eßwaaren dargebracht und dann von den Mönchen unter die Armen vertheilt werden. Am Charfreitag drängten sich die Wallfahrer von allen christlichen Bekenntnissen in die Kirche, und unter ihnen sah man Türken und Araber, jene um die Ordnung in dem wilden Gedränge zu erhalten, diese von Neugier getrieben. Der alte Streit über den Besitz der heiligen Örter führte wieder Auftritte herbei, welche für Alle, die sich einer andächtigen Stimmung überlassen wollten, störend waren. Wir konnten uns kaum den Weg durch das Gedränge bahnen, aber ein Türke, der uns seinen Schutz aufdrang, schlug zu unserm großen Ärgerniß mit seinem Stocke unbarmherzig unter die Pilger, um uns Platz zu machen. Die Abendprocession der Katholiken sollte beginnen und als die Pilger bei Anbruch der Dunkelheit sich geordnet hatten, wurde die Feierlichkeit eröffnet. Während des Umgangs durch die Kirche wurden in den sieben Hauptkapellen ebenso viele Predigten über die Leidensgeschichte gehalten. Zuerst sprach ein Mönch in italienischer Sprache und nach den Anfangsworten seiner Rede: „In dieser finstern Nacht", wurden alle Lichter ausgelöscht, worauf er beinahe eine halbe Stunde im Finstern redete. Jeder erhielt nun eine brennende Kerze und alle das Leiden Christi versinnlichenden Instrumente wurden von den Klosterbrüdern getragen. Dann ging der Zug in die Calvarienkirche hinauf, wo man endlich von dem mittlern der drei aufgerichteten Kreuze das lebensgroße Bild des Heilands, das bewegliche Glieder hatte, herabnahm, in ein Linnentuch wickelte und zu dem Marmorsteine in der untern Kirche trug, auf welchem nach der Überlieferung der Leichnam Christi vor dem Begräbnisse gesalbt wurde. Nun drängten sich die Pilger herbei, warfen sich auf die Knie, drückten die Stirne auf den Boden, küßten das Bild und die Marmorplatte und aus manchen Augen flossen Thränen frommer Rührung. Während dieser Feierlichkeit wurden noch drei italienische und zwei spanische Predigten gehalten und zuletzt hielt vor dem Salbsteine, nachdem man das Bild mit Spezereien bedeckt hatte, ein spanischer Mönch eine Predigt in arabischer Sprache, die mit großer Theilnahme gehört ward. In diesem Augenblicke bot die Versammlung einen ergreifenden Anblick dar. Die bunten Turbane, die bärtigen Gesichter, die flatternden Gewänder der morgenländischen Pilger, die reiche Tracht der wohlhabenden Armenier und Maroniten, das einfache blaue Baumwollengewand des Beduinen, die griechischen Mönche mit ihrem schwarzen, auf die Schultern fallenden Lockenhaar, der griechische Pilger mit seiner engen rothen Mütze, die eine blaue Quaste zierte, und seinem reichgestickten Oberkleide — Alles bildete eine bunte malerische Gruppe, in welcher die spärliche und enge europäische Kleidung einiger Pilger aus Neapel auffallend hervortrat. Als die arabische Predigt zu Ende war, wurde der Leichnam in das Grab gelegt, das bis zum Auferstehungstage verschlossen ward. In den folgenden Stunden der Nacht sahen wir die Processionen und Feierlichkeiten der Armenier, Maroniten, Kopten und Griechen, die wir aber bei allem Glanze, den eine zahlreiche Geistlichkeit geben konnte, doch eben nicht erbaulich fanden. Des Prügelns und Lärmens war kein Ende. Die mohammedanischen Wächter schlugen vergebens unter die Pilger. Alles drängte sich ungestüm und mit wildem Geschrei zu den Kapellen; man stieß sich warf sich auf die Erde, einer stellte sich auf den andern und ließ sich um die Kapelle des heiligen Grabes tragen.

Alles aber wird überboten durch den wilden Lärm bei der Vertheilung des heiligen Feuers, das die Griechen und Armenier am Ostersonnabend anzünden. In den ältesten christlichen Zeiten blieben die Andächtigen während der Charfreitagsnacht ohne Licht in der Kirche, und wenn sie nach dem Ende des Gottesdienstes am Vorabend des Ostertages die Lampen wieder anzünden wollten, ward eine Procession gehalten, während welcher, wie die Sage erzählt, das wunderbare Feuer erschien. Die Geschichtschreiber der Kreuzzüge erzählen, daß bald nach der Eroberung Jerusalems am ersten Osterfeste nach dem Tode Gottfried's von Bouillon, der 1100 starb, das heilige Feuer am Vorabend des Festes ausblieb und erst am Ostertage während der Andachtsübungen des bestürzten Volkes plötzlich die Kapelle des heiligen Grabes erleuchtete. Als sich im 13. Jahrhundert die Christen wieder um das heilige Grab sammelten, übernahmen es zuerst die syrischen und abyssinischen Priester, das wunderbare Feuer zur Erbauung der zahlreich herbeiströmenden Pilger zu empfangen. In spätern Zeiten besorgten dies die Griechen und Armenier. Alle Pilger nehmen Theil an dieser Feierlichkeit und Niemand läßt sich anders als durch schwere Krankheit abhalten, Zeuge des Wunders zu sein. Wir traten in die Kirche, das Schauspiel zu sehen. Nach einer feierlichen Procession gingen der griechische und armenische Bischof in die Kapelle des heiligen Grabes, wo sie bei verschlossenen Thüren beteten. Die Kirche lag in tiefer Finsterniß und die zahlreiche Versammlung beobachtete ein erwartungsvolles Schweigen. Die Ungeduld aber wurde bald laut und Alles drängte sich zu der Kapelle, bis endlich durch die Spalten der Thüre das Licht erschien. Ein lauter betäubender Jubel erschallte bei dem Uebergange von Hoffnung und Zweifel zu schwärmerischer Freude. Die Bischöfe reichten das Licht aus zwei Seitenöffnungen den Pilgern, die schnell ihre Wachskerzen anzündeten und alsbald glänzte die ganze Kirche in heller Beleuchtung. Darauf trat der griechische Bischof hervor und trug das Licht in das Hauptschiff der Kirche. Durch Boten wird es dann an die benachbarten Kirchen nach Jaffa, Akre und andern Städten gesendet. Die Katholiken bestreiten die wunderbare Entstehung des Lichtes als einen Trug und behaupten, daß der griechische Bischof es selbst entzünde und daß es sich ungemein schnell verbreite, weil man die Dochte der unter die Pilger vertheilten Kerzen mit Weingeist getränkt habe; die Griechen und Armenier aber glauben fest an das Wunder und die Wunderkraft des Lichts. Jeder Pilger hält es an den Bart und an das Gesicht, in dem Glauben, daß es nicht wie ein irdisches Feuer brenne, aber wir bemerkten, daß keiner diesen Versuch lange genug aushalten konnte, diese Meinung zu rechtfertigen. Manche unternehmen die Wallfahrt blos, das heilige Licht zu empfangen, und wir sahen mehre Pilger, welche mit dem geschmolzenen Wachs der an der Wunderflamme entzündeten Kerzen Linnentücher tränkten, in welche einst ihre Leichen eingehüllt werden sollten.

In Palästina und überhaupt in Syrien sind die Christen sehr zahlreich. Die abendländischen Katholiken oder die sogenannten Lateiner genießen gewisse Vorrechte und stehen unter dem besondern Schutze einiger europäischen Fürsten, doch sind ihre Rechte seit der französischen Revolution sehr geschmälert worden. Ihren Gottesdienst verrichten Franziskaner, Capuciner, Karmeliter und Lazaristen, die aus den Klöstern Europas dahin gesendet werden. Die Franziskaner, die fast überall allein die Seelsorge haben, siedelten bald nach der Stiftung ihres Ordens schon im 13. Jahrhundert in Palästina sich an. Seit 1342 bewohnten sie ein Kloster auf dem Berge Zion und als sie dieses 1569 verloren hatten, zogen sie in das Kloster St.-Salvator zu Jerusalem, wo sie noch wohnen. Außer diesem Kloster, dessen Guardian die Leitung der geistlichen Angelegenheiten in Palästina und fast alle Macht eines Bischofs hat, besitzen die Franziskaner noch in mehren andern Städten Ordenshäuser. In frühern Zeiten waren sie im Besitze eines bedeutenden Grundeigenthums. Seit ihnen der Schutz des französischen Gesandten zu Konstantinopel mangelte, waren sie vielfältigen Bedrückungen und Erpressungen von Seiten des Paschas von Damask ausgesetzt, zu dessen Gebiet Palästina gehörte, aber man versichert uns, daß sich die unglückliche Wendung ihrer Verhältnisse zum Theil selbst zugezogen haben und daß die europäischen Klöster in der Wahl der Ordensbrüder, die sie nach Palästina senden, nicht immer sorgfältig und vorsichtig gewesen seien. Sie sind verpflichtet, für die armen europäischen Pilger zu sorgen und so gering die Anzahl derselben ist, so wird doch dadurch den Mönchen jährlich ein bedeutender Aufwand aufgelegt, da jeder Pilger in den Klöstern, wo es Gegenstände der Verehrung gibt, ernährt werden muß. Die zur römischen Kirche gehörenden griechischen Christen in Palästina und Syrien stehen unter einem Patriarchen und mehren Bischöfen, die aus den Mönchen von dem Volke gewählt werden. Das Volk wählt auch die Pfarrer. Sie verrichten den Gottesdienst in arabischer Sprache. Katholische Armenier gibt es nicht in Palästina, in Syrien aber ist ihre Zahl ansehnlich. Die zahlreichste und mächtigste aller christlichen Parteien in Syrien, die sich zur römischen Kirche halten, sind die Maroniten, die vorzüglich auf dem Libanon und in der Umgegend desselben ihren Sitz haben. Nächst den Katholiken sind die griechischen Christen die zahlreichsten. Sie stehen unter zwei Patriarchen, welchen mehre Bischöfe unterworfen sind. Sie haben verschiedene Mönchs- und Nonnenklöster in Palästina, deren Bewohner aus den Inseln des Archipels und den übrigen griechischen Provinzen kommen. Die Nonnen leben hier zurückgezogen auf beliebige Zeit und ernähren sich von Almosen und dem Ertrage ihrer Handarbeiten. In den Klöstern wird der Gottesdienst in griechischer Sprache gehalten, die Landgeistlichen aber verstehen nur die Arabische. Zwischen den Griechen und den Katholiken herrscht ein unversöhnlicher Haß, dessen Quelle hauptsächlich der Eigennutz, der Streit um den Besitz der Heiligthümer ist.

Als die Mohammedaner Palästina erobert hatten, genossen die Christen drei Jahrhunderte hindurch fast ungestört die ihnen von den Siegern zugesicherte freie Ausübung ihres Glaubens. Kaum war nach den Kreuzzügen den Pilgern das Grab Christi wieder zugänglich geworden, so nahmen die Franziskaner die früher von den Kreuzfahrern wiederhergestellten und ausgeschmückten Heiligthümer in Besitz, und durch milde Gaben und Fürbitten europäischer Fürsten unterstützt, hatten sie um die Mitte des 14. Jahrhunderts alle heiligen Orter in Palästina wieder zur Andacht eingerichtet. Die Sultane bestätigten ihnen mehrmals diesen Besitz. Nach und nach aber nahmen auch die übrigen christlichen Parteien Antheil daran und der Streit um die Heiligthümer begann. Als den Franziskanern die Almosen aus Europa so sparsam zuflossen, daß sie den Türken die Steuern nicht mehr bezahlen konnten, traten die reichern Griechen an ihre Stelle, die ihnen im 17. Jahrhundert die Kirche des heiligen Grabes in Jerusalem und die Kirche zu Bethlehem entrissen und beide erst nach 15 Jahren durch die Vermittelung des Kaisers Leopold den alten Besitzern zurückgaben. Die Erbitterung der Griechen wurde dadurch nur erhöht und trotz den Schutzbriefen, welche die katholischen Mönche durch Frankreichs und Östreichs Vermittelung von den Sultanen erhielten, boten die Griechen Alles auf, ihre Nebenbuhler zu verdrängen. Im October 1807 entstand in der Kirche des heiligen Grabes ein Feuer, das den obern Theil derselben verheerte. Die Griechen schickten sogleich Unterhändler nach Konstantinopel und erhielten gegen eine ansehnliche Geldsumme das ausschließende Recht, die Kirche wiederherzustellen. Vergebens suchten die Katholiken und Armenier sich mit ihnen zu vereinigen. Der Pascha von Damask begünstigte die Griechen, die nun den Bau mit der Vernichtung aller lateinischen Inschriften und der Zerstörung der Denkmäler Gottfried's von Bouillon, seines Bruders Balduin und anderer abendländischen Fürsten begannen. Auf den Trümmern errichteten sie die jetzige Kirche, die sie als ihr Eigenthum betrachteten. Vergebens erhob sich der Vorsteher des Franziskanerklosters gegen diese Gewaltthätigkeiten; er ward auf Befehl des Paschas ins Gefängniß geworfen, weil er die verlangte Summe von 50,000 Thalern nicht bezahlen konnte. Die Verwendung des französischen Geschäftsträgers in Konstantinopel kam zu spät. Die katholischen Mönche, ohne Unterstützung und ohne Schutz aus Europa, mußten unterliegen. Die Begünstigung der Griechen und Armenier gab den Türken Vortheile, welche die Abendländer ihnen nie bringen konnten. Die morgenländischen Pilger, deren Zahl im Durchschnitt jährlich auf 4000 stieg, gewährten den Türken eine beträchtliche Einnahme durch die Abgabe, welche für die Erlaubniß zum Besuche der heiligen Örter bezahlt werden mußte. Dazu kommen die außerordentlichen Geschenke, welche die Mönche den mohamedanischen Wächtern der Kirche des heiligen Grabes für die jedesmalige Eröffnung derselben machen mußten. Die wenigen abendländischen Pilger, die Jerusalem besuchen, sind meist arm und von ihnen konnten daher die Mohammedaner nichts gewinnen.

Die Armenier haben in Jerusalem einen Patriarchen, einen Erzbischof und dort, wie in einigen andern Städten Palästinas, mehre Klöster. Schlau und geschmeidig und mit dem Geiste des Morgenlandes vertraut, wissen sie sich am besten in die Türken zu schicken und ihre Geistlichkeit hatte stets ungleich weniger von den Mohammedanern zu leiden, als die katholische und griechische. Auch sie sind in Zwiespalt mit den abendländischen Mönchen. Sie sind sehr reich und ihre Klöster erhalten beträchtliche Almosen. Der Gebrauch, den Christen zu Jerusalem milde Gaben zu senden, ist sehr alt und schon in den Zeiten der Apostel ward in den übrigen christlichen Gemeinden für sie gesammelt. Mehre Päpste erließen seit Urban VII. Befehle an die Bischöfe, diese Unterstützungen zu befördern. In neuern Zeiten nahmen sich besonders die Könige von Spanien, Portugal und Neapel der palästinischen Christen an und schenkten den Klöstern nicht nur ansehnliche Summen und Kirchengeräthschaften, sondern erlaubten auch, in ihren Staaten Almosen für sie zu sammeln. Seit der Mitte des 18. Jahrhunderts versiegten nach und nach diese Hülfsquellen. Die griechischen und armenischen Mönche hatten weit bedeutendere Einkünfte. Sie schickten ihre Bevollmächtigten in alle Gegenden des türkischen und russischen Reiches, um für die armen Christen in Jerusalem und die Erhaltung der Kirche des heiligen Grabes zu sammeln. Noch ansehnlicher ist der Gewinn, den sie von den Pilgern ziehen, deren jeder eine bedeutende Summe in Jerusalem zurücklassen muß. Die Beschwerden, die besonders von russischen Pilgern über diese drückenden Foderungen erhoben wurden, veranlaßten in neuern Zeiten den Kaiser von Rußland, ein Consulat in Jaffa zu errichten, um den Pilgern Schutz gegen ihre Glaubensgenossen und gegen die Türken zu verschaffen.

Die christlichen Parteien in Palästina und Syrien leben sehr abgesondert voneinander. So dulden die Maroniten kaum abendländische Katholiken, griechische Christen und Mohammedaner aber nie in ihrem Gebiete. Katholiken haben Mühe, sich in Dörfern anzusiedeln, wo nur Griechen wohnen. Gemischte Ehen sind sehr selten und die Schulen der christlichen Parteien immer getrennt. Der Übertritt von einer Kirche zur andern findet selten statt. Die Christen unterscheiden sich in ihrer Tracht nicht von den Mohammedanern, ausgenommen daß diese gewöhnlich einen weißen, rothgestreiften oder grünen Turban, jene einen blauen, aschgrauen oder schwarzen tragen. Nur die Abendländer haben das Vorrecht, einen weißen Turban zu tragen. Alle morgenländischen Christen genießen während der Fasten nichts von warmblütigen Thieren und lassen alle Speisen mit Öl bereiten. Die Geistlichen leben von den milden Gaben der Gemeinden. Predigen und Katechisiren sind bei ihnen fast unbekannt und nur die abendländischen Katholiken hören an Sonntagen und Feiertagen eine Predigt. Sie verrichten ihren Gottesdienst in lateinischer Sprache, aber einzelne Gebete und das Evangelium in der Messe werden in der arabischen Sprache gelesen. Die Maroniten und die syrischen Christen lesen die Messe in der syrischen, das Evangelium aber gleichfalls in arabischer Sprache. Bänke und Stühle findet man nicht in den Kirchen Palästinas. Die reichern Kirchen haben Teppiche, auf welche sich die Andächtigen nach morgenländischer Weise setzen. Die Kirchen der abendländischen Katholiken, der Armenier und der Maroniten zeichnen sich durch Reinlichkeit und ein freundliches Äußeres aus. Alle Kirchen sind mit Bildern überladen, die bei den Griechen meist noch ganz den byzantinischen Styl haben.

(Die Fortsetzung folgt in Nr. 136.)

Ein Orkan zu San-Domingo.

Die Stadt San-Domingo und ihre Umgegend auf Haiti wurde mehrmals durch heftige, mit Erderschütterungen verbundene Stürme, besonders in den Jahren 1816 und 1831 verwüstet. Keines dieser frühern Naturereignisse war jedoch von so furchtbaren Wirkungen als der Orkan, welcher, begleitet von Allem, was die Zerstörung Entsetzliches mit sich führt, am 23. September 1834 daselbst wüthete. Eine kurze Beschreibung dieses traurigen Ereignisses, die wir einer zu Port au Prince, der Hauptstadt von Haiti, erscheinenden Zeitschrift entnehmen, dürfte hier nicht am unpassenden Orte stehen. Schon vor Anbruch des Tages, heißt es dort, zogen von allen Seiten im Umfange der ganzen Atmosphäre unheildrohende Wolken auf, und verkündeten den Bewohnern ein außerordentliches Naturereigniß. Um 10 Uhr erhob sich ein heftiger Nordwind, und am Nachmittag gegen 2 Uhr schienen alle Winde losgelassen zu sein; denn von allen Seiten her tobte der rasende

Orkan, als ob ein einziger ungeheurer Wirbel die ganze Gegend ergriffen hätte. Der Sturm vom Jahre 1816 war, seiner schrecklichen Gewalt wegen, den Bewohnern von San-Domingo unvergeßlich geblieben, allein Alle, die jetzt erlebt haben, versichern, daß bei diesem neuesten an Schrecknissen nicht zu vergleichen gewesen. Die stärksten Bäume, mehre Jahrhunderte alt, wurden entwurzelt und weit hinweggeschleudert. Ungeheure Cocosbäume brachen mit lautem Krachen zusammen, und ihre gewaltigen Früchte, von den Zweigen losgerissen, sausten gleich Kanonenkugeln in der Luft umher. Die meisten der nicht steinernen Häuser von San-Domingo stürzten zusammen und in den Vorstädten, außerhalb des Walls, blieb auch kein einziges stehen. Selbst die festgemauerten Häuser im Innern der Stadt erhielten bedeutende Risse, und von allen Seiten stürzten abgerissene Stücke derselben auf die schon mit Trümmern bedeckten Straßen. Heftige unterirdische Stöße — da der Orkan mit einer bedeutenden Erderschütterung verbunden war — machten den Aufenthalt innerhalb der Wohnungen fast ebenso gefährlich als auf den Straßen, und es gewährte einen entsetzlichen Anblick, wie die vom Sturme gepeitschten Bewohner verzweiflungsvoll hier auf die Gassen, dort in die Wohnungen stürzten, und sich das Geschrei der Kinder, der Angstruf der Mütter, die Klagen und Verwünschungen der Männer, welche bei der stets wachsenden Gefahr ebenfalls die Besinnungskraft verloren, mit dem Geheul des Sturmwindes vermischten. Die Straße du commerce, auch sonst eine der kothigsten, war nur mit größter Lebensgefahr zu betreten, da sich das Wasser in derselben — der Regen stürzte, einem Wolkenbruch gleich, vom Himmel herab — anhäufte, weil der Unrath den Abfluß desselben verstopft hatte. Nur spät erst gelang es der rastlosen Thätigkeit einiger muthvollen Menschen, dem Gewässer einen Abzug zu verschaffen. Die meisten der öffentlichen freistehenden Monumente liegen in Trümmern. Die Fahrzeuge, welche während dieses Unwetters sich auf dem Flusse befanden, wurden ans Ufer geschleudert und diejenigen, welche auf dem Meere schifften und sich bemühten, den Hafen zu erreichen, wurden meilenweit in das Meer zurückgetrieben, und mehre derselben haben dort ihren Untergang gefunden. Man erzählt, daß, während der Sturm in San-Domingo am heftigsten wüthete, die Glocken auf den Thürmen, durch die entgegengesetzten Stöße der Winde in Bewegung gesetzt, von selbst zu läuten anfingen, und das Unheimliche, Grausige dieses Ereignisses vermehrte noch das Entsetzen der geängstigten Einwohner.

Hogarth's Werke.
7. Die Biergasse und das Branntweingäßchen.
(Beschluß aus Nr. 134.)

II.

Ganz anders sind die Scenen, welche uns Hogarth auf dem die Unterschrift: „Das Branntweingäßchen" führenden Blatte vor die Augen stellt. Diese sind fürchterlich, empörend und ekelhaft, und Lichtenberg sagt davon ganz richtig, daß sie nicht blos mit dem Auge, sondern mit allen fünf Sinnen wahrnehme. Man kann dieses Bild nicht ohne Abscheu ansehen, weil darin Alles erschöpft ist, was den Menschen in seiner tiefsten Verworfenheit zeigt, aber zugleich muß man das Genie Hogarth's bewundern, der auf eine so ergreifende Weise das sittliche Elend der Menschheit zu schildern wußte.

Der Schauplatz ist ein District von London, welcher in früherer Zeit den Namen der Ruinen von St.-Giles führte und von jeher der Aufenthalt des elendesten und verworfensten Gesindels war. Im Hintergrunde sieht man verfallene Häuser, unter denen der Kirchthurm der St.-Georgenkirche in Bloomsbury sich erhebt, der als ein Beispiel geschmackloser Baukunst angesehen wird. Zur Linken sieht man abermals ein Leihhaus, das hier freilich ganz an seinem Platz steht, denn es ist der Zufluchtsort der Elenden, die, um das Laster des Branntweintrinkens zu befriedigen, das letzte Kleid und das letzte Hausgeräth versetzen. Wie wahr hat Hogarth den Gegensatz des Bier- und Branntweintrinkens in ihren beiderseitigen Folgen hier durch den Zug hervorgehoben, daß er auf dem ersten Blatte den Pfandleiher bankrott, auf diesem aber im schönsten Wohlstande, als Besitzer des besten Hauses in der ganzen Umgegend darstellt.

Wir sehen Herrn Greif (Gripe) hier vor der Thüre seines aus Quadersteinen erbauten Hauses stehen, mit Brille und Perücke, wie er den Rock und die Säge in der Hand wiegt, die ihm ein durch den Branntwein verarmter Arbeiter zum Versatz bringt. Wenn Herr Greif diesen abgefertigt hat, wird er sich zu der alten Frau wenden, welche im Begriff ist, ihren Theekessel und sonstiges Hausgeräth zu versetzen. Dadurch, daß grade ein Theekessel dabei ist, wollte Hogarth andeuten, wie das Laster des Branntweintrinkens überhand nehmen kann, da in England ein Theekessel zu den unentbehrlichsten Bedürfnissen gehört, von welchen auch der Ärmste sich nicht gern trennt.

Die scheußlichsten Scenen aber bietet uns der Vordergrund dar. Das auf der Treppe sitzende Weib, welches ihr Kind im Zustande der Bewußtlosigkeit die hohe steinerne Stiege hinabstürzen läßt und dabei ebenso unbewußt eine Prise Schnupftaback nimmt, könnte durch ihren bloßen Anblick, sollte man meinen, jeden dem Laster des Trunkes Ergebenen für immer heilen. Der innere und äußere Verfall des Menschen, die sittliche Nichtswürdigkeit bei dem ekelhaftesten Hinschwinden des Körpers, kann nicht erschütternder dargestellt werden. Nicht minder fürchterlich ist der Anblick des Kerls, der vor der Treppe beim Leihhause steht und mit einem Hunde gemeinschaftlich einen Knochen abnagt. Auf dem abscheulichen Gesichte dieses Menschen steht deutlich geschrieben, daß er den letzten Pfennig ins Branntweinhaus trägt und, um diesem Laster zu fröhnen, lieber den gräßlichsten Hunger erduldet. Am Fuße der Treppe sitzt die Gestalt oder vielmehr das Skelett eines Menschen, der in der Geschichte der Stadt London stets eine Stelle einnehmen wird. Es ist das Conterfei eines alten Balladenverkäufers, welcher vom frühen Morgen bis späten Abend die Straßen durchstrich, dem Volke seine Lieder feilbot und Jedem, der ihm etwas von seiner Waare abkaufte, ein Glas Branntwein in den Kauf gab. Er hatte sich, um auszuruhen, auf die Treppe gesetzt und ist dort, wie man sieht, unvermuthet gestorben. So sitzt er nun, eine steife, ausgedorrte und ausgefaulte Menschenleiche, ein warnendes Beispiel für alle Vorübergehenden, welche noch nicht so tief im Laster versunken sind, daß sie nicht einer sittlichen Lehre ihr Ohr leihen.

Im Hintergrunde sieht man ebenfalls nichts als Grauen und Verwüstung; verfallene und ein=

stürzende Häuser, eine Branntweinschenke, dessen Besitzer vielen Zuspruch hat, obgleich er keinen anlockenden Namen führt. Er heißt nämlich Menschenmörder (Kilman); vor seinem Hause haben sich Gruppen aller Art gesammelt, betrunkene Krüppel, die sich schlagen, Andere, die auf Karren hinweggeschafft werden müssen, weil sie schon die Besinnung verloren haben. Das Haus neben Menschenmörders Spelunke gehört, wie man an dem an die Stange gehefteten Sarge sieht, einem Tischler; dieser Kerl hat im Wahnsinne der Trunkenheit sein eignes Kind gespießt und tanzt lachend und singend nach dem Hause des Herrn Greif, um dort einen Blasebalg zu versetzen, den er quer über dem Kopfe trägt, indessen die Mutter des Kindes jammernd und händeringend hinter ihm herläuft.

Als historische Thatsache und Merkwürdigkeit ist noch anzuführen, daß Hogarth durch Herausgabe dieser beiden Blätter vorzüglich gemeinnützig gewirkt hat. Sie erregten nicht blos unter den Ständen, an die sie vornehmlich gerichtet waren, großes Aufsehen, sondern weckten sogar die londoner Policei auf, welche danach im Jahre 1759 die Zahl der Branntweinschenken verminderte. In demselben Jahre bekam der Künstler auch ein anonymes Schreiben, in welchem ihm, als den ersten Urheber und Veranlasser dieses heilsamen Gesetzes, die größten Lobsprüche gespendet wurden.

Das Branntweingäßchen.

Das Pfennig-Magazin

der

Gesellschaft zur Verbreitung gemeinnütziger Kenntnisse.

136.] Erscheint jeden Sonnabend. [November 7, **1835.**

Frankfurt am Main.

Der Römerberg.

Frankfurt am Main.
(Beschluß aus Nr. 135.)

Unter den öffentlichen Gebäuden gebührt dem Römer oder dem Rathhause auf dem Römerberge, welchen die vorstehende Abbildung zeigt, der erste Rang. Unverbürgte Sagen suchen in diesem merkwürdigen Gebäude, an welches sich große historische Erinnerungen knüpfen, den ehemaligen Palast Karl's des Großen oder leiten den Namen desselben von römischen Kaufleuten ab, die in den Hallen des weitläufigen Hauses ihre Niederlagen gehabt haben sollen; doch näher liegt die Ableitung von der Familie zum Römer, welche der Stadt das Gebäude im Jahre 1403 abkaufte. Es besteht aus zwei Vordergebäuden und mehren Mittel= und Hintergebäuden. Nur die Vorderseite mit ihrem alterthümlichen Giebel gibt ihm einen eignen Anblick. Zu verschiedenen Zeiten im Äußern und Innern erweitert und verschönert, hat es viel von seiner ursprünglichen Eigenthümlichkeit verloren und zeigt den Baustyl verschiedener Zeitalter; nur die Hallen des Innern und die merkwürdige Steintreppe mit ihrem Geländer sind Zeugen seines hohen Alters. Jene Treppe führt zu dem in der neuesten Zeit wiederhergestellten Kaisersaal, der zum Speisesaale am Krönungsfeste der deutschen Kaiser diente, seit diese Feierlichkeit nicht mehr in der alten Krönungsstadt Aachen gehalten wurde, sondern nach dem Jahre 1558 in Frankfurt stattfand. Nach der vollzogenen Wahl hielt der Kaiser in Begleitung der Kurfürsten oder ihrer Gesandten feierlichen Einzug in den Römer. Während er sich dann an den Fenstern des Saales dem Volke zeigte und die Huldigung empfing, wurden von dem Erbschatzmeister des Reichs die Krönungsmünzen ausgeworfen, auf dem Römerberge wurde der Krönungsochse gebraten und aus einem Springbrunnen floß Wein. Die Abbildung auf Seite 356 zeigt uns das Innere des Krönungssaales. In einem andern Saale des Römers, dem Wahlzimmer, wurden von den Gesandten der Kurfürsten die vorbereitenden Wahlversammlungen gehalten. In diesen Sälen sieht man die Bildnisse der deutschen Kaiser. Das Archiv im Römer bewahrt in einem kostbaren Pergament=Manuscripte die Urkunde der goldenen Bulle, die von dem mit Goldblech überzogenen Siegel ihren Namen hat. Unter den übrigen öffentlichen Gebäuden zeichnet sich die Bibliothek aus, die eine Zierde der neuen Uferstraße, der schönen Aussicht, ist. Das Leinwandhaus, ein sehr altes Gebäude, wurde bis zu Anfange des 15. Jahrhunderts als Rathhaus gebraucht. Von den ehemaligen drei Zeughäusern, die ihrer Kanonen und seltenen Waffen durch die Franzosen beraubt wurden, werden zwei zu andern Zwecken benutzt und das dritte bewahrt die von der Stadt neu angeschafften Geschütze. Der große Palast des Fürsten von Thurn und Taxis mit reichverzierten Gemächern dient zum Sitze der Bundesversammlung. Das Haus Braunsfeld ist durch die geschichtliche Merkwürdigkeit ausgezeichnet, daß es 1631 Gustav Adolf's Wohnung war und in einem seiner Säle Kaiser Maximilian I. im Jahre 1495 das Reichskammergericht eröffnete, das später in Wetzlar seinen Sitz erhielt.

Das Gebiet der freien Stadt Frankfurt, das außer der Hauptstadt aus zwei Marktflecken, Bonamees und Bornheim, und fünf ganzen Dörfern und einem halben besteht, dessen andere Hälfte zu Hessen=Darmstadt gehört, hat eine Volksmenge von 65,000 Seelen, wovon 57,000 auf die Stadt gerechnet werden. Die Mehrzahl der Einwohner gehört zu den beiden protestantischen Kirchen. In der Stadt selbst wohnen über 6000 Katholiken und gegen 5600 Juden. Die christlichen Einwohner, früher der Rechtsgleichheit entbehrend, sind durch die neue Verfassung in dem Genusse aller bürgerlichen Rechte gleichgestellt, die Juden aber, die 1809 das volle Bürgerrecht und eine sehr günstige Stellung erhielten, sind später mit den christlichen Beisassen in gleiches Verhältniß gesetzt worden; doch sind sie nicht mehr, wie es in ältern Zeiten auch in andern süddeutschen Städten der Fall war, hinsichtlich ihrer Wohnung auf eine einzige Straße beschränkt.

Die Stadt ist reich an Bildungsanstalten und wohlthätigen Stiftungen. Das seit 1521 bestehende Gymnasium gehört zu den besten Gelehrtenschulen Deutschlands. Auch die fünf Volksschulen der protestantischen Gemeinden sind vorzüglich eingerichtet und sämmtlich in neuerer Zeit gegründet. An ihrer Spitze steht die Musterschule, welche durch die Bemühungen des verdienstvollen Seniors Hufnagel ins Leben gerufen ward und ihren Namen erhielt, weil sie bei der neuen Einrichtung der übrigen Stadtschulen als Muster diente. Alle Volksschulen zeichnen sich auch dadurch aus, daß sie eigne Gärten besitzen, in welchen die Knaben Unterricht in Leibesübungen erhalten. Die Katholiken haben zwei Knabenschulen und zwei Lehranstalten für Mädchen. Die große Schulanstalt der Israeliten, die 1813 erweitert ward und aus einer Real= und einer Volksschule besteht, erhielt eine verbesserte Einrichtung. Die höhere wissenschaftliche Bildung wird durch mehre Anstalten befördert, die zum Theil dem patriotischen Eifer Einzelner ihr Dasein verdanken. Dahin gehört das von dem Arzte Dr. Senckenberg gestiftete medicinische Institut, welches durch ihn mit einem anatomischen Theater und einem botanischen Garten versehen wurde. Nach der Auflösung der von dem Großherzog Karl von Dalberg gegründeten medicinischen Specialschule wurde das mit derselben verbundene chemische Laboratorium jener Anstalt übergeben. Die 1818 gestiftete naturforschende Gesellschaft, die Senckenberg's Namen führt, besitzt eine reichhaltige Bibliothek und ein vortreffliches naturhistorisches Museum, das dem Publicum zur Benutzung offen steht und besonders durch ungemein reiche Sammlungen von Säugethieren und Vögeln sich auszeichnet. Es verdankt seine kostbaren Schätze dem 1825 in Brasilien verstorbenen Naturforscher Freireiß, vorzüglich aber dem berühmten Reisenden Rüppell, der seine in Ägypten, Nubien und Abyssinien gesammelten Schätze seiner Vaterstadt überließ. Gerning's Schmetterlingssammlung, die 45,000 in allen Himmelsstrichen aufgefundene Schmetterlinge enthält, gilt für die vollständigste in Europa. Zur Verbreitung naturwissenschaftlicher Kenntnisse wurde 1824 ein physikalischer Verein gestiftet, welcher mit dem von dem Kaufmann Albert angelegten physikalischen Museum in Verbindung steht. Früher bestand in Frankfurt schon ein Verein zur Vervollkommnung der deutschen Sprache und 1819 entstand hier eine Gesellschaft für ältere deutsche Geschichtskunde, deren Hauptzweck die Herausgabe der Quellen der deutschen Geschichte ist. Unter den wissenschaftlichen Sammlungen gebührt der Stadtbibliothek ein ausgezeichneter Platz. Die an ältern Werken reichen Stifts= und Klosterbibliotheken wurden schon 1803 mit ihr vereinigt. Sie zählt 45,000 Bände und enthält kostbare Handschriften, seltene Druckwerke, viele Kunstsachen und Alterthümer. Sie steht allen Bürgern der Stadt zur Benutzung offen.

Frankfurt besaß ausgezeichnete Künstler und viele Privatsammlungen, aber keine für Kunstbildung und

Unterricht bestimmte Sammlung, ehe der Bankier Städel in seinem Testamente 1815 eine mit einem Vermögen von mehr als einer Million Gulden ausgestattete Anstalt stiftete, worin Gemälde, Kupferstiche und andere Kunstgegenstände Künstlern an bestimmten Tagen zum Gebrauche offen stehen sollten. Das Städel'sche Institut sollte, außer der Verbreitung der Kunstkenntniß, auch für die Bildung einheimischer Künstler und Handwerker wirken und Söhnen unbemittelter Bürger, die sich den Künsten, namentlich der Baukunst widmen wollen, unentgeltlichen Unterricht und Unterstützung in der Fremde gewähren. Bald nach dem Tode des Stifters wurde die eingesetzte Verwaltung der Anstalt in der vollständigen Ausführung dieses Planes durch einen Rechtsstreit gehemmt, den die auswärtigen gesetzlichen Erben anhängig machten. Dem Institut wurde bereits im Jahre 1822 durch richterlichen Ausspruch der Nießbrauch der Verlassenschaft zugesprochen und die Verwaltung dadurch in den Stand gesetzt, die Zinsen des Capitals zur Beförderung der Künste zu verwenden. Ein Vergleich, welcher Städel's Erben eine Summe von etwas über 300,000 Gulden gewährte, endigte im Jahre 1828 den Streit. Unter den Sammlungen des Stifters ist vorzüglich die Gemäldesammlung zu erwähnen, die besonders in der niederländischen Schule ausgezeichnet ist. Diese Sammlung enthält auch viele seltene Kupferstiche, unter welchen besonders eine vollständige Reihe von Albrecht Dürer's Werken hervorglänzt; Schnitzwerke in Elfenbein und Holz, worunter ein heiliger Sebastian von Dürer, einige alte Marmorbildwerke und Abgüsse von Antiken in Rom und Florenz und von den Bildwerken am Parthenon zu Athen und dem Apollotempel zu Phigalia. Sie wird an verschiedenen Tagen dem Publicum geöffnet. Auch besitzen mehre Privatpersonen reiche Kunstsammlungen, unter welchen besonders das Bethmann'sche Museum zu erwähnen ist, das viele Marmorbildwerke, namentlich die herrliche Ariadne von Dannecker und Gypsabgüsse von Antiken enthält. Eine Zeichenschule wurde 1799 durch Vermächtnisse gegründet und seit 1824 besteht eine plastische Schule, welche von der Gesellschaft zur Beförderung der Künste und deren Hülfswissenschaften gestiftet wurde. Die wissenschaftliche und künstlerische Thätigkeit findet vielfache Anregung in dem 1808 gestifteten geselligen Vereine, dem Museum. Die Gesellschaft besteht aus vier Classen, von welchen die erste den schönen Redekünsten, die zweite den zeichnenden Künsten, die dritte der Tonkunst angehört; die vierte wird von den Kunstfreunden gebildet. Vorträge aus dem Gebiete der Künste und der Geschichte, musikalische Unterhaltungen und das Anschauen der hier ausgelegten neuesten Schriften und Kunstsachen gewähren mannichfachen Genuß. Die Tonkunst und namentlich der Gesang wird fast in allen Schulanstalten besonders beachtet. Zwei durch ihre Leistungen ausgezeichnete Musikvereine pflegen die Theilnahme an der Kunst.

Unter den zahlreichen milden Stiftungen ist die älteste das reiche, schon im 12. Jahrhundert gegründete Hospital zum heiligen Geist, das kranken Dienstboten und Handwerksgesellen Pflege gewährt. Das im 1813 gestiftete Versorgungshaus gibt dem hülfsbedürftigen Armen Unterhalt oder Beschäftigung. Für das weibliche Geschlecht bestehen zwei Versorgungsanstalten in ehemaligen Nonnenklöstern, welche aus 13 und 19 Stiftstellen bestehen, deren jede ihrer Inhaberin ein jährliches Einkommen von 450 und 550 Gulden gewährt. Die Armenversorgung wird vorzüglich aus der allgemeinen Armenkasse bestritten, einer seit dem 13. Jahrhundert bestehenden Stiftung, die durch Schenkungen und Vermächtnisse zu einem bedeutenden Stammvermögen gelangt ist, dessen Zinsen zu Almosenspenden in Geld und Lebensbedürfnissen, zur ärztlichen Pflege und selbst zur Rechtshülfe der Armen verwendet werden. Das allgemeine Waisenhaus, seit dem 17. Jahrhundert bestehend, und das Irrenhaus sind vorzügliche Anstalten. Unter den wohlthätigen Stiftungen einzelner Privatpersonen gibt es eine für verarmte Kinder, eine andere für die hinterlassenen Töchter protestantischer Gelehrten, eine dritte für arme Bräute. Vorzügliche Erwähnung aber verdient das von dem edlen Senckenberg 1770 gestiftete Bürgerhospital, in welchem 60 Kranke durch einen Verwalter, einen Arzt, einen Wundarzt und einen Geistlichen sorgfältig gepflegt werden. In dem Garten des Hospitals sieht man das Grabmal des Stifters, der bei dem Bau der Anstalt im Jahre 1770 durch einen unglücklichen Zufall seinen Tod fand.

Nach der neuen Verfassung ist die Regierung des Freistaats drei Behörden anvertraut, dem Rath, als Verwaltungsbehörde, dem gesetzgebenden Körper und einem Ausschusse, der die ständige Bürgerrepräsentation genannt wird. Der Rath besteht aus 14 ältern Senatoren oder Schöffen, 14 Senatoren und 14 Rathsverwandten. Die Schöffen und Senatoren werden aus der höhern Bürgerclasse, und von den Rathsverwandten zwei aus den Handwerkern, zwei aus der nicht zünftigen Bürgerschaft gewählt. Die jüngern Senatoren rücken bei Erledigung einer Stelle nach dem Dienstalter in die Reihe der Schöffen. Zu Senatoren und Rathsverwandten werden drei Bürger durch einen Wahlverein vorgeschlagen, der aus sechs Senatoren und sechs Mitgliedern des gesetzgebenden Körpers besteht. Unter den drei Erwählten entscheidet das Loos. An der Spitze des Raths stehen zwei Bürgermeister, von welchen der ältere aus den Schöffen, der jüngere aus den Senatoren gewählt wird. Auch bei dieser Wahl ernennen die Stimmführer die drei Candidaten, unter welchen das Loos entscheidet. Der Senat besorgt die Verwaltungsgeschäfte und die Rechtspflege, die Verwaltungsgegenstände aber werden nur von den nicht mit der Rechtspflege beschäftigten Rathsmitgliedern berathen und entschieden. Der gesetzgebende Körper besteht aus 20 Senatoren und Rathsverwandten, 20 Mitgliedern der ständigen Repräsentation und 45 weder zum Senat noch zu dem Ausschusse gehörenden Mitgliedern, die durch eine Wahlversammlung aus den Bürgern gewählt werden. Es ist ihm die Gesetzgebung, die Besteuerung, die Einrichtung des Kriegswesens und die Oberaufsicht über den Staatshaushalt zugewiesen. Die ständige Bürgerrepräsentation, aus 60 auf drei Jahre gewählten Mitgliedern und einem Rechtsgelehrten bestehend, führt die Aufsicht über das Staatsrechnungswesen und hat zu allen Veräußerungen von Gemeindegütern, die den Werth von 4000 Gulden übersteigen, seine Zustimmung zu geben. Die Rechtspflege in der Stadt und ihrem Gebiete wird in der ersten Instanz von dem Stadt-Justizamte und dem Land-Justizamte, in der zweiten von dem Stadtgerichte und in der dritten von dem Appellationsgerichte besorgt, das sieben Schöffen bilden und welches zugleich in Criminalsachen das Urtheil spricht. Die bewaffnete Macht besteht aus einer Stadtwehr und einer Landwehr, welche alle Ansässigen vom 22. bis zum 60. Jahre umfassen. Das Linienmilitair besteht aus Geworbenen und bildet ein Bataillon Fußvolk. Zum Heere des deutschen Bundes stellt Frankfurt 475 Mann. Die jährlichen Einkünfte werden auf ungefähr 800,000 rheinische Gulden angeschla-

Der Krönungssaal.

gen. Die öffentliche Schuld, die nach dem Ende des Krieges bedeutend war, ist größtentheils getilgt.

Die Lage der Stadt, ziemlich in der Mitte Europas und an einem schiffbaren Strome, der sich in einer Entfernung von vier Meilen mit dem Rhein vereinigt, begünstigt den Handel, welcher sowol in Eigenhandel und Wechselgeschäften als in Speditionshandel besteht und von großer Ausdehnung ist. Die Hauptgegenstände desselben sind Wein, englische Manufacturwaaren, Seidenwaaren, Wolle und Bauholz, das größtentheils auf die holländischen Marktplätze und Schiffswerften geht. Der Speditions= und Durchgangshandel und die Wechselgeschäfte waren früher bedeutender als jetzt. Zu den wichtigsten Beförderungsanstalten des Handels gehören die beiden Messen, die zu Ostern und zu Mariä Geburt eröffnet werden und drei Wochen dauern. Wann die erste dieser Messen gehalten wurde, ist zwar nicht genau zu bestimmen, urkundlich zu erweisen aber, daß bereits im Jahre 1240 die Herbstmesse bestand. Erst hundert Jahre später wurde die Ostermesse eingeführt. Die Mitte des 16. Jahrhunderts war die blühendste Zeit des Meßhandels in Frankfurt. Zu jener Zeit war Frankfurt auch der Mittelpunkt des deutschen Buchhandels, der aber im 17. seinen Hauptsitz in Leipzig nahm. Die Messen haben zwar in neuern Zeiten durch manche Veränderungen im Ganzen des Welthandels viel von ihrem frühern Umfange verloren und auch durch die neu gestiftete Messe in dem nahen Offenbach gelitten, sind aber immer noch in mehren Zweigen des Handels bedeutend. Die wichtigsten Gegenstände des Umsatzes sind Eisen= und Stahlwaaren aus den rheinisch=westfälischen Provinzen Preußens, aus Steiermark und England, französische und italienische Seidenwaaren, englische, schweizerische und deutsche Baumwollenwaaren, deutsche und holländische Leinwand, niederländische Tücher und besonders Lederwaaren. Frankfurt ist zwar keine eigentliche Fabrikstadt, aber der Manufacturfleiß, der im 16. Jahrhundert in einer großen Anzahl von Werkstätten blühte, ist auch jetzt nicht unbedeutend. In frühern Zeiten waren Wollengewebe das Haupterzeugniß des Gewerbfleißes, das aber schon zu Ende des 16. Jahrhunderts durch fremde Fabriken verdrängt wurde. Später kam das Gewerbe der Gold= und Silberarbeiter durch vertriebene Niederländer in Aufnahme. Jetzt sind besonders Taback, Kupferdruckerschwärze, Tapeten, Teppiche, Tressen bedeutende Manufacturartikel. Für die Belebung der Gewerbsamkeit wirkt thätig die bereits genannte, 1806 gestiftete Gesellschaft zur Beförderung der Künste, die auch der polytechnische Verein genannt wird. Sie hat den Zweck, die Einführung bewährter, verbesserter Einrichtungen im Gewerbe= und Maschinenwesen zu unterstützen und den zur Verbesserung technischer Gewerbe dienenden Hülfswissenschaften Eingang zu verschaffen, was sie durch Anstellung von Versuchen und durch öffentliche Vorträge zu bewirken sucht.

Das gesellige Leben hat durch die dem Süddeutschen eigne frische Lebendigkeit und den großen Zufluß von Fremden, die besonders der schöne und lange Herbst herbeizieht, viel Regsamkeit, wiewol mehre eigenthümliche Volksfeste früherer Zeiten kaum noch in schwachen Spuren sich überlebt haben. Das Theater gehört zu den besten Bühnen Deutschlands. Eine Actiengesellschaft, die 1826 an die Stelle eines ältern Vereins trat, verwaltet die Geschäfte desselben, wogegen ihr die früher von dem Rath erhobene Miethe erlassen worden ist. Eine 1805 gegründete Pensionsanstalt sichert dem Künstler, der 10—15 Jahre der Bühne seine Dienste geweiht hat, die Hälfte bis zwei Drittheile seines Gehalts. Die Stadt und ihre Umgegend bieten mehre Mittelpunkte geselliger Unterhaltung dar, wozu auch die Vergnügungsörter, das Bauxhall mit seinen schönen Gärten in der Stadt, Tivoli, das Forsthaus und der Riedhof in der Nähe gehören. Die benachbarten reizenden Flecken und Dörfer, Bornheim, Oberrad, Hausen, mit ihren Landhäusern und öffentlichen Gärten sind gleichfalls beliebte Erholungsörter des lebenslustigen Volkes. In weiterer Entfernung locken den Fremden das gewerbfleißige Offenbach, eine Stunde von Frankfurt, und das herrliche Taunusgebirge, das auf seinem höchsten Punkte, dem 3000 Fuß über dem Meere erhabenen Feldberge bei Kronberg, ein reiches Panorama der Thäler des Mains und des Rheins und ihrer großartigen Gebirgseinfassungen darbietet.

Reise nach Palästina.
(Fortsetzung aus Nr. 135.)

Die Griechen und die ägyptischen Christen beschließen ihre Pilgerfahrt gleich nach dem Osterfeste mit einer Reise nach dem Jordan, um sich in seinen Wellen zu baden. Die Armenier begnügen sich gewöhnlich, mit dem herbeigeschafften Wasser des Flusses sich in Jerusalem zu waschen. Die abendländischen Pilger haben diese Reise schon seit vielen Jahren ganz unterlassen, um den unangenehmen Vorfällen auszuweichen, die sich fast immer dabei ereigneten. Die Pilgerkaravane wird von dem Stadtbefehlshaber (Motsallem) zu Jerusalem und seinen Bewaffneten geleitet, um sie gegen die räuberischen Beduinen am todten Meere zu schützen. Wir schlossen uns ihr an und brachen am Ostermontage auf. Unser Weg führte über den Bach Kidron, am Abhange des Ölberges hin, auf dem Pfade, den der Heiland hinabging, als er seinen Einzug in Jerusalem hielt, und nach einer Stunde erreichten wir das Dorf Bethania, das wir schon früher auf unserer nächtlichen Wallfahrt zum Grabe des Lazarus besucht hatten. Auf der Höhe über dem Dorfe öffnete sich uns eine prächtige Aussicht in der hellsten Morgenbeleuchtung. Wir übersahen das todte Meer und das Thal des Jordans bis zu dem Einflusse des Stromes in den See.

Als wir einen steilen Felsenpfad hinabgestiegen waren, kamen wir in einem engen und langen Thale zu dem Apostelbrunnen, wo die Apostel auf ihren Wanderungen zwischen Jericho und Jerusalem ausgeruht haben sollen, um sich zu erfrischen. Unsere Karavane verweilte hier eine Stunde und wir gelangten dann in fast ungangbare Schluchten, welche durch Erdschütterungen zerrissen zu sein schienen. Öde gelbliche Felsen erhoben sich auf allen Seiten, und alles Pflanzenleben war erstorben. Als wir um einen schroffen Vorsprung in eine dieser Schluchten traten, erblickten wir einige Beduinen, die den schmalen Pfad hinabritten, während andere unter einem überhangenden Felsen saßen.

Bethania.

Bergschlucht zwischen Bethania und dem todten Meere.

Aus diesen Abgründen hinansteigend, sahen wir endlich die Ebene von Jericho vor uns liegen, in welche uns ein steiler gefährlicher Pfad hinabführte. Die Umgegend war fast ebenso entblößt von Pflanzenwuchs als die Bergschluchten, die wir verlassen hatten. Nur an den Ufern einiger Bäche, die wir durchwateten, grünten Palmen, Tamarisken und andere Sträucher. Dürftige Kanäle bewässerten den angebauten Theil der Ebene. Die Palmenstadt ist verödet, ein armes Dorf, von Arabern bewohnt. Statt ihrer berühmten Mauern sieht man Bündel von Dornen und Disteln, welche kaum die Heerden gegen die Anfälle der Raubthiere schützen, und die einst grünen Gestade des Jordans haben keine Blumen, keine Ernten, keine Reben mehr. Ein Armenier in unserer Karavane erzählte uns eine Geschichte, welche die Verödung, die uns umgab, genügend erklärte. Im vorigen Jahrhunderte bereiste ein Pascha von Damaschk, als Derwisch verkleidet, mit seinem Vertrauten die Gegend von Jericho. Sie wurden gastfrei bewirthet. Man brachte ihnen allerlei Erfrischungen und eine Schüssel mit Zuckerrohrsaft, zu deren Füllung ein einziges Rohr hinlänglich gewesen war. Der Pascha schloß von der Fruchtbarkeit des Landes auf den Wohlstand der Bewohner und belegte sie mit schweren Abgaben. Jährlich ließ er die Steuern durch Soldaten eintreiben, welche den Einwohnern dreimal mehr abpreßten, als der Gebieter gefodert hatte. Dieses Druckes müde, flohen die Bewohner der Ebene mit ihrer Habe in die Wüste. Als der Pascha nach 40 Jahren die Gegend wieder besuchte, wunderte er sich über den öden Anblick des Landes. Statt eines Zuckerrohrs waren zehn nöthig, eine Schüssel halb zu füllen. Der Pascha hob die Steuern auf, aber die Flüchtlinge kehrten nicht zurück und die Gegend wurde zur Wüste.

Unsere Karavane lagerte sich in der Ebene. Zu unserer Rechten zeigte sich das todte Meer, zum Theil von einem Vorgebirge verdeckt, links in der Ferne wand sich der Jordan zwischen Hügeln dem See zu. In einzelnen Haufen zogen die Pilger durch ein Dickig von Ölbäumen und Weiden zu dem Jordan, zu der Stelle, wo nach der Sage die Israeliten den Strom durchwateten und Christus getauft wurde. Jeder wusch oder badete sich, mancher in einem eigens dazu mitgebrachten weißen Gewande, schöpfte Wasser in seine Flasche, schnitt sich einen Weidenzweig ab oder füllte seine Taschen mit Steinchen aus dem Strombette. Während die Pilger badeten, machte ich mit meinem Freunde und den beiden Maroniten eine Wanderung zu Elisa's Brunnen am Fuße des Berges Quarantania. Man hält diese klare, ungemein süße Quelle für diejenige, die der Prophet Elisa (2 Kön. 2, 19) trinkbar und heilsam machte. Sie bricht üppig hervor und bildet einen Teich, aus welchem sich mehre Bäche ergießen, deren Ufer mit frischem Pflanzenwuchs mitten in der nackten Ebene geschmückt sind. Die Sage versetzt auf den Gipfel jenes steilen Berges den Aufenthalt des Heilandes während seiner 40tägigen Fasten, woher er auch den Namen erhielt, und die Versuchung, obgleich die Aussicht auf der Höhe sehr beschränkt ist. Auf dem Gipfel ist eine Kapelle und in den Seiten des Berges gibt es viele früher von Einsiedlern bewohnte Höhlen.

Als wir wieder in die Ebene hinabgekommen waren, gingen wir mit einer zahlreichen Pilgergesellschaft zu dem Ufer des todten Meeres. Der Weg durch die sandige Ebene war oft von tiefen Schluchten durchschnitten, die unsere Wanderung noch ermüdender machten. Der Pflanzenwuchs, der dem Gestade des Jordans von dem See Tiberias folgt, wird am todten Meere von einem niedrigen Strauche ersetzt, der Zakkon genannt wird und die auch in Europa bekannte Ölweide zu sein scheint, aus deren Frucht die Araber und die Mönche zu Jerusalem einen trefflichen Wundbalsam gewinnen. Endlich übersahen wir das todte Meer, welches elf Meilen von Norden nach Süden lang und fünf Meilen breit zwischen nackten und schroffen Bergen wie eine Tafel von Lasurstein sich ausdehnt. Eine grauliche Haut bedeckt die Oberfläche. Am Ufer sieht man aschgrauen, von Salz klebrigen Schlamm, Steine, mit einer weißen salzigen Rinde überzogen und mit Erdpech vermischt. Auch fanden wir Baumstämme und Äste, die der Jordan in den See geführt und die Flut an das Ufer geworfen hatte, zum Theil schon in eine schwarze Masse verwandelt; Heuschrecken und einige Vögel, die im See umgekommen waren, lagen mitten unter diesen Anspülungen. Die wenigen am Ufer umherkriechenden Insekten waren so matt, daß sie dem Tode nahe zu sein schienen. Am nördlichen Gestade sind Pech- und Schwefelquellen. In geringer Tiefe unter dem Schlamme findet man jenen schwärzlichen Stein, aus welchem man Kreuze macht, die an die Pilger verkauft werden. Das Wasser hat einen widrigen, salzig bittern Geschmack. Von seiner schroffen Bergeinfassung geschützt, wird der See selten vom Winde bewegt, doch zuweilen vom Südostwinde heftig aufgewühlt, und grade als wir an dem Ufer hinabwanderten, wehte der Wind so stark, daß wir zu ersticken glaubten. Niemand besucht das öde Gestade, als der wandernde Araber, der es mit abergläubiger Furcht betrachtet und zuweilen in den tiefen Höhlen des steilen Bergabhanges eine nächtliche Zuflucht findet. Nach einer alten Sage, die man auch uns erzählte, sollen Araber, die an den seichtern Stellen am Ende des Sees auf Kameelen hindurchzogen, Überreste von Gemäuer und Säulen gesehen haben. Vergebens suchten wir die betrüglichen goldenen Äpfel, die Sodomsäpfel, die von außen glänzend, nach dem Abpflücken in Staub und Asche zerfallen sollen. Die alte Sage ist wahrscheinlich daher entstanden, daß die Frucht des Eiernachtschattens (Solanum melongena), den einige Reisende am Jordan gefunden haben, zuweilen durch den Stich einer Blattwespe innerlich so in Staub verwandelt wird, daß blos die äußere Schale unversehrt bleibt.

Das todte Meer hat keinen sichtbaren Abfluß, obgleich der Jordan sich in dasselbe ergießt, und man will nie Zunahme oder Abnahme des Wassers bemerkt haben. Einige glauben, es habe einen unterirdischen Abfluß. Die eigenthümlichen Erscheinungen, die der See darbietet, erklären seine Entstehung. Alles scheint zu verrathen, daß sich zwischen diesen kahlen Bergen einst ein fruchtbarer Landstrich mit salzigem Boden befand, den ein Vulkan untergrub. Pech- und Schwefelquellen mochten im östlichen, Lavaströme im westlichen Theile des Landstriches hervorbrechen, als die Blitze des Himmels die brennbaren Stoffe entzündeten, die Oberfläche sich senkte und ein See die fruchtbare Gegend bedeckte.

Der Abend war schon angebrochen, als wir von unsern Wanderungen in das Lager zurückkamen. Am folgenden Morgen trat die Karavane die Rückreise nach Jerusalem an. Mit einem kleinen Geleite, das uns der Stadtbefehlshaber gab, nahm ich mit meinem Reisegefährten und den beiden Maroniten den Weg durch die Wüste Ziph, um das Kloster des heiligen Saba zu besuchen. Wir erstiegen den steilen Pfad zu den Höhen, welche das todte Meer einschließen, das in seiner ganzen Länge finster und furchtbar unter uns lag, als wir durch tiefe Schluchten und zerrissene Felsen den Gipfel erreicht hatten. Die Morgensonne vergoldete jenseit die Spitzen der Berge des steinigen Arabiens. Wir zogen weiter durch eine wilde Landschaft, wo nichts die tiefe Stille störte, als zuweilen das gellende Geschrei eines Raubvogels, welcher, durch unsere Fußtritte aufgeschreckt, aus seinem Felsenhorste aufflog und mit schnellem Flügelschlage durch die tiefblaue Luft schwebte. Endlich erblickten wir das Sabakloster, welches, von griechischen Mönchen bewohnt, am Rande einer Schlucht liegt, die der Kidron durchströmt. Kein Baum, keine Pflanze umgrünt seine starken Mauern und viereckigen Thürme; kein Quell belebt die umliegende Einöde. Die Mönche sprachen mit uns von den hohen, mit Schießscharten versehenen Mauern, wo sie stets Schildwachen ausstellen, um sich gegen Überfälle zu sichern. Erst nach langen Unterhandlungen öffnete man uns das enge, mit schweren Eisenriegeln verwahrte Thor; aber als man uns einmal aufgenommen hatte, wurden wir gastfrei bewirthet. In der sehr alten Kirche des Klosters befindet sich unter einer Kuppel das Grab des heiligen Saba, das nach der bei den Griechen gewöhnlichen bunten Weise verziert und vergoldet ist. Wir bewunderten die Betriebsamkeit der Klosterbewohner. Treppen führen zu mehren kleinen Abstufungen, die übereinander an dem Berge hinanlaufen, und man hat fruchtbare Erde hinaufgetragen, um auf jenen Erhöhungen allerlei Gemüse zu erbauen. In einem finstern, höhlenartigen Gemache bot sich uns ein sonderbarer Anblick dar. Die Seiten des gegenüberliegenden schroffen Felsens haben zahlreiche Höhlen. Hier wurden einst viele Christen von mohammedanischen Kriegern erschlagen, und es sind die Schädel dieser Märtyrer, welche, gegen 3000 an der Zahl, in dem Höhlengemache in kleinen Pyramiden aufgestellt sind. Auf einem schmalen hölzernen Thurme, wohin vom Dache des Klosters eine Treppe führt, überschaut man die Wüste bis in eine weite Ferne. Oft steht ein Mönch auf dieser Warte, um die Beduinen zu erspähen, die nicht selten bis unter die Mauern kommen und mit lautem Geschrei Brot fodern. Man hat in dem Thurme immer einen großen Vorrath brauner Kuchen, die man bei solchen Gelegenheiten den Arabern zuwirft, worauf sie sich zufrieden zurückziehen.

Wir verweilten unter den freundlichen Klosterbrüdern, bis die heißen Nachmittagsstunden vorüber waren, und kamen mit der Abenddämmerung nach Jerusalem zurück, wo wir uns nun zur Abreise rüsten mußten.

(Die Fortsetzung folgt in Nr. 137.)

Die Häute aus Buenos Ayres.

Als die Spanier 1538 am La Platastrom weiter hinaufzogen, um die Niederlassung Assumpcion zu gründen, ließen sie in den Wäldern von Buenos Ayres einige Rinder zurück, die sie aus ihrem Vaterlande mitgebracht hatten. Die sich selbst überlassenen Thiere vermehrten sich auf den fetten Triften so sehr, daß man es nicht der Mühe werth hielt, sich solche anzueignen; sie nahmen immer mehr zu und man dachte in der Folge nur daran, ihre herrlichen Häute nach Europa zu versenden. Sie wurden bald ein gesuchter Handelsartikel, und mehr als 30,000 kommen jährlich von daher nach Europa. Die Stiere werden wie wilde Thiere von den Bewohnern der Steppen gejagt, die zu diesem Zweck wohlberitten sind, und mit einer langen Stange, deren Ende mit einem scharfen gekrümmten Messer versehen ist, sich bewaffnen. Mit dieser tödten sie das Rind, und lassen es auf dem Platze liegen, um die Jagd fortzusetzen, die gewöhnlich mehre Tage währt. Wenn die Jagd zu Ende ist, suchen sie die zerstreute Beute auf, ziehen ihnen die Haut ab, nehmen die Zunge und etwa den Talg mit sich und lassen den Rest für den Geier und andere Raubvögel liegen. In früherer Zeit wurden die Häute kaum mit zwei Realen (5 Gr.) das Stück bezahlt, und die kleinen ausgeschossen. Jetzt sind sie theurer, und man fürchtet sogar, daß sich bei vermehrter Nachfrage die Heerden zu sehr vermindern werden. Einmal war man gar in Besorgniß für diese Heerden wegen der in großer Menge in den Steppen herumstreifenden wilden Hunde. Ihr Ursprung schreibt sich von einer gleichen Sorglosigkeit her und sie waren aus treuen Hütern und zahmen Hausthieren fürchterliche Raubthiere geworden. Um die Zahl derselben zu vermindern, mußte in der Mitte des vorigen Jahrhunderts selbst die Besatzung von Buenos Ayres ausrücken und ihrer so viele als möglich erlegen. Seitdem aber scheinen auch diese wilden Hunde in jenen Gegenden gänzlich ausgerottet zu sein.

Der Ahornbaum.

Von dieser zahlreichen und höchst nutzbaren Gattung Pflanzen sind weit über 30 Arten bekannt, wovon 9 Nordamerika, 12 Europa, 6 sehr schöne Japan und die übrigen den verschiedenen Theilen Asiens angehören. Zwar eignet sich das Holz dieses Baumes nicht für Arbeiten, welche Dauer und Stärke erfodern, allein die Schönheit seines Gewebes und die feine Politur, die es annimmt, machen es zu zierlichen Gegenständen vorzüglich geschickt, und in dieser Beziehung schätzt man jene Art, die „gekräuselter Ahorn" heißt, sehr hoch. Zuweilen wird es mit gutem Erfolg zu eingelegten Arbeiten verwendet, am gewöhnlichsten aber verbraucht man es zu Schaften für Vogelflinten, zu Dosen und andern Gegenständen, wo man Nutzen mit Zierlichkeit verbinden will, auch dient es zur Verfertigung musikalischer Instrumente. Der Saft des Ahorns enthält reichlichen Zuckerstoff und zwei Arten desselben, der Zuckerahorn (Acer saccharinum) und der schwarze Ahorn (Acer nigrum), geben einen so reichlichen Ertrag, daß die Benennung Zuckerahorn erhalten haben und vorzüglich in Nordamerika zum Zuckergewinn im Großen benutzt werden. Der erstere ist im Norden des Landes, namentlich im nördlichen Pennsylvanien, im westlichen Theile von Newyork, in Obercanada, Neuschottland und den nördlichen Theilen von Neuengland einheimisch, der schwarze Ahorn aber liebt das wärmere Klima und gedeiht daher an den Ufern des Ohio und der großen Flüsse der westlichen Staaten Amerikas.

Der Zuckerahorn wächst meist in gebirgigen Gegenden, wo der Boden fruchtbar, aber kalt und feucht ist, und erreicht eine Höhe von 50—80 Fuß. Um den zur Bereitung des Zuckers nöthigen Saft zu erhalten, werden die Bäume im Frühjahr, meist im Februar und März, ungefähr wie bei uns die Birken, angezapft. Zu dem Ende wird höchstens zwei Fuß über dem Boden, mit einem gewöhnlichen Handbohrer ein schräg aufwärts gehendes, einen halben Zoll tiefes Loch gebohrt und in dieses ein fest anschließendes Röhrchen eingeschoben. Auch pflegt man die Bäume in derselben Höhe und von unten nach oben mit der Axt ungefähr einen Zoll breit und tief anzuhauen und etwas breitere, kleine Rinnen darunter zu befestigen, über welche dann, sowie durch die Röhrchen, in untergesetzte Gefäße der Saft träufelt, wovon an warmen

Frühlingstagen mancher Baum einen Eimer voll liefert. Dieser wird täglich, damit sich durch eintretende Gährung sein Zuckergehalt nicht vermindere, über mäßigem Feuer zu Syrup eingedickt, was in jedem metallenen Kessel geschehen kann. Er wird dabei geschäumt und fleißig umgerührt, um ihn vor Anbrennen zu bewahren. Solcher hinlänglich eingedickter Syrup kommt dem des Rohrzuckers an Süßigkeit völlig gleich und gibt bei fernerer Abdampfung in flachen Gefäßen, etwa auf einem warmen Back- oder Stubenofen, einen schönen hellen Candis. Ein weniger heller entsteht, wenn man den stark eingedickten Syrup in tiefe und enge Gefäße gießt, wo sich dann der Zucker oben ansetzt, der entstandene Bodensatz aber unten durch einen Abzug entfernt wird. Durch fortgesetzte Reinigung erhält der Ahornzucker völlig das Ansehen des feinen Rohrzuckers, dem er an Süßigkeit nicht nachsteht.

Der Ertrag eines Baumes wird in Amerika je nach seinem Alter und Standorte auf 4—8 Pfund Zucker, von manchem aber noch weit höher angegeben, gleichwol ist die Bereitung desselben durch die dortige Wohlfeilheit und den vermehrten Anbau des Rohrzuckers in Abnahme gekommen, dürfte aber bei den in Deutschland herrschenden Zuckerpreisen, abgesehen von der Fabrikation im Großen, vorzüglich die Aufmerksamkeit des Landwirths verdienen, indem mit wenig Aufwand an Arbeit und Feuerung auch kleine Haushaltungen sich auf diesem Wege ihren Zuckerbedarf selbst erzeugen können. Freilich müßte der Zuckerahorn erst in Menge angepflanzt werden, allein auch der in ganz Deutschland heimische Spitzahorn (Acer platanoides), auch Lenne und deutscher Salatbaum genannt, eignet sich ganz vorzüglich zur Zuckerbereitung, wie von den Professoren Wilbrand und Liebig in Gießen neuerdings angestellte Versuche beweisen. Dieselben erhielten von 11 Stämmen Spitzahorn 407 Pfund Saft, der $208^{3}/_{4}$ Loth Zucker, und von 14 etwa 26 Jahre alten Stämmen Zuckerahorn 200 Pfund Saft, der 185 Loth Zucker gab. Vom letztern enthielt also jedes Pfund Saft beinahe ein, vom erstern nur etwa ein halbes Loth, allein bei der weit größern Saftmenge des Spitzahorns würde der Unterschied nur in dem Mehraufwand an Arbeit und Feuerung liegen.

Bei der übrigen Benutzung des Ahorns als Nutz- und Brennholz, wo er dem Buchenholze gleichkommt, dürfte also die Anpflanzung dieser Holzart, vorzüglich des Spitzahorns, und wo es die Gelegenheit erlaubt, auch des amerikanischen Zuckerahorns, sehr zu empfehlen sein.

Der Ahornbaum.

Verantwortliche Herausgeber: **Friedrich Brockhaus** in Leipzig und **Dr. E. Drärler-Manfred** in Wien.
Verlag von **F. A. Brockhaus** in Leipzig.

Das Pfennig-Magazin

der
Gesellschaft zur Verbreitung gemeinnütziger Kenntnisse.

137.] Erscheint jeden Sonnabend. [November 14, **1835**.

Hull.

Der Marktplatz zu Hull.

Hull.

Die Stadt Hull, eigentlich Kingston am Hull, am Zusammenflusse der Flüsse Hull und Humber in Yorkshire, nimmt dem Range nach jetzt die fünfte Stelle unter den See- und Handelsstädten Großbritanniens ein. Ihre ungemeine Wichtigkeit in dieser Beziehung ergibt sich daraus, daß sie im Jahre 1829 579 eigne Schiffe mit 72,248 Tonnengehalt besaß, fast 2/3 des ganzen Walfischfanges (mit 53 Schiffen) betrieb, 1714 Schiffe in ihre Docks aufnahm und über 4 Mill. Thaler an Zollabgaben erhob. Etwa fünf deutsche Meilen vom Ausflusse des Humber in die Nordsee liegend, und durch diesen mit der Ouse, der Calder, der Derwent-Schiffahrt in Verbindung, beherrscht Hull den gesammten Binnenhandel Nordenglands, dessen ostwärts strömende Flüsse, bis zum Trent, der Humber sämmtlich aufnimmt. Die Baumwollenmanufacturen Lancasters, die Bergwerksdistricte von Derby, die Stahl- und Eisenwerke Sheffields, die Wollenfabriken in der Grafschaft York, all diese empfangen ihre Bedürfnisse von Hull und senden ihre Producte dahin. Dies hat diesen noch vor einem Jahrhundert unbedeutenden Ort zu blühendem Wohlstande emporgehoben, der nun wieder seine Segnungen über die ganze Landschaft umher ausbreitet. Hull entstand aus den beiden kleinen Marktflecken Wyke und Myton, als im Jahre 1296 Eduard I. siegreich aus Schottland zurückkehrte, und, angezogen von der günstigen Lage dieser Orte für den Seehandel, Myton an sich kaufte, es zu einer königlichen Stadt erhob und mit Privilegien beschenkte. Allmälig verbesserten sich die schwierigen Zugänge zu der neuen Stadt, eine Münze ward hier gegründet, und 60 Jahre später sendete Hull schon 16 Schiffe mit 466 Seeleuten zu der Flotte, welche Frankreich bekriegte. Eduard II. befestigte die Stadt, Richard II. umgab sie mit Mauern und Thürmen von Ziegeln, welche Michael de la Poll bei dieser Gelegenheit wieder erfunden haben soll, und Heinrich VI. dehnte ihre Freiheiten noch weiter aus. Im Jahre 1536 war Hull der Sitz einer Empörung aus religiösen Gründen, die man die „Gnadenwallfahrt" nannte und an deren Spitze Robert Aske stand. Dies veranlaßte den Bau einer Citadelle und mehrer Blockhäuser; eine andere Empörung, 1569, die Pest von 1635, die Hungersnoth, die sie begleitete, und endlich der Kriegsschauplatz im Kampfe Karl I. gegen das Parlament in der Nähe von Hull, drückten ihren Wohlstand lange herab. Noch im Jahre 1681 erneuerte Karl II. ihre Festungswerke, welche jetzt gänzlich verschwunden oder in Werke zu Gunsten des Handels und des Gewerbfleißes verwandelt sind. Die Stadt hat drei große Docks. Herrliche Brücken von Gußeisen, Muster ihrer Gattung, zieren diese Docks und verbinden die durch sie getrennten Stadttheile.

Hull hat seit 40 Jahren seine alten Grenzen von allen Seiten überschritten. Die Stadt dehnt sich jetzt beinahe eine Stunde weit am nördlichen Ufer des Humber und noch weiter am westlichen Ufer des Hull hin. Sie ist fast ganz von Ziegeln und im Innern nach keinem regelmäßigen Plane erbaut; die ältern Stadttheile sind vielmehr enge, unbequem und nicht gefällig, dagegen sind die neueren seit 40 Jahren entstandenen geräumig, oft mit prächtigen Gebäuden geschmückt und durch Gas erleuchtet. Zahlreiche öffentliche Prachtbauten fesseln unsere Aufmerksamkeit. Unter diesen nimmt die schöne gothische Dreifaltigkeitskirche, 1312 erbaut, den ersten Rang ein. Die Marien- oder Unterkirche steht nur noch zum Theil aufrecht; St.-Johann ist ein zierliches Bauwerk des vorigen Jahrhunderts. Hull ist durch zwei Seminarien berühmt, von denen das eine schon 1436, das andere 1734 gegründet wurde. Die Börse, das Zollhaus, das Theater in Humberstreet, das Gefängniß, die Bibliothek sind sehenswerthe Gebäude; die Bildungsanstalt für Gewerbsleute (Mechanics' institution) besitzt einen Musiksaal, ein Museum und Lesezimmer. Eine Meile von der Stadt liegt der reiche botanische Garten. Der auf der ersten Seite in einer Abbildung gegebene Marktplatz von Hull, mit einer schönen Reiterstatue Wilhelm III. geziert, nach seinen jüngsten Verschönerungen von der edlen gothischen Hauptkirche begrenzt, bildet einen anziehenden Platz. Hull hat nur unbedeutende Manufacturen und Fabriken, welche sich fast nur mit Gegenständen beschäftigen, die auf die Schifffahrt Bezug haben. Der Hauptverkehr geht nach dem baltischen Meere, Preußen und Rußland; der Handel mit Amerika, Westindien und Südeuropa ist minder beträchtlich. Dagegen wird der Werth seines innern Handels auf mehr als 100 Mill. Thlr. jährlich angeschlagen, und würde daher gleich nach dem von London und Liverpool folgen.

Seit 1832 haben alle Bürger der Stadt das Wahlrecht erhalten, das früher nur auf ein Kirchspiel beschränkt war. Die Stadt mit der großen Vorstadt Sculcoates hat gegen 50,000 Einwohner und 8726 Häuser. Den reichsten Anblick dieser schönen Stadt aber gewähren ihre herrlichen mit Kaufläden und Magazinen aller Art gezierten Quais, die prächtige George- und Charlottestreet und die mit Schiffen bedeckten Docks und Kanäle, wie unsere Abbildung auf der letzten Seite dieser Nummer zeigt.

Reise nach Palästina.
(Fortsetzung aus Nr. 186.)

An einem heitern Apriltage verließen wir Jerusalem und zogen aus dem nach Damaskt führenden nördlichen Thore auf die Straße nach Nablus und Nazareth. Unsere Gesellschaft war nicht zahlreich. Außer den beiden Maroniten hatten sich einige morgenländische Pilger uns angeschlossen, die über Nazareth in ihre Heimat zurückkehren wollten. Mehre Soldaten, die uns der Stadtbefehlshaber zu Jerusalem mitgegeben hatte, bildeten unser Geleite auf der unsicher gewordenen Straße durch das Gebirge. Auf diesem Wege sieht man Jerusalem in weiterer Entfernung als auf irgend einem andern. Wir verweilten unter einer Baumgruppe, um unsere Maulthiere und Pferde aus einer frischen Quelle trinken zu lassen und unsere Wasserschläuche zu füllen. Während dieser Pause setzten wir uns auf einen Felsenblock und sahen nach der Stadt, deren Thürme und Dome nun bald unsern Blicken verschwinden sollten. Ihre Schicksale gingen noch einmal vor unserer Seele vorüber. Die neueste Eroberung durch Ibrahim Pascha (1832) hatte Jerusalem und Palästina wieder der Herrschaft Ägyptens unterworfen, der es der türkische Sultan Selim 315 Jahre früher entriß. In die Zeit der frühern ägyptischen Herrschaft fielen die blutigen Kämpfe gegen die Kreuzfahrer, deren Kriegszüge uns auf unserer Reise so viele Erinnerungen zurückriefen. Die Eroberung Syriens durch die abendländischen Christen erschütterte die Macht der ägyptischen Sultane in ihrem stärksten Außenwerke. Die von den Kreuzfahrern gegründeten christlichen Reiche in Palästina, das Königreich Jerusalem, das anfänglich nur aus den Städten Jerusalem und Joppe und etwa 20 Flecken bestand, und die aus andern eroberten Landstrichen gebildeten neuen Staaten, das Fürstenthum Antiochien, die Grafschaft Edessa, die Grafschaft Tripolis und das Fürstenthum Galiläa, waren aber auf zu schwachen Grundlagen erbaut, als daß sie nicht bald wären erschüttert worden, seit sich neue mohammedanische Staaten bildeten, die den Kampf gegen die abendländischen Eroberer mit jugendlicher Kraft fortsetzten. Die Zwistigkeiten der christlichen Fürsten um ihre Eroberungen, die Fortdauer der Eifersucht, welche die Führer des Kreuzheeres gleich vom Anbeginn getrennt hatte, der Mangel an Unterwürfigkeit, der Mangel an Verbindung durch gemeinschaftliches Interesse, dies allein schon konnte die Unfälle herbeiführen, welche die Christen bald trafen, und die Kraft der neuen Staaten mußte noch mehr gebrochen werden durch die Streitigkeiten der Geistlichkeit mit den Fürsten und durch die Erkaltung des Eifers im Morgenlande. Der Verlust von Edessa im Jahre 1145 war der erste gefährliche Stoß, den die Herrschaft der Christen erlitt, und er machte einen so tiefen Eindruck im Abendlande, daß bald nachher ein neuer Kreuzzug von dem frommen Abte Bernhard von Clairvaux gepredigt wurde, an dessen Spitze die Könige von Frankreich und Deutschland traten. Das neue Unternehmen hatte keinen glücklichen Erfolg. Ein gefährlicher Feind der Christen in Palästina erhob sich 20 Jahre später in dem neuen Beherrscher Ägyptens, dem heldenmüthigen Saladin. Als er seine Macht befestigt hatte, war sein ganzes Streben dahin gerichtet, den Christen Syrien und Palästina zu entreißen. Er schlug sie 1187 am Fuße des Berges Thabor, wo sie eine größere Niederlage erlitten, als je seit dem Beginn der Kreuzzüge. Drei Monate später zog er siegreich in Jerusalem ein. Der neue Kreuzzug, an dessen Spitze drei europäische Fürsten sich stellten, der großherzige deutsche Kaiser Friedrich I., der König von Frankreich Philipp II. und der ritterliche Beherrscher Englands Richard Löwenherz, war die Folge dieser Niederlage. Vielleicht hätte dieser Kriegszug, besser geleitet als alle frühern, günstige Erfolge gehabt, wenn nicht gleich im Beginn des Feldzugs der Tod des Kaisers, der im Flusse Saleph in Syrien ertrank, die besten Hoffnungen zerstört hätte. Die Könige von England und Frankreich machten keine bedeutenden Eroberungen und der einzige Erfolg des Kreuzzugs war ein dreijähriger Waffenstillstand, wozu Saladin genöthigt wurde, der aber im ruhigen Besitze des größten Theils von Palästina (1193) starb.

Noch zogen diese Bilder der Vergangenheit vor unserer Seele vorüber, als unsere Karavane wieder aufbrach. Unser Weg ging nun meist über steinige wüste Berge, bald durch weite mit Ölbäumen bepflanzte Thäler, bald über kahle Felsen. Die Dörfer liegen alle sehr malerisch auf hohen Bergspitzen oder an steilen Abhängen. Gegen Abend kamen wir in das enge Thal, wo Nablus, das alte Sichem, liegt. Am Eingange des Thales zeigt man mehre Brunnen, unter welchen man auch den Jakobsbrunnen bezeichnet, wo Christus mit der Samariterin sprach, die gekommen war, Wasser zu schöpfen. Nablus liegt höchst reizend am Abhange eines Berges, der mit Gärten bedeckt ist, die sich terrassenförmig erheben. Die Häuser der Stadt scheinen aus Lustwäldchen empor zu steigen, die mit allen Arten von Blumen geschmückt sind. Klare Bäche erfrischen diese üppigen Pflanzungen. Man zeigte uns die Gräber Joseph's, Josua's und Eleazar's. Als wir die Nacht hier zugebracht hatten, setzten wir mit Tagesanbruch unsere Reise fort. Unser Weg ging über hohe Bergrücken, bis wir endlich in die geschichtlich merkwürdige grüne Ebene Esdraelon oder Jesreel kamen. Überall von Bergen umgeben, unter welchen der Thabor und Hermon hervorragen, ist sie zwar fruchtbar aber schlecht angebaut und zeigt mehre Spuren verödeter Örter. Sie war in alten und neuern Zeiten der Schauplatz blutiger Kämpfe. Hier siegte Gideon, hier ward Josias, König von Juda, von dem Ägypterkönig Necho getödtet, hier kämpfte Vespasian's Heer gegen die Juden, hier besiegte Saladin die Christen, hier wurden 1799 durch 3000 Franzosen unter Bonaparte und Kleber 25,000 Türken geschlagen. Wir durchzogen die Ebene der Länge nach, erstiegen dann wieder einige Berge, und endlich führte uns ein schroffer Pfad in einen Bergkessel, wo wir Nazareth erblickten, das sehr reizend am Abhange eines Halbkreises von Bergen liegt. Wir kehrten in dem Franziskanerkloster ein, das schönste und prachtvollste Klostergebäude in ganz Palästina, das sehr gegen das ärmliche Dorf absticht. Der Vorsteher führte uns noch an demselben Abend in die zum Kloster gehörige prächtige Verkündigungskirche, wo am Vorabend eines Festes bei glänzender Beleuchtung Gottesdienst gehalten wurde. Unter dem Chore der Kirche steigt man auf mehren Stufen in eine Höhle, welche als die Stelle der Verkündigung gezeigt wird. Eine Säule bezeichnet den Ort, wo der Engel, eine andere, wo Maria war, und von dieser sieht man den obern Theil an der Decke hangen, da das Mittelstück von den Mohammedanern herausgebrochen worden sein soll. Wir besuchten darauf die sogenannte Werkstätte Joseph's, eine kleine Kapelle unweit der Kirche. Nicht weit von hier ist die Schule, wo Christus die heilige Schrift den Juden vorlas. Man zeigte uns hier als einen merkwürdigen Überrest des Alterthums eine große runde Felsenplatte, an welcher Christus oft mit seinen Jüngern gespeist haben soll. Da wir am folgenden Morgen wieder aufbrachen, besuchten wir das Maronitenkloster, wo unsere beiden Freunde Herberge genommen hatten. Es liegt am Rande jenes steilen Abhanges außerhalb der Stadt, von welchem die Juden Christus hinabstürzen wollten, da seine Rede in der Synagoge sie erzürnt hatte. Betrachtet man das Landschaftsgemälde um Nazareth, so überläßt man dem Gedanken, daß der Heiland des Menschengeschlechts hier gern wandeln und von der Welt sich zurückziehen mußte, um an seine große Sendung zu denken. Tiefe abgeschiedene Thäler, mit üppigem Pflanzenwuchse wild bedeckt, stille und ernste Pfade, wo überhangende Felsen alle Störung abwehren.

Die Sonne stand schon hoch am Himmel, als wir Nazareth verließen, um das galiläische Meer zu besuchen. Wir zogen am Fuße eines Berges, welcher der Segensberg heißt, weil Christus auf dem Gipfel desselben die Bergpredigt gehalten haben soll, und kamen bald nach Tiberias, das auf einer schmalen Ebene, von Bergen umgeben, dicht am Ufer des galiläischen Meeres liegt. Wir besuchten die Peterskirche, ein dumpfes, düsteres Gebäude, an der Stelle des Hauses, wo Petrus gewohnt, oder an der Stelle, wo er sein Netz ausgeworfen haben soll. Sie ist wahrscheinlich die erste christliche Kirche in Tiberias im 4. Jahrhundert erbaut. Tiberias war nach der Zerstörung Jerusalems der Sitz des Sanhedrins und lange der Mittelpunkt jüdischer Gelehrsamkeit. Noch immer kommen jüdische Andächtige aus allen Ländern hierher, und wohnen hier zusammen, wo sie durch milde Sammlungen in allen drei Welttheilen erhalten werden. Tiberias ist nach dem Talmud eine der vier heiligen Städte und hier soll sich einst der Messias aus dem See erheben.

Wir machten in den Abendstunden eine Wanderung längs dem Ufer des galiläischen Binnenmeers, des Sees Tiberias oder Genezareth. Er ist zwei Meilen lang und ¾ Meilen breit. In ganz Palästina gibt es keine Gegend, deren Reize sich mit dieser vergleichen ließen. Auf allen Seiten, ausgenommen wo der Jordan einströmt und ausfließt, ist der klare Spiegel von Bergen umgeben und das Wasser gegen die Winde geschützt. Nirgend sieht man ein Fahrzeug auf der stillen Flut. Die Fischer gehen, welche am nördlichen Ufer, wo der See noch immer sehr fischreich ist, bis an den halben Leib in das Wasser, werfen ein kleines Handnetz

Der See Genezareth.

aus und ziehen es bald reichlich gefüllt zurück. An einer Stelle des Ufers zeigten unsere Führer uns den Ort, der zum Andenken der wunderbaren Speisung der Menge, die Brotvermehrung genannt wird. Häufig sahen wir an dem Seeufer Antilopen weiden, die vor uns hersprangen, wenn wir sie störten. Der Jordan läuft mitten durch den See, und eine starke Strömung verräth den Durchgang, wenn ihn entgegengesetzte Winde aufhalten, welche oft heftig aus Südosten wehen, und den See alsbald stürmisch machen.

Wir brachten die Nacht unter Zelten im Thale zu, um vor Sonnenaufgang den Thabor zu besteigen, der, zwei Stunden von Nazareth entfernt, als ein mächtiger abgesonderter Kalksteinfelsen 3000 Fuß hoch sich erhebt. Nach Mitternacht stiegen wir durch einen Wald von Eichen und wilden Pistazien den Abhang des Berges hinan, aus dessen Rasendecke überall Blumen hervorsprießen. Der Gipfel ist flach und nicht von großem Umfange; die Aussicht von der Höhe bezaubernd. Gegen Mittag die Ebene Esdraelon, gegen Morgen die hohen Gebirge, welche die Ufer des Jordans und des galiläischen Meeres begrenzen, im Norden der Antilibanon, im Westen der Karmel und das mittelländische Meer. Auf dem Gipfel stand einst ein großes Dorf mit Kirchen und Klöstern und noch jetzt sieht man alte Mauern, Gewölbe und Cisternen, die zum Theil in dem Felsen ausgehauen sind und treffliches Wasser enthalten. In einer unterirdischen Kapelle wird am Tage der Verklärung Christi, die sich auf dem Thabor ereignete, Gottesdienst gehalten. Am Fuße des Berges liegt unter dem Schatten einiger Bäume das Dorf, wo die Prophetin Debora geboren wurde.

Wir verließen erst nach mehren Stunden den

Der Berg Thabor

Gipfel des Berges und zogen dann über felsige Pfade nach dem Dorfe Kana, das sehr anmuthig auf einer Anhöhe liegt. Nicht weit von dem Dorfe ist ein Brunnen mit köstlichem klaren Wasser, woraus die Bewohner ihren Bedarf holen. Die Pilger machen gewöhnlich hier Halt, weil man diesen Brunnen als den Quell bezeichnet, dessen Wasser Christus in Wein verwandelte. Auch wir stiegen ab, weil die Mittagssonne heftig brannte, breiteten unsere Teppiche unter den schattigen Bäumen aus und unsere Araber waren eifrig bedacht, diese kurze Ruhe zu benutzen, um unsere Pfeifen zu stopfen und Kaffee zu kochen. Als wir in das Dorf gekommen waren, machten wir vor einer kleinen griechischen Kapelle Halt, in deren Hofe wir unsere Mahlzeit halten wollten. Unsere Diener brachten uns nach kurzen Vorbereitungen Gurken, weiße Maulbeeren, warme Kuchen von ungesäuertem Teige in Honig und Butter gebacken, und das gewöhnliche Gericht Reis und Geflügel, Pillaw. Als wir uns erquickt hatten, besuchten wir die Trümmer einer Kirche, die auf der Stelle erbaut worden sein soll, wo die Hochzeit zu Kana gefeiert wurde. In diesen Trümmern sahen wir sehr große dicke steinerne Wasserkrüge, der Beschreibung ähnlich, die der Evangelist Johannes von den alten Geschirren dieses Landes macht. Diese Krüge sind noch jetzt in der Umgegend im Gebrauche.

Von Kana reisten wir gegen Abend nach dem zwei Stunden entfernten Nazareth zurück, wo wir am folgenden Tage ausruhten, um zu dem letzten Theile unserer Reise, der Fahrt längs der Küste Syriens, neue Kräfte zu sammeln.

(Fortsetzung in Nr. 138.)

Der Nautilus oder das Perlenboot.

In Nr. 81 des Pfennig-Magazins war die Rede von organischen Überresten der Vorwelt, von denen namentlich auch die Ammoniten erwähnt wurden, vielkammerige Schneckenschalen, die man von der Größe eines Sandkorns bis zu der eines Wagenrades (doch so groß nur versteinert) kennt. Ihnen ganz ähnlich, wie eine Vergleichung unserer Abbildung mit der in jener Num-

Durchschnitt des Nautilus.

mer unter Figur 2 deutlich zeigt, ist die unter dem Namen Nautilus oder Perlboot bekannte Schneckenschale, wenn auch in mancher Hinsicht unterschieden und namentlich dadurch, daß durch alle Kammern der Schale hindurch in der Mitte eine eigenthümliche Röhre durchzieht, welche jedoch in unserer Abbildung nicht ganz deutlich dargestellt ist. Diese Schale war längst bekannt, sogar schon den Alten, indem bereits Aristoteles von derselben spricht und auch ihres Thieres erwähnt, von dem er jedoch sagt, daß die Schale nicht mit ihm verwachsen sei, daher ihm manchmal verloren gehe, worauf es dann absterbe. Eine vollständigere Beschreibung des sonderbaren Bewohners dieser Schale lieferte zu Anfang des 18. Jahrhunderts der Kaufmann Rumph aus Hanau, welcher als holländischer Intendant auf Amboina Gelegenheit hatte, sich dieses Thier zu verschaffen und dasselbe in seiner „Amboinesischen Raritätenkammer" beschrieb. Erst in der neuern Zeit glückte es einem Engländer, Bonnet, auf einer Reise in der Südsee, an den neuen Hebriden eines solchen herumschwimmenden Perlbootes sammt dem Thiere habhaft zu werden. Es hat viel Ähnlichkeit mit dem in Nr. 109 des Pf.-Mag. beschriebenen Tintenfische. Die Farbe ist braunroth mit weiß. Es hängt durch zwei Muskeln an der Schale und hat die Eingeweide, die Augen und den Schnabel, wie die Tintenfische, doch fehlt ihm die sogenannte Tintendrüse, welche bei diesem das braune Farbe absondert. Der Mantel schlägt sich theils über die eingerollte Schale, theils mit einem andern Lappen so vom Kopf weg, daß er wie eine in der Mitte zusammengebrochene Sohle aussieht. Beim Schwimmen liegen diese Lappen auf der Oberfläche des Wassers, eben so wie wir bei unsern Wasserschnecken die Sohle oder den sogenannten Fuß nach oben gekehrt sehen; doch ist bei dem Nautilus, nach der Lage des Hirns zu urtheilen, diese Sohle die obere Seite. Der Schnabel gleicht oben einem Papageienschnabel, nur erscheint auch hier wieder der kleinere Theil als der obere. Um den Mund herum stehen 22 Arme; die Augen, von Haselnußgröße, stehen auf Stielen; der Leib läuft hinten in eine Röhre aus, welche jedoch bei dem gefangenen Thiere kurz abriß, indem sie abriß, da die Schale bei dem Fang durch den Bootshaken zerbrochen wurde. Das Thier ist gegen sechs Zoll lang, drei Zoll dick und fast ebenso breit. Man hat angenommen, daß das Thier nach Belieben die hinter ihm liegenden Kammern mit Wasser füllen oder ausleeren und so im Meere sinken oder steigen könne; dem kann jedoch nicht so sein, da ein den Leib umgebender Gürtel die Schale oben schließt. Diese wird über sieben Zoll breit und vier Zoll dick und gleicht etwa einer plattgedrückten Kugel. Sie ist weißlich mit schönen braunrothen Flammen und hat inwendig wol an 40 Kammern. Wenn das Thier auf dem Wasser schwimmt, was nach Stürmen oft geschehen soll, ist die Schale unten, wie ein Kahn, auf dem Meeresboden aber, wo es mit Hülfe seiner Arme kriecht, soll sie nach oben gekehrt sein. Rumph erzählt, daß das Thier nicht selten in Fischreußen krieche und so gefangen werde. Die Schale besteht aus Lagen, welche die Dicke von zwei Messerrücken haben; die äußere hat eben die angegebenen Farben, die innere zeigt, wenn man die obere wegnimmt, sich als Perlmutter, mit schöneren Farben als die eigentliche Perlmutter. Bisweilen findet man in diesen Schalen ein bohnengroßes Steinchen, weiß wie Alabaster, von dem man dem Aberglauben hegt, daß dasselbe glücklich in dem Fange von Muscheln mache. In Naturaliencabineten haben diese Schalen noch das Eigne, daß sie bei feuchtem Wetter mit Tropfen beschlagen, was wol von noch anklebenden Salztheilen herrühren mag. Das Vaterland ist in allen Meeren um die molukkischen Inseln, besonders bei Batavia, wo indessen nur die Schale häufig gefunden wird, indem der Fang des Thieres selbst nur zufällig ist.

Über den Einfluß der Waldungen auf den Zustand der Menschen.

II.*)

Die Waldungen betrachtet man gewöhnlich nur hinsichtlich ihres Nutzungszweckes zur Befriedigung der mancherlei Holzbedürfnisse des menschlichen Lebens und sieht selten auf ihren natürlichen Zweck, der in ihrem Einflusse auf die Temperatur und den Feuchtigkeitszustand der atmosphärischen Luft, auf den hieraus hervorgehenden mehr oder weniger feuchten Boden, auf die Unterhaltung der stehenden und fließenden Gewässer, auf fast alle Zweige der Volkswirthschaft, auf den Gesundheitszustand der Luft, überhaupt auf das physische Bild des Landes und auf den physischen und moralischen Charakter seiner Einwohner besteht und für die nationale Wohlfahrt der Völker wichtiger ist als jener Nutzungszweck, welcher in Gegenden, wo Holz verbrauchende Gewerbe zusammengedrängt sind, die höchste Sorgfalt fodert. Unter diesen verschiedenen Momenten des Wirkens wollen wir hier die Einflüsse auf den Gesundheitszustand der atmosphärischen Luft betrachten.

Die Luft ist nie rein von fremdartigen, häufig schädlichen Substanzen und nie in einem völlig ruhigen Zustande; auf beide Beziehungen wirken die Wälder dadurch, daß sie der Richtung der Winde entweder Hindernisse entgegensetzen, oder sie abändern und ihre Kraft brechen; daß sie den Zustand der Wärme und Feuchtigkeit der Luft verändern und besonders im letztern Falle oft ein feuchtes und sumpfiges Klima erzeugen, welches weder den Menschen, noch den Thieren, noch den höher organisirten Gewächsen, wol aber den Insekten und Würmern und niedrigern Pflanzenarten zuträglich ist, und daß sie endlich die Eigenschaften der Winde verändern, die sie von den Flächentheilen annehmen, über welche sie hinwehen.

Durch die verschiedenartigen Ausdünstungen wird die Luft mit mehren Gasarten, wovon sie sich zwar durch Thau und Regen, jedoch nur örtlich, reinigt, vermischt; das Athmen der Menschen, Thiere und Pflanzen, die zahllosen Verbrennungs=, Gährungs= und Fäulungsprocesse verderben die Luft unaufhörlich und sie würde, wenn kein Luftwechsel vorhanden wäre oder die Pflanzen diese giftartigen Stoffe nicht zersetzten, theilweise verzehrten und dadurch aus den untern Regionen entfernten, bald alles Leben ersticken. Daß sie von diesen verderblichen Stoffen mehr oder weniger gereinigt wird, unterliegt keinem Zweifel; ebenso gewiß ist es auch, daß die Waldungen den der Gesundheit der Menschen und Thiere nachtheiligen Zustand entweder herbeiführen und noch gefährlicher machen, oder auf der entgegengesetzten Seite zur Reinigung der Luft das Meiste beitragen und sie in den dem Menschen zuträglichsten Zustand versetzen.

Um diese Behauptung zu erklären, muß man die Wirkungen der Waldungen in den Ebenen von denen an Abhängen oder Berggipfeln wohl unterscheiden. Jene sind feucht und sumpfig; die über ihnen gelagerte Luft wird noch feuchter und wärmer; die den Sümpfen und Mooren entsteigenden Dünste häufen sich unter dem Schatten der Bäume an, und gefährden das Leben der sich ihnen Nahenden. Nach Berichten der Reisenden hat man z. B. in den alten Wäldern von Guyana, jenem großen Landstriche zwischen dem Maranhon, Orinoco und dem atlantischen Meere, beim Einathmen ihrer feuchten, schweren und erstickenden Luft dieselbe Empfindung, wie in lange verschlossenen, tödtliche Dünste enthaltenden Spitälern. Auf lichten Stellen leben wol einige Wilde und unverständige Colonisten; allein die erstickende feuchte Hitze, welche durch die Ausdünstung der Bäume und der stehenden Gewässer unterhalten wird, erzeugt jene verderblichen Fieber, welche den Fremden, der durch sie wandert, anfallen und die Bevölkerung aufzehren, welche sich an ihren Grenzen ansiedelt.

Haben wir auch in Europa keine solche Waldebenen, so finden sich doch in Ungarn, wo so häufig pestartige Krankheiten Menschen und Vieh dahinraffen, in den Ebenen Polens, Rußlands und mancher anderer Niederungen Beispiele genug, welche den verderblichen Einfluß der feuchten und sumpfigen Waldungen beweisen. Aber Ueberreste von solchen alten Wäldern weiset der Norden von Europa, besonders Norddeutschland auf, welche den Boden mit einer dichten Schicht von Stoffen bedecken, die nichts als einzelne Kräuter und nützliche Gewächse hervorbringen, welche ein sumpfiges und unfruchtbares und eben darum ungesundes Torflager von sehr großer Ausdehnung, z. B. in Schottland, Irland, Hanover, Westfalen, gebildet haben und ihre verderblichen Wirkungen gleichsam nach ihrem Untergange noch fortsetzen. In Baiern befinden sich zwar viele Waldungen in den Ebenen, welche manche Gegenden feucht und sumpfig erhalten und die Luft mit verderblichen Ausdünstungen schwängern; allein die an und für sich hohe Lage dieses Landes befördert den Durchzug der oft rauhen Winde, welche die Luft theilweise reinigen, und die vielen Gebirgswaldungen zersetzen die verderblichen Stoffe, welche nur in den verschiedenen Moosen bei Eveling, Moosburg, Dingolfing, zwischen der Donau und dem Mühlbach in der Gegend von Straubing und in andern Gegenden das Leben der Bewohner oft abkürzen. Sie würden noch bösartiger wirken, wenn nicht die Waldungen größtentheils von cultivirten Gründen durchschnitten wären, wodurch der Abzug feuchter und giftartiger Ausdünstungen mittels der Winde befördert, also das Klima und die Luft in gesunden Zustand versetzt wird.

Aus diesen und andern Thatsachen folgt, daß man den Wirkungen der stehenden Gewässer und dem verderblichen Einflusse der Sümpfe, die oft nur mit Mühe, oft gar nicht auszutrocknen sind, nur dadurch entgehen kann, wenn man zwischen ihnen und den Wohnorten der Menschen eine Schutzwand von geschlossenen Waldungen anlegt, welche den Zug der mit den gefährlichen Dünsten geschwängerten Winde entweder aufhalten oder die Stoffe selbst zersetzen und vertheilen. Mangeln den Anhöhen von Gegenden, welche an feuchte und sumpfige Stellen grenzen, die Waldungen oder auch nur gewöhnliche Ackerpflanzen, welche weder groß noch hoch emporschießen, so dringt ein Theil der schädlichen Stoffe, welchen die Blätter und Wurzeln der Pflanzen verzehren, in die untern Regionen der atmosphärischen Luft, macht diese ungesund und verliert sich erst in einer gewissen Höhe, wo das zur Gesundheit unumgänglich nothwendige Gleichgewicht zwischen Sauerstoff und Stickstoff, als Hauptbestandtheilen, und kohlensaurem Gas und Wassergas als Nebenbestandtheilen der Luft, wiederhergestellt wird.

Eine solche pestartige Luft, welche die Ärzte unter dem Namen Malaria in den Umgebungen von Rom als die Ursache der daselbst in jedem Jahre herrschenden Wechselfieber, eines gewissen Zustandes von Kraftlosigkeit, einer Schwächung der Glieder und Entfärbung des Zellgewebes ansehen, schreibt man den von den ste-

---

*) Vergl. den ersten Artikel in Nr. 130 und 131 des Pf.=Mag.

henden Gewässern herrührenden Ausdünstungen zu, welche fortgeführt von der Luft, in Folge ihrer natürlichen Schwere in den untern Regionen sich erhalten und auf Diejenigen wirken, welche davon getroffen werden. In den frühesten Zeiten kannte Rom diesen gefährlichen Gesundheitszustand und seine Folgen nicht, so lange es von ausgedehnten Hainen oder Wäldern, die keine Art berühren durfte, umschlossen war. Von jener verderblichen Luft wußte man in der Stadt nichts, obgleich in den zwei Tagereisen von ihr entfernten pontinischen Sümpfen das Wechselfieber schon herrschend waren. Nachdem aber diese Wälder vernichtet und die gebirgigen Umgebungen Roms sehr öde, unfruchtbar gemacht und fast aller Vegetation beraubt waren, sodaß man weit und breit umherstreifend weder einen Baum noch ein Gesträuch, im günstigen Falle Getreidefelder erblickt, zeigten sich die verderblichen Wirkungen der Malaria, welche seit mehren Jahrhunderten stufenweise verheerender wurde. Diese den Gesundheitszustand Roms vergiftende Luft schrieb man unmittelbar den pontinischen Sümpfen zu; allein zwischen ihnen und Rom liegen Städte, wo jene Luft nicht so verderblich wirkt, mithin mußte man ihr die tödtende Eigenschaft auf mittelbarem Wege zuschreiben. Da die Zwischengegenden mit Waldungen oder kleinerm Gehölze versehen sind und besonders ihre Anhöhen sich jener erfreuen, so mußte man auf den Gedanken kommen, daß diese Gewächse jene vergiftenden Stoffe zersetzen, vertheilen und für die Menschen unwirksam machen; daß aber der gänzliche Mangel alles Pflanzenwuchses in den Umgebungen Roms diesen gefährlichen Zustand der Luft herbeiführt, was um so weniger einem Zweifel unterliegt, als selbst in den ungesundesten Gegenden die Luft rein und gesund ist, so lange Gewächse des Ackerbaues die Erde bedecken, aber schnell erfolgt, wenn die Ernten abgemäht sind.

Ähnliche Belege findet man in München. Die der Isar, den naheliegenden Moosen und der Stadt selbst entsteigenden Dünste werden, nachdem während des Sommers die Gewächse entfernt oder häufig verdorrt find, von den Bäumen nicht völlig aufgezehrt und es erfolgen meist verschiedene Krankheiten, welche durch den oft sehr schnellen Wechsel der Witterung verstärkt werden. In Frankreich und Spanien und namentlich in England findet man ebenfalls Beispiele von dem nachtheiligen Einflusse, welche der Mangel an Waldungen auf Anhöhen nach sich zieht. So herrscht in Sicilien in der Gegend des Dorfes Fiorida, einem der wenigsten feuchten Districte und in einer ziemlich großen Ebene, wegen Armuth der Vegetation jene verderbliche, aus entfernten Sümpfen sich entwickelnde Luft. In einiger Entfernung von Syrakus bemerkt man keine Bäume mehr, sondern in dem langen und engen Thale blos einiges Gesträuch; jenes Dorf sieht man schon in der Entfernung von 17 Stunden. Nach erfolgter Ernte ziehen die wohlhabenden Einwohner nach andern gesunden Dörfern und kehren erst im Herbste wieder zurück. Ein Engländer, der Fiorida mehrmals besuchte, fand daselbst viele 5—12jährige Kinder, welche gekrümmt, bleich und kleinen Greisen oder herumwandelnden Leichen ähnlich waren. Nach einem Alter von 14 Jahren greift sie die Krankheit weniger an, welche Fremde am heftigsten befällt.

Dieser Mangel an Pflanzenwuchs auf den Anhöhen von Gegenden, in welchen sich feuchte und sumpfige Stellen finden, deren Dünste die Luft verderben, gibt sich besonders in der Zahl der Sterblichkeitsfälle zu erkennen. So stirbt zu Rom in Folge der Wirkungen der Ausdünstungen der pontinischen Sümpfe von 22—23 Menschen stets einer und die Sterblichkeit ist daselbst weit größer, als in dem ungesunden Batavia. Montpellier und andere französische Städte am mittelländischen Meere liegen mit Rom in ziemlich gleicher Breite, erhalten durch die Meeresdünste viel Feuchtigkeit und haben besonders im Frühlinge und Herbste eine ungesunde Luft; allein die Sterblichkeit ist daselbst um $1/4$ bis $1/5$ von der in Rom herrschenden verschieden.

Die von Sümpfen oder über ungesunde und feuchte Gegenden wehenden Winde schwängern sich mit den ihnen entsteigenden schädlichen Ausdünstungen, tragen sie auf benachbarte, oft weit entlegene Gegenden über und bringen deren Bewohnern Krankheiten und Tod, wenn die Anhöhen leer von Bäumen und Pflanzen sind. Auf der Verbreitung des Krankheitsstoffes beruht die Ungesundheit der Luft vieler nordeuropäischer Gegenden, welche früher bewaldet waren und jetzt einen torfartigen, von Sümpfen durchschnittenen Boden haben, wie dies z. B. in den Gegenden von Lincoln, wo im Durchschnitte von 51, oder von Norfolk, wo von 50, oder von Cambridge, wo von 44 Menschen einer stirbt, der Fall ist. In diesen und andern noch mit Wäldern bedeckten Ebenen verändert die ungesunde Sumpfluft das Gesetz der Sterblichkeit, dem die benachbarten Landschaften unter denselben physischen Einflüssen, mit Ausnahme der Ausdünstung der Sümpfe, unterworfen sind. Denn in den von Winden durchwehten, auf den Anhöhen mit Baumpflanzungen versehenen Gegenden Englands ist das Sterblichkeitsverhältniß weit geringer, obgleich diese Gegenden wol auch mehr oder weniger feucht, allein meist cultivirt sind.

(Beschluß in Nr. 138.)

Die Bärin und ihre Jungen.

Jedes Thier liebt bekanntlich mehr oder weniger seine Jungen, und je mehr das Thier im Zustande der Freiheit ist, desto höher scheint der Grad dieser Anhänglichkeit zu steigen. Eines der merkwürdigsten Beispiele der Art ist das, was M'Keevor in seinen Reisen nach der Hudsonsbai als Augenzeuge beschreibt. Als sein Schiff durch die Eisberge hinsegelte, erblickte man vom Verdeck aus eine Bärin mit zwei Jungen. Der Capitain ließ sogleich die Schaluppe aussetzen und befehligte einige Matrosen, mit Säbeln, Flinten, Pistolen und Lanzen bewaffnet, auf das Thier Jagd zu machen. Die ganze übrige Mannschaft begab sich auf das Verdeck, um Zeuge des Angriffs zu sein. Kaum aber hatte die Schaluppe sich in Bewegung gesetzt, als die Bärin sogleich ahnte, was gegen sie beabsichtigt ward, und ein klägliches Geschrei hören ließ, indem sie ihre Jungen mit der Vordertatze umfaßte und bald das eine, bald das andere anblickte. Als die Schaluppe sich näherte, nahm sie die Jungen auf den Rücken und stürzte sich mit ihnen ins Meer, bis sie ganz erschöpft, erst in ziemlicher Entfernung wieder auf einer Eisscholle erschien. Hier holte die Schaluppe sie fast wieder ein; dasselbe Schauspiel wiederholte sich, bis endlich die Mannschaft aus Mitleid mit dem armen Thiere die Verfolgung aufgab. Doch das Schiffsvolk eines andern Walfischfahrers hatte die Bärin auch bemerkt und kam eben herbei, als die ersten Verfolger zurückruderten. Sie hatten leichteres Spiel und weniger Mitleid. Als die Bärin wieder auf einem Eisfelde Athem schöpfen wollte, schossen sie ihre Flinten auf sie ab. Nur die Bärin ward getroffen, so fest und gut hatte sie ihre wehrlosen Jungen umschlossen. Weder der Schmerz noch der Blutverlust konnte sie bewegen, dieselben loszulassen und ihr Angstgeschrei währt so lange, bis sie auf der Eisscholle verschieden war. Die Jungen sollten nun nebst der Bärin mitgenommen werden; allein es kostete unendliche Mühe, sie aus den Tatzen der Alten loszumachen, die krampfhaft um sie geschlungen waren. Der Bärin zog man das Fell ab und that die Jungen in einen Käfig, wo sie aber so jämmerlich nach der Mutter winselten, daß man nicht wußte, wie man sie besänftigen sollte, bis man auf den Einfall kam, das Fell in den Kasten zu stecken. Dies half. Sie legten sich mit dem Kopfe darauf und wurden ruhig.

Der Hafen von Hull.

Verantwortlicher Herausgeber: Friedrich Brockhaus in Leipzig und Dr. C. Dräxler-Manfred in Wien.
Verlag von F. A. Brockhaus in Leipzig.

Das Pfennig-Magazin

der
Gesellschaft zur Verbreitung gemeinnütziger Kenntnisse.

138.] Erscheint jeden Sonnabend. [November 21, **1835**.

Köln.

III. 47

Köln. *)

Der auf vorstehender Abbildung dargestellte Thurm heißt der Beyenthurm, liegt hart am Rheine und bildet die südlichste Grenze der Stadt Köln. An dieser Stelle, die bereits im 13. Jahrhundert den Namen Beyen oder Beyne geführt hat (man findet auch in der Nähe einen Beyengraben und ein Dorf Beyen), erbaute der Erzbischof Engelbert II. im Jahre 1261 eine Burg, um die Bürger Kölns, durch deren Uneinigkeit die Stadt in seine Gewalt gekommen war, von hier aus zu beherrschen, sowie am nördlichen Ende der Stadt durch die Burg zu Ryle. Die Burg wurde aber 1267 von den Bürgern unter Anführung des Geschlechts der Overstolzen erobert, zerstört und nur den Hauptthurm, der noch stehende Beyenthurm, übrig gelassen. Der Thurm ist ein festes, ansehnliches Bauwerk, das jedoch seit längerer Zeit nicht mehr zu öffentlichen Zwecken benutzt worden ist. Die unmittelbare Umgebung ist jetzt nicht mehr ganz so wie sie auf der Abbildung dargestellt ist. Jetzt sind um den Thurm Festungswerke angebracht worden, die Aussicht von ihm ist sehr schön und er selbst auch in seiner jetzigen Gestalt eine Zierde der Stadt.

Über den Einfluß der Waldungen auf den Zustand der Menschen.
II.
(Beschluß aus Nr. 137.)

Sowie die in der Nähe von feuchten und sumpfigen Stellen liegenden, aber unfruchtbaren und jedes Pflanzenwuchses oft beraubten Gegenden wegen dieses Mangels an Bäumen oder Ackerpflanzen eine ungesunde Luft haben, ebenso sättigen sich die Winde, welche über stehende Gewässer und Waldungen von tiefliegenden Gegenden hinstreichen, mit einem feinen, sich an Blätter von Bäumen anhängenden, aber auch leicht verbreitenden gefährlichen Stoffe der Wechselfieber, welcher von den ersten westindischen Colonisten wegen seiner tödtenden Eigenschaft das Leichentuch der Savannen genannt wurde, und ebenso leicht aus einer Vermischung der Ausdünstungen von Fluß- und Seegewässern an Küsten entsteht, als er mit pestartigen Wirkungen in den Wäldern des Innern von Ceylon, der indischen Halbinsel und Guyana herrscht. Die über die feuchten Wälder von Guyana und die Sümpfe der Mündungen des Orinoco hinziehenden Südwinde sind für die Bewohner der Antillen ungesund und nachtheilig, begünstigen das gelbe Fieber sehr und werden höchst wahrscheinlich durch ihre feuchte Hitze den Menschen verderblich.

Jener aus den Sümpfen und feuchten Wäldern der Ebenen entstehende Stoff ist überall derselbe und die Bedingungen seines Daseins an allen Orten sucht man vorzugsweise in der Anhäufung vegetabilischer, verwesender Substanzen, welche von Wärme und Feuchtigkeit durchdrungen sind und jene giftigen Dünste erzeugen, die sich in der Luft nach und nach zertheilen, in einer gewissen Höhe unwirksam werden und auch dadurch unschädlich werden, daß häufige Regen die Flächen, denen sie entsteigen, mit Wasser bedecken, oder heftige Winde durchziehen, die ihn noch feiner zertheilen, in weite Gegenden verjagen und an die Blätter der Pflanzen anlegen, welche ihn gänzlich zersetzen oder verzehren. Wässerige Dünste schließen ihn völlig ein und halten ihn innerhalb bestimmter Grenzen zurück. Man sieht ihn aus den Gründen der Thäler nebelartig aufsteigen und hat ihn, wenn man auf Anhöhen sich befindet, nicht zu fürchten, wo er an den Baumblättern derselben sich anlegen kann. Eben darum ist er in Ebenen nicht zu fürchten, zu welchen er aus Gebirgswaldungen gelangt.

Beobachtungen in Gegenden der alten und neuen Welt, vergleichende Beispiele und genau geprüfte Sterblichkeitsverhältnisse beweisen, daß die niedrigliegenden Waldungen das Stillstehen der sumpfigen Gewässer befördern und in der Nähe der Wohnungen einen Herd von ansteckenden Krankheiten bilden. In allen Ländern, welche der Mensch noch nicht hinreichend angebaut hat und welche erst später gleichsam aus den Händen der Natur hervorgegangen sind, bedecken die Wälder die Ebenen und sind von Wasserpfützen, Seen und moorigen Sümpfen *) durchschnitten. Dies zeigt sich in verkleinertem Maßstabe in Baiern, in vergrößertem in Polen, Ungarn und Rußland, in vollem Maße in Australien und in den neuen Staaten der amerikanischen Union gegen die Quellen des Mississippi und Missouri. Überall ist die Bevölkerung verhältnißmäßig gering, das Verhältniß der Sterblichkeit nur wenig geringer als das der Geburten und die zur Ernährung dienenden Gewächse kommen in geringer Menge und Mannichfaltigkeit vor.

Mit der häufigen Durchforstung solcher Wälder, mit der Entfernung des Unterholzes und mit einer theilweisen Ausrottung derselben wird den herrschenden Winden ein freier Durchzug gestattet und die Luft von jenem giftartigen Stoffe zum Theil gereinigt; die Austrocknung der Teiche und Sümpfe wird erleichtert und der periodischen Wiederkehr der Fieber vorgebeugt. Einen Beleg hierzu liefern die verschiedenen Küsten der Insel Martinique, die nördliche Küste ist sehr fruchtbar, hat wegen der vulkanischen Gebirge einen bimsteinartigen und lockern Boden, welcher die Pflanzen schnell in die Höhe schießen läßt, daher vorzüglichen Anbau zuläßt und ist daselbst von allen Waldungen entblößt, daher auch ohne alle Sümpfe; hier ist das Sterblichkeitsverhältniß 1 : 37—38. An der südlichen Küste aber sind die Ufer meist mit jenen Wäldern bedeckt, deren Wurzeln im Wasser stehen; der Boden ist thonig und die Ansammlung des Wassers auf der Oberfläche wird sehr begünstigt. Die Luft ist daher viel ungesunder und die Sterblichkeit beträgt von 31 Individuen eins. Es vermindert also der Einfluß dieser Örtlichkeiten die Lebensdauer der Einwohner fast um den sechsten Theil. An beiden Küstengegenden wird wegen der großen Fruchtbarkeit der Boden vorzüglich angebaut; auf sie beziehen sich beide Sterblichkeitsverhältnisse, welche ein mittleres Verhältniß von 1—35 Individuen geben. Ebenso verhält es sich mit der Insel Trinidad, in den Gegenden, namentlich an den Küsten, wo Ackerbau getrieben wird, z. B. Taback, Kaffee, Baumwolle, Indigo, Zimmt, Muskatnüsse, Zucker als Hauptproduct u. s. w. gewonnen werden, hält sich die Sterblichkeit zwischen 1 von 35 bis 37 Individuen; aber in den gegen das Innere liegenden Gegenden, wo dichte Waldungen und große Sümpfe sich finden und zuerst urbar gemacht werden, reiben die Wechselfieber die Bevölkerung so sehr auf, daß 1 von 28 bis 29 Individuen stirbt, was sich besonders auf die 24–25,000 Sklaven daselbst bezieht. Die Bodenart wirkt unfehlbar

---

*) Vergl. Pfennig-Magazin Nr. 11 und 95.

*) Die Torfmoore des nördlichen Europas, besonders Norddeutschlands, muß man hiervon ausnehmen.

entschieden ein; so hat man in den Gegenden von Gröningen, wo sich die fruchtbarste Marsch, aber auch undurchdringliche Moore finden, in Friesland, Overyssel und Ostfriesland bemerkt, daß die Herbst-Gallenfieber sich immer auf Klei- und niemals auf Sandboden zeigen, und sich dieselben sogar abscheiden, wo der Klei zu Sandboden übergeht; alle ostfriesischen Inseln wissen von der Krankheit nichts; nur ein Theil der Insel Borkum, welcher Kleiboden hat, zählt im Herbste viele Kranke. Greift die Krankheit sehr stark um sich, so werden auch Bewohner des Sandbodens befallen. Ähnlich verhält es sich mit der großen Ebene von Grandola in Portugal von Setuval bis Villa nova, welche sowol der Sümpfe als auch des Sandbodens wegen wenig bebaut ist, ein großes Torfmoor besitzt und doch eine durchaus gesunde Luft hat. Zwar hat Italien keine Sandgegenden wie Norddeutschland und Holland; die Ebenen am Po, wo der Reisbau die Ungesundheit der Luft vermehrt, haben fruchtbaren Boden; in den pontinischen Sümpfen ist der ausgetrocknete Boden fest wie in einem Zimmer, auch hat Griechenland keinen Sandboden und die Sümpfe auf der Ebene zwischen Nauplia und Argos, welche auf die Luft Nauplias nachtheilig wirken, liegen auf festem Boden. Allein hier erzeugen andere Ursachen die verderbliche Luft. Beim Austrocknen von Gräben sumpfiger Gegenden bis auf einen gewissen Grad, wo der Boden entblößt wird und Risse erhält, stellen sich bekanntlich die Fieber bald ein und man bemerkte, daß selbst nach Errichtung von Wassermühlen, wobei Land und Gräben trocken werden, jene Fieber eintraten. Eben so verhält es sich mit dem Austrocknen der pontinischen Sümpfe; ihre theilweise Trockenlegung seit 1775 vermehrte die böse Luft.

Die angeführten Beispiele, welche leicht zu vermehren wären, reichen hin, zu beweisen, daß die Dauer des menschlichen Lebens in den verschiedenen Theilen der Erdoberfläche durch die Ausdünstungen sumpfiger Wälder ebenso sehr als durch stagnirende Gewässer, torfartige Moräste, Marschboden u. dgl., welche entweder aus längst untergegangenen Wäldern oder durch Überschwemmungen entstanden sind, abgekürzt wird, und daß noch sehr viel geschehen muß, um die vielen örtlichen Ursachen der ungesunden Luft und der daraus erfolgenden Entvölkerung zu beseitigen. Allein es ist die Ausrottung der Waldungen nicht zu übertreiben, weil dadurch leicht eine Trockenheit des Bodens entsteht, welche, wie in Italien, theilweise in den Niederlanden, und in andern Gegenden, mehrfach nachtheilig wirkt, sobald örtliche Ursachen zu Ausdünstungen, welche sich mit den unmerklichen Luftzügen weit verbreiten, vorhanden sind.

Auf dem aufgeschwemmten Lande wirken die Waldungen auf den Gesundheitszustand ebenso nachtheilig als die Sümpfe, Torfmoore u. dgl.; auf den Anhöhen aber zehren sie die verderblichen Dünste auf, ziehen den befruchtenden Regen an, und führen alle Segnungen der Fruchtbarkeit herbei, ohne der Reinheit der Luft und dem allgemeinen Gesundheitszustande zu schaden oder die Dauer des menschlichen Lebens zu verkürzen. Sie sind den Windzügen ausgesetzt, von den Wohnungen der Menschen entfernt und wirken selbst wieder auf eine mechanische Weise, indem sie den Windrichtungen Hindernisse entgegenstellen, auf eine physische, indem sie den Zustand der Wärme und Feuchtigkeit der Luft verändern, und auf eine chemische, indem sie die Eigenschaften der Luft verändern und von den pestartigen Ausdünstungen jeder Art reinigen. Diese drei Wirkungsarten erzeugen eine stets reine und gesunde Luft und helfen die äußere und innere Kraft der Bewohner von solchen Ländern, in welchen sie sich vereinigt finden, mit jedem Jahre vermehren. Sie bestimmen die Menschen, die Wälder auf dem aufgeschwemmten Lande zu entfernen, die an Gebirgen aber und solchen Höhen, welche für den Ackerbau wenig oder gar nicht ergiebig sind, sorgfältig zu erhalten, oder wenn sie an ihnen verschwunden sein sollten, wiederherzustellen, weil sie ein unerlaßliches Erforderniß sind, die Luft gesund zu erhalten, die Ungleichheiten der klimatischen Einflüsse zu vermindern oder ganz zu verhüten und überhaupt das physische und moralische Wohlsein der Menschen zu begründen.

Die Giraffe (Giraffa camelopardalis).

Die Giraffe, ein höchst merkwürdiges Thier, wurde von den ältern Naturforschern wegen seines langen Halses für einen Verwandten des Kameels gehalten und erhielt deshalb und wegen seiner gefleckten Haut den Namen Kameelparder; doch hat es sonst keine Ähnlichkeit mit dem Kameele und wird von den Neuern richtiger zu den Hirschgeschlechte gerechnet. Es gibt wahrscheinlich zwei Gattungen, die beide nur in Afrika ihre Heimat haben, die eine jenseit der Linie, die andere auf der Südspitze. Die Giraffe wurde von den Römern bei ihren Thierkämpfen gebraucht; auch im Mittelalter kamen einige nach Italien, in neuern Zeiten aber sind sie theils durch Reisende, theils durch lebendige Exemplare, die nach Europa gebracht wurden, bekannter geworden. Ihr eigenthümlicher, durch ihre Lebensweise bedingter Bau zeichnet sie unter allen Wiederkäuern aus, und sie ist das höchste unter allen Thieren, da sie, völlig ausgewachsen, vom Kopfe bis zu den Vorderfüßen gegen 18 Fuß hoch ist. Vom Schwanze bis zur Brust ist sie ungefähr 7 Fuß lang. Das weibliche Thier ist etwas niedriger. Der Vordertheil des Leibes ist bei beiden Geschlechtern höher als der hintere und weit dicker und muskelkräftiger als dieser, der dünn und mager erscheint. Die Vorderfüße zeigen sich auf den ersten Blick fast zweimal so lang als die Hinterfüße. Diese Eigenthümlichkeit hat aber in der unverhältnißmäßigen Höhe der Schultern ihren Grund und die Vorderfüße erscheinen nur darum so hoch, weil sich der Rücken von den Schultern wie ein Dach neigt. Beide Geschlechter haben kurze kegelförmige, nie abfallende Hörner, welche, von den Hörnern aller gehörnten vierfüßigen Thiere abweichend, gleichsam einen Theil des Schädels bilden, aus einer porösen knöchernen Substanz bestehen, eine mit kurzen borstigen Haaren bedeckte Haut haben und in eine flache, leicht gebogene Spitze auslaufen, die etwas breiter als das übrige Horn ist. Auf der Mitte der Stirne bildet der sich erhebende Schädelknochen einen großen Höcker. Ungeachtet ihrer unverhältnißmäßigen Gestalt ist die Giraffe zierlich gebaut. Der Kopf ist klein und die Oberlippe hängt weit über den Unterkiefer herab. Die Zunge ist ungewöhnlich lang und von schwarzer Farbe. Die Ohren sind groß und weiß. Die großen schwarzen Augen haben einen sanften Ausdruck, wie denn überhaupt das Thier freundlich und zutraulich ist. Vom Kopf bis zum Rücken läuft eine kurze schwarze Mähne. Der Schwanz ist nicht sehr lang und endigt in einem Büschel schwarzer Haare. Die Grundfarbe der Haut ist weißlich, überall mit ziemlich großen beinahe viereckigen Flecken besäet, die bei dem männlichen Thiere dunkler als bei dem weiblichen, bei jüngern zuweilen röthlichgelb und auf den Seiten weniger regelmäßig gestaltet sind als auf dem Halse und den Schultern. Der Bau

Eine aufrechtstehende Giraffe.

der Giraffe hat auf ihre Haltung und ihre Bewegungen Einfluß. Wenn sie geht, hebt sie beide Beine auf

Eine knieende Giraffe.

derselben Seite zugleich. Will sie den Kopf zur Erde beugen, so spreizt sie die Vorderbeine weit auseinander, und wenn sie sich niederlegen will, knieet sie wie das Kameel, in welcher Stellung wir sie oben abgebildet sehen. Wenn sie Kopf und Hals erhebt, wie gewöhnlich bei ihrem langsamen Gange, hat sie ein stattliches Ansehen. Von einem Feinde verfolgt, trabt sie so schnell, daß selbst ein Pferd sie nicht einholen kann, und sie läuft lange, ohne auszuruhen. Die Giraffen leben in kleinen Rudeln. Ihr Bau paßt ganz für die Lebensweise und die Nahrung, auf welche die Natur sie angewiesen hat, die Zweige und Blätter der Bäume. Auf nachstehender Abbildung sehen wir ihren Kopf, wie sie die lange Zunge um einen Baumzweig schlägt. Sie graset nur selten.

Kopf und Zunge einer Giraffe.

Man hat früher geglaubt, daß die Giraffe nicht stark genug sei, sich gegen einen Feind zu vertheidigen, aber nach dem Zeugnisse des französischen Reisenden Levaillant wehrt sie sich, so furchtsam sie sonst ist, selbst gegen den Löwen, indem sie hinten ausschlägt. Die Hottentotten jagen sie und essen das Fleisch des Thieres, dessen Mark für sie ein besonderer Leckerbissen ist. Vor einigen Jahren ward eine weibliche Giraffe aus Ägypten, in Begleitung eines Negers und eines Arabers, nach Frankreich gebracht, und nachdem man sie in Marseille hatte überwintern lassen, um sie allmälig an das Klima zu gewöhnen, nach Paris geführt, wo sie in dem botanischen Garten ein eignes Gebäude erhielt, das mit einer Baumpflanzung umgeben war, in welcher sie an warmen Tagen frei umherging. Bei kaltem Wetter wurde sie durch eine dicke wollene Decke geschützt. Man fütterte sie mit Mais, Bohnen und Gerste, sie aß auch gern Möhren, mit großer Begierde aber Rosen und leckte freundlich die Hände, welche sie ihr darreichten. Der Neger, der als Wärter bei ihr blieb, schlief in einer Galerie über ihrem Behältnisse, und oft weckte sie ihn gleich nach Sonnenaufgange, indem sie den Kopf über das Geländer streckte und ihn mit der Nase anstieß. Es war interessant, zu bemerken, wie sie sich an ihre Heimat erinnerte, als einst einige Ägypter sie besuchten. Sie leckte ihnen den Turban und die Stirne und zeigte eine Zutraulichkeit, die sie nie gegen andere Besucher bewiesen hatte.

Reise nach Palästina.
(Fortsetzung aus Nr. 137.)

Wir verließen Nazareth mit grauendem Morgen, und zogen über einen Felsenweg, der uns zu der fruchtbaren Ebene Zabulon führte, welche im Lichte der Morgensonne weithin sich ausdehnte. Der Himmel war hell und warm; wir verweilten eine Stunde vor einem in Trümmern liegenden Khan, um das Landschaftsbild zu überschauen. Lange Reihen rothbrauner Kühe, weiße Kameele, schwarze Ziegen zogen mit langsamen Schritten zu einer klaren aber lieblichen Quelle. Auf leichten Pferden flogen Araber in rothen Gewändern, mit silberglänzenden Waffen durch die Ebene. Arabische Weiber aus benachbarten Dörfern erschienen in einzelnen Gruppen, und ihre langen himmelblauen Gewänder mit einem breiten weißen Gürtel, dessen Enden auf der Erde nachschleppten, ihre blauen Turbane mit Schnüren von aufgereihten Zechinen geziert, machten eine malerische Wirkung. Dicht vor uns waren mehre Beduinen gelagert. Die Männer trugen Kleider von einem schwarz und weiß gestreiften Stoffe von Ziegenhaaren, die Weiber das gewöhnliche blaue Gewand

Akka. *)

Einige brachten Wasser in Gefäßen, die sie auf dem blauen Turbane trugen, andere wuschen, fröhlich lachend, an der Quelle, andere aber, reicher gekleidet, tanzten unter einem großen Granatbaume einen einförmigen Rundtanz ohne Kunst, doch nicht ohne Anmuth.

Nach einigen Stunden begann eine Reihe grüner Thäler zwischen Hügeln, die mit Immergrün und Eichen bedeckt waren. Diese Wälder trennen die Ebene von dem Meerbusen von Akka. Der Berg Karmel, eine hohe Kette, die vom Jordan ausgeht und bis ans Meer läuft, erhob sich zu unserer Linken, eine dunkelgrüne Wand, auf dem tiefblauen Himmel sich abzeichnend. Die Seiten des Berges sind überall mit kräftigem Pflanzenwuchse und dichtem Gesträuche bedeckt, das hier und da von hohen Eichen überragt wird. Graue Felsen von seltsamer ungeheurer Form blickten nur zuweilen aus der Bergwand hervor, und wurden von der Sonne hell beleuchtet. Wir folgten dem Berge beinahe vier Stunden und überall hatte er ein ernstes und feierliches Ansehen, eine fast steil abfallende Riesenmauer. Hier und da sahen wir Dörfer ackerbautreibender Araber. Sie bestanden aus niedrigen Häusern ohne Fenster, mit Terrassen bedeckt, welche die Wohnungen gegen den Regen schützten. Über diesen Terrassen sind grüne Lauben, auf Baumstämme gestützt, angelegt, gleichsam ein zweites Stockwerk, das die Araber während des Sommers bewohnen. Längs blühenden Gärten führte der Weg uns nach Kaifa oder Hepha. Die Kuppeln, die Minarets und die weißen Mauern geben dem Orte, wie allen Städten des Morgenlandes, in der Ferne ein glänzendes Ansehen; aber als wir uns näherten, sahen wir diese Erwartung getäuscht und fanden einen ärmlichen Flecken, der aus einer einzigen Straße besteht. Er liegt am Fuße des Karmels auf einer Sandebene, welche den Endpunkt eines Bogens bildet, dessen anderes Ende Akka ist. Beide Städte trennt ein zwei Stunden langer Meerbusen, dessen Gestade zu den reizendsten Seelandschaften gehört. Am Ende der Bai, wo Kaifa liegt, läuft ins Meer ein Hafendamm aus, vor welchem häufig Schiffe anlegen, die nach Akka bestimmt sind. Oberhalb des Fleckens erhebt sich ein Wald von Oelbäumen; höher hinauf führt ein in den Felsen gehauener Weg zum Berge Karmel.

Am folgenden Morgen bestiegen wir den Berg auf der nach dem Meere gekehrten Seite, wo die Wogen seinen Fuß bespülen, hier stand nach der Überlieferung Elias, als er um Regen betete, und die Wolken aus dem Meere steigen sah. Der Karmel ist etwa 1500 Fuß hoch. Der Gipfel, der mehre Stunden im Umfange hat, ist mit Fichten und Eichen bewachsen und mit den schönsten Blumen bedeckt, Hyazinthen, Narcissen, Jonquillen und Anemonen. Darum sagt der Prophet Jesaias: „Die Wüste wird blühen, denn die Herrlichkeit des Libanons ist ihr gegeben, der Schmuck Karmels und Sarons." Eine Menge krystallheller Bäche entspringt auf dem Berge, deren größter aus dem Eliasbrunnen strömt, und von Felsen zu Felsen fallend, in dicht bebuschten Ufern dem Kischon zueilt, der am Fuß des Berges ins Meer fällt. Als wir am Rande des Gipfels aus dem Walde traten, lag die Ebene Esdraelon unter uns, die Berge Thabor und Hermon erhoben sich und die Berge Samarias schlossen die reiche Aussicht. Die Kaiserin Helena baute auf dem Karmel eine Kirche, und im 12. Jahrhundert gründeten Barfüßermönche, die von dem Berge Karmeliter heißen, hier das Eliaskloster. Dieses Kloster, das zu Anfange des 18. Jahrhunderts neu erbaut wurde, ließ Napoleon in ein Pesthospital verwandeln, weshalb es später von den Türken zerstört wurde. Erst in neuerer Zeit ward es wieder aufgerichtet, wozu in der christlichen Welt milde Gaben gesammelt wurden. Es ist ein großes prächtiges Gebäude, worin wir aber nur noch wenige Mönche fanden, die uns freundlich aufnahmen und uns mit Früchten bewirtheten, die sie auf dem Berge erbaut hatten. Als wir einige Stunden auf dem großen Balcon des Klosters die prächtige Aussicht über den Meerbusen von Akka, seine fruchtbaren Ufer und die blauen Höhen des Libanons genossen hatten, gingen wir hinab, die Höhlen zu besuchen, deren es besonders an der Westseite des Karmels eine große Anzahl gibt. Vor Zeiten sollen sie von Mönchen bewohnt gewesen sein, welchen man jedoch die Anlegung derselben nicht zuschreiben darf. In einer Gegend, die Höhle der Ordensleute genannt, findet man gegen 400 nebeneinander; Fenster und Schlafstellen sind in den Felsen ausgehauen. Weiter unten in festem Kalkstein, findet man eine ungemein hohe Höhle, die gegen 20 Schritte lang und über 15 Schritte breit ist. Ringsum ist ein Absatz für den Divan, mit Ausnahme der linken Seite, in deren Mitte sich eine andere große Felsengrotte be-

---

*) Vor der Belagerung von 1832.

findet. Im Hintergrunde der größern Grotte sieht man mehre Lampen und einige Lumpen, die Siegesfahnen sein sollen. Die Mohammedaner und Juden nennen diese Grotte die Schule des Propheten Elias. Ihre Lage paßt für die Bestimmung, welche die Sage ihr gibt. Man hat hier keine andere Aussicht als das endlose Meer, man hört kein anderes Geräusch als das Brausen der Wogen, die sich stets am Fuße des Felsens brechen. Während wir vor der Grotte saßen, kamen mehre wallfahrende Mohammedaner, die zuerst an der Thüre, dann in der Mitte, dann an den Lampen beteten und ihre Andacht mit dem Küssen der Fahnen beschlossen.

Wir hatten so lange auf dem Berge verweilt, daß wir erst in den Abendstunden nach Kaifa zurückkehrten. Am folgenden Morgen setzten wir unsere Reise fort. Wir zogen immer längs dem Meere, kamen über den durch die Glaserfindung berühmten Fluß Belus und erreichten bald Akka. Früher hieß diese in der ältern und neuern Geschichte berühmte Stadt Ako. Unter den Ptolemäern vergrößert, erhielt sie den Namen Ptolemais, unter welchem sie auch in der Apostelgeschichte vorkommt; die Türken gaben ihr den ursprünglichen Namen wieder. Als sie während der Kreuzzüge unter christlicher Herrschaft stand, war sie dem heiligen Johannes geweiht und wurde St.-Johann von Akra (St.-Jean d'Acre) genannt. Als wir uns der Stadt näherten, sahen wir überall noch die Spuren der großen Verheerung, welche die Erstürmung derselben durch Ibrahim Pascha im Jahre 1832 zurückgelassen hatte, aber wie man uns erzählte, waren schon vor jenen Ereignissen innerhalb und außerhalb der Stadt viele Zeichen früherer Verwüstung sichtbar gewesen. Ibrahim hatte zwar bald nach der Eroberung die Schutthaufen aufräumen lassen, unter welchen über 10,000 Menschen begraben lagen, und die Wiederaufbauung der Häuser befohlen, aber noch waren die Mauern größtentheils zertrümmert, die Dome der Moscheen zerschossen; die ansehnlichen Gebäude, die der furchtbare Dschesar Pascha hatte errichten lassen, lagen in Ruinen, und noch sahen wir in der Umgegend selbst die Gebeine von Menschen und Kameelen, die im Sande gebleicht waren. Der junge Pascha von Akka, Abdallah, der den Zorn seines Beschützers, des Paschas von Ägypten, durch die Nichterfüllung gewisser Zusagen gereizt hatte, vertheidigte sich mit seiner schwachen Besatzung ein ganzes Jahr lang sehr tapfer gegen die gesammten Streitkräfte Ägyptens, und wenn er den vergebens geforderten Beistand erhalten hätte, würde Ibrahim, wie 1799 Napoleon, sein Kriegsglück an dieser Veste haben scheitern sehen. Ibrahim's Beharrlichkeit siegte, und die mit großen Opfern erkaufte Einnahme der Stadt eröffnete ihm den Weg zur Eroberung Syriens.

Während wir durch die engen und schmutzigen Gassen der Stadt, zwischen niedrigen Häusern mit platten Dächern und kleinen Thürmen, überall von Trümmerhaufen gehemmt, umhergingen, sahen wir mehre verstümmelte alte Männer. Unser Wirth, ein gefälliger Grieche, bezeichnete sie uns als Opfer der Grausamkeit Dschesar's, und versicherte uns, man habe noch vor zehn Jahren sehr viele Unglückliche ohne Nasen und Ohren in den Straßen der Stadt gesehen. Er erzählte uns mehre Züge von dem Günstlinge des Paschas, dem Juden Haim Farhi, dem blind ergebenen Diener, dem sein Gebieter die Nase abschneiden ließ. Dschesar's Nachfolger, Soliman, machte den Juden zu seinem Minister, und gebrauchte ihn als Werkzeug scheußlicher Erpressungen. Beide trieben ausschließend den Handel und waren die einzigen Eigenthümer der unermeßlichen Ländereien zwischen Akka und Nazareth.

Es war schwer, unter den neuen Trümmern die Überreste des Alterthums aus der Zeit der christlichen Herrschaft zu erkennen, doch wußte unser Wirth, ein Eingeborener, uns die Ruinen der Kirche des heiligen Johannes und des Ordenshauses der Johanniterritter zu zeigen. Auch die alten Wälle aus der christlichen Vorzeit waren neben den neuern Werken europäischer Ingenieure aus Dschesar's Zeit noch zu unterscheiden. Diese Überreste riefen uns noch lebhafter die Erinnerung an jene Zeit zurück, wo Akka das letzte Bollwerk der christlichen Herrschaft in Palästina, der letzte Schauplatz des großen Kampfes der Kreuzfahrer war. Als Kaiser Friedrich I. seinen Tod in Syrien gefunden hatte, führte sein Sohn, Herzog Friedrich von Schwaben, den Rest des deutschen Heeres im Junius 1190 vor Akka, das Saladin den Christen drei Jahre früher entrissen hatte. Die lange Belagerung ward auch durch die Stiftung des deutschen Ordens merkwürdig, der sein Vorbild in zwei ältern, dem Johanniter- und dem Templerorden, fand. Diese Stiftungen gehören zu den merkwürdigsten Folgen der Kreuzzüge und es spiegelte sich darin die Eigenthümlichkeit ihrer Zeit lebendig ab. Der Johanniterorden, der aus einem schon lange vor dem ersten Kreuzzuge zu Jerusalem für kranke Pilger gestifteten Hospital entstand, hatte ursprünglich zu seiner Bestimmung die Unterstützung und Verpflegung der Pilger zu seiner Bestimmung gemacht, und nahm erst später, als der Verein seit 1113 sich zu einem Orden ausbildete, die Bekämpfung der Mohammedaner und die bewaffnete Beschützung der Pilger unter seine Pflichten auf und übertrug sie den Rittern. Die Bestimmung des 1118 von französischen Rittern gestifteten Ordens der Tempelherren war ursprünglich kriegerisch, und auf die Verpflichtung gebaut, die Pilger auf den unsichern Straßen in Palästina zu beschützen und gegen die Mohammedaner zu vertheidigen. Beide wohlthätige Zwecke verband bei seiner Stiftung der deutsche Orden. Seine Wiege war eine von einem Deutschen zu Jerusalem um das Jahr 1128 gegründete Stiftung zur Verpflegung armer Pilger aus Deutschland, das Marienhospital. Während der Belagerung von Akka wurde 1190 von Bürgern aus Bremen und Lübeck ein deutsches Hospital im Lager gegründet. Herzog Friedrich von Schwaben beförderte bald nach seiner Ankunft die Umwandlung dieser wohlthätigen Anstalt in einen neuen Ritterorden, der seinen ersten Großmeister im Feldlager vor Akka erhielt. Die Christen hatten während der Belagerung mit großen Drangsalen zu kämpfen. Saladin unterstützte die Besatzung, mit welcher er durch die Taubenpost Verbindungen unterhielt. Endlich erschien der König Philipp August von Frankreich vor der Veste und bald nachher Richard Löwenherz, und als die äußere Mauer erstürmt war, ergab sich die Stadt im Julius 1191. Bei dieser Eroberung beleidigte der stolze Richard den Herzog Leopold von Östreich, dessen Banner er herabriß, und zog dadurch die Rache auf sich, die ihm später eine lange Gefangenschaft bereitete. Der Waffenstillstand, den die Kreuzfahrer 1192 mit Saladin schlossen, sicherte ihnen nur den Besitz der Küste von Akka bis Jaffa und die freie Wallfahrt nach Jerusalem. Es ist merkwürdig, und nur theils dem Heldenmuthe der christlichen Ritter, theils dem Verfall der mohammedanischen Herrschaft nach Saladin's Tode zuzuschreiben, daß sich die schwachen und zerstreuten Überreste der christlichen Macht in Palästina noch hundert Jahre erhalten konnten. Die spätern Kreuzzüge im

13. Jahrhunderte hatten wenig Erfolg. Die Eroberung Konstantinopels durch ein Kreuzfahrerheer und die Stiftung eines abendländischen Kaiserthums auf den Trümmern des griechischen im Jahre 1204, brach die Streitkräfte des Abendlandes und mußte sie von den ursprünglichen Zwecke, der Eroberung und Behauptung Palästinas, ablenken. Ein Zug, welchen ein Kreuzfahrerheer 1248 mit verständiger Berechnung gegen den Mittelpunkt der mohammedanischen Macht, gegen Ägypten, machte, hatte ein unglückliches Ende. Der Kreuzzug, den Kaiser Friedrich II., mit der Tochter des vertriebenen Königs von Jerusalems vermählt, 1228 unternahm, führte zu einem zehnjährigen Waffenstillstande mit dem ägyptischen Sultan, der den Christen Jerusalem, Bethlehem, Nazareth, Sidon und das Küstenland bis Akka zurückgab. Die Erobererzüge der Mongolen brachten neue Verwirrungen im Orient hervor. Jerusalem blieb nicht im dauernden Besitze der Christen. Nur schwach wurde der Kampf in Palästina fortgesetzt, wo von Zeit zu Zeit nur einzelne Scharen landeten. Der König von Frankreich, Ludwig IX., durch ein in schwerer Krankheit geleistetes Gelübde gebunden, unternahm 1249 einen Kreuzzug, um sich durch die Eroberung Ägyptens den Weg nach Palästina zu eröffnen. Nach der Eroberung Damiettes unbesonnen gegen Kahira vordringend, ward er geschlagen, gefangen und mußte mit großen Opfern seine Freiheit erkaufen. Die Besitzungen der Christen in Palästina waren seitdem nur beschränkt. Außer dem volkreichen und festen Akka, wo der Papst, die geistlichen Ritterorden, die Könige von Frankreich und England, die Republiken Venedig, Genua und Pisa, in besondern Quartieren durch 17 unabhängige Gerichte die höchste Gewalt ausübten, besaßen sie noch Antiochia, Laodicea, Tripolis, Tyrus, Beirut, Jaffa unter verschiedenen christlichen Gebietern. Die Tempelherren und Johanniter hatten mehre feste Schlösser. Die Eifersucht der Abendländer in Palästina gegen einander, der Mangel an Unterstützung aus Europa, die Siege der Mongolen, der siegreiche Kampf der neuen Beherrscher Ägyptens, der Mamluken, gegen die Christen, Alles führte endlich zum Sturze der christlichen Herrschaft in Palästina. Akka fiel im Junius 1291 in die Gewalt der Ägypter. Die meisten Abendländer kamen um, oder wurden in die Sklaverei geführt, die festen Mauern geschleift und die christlichen Kirchen in Moscheen verwandelt.

Wir verließen Akka in den Nachmittagsstunden und fanden unser Nachtlager in einem arabischen Dorfe. Die schmutzige Herberge war mit Menschen angefüllt, die dicht zusammengedrängt, mit dem Rücken an die Wand gekehrt, auf dem Boden saßen, und in jedem Munde war eine Pfeife. An einem Pfeiler in der Mitte loderte ein Feuer. Der Ort sah aber so verdächtig aus, daß wir unschlüssig waren, ob wir bleiben oder wieder gehen sollten. Ein Scheikh stand alsbald auf, und lud uns höflich ein, bei ihm zu wohnen, was wir gern annahmen. Sein Wohnhaus lag dicht am Seegestade, und damit wir seinen Weibern nicht zu nahe kommen möchten, führte er uns in ein reinliches, hohes Zimmer, das in einiger Entfernung vom Wohnhause lag. Die Wände und Pfeiler waren geweißt und Matten bedeckten den Boden. Er fragte uns, ob seine Weiber uns eine Mahlzeit besorgen sollten, oder ob wir selber uns zu bereiten wünschten. Wir zogen jenes vor, und in einer Stunde wurde ein sehr anständiges Abendessen aufgetragen, um welches wir uns Alle setzten. Der Scheikh erwies mir die Ehre, die erlesensten Bissen mir mit seinen Fingern vorzulegen. Nach dem Essen legte er die Hände auf seine Kniee, und erhob, um uns zu unterhalten, einen Gesang, worauf er mit aller Andacht ein Gebet verrichtete und die herkömmlichen Verbeugungen machte. Wir legten uns bald zur Ruhe, und kein Laut störte uns, als der Wellenschlag des Meeres an den Felsen unter unserer Wohnung.

Ein Araber.

Früh am folgenden Morgen brachen wir auf und verfolgten unsern Weg über einen zum Meere sich neigenden, doch nicht steilen, unbebauten Abhang, und kamen endlich zu einem neu angelegten Brunnen, wo wir in den heißen Morgenstunden ausruhten. Hier fanden wir einen Stamm Kurden (s. S. 376), welche vor mehren Monaten aus den Grenzprovinzen Persiens gekommen waren, um den Winter mit ihren Familien und Heerden in den Ebenen Syriens zuzubringen, und sich eben jetzt zur Rückkehr in die Heimat rüsteten. Sie pflegen sich eines Waldes, einer Ebene, eines Hügels zu bemächtigen und sich für 5 — 6 Monate niederzulassen. Sie sind weit wilder als die Araber und man fürchtet sehr ihre Einfälle. Als wir vor dem Lager vorüberkamen, bat uns der Scheikh abzusteigen. Junge Kurden hielten unsere Pferde. Wir lagerten uns auf Teppichen unter einem Baume. Das Lager war auf einer großen mit Bäumen bedeckten Ebene, unter jedem Baume das Zelt einer Familie. Die Zelte bestanden aus einem Stücke schwarzen Zeuches von Ziegenhaaren, die mit einem Strick um den Baum gebunden waren, und am andern Ende durch einige in die Erde gesteckte Stangen unterstützt wurden. Das Zeltdach bedeckte oft nicht einmal den Platz, wo die Familie lagerte. Nur ein Fetzen hing von der Seite herab, wo der Wind herwehte oder die Sonne schien. Sie hatten kein Hausgeräthe als Gefäße von schwärzlicher Erde, worin die Weiber Wasser holten, und einige Schläuche von Ziegenfellen. Säbel und lange Gewehre hingen an den Bäumen. Männliche und weibliche Kleidungsstücke, Matten und Teppiche lagen umher. Nur wenige Pferde sahen wir im ganzen Stamme. Fast jede Familie hatte ein Kameel, das vor dem Zelte lag, einige Ziegen mit langen Haaren und hangenden Ohren, Schafe und Büffel. Einige hatten prächtige, weiße, große Windhunde, die sie wahrscheinlich zur Jagd brauchten. Der Scheikh genoß ein unbeschränktes Ansehen. Die Männer waren meist groß, kräftig und schön gebildet. Ihr Wesen zeigte nicht Armuth, wol aber Nachlässigkeit. Mehre waren reich gekleidet, ihre Waffen schön verziert und mit Silber eingelegt. Die Weiber gingen frei umher und waren nicht verschleiert, fast halb nackt, besonders die Mädchen von 10—15 Jahren. Ihre Kleidung bestand aus weiten, faltigen Beinkleidern, welche Bein und Fuß entblößt ließen; alle trugen silberne Bänder über dem Fußknöchel. Der obere Theil des Körpers war mit einem Gewande von Baumwollenzeuche oder Seide bekleidet, das ein Gürtel befestigte. Die Haare waren meist schwarz, reichten bis auf die Fersen herab und waren mit Goldstücken verziert. Die Weiber waren weder groß noch weiß, weder bescheiden noch anmuthig, wie die syrischen Araberinnen; meist klein, mager und von der Sonne verbrannt, aber munter und lustig, wie überhaupt dieser Volksstamm weniger ernst als andere Morgenländer ist. Einige junge Mädchen waren sehr hübsch, ihre schwarzen Augenlider am Rande mit Henne, Füße und Hände gelbbraun gefärbt.

Kurden.

Die Sonne warf ihre Strahlen auf die Überreste des ehemaligen meerbeherrschenden Tyrus, jetzt Sur genannt. Die Trümmer häufen sich aufeinander und in der Ferne scheinen sie aus dem Meere empor zu steigen. Von der ältesten Stadt ist bis auf einige Bögen einer Wasserleitung nichts zu sehen. Die Halbinsel und das Ufer umher sind mit tiefem Sande bedeckt, wo man auch die, wahrscheinlich aus dem Mittelalter stammenden Überreste von Mauern und Thürmen erblickt. Einige öffentliche Gebäude und verfallene, fast verödete Häuser, wo die Araber Abends große Heerden von Schafen und Ziegen versammeln, dies sind die Überreste der Stadt, von welcher der Prophet Hesekiel sprach: „Mit der Menge deiner Waaren und deiner Kaufmannschaft machtest du reich die Könige der Erde; du bist ein Lustgarten Gottes und mit allerlei Edelsteinen geschmückt."

Als wir ausgeruht hatten, ritten wir zu dem berühmten Brunnen Salomo's, jetzt Raselain genannt, zwei Stunden südöstlich von Sur. Dieses Werk stammt gewiß aus den ältesten Zeiten. Man sieht drei Behälter von klarem fließenden Wasser, das in einer Niederung nicht weit von Tyrus entspringt. Das Wasser quillt hier während des ganzen Jahres, weil die unterirdischen Kanäle, die es herbeiführen, durch das Auflösen des Schnees auf dem Libanon und im Winter durch Regen beständig angefüllt sind. Jeder Behälter hat 60—80 Fuß im Umfange und ist 15 Fuß über die Ebene erhaben. Das Wasser wird durch halb antike, halb moderne Wasserleitungen nach Tyrus geführt. Nach der Überlieferung hat Salomon diese Wasserleitungen angelegt, um den König Hiram zu belohnen, der ihm Cedern vom Libanon zum Tempelbau geschenkt und durch seine Seemacht ihm Beistand geleistet hatte.

Am folgenden Tage zogen wir über die sandige Küste und kamen erst gegen Abend nach Saida, das sich aus einem Kranze von Gärten und Maulbeerpflanzungen erhebt. Nahe vor den Mauern der Stadt sieht man zerbrochene Säulen, welche an den Glanz des alten Sidon erinnern. Die Häuser scheinen, wenn man sich der Stadt nähert, groß und gut gebaut zu sein, und vor jedem ist ein Garten, worin Bananas grünen, und mancherlei Blüten dem Wanderer ihren Duft zusenden. Das Innere der Stadt erfüllt aber diese Erwartungen nicht, und man sieht in den engen Straßen meist nur schlecht gebaute Häuser. Der Hafen ist ganz versandet, und der einst blühende Handel in Verfall. Mit Tagesanbruche machten wir uns wieder auf den Weg, und zogen anfangs durch blühende Pflanzungen, aber selbst wo die Straße durch den tiefen Sand des Gestades oder über felsige Pfade führte, entschädigte uns der Anblick der angebauten Berge, die mit Dörfern, Klöstern und Gärten bedeckt waren, bis wir endlich auf dem mit Brunnen und Bäumen gezierten Freiplatze vor dem Thore von Beirut ankamen, wo die Familie unsers Armeniers, von unserer Ankunft unterrichtet, uns mit herzlicher Gastfreundschaft bewillkommte.

(Beschluß in Nr. 139.)

Verantwortliche Herausgeber: **Friedrich Brockhaus** in Leipzig und **Dr. C. Dräxler-Manfred** in Wien.
Verlag von **F. A. Brockhaus** in Leipzig.

Das Pfennig-Magazin

der
Gesellschaft zur Verbreitung gemeinnütziger Kenntnisse.

139.]   Erscheint jeden Sonnabend.   [November 28, **1835**.

Die Jungfrau von Orleans.

Bildsäule der Jungfrau von Orleans zu Rouen.

Wer von unsern Lesern hätte nicht bereits von der Jungfrau von Orleans gehört, von jenem begeisterten Mädchen, welches im 15. Jahrhundert die Heere des damals schwer bedrängten Frankreich gegen die Engländer, die in das Land eingefallen waren, siegreich anführte. Es ist von ältern und neuern Geschichtschreibern so Vieles im Guten wie im Bösen über dieses wunderbare Mädchen gesagt worden, man hat sie auf der einen Seite bis zum Himmel erhoben, auf der andern ihre Begeisterung dem Einflusse höllischer Mächte zugeschrieben; man hat von Seiten ihrer Landsleute ihre Geschichte mit den wunderlichsten und seltsamsten Zügen ausgeschmückt, bald anderntheils aus Nationalhaß Alles aufgeboten, um ihre edle und erhabene Natur in den Staub zu ziehen, daß es nicht unpassend sein wird, nach treuen geschichtlichen Quellen und der Wahrheit gemäß ihre allerdings wunderbare und romantische Geschichte mitzutheilen.

Jeanne d'Arc, gewöhnlich die Jungfrau von Orleans (la Pucelle d'Orleans) genannt, war in dem Dorfe Dom Remy (jetzt Dom Remy la Pucelle, im Departement der Vogesen) 1410 geboren. Ihr Vater war ein nicht unbemittelter Landmann, der außer ihr noch zwei Töchter und drei Söhne hatte. Thibaut d'Arc, so hieß der Vater, war ein braver Mann, der seine Kinder in Ehrbarkeit und Gottesfurcht und ihrem Stande gemäß auferzog. Johanna hütete demnach auch mit ihren Geschwistern die Heerden, war jedoch stets ein in jeder Hinsicht seltenes Mädchen. Ihr Äußeres war anmuthig, ja schön zu nennen, von schlankem Wuchs und feinem Gliederbaue. Aber sie war auch an Geist und Gemüth reicher begabt als ihre Umgebungen; eher still und in sich gekehrt als lebhaft, liebte sie die Einsamkeit und ernste Betrachtungen. Während ihre Gespielinnen unter einem alten Baume unweit Dom Remy, der den Namen des Feenbaumes führte, ihre ländlichen Spiele trieben, war Johanna stets allein, saß träumend und sinnend in einer einsamen Felsenschlucht, oder wallfahrtete zu einer nahen Kapelle der heiligen Jungfrau, vor deren Bilde sie dann voll Inbrunst betete. So lebte sie, ganz mit ihrem Innern beschäftigt, wiewol allen ihr auferlegten häuslichen Pflichten genügend, bis in ihr 18. Jahr.

Um diese Zeit war Frankreich in einer sehr traurigen Lage, und nur wenig fehlte, daß es nicht eine Beute der fremden Sieger, der Engländer, wurde. König Karl VI., den ein periodischer Wahnsinn zur Regierung unfähig machte, war 1422 gestorben, und einige Große des Reichs hatten, in Folge des schon früher in der Stadt Troyes mit England geschlossenen Vertrags, den erst neun Monate alten König von England, Heinrich VI., auch zum König von Frankreich ausgerufen, für welchen sein Oheim, der Herzog von Bedford, einstweilen das Reich verwaltete. Diese Wahl eines fremden Monarchen zum König, war durch langwierige Parteikämpfe im Innern Frankreichs veranlaßt worden, welche seit 42 Jahren das Land verheerten. Die eine Partei bildeten die Königin Isabella, Witwe Karl VI., eine herrschsüchtige und ränkevolle Frau, der Herzog von Burgund und die Engländer; auf der andern Seite stand das Haus Orleans und der Dauphin (Kronprinz) Karl. Obgleich nun ein englisches Heer fast alle Provinzen Frankreichs besetzt hatte, so hielt dennoch der Dauphin, der sich inzwischen zu Poitiers als König Karl VII. hatte krönen lassen, sieben Jahre lang sich gegen die Übermacht, bis 1428 ihm fast nur einzelne Städte seines Reiches übrig blieben, denn das ganze nördliche Frankreich, bis an die Loire, ja die Hauptstadt Paris selbst war in den Händen der Engländer, und der Graf von Salisbury belagerte bereits mehre Wochen die Stadt Orleans, welches der französische Feldherr Gaucour tapfer vertheidigte. Unter diesen Umständen schien aber nun König Karl VII. doch endlich erliegen zu müssen.

Die Bangigkeit dieser unheilvollen Wendung der Ereignisse drückte aber schwer auf dem ganzen Lande. Auch nach dem entlegenen Dom Remy drang die Nachricht von dem Unglücke des Königs und der allgemeinen Noth des Landes. Johanna, durch diese Erzählungen aufgeregt, ihren rechtmäßigen König über Alles liebend, von Muth und Vaterlandsliebe beseelt, im festen Vertrauen auf die göttliche Hülfe und, wie sie versicherte, von Engelsstimmen, die sie unter dem Feenbaume vernommen, ja durch eine Erscheinung der heiligen Jungfrau selbst dazu aufgefodert, erschien eines Tages (im Februar 1429) vor dem Befehlshaber von Baucouleurs, Robert von Baudricourt, und vertraute diesem, daß sie von Gott berufen sei, Orleans zu entsetzen und den König nach Rheims, die alte Krönungsstadt Frankreichs, zur feierlichen Krönung zu führen. Baudricourt hielt das Mädchen anfangs für wahnsinnig, und schickte sie zweimal zu ihren Ältern zurück, wurde aber, als sie zum dritten Male wiederkehrte, durch ihre begeisterte Sprache doch bewogen, sie nach Chinon zu senden, wo Karl VII. sich mit seinen Truppen eben aufhielt. Sie machte diesem frei und ohne Furcht denselben Antrag. Das Benehmen der Jungfrau war zu ernst und edel, als daß man sie für eine Betrügerin hätte halten sollen; der König ließ sie von mehren würdigen Geistlichen prüfen, die ihr über ihre Religiosität das beste Zeugniß gaben, und sandte sie hierauf in Begleitung des tapfern Grafen Dunois zum Heere, um Orleans, wie sie gelobt hatte, zu entsetzen. Nach der Angabe der glaubwürdigsten Actenstücke, stellte sie sich kriegerisch gerüstet an die Spitze des Heeres, wohnte allen Belagerungen und Schlachten an der Seite der Feldherren bei, trug stets eine Fahne mit den Lilien Frankreichs dem Heere voran, entsetzte durch ihre Tapferkeit und weisen Rathschläge die Stadt Orleans, eroberte mehre von den Engländern besetzte Städte und zog endlich siegreich mit dem Könige in Rheims ein, bei dessen feierlicher Krönung und Salbung sie als Connetable, oder als erster Militairbefehlshaber, von Karl ihm mit Schwert und Siegesfahne zur Seite stand. Aus Dankbarkeit erhob der König sie unter dem Namen Jeanne du Lys sammt ihrer Familie in den Adelstand. Ihr Wappenschild enthielt zwei goldene Lilien und ein mit der Spitze in die Höhe gerichtetes Schwert, das eine Krone trägt. Allein nicht lange erfreute sich Karl VII. der errungenen Herrschaft. Die Engländer, mit den Fürsten von Burgund und Bretagne verbunden, drangen aufs Neue vor und belagerten die Festung Compiegne. Bei einem Ausfalle ward Johanna von den Burgundern gefangen, und sofort setzte man sie mit Ketten belastet in den Thurm von Beaurevoir, aus dem sie einen mißlungenen Versuch, zu entkommen, machte. Ein Criminalproceß wurde gegen sie eingeleitet, und das 21jährige Mädchen dem Inquisitionsgericht zu Rouen übergeben, welches sie als eine Zauberin, „wegen Umgangs mit höllischen Geistern", wie es in dem Urtheil hieß, zum Feuertode verurtheilte und am 30. Mai 1431 wurde dieser Ausspruch auf dem Marktplatze zu Rouen vollzogen. Der Sage nach ereignete sich bei ihrem Tode, den sie mit Unerschrockenheit erduldete, das Wunder, daß, als der Körper zu Asche verbrannt war, eine weiße Taube daraus zum Himmel emporflog. Obgleich dies nur Sage ist, so ist es doch ein Beweis für den Edelmuth und die Unschuld der schmachvoll verurtheilten Jungfrau; denn nur an wahrhaft ausgezeichnete Menschen knüpfen sich solche Sagen, in denen immer eine große sittliche Lehre enthalten ist. Schon 1450—51 wurde ihr Proceß revidirt und 1456 das frühere ungerechte Urtheil durch den vom Papste Calixtus III. mit der Untersuchung beauftragten Bischöfe für ungültig und die Jungfrau für unschuldig erklärt.

Hören wir nun über dieses berühmte Mädchen noch das Wort eines deutschen Schriftstellers, welcher der verwickelten Geschichte dieser Zeit ein sorgfältiges Studium widmete.

„Hört und vergleicht man", so heißt es in Niemeyer's „Reise durch Frankreich", „alle zum Theil gleichzeitigen Aussagen über die Jungfrau, so muß man auf die Überzeugung zurückkommen, daß sie eine der schönsten Erscheinungen ist, welche die französische Geschichte aus der romantischen Mittelzeit aufbewahrt hat. Johanna führt das Schwert und die Fahne als Siegeszeichen dem Heere voran, bleibt aber weit entfernt von willkürlicher Grausamkeit. Mehrmals verwundet, hat sie nie selbst Blut vergossen. Keine andere irdische Neigung ist in ihr Herz gekommen, als die für ihr Vaterland. Nur 19 Jahre alt — denn in dieser Angabe stimmen die Meisten überein — dabei ausgezeichnet schön, hat wol ihr erster Anblick die Männer an sich gezogen. Aber auch in dem rohen Krieger hat in ihrer Nähe jede Begier geschwiegen. Bei allem Scheine von Schwärmerei hat sie stets gewußt, was sie wolle und thue. Neben dem festen Glauben, sich eines himmlischen Auftrages zu entledigen, zeigt sich überall das besonnenste Handeln, Verstand und Klugheit in ihren Rathschlägen, bei Mangel an Bildung durch Unterricht, Männerstolz gegen die britischen Heerführer, edle Freimüthigkeit, wenn sie den Fürsten oder den Richtern gegenüber steht; große Demuth im Glück, ungebeugter Sinn im Unglück.

Der Glorie eines überirdischen Wesens bedarf sie nicht. Das Menschliche in ihr, jener Verein des Heldenmuthes mit der Güte, ihre strenge Tugend reichten schon hin, dieses schöne Bild mit der Glorie des höchsten menschlichen Seelenadels zu schmücken."

Die beiden hier beigegebenen Abbildungen stellen das Wohnhaus der Jungfrau von Orleans in Dom Remy und die Bildsäule vor, welche ihr zu Ehren auf dem Marktplatze zu Rouen errichtet wurde; die letztere ist durchaus kolossal, mit dem Wappen der Jungfrau auf dem Piedestal, und folgender Inschrift:

Regia virgineo defenditur ense corona,
Lilia virgineo tuta sub ense nitent.

(Sicherer ist die Krone beschirmt vom Schwerte der Jungfrau,
Unter der Jungfrau Schwert blühet der Lilien Pracht.)

Geburtshaus der Jungfrau von Orleans.

Das Haus der Johanna d'Arc in Dom Remy steht in der Nähe der Kirche des heiligen Remigius, des Schutzpatrons dieses Ortes, und ist noch ziemlich gut erhalten. In den frühesten Zeiten stand es an der Straße; später hat man einige Häuser umhergebaut, sodaß es nun wie das Hintergebäude eines größern Hauses aussieht. Das schlechte, von der Zeit fast ganz verunstaltete knieende Bild der Jungfrau, das zuerst über dem Eingange stand, hat man jetzt über der Thüre des Vorderhauses befestigt. Darunter befindet sich ein Aufsatz, auf welchem man oben in einem kleinen Felde gebundene Garben und Trauben, als Sinnbild des Land- und Weinbaues, erblickt, darunter steht in altem Französisch:

Vive labeur.
(Es lebe die Arbeit.)
MCCCCLXI.

Daneben sieht man drei Wappenschilde: das mittlere, etwas höher als die beiden andern (wie die Abbildung zeigt) mit den drei Lilien, das ehemalige Wappen Frankreichs, zur Rechten das Adelswappen der Familie du Lys, zur Linken das Wappen der verwandten Familie Thieselin. Am untersten Sockel steht die Inschrift:

Vive le Roi Loys.

Das eigentliche Geburtshaus der Jungfrau hat im untern Stock drei Abtheilungen, wovon die größere die Wohnstube gewesen sein soll. Ein Kamin und ein Wandschrank ist Alles, was darin aus jener Zeit übrig ist. Die sehr massive Bauart läßt keinen Zweifel daran, daß man sich in demselben Raume befindet, wo sie, von ihrer Heerde heimkehrend, dem großen Plane, die Retterin Frankreichs zu werden, nachhing, und von wo aus sie ihr kühnes Werk begonnen hat. Die Kapelle, in der sie ihre Andacht zu halten pflegte, ist zerstört, und von dem geheimnißvollen Baume ist jetzt auch keine Spur mehr vorhanden.

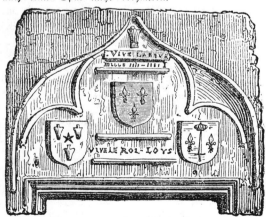

Wappen der Familie du Lys.

In der neuesten Zeit hat die französische Regierung das Wohnhaus der Jungfrau an sich gekauft und die Summe von 5000 Thaler bewilligt, um darin eine Schule für junge Mädchen zu errichten.

Der wilde Esel.

Der wilde Esel, jetzt ein sehr seltenes Thier, wird schon sehr früh in der heiligen Schrift erwähnt, sowie auch von dem griechischen Geschichtschreiber Xenophon, und stand im Orient überhaupt wegen seiner Brauchbarkeit in ebenso hohem Ansehen, als bei uns z. B. das Pferd. Die dort gegebene Beschreibung seiner charakteristischen Eigenschaften stimmt ganz mit den Berichten der jüngsten Reisenden überein, sodaß sich nicht bezweifeln läßt, daß es ein und dasselbe Thier ist, dessen Geschlecht man schon ausgestorben glaubte. Er ist 9—10 Fuß hoch, die Haut ist glatt wie bei einem Rehe und von röthlicher Farbe, Bauch und Hintertheile schimmern ins Silbergraue; sein Nacken ist zierlicher als bei dem gewöhnlichen Esel, etwas länger und gekrümmt, wie bei dem Hirsche, seine Beine sind schlank; Kopf und Ohren erscheinen, verglichen mit der Zierlichkeit der übrigen Theile, groß. Die Mähne ist kurz und schwarz, desgleichen der Büschel am Ende des Schweifes. Kein Streifen läuft längs seinem Rücken oder zwischen den Schultern hin, wie es bei den zahmen Esel der Fall ist. Dieses Thier lebt wild in den Wüsten zwischen Indien und Afghanistan, wo es zuweilen allein, noch häufiger in Heerden angetroffen wird; es zeichnet sich durch seine Schüchternheit, noch mehr aber durch seine Behendigkeit und fast wunderbare Schnelligkeit aus, indem es schon in seinem kurzen Trotte das schnellste Pferd hinter sich zurückläßt. Zu allen Zeiten gehörte die Jagd dieses Thiers zu den Lieblingsvergnügungen der Bewohner jener Gegenden, die auch sein Fleisch als Leckerbissen schätzen und sein Fell vielfach benutzen.

Miscellen.

Die größten Spiegelgläser wurden bis jetzt in Rußland gegossen, vor einiger Zeit aber wurde in einer Spiegelfabrik zu St.-Gobin in Frankreich ein Spiegel gegossen von 175 Zoll Höhe und 125 Zoll Breite, wol der größte, der je verfertigt ist.

In Amsterdam kaufte in diesem Jahre ein Blumenliebhaber die Zwiebel einer neuen Tulpe für ungefähr 4000 Thaler.

Vorsorge im rechten Augenblick.

Ein Landwirth zu A., dem der Plan einer Lebensversicherungsanstalt in die Hände kam, fand Gefallen an dieser neuen Art Sparkasse und entschloß sich, ein Capital versichern zu lassen, damit einst bei seinem Ableben baare Hülfsmittel für Witwe oder Kinder vorhanden seien. Er schrieb deshalb an den in einer benachbarten Stadt wohnenden Agenten einer Versicherungsbank und legte auch gleich eine Rolle Geldes bei, welche den Beitrag für das erste Jahr, seiner Berechnung nach, enthalten sollte. Als der Agent den Brief gelesen hatte, glaubte er in dem Namen des Verfassers einen alten Bekannten zu finden. Er suchte in dem Buche, wo er bösen Schuldnern eine Ruhestätte anzuweisen pflegte, nach und siehe, es fand sich, daß der Landwirth seit mehr als zwanzig Jahren mit einer Summe darin verzeichnet war, welche etwas weniger als die für den Versicherungsbeitrag eingesandte betrug. Der Agent hielt dies für eine passende Gelegenheit, zu seinem Gelde zu kommen. Er rief dem Landwirthe die Schuld ins Gedächtniß zurück, erklärte ihm, daß er das gesandte Geld zu ihrer Tilgung verwendet habe und fragte an, ob er unter diesen Umständen bei seinem Antrage zur Lebensversicherung beharren oder ihn zurücknehmen wolle. So sehr dem Landwirthe eine so gewaltsame Erinnerung an alte Sünden mißfiel, so lag ihm doch die Versicherung zu sehr am Herzen, als daß er sie um deswillen aufgeben oder auch nur aufschieben wollte. Er trug daher dem Agenten auf, die Versicherung zu besorgen und sagte ihm pünktliche Zahlung des Beitrags zu, sobald die Police angekommen sein würde. Diese Verhandlungen verursachten einen Aufenthalt von einigen Wochen in dem Abschlusse der Versicherung, und grade in dieser Zeit trat in dem Befinden des Landwirths, der bisher stets gesund gewesen war, eine nachtheilige Änderung ein; er ward wiederholt vom Schlage getroffen und binnen wenig Tagen ein Raub des Todes. Der Agent hörte davon und in Zweifel, was er thun solle, berichtete er das Verhältniß an die Anstalt. Diese berücksichtigte, daß der Verstorbene zur Zeit seiner ersten Anmeldung noch gesund und an dem entstandenen Verzug unschuldig war. Die Versicherung wurde für gültig erkannt und die Zahlung an die Erben des Landwirths geleistet, welche so für die nur eben ausgestreute Saat schon die Frucht seiner Vorsorge empfingen.

Reise nach Palästina.

(Beschluß aus Nr. 138.)

Der Cedernwald auf dem Libanon.

Nach langen Beschwerden war uns die behagliche Ruhe in dem Hause unsers Gastfreundes so erquickend, daß unsere Reisegefährten, die beiden Maroniten, die einige Tage bei einem Verwandten verweilen wollten, uns leicht bewogen, unsere Wanderung auf den Libanon aufzuschieben. Das Haus des Armeniers gewährte uns alle Annehmlichkeiten morgenländischer Lebensweise und manche europäische Bequemlichkeiten, die er auf seinen Reisen nach Italien kennen gelernt hatte. Seine Frau war aus Haleb und besaß all die geistige Regsamkeit, die man ihren Landsmänninnen nachrühmt. Obgleich Mutter blühender Töchter, war sie noch reizend, wenn sie in den heißen Nachmittagsstunden auf dem reichen Teppich in dem kühlen Kiosk am Ufer des Meeres vor uns saß. Ihre schöne heimatliche Tracht, der bunte Turban, das gestickte Oberkleid, der Dolch, mit einem Diamant verziert, in dem breiten Gürtel, gaben ihr ein edles Ansehen. Die beiden Mädchen an der Seite der Mutter bildeten eine bezaubernde Gruppe. Ihre langen Haare hingen in Flechten auf beiden Seiten über die nackten Schultern und waren mit Perlen, Goldmünzen und Blumen durchflochten. Ein Muslingewand, mit silbernen Blumen gestickt, war um den Leib mit einem hochrothen Shawl befestigt; die Arme waren mit den weiten, bis zum Elbogen offenen Ärmeln einer grünen Oberweste bedeckt; weite faltige Beinkleider reichten bis auf die nackten Knöchel, über welchen Bänder von getriebenem Silber glänzten. An einem dieser Fußbänder hingen silberne Glöckchen, deren Ton die Bewegungen des Fußes begleitete, wenn die Mädchen uns den wohlriechenden Scherbet in alterthümlichen Gefäßen darreichten. In einer Ecke des Gemaches brannten in kleinen silbernen Becken köstliche Wohlgerüche, welche sich mit den feinen Dampfwolken vermischten, die wir Männer aus unsern langen Pfeifen zogen. Unsere Wirthin hatte in früherer Zeit die berühmte Engländerin, Esther Stanhope, Pitt's Nichte, in Haleb gekannt, die seit mehren Jahren in einer fast unzugänglichen Abgeschiedenheit in einer der einsamsten Gegenden des Libanons unweit Saida wohnt, und erzählte uns mehre Züge von der merkwürdigen Frau. Sie verließ bald nach dem Tode ihres Oheims, schön, jung, reich und hoch gebildet, ihr Vaterland und nachdem sie Europa durchreist und einige Jahre in Konstantinopel gelebt hatte, schiffte sie sich nach Syrien ein. Das Schiff wurde durch einen Sturm auf einen Felsen unweit Rhodus geworfen, das Meer verschlang ihre Schätze und kaum entging sie selber dem Tode. Sie kehrte nach England zurück, sammelte die Reste ihres Vermögens und ging wieder unter Segel, entschlossen, allen Annehmlichkeiten des gesellschaftlichen Lebens zu entsagen. Als sie an der Küste Syriens gelandet war, lernte sie das Arabische und trat in vielfachen Verkehr mit den Eingeborenen, um sich zu einer Reise in das Binnenland vorzubereiten. Mit der Sprache und den Sitten des Landes vertraut, bildete sie eine zahlreiche Karavane, belud einige Kameele mit Geschenken für die Araberstämme und durchzog alle Theile Syriens bis nach Palmyra, wo mehre wandernde Beduinenstämme von ihrer Schönheit, ihrer Anmuth und ihrer Pracht so bezaubert waren, daß sie die Fremde zur Königin von Palmyra ausriefen. Nach einer langen Wanderung durch mehre Theile des Morgenlandes ließ sie sich endlich auf dem Gebirge nieder, wo sie auf den Trümmern eines ihr überlassenen Klosters mehre Häuser erbaute, die mit einer Mauer wie eine mittelalterliche Veste umgeben sind, einen reizenden Garten in türkischem Geschmack anlegte und seitdem ganz nach morgenländischer Weise lebte. Sie stand in hohem Ansehen bei jedem Pascha und Befehlshaber in der Umgegend und ihre Empfehlungen waren für manchen Reisenden von großem Gewicht. Unsere Wirthin bestätigte, was wir von andern Reisenden gehört hatten, daß die sonderbare Frau jetzt in gänzlicher Einsamkeit lebt, und seit der kühne, abenteuerlustige Geist von ihr gewichen ist, der sie einst in die unzugänglichsten Gegenden des Morgenlandes trieb, schwärmerischen Meinungen und astrologischen Träumereien sich hingegeben hat.

Die Umgegend von Beirut stand im üppigsten Sommerschmucke, das Wetter war günstig zur Gebirgsreise und als wir acht Tage ausgeruht hatten, machten wir uns auf den Weg. Vom Ufer des Meeres führen zahllose Pfade von Hügel zu Hügel, von einem Garten zum andern bis zum Fuße des Libanons. Die großen Bäume, welche die Pfade beschatten, sind von Reben umrankt. Hecken von Rohr und Nopal umgeben die Maulbeerpflanzungen und Weingärten. Kleine Kaffeehäuser und Obstbuden stehen fast auf allen Kreuzwegen in der Nähe der Dörfer und Landhäuser. Zahllose Brunnen und Bäche erquicken den Wanderer mit trefflichem Wasser. Allmälig stiegen wir bergan und die Aussicht erweiterte sich. Wir überschauten immer mehr das fruchtbare Uferland, während wir eine Reihe der Vorberge des Libanons nach der andern erstiegen. Sie wurden immer höher, die Wege immer schlechter und bald so schwierig, daß wir oft von unsern sichern Eseln absteigen mußten, um zu Fuße über steile und glatte Felsenstufen zu gehen.

Die mitternächtliche Seite des Libanons erhebt sich bei Akka; südlich aber zieht sich das Gebirge bis Beirut. Jenseit des Flusses Kasanrieh, der zwei Stunden von Sur in das Meer fällt, kommt man an den Fuß des Antilibanons, den die Bibel auch unter dem Namen Libanon begreift. Er hat anfänglich eine schiefe Richtung von Abend gegen Süden und Morgen, zieht sich aber bald von Süden gegen Norden, der Morgenseite des Libanons gegenüber, in einer Parallellinie. Zwischen beiden Bergen breitet sich ein Thal aus, von den Alten Cölesyrien genannt, wo die Trümmer von Baalbek liegen. Der Libanon erhebt sich als ein zackenloser Gebirgskamm bis zu 10,000 Fuß und ist zum Theil das ganze Jahr hindurch mit Schnee bedeckt, daher sein Name von dem hebräischen leban, weiß sein. Die arabischen Dichter sagen, er trage den Winter auf seinem Haupte, den Frühling auf seinen Schultern, in seinem Schoße den Herbst, der Sommer aber schlummere zu seinen Füßen am mittelländischen Meere. Der Bezirk zwischen dem Hundefluß und dem kalten Flusse, vom Gipfel des Libanons gegen Morgen bis an das mittelländische Meer gegen Abend, wird meist von den Maroniten bewohnt; es ist die fruchtbare Landschaft Kesroan. Südwärts von Beirut wohnen meist Drusen. Menschliche Betriebsamkeit hat diesem Gebirge das Ansehen einer einzigen großen Ebene gegeben. Man wirft die zerstreuten Steine auf tiefer liegende Stellen und führt nach und nach hohe Mauern auf, neben welchen man andere errichtet, bis durch Abtragung und Ebenung der Berge und Thäler ein leicht anzubauendes fruchtbares Feld entsteht. So ist der ganze Libanon in einen Garten verwandelt worden und der Reisende erstaunt, wenn er lange über steile Felsen geklettert ist und plötzlich in einer Schlucht oder auf einer Hochebene ein schönes, von weißen Steinen erbautes, von einer zahlreichen und wohlhabenden Volksmenge bewohntes Dorf mit einem Schlosse in der Mitte und einem Kloster in der Ferne erblickt und ringsumher üppig grünende Fruchtbäume sieht, welche Weingärten oder Mais- und Getreidefelder beschatten. Die Dörfer liegen zuweilen fast senkrecht übereinander, sodaß die Bewohner sich zurufen können, und doch macht die Lage des Gebirges bei den Verbindungswegen so viele Windungen nöthig, daß man oft über eine Stunde von einem Dorfe zum andern gehen muß. Das Gebirge erzeugt trefflichen Wein, den schon der Prophet Hosea kannte, Öl, Baumwolle, vorzüglich aber nähren sich die Bewohner vom Seidenbau. Die Weinberge werden nicht umgegraben, sondern mit Ochsen gepflügt und die Reben kriechen ohne Pfähle an der Erde hin, wie gewöhnlich im Morgenlande. Pappeln, Platanen und Eichen auf den Bergen, selbst Felsblöcke sind von Reben umrankt.

Der flache und hohe Rücken der Berge zeigt über den Wolken Reihen von Dörfern, Landhäusern, Klöstern und Weingärten. Der Anbau hört nur auf, wo die Felsen senkrecht emporsteigen und auch da blühen in den Spalten würzige Kräuter. Schwarze Ziegen mit langen braunen Ohren und seitwärts gewundenen Hörnern und Schafe mit großen Fettschwänzen weiden auf den Alpen. Wir sahen auf den niedrigern Höhen maronitische Mönche in ihren schwarzen Kutten und blauen Kapuzen unter den Ölbäumen ihrer Felder still den Pflug führen. Erschallte von Zeit zu Zeit die Klosterglocke, um sie zum Gebete zu rufen, so hielten sie ihre Ochsen an, knieten neben dem Pfluge nieder und ließen ihre Thiere ausruhen, während sie selber einige Minuten beteten. Bei ihnen, wie überall auf dem Libanon, sind die Ackergeräthe sehr einfach; eine Schaufel, eine Gabel von fünf bis sechs Zacken, die zugleich als Rechen dient, eine doppelte Hacke, bald an kurzem, bald an langem Stiele, und ein Pflug mit pfeilförmiger, dreieckiger Schar, woran die Ochsen mittels eines ihnen um den Hals gelegten und mit Stricken an die Querstangen befestigten gebogenen Holzes gespannt werden.

Wir durchzogen das Gebirge in allen Richtungen und unsere maronitischen Gesellschafter verschafften uns eine freundliche Aufnahme in den Klöstern und Dörfern, wo wir verweilten. Die Maroniten leiten ihren Namen von dem Einsiedler Maron ab, der eine schon im 6. Jahrhundert erwähnte Mönchsgesellschaft stiftete, die ihren Sitz in der Umgegend des Libanons hatte. Sie bekannten sich zu der unter den morgenländischen Christen aufgekommenen Meinung, daß Christus zwar die göttliche und menschliche Natur in sich vereinigt, aber nur mit einem Willen gewirkt habe, und als die Anhänger dieser, von den griechischen Kaisern verdammten Lehre als Empörer behandelt wurden, sammelten sie sich um jene Mönche und wuchsen zu einem kriegerischen Bergvolke zusammen, das seine Selbständigkeit auch später gegen die Mohammedaner zu behaupten wußte. Sie bilden mit den Drusen und dem mohammedanischen Stamme der Metualis einen Staatenbund unter der Obergewalt der Emirs der Drusen, um ihre Unabhängigkeit gemeinschaftlich zu vertheidigen. Sie werden durch alte Gewohnheitsrechte regiert, gleichen an Sitteneinfalt, Mäßigkeit und Gastfreiheit den alten Arabern und nähren sich von Ackerbau, Weinbau und Seidenbau. Ihr Gebiet wird auf 150 ☐Meilen geschätzt, hat aber nur willkürliche Grenzen und dehnt sich von den Abhängen des Libanons in die Thäler und umliegenden Ebenen aus, da immer neue Dörfer gegründet werden. Man schätzt sie auf mehr als 200,000 Seelen. Es wohnen keine Türken in dem Gebiete der Maroniten, die immer strenge darauf gehalten haben, die Mohammedaner zu entfernen. Sie zahlen eine Grundsteuer (Miri), welche nach der Zahl der Maulbeerbäume bestimmt ist, die jeder Eigenthümer besitzt und zwar an sich nur gering ist, aber durch die Willkür und Unregelmäßigkeit der Erhebung drückend wird. Ihre kirchliche Verfassung hat noch viel von den Gebräuchen der alten griechischen Kirche. Seit dem 12. Jahrhundert haben sie sich zwar der römischen Kirche angeschlossen, doch ist diese Vereinigung erst in der ersten Hälfte des 18. Jahrhunderts durch die damals von ihnen angenommenen Beschlüsse der tridentinischen Kirchenversammlung fester geworden. Seitdem unterscheiden sie sich von der römischen Kirche hauptsächlich dadurch, daß ihren Weltgeistlichen und Pfarrern die Ehe gestattet ist, nur Bischöfe und Mönche müssen ehelos leben. Ihr Oberhaupt nennt sich Patriarch von Antiochien, wohnt in dem großen Kloster Kanoubin auf dem Libanon und unter ihm stehen die Bischöfe und die übrigen Geistlichen, die in sieben Graden aufsteigen. Es gibt auf dem Libanon gegen 200 Klöster, worin 20—25,000 Mönche wohnen, welche ihre Felder anbauen, ihr Vieh besorgen und ihre Seidenwürmer pflegen.

Das maronitische Volk ist fleißig und betriebsam, wie seine Geistlichen und zeichnet sich unter allen morgenländischen Volksstämmen aus. Die Gesichtszüge der Maroniten verrathen ihre Verwandtschaft mit den Arabern. Sie sind ein schöner Menschenschlag, edel in ihrer Haltung, tapfer und kriegerisch, gutmüthig und gastfrei. Die maronitischen Frauen sind sehr sittsam. Ihre lang herabwallenden Kleider, die Schultern und Brust bedecken, sind von Baumwolle und gewöhnlich weiß. In jedem Dorfe wohnt ein Häuptling oder Scheikh, der die Rechtspflege besorgt. Eine bewundernswürdige Ordnung, mehr das Ergebniß der Religion und der Sitten als der Gesetzgebung, herrscht überall in dem Gebiete der Maroniten, das der Wanderer allein und ohne Führer, gegen Beraubung und Gewaltthätigkeiten gesichert, durchziehen kann. Unter wenigen Völkern findet man ein so erfreuliches Ansehen von Gesundheit und Gesittung, als unter den Bewohnern des Libanons und allgemein herrscht eine, freilich nur auf Lesen, Schreiben, Rechnen und die Elemente der Glaubenslehre beschränkte Bildung.

Wir sahen mehre der ansehnlichsten Klöster und verweilten längere Zeit in Kanoubin, das bei seiner hohen Lage im Winter im Schnee begraben liegt, und in Antura, einem der schönsten und berühmtesten Klöster, dem Winteraufenthalte des päpstlichen Legaten, in der Landschaft Kesruan. In mehren Klöstern findet man Büchersammlungen, die freilich nicht viel mehr als theologische Werke enthalten, und in einigen auch Druckereien, wo die Mönche die Schrift selbst gießen, die Druckerschwärze bereiten und wol auch die Bücher binden. In allen maronitischen Klöstern aber fanden wir denselben regen und stillen Fleiß, dieselbe Einfachheit der Sitten. Der Klosterhof hat das Ansehen eines großen Bauernhofes; überall sieht man Ackergeräthschaften, Zuchtvieh, Federvieh, Düngerhaufen. Zur Mittagszeit sahen wir die Mönche, einzeln oder zwei, je nachdem sie mit ihrer wirthschaftlichen Arbeit fertig waren, in den Speisesaal treten. Ihre Mahlzeit bestand aus einigen Kuchen, die auf einem heißen Steine mehr getrocknet als gebacken waren, aus Wasser und fünf eingemachten Oliven, wozu zuweilen etwas saure Milch kam. Nur selten trinken sie von dem Weine, den sie auf ihren Bergen erbauen. Ihre Zellen haben fünf bis sechs Fuß im Gevierte und man sieht darin nichts als eine Binsenmatte und einen Teppich, einige an die Wand genagelte Heiligenbilder, eine arabische Bibel und auch wol einige syrische Handschriften. Fast alle Klöster haben eine wunderschöne Lage; die Aussicht auf die Abhänge des Libanons, auf die hohen Wipfel der Fichtenwälder, die auf der röthlichen Sandwüste sich abschneiden, auf das Meer mit seinen Vorgebirgen und Buchten und seinen glänzenden weißen Segeln. Aus dem zahlreich bevölkerten Kloster Kascheja, das zum Theil aus Felsenhöhlen besteht, wanderten wir an einem schönen Morgen zu dem berühmten Cedernwalde, der auf dem höchsten Rücken des Gebirges bei dem Dorfe Bschirrai liegt. Er bildet ein großes Amphitheater und hat etwa eine Viertelstunde im Umfange. Der größte Baum hat 40 Fuß im Umkreise, die schönsten und schlanksten Cedern aber halten zwei bis drei Fuß im Durchmesser und die Zweige bilden einen schönen, weitschattenden Kegel. Wir zählten über 300 Bäume; die Zahl wird aber verschieden angegeben, je nachdem man nur die Hauptstämme oder auch die Schößlinge zählt.

Wir hatten drei genußreiche Wochen in dem Gebiete der Maroniten zugebracht, als wir von unseren Reisegefährten im Kloster Kanoubin Abschied nahmen und nach Beirut zurückkehrten. Das Schiff, das uns nach Europa bringen sollte, wartete noch auf einen Theil seiner Ladung und wir wollten diese Zeit benutzen, das Gebiet der Drusen zu besuchen, die einen Theil des Libanons und fast den ganzen Antilibanon bewohnen. Das Ziel unserer Reise war der Wohnsitz des alten Drusenfürsten Emir Beschir, der in den Verwickelungen, welche durch Ibrahim's Eroberungen in Syrien herbeigeführt wurden, seine gewohnte Schlauheit wieder bewährt hatte. Nach einem Ritte von neun Stunden kamen wir über ziemlich rauhe Pfade in die Hauptstadt der Drusen, Deir el Kamar, die zwar außer einer Moschee mehre große Gebäude hat, aber übrigens ganz dorfmäßig gebaut ist. Wir brachten die Nacht in einem Khan zu und obgleich wir erfuhren, daß der Emir, an welchen wir Empfehlungsbriefe hatten, abwesend war, so entschlossen wir uns doch, am folgenden Morgen seinen Palast zu besuchen, welcher eine halbe Stunde von Deir el Kamar entfernt, auf einem schroffen Felsen liegt und nur auf einem einzigen Pfade zugänglich ist. Wir wurden von den Emirs gastfreundlich empfangen. Malerisch erhebt sich das feste Schloß auf dem Gipfel mit seinen viereckigen Thürmen. Es ist in türkischem Geschmacke erbaut, hat geräumige Höfe, die mit Cypressen bepflanzt und mit schönen Wasserbecken und Springbrunnen geziert sind, auf welchen man arabische Verse liest. Aus dem größern Hofe führt eine Marmortreppe zu dem Palaste der Frauen, vor dessen Eingange prächtig gekleidete schwarze Sklaven, mit schönverzierten Pistolen und blitzenden Damascener-Säbeln bewaffnet, auf- und niedergingen. Die Gemächer des Emirs haben marmorne Fußböden und die Wände sind theils mit weißen, rothen und blauen Steinchen, theils mit Holzgetäfel bedeckt, das mit Perlmutter ausgelegt und mit Spiegeln eingefaßt ist. Unter einer Rebenlaube des Obstgartens, die eine bezaubernde Aussicht über Land und Meer beherrscht, nahmen wir eine gute Mahlzeit ein, deren Hauptschüssel aus einer gurkenähnlichen Frucht bestand, die mit gehacktem Hammelfleisch und zerstampftem Reis gefüllt war, einem Leckerbissen, zu welchem der rothe Libanonwein trefflich schmeckte. Auf dem Rückwege nach Beirut brachten wir die Nacht in einem schönen Dorfe zu, wo der Scheikh uns freundlich aufnahm. Die Drusen sind, wie die Maroniten, schön gebildet, tapfer und bis zur Verwegenheit unerschrocken, an Ertragung von Beschwerden gewöhnt, bieder und gastfrei. Sie bewohnen einen Bezirk von mehr als 50 ☐Meilen und zählen gegen 160,000 Seelen. Über ihren Ursprung und ihre Glaubensmeinungen waren in frühern Zeiten viele Fabeln verbreitet und lange glaubte man an die Sage, welche sie von Christen abstammen ließ, die nach Saladin's Siegen in den Gebirgen Zuflucht gefunden hätten, obgleich schon vor dem Jahre 1170 ihr Dasein und ihre Lehren bekannt waren. Ihre Glaubensmeinungen sind noch immer in Dunkel gehüllt; so viel aber ist gewiß, daß sie in zwei Classen: die Wissenden, Akals, und die Unwissenden oder Uneingeweihten, Dschafels, sich theilen. Die Wissenden bekennen den Glauben an einen einzigen Gott und dulden jede andere Religion, aber nur insofern sie jenen Glauben nährt. Sie glauben an die Seelenwanderung von einem Menschenleibe in den andern. Die Ungeweihten dürfen die Vorschriften der Religion des Landes befolgen, worin sie grade wohnen. Moses, Jesus und Mohammed sind ihnen verehrte Namen. Wer unter die Eingeweihten treten will, muß mehre Jahre eine Lehranstalt besuchen und sich des Weines enthalten. Jede Classe hat ihre Versammlungsörter, wo sie sich einmal in der Woche vereinigen. In den Versammlungsplätzen der Eingeweihten wird das mit arabischen Zahlen und Buchstaben beschriebene Bild eines Kalbes geheim gehalten, es ist aber nicht erweislich, daß sie es anbeten, wie mehre Reisende behauptet haben. Sie verbergen, wie es scheint, unter dem Schleier grober morgenländischer Ansichten reine Begriffe von einem einzigen Schöpfer. Sie haben zahlreiche Schulen, die von den Eingeweihten geleitet werden und worin die Kinder den Koran lesen lernen. Vielweiberei ist erlaubt, doch hat jeder gewöhnlich nur eine Frau. Ein Druse, der sich verheirathen will, verspricht in Gegenwart eines Gewithen der Verwandten der Braut, wie viel er ihr geben will, wenn er sie verstoßen sollte. Damit ist die Ehe geschlossen. Scheidungen sind sehr leicht. Bittet eine Frau ihren Mann um die Erlaubniß, ihre Ältern zu besuchen und sagt er blos „Gehe" und nicht „Gehe und komme wieder", so gilt das Wort für Verstoßung. Die Drusinnen sind schön, meist groß und kräftig gebildet, von edlem und ernstem Anstande, durch männliche Tugenden ausgezeichnet und wissen nach dem Tode ihres Gatten die häuslichen Angelegenheiten mit großer Einsicht zu verwalten. Nie dürfen ihre Söhne es wagen, der Herrschaft sich anzumaßen. Ein eigenthümlicher Kopfputz der Drusinnen ist das Tantur, ein Horn von Silber

Kopfputze der Drusinnen

oder versilbertem Kupfer, welches anderthalb bis zwei Fuß lang über die Stirne hervorragt und auf einem Kissen so mühsam befestigt ist, daß es oft wochenlang nicht abgenommen wird. Es ist mit Figuren von Sternen und Thieren, bei Reichen mit Perlen geziert. Über dieses Horn wird ein Schleier gehängt, der rückwärts flattert. Die Tracht der Männer besteht aus einem kurzen Oberkleide von Baumwolle mit Seide oder bei Reichen mit Gold durchwirkt und von zierlichen bunten Mustern, weiten Beinkleidern, Stiefeln von rothem Saffian, über welche sie gelbe Pantoffeln ziehen. Aus dem Gürtel blicken die verzierten Griffe von zwei bis drei Dolchen und kurzen Säbeln hervor. Gewöhnlich tragen sie zwei mit Silber oder Gold eingelegte Pistolen im Gürtel und eine Patrontasche von rothem Saffian vollendet den Waffenschmuck. Im Kriege wird jeder streitbare Mann zum Dienst aufgeboten. Dann steigen die Ausrufer auf die Berghöhen und rufen: „Zum Kriege! Ergreift Flinte und Pistolen! Edle Scheikhs, steigt zu Pferde! Bewaffnet euch mit Lanze und Säbel und erscheint morgen zu Deir el Kamar. Eifer Gottes! Eifer der Schlacht!"

Wir hatten unsere Pilgerfahrt vollendet. In den letzten Tagen des Junius verließen wir mit einem französischen Schiffe den Hafen von Beirut. Eine günstige Fahrt brachte uns bald an die Küste Kleinasiens und nach einem kurzen Aufenthalte in Smyrna schifften wir uns nach Triest ein, wo ich mich von meinem theuern Reisegefährten trennte, um in meine Heimat zurückzukehren.

Das Pfennig-Magazin

der

Gesellschaft zur Verbreitung gemeinnütziger Kenntnisse.

140.]   Erscheint jeden Sonnabend.   **[December 5, 1835**

Der metallische und der Steinsalzbergbau.

Das Innere eines Blei- und Silberbergwerks.

Wir theilten in Nr. 111 des Pfennig-Magazins eine Ansicht des Steinkohlenbergbaues mit und wenden uns nun zuvörderst zu dem metallischen Bergbau oder zu der Gewinnung der in der Erdrinde vorhandenen nutzbaren Metalle, von der Gewinnung des Steinsalzes aber werden wir später reden.

Die Metalle oder vielmehr deren Erze finden sich entweder auf Lagern oder Flötzen, Stöcken, Gängen, Stockwerken, Nestern oder in dem Gebirgsgestein eingesprengt. Lager und Flötze sind mehr oder minder mächtige, d. h. starke Lagen, die zwischen den Gebirgsschichten vorkommen und mehr oder weniger gänzlich aus Erzen, d. h. aus Verbindungen der Metalle mit Sauerstoff, Schwefel, aus Legirungen mehrer Metalle untereinander, wozu noch erdige Stoffe, Säuren, Wasser u. s. w. kommen, bestehen. Die Gänge sind Spalten, welche die Schichten oder Massen des Gebirgsgesteins durchsetzen und später mit den metallischen Substanzen, sowie mit mannichfachen andern Mineralien, mit Gesteinbruchstücken u. s. w. ausgefüllt worden sind. Die folgenden Abbildungen I zeigen mehre wichtige Verhältnisse der Gänge in horizontalen Durchschnitten.

Fig. 1 ist ein regelmäßiger Gang mit parallelen Seiten. Die Erstreckung eines Ganges heißt sein Strei-

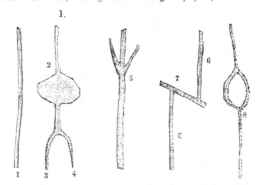

chen, welches nach der Weltgegend und nach dem Winkel bestimmt wird, den es mit dem Horizont macht. Die Gänge fallen unter einem mehr oder minder starken Winkel in die Tiefe der Erde, welches man ihr Fallen nennt und welches nach den Graden der Waferwage bestimmt wird. Die Seite des Ganges, auf welcher er auf dem Gebirgs= oder Nebengesteine aufliegt und dieses selbst, heißt sein Liegendes, die obere Seite und das ihn bedeckende Nebengestein, sein Hangendes. Bei 2 erweitert sich der Gang oder wird mächtiger, bei 3 und 4 gabelt er sich und keilt sich bei 4 aus, d. h. er verliert sich; bei 5 zertrümmert sich der Gang, d. h. er zertheilt sich in mehre schmälere Gänge oder Trümmer. Der Gang Fig. 6 wird nicht allein von einem zweiten, 7, jüngern durchsetzt, sondern er wird auch verworfen, d. h. seine Richtung wird unterbrochen. Bei 8 endlich umschließt ein Gang eine Masse von Gebirgsgestein. Stöcke sind mächtige Gänge oder Lager, Stockwerke mit vielen schmalen Gängen oder Trümmern durchzogene Gebirgsmassen, Nester einzelne, mitten in den Gebirgsgesteinen vorkommende Erzmassen.

Muthmaßt man das Vorhandensein einer Erzlagerstätte, so untersucht man dies näher durch sogenannte Schürfe, d. h. durch brunnenartige Vertiefungen an den Punkten, wo man vermuthet, daß sich ein Gang oder Lager an der Erdoberfläche zeige. Man schreitet darauf zu den weitern Versuchsarbeiten. Es sei z. B. a der folgenden Abbildung II ein Gang, so wird entweder auf dessen Fallen selbst ein Schacht abgesunken oder in einiger Entfernung davon, bei b, in senkrech=

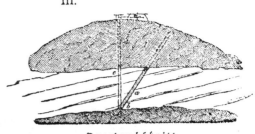

Querdurchschnitt.

Längendurchschnitt.

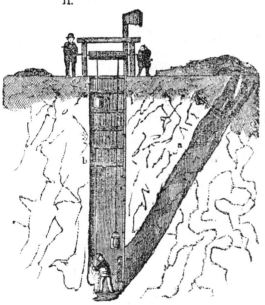

ter Richtung, oder bergmännisch gesprochen seiger, sodaß er den Gang in einer gewissen Tiefe trifft. Die Grubenbaue sind sehr verschiedenartig und wir können daher nur Einiges davon erwähnen, da eine deutliche Beschreibung auch nur der wichtigsten Baue zu weitläufig werden würde. Die hier folgenden Abbildungen III und IV sind zwei senkrechte und sich kreuzende Durchschnitte eines Gebirgs mit einem Erzgange, a b ist ein aus einem Thale herangetriebener Stollen, d. h. fast horizontaler Gang; c ist der seigere Schacht. Durch die Verbindung des Schachtes mit dem Stollen wird der Luft=, oder wie der Bergmann sagt, Wetterwechsel in der Grube hergestellt; auf dem Stollen, der ein geringes Abfallen nach außen hat, fließt zugleich das Wasser ab, welches zwischen der Oberfläche des Gebirgs und b vorkommt, oder welches aus größerer Tiefe durch eine Maschine in dem Schachte bis zu dem Stollen emporgehoben worden ist. Die Förderung der Erze, d. h. ihr Transport zur Erdoberfläche kann sowol, je nachdem es die Umstände erfodern, auf dem Stollen als auch durch den Schacht bewerkstelligt werden. Die folgenden Abbildungen V und VI zeigen in zwei, senkrecht aufein=

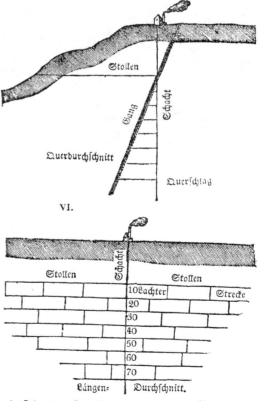

anderstehenden Durchschnitten ein zum Abbau eines Ganges oder zur Gewinnung der auf demselben vorkommenden Erze vorgerichtetes Grubenfeld. Der Gang hat ein ziemlich starkes Fallen. Der Schacht ist seiger abgesunken und da, wo er den Gang trifft, ist von dem Thale her ein Stollen herangetrieben. Von dem Schachte ab sind Querschläge nach dem Gange getrieben, auf dem Streichen desselben (siehe Fig. VI) jedesmal von 10 zu 10 Lachtern (zu 80 Zoll) Strecken, Gezeuch- oder Feldstrecken genannt, die wieder durch kleine Schächte miteinander verbunden sind. Häufig sind die Schächte auf dem Fallen des Ganges selbst abgesunken und dann fallen die Querschläge weg. Jede von diesen Arten der Vorrichtung eines Grubenfeldes hat ihre Vortheile und ihre Nachtheile. Der eigentliche Abbau der Gänge oder die Gewinnung der Erze geschieht hauptsächlich auf zweierlei Weise, wovon die eine darin besteht, das Erz von oben, und die andere, es von unten anzugreifen. In dem einen oder in dem andern Falle haben die Abbaue das Ansehen von Stufen einer Treppe, von oben oder von unterwärts angesehen. Die erstere Methode nennt man den Stroßen- oder Straßen-, die andere den Firsten- oder Förstenbau. Will man ein Erzmittel durch Stroßenbau gewinnen, so geht man in einer Feldstrecke, zu beiden Seiten eines Schachtes (Abbildung VI) stufenartig niederwärts. Es bildet sich auf diese Weise eine Art von Treppe und auf jeder Stufe kann wenigstens ein Bergmann arbeiten. Ein solcher Stroßenbau ist in der zu Anfang dieses Aufsatzes gegebenen Abbildung dargestellt. Da nicht der ganze Gang aus Erz besteht, sondern auch unhaltiges Gestein mitgewonnen wird, so muß dies weggeschafft werden. Zur Unterstützung der Seitenwände werden nämlich in einer gewissen Höhe über den Stroßen, vom Hangenden zum Liegenden in horizontaler Richtung Hölzer gezogen, deren Enden in ausgehauenen Löchern ruhen; diese Hölzer werden mit Latten oder Brettern bedeckt und auf diese werden die sogenannten Berge oder die unhaltigen Mineralien gestürzt. — Bei dem Förstenbau geht man zu beiden Seiten eines kleinen Schachtes von der Decke oder Förste einer Strecke aus stufenartig in die Höhe; über der Strecke wird eine hölzerne Decke, sogenannte Bühne, angebracht oder eine Gewölbmauerung gezogen, auf welche der Bergmann tritt und auf welche, indem man in die Höhe geht, das unhaltige Gestein geworfen wird. Es versteht sich von selbst, daß in einem vorgerichteten Grubenfelde, wie in Abbildung VI, mehre Stroßen- oder Förstenbaue auf einmal in Betrieb gesetzt werden können. Beide Arten von Abbauen haben je nach den Umständen ihre Vortheile und Nachtheile.

Wir wenden uns nun zuvörderst zu den Mitteln der Erzgewinnung. Minder feste Mineralien, wie die Steinkohlen, werden, wie in Nr. 111 des Pfennig-Magazins angegeben ist, mit der Keilhaue hergemacht, allein beim metallischen Bergbau kann dieselbe nur selten angewendet werden, da das Gestein gewöhnlich zu fest dazu ist. Die sogenannte Schlägel- und Eisenarbeit, bei welcher ein kleiner Hammer mit kurzer Spitze und mit einem Stiel mittels der linken Hand auf das Gestein gesetzt und dieses durch Hammerschläge, die mit der rechten Hand geführt werden, losgetrennt wird, ist von geringer Wirksamkeit und wird nur unter besondern Umständen angewendet. Das mächtigste Mittel zur Lostrennung des Gesteins liefert das Pulver, welches seit dem Jahre 1615 beim Bergbau angewendet wird und eine gänzliche Umgestaltung bei demselben hervorgebracht hat. Man nennt das Lostrennen des Gesteins mittels des entzündeten Pulvers die Sprengarbeit. Das Verfahren dabei besteht im Allgemeinen darin, daß man ein Loch bohrt, Pulver in dasselbe thut und dieses entzündet. Das Bohren des Loches geschieht mittels eines eisernen, unten verstählten Bohrers, der gewöhnlich eine meißelartige Schärfe hat, zuweilen auch zwei sich rechtwinklig durchkreuzende. Der Bergmann hält den Bohrer mit der linken Hand auf das Gestein und mit der rechten führt er Schläge mittels eines sogenannten Fäustels auf denselben. Nach jedem Schlage wird der Bohrer etwas gedreht. Zur Entfernung des Bohrmehls aus dem Bohrloch wendet man einen sogenannten Krätzer — eine unten mit einer löffelartigen Scheibe versehene Stange — an. Das Bohren geschieht gewöhnlich durch einen, seltener durch zwei oder gar durch drei Arbeiter. Die Bohrlöcher sind 1—4 Fuß tief und 6—22 Linien weit. Das Pulver wird selten lose in das ausgetrocknete Bohrloch geschüttet, sondern gewöhnlich in eine papierne Patrone gethan und diese in das Bohrloch gesteckt. In die Patrone oder in jenes steckt man auch bis auf den Boden eine dünne cylindrische, metallene Stange, die sogenannte Räumnadel, bringt dann kleine Steinchen oder Thon auf das Pulver und stampft diese Besetzung fest. Darauf zieht man die Räumnadel heraus, schüttet in die dadurch hervorgebrachte Röhre Pulver oder steckt ein mit Pulver gefülltes Röhrchen von Hollunderholz, Schilf, Stroh oder Papier hinein und bewirkt das Anzünden durch einen Schwefelfaden, der hinlänglich lang ist, damit der Arbeiter in Sicherheit sei, ehe der Schuß losgeht. Die anzuwendende Pulvermenge muß mit der Tiefe des Bohrlochs und mit dem Widerstande des Gesteins im Verhältnisse stehen und nur grade hinreichend sein, um es zu zerreißen. Das gelöste Gestein wird nach erfolgtem Sprengen mit Brechstangen, Schlägel und Eisen, der Keilhaue u. s. w. noch völlig losgetrennt. An manchen Orten, wie z. B. im Rammelsberge bei Goslar am Harze, zu Geyer und zu Altenberg in Sachsen u. s. w., ist jedoch die Erzmasse so fest, daß selbst die Sprengarbeit unwirksam oder mindestens zu kostbar ist, um zur Gewinnung angewendet werden zu können. Man muß sich daher der Wirkung des Feuers bedienen, um die Festigkeit des Gesteins und der Erze zu vermindern. Es werden zu dem Ende vor dem anzugreifenden Theile Feuer angezündet. Nachdem die Flamme hinlänglich gewirkt hat und die Baue wieder so abgekühlt sind, daß die Arbeiter darin ausdauern können, so werden die abgelösten und bröcklig gewordenen Massen mittels Brechstangen, Keilen und nun selbst noch mittels der Sprengarbeit gänzlich losgetrennt.

Ein sehr wichtiger Theil des metallischen Bergbaues ist die Sicherung der ausgehöhlten Räume durch Zimmerung und Mauerung. Erstere ist am meisten im Gebrauch, letztere ist dauerhafter und überall da vorzuziehen, wo die Grubenbaue lange Jahre hindurch benutzt werden sollen.

Über die Förderung der Erze von den Abbauen nach den Schächten oder Stollen, oder durch diese zu Tage aus, über die Wasserhaltung, d. h. die Herausschaffung des Grundwassers aus den Gruben, und endlich die Wetterführung, d. h. die Unterhaltung eines gehörigen Luftzuges an allen Punkten in den Gruben, wo Menschen sich aufhalten müssen, haben wir bereits in Nr. 111 des Pfennig-Magazins gesprochen und beziehen uns darauf.

Unter den verschiedenen Mitteln, in die Schächte hinabzusteigen oder, wie der Bergmann sagt, hinabzufahren, verdienen die Leitern oder Fahrten den Vorzug, weil sie die meiste Sicherheit gewähren. Die Fahrten sind seiger oder unter einem gewissen Winkel an den Schächten befestigt. Von 24 zu 24 Fuß sind gewöhnlich in den Fahrschächten Ruhebühnen, d. h. kleine Böden von Brettern angebracht und mit einer Öffnung versehen, die grade groß genug ist, daß ein Mensch hindurch und auf die unmittelbar darunter befindliche Fahrt gelangen kann. Sie dienen den auf- und einfahrenden Bergleuten zur Ruhe und zum Ausweichen der sich Begegnenden. Treppen findet man nur selten in Bergwerken. Eine andere Einfahrmethode besteht in dem Hinabrutschen auf geneigt liegenden glatten Balken, wobei man sich an einem straff angespannten Seile hält. Die schlechteste Fahrmethode aber besteht in dem Hinunterlassen und Heraufziehen der Anfahrenden in den Förderungskübeln, oder in Sesseln, oder indem man einen an dem Förderungsseile befestigten Stock zwischen die Beine nimmt, da sie die wenigste Sicherheit und Bequemlichkeit gewährt.

Liegen mächtige Erzlagerstätten sogleich unter der Erdoberfläche, so gewinnt man sie mittels des Steinbruch- oder Pingenbaus, indem man keine unterirdischen Baue treibt, sondern von oben nach unten Alles wegnimmt. Durch einen langen Betrieb solcher Pingen entstehen ungeheure, sehr romantische Schlünde, wie z. B. die des Büchemberges und Gräfenhagensberges bei Elbingerode am Harz und die noch weit kolossalern von Dannemora und Persberg in Schweden. Von den obern Theilen der letztern gibt die Abbildung (VII) eine Ansicht. Es wird durch diesen Pingenbau ein sehr mächtiges Magneteisensteinlager abgebaut. Die Pingen liegen in einer bewaldeten Höhe, man sieht nichts eher davon, bis man an dem Rande der furchtbaren, mit schwarzen, senkrechten Wänden abstürzenden Öffnung ist. Man blickt hinab in die schauerliche, einen großen Theil des Jahres nur hin und wieder von Schneemassen aufgehellten Tiefe, deren Felsengrund 2—300 Fuß unter dem Standpunkte des Beobachters liegt und erkennt hier und dort an den Seitenwänden der schwarzen Gruft die noch schwärzern Eingänge zu labyrinthischen Höhlen, bewacht von langen spitzigen Eiszapfen, an Farbe und Durchsichtigkeit dem Aquamarin ähnlich. Aus einigen dieser Höhlungen, unterirdischen Grubenbauen, lodert die Flamme des Kienholzes hervor, um das Gestein mürbe zu machen. Die Tiefe ist belebt von Menschen, welche, an scheinbarer Größe und an Regsamkeit Ameisen ähnlich, dort in jenem tiefsten, hier an einem etwas höhern Punkte, von überhangenden Felsenmassen bedroht, mit saurer Mühe Eisen in Eisen treiben. Rings um den erstaunten Beobachter her knarren die Roßkünste, ächzen die langen Feldgestänge, welche Wasserräder am Abhange des Berges mit Pumpenwerken im Tiefsten der Grube verbinden, und dazwischen ertönt aus ferner Tiefe das seltsame schwache Geräusch der Hunderte von Hämmern, dem Picken einer großen Anzahl von Uhren in einer Uhrmacherwerkstatt nicht unähnlich. Richtet man nun den Blick in die Höhe, so sieht man die vielen Pferdewinden, welche den Schlund umgeben, Tonnen in ihn versenken und diese mit schwerem Erz gefüllt wieder emporziehen. Eine von vielen Rüstbäumen getragene Bühne ragt über den Abgrund hervor und von ihr hinab senkt sich das Seil mit der Tonne, welche nicht immer eine todte, sondern beim Ein- und Ausfahren auch eine lebendige Last trägt, indem auf dem Rande stehend und sich mit einer Hand an dem Seile festhaltend, sich auf jeder drei Bergleute hinunter- und heraufwinden lassen, ohne die Gefahr zu scheuen, in der sie dabei stets schweben. *)

(Der Beschluß folgt in Nr. 141.)

Merkwürdiges Naturereigniß.

Unter die merkwürdigsten Naturerscheinungen gehören die Meteore, welche Professor Olmsted und Doctor Smith am 13. November 1833 in Nordamerika beobachteten. Sie stellten sich als Feuerwerke im größten Styl dar, die das ganze Himmelsgewölbe mit Feuerkugeln bedeckten, von denen eine um Vieles größer war, als der aufgehende Vollmond. Diese Feuerkugeln schienen sämmtlich von einem Punkte auszugehen; sie erschienen und verschwanden ohne das geringste Geräusch, auch wurde später keine Substanz auf dem Boden gefunden, die man für einen Niederschlag dieser Lufterscheinung hätte halten können. Die Ausdehnung des Raumes, den die Meteore einnahmen, sagt der Berichterstatter, ist noch nicht genau bestimmt, so viel aber ist gewiß, daß sie vom 61. Längengrade im atlantischen Ocean bis zum 100. Längengrade in Mexico, und von den nordamerikanischen Seen bis zur südlichen Seite von Jamaica gesehen wurden. Nach den genauesten Berechnungen jener Gelehrten war die elektrische Wolke, aus welcher sich die zahllosen Feuerkugeln entwickelten, über 500 Meilen von der Oberfläche der Erde entfernt. Einige der größern mußten Körper von ungeheurem Umfange sein, doch bestanden sie gewiß aus sehr leichtem Stoffe, da der Strich der Luft ihre Richtung verän-

Eisensteingrube zu Persberg in Schweden.

*) Die Darstellung der Metalle aus den Erzen mittels der Hüttenprocesse soll der Gegenstand später zu gebender Aufsätze sein.
D. Red.

derte. Professor Olmsted hatte die Wiederkehr dieser seltenen Erscheinung auf den 13. November 1834 vorausgesagt und begab sich deshalb in Begleitung von einigen seiner Schüler in der Nacht jenes Tages ins Freie, um dort die Erscheinung zu erwarten. Sie trat kurz nach Mitternacht auch wirklich ein, da aber sehr heller Mondschein war, so verlor sie viel von ihrer Großartigkeit, und nur die größern und glänzendern Feuerkugeln konnten deutlich gesehen werden; auch war ihre Anzahl geringer als im vergangenen Jahre. Vier Minuten nach 1 Uhr zerplatzte eine der glänzendsten Kugeln, gleichsam zum Signal für die übrigen, welche von dieser Zeit zu sinken anfingen bis gegen Tagesanbruch. Auch diesmal gingen die Meteore von einem gemeinschaftlichen Punkte aus, welcher sich wie das erste Mal im Sternbilde des Löwen befand.

Hamburg.

Ansicht der hamburger Börse.

Hamburg.*)

Indem wir zu der Schilderung der drei freien Städte in Norddeutschland, Hamburg, Lübeck und Bremen, übergehen, müssen wir zuvörderst einen Blick auf die große Handelsverbindung, die Hanse, werfen, der diese Städte ihr Aufkommen verdankten und nach deren Auflösung sie fortdauernd den Namen der hanseatischen behalten haben. Um die Mitte des 13. Jahrhunderts wurde das Meer und das Festland durch Räuber unsicher gemacht und der Handel war allen Angriffen ausgesetzt, seit die Kaufleute das Recht verloren, mit bewaffnetem Gefolge zu reisen und das in eine Geldabgabe verwandelte königliche Geleit keinen wirklichen Schutz mehr gewährte. Man mußte auf städtische Gewerbe verzichten oder sich durch Einigungen gegen See- und Landstraßenräuber schützen. Besonders aber konnte man in Dänemark und Schweden und in den von Slawen bewohnten norddeutschen Ländern nur durch ein gemeinschaftliches Verfahren sich und den Handel sichern. So entstanden früh Handelsgesellschaften, und als um die Mitte des 13. Jahrhunderts, ehe Rudolf von Habsburg gesetzliche Ordnung gegründet hatte, in Deutschland wilde Verwirrung herrschte, wurden jene Handelsverbindungen die besten Anknüpfungspunkte politischer Einigungen. Die Städte Hamburg und Lübeck schlossen im Jahre 1241 einen Bund, wodurch sie sich verpflichteten, die Straße zwischen der Trave und der Elbe und die Elbe von Hamburg bis zum Meere gegen Räuber zu schützen, das Handelsinteresse gemeinschaftlich wahrzunehmen und alle Rechte und Freiheiten gemeinschaftlich zu vertheidigen. So bildete sich, obgleich man jenes Bündniß wol nicht als Anfangspunkt annehmen kann, die mächtige Verbindung, die den Namen Hanse, das in der altdeutschen Sprache Einigung oder Genossenschaft bedeutet, erhielt. Der Genossenschaft der Städte trat im Jahre 1247 auch Braunschweig bei, das von den Hamburgern und Lübeckern als Niederlage für die levantischen und indischen Waaren, die auf der großen Handelsstraße aus Italien durch Deutschland gingen, benutzt wurde. Die Hanse erhielt bald so viele Mitglieder, daß schon 1260 der erste Bundestag zu Lübeck gehalten wurde. Die Zahl der verbündeten Städte war nicht immer gleich, ihre höchste Zahl aber betrug 85. Sie theilten sich in vier Quartiere: das wendische mit der Quartierstadt Lübeck, das niederrheinisch-westfälische, wozu auch die in den Niederlanden liegenden Bundesstädte gehörten, mit dem Hauptorte Köln; das niedersächsische Quartier, die Städte zwischen Weser und Elbe umfassend, dessen Quartierstadt anfänglich Magdeburg, später Braunschweig war; und das Quartier der preußischen und liefländischen Städte mit dem Hauptorte Danzig. Außer den allgemeinen Versammlungen zu Lübeck wurden besondere Hansetage in den Quartierstädten gehalten. In der ersten Zeit der Entstehung des Bundes waren die Anstrengungen der beiden Städte Hamburg und Lübeck gegen Dänemark gerichtet, was bei der Lage derselben natürlich war, da die Dänen sich in den Besitz der Ostseeländer zu setzen suchten, auf welche sie keinen Anspruch hatten. Dieser Kampf zog sich in das 14. Jahrhundert hinüber, bis die Hanse 1370 nach der Eroberung Kopenhagens einen vortheilhaften Frieden schloß. Durch den an den Küsten der Ostsee herrschenden deutschen Orden begünstigt, erwarb der Bund große Handelsvorrechte in jenen Gegenden und bahnte sich durch das Gebiet des Ordens den Weg nach Nowgorod, wo er schon im Jahre 1270 eine Hauptniederlage gründete. Ebenso glücklich war die Hanse nach langen Anstrengungen in Norwegen, wo sie sich des ausschließenden Handels bemächtigte und ein Comptoir in Bergen anlegte. Ähnliche Waarenniederlagen hatte sie in der letzten Hälfte des 13. Jahrhunderts auch in London und Brügge. Überall trachtete sie nach dem Alleinrechte des Handels. Sie erlangte im 14. Jahrhundert eine hohe politische Wichtigkeit, schickte Gesandte an andere Staaten, übte das Kriegs- und Friedensrecht und gab sich durch die im Jahre 1364 zu Köln geschlossene Bundesacte auf immer Festigkeit. Große Verdienste erwarb sich der Bund durch strenge Verfolgung der Räuber und Wegelagerer, durch die Anlegung neuer Kanäle, durch Belebung des deutschen Gewerbfleißes, dessen Erzeugnissen er sichern Absatz verschaffte. Die Macht der Hanse erhielt die erste Erschütterung, als durch die Entdeckung von Amerika und die Auffindung des Seeweges nach Ostindien der Gang des Welthandels überhaupt eine neue Richtung nahm, und sie gerieth immer tiefer in Verfall, als die deutschen Fürsten, die den mächtigen Bund immer mit Mistrauen betrachtet hatten, mehre der wichtigsten Bundesstädte ihrer Herrschaft unterwarfen. Schon zu Anfang des 17. Jahrhunderts bestand die Hanse fast nur dem Namen nach und ihre politische Bedeutung war verschwunden. Der dreißigjährige Krieg, der den Landhandel zerstörte, wirkte höchst nachtheilig auf den Verkehr der Hansestädte. Endlich ward im Jahre 1630 der letzte Hansetag zu Lübeck gehalten, wo sich die einzelnen Städte feierlich von dem Bunde lossagten. Nur Hamburg, Lübeck und Bremen verbanden sich aufs Neue und nur für einzelne Fälle trat Danzig ihnen bei, ohne jedoch den Namen einer Hansestadt zu führen.

Hamburg, die erste Handelsstadt Deutschlands, entstand aus einer Ansiedelung, welche sich um eine Burg und Kirche bildete, die Karl der Große nach der Sage auf der Anhöhe zwischen der Elbe und dem östlichen Ufer der Alster, zum Schutze gegen die umwohnenden heidnischen Küstenvölker erbaute. Von den Nachbarn mehrmals zerstört, wurde diese Ansiedelung, die für den Handel so günstig als für die Fischerei lag, schnell wiederhergestellt und durch neuen Anbau erweitert. Sie wurde bald der Mittelpunkt eines geistlichen Sprengels, aus welchem das Christenthum sich unter den Nachbarn verbreitete, seit der fromme Ansgar, ein Mönch aus dem Kloster Corbie bei Amiens, den Ludwig der Fromme um das Jahr 813 in das neugegründete Stift Korvei an der Weser sandte, als Erzbischof mit ebenso viel Thätigkeit als Milde und Liebe wirkte. Er stiftete in Hamburg ein Kloster als Pflanzschule für Glaubensboten, mußte aber, da die plündernden Normänner die Küsten der Ostsee verheerten, den Sitz seines Erzbisthums im Jahre 847 nach Bremen verlegen. Schon um die Mitte des 12. Jahrhunderts war die schnell emporgeblühte Ansiedelung den Arabern als Handelsort bekannt. Durch die Schirmherren, welche die deutschen Kaiser der Stadt und dem umliegenden Lande gaben, gegen die Nachbarn und besonders die eroberungslustigen Dänen geschützt, erhob sich Hamburg immer mehr und verdankte vorzüglich den Grafen von Schaumburg seit dem Ende des 11. Jahrhunderts Vergrößerung, Wohlstand und bedeutende Vorrechte. Unter Kaiser Otto IV. wurde Hamburg 1215 eine freie Reichsstadt. Die Vortheile, welche die Verbindung mit der

---

*) Über die Vorzeit Hamburgs vergleiche Nr. 10 des Pfennig-Magazins und über die jetzigen Verhältnisse enthält Nr. 11 mehre Angaben. Wir verweisen auf beide Aufsätze, die unsere hier gegebene Skizze theils vervollständigen, theils durch diese ergänzt werden. D. Red.

Hanse darbot, führten die Thätigkeit der Bewohner Hamburgs immer mehr auf Handel und Schiffahrt und seine bewaffneten Fahrzeuge trugen viel dazu bei, dem Bunde seine Handelsmacht und seine politische Bedeutung zu sichern. Die innere Verfassung der Stadt bildete um dieselbe Zeit durch Verträge sich aus, welche die Verhältnisse zwischen dem Rathe und der Bürgerschaft ordneten. Bis zu Ende des 15. Jahrhunderts war die Stadt auf den Raum zwischen der Elbe und dem östlichen Alsterufer eingeschränkt, und erst seitdem ward auch das westliche Ufer der Alster, zum Theil durch geflüchtete Niederländer, zur Bildung der Neustadt gegründet, welche in der ersten Hälfte des 17. Jahrhunderts in die Linie der Festungswerke eingeschlossen ward. Innere Zwiste störten im 16. und 17. Jahrhundert mehrmals die Ruhe der Stadt, bis endlich zu Anfange des 18. die städtische Verfassung unter der Leitung des Reichsoberhaupts befestigt wurde. Obgleich im Besitze ihrer reichsstädtischen Vorrechte geschützt, mußte sie doch den Erzbischöfen von Bremen den Dom überlassen, der im westfälischen Frieden an Schweden fiel und später mit dem Herzogthume Bremen an Hanover kam. Während des dreißigjährigen Krieges erhielt die Stadt Hamburg viele neue gewerbsame Bewohner, ein Vortheil, der ihr auch in den ersten Jahren des Revolutionskrieges zuwuchs, und ungeachtet der Auflösung der mächtigen Hanse hob sich Hamburgs Handel und gab reichlichen Ersatz für die Verluste, welche die einheimischen Fabriken durch die überall erwachte Gewerbthätigkeit und die Einfuhrverbote fremder Staaten erlitten. Großen Gewinn brachten besonders der unmittelbare Verkehr mit Nordamerika und die Kriege in den Niederlanden und am Rhein, die einen ansehnlichen Theil des dortigen Handels nach Hamburg zogen. Bei der neuen Gestaltung der deutschen Angelegenheiten nach dem Frieden von Luneville erhielt die Stadt endlich den Dom und ihre politische Selbständigkeit wurde von Neuem gesichert. Als die Franzosen 1803 Hanover besetzten, begannen die Bedrängnisse Hamburgs, dessen Handel durch die gegen den Verkehr mit England von den französischen Machthaber ergriffenen Maßregeln große Beschränkungen und Verluste erlitt. Die Stadt wurde 1806 von den Franzosen besetzt, im folgenden Jahre aber wieder geräumt und behielt noch einen Schatten von Unabhängigkeit, bis sie 1810 dem französischen Reiche als der Hauptort des neuen Departements der Elbmündungen einverleibt wurde. Als im März 1813 die Franzosen bei der Annäherung der Russen die Stadt verlassen hatten, ward eine hanseatische Legion errichtet, um an dem Kampfe gegen Frankreich Theil zu nehmen. Am 31. Mai aber rückten die Franzosen unter dem Marschall Davoust wieder ein, welcher die Stadt befestigen ließ und ihr eine schwere Geldbuße auflegte. Erst im Mai 1814 zogen die Franzosen ab und die Russen besetzten die Stadt. Im folgenden Jahre wurde die alte Verfassung wiederhergestellt und Hamburg trat in den deutschen Bund. Seitdem verschwanden die alten und neuen Befestigungswerke und als der Handel unter dem Schutze des Friedens wieder aufblühte, verloren sich bald auch die äußern Spuren der Kriegsdrangsale in den anmuthigen Anlagen, welche die Stadt umgeben.

Hamburg liegt größtentheils auf einer Hügelreihe, welche das Thal der Alster durchschneidet, am nördlichen Ufer der Elbe, 18 Meilen von der Mündung des Stromes in die Nordsee, nördlich und östlich von Holstein begrenzt, westlich durch die Elbe von der lüneburger Haide getrennt. Der niedrigste Stadttheil liegt nur etwa sieben Fuß über der Fluthöhe der Elbe, die zuweilen bei hohem Wasserstande einzelne Straßen überschwemmt. Der Strom theilt sich drei Stunden oberhalb der Stadt bei der Insel Ochsenwerder in die Süder- und Norderelbe, die beide viele einzelne Arme aussenden. Die Norderelbe strömt nach Hamburg, und durch einige früher entsendete Arme und zwei kleine Flüsse verstärkt, schickt sie in die Stadt einen ansehnlichen Arm, der sich innerhalb derselben in viele Kanäle, Fleeten genannt, theilt, welche die untern Stadttheile in allen Richtungen durchschneiden und die Fortschaffung der Waaren bis an die Lagerhäuser erleichtern. Der Hauptstrom der Norderelbe, über 1000 Fuß breit, bespült die Südseite der Stadt. Die in der Stadt sich ausbreitenden Arme vereinigen sich wieder und bilden den Oberhafen, wo die Schiffe liegen, welche stromabwärts von Magdeburg kommen, der Hauptstrom aber bildet den Niederhafen, der in mehre Abtheilungen zerfällt und alle von der See kommenden Schiffe aufnimmt. Diese Hafenabtheilungen werden bei Sonnenuntergang durch ein mächtiges schwimmendes Pfahlwerk geschlossen, das mit Sonnenaufgang sich wieder öffnet. Sobald die Norderelbe, durch die Alster verstärkt, Hamburg verlassen hat, bespült sie die Mauern von Altona und vereinigt sich unweit dieser Stadt mit der Süderelbe. Der vereinigte Strom fließt dann durch die Gebiete von Hanover und Holstein, bis er in dem hamburgischen Amte Ritzebüttel bei Kuxhaven sich in das Meer ergießt. Die Alster, aus zwei Quellen in Holstein entspringend, erweitert ihr Bett eine Stunde oberhalb Hamburg und bildet zwei große Buchten, die äußere, die Außen-Alster, die innere, die Binnen-Alster, ein schöner breiter Wasserspiegel, der den an seinem Ufer liegenden Stadttheilen ungemeine Reize gibt. Durch zwei große Kanäle fließt die Alster, den ältern Stadttheil durchschneidend, in die Elbe.

Die Hauptbestandtheile der Altstadt liegen auf größern und kleinern, von den Elbarmen gebildeten Inseln, und viele Brücken verbinden die verschiedenen Straßen. Auf einer dieser Inseln, die sich über die andern bedeutend erhebt, liegt der älteste Theil der Stadt mit der Petrikirche, von welchem der weitere Anbau auf die andern Inseln überging. Die Neustadt auf dem westlichen Ufer der Alster ward erst im 17. Jahrhundert der eigentlichen Stadt als Kirchspiel einverleibt. Die Stadt hat zwei Vorstädte, den Hamburgerberg nordwestlich und St.-Georg östlich, sechs Landthore, deren Gewölbe in neuern Zeiten abgetragen wurden, und drei Wasserpforten. Die ehemaligen Basteien, 22 an der Zahl, oder der Wall haben sich in anmuthige Spaziergänge umgewandelt, wo mehre Punkte, z. B. der Stintfang, eine ansehnliche Höhe, die Ufer der beiden Alsterbuchten, die Vorstadt St.-Georg und die Vincent-Bastei reizende Ansichten darbieten.

Der ältere Stadttheil auf dem südöstlichen Ufer der Alster hat enge und meist krumme Straßen, und obgleich die durch allmäligen Anbau entstandene Neustadt keine Regelmäßigkeit in der Anlage zeigt, so hat sie doch breitere und gradere Straßen und einzelne große Plätze. Zu den schönsten Stadttheilen gehören der Jungfernstieg an der Alster und die Esplanade, eine neue, aus schönen Häusern bestehende, 165 Fuß breite Straße, deren Mitte vier Reihen von Ulmen beschatten. Unter den übrigen Straßen sind auszuzeichnen die Theaterstraße, die neue Gröninger und die Admiralitätsstraße. Die Stadt hat fünf Hauptkirchen, von welchen vier in der Altstadt und eine in der Neustadt liegen. Die älteste ist die Petrikirche, zu Anfange des 12. Jahrhunderts erbaut, ein hochgewölbtes Gebäude mit einer trefflichen, 1512 erbauten Orgel. Die in demselben

Jahrhundert gegründete Nicolaikirche ist einfacher in ihrem Innern und hat einen durch Alter und kunstreiche Arbeit merkwürdigen Gotteskasten. Die schönste unter allen Kirchen der Stadt ist die in den Jahren 1751—62 auf der Stelle einer ältern von dem Hamburger Sonnin erbaute Michaeliskirche mit einem 456 Fuß hohen Thurme. Das Innere zieren ein Altargemälde von Tischbein und eine schöne Orgel. Außer einer deutsch-reformirten und einer französisch-reformirten Kirche gibt es auch eine Kirche für den englisch-bischöflichen Gottesdienst. Die Katholiken besitzen die 1757 erbaute kleine Michaeliskirche. Jede der beiden Vorstädte hat eine schöne Kirche. Die Juden haben, außer einer großen Synagoge, den neuen Tempel, worin der Gottesdienst in deutscher Sprache nach dem neuen Ritus gehalten wird. Unter den übrigen öffentlichen Gebäuden ist durch seinen Umfang das Stadthaus auf dem neuen Wall ausgezeichnet, worin sich die Policeibehörde befindet. Das Rathhaus, aus mehren zu verschiedenen Zeiten errichteten Gebäuden bestehend, ist äußerlich durch 21 steinerne Bildsäulen der deutschen Kaiser von Rudolf von Habsburg bis auf Ferdinand III. verziert. Ihm gegenüber liegt die Börse, ein offenes Gebäude, das auf 14 Doppelpfeilern ruht und in dessen Hofraum, die alte Börse, man auf einigen Stufen hinabsteigt. Wir geben in der Abbildung auf Seite 389 eine Ansicht dieses Versammlungsortes der Kaufleute. Nicht weit von diesem Gebäude liegt die Börsenhalle, welche mit der Bestimmung, eine Hülfsanstalt des Handels, ein Mittelpunkt der Geschäfte und ein Brennpunkt für die Sammlung der von allen Seiten herbeiströmenden Handelsnachrichten zu sein, zugleich den Zweck verbindet, dem literarischen Verkehr zu dienen. Sie wurde von einem Privatmanne, Gerhard von Hosstrup, gegründet und 1804 eröffnet. In dem Erdgeschoß, das drei Säle mit Säulengängen enthält, sammelt sich Alles, was auf Handel und Schiffahrt Bezug hat. Amtliche Bekanntmachungen, gedruckte Listen, Verzeichnisse der abgehenden und angekommenen Schiffe und die Berichte aus den bedeutendsten Hafenstädten werden hier gleich nach der Ankunft öffentlich angeschlagen. Diese Begünstigungen haben die Assecuranzgeschäfte vorzugsweise in die Börsenhalle gezogen und der Handel mit Staatspapieren in seiner ganzen Ausdehnung hat hier seinen Sitz erhalten. Die Lesezimmer bieten einen reichen Vorrath von politischen Zeitungen, literarischen Zeitschriften und Flugschriften dar. Neben den Zeitschriften wird eine Auswahl der neuesten und interessantesten Bücher, jedes einen Monat hindurch, aufgelegt. Andere Zimmer enthalten eine Sammlung der neuesten Kupferwerke und einzelner Kunstblätter. Außer einer deutschen politisch-mercantilischen Zeitung wird von dem Eigenthümer der Börsenhalle noch eine geschätzte literarische Zeitschrift herausgegeben und in der großen Druckerei der Börsenhalle gedruckt. Mehre Säle des Gebäudes werden zu Versammlungen der Assecurancompagnien benutzt und es enthält auch einen schönen Concert- und Ballsaal. Nachstehende Abbildung gibt eine Ansicht des Innern dieser Anstalt, die von keiner ähnlichen in Deutschland erreicht, von keiner im Auslande übertroffen wird. Anderer bedeutenden öffentlichen Gebäude werden wir erwähnen, wenn wir einen Blick auf die gemeinnützigen Anstalten werfen. Unter den öffentlichen Denkmälern ist vorzüglich das dem Grafen Adolf IV. von Schaumburg gewidmete zu nennen, ein Stein, auf welchem Helm, Schild und Schwert unter einem von vier Säulen getragenen Baldachin liegen. Unweit der Alsterbrücke sieht man das Denkmal, welches 1802 dem durch mehre ausgezeichnete Schriften bekannten, um Hamburg hochverdienten Büsch errichtet ward, ein Obelisk von Sandstein, der das Bild des Verstorbenen, zwei Erinnerungstafeln und ein allegorisches Basrelief zeigt.

(Beschluß folgt in Nr. 141.)

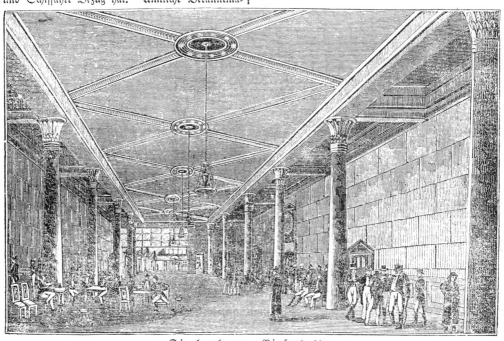

Die hamburger Börsenhalle.

Verantwortliche Herausgeber: Friedrich Brockhaus in Leipzig und Dr. C. Drärler-Manfred in Wien.
Verlag von F. A. Brockhaus in Leipzig.

Das Pfennig-Magazin

der

Gesellschaft zur Verbreitung gemeinnütziger Kenntnisse.

141.] Erscheint jeden Sonnabend. [December 12, **1835**.

Hamburg.
(Beschluß aus Nr. 140.)

Das Baumhaus

Die Bewohnerzahl des Freistaats Hamburg, dessen Gebiet etwas über 7 Quadratmeilen umfaßt, wird verschieden angegeben, da die Ergebnisse der Volkszählungen nicht öffentlich bekannt gemacht worden, doch darf man sie nach annähernder Berechnung zu 155,000 annehmen, von welchen man über 120,000 auf die Stadt rechnet. Unter diesen gibt es über 4000 Reformirte, mehr als 2000 Katholiken, über 500 Mennoniten und 10,000 Juden.

Hamburg besitzt treffliche Anstalten zur Beförderung der Volksbildung und wohlthätiger Zwecke. Das im Jahre 1613 eröffnete Gymnasium gibt die letzte wissenschaftliche Vorbildung zur Universität und empfängt die dem Gelehrtenberufe sich widmenden Zöglinge des im Jahre 1529 gegründeten Johanneums, das aus einer Gelehrtenschule und einer höhern Bürgerschule besteht. Jedes Kirchspiel hat eine öffentliche Schule für den Elementarunterricht und in allen Stadttheilen befinden sich Freischulen. Die Navigationsschule in dem Gebäude der Sternwarte sorgt für die Bildung tüchtiger Steuermänner. In der pharmaceutischen Lehranstalt werden die für Apotheken erforderlichen Wissenschaften vorgetragen. Das von dem verstorbenen, durch mehre Werke über die Handelswissenschaft bekannten Crüger gegründete akademische Handlungscomtoir bildet Comtoirarbeiter. Der Verein der Freunde des vaterländischen Schul- und Erziehungswesens stiftete im Jahre 1830 eine Unterrichtsanstalt für Schulgehülfen, die Gesellschaft für Kunst und nützliche Gewerbe erhält eine Zeichenschule, der Architekt Fersenfeldt leitet seit 1818 eine wohlthätig wirkende Lehranstalt für die Baukunst und seit längerer Zeit besteht eine musikalische Akademie, welche nach dem Muster des Conservatoriums zu Paris eingerichtet ist, sowie eine Akademie der zeichnenden Künste.

Unter den Anstalten für wissenschaftliche Zwecke nennen wir zuerst die im Jahre 1826 auf Kosten der Stadt gegründete Sternwarte, welche mehre vortreffliche Instrumente von dem 1830 verstorbenen patriotischen Bürger und ausgezeichneten mechanischen Künstler Johann Georg Repsold besitzt. Der botanische Garten ist reich an seltenen Pflanzen, deren Sammlung der Verkehr Hamburgs mit allen Weltgegenden begünstigt. Der Unterricht, den hier junge Leute in der Gärtnerkunst erhalten, erhöht den Werth der Anstalt. Mehre Privatpersonen in der Stadt und in der Umgegend besitzen treffliche Gartenanlagen ähnlicher Art, unter welchen vorzüglich Booth's Pflanzenhandlung in Flottbeck durch außerordentlichen Reichthum sich auszeichnet. Unter den naturgeschichtlichen Sammlungen steht obenan das Museum des durch mehre vorzügliche Schriften bekannten Röding, das seit 1804 dem Publicum geöffnet ist und in mehren Abtheilungen, besonders bei den Säugethieren Vögeln und Conchylien, einen großen Reichthum zeigt. Mit dem Museum sind auch eine naturhistorische Bibliothek, Sammlungen von Kupferwerken und von Münzen und eine reiche Auswahl von Waffen und Geräthschaften fremder Völker, besonders der Chinesen und der indischen Volksstämme, verbunden. Treffliche Sammlungen von Gemälden, Kupferstichen und Handzeichnungen findet man bei mehren Kunstfreunden.

Für wissenschaftliche und gemeinnützige Zwecke wirken mehre Vereine patriotischer Männer. Unter ihnen sind besonders auszuzeichnen die 1765 gestiftete Gesellschaft zur Beförderung der Künste und nützlichen Gewerbe, welche außer der Zeichenschule auch eine Schwimmschule und eine Rettungsanstalt für die im Wasser oder durch Feuer Verunglückten errichtet und sich viele Verdienste um Land- und Gartenbau erworben hat, und die gleichfalls durch nützliche Stiftungen verdiente patriotische Gesellschaft. Die im Jahre 1690 gegründete Gesellschaft zur Verbreitung der mathematischen Kenntnisse hat sich besonders durch die Herausgabe des für Navigationsschulen wichtigen Handbuches für Schifffahrer verdient gemacht. Die 1805 gestiftete Gesellschaft der Freunde des vaterländischen Schul- und Erziehungswesens hat, außer der schon erwähnten Anstalt für Schulgehülfen, auch eine Schullehrerwitwen-Anstalt gegründet. Der schon 1819 begonnene und 1826 fester begründete Kunstverein veranstaltet alle zwei Jahre eine Ausstellung und verlooset die angekauften Kunstwerke unter seine Mitglieder. Unter den Bibliotheken gehört der erste Platz der im 17. Jahrhundert aus der Büchersammlung zweier Schulen gebildeten Stadtbibliothek, die an Handschriften und Druckseltenheiten reich ist, und zugleich Sammlungen von Münzen, Kunstsachen und Naturalien besitzt. Die im Jahre 1735 gestiftete Commerzbibliothek ist vorzüglich reich an Werken aus dem Gebiete der Länderkunde und den dem Kaufmann wichtigen Hülfswissenschaften und enthält eine treffliche Landkartensammlung. Die an technologischen Werken reiche Bibliothek der Gesellschaft zur Beförderung der Künste und Gewerbe ist gleichfalls dem Publicum geöffnet.

Werfen wir einen Blick auf die milden Stiftungen, so tritt uns zuerst das Waisenhaus entgegen, das ursprünglich im 16. Jahrhundert durch ein Vermächtniß gegründet und 1785 neu erbaut ward. Es verpflegt und unterrichtet über 700 Kinder und ist trefflich eingerichtet. Lange nach der Auflösung einer früher von dem verdienstvollen Heinecke (s. Pfennigmagazin Nr. 129) zu Eppendorf bei Hamburg errichteten Taubstummenanstalt wurde 1827 von Privatpersonen eine neue in der Vorstadt St.-Georg gegründet. Seit 1830 besitzt Hamburg auch zwei Kleinkinderschulen, hier Warteschulen genannt, über welche Frauen aus angesehenen Familien die Aufsicht führen. Das in einer gesunden Gegend der Vorstadt St.-Georg neu erbaute und 1823 vollendete allgemeine Krankenhaus ist eine, durch die trefflichsten Einrichtungen für sorgfältige Pflege der Kranken ausgezeichnete Anstalt, die gegen 1200 Leidende aufnehmen kann. Die Freimaurerlogen haben seit 1795 zwei Anstalten für solche Kranke gegründet, die sich in ihren Wohnungen für dieselbe Bezahlung nicht die Pflege verschaffen können, die sie hier erhalten. Hamburg hat seit dem vorletzten Jahrzehend des 18. Jahrhunderts durch seine Armenpflege als Muster vorgeleuchtet, indem die allgemeine Armenanstalt, unter der Leitung des Armencollegiums, bei der Mitwirkung patriotischer Bürger, die Verhütung der Verarmung und eine gewissenhafte Vertheilung der Unterstützungen sich zur Aufgabe machte. Außer dieser Anstalt bestehen noch mehre einzelne Stiftungen, z. B. das Armenhaus für Seefahrer, im Jahre 1556 von Kaufleuten und Schiffern gegründet, das zugleich eine Kasse verwaltet, in welche sich Seefahrer einkaufen können, die, wenn sie in die Gefangenschaft der afrikanischen Seeräuber fallen, ihr Lösegeld erhalten. Das Gast-, Armen- und Krankenhaus, 1609 für arme reisende und wallfahrende Pilger gestiftet, verpflegt jetzt alte Personen, die sich mit einer geringen Summe einkaufen. Ein Überrest der ehemaligen Beguinenhäuser ist das seit der Mitte des 13. Jahrhunderts bestehende Convent, in welchem sich einige Frauen befinden, die sich in eine Art von klösterlichem Verein unter einer Meisterin eingekauft haben. Noch zu Anfange dieses Jahrhunderts war es gebräuchlich, daß den zum Tode geführten Verbrechern an der Pforte dieses Hauses ein Glas Wein gereicht wurde, worauf dann der Nachrichter gleich nach dem Trunke das Glas auf das Pflaster zerschmetterte. Die allgemeine Versorgungsanstalt, von der patriotischen Gesellschaft gestiftet, gewährt, gegen bestimmte Einlagen, Leibrenten, Pensionen, Witwengehalte und Begräbnißgelder, und hat seit 1819 eine besondere Sparkasse für Dienstboten, Handwerker und Tagelöhner errichtet. Die 1831 gestiftete Vorschußanstalt borgt gegen Bürgschaft an Handwerker und andere Hülfsbedürftige Summen von 5—100 Thalern und die Zurückzahlung geschieht mit einem Schilling wöchentlich von jedem geliehenen Thaler; eine Anstalt, welche die Erwartungen durch den bisherigen wohlthätigen Erfolg übertroffen hat. Die Creditkasse für Erben und Grundstücke in der Stadt und deren Gebiet, gleichfalls ein Werk der patriotischen Gesellschaft, hat den Zweck, den hypothekarischen Credit durch Auszahlung gekündigter Hypotheken-Schulden aufrecht zu erhalten.

Die städtische Verfassung beruht auf einem im Jahre 1712 errichteten Vergleiche und ist wiederhergestellt, wie sie vor 1810 war. Die vollziehende Gewalt hat der Senat, der aus 4 Bürgermeistern und 24 Rathsherren besteht, die sich durch eine Verbindung von Wahl und Loos selbst ergänzen. Drei Bürgermeister und 11 Rathsherren müssen Doctoren der Rechte sein, die übrigen sind Kaufleute. Die erbgesessene Bürgerschaft, ohne deren Zustimmung der Rath keine wichtigen Veränderungen treffen kann, wählt in jedem der 5 Kirchspiele 36 Bürger zu dem großen Ausschusse oder dem Collegium der Hundertachtziger. Aus diesem wird das Collegium der Sechziger gewählt und die ältesten Bürger in diesem bilden das Collegium der 15 Oberalten. Nur der Rath und die Oberalten werden besoldet. Der Rath schlägt die Gesetze vor, welche dann durch die Oberalten und die andern bürgerlichen Ausschüsse geprüft werden. Die Finanzverwaltung ist schon seit dem 16. Jahrhundert einer aus der Bürgerschaft gewählten Commission übertragen, welche dem Rathe Rechnung über Einnahme und Ausgabe ablegt. Die Ergebnisse des Staatshaushalts sind bis jetzt nicht zu öffentlicher Kunde gekommen. Ein Beschluß, der 1814 die Vorlegung der Jahresrechnungen an die Bürgerschaft verordnete, wurde 1816 wieder zurückgenommen. Man rechnet die Einkünfte des Freistaats auf 2 Millionen Conventionsgulden. Die Rechtspflege verwalten die beiden Stadtpräturen als erste Instanz für Streitigkeiten über Gegenstände von geringem Betrag, die Landgerichte für die Gebietstheile, das Niedergericht als erste Instanz für Criminalsachen, das Handelsgericht, aus zwei Präsidenten und neun Richtern aus dem Kaufmannsstande bestehend, und das Obergericht, das aus einem gelehrten Bürgermeister, fünf rechtsgelehrten und fünf kaufmännischen Rathsherren besteht. Die Policeiverwaltung steht seit 1826 unter der obersten Leitung von zwei Senatoren. Zu ihren Hülfsmitteln gehört das militairisch eingerichtete Corps der Nachtwache, schon 1610 errichtet, das jeden Abend kurz vor dem Thorschlusse sich versammelt, um auf die verschiedenen Wachposten vertheilt zu werden. Der Hafen hat eine besondere, 1814 errichtete Sicherheitswache, die Hafenrunde. Die unter der Policeibehörde stehenden Löschanstalten sind schon seit langer Zeit musterhaft und bestehen aus einem zahlreichen Personal, wozu 1820 noch 36 Menschenretter gekommen sind, die Strickleitern, Äxte und andere Werkzeuge haben und jeden Abend in den verschiedenen Wachen der Stadt vertheilt werden. Die Löschanstalt beschäftigt über 650 Menschen.

Zu den Sicherheitsanstalten gehört auch das im 17. Jahrhundert gegründete Werk-, Armen- und Curhaus, das aus mehren Abtheilungen besteht. In einer werden gebrechliche alte Leute, Kranke und Kinder verpflegt und sie ist zugleich mit einer Schulanstalt verbunden; eine andere enthält das Zucht- und Curhaus. Diese Abtheilung zerfällt wieder in das eigentliche Zuchthaus, in die Anstalt für verwahrloste Kinder, in das Curhaus für die Kranken der Anstalt, in die Entbindungsanstalt und eine öffentliche Badeanstalt. Eine dritte und vierte Hauptabtheilung sind das Spinnhaus und ein neues 1830 vollendetes Gefängniß, wo sich eine von Repsold angegebene sehenswerthe Vorrichtung zur Heizung durch Röhren befindet, in welchen in einer Länge von 2500 Fuß das heiße Wasser in 7 Minuten den Weg durch das ganze Haus macht. Die Gesundheitspflege steht seit 1818 unter einer eignen Behörde, dem Gesundheitsrath, der aus zwei Mitgliedern des Stadtraths, einem Oberalten, Ärzten u. A. besteht. Vortrefflich ist die seit 1768 gegründete Rettungsanstalt, deren Vorrichtungen in 15 Locale innerhalb der Stadt und 26 außerhalb derselben vertheilt sind, und sich theils auf die Rettung der Ertrunkenen, theils auf die Wiedererweckung der verlorenen Lebenskraft beziehen. Unter diesen Vorrichtungen ist das von dem Hamburger Rißler erfundene Eisboot auszuzeichnen, von welchem 1831 eines nach England verlangt und vollkommen zweckmäßig befunden wurde. Neben der 1795 gestifteten Entbindungsanstalt besteht seit 1822 eine Ammenanstalt, indem nämlich ein eigner Arzt dazu verpflichtet ist, alle von Vermiethern empfohlenen Ammen hinsichtlich ihrer Tauglichkeit zum Säugen und hinsichtlich ihrer Gesundheit zu untersuchen und ihnen Zeugnisse über die Brauchbarkeit auszustellen.

Die Militairverwaltung leitet eine besondere Behörde unter dem Vorsitze des ältesten Bürgermeisters. Das 1813 errichtete und 1814 neu geordnete und sehr gut geübte Bürgermilitair umfaßt alle Waffenfähigen von 22. bis 45. Jahre, doch hört die Verpflichtung den Waffenübungen beizuwohnen, schon mit dem 35. Jahre auf. Es zählt 8 Bataillone Infanterie, 1 Jägerbataillon, eine Schwadron Reiter und 2 Compagnien Artillerie. Es soll in Friedenszeiten den gemeinschaftlichen Dienst mit der Besatzung versehen, in Kriegszeiten allein die Besatzung bilden und die Stadt und das Gebiet bei feindlichen Überfällen schützen. Die Besatzung besteht aus einem Infanteriebataillon, einer Schwadron Reiter und einer Compagnie Artillerie. Zu dem Bundesheere stellt Hamburg 1298 Mann Fußvolk und Reiterei. Nach einem 1834 geschlossenen Vertrag wurde in Oldenburg eine Militairschule im Vereine mit den freien Städten errichtet und von dem Herzog von Oldenburg die von jenen zu stellende Artillerie übernommen, wogegen die Städte die Reiterei für Oldenburg liefern.

Der Handel ist der große Hebel der Gewerbsthätigkeit in Hamburg. Er beschäftigt über 500 Großhändler, aber noch weit mehr kleine Handelsleute und wird durch beinahe 500 Mäkler erleichtert. Der auswärtige zu See und zu Lande getriebene Handel der Großhändler versorgt nicht nur Norddeutschland, sondern auch einen großen Theil von Nordeuropa mit Colonialwaaren, Arzneiwaaren, Weinen, wiewol die Einwirkung des deutschen Zollvereins die seitherigen Vortheile vermindert hat. Der Hauptgegenstand der Ausfuhr ist die Leinwand, die Hamburg aus dem deutschen Binnenlande zieht und auf die amerikanischen Märkte sendet. Rhederei war früher weit bedeutender als in neuern Zeiten, da man es vortheilhafter zu finden scheint, fremde Fahrzeuge nach Hamburg zu ziehen, als mit eignen Schiffen die Meere zu befahren. Zu den wichtigsten Hülfsanstalten des Handels gehört die 1619 gegründete Bank, in einem neuen, 1825 aufgeführten Gebäude. Den Verkehr mit dem Auslande befördern auch die nach Hull, London, Amsterdam und Havre fahrenden Dampfböte. Die Fahrt zwischen Hamburg und London dauert gewöhnlich 50—60 Stunden. Die Fabriken stehen zwar mit dem Handel nicht in Verhältniß, doch war früher die Zuckerfabrikation sehr bedeutend, und beschäftigte über 150 Siedereien; doch hat der seit der Stiftung des deutschen Zollvereins beschränkte Absatz nach dem Binnenlande auch diesem Zweige der Gewerbthätigkeit sehr geschadet. Unter den übrigen Fabrikzweigen sind die Tabacksfabriken, die Segeltuchmanufacturen, Wachsbleichen und Blechwaarenfabriken auszuzeichnen.

Unter den Beförderungsmitteln des geselligen Vergnügens steht das Theater an der Spitze, das in der Geschichte der deutschen Schauspielkunst, durch die Höhe, auf welche es in der letzten Hälfte des 18. Jahrhunderts durch Schröder gestellt wurde, eine ehrenvolle Stelle einnimmt. Das neue 1827 eröffnete Schauspielhaus zeichnet sich durch gute Bauart, durch die Bequemlichkeit und Sicherheit gewährenden innern Einrichtungen und eine zweckmäßige Vorrichtung zur Heizung aus. Zahlreiche geschlossene Vereine beleben die Geselligkeit, die auch durch den großen Zusammenfluß von Fremden, welche Handel und Schiffahrt hierher führen, neue Reize erhält. In den nähern und entferntern Umgebungen der Stadt öffnen sich viel besuchte Vergnügungsörter für alle Classen der Gesellschaft, von den reizenden Anlagen in Rainville's Garten bei Altona bis zu den Tabagien auf dem Hamburgerberg, wo der fröhliche Matrose sich für lange Entbehrungen auf der Seereise entschädigt. Der Reisende findet mehre trefflich eingerichtete Gasthöfe, unter welchen sich das Baumhaus durch seine schöne Aussicht auf den Hafen auszeichnet, wie es die hier gegebene Abbildung zeigt.

Das Gebiet der freien Stadt liegt theils in der Nähe derselben, theils in geringer Entfernung in abgesonderten Landstrichen, deren einige von den holsteinischen und hanöverischen Besitzungen eingeschlossen sind, theils in weiterer Entfernung, wie das Amt Ritzebüttel. Gemeinschaftlich mit Lübeck besitzt Hamburg das im 15. Jahrhundert von den Hanseaten eroberte Amt Bergedorf mit den fruchtbaren Vierlanden. Das nähere Gebiet besteht zum Theil aus Elbwerdern, die durch Eindeichung dem Strome abgewonnen sind und ein schweres, aber sehr fruchtbares Marschland haben, das entferntere Gebiet aber ist ein niedriges Sandland an der Elbmündung, das jedoch gleichfalls trocken gelegte trefflich angebaute Marschen hat. Unter den Dörfern in den nähern Gebietstheilen sind auszuzeichnen: Eimsbüttel mit schönen Landhäusern und Gärten, Eppendorf, durch anmuthige Anlagen und Alleen mit der Stadt verbunden, Hamm und Horn an der Straße nach Lübeck, durch reizende Landsitze anziehend. In dem Amt Ritzebüttel ist der wichtigste Ort der Flecken Kurhaven mit seinen Anstalten für die Schiffahrt, seinen Magazinen, von welchen das eine für Waaren, das andere für Schiffsbedarf bestimmt ist, und seinem 1816 angelegten, vielbesuchten Seebade. An der Mündung der Elbe unterhält Hamburg zwei Feuer- oder Signalschiffe und ein Quarantaineschiff. Auf der in der Nordsee liegenden hamburgischen Insel Neuwerk erheben sich zwei Leuchtthürme, deren Lampen mit Hohlspiegeln auf sechs Meilen weit ins Meer leuchten.

Unter den nächsten Umgebungen Hamburgs im Nachbarlande zieht besonders die freundliche holsteinische Stadt Altona an, die unmittelbar an den Hamburgerberg grenzt, durch Handel und Schiffahrt belebt und mit mehren wissenschaftlichen und gemeinnützigen Anstalten ausgestattet ist. Auf der Nordwestseite der Stadt liegt an der Elbe das Dorf Ottensen, auf dessen Kirchhof ein

Der Kirchhof zu Ottensen.

Denkmal das Grab des 1813 zu Hamburg gestorbenen Dichters Klopstock, berühmt durch seinen „Messias" und seine Oden, bezeichnet. Auch ehrt hier ein Grabmal das Andenken der 1813 aus Hamburg vertriebenen und in Altona als Opfer der Seuche gefallenen 1138 Bürger. Weiter abwärts an der Elbe sehen wir den schönen Landsitz Flottbeck, den sein ehemaliger Besitzer, der auch um Hamburgs Gemeinwesen hochverdiente Baron von Voght, durch reizende Gartenanlagen verschönert und durch landwirthschaftliche Musteranstalten und eine Ackerbau-Colonie merkwürdig gemacht hat.

Ansicht des Thales von Graisivaudan.

Das Thal von Graisivaudan, im Departement der Isère, ist reich an Naturschönheiten jeder Art, indem sich hier mit dem Erhabenen das Liebliche vereinigt und den Wanderer entzückt. Unsere Ansicht ist von den Hügeln über der kleinen Stadt Sassenage genommen; wir sehen ihre zerstreuten Häuser und einige Mühlwerke zwischen uralten, himmelhohen Bäumen versteckt, im Hintergrunde die Alpenwand, rechts die steilen Felsen von La Balme, links den Bergpfad, der nach dem alten Karthäuserkloster führt; in der Tiefe unterscheidet man die Thürme und Wälle von Grenoble. In einiger Entfernung von hier sind die Höhlen von Sassenage. Ein steiler Bergpfad führt längs dem Waldbache zu ihnen. Bald erblicken wir die beiden weiten und hohen Grotten, deren untere sich in einer Halle öffnet; Felsstufen wie eine verfallene Treppe führen in das Innere. Die Vorhalle ist 74 Fuß breit, 48 Fuß hoch und hat 43 Fuß in der Tiefe, wo sich andere Grotten öffnen. Aus der größten zur Linken strömt der Waldbach Germe hervor, dessen Wasser diese Grotten gestalteten und die darin eine kleine Cascade bilden. Dringt man weiter vor, so gelangt man rechts zu einer zweiten Grotte von 9 Fuß Höhe und 4½ Fuß Breite, wo sich die berühmten Kufen (cuves) von Sassenage, cylinderförmige Öffnungen, 5 und 3 Fuß im Durchmesser, finden, die man sonst fälschlich für unergründlich ausgab, während sie nur eine sehr geringe Tiefe haben. Der Besuch dieser Grotten aber ist auf alle Art belohnend und durch die mannichfachsten Reize der Natur, den üppigsten Pflanzenwuchs in rauhen Umgebungen anziehend.

Die Sitten der Koloschen.

Die Koloschen, ein den Tschuktschen verwandter Volksstamm, bewohnen die Nordwestküste von Amerika, zwischen dem 40. und 60. Breitengrade, einen Landstrich, der an die russisch-amerikanischen Besitzungen grenzt. Mehre russische Reisende haben uns in neuester Zeit über dieses früher ganz unbekannte Volk ausführliche und interessante Nachrichten gegeben, woraus wir hier Einiges mittheilen.

Die Koloschen sind ein lebhaftes und gewandtes Volk, von mittlerm Körperwuchs, dunkelbrauner Gesichtsfarbe und schwarzem ungelockten Haar. Sie sind friedlich gesinnt und lassen sich nur ungern in Kriege ein, beweisen jedoch dann bei ihren Überfällen im Gefechte mit ihren Feinden große Tapferkeit. Gegen ihre Kriegsgefangenen sind sie sehr grausam, indem sie dieselben, besonders wenn es Europäer sind, langsam zu Tode quälen. Sie bedienen sich gegenwärtig in ihren Kriegen der Kanonen, Flinten und Dolche, welche sie von den Schiffern der Vereinigten Staaten gegen Seeotterfelle eintauschen. Ihren Körper suchen sie von frühster Jugend auf gegen Kälte und alle Arten von Schmerz abzuhärten. So pflegen sich oft die kleinsten Knaben mit einem scharfen Steine den ganzen Arm der Länge nach aufzuschneiden, ohne einen Schmerzenslaut von sich zu geben, und rühmen sich dieser Heldenthat. Selbst bei einer Kälte von 20 Grad legen sie keine Fußbekleidung an und baden sich halbe Stunden lang im Meere. Die Abgehärtetsten lassen sich noch nach solchem kühlen Bade nicht selten bis aufs Blut geißeln. Durch solches standhafte Benehmen erwerben sich diese dann aber auch das Recht, unter den Schönen des Landes nach Belieben eine Gefährtin zu wählen, die den Bewerbungen des heldenmüthigen Freiers nicht ausweichen darf.

Die Kleidung der Koloschen ist sehr einfach, und die Hauptbestandtheile derselben sind eine weiße Decke aus Schafwolle, zuweilen auch ein Thierfell, das sie als Mantel über die Schultern werfen. Als eine vorzügliche körperliche Zierde betrachten sie eine dicke weit herabhangende Unterlippe, welche sie durch künstliche Mittel zu erhalten suchen, indem sie, besonders die Mädchen, schon in früher Jugend dieselbe spalten und durch ein hineingestecktes Holz so ausdehnen, daß sie oft bis ans Kinn herabreicht. Die Erziehung der Kinder ist so sorgfältig, als sie bei einem so rohen Volke nur sein kann, und ganz vorzüglich auf Abhärtung des Körpers gerichtet. Wenn die Frau eines Koloschen einen Knaben geboren hat, so hütet sie einen vollen Monat das Bett. Nach Verlauf dieser Frist legt die Mutter ihre besten Kleider an und ladet ihre sämmtlichen Angehörigen zu einer festlichen Mahlzeit ein. Bei dieser Gelegenheit erhält das Kind seinen Namen nach irgend einem verstorbenen Familiengliede; die Mutter macht dem Kleinen einen saubern Anzug aus weichen Thierfellen oder Vogelhäuten und stillt ihn so lange, bis er laufen kann. Sobald das Kind zu sprechen beginnt, nehmen die Abhärtungsübungen ihren Anfang. Es wird täglich, wie auch die Witterung sein mag, im Meere oder in einem Flusse gebadet, und damit sich die Ältern dabei nicht etwa durch das Geschrei ihres Kindes erweichen lassen, so wählt man zu diesem Geschäfte einen entferntern Verwandten, welcher sich, bei auffallender Widerspenstigkeit des Kindes, der Ruthe bedient. Ein schöner Zug in dem Charakter dieses rohen Volkes ist die zärtliche Ehrfurcht, welche bei ihnen die Kinder den Ältern beweisen, und die große Achtung, womit überhaupt alte Personen von der Jugend behandelt werden.

Wenn ein Kolosche sich verheirathen will, so muß er zuvörderst über seine Stärke und Erfahrenheit in allerlei Handarbeiten, wie über seine Fähigkeit, mit den Waffen umzugehen, genügende Zeugnisse von den Stammältesten beibringen; mit diesen versehen, begibt er sich nach der Wohnung seiner Geliebten und wirbt um sie. Nach erhaltener Einwilligung erfolgen die gewöhnlichen gegenseitigen Geschenke, welche in Thierfellen, europäischen Waaren, Waffen und bei angesehenen Familien auch in Sklaven bestehen. Die Hochzeit wird ohne Opfer oder sonstige Gebräuche begangen. Die Wohlhabenden heirathen mehre Frauen, um sowol durch die damit verbundenen Geschenke ihre Güter zu vermehren, als auch um durch eine zahlreiche Verwandtschaft ihre Macht und ihren Einfluß zu vergrößern. Die Häuptlinge der Stämme vermählen ihre Kinder schon in der zartesten Jugend. Die Frauen sind gegen einander gewöhnlich sehr eifersüchtig, und die hieraus entstehenden Streitigkeiten führen nicht selten zu Mord und Todtschlag. Übrigens führen die Frauen keinesweges ein müßiges Leben. Sie sind im Hause unaufhörlich mit Holz- und Wassertragen, mit Korbflechterei, Wollweberei, Einsalzen der Fische und andern Arbeiten beschäftigt, während die Männer der Ruhe und des Müßigganges pflegen, so lange noch Nahrungsmittel im Hause sind.

Die Hauptnahrung der Koloschen besteht in Fischen. Aus dem Laich der Heringe, nachdem er an der Sonne getrocknet, bereiten sie einen nicht unangenehm schmeckenden Kaviar, der, mit einer Art Heidelbeeren versetzt, ihre Lieblingsspeise ist. Im Sommer fangen sie Lachse in großer Anzahl, denen sie das Fleisch von den Gräten lösen, um es zu räuchern, und Steinbutten, welche sie frisch verzehren. Das Fleisch der Seehunde und Walfische, welche zuweilen an die Küste getrieben werden, sind ein Leckerbissen für sie, und ganz besonders der Thran dieser Thiere, den sie, wie die Grönländer, bei ihren Gelagen trinken. Ein anderes nicht minder beliebtes Getränk bereiten sie aus dem abgezapften Safte einiger Bäume. Außerdem genießen sie das Fleisch der Schafe und Elenthiere und vieler Vögel. Zu ihren Überlieferungen gehört die Geschichte eines ersten Menschenpaares; auch erzählen sie von einer großen Wasserflut, welche die frühesten Bewohner ihres Landes verschlungen habe.

Trinkbarmachung des Seewassers.

Ein Engländer, Wells, hat unlängst die überaus wohlthätige Erfindung gemacht, das Seewasser in reines Trinkwasser zu verwandeln. Der zu diesem Behufe dienende Apparat besteht aus einer Kochmaschine von Gußeisen, welche vier Fuß hoch und vier Fuß breit ist und mehre Öfen, Bratfeuer, Pfannen und Kessel in sich faßt. Zur Heizung dieser Maschine verbraucht man innerhalb 24 Stunden zwei Scheffel Steinkohlen und durch mehre an verschiedenen Theilen der Vorrichtung angebrachte Röhren geht das Braten, Kochen und Backen in der größten Ordnung und Schnelligkeit vor sich. Während des Kochens wird das Seewasser allmälig aus einem Fasse oder Becken in das Innere der Maschine hineingelassen, wo es destillirt wird. In diesem destillirten Zustande fließt das Wasser in eine Röhre von Gußeisen oder verzinntem Kupfer, die über den Bug des Fahrzeugs geleitet, bis in das Meer hinab sich erstreckt und nachdem es so längs dem Schiffsboden hingelaufen ist, kehrt es in den Behälter zurück, wo es mittels eines gewöhnlichen Hahns abgezogen wird. Die Wirkung besteht vorzüglich darin, daß das Seewasser verdichtet wird, wodurch die unreine, zum Trinken untaugliche Substanz abläuft, und das übrigbleibende Wasser gleich dem gewöhnlichen süßen Wasser sowol zum Trinken als auch zu andern Zwecken benutzt werden kann. Um den Kohlenstoff herzustellen, der beim Destilliren verloren geht, wird das Wasser zuletzt noch durch Kohlen filtrirt. In Zeit von zwölf

Stunden werden neun Zehntheile von dem Seewasser in der Cisterne in reines Trinkwasser verwandelt. Der unendliche Nutzen, den diese Erfindung für die Schifffahrt gewährt, ist leicht einzusehen. Die Seeschiffe, mit dieser Erfindung vertraut, würden des zeitraubenden und oft ganz unmöglichen Geschäfts des Wassereinnehmens überhoben sein, wobei noch überdies der dem Vorrathe an Trinkwasser bisher bestimmte Raum für eine andere Ladung verwendet werden könnte.

Der metallische und der Steinsalzbergbau.

(Beschluß aus Nr. 140.)

Das Steinsalz kommt entweder in Lagern oder Stöcken rein, oder in Nieren, Adern und Körnchen im Schooße der Erde vor. Beide Arten des Vorkommens bedingen eine verschiedenartige Gewinnungsmethode, die wir deutlich zu machen suchen werden. Unter den reinen Steinsalzmassen ist die von Wieliczka die berühmteste. Dieses Städtchen liegt eine Meile südlich von Krakau, am Fuße der ersten Kette der Karpathen, im Hintergrunde eines freundlichen Thales, an der großen Straße von Wien nach Krakau. Diese berühmten Bergwerke sind seit der Mitte des 13. Jahrhunderts im Betriebe und liefern ein Salz, das weiß und durchsichtig wie Eis ist.

Die Bergwerke, von denen die nachstehende Abbildung (IX) einen senkrechten Durchschnitt gibt, sind in drei Stockwerke getheilt, zu denen noch ein viertes kommt, welches ganz aus Strecken oder Gängen besteht. Zwölf Schächte verbinden die unterirdischen Baue mit der Erdoberfläche; sie dienen theils zur Förderung, theils zum Fahren und einer dient zur Wassererhaltung, d. h. in demselben werden durch Pumpen das Grundwasser aus der Grube geschafft. Um in das erste Stockwerk zu gelangen, hat man die Wahl, auf Fahrten von 470 Sprossen hinabzusteigen oder durch das Förderungsseil hinabgelassen zu werden. Wählt man das Letztere, welches zwar gefährlicher, aber bequemer ist, so begibt man sich in den über dem Fahrschacht befindlichen Schuppen, in welchem die Roßmaschine angebracht ist, die auch zur Förderung dient. An dem Ende des Seils ist eine dreifache Reihe von Gurtsitzen, von denen die erste von Knaben besetzt wird, welche Lampen tragen; der als Führer dienende Bergmann nimmt auf der zweiten Reihe Platz, dann folgen die Fremden. Man gelangt sehr schnell hinab, wobei der Führer mit einem Stabe das Anstoßen gegen die Wände des Schachtes verhütet.

Unten angelangt, wird man von einem wundervollen, feenhaften Anblicke überrascht. Man befindet sich in dem obern oder ersten Stockwerk, welches aus einer Menge mehr oder weniger großer Gewölbe und mehr oder minder breiter Gänge besteht. Einer von diesen Räumen ist eine dem heiligen Antonius geweihte Kapelle, die sammt Altar, Säulen, Kanzel und zwei Chorknaben aus rosenfarbenem, krystallinischem Salze gehauen sind, aus dessen noch vorhandenem geringen Vorrathe die Arbeiter allerlei Spielzeug verfertigen, welches sie an die Fremden verkaufen. Am Eingange der Kapelle steht auch eine aus einem Salzblock gehauene Statue des Königs August II. von Polen. In einiger Entfernung von der Kapelle befindet sich der sehr große Kronleuchtersaal, wegen eines aus vielen geschliffenen Salzsteinen zusammengesetzten und an der Decke des Gewölbes aufgehängten großen Kronleuchters so genannt. Dieser imposante Raum ist von riesenhaften schwarzen Säulen umgeben (welche Farbe das Salz in großen Massen hat), die mit kleinen, beim Schein der Fackeln und Lichter wie Diamanten schimmernden Punkten überstreut sind. Die Strecken, welche diese verschiedenen Räume miteinander verbinden, sind bald breit und hoch, bald enge und niedrig. Die meisten dieser Verbindungsstrecken im ersten Stockwerk sind durch ungeheure Gerüste von unbehauenen Stämmen unterstützt, welches jedoch nicht hinlängliche Festigkeit und Dauerhaftigkeit gewährte und zugleich den Nachtheil hatte, den Feuersbrünsten Nahrung zu geben, welche zweimal, 1510 und 1644, die Grube verheert haben. Man hat daher in den untern Stockwerken diese Sicherungsmethode aufgegeben und dagegen gehörig starke Pfeiler von der Steinsalzmasse stehen lassen.

Je tiefer man in das Salzlager eindringt, je reiner und ergiebiger wird es. Die Luft ist in allen Theilen der Grube vollkommen trocken und gesund und nur an wenigen Punkten trifft man böse, jedoch nirgend schlagende Wetter. Die ganze Längenausdehnung der Baue beträgt 10,000, die Breite 4700, die Tiefe 1200 Fuß.*) Der ganze Bergbau beschäftigt an 1200 Menschen, wovon 400 eigentliche Salzgräber sind. Es gibt aber auch viele Pferde in der Grube, die in Kasten stehend oder in Gurten hangend, hinabgelassen und die zur Streckenförderung, zur Bewegung der Förderungs- und einiger Wasserhebungsmaschinen benutzt werden.

Die Gewinnung des Salzes geschieht mittels der Sprengarbeit, mittels eiserner Keile (sogenannter Fimmel) und mittels Brechstangen. Der Abbau geschieht förstenweise. Die reinsten Salzblöcke werden in der Grube zu Cylindern von 3 Fuß Höhe und 2—2½ Fuß Durchmesser, die man Balwanen nennt, zugehauen und so versendet; die kleinern und unreinern Stücke werden in Fässer gepackt. Man unterscheidet vier Sorten von Salz: rohes oder grobes, grünes, weißes und krystallisirtes durchsichtiges. Die reinern Sorten finden sich nur in der Tiefe, den obern Schichten sind Thon und Muscheln beigemengt.

Zu erwähnen ist noch der mit einem getäfelten Fußboden versehene Ballsaal, zwischen dem Kronleuchtersaal und der Kapelle im ersten Stockwerk, in welchem bei Anwesenheit hoher Herrschaften Bälle gegeben werden, und ein anderer großer Raum mit einem kleinen Salzsee, auf welchem man mit einem flachen Kahne fahren kann. Wieliczka gehört zu der östreichischen Provinz Galizien und es werden jährlich ungefähr 800,000 Centner Salz gewonnen. So groß die Wunder dieses merkwürdigen Bergwerks auch sein mögen, so sehr sind sie doch auch von Reisenden übertrieben worden, die nur staunen, aber nicht besonnen beobachten.

Das nur in Adern, Nieren oder Körnern im Thon oder Gyps vorkommende Salz wird dadurch gewonnen, daß man es in den Gruben selbst auslaugt und als möglichst concentrirte oder gesättigte Soole darstellt, die alsdann versotten wird. Dieses Verfahren findet besonders zu Berchtesgaden in Baiern, zu Hallein im Salzburgschen, zu Ischl, Hallstadt und Aussee im östreichischen Salzkammergute und zu Hall in Tirol statt. Es besteht im Allgemeinen darin, in dem salzführenden Gebirge Strecken zu treiben, dieselben vorn mit einem wasserdichten Damme und mit einer Ableitungs-

---

*) Die Höhe mancher Räume beträgt über 800 Fuß.

röhre zu versehen, von der Erdoberfläche süßes Wasser hineinzuleiten, welches die Salztheile von den Seiten und von der Decke auflöst, wogegen Thon und Gyps zu Boden fallen. Hat sich das Wasser mit Salz gesättigt, so wird die Soole abgelassen und es wird frisches Wasser eingeleitet. Man nennt diese immer größer werdenden und ohne Zimmerung und Mauerung stehenden Räume Sinkwerke, Wehren oder Sulzenstücke. Das in den genannten Bergwerken auf diese Weise jährlich gewonnene Salzquantum ist außerordentlich bedeutend. Die anderweitige Gewinnung der Salzsoole und die Darstellung des Kochsalzes aus derselben wird Gegenstand eines besondern Aufsatzes in einer spätern Nummer des Pfennig-Magazins sein.

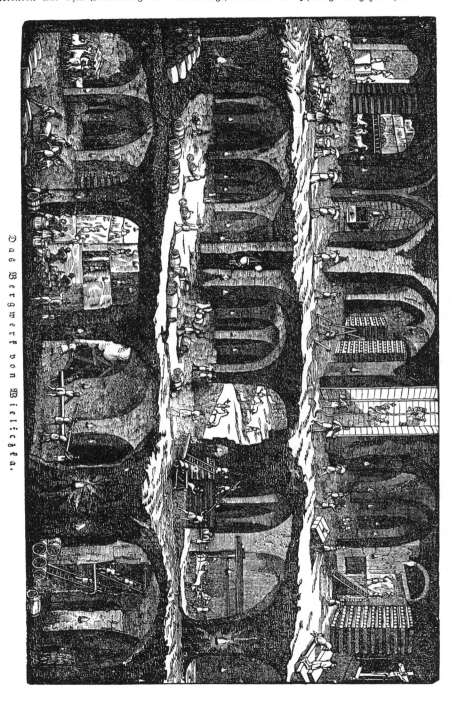

Das Bergwerk von Wieliczka.

Verantwortliche Herausgeber: **Friedrich Brockhaus** in Leipzig und **Dr. C. Drärler-Manfred** in Wien.
Verlag von F. A. Brockhaus in Leipzig.

Das Pfennig-Magazin

der

Gesellschaft zur Verbreitung gemeinnütziger Kenntnisse.

142.] Erscheint jeden Sonnabend. [December 19, **1835**.

Die Otter.

Otternjagd.

Die Otter, eines der merkwürdigsten Raubthiere, ist gefräßig, schlau, behend und dreist, und wegen der Verheerungen unter den Fischen bekannt, die sich gegen diesen Feind weder durch das Element, worin sie sich aufhalten, noch durch die Schnelligkeit ihrer Bewegungen retten können. Gleich ihnen lebt die Otter im Wasser und schwimmt mit der größten Behendigkeit und Geschicklichkeit bis zu jeder Tiefe; still und unermüdlich verfolgt sie durch Windungen nach allen Richtungen hin ihre Beute, die sie nie aus dem Gesichte verliert, bis dieselbe, durch eine längere oder kürzere Verfolgung erschöpft, von ihr erhascht und getödtet wird. Die Otter zeichnet sich ebenso sehr durch die Zierlichkeit als durch die Kraft ihrer Bewegungen im Wasser aus; wer hätte nicht den zierlichen Schwung ihres Körpers bewundert, wenn sie in die Tiefe taucht, ihre wellenförmigen Bewegungen unter der Oberfläche, während sie ihre Beute ausspürt, die ungemeine Schnelligkeit, womit sie ihre Verfolgungen anstellt und die leichte Wendung, mit welcher sie endlich ihre Beute nach ihrer Höhle schleppt, um sie dort zu verzehren. Auf diese Weise fängt sie einen Fisch nach dem andern, bis keiner mehr übrig ist, und statt sie einzeln zu fangen, bemächtigt sich zuweilen die Otter gleich mehrer Fische, die sie nicht nur mit der größten Geschicklichkeit erhascht, sondern auch in die Höhe bringt, indem sie dieselben von ihrem Maule herabhangen läßt. Zu einer einzigen Mahlzeit braucht sie wol 8—10 Fische; doch ist bekannt, daß sie in dem Zustande der Freiheit eine weit größere Anzahl Fische tödtet als sie wirklich verzehrt, und daher mag man sich eine Vorstellung von der Verheerung machen, die ein Paar Ottern zur Befriedigung ihrer Bedürfnisse unter den Fischen in einem Flusse oder Weiher anrichten.

Man hat mehre Beispiele von gezähmten und zum Fischfange trefflich abgerichteten Ottern. Der Bau dieses Thieres ist bewunderungswürdig, seinen Gewohnheiten und seiner Lebensweise im Wasser angemessen. Sein Körper ist länglich und geschmeidig und endigt sich in einem langen, starken, aber immer schmäler zulaufenden und etwas zusammengedrückten Schwanze, der ihm zugleich als Ruder dient; seine Glieder sind sehr kurz, aber zugleich muskulös und kräftig; seine Füße, wovon jeder fünf Zehen hat, welche durch ein Gewebe verbunden sind, gebraucht es als Ruder.

Die Augen sind breit, die Ohren kurz und die

Lippen mit einem starken Barte versehen; die Haut besteht aus zwei Lagen von Pelz; die untere ist eine kurze, wasserdichte Wolle, die obere rauhes, langes und glattes Haar. Scheu und zurückgezogen lauert die Otter den Tag über in ihrer Höhle, die am Rande des Wassers unter verwachsenem Gestrüppe verborgen und in der Regel beträchtlich tief gegraben ist. Auf einem Lager von Blättern und Gras wirft und erzieht das Weibchen seine Jungen, für deren Bedürfnisse es mit großer Aufmerksamkeit und mehr als gewöhnlicher Zärtlichkeit sorgt. Die Wurfzeit fällt in den Monat Mai oder Juni, wo es 4—5 Junge gebiert. Unter den Jagdvergnügungen der Vorzeit war die Otternjagd nicht die am wenigsten beliebte; man bediente sich zu diesem Zwecke einer Art rauhhaariger starker Hunde. Da das Wasser das eigentliche Element der Otter ist, so hat ein einzelner Hund gegen einen so behenden und entschlossenen Gegner kein leichtes Spiel, auch würde es einer selbst noch so großen Anzahl von Hunden, wenn sie keine andere Unterstützung erhielten, nicht gelingen, dieselbe ans Land zu treiben. Sobald es aus seinem Schlupfwinkel herausgejagt wird, nimmt das Thier natürlich seine Zuflucht zum Wasser, eine Koppel von Hunden zwingt es durch wiederholte Angriffe so lange unter dem Wasser sich schwimmend zu erhalten, als es sein Athem zuläßt; sobald es sich aber in die Höhe hebt, um Luft zu schöpfen, wird es von einem Hagel von Speeren, welche die am Ufer aufgestellten Jäger abschießen, empfangen. Von allen Seiten angegriffen, gelingt es ihm doch unter gewöhnlichen Umständen durch seine Behendigkeit und Entschlossenheit, die wachsamste Verfolgung seiner Feinde zu vereiteln. Gewöhnlich aber findet das arme Thier, verwundet und durch die Überzahl besiegt, jedoch bis zum letzten Augenblicke kämpfend, dabei seinen Tod. Da das Thier mit jedem Tage seltener und auf wenigere Aufenthaltsorte eingeschränkt wird, so findet die Otternjagd nicht mehr so so häufig statt, ohne jedoch ganz vergessen zu sein. Man wendet jetzt in der Regel Fallen, Schlingen und dergl. an, um einen so gefährlichen Feind aus den Weihern oder Flüssen zu vertilgen. Auf der beigefügten Abbildung ist die Darstellung einer Otternjagd in Schottland gegeben.

Über den Kunsttrieb der Thiere, sich Wärme zu verschaffen.

Die Naturforscher, die der Meinung anhangen, daß die Thiere niederer Classen in ihren Lebensthätigkeiten nicht blos durch blinden Naturtrieb geleitet werden, könnten viele ihre Ansicht bestätigende Thatsachen in den Bemühungen der Thiere finden, sich warm zu halten. Einige dieser Thatsachen liegen uns so nahe, daß wir sie kaum beachten, wiewol sie oft zu interessanten naturgeschichtlichen Untersuchungen führen können. Betrachten wir die Katze. In Vergleichung mit der List, die sie bei dem Aufsuchen ihres Raubes zeigt, ist sie nicht eben erfinderisch in den Mitteln, sich warm zu halten; aber überall wird sie sich den wärmsten Platz suchen. Ihre Füße, obgleich oben dicht behaart und mit einer weichen dicken Haut auf den Sohlen bedeckt, fühlen sich immer kalt an, wenn sie lange der Wärme entbehrt hat, und ebenso die Ohren. Unter solchen Umständen verräth sie ihre Unbehaglichkeit durch unruhiges Umhergehen, bis sie einen warmen Platz findet. Diese Neigung zur Wärme mag die Hauptursache sein, daß die zahme Katze nie wild wird, denn überall, wo es Wälder gibt, könnte sie ihre Beute in Überfluß finden, und es ist bekannt, daß Katzen, wenn sie sich einmal an das Vogelfangen im Walde gewöhnt haben, jedes andere todte Thier nur mit Widerwillen fressen. Man hat zwar oft Gelegenheit gehabt, Katzen in diesem halbwilden Zustande zu beobachten; aber obgleich sie nur von Vögeln und Mäusen lebten und sich kaum sehen, noch weniger nahe kommen ließen, so nahmen sie doch nie ihren Wohnsitz im Walde, sondern suchten immer entlegene Scheunen und Außengebäude, wo sie schliefen und Junge warfen. Der englische Naturforscher Rennie erzählt, man habe eine solche halbwilde Katze in nördlichen Schottland während eines heftigen Frostwetters oft einem Bauernhause sich nähern gesehen, dem sie seit einigen Jahren nicht nahe gekommen war. Es geschah zu einer Zeit, wo der Hunger sie nicht treiben konnte, da es Vögel genug zu fangen gab. Endlich entdeckte man, daß sie sich bei einem solchen verstohlenen Besuche zu einem Kinde in die Wiege gelegt hatte. Die Mutter gerieth in die größte Angst, weil das gemeine Vorurtheil sie schreckte, daß die Katzen den Kindern den Athem aussaugten. Rennie suchte sie zu überzeugen, daß dies unmöglich wäre; es wurde dem armen Thiere, das man mehrmals in der Wiege fand, so lange nachgestellt, bis man es endlich ertappte und tödtete. Die zahme Katze unterscheidet sich von der wilden, die man in den nördlichen gebirgigen Gegenden findet, sowol durch ihre geringere Größe als durch andere Eigenheiten der Gestalt, sodaß einige Naturforscher beide für verschiedene Gattungen halten, und in der von dem deutschen Reisenden Rüppel in Nubien entdeckten neuen Art das Original unserer Hauskatze finden wollen, die nach ihrer Ansicht in unsern Gegenden ursprünglich nicht einheimisch war. Es ist allerdings wahr, daß die Katze in höhern nördlichen Breiten, wie in Schweden und Norwegen, erst in neuern Zeiten eingeführt ist und noch jetzt nicht in Lappland lebt.

Als die zoologische Gesellschaft zu London vor einigen Jahren ein Exemplar der Chinchilla aus Chile erhielt, legte man ihr in der Voraussetzung, daß sie die Wärme liebte wie die Katze, ein Stück Flanell hin; aber statt sich darauf zu legen, schleppte sie es immer in eine andere Ecke des Käfigs. Sie hat jedoch ein dickes Fell, wogegen die Katze eine sehr zarte Haut hat. Ein Heran, den Buffon aus Guinea erhielt, war mehr auf ein erquickliches Lager bedacht als die Chinchilla; dieses Thier suchte sich ein Zimmer, wo Feuer war, um die Nacht darin zuzubringen, und im Winter kam es jeden Abend an die Zimmerthüre und bat um Einlaß.

Wir haben in unserm frühern Aufsatze über das Winterleben der Thiere*) bemerkt, wie sorgfältig sich die Winterschläfer einen warmen und geschirmten Aufenthalt für ihre lange Ruhezeit auswählen. Wir wollen hier nur der eßbaren Schnecke erwähnen, die sich eine Zelle von Erde, Moos und welkem Gras erbaut. Neuere Beobachter haben gefunden, daß unter ihrem Fuße ein klebriger Schleim sich absondert, an welchem sich Erde und welke Blätter hängen. Sie hebt dies dann aufwärts, und indem sich abermals Schleim absondert, wird die Masse abgesetzt, darauf wieder eine Lage von Erde mit dem Fuße aufgefaßt, angeklebt und so fortgefahren, bis die Höhlung nach und nach gebildet ist.

Der Hase, der den ganzen Winter hindurch thätig bleibt, ist weniger bedacht, sich gegen Kälte zu sichern, da ihm sein dichter Pelz, besonders an den Füßen, hinlänglichen Schutz gewährt; aber sein Winterlager ist

*) Vergl. Pfennig-Magazin Nr. 119.

dennoch ein sehr behagliches Plätzchen. Der oben genannte Rennie fand einst ein solches Lager, als er einen Hasen in einer beschneiten Gegend aufgestört hatte. Es war abgerundet wie ein Vogelnest und ziemlich tief; die Grundlage welke Binsen, mit Gras aufgepolstert, das offenbar nicht herbeigeholt, sondern in der Nähe gewachsen war. Ältere Naturforscher behaupten, der Hase fresse nur bei Nacht, weil sein Herz und Blut kalt sei; aber man weiß jetzt, obgleich dieser Umstand noch nicht genügend erklärt ist, daß die innere Wärme der vierfüßigen Thiere in den kältesten und wärmsten Gegenden sehr wenig verschieden ist. Nur bei sehr hoher Temperatur zeigt sich einige Verschiedenheit. Dies ging z. B. aus den Beobachtungen einiger französischen Naturforscher hervor, die sich einer Hitze von 16 Grad über den Siedepunkt des Wassers aussetzten, wo die Wärme des Körpers zu 7—8 Grad stieg. Die Zunahme der Kälte scheint dagegen nicht auf gleiche Weise zu wirken, und hierin liegt die Ursache, daß große Kälte nicht so nachtheilig auf die Thiere wirkt, als man voraussetzen könnte.

Das Gesetz, nach welchem die thierische Wärme fast auf demselben Grade sich erhält, wenn der Körper einer beträchtlichen Hitze oder Kälte ausgesetzt wird, ist die einzige bekannte Ursache, warum einige kleinere, dem Anscheine nach zarte Thiere die strengste Winterkälte ertragen. Man hat beobachtet, daß die Elster, die sonst ziemlich viel ertragen kann, sich des Hülfsmittels bedient, das oft kleinere Vögel, z. B. der Zaunkönig, anwenden, sich während der Nacht aneinander zu drängen, um sich zu erwärmen. Rennie beobachtete etwas Ähnliches, selbst am Tage in kalter Winterzeit, bei Sperlingen. Er sah oft, daß sie sich auf einem, den Sonnenstrahlen ausgesetzten Orte um den wärmsten Platz stritten und sich zwischen diejenigen gleichsam einkeilten, die eine günstige Stelle hatten. Während der Nacht setzen sie sich nicht gern der Kälte aus und suchen überall Schutz in Gebäuden wie im Felde. Mehr Sorgfalt zeigen die Staare, um sich in hohlen Bäumen, in Kirchthürmen, unter den Dächern alter Gebäude gegen unfreundliches Wetter zu schützen. Auch sie streiten sich, indem sie sich dicht aneinander drängen, um warme Plätze.

Durch dichtes Beisammenwohnen schützt sich auch die kleine Feldmaus (mus messorius), die nicht, wie einige ihrer Verwandten, den Winter zu verschlafen scheint. Diese Thiere, die nur ⅛ Unze wiegen und ohne den Schwanz nur zwei Zoll lang sind, kriechen vor dem Winter in ein tiefes Erdloch, wo sie Lebensmittel sammeln, und sind haushältig mit ihrer Lebenswärme, indem sie dieselbe einander mittheilen. Auf ähnliche Art scheint die Wasserspitzmaus (sorex fodicus) den Winter zuzubringen, da sie nicht zu den bekannten Winterschläfern gehört. Die Haselmaus, die im Winter gewöhnlich schläft, legt vier bis fünf Fuß von der Erde in Hecken und Gebüschen ein Nest von dürren Blättern an, wahrscheinlich zum Schutz für ihre Jungen in kühlern Sommernächten, und baut es hoch, um sich gegen den ersten Anlauf von Katzen und Wieseln zu schützen.

Rennie, der verschiedene Vogelnester aufmerksam untersuchte, ist der Meinung, daß die oft so kunstreich gewölbte Decke derselben den Zweck hat, die thierische Wärme während der Brütezeit zusammenzuhalten. „Diejenigen Vögel", sagt er, „die keine Nester dieser Art bauen, legen gewöhnlich weit weniger Eier als andere, z. B. der Zaunkönig, der Taucher, die alle Wärme vereinigen müssen, um ihre Jungen auszubrüten. Zwischen den Wendekreisen gibt es weit mehr Vögel als in Europa, die ihren Nestern gewölbte Decken geben; aber wahrscheinlich haben diese dort den Zweck, den brütenden Vogel gegen die Sonnenstrahlen zu schützen. Mehre Thiere, die im Winter nicht erstarren und keine mit Heu ausgefütterte Zuflucht sich bauen, suchen unter der Schneedecke den Schutz, den hier die Natur den Pflanzen gewährt. Dahin gehört das Schneehuhn, welches, ehe es sich unter den Schnee begräbt, Kräuter und Hiadesamen sucht, wovon es mehre Wochen lebt. Das Rebhuhn findet sein winterliches Obdach unter der dem Winde entgegengesetzten Seite einer Hecke."

Die Sorgfalt der Insekten, sich Wärme zu verschaffen, zeigt das frühe Erscheinen einiger Gattungen. Bei kaltem Wetter sieht man zwar nur wenige Insekten, aber an schönen Tagen schwärmen sie stets umher. Daß die größern Schmetterlinge, deren Körper wärmer bekleidet ist, sich der Kälte aussetzen, kann weniger auffallen, als daß selbst die zartern Motten sich von der Sonne hervorlocken lassen. Wenn die Biene durch die Sonnenstrahlen verleitet wird, den Korb zu verlassen, kommt sie oft um, ehe sie sich zurückziehen kann. Dieses frühe Erscheinen einiger Insekten ist jedoch mehr in zufälligen Ursachen gegründet als in einer Natureinrichtung, wiewol es mehre Insekten gibt, deren regelmäßige Erscheinung in die ersten Monate des Jahres fällt, wahrscheinlich um manchen Vögeln zur Nahrung zu dienen, wenn es an den Beeren fehlt, von welchen sie sonst leben. Mit besonderer Sorgfalt sind die Winterwohnungen der Ameisen angelegt, die auch im Winter thätig sind. Diese Thiere haben einen ungemein feinen Sinn für die Abwechselungen der Witterung. Sie kommen nie vor der Rückkehr des Frühlings aus ihrer Zuflucht hervor.

Gastmähler der Brahminen.

Die Brahminen oder Priester des Brahma unter den Hindus haben nach ihren strengen Gesetzen eine solche Menge religiöser Vorschriften zu befolgen, daß eine fast übermenschliche Aufmerksamkeit dazu gehört, wenn sie keine derselben im Laufe des Tages übersehen wollen. Unter Anderm ist ihnen streng auferlegt, durchaus nichts zu genießen, was von einem Thiere kommt. Ihre Gastmähler bestehen deshalb lediglich aus Reisspeisen, gerösteten und geschmorten Pflanzen und einer gewissen Art von gewürztem Brote. Die Lieblingsspeise der Brahminen ist ein Brei, der aus vielfachen Körnern, feinem Mehl und Gewürzen bereitet wird. Eine andere Speise besteht aus durchgeschlagenen Erbsen mit Salz und Kurkuma gekocht, woran man zerlassene Butter thut, welche in der Landessprache Ghee heißt. Die Teller und Schüsseln der Brahminen sind aus Baumblättern verfertigt, denn von metallenen Geschirren zu essen ist ihnen ebenfalls verboten. Die verschiedenen Gerichte werden in Schüsseln von ungleicher Größe und Form auf einer großen grünen Tafeldecke aufgetragen. In der Mitte der Tafel befindet sich die größte Schüssel mit gekochtem Reis, und bei einem Feste gibt es noch zwei andere Arten von weißem und gelbem Reis, mit Salz und Gewürzen zubereitet; dazu kommen noch mehre Schüsseln mit süßem Reis, der mit Chatna, d. i. eingemachten und geschmorten Pflanzen, genossen wird. Der Nachtisch besteht aus Mangos, die mit Zucker, Ingwer und Citronen eingemacht sind, sowie aus andern Confecten, Gelées von verschiedenen Früchten, und zuweilen auch aus kleinen rohen Früchten. Doch bringen es die Brahminen in der Regel nicht bis zum Nachtisch, da die Einförmigkeit der Speisen ihnen gar bald alle Eßlust benimmt.

Das Innere von Haddon-Hall.

England und vielleicht Spanien sind wol die einzigen Länder, in welchen wir noch heute in einzelnen Besitzungen großer Familien auf Einrichtungen treffen, die sich seit den Zeiten des Ritterthums in unverändertem Zustand erhalten haben. Hier hat der Sittenmaler jener Zeiten seine Studien zu machen, um die Eigenthümlichkeiten jener halb rohen, halb üppigen Zeiten aufzufassen, wenn er uns durch die Kunst seiner Schilderung wahrhaft in sie zu versetzen strebt. In England ist die Burg Haddon-Hall, ungefähr einer Stunde von Bakewell in Derbyshire, auf einer kühnen Felshöhe am östlichen Ufer des Wye und über dem lachenden Haddonthale gelegen, einer der Orte, welche die alte Weise des Ritterlebens durch ihre innere Einrichtung am treusten zurückspiegeln. Hohe Thürme und Wälle geben ihr von fern das Ansehen einer Festung; im Innern öffnen sich zwei viereckige Höfe, zu welchen ein uralter Thorweg mit einem Thurm aus der Zeit Eduard III. führt. Die Kapelle zeigt das Jahr 1427 und die meisten der übrigen Gebäude weisen auf dasselbe Alter hin; nur die breite Galerie ward in der Mitte des 10. Jahrh. erbaut. Diese Burg gehörte nach der normännischen Eroberung der Familie Avenell, später kam sie an die Familie Vernon, deren Prachtliebe sie berühmt machte. Durch Heirath kam sie an die Familie Manners; der Herzog von Rutland, das Haupt derselben, hielt hier in den Zeiten der Königin Anna 140 Diener und jährlich 12 Tage nach Weihnacht offene Tafel für jeden Besucher.

Zur Rechten des großen Thorweges führt ein Gang in die Halle, dem Sitz und Mittelpunkt aller dieser Scenen mittelalterlicher Schwelgerei. Dies ist der Ort, den unsere Abbildung treu darstellt; links führen vier kleinere Thore zu Küche, Weinkeller und Wohngemächern für die Gäste. Die Küche enthält zwei gewaltige Herde mit zahllosen Bratspießen und anderm Küchengeräthe versehen. Uns beschäftigt vor Allem die große Halle selbst. Dieses ungeheure Gemach erhebt sich hinten in einer Erhöhung, wo die Tafel für den Hausherrn und seine vornehmsten Gäste stand, auf beiden Seiten von einer Galerie auf Pfeilern überragt. Aus der einen Ecke führt ein Gang zu einer plumpen Treppe, welche sich oben in ein mit Tapeten behängtes Zimmer öffnet. Die Dielung besteht aus großen Eichenplanken; oben ist ein Fries von Bärenköpfen, Disteln und Rosen kunstreich geschnitzt und ein eichenes Täfelwerk schließt sich unten an. Ein anderes Zimmer ist in ähnlicher Art mit Bärenköpfen und Pfauen abwechselnd geschmückt und hat über dem Kamin einen geschnitzten Orpheus, der die Thiere bezaubert. Alle diese Zimmer sind mit losen, zum Theil noch erhaltenen Tapeten behängt, welche selbst die äußerst rohen Thüren verkleiden, sodaß man sie aufheben oder an großen eisernen Haken befestigen mußte, um aus dem einen in das andere Gemach zu gelangen. Rohe hölzerne Riegel und eiserne Haspen verschließen diese Thüren von sehr ungeschickter Arbeit.

An der Südwestseite ist die Schloßkapelle, in spitzigen Bögen gewölbt und mit guten Glasmalereien versehen. Ein Altar, drei Fuß hoch, ziert sie. Der alte Park, der an das Schloß stieß, ist fast verschwunden, doch sieht man noch, daß er sich in Terrassen, eine über der andern und mit Steingeländern versehen, erhob.

Von dieser Art waren die alten Sitze des Ritterthums in England und Frankreich und Haddon-Hall kann noch in seinem heutigen Zustande für ein treues Bild der Prachtsitze jener Großen des 15. Jahrh. gelten, von denen die Romandichter uns so anziehende Geschichten erzählen. Doch um dieses Bild nicht allein stehen zu lassen, wollen wir die Schilderung eines andern Sitzes mittelalterlichen Glanzes damit in Verbindung bringen. Wir meinen:

Croydon-Palace,

schon in frühern Zeiten dem Erzbischof von Canterbury gehörend, wo die Könige von England oft an prachtvollen Festen Theil nahmen. Besonders war die Königin Elisabeth eine große Freundin dieses Ortes, und im Juli 1573 sah sie hier einem siebentägigen Lanzenrennen zu. Hier hielt Jakob I. von Schottland zu Anfange des 15. Jahrh. eine lange Haft aus, nachdem ihn, den zwölfjährigen Knaben, der König von England gefangen hatte. Die Zeiten der Republik verwüsteten Croydon, im Jahre 1780 kaufte es ein Privatmann und seitdem ist in der Kapelle eine Gewerbschule und in der Halle eine Kattundruckerei eingerichtet worden. So flieht der alte Ruhm verzehrender Pracht vor dem vordringenden Schritt der ernährenden Gewerbsamkeit.

Der alte Palast von Croydon wurde in der Mitte des 14. Jahrh. erbaut, die Ost- und Westseite sind wenigstens 400 Jahre alt; die Kapelle ist jünger und die Halle zeigt in ihrer Form noch jetzt das Bild ihres hohen Alterthums. Dieser Hauptbestandtheil der alten englischen Burgen, der ihnen selbst den Namen gab, die Halle, hat hier, wie in Haddon, am obern Ende eine Erhöhung und ist oben mit einer hölzernen reichgeschnitzten Decke versehen. In der Mitte der Halle befindet sich der Herd, mit einer Öffnung darüber zum Abzuge des Rauchs, die aber in einem zierlichen Thürmchen ausgeht. An beiden Seiten erheben sich die Fenster über Mannshöhe. Hier entlang standen die Tische für die geringern Gäste. Dies war der Anblick einer solchen Ritterhalle; unsere Abbildung zeigt den heutigen Zustand der Halle von Croydon, die nun als Schuppen dient.

Madeira.

Die schöne und fruchtbare Insel Madeira im atlantischen Meere, an der Westküste von Afrika, wurde 1419 von den Portugiesen aufgefunden, der Anfang der glänzenden Entdeckungen, die der Infant, Heinrich der Seefahrer, mit wissenschaftlicher Einsicht leitete, und die mit der Auffindung des Seewegs nach Ostindien um die Südspitze Afrikas endigten. Den Namen Madeira (Holz) erhielt sie von ihren dichten Wäldern. Sie war den Alten nicht unbekannt, und die Gruppe, unter welchen sie die größte ist, wurde von ihnen die Purpurinseln genannt; im Mittelalter aber ging die Kenntniß derselben verloren, wenn wir anders nicht an die romantische Sage glauben wollen, nach welcher Robert Macham, ein Engländer von geringer Herkunft, der ein Fräulein aus einem edlen Geschlecht entführt hatte, an die Küste der Insel verschlagen wurde, wo Beide starben. Im Jahre 1431 schickte der Infant zwei Portugiesen, Tristan Tessore und Gonsalvo Zarco, mit einer Colonie auf die Insel, um sie in Besitz zu nehmen. Sie ward in zwei Bezirke, Machico und Funchal, getheilt, der Anbau des Landes aber wurde bald durch einen großen Brand in den Wäldern gehemmt. Erst nach fünf bis sechs Jahren wurde das Feuer gelöscht, das mehrmals die Wohnungen der Ansiedler zerstört hatte; die Asche der Wälder aber hatte die natürliche Fruchtbarkeit des Bodens so sehr erhöht, daß der Ertrag desselben bald sehr bedeutend ward. In der ersten Zeit bauten die Ansiedler Zucker, und Madeira war einige Zeit der erste Stapelplatz dieses Erzeugnisses, als aber das Zuckerrohr immer mehr in den westindischen Colonien angepflanzt wurde, zeigte sich der Zuckerbau auf Madeira minder vortheilhaft und die Bewohner legten sich seitdem fast ausschließend auf den Weinbau, der durch den steigenden Absatz des Weines nach Großbritannien und seinen Colonien bald sehr einträglich wurde. Die Portugiesen sind seit dem 15. Jahrh. stets im Besitze der Insel geblieben, die nur 1801 und 1807 von den Engländern, um sie gegen die Angriffe der Franzosen zu schützen, besetzt, nach dem allgemeinen Frieden aber den Portugiesen zurückgegeben wurde. Sie wurde 1828 von Don Miguel's Truppen besetzt, blieb ihm während des Bürgerkriegs in Portugal ergeben und erklärte sich erst nach seiner Flucht für die Königin Donna Maria.

Die Insel, die einen Flächenraum von 16 Quadratmeilen hat, besteht aus einer großen Gebirgsmasse, die in der Mitte im Pic Ruivo zu einer Höhe von mehr als 6000 Fuß ansteigt, und nach den Küsten schroff abfallend, tiefe Schluchten nach allen Richtungen zu dem Meeresufer aussendet. Der Anbau des Bodens ist auf die Küsten und die Thäler beschränkt. Die niedrigen Abhänge und Berge sind mit Reben bepflanzt, welche ursprünglich von der Insel Kreta gebracht wurden, die Gipfel mit Wäldern von Kastanienbäumen, Kiefern und andern immergrünen Bäumen bedeckt. Die Gebirgsart der Insel verräth einen vulkanischen Ursprung; die meisten Felsen längs der Küste bestehen aus weißlicher Lava und auf dem höchsten Gipfel der Insel sieht man Spuren des Kraters eines erloschenen Vulkans. Einen höchst malerischen Anblick gewähren im Innern der Thäler und Schluchten die mannichfaltigen Felsenbildungen, das üppige Grün, das sie bekleidet, die klaren Ströme, die sie durchfließen, die Landhäuser, Kirchen und Klöster, die in den reizendsten Lagen erscheinen. Eine der anziehendsten Naturmerkwürdigkeiten der Insel ist der Corral, nordwestlich von Funchal, ein ungeheurer Felsspalt, eine Stunde lang, eine halbe Stunde breit und gegen 4000 Fuß tief, rings von mächtigen Felsen umgeben, deren Gipfel in mannichfaltigen Formen als Pfeiler und Zinnen aufsteigen, hier und da mit üppigem Rasen und immergrünen Bäumen bedeckt. Unten liegt ein angebautes fruchtbares Thalgelände, das ein Fluß durchströmt, wo ein Nonnenkloster und ein freundliches Dorf unter Reben und Obstbäumen hervorblicken. Von Getreide werden nur Weizen und Gerste angebaut, doch nicht ausreichend für den Bedarf der Bewohner, welchen aus den Ostseeländern Korn und aus dem mittelländischen Meere und den Inseln des grünen Vorgebirges Mais, die Hauptnahrung der geringern Volksclassen, zugeführt werden. Der Zucker, den man jetzt gewinnt, ist von geringer Beschaffenheit und wird nur von den niedern Volksclassen benutzt. Die Insel erbaut seit einiger Zeit, besonders bei Funchal und an Orten, die dem Weinbau nicht günstig sind, sehr guten Kaffee, und erzeugt unter andern Südfrüchten Guavas, Citronen und Bananen. Auf der Südseite der Insel wachsen die besten Weine, auf der Nordseite nur geringe, die man größtentheils nur zu Branntwein benutzt, was theils von der Lage, theils von der Art des Anbaus herrührt, da die Reben hier an Bäumen gezogen werden, während sie auf der Südseite an einem Flechtwerke von Bambus längs einer fünf Fuß hohen Mauer wachsen. An der Südseite findet man Trauben von allen Farben, besonders treffliche rothe, auf der Nordseite nur weiße. Die Trauben, welche den Malvasier und Sercial liefern, wachsen auf dem westlichen Ende der Südseite, aber von beiden nur wenig. Die östlichen Weinberge werden von dem Gebirge her stets überschwemmt, und ihre Erzeugnisse sind daher von geringerm Werthe. Hier und da sind die Rebenhügel terrassenförmig aufgemauert, damit das Erdreich durch die Winterregen nicht herabgeschwemmt werde. Man bricht gewöhnlich die Blätter der Reben ab, um die Trauben den Sonnenstrahlen auszusetzen. Die Blätter werden dem Viehe gegeben, dessen Fleisch davon einen guten Geschmack erhält. Die Weinberge werden immer nur auf ein Jahr verpachtet. Von dem reinen Ertrage gehören $4/10$ dem Pachter, $4/10$ dem Eigenthümer, $1/10$ dem König und $1/10$ der Geistlichkeit. Die Insel hat so dürftige Weiden, daß nur wenig Rindvieh gehalten wird und Milch und Butter sehr selten sind. Der Maulesel ist das gewöhnliche Lastthier, und nur selten sieht man Pferde. Ziegen gibt es in Überfluß, noch häufiger aber sind Schweine, deren Fleisch, da sie frei umherlaufen, einen Wildgeschmack hat. Wilde Thiere gibt es gar nicht auf der Insel, die auch frei von schädlichen Insekten und giftigen Schlangen ist, dagegen hat sie unzählige Eidechsen, die in den Weinbergen, wo sie die reifen Trauben aussaugen, in den Gärten und selbst in den Häusern lästig sind. Bienen sind sehr häufig und ziehen aus den würzigen Kräutern der Thäler und Berghöhen einen köstlichen Honig, der meist nach Spanien versendet wird. Quellen des trefflichsten Wassers sind überall reichlich, und die Ströme, welche aus den Schluchten fließen, werden durch den Niederschlag der Gebirgsnebel genährt, sodaß sie selbst im heißesten Sommer nicht austrocknen, und da sie aus beträchtlicher Höhe herabkommen, den Einwohnern möglich machen, sie nach allen Richtungen zu leiten, um ihre Pflanzungen zu bewässern. Die Küste hat einen Überfluß von Fischen, welche allen Classen der Einwohner Nahrung geben.

Es gibt wenig Erdgegenden, die ein so herrliches Klima haben als Madeira. Die Atmosphäre ist so klar und durchsichtig, daß jeder Gegenstand in höherm Farbenglanze hervortritt. Der Himmel ist tiefblau und immer unbewölkt, die Luft milde und besonders für den Fremden, der aus einem trüben nördlichen Klima kommt, erquickend und stärkend, daher häufig Kranke, besonders Brustkranke, hier Linderung und Heilung suchen. Die Vorzüge des Klimas liegen in der Gleichmäßigkeit der Temperatur. Nach vieljährigen Beobachtungen war die mittlere Temperatur in dem kältesten Monate, dem Januar, 14° und in dem heißesten, dem August, 19° Réaumur. Epidemische Fieber herrschen nie auf der Insel, zuweilen wird sie jedoch von einem östlichen Winde heimgesucht, der, dem afrikanischen Harmattan und dem Sirocco ähnlich, bei den meisten Menschen Mattigkeit, Kopfschmerz und Trockenheit der Haut hervorbringt.

Die Zahl der Einwohner beträgt über 100,000. Sie bestehen aus Weißen von portugiesischer Abkunft und Mulatten. Negersklaverei ist nicht erlaubt. Die Landleute zeichnen sich besonders durch Stärke und Rüstigkeit aus; aber die niedrige Stufe der Gesittung, auf welcher sie stehen, zeigt sich besonders darin, daß sie den Weibern die härtesten Arbeiten auflegen, wozu besonders die Sammlung der Feuerungsmittel gehört, Pflanzen und Gesträuche, die sie auf dem Rücken von den höchsten Felsen holen müssen. Bei aller Fruchtbarkeit des Bodens leben die Armen in dem tiefsten Elende und können sich ihren Unterhalt nur mit Mühe erwerben. Ganze Familien schmuziger und hungernder Armen wohnen in Hütten, die den Ställen in Europa gleichen. Betteln ist daher sehr häufig und es haftet daran nichts Schimpfliches, im Gegentheil herrscht die Sitte, daß die Bettler, wenn sie Almosen sammeln, ihre besten Kleider anlegen. Sie leben meist von den Kastanien, die auf den Bergen wachsen. Ihr finsteres Aussehen, ihre hagern Gesichter und ihre langen schwarzen Haare geben ihren Zügen einen abschreckenden Ausdruck von Wildheit, den aber ihr höfliches Benehmen widerlegt. Die wohlhabenden Bewohner der Insel von portugiesischer Abkunft leben meist in stolzer Abgeschiedenheit und haben wenig Verkehr mit den angesiedelten Fremden, unter welchen besonders die Engländer zahlreich sind.

Die Städte und Dörfer liegen alle an der Küste, gewöhnlich am Ausgange einer Schlucht; überall aber, wo der Boden fruchtbar und eben genug ist, sieht man Landhäuser und Hütten, oft hoch hinauf in den Thälern. Die Hauptstadt Funchal, mit 20,000 Einwohnern, liegt an der Südküste, längs einer Bai, und ist über eine Viertelmeile lang, aber nicht sehr breit, weil das Gebirge hinter ihr schroff ansteigt. Sie ist weder hübsch noch bequem gebaut, aber nicht so unreinlich als man gewöhnlich die portugiesischen Städte findet, weil die Straßen so steil sind, daß alle Unreinigkeiten zum Gestade hinabfließen und überdies ein wasserreicher Bach mitten durch die Stadt fließt. Die Häuser in den engen Straßen sind niedrig, oft nur ein Stockwerk hoch und haben ein freundliches, reinliches Ansehen. Die größern Häuser der wohlhabenden Kaufleute haben hohe, das Dach überragende Thürmchen, von welchem aus die ganze Bai übersehen kann. Sie dienen als Warten. Das erste Morgengeschäft des Hausherrn ist, den Thurm zu besteigen, um zu sehen, ob ein neues Schiff seit dem verflossenen Abend angekommen ist, und da jeder Kaufmann seine eignen Signale hat, so sind Name und Bestimmung des Schiffes lange vorher bekannt, ehe es in die Bai einläuft. Die Stadt hat viele Kirchen, unter welchen die Domkirche, ein schönes Gebäude, sich durch ihre reich verzierten Altäre und Heiligenschreine auszeichnet. Die schönste Kirche der Insel, Nossa Senhora do monte, liegt auf einer hohen Terrasse an der Bai und übersieht eine der reizendsten Landschaften. Die Landsitze der englischen Kaufleute in Funchal liegen zerstreut in den anmuthigsten Thälern. In der Stadt, wie überall auf der Insel, sieht man gar kein Fuhrwerk. Reisen werden auf Maulthieren, seltener mit Pferden gemacht, deren es nur in der Hauptstadt eine kleine Art gibt. Die Eigenthümer der Maulthiere haben einen seltsamen Gebrauch, sich an den Schweifen ihrer Thiere festzuhalten. Einen belustigenden Anblick gewährt eine Gesellschaft reitender Fremden auf ihren gemietheten Maulthieren. Jedes schleppt einen Treiber nach, der des Thieres Schweif um die linke Hand gewunden hat, während er mit einem spitzigen Stocke in der rechten es stachelt und durch lauten Zuruf antreibt. Vergebens sucht der Reiter, um sich des lästigen Nachzüglers zu entledigen, das Thier zum Ausschlagen zu reizen, der Treiber läßt bei dem schnellsten Galopp nicht los. Die Frauen lassen sich in einem Palankin tragen, das Vorhänge und Kissen hat und an einer einzigen Stange befestigt ist, die von zwei Männern auf den Schultern getragen wird. Gewöhnlich lassen sie einen Fuß aus dem Palankin heraushangen, zumal wenn er hübsch ist. Hier und überall auf der Insel waschen sich die Schönen, so viel sie auf Putz halten, nie das Gesicht; die Engländerinnen, sagen sie, verderben ihre schöne Haut durch zu viel Wasser; sie reiben sich blos trocken ab. Kein Reisender vergißt es, die Nonnenklöster zu besuchen, um künstliche Blumen und zierliche Wachsarbeiten zu kaufen.

Der Handel der Insel ist meist in den Händen der Engländer, und Wein der Hauptgegenstand der Ausfuhr, der größtentheils nach England und nach den britischen Colonien geht, jährlich gegen 90,000 Ohm, doch hat sich in neuern Zeiten die Ausfuhr nach Europa vermindert. Es gibt drei Classen von Madeira-Weinen, 1) Tinto, d. i. rother Wein aus Burgundertrauben, der in zwei bis drei Jahren vollkommen wird; 2) Sercial, weißer Wein, aus Hochheimertrauben, in sieben Jahren vorzüglich gut; 3) Malvasier, mit einer Abart, genannt grüner Malvasier, dem Frontignac ähnlich. Der beste Malvasier übertrifft selbst der sogenannte Dry Madeira, der seinen Namen (trockener Madeira) daher hat, weil er aus dem Safte gemacht wird, der aus den reifsten fast schon trockenen Trauben vor der Kelter abfließt. Nur wenig Wein von vollkommener Reinheit und erster Güte wird verschifft. Dem übrigen sucht man durch Reisen nach Ost- und Westindien erhöhten Wohlgeschmack zu geben. Man hat allerdings die Erfahrung gemacht, daß weite Seereisen dem Madeirawein zuträglich sind, wiewol es irrig ist, daß er, um den höchsten Grad der Güte zu erlangen, wenigstens zweimal die Linie passiren müsse. Der Wein verbessert sich überhaupt sogleich, wenn er einem hohen Grad von Kälte oder Wärme ausgesetzt wird, wogegen Feuchtigkeit ihm schadet. Mehre der auf der Insel wohnenden Engländer kaufen schlechte Weine und schicken sie nach Europa, und die guten werden meist dazu gebraucht, den schlechten einen bessern Geschmack zu geben. Früher wurde viel französischer Branntwein eingeführt, weil man glaubte, daß er zur Bereitung der Weine unentbehrlich sei; später aber hat die Erfahrung gezeigt, daß der einheimische besser dazu taugt. Dem Handel der Insel ist die Unsicherheit der Bai nachtheilig, die von West nach Südost den Winden offen ist, und obgleich im Sommer die Land- und Seewinde regelmäßig sind, so weht doch im Winter oft ein heftiger Südwestwind, gerade wenn die Schiffe in die See gehen müssen. Gewöhnlich ist auch eine starke Brandung am Gestade, die das Landen schwierig

408   Das Pfennig=Magazin.

und für Boote zuweilen unmöglich macht. — Nahe bei Madeira liegen noch drei andere Eilande von welchen nur Porto Santo, mit einer guten Rhede, bewohnt ist. Die ganze Gruppe führt den Namen Madeiras=Inseln.

Madeira.

Verantwortliche Herausgeber: **Friedrich Brockhaus** in Leipzig und Dr. **E. Drägler=Manfred** in Wien. Verlag von F. A. Brockhaus in Leipzig.

Das Pfennig-Magazin
der
Gesellschaft zur Verbreitung gemeinnütziger Kenntnisse.

143.] Erscheint jeden Sonnabend. [December 26, **1835**.

Der Orangebaum.

Der Orangebaum gehört einer eignen Pflanzenfamilie an, welche im Bezug auf eine Fabel, deren wir weiter unten gedenken wollen, den Namen Hesperiden erhalten hat. Die künftige Frucht sitzt bei der Orange in der Blüte, auch sind alle einzelnen Theile dieser letztern bedeutend fleischig, namentlich die Blütenblätter, an denen man kleine Punkte sieht, welche nichts Anderes sind, als kleine Drüschen, Behälter eines Öles von köstlichem Geruch, den auch die ganze Blüte aushaucht. Ganz verschieden von andern ähnlichen Früchten ist auch die Frucht dieses Baumes, die Orange. Sie ist außen mit einer fleischig schwammigen Schale umhüllt, in deren äußerster gefärbten Lage man eben solche Drüschen, wie in den Blütenblättern bemerkt; im Innern aber sieht man mehre, durch Scheidewände getrennte Fächer, welche ein Fleisch enthalten, das bei näherer Betrachtung aus lauter kleinen Bläschen besteht, zwischen welchen in der Mitte mehr oder weniger Kerne liegen. Auch die Blätter zeigen einen eignen Bau, und sind immergrün, stark und glänzend, ebenfalls Oldrüschen enthaltend und gewissermaßen doppelt, indem das große Blatt an seinem Stiel gleichsam auf einem kleinen sitzt, während letzterer seitwärts erweitert ist. Mehre Arten haben gleich den wilden Apfelstämmen Stacheln.

Die zahlreichen Arten der Orangebäume sind größtentheils Folge der Cultur, denn schon vor Jahrhunderten wurde der Orangebaum seines Nutzens wegen gepflanzt. Je mehr man aber in der neuern Zeit diese Bäume verbreitet hat, je häufigere Anwendungen man von ihren Früchten und andern Theilen machte, um so mehr hat man sich bemüht, die Arten zu ordnen, um die bessern kennen zu lernen und die Cultur hauptsächlich auf diese zu erstrecken.

Man bringt diese Arten im Allgemeinen in folgende größere Abtheilungen: 1) süße Orangen, 2) bittere Orangen oder Bigaraden, 3) Bergamotten, 4) Pompel- oder Pampelmusen, 5) Limonien oder Citronen und 6) Cedrate, einiger andern weniger merkwürdigen nicht zu gedenken.

Der süße Orangebaum wird als ein Urstamm mancher andern betrachtet. Er ist ein Baum, der an der Küste des mittelländischen Meeres schon eine Höhe von 25 Fuß erreicht, südlicher aber wol doppelt so hoch wird. Seine schöne Gestalt, eine große runde Krone auf einem schlanken zweiglosen Stamm behält er auch in unsern Gewächshäusern bei; auch die Dornen, mit welchen er ursprünglich versehen ist, bleiben ihm. Es gibt von ihm zahlreiche Sorten, deren Früchte von größerer oder geringerer Güte sind und die man allgemein unter den Namen pommes de Sina, Apfelsinen, süße Orangen kennt. Er ist der Baum, welcher nach der Fabel in den Gärten der Hesperiden wuchs, goldene, für die Götter bestimmte Früchte trug, von welchen Hercules einige stahl, obgleich der Garten von einem fürchterlichen Drachen bewacht wurde, der erst bezwungen werden mußte. Die Gegend, wo dieser Garten lag, läßt sich natürlicherweise nicht mit Gewißheit bestimmen, da hier die Fabel so enge mit der Wahrheit verbunden ist; doch kann man wol annehmen, daß dadurch das eigentliche Vaterland des Orangebaumes angedeutet ist, welches man jetzt ziemlich allgemein in China, auf den Inseln des indischen Archipels, den Marianen und den Inseln des stillen Oceans sucht. Von da sollen ihn zuerst die Portugiesen nach den portugiesischen Niederlassungen und von hier nach Europa gebracht, nach Anderer Meinung aber die Araber nach Griechenland verbreitet haben. Dieser Baum ist jetzt im ganzen südlichen Europa angebaut und so gut als einheimisch, ebenso in Südamerika und im südlichen Afrika. In Spanien erreicht er eine bedeutende Größe und bildet ganze Wälder, welche seit Jahrhunderten mit ihrem Ertrag den Reichthum ihrer Besitzer, namentlich mancher Klöster ausmachen. Man sieht zu Cordova Stämme, welche sich aus den Zeiten der maurischen Könige, die dort ihre Gärten hatten, herschreiben und von dem einen derselben gibt man an, daß er wol 6—700 Jahr alt sein möge.

In Italien findet man nicht überall solche schöne Wälder, obgleich man in Frankreich in nördlichern Gegenden als dort solche Pflanzungen antrifft. Nicht überall erreichen die Früchte gleiche Güte; man schätzt besonders die süßen Orangen oder Sinadäpfel von Malta, Portugal und den azorischen Inseln. Im Allgemeinen muß eine solche Frucht, wenn sie gut sein soll, eine dünne, glatte, glänzende Haut haben, wie sie besonders die Früchte von Malta und den Azoren aufweisen. Die aus letzterer Gegend sind zwar klein, aber von ungemeiner Güte. Sehr geschätzt sind auch diejenigen, welche ein mehr weinrothes Mark haben, weil sie süßer sind als andere. Die Orangen reifen nicht so schnell als unsere Obstfrüchte und haben den besonderen Vorzug vor diesen, daß man sie sogar vor der Zeitigung abnehmen kann, ohne daß sie deswegen verderben oder einen schlechtern Geschmack bekommen. So packt man denn, um der bessern Haltbarkeit willen, wenn sie weit verschickt werden sollen, sie noch ganz grün in die Kisten. Nicht blos der innere Saft, sondern auch die äußere Schale wird benutzt und liefert den vortrefflichen Curaçao-Liqueur; den Saft selbst wendet man auch ausgepreßt an, um ein liebliches Getränk daraus zu bereiten. Die Blätter und die Rinde des Stammes werden als Arznei benutzt und die Blüten dienen unter Anderm dazu, das bekannte Orangeblütwasser daraus zu destilliren. Das Holz wird zu feinen Arbeiten benutzt.

Der Bigaraden- oder bittere Pomeranzenbaum, dessen Frucht gewöhnlich Pomeranze genannt wird, erreicht nicht die Höhe des ersten; seine Blätter und Blüten sind größer, letztere wohlriechender, die Frucht ist mehr roth und runzelig, das Mark bitter und säuerlich. Auch von ihm gibt es mehre Arten und namentlich wird er häufig in Andalusien angebaut, von wo die Schalen der Früchte nach Holland gebracht werden, um daraus den oben gedachten Liqueur zu verfertigen; der Saft aber wird in Fässern nach England geschafft, wo man sich dessen in den Färbereien bedient. Dieser Baum ist es vorzüglich, welcher bei uns häufig wegen der Größe und des Wohlgeruchs seiner Blüten in Orangerien gezogen wird. Die Bäume erreichen in solcher Pflege oft eine ungemeine Größe, wovon wir nur ein Beispiel von einem Baum der versailler Orangerie anführen wollen. Dieser ist unter den Namen le grand Bourbon, le grand Connetable, oder auch Franz I. bekannt, und seine Geschichte ist höchst merkwürdig. Er stammt nämlich von einem Kern, welchen die Königin von Navarra im Jahre 1421 in einen Blumentopf stecken ließ. Das Bäumchen ward zuerst in Pampelona, der damaligen Hauptstadt des Königreichs Navarra, erzogen und kam dann durch Erbschaft nach Chantilly. Da aber der Connetable von Bourbon, Herr von Chantilly, sich empört und die Partei Karl V. gegen Franz I. ergriffen hatte, so ließ dieser die Güter desselben einziehen, namentlich aber den gedachten Orangebaum, damals in Frankreich der einzige, in Beschlag nehmen und denselben im Jahre 1532 nach Fontainebleau bringen. Im Jahre 1684 ließ Ludwig XIV. diesen Baum nach Versailles schaffen. Seit der Zeit ist er dort geblieben und es hatte derselbe im Jahre 1827, wo er noch unversehrt war, ein Alter von 406 Jahren. Seine Höhe war damals 22 Fuß, einschließlich des Erdkastens und nach dessen Abzug über 17; die Krone hatte 45 Fuß im Umfang und nichts kündigte an, daß er an Lebenskraft oder Fruchtbarkeit verloren habe, denn noch im Jahre 1819 war er mit mehr als 1000 Früchten bedeckt. Die jungen noch grünen Früchte des Bigaradenbaums, in Italien Arancini genannt, von der Größe einer Erbse bis zu der einer Kirsche, werden getrocknet und kommen auch unter dem Namen Curaçaoäpfel in den Handel. Sie sind braun, grün oder schwärzlichgrün, haben einen angenehmen gewürzhaften Geruch und bittern Geschmack und sind zuweilen so hart, daß man sie zu Kugeln der Rosenkränze verarbeitet; außerdem werden sie zu Liqueuren und andern Getränken, auch in den Apotheken benutzt. Aus den reifen Pomeranzen bereitet man auch die sogenannte Bischofsessenz, welche zum Ersatz frischer Früchte dient. Auch benutzt man sie getrocknet als Gewürz, macht sie ein und candirt sie mit Zucker. Darunter sind die sogenannten Curaçaoschalen die besten, welche von der Insel Curaçao den Namen haben. Auch gewinnt man aus den frischen Schalen das Pomeranzenöl, welches zwar einen sehr guten Geruch hat, aber doch dem köstlich duftenden Neroliöl, das man aus den Blüten destillirt, nachsteht. Die grünen Früchte des sogenannten chinesischen Pomeranzenbaums werden ebenfalls grün in Zucker eingemacht. Eine ganz besondere Art ist die sogenannte Bizarre, die ihren Namen dem Umstande verdankt, daß auf einem und demselben Stamme ganz verschiedene Früchte wachsen, nämlich süße Orangen, verschiedene Bigaraden, Cedratfrüchte u. s. w., ja noch mehr, er trägt Früchte, deren eine Hälfte eine Orange, die andere eine Cedrate ist.

Eine andere Art des Orangebaums sind die sogenannten Bergamotten, die sich durch kleine, aber sehr wohlriechende Blüten und birnförmige blaßgelbe Früchte mit sehr ölreicher Haut und schwachsäuerlichem, angenehm riechendem Mark auszeichnen. Die Blüten und die Schale der reifen Frucht geben das wohlriechende Bergamotöl; auch bereitet man durch sorgfältiges Aushöhlen der Frucht und Trocknen derselben kleine wohlriechende Büchsen.

Eine ausgezeichnete Art sind ferner die Pompelmus-Orangen. Die Stämme haben sehr große Blätter mit langen blattähnlichen erweiterten Stielen; die Blüten sind ebenfalls sehr groß, noch mehr aber die Früchte, welche oft einen Durchmesser von fünf bis sechs Zoll erreichen, wobei das innere Mark oft nicht größer als eine Nuß ist, sodaß fast die ganze Frucht aus Schale besteht.

Die Limonien- oder Citronenbäume unterscheiden sich durch ihre äußerlich etwas rosenfarbenen Blüten und durch die eiähnlichen, oben mit einer spitzigen Warze versehenen hellgelben Früchte, deren Mark einen sauren Saft enthält. Das eigentliche Vaterland des Citronenbaums ist Indien, von wo er durch die Araber nach Europa gebracht wurde. Aus dem Safte derselben wird auch eine allen diesen Früchten eigenthümliche Säure, die sogenannte Citronensäure, hergestellt. In die Verwandtschaft des Citronenbaums gehört auch der sogenannte Adams- oder Paradiesapfel, dessen Saft jedoch süßlich ist und an dessen Schale man einen oder mehre Eindrücke bemerkt, als ob ein Biß hinein gethan wäre. Solche Paradiesäpfel werden von den Juden, die ihn für denjenigen halten, von welchem Adam im Paradiese gekostet habe, zur Ausschmückung bei ihrem Laubhüttenfeste gebraucht und sind die theuerste Frucht, indem ein Stück, je nach Schönheit und Seltenheit, oft mit 40 Gulden bezahlt wird. Sie werden aber besonders theuer dadurch, daß sie sich nicht lange halten, bei dem Transport viele zu Grunde gehen, jedes beschädigte Stück von den Juden nicht gebraucht wird und nur vom Conditor zum Einmachen benutzt werden kann.

Eine andere Art sind die Cedrate, die sich durch ihre schmalen Blätter und ihre meist plumpen, warzigen Früchte mit wenig saurem Mark auszeichnen. Die Blüten des Cedratbaumes sind rosenfarb oder violet, die Früchte sind anfangs purpurroth, dann grün und endlich gelb, verkehrt eiförmig, tief gefurcht, oben mit einer großen Warze. Sie waren schon im Mittelalter bekannt als medische, syrische oder persische Äpfel, und genossen eines so großen Rufes, daß man sie sogar in einigen Zauberkünsten anwandte. Sie werden von manchen Sorten so groß, daß sie ein Gewicht von 25 — 30 Pfund erreichen. Man benutzt sie jetzt allgemein zum Einmachen mit Zucker, wo sie denn den Namen Cedronat oder Citronat erhalten.

Die Erziehung und Pflege der Orangebäume macht ein Hauptstück der Kunstgärtnerei aus, da diese Bäume sowol in Beziehung auf Boden, als auf Temperatur und Feuchtigkeit einer sorgfältigen Abwartung bedürfen. Auch ist das Veredeln ihnen oft nachtheilig. Dieses muß aber ebenso gut wie bei unsern Obstsorten stattfinden, wenn man schöne und gute Früchte erziehen will. In frühern Zeiten pflegte man diese Bäume auch auf allerlei Weise zu beschneiden, namentlich ließ man ihnen einen hohen langen Schaft mit runder dichter Krone; in der neuern Zeit ist man davon zurückgekommen und läßt lieber den Bäumen einen freiern Wuchs, da man gesehen hat, wie schön dieser sich in jenen Wäldern Italiens, Spaniens und Frankreichs ausnimmt.

Das Stadthaus zu Ypern.

Die Stadt Ypern in Flandern zeigt noch in ihrem gegenwärtigen Verfalle die Spuren von Glanz und Größe, zu welchem sie sich im Mittelalter erhoben hatte, wo sie 200,000 Einwohner zählte, mit Gent und Brügge verbunden, der vereinigten Macht der Grafen von Flandern und der Krone Frankreich widerstehen konnte. Reich und mächtig geworden durch Gewerbfleiß, Handel und Industrie, waren die ehemals blühenden Städte Brabants der Herd, an dem jene große Umwandlung der Sitten im ersten Mittelalter sich bildete, durch welche das Bürgerthum die Fesseln der grundherrlichen Obergewalt sprengte, die, kraft eines nun veralteten Eroberungsrechtes, im Besitz aller Macht und aller Rechtsbefugnisse geblieben war. In diesen Städten, unter welchen auch Ypern glänzte, wurde die echte Bürgerfreiheit zuerst geboren; hier errang sie nach vielen Niederlagen endlich jene Siege, die dem Bürgerthume seine Entstehung gaben. In den politischen Kämpfen, welche dieser Geburt vorhergingen, zeichnete sich Ypern vor allen andern Städten Flanderns aus durch die Macht, den Reichthum und den entschlossenen Muth seiner Bewohner. Ihr Beispiel war es, das Gent, Brügge und Brüssel zur Nachahmung anfeuerte.

In diesem hartnäckigen Kampfe büßte Ypern selbst seinen Wohlstand ein, der ein Werk der Umstände und beschränkender Privilegien war. Der Graf von Flandern fand an Karl VI. von Frankreich und seinen mit ihm bedrohten Standesgenossen treue Mitkämpfer, und so gelang es ihm, die uneinigen Bürger mehr als einmal zu unterwerfen. In einem Jahre wurden gegen 700 Tuchweber und Walker in Ypern enthauptet, die große Zahl von Bürgern ungerechnet, welche von seinen Söldnern erschlagen wurden, nachdem man ihnen die Thore der Stadt geöffnet hatte. Dreihundert ihrer reichsten Bürger wurden als Geiseln nach Brügge in den Kerker geführt; die reichste Stadt Brabants war fast verödet. Umsonst rüstete sich England für sie, umsonst landete Bischof Spencer mit seinem Kreuzheere, wie man es nannte, im Frühjahre 1,383 an der flandrischen Küste und belagerte Ypern. Der Graf widerstand, und diese große Rüstung hatte nur den Erfolg, daß die englischen Raubscharen, mit der Beute Flanderns beladen, noch in demselben Jahre zurückkehrten, ohne weder Ypern noch Brügge erobert zu haben. Während man sie in England mit Spottliedern empfing, war die Macht und der Wohlstand Yperns für immer zerstört. Eduard III. und Elisabeth öffneten den Flüchtigen ihre Häfen; die Religionskriege und die spanische Herrschaft vollendeten, was die Bürgerfehden begonnen hatten; das Gewerbe und die geretteten Reichthümer flohen nach England, und den Bürgern blieb nichts als ihr Ruin übrig. Seit dieser Zeit erholte Ypern sich nie wieder; es sank vielmehr unaufhaltsam zu seiner jetzigen Veröbung, und von 200,000 zu einer Bevölkerung von 15,000 Seelen herab; aber schöne Reste seines alten Glanzes und der Ruhm seiner lehrreichen Geschichte sind ihm geblieben.

Ypern in Westflandern am Yperbach, leitet seinen Ursprung von einem britischen Anführer, Yper, her, was vielleicht nur so viel sagen will, daß es in den Zeiten der angelsächsischen Kunstblüte von englischen Baukünstlern mit Gebäuden geschmückt wurde. In einer völlig flachen Ebene erscheint es noch jetzt stattlich mit Kirchen und Thürmen, welche seine Festungswerke überragen. Seine Ringmauern, von blühenden Wiesen und Kornfeldern umgeben, dehnen sich fast eine deutsche Meile weit aus; Dörfer und reiche Obstgärten umringen die Stadt, welche noch einige blühende Manufacturen in Wolle, Spitzen und Zeuchen unterhält. Unter den Resten seiner alten Größe ist das Stadthaus, dessen Südseite unsere Abbildung darstellt, der Stolz Yperns. Im Mittelpunkte der Stadt, am großen Marktplatze gelegen, nimmt dieser prachtvolle gothische Bau ein Viereck, 462 Fuß lang und 50 Fuß breit ein. Eine Reihe von Gebäuden im Innern theilt diesen Raum

Das Stadthaus zu Ypern.

in zwei Höfe. In der Mitte der südlichen Front erhebt sich ein hoher viereckiger Thurm, welcher noch älter zu sein scheint, als die übrigen Theile dieses großartigen Gebäudes, das im Jahre 1342 von englischen Architekten begonnen sein soll. Es stellt noch jetzt, mit seinen 80 gothischen Fenstern in zwei Reihen, ein würdiges Denkmal des alten Reichthums der Bürger Yperns dar. Die Kathedrale von St.-Martin, ein leichtes und zierliches gothisches Bauwerk, doch bedeutender durch ihre geschmackvollen Verzierungen als durch ihre Größe, verdient nächst dem Stadthause die Aufmerksamkeit des Besuchers. Unter seinen übrigen vier Pfarrkirchen besitzt Ypern an der Jakobskirche ein merkwürdiges Bauwerk aus dem 12. Jahrh. Eine große Menge von Klöstern bezeugt die lange spanische Herrschaft. Jetzt sind diese zum Theil verschwunden, zum Theil stehen sie öde und unbenutzt da; allein vor kaum 100 Jahren nahmen diese Klöster noch ein volles Drittheil des Raumes der Stadt ein. Auf einen weiten Raum vertheilt, verliert sich die jetzige sparsame Bevölkerung Yperns zwischen seinen großen Häusermassen, und nicht ohne ein Gefühl der Wehmuth können wir uns von diesem Sitz alter Macht und alten Glanzes trennen, wo jetzt ein dürftiges Leben fast verlöschend umherschleicht und für welchen die Tage des Glanzes wol für immer vorbeigegangen sind.

Der Suenostein in Schottland.

Eines der ältesten und merkwürdigsten Denkmäler der Vorzeit, welches sich unweit der Stadt Forres in der Grafschaft Elgin in Schottland befindet, ist der Suenostein, der dicht an der Landstraße steht, die von Elgin nach Inverneß führt. Er ist 25 Fuß hoch und zunächst der Basis ungefähr vier Fuß breit, aus einem einzigen großen Granitblock aufgeführt, von der härtesten Art, die man in Schottland findet. Der Stein, oder Pfeiler ist ein Viereck mit zwei schmalen Seiten, und auf den beiden breiten Seiten in sieben Felder abgetheilt, welche mit Sculpturarbeit verziert sind. Die merkwürdigste Seite ist die östliche, wegen der Menge und zierlichen Arbeit der hier angebrachten Figuren. Das oberste Feld dieser Seite stellt neun Pferde mit ihren Reitern vor. Die Figuren dieser Abtheilung haben etwas von der Zeit gelitten, sind aber doch noch deutlich zu erkennen. Auf dem nächsten Felde erscheinen mehre Männer, alle in kriegerischer Stellung; einige derselben schwingen ihre Waffen, indeß andere ihre Schilde in die Höhe halten, als wollten sie ihre Freude über irgend eine frohe Begebenheit ausdrücken; noch andere geben sich die Hände, als ob sie ein Bündniß schließen wollten, oder zum Zeichen der Aussöhnung. Das dritte Feld stellt einen Einzelkampf zweier Krieger vor, neben welchen ihre Kriegsgenossen stehen und ihren Antheil an dem Kampfe zu erkennen geben. Darunter befindet sich eine Gruppe von Männern, welche zusehen, wie einer ihrer Gefährten eine Anzahl Kriegsgefangener enthauptet. Neben dieser Scene ist eine Art Baldachin errichtet, unter welchem die Köpfe der Enthaupteten liegen; gleichsam zur Bewachung dieser Überreste stehen dabei drei Krieger mit Lanzen bewaffnet; zur Seite liegen die Rümpfe der Erschlagenen; Trompeter blasen auf ihren Instrumenten wahrscheinlich eine Siegesweise auf die überwundenen Feinde. Das fünfte Feld zeigt einen Trupp Reiter, auf der Flucht vor einer Anzahl Fußvolk begriffen, die mit Bogen, Schwert und Schild bewaffnet sind. Auf dem untersten Felde sind dieselben Pferde vorgestellt, ihrer Reiter beraubt, die man eben zu enthaupten im Begriff ist. Auf der entgegengesetzten Seite des Steins ist ein großes Kreuz ausgehauen, zu dessen Füßen Krieger vorgestellt sind, die einander begrüßen und die Hände reichen.

Über die eigentliche Bedeutung dieses merkwürdigen Denkmals, welches viele Alterthumsforscher zu erklären versucht haben, hegte man verschiedene Vermuthungen. Einige, durch das auf dem Stein befindliche Kreuz veranlaßt, waren der Meinung, es sei zum Andenken an die erste Einführung des Christenthums in Schottland errichtet worden. Dies ist jedoch unwahrscheinlich, da die darauf vorgestellten Krieges- und Schlachtscenen offenbar auf eine andere Veranlassung deuten. Andere behaupteten, das Denkmal sei zur Erinnerung an die Schlacht von Mortlach errichtet, welche die Schotten über die Dänen gewannen, worauf die Letztern das Land räumen mußten. Dies ist jedoch ebenso unwahrscheinlich, da jene Schlacht in einer Entfernung von mehr als fünf Meilen vorfiel. Daß ein Nationalereigniß von großer Wichtigkeit zu Aufführung des Denkmals Veranlassung gab, ist gewiß, und man thut wol am besten, dieselbe in den Zeitraum zwischen dem 10. und 11. Jahrhundert zu setzen. Am wahrscheinlichsten ist die Vermuthung des gelehrten Alterthumsforschers Cordiner im vorigen Jahrhundert, welcher annimmt, der Stein sei zum Andenken an die Vertreibung jener skandinavischen Abenteurer aus Schottland errichtet worden, welche im 9. Jahrhundert in Verbindung mit mehren Häuptlingen von der Küste von Caithneß sich auf dem Vorgebirge Burghead (der nördlichsten Spitze Schottlands) niedergelassen hatten, und von dort aus, während der 150 Jahre, die sie

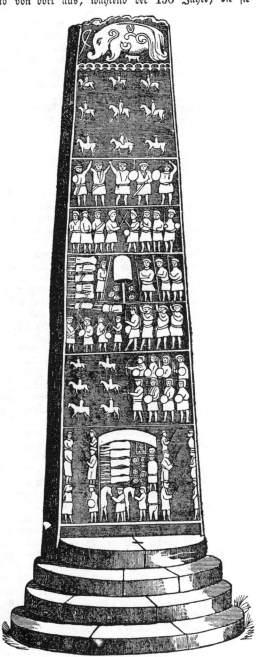

Der Suenostein.

da hausten, in der umliegenden Gegend große Verheerungen anrichteten. Diese skandinavischen Räuber waren Briten, und es war deshalb ein Hauptaugenmerk der alten Caledonier, ihnen, wo sie ihrer habhaft wurden, die Pferde zu nehmen, um sie auf diese Weise minder furchtbar zu machen, was natürlicherweise auf einem Denkmal, das aus Siegesfreude über ihre Vertreibung errichtet ward, vorgestellt werden mußte. Übrigens erwähnen die meisten Geschichtschreiber eines Einfalls des Olaus, Prinzen von Norwegen, in Schottland, und sogar einer Ansiedelung mehrer seiner Leute auf einer nördlichen Küste um das Jahr 1000 nach Christus. Dagegen erwähnt die ältere Geschichte mehrmalige Friedensschlüsse zwischen den Skandinaviern und Schottland, und so ist es möglich, daß das Kreuz und die sich begrüßenden Krieger auf der Westseite des Denkmals auf einen Freundschaftsbund zwischen Malcolm, König von Schottland, und Kanut oder Sueno, König von Norwegen, hindeuten, da in der Umgegend, wo der Stein steht, die Einwohner die auf demselben vorgestellte Begebenheit ausschließend an den Namen Sueno's knüpfen, woher auch der Name des Denkmals.

Der Zobelfang.

Der Zobel, dessen Pelz einen so hohen Werth hat, gehört zu dem Geschlechte der Marder, welchem er auch in Gestalt und Größe ziemlich gleich kommt. Sein Kopf ist schmal und eirund, und er hat kurze runde Ohren und lange Barthaare. Die großen Füße haben fünf Zehen mit weißen, kurzen, hakenförmigen Klauen. Der Zobel unterscheidet sich dadurch von andern Thieren derselben Gattung, daß der Pelz bis zu den Spitzen der Zehen reicht. Der Schwanz ist buschicht und mit dem Haare acht Zoll lang. Der Leib hat fast in seiner ganzen Länge gleichen Durchmesser und ist in der kältern Jahreszeit dick behaart. Das Haar ist an den Spitzen schwarz, unten aschgrau; die Kehle gleichfalls aschgrau, zuweilen weiß, gelb oder gefleckt und die Ränder der Ohren sind gelblich. Im Frühling, wo die Haare ausgehen, verändert sich die Farbe derselben und wird bräunlich. Der langgestreckte Körper und die kurzen Füße machen es dem Zobel möglich, durch schmale Öffnungen zu kommen. Er lebt meist in dem Theile Asiens, der von der Kette des Uralgebirges sich nördlich erstreckt; er findet sich immer häufiger, je weiter man östlich kommt und sein Pelz ist um so kostbarer, je weiter das Thier nördlich lebt. Man findet keine Zobel nordöstlich von Anadir und keine in Gegenden, die von Bäumen entblößt sind. Sie wohnen am liebsten in Wäldern, besonders in Fichtenwäldern, wo sie das schönste Pelzwerk geben. Ja Kamtschatka sind sie häufig und auch auf den kurilischen Inseln werden sie gefunden. Die eigentliche Grenze ihres Wohnsitzes geht von 50—58 Grad nördlicher Breite. Die Zobel leben in Erdhöhlen, oder unter den Wurzeln der Bäume, zuweilen machen sie sich, wie der Marder, Nester in Bäumen und schwingen sich mit großer Behendigkeit von einem Baume zum andern. Sie sind sehr lebendig und sehr in Bewegung während der Nacht, schlafen aber gewöhnlich bei Tage. Bei Nacht gehen sie aus, ihren Raub zu suchen, wenn das Wetter hell und schön ist, bei schlechtem Wetter aber ziehen sie sich in ihr Lager zurück, um zu schlafen. Sie sind sehr muthig, und sogar größere Thiere als sie selbst werden von ihnen angegriffen und verzehrt. Wiesel, Eichhörnchen und Hasen sind ihr gewöhnlicher Raub im Sommer, im Winter sollen sie sich von Vögeln, besonders von Rebhühnern nähren. Auch fressen sie Früchte, vorzüglich vom Sperberbaum (Sorbus domestica), und man behauptet, daß diese Früchte ihre Hauptnahrung im Herbste sind. In dieser Jahreszeit ist das Fell am schlechtesten, da die Pflanzennahrung ihnen Hautjucken verursacht und sie ihren Pelz an den Bäumen reiben. Sind sie im Aufsuchen ihrer Nahrung sehr unglücklich und werden sie sehr durch Hunger gequält, so folgen die Zobel den Bären, Vielfraßen und Wölfen, wie der Schakal dem Löwen, um sich mit den Überresten ihrer Mahlzeiten zu sättigen. Die Weibchen werfen zu Ende des Märzes oder zu Anfange des Aprils drei bis fünf Junge, welche sie vier bis fünf Wochen säugen. Der Zobel scheint sehr gelehrig zu sein und man kennt ein Beispiel, daß ein Zobel in Tobolsk gezähmt wurde, der in der Stadt und der Umgegend umherging.

Der Pelz dieser Thiere wird so sehr geschätzt, daß die besten Felle, nicht breiter als vier Zoll, 80—100 Thaler kosten, und der gewöhnliche Preis schwebt zwischen 7—70 Thalern. Die vorzüglichsten kommen aus Sibirien, sind aber selten. Die dunkelsten Pelze werden am meisten geschätzt. Die Farbe und die Beschaffenheit der Pelze sind sehr verschieden, und nicht nur unter verschiedenen Himmelsstrichen, sondern auch an demselben Thiere in verschiedenen Jahreszeiten. Vom November bis zum Februar ist das Fell am dunkelsten und im besten Zustande, und die Beschreibungen, welche die Naturforscher von dem Thiere gegeben haben, beziehen sich gewöhnlich auf diesen Zustand. Die schönsten Zobelfelle werden ohne das Bauchfell verkauft, welches von hellerer Farbe als das übrige ist, aber bei den gröbern Sorten wird das Bauchfell nicht abgetrennt. Die besten Zobelfelle werden in vollkommen gleichen Paaren verkauft, und so gepaart gelten sie einen höhern Preis als einzelne von gleicher Güte; denn die Russen brauchen solche Paare zum Besatz von Mützen, Mänteln und Kragen. Die Beine oder Füße der Zobel werden selten einzeln verkauft. Weiße Zobel sind selten und kein Handelsartikel, sondern werden nur als Merkwürdigkeiten verkauft. Einige sind gelblich und werden im Frühling auf dem Schnee gebleicht. Die Bauchfelle, welche paarweise verkauft werden, sind ungefähr zwei Finger breit und werden wie die schwarzen Felle in Päcktchen, jedes von 40 Stück, zusammengebunden. Der Preis eines solchen Päcktchens schwankt von sieben bis zu 14 Thalern. Die Schwänze werden hundertweise verkauft. Die schönsten Felle müssen ihre Schwänze behalten, die gewöhnlichen werden aber oft abgeputzt. Das Hundert gilt 28—55 Thaler.

Das Haar desselben Zobels ist verschieden in Länge und Güte. Das längere Haar ist seidenartig und das kürzere wollig. Je mehr ein Fell von längern und je weniger es von kürzern Haaren hat, desto kostbarer ist es, wenn zugleich die Farbe gut ist. Die besten Felle haben kaum andere als lange seidenartige Haare. Außer andern die Felle betreffenden Umständen, achten die Pelzhändler auf deren Größe, und sind andere Eigenschaften gleich, so ziehen sie stets die größten vor, und diejenigen, die den schönsten Glanz haben, schätzen sie höher als andere. Die männlichen Thiere geben immer größere Felle als die weiblichen. Der Glanz verschwindet in alten Fellen; die frischen haben, was die Pelzhändler ein blühendes Ansehen nennen. Die alten haben, wie man sagt, ausgeblüht. Wegen des großen Unterschiedes in dem Preise der Felle von derselben Thiergattung, werden die feinsten Betrügereien geübt, indem man durch Zurichtung und Färben den geringern Arten das Ansehen der bessern zu geben weiß. Die gefärbten Zobelfelle verlieren aber gewöhnlich ihren Glanz und werden ungleichförmiger. Die untern Theile der Haare mögen die Farbe angenommen haben oder nicht, und die Haare verflechten und verfilzen sich und sind nicht so grade als auf guten Fellen im natürlichen Zustande. Einige räuchern die Felle, um ihnen ein schwärzeres Ansehen zu geben; aber der Geruch und der gekräuselte Zustand der langen Haare verrathen oft diesen Betrug, und man sagt, sowol das Färben als das Räuchern könne entdeckt werden, wenn man die Felle mit feiner Leinwand reibe, die in solchen Fällen immer schwarz werde. Russen und Griechen verstehen sich vortrefflich auf das Verfahren, schlechter Waare das Ansehen von guter zu geben. Die Russen verkaufen für Winterfelle sehr viele Sommerfelle, die so künstlich zugerichtet sind, daß es oft den erfahrensten Pelzhändlern sehr schwer fällt, den Betrug zu entdecken. In diesen Betrügereien sollen die Chinesen selbst die Russen übertreffen; denn es ist nicht nur die Farbe, die sie den Fellen geben, dauerhaft, was die Russen nicht leisten können, sondern das Fell behält auch seinen Glanz, sodaß man die Täuschung nur an dem etwas gekräuselten Zustande der Haare erkennen kann. Dies ist die Ursache, daß alle Felle von der besten Art in Paaren oder einzeln nach Rußland gehen, die übrigen aber nach China. Die allerbesten kommen aus der Gegend von Nertschinsk und Irkutzk, und diejenigen, die von den Ufern des Ud kommen, sind besonders kostbar.

Der hohe Werth dieses Pelzwerks ist Ursache, daß die Bewohner jener Gegend sich nicht durch gewöhnliche Schwierigkeiten abschrecken lassen, das Thier zu verfolgen, das diesen Pelz liefert. Es gibt in der That keinen Luxusartikel, zu dessen Erlangung man so viele Drangsale erduldet oder größern Gefahren sich aussetzt, als bei der Jagd dieses Thieres, welchem man mitten im Winter nachgeht, unter eisbedeckten Bergen, im tiefsten Schnee und in den kältesten und ödesten Gegenden, wohin der Mensch noch vorgedrungen ist. Die Jäger werden oft überwältigt durch die vereinigte Macht der Müdigkeit, der Kälte und des Hungers und finden oft in jenen entlegenen Wildnissen ihren Untergang. Der Zobelfang war früher im russischen Reiche eine den nach Sibirien Verbannten aufgelegte Arbeit. Als jene Gegenden mehr bevölkert wurden, zogen sich die Zobel in die entlegenern Wälder und Berge zurück, und der weitern Verfolgung derselben verdankte man die Entdeckung von Ostsibirien.

Die Zobelfänger vereinigen sich in Gesellschaften von 5—40 Personen. Die größern Gesellschaften theilen sich in kleinere, deren jede einen Führer hat, aber Einer leitet das ganze Unternehmen. Jede Gesellschaft hat ein bedecktes, mit Lebensmitteln beladenes Boot; auch hat sie Vorrichtungen zum Brotbacken und je zwei Jäger haben einen Hund und ein Netz. Ein Dolmetscher begleitet jede Gesellschaft, welcher der Sprache des Landes kundig ist, das sie besuchen will. Der Anführer schreibt die Richtung des Weges vor. Die Jagdgesellschaft folgt dem Strome aufwärts und die Böte werden bis zum Jagdplatze gezogen. Hier bauen sie Hütten und verweilen, bis die Ströme zugefroren sind und die Jagdzeit gekommen ist. Ehe der Fang beginnt, versammelt der Anführer seine Genossen und sie vereinigen sich, Gott um glücklichen Erfolg und Schutz zu bitten. Dann trennen sich die einzelnen Gesellschaften. Der erste Zobel, der gefangen wird, heißt Gottes Zobel und wird der Kirche geweiht. Die kleinen Gesellschaften dringen in die Wälder und bezeichnen die Bäume, um auf dem Rückwege sich zurecht zu finden. Auf dem Jagdplatze angekommen, machen sie Hütten von Baumzweigen, um welche sie den Schnee aufdämmen. Neben diesen Hütten legen sie ihre Fallen, und gehen dann weiter, um noch mehr Fallen zu legen, indem sie in jedem Quartier neue Baumhütten bauen. Dann kehren sie nach und nach zu den alten zurück, sehen nach den Fallen, nehmen die Jagdbeute heraus häuten sie ab, was aber Niemand als der Anführer des Zuges thun darf. Die Fallen sind Gruben, mit einem darüber gelegten Brete, auf welchem ein Fisch oder ein Stück Fleisch als Köder liegt. Wenn die Zobel seltener werden, suchen die Jäger sie in ihren Schlupfwinkeln auf, vor deren Eingang sie Netze stellen, und oft müssen sie zwei bis drei Tage warten, ehe das Thier erscheint. Auf eine andere Weise fängt man die Zobel, indem man wagerecht von einem Baum zum andern ein Bret legt, an dessen Ende ein Köder liegt. Über dieses Bret wird ein anderes schief gehängt, von welchem ein Ende leicht auf einem Pfosten ruht, und von diesem geht eine dünne Stange zu einer Schlinge, an welcher der Köder befestigt ist. Sobald der Zobel die Lockspeise faßt, fällt das obere Bret und tödtet ihn.

Während der Jagd werden den Zobelfängern ihre Lebensbedürfnisse von Leuten zugeführt, welche dieselben von bestimmten Plätzen an der Straße, wo sie Magazine halten müssen, auf Schlitten herbeischaffen. Zuweilen sind jedoch die Jäger, wenn die Lebensmittel ausgehen, großen Drangsalen ausgesetzt und kommen nicht selten um. Ist die Jagdzeit vorüber, so versammeln sich alle Genossen wieder und melden dem Anführer den Betrag der Beute. Die Übertreter der Gesetze werden angeklagt und bestraft. Sie kehren dann in das Hauptquartier zurück, wo sie verweilen, bis die Flüsse aufgethaut sind, ziehen endlich in ihre Heimat und bringen jeder Kirche die ihr geweihten Zobel.

Der sogenannte amerikanische Zobel ist, wie man jetzt weiß, eine besondere Art. Er ist größer als der echte sibirische, hat eine glänzend schwarze Farbe, ist nach den Füßen hinab heller gefärbt und röthlich um die Nase; Schwanz und Beine sind dunkelschwarz, das Haar ist seidenartig und der Pelz sehr schön. Die Jäger nennen ihn uneigentlich den Fischer, da er nicht am Wasser wohnt, sondern in seiner Lebensweise fast ganz dem nordasiatischen Zobel gleicht. Die amerikanischen Jäger schießen diese Thiere, deren Pelz nicht so kostbar ist als die echten Zobelfelle.

Die Quelle des Air in Goredale.

Eine der überraschendsten Naturscenen in England stellt der Ursprung des kleinen Flusses Air in Goredale in der Grafschaft York dar, und unsere Abbildung gibt ein entsprechendes Bild von diesem großen Naturschauspiel, das selbst von Personen, deren Auge an die Scenen Südamerikas und Indiens gewöhnt war, noch bewundert wird. Die Gegend umher ist mehre Meilen weit wild und bergig. In der Mitte zwischen zwei zusammenstoßenden Thälern liegt das Dorf Malham zum Kirchspiel Kirkby gehörig, einsam in einer wilden und malerischen Landschaft. Höher im nördlichen Thale hinauf dehnt sich ein kleiner See, Malham-See genannt, aus, berühmt durch seine Forellen und Bärsche, westwärts erhebt sich eine ungeheure Kalksteinwand, dreihundert Fuß hoch und ohne einen einzigen Riß oder eine Spalte, Malham-Cove genannt, welche das Thal wie ein natürliches Bollwerk sperrt. Eine halbe Stunde ostwärts von ihm findet sich das Naturschauspiel, welches den Ursprung der Air (der später mit dem Wharf in dem Humber ausmündet) darbietet. Einer der verborgenen Abflüsse jenes kleinen Sees nämlich wühlte sich seinen Weg grade auf die Felswand von Goredale zu, und stemmte sich lange Zeit an dieser Masse. Seit etwa einem Jahrhundert hat er sie besiegt. Ein plötzlicher Gewitterregen schwellte die Wasser des kleinen Baches so an, daß sie gewaltsam durch den Jahrtausende lang benagten Felsen brachen und mit solcher Gewalt dahin stürzten, daß sie das darunter liegende Thal weithin mit Felstrümmern füllten. Dieser Durchbruch bildet den Fluß Air, welcher nachher Goredale still durchfließt, und wie bemerkt, in den Humber fällt. Der wilde Strom stürzt 50 Fuß hoch, wie durch den bezwungenen Widerstand erbittert, über einen überhängenden Felsblock herab, unter dessen gekrümmtem Rücken wir unsern Platz nehmen, um den Wassersturz zu beobachten; ein dunkles Zwielicht nimmt uns hier auf und den Rücken gegen den Fels gelehnt, sehen wir vor uns den stürzenden Wasserspiegel, immer erneut und doch immer derselbe.

Diese prachtvolle Naturscene haben viele Landschaftmaler zum Gegenstand ihrer Kunstübung gewählt; alljährlich zieht sie eine Menge von Naturfreunden an, welche die Pracht dieses Landschaftbildes zu bewundern kommen. Der ganze Wassersturz hat 150 Fuß Höhe, der Überhang beträgt 20 Ellen. Der Fall des Air ist daher an Höhe weit unter dem Staubbach im Lauterbrunnen-Thal; aber an Masse und Gedrängtheit der Scene übertrifft er diesen berühmten Wasserfall beiweitem. Auf dem überhangenden Felsen weideten sonst Ziegen an den wildwachsenden Eibenbüschen, jetzt sind diese verschwunden, und mit ihnen ein malerischer Zug auch in diesem schönen Gemälde, allein Adler und Raubvögel aller Art überschweben beständig den wilden Sturz der Wasser, wie es scheint, von ihrem Getöse angezogen.

Die Quelle des Air.